CÓDIGO DE PROCESSO CIVIL COMENTADO

ANTÔNIO PEREIRA GAIO JÚNIOR
CLEYSON DE MORAES MELLO

CÓDIGO DE PROCESSO CIVIL COMENTADO

**Lei nº 13.105/2015
Atualizada pelas Leis
nº 14.833/2024 e 14.879/2024**

Doutrina | Jurisprudências | Legislação | Súmulas | Enunciados

4ª Edição

Freitas Bastos Editora

Direitos exclusivos da edição e distribuição em língua portuguesa:

Maria Augusta Delgado Livraria, Distribuidora e Editora

Direção Editorial: *Isaac D. Abulafia*
Gerência Editorial: *Marisol Soto*
Revisão: *Doralice Daiana da Silva*
Diagramação e Capa: *Julianne P. Costa*

Dados Internacionais de Catalogação na Publicação (CIP) de acordo com ISBD

G143c Gaio Júnior, Antônio Pereira
Código de Processo Civil Comentado: Lei nº 13.105/2015 Atualizada pelas Leis nº 14.833/2024 e 14.879/2024/ Antônio Pereira Gaio Júnior, Cleyson de Moraes Mello. - 4. ed. - Rio de Janeiro, RJ : Freitas Bastos, 2024.
1.288 p. ; 15,5 cm x 23 cm.

Inclui bibliografia.
ISBN: 978-65-5675-416-1

1. Direito. 2. Direito Civil. 3. Código de Processo Civil. I. Mello, Cleyson de Moraes. II. Título.

2024-1958 CDD 347
CDU 347

Elaborado por Vagner Rodolfo da Silva – CRB-8/9410

Índices para catálogo sistemático:
1. Direito civil 347
2. Direito civil 347

Freitas Bastos Editora

atendimento@freitasbastos.com
www.freitasbastos.com

A Deus pela força e luz viva de todo dia.

Às nossas amadas famílias que, indistintamente, compreenderam as intermináveis ausências em prol da edificação deste "filho" muito esperado e desejado!

Aos estimados alunos e ex-alunos que creditam em nossas virtudes a luz para um futuro melhor.

Agradecemos de modo especial à sempre
querida e competente Assessora Acadêmica
Patrícia da Silva Stefani Pimentel, pelo
apoio incondicional, competência e
zelo nas pesquisas a ela confiada.

Il tempo è una conquista
Che ti costa quello che ti dà
Non è una sconfitta
È da sempre un'opportunità

Laura Pausini

Autores

Antônio Pereira Gaio Júnior

Pós-Doutor em Direito pela Universidade de Coimbra – POR. Pós-Doutor em Democracia e Direitos Humanos pelo Ius Gentium Conimbrigae – Faculdade de Direito da Universidade de Coimbra-POR. Doutor em Direito pela UGF, Mestre em Direito também pela UGF, e Pós-Graduado em Direito Processual pela mesma instituição. Além disso, é *Visiting Professor no Ius Gentium Conimbrigae* (Faculdade de Direito da Universidade de Coimbra/POR). Na Universidade Federal Rural do Rio de Janeiro – UFRRJ atua como Prof. Associado de Direito Processual Civil e Teoria Geral do Processo. É membro de diversas organizações internacionais e nacionais, incluindo a International Association of Procedural Law-IAPL, International Bar Association – IBA, Instituto Iberoamericano de Direito Processual – IIDP e da Associação de Direito e Economia Europeia – ADEE. Também é membro efetivo da Comissão Permanente de Processo Civil do Instituto dos Advogados Brasileiros – IAB Nacional e da Associação Brasileira de Direito Processual Constitucional – ABDPC. Além disso, é secretário adjunto do Instituto Brasileiro de Direito Processual – IBDP, coordenador do Programa de Pós-Graduação Lato Sensu em Direito Processual Contemporâneo da Universidade Federal Rural do Rio de Janeiro – UFRRJ e lidera o Grupo de Pesquisa Processo Civil e Desenvolvimento (UFRRJ/CNPq). Atua como Advogado, Consultor Jurídico e Parecerista. Para mais informações, acesse: www.gaiojr.com

Cleyson de Moraes Mello

Coordenador do Curso de Graduação em Direito do Centro Universitário de Valença – UniFAA, Professor Adjunto da Faculdade de Direito da UERJ, docente do PPGD da UERJ e Professor Titular da Universidade Estácio de Sá. Também atua como Advogado e é membro do Instituto dos Advogados do Brasil – IAB. Ademais, é autor e coordenador de diversas obras jurídicas.

Abreviaturas

a.C.	Antes de Cristo
ac.	Acórdão
ADCT	Ato das Disposições Constitucionais Transitórias
ADI	Ação Direta de Inconstitucionalidade
AGMC	Agravo Regimental na Medida Cautelar
AgRg	Agravo Regimental
AIJ	Audiência de Instrução e Julgamento
AJURIS	Revista da Associação dos Juízes do Rio Grande do Sul
Art.	Artigo
AR	Aviso de recebimento
AT	Antecipação de Tutela
BGB	Código Civil Alemão
BJLBJ	Boletim de Jurisprudência da Legislação Brasileira Juruá
BolAASP	Boletim da Associação dos Advogados de São Paulo
Cap.	Capítulo
CC	Código Civil
c/c	Combinado com
CDC	Código de Defesa e Proteção do Consumidor
Cf.	Conferir
CNJ	Conselho Nacional de Justiça
CPC	Código de Processo Civil
CPP	Código de Processo Penal
CTN	Código Tributário Nacional
CF	Constituição Federal
CJF	Conselho da Justiça Federal
CNJ	Conselho Nacional de Justiça
d.C.	Depois de Cristo
DJU	Diário da Justiça da União
Dec.-Lei	Decreto-Lei
Des.	Desembargador
DJ	Diário de Justiça
DOU	Diário Oficial da União
EC	Emenda Constitucional
Ed.	Editora
EDcl	Embargos de Declaração
ed.	Edição
Emb. Div.	Embargos de Divergência

ENFAM	Escola Nacional de Formação e Aperfeiçoamento de Magistrados
ex vi	Pela força
FONAJE	Fórum Nacional de Juízes Estaduais
FPPC	Fórum Permanente de Processualistas Civis
IAB	Instituto dos Advogados Brasileiros
IBDP	Instituto Brasileiro de Direito Processual
inc.(s)	Inciso(s)
J.	Julgamento
JB	Revista Jurisprudência Brasileira
JCPC	Jurisprudência do Código de Processo Civil e Leis Processuais Extravagantes
JTJ	Jurisprudência do Tribunal de Justiça do Estado de São Paulo
Julg.	Julgado
LA	Lei de Arbitragem
LAJ	Lei de Assistência Judiciária
LINB	Lei de Introdução às Normas do Direito Brasileiro
LMS	Lei do Mandado de Segurança
Min.	Ministro
MP	Medida Provisória; Ministério Público
NCPC	Novo Código de Processo Civil
OAB	Ordem dos Advogados do Brasil
Ob. cit.	Obra citada
p.	página
p. ex.	por exemplo
Parág. Único	Parágrafo Único
PLNCPC	Projeto de Lei do Novo Código de Processo Civil
Rcl.	Reclamação
RE	Recurso Extraordinário
RF	Revista Forense
Rel.	Relator
REsp	Recurso Especial
RJTAMG	Revista de Julgados do Tribunal de Alçada do Estado de Minas Gerais
RJTJSP	Revista de Jurisprudência do Tribunal de Justiça de São Paulo
RT	Revista dos Tribunais
RTJ	Revista Trimestral de Jurisprudência (do STF)
RTJE	Revista Trimestral de Jurisprudência dos Estados
RSTJ	Revista do Superior Tribunal de Justiça
SE	Sentença Estrangeira
segs.	seguintes
s(s)	seguinte(s)
ss.	seguintes
STF	Supremo Tribunal Federal
STJ	Superior Tribunal de Justiça

STJ-Bol. AASP	Acórdão do STJ publicado no Boletim da Associação dos Advogados de São Paulo
STJ-RT	Acórdão do STJ publicado na Revista dos Tribunais
T.	Turma
TA	Tribunal de Alçada
TJ	Tribunal de Justiça
TJDF	Tribunal de Justiça do Distrito Federal
TJGO	Tribunal de Justiça do Estado de Goiás
TJMG	Tribunal de Justiça do Estado de Minas Gerais
TJRS	Tribunal de Justiça do Estado do Rio Grande do Sul
TJRJ	Tribunal de Justiça do Estado do Rio de Janeiro
TJSC	Tribunal de Justiça do Estado de Santa Catarina
TJSP	Tribunal de Justiça do Estado de São Paulo
TFR	Tribunal Federal de Recursos
TP	Tribunal Pleno
v.	Ver
v.g.	*verbi gratia* (por exemplo)
Vol.	Volume
v.u.	votação unânime
ZPO	Código de Processo Civil Alemão

Sumário

Lei nº 13.105, de 16 de Março de 2015

Prefácio

Dois autores que merecem nossa atenção e respeito, Antônio Pereira Gaio Júnior e Cleyson de Moraes Mello, tomam a iniciativa de publicar um CPC Comentado. A ideia é louvável e adequada, pois chega ao público interessado exata e precisamente no momento em que o Código de Processo Civil de 2015 começa a existir e passa a produzir efeitos no papel de norma básica do processo brasileiro.

O início do tempo de vigência de um novo Código instrumental exige muito de todos os operadores do Direito. Exige reflexão, compreensão e boa vontade. Afora este último elemento, subjetivo e dependente de uma série de circunstâncias pessoais de cada intérprete, a reflexão e a compreensão requerem muita leitura.

Já está à disposição dos interessados farta e qualificada produção acadêmica. Existem livros que buscam as origens históricas dos novos institutos e outros que promovem a releitura dos antigos, revisitados no novo CPC. Há comentários aos artigos que o compõem, além de obras de caráter puramente acadêmico e outras voltadas à compreensão do novo sistema pelo operador do dia a dia do processo. Há, enfim, muito material disponível para obter sucesso na tarefa de compreender o novo Código, qualquer que seja o ambiente em que estejamos: no puramente acadêmico ou no da prática cotidiana no processo.

A iniciativa dos caríssimos autores deste CPC Comentado pretende alcançar ambos os ambientes. E certamente o fará, dada a reconhecida qualidade intelectual de seus autores e o exaustivo trabalho a que se dedicaram, de que resultou obra de fôlego, densa e bem escrita. Ao mesmo tempo que cumprimento aos autores e à Editora, agradeço, muito sinceramente, pela delicadeza do convite para esta modesta apresentação.

Curitiba, março de 2016.

Luiz Rodrigues Wambier

Doutor em Direito pela PUC/SP

Professor Titular da Universidade Paranaense – UNIPAR

Apresentação à 4ª Edição

Chegamos à 4ª Edição do nosso *Código de Processo Civil Comentado*, agradecendo o prestígio da leitura de todos os estudantes e estudiosos do Direito, militantes do Foro em suas mais diversas qualificações e atividades, assim como todos aqueles que, de alguma forma, têm em nossas letras um porto seguro para a compreensão e prática do Processo Civil dos nossos tempos.

Mantendo o compromisso de atualização dos dispositivos legais, Precedentes Qualificados, Enunciados diversos e seus respectivos comentários, esta edição está contemplada pelas recentíssimas Leis nº 14.833/2024 (acréscimo ao parágrafo único ao art. 499, criando mais uma possibilidade de cumprimento específico da obrigação pela parte ré em demanda correlata) e a 14.879/2024 (atualização e acréscimos ao art. 63 – eleição de foro e abuso do direito). Portanto, toda atualização legislativa referente à seara processual civil está aqui contemplada até o presente ano corrente, de modo a oportunizar ao público leitor do Foro e da Academia, conteúdos sólidos e contemporâneos com o seu tempo, seja de natureza legislativa, doutrinária e jurisprudencial.

O trabalho de uma nova edição é sempre hercúleo e por demais exaustivo, de modo que esperamos entregar a vocês, leitoras e leitores, o melhor de nossa dedicação.

Sigamos firmes!

Antônio Pereira Gaio Júnior
Cleyson de Moraes Mello

Lei nº 13.105, de 16 de Março de 2015

Código de Processo Civil.

A PRESIDENTA DA REPÚBLICA Faço saber que o Congresso Nacional decreta e eu sanciono a seguinte Lei:

PARTE GERAL

LIVRO I
DAS NORMAS PROCESSUAIS CIVIS

TÍTULO ÚNICO
DAS NORMAS FUNDAMENTAIS E DA APLICAÇÃO DAS NORMAS PROCESSUAIS

CAPÍTULO I
DAS NORMAS FUNDAMENTAIS DO PROCESSO CIVIL

Art. 1º O processo civil será ordenado, disciplinado e interpretado conforme os valores e as normas fundamentais estabelecidos na Constituição da República Federativa do Brasil, observando-se as disposições deste Código.

Notas:

O termo "direitos fundamentais" é encontrado na dogmática jurídica em várias expressões, tais como: "direitos humanos", "direitos do homem", "direitos subjetivos públicos", "liberdades públicas", "direitos individuais", "liberdades fundamentais" e "direitos humanos fundamentais".[1]

No próprio texto constitucional, a expressão direitos fundamentais se apresenta de forma diversificada, tais como: a) direitos humanos (art. 4º, II da CRFB/88); b) direitos e garantias fundamentais (Título II e art. 5º, § 1º da CRFB/88); c) direitos e liberdades constitucionais (art. 5º, LXXI da CRFB/88) e d) direitos e garantias constitucionais (art. 60, § 4º, IV da CRFB/88).

A compreensão dos direitos fundamentais é vital para a superação do direito positivo, já que pretende aproximá-lo da filosofia do direito. É uma espécie de aproximação do direito com a moral. Daí a importância do estudo do direito civil em harmonia com os direitos fundamentais, na busca de uma fundamentação constitucional para as decisões dos casos concretos na esfera interprivada.

---

1 SARLET, Ingo Wolfgang. *A eficácia dos direitos fundamentais*. 3. ed. Porto Alegre: Livraria do Advogado, 2003, p. 31.

Não obstante o insucesso de consenso conceitual e terminológico relativo aos direitos fundamentais[2], alguns pontos de encontro entre tantos conceitos elaborados podem nos fazer chegar a uma conceituação aceitável, onde os direitos fundamentais são prerrogativas/instituições (regras e princípios) que se fizeram e se fazem necessárias ao longo do tempo, para formação de um véu protetor das conquistas dos direitos do homem (que compreendem um aspecto positivo, a *prestação*, e um negativo, a *abstenção*) positivados em um determinado ordenamento jurídico, embasados, em especial, na dignidade da pessoa humana, tanto em face das ingerências estatais, quanto, segundo melhor doutrina, nas relações entre particulares (seja esta proteção positivada ou não, é inegável a constitucionalização do direito privado, e, por consequência, a força normativa da constituição nestas relações), onde, em ambos os casos podem possuir eficácia imediata (chamada eficácia direta dos direitos fundamentais nas relações privadas), ou imediata no primeiro caso e mediata no segundo (chamada eficácia indireta dos direitos fundamentais nas relações privadas), ou, ainda só possuindo eficácia no primeiro caso (não aplicabilidade dos direitos fundamentais nas relações privadas) conforme o ordenamento no qual se encontram os referidos direitos.

Na precisa lição de José Afonso da Silva[3] qualificar tais direitos como fundamentais é apontá-los como situações jurídicas essenciais sem as quais o homem "não se realiza, não convive e, às vezes nem sobrevive; fundamentais do *homem* no sentido de que a todos, por igual, devem ser, não apenas formalmente reconhecidos, mas concreta e materialmente efetivados", o que nos leva à intrínseca ligação de tais direitos ao princípio da dignidade humana e da igualdade.

Jorge Miranda define os direitos fundamentais como "direitos ou as posições jurídicas ativas das pessoas enquanto tais, individual ou institucionalmente consideradas, assentes na Constituição, seja na Constituição formal, seja na Constituição material. (...) os direitos fundamentais podem ser entendidos *prima facie* como direitos inerentes à própria noção de pessoa, como direitos básicos de pessoa, como os direitos que constituem a base jurídica da vida humana no seu nível atual de dignidade."[4]

Marcelo Galuppo ensina que "os direitos humanos transformaram-se em direitos fundamentais somente no momento em que o princípio do discurso

---

2 José Afonso da Silva entende que são "aqueles que reconhecem autonomia aos particulares, garantindo a iniciativa e a independência aos indivíduos diante dos demais membros da sociedade política e do próprio Estado". *Comentário contextual à constituição*. São Paulo: Malheiros, 2005, p. 191.

3 *Idem*, p. 178.

4 MIRANDA, Jorge. *Manual de Direito Constitucional*, Tomo IV, 3.ed. Coimbra: Coimbra Editora, 2000, p. 7-10.

se transformou no princípio democrático, ou seja, quando a argumentação prática dos discursos morais se converte em argumentação jurídica limitada pela faticidade do direito, que implica sua positividade e coercibilidade, sem, no entanto, abrir mão de sua pretensão de legitimidade. Os direitos fundamentais representam a constitucionalização daqueles direitos humanos que gozaram de alto grau de justificação ao longo da história dos discursos morais, que são, por isso, reconhecidos como condições para a construção e o exercício dos demais direitos."[5]

Importante definição dos direitos fundamentais, e para nós, a mais acertada, é aquela lecionada por Ferrajoli, ao propor uma definição teórica, puramente formal ou estrutural daqueles, lecionando, portanto, o autor que "são 'direitos fundamentais' todos aqueles subjetivos que dizem respeito universalmente a 'todos' os seres humanos enquanto dotados do *status* de pessoa, ou de cidadão ou de pessoa capaz de agir"[6].

Ao defender seu posicionamento, expõe:

> "A previsão de tais direitos por parte do direito positivo de um determinado ordenamento é, de alguma maneira, condição de sua existência ou vigor naquele ordenamento, mas não incide sobre o significado do conceito de direitos fundamentais. Menos ainda incide sobre esse significado a sua previsão num texto constitucional, que é somente uma garantia de sua observância por parte do legislador ordinário: são fundamentais, por exemplo, também os direitos de defesa determinados ao imputado pelo código de processo penal, que é uma lei ordinária."[7]

Anota Ferrajoli que a definição de direitos fundamentais por ele proposta se estabelece em quatro teses, sendo todas essenciais a uma teoria da democracia constitucional, sendo elas: 1) a que considera a diferença entre direitos fundamentais e patrimoniais; 2) a de que os direitos fundamentais correspondem aos interesses e expectativas de todos, formam o fundamento e o parâmetro da igualdade jurídica; 3) a que se refere à moderna natureza supranacional de

---

5 GALUPPO, Marcelo Campos. O que são direitos fundamentais? *In*.: SAMPAIO, José Adércio Leite. (Coord.) *Jurisdição constitucional e direitos fundamentais*. Belo Horizonte: Del Rey, 2003, p. 213-250.

6 FERRAJOLI, Luigi. *Por uma teoria dos direitos e dos bens fundamentais*. Trad. Alexandre Salim, Alfredo Copetti Neto, Daniela Cadermatori, Hermes Zaneti Júnior, Sérgio Cadermatori. Porto Alegre: Livraria do Advogado Editora, 2011, p. 9.

7 *Idem*, p. 10.

grande parte dos direitos fundamentais; 4) refere-se às relações entre direitos e garantias[8].

Com relação à internacionalização dos direitos fundamentais, relacionada à terceira tese, o autor explica:

> "Depois do nascimento da ONU e graças à aprovação de cartas e convenções internacionais sobre direitos humanos, esses direitos não são mais 'fundamentais' somente no interior dos Estados em cujas constituições são formuladas, mas são direitos supraestatais, ao quais os Estados são vinculados e subordinados também ao nível internacional; não mais direitos de cidadania, mas direitos das pessoas independentemente das suas diferentes cidadanias".[9]

Neste aspecto, nota-se que o posicionamento de Ferrajoli converge com o entendimento de Bobbio que também defende que os direitos dos homens pertencem a toda a humanidade, isto é, a todos os cidadãos do mundo, o que denota a interligação dos direitos fundamentais com os direitos humanos.

Luigi Ferrajoli demonstra ainda, maior preocupação com a quarta tese, a que reputa como a mais importante. Isso porque, segundo o autor, não se compreende o esforço de se estipular a existência de um direito sem proporcionar a devida garantia, o que na verdade "equivale a uma inadimplência do direito positivamente estipulado e consiste, por isso, em uma indevida lacuna, que é dever da legislação suprir"[10]. Neste particular, Ferrajoli explana a mesma inquietação que sublinhamos nas primeiras linhas atrás.

O Direito Fundamental à Tutela Jurisdicional como Subprincípio Concretizador da Dignidade da Pessoa Humana

A democracia no Estado Democrático de Direito há de ser um processo coletivo de convivência livre, justa e solidária, assim evidenciado pelo preâmbulo da Constituição Federal.

As normas constitucionais fundamentais afirmam valores que irradiam para todo o ordenamento, assegurando o reconhecimento dos direitos fundamentais e os princípios basilares constitucionais da democracia, produzindo a eficácia irradiante.

---

8 FERRAJOLI, Luigi. *Por uma teoria dos direitos e dos bens fundamentais*. Trad. Alexandre Salim, Alfredo Copetti Neto, Daniela Cadermatori, Hermes Zaneti Junior, Sergio Cadermatori. Porto Alegre: Livraria do Advogado Editora, 2011, p. 15-16.

9 *Idem*, p. 30.

10 *Idem*, p. 16.

Os direitos fundamentais possuem dimensão objetiva e subjetiva. Portanto, as normas fundamentais não devem cumprir papel de evidenciar uma faculdade ou um poder de um único individuo, pois os valores se espraiam para toda a comunidade. Como consequência da dimensão objetiva está o dever de proteção estatal que se irradia para a ordem infraconstitucional. O Estado, então, fica obrigado a proteger os direitos fundamentais.

É no princípio da inafastabilidade do controle jurisdicional estatal que se encontra a tutela jurisdicional como direito fundamental. Os princípios têm a função de definir a lógica e a racionalidade do sistema das normas, harmonizando-o. Inspiram o sistema organizacionalmente, emprestando-lhe subsídios para a sua compreensão e interpretação.

O direito de ação decorre do princípio da inafastabilidade[11] da jurisdição. Ressalte-se que o direito de ação não se confunde com o direito de petição[12], já que este é exercido perante os órgãos públicos acerca de ilegalidades ou desvio de finalidade na atuação da administração pública, enquanto aquele se refere à lesão ou ameaça ao direito reclamado perante o poder judiciário.

A tutela jurisdicional objetiva a pacificação social, assegurando constitucionalmente ao cidadão que, em caso de violação ou ameaça ao direito, busque junto ao Estado os meios eficientes para solucionar seu conflito.

O inciso XXXV do artigo 5º constitucional não se refere, tão somente ao acesso ao judiciário, mas ao seu significado pleno. O acesso ao judiciário decorre do movimento renovatório do direito e implica em propiciar ao cidadão o amplo e irrestrito acesso ao judiciário, desde a propositura da ação até a tutela definitiva do seu conflito. O acesso à justiça é consequência lógica do exercício da função jurisdicional como monopólio estatal. [13]

---

11 Inciso XXXV do art. 5º da CF/88.

12 Inciso XXXIV do art. 5º da CF/88.

13 Aduza-se que a Constituição de Portugal prevê em seu artigo 20º o direito a uma tutela jurisdicional efetiva, ao que reconhecemos ter equivalente previsão em nosso ordenamento constitucional, no artigo 5º, inciso XXXV. Referindo-se à previsão portuguesa Canotilho assevera: "Em termos gerais – e como vem reiteradamente afirmando o Tribunal Constitucional na senda do ensinamento de Manuel de Andrade – o direito de acesso aos tribunais reconduz-se fundamentalmente ao direito a uma solução jurídica de actos e relações jurídicas controvertidas, a que se deve chegar um prazo razoável e com garantias de imparcialidade e independência possibilitando-se, designadamente, um correcto funcionamento das regras do contraditório, em termos de cada uma das partes poder deduzir as suas razões (de facto e de direito), oferecer as provas, controlar as provas do adversário e discretear sobre o valor e resultado das causas outras" (Ac. TC 86/88,DR, II, 22/8/88) CANOTILHO, J.J. Gomes. *Direito constitucional e teoria da constituição*. 7. ed. Coimbra: Almedina, 2003, p. 433.

O movimento de acesso à justiça é tratado, em obra ímpar, por Cappelletti e Garth (*Access to justice: a worldwide movement to make rights effective, a general report*), sob a figura das ondas renovatórias do acesso à justiça.[14]

À época da elaboração da referida obra, Cappelletti e Garth, vislumbraram situações que se transformariam em problemas e entraves à efetividade do processo, ou seja, os problemas que, hoje, obstaculizam a tutela jurisdicional poderiam ter sido minorados pela atuação proativa do Estado e dos pensadores do direito processual.

Cappelletti e Garth demonstraram-se, portanto, não só a preocupação e as determinantes dos problemas levantados, trazendo para a comunidade jurídica a oportunidade de (re)pensar o processo e buscar-lhe novos caminhos.

O direito à tutela jurisdicional configura-se também em uma garantia institucional, implicando a necessidade e a garantia de uma estrutura judiciária propiciadora de uma proteção jurídica eficiente.

Há muito que a boa doutrina se posiciona no sentido de que o significado do princípio da inafastabilidade da jurisdição compreende não só a ideia da garantia do direito de ação, mas também o efetivo acesso à justiça e, por via de consequência da amplitude dessa acessibilidade, a adequação e a tempestividade da tutela jurídica, traduzindo-se em verdadeira garantia das garantias constitucionais.[15]

Para que o Estado cumpra a função jurisdicional é imprescindível que a tutela jurisdicional seja efetiva. Entenda-se como efetiva a tutela adequada e tempestiva. Significa dizer que a decisão proferida pelo Estado deve chegar até o jurisdicionado no tempo certo, como também deve ser consoante à espécie e natureza do conflito submetido ao poder jurisdicional estatal.[16]

---

14 "Podemos afirmar que a primeira solução para o acesso – a primeira 'onda' desse movimento novo – foi a assistência judiciária; a segunda dizia respeito às reformas tendentes a proporcionar representação jurídica para os interesses 'difusos', especialmente nas áreas da proteção ambiental e do consumidor; e o terceiro – e mais recente – é o que nos propomos a chamar simplesmente "enfoque de acesso à justiça" porque inclui os posicionamentos anteriores, mas vai muito além deles, representando, dessa forma, uma tentativa de atacar as barreiras ao acesso de modo mais articulado e compreensivo". CAPPELLETTI, Mauro; GARTH, Bryant. Trad. Ellen Gracie Northfleet. *Acesso à justiça*. Porto Alegre: Sérgio Antonio Fabris, 1988. p. 31.

15 SILVA, Jose Afonso da. *Comentário contextual à constituição*. São Paulo: Malheiros, 2005. p. 131.

16 Código de Processo nos Tribunais Administrativos e Fiscais Português "direito de obter, em prazo razoável, uma decisão judicial que aprecie, com força de caso julgado, cada pretensão regularmente deduzida em juízo, bem como a possibilidade de fazer executar e de obter as providências cautelares antecipatórias ou conservatórias destinadas a assegurar o efeito útil da decisão".

Comunga desse pensamento Luis Guilherme Marinoni: "A busca da efetividade do processo é necessidade que advém do direito constitucional à adequada tutela jurisdicional, indissociavelmente ligado ao *due process of law*, e ínsito no princípio da inafastabilidade, que é garantido pelo princípio da separação dos poderes e que constitui princípio imanente ao próprio Estado de Direito, aparecendo como contrapartida à proibição da autotutela privada, ou dever que o Estado se impôs quando chamou a si o monopólio da jurisdição."

A efetividade, para a moderna processualística, tem valor fundamental, ao reputar-se imprescindível à tutela dos direitos.[17]

A Emenda Constitucional nº 45, de 08 de dezembro 2004, tratada como a Reforma do Judiciário, acrescenta, dentre outras alterações, o inciso LXXVIII ao artigo 5º, reforçando a inserção da tutela tempestiva aos direitos fundamentais tratados pela Constituição brasileira.

Utiliza-se a expressão reforçar por ser entendimento desse trabalho que a razoável duração do processo é um subprincípio densificador da inafastabilidade do controle jurisdicional, pelo que a tutela intempestiva revela desserviço estatal e porque, também, há muito já se encontra prevista pela Convenção Americana dos Direitos do Homem, ratificada pelo Brasil em 1992, que proclamava garantias judiciais em seu artigo oitavo:[18] "Toda pessoa terá o direito de ser ouvida, com as devidas garantias e dentro de um prazo razoável, por um juiz ou Tribunal competente, independente e imparcial, estabelecido anteriormente por lei, na apuração de qualquer acusação penal formulada contra ela, ou na determinação de seus direitos e obrigações de caráter civil, trabalhista, fiscal ou de qualquer outra natureza."

A razoável duração do processo prevista pela Constituição não tem função inovadora, mas sim a de particularizar e reforçar a necessidade da entrega tempestiva da prestação jurisdicional. Inserida dentre os direitos fundamentais, reafirma para o Estado, uma obrigação, um dever a ser prestado ao cidadão.

Verifique-se que J. J. Gomes Canotilho já entendia que "não bastaria apenas garantir o acesso aos tribunais[19], mas sim, e principalmente, possibilitar aos

---

17 Toma-se consciência, cada vez mais clara da função instrumental do processo e da necessidade de fazê-lo desempenhar de maneira efetiva o papel que lhe toca. MOREIRA, José Carlos Barbosa. In *Temas de direito processual*. Terceira Série, São Paulo: Saraiva. 1984, p. 3.

18 "Conclui-se, portanto, que também em nosso país, o direito ao processo sem dilações indevidas, como corolário do devido processo legal, vem expressamente assegurado ao membro da comunhão social por norma de aplicação imediata (art. 5º, § 1º, CF)". TUCCI, José Rogério Cruz e. *Tempo e processo*. São Paulo: Revista dos Tribunais, 1997, p. 86.

19 Art. 20º/4 da Constituição da República Portuguesa: "Todos têm direito a que uma causa em que intervenham seja objecto de decisão em prazo razoável e mediante processo equitativo."

cidadãos a defesa de direitos e interesses legalmente protegidos através de um acto de jurisdictio"[20]

Também José Carlos Vieira de Andrade afirmava que "esses direitos (pelo menos esses) devem ser considerados como patrimônio espiritual comum da humanidade e não admitem, hoje, nem mais de uma leitura, nem pretextos econômicos ou políticos para a violação de seu conteúdo essencial."[21]

O inciso constitucional acrescido evidencia algo que a doutrina já defendia há muito: a efetividade da tutela jurisdicional importa em tempestividade. Isto porque o direito tutelado intempestivamente traduz-se em negação da prestação jurisdicional, porque não se faz mais necessária a quem lhe reclamou.

Portanto, não basta propiciar apenas o acesso ao judiciário ou uma resolução do mérito. Imprescindível é, a despeito de minimizar o conflito, que o sistema ofereça aos participantes do processo resultados justos e efetivos.

Para tanto é necessário haver por parte do legislador processual a constante preocupação com a estreita relação entre a adequação e a tempestividade da tutela jurisdicional dos direitos, como viabilizadoras do princípio da dignidade humana. A decisão tardia terá o condão de consumir o efeito reparador, tanto quanto se retarde o reconhecimento judicial dos direitos, pelo transcurso do tempo razoável para a solução da causa.[22]

A efetividade da tutela jurisdicional está condicionada à técnica processual adequada, a um procedimento que viabilize a participação dos indivíduos e a resposta dada pelo judiciário.

Em verdade, os princípios constitucionais[23] que orientam o processo podem ser traduzidos na garantia do devido processo legal, o qual aqui se qualifica como subprincípio densificador do Estado Democrático de Direito.

---

20 CANOTILHO, J. J. Gomes. *Direito constitucional e teoria da constituição*. 7. ed. Coimbra: Almedina, 2003.p. 423.

21 ANDRADE, Jose Carlos Vieira, *Os direitos fundamentais na constituição portuguesa de 1976*, 2. ed. Coimbra: Almedina, p. 34.

22 "Não se pode olvidar, nesse particular, a existência de dois postulados que, em princípio, são opostos: o da segurança jurídica, exigindo, como já salientado, um lapso temporal razoável para a tramitação do processo, e o da efetividade deste, reclamando que o momento da decisão final não se procrastine mais do que o necessário. Obtendo-se um equilíbrio destes dois regramentos – segurança/celeridade –, emergirão as melhores condições para garantir a justiça no caso concreto, sem que, assim, haja diminuição no grau de efetividade da tutela jurisdicional". TUCCI, *Ob. cit.*, p. 67.

23 "Desdobram-se estas garantias: a) de acesso à justiça; b) do juiz natural ou pré-constituído; c) de tratamento paritário dos sujeitos parciais do processo; d) da plenitude de defesa, com todos os meios e recursos a ela inerentes; e) da publicidade dos atos processuais e da motivação das decisões jurisdicionais; e f) da tutela jurisdicional dentro de um lapso temporal razoável." *Idem*, p. 86.

O princípio do devido processo legal se traduz em garantia constitucional cuja violação traça uma rota de colisão em direção ao Estado Democrático de Direito. Portanto, macular os princípios que dão substância e sustentação ao devido processo legal significa, em última análise, fulminar o Estado Democrático de Direito.

Nesse momento, cabe sublinhar alguns fatores ou situações que concorrem para a demora excessiva da entrega da prestação jurisdicional.

É de Cruz e Tucci o seguinte delineamento da lentidão no processamento das ações nos tribunais brasileiros: "Na realidade, o exame conjunto da problemática que circunda a intempestividade da tutela jurisdicional aponta que as causas da demora em nosso país podem, em princípio, ser agrupadas em três itens, a saber: fatores institucionais; fatores de ordem técnica e subjetiva e aos fatores derivados da insuficiência material."[24]

Destaca-se ainda, pois, que a lentidão dos processos judiciais não se fulcra em um problema iminentemente nacional. Trata-se de um problema transcontinental. A vagareza processual preocupa o Japão, vários países da Europa e também os Estados Unidos. [25] A Constituição norte-americana, ao promulgar a 6ª emenda, evidencia também a preocupação com o processamento em tempo hábil.[26] O *speedy trial* é uma das liberdades fundamentais trazidas pelo Bill of Rights, ainda que sua aplicação tenha incidência no processo penal.

É perceptível que o Poder Judiciário não tem desempenhado seu papel de forma eficiente, como preconiza o artigo 37 da Constituição Federal, tão pouco tem o processo demonstrado ser um instrumento efetivo. A justiça é o ponto nodal do Direito e a eficiência do Poder Judiciário será alcançada sempre que se conseguir fazer justiça. O processo tem sido apontado, por parcela significativa da comunidade jurídica, como o grande responsável pela inefetividade do Estado na prestação da tutela jurisdicional. Não parece ser verdadeira e justa esta afirmação.

---

24 *Idem*, p. 99.

25 A respeito consulte-se MOREIRA, Jose Carlos. O futuro da justiça: alguns mitos, *In: Temas de direito processual*. Oitava Série. São Paulo: Saraiva, 2004, p. 1-14. Sobre a duração dos processos na justiça brasileira, consulte. Id., Duração dos processos: discurso e realidade. Diário Oficial do Estado do Rio de Janeiro. Suplemento do Tribunal de Justiça, Parte III, 1999.

26 VI Amendement of the United States Constitution: "*In all criminal prosecutions, the accused shall enjoy the right to a speedy and public trial, by an impartial jury of the State and district wherein the crime shall have been committed, which district shall have been previously ascertained by law, and to be informed of the nature and cause of the accusation; to be confronted with the witnesses against him; to have compulsory process for obtaining witnesses in his favor, and to have the Assistance of Counsel for his defence.*"

Atribuir como causa exclusiva da morosidade processual brasileira ao processo civil ou aos diplomas processuais seria reduzir de forma muito simplória uma questão extremamente complexa.

Na opinião de Jose Carlos Barbosa Moreira a ideia de que a justiça brasileira é morosa ou que aqui a prestação da tutela jurisdicional é mais lenta do que em países mais desenvolvidos é um mito, que não justifica acalentar.[27] Não são diferentes também as razões apontadas como causas da crise judiciária em terras estrangeiras.[28]

Na lição do processualista lusitano José Lebre de Freitas: "Em tempo de crise da justiça, é normal que se questione o papel nela desempenhado pelo direito processual civil. Menos natural é a tendência para ver na lei de processo a origem, ou o mais importante fator de agravamento dessa crise. Esta imputação é, porem, quer em Portugal quer em outros países, um hábito. O processo civil aparece assim, com frequência, como bode expiatório de deficiências na orgânica judiciária, na preparação de magistrados, advogados e funcionários judiciais e no controle do funcionamento do sistema da justiça. (...) De qualquer modo, os atrasos escandalosos dos processos cíveis, que, nos últimos anos, além de terem passado a constituir a regra nas causas mais complicadas, se tornaram

---

27 "Comecemos pelos Estados Unidos: consoante duas fontes autorizadas, em muitos lugares um feito civil de itinerário completo (isto é, que chegue ao *trial*) dura comumente, no primeiro grau de jurisdição, nada menos que três a cinco anos. Quanto à Inglaterra, com referência ao ano de 1990, aponta-se uma distância média de 145, 3 semanas (ou seja, 2,78 anos) entre o writ inicial e a extinção do processo, com *trial* ou sem ele. Não discrepam os números concernentes à Austrália: a julgar pelos resultados de pesquisa levada a cabo pelo *New South Wales Government Insurance Office,* a respeito de causas relativas a acidentes de tráfego, foi de 38 meses (mais de 3 anos, portanto) o tempo médio necessário para conduzir a termo o feito" MOREIRA, Jose Carlos Barbosa. Notas sobre alguns aspectos do processo (civil e penal) nos países anglo-saxônicos. In: *Temas de direito processual.* Sétima Série. Rio de Janeiro: Saraiva, 2001, p. 169.

28 "Em termos genéricos, tenho por seguro que a chamada crise da justiça é, fundamentalmente, crise na justiça, enfatizada por uma *crise geral societária.* Com efeito, toda a crise de valores, designadamente ao nível da família, da escola, das religiões etc., juntamente com um melhor conhecimento dos direitos de cidadania e um patente espírito de litigância, tudo isso inundou os tribunais de problemas, sem que tivesse sido previsto que isso aconteceria e, portanto, sem que os tribunais tivessem sido dotados de meios para a adequada resposta. Por outro lado, há realmente factores internos do serviço de justiça, demasiado formalistas, burocratizados, regulamentaristas que, sempre, seriam negativos, e que foram potencializados pelos factores que vieram de fora do sistema judiciário. Ou seja, justifica-se uma refundação judiciária passando por revisão de pontos estruturantes do respectivo sistema que, demasiadas vezes, longe de viabilizarem decisões oportunas, permitem excessivas delongas". Processuais". FERREIRA, Jaime Octávio Cardona. Justiça em crise? Crises da justiça *In: Justiça em crise? Crises da justiça.* Lisboa: Publicações Dom Quixote, 2000, p. 209-210.

habituais nas causas de pouca complexidade, têm, fundamentalmente, origem em circunstâncias exógenas às normas processuais."[29]

Como se pode inferir, muitas são as causas que concorrem para o lento processamento das demandas, como o comportamento das partes, a complexidade do litígio, a atuação do órgão jurisdicional, a estrutura administrativa deficitária do judiciário, a estrutura do processo, a diminuta agressividade da legislação processual, a reduzida experiência na realidade da Administração Pública (tão diferente da esfera privada) e a falta de ética tão debatida ultimamente.

O processo judicial não pode ser visto apenas como o único instrumento hábil à solução de conflitos, é, antes de tudo, meio através do qual o Estado propiciará a participação democrática da sociedade, concretizando os valores de justiça, solidariedade, igualdade e dignidade humana. O processo será meio eficaz de concretizar uma vida mais digna para o jurisdicionado, tanto mais se aproxime das reais necessidades da sociedade.

Será justo o processo construído nos ditames do Estado Democrático de Direito sempre que, seja assegurado o contraditório, dispense atos inúteis, iniba a atuação desleal das partes, propicie as partes influir no provimento final, seja processado no tempo capaz de não tornar insuportável os danos causados pelo desconforto de qualquer litígio e que jamais descuide do devido processo legal.

O Direito Fundamental ao Devido Processo Legal

O *Princípio do Devido Processo Legal* está previsto no artigo 5º, inciso LIV, da CRFB/88.

> "Embora o termo em inglês *due process of law* tivesse sido utilizado, pela primeira vez, em 1354, no reinado de Eduardo III, na Inglaterra, sua origem remonta à Magna Carta (art. 39), de 1215, assinada por João sem Terra. Nota-se que embora a garantia do devido processo legal tenha surgido com índole eminentemente processual, adquiriu, posteriormente, relevante aspecto de direito material. Assim, teríamos dois aspectos distintos:
>
> a) *Substantive due process of law* – representando a garantia do trinômio vida, liberdade e propriedade;
>
> b) *Procedural due process of law* – entendido como garantia do pleno acesso à Justiça (ou, como prefere Kazuo Watanabe, "acesso a uma ordem jurídica justa").

---

29 FREITAS, Jose Lebre de. A crise e o processo civil. *In*: BARRETO, António. *Justiça em crise? Crises da justiça*. Lisboa: Publicações Dom Quixote, 2000, p. 275-276.

Assim, sendo fruto de importação do direito anglo-saxônico, o princípio representa, sob este último aspecto, um conjunto de garantias constitucionais (ou o núcleo central da maioria das garantias processuais) destinadas a assegurar às partes o exercício de suas faculdades e poderes processuais, bem como a legitimidade do exercício da jurisdição. Decorrem dele outros importantes princípios processuais, como o do contraditório e o da ampla defesa, também consagrados em sede constitucional."[30] [31]

Em verdade, o *devido processo legal* deve ser entendido como o conjunto de garantias constitucionais que, por um lado, asseguram às partes o pleno exercício de suas faculdades e poderes processuais e, por outro, indispensáveis são a total coerência na aplicação do exercício da jurisdição. Pressupõe-se que tal princípio repouse em um procedimento regular, previamente estabelecido, com atos sem vícios insanáveis ou insupríveis, contraditório com real igualdade de 'armas' e tratamento, juiz natural, investido na forma da lei, coerente, competente e imparcial. Deve-se advertir que nele não se pode falar quando

---

30 PINHO, Humberto Dalla Bernardina de. *Teoria Geral do Processo Civil Contemporâneo*. Rio de Janeiro: Lumen Juris, 2007, p. 26-27.

31 Devido processo legal e negativa de prestação jurisdicional – Em conclusão, a 1ª Turma, por maioria, não conheceu de recurso extraordinário interposto de acórdão que, em ação de responsabilidade civil fundada em atendimento médico inadequado, mantivera a condenação do recorrente ao pagamento de indenização por danos material e moral. Alegava-se, na espécie, ofensa ao art. 5º, LIV e LV, da CF, ao argumento de que a Corte de origem teria modificado a causa de pedir invocada pela autora, ao embasar sua decisão em prova inidônea e se recusado a prestar jurisdição quanto à existência de julgamento extra petita. Ademais, sustentava-se a desnecessidade de prequestionamento, uma vez que a decisão recorrida revelaria error in judicando, bem como se aduzia que o desprovimento dos embargos de declaração a ela opostos implicara inobservância aos princípios constitucionais do acesso ao Poder Judiciário e da ampla defesa. No caso, o recurso especial, já transitado em julgado, apresentado simultaneamente com o apelo extremo fora provido, em parte, para excluir o ora recorrente da condenação pelo dano material e reduzir o valor da indenização por dano moral — v. Informativo 486. RE 422558/SP, rel. orig. Min. Marco Aurélio, red. p/ o acórdão Min. Cármen Lúcia, 16.8.2011 (RE-422558).

"Ação direta de inconstitucionalidade. Art. 51 da Lei 15.301, de 10-8-2004, do Estado de Minas Gerais.

Aplicação imediata de suspensão preventiva a servidor da Polícia Civil, assim que recebida a denúncia pela prática de determinados crimes. (...) A suspensão preventiva dos membros da Polícia Civil do Estado de Minas Gerais está a se revelar como consequência automática do recebimento da denúncia pelo Poder Judiciário. Automaticidade que viola as garantias constitucionais do devido processo legal, do contraditório e da ampla defesa (incisos LIV e LV do art. 5º). Existência de outra lei estadual que adota idêntica medida cautelar administrativa, admitindo a suspensão, pelo prazo máximo de noventa dias, no curso de um processo administrativo específico, garantidos o contraditório e a ampla defesa. Ação direta que se julga procedente." (ADI 3.288, Rel. Min. Ayres Britto, julgamento em 13-10-2010, Plenário, DJE de 24-2-2011.)

meramente formal ou em relação àquele que, pela sua demora, permite o sacrifício do direito do autor, considerando que o processo deve ser visto como uma espécie de contrapartida que o Estado oferece aos cidadãos diante da proibição da autotutela.[32]

No RMS 28.517 AgR/DF, em 25/03/2014, o Ministro Celso de Mello decidiu que "a jurisprudência do Supremo Tribunal Federal tem reafirmado a essencialidade do princípio que consagra o '*due process of law*', nele reconhecendo uma insuprimível garantia, que, instituída em favor de qualquer pessoa ou entidade, rege e condiciona o exercício, pelo Poder Público, de sua atividade, ainda que em sede materialmente administrativa, sob pena de nulidade do próprio ato punitivo ou da medida restritiva de direitos. Precedentes. Doutrina. – Assiste, ao interessado, mesmo em procedimentos de índole administrativa, como direta emanação da própria garantia constitucional do '*due process of law*' (CF, art. 5º, LIV) – independentemente, portanto, de haver previsão normativa nos estatutos que regem a atuação dos órgãos do Estado –, a prerrogativa indisponível do contraditório e da plenitude de defesa, com os meios e recursos a ela inerentes (CF, art. 5º, LV). – Abrangência da cláusula constitucional do '*due process of law*', que compreende, dentre as diversas prerrogativas de ordem jurídica que a compõem, o direito à prova. – O fato de o Poder Público considerar suficientes os elementos de informação produzidos no procedimento administrativo não legitima nem autoriza a adoção, pelo órgão estatal competente, de medidas que, tomadas em detrimento daquele que sofre a persecução administrativa, culminem por frustrar a possibilidade de o próprio interessado produzir as provas que repute indispensáveis à demonstração de suas alegações e que entenda essenciais à condução de sua defesa. – Mostra-se claramente lesiva à cláusula constitucional do '*due process*' a supressão, por exclusiva deliberação administrativa, do direito à prova, que, por compor o próprio estatuto constitucional do direito de defesa, deve ter o seu exercício plenamente respeitado pelas autoridades e agentes administrativos, que não podem impedir que o administrado produza os elementos de informação por ele considerados imprescindíveis e que sejam eventualmente capazes, até mesmo, de infirmar a pretensão punitiva da Pública Administração."[33]

O Direito Fundamental à Igualdade entre as Partes

A cláusula geral enunciada no *caput* do artigo 5º da CRFB/88. É um direito fundamental em sentido formal que se projeta em todo o ordenamento jurídico,

---

32 GAIO JÚNIOR, Antônio Pereira. *Instituições de Direito Processual*. 3. ed. Salvador: JusPodivm, 2017, p. 131.

33 Disponível em: <http://www.stf.jus.br/portal/jurisprudencia>. Acesso em: 15 dez. 2023.

com aplicabilidade imediata (art. 5º, § 1º, da CRFB/88), restando imune ao poder constituinte reformador (art. 60, § 4º, IV, da CRFB/88).

Para Wilson Steinmetz, o princípio constitucional da igualdade "do ponto de vista do conteúdo (significado e estrutura), o princípio da igualdade a rigor não veicula somente *uma* norma jurídica, mas um *feixe* de normas jurídicas – normas jurídicas autônomas (entre si). Isso é o que resulta de uma descrição-interpretação correta do princípio da igualdade tal como enunciado no *caput* do art. 5" da CF: 'todos são iguais perante a lei, sem distinção de qualquer natureza [...]'. Esse enunciado normativo pode ser denominado *cláusula geral de igualdade*. Essa formulação linguística segue um padrão generalizado nos textos constitucionais contemporâneos. Esse padrão consiste na enunciação da igualdade de todos perante a lei e na proibição de discriminações, cujos fatores (de discriminação) o próprio texto constitucional enumera, embora não exaustivamente. Em regra, os fatores especificados são origem, cor, idade, raça, religião, sexo, situação econômica, posição social, entre outros. Na CF, há fatores de discriminação enunciados no inciso IV do art. 3º (origem, raça, sexo, cor e idade), nos incisos XXX (sexo, idade, cor e estado civil), XXXI (saúde) e XXXII (trabalho) do art. 7º e no § 6º do art. 227 (filiação). Outros fatores de discriminação possíveis, porém não especificados, são abrigados pelo inciso IV do art. 3º ('e quaisquer outras formas de discriminação') e inciso XLI do art. 5º ('qualquer discriminação atentatória dos direitos e liberdades fundamentais'). São cláusulas de abertura para a valoração e inclusão constitucionais de outros fatores socialmente relevantes de discriminação."[34]

O Direito Fundamental ao Juiz Natural

A Constituição da República estabelece em seu art. 5º, inciso XXXVII, que "não haverá juízo ou tribunal de exceção", bem como no inciso LIII "ninguém será processado ou sentenciado senão pela autoridade competente". A proibição da existência e criação de tribunais de exceção é o complemento do princípio do juiz natural. Nelson Nery Júnior entende que "a garantia do juiz natural é tridimensional: a) não haverá juízo ou tribunal *ad hoc* (de exceção); b) todos têm direito de submeter-se a julgamento (civil ou penal) por juiz competente, pré-constituído na forma da lei e c) o juiz competente tem de ser imparcial.[35] Note-se que a existência de justiças especializadas (trabalhista, militar, eleitoral) não configura violação ao princípio em questão, bem como a prerrogativa de foro que se concede a alguém em razão do interesse público.[36]

---

34 STEINMETZ, Wilson. *A Vinculação dos Particulares a Direitos Fundamentais*. São Paulo: Malheiros, 2004, p. 234-235.

35 GAIO JÚNIOR, Ob.cit., p. 67.

36 Como exemplo, o art. 52, inciso II da CF/88.

O Direito Fundamental ao Contraditório e da Ampla Defesa

Tal princípio possui uma relação estreita com o princípio da igualdade, porém trata, especificamente, da garantia constitucional que assegura ao réu ampla oportunidade de defesa (art. 5º, inciso LV, da CF), contrapondo-se à tese exposta pelo autor (tese → antítese).

O CPC, verdadeiramente, garante o contraditório substancial, reconhecendo-o como um verdadeiro direito de influir nas decisões, como de fato demonstra a inteligência do art. 9º, contemplando ainda em outras diversas passagens, a inequívoca garantia de seu respeito e realização, dentre elas os artigos que abrem o primeiro capítulo do referido *Codex*, mais precisamente em seu Livro I "Das Normas Processuais Civis", Capítulo único "Das Normas Fundamentais e da Aplicação das Normas Processuais":

> "*Art. 7º É assegurada às partes paridade de tratamento em relação ao exercício de direitos e faculdades processuais, aos meios de defesa, aos ônus, aos deveres e à aplicação de sanções processuais, competindo ao juiz zelar pelo efetivo contraditório.*
>
> *Art. 9º Não se proferirá decisão contra uma das partes sem que ela seja previamente ouvida.*
>
> *Parágrafo único. O disposto no caput não se aplica:*
>
> *I* – à tutela provisória de urgência;
>
> *II* – às hipóteses de tutela da evidência previstas no art. 311, incisos II e III;
>
> *III* – à decisão prevista no art. 701.
>
> *Art. 10. O juiz não pode decidir, em grau algum de jurisdição, com base em fundamento a respeito do qual não se tenha dado às partes oportunidade de se manifestar, ainda que se trate de matéria sobre a qual deva decidir de ofício.*"

Por outro lado, insta ressaltar que, dentro da processualística civil moderna, ressalvados os casos relacionados a direitos indisponíveis, pode o rito processual caminhar sem a presença do réu, não obstante o mesmo ter sido validamente citado ou intimado. Nestes casos, não há de se vislumbrar uma possível transgressão ao princípio em tela, visto que o dito réu era conhecedor da demanda (lide) formulada contra o mesmo, contudo optando por permanecer inerte, tornando-se revel (art. 344 do CPC).

Em se tratando de processo penal ou mesmo de processo civil (litígios relacionados a direitos indisponíveis), o contraditório há de ser efetivo, real e substancial, pois que mesmo sendo o réu revel, o juiz nomeará um defensor dativo (arts. 261 e 263 do CPP) ou será defendido pelo Ministério Público (art. 72, inciso II do CPC).

Deverá ainda o princípio do contraditório e da ampla defesa respeitar dois elementos integrativos e que o constituem:

a) a informação (citação, intimação, notificação);
b) a reação (com a devida exceção quanto à revelia nos casos de direitos disponíveis).

Por tudo, deve o contraditório hoje, além do respeito a tais elementos integrativos, possuir como substância a ideia da participação no processo como direito de influir em seus rumos. Trata-se do denominado "direito de influência", em que o juiz não somente tem o dever de velar pelo contraditório entre as partes, como também necessariamente de se submeter a ele.[37]

> "O contraditório é consequência do princípio político da participação democrática e pressupõe: a) audiência bilateral: adequada e tempestiva notificação do ajuizamento da causa e de todos os atos processuais através de comunicações preferencialmente reais, bem como ampla possibilidade de impugnar e contrariar os atos dos demais sujeitos, de modo que nenhuma questão seja decidida sem essa prévia audiência das partes; b) direito de apresentar alegações, propor e produzir provas, participar da produção das provas requeridas pelo adversário ou determinadas de ofício pelo juiz e exigir a adoção de todas as providências que possam ter utilidade na defesa dos seus interesses, de acordo com as circunstâncias da causa e as imposições do direito material; c) congruidade dos prazos: os prazos para a prática dos atos processuais, apesar da brevidade, devem ser suficientes, de acordo com as circunstâncias do caso concreto, para a prática de cada ato da parte com efetivo proveito para a sua defesa; d) contraditório eficaz é sempre prévio, anterior a qualquer decisão, devendo a sua postergação ser excepcional e fundamentada na convicção firme da existência do direito do requerente e na cuidadosa ponderação dos interesses em jogo e dos riscos da antecipação ou da postergação da decisão; e) o contraditório participativo pressupõe que todos os contrainteressados tenham o direito de intervir no processo e exercer amplamente as prerrogativas inerentes ao direito de defesa e

[37] No mesmo sentido, ver MARINONI, Luiz Guilherme; ARENHART, Sérgio Cruz; MITIDIERO, Daniel. *Novo Código de Processo Civil comentado*. São Paulo: RT, 2015, p. 107-108.

que preservem o direito de discutir os efeitos da sentença que tenha sido produzida sem a sua plena participação."[38]

O Direito Fundamental da Inafastabilidade do Controle Jurisdicional

O princípio da inafastabilidade é conhecido também como princípio da inafastabilidade do poder jurisdicional estatal, princípio do direito de ação[39] e princípio da inafastabilidade do controle jurisdicional.

A Constituição de 1988 trouxe em seu art. 5º, inciso XXXV, a seguinte disposição: "a lei não excluirá da apreciação do Poder Judiciário lesão ou ameaça a direito."

O conteúdo deste princípio não se restringe à mera garantia de propiciar ao cidadão a sua "chegada" ao judiciário, mas sim a sua "saída" de preferência satisfatória. Entendemos que o constituinte buscou garantir o acesso à justiça em seu pleno sentido, assim compreendido como o direito à prestação jurisdicional adequada. Tutela adequada é aquela apta a conferir o direito a quem o possui, entregando o bem da vida em tempo razoável, razão pela qual consideramos a Emenda Constitucional nº 45, que acresce o inciso LXXVIII ao art. 5º, de 8 de dezembro de 2004, que prevê "a todos, no âmbito judicial e administrativo, são assegurados a razoável duração do processo e os meios que garantam a celeridade de sua tramitação" uma ratificação para a previsão do princípio da inafastabilidade.

Lembramos que já na Convenção Americana sobre Direitos Humanos (Pacto de San José da Costa Rica), de 22 de novembro de 1969, tratando das garantias judiciais, o seu art. 8º preceitua:

> "*1. Toda pessoa tem direito a ser ouvida, com as devidas garantias e dentro de um prazo razoável, por um juiz ou tribunal competente, independente e imparcial, estabelecido anteriormente por lei, na apuração de qualquer acusação penal formulada contra ela, ou para que se determinem seus direitos ou obrigações de natureza civil, trabalhista, fiscal ou de qualquer outra natureza.*"[40] (grifo nosso)

---

38 ANDOLINA, Italo; VIGNERA, Giuseppe. *Il modello costituzionale del processo civile italiano*, ed. G.Giappichelli: Torino, 1988, p. 109-110.

39 NERY JÚNIOR, Nelson. *Princípios do Processo Civil na Constituição Federal*. 7. ed. São Paulo: Revista dos Tribunais, 2002. p. 98.

40 MELLO, Cleyson de Moraes, FRAGA, Thelma Araújo Esteves. *Direitos Humanos Coletânea de Legislação*. Rio de Janeiro: Freitas Bastos, 2003, p. 119-120.

Tal tratado foi ratificado pelo Brasil e integrado ao nosso ordenamento através do Decreto nº 678, de 6 de novembro de 1992, em conformidade com o art. 5º parágrafo 2º da CRFB/88 que dispõe que "os direitos e garantias expressos nesta Constituição não excluem outros decorrentes do regime e dos princípios por ela adotados, ou dos tratados internacionais em que a República Federativa do Brasil seja parte", surgindo, neste momento, o direito ao processo em prazo razoável, a garantia de um processo sem dilações.

O Direito Fundamental à Publicidade

O direito fundamental à publicidade dos atos processuais está previsto no artigo 5º, LX a CF/88. O processo deve ser público, excepcionalmente sigiloso.

O Direito Fundamental à Motivação das Decisões

O princípio da motivação das decisões judiciais encontra-se no artigo 93, inciso X da CF/88 (X – as decisões administrativas dos tribunais serão motiva das e em sessão pública, sendo as disciplinares tomadas pelo voto da maioria absoluta de seus membros).

Aqui, vale destacar, as lições de Michele Taruffo ao afirmar que "*Infine, un´ulteriore funzione strumentale di importanza essenziale viene svolta dalla garanzia della motivazione in connessione con il principio fondamentale del diritto di difesa delle parti (...). La motivazione della sentenza, infatti, consente di controllare se il giudice ha assicurato il rispetto dei diritti della difesa. Il problema non riguarda, tuttavia, solo la possibilità di verificare che le parti abbiano potuto svolgere tutto le attività processuali in cui si esplica la difesa, ma anche e soprattutto di verificare l´efficacia delle difese delle parti sul convincimento del giudice.*"[41]

O Direito Fundamental à Inadmissibilidade da Prova Ilícita

O Princípio da Inadmissibilidade da Prova Ilícita está definido no artigo 5º, inciso LVI da CF/88. Este princípio determina que "LVI – *são inadmissíveis, no processo, as provas obtidas por meios ilícitos.*"

O Direito Fundamental à Razoável Duração do Processo

O Princípio da Razoável Duração do Processo está previsto no artigo 5º, inciso LXXVIII, da CF/88. O texto constitucional determina que "LXXVIII – *a*

---

41 TARUFFO, Michele. Note sulla garanzia costituzionale della motivazione. *In*: *Boletim da Faculdade de Direito*. vol. LV. Universidade de Coimbra, 1979, p. 36.

todos, no âmbito judicial e administrativo, são assegurados a razoável duração do processo e os meios que garantam a celeridade de sua tramitação."

O Direito Fundamental ao Duplo Grau de Jurisdição

O direito fundamental ao duplo grau de jurisdição é um direito fundamental implícito da CRFB/88. A Constituição de 1988 não trata do duplo grau de jurisdição de forma explícita tal como a Constituição do Império de 1824.

O duplo grau de jurisdição é encontrado na Convenção Interamericana de Direitos Humanos (conhecido como Pacto de San José da Costa Rica), no artigo 8º (Garantias Judiciais), nº 2, h, que determina: "*2. Toda pessoa acusada de um delito tem direito a que se presuma sua inocência, enquanto não for legalmente comprovada sua culpa. Durante o processo, toda pessoa tem direito, em plena igualdade, às seguintes garantias mínimas: [...] h) direito de recorrer da sentença a juiz ou tribunal superior.*"

Ferrajoli ensina que "*las garantías no son otra cosa que las técnicas previstas por el ordenamiento para reducir la distancia estructural entre normatividad y efectividad, y, por tanto, para posibilitar la máxima eficacia de los derechos fundamentales en coherencia con su estipulación constitucional.*"[42]

É dessa maneira, atrelada à noção de garantia constitucional que o duplo grau de jurisdição deve ser visto e compreendido. Daí a necessidade de controle da decisão judicial, não dispensando a necessidade de que sejam observados os requisitos impostos pela legislação para o cabimento dos recursos, qualquer que seja ele. Ora, é a lei que cria o recurso cabível contra as decisões judiciais, estabelecendo assim os requisitos que autorizam a sua interposição.

Calmon de Passos ensina que "eliminar qualquer tipo de controle da decisão é, inquestionavelmente, violar a garantia do devido processo legal. É da essência do Estado de Direito existirem controles para os atos dos órgãos detentores de poder, colocando-se os da administração pública sob o crivo da fiscalização do Legislativo, do Judiciário e da opinião pública, mediante o processo eleitoral, em um sistema de representatividade e participação. O Poder Legislativo está submetido a controles políticos e juridicionais entretanto, o Judiciário apresenta-se quase imune a controles políticos que resultem do processo eleitoral e revelam-se bem frágeis os que sobre ele são efetiváveis pelo Legislativo e pelo Executivo. Destarte, a existência, no mínimo, de controles internos ao próprio Judiciário se mostra como indeclinável, sob pena de se desnaturar uma característica básica do Estado de direito, privilegiando-se, no seu bojo, agentes

---

42 FERRAJOLI, Luigi. *Derechos y garantías: la ley del más débil.* Madrid: Editorial Trotta, 2004, p. 25.

públicos que pairem acima de qualquer espécie de fiscalização ou disciplina quanto a atos concretos de exercício de poder por eles praticados."[43]

O Direito Fundamental ao Processo Justo[44]

No cenário internacional, o final da década de 1970 apresentou, entre outras características, a preocupação de vários ordenamentos jurídicos com a efetivação dos direitos das minorias, em paralelo ao reconhecimento e busca de efetividade dos novos direitos e à crise do Estado-providência, usualmente designado como *welfare state*. Contudo, no Brasil à época, a população e os movimentos sociais ainda se debatiam contra a opressão da ditadura, restando reduzido espaço para os temas referidos.

Explicitando melhor, pode-se afirmar que, à época, o Brasil ocupava-se em pensar a segregação da população marginalizada socioeconomicamente, a situação jurídico-política decorrente do regime ditatorial, aliado à necessária ampliação dos direitos básicos da população, como saúde e habitação, inexistentes até então, em função do liberalismo-individualista que marcou historicamente a ordem jurídico-econômica nacional desde 1500.

Retrocedendo no tempo, pode-se verificar que a burocratização e o emperramento do poder judiciário têm suas raízes na fase colonial da história brasileira, quando a justiça apresentava íntima relação com a inquisição, segundo os interesses e concepção do colonizador, concretizando-se mediante um sistema procedimental de prazos e de recursos confuso e burocrático.

Assim definido o contexto histórico-sociológico, é compreensível a ausência de dados sobre o Brasil no chamado *Florence Project* de 1978, coordenado por Mauro Cappelletti e Briant Garth, fundado no *access-to-justice movement*. A falta de informações sobre o estado brasileiro não se deve à sua posição de subdesenvolvido ou à condição de país da América Latina. Para fundamentar esta inferência, basta recordar que Chile, Colômbia, Uruguai e México se fizeram presentes na referida pesquisa.

No caso brasileiro, o desencadear do movimento pelo acesso à justiça ocorreu na década de 1980, tendo como matrizes a abertura política e a reorganização da sociedade civil, que exigia nova postura jurídica frente aos conflitos que

---

43 PASSOS, José Joaquim Calmon de. O devido processo e o duplo grau de jurisdição. *In: Revista da Associação dos Juízes do Rio Grande do Sul*. Porto Alegre, vol. 25, ano IX, jul. 1982, p. 142.

44 Sobre o Processo Justo e sua relação com o Desenvolvimento como melhoria da qualidade de vida na sociedade moderna, confira, GAIO JÚNIOR, Antônio Pereira. *Processo Civil, Direitos Fundamentais Processuais e Desenvolvimento. Flexos e reflexos de uma relação. 4 ed.* Londrina: Thoth, 2024.

permeavam a realidade social, cujos movimentos mais politizados se revelavam sedentos por direitos difusos e coletivos.

Sob o ângulo da produção científica, de forma coerente com o que se verificava no cotidiano da sociedade em termos hegemônicos, a cultura judiciária e a literatura jurídica brasileira evidenciavam perfil liberal-individualista, com evidentes lacunas na abordagem analítica e propostas de soluções de conflitos de ordem coletiva e social. Do ponto de vista da prática, é, pois compreensível que o judiciário brasileiro não estivesse preparado para a solução de conflitos de natureza coletiva e social.[45]

Refletindo sobre esse período, percebe-se claramente o descompasso entre as demandas explícitas ou potenciais decorrentes da complexidade da vida moderna e as respostas anacrônicas do Poder Judiciário.

Ao refletir sobre esse processo, não se pode esquecer que a efetividade do acesso à justiça constitui um dos indicadores da redemocratização do judiciário, que passa a assumir o compromisso de reverter a situação de exclusão social a que esteve submetida significativa maioria da população, violada em seus direitos básicos, especialmente no que concerne às demandas de natureza coletiva e difusa.

Com o transcorrer do tempo e sob a influência de importantes lideranças de diferentes áreas, a consciência de cidadania emerge e adquire espaço no debate entre intelectuais e no cotidiano de cidadãos de todas as classes. Em muitos casos, mesmo em segmentos historicamente alijados da participação social, atores sociais assumem a identidade de cidadão, sujeito de direitos e da história, na transformação da sociedade e passam a buscar o atendimento de suas expectativas em relação às instituições do poder público. Certamente que esse processo foi (e ainda é) marcado por conflitos, disputas e dissenso.

O movimento de acesso à justiça é tratado, em obra ímpar, por Cappelletti e Garth (*Access to justice: a worldwide movement to make rights effective, a general report*), sob a figura das ondas renovatórias do acesso à justiça.[46]

---

[45] Sobre o assunto, ver GAIO JÚNIOR, Antônio Pereira (Coord.). *Direito e Desenvolvimento*. Curitiba: CRV, 2015.

[46] "Podemos afirmar que a primeira solução para o acesso – a primeira 'onda' desse movimento novo – foi a assistência judiciária; a segunda dizia respeito às reformas tendentes a proporcionar representação jurídica para os interesses 'difusos', especialmente nas áreas da proteção ambiental e do consumidor; e o terceiro – e mais recente – é o que nos propomos a chamar simplesmente "enfoque de acesso à justiça" porque inclui os posicionamentos anteriores, mas vai muito além deles, representando, dessa forma, uma tentativa de atacar as barreiras ao acesso de modo mais articulado e compreensivo". CAPPELLETTI, Mauro; GARTH, Bryant. Trad. Ellen Gracie Northfleet. *Acesso à justiça*. Porto Alegre: Sérgio Antonio Fabris, 1988. p. 31.

À época da elaboração da referida obra, Cappelletti e Garth vislumbraram situações que se transformariam em problemas e entraves à efetividade do processo, ou seja, os problemas que, hoje, obstaculizam a tutela jurisdicional poderiam ter sido minorados pela atuação proativa do Estado e dos pensadores do direito processual.

Cappelletti e Garth demonstraram, portanto, não só a preocupação e as determinantes dos problemas levantados, trazendo para a comunidade jurídica a oportunidade de (re)pensar o processo e buscar-lhe novos caminhos.

A *primeira onda* refere-se à superação das barreiras de ordem econômica. O processo onera as partes de várias maneiras e de forma mais contundente é sentida pelo alto custo financeiro imposto a essas. A falta de recursos financeiros materializa-se, muitas vezes, em obstáculo ao direito de ação, o que constitui flagrante violação constitucional.

Os poucos recursos financeiros refletem-se no exercício do direito de ação já a partir da contratação do patrono da causa, que conforme o poder econômico da parte, poderá influenciar na defesa dos interesses discutidos em juízo.

No Brasil a primeira onda do movimento do acesso à justiça viabilizou-se, dentre outras situações, na lei da Ação Popular (Lei nº 4.717/65), na lei da Ação Civil Pública (Lei nº 7.347/85) e na instituição dos Juizados Especiais Cíveis e Criminais no âmbito estadual e federal (Leis nº 9.099/95 e nº 10.259/01).

A *segunda onda* dedica-se aos obstáculos na defesa dos interesses difusos e coletivos, em especial às formas de representação em juízo para a defesa de tais interesses. Não há dúvida que os conflitos de massa, numa sociedade com tantas relações coletivas surgindo a cada dia, necessitam meios de solução e formas de processamento mais adequadas. O tratamento dispensado às relações travadas pela coletividade não pode ser o mesmo que o utilizado nas relações individuais. São novos direitos advindos da sociedade de massa que necessitam ser tutelados diferenciadamente, em razão de suas características e particularidades. Neste momento, então, preocupa-se o processo com as situações conflituosas ou violações de direitos que atingem grupos determinados ou indeterminados de pessoas.

Destaque-se a grande efetividade e utilidade da Ação Civil Pública[47], o Código de Defesa do Consumidor que possibilitam tutelar o direito de inúmeras pessoas, por meio dos seus legitimados, reduzindo sobremaneira o número de

---

47 A Lei nº 11.418/07 confere legitimação à Defensoria Pública para a propositura de Ação Civil Pública.

demandas individuais e a possibilidade de decisões diversas ou contraditórias diante da mesma situação fática e de direito.[48]

A sociedade moderna é uma sociedade de massa, sendo imprescindível ao ordenamento jurídico processual instrumentos que assegurem a tutela dos direitos coletivos como forma de prestigiar o exercício irrestrito do direito de ação e o princípio universal do acesso à justiça.

Com a modernização da sociedade, informatização, globalização, as demandas não só aumentaram em número, como também em intensidade.

O Poder Judiciário tem se mostrado incapaz de lidar adequadamente com diversas situações. O processo apresenta-se ineficaz para a solução adequada dos conflitos de massa e individuais. Dessa forma, necessário se faz a (re)organização dos instrumentos processuais consentâneos aos conflitos advindos das relações da modernidade.

A *terceira onda* pontua a necessidade desses instrumentos processuais. Os novos direitos consequentes dessas circunstâncias demandam, então, novos instrumentos processuais, ou pelo menos instrumentos mais eficientes. A simplificação dos procedimentos, a informatização do sistema judiciário, a interligação dos órgãos judiciais e tribunais, são exemplos concretos que ilustram as necessidades da terceira onda renovatória.

O legislador ordinário tem atuado no sentido de buscar atender a tais necessidades como pode se observar pela instituição dos Juizados Especiais, pelo Código de Defesa do Consumidor, pelo Estatuto do Idoso, pela reforma na execução, pela penhora *online*, dentre outras medidas processuais.

Destaque-se que nesse movimento não estão incluídos apenas os meios jurisdicionais, mas também o incentivo e implementação dos equivalentes jurisdicionais como a conciliação, a arbitragem e a mediação. No Brasil, entretanto, a utilização dos meios parajudiciais tem aplicação muito tímida.

A busca pelo efetivo acesso à justiça é tratada por Kazuo Watanabe[49], de forma inicial no Brasil. A referida obra estrutura quatro parâmetros sobre os quais deve se assentar o acesso à justiça, no Brasil.

A *informação,* como primeiro parâmetro, pressupõe que os beneficiários da justiça sejam corretamente instruídos sobre a atuação jurisdicional, a estruturação do poder judiciário e em especial sobre os instrumentos postos à

[48] "Entretanto, tal estudo se torna mais específico na medida em que este acesso à justiça deve ser garantido numa civil constitucional, e não apenas nas demandas individuais, mas também, e principalmente, nas demandas coletivas, pois aí residem as grandes carências e necessidades da sociedade de massa". PINHO, *Ob. cit.*, p. 1-16.

[49] WATANABE, Kazuo. Acesso à justiça e a sociedade moderna. *In*: *Participação e processo.* Rio de Janeiro: Revista dos Tribunais, 1988.

disposição do jurisdicionado, demonstrando que a informação é um direito-base do cidadão na busca do real acesso à justiça. A busca de *instrumentos processuais adequados* pode ser sentida pelas constantes alterações processuais na legislação, como verifica-se na diferenciação das tutelas, buscando maior adaptabilidade às demandas. Destaca o autor a necessidade de uma melhor *organização judiciária* como forma de bem adequar a entrega da tutela jurisdicional, ao que se destaca nesse ponto, o volume excessivo de demandas que são submetidas ao Supremo Tribunal Federal, tendo a Constituição Federal de 1988 e a Emenda Constitucional nº 45 de 2004, se mostrado incapazes de reduzir substancialmente tal competência e consequentemente, diminuir o volume de tarefa da suprema corte. Destaca o doutrinador, ainda, a remoção de obstáculos à atuação jurisdicional como verifica-se pelo incentivo dos poderes instrutórios do juiz, como forma de propiciar o alcance da verdade real, trazendo uma decisão mais adequada para o conflito e mais recentemente pela reforma da execução.

Paulo César Pinheiro Carneiro, no comando de uma equipe de pesquisadores da UERJ, desenvolveu uma pesquisa científica sobre o tema do acesso à justiça. A obra foi concebida de forma técnica e científica, focalizando os problemas da vida real, dos beneficiários da justiça e conclui delineando um quarteto principiológico estruturante do acesso à justiça no Brasil.[50]

A obra mencionada anteriormente releva em especial a estrutura dos Juizados Especiais Estaduais sob a ótica dos princípios do acesso à justiça. A *acessibilidade* é evidenciada pela remoção dos obstáculos instrumentais jurisdicionais materializados pela regionalização, pela não incidência de custas, pela

---

50 É de Paulo Cezar Pinheiro Carneiro a obra que analisa de forma científica o problema do acesso à justiça, sob o prisma principiológico: Princípio da acessibilidade: A acessibilidade pressupõe a existência de pessoas, em sentido lato (sujeitos de direito), capazes de estar em juízo, sem óbice de natureza financeira, desempenhando adequadamente o seu labor (manejando adequadamente os instrumentos legais judiciais e extrajudiciais existentes), de sorte a possibilitar, na prática, a efetivação dos direitos individuais e coletivos, que organizam uma determinada sociedade. Princípio da Operosidade: Esse princípio significa que as pessoas, quaisquer que sejam elas, que participam direta ou indiretamente da atividade judicial ou extrajudicial, devem atuar da forma mais produtiva e laboriosa possível para assegurar o efetivo acesso à justiça. Princípio da Utilidade: É fundamental que o processo possa assegurar ao vencedor tudo aquilo que ele tem direito a receber, da forma mais rápida e proveitosa possível, com o menor sacrifício para o vencido. Princípio da Proporcionalidade: Não são raras as vezes que o juiz tem dificuldade para decidir a questão controvertida, ocasionando um verdadeiro dilema na escolha do caminho mais adequado [...]. Para sair deste dilema o julgador projeta e examina os possíveis resultados, as possíveis soluções, faz a comparação entre os interesses em jogo, e, finalmente, a opção, a escolha daquele interesse mais valioso". CARNEIRO, Paulo César Pinheiro. *Acesso à justiça: juizados especiais cíveis e a ação civil pública*. 2. ed. Rio de Janeiro: Forense, 2000, p. 57.

possibilidade de dispensar o advogado nas causas inferiores a vinte salários, por exemplo. A *operosidade* pressupõe uma atuação ética dos sujeitos, a busca da verdade real e a participação popular, como se observa na instituição da atuação dos juízes leigos, no incentivo à conciliação. O princípio estruturante da *utilidade* revela-se pela disposição de assegurar aos litigantes a forma mais adequada à solução do litígio, objetivando o mínimo de desgaste processual, como se verifica pelos princípios informadores da oralidade, da simplicidade, da informalidade e da economia processual, bem como a adoção das tutelas de urgência e a execução específica. Revelam o princípio estruturante da *proporcionalidade* as disposições que autorizam uma decisão justa e equânime, por evidenciarem a busca da aceitação bilateral do autor e do réu, como forma de propiciar uma tutela jurisdicional tempestiva.

Pela criação dos Juizados Especiais consagrada está a descentralização da justiça, a defesa individual dos menos favorecidos, a simplicidade procedimental, o exercício da cidadania, o incentivo aos meios alternativos de solução de conflito, por meio de equivalentes jurisdicionais, conducentes a uma justiça participativa e ao caráter pedagógico do processo e da atuação jurisdicional. Registre-se que a instituição e implantação dos Juizados de Pequenas Causas, pela Lei nº 7.244/84, estes que antecederam aos Juizados Especiais Cíveis atuais, evidenciam a tentativa inicial de imprimir maior informalidade, maior acessibilidade e celeridade ao processamento das demandas, porém não tiveram o mesmo êxito do seu sucessor.[51]

Os doutrinadores pátrios que se dedicam a (re)pensar o acesso à justiça têm procurado, com frequência, tratar conceitualmente o instituto. Contudo, não raras às vezes, concluem por pontuar a dificuldade de precisar tal conceito.

Ainda que a expressão seja de difícil conceituação, como assevera Cappelletti[52], acesso à justiça importa na máxima garantia de amplitude e efetividade na tutela ao jurisdicionado. Assim concebido, o acesso à justiça deve abarcar, não somente a defesa dos direitos e a possibilidade de acesso aos tribunais, mas a garantia de proteção material dos direitos protegidos a todos os cidadãos, independente de sua condição socioeconômica-cultural, ou de qualquer outra circunstância.

---

51 Ver GAIO JÚNIOR, Antônio Pereira. *O Processo nos Juizados Especiais Cíveis Estaduais, Federais e da Fazenda Pública*. 2. ed. Belo Horizonte: Del Rey, 2015.

52 "A expressão acesso à justiça é reconhecidamente de difícil definição, mas serve para determinar duas finalidades básicas do sistema jurídico – o sistema pelo qual as pessoas podem reivindicar seus direitos e/ou resolver seus litígios sob os auspícios do Estado. Primeiro o sistema deve ser igualmente acessível a todos; segundo ele deve produzir resultados que sejam individualmente e socialmente justos". CAPPELLETTI, *Ob. cit.*, p. 8.

Com tal entendimento, as ponderações acerca do acesso à justiça não podem prescindir do enfrentamento das questões atinentes às estruturas do Poder Judiciário, tendo em vista sua democratização e a disponibilidade dos meios adequados à entrega da tutela jurisdicional. Nesse passo, é cediço que, quando se pensa o processo como instrumento de efetivação da cidadania, a ênfase recai na tutela jurisdicional, uma vez que a solução do conflito em um breve espaço de tempo e a adequação da tutela ao direito reclamado pelo beneficiário da justiça resulta na efetividade do processo. A efetividade do processo implica o cumprimento integral de sua função social.[53]

O processo, porém, só será efetivo se trouxer como resultado a justiça em sua decisão. Por conseguinte, o processo justo está ligado um conjunto de situações, medidas e institutos processuais, atuação judicial, estrutura do Poder Judicante e garantias constitucionais capazes de assegurar o bom processamento da demanda até a real, efetiva e definitiva entrega da tutela jurisdicional.

Quadro Geral dos Direitos Fundamentais Processuais previstos na CRFB/88

DIREITOS FUNDAMENTAIS PROCESSUAIS	
Direitos Fundamentais	**Base Legal na Constituição**
Devido Processo Legal	Art. 5º, LIV, da CRFB/88.
Igualdade entre as Partes	Cláusula geral enunciada no *caput* do artigo 5º da CRFB/88.
Juiz Natural	Art. 5º, inciso XXXVII e LIII da CRFB/88.
Contraditório e da Ampla Defesa	Art. 5º, LV da CRFB/88.
Inafastabilidade do controle jurisdicional	Art. 5º, inciso XXXV da CRFB/88.
Publicidade dos Atos Processuais	Art. 5º, LX da CRFB/88.
Motivação das decisões judiciais	Art. 93, X da CRFB/88.
Inadmissibilidade da Prova Ilícita	Art. 5º, LVI da CRFB/88.
Razoável Duração do Processo	Art. 5º, LXXVIII, da CRFB/88.
Duplo Grau de Jurisdição	Princípio implícito na CRFB/88.
Ao Processo Justo	Princípio implícito na CRFB/88.

53 "A efetividade do processo, entendida como se propõe, significa a sua almejada aptidão de eliminar insatisfações, com justiça e fazendo cumprir o direito, além de valer como meio de educação geral para o exercício e respeito aos direitos e canal de participação dos indivíduos nos destinos da sociedade e assegurar-lhe a liberdade" DINAMARCO, Cândido Rangel. *Fundamentos do Processo Civil Moderno*. São Paulo: Malheiros, 2000, p. 271.

Remissões:

- Art. 5º, *caput*, da CF/88.

Art. 5º, LIV, da CF/88.

Art. 5º, inciso XXXVII e LIII da CF/88.

Art. 5º, LV da CRFB/88.

Art. 5º, inciso XXXV da CF/88.

Art. 5º, LX da CF/88.

Art. 5º, LVI da CF/88.

Art. 5º, LXXVIII, da CF/88

- Art. 93, X da CF/88.

Súmulas:

STF Vinculante nº 22: A Justiça do Trabalho é competente para processar e julgar as ações de indenização por danos morais e patrimoniais decorrentes de acidente de trabalho propostas por empregado contra empregador, inclusive aquelas que ainda não possuíam sentença de mérito em primeiro grau quando da promulgação da Emenda Constitucional nº 45/04.

STF nº 516: O Serviço Social da Indústria (SESI) está sujeito à jurisdição da Justiça Estadual.

STF nº 555: É competente o Tribunal de Justiça para julgar conflito de jurisdição entre Juiz de Direito do Estado e a Justiça Militar local.

STF nº 667: Viola a garantia constitucional de acesso à jurisdição a taxa judiciária calculada sem limite sobre o valor da causa.

STJ nº 3: Compete ao Tribunal Regional Federal dirimir conflito de competência verificado, na respectiva região, entre Juiz Federal e Juiz Estadual investido de jurisdição federal.

STJ nº 55: Tribunal Regional Federal não é competente para julgar recurso e decisão proferida por Juiz Estadual não investido de jurisdição federal.

Ação Direta de Inconstitucionalidade:

Ementa: Direito processual civil. Ações diretas de inconstitucionalidade. Análise da adequação constitucional de dispositivos do código de processo civil à luz do federalismo e dos princípios fundamentais do processo.

1. Julgamento conjunto de duas ações diretas de inconstitucionalidade contra diversos dispositivos do Código de Processo Civil (CPC) (ADI nº 5.492 e ADI nº 5.737). 2. A edição do Código de Processo Civil de 2015 consagrou a compreensão de que o processo deve ser mediador adequado entre o direito posto e sua realização prática, e não um fim em si mesmo. A necessidade de se conferir efetividade aos direitos é o principal vetor axiológico do novo sistema

processual, para cuja realização convergem os princípios da duração razoável do processo, da primazia do julgamento de mérito, da necessidade de se conferir coesão e estabilidade aos precedentes jurisdicionais, dentre outros. 3. Nas hipóteses previstas nos arts. 9º, parágrafo único, inciso II, e 311, parágrafo único, do CPC/2015, o contraditório não foi suprimido, e sim diferido, como ocorre em qualquer provimento liminar. O legislador realizou uma ponderação entre a garantia do contraditório, de um lado, e a garantia de um processo justo e efetivo, de outro, o qual compreende a duração razoável do processo, a celeridade de sua tramitação e o acesso à justiça na dimensão material. Os preceitos questionados também conferem consequências de ordem prática às teses vinculantes firmadas nos termos do CPC/2015. 4. O art. 15 do CPC/2015 não cerceia a capacidade de os entes federados se organizarem e estabelecerem ritos e regras para seus processos administrativos. O código somente será aplicável aos processos administrativos das demais entidades federativas de forma supletiva e subsidiária, caso haja omissão legislativa. Houve, na verdade, ampliação, atualização e enriquecimento das normas administrativas vigentes, possibilitando sua integração, em caso de lacunas, pelas normas do CPC. 5. A regra de competência prevista nos arts. 46, § 5º, e 52, *caput* e parágrafo único, do CPC, no ponto em que permite que estados e o Distrito Federal sejam demandados fora de seus respectivos limites territoriais, desconsidera sua prerrogativa constitucional de auto-organização. Não se pode alijar o Poder Judiciário Estadual de atuar nas questões de direito afetas aos entes públicos subnacionais. Além disso, os tribunais também possuem funções administrativas – como aquelas ligadas ao pagamento de precatórios judiciais – que não podem, sem base constitucional expressa, ser exercidas por autoridades de outros entes federados. Tal possibilidade produziria grave interferência na gestão e no orçamento públicos, além de risco ao direito dos credores à não preterição (entendimento prevalente do Ministro Roberto Barroso, vencido o relator). 6. Diante de seu caráter autorizativo, o art. 75, § 4º, do CPC não viola a autonomia dos estados-membros, não impondo a celebração do convênio. As procuradorias jurídicas estaduais e distrital, prévia e devidamente organizadas em carreira segundo os ditames da Constituição Federal, da Constituição Estadual ou da Lei Orgânica do Distrito Federal, bem como das normas constantes da lei que instituir a carreira, é que disporão, mediante ato consensual, acerca dessa cooperação mútua, mediante instrumento no qual serão definidos os contornos jurídicos dessa colaboração. Ausência de inconstitucionalidade. 7. O art. 242, § 3º, do CPC/2015, não fragilizou o direito de defesa dos entes estatais, e sim conferiu a ele maior assertividade, ao direcionar as citações ao órgão responsável por sua defesa em juízo (art. 132 da CF/88). Cada ente federado, no exercício da sua capacidade de auto-organização, pode estabelecer a quem competirá, dentro da estrutura da advocacia pública, o encargo de receber as citações que lhe forem endereçadas. Precedente: ADI nº 5.773, Rel. Min Alexandre de Moraes, red do ac. Min. Cármen Lúcia, Tribunal Pleno, DJe de 21/5/2021. 8. A Constituição de 1988 não determina a obrigatoriedade do depósito em banco público dos valores referidos nos arts. 840, inciso I, e 535, § 3º, inciso II, do CPC/2015, os quais não correspondem a "disponibilidades de caixa" (art. 164, § 3º, da CF/88). Os depósitos judiciais não são recursos públicos, não estão à disposição do Estado, sendo recursos pertencentes aos jurisdicionados. Precedentes: ADI nº 6.660, Rel. Min. Rosa Weber, DJe de 29/6/22; ADI nº 5.409, Rel. Min. Edson Fachin, Tribunal Pleno, DJe de 12/2/20. A obrigatoriedade de depósitos judiciais e de pagamento de obrigações de pequeno valor em bancos públicos cerceia a autonomia dos entes federados e configura ofensa aos princípios da eficiência administrativa, da livre concorrência e da livre iniciativa. Proposta de interpretação conforme à Constituição de 1988 com base nos parâmetros fixados pelo Conselho Nacional de Justiça no enfrentamento da matéria. 9. Os arts. 985, § 2º, e 1.040, inciso IV, do CPC, ao tempo em que asseguram maior racionalidade ao sistema, densificam o direito de acesso à justiça na perspectiva da efetivação dos direitos. A efetividade da justiça compreende uma dimensão coletiva, relativa à capacidade de gerar segurança jurídica e tratamento isonômico ao administrado no que tange aos conflitos de massa. Os dispositivos também dão concretude à defesa do consumidor de serviços públicos delegados (art. 170, inciso V, da CF/88). Ademais, nas hipóteses atacadas poderá o Poder Público responsável pelo serviço delegado participar da construção da tese, na qualidade de amicus curiae ou de experto ouvido em audiência pública. 10. O art. 1.035, § 3º, inciso III, não estabelece privilégio inconstitucional em favor da União. A presunção criada coaduna-se com o objetivo do CPC/2015 de garantir a efetividade da prestação jurisdicional, visto que o deslinde de matéria relativa à constitucionalidade de norma federal tem a aptidão de conferir solução a um número significativo de litígios. A medida promove a eficiência e a coerência na aplicação do direito e o tratamento isonômico de jurisdicionados que se encontrem na mesma situação jurídica no território nacional. A extensão da presunção às leis estaduais, distritais e municipais esvaziaria a finalidade do instituto, considerando-se a quantidade de estados e municípios da Federação Brasileira. 11. Pedido julgado parcialmente procedente para: (i) atribuir interpretação conforme à Constituição ao art. 46, § 5º, do CPC, para restringir sua aplicação aos limites do território de cada ente subnacional ou ao local de ocorrência do fato gerador; (ii) conferir interpretação conforme também ao art. 52, parágrafo único, do CPC, para restringir a competência do foro de domicílio do autor às comarcas inseridas nos limites territoriais do estado-membro ou do Distrito Federal que figure como réu; (iii) declarar a inconstitucionalidade da expressão "de banco oficial" constante do art. 535, § 3º, inciso II, do CPC/2015 e conferir interpretação conforme à Constituição ao dispositivo para que se entenda que a "agência" nele referida pode ser de instituição financeira pública ou privada; e (iv) declarar a inconstitucionalidade da expressão "na falta desses estabelecimentos" do art. 840, inciso I, da CPC/2015 e conferir interpretação conforme ao preceito para que se entenda que poderá a administração do tribunal efetuar os depósitos judiciais (a) no Banco do Brasil, na Caixa Econômica Federal ou em banco do qual o estado ou o Distrito Federal possua mais da metade do capital social integralizado, ou, (b) não aceitando o critério preferencial proposto pelo legislador e observada a realidade do caso concreto, os regramentos legais e os princípios constitucionais aplicáveis, realizar procedimento licitatório visando à escolha da proposta mais adequada para a administração dos recursos dos particulares. STF. Tribunal Pleno. ADI 5.737. Rel. Dias Toffoli, Rel. p/ Acórdão Min. Roberto Barroso, julg. em 25.04.2023, DJe-s/n.)

Enunciado das Jornadas de Direito Processual Civil do Conselho da Justiça Federal:

Nº 167 do CJF: A garantia do contraditório aplica-se nos Juizados Especiais, inclusive nos federais, gerando a necessidade de intimação das partes acerca do laudo pericial antes de ser proferida a sentença.

Enunciados do Fórum Permanente de Processualistas Civis:

Nº 369 do FPPC: O rol de normas fundamentais previsto no Capítulo I do Título Único do Livro I da Parte Geral do CPC não é exaustivo.

Nº 370 do FPPC: Norma processual fundamental pode ser regra ou princípio.

Art. 2º O processo começa por iniciativa da parte e se desenvolve por impulso oficial, salvo as exceções previstas em lei.

Notas:

Noção conceitual. Em forma de síntese, mas não menos pontual, já observara Lopes da Costa que o Processo deve ser entendido como toda atividade visando a um determinado efeito, este que não se alcança somente com um só ato.[54]

É de salientar, entretanto, que, no âmbito da Ciência Jurídica, tal instituto incorpora uma visão científica objetiva, esta que lhe dá contornos efetivos para, especificamente, indicar sua significação como instrumento de efetivação das garantias constitucionalmente asseguradas[55] bem como de realização da função jurisdicional estatal.

---

54 LOPES DA COSTA, Alfredo de Araújo. *Direito processual civil brasileiro.* Vol. I. 2. ed. Rio de Janeiro: Forense, 1947, p. 12.

55 Para Morello:"*De allí el impulso y la autonomia que postula el denominado 'Derecho Procesal Constitucional'*". MORELLO, Augusto M. *El Proceso Justo.* 2. ed. Buenos Aires: Abeledo--Perrot, 2005, p. 12.

Aliás, como já observado em outro momento da presente obra, bem leciona nestes termos Fix Zamudio, ao certificar que "*son numerosos los constitucionalistas que consideram que la verdadera garantia de los derechos de la persona humana consiste precisamente em su protección procesal, para lo cual es preciso distinguir entre los derechos del hombre y las garantias de tales derechos, que no son otras que los médios procesales por conducto de los cuales es posible su realización y eficácia.*"[56]

Como instrumento para efetivação das supracitadas garantias, é de se compreender que o Processo leva consigo toda a carga tipicamente comandada pela sua exata noção de que, mais do que um meio estatal para a tentativa de realização prática do justo, é ele instrumento social e democrático eivado de direitos e garantias imperativas que devem ser respeitadas em sintonia com o estado democrático que se presencia em dado tempo e espaço.[57] Nesse sentido é que se deve entender Elio Fazzallari, para quem "*il processo civile, nei vari tipi, è sempre coordinato all diritto sostanziale*", apontando que o processo vale pelo próprio fato do processo, como técnica de composição de manifestações em conflito, conforme existe no processo judicial, mas não só nesse[58], visto também, *v.g.*, nas negociações de pretensões laborativas, na construção de vontade em meio ao debate assemblear nas empresas ou na formação da vontade colegiada.[59]

---

56 *La protección procesal de los derechos humanos.* Madrid: Civitas, 1982, p. 51 e 54.

57 Em importantíssima síntese acerca do ambiente pelo qual o Processo opera, leciona com propriedade Michele Taruffo (*Simplemente la verdad. El juez y la construcción de los hechos.* Madrid: Marcial Pons, 2010, p. 156):

"*El proceso es, em realidad, también um 'lugar' em que se aplican normas, se realizan valores, se aseguran garantias, se reconhecen derechos, se tutelan intereses, se efectúan elecciones econômicas, se enfrentan problemas sociales, se asignan recursos, se determina el destino de las personas, se tutela la liberdad de los indivíduos, se manifiesta la autoridad del Estado... y se resuelven controvérsias por medio de decisiones deseablemente justas.*"

58 "*(...) per completezza d'informezione, giova qui constatare che I'impiego del processo si rileva anche fuori e/o a prescindere da tale ordinamento. Chi Volga lo aguardo ai molteplici gruppi che ruotano nell'orbita della comunità statuale, coglierà súbito La loro tendenza ad organizzare, nel próprio seno e per i propri membri, uma sai pur rudimentale forma di giustizia: quale che sia La rilevanza di queste funzioni all'esterno. I'impiego di schemi processuali per La risoluzione di controversie è presente all'interno di partiti, sindicati, associazioni sportive, ordini professionali e financo microcosmi privati (si pensi Allá funzione dei probiviri Che compare spesso nelle associazioni Ed anche nelle società commerciali)*". FAZZALARI, Elio. *Instituzioni di Diritto Processuale.* 7. ed. Padova: CEDAM, 1994, p. 12.

59 O STF, em firme sintonia com a ideia do devido processo legal e sua aplicabilidade extensiva aos pleitos que envolvem, em um estado de direito, a proteção plena de quaisquer ameaças ou mesmo lesão aos direitos plenos do cidadão comum, assegurando uma proteção democrática dos interesses privados, expressou no RE, n. 201.819-8, que os direitos fundamentais devem ser respeitados nas relações privadas, pontuando assim, que em todo processo que

Como instrumento de realização da função jurisdicional do Estado, convém lembrar, posto que já desenvolvida tal ideia quando falamos de Jurisdição, que o Processo Judicial reflete, indubitavelmente, o estágio histórico vivenciado pela sociedade ao qual se encontra inserido, influenciado de maneira direta por fatores culturais, históricos, sociológicos, econômicos e políticos, que lhe dão o contorno e a diretriz.

Sendo o instrumento pelo qual a jurisdição opera, está ele relacionado ao conjunto de atividades instrumentalizadas no sentido da solução da lide, implementadas através de um encadeamento de atos donde se depreende a palavra processo = *pro* + *cedere*: pender para a frente, ir adiante, caminhar, progredir bem como das relações jurídicas desenvolvidas neste percurso, relação jurídica processual.

Vê-se no processo judicial também a perspectiva de uma instituição vinculada ao meio social, como acentuou Franz Klein há mais de um século, conceituando-o como norma do Poder para proteção dos interesses da comunidade e dos bens jurídicos individuais voltados para o bem-estar social e dotada de efeitos pedagógicos[60], em harmonia com a linha hoje mais avançada do processualismo, que o identifica não só com a técnica científica, mas também com os escopos sociais e políticos em sua feição instrumentalista, ótica esta voltada para a efetividade, com preocupações de celeridade, eficiência, efetividade e acesso à ordem jurídica justa, tudo vetorizado no propósito chiovendiano de que "o processo deve dar, a quem tem um direito, tudo aquilo que ele tem o direito de obter."

---

se desenvolva em associações e outras entidades privadas deve-se respeitar o direito à ampla defesa e ao contraditório. A apreciação dessa matéria foi concluída depois de meses de discussão na 2ª Turma do Supremo Tribunal Federal.

Reforçando o presente entendimento no julgado, o Ministro Celso de Mello expressou a ideia supra de maneira responsável, pautado, inclusive, em horizontes democráticos, ao afirmar que a tese de que o estatuto das liberdades públicas "não se restringe à esfera das relações verticais entre o Estado e o indivíduo, mas também incide sobre o domínio em que se processam as relações de caráter meramente privado, reconheceu que os direitos fundamentais projetam-se, por igual, numa perspectiva de ordem estritamente horizontal."

Em síntese, portanto, ainda que as relações jurídicas que se relacionam em processos administrativos, o direito das associações privadas não é absoluto e comporta restrições, que dão lugar ao prestígio dos direitos fundamentais assegurados pela Constituição Federal. No caso concreto, decidiu-se pela não concessão de recurso à União Brasileira de Compositores (UBC) que excluiu um de seus sócios do quadro da entidade sem o amplo direito à defesa.

A ideia do processo como entidade democrática e instrumento de perquirição pela busca do justo, deve refletir como fundamento principal, seja em quaisquer ambientes em que se busque através do mesmo, a solução de pretensões relativas a direitos resistidos ou não.

60 KLEIN, Franz. *Der Zivilprozess Österreichs*. Aalen: Scientia Verlag, 1970, p. 186-188.

Natureza Jurídica do processo. Como já expressado etimologicamente, a palavra "processo" possui significado de "caminhada", "marcha adiante" (do latim, *procedere* = seguir adiante).

Neste sentido, durante muito tempo, foi ele confundido com uma simples sucessão de atos processuais (procedimento), sendo comum as conceituações que o colocaram nesse plano, porém os conceitos de processo e procedimento são fundamentalmente distintos.

Tem-se como processo, no tocante ao aspecto jurídico-político, por isso ligado essencialmente às funções do Estado, o método pelo qual se opera a Jurisdição com vistas à composição de situações incertas e conflituosas, sendo, portanto, instrumento de realização da justiça.

No sentido técnico-científico, ligado fundamentalmente à sua natureza jurídica, processo é a síntese (somatório) dos atos que lhe dão corpo e da relação entre eles (procedimento) juntamente com as relações jurídicas entre os seus sujeitos (relação jurídica processual).

Como pressuposto de responsabilidade intelectual, ao conceituar o processo sob a ótica de sua natureza jurídica, fundamental se faz analisar as diversas teorias que tentaram justificar a sua natureza, possibilitando, por certo, a evolução e formação da visão hodierna do processo no tocante a tais aspectos.

Formação do processo. A regra é clara: o processo civil começa por iniciativa da parte. Todavia, após a propositura da demanda, o processo se desenvolve por impulso oficial. O NCPC mantém desta forma o denominado "*Princípio da Inércia ou da demanda*" ou "*Princípio da Inércia Jurisdicional*" concentrando no artigo 2º o que estava materializado no CPC/73 em dois de seus dispositivos: art. 2º – "Nenhum juiz prestará a tutela jurisdicional senão quando a parte ou o interessado a requerer, nos casos e forma legais" e no art. 262, a primeira parte que informa que "o processo civil começa por iniciativa da parte, mas se desenvolve por impulso oficial". Tais dispositivos demandam que a jurisdição só atue quando provocada pela parte.

O titular da insatisfação é que deflagra a provocação da jurisdição, ele vem a juízo postular um provimento que, eliminando a resistência, satisfaça a sua pretensão. Este provimento jurisdicional corresponde a uma resposta positiva ou negativa à postulação do autor, não podendo, o juiz ao decidir, ir além ou aquém do pedido, nem sendo possível a concessão de bem de natureza diversa da pretendida.

Ao juiz não é facultado agir de ofício ("*salvo as exceções previstas em lei*"), pois assim estaria atuando como se parte fosse, quebrando sua imparcialidade. Tal atitude ensejaria uma reação contrária à finalidade pacificadora da jurisdição, insuflando conflitos e desavenças que não ocorreriam, não fosse a ação provocadora do juiz. Como em princípio os direitos subjetivos são disponíveis, podendo ou não ser exercidos, a provocação do judiciário fica à livre disposição do interessado.

Remissões:

- Art. 5º, *caput,* da CF/88.

Art. 5º, LIV, da CF/88.

Súmulas:

STF nº 177: O cessionário do promitente comprador, nas mesmas condições deste, pode retomar o imóvel locado.

STF nº 365: Pessoa jurídica não tem legitimidade para propor ação popular.

STF nº 627: No mandado de segurança contra a nomeação de magistrado da competência do presidente da república, este é considerado autoridade coatora, ainda que o fundamento da impetração seja nulidade ocorrida em fase anterior do procedimento.

STF nº 628: Integrante de lista de candidatos a determinada vaga da composição de tribunal é parte legítima para impugnar a validade da nomeação de concorrente.

STF nº 630: A entidade de classe tem legitimação para o mandado de segurança ainda quando a pretensão veiculada interesse apenas a uma parte da respectiva categoria.

STF nº 643: O Ministério Público tem legitimidade para promover ação civil pública cujo fundamento seja a ilegalidade de reajuste de mensalidades escolares.

STJ nº 23: O Banco Central do Brasil é parte legítima nas ações fundadas na resolução 1154, de 1986.

STJ nº 77: A Caixa Econômica Federal é parte ilegítima para figurar no polo passivo das ações relativas as contribuições para o fundo PIS/PASEP.

STJ nº 99: O Ministério Público tem legitimidade para recorrer no processo em que oficiou como fiscal da lei, ainda que não haja recurso da parte.

STJ nº 226: O Ministério Público tem legitimidade para recorrer na ação de acidente do trabalho, ainda que o segurado esteja assistido por advogado.

STJ nº 249: A Caixa Econômica Federal tem legitimidade passiva para integrar processo em que se discute correção monetária do FGTS.

STJ nº 259: A ação de prestação de contas pode ser proposta pelo titular de conta corrente bancária.

STJ nº 327: Nas ações referentes ao Sistema Financeiro da Habitação, a Caixa Econômica Federal tem legitimidade como sucessora do Banco Nacional da Habitação.

Art. 3º Não se excluirá da apreciação jurisdicional ameaça ou lesão a direito.[61]

§ 1º É permitida a arbitragem, na forma da lei.[62/63]

§ 2º O Estado promoverá, sempre que possível, a solução consensual dos conflitos.

§ 3º A conciliação, a mediação e outros métodos de solução consensual de conflitos deverão ser estimulados por juízes, advogados, defensores públicos e membros do Ministério Público, inclusive no curso do processo judicial.

Notas:

O *caput* do artigo 3º está relacionado diretamente com o artigo 5º, XXXV, da CRFB/88. É o *Princípio da Inafastabilidade da Jurisdição (Princípio da proteção judiciária)*. Este princípio impede que o legislador restrinja o acesso à ordem jurídica. Humberto Dalla afirma que "não se trata, portanto, de mera garantia de acesso ao juízo (direito à ação), mas da própria tutela (proteção) jurisdicional (adequada, tempestiva e, principalmente, efetiva) a quem tiver razão. Em outras palavras, significa o próprio acesso à justiça. Frise-se, no entanto, que este direito à prestação jurisdicional não é incondicional e genérico, sujeitando-se a condições da legislação processual e do direito substantivo (legitimidade, interesse de agir e possibilidade jurídica do pedido)."[64]

O § 1º, em comento, diz que "é permitida a arbitragem, na forma da lei". A Lei 9.307/96 trata da arbitragem ou Juízo Arbitral. A arbitragem é muito utilizada nas demandas empresárias e internacionais que precisam de decisões técnicas e rápidas.[65]

---

61 Acerca das reflexões que envolvem a função jurisdicional em seus mais diversos olhares, todos vetorizando uma emblemática "quebra de paradigmas" na concepção dogma e pragmática da mesma, inclusive levando-se em conta as disposições inclusas no CPC/2015, ver GAIO JÚNIOR, Antônio Pereira. Jurisdição Civil: reflexões sobre novos paradigmas para a sua compreensão. *In*: GAIO JÚNIOR, Antônio Pereira; PINHO, Humberto Dalla Bernardina de. (Coords.). *Teoria Geral do Processo Civil. Novos Paradigmas frente ao CPC/2015*. Rio de Janeiro: GZ Editora, 2018, p. 1-32.

62 Sobre o assunto, cf. GAIO JÚNIOR, Antônio Pereira. *Teoria Geral da Arbitragem*. 2. ed. Curitiba: Juruá, 2018.

63 Sobre a aplicação da Arbitragem nos Contratos Individuais de Trabalho, tema decorrente da Lei nº 13.467/2017, ver o nosso *Teoria Geral da Arbitragem*. 2. ed. Curitiba: Juruá, 2018, p. 87-96.

64 PINHO, Humberto Dalla Bernardina de. *Teoria Geral do Processo Civil Contemporâneo*. Rio de Janeiro: Lumen Juris, 2007, p. 31.

65 Sobre o tema da Arbitrabilidade dos conflitos Trabalhistas: "Nem todas as situações jurídicas individuais decorrentes de relações de trabalho são indisponíveis. Ao contrário, a maior parte dos conflitos trabalhistas contém a afirmação de situações jurídicas disponíveis e patrimoniais. O argumento da hipossuficiência do trabalhador não é suficiente para vedar o acesso à arbitragem aos envolvidos em caráter individual. (...) A proposta legislativa de vedação

Entendemos que a arbitragem se configura como instrumento propício à solução de conflitos sobre direitos patrimoniais disponíveis ou transacionáveis, que, por meio de árbitro privado, escolhido pelas partes e destas recebendo poderes, decide a controvérsia, possuindo tal decisão a mesma força e efeitos decorrentes daquelas sentenças proferidas pelos órgãos do Poder Judiciário.[66]

De fato é válido afirmar ser a arbitragem, efetivamente, um foro privilegiado e propício para a concretização do direito agredido, seja por meio de uma composição amigável ou mesmo através da convergência de esforços dos litigantes no sentido de lograrem de maneira mais célere, sem atropelos, às garantias essenciais do devido processo legal, da segurança jurídica e da justiça da decisão, a solução da controvérsia. Por outro lado, dúvidas não restam ter a arbitragem, no tocante ao seu desenvolvimento como método propício à solução de litígios, natureza tipicamente processual, configurando-se, verdadeiramente, um instrumento hábil para a satisfação do direito molestado. Nesta toada, insta pontuar que o instituto do "Processo" como instrumento apto à efetivação das garantias constitucionais, levando consigo toda uma carga tipicamente comandada pela sua exata noção de que, mais do que um meio estatal característico para tentativa de realização prática do justo, revela-se instrumento social e democrático eivado de direitos e garantias imperativas que devem ser respeitadas em sintonia com o estado democrático que se pretendia em dado tempo e espaço.[67]

Vale lembrar que a *lei da arbitragem* (Lei 9.307/96) foi alterada pela Lei 13.129/15, ampliando o alcance do meio alternativo de resolução de conflitos. Nesse sentido, com a nova norma jurídica, a arbitragem poderá ser aplicada à administração pública direta e indireta, com o firme propósito de resolver os conflitos patrimoniais. Da mesma forma, a arbitragem poderá ser utilizada para dirimir os conflitos nas relações de consumo e às relações trabalhistas.

---

apriorística da arbitrabilidade de conflitos trabalhistas de natureza individual é temerária e coloca o país numa posição de retrocesso quanto à utilização de mecanismos alternativos de resolução de controvérsias. (...) Vedar o acesso à arbitragem é também vedar o acesso à justiça. É preciso trazer argumentos mais consistentes ao debate para que se alcance esse objetivo do que a hipossuficiência do trabalhador e a suposição generalizada de indisponibilidade das situações jurídicas afirmadas em demandas trabalhistas de caráter individual". (PAMPLONA FILHO, Rodolfo Mário Veiga e LIMA, Bernardo Silva de. Arbitrabilidade de Conflitos Trabalhistas. *In:* FREITAS, Edmundo Gouvêa e MAGALHÃES, Rodrigo Almeida (Orgs). *Processo, Direito e Modernidade: estudos em homenagem ao Professor Antônio Pereira Gaio Júnior*. Jundiaí: Paco Editorial, 2013, p. 222 e 223).

66 GAIO JÚNIOR. Antônio Pereira. *Teoria da Arbitragem*. São Paulo: Rideel, 2012, p. 3.

67 GAIO JÚNIOR, Antônio Pereira. Lei n. 9.307/96: Natureza, Historicidade e Constitucionalidade da Arbitragem no Brasil. *In:* GAIO JÚNIOR, Antônio Pereira; MAGALHÃES, Rodrigo Almeida (Coords.) *Arbitragem: 15 anos da Lei nº 9.307/96*. Belo Horizonte: Del Rey, 2012, p. 5.

Já o § 2º afirma que "o Estado promoverá, sempre que possível, a solução consensual dos conflitos."

Por fim, o § 3º trata da *conciliação*, *mediação* e *outros métodos de solução consensual de conflitos* ao preceituar que "a conciliação, a mediação e outros métodos de solução consensual de conflitos deverão ser estimulados por juízes, advogados, defensores públicos e membros do Ministério Público, inclusive no curso do processo judicial."

Referência Legislativa:

- Lei nº 9.307/1996 (Arbitragem).
- Lei nº 13.140/2015 (Mediação)

Remissões:

- Art. 5º, XXXV, CFRB/88:

"Art. 5º Todos são iguais perante a lei, sem distinção de qualquer natureza, garantindo-se aos brasileiros e aos estrangeiros residentes no País a inviolabilidade do direito à vida, à liberdade, à igualdade, à segurança e à propriedade, nos termos seguintes:

(...)

XXXV - a lei não excluirá da apreciação do Poder Judiciário lesão ou ameaça a direito;".

- Arts. 20-A a 20-D, da Lei 11.101/2005, incluídos pela Lei 14.112/2020:

"Art. 20-A. A conciliação e a mediação deverão ser incentivadas em qualquer grau de jurisdição, inclusive no âmbito de recursos em segundo grau de jurisdição e nos Tribunais Superiores, e não implicarão a suspensão dos prazos previstos nesta Lei, salvo se houver consenso entre as partes em sentido contrário ou determinação judicial.

Art. 20-B. Serão admitidas conciliações e mediações antecedentes ou incidentais aos processos de recuperação judicial, notadamente:

I - nas fases pré-processual e processual de disputas entre os sócios e acionistas de sociedade em dificuldade ou em recuperação judicial, bem como nos litígios que envolverem credores não sujeitos à recuperação judicial, nos termos dos §§ 3º e 4º do art. 49 desta Lei, ou credores extraconcursais;

II - em conflitos que envolverem concessionárias ou permissionárias de serviços públicos em recuperação judicial e órgãos reguladores ou entes públicos municipais, distritais, estaduais ou federais;

III - na hipótese de haver créditos extraconcursais contra empresas em recuperação judicial durante período de vigência de estado de calamidade pública, a fim de permitir a continuidade da prestação de serviços essenciais;

IV - na hipótese de negociação de dívidas e respectivas formas de pagamento entre a empresa em dificuldade e seus credores, em caráter antecedente ao ajuizamento de pedido de recuperação judicial.

§ 1º Na hipótese prevista no inciso IV do *caput* deste artigo, será facultado às empresas em dificuldade que preencham os requisitos legais para requerer recuperação judicial obter tutela de urgência cautelar, nos termos do art. 305 e seguintes da Lei nº 13.105, de 16 de março de 2015 (Código de Processo Civil), a fim de que sejam suspensas as execuções contra elas propostas pelo prazo de até 60 (sessenta) dias, para tentativa de composição com seus credores, em procedimento de mediação ou conciliação já instaurado perante o Centro Judiciário de Solução de Conflitos e Cidadania (Cejusc) do tribunal competente ou da câmara especializada, observados, no que couber, os arts. 16 e 17 da Lei nº 13.140, de 26 de junho de 2015.

§ 2º São vedadas a conciliação e a mediação sobre a natureza jurídica e a classificação de créditos, bem como sobre critérios de votação em assembleia-geral de credores.

§ 3º Se houver pedido de recuperação judicial ou extrajudicial, observados os critérios desta Lei, o período de suspensão previsto no § 1º deste artigo será deduzido do período de suspensão previsto no art. 6º desta Lei.

Art. 20-C. O acordo obtido por meio de conciliação ou de mediação com fundamento nesta Seção deverá ser homologado pelo juiz competente conforme o disposto no art. 3º desta Lei.

Parágrafo único. Requerida a recuperação judicial ou extrajudicial em até 360 (trezentos e sessenta) dias contados do acordo firmado durante o período da conciliação ou de mediação pré-processual, o credor terá reconstituídos seus direitos e garantias nas condições originalmente contratadas, deduzidos os valores eventualmente pagos e ressalvados os atos validamente praticados no âmbito dos procedimentos previstos nesta Seção.

Art. 20-D. As sessões de conciliação e de mediação de que trata esta Seção poderão ser realizadas por meio virtual, desde que o Cejusc do tribunal competente ou a câmara especializada responsável disponham de meios para a sua realização".

Súmulas:

STF Vinculante nº 21: É inconstitucional a exigência de depósito ou arrolamento prévios de dinheiro ou bens para admissibilidade de recurso administrativo.

STF Vinculante nº 28: É inconstitucional a exigência de depósito prévio como requisito de admissibilidade de ação judicial na qual se pretenda discutir a exigibilidade de crédito tributário.

STF Vinculante nº 37: Não cabe ao poder judiciário, que não tem função legislativa, aumentar vencimentos de servidores públicos sob o fundamento de isonomia.

STF nº 632: É constitucional lei que fixa o prazo de decadência para a impetração de mandado de segurança.

STF nº 667: Viola a garantia constitucional de acesso à jurisdição a taxa judiciária calculada sem limite sobre o valor da causa.

STF nº 691: Não compete ao supremo tribunal federal conhecer de "*habeas corpus*" impetrado contra decisão do relator que, em "*habeas corpus*" requerido a tribunal superior, indefere a liminar.

STJ nº 89: A ação acidentaria prescinde do exaurimento da via administrativa.

Enunciado das Jornadas de Direito Processual Civil do Conselho da Justiça Federal:

Nº 212 do CJF: É cabível a averbação de penhora no rosto dos autos de processo arbitral.

Enunciados do Fórum Permanente de Processualistas Civis:

Nº 371 do FPPC: Os métodos de solução consensual de conflitos devem ser estimulados também nas instâncias recursais.

Nº 485 do FPPC: É cabível conciliação ou mediação no processo de execução, no cumprimento de sentença e na liquidação de sentença, em que será admissível a apresentação de plano de cumprimento da prestação.

Nº 573 do FPPC: As Fazendas Públicas devem dar publicidade às hipóteses em que seus órgãos de Advocacia Pública estão autorizados a aceitar auto composição.

Nº 617 do FPPC: A mediação e a conciliação são compatíveis com o processo judicial de improbidade administrativa.

Nº 618 do FPPC: A conciliação e a mediação são compatíveis com o processo de recuperação judicial.

N º 707 do FPPC: A atuação das serventias extrajudiciais e dos comitês de resolução de disputas (dispute boards) também integra o sistema brasileiro de justiça multiportas.

N º 708 do FPPC: As práticas restaurativas são aplicáveis ao processo civil.

Art. 4º As partes têm o direito de obter em prazo razoável a solução integral do mérito, incluída a atividade satisfativa.

Notas:

Razoável duração do processo. O inciso LXXVIII do art. 5º da Constituição da República Federativa do Brasil, de 1988, trata do direito à duração razoável do processo. Ora, a obtenção da tutela jurisdicional se tornará injusta se efetivada em prazo muito longo. Isto significa dizer que o direito à duração razoável do processo, requer os meios que garantam a celeridade da sua tramitação.

Destarte, o direito à duração razoável do processo requer prestações positivas do legislador, do administrador e do juiz, bem como uma relação mínima de cooperação entre as partes processuais.

Luiz Guilherme Marinoni aponta que "cabe ao processualista ler as normas infraconstitucionais do processo à luz dos princípios constitucionais e, portanto, extrair do ordenamento processual as virtudes necessárias à concretização do direito à efetividade e à tempestividade da tutela jurisdicional."[68]

Neste diapasão, é possível afirmar que a temporalidade é vetor fundamental na processualística civil. Eduardo Couture afirma, desta forma, que "no processo, o tempo é algo mais do que ouro: é justiça."[69]

Satisfatividade. Quanto a expressão "atividade satisfativa", resta claro que o legislador do novel Código de Processo Civil está preocupado com a *concretude do direito* e não simplesmente com a sua mera declaração.

Ora, o atuar jurisdicional deve propiciar uma solução justa do conflito, privilegiando uma concretude judicial, de forma que a lide seja resolvida em tempo razoável, com vistas a atender a efetividade social do direito.

Referência Legislativa:

– *Pacto São José da Costa Rica* (Convenção Interamericana de Direitos Humanos), de 22/11/1969. Artigo 8º – Garantias judiciais – **1.** Toda pessoa terá o direito de ser ouvida, com as devidas garantias e dentro de um prazo razoável, por um juiz ou Tribunal competente, independente e imparcial, estabelecido anteriormente por lei, na apuração de qualquer acusação penal formulada contra ela, ou na determinação de seus direitos e obrigações de caráter civil, trabalhista, fiscal ou de qualquer outra natureza.

– *Convenção Europeia de Direitos Humanos.* Artigo 6º Direito a um processo equitativo **1.** Qualquer pessoa tem direito a que a sua causa seja examinada, equitativa e publicamente, num prazo razoável por um tribunal independente e imparcial, estabelecido pela lei, o qual decidirá, quer sobre a determinação dos seus direitos e obrigações de caráter civil, quer sobre o fundamento de qualquer acusação em matéria penal dirigida contra ela. O julgamento deve ser público, mas o acesso à sala de audiências pode ser proibido à imprensa ou ao público durante a totalidade ou parte do processo, quando a bem da moralidade, da ordem pública ou da segurança nacional numa sociedade democrática, quando os interesses de menores ou a proteção da vida privada das partes no processo o exigirem, ou, na medida julgada estritamente

---

68 MARINONI, Luiz Guilherme. *Tutela inibitória.* 2. ed. São Paulo: RT, 2000, p. 139.

69 COUTURE, Eduardo J. *Proyecto de Código de Procedimiento Civil.* Montevidéo: Impressora Uruguaya, 1945, p. 37

necessária pelo tribunal, quando, em circunstâncias especiais, a publicidade pudesse ser prejudicial para os interesses da justiça.

Remissão:

- Art. 5º, LXXVIII, CRFB/88:

"Art. 5º Todos são iguais perante a lei, sem distinção de qualquer natureza, garantindo-se aos brasileiros e aos estrangeiros residentes no País a inviolabilidade do direito à vida, à liberdade, à igualdade, à segurança e à propriedade, nos termos seguintes:

(...)

LXXVIII - a todos, no âmbito judicial e administrativo, são assegurados a razoável duração do processo e os meios que garantam a celeridade de sua tramitação.

(...)".

Enunciados do Fórum Permanente de Processualistas Civis:

Nº 278 do FPPC: O CPC adota como princípio a sanabilidade dos atos processuais defeituosos.

Nº 292 do FPPC: Antes de indeferir a petição inicial, o juiz deve aplicar o disposto no art. 322.

Nº 372 do FPPC: O art. 4º tem aplicação em todas as fases e em todos os tipos de procedimento, inclusive em incidentes processuais e na instância recursal, impondo ao órgão jurisdicional viabilizar o saneamento de vícios para examinar o mérito, sempre que seja possível a sua correção.

Nº 373 do FPPC: As partes devem cooperar entre si; devem atuar com ética e lealdade, agindo de modo a evitar a ocorrência de vícios que extingam o processo sem resolução do mérito e cumprindo com deveres mútuos de esclarecimento e transparência.

Nº 386 do FPPC: A limitação do litisconsórcio facultativo multitudinário acarreta o desmembramento do processo.

Nº 387 do FPPC: A limitação do litisconsórcio multitudinário não é causa de extinção do processo.

Nº 574 do FPPC: A identificação de vício processual após a entrada em vigor do CPC de 2015 gera para o juiz o dever de oportunizar a regularização do vício, ainda que ele seja anterior.

Art. 5º Aquele que de qualquer forma participa do processo deve comportar-se de acordo com a boa-fé.

Notas:

Sujeitos Processuais e Boa-fé. O artigo 5º do NCPC determina que todo aquele que participar como sujeito processual deve agir de acordo com a boa-fé. Aqui se trata da *boa-fé objetiva.* Os sujeitos processuais devem adotar um padrão de correção e probidade, tanto na constituição de relações entre eles como no desempenho das relações constituídas. As pessoas devem agir de boa-fé com lealdade, dignidade e correção.

Vale destacar que o princípio da boa-fé, em razão de constituir uma cláusula geral, não se apresenta pronto e acabado (tipo "self-executing") estando apto a ser aplicado pelo julgador. Pelo contrário, carece ainda de uma concreção ou concretização hermenêutica a ser efetuada pelo juiz, levando em consideração todas as especificidades do caso concreto decidendo, em especial, as exigências fundamentais da ética jurídica.

Ademais, todo e qualquer negócio jurídico deve ser interpretado conforme a boa-fé e os usos do lugar de sua celebração, conforme resta consignado na regra do artigo 113 do nosso Código Civil, conhecida como a regra da "boa-fé hermenêutica".

Evidentemente, que a combinação dos artigos 113, 187 e 422 do Código Civil brasileiro representa a trilogia da boa-fé objetiva em nosso ordenamento jurídico civilístico. Mais que isso: tais condutas representam um componente ético-jurídico nas relações interprivadas consagradas pelos elementos de cooperação, lealdade, confiança e probidade entre os agentes envolvidos.

Ao comentar o princípio da boa-fé, Karl Larenz afirma que "dicho principio consagra que una confianza despertada de un modo imputable debe ser mantenida cuando efectivamente se há creído en ella. La suscitación de la confianza es "imputable" cuando el que la suscita sabía o tenía que saber que el outro iba a confiar. En esta medida es idéntico al principio de la confianza. Sin embargo, lo sobrepasa y va más allá. Demanda también un respeto recíproco ante todo en aquellas relaciones jurídicas que requieren una larga y continuada colaboración, respeto al outro también en el ejercicio de los derechos y en general el comportamiento que se puede esperar entre los sujetos que intervienen honestamente en el tráfico".[70]

É uma mudança de valores éticos, uma nova dimensionalidade ética que perpassa e adorna com novas cores as relações interprivadas.

---

[70] LARENZ, Karl. *Derecho justo: fundamentos de ética jurídica*. Tradução Luis Díez-Picazo. Madrid: 2001, p. 96.

Enunciados do Fórum Permanente de Processualistas Civis:

Nº 6 do FPPC: O negócio jurídico processual não pode afastar os deveres inerentes à boa-fé e à cooperação.

Nº 286 do FPPC: Aplica-se o § 2º do art. 322 à interpretação de todos os atos postulatórios, inclusive da contestação e do recurso.

Nº 374 do FPPC: O art. 5º prevê a boa-fé objetiva.

Nº 375 do FPPC: O órgão jurisdicional também deve comportar-se de acordo com a boa-fé objetiva.

Nº 376 do FPPC: A vedação do comportamento contraditório aplica-se ao órgão jurisdicional.

Nº 377 do FPPC: A boa-fé objetiva impede que o julgador profira, sem motivar a alteração, decisões diferentes sobre uma mesma questão de direito aplicável às situações de fato análogas, ainda que em processos distintos.

Nº 378 do FPPC: A boa-fé processual orienta a interpretação da postulação e da sentença, permite a reprimenda do abuso de direito processual e das condutas dolosas de todos os sujeitos processuais e veda seus comportamentos contraditórios

Nº 407 do FPPC: Nos negócios processuais, as partes e o juiz são obrigados a guardar nas tratativas, na conclusão e na execução do negócio o princípio da boa-fé.

Enunciados das Jornadas de Direito Processual Civil do Conselho da Justiça Federal:

Nº 1 do CJF: A verificação da violação à boa-fé objetiva dispensa a comprovação do *animus* do sujeito processual.

Nº 148 do CJF: A reiteração pelo exequente ou executado de matérias já preclusas pode ensejar a aplicação de multa por conduta contrária à boa-fé.

Art. 6º Todos os sujeitos do processo devem cooperar entre si para que se obtenha, em tempo razoável, decisão de mérito justa e efetiva.

Notas:

Sujeitos Processuais e Cooperação. O artigo 6º do CPC determina que todo aquele que participar como sujeito processual deve cooperar entre si. Daí é possível afirmar que a relação jurídica processual é, pois, uma *relação processual de cooperação* entre as partes com o propósito de se obter uma decisão de mérito no menor prazo possível. Aqui, o significado de cooperação está fortemente relacionado com a boa-fé objetiva, ao que, certamente, parte da atividade volitiva dos partícipes do processo.

Em igual toada, entendemos a expressão "dever" acostada do texto legal em comento como atributo ético dos sujeitos processuais, pois que norteia o imperativo comando voltado às razões práticas e finalísticas do Processo e, por isso, implicando no reconhecimento de sua virtude enquanto instrumento democrático e otimizador de satisfação social, pensamento este que, inclusive, encontra apoio no art. 8º do CPC, ao qual pontifica:

> *"Art. 8º Ao aplicar o ordenamento jurídico, o juiz atenderá aos fins sociais e às exigências do bem comum, resguardando e promovendo a dignidade da pessoa humana e observando a proporcionalidade, a razoabilidade, a legalidade, a publicidade e a eficiência."*

Para além, há de se compreender a cooperação aqui como a ideia relacionada princípio da boa-fé, este que tem sua origem no estoicismo, em Atenas, no início do século III a.C. Mais tarde, a boa-fé foi introduzida no direito romano por Marco Túlio Cícero (106-43 A.C.) como princípio norteador das relações jurídicas, aliando a honestidade (ética) ao direito.

No direito romano, a boa-fé é desvelada pelas noções de *fides* (confiança, honradez, lealdade, fidelidade no cumprimento das expectativas alheias), *bona fides* (dever jurídico genérico de comportar-se com retidão que se aproxima a boa-fé objetiva, ou seja, uma espécie de princípio de justiça nas relações contratuais) e a *bonai fidei iudicia* (juízos de boa-fé formulados no curso de um processo).

O princípio da boa-fé se justifica no interesse coletivo de cooperação, de forma a garantir a concreção dos valores constitucionais, especialmente, o solidarismo, previsto no artigo 3º, inciso I, da Constituição da República.

Os contratantes devem agir, pois, de acordo com a boa-fé. É um padrão de conduta que representa correção, veracidade, lealdade, confiança, cooperação de onde decorrem as legítimas expectativas entre os parceiros contratuais, em todas as fases de realização do negócio jurídico (fase pré-contratual, contratual e pós-contratual). Da mesma forma, a boa-fé deve permear toda e qualquer relação jurídica processual, de forma que o resultado da demanda seja obtido no menor prazo possível. A boa-fé objetiva aplicada ao processo civil se transforma em uma verdadeira uma cláusula geral processual (artigo 5º, CPC) que acolhe todas as regras do diploma processual.

Aqui vale destacar Antônio do Passo Cabral ao afirmar que "a compreensão de deveres de colaboração e participação como decorrentes do princípio constitucional do contraditório permitem extrair a matriz constitucional da boa-fé processual objetiva, completada e detalhada pelas disposições gerais do princípio da probidade na normativa do CPC (LGL\1973\5), tomado como cláusula geral da ética no processo. A vitória da boa-fé objetiva evita o subjetivismo das disposições legais específicas, reconduzindo o debate sobre a boa-fé para a confiança e proteção de expectativas."[71]

Da mesma forma, Picó ensina que "se por princípios do processo se entendem as 'ideias que informam a regulação dos mais importantes aspectos daquele', isto é, as 'ideias base de determinados conjuntos de normas, ideias que se deduzem da própria lei ainda que não estejam expressamente formuladas nela', ou, a maneira 'como o processo se constrói', que 'permita conhecer o comportamento dos sujeitos que intervêm no processo, suas possibilidades, deveres e obrigações', necessariamente chega-se a conclusão que a boa-fé processual é um verdadeiro princípio, posto que, na ideia da boa-fé se encontra ínsita o fundamento de distintas instituições processuais, existindo uma multiplicidade de normas que tendem à sua proteção."[72]

O princípio da boa-fé objetiva exercer três funções: (i) instrumento hermenêutico; (ii) fonte de direitos e deveres jurídicos; e (iii) limite ao exercício de direitos subjetivos.

Vale lembrar que o inciso LXXVIII do art. 5º da Constituição da República Federativa do Brasil, de 1988, trata do direito à duração razoável do processo. Ora, a obtenção da tutela jurisdicional se tornará injusta se efetivada em prazo muito longo. Isto significa dizer que o direito à duração razoável do processo, requer os meios que garantam a celeridade da sua tramitação. Destarte, o direito à duração razoável do processo requer prestações positivas do legislador, do administrador e do juiz, bem como uma relação mínima de cooperação entre as partes processuais.

Enunciados do Fórum Permanente de Processualistas Civis:

Nº 6 do FPPC: O negócio jurídico processual não pode afastar os deveres inerentes à boa-fé e à cooperação.

Nº 106 do FPPC: Não se pode reconhecer a deserção do recurso, em processo trabalhista, quando houver recolhimento insuficiente das custas e do depósito recursal, ainda que ínfima a diferença, cabendo ao juiz determinar a sua complementação.

Nº 373 do FPPC: As partes devem cooperar entre si; devem atuar com ética e lealdade, agindo de modo a evitar a ocorrência de vícios que extingam o processo sem resolução do mérito e cumprindo com deveres mútuos de esclarecimento e transparência.

---

71 CABRAL, Antonio do Passo. O Contraditório como dever e a Boa-fé Processual Objetiva. *In: Revista de Processo*. Vol. 126, São Paulo: RT, 2005, p. 59.

72 PICÓ I JUNOY, Joan. *El principio de la buena fe procesal*. Barcelona: J.M. Bosch Editor. 2003, p. 51.

Nº 378 do FPPC: A boa-fé processual orienta a interpretação da postulação e da sentença, permite a reprimenda do abuso de direito processual e das condutas dolosas de todos os sujeitos processuais e veda seus comportamentos contraditórios.

Nº 433 do FPPC: Cabe à Administração Pública dar publicidade às suas orientações vinculantes, preferencialmente pela rede mundial de computadores.

Nº 519 do FPPC: Em caso de impossibilidade de obtenção ou de desconhecimento das informações relativas à qualificação da testemunha, a parte poderá requerer ao juiz providências necessárias para a sua obtenção, salvo em casos de inadmissibilidade da prova ou de abuso de direito.

Nº 550 do FPPC: A inexistência de repercussão geral da questão constitucional discutida no recurso extraordinário é vício insanável, não se aplicando o dever de prevenção de que trata o parágrafo único do art. 932, sem prejuízo do disposto no art. 1.033.

Nº 551 do FPPC: Cabe ao relator, antes de não conhecer do recurso por intempestividade, conceder o prazo de cinco dias úteis para que o recorrente prove qualquer causa de prorrogação, suspensão ou interrupção do prazo recursal a justificar a tempestividade do recurso.

Nº 619 do FPPC: O processo coletivo deverá respeitar as técnicas de ampliação do contraditório, como a realização de audiências públicas, a participação de *amicus curiae* e outros meios de participação.

Nº 657 do FPPC: O relator, antes de considerar inadmissível o incidente de resolução de demandas repetitivas, oportunizará a correção de vícios ou a complementação de informações.

Enunciado das Jornadas de Direito Processual Civil do Conselho da Justiça Federal:

Nº 95 do CJF: O juiz, antes de rejeitar liminarmente a impugnação ao cumprimento de sentença (art. 525, § 5º, do CPC), deve intimar o impugnante para sanar eventual vício, em observância ao dever processual de cooperação (art. 6º do CPC).

Art. 7º É assegurada às partes paridade de tratamento em relação ao exercício de direitos e faculdades processuais, aos meios de defesa, aos ônus, aos deveres e à aplicação de sanções processuais, competindo ao juiz zelar pelo efetivo contraditório.

Notas:

Paridade e Contraditório. O magistrado deve zelar pelo contraditório, com o firme propósito de permitir a participação, cooperação e boa-fé entre as partes processuais. Desta forma, a igualdade de tratamento se desvela na satisfação do direito.

A boa-fé na esfera processual é uma conduta ética, leal, honesta e transparente esperada pelas partes envolvidas no litígio. Esta boa-fé é esperada, não significando dizer que será realizada pelas partes, eis que seus interesses são divergentes, ou seja, cada uma das partes da relação jurídica processual persegue o seu próprio interesse.

O magistrado deve, pois, zelar pelo efetivo contraditório de forma a manter a igualdade de tratamento em relação as partes. Essa matriz hermenêutica esta alicerçada na cooperação, de tal forma que o magistrado (e se possível entre as partes entre si) deve cooperar com as partes envolvidas no litígio com o firme propósito de alcançar uma decisão justa no menor tempo possível.

Remissão:

- Art. 5º, LV, CRFB/88:

"Art. 5º Todos são iguais perante a lei, sem distinção de qualquer natureza, garantindo-se aos brasileiros e aos estrangeiros residentes no País a inviolabilidade do direito à vida, à liberdade, à igualdade, à segurança e à propriedade, nos termos seguintes:

(...)

LV – aos litigantes, em processo judicial ou administrativo, e aos acusados em geral são assegurados o contraditório e ampla defesa, com os meios e recursos a ela inerentes;

(...)".

Enunciados do Fórum Permanente de Processualistas Civis:

Nº 107 do FPPC: O juiz pode, de ofício, dilatar o prazo para a parte se manifestar sobre a prova documental produzida.

Nº 379 do FPPC: O exercício dos poderes de direção do processo pelo juiz deve observar a paridade de armas das partes.

Art. 8º Ao aplicar o ordenamento jurídico, o juiz atenderá aos fins sociais e às exigências do bem comum, resguardando e promovendo a dignidade da pessoa humana e observando a proporcionalidade, a razoabilidade, a legalidade, a publicidade e a eficiência.

Notas:

Hermenêutica. Os gregos antigos acreditavam em vários deuses todos com formas e atributos humanos. São eles: Adônis, Afrodite, Apolo, Ares, Ártemis,

Asclépio/Esculápio, Atena, Cronos, Deméter, Dionisio, Éolo, Eros, Gaia, Hades, Hefesto, Hera, Hermes, Ninfas, Pã, Perséfone, Poseidon, Prometeu, Réia, Titãs, Urano e Zeus.

Na mitologia grega, *Hermes* era filho de Zeus e da ninfa Maia. Em Roma, foi assimilado ao deus Mercúrio. Hermes era considerado o mensageiro dos deuses, já que trazia a mensagem destes aos mortais (deus-mensageiro-alado). Ele atuava como um "intérprete" pois transformava algo ininteligível em algo bem compreendido pelos mortais. Segundo Richard Palmer, Hermes "se associa a uma função de transmutação – transformar tudo aquilo que ultrapassa a compreensão humana em algo que essa inteligência consiga compreender".[73]

Desse modo, a palavra *hermenêutica* significa explicar ou interpretar. As raízes da palavra hermenêutica residem no verbo grego *hermeneuein* (interpretar) e no substantivo *hermeneia* (interpretação). O *Dicionário Aurélio – Século XXI* define-a como: Interpretação do sentido das palavras; interpretação dos textos sagrados; e arte de interpretar leis. A importância da hermenêutica se dá em várias disciplinas – teologia, letras, filosofia, interpretação literária, interpretação de obras de arte, direito – tornando-se cada vez mais importante o seu campo de atuação.

A hermenêutica contemporânea assumiu o viés de uma disciplina autônoma, conhecida como a *arte da compreensão*. Assim, desde logo, assinalamos que a hermenêutica não pode ser concebida como *método*, mas sim como *estudo da compreensão*. Isso porque as ciências naturais (astronomia, biologia, física, geografia, química etc.) possuem *métodos* para compreender os seus objetos; já as ciências humanas precisam de uma *hermenêutica* para compreender seus objetos.[74]

Desse modo, estabeleceu-se uma inteligibilidade própria às ciências humanas, *compreensiva*, distinta daquela das ciências naturais, *explicativa*, quantitativa e indutiva. Enquanto as ciências explicativas buscam determinar as condições causais de um fenômeno através da observação e da quantificação, as ciências compreensivas visam a apreensão das significações intencionais das atividades históricas concretas do homem. Esse modelo de racionalização, retirado da interpretação de textos, no mesmo movimento que estabelece a *apreensão do sentido* como essência do método das ciências humanas, delimita o alcance da metodologia das ciências naturais, questionando, acima de tudo, o próprio conceito de objetividade científica.

---

73 PALMER, Richard E. *Hermenêutica*. Lisboa: Edições 70, 1999, p. 24.

74 BRAIDA, Celso R. *Apresentação*. *In*: SCHLEIERMACHER, Friedrich D. E. *Hermenêutica: Arte e Teoria da Interpretação*. 3. ed. Rio de Janeiro: Vozes, 2001, p. 8.

A metodologia das ciências naturais, usada para estudar o que é totalmente exterior ao homem, pode apenas "descrever", seu objeto, de forma passiva. Daí que a objetividade desinteressada do intérprete não é adequada à compreensão das ciências humanas. Nesse sentido, o campo da hermenêutica nasceu como esforço para descrever os modos de compreensão, mais especificamente "históricos" e "humanísticos".[75]

A hermenêutica deixa de ser um conjunto de *métodos*, *artifícios*, *técnicas* de explicação de um texto para se dirigir a uma dimensão mais originária cuja compreensão é vista como um fenômeno epistemológico e ontológico. É a compreensão no seu sentido mais fundante e existencial. Daí que a hermenêutica, enquanto se define como estudo da compreensão das obras humanas, "transcende as formas linguísticas de interpretação".[76]

Nesses termos é possível afirmar que a hermenêutica é essencial em todas as ciências humanas, já que se ocupa com a interpretação das "obras" humanas. É uma metaciência que permeia a compreensão de todas as disciplinas humanísticas.

Hermenêutica: Fins Sociais e Exigências do Bem Comum. A 1ª parte do *caput* do artigo 8º diz que "ao aplicar o ordenamento jurídico, o juiz atenderá aos fins sociais e às exigências do bem comum, [...]" É, pois, uma repetição do artigo 5º da Lei de Introdução às normas do Direito Brasileiro (Decreto-Lei nº 4.657, de 04 de setembro de 1942).

Devemos ajustar a dogmática jurídica ao novo, ao efêmero, ao poder-ser, a diversidade, à diferença, ao pluralismo, bem como enfrentar as relações jurídicas a partir de sua dinamicidade espaço-tempo cultural, com vistas aos fins sociais e às exigências do bem comum.

Para compreender o *homem* é, pois, necessário a compreensão de sua *historicidade*. Da mesma forma, para compreender o *direito* a partir da *pessoa* é necessário se colocar no lugar do outro (Hermenêutica do Tu).

É necessário, pois, a realização do ultrapassamento do ente (texto legal normativo) em direção ao ser do direito (o direito visto a partir do próprio ser-aí humano). Melhor dizendo: o direito entificado (objetificado, coisificado) é ultrapassado por algo designado pelo fenômeno da (re)personalização do direito.[77] É um modo de compreender o direito como *constituição fundamental do próprio direito, uma constituição que acontece previamente antes de todo o fenômeno jurídico.*

---

75 BRAIDA, Celso R. Apresentação. *In*: SCHLEIERMACHER, Friedrich D. E. *Hermenêutica: Arte e Teoria da Interpretação*. 3. ed. Rio de Janeiro: Vozes, 2001, p. 19.

76 *Idem*, p. 21.

77 Também conhecido como fenômeno da despatrimonialização do direito.

Direito e *pessoa* coexistem na estrutura prévia do fenômeno jurídico. O sujeito nunca existe antes como "sujeito abstrato", para então subsistir no caso concreto decidendo; mas ser sujeito (pessoa) quer dizer coexistir na própria fundamentalidade do direito. A pré-compreensão já é muito mais a decisão judicial fincada no binômio *direito* e *pessoa*.

Destarte, a estrutura fundamental do direito não pode mais ser determinada a partir da "relação sujeito-objeto". Na exegese jurídica, o texto legal normativo deve ser ultrapassado de forma que a compreensão e o fundamento do direito esteja umbilicalmente atrelado ao ser-aí humano.

É no momento do ultrapassamento (momento em que o ser ultrapassa o ente) que a *pessoa* vem primeiramente ao encontro do texto legal. É uma espécie de dignificação e ontologização do direito. É só na ultrapassagem e por meio dela que o julgador poderá realizar correções normativas com vistas a priorizar a dignidade da pessoa humana. Na medida em que o ser-aí humano existe como fundamento do direito – e somente nesta medida –, é que o julgador poderá ter um comportamento exegético de forma a alinhar a decisão judicial aos elementos de *historicidade*, *mundanidade* e *personalisticidade* intrínsicos ao mundo jurídico na pós-modernidade.

É o *direito* inserido no *ser-no-mundo*, isto é, o direito (re)encontrado em sua essência. Vale lembrar que de acordo com as lições heideggerianas, o ser-no-mundo não está atrelado a uma situação fática, senão ontológica. Heidegger afirma que "o discurso que trata do ser-no-mundo não é uma verificação da ocorrência fática de ser-aí; ele não é, aliás, de maneira alguma uma enunciação ôntica. Ele se refere a um estado de coisas essencial (*Wesensverhalt*) que determina o ser-aí em geral e tem como consequência o caráter de uma tese ontológica. Por conseguinte, o que importa é: o ser-aí não é um ser-no-mundo pelo fato de, e apenas pelo fato de existir faticamente; mas, pelo contrário, ele só *pode ser* como existente, isto é, como ser-aí, *porque* a sua constituição essencial reside no ser-no-mundo."[78]

Promovendo a Dignidade da Pessoa Humana. De acordo com Ingo Sarlet, "no pensamento filosófico e político da antiguidade clássica, verificava-se que a dignidade (*dignitas*) da pessoa humana dizia, em regra, com a posição social ocupada pelo indivíduo e o seu grau de reconhecimento pelos demais membros da comunidade, daí poder falar-se em uma quantificação e modulação da dignidade, no sentido de se admitir a existência pessoas mais dignas ou menos dignas. Por outro lado, já no pensamento estoico, a dignidade era tida como a qualidade que, por ser inerente ao ser humano, o distinguia das demais

---

[78] HEIDEGGER, Martin. *Marcas do Caminho*. Trad. de Enio Paulo Giachini e Ernildo Stein. Petrópolis: Vozes, 2008, p.153.

criaturas, no sentido de que todos os seres humanos são dotados da mesma dignidade, noção esta que se encontra, por sua vez, intimamente ligada à noção de liberdade pessoal de cada indivíduo (o homem como ser livre e responsável por seus atos e seu destino), bem como a ideia de que todos os seres humanos, no que diz com a sua natureza, são iguais em dignidade. Com efeito, de acordo com o jurisconsulto político e filósofo romano Marco Túlio Cícero, é a natureza quem descreve que o homem deve levar em conta os interesses de seus semelhantes, pelo simples fato de também serem homens, razão pela qual todos estão sujeitos às mesmas leis naturais, de acordo com as quais é proibido que uns prejudiquem aos outros, passagem na qual (como, de resto, encontrada em outros autores da época) se percebe a vinculação da noção de dignidade com a pretensão de respeito e consideração a que faz jus todo ser humano. Assim, especialmente em relação a Roma – notadamente a partir das formulações de Cícero, que desenvolveu uma compreensão da dignidade desvinculada do cargo ou posição social – é possível reconhecer a coexistência de um sentido moral (seja no que diz às virtudes pessoais do mérito, integridade, lealdade, entre outras, seja na acepção estoica referida) e o sociopolítico de dignidade (aqui no sentido da posição social e política ocupada pelo indivíduo)."[79]

Dessa maneira, é possível afirmar que os primórdios da dignidade da pessoa humana encontram-se na antiguidade clássica e o seu sentido e alcance estava relacionado à posição que cada indivíduo ocupava na sociedade. A palavra *dignidade* provém do latim *dignus* que representa aquela pessoa que *merece estima e honra*, ou seja, aquela pessoa que é importante em um grupo social.

No período medieval, a dignidade da pessoa humana passou a entrelaçar-se aos valores inerentes à filosofia cristã. Melhor dizendo: a ideia de dignidade passa a ficar vinculada a cada individuo, lastreada no pensamento cristão em que o homem é criação de Deus sendo salvo de sua natureza originária por Ele e possuindo livre-arbítrio para a tomada de suas decisões. Severino Boécio (480-524) é o divisor de águas de dois tempos: a antiguidade e o medievo. Boécio é, pois, o precursor da definição filosófica de pessoa (humana), embora seu desenvolvimento pleno tenha se dado na metade do século XIII. O seu contributo foi situar a pessoa humana no horizonte da racionalidade a partir de sua condição de singularidade. A partir de Boécio, a noção de pessoa como substância individual e racional elevou o ser humano a uma nova esfera de dignidade e responsabilidade, implicando em nova perspectiva de ser e estar no mundo.

---

[79] SARLET, Ingo Wolfgang. *A eficácia dos direitos fundamentais: uma teoria geral dos direitos fundamentais na perspectiva constitucional.* 10. ed. Porto Alegre: Livraria dos Advogados; 2011, p. 34-36.

De acordo com Savian Filho[80] e Ricardo Antonio Rodrigues[81], "Boécio elabora no capítulo III, do texto *Contra Eutychen et Nestorium* a definição de Persona que se tornará clássica no pensamento medieval e moderno. Já presente no contexto das controvérsias teológicas dos primeiros séculos, em oposição com natura (*physis*) e essentia (*ousia*), persona torna-se palavra central também para a antropologia filosófica e teológica. Para um breve histórico dos principais passos da evolução do conceito convém considerar que há sempre controvérsias em torno dessa palavra, mas que passou por seu significado ligado ao teatro; sentido de máscara, inclusive ligada a antiguidade Greco-romana do culto à divindade Perséfone, onde a tal objeto se chamava *phersu*, e era usado nos rituais religiosos; depois o próprio sentido do teatro, inclusive é essa conotação mais aproximada se considerarmos a língua grega. O sentido geral dos romanos é que *persona* não era apenas o objeto em si, mas também o papel desempenhado por cada ator e ligando ao Direito e ao sentido político, tal máscara não caracterizava algo de essencial, pois era a expressão do papel mutável e não-essencial exercido por quem a usava. Tinha como uma conotação de personalidade no sentido do não essencial. Isso em se tratando do século I. Já para os gregos *prosopón* tinha uma conotação que transcendia o aspecto gramatical, jurídico, religioso, e fundava-se num caráter mais filosófico de insurreição contra o trágico da existência, que somos também contingência e isso implica numa luta para a afirmação da liberdade. Parece haver uma relação entre a leitura de Boécio, Agostinho e os padres Capadócios, pois a ideia de individualidade, substância etc. têm relação direta com a leitura trinitária de Deus. Ou seja, não há como negar que a leitura filosófica e antropológica de Boécio sobre a pessoa humana tenha um viés fortíssimo da teologia trinitária cristã."

Para Boécio o primordial não é o coletivo como fundamento, mas o sujeito que pensa e reflete e, por isso, é capaz de viver em comunidade. Assim, a contribuição de Boécio foi deslocar o sentido de racionalidade e individualidade como condição primeira, destacando a noção de individualidade com o acento na racionalidade da pessoa. Na visão do autor, as coisas inanimadas, os animais, os vegetais não podem nunca serem elevados a condição de pessoa, mas somente dos seres portadores de alma racional. [82]

Afirma Boécio que "disso tudo decorre que, se há pessoa tão somente nas substâncias, e naquelas racionais, e se toda substância é uma natureza, mas

---

80 BOÉCIO. *Escritos* (OPUSCULA SACRA). Tradução, introdução, estudos introdutórios e notas Juvenal Savian Filho. Prefácio de Marilena Chauí. São Paulo: Martins Fontes, 2005, p. 225-227.

81 RODRIGUES, Ricardo Antonio. *Severino Boécio e a Invenção Filosófica da Dignidade Humana*. In: Seara Filosófica, nº 5, Verão, 2012, p. 3-20.

82 *Ibidem*.

não consta nos universais, e, sim, nos indivíduos, a definição que se obtém de pessoa é a seguinte: 'substância individual de natureza racional'".[83] Aqui a pessoa humana um estatuto de 'superioridade' aos demais seres, exceto aos anjos e as pessoas divinas.

Boécio "ao enfatizar a dimensão da natureza racional e do caráter individual da pessoa, sua definição ao considerar que a pessoa humana, como na tradição cristã, é imagem da própria Trindade, essa ênfase na dimensão racional e individual acabou sendo o pressuposto central, não só no cristianismo, mas em toda cultura ocidental para o que denominamos de dignidade humana."[84]

Dessa forma, a compreensão da dignidade humana é vista a partir de um estatuto ontológico. A própria condição humana, o simples fato de sermos humanos, representa a garantia de certos direitos fundamentais fundados numa dignidade que é *a priori*.

Boaventura De Bagnoregio (São Boaventura) também elaborou uma síntese filosófica sobre pessoa ao escrever o *De Trinitate* em 1254-7. De acordo com Ricardo Antonio Rodrigues, São Boaventura "certamente tenha se dado conta de que a pessoa divina não pode ser interpretada dentro do mesmo estatuto epistêmico que se apreende e compreende intelectivamente qualquer ente, ou como algo similar a uma coisa, pois a relação que é uma herança da noção trinitária, e por analogia aplicada à pessoa humana. [...] a pessoa humana como relação, é condição de estar e ser-no-mundo com os demais seres e coisas, e, com isso, não esteja apenas orientada para um solipsismo, ou mesmo uma solidão fechada e desesperadora que angustia e oprime. Para o nosso autor, a pessoa como relação é abertura, projeção e orientação que tende ao transcendente, aos outros e ao mundo. A relação como categoria essencial (São Boaventura, Hex., col. 12, nº 14) dispõe a condição humana como singularidade, incomunicabilidade e suprema dignidade (São Boaventura, III Sent., d. 5, a. 2, q. 2, ad.1)." [85]

Assim, a expressão da pessoa humana como alguém e não como algo, portanto, para Boaventura lhe dá "um caráter de dignidade diferenciada, inspira-se num movimento imitativo, mas com as devidas proporções e diferenças da realidade trinitária. Com isso, é possível pensarmos a pessoa, segundo o autor, no caso do humano, não apenas como coisa ou mesmo supercoisa, mas como um existente em processo, e numa perspectiva do devir, que é sendo; uma recorrente vocação a ser o que se é e o que se deve ser num complexo feixe ou nó de relações, como no exemplo da Trindade, algo que racionalmente é

---

83 RODRIGUES, Ricardo Antonio. *Severino Boécio e a Invenção Filosófica da Dignidade Humana. In*: Seara Filosofica, nº 5, Verao, 2012, p. 3-20.

84 *Ibidem.*

85 RODRIGUES, Ricardo Antonio. A Pessoa Humana é Relação. *In*: *Thaumazein*, Ano IV, número 08, Santa Maria, Dezembro de 2011, p. 73-87.

apreensível, de certo modo e até certo ponto, mas, que em sua mais profunda realidade, mantém-se mistério. [...] Assim, dentro desse horizonte a pessoa humana como semelhança da trindade não é um produto acabado ou uma essência fechada, mas perspectiva, eterna possibilidade, uma incomunicabilidade que tende à saída de si como projeção que se identifica ao relacionar-se, ao tender com tudo e com todos. Não que lhe falte algo que se consiga através da relação, mas a relação aperfeiçoa, mas que só se dá pela singularidade e pela realidade concreta do que se é.[...] A pessoa humana na perspectiva bonaventuriana possui uma exigência própria de ser que o impele a ser mais sempre, quase que de uma forma imperativa no sentido do "torna-te quem tu deves ser". E esse ser mais tem um significado de que a relação que o situa e o identifica pode agregar ao seu ser, não um acréscimo identitário que lhe falte, mas a possibilidade de enriquecer ainda mais a sua realidade singular e pessoal ao encontrar-se com a alteridade."[86]

Vale destacar que o conceito da pessoa humana na concepção bonaventuriana como relação é importantíssimo para o direito, já que traduz a relação com os outros, o cuidado, a alteridade, característica fundamental da norma jurídica. É essencial para a compreensão do direito como relação jurídica de cooperação, ou seja, o ser com os outros.

Santo Tomás de Aquino (1225-1274), a partir da sistematização plena da cultura grega e latina, desencadeou o chamado *humanismo filosófico*. Com ele a pessoa humana é vista como portadora de uma dignidade vigorosa por ser Imagem de Deus. Há indícios de que Tomás de Aquino tenha escrito a Suma Teológica, pelo menos a primeira parte, segundo alguns cronologistas entre 1265 e 1271, ou seja, mais ou menos uma década após Boaventura ter redigido suas conclusões sobre a Trindade.[87]

São Tomás de Aquino afirma que "o termo dignidade é algo absoluto e pertence à essência", situando-o como um requisito inerente à condição humana.[88] Bruno Amaro Lacerda diz que Tomás de Aquino, partindo da definição de "pessoa" formulada por Boécio ("substância individual de natureza racional"), explica que "o homem é uma substância racional porque tem o domínio de seus atos, agindo por si mesmo e não pelo comando de outros seres. Em outras palavras, o homem é livre, pois tem o poder de determinar-se, de agir por si mesmo. Isso lhe confere uma superioridade em relação a todas as outras substâncias (entes) que não compartilham da mesma potência. Essa superioridade

---

86 RODRIGUES, Ricardo Antonio. A Pessoa Humana e Relacao. *In: Thaumazein*, Ano IV, numero 08, Santa Maria, Dezembro de 2011, p. 73-87.

87 *Ibidem.*

88 AQUINO, São Tomás de. *Suma de Teología.* 4. ed. Madri: Biblioteca de Autores Cristianos, 2001, p. 411.

é chamada expressamente de dignidade: "Ora, é grande dignidade subsistir em uma natureza racional. Por isso dá-se o nome pessoa a todo indivíduo dessa natureza, como foi dito" (Suma Teológica, I, 29, 3)."[89]

Dessa forma, com São Tomas de Aquino, a dignidade da pessoa humana fincou fundamento na ideia de que o ser humano fora criado à imagem e semelhança de Deus, mas sobretudo na capacidade de autodeterminação inerente à natureza humana. O ser humano é livre por sua natureza, vivendo em função de usa própria vontade. Nos estudos de São Tomas de Aquino é possível perceber o destaque para a liberdade do homem o que, certamente, auxiliou Kant em seus estudos sobre a autonomia ética do ser humano.

Outro destaque na filosofia relacionada à *dignidade da pessoa* é Giovanni Pico. Ele nasceu em Mirandola, norte da Itália, em 24 de fevereiro de 1463, e faleceu em Florença, também na Itália, em 17 de novembro de 1496. Dentre suas obras, é importante destacar o *Discurso sobre a dignidade do homem*, uma espécie de manifesto renascentista do homem, descrito como centro do mundo (antropocentrismo).

De acordo com as lições de Bruno Amaro Lacerda, Giovanni Pico "não se limita a dizer que o homem é livre para escolher seus próprios fins, mas que, ao escolhê-los, o homem encontra a sua própria essência. O homem não é apenas o "animal racional" capaz de escolher, mas o ser que está fadado a escolher. É como se Deus houvesse condenado o homem à escolha, dado a ele a capacidade de, por seus atos livres, tornar-se o que deve ser. Percebe-se, então, que o homem está acima dos animais não simplesmente por ser racional, mas porque a razão o impele em direção a algo que nenhum animal pode conseguir: a determinação do seu próprio ser. É interessante relacionar essa constatação com outro aspecto da filosofia de Pico, o apreço pela magia, vista não como poder sobrenatural, mas como capacidade de conhecer a natureza, de descobrir seus segredos e transformá-la. O homem não está apenas "no mundo"; ele também atua "sobre o mundo", coloca-o a seu serviço. [...] Isto é interessante porque mostra de que modo o homem é semelhante a Deus. O homem, ser livre, é capaz de atos de criação, de transformação de si mesmo e do mundo onde vive. Sua dignidade decorre dessa capacidade criadora e inovadora, que o torna imagem de Deus, microcosmo que reflete, em escala menor, o poder divino da criação. O que torna Pico um dos primeiros renascentistas é essa visão da dignidade humana como capacidade de autodeterminação e criação a partir da transformação da natureza. A razão e a inteligência do homem não possuem exclusivamente um alcance ético, mas também um viés poiético (de

---

[89] LACERDA, Bruno Amaro. *A Dignidade Humana Em Giovanni Pico Della Mirandola. In:* Revista *Legis Augustus* (Revista Jurídica) Vol. 3, n. 1, p. 16-23, setembro 2010.

poiésis: produção, fabricação). A originalidade de Pico, que o torna elo entre duas eras, a medieval e a moderna, está nessa visão do homem. A liberdade é o dom que o homem recebeu. Sua dignidade está em saber usá-lo bem, transformando o mundo e a si mesmo em direção ao melhor [...]. O melhor, assim, é tudo aquilo que eleva o homem, que o torna construtor, criador, uma espécie de demiurgo do mundo, aproximando-o de Deus. É isso que, segundo Pico, converte o homem em um ser digno, merecedor de respeito por parte dos outros homens: o autoaperfeiçoamento, a capacidade de se tornar, pelo uso da razão, um "animal celeste", próximo à máxima perfeição."[90]

Importante destacar, também, o contributo de Marsilio Ficino (1433-1499) no Humanismo renascentista, em especial, quanto à noção de dignidade da pessoa humana.[91]

De acordo com Guilherme Camargo Massaú "é possível visualizar em Ficino (como em Pico Della Mirandola) obra e atuação, uma ideia histórica diretamente ligada a um momento 'original' da visão ocidental; trata-se de um percurso de representações teológicas específicas que contribuíram na formação do conceito de dignidade, estruturando pensamentos filosóficos puros, muitas vezes, ainda, de conceitualidade com base teológica.

A ideia de dignidade de Ficino enraizou-se, sobretudo, na imagem e semelhança do homem com Deus (...). O conceito de semelhança de Deus do homem de Ficino não se baseia somente sobre o parentesco de essência presumido e principiológico entre o espírito humano e o divino. Tal perspectiva é fundamentada, especialmente, com a posição mediana cósmica do homem e seu papel intermediário no universo. A partir da representação platônica do provir e, simultaneamente, a do regresso, o florentino tenta demonstrar que o *mens* do homem se origina do espírito divino e, ao mesmo tempo, da sua determinação finalística. A *mens* é *speculum Dei*, Deus é correlato da consciência da dignidade humana."[92]

Outrossim, é a partir da filosofia Kantiana – pensamento antropocentrista – que o conceito de dignidade humana passa a ser uma qualidade peculiar e insubstituível do ser humano. Em Kant, o homem é compreendido como ser racional e não como mero objeto social. É a partir de sua racionalidade que o homem é qualificado como pessoa (um ser racional como um fim em si mesmo, provido de razão). Dessa maneira, somente o ser humano é pessoa, já que este é

90 LACERDA, Bruno Amaro. *A Dignidade Humana Em Giovanni Pico Della Mirandola. In:* Revista *Legis Augustus* (Revista Juridica) Vol. 3, n. 1, p. 16-23, setembro 2010.

91 MASSAÚ, Guilherme Camargo. Dignidade Humana e *Marsilio Ficino:* a perspectiva do Renascimento. *In: Revista Direitos Humanos e Democracia* Unijuí: Unijuí, ano 2, n. 3, jan./jun, 2014, p. 128-124.

92 *Ibidem.*

racional. Kant ensina que "age de tal sorte que consideres a Humanidade, tanto na tua pessoa como na pessoa de qualquer outro, sempre e simultaneamente como fim e nunca simplesmente como meio [...] os seres racionais estão submetidos à lei segundo a qual cada um deles jamais se trate a si mesmo ou aos outros simplesmente como meio, mas sempre e simultaneamente como fim em si [...] o homem não é uma coisa, não é, por consequência, um objeto que possa ser tratado simplesmente como meio, mas deve em todas as suas ações ser sempre considerado como um fim em si."[93/94]

Dessa forma, a maior qualidade de uma pessoa é, pois, a sua dignidade, como elemento fundamental e inerente à pessoa humana.

Verifica-se, pois, que o conceito de dignidade humana foi construído historicamente alinhado a evolução do pensamento humano.

Pensar o Direito em sua forma mais originária. Este é o desafio em direção às sendas da realização da tutela da dignidade da pessoa humana. É um pensar o Direito com as lentes voltadas para o mais essencial: a dignidade humana como valor fundamental da Constituição da República (art. 1º, III, da CRFB/88).

O "saber" jurídico não pode ficar atrelado ao ente, dominado pela sua estrutura, mas sim deve caminhar sempre para além deste, ultrapassando-o, constantemente. O operador jurídico deve procurar superar o texto da lei, em busca do seu fundamento – em direção ao ser. O saber essencial do Direito não está posto, não é algo dado, objetificado (entitativo), mas sim desvelado ao julgador na análise do caso concreto decidendo. É um "saber" essencial que passa por cima do ente e procura atingir a sua forma mais originária. Somente quando ultrapassamos o ente, em busca do seu ser, as "proposições" jurídicas terão alguma justificação.

Princípios da proporcionalidade, da razoabilidade, da legalidade, da publicidade e da eficiência. A parte final do *caput* do artigo 8º diz que o magistrado ao aplicar as normas jurídicas deve observar "a proporcionalidade, a razoabilidade, a legalidade, a publicidade e a eficiência." Isto significa dizer que o juiz não pode *dizer o direito* sem levar em consideração os princípios basilares do direito administrativo.

---

93 KANT, Immanuel. *Fondements de la métaphysique des Moeurs*. Paris: Librairie Philosophique J. Vrin, 1992, p. 105-111.

94 BARCELLOS, Ana Paula. *A Eficácia Jurídica dos Princípios Constitucionais*. O princípio da Dignidade da Pessoa Humana. Rio de Janeiro: Renovar, 2002, p. 107: "[...] Pode-se dizer que, para Kant, o homem é um fim em si mesmo – e não uma função do Estado, da sociedade ou da nação – dispondo de uma dignidade ontológica. O Direito e o Estado, ao contrário, é que deverão estar organizados em benefício dos indivíduos (...)."

Remissões:

- Art. 5º, *caput*, e art. 37, *caput*, da CRFB/88:

"Art. 5º Todos são iguais perante a lei, sem distinção de qualquer natureza, garantindo-se aos brasileiros e aos estrangeiros residentes no País a inviolabilidade do direito à vida, à liberdade, à igualdade, à segurança e à propriedade, nos termos seguintes:

(...)".

"Art. 37. A administração pública direta e indireta de qualquer dos Poderes da União, dos Estados, do Distrito Federal e dos Municípios obedecerá aos princípios de legalidade, impessoalidade, moralidade, publicidade e eficiência e, também, ao seguinte:

(...)".

- Art. 5º da LINDB:

"Art. 5º Na aplicação da lei, o juiz atenderá aos fins sociais a que ela se dirige e às exigências do bem comum".

Enunciado das Jornadas de Direito Processual Civil do Conselho da Justiça Federal:

Nº 223 do CJF: A ampla divulgação prevista no art. 94 do CDC, além de realizada por publicação de edital no órgão oficial, pode também se valer de diferentes meios e canais de comunicação, conforme as peculiaridades do caso concreto

Enunciados do Fórum Permanente de Processualistas Civis:

Nº 106 do FPPC: Não se pode reconhecer a deserção do recurso, em processo trabalhista, quando houver recolhimento insuficiente das custas e do depósito recursal, ainda que ínfima a diferença, cabendo ao juiz determinar a sua complementação.

Nº 380 do FPPC: A expressão "ordenamento jurídico", empregada pelo Código de Processo Civil, contempla os precedentes vinculantes.

Nº 396 do FPPC: As medidas do inciso IV do art. 139 podem ser determinadas de ofício, observado o art. 8º.

Nº 574 do FPPC: A identificação de vício processual após a entrada em vigor do CPC de 2015 gera para o juiz o dever de oportunizar a regularização do vício, ainda que ele seja anterior.

Nº 620 do FPPC: O ajuizamento e o julgamento de ações coletivas serão objeto da mais ampla e específica divulgação e publicidade.

Art. 9º Não se proferirá decisão contra uma das partes sem que ela seja previamente ouvida.

Parágrafo único. O disposto no *caput* não se aplica:

I – à tutela provisória de urgência;

II – às hipóteses de tutela da evidência previstas no art. 311, incisos II e III;

III – à decisão prevista no art. 701.

Notas:

Proibição de decisão surpresa. O CPC é claro ao proibir o magistrado a proferir uma decisão judicial contra uma das partes sem que ela seja previamente ouvida. Como dito alhures, o artigo 5º, inciso LV, da CRFB/88 traduz o *direito fundamental processual ao contraditório e da ampla defesa.* Na realidade, a regra jurídica do artigo 9º, *caput*, deve ser cumprida na hipótese de a parte não ter sido ouvida, caso contrário, o NCPC estaria consagrando o chamado "contraditório inútil". Melhor dizendo: o que se veda é a prolação de sentença judicial lastreada em fatos que não eram de conhecimento da parte prejudicada pela sentença. Os princípios do contraditório e devido processo legal devem ser preservados pelo órgão julgador.

O parágrafo único do artigo em comento desvela as exceções a regra estabelecida no *caput* do artigo 9º, nas quais o magistrado pode conceder medida cautelar *inaudita alterar parte*, a saber: (a) à tutela provisória de urgência (deve haver risco de perecimento do direito e/ou ineficácia da tutela pretendida); (b) às hipóteses de tutela da evidência previstas no art. 311, incisos II e III; e (c) na concessão do mandado monitório nos termos do artigo 701 (expedição de mandado de pagamento, entrega de coisa ou execução de obrigação de fazer ou não fazer, quando preenchidos os requisitos para o processamento da ação monitória).

Enunciados do Fórum Permanente de Processualistas Civis:

Nº 381 do FPPC: É cabível réplica no procedimento de tutela cautelar requerida em caráter antecedente.

Nº 635 do FPPC: Antes de decidir sobre a conduta da parte no depoimento pessoal, deverá o magistrado submeter o tema a contraditório para evitar decisão surpresa.

Art. 10. O juiz não pode decidir, em grau algum de jurisdição, com base em fundamento a respeito do qual não se tenha dado às partes oportunidade de se manifestar, ainda que se trate de matéria sobre a qual deva decidir de ofício.

Notas:

Proibição de decisão surpresa. O artigo 10º do CPC também trata da questão da vedação de decisão surpresa. Mais uma vez se clama pelo respeito aos princípios constitucionais do *devido processo legal* (artigo 5º, *caput* e inciso LIV, da CRFB/88) e princípio do *contraditório* (artigo 5º, inciso LV, da CRFB/88). O que se deseja coibir é a surpresa de uma decisão judicial fundamentada em fatos e circunstâncias que as partes da relação jurídica processual, previamente, não tivessem conhecimento. É o desvelamento dos princípios da boa-fé e da transparência que devem nortear o relacionamento das partes com o juízo.

Aqui vale transcrever parte da decisão prolatada pelo Ministro Relator Herman Benjamin, no Recurso Especial nº 1.676.027 – PR (2017/0131484-0): "[...] O art. 10 do CPC/2015 estabelece que o juiz não pode decidir, em grau algum de jurisdição, com base em fundamento a respeito do qual não se tenha dado às partes oportunidade de se manifestar, ainda que se trate de matéria sobre a qual deva decidir de ofício. 3. Trata-se de proibição da chamada decisão surpresa, também conhecida como decisão de terceira via, contra julgado que rompe com o modelo de processo cooperativo instituído pelo Código de 2015 para trazer questão aventada pelo juízo e não ventilada nem pelo autor nem pelo réu. 4. A partir do CPC/2015 mostra-se vedada decisão que inova o litígio e adota fundamento de fato ou de direito sem anterior oportunização de contraditório prévio, mesmo nas matérias de ordem pública que dispensam provocação das partes. Somente argumentos e fundamentos submetidos à manifestação precedente das partes podem ser aplicados pelo julgador, devendo este intimar os interessados para que se pronunciem previamente sobre questão não debatida que pode eventualmente ser objeto de deliberação judicial. 5. O novo sistema processual impôs aos julgadores e partes um procedimento permanentemente interacional, dialético e dialógico, em que a colaboração dos sujeitos processuais na formação da decisão jurisdicional é a pedra de toque do novo CPC. 6. A proibição de decisão surpresa, com obediência ao princípio do contraditório, assegura às partes o direito de serem ouvidas de maneira antecipada sobre todas as questões relevantes do processo, ainda que passíveis de conhecimento de ofício pelo magistrado. O contraditório se manifesta pela bilateralidade do binômio ciência/influência. Um sem o outro esvazia o princípio. A inovação do art. 10 do CPC/2015 está em tornar objetivamente obrigatória a intimação das partes para que se manifestem previamente à decisão judicial. E a consequência da inobservância do dispositivo é a nulidade da decisão surpresa, ou decisão de terceira via, na medida em que fere a característica fundamental do novo modelo de processualística pautado na colaboração entre as partes e no diálogo com o julgador. 7. O processo judicial contemporâneo não se faz com protagonismos e protagonistas, mas com equilíbrio na atuação das partes e do juiz de forma que o feito seja conduzido cooperativamente pelos sujeitos processuais principais. A cooperação processual, cujo dever de consulta é uma das suas manifestações, é traço característico do CPC/2015. Encontra-se refletida no art. 10, bem como em diversos outros dispositivos espraiados pelo Código. 8. Em atenção à moderna concepção de cooperação processual, as partes têm o direito à legítima confiança de que o resultado do processo será alcançado mediante fundamento previamente conhecido e debatido por elas. Haverá afronta à colaboração e ao necessário diálogo no processo, com violação ao dever judicial de consulta e contraditório, se omitida às partes a possibilidade de se pronunciarem anteriormente "sobre tudo que pode servir de ponto de apoio para a decisão da causa, inclusive quanto àquelas questões que o juiz pode apreciar de ofício".

Ao dar o seu voto, o ministro concluiu que a inobservância do artigo 10 do CPC 2015 gera a nulidade do julgado.

Súmulas:

STF nº 327: O direito trabalhista admite a prescrição intercorrente.

STJ nº 381: Nos contratos bancários, é vedado ao julgador conhecer, de ofício, da abusividade das cláusulas.

Enunciados do Fórum Permanente de Processualistas Civis:

Nº 2 do FPPC: Para a formação do precedente, somente podem ser usados argumentos submetidos ao contraditório.

Nº 108 do FPPC: No processo do trabalho, não se proferirá decisão contra uma das partes, sem que esta seja previamente ouvida e oportunizada a produção de prova, bem como não se pode decidir com base em causa de pedir ou fundamento de fato ou de direito a respeito do qual não se tenha oportunizado manifestação das partes e a produção de prova, ainda que se trate de matéria apreciável de ofício.

Nº 109 do FPPC: No processo do trabalho, quando juntadas novas provas ou alegado fato novo, deve o juiz conceder prazo, para a parte interessada se manifestar a respeito, sob pena de nulidade.

Nº. 235 do FPPC: Aplicam-se ao procedimento do mandado de segurança os arts. 7º, 9º e 10 do CPC.

Nº 259 do FPPC: A decisão referida no parágrafo único do art. 190 depende de contraditório prévio.

Nº 282 do FPPC: Para julgar com base em enquadramento normativo diverso daquele invocado pelas partes, ao juiz cabe observar o dever de consulta, previsto no art. 10.

Nº 394 do FPPC: As partes podem opor embargos de declaração para corrigir vício da decisão relativo aos argumentos trazidos pelo *amicus curiae*.

Nº 459 do FPPC: As normas sobre fundamentação adequada quanto à distinção e superação e sobre a observância somente dos argumentos submetidos ao contraditório são aplicáveis a todo o microssistema de formação dos precedentes.

Nº 550 do FPPC: A inexistência de repercussão geral da questão constitucional discutida no recurso extraordinário é vício insanável, não se aplicando o dever de prevenção de que trata o parágrafo único do art. 932, sem prejuízo do disposto no art. 1.033.

Nº 551 do FPPC: Cabe ao relator, antes de não conhecer do recurso por intempestividade, conceder o prazo de cinco dias úteis para que o recorrente prove qualquer causa de prorrogação, suspensão ou interrupção do prazo recursal a justificar a tempestividade do recurso.

Nº 594 do FPPC: O art. 933 incide no controle concentrado-abstrato de constitucionalidade.

Nº 632 do FPPC: A redistribuição de ofício do ônus de prova deve ser precedida de contraditório.

Nº 635 do FPPC: Antes de decidir sobre a conduta da parte no depoimento pessoal, deverá o magistrado submeter o tema a contraditório para evitar decisão surpresa.

Nº 657 do FPPC: O relator, antes de considerar inadmissível o incidente de resolução de demandas repetitivas, oportunizará a correção de vícios ou a complementação de informações.

Enunciado das Jornadas de Direito Processual Civil do Conselho da Justiça Federal:

Nº 127 do CJF: O juiz pode homologar parcialmente a delimitação consensual das questões de fato e de direito, após consulta às partes, na forma do art. 10 do CPC.

Enunciados da Escola Nacional de Formação e Aperfeiçoamento de Magistrados:

Nº 2 do ENFAM: Não ofende a regra do contraditório do art. 10 do CPC/2015, o pronunciamento jurisdicional que invoca princípio, quando a regra jurídica aplicada já debatida no curso do processo é emanação daquele princípio.

Nº 3 do ENFAM: É desnecessário ouvir as partes quando a manifestação não puder influenciar na solução da causa.

Nº 4 do ENFAM: Na declaração de incompetência absoluta não se aplica o disposto no art. 10, parte final, do CPC/2015.

Nº 5 do ENFAM: Não viola o art. 10 do CPC/2015 a decisão com base em elementos de fato documentados nos autos sob o contraditório.

Nº 6 do ENFAM: Não constitui julgamento surpresa o lastreado em fundamentos jurídicos, ainda que diversos dos apresentados pelas partes, desde que embasados em provas submetidas ao contraditório.

Art. 11. Todos os julgamentos dos órgãos do Poder Judiciário serão públicos, e fundamentadas todas as decisões, sob pena de nulidade.

Parágrafo único. Nos casos de segredo de justiça, pode ser autorizada a presença somente das partes, de seus advogados, de defensores públicos ou do Ministério Público.

Notas:

Publicidade e Motivação das decisões judiciais. O princípio da motivação das decisões judiciais encontra-se no artigo 93, inciso X da CRFB/88 (X – as decisões administrativas dos tribunais serão motivadas e em sessão pública, sendo as disciplinares tomadas pelo voto da maioria absoluta de seus membros). Mais uma vez se apresenta em cores vivas o respeito ao princípio do *devido processo legal* (artigo 5º, *caput* e inciso LIV, da CRFB/88), já que todas as decisões judiciais devem ser devidamente fundamentadas. Dessa forma, cabe ao magistrado expor as razões fáticas e jurídicas que alicerçam a sua decisão.

Já o parágrafo único do referido artigo trata dos casos de *segredo de justiça*. De acordo com o artigo 189, "os atos processuais são públicos, todavia tramitam em segredo de justiça os processos: I – em que o exija o interesse público ou social; II – que versem sobre casamento, separação de corpos, divórcio, separação, união estável, filiação, alimentos e guarda de crianças e adolescentes; III – em que constem dados protegidos pelo direito constitucional à intimidade; IV – que versem sobre arbitragem, inclusive sobre cumprimento de carta arbitral, desde que a confidencialidade estipulada na arbitragem seja comprovada perante o juízo." O § 1º diz que "o direito de consultar os autos de processo que tramite em segredo de justiça e de pedir certidões de seus atos é restrito às partes e aos seus procuradores." Já o § 2º determina que "o terceiro que demonstrar interesse jurídico pode requerer ao juiz certidão do dispositivo da sentença, bem como de inventário e de partilha resultantes de divórcio ou separação."

Remissão:

– Art. 93, IX, CRFB/88:

"Art. 93. Lei complementar, de iniciativa do Supremo Tribunal Federal, disporá sobre o Estatuto da Magistratura, observados os seguintes princípios:

(...)

IX todos os julgamentos dos órgãos do Poder Judiciário serão públicos, e fundamentadas todas as decisões, sob pena de nulidade, podendo a lei limitar a presença, em determinados atos, às próprias partes e a seus advogados, ou somente a estes, em casos nos quais a preservação do direito à intimidade do interessado no sigilo não prejudique o interesse público à informação;

(...)".

Enunciado das Jornadas de Direito Processual Civil do Conselho da Justiça Federal:

Nº 188 do CJF: Os votos proferidos nos julgamentos virtuais dos tribunais devem ser publicizados em tempo real, à medida que forem sendo disponibilizados pelos julgadores.

Enunciado do Fórum Permanente de Processualistas Civis:

Nº 620 do FPPC: O ajuizamento e o julgamento de ações coletivas serão objeto da mais ampla e específica divulgação e publicidade.

Art. 12. Os juízes e os tribunais atenderão, preferencialmente, à ordem cronológica de conclusão para proferir sentença ou acórdão. (*Alteração dada pela Lei nº 13.256, de 04.02.2016*).

§ 1º A lista de processos aptos a julgamento deverá estar permanentemente à disposição para consulta pública em cartório e na rede mundial de computadores.

§ 2º Estão excluídos da regra do *caput*:

I – as sentenças proferidas em audiência, homologatórias de acordo ou de improcedência liminar do pedido;

II – o julgamento de processos em bloco para aplicação de tese jurídica firmada em julgamento de casos repetitivos;

III – o julgamento de recursos repetitivos ou de incidente de resolução de demandas repetitivas;

IV – as decisões proferidas com base nos arts. 485 e 932;

V – o julgamento de embargos de declaração;

VI – o julgamento de agravo interno;

VII – as preferências legais e as metas estabelecidas pelo Conselho Nacional de Justiça;

VIII – os processos criminais, nos órgãos jurisdicionais que tenham competência penal;

IX – a causa que exija urgência no julgamento, assim reconhecida por decisão fundamentada.

§ 3º Após elaboração de lista própria, respeitar-se-á a ordem cronológica das conclusões entre as preferências legais.

§ 4º Após a inclusão do processo na lista de que trata o § 1º, o requerimento formulado pela parte não altera a ordem cronológica para a decisão, exceto quando implicar a reabertura da instrução ou a conversão do julgamento em diligência.

§ 5º Decidido o requerimento previsto no § 4º, o processo retornará à mesma posição em que anteriormente se encontrava na lista.

§ 6º Ocupará o primeiro lugar na lista prevista no § 1º ou, conforme o caso, no § 3º, o processo que:

I – tiver sua sentença ou acórdão anulado, salvo quando houver necessidade de realização de diligência ou de complementação da instrução;

II – se enquadrar na hipótese do art. 1.040, inciso II.

Notas:

Ordem Cronológica de julgamento. O CPC/2015 prevê em seu art. 12, novata regra acerca de julgamento das demandas. Trata-se do que se denomina "ordem cronológica de conclusão dos julgados".

Assim, deverão os órgãos jurisdicionais (juízes e tribunais) atender, de forma preferencial, à ordem crescente da data de conclusão dos processos para proferirem sentenças e acórdãos, o que se quer dizer que o julgamento deverá obedecer à ordem de chegada dos processos em sede de gabinete dos julgadores, do contrário, caberá ao órgão julgador fundamentar adequadamente a não aplicabilidade da preferência ora exigida pelo *codex*, salvo com relação à exceções autorizadas pelo próprio dispositivo em tela.

Neste sentido, conforme inteligência de todo o contexto do art. 12, será elaborada pela secretaria do juízo uma lista de processos aptos a julgamento, devendo ela estar permanentemente à disposição para consulta pública de qualquer interessado e ainda sendo disponibilizada na rede mundial de computadores (*internet*), conforme sustenta o § 1º do art. 12.

Trata-se, na verdade, de uma lista de espera, esta de acordo com a chegada dos autos do processo ao gabinete do órgão julgador em sede de conclusão.

Notadamente, sobre dita lista pesam exceções tidas pelo legislador como excetuadas da digitada lista ou mesmo inclusas na mesma, mas em posição privilegiada de ocupação.

Assim, temos que, como excetuadas da lista cronológica de julgados, os seguintes conteúdos referendados pelo art. 12, § 2º:

I – as sentenças proferidas em audiência, homologatórias de acordo ou de improcedência liminar do pedido;

II – o julgamento de processos em bloco para aplicação de tese jurídica firmada em julgamento de casos repetitivos;

III – o julgamento de recursos repetitivos ou de incidente de resolução de demandas repetitivas;

IV – as decisões proferidas com base nos arts. 485 e 932;

V – o julgamento de embargos de declaração;

VI – o julgamento de agravo interno;

VII – as preferências legais e as metas estabelecidas pelo Conselho Nacional de Justiça;

VIII – os processos criminais, nos órgãos jurisdicionais que tenham competência penal;

IX – a causa que exija urgência no julgamento, assim reconhecida por decisão fundamentada.

Apenas a título de destaque, imperioso asseverar que o supracitado inciso IX do § 2º do art. 12 deve, verdadeiramente, caracterizar-se como uma cláusula geral de exclusão da lista, pois que, no momento em que o legislador aponta como exceção "*a causa que exija urgência no julgamento, assim reconhecida por decisão fundamentada*", deverá o interessado comprovar aludida urgência, demonstrando ao órgão julgador, inequívoca necessidade de urgência de julgamento pretensão em questão. Daí, uma vez reconhecida a aludida urgência pelo juízo, deverá os autos do processo sair da lista e ser julgado mesmo fora da ordem cronológica de conclusão. Pensamos, conforme inteligência do art. 12 em seu *caput* tratar-se aí de pretensão final e não de medida de caráter incidental como *v.g.*, a tutela de urgência antecipada.

Já no tocante à ocupação na lista, basicamente, em seu primeiro lugar, cuida o § 6º do art. 12, nos seguintes termos:

> *§ 6º Ocupará o primeiro lugar na lista prevista no § 1º ou, conforme o caso, no § 3º, o processo que:*
>
> *I – tiver sua sentença ou acórdão anulado, salvo quando houver necessidade de realização de diligência ou de complementação da instrução;*
>
> *II – se enquadrar na hipótese do art. 1.040, inciso II.*[95]

Outrossim, temos também as preferências legais que deverão constar da respectiva lista, esta que deverá levar em conta a ditas preferências no momento da respectiva elaboração, *ex vi* do § 3º do art. 12.

---

[95] "Art. 1.040 (...)

II – o órgão que proferiu o acórdão recorrido, na origem, reexaminará o processo de competência originária, a remessa necessária ou o recurso anteriormente julgado, se o acórdão recorrido contrariar a orientação do tribunal superior;"

Nisso, o próprio texto do CPC/2015 cuida também das supracitadas preferências legais[96] em seu art. 1.048, nos seguintes termos:

a) em que figure como parte ou interessado pessoa com idade igual ou superior a 60 (sessenta) anos ou portadora de doença grave, assim compreendida qualquer das enumeradas no art. 6º, inciso XIV, da Lei nº 7.713, de 22 de dezembro de 1988, tendo aí como exemplos a neoplasia maligna, síndrome da imunodeficiência adquirida, cardiopatia grave, dentre outras.
b) regulados pela Lei nº 8.069, de 13 de julho de 1990 (Estatuto da Criança e do Adolescente), cabendo aí, em caráter exemplificativo a guarda, perda/suspensão do poder familiar e a adoção.

Há de se destacar ainda a prioridade na tramitação processual e procedimentos judiciais e administrativos em que for parte ou interessada, em todos os atos e diligências da pessoa com deficiência tipificada pela Lei nº 13.146, de 06.07.2015, esta que Institui a Lei Brasileira de Inclusão da Pessoa com Deficiência (Estatuto da Pessoa com Deficiência). Dita prioridade supracitada encontra-se regrada seu art. 9º, VII.

Impende pontuar aqui que a tramitação prioritária independe de qualquer deferimento pelo órgão jurisdicional e deverá ser imediatamente concedida diante da prova da condição de beneficiário (§ 4º do art. 1.048).

Em sendo a dinâmica processual caracterizadora do próprio procedimento, pode acontecer da necessidade de qualquer das partes requererem algo no processo e os autos deste já se encontrar acostado na lista. Nestes casos, não se tratando de reabertura de instrução e de conversão de julgamento em diligência (§ 4º do art. 12), deverá os autos do processo permanecer na posição originária, ou seja, onde sempre esteve na lista cronológica.

Assim, decidido o "requerimento previsto no § 4º, o processo retornará à mesma posição em que anteriormente se encontrava na lista" (§ 5º do art. 12).

No Livro Complementar do CPC/2015, este que trata das disposições finais e transitórias, encontra-se dispositivo relativo à formação da primeira lista de processos para o respectivo julgamento em ordem cronológica. É o que se segue:

---

[96] Vale ressaltar que, para o exercício de ditas preferências legais no âmbito do processo, estabelece o art. 1.048 os seguintes trâmites:

"§ 1º A pessoa interessada na obtenção do benefício, juntando prova de sua condição, deverá requerê-lo à autoridade judiciária competente para decidir o feito, que determinará ao cartório do juízo as providências a serem cumpridas.

§ 2º Deferida a prioridade, os autos receberão identificação própria que evidencie o regime de tramitação prioritária.

§ 3º Concedida a prioridade, essa não cessará com a morte do beneficiado, estendendo-se em favor do cônjuge supérstite ou do companheiro em união estável."

Art. 1.046 (...)

§ 5º A primeira lista de processos para julgamento em ordem cronológica observará a antiguidade da distribuição entre os já conclusos na data da entrada em vigor deste Código.

Nota-se, portanto, que uma vez entrando em vigor o novel CPC, uma lista deverá ser elaborada com os processos já conclusos para julgamento, sendo nesta lista observada a antiguidade da distribuição entre os processos já conclusos quando da entrada em vigor do CPC/2015.

Por isso, entre os processos conclusos na data em que o novato *Codex* entrar em vigor, aqueles mais antigos (distribuição anterior) serão julgados antes dos mais novos, sendo, verdadeiramente, uma regra de transição, já que após a formação dessa primeira lista e a partir da entrada em vigor do novo Código de Processo Civil, devem ser seguidas, as regras estabelecidas pelo art. 12, inegavelmente.

Importante se faz observar os conteúdos pertinentes ao eventual descumprimento da regra de julgamento por ordem cronológica.

Coube ao CPC/2015 estabelecer comandos ao escrivão ou chefe de secretaria neste âmbito.

Conforme dispõe o art. 153 em seu *caput* e § 1º, àquele servidor compete atender, preferencialmente, a ordem cronológica de recebimento da publicação e efetivação dos respectivos pronunciamentos judiciais, devendo ser a lista de processos recebidos ficar disponibilizada de forma permanente, inclusive para consulta pública.

Assim, a parte que considerar-se preterida quanto à ordem cronológica dos autos de seu processo poderá reclamar, diga-se, nos próprios autos, junto ao magistrado do processo, este que requisitará informações ao servidor responsável pela elaboração da aludida lista de ordem cronológica dos processos, que terá 2 (dois) dias para prestá-las.

Uma vez constatada a alegada preterição, será determinado pelo juiz o imediato cumprimento do ato seguido da instauração do devido processo administrativo em face do servidor (§ 5º do art. 153).

Remissão:

– Art. 189-A da Lei nº 11.101/2005, incluído pela Lei nº 14.112/2020:

Art. 189-A. Os processos disciplinados nesta Lei e os respectivos recursos, bem como os processos, os procedimentos e a execução dos atos e das diligências judiciais em que figure como parte empresário individual ou sociedade empresária em regime de recuperação judicial ou extrajudicial ou de falência terão prioridade sobre todos os atos judiciais, salvo o habeas corpus e as prioridades estabelecidas em leis especiais".

Enunciados do Fórum Permanente de Processualistas Civis:

Nº 382 do FPPC: No juízo onde houver cumulação de competência de processos dos juizados especiais com outros procedimentos diversos, o juiz poderá organizar duas listas cronológicas autônomas, uma para os processos dos juizados especiais e outra para os demais processos.

Nº 486 do FPPC: A inobservância da ordem cronológica dos julgamentos não implica, por si, a invalidade do ato decisório.

Enunciados da Escola Nacional de Formação e Aperfeiçoamento de Magistrados:

Nº 32 do ENFAM: O rol do art. 12, § 2º, do CPC/2015 é exemplificativo, de modo que o juiz poderá, fundamentadamente, proferir sentença ou acórdão fora da ordem cronológica de conclusão, desde que preservadas a moralidade, a publicidade, a impessoalidade e a eficiência na gestão da unidade judiciária.

Nº 33 do ENFAM: A urgência referida no art. 12, § 2º, IX, do CPC/2015 é diversa da necessária para a concessão de tutelas provisórias de urgência, estando autorizada, portanto, a prolação de sentenças e acórdãos fora da ordem cronológica de conclusão, em virtude de particularidades gerenciais da unidade judicial, em decisão devidamente fundamentada.

Nº 34 do ENFAM: A violação das regras dos arts. 12 e 153 do CPC/2015 não é causa de nulidade dos atos praticados no processo decidido/cumprido fora da ordem cronológica, tampouco caracteriza, por si só, parcialidade do julgador ou do serventuário.

CAPÍTULO II
DA APLICAÇÃO DAS NORMAS PROCESSUAIS

Art. 13. A jurisdição civil será regida pelas normas processuais brasileiras, ressalvadas as disposições específicas previstas em tratados, convenções ou acordos internacionais de que o Brasil seja parte.

Notas:

Prevalência da lex fori. Em regra, a lei processual aplicável será a do foro competente para a apreciação da causa.

Art. 14. A norma processual não retroagirá e será aplicável imediatamente aos processos em curso, respeitados os atos processuais praticados e as situações jurídicas consolidadas sob a vigência da norma revogada.

Notas:

Irretroatividade da norma processual. Em regra, a lei processual não retroagirá e terá aplicabilidade imediata aos processos em curso. Pelo *Princípio da Irretroatividade das Leis*, a lei nova não alcança os fatos produzidos antes de sua vigência. A Constituição da República Federativa do Brasil de 1988, em seu artigo 5º, inciso XXXVI, determina que "a lei não prejudicará o direito adquirido, o ato jurídico perfeito e a coisa julgada". Da mesma forma, o artigo 6º, LICC reza que "Decreto-Lei nº 4.657, de 4 de setembro de 1942 – Art. 6º – A Lei em vigor terá efeito imediato e geral, respeitados o ato jurídico perfeito, o direito adquirido e a coisa julgada. § 1º – Reputa-se ato jurídico perfeito o já consumado segundo a lei vigente ao tempo em que se efetuou. § 2º – Consideram-se adquiridos assim os direitos que o seu titular, ou alguém por ele, possa exercer, como aqueles cujo começo do exercício tenha termo pré-fixo, ou condição preestabelecida inalterável, a arbítrio de outrem. § 3º – Chama-se coisa julgada ou caso julgado a decisão judicial de que já não caiba recurso."

A partir do estabelecido nos §§ do artigo 6º da LINB torna-se possível compreender os institutos jurídicos denominados *ato jurídico perfeito, direito adquirido* e *coisa julgada.* O *ato jurídico perfeito* é o que já se encontra consumado segundo a lei vigente ao tempo em que se efetuou; o *direito adquirido* é aquele que já se incorporou de forma definitiva ao patrimônio e à personalidade do sujeito; e a *coisa julgada* é a decisão judicial que não cabe mais nenhum recurso.

O *Princípio da Retroatividade das leis* é aplicado nos seguintes casos: a) no *direito penal*, quando as disposições novas beneficiarem os réus (artigo 5º, inciso XL, CRFB/88)[97] ou quando das *leis abolitivas* (*v.g.*, a lei que aboliu a escravatura).

Remissão:

– Art. 6º da LINDB:

"Art. 6º A Lei em vigor terá efeito imediato e geral, respeitados o ato jurídico perfeito, o direito adquirido e a coisa julgada.

§ 1º Reputa-se ato jurídico perfeito o já consumado segundo a lei vigente ao tempo em que se efetuou.

§ 2º Consideram-se adquiridos assim os direitos que o seu titular, ou alguém por êle, possa exercer, como aquêles cujo comêço do exercício tenha têrmo pré-fixo, ou condição pré-estabelecida inalterável, a arbítrio de outrem.

§ 3º Chama-se coisa julgada ou caso julgado a decisão judicial de que já não caiba recurso".

---

97 Artigo 5º, inciso XL, da CF/88 – "*A lei penal não retroagirá, salvo para beneficiar o réu.*"

Enunciados Administrativos do Superior Tribunal de Justiça:

Nº 1 do STJ: O Plenário do STJ, em sessão administrativa em que se interpretou o art. 1.045 do novo Código de Processo Civil, decidiu, por unanimidade, que o Código de Processo Civil aprovado pela Lei nº 13.105/2015, entrará em vigor no dia 18 de março de 2016.

Nº 2 do STJ: Aos recursos interpostos com fundamento no CPC/1973 (relativos a decisões publicadas até 17 de março de 2016) devem ser exigidos os requisitos de admissibilidade na forma nele prevista, com as interpretações dadas, até então, pela jurisprudência do Superior Tribunal de Justiça.

Nº 3 do STJ: Aos recursos interpostos com fundamento no CPC/2015 (relativos a decisões publicadas a partir de 18 de março de 2016) serão exigidos os requisitos de admissibilidade recursal na forma do novo CPC

Nº 4 do STJ: Nos feitos de competência civil originária e recursal do STJ, os atos processuais que vierem a ser praticados por julgadores, partes, Ministério Público, procuradores, serventuários e auxiliares da Justiça a partir de 18 de março de 2016, deverão observar os novos procedimentos trazidos pelo CPC/2015, sem prejuízo do disposto em legislação processual especial.

Nº 5 do STJ: Nos recursos tempestivos interpostos com fundamento no CPC/1973 (relativos a decisões publicadas até 17 de março de 2016), não caberá a abertura de prazo prevista no art. 932, parágrafo único, c/c o art. 1.029, § 3º, do novo CPC.

Nº 6 do STJ: Nos recursos tempestivos interpostos com fundamento no CPC/2015 (relativos a decisões publicadas a partir de 18 de março de 2016), somente será concedido o prazo previsto no art. 932, parágrafo único, c/c o art. 1.029, § 3º, do novo CPC para que a parte sane vício estritamente formal.

Nº 7 do STJ: Somente nos recursos interpostos contra decisão publicada a partir de 18 de março de 2016, será possível o arbitramento de honorários sucumbenciais recursais, na forma do art. 85, § 11, do novo CPC.

STF. Tema 1199 da Repercussão Geral:

Tese: 1) É necessária a comprovação de responsabilidade subjetiva para a tipificação dos atos de improbidade administrativa, exigindo-se – nos artigos 9º, 10 e 11 da LIA – a presença do elemento subjetivo – DOLO; 2) A norma benéfica da Lei 14.230/2021 – revogação da modalidade culposa do ato de improbidade administrativa -, é IRRETROATIVA, em virtude do artigo 5º, inciso XXXVI, da Constituição Federal, não tendo incidência em relação à eficácia da coisa julgada; nem tampouco durante o processo de execução das penas e seus incidentes; 3) A nova Lei 14.230/2021 aplica-se aos atos de improbidade administrativa culposos praticados na vigência do texto anterior da lei, porém sem condenação transitada em julgado, em virtude da revogação expressa do texto anterior; devendo o juízo competente analisar eventual dolo por parte do agente; 4) O novo regime prescricional previsto na Lei 14.230/2021 é IRRETROATIVO, aplicando-se os novos marcos temporais a partir da publicação da lei.

Enunciado do Fórum Permanente de Processualistas Civis:

Nº 730 do FPPC: A indisponibilidade de bens decretada antes da Lei 14.230/2021 para garantir eventual condenação de multa civil ou sobre acréscimo patrimonial decorrente de atividade lícita deve ser revogada.

Art. 15. Na ausência de normas que regulem processos eleitorais, trabalhistas ou administrativos, as disposições deste Código lhes serão aplicadas supletiva e subsidiariamente.

Notas:

Aplicação Subsidiária e Supletiva do CPC. Na ausência de norma jurídica processual específica, aplicam-se as disposições do Código de Processo Civil. O CPC é a regra geral das normas processuais brasileiras. Somente na existência de normas processuais especiais específicas, não se aplicam as normas do CPC. É, pois, a aplicação do *princípio da especialidade* (*lex specialis derogat generalis*). Por exemplo, o artigo 769 da CLT determina que "nos casos omissos, o direito processual comum será fonte subsidiária do direito processual do trabalho, exceto naquilo em que for incompatível com as normas deste Título."

Enunciados do Fórum Permanente de Processualistas Civis:

Nº 245 do FPPC: O fato de a parte, pessoa natural ou jurídica, estar assistida por advogado particular não impede a concessão da justiça gratuita na Justiça do Trabalho.

Nº 246 do FPPC: Dispensa-se o preparo do recurso quando houver pedido de justiça gratuita em sede recursal, consoante art. 99, § 7º, aplicável ao processo do trabalho. Se o pedido for indeferido, deve ser fixado prazo para o recorrente realizar o recolhimento.

Nº 250 do FPPC: Admite-se a intervenção do *amicus curiae* nas causas trabalhistas, na forma do art. 138, sempre que o juiz ou relator vislumbrar a relevância da matéria, a especificidade do tema objeto da demanda ou a repercussão geral da controvérsia, a fim de obter uma decisão respaldada na pluralidade do debate e, portanto, mais democrática.

Nº 266 do FPPC: aplica-se o art. 218, § 4º, ao processo do trabalho, não se considerando extemporâneo ou intempestivo o ato realizado antes do termo inicial do prazo.

Nº 270 do FPPC. Aplica-se ao processo do trabalho o art. 224, § 1º.

Nº 294 do FPPC: O julgamento liminar de improcedência, disciplinado no art. 332, salvo com relação ao § 1º, se aplica ao processo do trabalho quando contrariar: a) enunciado de súmula ou de Orientação Jurisprudencial do TST; b) acórdão proferido pelo TST em julgamento de recursos de revista repetitivos; c) entendimento firmado em resolução de demandas repetitivas.

Nº 302 do FPPC: Aplica-se o art. 373, §§ 1º e 2º, ao processo do trabalho, autorizando a distribuição dinâmica do ônus da prova diante de peculiaridades da causa relacionadas à impossibilidade ou à excessiva dificuldade da parte de cumprir o seu encargo probatório, ou, ainda, à maior facilidade de obtenção da prova do fato contrário. O juiz poderá, assim, atribuir o ônus da prova de modo diverso, desde que de forma fundamentada, preferencialmente antes da instrução e necessariamente antes da sentença, permitindo à parte se desincumbir do ônus que lhe foi atribuído.

Nº 304 do FPPC: As decisões judiciais trabalhistas, sejam elas interlocutórias, sentenças ou acórdãos, devem observar integralmente o disposto no art. 499, sobretudo o seu § 1º, sob pena de se reputarem não fundamentadas e, por conseguinte, nulas.

Nº 325 do FPPC: A modificação de entendimento sedimentado pelos tribunais trabalhistas deve observar a sistemática prevista no art. 927, devendo se desincumbir do ônus argumentativo mediante fundamentação adequada e específica, modulando, quando necessário, os efeitos da decisão que supera o entendimento anterior.

Nº 326 do FPPC: O órgão jurisdicional trabalhista pode afastar a aplicação do precedente vinculante quando houver distinção entre o caso sob julgamento e o paradigma, desde que demonstre, fundamentadamente, tratar-se de situação particularizada por hipótese fática distinta, a impor solução jurídica diversa.

Nº 329 do FPPC: Na execução trabalhista deve ser preservada a quota parte de bem indivisível do coproprietário ou do cônjuge alheio à execução, sendo-lhe assegurado o direito de preferência na arrematação do bem em igualdade de condições.

Nº 330 do FPPC: Na Justiça do trabalho, o juiz pode deferir a aquisição parcelada do bem penhorado em sede de execução, na forma do art. 895 e seus parágrafos.

Nº 331 do FPPC: O pagamento da dívida objeto de execução trabalhista pode ser requerido pelo executado nos moldes do art. 916.

Nº 332 do FPPC: Considera-se vício sanável, tipificado no art. 938, § 1º, a apresentação da procuração e da guia de custas ou depósito recursal em cópia, cumprindo ao relator assinalar prazo para a parte renovar o ato processual com a juntada dos originais.

Nº 333 do FPPC: Em se tratando de guia de custas e depósito recursal inseridos no sistema eletrônico, estando o arquivo corrompido, impedido de ser executado ou de ser lido, deverá o relator assegurar a possibilidade de sanar o vício, nos termos do art. 938, § 1º.

Nº 335 do FPPC: O incidente de assunção de competência aplica-se ao processo do trabalho.

Nº 347 do FPPC: Aplica-se ao processo do trabalho o incidente de resolução de demandas repetitivas, devendo ser instaurado quando houver efetiva repetição de processos que contenham controvérsia sobre a mesma questão de direito.

Nº 350 do FPPC: Cabe reclamação, na Justiça do Trabalho, da parte interessada ou do Ministério Público, nas hipóteses previstas no art. 988, visando a preservar a competência do tribunal e garantir a autoridade das suas decisões e do precedente firmado em julgamento de casos repetitivos.

Nº 352 do FPPC: É permitida a desistência do recurso de revista repetitivo, mesmo quando eleito como representativo da controvérsia, sem necessidade de anuência da parte adversa ou dos litisconsortes; a desistência, contudo, não impede a análise da questão jurídica objeto de julgamento do recurso repetitivo.

Nº 353 do FPPC: No processo do trabalho, o equívoco no preenchimento da guia de custas ou de depósito recursal não implicará a aplicação da pena de deserção, cabendo ao relator, na hipótese de dúvida quanto ao recolhimento, intimar o recorrente para sanar o vício no prazo de cinco dias.

Enunciados das Jornadas de Direito Processual Civil do Conselho da Justiça Federal:

Nº 2 do CJF: As disposições do Código de Processo Civil aplicam-se supletiva e subsidiariamente às Leis nº 9.099/1995, 10.259/2001 e 12.153/2009, desde que não sejam incompatíveis com as regras e princípios dessas Leis.

Nº 3 do CJF: As disposições do Código de Processo Civil aplicam-se supletiva e subsidiariamente ao Código de Processo Penal, no que não forem incompatíveis com esta Lei.

Enunciado do Fórum Nacional de Juizados Especiais:

Nº 161 do FONAJE: Considerado o princípio da especialidade, o CPC/2015 somente terá aplicação ao Sistema dos Juizados Especiais nos casos de expressa e específica remissão ou na hipótese de compatibilidade com os critérios previstos no art. 2º da Lei nº 9.099/95.

LIVRO II
DA FUNÇÃO JURISDICIONAL

TÍTULO I
DA JURISDIÇÃO E DA AÇÃO

Art. 16. A jurisdição civil é exercida pelos juízes e pelos tribunais em todo o território nacional, conforme as disposições deste Código.

Notas:

O Estado moderno, para melhor atingir seu objetivo, que é o bem comum, dividiu seu poder soberano em três outros: Poder Legislativo, Poder Executivo e Poder Judiciário, tendo cada um deles uma função estatal.

Assim, ao Legislativo compete a estruturação da ordem jurídica por meio da atitude legislativa; ao Executivo, a administração; e ao Judiciário, de um modo geral, a composição dos litígios nos casos concretos.

À função de compor litígios, de declarar e realizar o Direito dá-se o nome de Jurisdição.

Etimologicamente, a palavra Jurisdição é derivada do latim *jurisdictio* (ação de administrar a justiça, oriunda das expressões *jus dicere, jurisdictio*).[98]

Como já bem expressava Celso Neves,[99] o vocábulo "jurisdição" é insuficiente para demonstrar todo o alcance intelectivo e prático que se poderia delinear tal instituto, dificultando inclusive, a construção uníssona para entendimento acerca deste assunto, tanto em nível pátrio quanto na literatura estrangeira. Couture[100] já dizia ser o conceito de Jurisdição uma prova de fogo para os juristas e mesmo Calamandrei, de maneira vanguardista, quase que como premunição, sustentava não ser possível dar à Jurisdição uma definição para todos os tempos e para todos os povos,[101] o que também lhe seguia Alfredo Rocco,[102] dizendo ainda tratar-se de um problema conceitual ainda por se decidir a ciência jurídica.

98 DE PLÁCIDO E SILVA. *Vocabulário Jurídico*, p. 802.

99 NEVES. *Estrutura Fundamental do Processo Civil*, p. 3.

100 No entanto, afirmava ser a função imediata da jurisdição aquela de decidir conflitos e controvérsias de relevância jurídica.

COUTURE, Eduardo J. *Fundamentos de Derecho Procesal Civil*. 2. ed. Buenos Aires: Depalma, 1958, p. 42.

101 *"Del concetto di giurisdizione non si può dare una definizione assoluta, valevole per tutti i tempi e per tutti i popoli"*. CALAMANDREI, Piero. *Opere Giuridiche*. Vol. IV. Napoli: Morano Editore, 1970, p. 34.

102 *La Sentenza Civile*. Milano: Giuffrè, 1962, p. 10.

O fato é que, notoriamente, o homem, enquanto animal político encontra na coletividade organizada formas efetivas para o alcance de pretensões individuais, daí a concepção também de Estado.

Impulsionado pelo alargamento natural do Estado, Montesquieu sistematizou uma forma de separação de poderes que, a despeito das ideias mesmo que ainda incipientes nos escritos de Aristóteles e de Locke, partia da noção de que o próprio poder controlaria o poder, estabelecendo-se uma compartimentação entre os mesmos, definindo-se, portanto, em um sistema de freios e contrapesos. Daí, a concepção de tripartição dos Poderes em Legislativo, Executivo e Judiciário.[103]

Neste sentido, a cada um dos Poderes supracitados fica reservada a responsabilidade precípua em uma atividade específica.

Assim, ao Legislativo compete a atividade estrutural da ordem jurídica através da atitude legislativa, ao Executivo cabe, enquanto atividade principal, a administração da máquina pública, reservando ao Judiciário, como atividade primordial, aquela de índole jurisdicional, notadamente, a composição de litígios diante dos casos concretos.

Convém ressaltar que nenhum dos aludidos Poderes realiza as funções acima referidas com exclusividade. Isto porque, ao Poder Legislativo, cabe, por conseguinte, julgar em determinados casos, como nos crimes de responsabilidade de seus próprios pares, assim como também no que concerne ao Presidente da República; em outro passo, ao Poder Executivo poderá normatizar determinadas situações através, por exemplo, das Medidas Provisórias; diferente também não se faz no âmbito do Poder Judiciário, pelo qual este realizará atividades administrativas, quando da organização e forma de atuação de seus servidores ou mesmo no que toca aos tribunais, quando de edições de resoluções, objetivando uma melhor otimização nos serviços cartorários.[104]

---

103 Cabe notar que Montesquieu, em sua obra "Do Espírito das Leis", já abrandava a rigidez da divisão entre os diversos Poderes do Estado. Vale ressaltar ainda que, mais precisamente no Capítulo VI do Livro XI da referida obra, observa-se que diversamente do que alguns entendem, o aludido autor não sustenta os Poderes como conteúdos estanques. Admitindo ele a unidade do denominado Poder Estatal, exclamava a ingerência de um dos Poderes do Estado em competências aparentemente alheias à sua área de abrangência.

É de se frisar, como já afirmava Léon Duguit (*Traité de Droit Constitucionnel*: La Théorie Génerale de I' État, v. II, p. 663), que a confusão entre a separação de funções não provém de Montesquieu, mas de seus intérpretes.

104 Oportuno trazer aqui as ideias de Calamandrei acerca do assunto, em que o mestre italiano sustenta que a distinção entre as funções dos Poderes Judiciário, Executivo e Legislativo, pode-se dar, pelo menos teoricamente, pelo exercício de três critérios, sendo eles o orgânico, o formal e o substancial.

Isto posto, partindo da ideia de Jurisdição como atributo conferido ao exercício da atividade jurisdicional por parte de um dos Poderes do Estado, qual seja, o Poder Judiciário, o seu conceito – como já referido por Calamandrei em linhas acima – possui uma diversidade de alcances.

Para Chiovenda, a Jurisdição consiste na atuação da lei mediante a substituição da atividade alheia pela atividade dos órgãos públicos, afirmando ainda a existência de uma vontade da lei e colocando-a posteriormente em prática.[105]

Já, para Francesco Carnelutti, a Jurisdição é entendida como um meio de que se vale o Estado para a justa composição da lide. Neste sentido, a atividade jurisdicional exercida pela autoridade estatal por meio do processo visa à composição de um conflito de interesses, sendo justa pois, que se refere, estar a solução da demanda de acordo com o Direito vigente, entendendo-se ainda por "lide", o conflito de interesses qualificado por uma pretensão resistida.[106]

Guasp e Aragones, após subdividirem a concepção de Jurisdição sob três pontos de vista, quais sejam: o objetivo (conjunto de matérias processuais em que intervêm os órgãos do Estado); subjetivo (conjunto de órgãos estatais que intervêm no processo) e atividade (conjunto de atos realizados pelos órgãos estatais, ao intervir no processo),[107] reduzem a ideia da mesma em uma "*función estatal de satisfacción de pretensiones*".[108]

Em critério mais amplo e, por isso, vetorizando de forma segura a incidência do instituto com a sua atuação primária nas órbitas dos poderes do Estado, somado ao real e efetivo comprometimento *lato* e *stricto sensu* com o exercício da atividade jurisdicional, Celso Neves[109] considerou a Jurisdição como *poder*, relacionando-a ao plano da soberania estatal, justificada pela manifestação do monopólio estatal em sede de capacidade de decidir e impor, imperativamente, suas decisões; como *função*, justificada pelas atribuições que caracterizam os órgãos estatais, estas diretamente relacionadas à promoção da pacificação social por meio do processo; como *atividade*, já aí relacionada à prática dos atos no

---

O critério orgânico implica na distinção da função a partir do órgão que a exerce. Já, no que se refere ao critério formal, este corresponde a uma distinção realizada mediante a forma de como se revestem os atos praticados pelas três funções estatais. Quanto ao critério substancial, este dita a análise sob a óptica da natureza ou do conteúdo do ato em si bem como os seus efeitos jurídicos, independente do órgão que o exerce. CALAMANDREI. *Instituciones de derecho procesal civil*, v. 1, p. 186.

105 CHIOVENDA. *Principii di diritto processuale civile*, IV. ed., p. 301.

106 CARNELUTTI. *Instituciones del proceso civil*, v. 1, p. 28.

107 GUASP; ARAGONES. *Derecho procesal civil*, t. I, 5. ed., p. 89.

108 *Idem*, p. 92.

109 NEVES. *Ob. cit.*, p. 28; CINTRA; GRINOVER; DINAMARCO. *Teoria Geral do Processo*, 11. ed., p. 125.

âmbito do processo – instrumento pelo qual a jurisdição opera – exercício este praticado pelo magistrado, oriundo do poder a ele conferido pelo próprio Estado.

Remissões:

- Arts. 92 a 126 da CRFB/88

Art. 17. Para postular em juízo é necessário ter interesse e legitimidade.

Notas:

Como requisitos básicos para que o autor esteja legitimado a pleitear a devida tutela jurisdicional do Estado, duas são as condições da ação: interesse processual e legitimidade para a causa. [110]

---

[110] Importante ressaltar que o CPC/2015 refuta a ideia da possibilidade jurídica do pedido como uma das condições da ação, como se depreende de suas disposições normativas, *ex vi* das seguintes:

"*Art. 17. Para postular em juízo é necessário ter interesse e legitimidade.*"

"*Art. 485. O juiz não resolverá o mérito quando:*

VI – verificar ausência de legitimidade ou de interesse processual; (...)".

É bem verdade que há na doutrina quem sustente associar-se à ideia da impossibilidade jurídica do pedido como forma do juiz em constatar a inviabilidade do pedido solicitado pela parte em sede de petição inicial, isso em razão do que dispõe o direito positivo no momento. Neste caso, a possibilidade jurídica do pedido se relacionaria ao próprio mérito da demanda, motivando-se então, diante do seu não acatamento pelo órgão julgador, em uma decisão improcedência da ação, julgando-se assim o seu mérito e fazendo, portanto, coisa julgada material.

Aliás, parece ser este o sentido adotado pelo Novo *Codex*.

Lado outro, vale acostar aqui que Liebman, em princípio, delineou as condições da ação em suas três clássicas formas – legitimidade para agir, interesse de agir e possibilidade jurídica do pedido (LIEBMAN, Enrico Tullio. L'azione nella teoria del processo civile. *Problemi del Processo Civile*. Napoli: Morano Editore 1962, p. 46.).

No entanto, na 3ª edição de seu *Manuale de Diritto Processuale Civile*. Milano: Giuffrè, 1973, p. 120-122, veio a sustentar que a possibilidade jurídica do pedido estaria relacionada ao próprio interesse de agir e daí, passando a adotar apenas duas das condições da ação (interesse de agir e legitimidade de agir). Segue a afirmativa do mestre italiano:

"*Le condizioni dell'azione, poco fa menzionate, sono l'interesse ad agire e la legittimazione.*

(...)

L'interesse ad agire sorge dalla necessità di ottenere dal processo la protezione dell'interesse sostanziale; presuppone perciò la lesione di questo interesse e l'idoneità del provvedimento domandato a proteggerlo e soddisfarlo. Sarebbe infatti inutile prendere in exame la domanda per concedere (o negare) il provvedimento chiesto, nel caso che nella situazione di fato che viene prospettata non rinvenga affermata uma lesione del diritto od interesse che si vanta verso la controparte, o se gli effeti giuridici che si attendono dal provvedimento siano comunque già

Tais requisitos poderão ser observados a qualquer momento pelo juiz.

a) Interesse Processual

O interesse processual, também denominado pela doutrina como interesse de agir, decorre da *necessidade* da tutela jurisdicional e da *adequação* do provimento postulado.

Quanto à necessidade, significa a exigência de se ter aquela tutela jurisdicional do Estado para a satisfação de um direito material tiver sido ameaçado ou efetivamente violado (p. ex., inadimplemento da prestação e resistência do réu ao cumprimento da mesma). A adequação, por sua vez, está relacionada ao pedido apresentado em juízo pela via processual adequada, ou seja, aquilo que se pede deverá estar adequado ao modelo processual apto a tutelá-lo.[111]

De tudo, nota-se que o interesse de agir está fundamentado na própria utilidade da tutela jurisdicional requerida pela parte.

b) Legitimidade para a causa (*ad causam*)

A parte legítima para a causa (que exercerá o direito de ação) é aquela que se afirma titular de determinado direito que precisa da tutela jurisdicional (autor), ao passo que será parte legítima para figurar no polo passivo aquela a quem caiba o cumprimento de obrigação decorrente dessa pretensão (réu).

Assim, são legitimados para agir, ativa e passivamente, os titulares dos interesses em conflito, logo, estamos diante da denominada legitimação ordinária para a causa, sendo esta a regra geral.

Ação Direta de Inconstitucionalidade:

LEGITIMIDADE ATIVA DA DEFENSORIA PÚBLICA PARA AJUIZAR AÇÃO CIVIL PÚBLICA (ART. 5º, INC. II, DA LEI Nº 7.347/1985, ALTERADO PELO ART. 2º DA LEI Nº 11.448/2007). TUTELA DE INTERESSES TRANSINDIVIDUAIS (COLETIVOS *STRITO SENSU* E DIFUSOS) E INDIVIDUAIS HOMOGÊNEOS. DEFENSORIA PÚBLICA: INSTITUIÇÃO ESSENCIAL À FUNÇÃO JURISDICIONAL. ACESSO À JUSTIÇA. NECESSITADO:

---

acquisiti, o se il provvedimento sai per se stesso inadeguato o inidôneo a rimuovere la lesione, od infine se il provvedimento domandato non può essere pronunciato, perchè non ammesso dalla legge (es. la prigione per debiti)." (Grifo nosso).

111 Referimo-nos à via processual (Conhecimento ou Execução) adequada e não procedimental, pois que, do contrário, teria razão Leonardo Greco (*Ob. cit.* p. 235) ao afirmar em tom de crítica que o "erro na escolha do rito, do regime processual a que a ação vai se submeter, que tem de ser feita pelo autor na petição inicial, pode gerar o seu indeferimento (...).

Na verdade, quando se escolhe o procedimento inadequado, não está em jogo o direito do autor ao provimento sobre o direito material, e sim o caminho, o rito, o procedimento por ele eleito e, portanto, a falta de pressuposto processual. Se for possível a sua conversão no rito adequado, o processo não será extinto, a inicial não será indeferida, pois o vício vai ser regularizado, remediado."

DEFINIÇÃO SEGUNDO PRINCÍPIOS HERMENÊUTICOS GARANTIDORES DA FORÇA NORMATIVA DA CONSTITUIÇÃO E DA MÁXIMA EFETIVIDADE DAS NORMAS CONSTITUCIONAIS: ART. 5º, INCS. XXXV, LXXIV, LXXVIII, DA CONSTITUIÇÃO DA REPÚBLICA. INEXISTÊNCIA DE NORMA DE EXCLUSIVIDAD DO MINISTÉRIO PÚBLICO PARA AJUIZAMENTO DE AÇÃO CIVIL PÚBLICA. AUSÊNCIA DE PREJUÍZO INSTITUCIONAL DO MINISTÉRIO PÚBLICO PELO RECONHECIMENTO DA LEGITIMIDADE DA DEFENSORIA PÚBLICA. AÇÃO JULGADA IMPROCEDENTE. (STF. Tribunal Pleno. ADI 3.943, Rel. Cármen Lúcia. Julg. em 07.05.2015, *DJe* 05.08.2015.

STJ. Tema Repetitivo 1150:

Tese: i) o Banco do Brasil possui legitimidade passiva ad causam para figurar no polo passivo de demanda na qual se discute eventual falha na prestação do serviço quanto a conta vinculada ao Pasep, saques indevidos e desfalques, além da ausência de aplicação dos rendimentos estabelecidas pelo Conselho Diretor do referido programa;

ii) a pretensão ao ressarcimento dos danos havidos em razão dos desfalques em conta individual vinculada ao Pasep se submete ao prazo prescricional decenal previsto pelo artigo 205 do Código Civil; e

iii) o termo inicial para a contagem do prazo prescricional é o dia em que o titular, comprovadamente, toma ciência dos desfalques realizados na conta individual vinculada ao Pasep. Publicação: 21/09/2023.

STJ. Tema Repetitivo 1092:

Tese: É possível a Fazenda Pública habilitar em processo de falência crédito objeto de execução fiscal em curso, mesmo antes da vigência da Lei nº 14.112/2020, e desde que não haja pedido de constrição no juízo executivo.

STJ, Tema Repetitivo 1204:

Tese: As obrigações ambientais possuem natureza propter rem, sendo possível exigi-las, à escolha do credor, do proprietário ou possuidor atual, de qualquer dos anteriores, ou de ambos, ficando isento de responsabilidade o alienante cujo direito real tenha cessado antes da causação do dano, desde que para ele não tenha concorrido, direta ou indiretamente.

Enunciados das Jornadas de Direito Processual Civil do Conselho da Justiça Federal:

Nº 222 do CJF: Os legitimados coletivos poderão propor a liquidação e o cumprimento de sentença em favor das vítimas ou seus sucessores, nos termos do art. 98 do CDC, sempre que houver informações suficientes, podendo ser obtidas em bancos de dados do executado ou de terceiros, entre outros.

Nº 226 do CJF: A atuação processual das comunidades indígenas, quilombolas ou populações tradicionais, para a tutela coletiva de seus direitos, poderá ser feita por suas lideranças, entidades representativas ou associações culturais, ainda que não formalmente ou regularmente pré-constituídas.

Nº 235 do CJF: O legitimado coletivo poderá solicitar ao juízo a realização de medidas de busca ativa para habilitação dos interessados individuais no cumprimento da decisão coletiva.

Art. 18. Ninguém poderá pleitear direito alheio em nome próprio, salvo quando autorizado pelo ordenamento jurídico.

Parágrafo único. Havendo substituição processual, o substituído poderá intervir como assistente litisconsorcial.

Notas:

Há casos excepcionais em que o sistema legal autoriza alguém a pleitear, em nome próprio, direito alheio. A esse respeito, dispõe o art. 18 do CPC: "*Ninguém poderá pleitear direito alheio em nome próprio, salvo quando autorizado pelo ordenamento jurídico.*"

Assim, quando tal evento ocorre – o que não poderá decorrer de vontade das partes, mas somente da lei – acontecerá a legitimação extraordinária, por isso, exceção legalmente permitida, onde teremos a figura do *substituto processual*, figura esta exercida por parte do Ministério Público, sindicatos, partidos políticos etc.

São exemplos de ações onde há a ocorrência de substituição processual:

- Ação civil pública: a Lei nº 7.347/85 disciplina a ação civil pública de responsabilidade por danos causados ao meio ambiente, ao consumidor, a bens e direitos de valor artístico, estético, histórico, turístico e paisagístico, legitimando o Ministério Público e demais pessoas elencadas no art. 5º a propor em nome próprio, por isso, substituindo processualmente os cidadãos em ação a ser proposta, acerca das matérias acima referidas.
- Ação de investigação de paternidade: regulada pela Lei nº 8.560/92, na qual o Ministério Público é legitimado para propor a devida ação;
- Ação popular: o art. 5º, LXXIII, da CF estabelece que qualquer cidadão é parte legítima para propor ação popular que vise anular ato lesivo ao patrimônio público ou de entidade de que o Estado participe, à moralidade, ao meio ambiente e ao patrimônio histórico e cultural.

- Mandado de segurança coletivo: o art. 5º, LXX, "a" e "b", da CF, legitima os partidos políticos, com representação no Congresso Nacional, as organizações sindicais, as entidades de classes e as associações legalmente constituídas, pelo menos um ano, a defenderem interesses de seus membros e associados.

Súmulas:

STF nº 365: Pessoa jurídica não tem legitimidade para propor ação popular.

STF nº 629: A impetração de mandado de segurança coletivo por entidade de classe em favor dos associados independe de autorização destes.

STJ nº 329: O Ministério Público tem legitimidade para propor ação civil pública em defesa de patrimônio público.

STJ. Tema Repetitivo 948:

Tese: Em ação civil pública proposta por Associação, na condição de substituta processual de consumidores, possuem legitimidade para a liquidação e execução da sentença todos os beneficiados pela procedência do pedido, independentemente de serem filiados à Associação promovente. Publicação: 24/05/2021.

STJ. Tema Repetitivo 1056:

Tese: A coisa julgada formada no Mandado de Segurança Coletivo 2005.51.01.016159-0 (impetrado pela Associação de Oficiais Militares do Estado do Rio de Janeiro – AME/RJ, enquanto substituta processual) beneficia os militares e respectivos pensionistas do antigo Distrito Federal, integrantes da categoria substituída - oficiais, independentemente de terem constado da lista apresentada no momento do ajuizamento do mandamus ou de serem filiados à associação impetrante. Publicação: 14/12/2021.

STJ. Tema Repetitivo 1175:

Tese: a) antes da vigência do § 7º do art. 22 do Estatuto da OAB (5 de outubro de 2018), é necessária a apresentação dos contratos celebrados com cada um dos filiados ou beneficiários para que o sindicato possa reter os honorários contratuais sobre o montante da condenação; b) após a vigência do supracitado dispositivo, para que o sindicato possa reter os honorários contratuais sobre o montante da condenação, embora seja dispensada a formalidade de apresentação dos contratos individuais e específicos para cada substituído, mantém-se necessária a autorização expressa dos filiados ou beneficiários que optarem por aderir às obrigações do contrato originário. Publicação: 20/09/2023.

Enunciados do Fórum Permanente de Processualistas Civis:

Nº 110 do FPPC: Havendo substituição processual, e sendo possível identificar o substituto, o juiz deve determinar a intimação deste último para, querendo, integrar o processo.

Nº 487 do FPPC: No mandado de segurança, havendo substituição processual, o substituído poderá ser assistente litisconsorcial do impetrante que o substituiu.

Art. 19. O interesse do autor pode limitar-se à declaração:

I – da existência, da inexistência ou do modo de ser de uma relação jurídica;

II – da autenticidade ou da falsidade de documento.

Notas:

Trata-se da denominada Ação Meramente Declaratória, esta que tem por objetivo único e exclusivo a simples declaração de existência ou inexistência de uma relação ou situação jurídica, como, p. ex., um pedido de declaração de validade de um contrato ou de uma verificação de assinatura. De fato, com a clareza que lhe é peculiar, Pontes de Miranda[112] revela que na presente ação, "supõe-se a pureza (relativa) do enunciado que se postula; por ele, não se pede condenação, nem constituição, nem mandamento, nem execução. Só se pede que se torne claro (declare), que se ilumine o recanto do mundo jurídico para se ver se é, ou se não é a relação jurídica de que se trata. O enunciado é só o enunciado de existência. A prestação jurisdicional consiste em simples clarificação."

Súmulas:

STF nº 258: É admissível reconvenção em ação declaratória.

STJ nº 181: É admissível ação declaratória, visando a obter certeza quanto à exata interpretação de cláusula contratual.

STJ nº 242: Cabe ação declaratória para reconhecimento de tempo de serviço para fins previdenciários.

Enunciado do Fórum Permanente de Processualistas Civis:

Nº 437 do FPPC: A coisa julgada sobre a questão prejudicial incidental se limita à existência, inexistência ou modo de ser de situação jurídica, e à autenticidade ou falsidade de documento.

Enunciado das Jornadas de Direito Processual Civil do Conselho da Justiça Federal:

Nº 35 do CJF: Considerando os princípios do acesso à justiça e da segurança jurídica, persiste o interesse de agir na propositura de ação declaratória a respeito

---

112 PONTES DE MIRANDA. *Tratado das Ações*, t. I, p. 118.

da questão prejudicial incidental, a ser distribuída por dependência da ação preexistente, inexistindo litispendência entre ambas as demandas.

Art. 20. É admissível a ação meramente declaratória, ainda que tenha ocorrido a violação do direito.

Notas:

O presente artigo corresponde integralmente ao parágrafo único do art. 4º do CPC/1973.

Trata-se, na verdade, do respeito à autonomia da vontade da parte, sendo--lhe lícito ao demandar, escolher a espécie de tutela que melhor servirá à sua necessidade e interesse no plano do conteúdo de material objetivado.

Enunciado do Fórum Permanente de Processualistas Civis:

Nº 111 do FPPC: Persiste o interesse no ajuizamento de ação declaratória quanto à questão prejudicial incidental.

TÍTULO II
DOS LIMITES DA JURISDIÇÃO NACIONAL E DA COOPERAÇÃO INTERNACIONAL

CAPÍTULO I
DOS LIMITES DA JURISDIÇÃO NACIONAL

Art. 21. Compete à autoridade judiciária brasileira processar e julgar as ações em que:

I – o réu, qualquer que seja a sua nacionalidade, estiver domiciliado no Brasil;

II – no Brasil tiver de ser cumprida a obrigação;

III – o fundamento seja fato ocorrido ou ato praticado no Brasil.

Parágrafo único. Para o fim do disposto no inciso I, considera-se domiciliada no Brasil a pessoa jurídica estrangeira que nele tiver agência, filial ou sucursal.

Notas:

Qualquer forma de autolimitação do país na necessária extensão que atribui à sua própria jurisdição é, verdadeiramente, pressuposto básico para a possibilidade de reconhecimento do exercício das jurisdições alienígenas.

Como muito bem leciona Liebman, em obra dedicada particularmente ao estudo sobre o Processo Civil brasileiro, o problema da competência internacional da justiça de um país é mais precisamente o do limite de sua jurisdição.

Assim, pontua o mestre italiano:

> "Falta, na verdade, um legislador que delimite a esfera de competência da justiça dos vários estados, e é essa função da lei interna, vale dizer – para o Brasil – a lei brasileira, a única que pode estabelecer explícita ou implicitamente, em que casos é possível propor uma demanda junto aos órgãos judiciários e quando, inversamente, devem êstes se recusar a julgar por tratar-se de controvérsia irrelevante para a ordem brasileira."[113]

Remissões:

– Arts. 12 e 13 da LINDB:

"Art. 12. É competente a autoridade judiciária brasileira, quando for o réu domiciliado no Brasil ou aqui tiver de ser cumprida a obrigação.

§ 1º Só à autoridade judiciária brasileira compete conhecer das ações relativas a imóveis situados no Brasil.

§ 2º A autoridade judiciária brasileira cumprirá, concedido o *exequatur* e segundo a forma estabelecida pela lei brasileira, as diligências deprecadas por autoridade estrangeira competente, observando a lei desta, quanto ao objeto das diligências.

Art. 13. A prova dos fatos ocorridos em país estrangeiro rege-se pela lei que nele vigorar, quanto ao ônus e aos meios de produzir-se, não admitindo os tribunais brasileiros provas que a lei brasileira desconheça".

Art. 22. Compete, ainda, à autoridade judiciária brasileira processar e julgar as ações:

I – de alimentos, quando:

a) o credor tiver domicílio ou residência no Brasil;

b) o réu mantiver vínculos no Brasil, tais como posse ou propriedade de bens, recebimento de renda ou obtenção de benefícios econômicos;

II – decorrentes de relações de consumo, quando o consumidor tiver domicílio ou residência no Brasil;

III – em que as partes, expressa ou tacitamente, se submeterem à jurisdição nacional.

[113] LIEBMAN, Enrico Tullio. *Estudos sobre o Processo Civil Brasileiro*. São Paulo: Saraiva, 1947, p. 12.

Notas:

A inovação neste conteúdo se dá diante das hipóteses de jurisdição concorrente (que muito bem poderia incluir-se no próprio art. 21) nas ações de alimentos; de credor com domicílio ou residência no Brasil; de réu com vínculos no Brasil, estes relativos à posse ou propriedade de bens, recebimento de renda ou mesmo a obtenção de benefícios econômicos, bem como, e que nos parece de particular relevância, as ações decorrentes de relação de consumo quando o consumidor tiver domicílio ou residência no Brasil.[114]

Art. 23. Compete à autoridade judiciária brasileira, com exclusão de qualquer outra:

I – conhecer de ações relativas a imóveis situados no Brasil;

II – em matéria de sucessão hereditária, proceder à confirmação de testamento particular e ao inventário e à partilha de bens situados no Brasil, ainda que o autor da herança seja de nacionalidade estrangeira ou tenha domicílio fora do território nacional;

III – em divórcio, separação judicial ou dissolução de união estável, proceder à partilha de bens situados no Brasil, ainda que o titular seja de nacionalidade estrangeira ou tenha domicílio fora do território nacional.

---

114 Inegável é que, nos processos de regionalização e globalização econômica, a proteção dos consumidores tornou-se conteúdo imprescindível tanto no tocante à necessidade de conciliar interesses da sociedade e, em singular, do cidadão, com os anseios da economia e do livre comércio quanto ao que diz respeito às condições a serem implementadas, tudo com o intuito de proteger os interesses daquele hipossuficiente numa era global.

Com efeito, é de se enfocar, dentro de uma base racional relativa à proteção do consumidor, o papel atuante e essencial que este exerce para o real funcionamento do mercado, merecendo, por isso, fundamentalmente, atenção diferenciada, já que sua confiança no mercado é pré-requisito para o sucesso deste.

Neste contexto, temos que a regulação jurisdicional para a proteção das pretensões consumeristas, de muito, torna-se de vital importância.

Como de muito, já temos enfrentado (*ex vi* dos nossos *A Proteção do Consumidor no Mercosul*. São Paulo: LTR, 2004; *O Consumidor e sua Proteção na União Europeia e Mercosul. Pesquisa Conjuntural como Contribuição Política Desenvolvimentista de Proteção Consumerista nos Blocos*. Lisboa: Juruá Editorial, 2014), com a previsão de instâncias jurisdicionais protetivas (União Europeia) ou não (Mercosul), as relações consumeristas se propalam por uma multiplicidade de ambientes e o NCPC vem a regrar relevante conteúdo, de cuja ausência, ainda que, aplicando-se de forma direta ou indiretamente a Lei de Introdução à Normas do Direito Brasileiro, havia, de fato, ausência de conteúdo explícito no que concerne à proteção consumerista consolidada fora do território nacional, o que, no novel Código Processual Civil, vem registrar a necessidade de o consumidor possuir domicílio ou residência no Brasil, ainda que a relação de consumo tenha se dado em território estrangeiro.

Notas:

Quanto aos casos de competência exclusiva da autoridade brasileira, o art. 23 do CPC/2015 manteve a sistemática do art. 89 do CPC/1973 com regulação mais clara das questões sucessórias para nacionais ou estrangeiros.

Remissões:

– Arts. 10 e 12 da LINDB

"Art. 10. A sucessão por morte ou por ausência obedece à lei do país em que domiciliado o defunto ou o desaparecido, qualquer que seja a natureza e a situação dos bens.

§ 1º A sucessão de bens de estrangeiros, situados no País, será regulada pela lei brasileira em benefício do cônjuge ou dos filhos brasileiros, ou de quem os represente, sempre que não lhes seja mais favorável a lei pessoal do *de cujus*.

§ 2º A lei do domicílio do herdeiro ou legatário regula a capacidade para suceder.

(...)

Art. 12. É competente a autoridade judiciária brasileira, quando for o réu domiciliado no Brasil ou aqui tiver de ser cumprida a obrigação.

§ 1º Só à autoridade judiciária brasileira compete conhecer das ações relativas a imóveis situados no Brasil.

§ 2º A autoridade judiciária brasileira cumprirá, concedido o *exequatur* e segundo a forma estabelecida pela lei brasileira, as diligências deprecadas por autoridade estrangeira competente, observando a lei desta, quanto ao objeto das diligências".

Art. 24. A ação proposta perante tribunal estrangeiro não induz litispendência e não obsta a que a autoridade judiciária brasileira conheça da mesma causa e das que lhe são conexas, ressalvadas as disposições em contrário de tratados internacionais e acordos bilaterais em vigor no Brasil.

Parágrafo único. A pendência de causa perante a jurisdição brasileira não impede a homologação de sentença judicial estrangeira quando exigida para produzir efeitos no Brasil.

Notas:

As regras para litispendência e conexão entre ações propostas perante Tribunais estrangeiros mantiveram-se muito semelhantes conforme se vê dos art. 90 do CPC\1973 e art. 24 do CPC/2015, valendo destacar o parágrafo único do art. 24, o qual sustenta que a pendência de demanda perante a jurisdição brasileira não impede a homologação de sentença judicial estrangeira, quando da exigência desta para produzir efeitos no Brasil. Nisso reconhecemos a preponderância daquilo que defendemos, ou seja, de que tal homologação deve ocorrer antes da sentença proferida por juiz brasileiro transitar em julgado, para que a mesma se sobreponha à ação aqui intentada, levando o juiz ou tribunal a extinguir o processo pátrio sem resolução do mérito (art. 267, V do CPC/1973 e art. 485, V do CPC/2015), por já existir, então, coisa julgada sobre a questão.[115]

Destaque-se ainda garantia de proteção de tratados internacionais e acordos bilaterais (art. 24, *caput*, *in fine* do CPC/2015) ausente no diploma a ser revogado, bem como melhorias procedimentais na tramitação da sentença judicial estrangeira, ainda que suprimido pelo Projeto da Câmara dos Deputados (PL nº 8.046/2010) o vocábulo "*ou arbitral*" sugerido, inicialmente, no Projeto do Senado, mas com a aprovação do texto ora em comento, agora adotando-se a via exclusivamente judicial nesta matéria.

Art. 25. Não compete à autoridade judiciária brasileira o processamento e o julgamento da ação quando houver cláusula de eleição de foro exclusivo estrangeiro em contrato internacional, arguida pelo réu na contestação.

§ 1º Não se aplica o disposto no *caput* às hipóteses de competência internacional exclusiva previstas neste Capítulo.

§ 2º Aplica-se à hipótese do *caput* o art. 63, §§ 1º a 4º.

Notas:

Nota-se que, em sede de contratos internacionais, a escolha de cláusula de foro exclusivamente estrangeiro exclui a autoridade judiciária brasileira do conhecimento de ação nela intentada.

É bem verdade que se trata de atitude volitiva das partes a escolha do foro para eventuais desavenças decorrentes de relações obrigacionais por elas convencionadas e, neste caso, opta o legislador pátrio por fazer valer a vontade negocial, desde que não implique nas matérias as quais o próprio Código entende serem de competência concorrente ou exclusiva da jurisdição brasileira (*ex vi* dos arts. 21, 22 e 23 do CPC/2015).

Ademais, cabe trazer a lume as novas regras de impugnação do Foro de Eleição dispostas no art. 63 do CPC/2015, estas a serem arguidas nas preliminares da contestação do réu sob pena de preclusão.

---

115 GAIO JÚNIOR, Antônio Pereira. *Instituições de Direito Processual Civil.* 2. ed. Belo Horizonte: Del Rey, 2013, p. 153.

CAPÍTULO II
DA COOPERAÇÃO INTERNACIONAL

Seção I
Disposições Gerais

Art. 26. A cooperação jurídica internacional será regida por tratado de que o Brasil faz parte e observará:

I – o respeito às garantias do devido processo legal no Estado requerente;

II – a igualdade de tratamento entre nacionais e estrangeiros, residentes ou não no Brasil, em relação ao acesso à justiça e à tramitação dos processos, assegurando-se assistência judiciária aos necessitados;

III – a publicidade processual, exceto nas hipóteses de sigilo previstas na legislação brasileira ou na do Estado requerente;

IV – a existência de autoridade central para recepção e transmissão dos pedidos de cooperação;

V – a espontaneidade na transmissão de informações a autoridades estrangeiras.

§ 1º Na ausência de tratado, a cooperação jurídica internacional poderá realizar-se com base em reciprocidade, manifestada por via diplomática.

§ 2º Não se exigirá a reciprocidade referida no § 1º para homologação de sentença estrangeira.

§ 3º Na cooperação jurídica internacional não será admitida a prática de atos que contrariem ou que produzam resultados incompatíveis com as normas fundamentais que regem o Estado brasileiro.

§ 4º O Ministério da Justiça exercerá as funções de autoridade central na ausência de designação específica.

Notas:

Justificado pela dinâmica social, notadamente por processos de adaptação do sistema capitalista – como o fenômeno da Globalização – a legislação processual civil em reforma não mais se comporta de forma suficiente acerca da relação jurisdicional de característica internacional.[116]

---

[116] GAIO JÚNIOR, Antônio Pereira. *O Consumidor e sua Proteção na União Europeia e Mercosul: pesquisa conjuntural como contribuição à política desenvolvimentista de proteção consumerista nos blocos*. Lisboa: Juruá Editorial, 2014, p. 73.

Em que pese uma variedade de tratados na seara na cooperação jurídica internacional, a matéria não é de simples trato, dado que envolve uma dinâmica em determinados momentos e circunstâncias muito mais política do que jurídica.[117]

De pronto, cabe pontuar que a terminologia cooperação internacional, aqui jurídica ou jurisdicional, significa, em um amplo sentido, o intercâmbio internacional para o efetivo cumprimento extraterritorial de medidas processuais entre Poderes Judiciários de diferentes nações, valendo destacar que, hodiernamente, têm-se novas possibilidades de atuações em ditas dinâmicas cooperativas, tendo importante lugar aquela de natureza administrativa dos Estados em modalidades de contato direto entre os entes estatais.[118]

---

117 Neste contexto, aliás, nota-se a intensificação dos Estados nas relações internacionais, sobretudo, após a Segunda Guerra Mundial, o que, para Eduardo Matias (MATIAS, Eduardo Felipe. *A humanidade e suas fronteiras – do Estado soberano à sociedade global.* Rio de Janeiro: Paz e Terra, 2005 p. 206), deve-se, sobretudo, a dois importantes fatores:

"O primeiro relaciona-se com a consciência dos Estados quanto ao fato de que não são autossuficientes, de que o isolamento representa um retrocesso e de que o crescimento está vinculado à cooperação. O segundo fator é a coexistência de múltiplos Estados independentes."

É fato o paradigma europeu neste processo, a começar pelo Tratado de Paris de 1951, avançando-se para fusões, integrações e alargamentos a partir do Tratado de Roma de 25.03.1957.

Hodiernamente, no âmbito da União Europeia, os tribunais nacionais desempenham um papel importantíssimo na aplicação do Direito da União e, portanto, tendo a cooperação entre ambos um ponto característico.

Por força do princípio da aplicação descentralizada do Direito da União Europeia pelos Estados-membros, são os tribunais nacionais os tribunais comuns do contencioso da União ou os "tribunais comunitários de Direito Comum".

É assim "porque a jurisdição do juiz nacional na aplicação do Direito da União é geral, por oposição à jurisdição do TJUE, que tem competência por atribuição, por força, desde logo, do artigo 8º, nº 2 da EU." (QUADROS, Fausto de. *Direito da União Europeia*. 3. ed. Coimbra: Almedina, 2013, p. 688-689).

Importante ainda neste contexto, é a análise sob a ótica do Direito Processual Civil e a *Tutela del diritto o dell'interesse legittimo nei diversi orbini do giurisdizione* em COMOGLIO, Luigi Paolo; FERRI, Corrado; TARUFFO, Michele. *Lezioni sul processo civile. I. Il processo ordinário di cognizione.* Bologna: il Mulino, 1995, p. 118-119.

118 Vale destacar, em sede do Mercado Comum do Sul – MERCOSUL, mais precisamente em relação às controvérsias entre particulares de Estados-partes diferentes, há ainda, neste momento, incipiência no tocante aos instrumentos efetivos que cuidam da resolução de tal tipo de conflito.

Neste sentido, continuam tais controvérsias a ser resolvidas no âmbito dos Poderes Judiciários dos respectivos Estados-membros, guardando, entretanto, importância para tal questão, principalmente com relação a determinados entraves procedimentais, protocolos assinados na esfera do MERCOSUL, tais como: Protocolo sobre Jurisdição Internacional em Matéria Contratual (Protocolo de Buenos Aires); Protocolo de Cooperação e Assistência

Vale ainda assentar que o campo da cooperação em tela é de domínio interdisciplinar.

Em verdade, no campo do processo civil internacional, ela se divide em três vertentes, a saber: i) competência internacional; ii) reconhecimento e execução de sentenças estrangeiras e iii) tramitação internacional de atos processuais.

Têm-se como objetivo de ditas vertentes, respectivamente, a regulação dos conflitos internacionais de jurisdição, a determinação das condições necessárias para o devido reconhecimento e execução de atos decisórios, sejam eles condenatórios, constitutivos ou executivos, emanados por autoridade estrangeira competente no exercício da função jurisdicional e ainda, a realização em uma jurisdição, de atos processuais de interesse de outra jurisdição.[119]

O Brasil é partícipe de uma multiplicidade de convenções multilaterais e mesmo bilaterais. Nisso quando é preciso cooperar com um Estado estrangeiro, no curso de um processo, convivemos com situações semelhantes reguladas de forma diferenciada, a saber: a) se é preciso cooperar com um país com o qual o Brasil não possui qualquer convênio, aplicar-se-ão as regras do DIPr e de Processo Civil Interno brasileiro, *tout court*; b) se houver um acordo bilateral, este será aplicável, *v.g.*, as regras da Convenção de Cooperação Brasil x França; c) se houver um acordo multilateral, este será aplicado, *v.g.*, os Protocolos de cooperação vigente no Mercosul, ou país signatário do Código Bustamante. É o caso típico da convivência de normas gerais com normas especiais, afastando-se as primeiras ante a existência das segundas.[120]

Dito isso, a norma disposta no art. 26 do NCPC contribui para aclarar as bases da cooperação jurídica internacional em sede processual civil.

Já no Inciso I e II, nota-se, como não poderia ser diferente, a cooperação jurídica internacional a ser regida por tratado do qual o Brasil seja signatário, deve se fundar nas próprias bases de um modelo democrático e constitucional

---

Jurisdicional em Matéria Civil, Comercial, Trabalhista e Administrativa (Protocolo de Las Leñas); Protocolo de Medidas Cautelares; Protocolo sobre Responsabilidade Civil Emergente de Acidentes de Trânsito entre os Estados-partes do Mercosul (Protocolo de San Luis); Protocolo sobre Jurisdição Internacional em Matéria de Relações de Consumo (Protocolo de Santa Maria) e Protocolo de Olivos.

Há de se observar ainda que os particulares em suas relações comerciais dispõem de um importante instrumento que são as arbitragens comerciais internacionais. GAIO JÚNIOR, Antônio Pereira. *O Consumidor e sua Proteção na União Europeia e Mercosul. Pesquisa Conjuntural como Contribuição Política Desenvolvimentista de Proteção Consumerista nos Blocos.* Lisboa: Jurua Editorial, 2014, p. 181.

119 CASELLA, Paulo Borba; SANCHEZ, Rodrigo Elian (Orgs.). *Cooperação Judiciária Internacional.* Rio de Janeiro: Renovar, 2002, p. 3-4.

120 *Idem*, p. 6.

de processo justo, com respeito às garantias do devido processo legal no âmbito do próprio Estado requerente da cooperação, a isonomia no tratamento entre brasileiros e estrangeiros, ainda que não residentes no Brasil, sobretudo em relação ao acesso à justiça e à tramitação dos processos, devendo ser assegurada a assistência judiciária daqueles que dela necessitarem.

No inciso III, tem-se que, salvo as hipóteses que exigem sigilo em relação à demanda (*v.g.*, art. 189) bem como na legislação do Estado requerente da cooperação, a publicidade processual deve ser garantida (art. 93, IX da CF/88).

Por outro lado, notam-se questões de ordem pragmática e burocrática para fins do ideal cumprimento da requisição de cooperação internacional: a existência de "autoridade central" (inciso IV) para a recepção e transmissão dos pedidos de cooperação (no Brasil, conforme dispõe o §4º do art. 26, caberá ao Ministério da Justiça tal *munus*, isso ante a ausência de designação específica) e espontaneidade na transmissão de informações a autoridades estrangeiras, entendendo-se aí a evitar procedimentos excessivamente burocráticos, algo comum em sede de relações entre Estados (inciso V).

Tais disposições supracitadas, que se registre, devem ser levadas a cabo ainda que o Brasil não tenha para com o país requerente tratado de cooperação.

Assim, não obstante o § 1º do digitado art. 26 esteja a prever que ante a ausência de tratado, a cooperação jurídica internacional se dará com base no princípio da reciprocidade[121], este manifestado pela via diplomática, não se quer dizer que prescindirá aí de quaisquer das garantias processuais constitucionais ora referidas em sede de existência de tratado.

Por outro lado, no tocante à homologação de Sentença Estrangeira, o § 2º explicitamente, aponta para a não exigência de reciprocidade, o que é coerente, tendo em vista as próprias exigências nacionais condicionantes e permissivas para o correto aceite de dita homologação.

Nisso dispõe o Regimento Interno do STJ[122] dos requisitos para tal e estando ausentes os mesmos, a homologação não será levada a cabo.

---

121 Consiste o Princípio de Reciprocidade em permitir a aplicação de efeitos jurídicos em determinadas relações de Direito, quando esses mesmos efeitos são aceitos igualmente por países estrangeiros. Segundo o Direito Internacional, a reciprocidade implica o direito de igualdade e de respeito mútuo entre os Estados, tendo o mesmo servido de base para atenuar a aplicação do princípio de territorialidade das leis.

122 "*Art. 216-D. A sentença estrangeira deverá: I – ter sido proferida por autoridade competente; II – conter elementos que comprovem terem sido as partes regularmente citadas ou ter sido legalmente verificada a revelia; III – ter transitado em julgado.*

Art. 216-E. Se a petição inicial não preencher os requisitos exigidos nos artigos anteriores ou apresentar defeitos ou irregularidades que dificultem o julgamento do mérito, o Presidente assinará prazo razoável para que o requerente a emende ou complete. Parágrafo único. Após

Em verdade, a homologação de sentença estrangeira reveste-se de caráter de verdadeira *actio*, tendo natureza inegavelmente jurisdicional. Nisso, o STJ ao acolhê-la profere julgamento de seu mérito, daí criando uma situação nova, esta que passa a produzir efeitos no território nacional. Sua natureza processual confirma-se com a possibilidade de ser rejeitada ou não, sendo do tipo constitutiva.[123]

Ratificando o que já fora alhures afirmado, o § 3º do artigo em comento acentua que não será admitida a prática de atos que contrariem ou produzam resultados contrários, por isso, incompatíveis com as normas fundamentais que regem o Estado brasileiro, reafirmando o compromisso com o modelo constitucional do processo pátrio e sua necessária efetivação.[124]

Remissões:

– Arts. 167-A a 167-Y da Lei nº 11.101/2005, incluídos pela Lei nº 14.112/2020.

Art. 27. A cooperação jurídica internacional terá por objeto:

I – citação, intimação e notificação judicial e extrajudicial;

II – colheita de provas e obtenção de informações;

III – homologação e cumprimento de decisão;

IV – concessão de medida judicial de urgência;

V – assistência jurídica internacional;

VI – qualquer outra medida judicial ou extrajudicial não proibida pela lei brasileira.

Notas:

O presente artigo e seus incisos tratam do que se podemos nominar como objetos da cooperação jurídica internacional.

No inciso I temos a citação, a intimação e a notificação judicial e mesmo extrajudicial, esta que, certamente, poderá ser operada por serventias extrajudiciais.

---

a intimação, se o requerente ou o seu procurador não promover, no prazo assinalado, ato ou diligência que lhe for determinada no curso do processo, será este arquivado pelo Presidente.

Art. 216-F. Não será homologada a sentença estrangeira que ofender a soberania nacional, a dignidade da pessoa humana e/ou a ordem pública."

123 FUX, Luiz. Homologação de sentença estrangeira. *In*: TIBÚRCIO, Carmen; BARROSO, Luís Roberto (Org.) *Direito Internacional Contemporâneo*. Rio de Janeiro, Renovar: 2006, p. 643 e ss.

124 Para tanto, cf. THEODORO JÚNIOR, Humberto. A Constitucionalização do Processo no Estado Democrático de Direito. *In*: GAIO JÚNIOR, Antônio Pereira e CÂMARA, Alexandre Freitas (Coords.). *Novo CPC: reflexões e perspectivas*. Belo Horizonte: Del Rey, 2014, p. 163 e ss.

Nos demais incisos temos a colheita de provas, obtenção de informações e o destaque à concessão de medida judicial de urgência (inciso III), esta, aliás, caracterizada já de muito como relevante instrumento em sede de demandas internacionais.

Cediço é que concentrado no Supremo Tribunal Federal desde os anos trinta do século XX, a competência na seara da cooperação jurídica internacional originária foi transferida ao Superior Tribunal de Justiça pela Emenda Constitucional nº 45/04.

Nisso, com a Resolução nº 9 editada pelo STJ, possível foi a concessão de tutela de urgência durante o processamento, *v.g.*, do pedido de homologação de sentença estrangeira, o que até então não era sequer admitido pelo STF.

Nota-se daí que Superior Tribunal de Justiça examinando a matéria em diversos momentos[125], concede a referida tutela com criteriosa parcimônia, e após importante exame da existência do *fumus boni iuri* e do *periculum in mora* ínsitos à própria natureza da medida de urgência.

Vale ainda anotar que hoje, com a Emenda Regimental nº18/2014, passou o Regimento Interno do STJ a tratar da admissão de tutela de urgência nos procedimentos de homologação de sentença estrangeira, *ex vi* de seu art. 216-G.

Completa ainda o rol do art. 27 como objetos de cooperação internacional, a assistência jurídica internacional.

Como se vê da leitura do inciso VI, o rol dos objetos não é exaustivo, podendo qualquer outra medida judicial ou extrajudicial, desde que não proibida pelo ordenamento brasileiro, ser objeto de cooperação jurídica internacional, podendo aí alcançar medidas de colaboração praticadas por órgãos públicos ou mesmo particulares, para fins de auxiliar na efetividade da pleiteada cooperação.

Seção II
Do Auxílio Direto

Art. 28. Cabe auxílio direto quando a medida não decorrer diretamente de decisão de autoridade jurisdicional estrangeira a ser submetida a juízo de delibação no Brasil.

Notas:

Ante as respostas mais céleres em sede cooperação jurídica internacional, nota-se que tanto as cartas rogatórias como os procedimentos em sede de

---

125 STJ, Corte Especial, MC 17278 DF 2010/0153232-7, Rel. Min. Maria Thereza de Assis Moura, DJ 15.10.2014; STJ, Corte Especial, SEC 4933 EX 2010/0077791-8, Rel. Min. Eliana Calmon, DJ 05.12.2011, dentre outros.

homologação de sentença estrangeira, variavelmente, não correspondem à dinâmica que muitas vezes requer pedidos na seara da cooperação aludida.

Certamente, isso faz crescer a necessidade de outros instrumentos cooperativos, ainda que não confundidos com aqueles tradicionais, de modo a tornar mais presto o alcance desejado no pedido apresentado de um Estado para o outro.

Assim, tem-se como um exemplo de dito instrumento o denominado Auxílio Direto.

Trata o Auxílio Direto de procedimento de caráter administrativo em sede cooperação internacional, quando a medida requerida não decorrer diretamente de decisão da autoridade jurisdicional alienígena a ser submetida a juízo de delibação no Brasil, como se depreende do art. 28 do NCPC, portanto, integra cooperação estabelecida entre autoridades centrais de Estados-parte, como se vê em convenções internacionais cuja previsão para este instrumento de cooperação internacional se faz presente, tal como se observa na Convenção da Haia sobre os aspectos cíveis do sequestro de menores.

Oportuno se faz pontuar que o auxílio direito parte de um procedimento que se inicia com uma solicitação de ente estrangeiro (normalmente autoridade central daquele país) para que a autoridade central nacional conheça de seu pedido e tome providências no sentido de cumpri-lo, neste caso, sem a necessidade de atividade delibatória pelo Poder Judiciário pátrio.

Depreende-se, portanto, que o auxílio direto passivo se faz mecanismo adequado para tratar de medida que não se origine diretamente de Poder Judiciário estrangeiro e ainda, que não se *exequatur* por parte do Poder Judiciário brasileiro.

Assim, no entendimento do Superior Tribunal de Justiça, em exemplo, a realização de quebra de sigilo bancário ou de sequestro de bens por meio de carta rogatória depende de decisão proferida na justiça estrangeira, a ser delibada através da própria Corte e, estando ausente juízo de delibação, o pedido deve se dar por meio de auxílio direto (STJ, AgRg na CR 3.162/CH, Corte Especial. Rel. Min. Cesar Asfor Rocha. DJE 06.09.2010).

Por outro lado, caso o pedido de auxílio direito passivo necessite prestação jurisdicional para o seu cumprimento, a autoridade central brasileira encaminhará à Advocacia Geral da União para que esta possa requerer em juízo a medida solicitada (*ex vi* do art. 33).

Vale ainda a informação de que o procedimento do auxílio direto começou a ser utilizado no Brasil, sobretudo, para resolver o impasse criado pela jurisprudência do STF sobre cartas rogatórias executórias.[126]

---

126 Cf. LOULA, Maria Rosa Guimarães. *Auxílio Direto. Novo Instrumento e Cooperação Jurídica Internacional.* Civil. Belo Horizonte: Fórum, 2010.

Remissão:

– Art. 167-P, § 1º, da Lei nº 11.101/2005, incluído pela Lei nº 14.112/2020:

"Art. 167-P. O juiz deverá cooperar diretamente ou por meio do administrador judicial, na máxima extensão possível, com a autoridade estrangeira ou com representantes estrangeiros, na persecução dos objetivos estabelecidos no art. 167-A desta Lei.

§ 1º O juiz poderá comunicar-se diretamente com autoridades estrangeiras ou com representantes estrangeiros, ou deles solicitar informação e assistência, sem a necessidade de expedição de cartas rogatórias, de procedimento de auxílio direto ou de outras formalidades semelhantes.

(...)".

Art. 29. A solicitação de auxílio direto será encaminhada pelo órgão estrangeiro interessado à autoridade central, cabendo ao Estado requerente assegurar a autenticidade e a clareza do pedido.

Notas:

O pedido de auxílio direito será encaminhado pelo órgão estrangeiro interessado à autoridade central do Estado requerido, sendo desnecessário o juízo de delibação, cabendo ao Estado requerente assegurar, respectivamente, a autenticidade e clareza do pedido realizado.

Nisso, deverá o órgão estrangeiro, mediante responsabilidade de seu próprio Estado em assegurar a autenticidade, portanto, veracidade e clareza do pedido, encaminhá-lo à autoridade central brasileira.

No caso de auxílio direto ativo, ou seja, pedido da autoridade central brasileira para cooperação junto a autoridade central alienígena, a recíproca deve se fazer verdadeira, como se verá do art. 31, cabendo à autoridade central brasileira realizar o mesmo procedimento em relação à autoridade central do país a que se destina o pedido de cooperação jurídica internacional.

Art. 30. Além dos casos previstos em tratados de que o Brasil faz parte, o auxílio direto terá os seguintes objetos:

I – obtenção e prestação de informações sobre o ordenamento jurídico e sobre processos administrativos ou jurisdicionais findos ou em curso;

II – colheita de provas, salvo se a medida for adotada em processo, em curso no estrangeiro, de competência exclusiva de autoridade judiciária brasileira;

III – qualquer outra medida judicial ou extrajudicial não proibida pela lei brasileira.

Notas:

Destina o art. 30 a apontar os objetivos mirados pelo auxílio direito, sem prescindir de outros tantos previstos em tratados aos quais o Brasil seja signatário.

Assim, temos o inciso I que aponta para a necessidade de obtenção de informações sobre o ornamento jurídico pátrio e ainda processos administrativos ou jurisdicionais findos ou em curso.

Cabe lembrar que, ainda aqui, há de respeitar as hipóteses de sigilo prevista pelo ordenamento brasileiro, conforme já disposto nos comentários ao inciso III do art. 26, a despeito da publicidade processual garantida pelo art. 93, IX da Carta Maior.

No que se refere ao inciso II, incluso está como objetivo do auxílio direto, a colheita de provas, exceto se a medida for adotada em processo que esteja em trâmite no exterior cuja competência seja exclusivamente do Poder Judicante brasileiro.

Trata-se de questão sensível.

Ora, solicitar a colheita de provas por meio do auxílio direto sem qualquer participação da Corte competente no Brasil para avaliar a sua licitude – no caso, o Superior Tribunal de Justiça – sobretudo pelos meios aos quais a prova será obtida?

Conforme já visto, o auxílio direito se dá por pedido de órgão estrangeiro que não o Poder Judiciário, diretamente à autoridade central brasileira, sem a necessidade de juízo de delibação.

No caso em tela, em se tratando de processo em curso no exterior e ao qual a legislação brasileira entende como de competência exclusiva do Poder Judiciário pátrio (*ex vi* do art. 23), *de per si*, já impede o pedido de auxílio direto para tal. Mas, e quando a competência for concorrente (arts. 21 e 22)?

É cediço que, no caso de pedido de colheita de provas decorrentes de processos judiciais em curso no exterior com competência concorrente, tal cooperação se fará por meio de carta rogatória, tendo o órgão jurisdicional competente o exercício da delibação nos corretos termos.[127]

Por outro lado, em se tratando de pedido de auxílio direito tendo como objeto a colheita de material probal deve ser aplicada a inteligência do art. 33, ou seja, a autoridade central brasileira encaminha a solicitação à Advocacia Geral da União e esta apresentará em juízo a medida objeto do pedido de auxílio direto passivo, *in casu*, a produção da prova.

---

127 STJ, AgRg na CR 3162/CH, Corte Especial. Rel. Min. Cesar Asfor Rocha. DJe 06.09.2010; STF, RMS 28919/ DF. Rel. Min. Dias Toffoli. 31.10.2014 DJe 12.11.2014.

O inciso III ainda prevê a possibilidade aberta de qualquer outra medida quer judicial ou extrajudicial, desde que não objetada pela *lex* brasileira, tendo aí uma variedade de possibilidades, inclusive informações cartorárias e de dados públicos e mesmo privados.

Art. 31. A autoridade central brasileira comunicar-se-á diretamente com suas congêneres e, se necessário, com outros órgãos estrangeiros responsáveis pela tramitação e pela execução de pedidos de cooperação enviados e recebidos pelo Estado brasileiro, respeitadas disposições específicas constantes de tratado.

Notas:

No tocante aos pedidos de cooperação jurídica internacional por meio do auxílio direito, seja ele solicitado pela autoridade central brasileira ou tendo esta como destinatária do pedido realizado por autoridade alienígena, o presente dispositivo retrata a comunicação preferencial na forma direta entre autoridades centrais dos Estados, sendo, caso necessário, o uso da via diplomática com outros órgãos estrangeiros responsáveis pela tramitação e execução de pedidos, objetos de respectivos auxílios diretos, no caso brasileiro, v.g., o Ministério das Relações Exteriores.

Nota-se, portanto, que a via direta entre autoridades centrais dos Estados é o meio regular pelo qual se dará o pedido de auxílio direto, notadamente, respeitando as devidas disposições contidas em eventual tratado de que os Estados sejam signatários.

Art. 32. No caso de auxílio direto para a prática de atos que, segundo a lei brasileira, não necessitem de prestação jurisdicional, a autoridade central adotará as providências necessárias para seu cumprimento.

Notas:

Conforme já outrora pontuado em comentários ao art. 28, o auxílio direto prescinde, em regra, do juízo de delibação.

Ainda nestes termos, observa-se que o próprio art. 30 e seus incisos apresentam os objetos pelos quais se fundamentam a necessidade do pedido de cooperação jurídica internacional por via do auxílio direto.

Daí que, a autoridade central nacional empreenderá esforços no sentido de dar cabo ao cumprimento efetivo do pedido de auxílio direto, mais precisamente, providenciando os meios necessários para tal, como por exemplo, obtendo e prestando informações junto a entes públicos, à iniciativa privada, à comissão de bolsa de valores, às organizações não governamentais, serventias extrajudiciais etc., sempre de acordo com a necessidade decorrente do próprio pedido.

Art. 33. Recebido o pedido de auxílio direto passivo, a autoridade central o encaminhará à Advocacia-Geral da União, que requererá em juízo a medida solicitada.

Parágrafo único. O Ministério Público requererá em juízo a medida solicitada quando for autoridade central.

Notas:

Recebido o pedido de auxílio direto passivo, i.e, que dele necessite medida de cunho jurisdicional, a autoridade central o encaminhará à Advocacia-Geral da União, que requererá em juízo a medida solicitada.

Temos como exemplo de tal questão, a própria colheita de provas em sede de pedido de auxílio direto (art. 30, II), motivo de comentários alhures.

Conforme já sublinhado, em sendo a competência concorrente, tal solicitação de colheita de provas será motivo de pedido junto ao Poder Judiciário pátrio.

Insta assinalar que sendo a autoridade central o Ministério da Justiça (§4º do art. 26), caberá, conforme *caput* do art. 33 à Advocacia Geral da União encaminhar o pedido de auxílio direto passivo ao Pode judicante competente, no caso, o STJ.

Por outro lado, seguindo a inteligência do parágrafo único do art. 33, sendo o Ministério Público a autoridade central, competirá ao mesmo o aludido encaminhamento do pedido junto àquela Corte Superior.

Art. 34. Compete ao juízo federal do lugar em que deva ser executada a medida apreciar pedido de auxílio direto passivo que demande prestação de atividade jurisdicional.

Notas:

Assegura-se aqui a competência do magistrado federal do lugar onde deva ser executada a medida, objeto do pedido de auxílio direto passivo, quando da necessidade de atividade jurisdicional para dar cumprimento à sua realização, em consonância com o que já vem sendo decidindo pelo próprio Superior Tribunal de Justiça,[128] seguindo, portanto, a mesma ideia do que já acontece em

128 STJ, Corte Especial, AgRg na CR 3162 CH 2008/0057033-2, Rel. Min. Cesar Asfor Rocha, DJ 18.08.2010.

sede de cumprimento de rogatória no país, conforme bem expressa o *caput* do art. 216-V do RISTJ.

Seção III
Da Carta Rogatória

Art. 35. (VETADO).

Notas:

Carta rogatória é ato processual clássico de comunicação entre autoridades judiciárias estrangeiras para fins de solicitação ao cumprimento do conteúdo da mesma.

No contexto da cooperação jurídica de natureza transnacional, a relevância das cartas rogatórias é maiúscula, pois que para um ato requerido por um Estado estrangeiro com fins voltados à realização de seu conteúdo em território alheio, sobretudo, decorrente de matéria processual, necessária será a comunicação entre os poderes judicantes, o que se faz por excelência através deste importante instrumento.

Como notório, temos hodiernamente, um contínuo crescimento de demandas envolvendo interesses transnacionais, sobrelevado pelo papel da economia, dentre outros segmentos, o que, invariavelmente, requer produção de múltiplos atos em Estado estrangeiro.

Justifica-se, por tudo, a importância que o novel Código de Processo Civil brasileiro concede à cooperação jurídica internacional, no lastro de todo um movimento legislativo e doutrinário dos mecanismos de cooperação jurisdicional no mundo.[129]

Pelo fato de se tratar de questão que envolve interesses comuns a diversos países, a procura opor uma forma uniformizadora da dinâmica e agilidade procedimental da presente carta é tema recorrente de constantes iniciativas tanto bilateral quanto multilateralmente, destacando-se a Convenção Interamericana de Cartas Rogatórias de 30.01.1975, internalizada entre nós pelo Decreto nº 1.899, de 09.05.1996.

No CPC/1973, mais especificamente, com relação à carta rogatória, tratava o art. 210, dispondo acerca das denominadas cartas rogatórias ativas, isto é, aquelas decorrentes de atos endereçados ou rogados a magistrado estrangeiro por intermédio de juiz nacional.

---

[129] Ver ARAÚJO, Nádia de. Prefácio. *In*: CASELLA, Paulo Borba; SANCHEZ, Rodrigo Elian (Orgs.). *Ob. cit.*, p. 6-7.

Já no que toca ao cumprimento de carta rogatória passiva, essa corresponde a ato rogado por juiz estrangeiro à autoridade judiciária pátria[130], conforme regulava também o art. 211 do CPC/1973, tendo o seu cumprimento dependente de *exequatur,*[131] cuja competência é conferida ao Superior Tribunal de Justiça pela Constituição Federal de 1988, com seu art. 105, I, *i*, a preceituar que cabe à aludida Corte a homologação de sentenças estrangeiras e a concessão de *exequatur* às cartas rogatórias.

No que se refere ao NCPC, trata os arts. 35 e 36 das questões atinentes à presente carta, notadamente, com conteúdos voltados ao alcance da mesma, ou seja, ao que ela se propões. No entanto, como de conhecimento, a Presidência da República vetou o aludido art. 35, este que estabelecia o pedido de cooperação entre órgãos jurisdicionais estrangeiros por meio de carta rogatória objetivando a prática de atos processuais, tais quais citações, intimações e notificações judiciais, colheita de provas, obtenção de informações e cumprimento de decisões interlocutórias, sempre que o ato estrangeiro constituísse em decisão a ser executada no Brasil, correspondendo aí na carta rogatória passiva, o que, notadamente, vale também para a ativa, dentro dos interesses da autoridade judiciária brasileira.

E quais foram as razões do veto:

> "Consultados o Ministério Público Federal e o Superior Tribunal de Justiça, entendeu-se que o dispositivo impõe que determinados atos sejam praticados exclusivamente por meio de carta rogatória, o que afetaria a celeridade e efetividade da cooperação jurídica internacional que, nesses casos, poderia ser processada pela via do auxílio direto."

Parece-nos, no entanto, que o veto, longe de qualquer dúvida, não levou em consideração a própria e clara dicção do que fora firmado pelo art. 28 citado alhures, no que se refere, propriamente, serventia do Auxílio Direito.

Ora! O auxílio direto se presta a medidas sem a necessidade de juízo de delibação, o que, aliás, se vê ratificado no § 2º do art. 216-O do Regimento Interno do STJ.

---

130 Cf. MARQUES, José Frederico. *Instituições de Direito Processual Civil*. Vol. II. 4. ed. Rio de Janeiro: Forense, 1971, p. 334.

131 A palavra *exequatur*, expressão latina, forma verbal, significa *execute-se, cumpra-se,* sendo empregada no Brasil para fins de admissão da carta rogatória. Vale destacar que doutrina estrangeira, notadamente relativa a outros sistemas jurídicos, emprega-a para fins de aceitação de sentença, o que, em princípio, não ocorre entre a doutrina e legislação brasileiras que preferem referir-se à homologação ou ao reconhecimento como o caminho para a exequibilidade da sentença alienígena.

Assim, bastaria que já nos Projetos que antecederam à aprovação da *lex*, que o art. 35 viesse com a simples menção da necessidade do juízo de delibação no tocante à prática dos atos indicados ali por via rogatória ou nem mesmo isso, pois que o supracitado RISTJ já por bem, expressa tal entendimento, inequivocamente.

Em verdade, o que se quer aqui é esclarecer para fins de se evitar interpretação dúbia é que, a contrário senso, com o nebuloso veto, não se está a negar que os conteúdos do art. 35 ora vetado não se encontram presentes para fins de serem otimizados por meio da Carta Rogatória, mas tão somente que, diante da desnecessidade de juízo delibatório, possam ser praticados via auxílio direto. Nada mais, nada menos que isso. É, smj, o que pensamos e espera-se, sem surpresas..!

Art. 36. O procedimento da carta rogatória perante o Superior Tribunal de Justiça é de jurisdição contenciosa e deve assegurar às partes as garantias do devido processo legal.

§ 1º A defesa restringir-se-á à discussão quanto ao atendimento dos requisitos para que o pronunciamento judicial estrangeiro produza efeitos no Brasil.

§ 2º Em qualquer hipótese, é vedada a revisão do mérito do pronunciamento judicial estrangeiro pela autoridade judiciária brasileira.

Notas:

O procedimento da carta rogatória para o seu *exequatur* é devidamente regulado pelos arts. 960 a 965 do CPC bem como pelo Regimento Interno do STJ, mais precisamente, nos arts. 216-O a 216-X e ainda, os demais Tratados e Convenções que o Brasil se faz aderido, *v.g.*, a Convenção Interamericana de Cartas Rogatórias.

Conforme *sustenta* o *caput* do art. 36, trata-se de procedimento de natureza contenciosa, no entanto, como em qualquer procedimento num Estado Constitucional de Direito, deve sempre se pautar pelo respeito à garantia inalienável dos seus partícipes quanto ao cumprimento do devido processo legal.

O devido processo legal há de ser entendido como o conjunto de garantias constitucionais que, por um lado, asseguram às partes o pleno exercício de suas faculdades e poderes processuais e, por outro, indispensáveis são à total coerência na aplicação do exercício da jurisdição. Pressupõe-se que tal princípio repouse em um procedimento regular, previamente estabelecido, com atos sem vícios insanáveis ou insupríveis, contraditório com real igualdade de "armas"[132]

[132] Evidencia-se que a "efetividade perfeita, no contexto de um dado direito substantivo, poderia ser expressa como a completa *igualdade de armas* – a garantia de que a conclusão final

e tratamento, juiz natural, investido na forma da lei, coerente, competente e imparcial, sendo de advertir-se que nele não se pode falar quando meramente formal ou em relação àquele que, pela sua demora, permite o sacrifício do direito do autor, considerando que o processo deve ser visto como uma espécie de contrapartida que o Estado oferece aos cidadãos diante da proibição da autotutela.[133]

O § 1º adverte que a defesa será restrita quanto ao atendimento dos requisitos para que o pronunciamento judicial estrangeiro produza efeitos no Brasil.

Conforme já alhures referendado, os arts. 960 a 965 do CPC, juntamente com o Regimento Interno do Superior Tribunal de Justiça e demais Tratados e Convenções que o Brasil se faz aderido, regulam a homologação de decisão estrangeira e a concessão do *exequatur* à carta rogatória em território nacional.

Daí que, fundamental para a compreensão dos requisitos indispensáveis ao *exequatur* das cartas rogatórias, se faz necessário alçar o art. 963 do CPC, este que elenca os aludidos requisitos indispensáveis, tudo autorizado por seu parágrafo único.

Constituem-se requisitos da presente carta:

a) ser proferida por autoridade competente;
b) ser precedida de citação regular, ainda que verificada a revelia;
c) ser eficaz no país em que foi proferida;
d) não ofender a coisa julgada brasileira;
e) estar acompanhada de tradução oficial, salvo disposição que a dispense prevista em tratado;
f) não conter manifesta ofensa à ordem pública.

Ainda prevê o art. 216-P do RISTJ que, diante de ofensa à soberania nacional, à dignidade da pessoa humana e/ou a ordem pública[134], não será concedido o *exequatur* à carta rogatória, o que, por interpretação extensiva, garante-se

---

depende apenas dos méritos jurídicos relativos das partes antagônicas, sem relação com diferenças que sejam estranhas ao Direito e que, no entanto, afetam a afirmação e reivindicação dos direitos", sobre a perfeita igualdade entre as partes e os óbices para alcançá-la. CAPPELLETTI, Mauro; GARTH, Bryant. *Acesso à Justiça*. Porto Alegre: Sérgio Fabris Editor, 1988, p. 15.

133 Cf. VÉSCOVI, Enrique. *Teoría del Proceso*. 2. ed. Bogotá: Colombia, 1999, p. 54-55.

134 STJ, Corte Especial, AgRg na CR: 8515 EX 2013/0311907-2, Rel. Min. Francisco Falcão, DJ 15.10.2014; STJ, Corte Especial, CR 3723 De 2008/0282857-0, Rel. Min. Hamilton Carvalhido, DJ 02.09.2009.

que, uma vez identificadas tais ocorrências e não observadas em um primeiro momento pela corte, nada impedirá a defesa insurgir em combate às mesmas.

Cabe destacar que tanto o § 3º do art. 26 como o próprio art. 39, todos do CPC, ratificam a ideia de recusa a qualquer cooperação jurídica internacional que atente contra as normas fundamentais que regem o Estado brasileiro bem com que venham ofender a ordem pública.

Convém notar ainda ser possível a concessão de medida de urgência em sede de carta rogatória, conforme autoriza o art. 962 do CPC.

Nisso, importante consignar que o § 2º do referido artigo permite a concessão de medida de urgência solicitada pela via da carta rogatória *inaudita altera pars*, no sentido de não se ouvir a parte requerida, certamente, quando sua intimação prévia puder resultar na ineficiência da cooperação internacional e pensamos, desde que se justifique, sobretudo, na medida de sua urgência e necessidade a fim de se evitar evidente perigo de dano ou risco ao resultado útil da medida (art. 300 e seus §§ 1º e 2º do CPC) bem como não ofender a soberania nacional, a dignidade da pessoa humana e/ou a ordem pública (art. 216-P do RISTJ).

Fato é que quanto ao juízo acerca da necessidade da medida urgente, caberá este, exclusivamente ao órgão jurisdicional estrangeiro prolator da decisão que se está a delibar perante a autoridade judiciária brasileira, conforme dicção do § 3º do art. 962, logicamente, desde que não venha contrapor-se aos limites impeditivos para reconhecimento da mesma, conforme já destacado no parágrafo anterior.

Questão interessante é aquela trazida pelo § 5º do art. 961, tradução de novidade no âmbito novato CPC.

Trata-se da desnecessidade de homologação de sentença estrangeira perante o Superior Tribunal de Justiça, esta decorrente de divórcio consensual realizado no exterior, para fins de efeitos no Brasil.

Como estamos aqui tratando de Carta Rogatória, dita desnecessidade atinge de modo reflexo a mesma quando decorrente de medida de urgência em tal matéria, conforme pontifica o § 4º do art. 962, ao autorizar que, uma vez dispensada a homologação para que a sentença estrangeira produza efeitos no Brasil, a decisão concessiva de medida de urgência dependerá, para produzir efeitos, de ter sua validade expressamente reconhecida pelo juiz competente para dar-lhe cumprimento, dispensada a homologação pelo Superior Tribunal de Justiça.

Neste caso então, teríamos a análise pelo magistrado federal brasileiro acerca dos requisitos necessários à concessão não da medida de urgência em si, mas daqueles expressamente imprescindíveis ao reconhecimento e validade do pedido alienígena, devida elencados no art. 963 do CPC e já referendados em conteúdos supracitados.

Afirmamos isso diante da clara redação do § 2º do art. 26, onde se adverte da vedação à revisão do mérito do pronunciamento judicial estrangeiro pelo Poder Judiciário pátrio[135], de modo que neste ínterim temos específica limitação para o avanço no conteúdo meritório já decidido pela instância judiciária alienígena, salvo mais uma vez, caso venha a ofender a soberania nacional, a dignidade da pessoa humana e/ou a ordem pública (art. 216-P do RISTJ).

Por outro lado, interessante aqui se faz alongar algumas breves notas no tocante ao procedimento em sede cumprimento da carta rogatória, tudo sob a luz do RISTJ.

Uma vez recebido o pedido no âmbito do Superior Tribunal de Justiça, a parte requerida será intimada para, no prazo de quinze dias, impugnar o pedido de concessão do *exequatur* da carta rogatória (art. 216-Q do RISTJ), podendo em caso de revelia ou incapacidade da parte requerida, ser nomeado curador especial para a mesma (art. 216-R do RISTJ), tendo o Ministério Público Federal, posteriormente, vista dos autos pelo prazo de 10 (dez) dias, podendo impugnar o pedido de concessão do *exequatur* (art. 216-S).

Uma vez havendo impugnação ao pedido de concessão de *exequatur* da carta rogatória de ato decisório, o Presidente do STJ poderá determinar a distribuição dos autos do processo para julgamento pela Corte Especial, tudo conforme o art. 216-T do Regimento Interno do Superior Tribunal de Justiça.

Diante do cumprimento da carta rogatória, este realizado juiz federal competente (art. 216-V do RISTJ) ou verificada a impossibilidade de seu cumprimento, será ela devolvida ao Presidente do STJ no prazo de 10 (dez) dias, e o mesmo a remeterá, em igual prazo, por meio do Ministério da Justiça ou do Ministério das Relações Exteriores, à autoridade estrangeira requerente da digitada carta rogatória (art. 216-X do RISTJ).

Remissões:

- Art. 105, I, "i", da CRFB/88

"Art. 105. Compete ao Superior Tribunal de Justiça:

I - processar e julgar, originariamente:

i) a homologação de sentenças estrangeiras e a concessão de *exequatur* às cartas rogatórias;

(...)".

---

135 STJ, Corte Especial, AgRg na CR 2497 US 2007/0081158-3, Rel. Min. Barros Monteiro, DJ 07.11.2007.

– Arts. 12, §§ 2º e 15 da LINDB

"Art. 12. É competente a autoridade judiciária brasileira, quando for o réu domiciliado no Brasil ou aqui tiver de ser cumprida a obrigação.

(...)

§ 2º A autoridade judiciária brasileira cumprirá, concedido o exequatur e segundo a forma estabelecida pela lei brasileira, as diligências deprecadas por autoridade estrangeira competente, observando a lei desta, quanto ao objeto das diligências".

"Art. 15. Será executada no Brasil a sentença proferida no estrangeiro, que reuna os seguintes requisitos:

a) haver sido proferida por juiz competente;

b) terem sido os partes citadas ou haver-se legalmente verificado à revelia;

c) ter passado em julgado e estar revestida das formalidades necessárias para a execução no lugar em que foi proferida;

d) estar traduzida por intérprete autorizado;

e) ter sido homologada pelo Supremo Tribunal Federal. (Vide art. 105, I, i da Constituição Federal)".

Seção IV
Disposições Comuns às Seções Anteriores

Art. 37. O pedido de cooperação jurídica internacional oriundo de autoridade brasileira competente será encaminhado à autoridade central para posterior envio ao Estado requerido para lhe dar andamento.

Notas:

Tem o CPC a preocupação em regular o itinerário inverso, ou seja, quando o pedido de cooperação jurídica internacional parte da autoridade brasileira, sendo isso o que dispõe o artigo em tela.

Nestes termos, uma vez necessária a cooperação jurídica em nível internacional, a autoridade pátria competente encaminhará pedido à autoridade central brasileira e esta, então, enviará ao Estado estrangeiro para fins de respectivo andamento no cumprimento do pedido cooperativo.

Interessante destacar que a participação da via diplomática através do Ministério das Relações Exteriores, se encontrava prevista na versão original do

Projeto do NCPC, este representando pelo PLS nº 166/2010. Naquele momento, a autoridade central brasileira receberia os pedidos de cooperação jurídica internacional, realizaria a análise dos requisitos de admissibilidade formais dos pedidos e, posteriormente, os envia ao aludido Ministério (art. 30 do PLS nº 166/2010).

Assim, o que se nota do presente art. 37 é a abreviação do procedimento, prescindindo da presença do Ministério das Relações Exteriores no desenrolar do rito.

Art. 38. O pedido de cooperação oriundo de autoridade brasileira competente e os documentos anexos que o instruem serão encaminhados à autoridade central, acompanhados de tradução para a língua oficial do Estado requerido.

Notas:

Deverá tanto o pedido de cooperação internacional decorrente de autoridade brasileira bem como os documentos ora anexados que o instruem, serem caminhados à autoridade central, já com a respectiva tradução para a língua do país requerido, exceto nos casos em que o tratado ao qual se baseia o referido pedido dispensar dita formalidade.

Art. 39. O pedido passivo de cooperação jurídica internacional será recusado se configurar manifesta ofensa à ordem pública.

Notas:

É se destacar que a própria Lei de Introdução às Normas Brasileiras – LINB já bem prevê em seu art. 17 que leis, atos, declarações de vontade e decisões estrangeiras não terão eficácia no Brasil caso houver ofensa a norma e ordem pública.

Nestes termos, o presente art. 39 vem, verdadeiramente, expressar a correta aplicabilidade do dispositivo da lei introdutória alhures citado.

Sublinha-se aqui a referência à ordem pública.

Trata-se em sede doutrinária de questão em torno da unicidade da ordem pública, nos termos em que se poderia indagar acerca de sua dimensão unitária ou apenas restrita, de modo que pudesse ser válida para todos os países ou haveria uma versão para cada país e outra de cunho universal.

Fato é que a consagração do caráter dúplice da ordem pública seria atestada pelo próprio Código de Bustamante.

Assim, mais precisamente e em sentido de ordem pública internacional teríamos:

a) as normas que obrigam por igual a todos os que residem no território, sejam ou não nacionais – denominadas territoriais, locais ou de ordem pública internacional (art. 3º, II do Código de Bustamante).
b) os preceitos constitucionais são de ordem pública internacional (art. 4º do Código de Bustamante).
c) todas as regras de proteção individual e coletiva, estabelecida pelo direito político e pelo administrativo (art. 5º do Código de Bustamante).

Já, no tocante ao caráter de ordem pública interna, temos aquelas que se aplicam às pessoas em virtude do seu domicílio ou da sua nacionalidade e as seguem, ainda que se mudem para outro país – denominadas pessoas ou de ordem pública interna (art. 3º, I do Código de Bustamante).

É de se entender, pela própria dicção do art. 39 do CPC, que estaríamos diante da ordem pública de caráter interno, notadamente quando se tem a ideia da própria recusa ao recebimento passivo da cooperação jurídica internacional, quando ofender a ordem pública, i.e., não se cotejando qualquer possibilidade de se tratar de preceito de ordem pública internacional, dado que aí seriam todos os atos de cooperação internacional presumidos como não contrários à ordem pública, desde que, evidentemente, realizados entre signatários do Código de Bustamante.

Art. 40. A cooperação jurídica internacional para execução de decisão estrangeira dar-se-á por meio de carta rogatória ou de ação de homologação de sentença estrangeira, de acordo com o art. 960.

Notas:

Já nos referimos à Carta Rogatória em linhas atrás.

Quanto à Homologação de Sentença Estrangeira, cabe pontuar que o sistema de recepção de decisões estrangeiras não conhece uma regra universalmente harmônica, existindo, por isso, países que não atribuem valor às decisões decorrentes de Cortes estrangeiras, outros praticam a denominada *reciprocidade* pura sem formalidades, têm-se ainda aqueles que emprestam caráter meramente *probatório* aos provimentos estrangeiros e, por fim, os que reconhecem na decisão estrangeira a mesma eficácia da decisão nacional mediante um prévio *juízo de delibação*,[136] por meio do qual se verifica o cumprimento de requisitos

---

[136] O sistema de "delibação" advém do Direito italiano, cuja designação se originou de *delibare, verbo latino* que significa *colher* um pouco, tocar de leve, examinar (SARAIVA, F. R. dos

necessários à nacionalização do pronunciamento judicial para posterior reconhecimento e concessão de eficácia executivo-judicial.

O Brasil adota esse último sistema, ao qual não se enfrenta o mérito da demanda julgada em tribunal alienígena, mas, fundamentalmente, questões de ordem formal que, verdadeiramente, refletem no devido processo legal para o reconhecimento homologatório do ato decisório estrangeiro, tais como a competência, a observância do contraditório e a adaptação do julgado à nossa ordem pública, aos bons costumes e à soberania nacional.[137]

O órgão jurisdicional competente para examinar e, por conseguinte, homologar a decisão estrangeira no Brasil é o Superior Tribunal de Justiça (art. 105, I, alínea *i*, da CF/88),[138] concentrando-se, portanto, o nosso sistema jurídico tal atribuição a um único órgão jurisdicional e, por isso, favorecendo a produção de uma jurisprudência harmônica e daí uma qualificada possibilidade de certeza de direito (*Rechtssicherheit*).

Sendo jurisdicional a natureza do processo de homologação de decisão estrangeira, ao interessado que provoca a atividade jurisdicional para tal intento estará ele propondo, verdadeiramente, uma ação, essa de natureza homologatória e com rito especial perante o Superior Tribunal de Justiça.

Importante ressaltar que no processo de homologação de decisão estrangeira a função judiciária do STJ limitar-se-á observância da consonância do julgado proferido no exterior com os princípios basilares do ordenamento jurídico vigente no Brasil.[139]

É possível a homologação de decisão judicial definitiva, assim como decisão não judicial que, de acordo com a lei brasileira, teria natureza jurisdicional,

---

Santos. *Novíssimo Diccionario Latino-Portuguez*. 3. ed. Rio de Janeiro: H. Garnier Livreiro Editor, s/d, p. 350).

O *giudizio de delibazione* surgiu em 1865, no *Codice di Procedura Civile* italiano, destinando-se a analisar a sentença estrangeira apenas em sua forma, portanto, sem tocar no conteúdo meritório da mesma.

Sobre o *giudizio de delibazione*, bem como a *delibazione della sentenza straniera* no âmbito do sistema jurídico e justiça italiana, ver por todos, FAZZALARI, Elio. *La Giustizia Civile nei Paesi Comunitari*. Padova: CEDAM, 1994, p. 283.

137 No mesmo sentido, FUX, Luiz. *Curso de Direito Processual Civil*. Rio de Janeiro: Forense, 2001, p. 963.

138 Anteriormente à edição da Emenda Constitucional n. 45, de 2004, o órgão competente para tal era o Supremo Tribunal Federal.

139 Além disso, o direito pátrio não exige do Estado estrangeiro tratamento recíproco com relação ao reconhecimento de sentenças brasileiras em seu território para que uma sentença originária de sua jurisdição possa ser homologada no Brasil. Ver, entre muitos, RECHSTEINER, Beat Walter. *Direito Internacional Privado*. 11. ed. São Paulo: Saraiva, 2008, p. 301.

como no caso de sentenças arbitrais estrangeiras, *ex vi* do § 1º do art. 961 e § 3º do art. 960, todos do CPC.

A homologação de decisão estrangeira também é cabível para fins de execução fiscal, isto quando previsto em tratado ou em promessa de reciprocidade devidamente apresentada à autoridade brasileira.

Vale consignar ainda que, poderá a decisão estrangeira ser homologada parcialmente, conforme autoriza o § 2º do art. 961.

Importante observação é aquela relativa à sentença decorrente de divórcio consensual. Neste caso, produzirá ela efeitos no território brasileiro independentemente de homologação perante o STJ. Não obstante a isso, caberá a qualquer juiz no âmbito de sua competência, examinar a validade da decisão acerca do divórcio supra, seja a questão de caráter principal ou incidental (§§ 4º e 5º do art. 961).

Ainda neste ínterim, quando dispensada a homologação para que a sentença estrangeira produza efeitos no Brasil, como o é o caso daquela relativa ao divórcio consensual, *a decisão concessiva de medida de urgência dependerá, para produzir efeitos, de ter sua validade expressamente reconhecida pelo juiz competente para dar-lhe cumprimento, dispensada a homologação pelo Superior Tribunal de Justiça* (§ 4º do art. 962 do CPC).

Art. 41. Considera-se autêntico o documento que instruir pedido de cooperação jurídica internacional, inclusive tradução para a língua portuguesa, quando encaminhado ao Estado brasileiro por meio de autoridade central ou por via diplomática, dispensando-se ajuramentação, autenticação ou qualquer procedimento de legalização.

Parágrafo único. O disposto no *caput* não impede, quando necessária, a aplicação pelo Estado brasileiro do princípio da reciprocidade de tratamento.

Notas:

Considera-se autêntica a documentação que instruir o pedido inicial de cooperação jurídica internacional, com respectiva tradução para a língua portuguesa (isso vale tanto para a carta rogatória, homologação de sentença estrangeira ou mesmo o auxílio direto), quando devidamente encaminhado por meio de autoridade central ou por via diplomática estrangeira, dispensando-se neste caso ajuramentação, autenticação ou qualquer outro procedimento de legalização para tal (art. 41, *caput*). Nota-se aí que, decorrente de órgão judicial, eventuais documentos que venham a instruir o pedido de cooperação, não necessariamente prescindirão de ditos procedimentos para apurar a autenticidade/

veracidade dos mesmos, podendo ainda o Estado brasileiro lançar mão do uso da reciprocidade de tratamento para tais questões.

TÍTULO III
DA COMPETÊNCIA INTERNA

CAPÍTULO I
DA COMPETÊNCIA

Seção I
Disposições Gerais

Art. 42. As causas cíveis serão processadas e decididas pelo juiz nos limites de sua competência, ressalvado às partes o direito de instituir juízo arbitral, na forma da lei.

Notas:

Baseado em um critério elaborado por Chiovenda, conhecido como "repartição tríplice", o CPC/2015 mantém o mesmo critério de seu antecessor de 1973.

Tal critério ou esquema tem o mérito de elencar de forma sistemática elementos que podem definir ou mesmo solucionar os problemas relativos à determinação da competência; porém, conforme observam com bastante propriedade Cintra, Pellegrini e Dinamarco[140], o presente critério foi elaborado para estruturas judiciárias diversas da brasileira, sendo aos poucos ajustado à nossa realidade.

O presente critério tríplice se esquematiza da seguinte forma:

– Critério objetivo

Levando-se em conta demandas:

- em razão da matéria;
- em razão das pessoas;
- em razão do valor da causa.

[140] RECHSTEINER, Beat Walter. *Direito Internacional Privado*. 11. ed. São Paulo: Saraiva, 2008, p.251-252.

- Critério funcional

Regulado em razão das competências funcionais exercidas por juízes e tribunais dispostas de maneira diversificada em normas de organização judiciária, leis federais e Constituição Federal.

- Critério territorial

Aplicado em razão da divisão do território nacional em circunscrições judiciárias:

- pelo domicílio das partes (em regra, domicílio do réu – art. 46 do CPC);
- pela situação da coisa (caso de bens imóveis);
- pelo lugar de certos atos ou fatos (como, por exemplo, reparação de danos por acidente de veículos, inclusive aeronaves – art. 53, V, do CPC).

Remissões:

- Lei nº 9.307/96 (Arbitragem)
- Arts. 102, 105, 108, 109, 114, 124, 125 e 126 da CRFB/88

Ação Direta de Inconstitucionalidade:

Artigo 1º da Emenda Constitucional nº 45/04. Inserção do inciso V-A e do § 5º ao art. 109 da Constituição Federal. Incidente de deslocamento de competência. Julgamento conjunto com a ADI nº 3.493. Alegações de ilegitimidade ativa. Preliminares rejeitadas. Medida processual excepcional e subsidiária. Transferência de feitos da Justiça Estadual para a Justiça Federal. Fórmula escolhida pelo poder reformador. Alternativa à previsão de competência geral e aberta. Preservação da competência da Justiça Estadual. Grave violação dos direitos humanos. Ilícito civil ou penal. Proteção do Estado Brasileiro. Responsabilidade internacional. União como ente central e garante. Risco de descumprimento de obrigações previstas em tratados e convenções internacionais. Possibilidade de agir internamente. Interesse expresso da União. Inexistência de ofensa ao pacto federativo e à autonomia dos órgãos judiciários. Caráter nacional e de unidade do Poder Judiciário. Não violação do princípio do juiz natural. Intangibilidade das regras de competência. Não ocorrência. Máxima legitimidade institucional do Procurador-Geral da República. Inexistência de faculdade ou de discricionariedade. Dever-poder de suscitar o incidente. Crivo do Superior Tribunal de Justiça. Critérios técnicos. Ofensa ao princípio da legalidade (reserva legal). Não ocorrência. Desnecessidade de norma regulamentadora. Inexistência de ofensas à legalidade, à segurança jurídica, ao devido processo legal, ao contraditório e à ampla defesa, bem como à garantia constitucional do tribunal do júri. Pedido improcedente. 1. A aptidão da Associação dos Magistrados Brasileiros (AMB) para inaugurar o controle abstrato de normas foi, por diversas vezes, chancelada pela Suprema Corte, dada a adequação da instituição ao previsto no art. 103, inciso IX, da Constituição Federal. Precedentes. Satisfeito, também, o requisito da pertinência temática, uma vez que à AMB compete a defesa das prerrogativas e dos interesses da magistratura em âmbito nacional. 2. Em relação à Associação Nacional dos Magistrados Estaduais (ANAMAGES), há a peculiaridade de que o dispositivo impugnado veicula forma de deslocamento de competência processual da Justiça Estadual para a Justiça Federal, cuja aplicação interfere diretamente na órbita específica de interesse da magistratura estadual. Está configurada, pois, sua legitimidade ativa e a relação de pertinência entre o objeto da ação e suas finalidades institucionais, que é, em suma, a de representar os magistrados estaduais em âmbito nacional. 3. Nos termos da previsão expressa do art. 60, § 4º, da CF/88, não é vedado ao poder constituinte derivado toda e qualquer restrição às chamadas cláusulas pétreas, mas somente aquelas que atinjam núcleo essencial desses limites materiais ‘ vedam-se as propostas de emendas tendentes a abolir as cláusulas pétreas. 4. A fórmula escolhida pelo poder reformador para o transporte à Justiça Federal dos feitos em que haja violação grave dos direitos humanos foi o incidente de deslocamento, e não a previsão de uma competência geral e aberta. 5. A criação do instituto representa a adoção de mecanismo de equacionamento jurídico da problemática da ineficiência do aparato estatal de repressão às graves violações dos direitos humanos, tendo presente, especialmente, o papel da União como garante, em nível interno e externo, dos compromissos internacionais firmados pelo Estado Brasileiro na seara dos direitos humanos (art. 21, inciso I; art. 49, inciso I; e art. 84, inciso VIII, da CF/88). 6. As disposições ora impugnadas buscam permitir que a União, além da responsabilidade internacional, passe a ter também a responsabilidade de agir internamente nos casos de grave violação de direitos humanos, em cumprimento ao disposto no art. 28 da Convenção Americana de Direitos Humanos. 7. A mera modificação das regras de competência jurisdicional não enseja ofensa ao pacto federativo ou a qualquer cláusula de autonomia dos órgãos judiciários locais, porquanto o Poder Judiciário é pautado, no desempenho de sua função precípua, pelo caráter nacional e de unidade, a despeito da diversidade de organização administrativa. 8. A competência da "justiça estadual" na feição dada pelo constituinte originário é residual. Nesse passo, a atribuição à Justiça Federal da tarefa de julgar os processos ligados a graves violações de direitos humanos, por meio do incidente de deslocamento, simplesmente retira parcela de jurisdição antes englobada residualmente ao corpo de competências da magistratura estadual. 9. A Justiça Federal, cujo plexo de competências jurisdicionais está definido na Carta de 1988 (art. 109), é, destarte, instância legitimada e regularmente estruturada em nível constitucional. Se é a própria Constituição que estabelece, expressamente, a competência da Justiça Federal, não há óbice de que emenda constitucional disponha sobre o deslocamento de competência em determinados casos. 10. A criação do incidente de deslocamento não agride o princípio do juiz natural sob a vertente de proibição de criação de juízo ex post facto ou direcionado a caso específico, já que se trata de regra abstrata de competência estabelecida previamente ao fato delituoso. As investigações e os processos versados sobre delitos cometidos anteriormente à edição da EC nº 45/04 não podem ser objeto do incidente de deslocamento de competência. 11. A intangibilidade das regras de competência não é parte da cláusula do juiz natural, sob pena de se inviabilizar o próprio exercício da jurisdição e se amesquinhar outras garantias, como a imparcialidade do juízo. 12. A fórmula estampada no texto questionado foi estabelecida de forma abstrata e prévia. O elemento variante é o suporte fático da regra, consistente na "grave violação de direitos humanos" e "[n]a finalidade de assegurar o cumprimento de obrigações decorrentes de tratados internacionais de direitos humanos dos quais o Brasil seja parte". 13. Sob o prisma da máxima legitimidade institucional, o Procurador-Geral da República, em consonância com sua importante missão constitucional, entre outras nobres atribuições, tem o dever-poder de suscitar o deslocamento quando preenchidos os requisitos estabelecidos constitucionalmente. Ademais, o juízo do Procurador-Geral da República, em última análise, submete-se ao crivo do colegiado do Superior Tribunal de Justiça, cuja apreciação se pauta por critérios jurídicos, e não políticos, o que afasta a alegação de que pode haver arbitrariedade em sua formulação. 14. A expressão "grave violação dos direitos humanos" pode ser compreendida como todo atentado de grande monta aos direitos humanos previstos em instrumentos normativos internacionais de proteção a cuja aplicabilidade o Brasil tenha formalmente aderido. Nesse sentido, o conceito em questão, embora não remeta a um rol taxativo e restritivo, é plenamente identificável, na medida em que o rol de direitos deve ser definido com fundamento nas normas consuetudinárias internacionais ou nos tratados e instrumentos normativos internacionais dos quais o Brasil seja signatário. 15. É legítima e imperiosa a aplicabilidade imediata da norma impugnada tão logo seja vigente, uma vez que possui todos os elementos qualificadores necessários a sua incidência. Em verdade, por se tratar de normas concernentes aos direitos humanos, nem sequer se pode esperar uma definição legal. 16. Quanto à observância das demais cláusulas do devido processo legal, do contraditório e da ampla defesa, ressalta-se que os investigados ou acusados participam do processamento do incidente, oferecendo suas razões. Além disso, gozam as partes de todas as prerrogativas processuais definidas nas normas constitucionais e processuais, independentemente de tramitar o processo na Justiça Estadual ou na Federal. A previsão do deslocamento também não agride a competência do tribunal do júri, já que, na Justiça Federal, também se observa a reserva de jurisdição da corte popular, como previsto no art. 4º do Decreto-Lei nº 253, de 28 de fevereiro de 1967. 17. Pedido julgado improcedente. (STF. Tribunal Pleno. ADI 3.486, Rel. Min. Dias Toffoli. Julg. em 12.09.2023, DJe-s/n, publicado em 14.11.2023).

Recurso Especial Repetitivo:

TESE REPETITIVA: "Ao autor que deseje litigar no âmbito de Juizado Especial Federal Cível, é lícito renunciar, de modo expresso e para fins de atribuição de valor à causa, ao montante que exceda os 60 (sessenta) salários mínimos previstos no art. 3º, *caput*, da Lei 10.259/2001, aí incluídas, sendo o caso, as prestações vincendas". (REsp 1807665/SC, Rel. Ministro SÉRGIO KUKINA, PRIMEIRA SEÇÃO, julgado em 28/10/2020, DJe 26/11/2020).

Art. 43. Determina-se a competência no momento do registro ou da distribuição da petição inicial, sendo irrelevantes as modificações do estado de fato ou de direito ocorridas posteriormente, salvo quando suprimirem órgão judiciário ou alterarem a competência absoluta.

Notas:

Do regramento supra, nota-se que a competência se faz determinada no momento do registro ou da distribuição da petição inicial, o que depreende serem irrelevantes as modificações do estado de fato ou de direito que por ventura venham a ocorrer a *posteriori*, exceto quando da supressão de órgão judiciário ou ocorrerem alterações em sede de competência absoluta.

Nestes termos, o Código de Processo Civil pátrio adota o princípio da *perpetuatio iurisdictionis*, significando que uma vez determinada a competência do juízo, deverá a mesma manter-se inalterada durante toda a marcha procedimental.

Assim, modificações denominadas pelo legislador de "irrelevantes", tais como, aquelas relativas ao "*do estado de fato*" – *v.g.* mudanças de residências ou domicílios das partes – "*ou de direito*" – *v.g.* alteração na lei que venha a modificar o critério para determinação da competência relacionada com a espécie de demanda correspondente àquela em andamento – operadas de forma superveniente à propositura da demanda, não causarão qualquer modificação aos rumos da competência já definida na mesma.

Vale ressaltar que dita modificação relativa "*a direito*", esta tida como irrelevante pelo legislador, merece oportuna consideração no contexto em que ocorre, sobretudo, quanto à distinção entre as chamadas competências absoluta e relativa.

Nisso, caso a competência firmada quando do registro ou da distribuição da petição inicial for territorial ou em razão do valor da causa (em regra, relativas), em nada afetará a competência de processo em curso, caso haja alteração legislativa.

Do contrário, isto é, sendo suprimido órgão judiciário perante o qual tramitava o processo, e ainda, se a alteração legislativa se refere à competência em razão da matéria ou hierarquia (absolutas), o feito será imediatamente alcançado[141] e, neste caso, os autos deverão ser encaminhados ao órgão que se tornou competente para aquela demanda.[142] Neste último caso, como exemplo temos a própria questão da união estável, onde os processos que em trâmite estavam nas varas cíveis foram remetidos as vara de família, tudo em decorrência de lei superveniente que alterou competência sobre a matéria supra. O presente raciocínio, igualmente, deve ser aplicado aos casos de competência funcional.[143]

Quando a hipótese se relacionar com desmembramento ou subdivisão de comarca, os processos também serão divididos entre os dois órgãos judiciários decorrentes de tal subdivisão. Nesta hipótese, o juiz da comarca desmembrada será o competente para a continuação dos processos iniciados na outra, observando-se, notadamente, as regras gerais de competência tais como o local do domicílio do réu, a situação da coisa[144] e mesmo questões que se sujeitam às competências em razão da matéria e funcional, por exemplo.[145]

Importante observação em sede *perpetuatio iurisdictionis* se faz necessária quanto aos meios de prorrogação da competência (legal e convencional), estes que serão vistos mais adiante, ainda neste capítulo. Na verdade, o instituto da *perpetuatio iurisdictionis* parte-se da ideia de que o foro proposto foi o correto quando da propositura de respectiva ação, pois que, por exemplo, em se tratando de competência relativa, caso haja a interposição da demanda em foro equivocado, poderá a parte ré alegar a incompetência relativa do juízo em sede de preliminar da sua contestação (art. 64), objetivando a exata correção

---

141 Confira NERY JUNIOR, Nelson; ANDRADE NERY, Rosa Maria. *Código de processo civil comentado e legislação extravagante*. 12. ed. São Paulo: RT, 2012, p. 391.

"O princípio da *perpetuatio iurisdictionis* só admite a modificação posterior da competência, nas hipóteses de competência absoluta (material ou funcional)" (RT 539/107).

142 "A alteração de competência *ratione materiae* tem aplicação imediata, se não ressalvada na lei que trouxe a modificação, e se aplica independentemente da fase em que se encontre o processo (STJ. 2ª Seção, CC 948, Min. Sávio de Figueiredo. Julg. 14.3.1990, *DJU* 9.4.1990).

143 No mesmo sentido, THEODORO JÚNIOR, Humberto. *Curso de Direito Processual Civil*. Vol. I. 47 ed. Rio de Janeiro, Forense, 2007, p. 191.

144 "O juiz da comarca desmembrada onde se situa o imóvel é o competente para processar e julgar causa pendente que verse sobre 'direito de propriedade, vizinhança, servidão, posse, divisão, demarcação de terras, e nunciação de obra nova', pois nestas matérias a competência do *forum rei sitae* é absoluta e inderrogável, tornando inaplicável o princípio da *perpetuatio jurisdictionis*." (RF 319/191).

145 *Ibidem*.

da competência. Daí que o momento do registro ou da distribuição da petição inicial como delimitadores da correta competência do órgão julgador e por isso, perpetuando-a (inteligência do art. 43 do CPC), parte-se de uma ideia "fisiológica" e não "patológica" do próprio legislador quanto ao comportamento de quem move a respectiva *actio*, o que, por isso, deve ser assim considerada.

Súmulas:

STJ nº 58: Proposta a execução fiscal, a posterior mudança de domicílio do executado não desloca a competência já fixada.

STJ nº 367: A competência estabelecida pela EC nº 45/2004 não alcança os processos já sentenciados.

Art. 44. Obedecidos os limites estabelecidos pela Constituição Federal, a competência é determinada pelas normas previstas neste Código ou em legislação especial, pelas normas de organização judiciária e, ainda, no que couber, pelas constituições dos Estados.

Notas:

É de se ressaltar que a sistemática de competência no direito processual civil pátrio se encontra depositada em várias fontes legislativas, desde a Carta Constitucional, passando pelo CPC, leis federais extravagantes (v.g. Lei nº 9.099/95), Constituições Estaduais, Leis de Organização Judiciária dos Estados, além dos Regimentos Internos do Tribunais.

Tese firmada no IAC/STJ

"Compete à Justiça comum julgar as demandas relativas a plano de saúde de autogestão empresarial, exceto quando o benefício for regulado em contrato de trabalho, convenção ou acordo coletivo, hipótese em que a competência será da Justiça do Trabalho, ainda que figure como parte trabalhador aposentado ou dependente do trabalhador". (STJ, EDcl no REsp 1.799.343/SP, Rel. Ministra Nancy Andrighi, Segunda Seção, julgado em 24/6/2020, DJe 1º/7/2020).

Súmulas:

STJ nº 4: Compete à Justiça Estadual julgar causa decorrente do processo eleitoral sindical.

STJ nº 15: Compete à Justiça Estadual processar e julgar os litígios decorrentes de acidente do trabalho.

STJ nº 34: Compete à Justiça Estadual processar e julgar causa relativa a mensalidade escolar, cobrada por estabelecimento particular de ensino.

STJ nº 46: Na execução por carta, os embargos serão decididos no juízo deprecante, salvo se versarem unicamente vícios ou defeitos da penhora, avaliação ou alienação de bens.

STJ nº 82: Compete à Justiça Federal, excluídas as reclamações trabalhistas, processar e julgar os feitos relativos a movimentação do FGTS.

STJ nº 137: Compete à Justiça Comum Estadual processar e julgar ação de servidor público municipal, pleiteando direitos relativos ao vínculo estatutário.

STJ nº 170: Compete ao juízo onde primeiro for intentada a ação de acumulação de pedidos, trabalhista e estatutário, decidi-la nos limites da sua jurisdição sem prejuízo do ajuizamento de nova causa, com o pedido remanescente, no juízo próprio.

Enunciado do Fórum Permanente de Processualistas Civis:

Nº 236 do FPPC: O art. 44 não estabelece uma ordem de prevalência, mas apenas elenca as fontes normativas sobre a competência, devendo ser observado o art. 125, § 1º da Constituição Federal.

Art. 45. Tramitando o processo perante outro juízo, os autos serão remetidos ao juízo federal competente se nele intervier a União, suas empresas públicas, entidades autárquicas e fundações, ou conselho de fiscalização de atividade profissional, na qualidade de parte ou de terceiro interveniente, exceto as ações:

I – de recuperação judicial, falência, insolvência civil e acidente de trabalho;

II – sujeitas à justiça eleitoral e à justiça do trabalho.

§ 1º Os autos não serão remetidos se houver pedido cuja apreciação seja de competência do juízo perante o qual foi proposta a ação.

§ 2º Na hipótese do § 1º, o juiz, ao não admitir a cumulação de pedidos em razão da incompetência para apreciar qualquer deles, não examinará o mérito daquele em que exista interesse da União, de suas entidades autárquicas ou de suas empresas públicas.

§ 3º O juízo federal restituirá os autos ao juízo estadual sem suscitar conflito se o ente federal cuja presença ensejou a remessa for excluído do processo.

Notas:

A competência, em razão das pessoas, baseia-se, especificamente, na qualidade da(s) pessoa(s) partícipe(s) da demanda (ex.: art. 109, I, da CF):

As causas em que a União, entidade autárquica ou empresa pública federal forem interessadas na condição de autoras, rés, assistentes ou oponentes, exceto as de falência, as de acidente do trabalho e os sujeitos à Justiça Eleitoral e à Justiça do Trabalho, competirá aos juízes federais processar e julgar.

O Código de Processo Civil, no tocante à competência em razão das pessoas, procurou questões atinentes à competência da justiça federal ao contrário do silente CPC/1973.

Nestes termos, preconiza o art. 45 que tramitando o processo perante outro juízo, os autos serão remetidos ao juízo federal competente se nele intervier a União, suas empresas públicas, entidades autárquicas e fundações, ou conselho de fiscalização de atividade profissional, na qualidade de parte ou de terceiro interveniente, exceto as ações:

> I – de recuperação judicial, falência, insolvência civil e acidente de trabalho;
>
> II – sujeitas à justiça eleitoral e à justiça do trabalho. Insta dizer que não serão os autos remetidos caso houver pedido cuja apreciação seja de competência do juízo perante o qual foi proposta a ação. Ainda neste caso, o juiz, ao não admitir a cumulação de pedidos em razão de sua incompetência para apreciar qualquer deles, não examinará o mérito daquele em que presente esteja interesse da União, de suas entidades autárquicas ou de suas empresas públicas (§§ 1º e 2º do art. 45).

Por outro lado, uma vez remetido os autos do processo para a justiça federal, o juízo federal os restituirá ao juízo estadual sem suscitar conflito caso o ente federal cuja presença ensejou a aludida remessa for excluído do processo, *ex vi* § 3º do art. 45.

Remissão:

– Art. 109, I, CRFB/88:

"Art. 109. Aos juízes federais compete processar e julgar:

I - as causas em que a União, entidade autárquica ou empresa pública federal forem interessadas na condição de autoras, rés, assistentes ou oponentes, exceto as de falência, as de acidentes de trabalho e as sujeitas à Justiça Eleitoral e à Justiça do Trabalho;".

Recursos Extraordinários:

– RECURSO EXTRAORDINÁRIO. REPRESENTATIVO DA CONTROVÉRSIA. CONSTITUCIONAL. COMPETÊNCIA. INSTITUIÇÃO DE ENSINO SUPERIOR. SISTEMA FEDERAL DE ENSINO. CONTROVÉRSIA RELATIVA À EXPEDIÇÃO DE DIPLOMA DE CONCLUSÃO DE CURSO SUPERIOR. INTERESSE DA UNIÃO. COMPETÊNCIA DA JUSTIÇA FEDERAL. ARTIGO 109, I, DA CONSTITUIÇÃO FEDERAL. PRECEDENTES. ACÓRDÃO RECORRIDO DIVERGE DA JURISPRUDÊNCIA DO SUPREMO TRIBUNAL

FEDERAL. MULTIPLICIDADE DE RECURSOS EXTRAORDINÁRIOS. CONTROVÉRSIA CONSTITUCIONAL DOTADA DE REPERCUSSÃO GERAL. REAFIRMAÇÃO DA JURISPRUDÊNCIA DO SUPREMO TRIBUNAL FEDERAL. RECURSO EXTRAORDINÁRIO PROVIDO.

(STF, RE 1304964 RG, Relator(a): MINISTRO PRESIDENTE, Tribunal Pleno, julgado em 24/06/2021, PROCESSO ELETRÔNICO REPERCUSSÃO GERAL - MÉRITO DJe-166 DIVULG 19-08-2021 PUBLIC 20-08-2021).

– Recurso extraordinário. Repercussão geral. 2. Sistema Financeiro da Habitação (SFH). Contratos celebrados em que o instrumento estiver vinculado ao Fundo de Compensação de Variação Salarial (FCVS) – Apólices públicas, ramo 66. 3. Interesse jurídico da Caixa Econômica Federal (CEF) na condição de administradora do FCVS. 4. Competência para processar e julgar demandas desse jaez após a MP 513/2010: em caso de solicitação de participação da CEF (ou da União), por quaisquer das partes ou intervenientes, após oitiva daquela indicando seu interesse, o feito deve ser remetido para análise do foro competente: Justiça Federal (art. 45 c/c art. 64 do CPC), observado o § 4º do art. 1º-A da Lei 12.409/2011. Jurisprudência pacífica. 5. Questão intertemporal relativa aos processos em curso na entrada em vigor da MP 513/2010. Marco jurígeno. Sentença de mérito. Precedente. 6. Deslocamento para a Justiça Federal das demandas que não possuíam sentença de mérito prolatada na entrada em vigor da MP 513/2010 e desde que houvesse pedido espontâneo ou provocado de intervenção da CEF, nesta última situação após manifestação de seu interesse. 7. Manutenção da competência da Justiça Estadual para as demandas que possuam sentença de mérito proferida até a entrada em vigor da MP 513/2010. 8. Intervenção da União e/ou da CEF (na defesa do FCVS) solicitada nessa última hipótese. Possibilidade, em qualquer tempo e grau de jurisdição, acolhendo o feito no estágio em que se encontra, na forma do parágrafo único do art. 5º da Lei 9.469/1997. (STF, RE 827.996, Relator(a): GILMAR MENDES, Tribunal Pleno, julgado em 29/06/2020, PROCESSO ELETRÔNICO REPERCUSSÃO GERAL - MÉRITO DJe-208 DIVULG 20-08-2020 PUBLIC 21-08-2020).

Recursos Especiais Repetitivos

– Tese jurídica firmada: A competência para processar e julgar demandas cíveis com pedidos ilíquidos contra massa falida, quando em litisconsórcio passivo com pessoa jurídica de direito público, é do juízo cível no qual for proposta a ação de conhecimento, competente para julgar ações contra a Fazenda Pública, de acordo as respectivas normas de organização judiciária.

(STJ, Tema Repetitivo 976 - REsp 1643856/SP e REsp 1643873/SP Rel. Ministro OG FERNANDES, PRIMEIRA SEÇÃO, julgado em 13/12/2017, DJe 19/12/2017).

– A tese a ser firmada, para efeito do art. 1.036 do CPC/2015 (art. 543-C do CPC/1973), é a seguinte: As questões acerca do *trade dress* (conjunto-imagem) dos produtos, concorrência desleal e outras demandas afins, por não envolver registro no INPI e cuidando de ação judicial entre particulares, é inequivocamente de competência da justiça estadual, já que não afeta interesse institucional da autarquia federal. No entanto, compete à Justiça Federal, em ação de nulidade de registro de marca, com a participação do INPI, impor ao titular a abstenção do uso, inclusive no tocante à tutela provisória.

(Tema Repetitivo 950 - REsp 1527232/SP, Rel. Ministro LUIS FELIPE SALOMÃO, SEGUNDA SEÇÃO, julgado em 13/12/2017, DJe 05/02/2018).

Súmulas:

STJ nº 218: É competente o juízo da Fazenda Nacional da Capital do Estado, e não o da situação da coisa, para a desapropriação promovida por empresa de energia elétrica, se a União Federal intervém como assistente.

STJ nº 150: Compete a Justiça Federal decidir sobre a existência de interesse jurídico que justifique a presença, no processo, da União, suas Autarquias ou Empresas Públicas.

STJ nº 170: Compete ao juízo onde primeiro for intentada a ação envolvendo acumulação de pedidos, trabalhista e estatutário, decidi-la nos limites da sua jurisdição, sem prejuízo do ajuizamento de nova causa, com o pedido remanescente, no juízo próprio.

STJ nº 224: Excluído do feito o ente federal, cuja presença levara o Juiz Estadual a declinar da competência, deve o Juiz Federal restituir os autos e não suscitar conflito.

STJ nº 254: A decisão do Juízo Federal que exclui da relação processual ente federal não pode ser reexaminada no Juízo Estadual.

Art. 46. A ação fundada em direito pessoal ou em direito real sobre bens móveis será proposta, em regra, no foro de domicílio do réu.

§ 1º Tendo mais de um domicílio, o réu será demandado no foro de qualquer deles.

§ 2º Sendo incerto ou desconhecido o domicílio do réu, ele poderá ser demandado onde for encontrado ou no foro de domicílio do autor.

§ 3º Quando o réu não tiver domicílio ou residência no Brasil, a ação será proposta no foro de domicílio do autor, e, se este também residir fora do Brasil, a ação será proposta em qualquer foro.

§ 4º Havendo 2 (dois) ou mais réus com diferentes domicílios, serão demandados no foro de qualquer deles, à escolha do autor.

§ 5º A execução fiscal será proposta no foro de domicílio do réu, no de sua residência ou no do lugar onde for encontrado.

Notas:

Trata-se de regra principal estabelecida pelo CPC, por isso, denominada de foro geral ou comum.

As ações fundadas em direito pessoal e em direito real sobre bens móveis serão propostas, em regra, no foro de domicílio do réu. Este é o foro geral. No entanto, tal como o CPC/1973, o novel CPC/2015 estabelece algumas variações nos seguintes termos:

a) Tendo mais de um domicílio, o réu será demandado no foro de qualquer deles.
b) Sendo incerto ou desconhecido o domicílio do réu, ele poderá ser demandado onde for encontrado ou no foro de domicílio do autor.
c) Quando o réu não tiver domicílio ou residência no Brasil, a ação será proposta no foro de domicílio do autor, e, se este também residir fora do Brasil, a ação será proposta em qualquer foro.
d) Havendo 2 (dois) ou mais réus com diferentes domicílios, serão demandados no foro de qualquer deles, à escolha do autor.

Em se tratando de Execução Fiscal (Lei nº 6.830/1980), esta promovida pelo fisco federal, estadual ou municipal, a ação proposta no foro de domicílio do réu, no de sua residência ou no do lugar onde for encontrado.

Súmula:

STJ nº 58: Proposta a execução fiscal, a posterior mudança de domicílio do executado não desloca a competência já fixada. (Súmula 58, PRIMEIRA SEÇÃO, julgado em 29/09/1992, DJ 06/10/1992).

Art. 47. Para as ações fundadas em direito real sobre imóveis é competente o foro de situação da coisa.

§ 1º O autor pode optar pelo foro de domicílio do réu ou pelo foro de eleição se o litígio não recair sobre direito de propriedade, vizinhança, servidão, divisão e demarcação de terras e de nunciação de obra nova.

§ 2º A ação possessória imobiliária será proposta no foro de situação da coisa, cujo juízo tem competência absoluta.

Notas:

Nas ações fundadas em direito real sobre imóveis é competente o foro de situação da coisa. No entanto, poderá o autor pode optar pelo foro de domicílio do réu ou pelo foro de eleição se o litígio não recair sobre direito de propriedade, vizinhança, servidão, divisão e demarcação de terras e de nunciação de obra nova (§ 1º do art. 47). Neste sentido, temos como exemplo como possibilidades de opção do autor as ações relativas a execução hipotecária, aos direitos reais sobre coisas alheias (usufruto, comodato, hipoteca); rescisão ou anulação de compromisso de compra e venda irretratável etc.

Ainda neste âmbito, optou o CPC/2015 por regrar a competência para as ações possessórias imobiliárias de maneira inequívoca em relação àquelas ditas fundadas em direito real sobre imóveis.

Nisso, prescreve então o § 2º do art. 47:

> *"§ 2º A ação possessória imobiliária será proposta no foro de situação da coisa, cujo juízo tem competência absoluta."*

Súmula:

STJ nº 218: É competente o juízo da Fazenda Nacional da Capital do Estado, e não o da situação da coisa, para a desapropriação promovida por empresa de energia elétrica, se a União Federal intervém como assistente.

Art. 48. O foro de domicílio do autor da herança, no Brasil, é o competente para o inventário, a partilha, a arrecadação, o cumprimento de disposições de última vontade, a impugnação ou anulação de partilha extrajudicial e para todas as ações em que o espólio for réu, ainda que o óbito tenha ocorrido no estrangeiro.

Parágrafo único. Se o autor da herança não possuía domicílio certo, é competente:

I – o foro de situação dos bens imóveis;

II – havendo bens imóveis em foros diferentes, qualquer destes;

III – não havendo bens imóveis, o foro do local de qualquer dos bens do espólio.

Notas:

- Art. 48: Inventário, a partilha, a arrecadação, o cumprimento de disposições de última vontade, a impugnação ou anulação de partilha extrajudicial e para todas as ações em que o espólio for réu, ainda que o óbito tenha ocorrido no estrangeiro → foro do domicílio do autor da herança no Brasil.

Não possuindo domicílio certo o autor da herança, será competente:

I – o foro de situação dos bens imóveis;

II – havendo bens imóveis em foros diferentes, qualquer destes;

III – não havendo bens imóveis, o foro do local de qualquer dos bens do espólio (parágrafo único do art. 47).

Remissão:

– Art. 8º da LINDB:

"Art. 8º Para qualificar os bens e regular as relações a eles concernentes, aplicar-se-á a lei do país em que estiverem situados.

§ 1º Aplicar-se-á a lei do país em que for domiciliado o proprietário, quanto aos bens moveis que ele trouxer ou se destinarem a transporte para outros lugares.

§ 2º O penhor regula-se pela lei do domicílio que tiver a pessoa, em cuja posse se encontre a coisa apenhada".

Art. 49. A ação em que o ausente for réu será proposta no foro de seu último domicílio, também competente para a arrecadação, o inventário, a partilha e o cumprimento de disposições testamentárias.

Notas:

Ações em face do ausente, bem como o inventário, partilha e arrecadação de seus bens e cumprimento de disposições testamentárias → foro do último domicílio.

Remissão

– Art. 10 da LINDB:

"Art. 10. A sucessão por morte ou por ausência obedece à lei do país em que domiciliado o defunto ou o desaparecido, qualquer que seja a natureza e a situação dos bens.

§ 1º A sucessão de bens de estrangeiros, situados no País, será regulada pela lei brasileira em benefício do cônjuge ou dos filhos brasileiros, ou de quem os represente, sempre que não lhes seja mais favorável a lei pessoal do *de cujus*.

§ 2º A lei do domicílio do herdeiro ou legatário regula a capacidade para suceder".

Art. 50. A ação em que o incapaz for réu será proposta no foro de domicílio de seu representante ou assistente.

Notas:

Ações em que o incapaz for réu → foro do domicílio de seu representante ou assistente.

Remissão:

– Art. 7º, § 7º, da LINDB:

"Art. 7º A lei do país em que domiciliada a pessoa determina as regras sobre o começo e o fim da personalidade, o nome, a capacidade e os direitos de família.

(...)

§ 7º Salvo o caso de abandono, o domicílio do chefe da família estende-se ao outro cônjuge e aos filhos não emancipados, e o do tutor ou curador aos incapazes sob sua guarda".

Art. 51. É competente o foro de domicílio do réu para as causas em que seja autora a União.

Parágrafo único. Se a União for a demandada, a ação poderá ser proposta no foro de domicílio do autor, no de ocorrência do ato ou fato que originou a demanda, no de situação da coisa ou no Distrito Federal.

Notas:

As causas em que seja autora a União → É competente o foro de domicílio do réu. Já, as causas em que a União for a demandada, a ação poderá ser proposta no foro de domicílio do autor, no de ocorrência do ato ou fato que originou a demanda, no de situação da coisa ou no Distrito Federal (parágrafo único do art. 51).

– *Competência residual dos Tribunais Estaduais*

Conforme bem expressa com a Carta Constitucional de 1988, mais precisamente em seu art. 109, § 3º:

"Lei poderá autorizar que as causas de competência da Justiça Federal em que forem parte instituição de previdência social e segurado possam ser processadas e julgadas na justiça estadual quando a comarca do domicílio do segurado não for sede de vara federal. (Emenda Constitucional nº 103, de 2019)".

Nisso, com a nova redação do art. 15, III, da Lei nº 5.010/66 – que dispõe sobre honorários periciais em ações em que o Instituto Nacional do Seguro Social (INSS) figure como parte – com a redação dada pela Lei nº 13.876/2019, cuja entrada em vigor, ao menos para o dispositivo retro citado (art. 15 da lei 5.010/66), ocorreu em 1º de janeiro de 2020, tivemos regramento quanto à competência residual para a atuação da Justiça Estadual em demandas às quais envolverem o INSS e eventual segurado, nos seguintes termos:

"Quando a Comarca não for sede de Vara Federal, poderão ser processadas e julgadas na Justiça Estadual as causas em que forem parte instituição de previdência social e segurado e que se referirem a benefícios de natureza pecuniária, quando a Comarca de domicílio do segurado estiver localizada a mais de 70 km (setenta quilômetros) de município sede de vara Federal".

Assim, para uma determinação mais exata de como se daria a medida de 70 km, ou seja, a partir de que ponto se poderia considerar a aferição para aludida distância, teve por bem o Conselho da Justiça Federal editar a Resolução nº 603, de 12 de novembro de 2019, esta que dispôs então sobre o exercício da competência da Justiça Federal delegada nos termos das alterações promovidas pelo art. 3º da Lei 13.876, de 20 de setembro de 2019.

Dito isso, o regramento para estabelecer a distância multicitada passa a ser considerada da seguinte forma:

"Art. 2º. O exercício da competência delegada é restrito às comarcas estaduais localizadas a mais de 70 quilômetros do Município sede da vara federal cuja circunscrição abranja o Município sede da comarca.

§ 1º. Para definição das comarcas dotadas de competência delegada federal na forma do caput deste artigo, deverá ser considerada a distância entre o centro urbano do Município sede da comarca estadual e o centro urbano do Município sede da vara federal mais próxima, em nada interferindo o domicílio do autor.

§ 2º. A apuração da distância, conforme previsto pelo parágrafo anterior, deverá considerar a tabela de distâncias indicada pelo Instituto Brasileiro de Geografia e Estatística – IBGE ou em outra ferramenta de medição de distâncias disponível".

No tocante ao declínio de ações propostas em comarcas que não possuam competência delegada a partir de 1º de janeiro de 2020, a remessa para a vara federal competente deverá ser promovida eletronicamente, de acordo com por cada Tribunal Regional Federal competente, *ex vi* do art. 5º da presente Resolução.

Remissões:

– Art. 109 da CRFB/88:

"Art. 109. Aos juízes federais compete processar e julgar:

I – as causas em que a União, entidade autárquica ou empresa pública federal forem interessadas na condição de autoras, rés, assistentes ou oponentes, exceto as de falência, as de acidentes de trabalho e as sujeitas à Justiça Eleitoral e à Justiça do Trabalho;

II – as causas entre Estado estrangeiro ou organismo internacional e Município ou pessoa domiciliada ou residente no País;

III – as causas fundadas em tratado ou contrato da União com Estado estrangeiro ou organismo internacional;

IV – os crimes políticos e as infrações penais praticadas em detrimento de bens, serviços ou interesse da União ou de suas entidades autárquicas ou empresas públicas, excluídas as contravenções e ressalvada a competência da Justiça Militar e da Justiça Eleitoral;

V – os crimes previstos em tratado ou convenção internacional, quando, iniciada a execução no País, o resultado tenha ou devesse ter ocorrido no estrangeiro, ou reciprocamente;

V-A – as causas relativas a direitos humanos a que se refere o § 5º deste artigo;

VI – os crimes contra a organização do trabalho e, nos casos determinados por lei, contra o sistema financeiro e a ordem econômico-financeira;

VII – os *habeas corpus*, em matéria criminal de sua competência ou quando o constrangimento provier de autoridade cujos atos não estejam diretamente sujeitos a outra jurisdição;

VIII – os mandados de segurança e os *habeas data* contra ato de autoridade federal, excetuados os casos de competência dos tribunais federais;

IX – os crimes cometidos a bordo de navios ou aeronaves, ressalvada a competência da Justiça Militar;

X – os crimes de ingresso ou permanência irregular de estrangeiro, a execução de carta rogatória, após o "*exequatur*", e de sentença estrangeira, após a homologação, as causas referentes à nacionalidade, inclusive a respectiva opção, e à naturalização;

XI – a disputa sobre direitos indígenas.

§ 1º As causas em que a União for autora serão aforadas na seção judiciária onde tiver domicílio a outra parte.

§ 2º As causas intentadas contra a União poderão ser aforadas na seção judiciária em que for domiciliado o autor, naquela onde houver ocorrido o ato ou fato que deu origem à demanda ou onde esteja situada a coisa, ou, ainda, no Distrito Federal.

§ 3º Lei poderá autorizar que as causas de competência da Justiça Federal em que forem parte instituição de previdência social e segurado possam ser processadas e julgadas na justiça estadual quando a comarca do domicílio do segurado não for sede de vara federal.

§ 4º Na hipótese do parágrafo anterior, o recurso cabível será sempre para o Tribunal Regional Federal na área de jurisdição do juiz de primeiro grau.

§ 5º Nas hipóteses de grave violação de direitos humanos, o Procurador-Geral da República, com a finalidade de assegurar o cumprimento de obrigações decorrentes de tratados internacionais de direitos humanos dos quais o Brasil seja parte, poderá suscitar, perante o Superior Tribunal de Justiça, em qualquer fase do inquérito ou processo, incidente de deslocamento de competência para a Justiça Federal".

– Lei nº 5.010/1966 (organiza a Justiça Federal de primeira instância, e dá outras providências):

"Art. 15. Quando a Comarca não for sede de Vara Federal, poderão ser processadas e julgadas na Justiça Estadual: (Redação dada pela Lei nº 13.876, de 2019);

II – as vistorias e justificações destinadas a fazer prova perante a administração federal, centralizada ou autárquica, quando o requerente fôr domiciliado na Comarca;

III – as causas em que forem parte instituição de previdência social e segurado e que se referirem a benefícios de natureza pecuniária, quando a Comarca de domicílio do segurado estiver localizada a mais de 70 km (setenta quilômetros) de Município sede de Vara Federal; (Redação dada pela Lei nº 13.876, de 2019).

IV – as ações de qualquer natureza, inclusive os processos acessórios e incidentes a elas relativos, propostas por sociedades de economia mista com participação majoritária federal contra pessoas domiciliadas na Comarca, ou que versem sobre bens nela situados".

Art. 52. É competente o foro de domicílio do réu para as causas em que seja autor Estado ou o Distrito Federal.

Parágrafo único. Se Estado ou o Distrito Federal for o demandado, a ação poderá ser proposta no foro de domicílio do autor, no de ocorrência do ato ou fato que originou a demanda, no de situação da coisa ou na capital do respectivo ente federado.

Notas:

Sendo demandado o Estado ou o Distrito Federal, a ação poderá ser proposta no foro de domicílio do autor, no de ocorrência do ato ou fato que originou a demanda, no de situação da coisa ou na capital do respectivo ente federado (parágrafo único do art. 52).

Súmula:

STJ nº 206: A existência de vara privativa, instituída por lei estadual, não altera a competência territorial resultante das leis de processo.

Art. 53. É competente o foro:

I – para a ação de divórcio, separação, anulação de casamento e reconhecimento ou dissolução de união estável:

a) de domicílio do guardião de filho incapaz;

b) do último domicílio do casal, caso não haja filho incapaz;

c) de domicílio do réu, se nenhuma das partes residir no antigo domicílio do casal;

d) de domicílio da vítima de violência doméstica e familiar, nos termos da Lei nº 11.340, de 7 de agosto de 2006 (Lei Maria da Penha);

II – de domicílio ou residência do alimentando, para a ação em que se pedem alimentos;

III – do lugar:

a) onde está a sede, para a ação em que for ré pessoa jurídica;

b) onde se acha agência ou sucursal, quanto às obrigações que a pessoa jurídica contraiu;

c) onde exerce suas atividades, para a ação em que for ré sociedade ou associação sem personalidade jurídica;

d) onde a obrigação deve ser satisfeita, para a ação em que se lhe exigir o cumprimento;

e) de residência do idoso, para a causa que verse sobre direito previsto no respectivo estatuto;

f) da sede da serventia notarial ou de registro, para a ação de reparação de dano por ato praticado em razão do ofício;

IV – do lugar do ato ou fato para a ação:

a) de reparação de dano;

b) em que for réu administrador ou gestor de negócios alheios;

V – de domicílio do autor ou do local do fato, para a ação de reparação de dano sofrido em razão de delito ou acidente de veículos, inclusive aeronaves.

Notas:

Com pontuais modificações, o art. 53 CPC/2015 se difere de seu antecessor – art. 100 do CPC/1973 – já no que toca em seu inciso I, onde se tem que, para ações acerca de divórcio, separação, anulação de casamento e reconhecimento ou dissolução de união estável, a regra geral para a propositura será no foro de domicílio do guardião de filho incapaz. Não havendo filho incapaz, competente será o foro do último domicílio do casal. Por fim, caso nenhuma das partes residirem no antigo domicílio do casal, a ação deverá ser promovida no domicílio do réu.

Com relação à alínea "d" do inciso I, esta fora acrescida ao CPC pela Lei nº 13.894, de 29 de outubro de 2019. Trata-se do foro competente para a propositura de ação de divórcio, separação, anulação de casamento e reconhecimento ou dissolução de união estável quando decorrente de violência doméstica e familiar. Entendemos, neste caso, a presença da vulnerabilidade desta vítima que opta pela cisão da relação com o seu agressor, tendo o seu domicílio como competente para a propositura das ações em tela, ou mesmo poderá ela optar pelos foros sucessivos expressamente destacados nas situações hipotéticas descritas nas alíneas a, b e c , logicamente respeitando, a começar, pela alínea a, inclusive onde já se faz presente também a vulnerabilidade, esta configurada pela própria existência de filho incapaz.

O inciso II estabelece a competência do domicílio ou residência do alimentando para ação em que se pedem alimentos.

No que se refere ao inciso III, a competência para a propositura da demanda será do lugar onde está a sede, para a ação em que for ré pessoa jurídica; do local onde se acha agência ou sucursal, quanto às obrigações que a pessoa jurídica contraiu; do lugar onde exerce suas atividades, para a ação em que for ré sociedade ou associação sem personalidade jurídica; de onde a obrigação deve ser satisfeita, para a ação em que se lhe exigir o cumprimento; da de residência do idoso, para a causa que verse sobre direito previsto no respectivo estatuto; da sede da serventia notarial ou de registro, para a ação de reparação de dano por ato praticado em razão do ofício.

O art. 53 em seu inciso IV estabelece competências relativas às ações para a reparação de dano bem como de hipóteses em que o réu for administrador ou gestor de negócios alheios. Tais situações, competente será p foro do lugar do ato ou do fato.

Por fim, para a ação de reparação de dano sofrido em razão de delito ou acidente de veículos, inclusive aeronaves, competente será o foro do domicílio do autor ou do local do fato, conforme regra o inciso V do dispositivo em comento.

Remissão:

– Art. 3º, § 2º, da Lei nº 9.099/95 (Juizados Especiais Estaduais):

"Art. 3º O Juizado Especial Cível tem competência para conciliação, processo e julgamento das causas cíveis de menor complexidade, assim consideradas:

(...)

§ 2º Ficam excluídas da competência do Juizado Especial as causas de natureza alimentar, falimentar, fiscal e de interesse da Fazenda Pública, e também as relativas a acidentes de trabalho, a resíduos e ao estado e capacidade das pessoas, ainda que de cunho patrimonial".

Súmulas:

STF nº 363: A pessoa jurídica de direito privado pode ser demandada no domicílio da agência, ou estabelecimento, em que se praticou o ato.

STJ nº 1: O foro de domicílio ou da residência do alimentando é o competente para a ação de investigação de paternidade, quando cumulada com a de alimentos.

STJ nº 206: A existência de vara privativa, instituída por lei estadual, não altera a competência territorial resultante das leis de processo.

STJ nº 383: A competência para processar e julgar as ações conexas de interesse de menor é, em princípio, do foro do domicílio do detentor de sua guarda.

STJ nº 540: Na ação de cobrança do seguro DPVAT, constitui faculdade do autor escolher entre os foros do seu domicílio, do local do acidente ou ainda do domicílio do réu.

STF. Tema 1075 da Repercussão Geral:

Tese: I - É inconstitucional a redação do art. 16 da Lei 7.347/1985, alterada pela Lei 9.494/1997, sendo repristinada sua redação original; II - Em se tratando de ação civil pública de efeitos nacionais ou regionais, a competência deve observar o art. 93, II, da Lei 8.078/1990 (Código de Defesa do Consumidor); III - Ajuizadas múltiplas ações civis públicas de âmbito nacional ou regional e fixada a competência nos termos do item II, firma-se a prevenção do juízo que primeiro conheceu de uma delas, para o julgamento de todas as demandas conexas.

STF. Tema 1143 da Repercussão Geral:

Tese: A Justiça Comum é competente para julgar ação ajuizada por servidor celetista contra o Poder Público, em que se pleiteia parcela de natureza administrativa.

STJ, Tema Repetitivo 1029:

Tese: Não é possível propor nos Juizados Especiais da Fazenda Pública a execução de título executivo formado em Ação Coletiva que tramitou sob o rito ordinário, assim como impor o rito sumaríssimo da Lei 12.153/2009 ao juízo comum da execução." Publicação: 11/09/2020.

STJ, Tema Repetitivo 1053:

Tese: Os Juizados Especiais da Fazenda Pública não têm competência para o julgamento de ações decorrentes de acidente de trabalho em que o Instituto Nacional do Seguro Social figure como parte. Publicação: 01/07/2021.

STJ, Tema Repetitivo 1058:

Tese: A Justiça da Infância e da Juventude tem competência absoluta para processar e julgar causas envolvendo matrícula de menores em creches ou escolas, nos termos dos arts. 148, IV, e 209 da Lei 8.069/90. Publicação: 29/03/2021.

Enunciados da Escola Nacional de Formação e Aperfeiçoamento de Magistrados:

Nº 108 do CJF: A competência prevista nas alíneas do art. 53, I, do CPC não é de foros concorrentes, mas de foros subsidiários.

Nº 160 do CJF: A competência para julgamento de ações que envolvam violação aos direitos da personalidade, quando os atos ilícitos são praticados pela internet, é do foro do domicílio da vítima.

Nº 163 do CJF: O foro de domicílio da vítima de violência doméstica tem prioridade para a ação de divórcio, separação, anulação de casamento e reconhecimento ou dissolução de união estável.

Seção II
Da Modificação da Competência

Art. 54. A competência relativa poderá modificar-se pela conexão ou pela continência, observado o disposto nesta Seção.

Notas:

Será competência relativa aquela verificada, em geral, pelo critério territorial e valor da causa.

De acordo com a sistemática processual pátria, tais critérios integram a chamada esfera da disponibilidade de direito das partes e, portanto, sendo uma demanda proposta de forma contrária aos critérios acima citados (especialmente o territorial), ocorrerá a chamada "incompetência relativa" (arts. 64, *caput* e 65 do CPC).

Neste caso, deve a parte lesada arguir a incompetência nas preliminares da contestação (arts. 64 e 337, II do CPC) a fim de modificar a competência, deslocando a demanda do juiz relativamente incompetente para o juiz competente.

Sendo ausente tal arguição ou realizada de forma equivocada, ocorrerá a preclusão temporal ou consumativa, não podendo discutir mais sobre a determinada questão.

Com isso, ocorrerá o efeito processual conhecido como "prorrogação da competência", tornando o juiz que era relativamente incompetente em juiz competente (art. 65, *caput* do CPC).

Importante destacar como exceção à prorrogabilidade da competência territorial, os litígios sobre direitos de propriedade, vizinhança, servidão, divisão e demarcação de terras e de nunciação de obra nova bem como ações possessórias imobiliárias (art. 47, §§ 1º e 2º do CPC). Neste caso, não obstante tratar-se de competência territorial, estaremos diante de uma competência considerada absoluta, não podendo, portanto, ser modificada.

Art. 55. Reputam-se conexas 2 (duas) ou mais ações quando lhes for comum o pedido ou a causa de pedir.

§ 1º Os processos de ações conexas serão reunidos para decisão conjunta, salvo se um deles já houver sido sentenciado.

§ 2º Aplica-se o disposto no *caput*:

I – à execução de título extrajudicial e à ação de conhecimento relativa ao mesmo ato jurídico;

II – às execuções fundadas no mesmo título executivo.

§ 3º Serão reunidos para julgamento conjunto os processos que possam gerar risco de prolação de decisões conflitantes ou contraditórias caso decididos separadamente, mesmo sem conexão entre eles.

Notas:

Denomina-se Conexão o fenômeno processual que importará em uma reunião 2 (duas) ou mais ações quando lhes for comum o pedido ou a causa de pedir[146] (art. 55, *caput* do CPC).

Em nome da segurança jurídica, evitando-se por isso, decisões contraditórias, os processos decorrentes de ações conexas serão reunidos para decisão conjunta, exceto se qualquer deles já houver sido sentenciado.

Como já era de longínquo reconhecimento jurisprudencial[147], coube ao legislador regular (§ 3º do art. 55) a necessidade de se ter julgamento conjunto de processos que possam gerar risco de prolação de decisões conflitantes ou contraditórias caso decididos separadamente, ainda que *sem conexão entre eles*.

São exemplos de Conexão pelo "pedido": Ex. 1: Vários herdeiros em ações distintas pleiteiam a nulidade do testamento (objeto comum).

---

146 A causa de pedir comum expressa no art. 55 tem a intenção de se evitar decisões contraditórias, por isso, deve ser entendida em termos, não se exigindo a perfeita identidade, senão que haja um liame que os faça possível de decisão unificada (Ementário do STJ 4, 462, 180/181).

147 A jurisprudência não leva com rigor excessivo o conceito de conexão e continência. Basta que haja mera possibilidade de julgamento conflitante para determinar a reunião das ações (*vide* STJ. 3ª T. REsp 3.511/RJ. Rel. Min. Waldemar Zveiter. Julg. 10.12.1990, *DJU* 11.03.1991).

Ex. 2: A existência de duas ações em face de dois coobrigados diferentes (devedor e fiador) pela cobrança da mesma dívida (pedido comum).

São exemplo de Conexão pela "causa de pedir": Ex. 1: O locador ingressa com ação requerendo o despejo por falta de pagamento de aluguéis e, concomitantemente, o locatário ingressa com ação de consignação ou pagamento dos aluguéis.

Ex. 2: Uma pessoa pede nulidade geral do contrato e o seu não cumprimento e outra pessoa ingressa com ação de execução de obrigação de fazer, a fim de satisfazer o cumprimento da obrigação oriunda do mesmo contrato.

Ressalta-se que o contrato (fato jurídico) serve de base às diversas pretensões, sendo o fato jurídico um só.

Por outro lado, o CPC/2015 avançou quanto às possibilidades de reconhecimento do fenômeno da Conexão, mesmo quando decorrentes de ações que transitam sob Processos diferentes, mas tendo em comum o mesmo ato jurídico perquirido por ambas, e mesmo o reconhecimento da conexão em sede de Processo de Execução, senão vejamos ambas as hipóteses:

> *"Art. 54 (...)*
>
> *§ 2º Aplica-se o disposto no caput:*
>
> *I – à execução de título extrajudicial e à ação de conhecimento relativa ao mesmo ato jurídico;*
>
> *II – às execuções fundadas no mesmo título executivo."*

Importante se faz salientar abaixo, algumas observações pertinentes:

- Os processos devem estar no mesmo grau de jurisdição, tendo como termo final a sentença.
- As competências material e a funcional, por serem absolutas, não podem ser modificadas pela conexão ou continência (RTJ 110/901; RJTJSP 99/252; JTACivSP 94/175; STJ. 1ª T, AgRg no Ag. 1385227-MS. Rel. Min. Benedito Gonçalves, *DJe* 26.10.2012, dentre outros).
- Forma de alegação de conexão: deve ser alegada pelo réu em preliminar de contestação (art. 337, VIII). Caso o réu não alegue na contestação, poderá qualquer das partes fazê-lo posteriormente, podendo o Ministério Público arguir a conexão, bem como deve o juiz conhecer dessa matéria de ofício (art. 337, § 5º).
- Inexiste conexão ou relação de acessoriedade entre ação civil e penal (Código Civil, art. 935), no entanto, pode o juiz determinar a suspensão da ação civil se o conhecimento do mérito depender de

verificação da existência de fato delituoso, o juiz pode determinar a suspensão do processo até que se pronuncie a justiça criminal. Caso a ação penal não venha a ser proposta no prazo de 3 (três) meses, contado da intimação do ato de suspensão, cessará o efeito desse, incumbindo então ao magistrado cível examinar incidentemente a questão prévia (art. 315, *caput* e § 1º do CPC).

Por outro lado, uma vez sendo proposta a ação penal, ficará o processo suspenso pelo prazo máximo de 1 (um) ano, ao final, cessará o efeito da suspensão, incumbindo então ao juiz cível examinar, incidentemente, a questão prévia (art. 315, § 2º do CPC).

Súmulas:

STJ nº 235: A conexão não determina a reunião de processos, se um deles já foi julgado.

STJ nº 383: A competência para processar e julgar as ações conexas de interesse de menor é, em princípio, do foro do domicílio do detentor de sua guarda.

Enunciado do Fórum Permanente de Processualistas Civis:

Nº 237 do FPPC: O rol do art. 55, § 2º, I e II é exemplificativo.

Art. 56. Dá-se a continência entre 2 (duas) ou mais ações quando houver identidade quanto às partes e à causa de pedir, mas o pedido de uma, por ser mais amplo, abrange o das demais.

Notas:

Continência corresponde ao fenômeno processual que. Igualmente, importará na reunião de duas ou mais ações, quando as partes e a causa de pedir tiverem identidade, mas o pedido de uma das ações, por ser mais amplo, abrangerá o da(s) outra(s).

Temos como exemplos: (i) credor propõe em face de um mesmo devedor duas ações, uma cobrando um empréstimo pecuniário e outra cobrando apenas os juros do mesmo empréstimo; (ii) "A" propõe uma ação declaratória de reconhecimento de dívida em face de "B". Em ação distinta, "A" pleiteia condenação de "B" no pagamento da mesma dívida.

Importante se faz salientar abaixo, algumas observações pertinentes:

- Os processos devem estar no mesmo grau de jurisdição, tendo como termo final a sentença.

- As competências material e a funcional, por serem absolutas, não podem ser modificadas pela conexão ou continência (RTJ 110/901; RJTJSP 99/252; JTACivSP 94/175; STJ. 1ª T, AgRg no Ag. 1385227-MS. Rel. Min. Benedito Gonçalves, *DJe* 26.10.2012, dentre outros).
- Forma de alegação de conexão: deve ser alegada pelo réu em preliminar de contestação (art. 337, VIII). Caso o réu não alegue na contestação, poderá qualquer das partes fazê-lo posteriormente, podendo o Ministério Público arguir a conexão, bem como deve o juiz conhecer dessa matéria de ofício (art. 337, § 5º).
- Inexiste conexão ou relação de acessoriedade entre ação civil e penal (Código Civil, art. 935), no entanto, pode o juiz determinar a suspensão da ação civil se o conhecimento do mérito depender de verificação da existência de fato delituoso, o juiz pode determinar a suspensão do processo até que se pronuncie a justiça criminal. Caso a ação penal não venha a ser proposta no prazo de 3 (três) meses, contado da intimação do ato de suspensão, cessará o efeito desse, incumbindo então ao magistrado cível examinar incidentemente a questão prévia (art. 315, *caput* e § 1º do CPC).

Por outro lado, uma vez sendo proposta a ação penal, ficará o processo suspenso pelo prazo máximo de 1 (um) ano, ao final, cessará o efeito da suspensão, incumbindo então ao juiz cível examinar, incidentemente, a questão prévia (art. 315, § 2º do CPC).

Art. 57. Quando houver continência e a ação continente tiver sido proposta anteriormente, no processo relativo à ação contida será proferida sentença sem resolução de mérito, caso contrário, as ações serão necessariamente reunidas.

Notas:

Temos assim, duas situações:

a) Quando a ação continente (pedido mais amplo) tiver precedência, a ação contida (pedido menor) será extinta sem resolução de mérito (art. 57, 1ª parte), pois que estaremos aí diante de uma litispendência parcial entre as demandas, ensejando, portanto, sua extinção em sintonia com art. 485, V do CPC.

b) Caso a ação contida (pedido menor) venha ser proposta anteriormente à ação continente (pedido mais amplo). A reunião entre ambas será obrigatória (art. 57, *in fine*). Notadamente, ambas as ações devem se encontrar em situações propícias para efeitos de continência, de modo que caso a ação com pedido menor, por exemplo, já estiver sentenciada, impedida estará sua reunião com a ação de pedido mais amplo, obstaculizando, portanto, o ideal que seria a realização de decisões simultâneas, aliás, como reza o art. 58 do CPC.

Súmula:

STJ nº 489: Reconhecida a continência, devem ser reunidas na Justiça Federal as ações civis públicas propostas nesta e na Justiça estadual.

Enunciado do Fórum Permanente de Processualistas Civis:

Nº 630 do FPPC: A necessidade de julgamento simultâneo de causas conexas ou em que há continência não impede a prolação de decisões parciais.

Art. 58. A reunião das ações propostas em separado far-se-á no juízo prevento, onde serão decididas simultaneamente.

Notas:

Vide nota dispositivo anterior.

Enunciado do Fórum Permanente de Processualistas Civis:

Nº 630 do FPPC: A necessidade de julgamento simultâneo de causas conexas ou em que há continência não impede a prolação de decisões parciais.

Art. 59. O registro ou a distribuição da petição inicial torna prevento o juízo.

Notas:

Prevenção é o fenômeno por meio do qual o juiz tem a sua competência pré-fixada para o conhecimento de demandas que devam ser reunidas por conexão ou continência.

O instituto de prevenção é de fundamental importância tanto pelo ponto de vista da economia processual quanto pela necessidade de se evitar decisões contraditórias.

Regula-se a prevenção nos termos estabelecidos pelo art. 59, ou seja, uma registrada ou distribuída a petição inicial, prevento estará o juízo.

Nota-se que a regra da data do registro se dará nos casos de comarcas de vara única, ao passo que o critério relativo à data da distribuição se aplicará às comarcas com pluralidade de varas.

Art. 60. Se o imóvel se achar situado em mais de um Estado, comarca, seção ou subseção judiciária, a competência territorial do juízo prevento estender-se-á sobre a totalidade do imóvel.

Notas:

Destaca-se que a prevenção também se faz utilizada como critério de modificação da competência quando a ação versar sobre imóvel situado em mais de um Estado, comarca, seção ou subseção judiciária, hipótese em que será competente o juízo prevento sobre a totalidade do imóvel.

Art. 61. A ação acessória será proposta no juízo competente para a ação principal.

Notas:

Ações acessórias: cautelares, liquidação de sentença, execução de título judicial, dentre outras.

Art. 62. A competência determinada em razão da matéria, da pessoa ou da função é inderrogável por convenção das partes.

Notas:

As competências material e a funcional, por serem absolutas, não podem ser modificadas pela conexão ou continência (RTJ 110/901; RJTJSP 99/252; JTACivSP 94/175; STJ. 1ª T, AgRg no Ag. 1385227-MS. Rel. Min. Benedito Gonçalves, DJe 26.10.2012, dentre outros).

Súmula:

STF nº 335: É válida a cláusula de eleição do foro para os processos oriundos do contrato.

Art. 63. As partes podem modificar a competência em razão do valor e do território, elegendo foro onde será proposta ação oriunda de direitos e obrigações.

§ 1º A eleição de foro somente produz efeito quando constar de instrumento escrito, aludir expressamente a determinado negócio jurídico e guardar pertinência com o domicílio ou a residência de uma das partes ou com o local da obrigação, ressalvada a pactuação consumerista, quando favorável ao consumidor. (Redação dada pela Lei nº 14.879, de 4 de junho de 2024)

§ 2º O foro contratual obriga os herdeiros e sucessores das partes.

§ 3º Antes da citação, a cláusula de eleição de foro, se abusiva, pode ser reputada ineficaz de ofício pelo juiz, que determinará a remessa dos autos ao juízo do foro de domicílio do réu.

§ 4º Citado, incumbe ao réu alegar a abusividade da cláusula de eleição de foro na contestação, sob pena de preclusão.

§ 5º O ajuizamento de ação em juízo aleatório, entendido como aquele sem vinculação com o domicílio ou a residência das partes ou com o negócio jurídico discutido na demanda, constitui prática abusiva que justifica a declinação de competência de ofício. (Incluído pela Lei nº 14.879, de 4 de junho de 2024)

Notas:

Decorre da possibilidade de, por conveniência ou disposição, as partes modificarem determinada competência relativa, já que a competência absoluta se faz inderrogável por convenção das partes, *ex vi* do art. 62 do CPC.

Assim, a prorrogação voluntária possui ocorrência em duas formas:

1ª) Eleição de foro contratual (arts. 63 do CPC, e 78 do Código Civil), também chamada de prorrogação voluntária expressa.

Vale destacar que a eleição de foro somente produz efeito quando constar de instrumento escrito, aludir expressamente a determinado negócio jurídico e guardar pertinência com o domicílio ou a residência de uma das partes ou com o local da obrigação, ressalvada a pactuação consumerista, quando favorável ao consumidor, conforme assenta o §1º do art. 63, alterado pela Lei n. 14.879, de 4 de junho de 2024.

Ocorrendo demanda judicial com propositura da ação nos termos da competência acertada em cláusula contratual de foro, nada impede de ser esta considerada abusiva pelo juiz. Neste caso, antes da citação do réu, poderá o magistrado, de ofício, reconhece-la como ineficaz, remetendo os autos do processo ao juízo do foro de domicílio do réu (§3º do art. 63 do CPC), como se dá , p. ex., nas relações de consumo, em sede de contrato de adesão.

Outrossim, caso o magistrado não se manifeste de ofício, caberá ao réu uma vez citado, alegar a abusividade da digitada cláusula em sua contestação, sob pena de incidir na preclusão temporal para tanto e daí passando o foro eleito a ser o apto para o decorrer do processo (§4º do art. 63 do CPC).

É possível ainda a declinação de competência de ofício quando do ajuizamento aleatório da ação, i.e., entendido como aquele sem vinculação com o domicílio ou a residência das partes, ou com o negócio jurídico discutido na demanda, contituindo aí prática abusiva justificadora da alududa declinação, conforme regra o §5º do art. 63, este acrescido pela Lei nº 14.879, de 4 de junho de 2024.

Duas observações de fazem necessárias:

1ª) A primeira se refere ao próprio foro eleito pelas partes, este que obrigará aos herdeiros e sucessores dos contratantes (§2º do art. 63 do CPC); a segunda, relacionada a qualquer tipo contratual, e não como fazia o CPC/1973, quando restringia dita possibilidade somente aos contratos de adesão, como dispunha o parágrafo único do art. 112.

2ª) Ausência, por parte do réu, de opor exceção declinatória do foro e de juízo em sede de preliminar da contestação (arts. 65 e 337, II do CPC).

Súmulas:

STF nº 335: É válida a cláusula de eleição do foro para os processos oriundos do contrato.

STJ nº 33: A incompetência relativa não pode ser declarada de ofício.

Enunciado da Escola Nacional de Formação e Aperfeiçoamento de Magistrados:

Nº 39 do ENFAM: Não é válida convenção pré-processual oral (art. 4º, § 1º, da Lei nº 9.307/1996 e 63, § 1º, do CPC/2015).

Seção III
Da Incompetência

Art. 64. A incompetência, absoluta ou relativa, será alegada como questão preliminar de contestação.

§ 1º A incompetência absoluta pode ser alegada em qualquer tempo e grau de jurisdição e deve ser declarada de ofício.

§ 2º Após manifestação da parte contrária, o juiz decidirá imediatamente a alegação de incompetência.

§ 3º Caso a alegação de incompetência seja acolhida, os autos serão remetidos ao juízo competente.

§ 4º Salvo decisão judicial em sentido contrário, conservar-se-ão os efeitos de decisão proferida pelo juízo incompetente até que outra seja proferida, se for o caso, pelo juízo competente.

Notas:

Vide nota do art. 54 do CPC.

Súmulas:

STJ nº 33: A incompetência relativa não pode ser declarada de ofício.

STJ nº 59: Não há conflito de competência se já existe sentença com trânsito em julgado, proferida por um dos juízos conflitantes.

Enunciados do Fórum Permanente de Processualistas Civis:

Nº 238 do FPPC: O aproveitamento dos efeitos de decisão proferida por juízo incompetente aplica-se tanto à competência absoluta quanto à relativa.

Nº 488 do FPPC: No mandado de segurança, havendo equivocada indicação da autoridade coatora, o impetrante deve ser intimado para emendar a petição inicial e, caso haja alteração de competência, o juiz remeterá os autos ao juízo competente.

Nº 686 do FPPC: Aplicam-se os arts. 64 § 4º, 188 e 277 à hipótese de ato de cooperação que interfira na competência de qualquer dos juízos cooperantes. (arts. 64, § 4º, e 69) (redação revista no XI FPPC-Brasília)

Enunciado da Escola Nacional de Formação e Aperfeiçoamento de Magistrados:

Nº 4 do ENFAM: Na declaração de incompetência absoluta não se aplica o disposto no art. 10, parte final, do CPC/2015.

Art. 65. Prorrogar-se-á a competência relativa se o réu não alegar a incompetência em preliminar de contestação.

Parágrafo único. A incompetência relativa pode ser alegada pelo Ministério Público nas causas em que atuar.

Notas:

Vide nota do art. 54 do CPC.

Art. 66. Há conflito de competência quando:

I – 2 (dois) ou mais juízes se declaram competentes;

II – 2 (dois) ou mais juízes se consideram incompetentes, atribuindo um ao outro a competência;

III – entre 2 (dois) ou mais juízes surge controvérsia acerca da reunião ou separação de processos.

Parágrafo único. O juiz que não acolher a competência declinada deverá suscitar o conflito, salvo se a atribuir a outro juízo.

Notas:

a) Art. 66 do CPC – formas de conflito:

- Conflito positivo: quando dois ou mais juízes (na verdade, juízos) se declaram competentes.
- Conflito negativo: quando dois ou mais juízes se declaram incompetentes, atribuindo um ao outro a referida competência.

Interessante observar que, diferentemente do CPC/1973, o CPC/2015 tratou de regular o procedimento para a solução do Conflito de Competência no Livro III da Parte Especial, livro este nominado "Dos Processos nos Tribunais e dos Meios de Impugnação das Decisões Judiciais", mais precisamente, nos arts. 951 a 959.

Poderá o conflito ser suscitado por qualquer das partes, pelo Ministério Público ou mesmo pelo juiz ao tribunal hierarquicamente superior aos juízes envolvidos na divergência (art. 953), devendo-se levar em consideração a exceção do art. 952, *caput*, onde se proíbe de suscitar o conflito a parte que, no processo, arguiu a incompetência relativa.

Serão as informações prestadas pelos juízes envolvidos ou por apenas um deles (art. 954). Isto, caso não haja, (i) súmula do STF, do STJ ou do próprio tribunal; (ii) tese firmada em julgamento de casos repetitivos ou em incidente de resolução de assunção de competência, pois que, em tais casos, poderá o relator decidir, de plano, o conflito de competência (parágrafo único do art. 955). No âmbito do tribunal, o conflito será distribuído a um relator que designará, de ofício ou a requerimento de qualquer das partes, um dos juízes para resolver em caráter provisório, as medidas urgentes (art. 955, *caput*), preceituando o art. 957 sobre a decisão do conflito, bem como pronunciamento sobre a validade dos atos praticados pelo juiz incompetente.

Urge, aqui, fazer os seguintes apontamentos:

- O Ministério Público somente será ouvido nos conflitos de competência que envolva interesse público ou social, interesse de incapaz e em litígios coletivos pela posse de terra rural ou urbana (art. 178 do CPC). Por outro lado, terá qualidade de parte naqueles em que suscitar (art. 951, parágrafo único), tratando-se, pois, de matéria de ordem ou interesse público.
- Nos conflitos que envolver órgãos fracionários dos tribunais (*v.g.*, Turmas, Seções, Câmaras), caberá ao Regimento Interno do respectivo tribunal regular o conflito (art. 958).

b) Forma de caracterização do conflito:

- Conflito positivo (art. 66, I): quando dois ou mais juízos se dão por competentes para julgar a mesma causa, sendo, portanto, necessário que se esteja diante de causa única.

Não há necessidade de que haja decisão expressa proclamando a competência para que se caracterize o conflito positivo de competência, basta a prática de atos por ambos, indicando que, implicitamente, se deram por competentes. Ex.: processo de execução com precatória para que outro juízo penhore bens. Neste caso, a competência para se conhecer dos embargos é do juízo deprecante e não do deprecado. Neste sentido, não pode o juízo deprecado conhecer dos embargos à execução, sob pena de configurar um conflito positivo.

- Conflito negativo (art. 66, II): quando dois ou mais juízos se dão por incompetentes para o julgamento da mesma causa, no entanto, atribuindo um ao outro a competência.

Se o juízo para quem foi endereçada a causa se der por incompetente e remetê-la para o que julga ser o competente, não existirá ainda o conflito se este também se der por incompetente e remeter os autos a um terceiro juízo, conforme se depreende do parágrafo único do art. 66 do CPC:

> "*O juiz que não acolher a competência declinada deverá suscitar o conflito, salvo se a atribuir a outro juízo.*"

Nisso, o conflito negativo só se caracteriza quando um deles se der por incompetente e afirmar a competência de um dos juízos que já se declarou incompetente.

c) Conflito acerca da reunião ou separação de processos (art. 66, III):

- O réu alega conexão e pede a reunião dos processos e o juiz da causa nega a remessa dos autos ao juízo prevento, dando-se também como competente (conflito positivo).
- O juiz acolhe a alegação do réu e remete os autos ao juízo prevento que rejeita também a competência para julgar a causa, suscitando então o conflito, dado considerar ser competente aquele que lhe declinou a competência (conflito negativo).

De qualquer forma, somente após a manifestação expressa de dois ou mais juízos que discutem a reunião das ações conexas é que poderá se caracterizar o conflito de competência (art. 66, III).

Súmulas:

STJ nº 3: Compete ao Tribunal Regional Federal dirimir conflito de competência verificado, na respectiva região, entre juiz federal e juiz estadual investido de jurisdição federal.

STJ nº 59: Não há conflito de competência se já existe sentença com trânsito em julgado, proferida por um dos juízos conflitantes.

STJ nº 236: Não compete ao Superior Tribunal de Justiça dirimir conflitos de competência entre juízes trabalhistas vinculados a Tribunais Regionais do Trabalho diversos.

STJ nº 428: Compete ao Tribunal Regional Federal decidir os conflitos de competência entre juizado especial federal e juízo federal da mesma seção judiciária.

CAPÍTULO II
DA COOPERAÇÃO NACIONAL

Art. 67. Aos órgãos do Poder Judiciário, estadual ou federal, especializado ou comum, em todas as instâncias e graus de jurisdição, inclusive aos tribunais superiores, incumbe o dever de recíproca cooperação, por meio de seus magistrados e servidores.

Notas:

A eficiência do Poder judicante se relaciona com a sua própria presteza e interesse no âmbito da prestação do serviço de justiça estatal qualitativo.

Nestes termos, teve por bem o novel Código de Processo Civil levar a cabo e em destaque, determinado tópico regulador da cooperação jurisdicional entre os órgãos do Poder Judiciário, tanto em sede estadual como também em nível federal, em todas as instâncias e graus de jurisdição, incluso aí os Tribunais Superiores.

Enunciados do Fórum Permanente de Processualistas Civis:

Nº 686 do FPPC: Aplicam-se os arts. 64 § 4º, 188 e 277 à hipótese de ato de cooperação que interfira na competência de qualquer dos juízos cooperantes. (arts. 64, § 4º, e 69) (redação revista no XI FPPC-Brasília).

Nº 687 do FPPC: A dispensa legal de forma específica para os atos de cooperação judiciária não afasta o dever de sua documentação nos autos do processo.

Nº 688 do FPPC: Por ato de cooperação judiciária, admite-se a definição de um juízo para a penhora, avaliação ou expropriação de bens de um mesmo devedor que figure como executado em diversos processos, inclusive que tramitem em juízos de competências distintas. redação revista no XI FPPC-Brasília).

Nº 710 do FPPC: Antes de recusar a cooperação ou suscitar conflito de competência, o magistrado deve engajar-se em tratativas ou pedir esclarecimentos aos demais cooperantes para compreender a extensão da cooperação, os objetivos pretendidos e os custos envolvidos.

Nº 711 do FPPC: A recusa ao pedido de cooperação judiciária pelo juízo destinatário exige fundamentação.

N. 712 do FPPC: A cooperação judiciária pode servir para prevenir ou resolver conflitos de competência.

Art. 68. Os juízos poderão formular entre si pedido de cooperação para prática de qualquer ato processual.

Notas:

Autorizados são os juízos a formularem entre si pedidos de cooperação para prática de quaisquer atos processuais.

Enunciado do Fórum Permanente de Processualistas Civis:

Nº 711 do FPPC: A recusa ao pedido de cooperação judiciária pelo juízo destinatário exige fundamentação

Art. 69. O pedido de cooperação jurisdicional deve ser prontamente atendido, prescinde de forma específica e pode ser executado como:

I – auxílio direto;

II – reunião ou apensamento de processos;

III – prestação de informações;

IV – atos concertados entre os juízes cooperantes.

§ 1º As cartas de ordem, precatória e arbitral seguirão o regime previsto neste Código.

§ 2º Os atos concertados entre os juízes cooperantes poderão consistir, além de outros, no estabelecimento de procedimento para:

I – a prática de citação, intimação ou notificação de ato;

II – a obtenção e apresentação de provas e a coleta de depoimentos;

III – a efetivação de tutela provisória;

IV – a efetivação de medidas e providências para recuperação e preservação de empresas;

V – a facilitação de habilitação de créditos na falência e na recuperação judicial;

VI – a centralização de processos repetitivos;

VII – a execução de decisão jurisdicional.

§ 3º O pedido de cooperação judiciária pode ser realizado entre órgãos jurisdicionais de diferentes ramos do Poder Judiciário.

Notas:

Deve o pedido de cooperação jurisdicional ser prontamente atendido, prescindindo de forma específica e podendo ser sendo executado como:

I – auxílio direto;

II – reunião ou apensamento de processos;

III – prestação de informações;

IV – atos concertados entre os juízes cooperantes.

Por outro lado, em sendo a cooperação jurisdicional solicitada por meio das cartas de ordem, precatória e arbitral, ter-se-á maior rigor formal quanto ao ato processual, seguindo-se, por isso, o regime a elas pertinente, *ex vi* dos arts. 260 a 268.

Com relação ao conteúdo dos atos concertados entre os juízes cooperantes (§ 2º do art. 69), poderão estes consistir, sem prejuízo de outros, no estabelecimento de procedimento para:

I – a prática de citação, intimação ou notificação de ato;

II – a obtenção e apresentação de provas e a coleta de depoimentos;

III – a efetivação de tutela provisória;

IV – a efetivação de medidas e providências para recuperação e preservação de empresas;

V – a facilitação de habilitação de créditos na falência e na recuperação judicial;

VI – a centralização de processos repetitivos;

VII – a execução de decisão jurisdicional.

Enunciado das Jornadas de Direito Processual Civil do Conselho da Justiça Federal:

Nº 164 do CJF: É permitido ato concertado entre juízos para resolver questões referentes à validade de penhoras sobre o mesmo bem realizadas em execuções diversas, ainda que propostas em juízos de competências distintas.

Enunciados do Fórum Permanente de Processualistas Civis:

Nº 4 do FPPC: A carta arbitral tramitará e será processada no Poder Judiciário de acordo com o regime previsto no Código de Processo Civil, respeitada a legislação aplicável.

Nº 5 do FPPC: O pedido de cooperação poderá ser realizado também entre tribunais arbitrais ou árbitros(as) e o Poder Judiciário. (Grupo: Competência e Cooperação Judiciária Nacional; redação revista no XI FPPC-Brasília)

Nº 713 do FPPC: Nos casos do art. 6º, §§ 7ºA e 7º-B da Lei nº 11.101/2005, a instauração de conflito de competência entre o juízo da execução e o da recuperação depende da frustração da tentativa de cooperação judiciária.

LIVRO III
DOS SUJEITOS DO PROCESSO

TÍTULO I
DAS PARTES E DOS PROCURADORES

CAPÍTULO I
DA CAPACIDADE PROCESSUAL

Art. 70. Toda pessoa que se encontre no exercício de seus direitos tem capacidade para estar em juízo.

Notas:

Personalidade Jurídica. O artigo 1º do nosso Código Civil determina que "toda pessoa é capaz de direitos e deveres na ordem civil". O sujeito de direito é o titular de direitos e deveres em uma determinada relação jurídica. São sujeitos de direito as pessoas naturais e as pessoas jurídicas, às quais o ordenamento jurídico atribui titularidade jurídica. A pessoa natural é, pois, o ser humano e sua dignidade é um dos fundamentos do Estado Democrático de Direito, conforme o artigo 1º, inciso III, da Constituição da República Federativa do Brasil.

A *personalidade* difere da *capacidade*. Pode existir personalidade sem capacidade, como se verifica com o nascituro, que ainda não tem capacidade. Já as pessoas jurídicas têm capacidade de direito e não dispõem de certas formas de proteção da personalidade.

O artigo 2º do Código Civil diz: "A personalidade civil da pessoa começa do nascimento com vida; mas a lei põe a salvo, desde a concepção, os direitos do nascituro". A pessoa é o ser humano, sujeito da relação jurídica, podendo auferir direitos e contrair obrigações e nascituro o ser humano já concebido que há de nascer.

Grupos despersonalizados. Os grupos despersonalizados ou com personificação anômala constituem um conjunto de direitos e obrigações, de pessoas e de bens sem personalidade jurídica e com capacidade processual, mediante representação.

É possível que alguns entes despersonalizados possam ser representados em juízo, na condição de autor ou réu (ativa e passivamente). Daí que alguns o chamam de *pessoas formais*. Dentre eles podemos citar:

a) a sociedade e a associação irregulares e outros entes organizados, sem personalidade jurídica, pela pessoa a quem couber a administração de seus bens (CPC, art. 75, VII);
b) a massa falida, pelo administrador judicial (CPC, art. 75, V);
c) a herança jacente ou vacante, por seu procurador (CPC, art. 75, VI);
d) o espólio, pelo inventariante (CPC, art. 75, VII);
e) o condomínio, pelo administrador ou pelo síndico (CPC, art. 75, XI).

Uma questão controvertida é aquela que está relacionada à personalidade jurídica do condomínio edilício ou horizontal (condomínio em edificações). Qual seja: O condomínio seria pessoa jurídica apta para adquirir, conservar e transmitir direitos?

Ocorre que o artigo 63, § 3º, da Lei 4.591/64 admite implicitamente a personalidade jurídica do condomínio: "§ 3º No prazo de 24 horas após a realização do leilão final, o condomínio, por decisão unânime de Assembleia-Geral em condições de igualdade com terceiros, terá preferência na aquisição dos bens, caso em que serão adjudicados ao condomínio".

Ademais, o Conselho da Justiça Federal, na III Jornada de Direito Civil, editou o Enunciado 90 em que afirma: "Deve ser reconhecida personalidade jurídica ao condomínio edilício".

Daí que não obstante o condomínio não figurar no rol das pessoas jurídicas de direito privado (CC, art. 44), este possui personalidade jurídica.

Vale lembrar, mais uma vez, que na III Jornada de Direito Civil, o Conselho da Justiça Federal concluiu que "a relação das pessoas jurídicas de Direito Privado, constante do art. 44, incs. I a V, do Código Civil, não é exaustiva" (Enunciado 144). Logo, se a relação do artigo 44 não é exaustiva, o condomínio pode ser considerado uma pessoa jurídica de direito privado, ainda que não conste da referida relação.

Capacidade de Direito ou de Gozo / Capacidade de Fato ou de Exercício. A capacidade de direito ou capacidade de gozo é a aptidão para ser titular de direitos e deveres no mundo jurídico. A capacidade de fato ou capacidade de exercício é a aptidão para a prática dos atos jurídicos, ou seja, é a possibilidade de alguém praticar atos jurídicos visando a aquisição, modificação ou extinção das relações jurídicas. A capacidade de fato é variável, já que depende do grau de entendimento e vontade própria da pessoa.

Capacidade e legitimidade. A *capacidade* não se confunde com a *legitimidade*. A *capacidade* é a aptidão para ser titular de direitos e deveres no mundo jurídico e a *legitimidade* é a posição em que a pessoa se encontra em relação a um interesse, bens ou situação jurídica, sobre os quais possa agir. Melhor dizendo, a *legitimidade* é a possibilidade que a pessoa tem de agir, de manifestar sua vontade, autorizada pela lei, sobre um interesse, bens ou situação jurídica.

Em regra, a pessoa que possui *legitimidade* para agir sobre determinado interesse, bens ou situação jurídica é o próprio titular de direitos e deveres. Neste caso, legitimidade e titularidade coincidem. Porém, isto pode não acontecer. Há casos, no ordenamento jurídico, que terceiros estão legitimados a agir sem que sejam titulares de direitos e deveres, como no caso do pagamento efetuado por terceiro que não o devedor.

Uma pessoa proprietária de vários bens pode ter *capacidade* de realizar uma doação, mas não terá *legitimidade* de doar todos os seus bens sem reserva de parte, ou renda suficiente para a sua subsistência, já que a lei não autoriza a realização da referida manifestação de vontade (CC, art. 548), ou seja, falta de autorização para o exercício do ato jurídico.

Capacidade Processual. É pressuposto processual de validade de acordo com o artigo 485, inciso IV do CPC.

Capacidade Postulatória. É a capacidade para postular em juízo conferida aos advogados inscritos regularmente na OAB, conforme artigo 8º, § 1º do Estatuto da OAB. O artigo 103, *caput*, do CPC informa que "a parte será representada em juízo por advogado regularmente inscrito na Ordem dos Advogados do Brasil", ressalvadas as exceções legais tais como aquelas que ocorrem na ambiência dos Juizados Especiais (artigo 9º, § 1º, da Lei 9.099/95 e artigo 10 da Lei 10.259/01).[148] [149]

Vale lembrar que é lícito à parte postular em causa própria quando tiver habilitação legal (CPC, art. 103, parágrafo único).

Remissões:

– Arts. 1º e 2º do Código Civil:

"Art. 1º Toda pessoa é capaz de direitos e deveres na ordem civil.

---

148 Lei n. 9.099/95 – "*Art. 9º Nas causas de valor até vinte salários mínimos, as partes comparecerão pessoalmente, podendo ser assistidas por advogado; nas de valor superior, a assistência é obrigatória.* § 1º Sendo facultativa a assistência, se uma das partes comparecer assistida por advogado, ou se o réu for *pessoa jurídica ou firma individual, terá a outra parte, se quiser, assistência judiciária prestada por órgão instituído junto ao Juizado Especial, na forma da lei local.*"

149 Lei n. 10.259/01 – "*Art. 10. As partes poderão designar, por escrito, representantes para a causa, advogado ou não.*"

Art. 2º A personalidade civil da pessoa começa do nascimento com vida; mas a lei põe a salvo, desde a concepção, os direitos do nascituro".

Art. 71. O incapaz será representado ou assistido por seus pais, por tutor ou por curador, na forma da lei.

Notas:

Incapacidades. A regra é a capacidade das pessoas em realizar os negócios jurídicos. Toda pessoa que se acha no exercício dos seus direitos tem capacidade para estar em juízo (CPC, art. 70). A incapacidade ou falta de capacidade é a restrição legal ao exercício dos atos da vida civil. Quanto à capacidade, as pessoas estão agrupadas em três espécies, a saber: a) as pessoas absolutamente incapazes; b) as pessoas relativamente incapazes e c) as pessoas capazes.

Um dos fundamentos do instituto jurídico da incapacidade é a proteção aos incapazes, na medida em que a lei restringe ou limita que a pessoa incapaz realize os atos da vida civil, sem a *representação* ou *assistência* de uma outra pessoa. Daí que os incapazes serão representados ou assistidos por seus pais, tutores ou curadores, na forma da lei civil.

Não seria razoável que uma criança ou um louco pudesse realizar os atos da vida civil desacompanhados.

Absolutamente incapazes. Os absolutamente incapazes são aqueles que não podem exercer os atos da vida civil desacompanhados. O ato jurídico somente poderá ser praticado pelo seu representante legal. O artigo 3º do nosso Código Civil trata dos absolutamente incapazes. O artigo determina que "são absolutamente incapazes de exercer pessoalmente os atos da vida civil: I – os menores de dezesseis anos; II – os que, por enfermidade ou deficiência mental, não tiverem o necessário discernimento para a prática desses atos; III – os que, mesmo por causa transitória, não puderem exprimir sua vontade".

A velhice, a cegueira, a surdez, a mudez e a ausência não são causas de incapacidade.

A *representação* é o instituto jurídico de proteção aos incapazes, já que por intermédio da representação ocorre a substituição do incapaz por seu representante (pessoa capaz).

Relativamente incapazes. A incapacidade relativa é a limitação a certos atos, ou à maneira de os exercer. Os relativamente incapazes podem manifestar sua vontade, mas devem ser *assistidos*.

A *assistência* é o instituto jurídico que representa a intervenção nos atos jurídicos praticados pelos relativamente incapazes. São assistentes: pais e tutores.

Dessa maneira, são representados (representação) os absolutamente incapazes e assistidos (assistência) os relativamente incapazes.

São relativamente incapazes, de acordo com o artigo 4º do nosso Código Civil:

> I – os maiores de dezesseis e menores de dezoito anos;
>
> II – os ébrios habituais, os viciados em tóxicos, e os que, por deficiência mental, tenham o discernimento reduzido;
>
> III – os excepcionais, sem desenvolvimento mental completo;
>
> IV – os pródigos.

O artigo 171, inciso I, do CCB determina que é anulável o negócio jurídico por incapacidade relativa do agente.

Normas protetivas aos incapazes. Além dos institutos jurídicos da representação e assistência que visam à proteção dos incapazes, o nosso ordenamento jurídico apresenta outros dispositivos da mesma natureza. Vejamos:

a) O artigo 181 reza que "ninguém pode reclamar o que, por uma obrigação anulada, pagou a um incapaz, se não provar que reverteu em proveito dele a importância paga".

b) Não corre a prescrição: I – contra os incapazes de que trata o art. 3º (CC, art. 198, I).

c) O mútuo feito a pessoa menor, sem prévia autorização daquele sob cuja guarda estiver, não pode ser reavido nem do mutuário, nem de seus fiadores (CC, art. 588), salvo as hipóteses do artigo 589: I – se a pessoa, de cuja autorização necessitava o mutuário para contrair o empréstimo, o ratificar posteriormente; II – se o menor, estando ausente essa pessoa, se viu obrigado a contrair o empréstimo para os seus alimentos habituais; III – se o menor tiver bens ganhos com o seu trabalho. Mas, em tal caso, a execução do credor não lhes poderá ultrapassar as forças; IV – se o empréstimo reverteu em benefício do menor; V – se o menor obteve o empréstimo maliciosamente.

d) As dívidas de jogo ou de aposta não obrigam a pagamento; mas não se pode recobrar a quantia, que voluntariamente se pagou, salvo se foi ganha por dolo, ou se o perdente é menor ou interdito (CC, art. 814).

e) Não podem os pais alienar, ou gravar de ônus real, os imóveis dos filhos, nem contrair, em nome deles, obrigações que ultrapassem os limites da simples administração, salvo por necessidade ou evidente interesse da prole, mediante prévia autorização do juiz (CC, art. 1.691).

Cessação da Incapacidade. A incapacidade pode acabar de várias formas, tais como: o desaparecimento da doença mental ou física que incomodava a pessoa, a cura da toxicomania ou da embriaguez crônica, e pelo alcance da maioridade.

A menoridade cessa aos dezoito anos completos, quando a pessoa fica habilitada à prática de todos os atos da vida civil (CC, art. 5º).

O Conselho da Justiça Federal, na I Jornada de Direito Civil, editou o Enunciado 3, que dispõe: "a redução do limite etário para a definição da capacidade civil aos 18 anos não altera o disposto no art. 16, I, da Lei nº 8.213/91, que regula específica situação de dependência econômica para fins previdenciários e outras situações similares de proteção, previstas em legislação especial".

Emancipação. A emancipação é a antecipação da maioridade. É, pois, um mecanismo através do qual a pessoa com idade inferior à maioridade legal adquire maturidade suficiente para reger a si e seus bens. Um menor emancipado está livre de qualquer autoridade de seus pais ou do responsável legal.

A filosofia geral por trás das leis de emancipação é a ideia de que adolescentes amadurecem em idades diferentes, não apenas biologicamente, mas também mentalmente, emocionalmente e socialmente.

A emancipação está prevista no artigo 5º, parágrafo único, do nosso Código Civil, ao informar que "cessará, para os menores, a incapacidade:

> I – pela concessão dos pais, ou de um deles na falta do outro, mediante instrumento público, independentemente de homologação judicial, ou por sentença do juiz, ouvido o tutor, se o menor tiver dezesseis anos completos;
>
> II – pelo casamento;
>
> III – pelo exercício de emprego público efetivo;
>
> IV – pela colação de grau em curso de ensino superior;
>
> V – pelo estabelecimento civil ou comercial, ou pela existência de relação de emprego, desde que, em função deles, o menor com dezesseis anos completos tenha economia própria.

A emancipação prevista no artigo 5º, parágrafo único, inciso I, do Código Civil é a denominada *emancipação voluntária* e, dos demais incisos, chama-se *emancipação legal.*

A emancipação extingue o poder familiar (CC, art. 1.635, inciso II).

Para efeito do *Serviço Militar* cessará a incapacidade civil do menor, na data em que completar 17 (dezessete) anos. DECRETO Nº 57.654, DE 20 DE JANEIRO DE 1966. Regulamenta a Lei do Serviço Militar (Lei nº 4.375, de 17 de agosto de 1964), retificada pela Lei nº 4.754, de 18 de agosto de 1965 (Lei 4.375/64. Lei do Serviço Militar - Art. 73).

Ausente.

O instituto jurídico da *ausência* encontra-se em nosso Código Civil, na Parte Geral, Livro I - Das pessoas, Título I - Das Pessoas Naturais, Capítulo III - Da Ausência, Seções I a III, nos artigos 22 a 39. A ausência comporta três momentos distintos, a saber: a *curadoria dos bens do ausente* (arts. 22 a 25), a *sucessão provisória* (arts. 26 a 36) e a *sucessão definitiva* (arts. 37 a 39).

De acordo com o artigo 22 do CCB, a pessoa *ausente* é aquela que desaparece de seu domicílio sem dar notícias de seu paradeiro e sem deixar um representante ou procurador para administrar seus bens.

Remissões:

- Lei nº 13.146/2015 (Lei Brasileira de Inclusão / Estatuto da Pessoa com Deficiência)

- Arts. 3º a 5º e arts. 1.728 a 1.783 do Código Civil.

Art. 72. O juiz nomeará curador especial ao:

I – incapaz, se não tiver representante legal ou se os interesses deste colidirem com os daquele, enquanto durar a incapacidade;

II – réu preso revel, bem como ao réu revel citado por edital ou com hora certa, enquanto não for constituído advogado.

Parágrafo único. A curatela especial será exercida pela Defensoria Pública, nos termos da lei.

Notas:

Curador e Curador Especial. O *curador especial* (art. 72 do CPC) não se confunde com a figura jurídica do *curador*. Este está fundado se a incapacidade provier de causas, tais como: enfermidade ou doença, desenvolvimento mental incompleto, uso de tóxicos ou prodigalidade). Aqui, ocorre o fenômeno da interdição, ficando, pois, nomeado um curador que passará a representar ou assistir o incapaz. Já a curadoria especial está relacionada a necessidade de reequilibrar a base da relação jurídica processual, em respeito ao princípio da isonomia.

Curador especial. O artigo 72 trata de duas hipóteses de curadoria especial. A primeira é referente ao incapaz (artigos 3º e 4º do Código Civil) que não possua representante legal ou se os interesses destes colidirem com os daquele. Vale lembrar o artigo 1.692 do Código Civil que diz "sempre que no exercício do poder familiar colidir com o interesse dos pais com o do filho, a requerimento deste ou do Ministério Público o juiz lhe dará curador especial.

No mesmo diapasão será nomeado curador especial ao réu preso revel, assim como ao réu revel citado por edital (artigo 256 do CPC)[150] ou com hora certa (artigo 252 do CPC)[151], enquanto não for constituído advogado. A revelia configura-se com a ausência de contestação, ou seja, o réu torna-se revel no momento que deixa de comparecer ao processo e não apresenta a contestação.

Nos casos acima mencionados, o magistrado deve nomear curador especial para representá-los no processo.

Importa destacar que a curadoria especial é um *munus* público, cabendo, pois, ao curador defender o réu e contestar o feito. A regra geral é que a curatela especial seja exercida pela Defensoria Pública, cabendo, neste caso, prerrogativa de prazo para a contestação. O defensor público possui prazo em dobro para realizar a contestação de acordo com a regra jurídica prevista no artigo 5º, § 5º da Lei 1.060/50.[152]

A Defensoria Pública abrange: I – a Defensoria Pública da União; II – a Defensoria Pública do Distrito Federal e dos Territórios; III – as Defensorias Públicas dos Estados.

De acordo com a Lei Complementar nº 80, de 12 de janeiro de 1994, artigo 4º, inciso XVI, uma das funções institucionais da Defensoria Pública é exercer a curadoria especial nos casos previsto em lei.

---

150 CPC: Art. 256. A citação por edital será feita: I – quando desconhecido ou incerto o citando; II – quando ignorado, incerto ou inacessível o lugar em que se encontrar o citando; III – nos casos expressos em lei. § 1º Considera-se inacessível, para efeito de citação por edital, o país que recusar o cumprimento de carta rogatória. § 2º No caso de ser inacessível o lugar em que se encontrar o réu, a notícia de sua citação será divulgada também pelo rádio, se na comarca houver emissora de radiodifusão. § 3º O réu será considerado em local ignorado ou incerto se infrutíferas as tentativas de sua localização, inclusive mediante requisição pelo juízo de informações sobre seu endereço nos cadastros de órgãos públicos ou de concessionárias de serviços públicos.

151 CPC: Art. 252. Quando, por 2 (duas) vezes, o oficial de justiça houver procurado o citando em seu domicílio ou residência sem o encontrar, deverá, havendo suspeita de ocultação, intimar qualquer pessoa da família ou, em sua falta, qualquer vizinho de que, no dia útil imediato, voltará a fim de efetuar a citação, na hora que designar. Parágrafo único. Nos condomínios edilícios ou nos loteamentos com controle de acesso, será válida a intimação a que se refere o *caput* feita a funcionário da portaria responsável pelo recebimento de correspondência.

152 Lei 1.060/50, artigo 5º, § 5º. Nos Estados onde a Assistência Judiciária seja organizada e por eles mantida, o Defensor Público, ou quem exerça cargo equivalente, será intimado pessoalmente de todos os atos do processo, em ambas as Instâncias, contando-se-lhes em dobro todos os prazos.

A nomeação do curador especial não exclui a intervenção do Ministério Público.

Curador especial em favor do Idoso. Lei nº 8.842/94.

Súmula:

STJ nº 196: Ao executado que, citado por edital ou por hora certa, permanecer revel, será nomeado curador especial, com legitimidade para apresentação de embargos.

Art. 73. O cônjuge necessitará do consentimento do outro para propor ação que verse sobre direito real imobiliário, salvo quando casados sob o regime de separação absoluta de bens.

§ 1º Ambos os cônjuges serão necessariamente citados para a ação:

I – que verse sobre direito real imobiliário, salvo quando casados sob o regime de separação absoluta de bens;

II – resultante de fato que diga respeito a ambos os cônjuges ou de ato praticado por eles;

III – fundada em dívida contraída por um dos cônjuges a bem da família;

IV – que tenha por objeto o reconhecimento, a constituição ou a extinção de ônus sobre imóvel de um ou de ambos os cônjuges.

§ 2º Nas ações possessórias, a participação do cônjuge do autor ou do réu somente é indispensável nas hipóteses de composse ou de ato por ambos praticado.

§ 3º Aplica-se o disposto neste artigo à união estável comprovada nos autos.

Notas:

Legitimação específica para o cônjuge propor ações referente aos direitos reais imobiliários. Art. 73 CPC.

Incidência do Art. 1.647 do CC. "Ressalvado o disposto no art. 1.648, nenhum dos cônjuges pode, sem autorização do outro, exceto no regime da separação absoluta: I – alienar ou gravar de ônus real os bens imóveis; II – pleitear, como autor ou réu, acerca desses bens ou direitos; III – prestar fiança ou aval;

Direitos reais. De acordo com o artigo 1225 do Código Civil brasileiro, são direitos reais: I – a propriedade; II – a superfície; III – as servidões; IV – o usufruto; V – o uso; VI – a habitação; VII – o direito do promitente comprador do imóvel; VIII – o penhor; IX – a hipoteca; X – a anticrese. XI – a concessão de uso especial para fins de moradia; (Incluído pela Lei nº 11.481, de 2007); XII – a concessão de direito real de uso. (Incluído pela Lei nº 11.481, de 2007).

Destaca-se que a necessidade de outorga uxória se refere apenas às ações reais sobre bens imóveis.

Proteção da posse. CC 2002 – Art. 1.210.

Turbação. É qualquer ato que moleste a posse. Neste caso, o remédio processual é a ação de manutenção de posse.

Esbulho. É a perda da posse por ato originado de violência, clandestinidade e precariedade. Neste caso, o possuidor utilizará a ação de reintegração de posse.

Ações de manutenção e reintegração de posse. CPC – Arts. 560 a 566.

Ação de interdito proibitório. CPC – Art. 567.

Autotutela na defesa da posse. Em casos de turbação ou esbulho, o possuidor poderá utilizar os meios necessários e suficientes para reprimir a agressão sofrida. Os atos de defesa devem ser proporcionais a ofensa, sob pena do possuidor responder pelo excesso (teoria do abuso de direito).

Efeitos da posse. Quanto aos seus efeitos, a posse pode ser classificada em posse *ad interdicta* ou posse *ad usucapionem.* Aquela está amparada nos interditos ou ações possessórias, está a origem do usucapião da coisa.

Posse nova (posse de força nova) e posse velha (posse de força velha). Esta é uma classificação da posse quanto a sua idade. A posse nova é aquela que tiver menos de ano e dia (é possível o pedido de liminar) e a posse velha é a posse de mais de ano e dia. CPC – Art. 558. Regem o procedimento de manutenção e de reintegração de posse as normas da seção seguinte, quando intentado dentro de ano e dia da turbação ou do esbulho; passado esse prazo, será ordinário, não perdendo, contudo, o caráter possessório.

Art. 74. O consentimento previsto no art. 73 pode ser suprido judicialmente quando for negado por um dos cônjuges sem justo motivo, ou quando lhe seja impossível concedê-lo.

Parágrafo único. A falta de consentimento, quando necessário e não suprido pelo juiz, invalida o processo.

Notas:

Suprimento Judicial. Pode ocorrer que um dos cônjuges, sem motivo justo, recuse ao marido (ou companheiro) a outorga uxória ou lhe seja impossível realizá-la (por exemplo, nos casos de incapacidade ou ausência). Nesses casos, é possível o ajuizamento, em processo autônomo, de uma ação de suprimento judicial (procedimento de jurisdição voluntária) na qual o magistrado irá suprir a manifestação de vontade ao verificar que a recusa é inaceitável.

Cabe ao juiz suprir a outorga, quando um dos cônjuges a denegue sem motivo justo, ou lhe seja impossível concedê-la (Artigo 1.648, Código Civil). A ação acima mencionada deve ser proposta no juízo da família, em razão do efeito jurídico do casamento. O procedimento é de jurisdição voluntária, conforme artigo 719 e seguintes do CPC.

A ausência de suprimento judicial vai acarretar a incapacidade processual (falta de pressuposto processual), bem como a nulidade do processo e sua consequente extinção sem resolução do mérito (artigo 485, inciso IV, do CPC).[153]

Art. 75. Serão representados em juízo, ativa e passivamente:

I – a União, pela Advocacia-Geral da União, diretamente ou mediante órgão vinculado;

II – o Estado e o Distrito Federal, por seus procuradores;

III – o Município, por seu prefeito, procurador ou Associação de Representação de Municípios, quando expressamente autorizada; (Redação dada pela Lei nº 14.341, de 2022);

IV – a autarquia e a fundação de direito público, por quem a lei do ente federado designar;

V – a massa falida, pelo administrador judicial;

VI – a herança jacente ou vacante, por seu curador;

VII – o espólio, pelo inventariante;

VIII – a pessoa jurídica, por quem os respectivos atos constitutivos designarem ou, não havendo essa designação, por seus diretores;

IX – a sociedade e a associação irregulares e outros entes organizados sem personalidade jurídica, pela pessoa a quem couber a administração de seus bens;

X – a pessoa jurídica estrangeira, pelo gerente, representante ou administrador de sua filial, agência ou sucursal aberta ou instalada no Brasil;

XI – o condomínio, pelo administrador ou síndico.

§ 1º Quando o inventariante for dativo, os sucessores do falecido serão intimados no processo no qual o espólio seja parte.

§ 2º A sociedade ou associação sem personalidade jurídica não poderá opor a irregularidade de sua constituição quando demandada.

§ 3º O gerente de filial ou agência presume-se autorizado pela pessoa jurídica estrangeira a receber citação para qualquer processo.

§ 4º Os Estados e o Distrito Federal poderão ajustar compromisso recíproco para prática de ato processual por seus procuradores em favor de outro ente federado, mediante convênio firmado pelas respectivas procuradorias.

§ 5º A representação judicial do Município pela Associação de Representação de Municípios somente poderá ocorrer em questões de interesse comum dos

---

[153] CPC – "*Art. 485. O juiz não resolverá o mérito quando: [...] IV – verificar a ausência de pressupostos de constituição e de desenvolvimento válido e regular do processo;*".

Municípios associados e dependerá de autorização do respectivo chefe do Poder Executivo municipal, com indicação específica do direito ou da obrigação a ser objeto das medidas judiciais. (Incluído pela Lei nº 14.341, de 2022).

Notas:

Representação. A representação das partes é pressuposto processual de validade de acordo com o artigo 485, inciso IV, do CPC.

Grupos despersonalizados. Os grupos despersonalizados ou com personificação anômala constituem um conjunto de direitos e obrigações, de pessoas e de bens sem personalidade jurídica e com capacidade processual, mediante representação.

É possível que alguns entes despersonalizados possam ser representados em juízo, na condição de autor ou réu (ativa e passivamente). Daí que alguns o chamam de *pessoas formais.*

União. A Lei Complementar nº 73, de 10 de fevereiro de 1993, instituiu a Lei Orgânica da Advocacia-Geral da União. O artigo 9º diz que "à Procuradoria-Geral da União, subordinada direta e imediatamente ao Advogado-Geral da União, incumbe representá-la, judicialmente, nos termos e limites desta Lei Complementar." Ao Procurador-Geral da União compete representá-la junto aos tribunais superiores. Às Procuradorias-Regionais da União cabe sua representação perante os demais tribunais. Às Procuradorias da União organizadas em cada Estado e no Distrito Federal, incumbe representá-la junto à primeira instância da Justiça Federal, comum e especializada.

Já o artigo 12, inciso II, da referida Lei Complementar informa que "à Procuradoria-Geral da Fazenda Nacional, órgão administrativamente subordinado ao titular do Ministério da Fazenda, compete especialmente: [...] II – representar privativamente a União, na execução de sua dívida ativa de caráter tributário, bem como sua representação nas demais ações de natureza fiscal (artigo 12, inciso V, da Lei Complementar nº 73/93). São consideradas causas de natureza fiscal as relativas a: I – tributos de competência da União, inclusive infrações à legislação tributária; II – empréstimos compulsórios; III – apreensão de mercadorias, nacionais ou estrangeiras; IV – decisões de órgãos do contencioso administrativo fiscal; V – benefícios e isenções fiscais; VI – créditos e estímulos fiscais à exportação; VII – responsabilidade tributária de transportadores e agentes marítimos; VIII – incidentes processuais suscitados em ações de natureza fiscal.

Pessoas Jurídicas de Direito Público. As pessoas jurídicas de direito público (União, Estados, Territórios e Distrito Federal) podem estar em juízo, representados pelo chefe do Poder Executivo, a saber: Presidente da República,

Governador e Prefeito ou por seus advogados. Aqui vale mencionar o artigo 132 da CRFB/88 que diz "os Procuradores dos Estados e do Distrito Federal, organizados em carreira, na qual o ingresso dependerá de concurso público de provas e títulos, com a participação da Ordem dos Advogados do Brasil em todas as suas fases, exercerão a representação judicial e a consultoria jurídica das respectivas unidades federadas."

Remissões:

- Art. 68, § 3º, da Lei nº 6.404, de 15-12-1976 (Lei de Sociedades Anônimas).
- Arts. 9º, 46 e 1.348 do CC.
- Art. 22, § 1º, da Lei nº 4.591, de 16-12-1964, sobre prédios em condomínio.
- Art. 22, III, *n*, da Lei nº 11.101, de 09-02-2005 (Lei de Falências).

Súmulas:

STF nº 644: Ao titular do cargo de procurador de autarquia não se exige a apresentação de instrumento de mandato para representá-la em juízo.

STJ nº 525: A Câmara de Vereadores não possui personalidade jurídica, apenas personalidade judiciária, somente podendo demandar em juízo para defender os seus direitos institucionais.

Enunciado das Jornadas de Direito Processual Civil do Conselho da Justiça Federal:

Nº 172 do CJF: Aplica-se o § 4º do art. 75 do CPC aos municípios que tiverem procuradoria regularmente constituída

Art. 76. Verificada a incapacidade processual ou a irregularidade da representação da parte, o juiz suspenderá o processo e designará prazo razoável para que seja sanado o vício.

§ 1º Descumprida a determinação, caso o processo esteja na instância originária:

I – o processo será extinto, se a providência couber ao autor;

II – o réu será considerado revel, se a providência lhe couber;

III – o terceiro será considerado revel ou excluído do processo, dependendo do polo em que se encontre.

§ 2º Descumprida a determinação em fase recursal perante tribunal de justiça, tribunal regional federal ou tribunal superior, o relator:

I – não conhecerá do recurso, se a providência couber ao recorrente;

II – determinará o desentranhamento das contrarrazões, se a providência couber ao recorrido.

Notas:

Incapacidade da parte ou irregularidade da representação. Diante da incapacidade das partes ou da irregularidade da representação, cabe ao magistrado suspender o processo, designando prazo razoável para que o vício seja sanado (artigo 313, I, do CPC). O prazo razoável vai depender das especificidades do caso concreto decidendo.

Caso seja descumprida a determinação judicial, na instância original, o processo será extinto, se a providência couber ao autor (artigo 485, inciso IV, do CPC). Se o descumprimento for do réu, este será considerado revel. Se o descumprimento judicial tiver sido de terceiro, este será considerado revel ou excluído do processo.

Incapacidade ou irregularidade alegadas em segundo grau de jurisdição ou nos Tribunais Superiores. Se a incapacidade ou irregularidade for alegada em segundo grau ou nos Tribunais Superiores, o relator não conhecerá do recurso, se a providência couber ao recorrente ou determinará o desentranhamento das contrarrazões, se couber ao recorrido.

Enunciado do Fórum Permanente de Processualistas Civis:

Nº 83 do FPPC: Fica superado o enunciado 115 da súmula do STJ após a entrada em vigor do CPC ("Na instância especial é inexistente recurso interposto por advogado sem procuração nos autos").

CAPÍTULO II
DOS DEVERES DAS PARTES E DE SEUS PROCURADORES

Seção I
Dos Deveres

Art. 77. Além de outros previstos neste Código, são deveres das partes, de seus procuradores e de todos aqueles que de qualquer forma participem do processo:

I – expor os fatos em juízo conforme a verdade;

II – não formular pretensão ou de apresentar defesa quando cientes de que são destituídas de fundamento;

III – não produzir provas e não praticar atos inúteis ou desnecessários à declaração ou à defesa do direito;

IV – cumprir com exatidão as decisões jurisdicionais, de natureza provisória ou final, e não criar embaraços à sua efetivação;

V – declinar, no primeiro momento que lhes couber falar nos autos, o endereço residencial ou profissional onde receberão intimações, atualizando essa informação sempre que ocorrer qualquer modificação temporária ou definitiva;

VI – não praticar inovação ilegal no estado de fato de bem ou direito litigioso.

VII - informar e manter atualizados seus dados cadastrais perante os órgãos do Poder Judiciário e, no caso do § 6º do art. 246 deste Código, da Administração Tributária, para recebimento de citações e intimações. (Incluído pela Lei nº 14.195, de 2021).

§ 1º Nas hipóteses dos incisos IV e VI, o juiz advertirá qualquer das pessoas mencionadas no *caput* de que sua conduta poderá ser punida como ato atentatório à dignidade da justiça.

§ 2º A violação ao disposto nos incisos IV e VI constitui ato atentatório à dignidade da justiça, devendo o juiz, sem prejuízo das sanções criminais, civis e processuais cabíveis, aplicar ao responsável multa de até vinte por cento do valor da causa, de acordo com a gravidade da conduta.

§ 3º Não sendo paga no prazo a ser fixado pelo juiz, a multa prevista no § 2º será inscrita como dívida ativa da União ou do Estado após o trânsito em julgado da decisão que a fixou, e sua execução observará o procedimento da execução fiscal, revertendo-se aos fundos previstos no art. 97.

§ 4º A multa estabelecida no § 2º poderá ser fixada independentemente da incidência das previstas nos arts. 523, § 1º, e 536, § 1º.

§ 5º Quando o valor da causa for irrisório ou inestimável, a multa prevista no § 2º poderá ser fixada em até 10 (dez) vezes o valor do salário-mínimo.

§ 6º Aos advogados públicos ou privados e aos membros da Defensoria Pública e do Ministério Público não se aplica o disposto nos §§ 2º a 5º, devendo eventual responsabilidade disciplinar ser apurada pelo respectivo órgão de classe ou corregedoria, ao qual o juiz oficiará.

§ 7º Reconhecida violação ao disposto no inciso VI, o juiz determinará o restabelecimento do estado anterior, podendo, ainda, proibir a parte de falar nos autos até a purgação do atentado, sem prejuízo da aplicação do § 2º.

§ 8º O representante judicial da parte não pode ser compelido a cumprir decisão em seu lugar.

Notas:

Deveres das partes, de seus procuradores e todos aqueles que participam do processo. Art. 77 CPC. Aqui estão incluídos os intervenientes, o Ministério Público, os funcionários do Judiciário, os peritos e assistentes técnicos, as testemunhas etc.

Lealdade e Boa-fé. É uma mudança de valores éticos, uma nova dimensionalidade ética que perpassa e adorna com novas cores as relações processuais. A boa-fé é uma norma de conduta. É a conduta ética, leal, honesta e transparente esperada entre os atores do processo.

Vale lembrar que reponde por perdas e danos aquele que pleitear de má-fé como autor, réu ou interveniente. (art. 79, CPC).[154]

Súmulas:

STF nº 644: Ao titular do cargo de procurador de autarquia não se exige a apresentação de instrumento de mandato para representá-la em juízo.

STJ nº 525: A Câmara de Vereadores não possui personalidade jurídica, apenas personalidade judiciária, somente podendo demandar em juízo para defender os seus direitos institucionais.

Enunciado do Fórum Permanente de Processualistas Civis:

Nº 383 do FPPC: As autarquias e fundações de direito público estaduais e distritais também poderão ajustar compromisso recíproco para prática de ato processual por seus procuradores em favor de outro ente federado, mediante convênio firmado pelas respectivas procuradorias.

Art. 78. É vedado às partes, a seus procuradores, aos juízes, aos membros do Ministério Público e da Defensoria Pública e a qualquer pessoa que participe do processo empregar expressões ofensivas nos escritos apresentados.

§ 1º Quando expressões ou condutas ofensivas forem manifestadas oral ou presencialmente, o juiz advertirá o ofensor de que não as deve usar ou repetir, sob pena de lhe ser cassada a palavra.

§ 2º De ofício ou a requerimento do ofendido, o juiz determinará que as expressões ofensivas sejam riscadas e, a requerimento do ofendido, determinará a expedição de certidão com inteiro teor das expressões ofensivas e a colocará à disposição da parte interessada.

---

154 CONDENAÇÃO. LITIGÂNCIA. MÁ-FÉ. Aquele que causar dano com sua conduta processual responde por litigância de má-fé (arts. 17 e 18 do CPC). Porém, conforme o art. 16 do referido *codex*, somente as partes, assim entendidas como autor, réu ou interveniente, em sentido amplo, podem praticar o ato. Com efeito, todos que, de qualquer forma, participam do processo têm o dever de agir com lealdade e boa-fé (art. 14 do CPC). Apenas os litigantes estarão sujeitos à multa e à indenização a que se refere o art. 18 do CPC em caso de má-fé. Ademais, os danos eventualmente causados pela conduta do advogado deverão ser aferidos em ação própria para esse fim, não podendo o magistrado condenar o patrono da parte nas penas a que se refere o art. 18 do referido código, nos próprios autos do processo em que for praticada a conduta de má-fé ou temerária. Precedentes citados: AgRg no Ag 1.106.019-SP, DJe 18/5/2009; AgRg no Ag 717.034-PB, DJ 15/10/2007, e REsp 140.578-SP, DJe 15/12/2008. REsp 1.173.848-RS, Rel. Min. Luis Felipe Salomão, julgado em 20/4/2010.

Notas:

Expressões Ofensivas. São expressões que ofendem a dignidade humana e a honra de outra pessoa.[155]

Vale destacar que "não constituem injúria ou difamação punível: I - a ofensa irrogada em juízo, na discussão da causa, pela parte ou por seu procurador (artigo 142, do Código Penal). Já a calunia, em juízo, constitui crime de acordo com o artigo 138 do Código Penal.

Seção II

Da Responsabilidade das Partes por Dano Processual

Art. 79. Responde por perdas e danos aquele que litigar de má-fé como autor, réu ou interveniente.

Notas:

Perdas e Danos. Arts. 402 a 405 e 940 do CC.

Litigância de má-fé. Responde por litigância de má-fé (arts. 79 e 80) quem causar dano com sua conduta processual, que, nos termos do art. 79, somente podem ser as partes, assim entendidas como autor, réu ou interveniente em sentido amplo. Ademais, todos que, de qualquer forma, participam do processo

---

155 Código Penal - Calúnia Art. 138 - Caluniar alguém, imputando-lhe falsamente fato definido como crime: Pena - detenção, de seis meses a dois anos, e multa. § 1º - Na mesma pena incorre quem, sabendo falsa a imputação, a propala ou divulga. § 2º - É punível a calúnia contra os mortos. Exceção da verdade § 3º - Admite-se a prova da verdade, salvo: I - se, constituindo o fato imputado crime de ação privada, o ofendido não foi condenado por sentença irrecorrível; II - se o fato é imputado a qualquer das pessoas indicadas no nº I do art. 141; III - se do crime imputado, embora de ação pública, o ofendido foi absolvido por sentença irrecorrível.

Difamação - Art. 139 - Difamar alguém, imputando-lhe fato ofensivo à sua reputação: Pena - detenção, de três meses a um ano, e multa. Exceção da verdade Parágrafo único - A exceção da verdade somente se admite se o ofendido é funcionário público e a ofensa é relativa ao exercício de suas funções.

Injúria - Art. 140 - Injuriar alguém, ofendendo-lhe a dignidade ou o decoro: Pena - detenção, de um a seis meses, ou multa. § 1º - O juiz pode deixar de aplicar a pena: I - quando o ofendido, de forma reprovável, provocou diretamente a injúria; II - no caso de retorsão imediata, que consista em outra injúria. § 2º - Se a injúria consiste em violência ou vias de fato, que, por sua natureza ou pelo meio empregado, se considerem aviltantes: Pena - detenção, de três meses a um ano, e multa, além da pena correspondente à violência. § 3o Se a injúria consiste na utilização de elementos referentes a raça, cor, etnia, religião, origem ou a condição de pessoa idosa ou portadora de deficiência: (Redação dada pela Lei nº 10.741, de 2003) Pena - reclusão de um a três anos e multa. (Incluído pela Lei nº 9.459, de 1997).

têm o dever de agir com lealdade e boa-fé (art. 77, do CPC). Todavia, em caso de má-fé, somente os litigantes estarão sujeitos à multa e indenização a que se refere o art. 81, do CPC. Os danos causados pela conduta do advogado deverão ser aferidos em ação própria para essa finalidade, sendo vedado ao magistrado, nos próprios autos do processo em que fora praticada a conduta de má-fé ou temerária, condenar o patrono da parte nas penas a que se refere o art. 81, do Código de Processo Civil.

Art. 80. Considera-se litigante de má-fé aquele que:

I – deduzir pretensão ou defesa contra texto expresso de lei ou fato incontroverso;

II – alterar a verdade dos fatos;

III – usar do processo para conseguir objetivo ilegal;

IV – opuser resistência injustificada ao andamento do processo;

V – proceder de modo temerário em qualquer incidente ou ato do processo;

VI – provocar incidente manifestamente infundado;

VII – interpuser recurso com intuito manifestamente protelatório.

Notas:

Litigante de Má-fé. Rol taxativo enumerado no artigo 80 do CPC.

Enunciados da Jornada de Direito Processual Civil do Conselho da Justiça Federal:

Nº 161 do CJF: Considera-se litigante de má-fé, nos termos do art. 80 do CPC, aquele que menciona em suas manifestações precedente inexistente

Nº 170 do CJF: A caracterização do abuso processual pode ocorrer por comportamentos ocorridos em único processo ou a partir de um conjunto de atos em inúmeros processos.

Art. 81. De ofício ou a requerimento, o juiz condenará o litigante de má-fé a pagar multa, que deverá ser superior a um por cento e inferior a dez por cento do valor corrigido da causa, a indenizar a parte contrária pelos prejuízos que esta sofreu e a arcar com os honorários advocatícios e com todas as despesas que efetuou.

§ 1º Quando forem 2 (dois) ou mais os litigantes de má-fé, o juiz condenará cada um na proporção de seu respectivo interesse na causa ou solidariamente aqueles que se coligaram para lesar a parte contrária.

§ 2º Quando o valor da causa for irrisório ou inestimável, a multa poderá ser fixada em até 10 (dez) vezes o valor do salário-mínimo.

§ 3º O valor da indenização será fixado pelo juiz ou, caso não seja possível mensurá-lo, liquidado por arbitramento ou pelo procedimento comum, nos próprios autos.

Remissões:

- Art. 32 do EAOAB.

Notas:

Condenação de Ofício. Caracterizada a litigância de má-fé exsurge, pois, o dever de indenizar.

Súmulas:

STF nº 512: Não cabe condenação em honorários de advogado na ação de mandado de segurança.

STJ nº 105: Na ação de mandado de segurança não se admite condenação em honorários advocatícios.

Enunciado do Fórum Permanente de Processualistas Civis:

Nº 490 do FPPC: São admissíveis os seguintes negócios processuais, entre outros: pacto de inexecução parcial ou total de multa coercitiva; pacto de alteração de ordem de penhora; pré-indicação de bem penhorável preferencial (art. 848, II); prefixação de indenização por dano processual prevista nos arts. 81, § 3º, 520, inc. I, 297, parágrafo único (cláusula penal processual); negócio de anuência prévia para aditamento ou alteração do pedido ou da causa de pedir até o saneamento (art. 329, inc. II).

Seção III
Das Despesas, dos Honorários Advocatícios e das Multas

Art. 82. Salvo as disposições concernentes à gratuidade da justiça, incumbe às partes prover as despesas dos atos que realizarem ou requererem no processo, antecipando-lhes o pagamento, desde o início até a sentença final ou, na execução, até a plena satisfação do direito reconhecido no título.

§ 1º Incumbe ao autor adiantar as despesas relativas a ato cuja realização o juiz determinar de ofício ou a requerimento do Ministério Público, quando sua intervenção ocorrer como fiscal da ordem jurídica.[156]

[156] CURADORIA ESPECIAL EXERCIDA PELA DEFENSORIA PÚBLICA. DESEMPENHO DE FUNÇÃO INSTITUCIONAL. HONORÁRIOS. O defensor público não faz jus ao recebimento de honorários pelo exercício da curatela especial, por estar no exercício das suas funções institucionais, para o que já é remunerado mediante o subsídio em parcela única. *In casu*, trata-se de recurso interposto pela Defensoria Pública estadual contra a decisão que indeferiu o pleito de antecipação da verba honorária, a ser paga pela recorrida, relativa ao desempenho da função de curadoria especial para réu revel citado por hora certa. Em

§ 2º A sentença condenará o vencido a pagar ao vencedor as despesas que antecipou.

Remissões:

- Lei nº 1.060, de 5.02.1950, e art. 1º da Lei nº 5.478, de 25-07-1968, sobre justiça gratuita e ação de alimentos.
- Defensoria Pública: Lei Complementar nº 80, de 12-1-1994.
- Art. 30 do Decreto-Lei nº 3.365, de 21-06-1941, sobre desapropriações.
- Art. 10 do Decreto-Lei nº 3.365, de 21-06-1941, sobre desapropriações.
- Lei nº 9.289/1996 (dispõe sobre as custas na Justiça Federal).

Notas:

Gratuidade de Justiça. O Artigo 5º, inciso LXXIV da CRFB/88 afirma que "o Estado prestará assistência jurídica integral e gratuita aos que comprovarem insuficiência de recursos" Dessa forma, os beneficiários da gratuita de justiça gozam de isenção de despesas para a prática de atos processuais até o fim do litígio em toda e qualquer instância (artigo 9º da Lei 1060/50).

De acordo com o artigo 3º da Lei nº 1.060/50, a assistência judiciária compreende as seguintes isenções: I – das taxas judiciárias e dos selos; II – dos emolumentos e custas devidos aos Juízes, órgãos do Ministério Público e serventuários da justiça; III – das despesas com as publicações indispensáveis no jornal encarregado da divulgação dos atos oficiais; IV – das indenizações devidas às testemunhas que, quando empregados, receberão do empregador salário integral, como se em serviço estivessem, ressalvado o direito regressivo contra o poder público federal, no Distrito Federal e nos Territórios; ou contra o poder público estadual, nos Estados; V – dos honorários de advogado e peritos. VI – das despesas com a realização do exame de código genético – DNA que for requisitado pela autoridade judiciária nas ações de investigação de paternidade ou maternidade. (Incluído pela Lei nº 10.317, de 2001) e VII – dos depósitos previstos em lei para interposição de recurso, ajuizamento de ação e demais

---

síntese, a recorrente sustenta violação do art. 19, § 2º, do CPC, além de divergência jurisprudencial ao argumento de que a verba prevista nesse dispositivo legal ostenta a natureza de despesa judicial, e não de verba sucumbencial, tendo a autora (ora recorrida) interesse no prosseguimento do feito, o qual não é possível sem curador especial. A Corte Especial negou provimento ao recurso por entender que a remuneração dos membros da Defensoria Pública ocorre mediante subsídio em parcela única mensal, com expressa vedação a qualquer outra espécie remuneratória, nos termos dos arts. 135 e 39, § 4º, da CF c/c com o art. 130 da LC n. 80/1994. Todavia, caberão à Defensoria Pública, se for o caso, os honorários sucumbenciais fixados ao final da demanda (art. 20 do CPC), ressalvada a hipótese em que ela atue contra pessoa jurídica de direito público à qual pertença (Súm. n. 421/STJ). REsp 1.201.674-SP, Rel. Min. Luis Felipe Salomão, julgado em 06/06/2012.

atos processuais inerentes ao exercício da ampla defesa e do contraditório. (Incluído pela Lei Complementar nº 132, de 2009).

Gratuidade dos Atos necessários ao exercício da cidadania. A Lei nº 9.265/96 que regulamenta o inciso LXXVII do artigo 5º da Constituição da República Federativa do Brasil de 1988, em seu artigo 1º, determina que são gratuitos os atos necessários ao exercício da cidadania, assim considerados: I – os que capacitam o cidadão ao exercício da soberania popular, a que se reporta o art. 14 da Constituição; II – aqueles referentes ao alistamento militar; III – os pedidos de informações ao poder público, em todos os seus âmbitos, objetivando a instrução de defesa ou a denúncia de irregularidades administrativas na órbita pública; IV – as ações de impugnação de mandato eletivo por abuso do poder econômico, corrupção ou fraude; V – quaisquer requerimentos ou petições que visem as garantias individuais e a defesa do interesse público. VI – O registro civil de nascimento e o assento de óbito, bem como a primeira certidão respectiva. (Incluído pela Lei nº 9.534, de 1997)

Súmulas:

STF. Súmula Vinculante nº 28: É inconstitucional a exigência de depósito prévio como requisito de admissibilidade de ação judicial na qual se pretenda discutir a exigibilidade de crédito tributário.

STF nº 667: Viola a garantia constitucional de acesso à jurisdição a taxa judiciária calculada sem limite sobre o valor da causa.

STJ nº 178: O INSS não goza de isenção do pagamento de custas e emolumentos, nas ações acidentárias e de benefícios propostas na justiça estadual.

STJ nº 232: A Fazenda Pública, quando parte no processo, fica sujeita à exigência do depósito prévio dos honorários do perito.

STJ nº 438: O INSS não está obrigado a efetuar depósito prévio do preparo por gozar das prerrogativas e privilégios da Fazenda Pública.

Art. 83. O autor, brasileiro ou estrangeiro, que residir fora do Brasil ou deixar de residir no país ao longo da tramitação de processo prestará caução suficiente ao pagamento das custas e dos honorários de advogado da parte contrária nas ações que propuser, se não tiver no Brasil bens imóveis que lhes assegurem o pagamento.

§ 1º Não se exigirá a caução de que trata o *caput*:

I – quando houver dispensa prevista em acordo ou tratado internacional de que o Brasil faz parte;

II – na execução fundada em título extrajudicial e no cumprimento de sentença;

III – na reconvenção.

§ 2º Verificando-se no trâmite do processo que se desfalcou a garantia, poderá o interessado exigir reforço da caução, justificando seu pedido com a indicação da depreciação do bem dado em garantia e a importância do reforço que pretende obter.

Notas:

Caução as custas. O novo CPC não apresenta uma disciplina relativa ao processo cautelar e procedimentos cautelares específicos. A hipótese do artigo 83 trata de ou autor brasileiro ou estrangeiro que residir fora do Brasil ou deixar de residir no país ao longo do processo prestará caução suficiente ao pagamento das custas e dos honorários de advogado da parte contrária.

Dispensa da caução. Já o § 1º trata das hipóteses em que a caução não é exigível quando houver dispensa prevista em acordo ou tratado internacional de que o Brasil faz parte (inciso I); na execução fundada em título extrajudicial e no cumprimento de sentença (inciso II); e na reconvenção (inciso III).

Reforço de caução. Por fim, o § 2º dispõe acerca do reforço de caução no caso de desfalque da caução ao longo do processo. Neste caso, o interessado poderá exigir reforço de caução, justificando o seu pedido com a indicação do bem depreciado dado em garantia e a importância do reforço que pretende obter.

Enunciado das Jornadas de Direito Processual Civil do Conselho da Justiça Federal:

Nº 4 do CJF: A entrada em vigor de acordo ou tratado internacional que estabeleça dispensa da caução prevista no art. 83, § 1º, inc. I do CPC/2015, implica na liberação da caução previamente imposta.

Art. 84. As despesas abrangem as custas dos atos do processo, a indenização de viagem, a remuneração do assistente técnico e a diária de testemunha.

Notas:

Despesas. Custas, emolumentos, indenização, viagem e remuneração.

Súmula:

STF nº 667: Viola a garantia constitucional de acesso à jurisdição a taxa judiciária calculada sem limite sobre o valor da causa.

Art. 85. A sentença condenará o vencido a pagar honorários ao advogado do vencedor.

§ 1º São devidos honorários advocatícios na reconvenção, no cumprimento de sentença, provisório ou definitivo, na execução, resistida ou não, e nos recursos interpostos, cumulativamente.

§ 2º Os honorários serão fixados entre o mínimo de dez e o máximo de vinte por cento sobre o valor da condenação, do proveito econômico obtido ou, não sendo possível mensurá-lo, sobre o valor atualizado da causa, atendidos:

I – o grau de zelo do profissional;

II – o lugar de prestação do serviço;

III – a natureza e a importância da causa;

IV – o trabalho realizado pelo advogado e o tempo exigido para o seu serviço.

§ 3º Nas causas em que a Fazenda Pública for parte, a fixação dos honorários observará os critérios estabelecidos nos incisos I a IV do § 2º e os seguintes percentuais:

I – mínimo de dez e máximo de vinte por cento sobre o valor da condenação ou do proveito econômico obtido até 200 (duzentos) salários-mínimos;

II – mínimo de oito e máximo de dez por cento sobre o valor da condenação ou do proveito econômico obtido acima de 200 (duzentos) salários-mínimos até 2.000 (dois mil) salários-mínimos;

III – mínimo de cinco e máximo de oito por cento sobre o valor da condenação ou do proveito econômico obtido acima de 2.000 (dois mil) salários-mínimos até 20.000 (vinte mil) salários-mínimos;

IV – mínimo de três e máximo de cinco por cento sobre o valor da condenação ou do proveito econômico obtido acima de 20.000 (vinte mil) salários-mínimos até 100.000 (cem mil) salários-mínimos;

V – mínimo de um e máximo de três por cento sobre o valor da condenação ou do proveito econômico obtido acima de 100.000 (cem mil) salários-mínimos.

§ 4º Em qualquer das hipóteses do § 3º:

I – os percentuais previstos nos incisos I a V devem ser aplicados desde logo, quando for líquida a sentença;

II – não sendo líquida a sentença, a definição do percentual, nos termos previstos nos incisos I a V, somente ocorrerá quando liquidado o julgado;

III – não havendo condenação principal ou não sendo possível mensurar o proveito econômico obtido, a condenação em honorários dar-se-á sobre o valor atualizado da causa;

IV – será considerado o salário-mínimo vigente quando prolatada sentença líquida ou o que estiver em vigor na data da decisão de liquidação.

§ 5º Quando, conforme o caso, a condenação contra a Fazenda Pública ou o benefício econômico obtido pelo vencedor ou o valor da causa for superior ao valor previsto no inciso I do § 3º, a fixação do percentual de honorários deve observar a faixa inicial e, naquilo que a exceder, a faixa subsequente, e assim sucessivamente.

§ 6º Os limites e critérios previstos nos §§ 2º e 3º aplicam-se independentemente de qual seja o conteúdo da decisão, inclusive aos casos de improcedência ou de sentença sem resolução de mérito.

§ 6º-A. Quando o valor da condenação ou do proveito econômico obtido ou o valor atualizado da causa for líquido ou liquidável, para fins de fixação dos honorários advocatícios, nos termos dos §§ 2º e 3º, é proibida a apreciação equitativa, salvo nas hipóteses expressamente previstas no § 8º deste artigo. (Incluído pela Lei nº 14.365, de 2022).

§ 7º Não serão devidos honorários no cumprimento de sentença contra a Fazenda Pública que enseje expedição de precatório, desde que não tenha sido impugnada.

§ 8º Nas causas em que for inestimável ou irrisório o proveito econômico ou, ainda, quando o valor da causa for muito baixo, o juiz fixará o valor dos honorários por apreciação equitativa, observando o disposto nos incisos do § 2º.

§ 8º-A. Na hipótese do § 8º deste artigo, para fins de fixação equitativa de honorários sucumbenciais, o juiz deverá observar os valores recomendados pelo Conselho Seccional da Ordem dos Advogados do Brasil a título de honorários advocatícios ou o limite mínimo de 10% (dez por cento) estabelecido no § 2º deste artigo, aplicando-se o que for maior. (Incluído pela Lei nº 14.365, de 2022).

§ 9º Na ação de indenização por ato ilícito contra pessoa, o percentual de honorários incidirá sobre a soma das prestações vencidas acrescida de 12 (doze) prestações vincendas.

§ 10. Nos casos de perda do objeto, os honorários serão devidos por quem deu causa ao processo.

§ 11. O tribunal, ao julgar recurso, majorará os honorários fixados anteriormente levando em conta o trabalho adicional realizado em grau recursal, observando, conforme o caso, o disposto nos §§ 2º a 6º, sendo vedado ao tribunal, no cômputo geral da fixação de honorários devidos ao advogado do vencedor, ultrapassar os respectivos limites estabelecidos nos §§ 2º e 3º para a fase de conhecimento.

§ 12. Os honorários referidos no § 11 são cumuláveis com multas e outras sanções processuais, inclusive as previstas no art. 77.

§ 13. As verbas de sucumbência arbitradas em embargos à execução rejeitados ou julgados improcedentes e em fase de cumprimento de sentença serão acrescidas no valor do débito principal, para todos os efeitos legais.

§ 14. Os honorários constituem direito do advogado e têm natureza alimentar, com os mesmos privilégios dos créditos oriundos da legislação do trabalho, sendo vedada a compensação em caso de sucumbência parcial.

§ 15. O advogado pode requerer que o pagamento dos honorários que lhe caibam seja efetuado em favor da sociedade de advogados que integra na qualidade de sócio, aplicando-se à hipótese o disposto no § 14.

§ 16. Quando os honorários forem fixados em quantia certa, os juros moratórios incidirão a partir da data do trânsito em julgado da decisão.

§ 17. Os honorários serão devidos quando o advogado atuar em causa própria.

§ 18. Caso a decisão transitada em julgado seja omissa quanto ao direito aos honorários ou ao seu valor, é cabível ação autônoma para sua definição e cobrança.

§ 19. Os advogados públicos perceberão honorários de sucumbência, nos termos da lei.

§ 20. O disposto nos §§ 2º, 3º, 4º, 5º, 6º, 6º-A, 8º, 8º-A, 9º e 10 deste artigo aplica-se aos honorários fixados por arbitramento judicial. (Incluído pela Lei nº 14.365, de 2022)

Notas:

Honorários Advocatícios. Decorrem da sucumbência do processo. Tais honorários não se confundem com os contratuais e intelectuais acordados entre o causídico e o seu cliente. Esses honorários advocatícios são fixados pelo magistrado e pertencem exclusivamente ao advogado (e não ao seu cliente). É o que diz o artigo 23 da Lei nº 8.906/94: "*os honorários incluídos na condenação, por arbitramento ou sucumbência, pertencem ao advogado, tendo este direito autônomo para executar a sentença nesta parte, podendo requerer que o precatório, quando necessário, seja expedido em seu favor*".

Princípio do munus publicus da Advocacia (art. 133 da CF/88). De acordo com José Augusto Galdino da Costa, "esse princípio estabelece e garante a indispensabilidade da atuação do advogado na administração da justiça. A sua consagração, em sede constitucional, é uma vitória da democracia.

Não é sem motivo que a aplicabilidade prática e os desdobramentos desse princípio tem ensejado enormes resistências, inclusive por parte do judiciário.

O advogado é o mais legítimo de todos os constituídos, posto que, a qualquer tempo, o seu constituinte pode cassar-lhe o mandato. Não existe melhor fiscal na defesa das garantias e dos direitos do indivíduo que o advogado, guerreiro incansável na luta contra as ilegalidades, formalidades arbitrárias e abusos de poder."[157]

---

[157] GALDINO DA COSTA, José Augusto. *Princípios Gerais no Processo Civil: Princípios Fundamentais e Princípios Informativos*. Rio de Janeiro: Forense, 2007, p. 28.

Outrossim, o § 1º diz que são devidos honorários advocatícios na reconvenção, no cumprimento de sentença, provisório ou definitivo, na execução, resistida ou não, e nos recursos interpostos, cumulativamente.

O § 2º trata dos *percentuais dos honorários*: mínimo de dez e o máximo de vinte por cento sobre o valor da condenação, do proveito econômico obtido ou, não sendo possível mensurá-lo, sobre o valor atualizado da causa. A fixação dos honorários deve ser norteado pelos seguintes critérios, a saber: o grau de zelo do profissional; o lugar de prestação do serviço; a natureza e a importância da causa e o trabalho realizado pelo advogado e o tempo exigido para o seu serviço.

Critérios de aplicação dos percentuais para honorários em ações nas quais a Fazenda Pública seja parte. Os *honorários advocatícios* quando a *Fazenda Pública* for parte estão estabelecidos nos §§ 3º a 7º. O § 3º informa que a fixação deve observar os critérios do § 2º do referido dispositivo legal. Dessa forma, a fixação dos honorários deve estar compreendida no mínimo de 10% e no máximo de 20% sobre o valor da condenação ou do proveito econômico obtido até 200 (duzentos) salários-mínimos (inciso I); no mínimo de oito e máximo de dez por cento sobre o valor da condenação ou do proveito econômico obtido acima de 200 (duzentos) salários-mínimos até 2.000 (dois mil) salários-mínimos (inciso II); no mínimo de cinco e máximo de oito por cento sobre o valor da condenação ou do proveito econômico obtido acima de 2.000 (dois mil) salários-mínimos até 20.000 (vinte mil) salários-mínimos (inciso III); no mínimo de três e máximo de cinco por cento sobre o valor da condenação ou do proveito econômico obtido acima de 20.000 (vinte mil) salários-mínimos até 100.000 (cem mil) salários-mínimos (Inciso IV); e no mínimo de um e máximo de três por cento sobre o valor da condenação ou do proveito econômico obtido acima de 100.000 (cem mil) salários-mínimos (inciso V).

Já o § 4º determina que os percentuais previstos no § 3º devem ser aplicados desde logo, quando for líquida a sentença. No caso de sentença ilíquida, a definição do percentual somente ocorrerá quando liquidado o julgado. Não havendo condenação principal ou não sendo possível mensurar o proveito econômico obtido, a condenação em honorários dar-se-á sobre o valor atualizado da causa. Por fim, será considerado o salário-mínimo vigente quando prolatada sentença líquida ou o que estiver em vigor na data da decisão de liquidação.

O § 5º determina que "conforme o caso, a condenação contra a Fazenda Pública ou o benefício econômico obtido pelo vencedor ou o valor da causa for superior ao valor previsto no inciso I do § 3º, a fixação do percentual de honorários deve observar a faixa inicial e, naquilo que a exceder, a faixa subsequente, e assim sucessivamente."

O § 6º dispõe que s limites e critérios previstos nos §§ 2º e 3º aplicam-se independentemente de qual seja o conteúdo da decisão, inclusive aos casos de improcedência ou de sentença sem resolução de mérito.

Por fim, o § 7º determina que "não serão devidos honorários no cumprimento de sentença contra a Fazenda Pública que enseje expedição de precatório, desde que não tenha sido impugnada."

Causas de proveito econômico irrisório ou inestimável, ou de valor muito baixo. Diz o § 8º que nas causas em que for inestimável ou irrisório o proveito econômico ou, ainda, quando o valor da causa for muito baixo, o juiz fixará o valor dos honorários por apreciação equitativa. O magistrado deverá utilizar dos critérios do § 2º do artigo 85.

Ação de Indenização por ato ilícito contra a pessoa. Na ação de indenização por ato ilícito contra pessoa, o percentual de honorários incidirá sobre a soma das prestações vencidas acrescida de 12 (doze) prestações vincendas (artigo 85, § 9º, do CPC).

Perda do objeto da ação. Nos casos de perda do objeto, os honorários serão devidos por quem deu causa ao processo (artigo 85, § 10, do CPC).

Fixação de nova verba honorária na fase recursal. O § 11 do artigo 85 determina que o tribunal, ao julgar recurso, majorará os honorários fixados anteriormente levando em conta o trabalho adicional realizado em grau recursal, observando, conforme o caso, o disposto nos §§ 2º a 6º do referido dispositivo legal, sendo vedado ao tribunal, no cômputo geral da fixação de honorários devidos ao advogado do vencedor, ultrapassar os respectivos limites estabelecidos nos §§ 2º e 3º para a fase de conhecimento.

Cumulação de honorários na fase recursal. Os honorários na fase recursal são cumuláveis com multas e outras sanções processuais, inclusive as previstas no art. 77 (artigo 85, § 12, do CPC).

Honorários em embargos à execução rejeitados ou julgados improcedentes e cumprimento da sentença. As verbas de sucumbência arbitradas em embargos à execução rejeitados ou julgados improcedentes e em fase de cumprimento de sentença serão acrescidas no valor do débito principal, para todos os efeitos legais (artigo 85, § 13, do CPC).

Natureza alimentar dos honorários. O § 14 do artigo 85 diz que os honorários constituem direito do advogado e têm natureza alimentar, com os mesmos privilégios dos créditos oriundos da legislação do trabalho, sendo vedada a compensação em caso de sucumbência parcial. Aqui se trata de honorários sucumbenciais, ou seja, aqueles que são fixados pelo magistrado na sentença judicial.[158]

Pagamento de Honorários em favor da sociedade de advogados. O § 15 do artigo 85 do CPC diz que o advogado pode requerer que o pagamento dos

---

[158] Estatuto da OAB – Lei 8.906/94 – "*Art. 22. A prestação de serviço profissional assegura aos inscritos na OAB o direito aos honorários convencionados, aos fixados por arbitramento judicial e aos de sucumbência.*

§ 1º O advogado, quando indicado para patrocinar causa de juridicamente necessitado, no caso de impossibilidade da Defensoria Pública no local da prestação de serviço, tem direito aos honorários fixados pelo juiz, segundo tabela organizada pelo Conselho Seccional da OAB, e pagos pelo Estado.

§ 2º Na falta de estipulação ou de acordo, os honorários são fixados por arbitramento judicial, em remuneração compatível com o trabalho e o valor econômico da questão, não podendo ser inferiores aos estabelecidos na tabela organizada pelo Conselho Seccional da OAB.

§ 3º Salvo estipulação em contrário, um terço dos honorários é devido no início do serviço, outro terço até a decisão de primeira instância e o restante no final.

§ 4º Se o advogado fizer juntar aos autos o seu contrato de honorários antes de expedir-se o mandado de levantamento ou precatório, o juiz deve determinar que lhe sejam pagos diretamente, por dedução da quantia a ser recebida pelo constituinte, salvo se este provar que já os pagou.

§ 5º O disposto neste artigo não se aplica quando se tratar de mandato outorgado por advogado para defesa em processo oriundo de ato ou omissão praticada no exercício da profissão.

Art. 23. Os honorários incluídos na condenação, por arbitramento ou sucumbência, pertencem ao advogado, tendo este direito autônomo para executar a sentença nesta parte, podendo requerer que o precatório, quando necessário, seja expedido em seu favor.

Art. 24. A decisão judicial que fixar ou arbitrar honorários e o contrato escrito que os estipular são títulos executivos e constituem crédito privilegiado na falência, concordata, concurso de credores, insolvência civil e liquidação extrajudicial.

§ 1º A execução dos honorários pode ser promovida nos mesmos autos da ação em que tenha atuado o advogado, se assim lhe convier.

§ 2º Na hipótese de falecimento ou incapacidade civil do advogado, os honorários de sucumbência, proporcionais ao trabalho realizado, são recebidos por seus sucessores ou representantes legais.

§ 3º É nula qualquer disposição, cláusula, regulamento ou convenção individual ou coletiva que retire do advogado o direito ao recebimento dos honorários de sucumbência.

§ 4º O acordo feito pelo cliente do advogado e a parte contrária, salvo aquiescência do profissional, não lhe prejudica os honorários, quer os convencionados, quer os concedidos por sentença.

Art. 25. Prescreve em cinco anos a ação de cobrança de honorários de advogado, contado o prazo:

I – do vencimento do contrato, se houver;

II – do trânsito em julgado da decisão que os fixar;

III – da ultimação do serviço extrajudicial;

IV – da desistência ou transação;

V – da renúncia ou revogação do mandato.

honorários que lhe caibam seja efetuado em favor da sociedade de advogados que integra na qualidade de sócio, aplicando-se à hipótese o disposto no § 14 do mesmo dispositivo legal.

Juros moratórios sobre os honorários. Os juros são os rendimentos do capital. São os frutos civis da coisa. Os juros dividem-se em compensatórios e moratórios; convencionais e legais; e simples e compostos. Os *juros compensatórios* são os juros devidos em razão da utilização do capital de outra pessoa, enquanto os *juros moratórios* são os juros devidos em razão da mora. Os *juros convencionais* são aqueles estipulados pelas partes contratantes, enquanto os *juros legais* são aqueles previstos ou impostos pela lei. Os *juros simples* são os juros calculados sobre o capital inicial e os *juros compostos* são os juros devidos sobre o capital inicial acrescidos de juros, isto é, são os juros sobre juros.

Taxa de juros. Em relação à *taxa legal de juros*, o artigo 406 determina que "quando os juros moratórios não forem convencionados, ou o forem sem taxa estipulada, ou quando provierem de determinação da lei, serão fixados segundo a taxa que estiver em vigor para a mora do pagamento de impostos devidos à Fazenda Nacional."

Em relação ao disposto no artigo 406 do Código Civil, o Conselho da Justiça Federal, nas I e III Jornadas de Direito Civil, publicou os seguintes enunciados:

Conselho da Justiça Federal – I Jornada de Direito Civil: CJF – Enunciado 20 – Art. 406: a taxa de juros moratórios a que se refere o art. 406 é a do art. 161, § 1º, do Código Tributário Nacional, ou seja, um por cento ao mês. A utilização da taxa SELIC como índice de apuração dos juros legais não é juridicamente segura, porque impede o prévio conhecimento dos juros; não é operacional, porque seu uso será inviável sempre que se calcularem somente juros ou somente correção monetária; é incompatível com a regra do art. 591 do novo Código Civil, que permite apenas a capitalização anual dos juros, e pode ser incompatível com o art. 192, § 3º, da Constituição Federal, se resultarem juros reais superiores a doze por cento ao ano.

Conselho da Justiça Federal – III Jornada de Direito Civil: CJF – Enunciado 164 – Arts. 406, 2.044 e 2.045: Tendo início a mora do devedor ainda na vigência do Código Civil de 1916, são devidos juros de mora de 6% ao ano, até 10 de janeiro de 2003; a partir de 11 de janeiro de 2003 (data de entrada em vigor do novo Código Civil), passa a incidir o art. 406 do Código Civil de 2002.

Art. 25-A. Prescreve em cinco anos a ação de prestação de contas pelas quantias recebidas pelo advogado de seu cliente, ou de terceiros por conta dele (art. 34, XXI). (Incluído pela Lei nº 11.902, de 2009)

Art. 26. O advogado substabelecido, com reserva de poderes, não pode cobrar honorários sem a intervenção daquele que lhe conferiu o substabelecimento."

Não há, pois, uma referência expressa no artigo 406 do CC quanto à taxa de juros legais, os juros moratórios.

Taxa Selic. A taxa SELIC – Sistema Especial de Liquidação e Custódia é divulgada pelo Comitê de Política Monetária (COPOM) e possui grande importância na economia. Esta taxa é composta de juros remuneratórios e correção monetária e representa a taxa média de remuneração dos títulos públicos registrados no Sistema Especial de Liquidação e Custódia.

Uma corrente entende que a taxa a ser aplicada é a taxa SELIC. Vejamos a decisão do Ministro Teori Albino Zavaski, no Recurso Especial 710.385-RJ ao dizer que "JUROS MORATÓRIOS. ART. 406 DO CC/2002. TAXA SELIC. A Turma, ao prosseguir o julgamento, na hipótese de reparação de danos materiais e morais decorrentes da inexecução do contrato de fornecimento de energia elétrica, bem como do exercício abusivo de sua interrupção para fins de cobrança, entendeu, por maioria, que a taxa à qual se refere o art. 406 do CC/2002 é a Selic. O Min. Teori Albino Zavascki, em seu voto-vista, o vencedor, sustentou que o art. 406, ao referir-se à taxa que estiver em vigor, expressa a opção do legislador em adotar uma taxa de juros variável, que pode ser modificada com o tempo. O art. 161, § 1º, do CTN, por sua vez, dispõe que a taxa de juros é de 1% ao mês se a lei não dispuser de modo diverso, o que denota sua natureza de norma supletiva, arredável por lei ordinária. O art. 13 da Lei nº 9.065/1995, ao referir-se ao art. 84 da Lei nº 8.981/1995, estabeleceu que, em casos de mora no pagamento de tributos arrecadados pela SRF, serão acrescidos juros equivalentes à Selic, e a utilização dessa taxa como juros de mora, em matéria tributária, foi confirmada por outras normas, tais como o art. 39, § 4º, da Lei nº 9.250/1995 (repetição ou compensação de tributos); art. 61, § 3º, da Lei nº 9.430/1996 e o art. 30 da Lei nº 10.522/2002. Outrossim, o STJ tem aplicado a Selic em demandas tributárias ao reputá-la constitucional, e o STF, na Adi 4-DF, DJ 25/6/1993, afirmou não haver vedação constitucional às previsões de juros superiores a 12% ao ano, isso em análise do art. 192, § 3º, da CF/1988, já revogado. Anotou, também, que, apesar de a Selic incluir juros e correção monetária, sua aplicação não acarreta *bis in idem*, visto estar condicionada à exclusão de qualquer outro índice de atualização. Já os votos-vencidos entendiam que a Selic não possuía natureza moratória e sim remuneratória (acrescida de correção monetária), pois criada para atrair e remunerar investidores na compra de títulos públicos. Assim, em razão dessa natureza, seria impossível sua aplicação em casos de ilícito contratual, restando correta a aplicação dos juros de 12% ao ano a partir da entrada em vigor do CC/2002 (art. 161, § 1º, do CTN c/c art. 406 do CC/2002). Precedentes citados: REsp 806.348-SP, DJ 1º/8/2006, e REsp 807.880-RN, DJ 23/5/2006. REsp 710.385-RJ, Rel. originária Min. Denise Arruda, Rel. para acórdão Min. Teori Albino Zavascki, julgado em 28/11/2006."

Art. 161, § 1º, do Código Tributário Nacional. Outra corrente entende que a taxa de juros moratórios a que se refere o art. 406 é a do art. 161, § 1º, do Código Tributário Nacional, ou seja, um por cento ao mês. Vejamos a decisão do Tribunal de Justiça do Rio Grande do Sul – TJRS: "Agravo de instrumento. Ação de execução de sentença. O pagamento espontâneo do valor devido em razão de sentença condenatória, antes da citação do devedor na antiga ação de execução (agora é apenas execução da sentença, não mais ação), isenta o executado do pagamento de honorários ao advogado do exequente. Juros moratórios no montante de 6% ao ano, até a data de 11 de janeiro de 2003, forte no ART. 1.062 DO CÓDIGO CIVIL/1916; E DE 12% AO ANO A PARTIR DA VIGÊNCIA DO NOVO CÓDIGO CIVIL/2002, CONSOANTE SEU ART. 406, COMBINADO COM O PERCENTUAL DE JUROS DETERMINADO NO ART. 161, § 1º, DO CÓDIGO TRIBUTÁRIO NACIONAL. AGRAVO PARCIALMENTE PROVIDO, EM DECISÃO MONOCRÁTICA. (Agravo de Instrumento Nº 70018027458, Décima Sexta Câmara Cível, Tribunal de Justiça do RS, Relator: Ergio Roque Menine, Julgado em 26/12/2006)."

Entendemos que o nosso Código Civil não adotou a taxa SELIC, até mesmo porque pode traduzir encargos insuportáveis para o devedor, ferindo, pois, toda a principiologia do novo Código Civil, em especial, o princípio do equilíbrio econômico.

Daí que se deve adotar a diretriz emanada do artigo 161, § 1º, do Código Tributário Nacional.

Outrossim, vale acrescentar que quando os honorários forem fixados em quantia certa, os juros moratórios incidirão a partir da data do trânsito em julgado da decisão (artigo 85, § 16, do CPC).

Honorários. Atuação em causa própria. O § 17 do artigo 85 determina que os honorários serão devidos quando o advogado atuar em causa própria.

Ação autônoma para a fixação e cobrança de honorários advocatícios. Caso a decisão transitada em julgado seja omissa quanto ao direito aos honorários ou ao seu valor, é cabível ação autônoma para sua definição e cobrança (artigo 85, § 18, do CPC).

Advogados Públicos. Os advogados públicos perceberão honorários de sucumbência, nos termos da lei (artigo 85, § 19, do CPC).

Remissões:

– Art. 22, parágrafo único, da Lei nº 6.515, de 26.12.1977 (Lei do Divórcio).

– A Lei nº 6.899, de 08.04.1981, que determina a aplicação da correção monetária.

– Art. 23 da Lei nº 8.906, de 04.07.1994 (EAOAB).

– Art. 25 da Lei nº 12.016/2009:

Art. 25. Não cabem, no processo de mandado de segurança, a interposição de embargos infringentes e a condenação ao pagamento dos honorários advocatícios, sem prejuízo da aplicação de sanções no caso de litigância de má-fé.

Recursos Especiais Repetitivos

– Para o fim preconizado no art. 1.039 do CPC/2015, firma-se a seguinte tese: "O art. 85, § 7º, do CPC/2015 não afasta a aplicação do entendimento consolidado na Súmula 345 do STJ, de modo que são devidos honorários advocatícios nos procedimentos individuais de cumprimento de sentença decorrente de ação coletiva, ainda que não impugnados e promovidos em litisconsórcio". 9. Recurso especial desprovido, com majoração da verba honorária. (STJ. Tema Repetitivo 973 – REsp 1648238/RS, REsp 1648498/RS e REsp 1650588/RS Rel. Ministro GURGEL DE FARIA, CORTE ESPECIAL, julgado em 20/06/2018, DJe 27/06/2018).

– Tese fixada pela Primeira Seção do STJ, com observância do rito do julgamento dos recursos repetitivos previsto no art. 1.036 e seguintes do CPC/2015: o eventual pagamento de benefício previdenciário na via administrativa, seja ele total ou parcial, após a citação válida, não tem o condão de alterar a base de cálculo para os honorários advocatícios fixados na ação de conhecimento, que será composta pela totalidade dos valores devidos. (STJ, Tema Repetitivo 1.050 (pendente trânsito em julgado) REsp 1847860/RS, REsp 1847731/RS, REsp 1847766/SC e REsp 1847848/SC, Rel. MIN. MANOEL ERHARDT (DESEMBARGADOR CONVOCADO DO TRF-5ª REGIÃO), PRIMEIRA SEÇÃO, julgado em 28/04/2021, DJe 05/05/2021).

STJ. Tema Repetitivo 1.050:

Tese: O eventual pagamento de benefício previdenciário na via administrativa, seja ele total ou parcial, após a citação válida, não tem o condão de alterar a base de cálculo para os honorários advocatícios fixados na ação de conhecimento, que será composta pela totalidade dos valores devidos. Publicação: 05/05/52021.

STJ. Tema Repetitivo 961:

Tese: Observado o princípio da causalidade, é cabível a fixação de honorários advocatícios, em exceção de pré-executividade, quando o sócio é excluído do polo passivo da execução fiscal, que não é extinta. Publicação: 29/03/2021.

Súmulas:

STF, Súmula Vinculante nº 47: Os honorários advocatícios incluídos na condenação ou destacados do montante principal devido ao credor consubstanciam verba de natureza alimentar cuja satisfação ocorrerá com a expedição de precatório ou requisição de pequeno valor, observada ordem especial restrita aos créditos dessa natureza.

STF nº 115: Sobre os honorários do advogado contratado pelo inventariante, com a homologação do juiz, não incide o imposto de transmissão '*causa mortis*'.

STF nº 121: É vedada a capitalização de juros, ainda que expressamente convencionada.

STF nº 185: Em processo de reajustamento pecuário, não responde a união pelos honorários do advogado do credor ou do devedor.

STF nº 223: Concedida isenção de custas ao empregado, por elas não responde o sindicato que o representa em juízo.

STF nº 229: A indenização acidentária não exclui a do direito comum, em caso de dolo ou culpa grave do empregador.

STF nº 234: São devidos honorários de advogado em ação de acidente do trabalho julgada procedente.

STF nº 236: Em ação de acidente do trabalho, a autarquia seguradora não tem isenção de custas.

STF nº 256: É dispensável pedido expresso para condenação do réu em honorários, com fundamento nos arts. 63 ou 64 do Cód. de Proc. Civil.

STF nº 257: São cabíveis honorários de advogado na ação regressiva do segurador contra o causador do dano.

STF nº 378: Na indenização por desapropriação incluem-se honorários do advogado do expropriado.

STF nº 389: Salvo limite legal, a fixação de honorários de advogado, em complemento da condenação, depende das circunstâncias da causa, não dando lugar a recurso extraordinário.

STF nº 412: No compromisso de compra e venda com cláusula de arrependimento, a devolução do sinal, por quem o deu, ou a sua restituição em dobro, por quem o recebeu, exclui indenização maior, a título de perdas e danos, salvo os juros moratórios e os encargos do processo.

STF nº 450: São devidos honorários de advogado sempre que vencedor o beneficiário de justiça gratuita.

STF nº 472: A condenação do autor em honorários de advogado, com fundamento no art. 64 do código de processo civil, depende de reconvenção.

STF nº 490: A pensão correspondente à indenização oriunda de responsabilidade civil deve ser calculada com base no salário mínimo vigente ao tempo da sentença e ajustar-se-á às variações ulteriores.

STF nº 512: Não cabe condenação em honorários de advogado na ação de mandado de segurança.

STF nº 519: Aplica-se aos executivos fiscais o princípio da sucumbência a que se refere o art. 64 do código de processo civil.

STF nº 616: É permitida a cumulação da multa contratual com os honorários de advogado, após o advento do código de processo civil vigente.

STF nº 617: A base de cálculo dos honorários de advogado em desapropriação é a diferença entre a oferta e a indenização, corrigidas ambas monetariamente.

STF nº 618: Na desapropriação, direta ou indireta, a taxa dos juros compensatórios é de 12% (doze por cento) ao ano.

STJ nº 12: Em desapropriação, são cumuláveis juros compensatórios e moratórios.

STJ nº 14: Arbitrados os honorários advocatícios em percentual sobre o valor da causa, a correção monetária incide a partir do respectivo ajuizamento.

STJ nº 29: No pagamento em juízo para elidir falência, são devidos correção monetária, juros e honorários de advogado.

STJ nº 105: Na ação de mandado de segurança não se admite condenação em honorários advocatícios.

STJ nº 110: A isenção do pagamento de honorários advocatícios, nas ações acidentárias, é restrita ao segurado.

STJ nº 111: Os honorários advocatícios, nas ações previdenciárias, não incidem sobre as prestações vencidas após a sentença.

STJ nº 131: Nas ações de desapropriação incluem-se no cálculo da verba advocatícia as parcelas relativas aos juros compensatórios e moratórios, devidamente corrigidas.

STJ nº 141: Os honorários de advogado em desapropriação direta são calculados sobre a diferença entre a indenização e a oferta, corrigidas monetariamente.

STJ nº 153: A desistência da execução fiscal, após o oferecimento dos embargos, não exime o exequente dos encargos da sucumbência.

STJ nº 201: Os honorários advocatícios não podem ser fixados em salários mínimos.

STJ nº303: Em embargos de terceiro, quem deu causa à constrição indevida deve arcar com os honorários advocatícios.

STJ nº 306: Os honorários advocatícios devem ser compensados quando houver sucumbência recíproca, assegurado o direito autônomo do advogado à execução do saldo sem excluir a legitimidade da própria parte.

STJ nº 325: A remessa oficial devolve ao Tribunal o reexame de todas as parcelas da condenação suportadas pela Fazenda Pública, inclusive dos honorários de advogado.

STJ nº 345: São devidos honorários advocatícios pela fazenda pública nas execuções individuais de sentença proferida em ações coletivas, ainda que não embargadas.

STJ nº 421: Os honorários advocatícios não são devidos à defensoria pública quando ela atua contra a pessoa jurídica de direito público à qual pertença.

STJ nº 453: Os honorários sucumbenciais, quando omitidos em decisão transitada em julgado, não podem ser cobrados em execução ou em ação própria.

STJ nº 488: O § 2º do art. 6º da Lei nº 9.469/1997, que obriga à repartição dos honorários advocatícios, é inaplicável a acordos ou transações celebrados em data anterior à sua vigência.

STJ nº 517: São devidos honorários advocatícios no cumprimento de sentença, haja ou não impugnação, depois de escoado o prazo para pagamento voluntário, que se inicia após a intimação do advogado da parte executada.

STJ nº 519: Na hipótese de rejeição da impugnação ao cumprimento de sentença, não são cabíveis honorários advocatícios.

Enunciado Administrativo do Superior Tribunal de Justiça:

STJ. Enunciado Administrativo nº 7: Somente nos recursos interpostos contra decisão publicada a partir de 18 de março de 2016, será possível o arbitramento de honorários sucumbenciais recursais, na forma do art. 85, § 11, do novo CPC.

Enunciados das Jornadas de Direito Processual Civil do Conselho da Justiça Federal:

Nº 5 do CJF: Ao proferir decisão parcial de mérito ou decisão parcial fundada no art. 485 do CPC, condenar-se-á proporcionalmente o vencido a pagar honorários ao advogado do vencedor, nos termos do art. 85 do CPC.

Nº 6 do CJF: A fixação dos honorários de sucumbência por apreciação equitativa só é cabível nas hipóteses previstas no § 8º do art. 85 do CPC.

Nº 7 do CJF: A ausência de resposta ao recurso pela parte contrária, por si só, não tem o condão de afastar a aplicação do disposto no art. 85, § 11, do CPC.

Nº 8 do CJF: Não cabe majoração de honorários advocatícios em agravo de instrumento, salvo se interposto contra decisão interlocutória que tenha fixado honorários na origem, respeitados os limites estabelecidos no art. 85, §§ 2º, 3º e 8º, do CPC.

Nº 118 do CJF: É cabível a fixação de honorários advocatícios na ação de produção antecipada de provas na hipótese de resistência da parte requerida na produção da prova.

Enunciados do Fórum Permanente de Processualistas Civis:

Nº 7 do FPPC: O pedido, quando omitido em decisão judicial transitada em julgado, pode ser objeto de ação autônoma.

Nº 8 do FPPC: Fica superado o enunciado 453 da súmula do STJ após a entrada em vigor do CPC ("Os honorários sucumbenciais, quando omitidos em decisão transitada em julgado, não podem ser cobrados em execução ou em ação própria").

Nº 239 do FPPC: Fica superado o enunciado nº 472 da súmula do STF ("A condenação do autor em honorários de advogado, com fundamento no art. 64 do Código de Processo Civil, depende de reconvenção"), pela extinção da nomeação à autoria.

Nº 240 do FPPC: São devidos honorários nas execuções fundadas em título executivo extrajudicial contra a Fazenda Pública, a serem arbitrados na forma do § 3º do art. 85.

Nº 241 do FPPC: Os honorários de sucumbência recursal serão somados aos honorários pela sucumbência em primeiro grau, observados os limites legais.

Nº 242 do FPPC: Os honorários de sucumbência recursal são devidos em decisão unipessoal ou colegiada.

Nº 243 do FPPC: No caso de provimento do recurso de apelação, o tribunal redistribuirá os honorários fixados em primeiro grau e arbitrará os honorários de sucumbência recursal.

Nº 244 do FPPC: Ficam superados o enunciado 306 da súmula do STJ ("Os honorários advocatícios devem ser compensados quando houver sucumbência recíproca, assegurado o direito autônomo do advogado à execução do saldo sem excluir a legitimidade da própria parte") e a tese firmada no REsp Repetitivo nº 963.528/PR, após a entrada em vigor do CPC, pela expressa impossibilidade de compensação.

Nº 384 do FPPC: A lei regulamentadora não poderá suprimir a titularidade e o direito à percepção dos honorários de sucumbência dos advogados públicos.

Nº 451 do FPPC: A regra decorrente do *caput* e do § 1º do art. 827 aplica-se às execuções fundadas em título executivo extrajudicial de obrigação de fazer, não fazer e entrega de coisa.

Nº 621 do FPPC: Ao cumprimento de sentença do capítulo relativo aos honorários advocatícios, aplicam-se as hipóteses de penhora previstas no § 2º do art. 833, em razão da sua natureza alimentar.

Nº 661 do FPPC: É cabível a fixação de honorários advocatícios na reclamação, atendidos os critérios legais.

Enunciados da Escola Nacional de Formação e Aperfeiçoamento de Magistrados:

Nº 14 do ENFAM: Em caso de sucumbência recíproca, deverá ser considerada proveito econômico do réu, para fins do art. 85, § 2º, do CPC/2015, a diferença entre o que foi pleiteado pelo autor e o que foi concedido, inclusive no que se refere às condenações por danos morais.

Nº 15 do ENFAM: Nas execuções fiscais ou naquelas fundadas em título extrajudicial promovidas contra a Fazenda Pública, a fixação dos honorários deverá observar os parâmetros do art. 85, § 3º, do CPC/2015.

Nº 16 do ENFAM: Não é possível majorar os honorários na hipótese de interposição de recurso no mesmo grau de jurisdição (art. 85, § 11, do CPC/2015).

Nº 17 do ENFAM: Para apuração do "valor atualizado da causa" a que se refere o art. 85, § 2º, do CPC/2015, deverão ser utilizados os índices previstos no programa de atualização financeira do CNJ a que faz referência o art. 509, § 3º.

Art. 86. Se cada litigante for, em parte, vencedor e vencido, serão proporcionalmente distribuídas entre eles as despesas.

Parágrafo único. Se um litigante sucumbir em parte mínima do pedido, o outro responderá, por inteiro, pelas despesas e pelos honorários.

Notas:

Sucumbência recíproca. Ocorre a sucumbência recíproca quando cada litigante for, em parte, vencedor e vencido. Neste caso as despesas serão proporcionalmente distribuídas entre eles.

Já o parágrafo único do artigo 86 trata da sucumbência mínima, isto é, quando a perda for mínima, está é equiparada à vitória na lide, e a parte contrária responderá, por inteiro, pelas despesas e honorários.

Súmulas:

STJ nº 306: Os honorários advocatícios devem ser compensados quando houver sucumbência recíproca, assegurado o direito autônomo do advogado à execução do saldo sem excluir a legitimidade da própria parte.

STJ nº 326: Na ação de indenização por dano moral, a condenação em montante inferior ao postulado na inicial não implica sucumbência recíproca.

Art. 87. Concorrendo diversos autores ou diversos réus, os vencidos respondem proporcionalmente pelas despesas e pelos honorários.

§ 1º A sentença deverá distribuir entre os litisconsortes, de forma expressa, a responsabilidade proporcional pelo pagamento das verbas previstas no *caput*.

§ 2º Se a distribuição de que trata o § 1º não for feita, os vencidos responderão solidariamente pelas despesas e pelos honorários.

Notas:

Proporção nas despesas e honorários. O artigo 87 do CPC trata especialmente dos casos de litisconsórcio (ativo, passivo e misto). Dessa maneira, cada litisconsorte vencido responderá proporcionalmente pelas despesas e pelos honorários.

A sentença judicial deverá distribuir entre os litisconsortes, de forma expressa, a responsabilidade proporcional pelo pagamento das verbas (artigo 87, § 1º, do CPC). Caso não ocorra a distribuição, os vencidos responderão solidariamente pelas despesas e pelos honorários (artigo 87, § 2º, do CPC).

Solidariedade. Existe solidariedade, quando na mesma obrigação concorre mais de um credor, ou mais de um devedor, cada um com direito, ou obrigado, à dívida toda. A solidariedade não se presume; resulta da lei ou da vontade das partes (CC, art. 265). Daí que a solidariedade somente poderá ocorrer em obrigações complexas com pluralidade subjetiva. Dessa forma, é possível classificarmos a solidariedade em: a) *solidariedade ativa* (pluralidade de credores); b) *solidariedade passiva* (pluralidade de devedores) e *solidariedade mista* (pluralidade de credores e devedores).

A solidariedade foi criada pelos romanos, como exceção à regra do *concursu partes fiunt*. De acordo com Mayns, a origem desta instituição encontra-se na *estipulatio*, forma civil que os romanos empregaram para dar força executória a uma promessa.[159] Designaram-se os cointeressados pelos nomes *correi* ou *duo rei promittendi*, quando se tratava de devedores.

Na antiguidade, a *solidariedade* era denominada de *correalidade*. O nome solidariedade passa a ser utilizado por volta do século XVIII, e deduz-se do latim *in solidum*.

Segundo Bevilaqua, "a distinção doutrinária, entre solidariedade perfeita, ou *correalidade*, e solidariedade simples ou imperfeita, ou segundo a técnica de Savigny, correalidade imprópria, *unaechte Correalitaet*, não teve ingresso em nosso Código Civil, como não teve no alemão. Diz-se que na correalidade ou solidariedade perfeita, há unidade de obrigação com pluralidade de sujeitos; e na solidariedade simples ou imprópria, há pluralidade de obrigações e unidade de execução."[160]

Antunes Varela afirma que "a obrigação diz-se *solidária*, pelo seu lado passivo, quando o credor pode exigir a prestação integral de qualquer dos

[159] FUNGÊNCIO. Tito. *Apud*: LACERDA, Paulo de. *Manual do Código Civil Brasileiro*. Do Direito das Obrigações. Vol. X. Rio de Janeiro: Jacintho Ribeiro dos Santos, 1928, p. 224.

[160] BEVILAQUA, Clóvis. *Código Civil Comentado*. Vol. IV. Rio de Janeiro: Rio, 1976, p. 36.

devedores e a prestação efetuada por um destes os libera a todos perante o credor comum."[161]

Vejamos um exemplo: Marcia, Elaine, Ana Carolina e Gustavo devem R$ 1.000,00 a Fernando, como preço da bicicleta que lhe compraram, sendo solidária a obrigação. Neste caso, o credor Fernando poderá exigir de qualquer um dos quatro devedores a entrega de toda a soma devida; e a prestação efetuada por qualquer dos devedores libera os demais em face de Fernando (credor).

A solidariedade ativa ocorre quando "qualquer dos credores tem a faculdade de exigir do devedor a prestação por inteiro, e a prestação efetuada pelo devedor a qualquer deles libera-o em face de todos os outros credores."[162]

Aqui, o exemplo poderia ser o seguinte: Leonardo deve R$ 900,00 a José Rogério, Galdino e Sidney em regime de solidariedade. Assim, qualquer um dos três credores pode exigir de Leonardo (devedor) a entrega de toda a soma devida. A prestação efetuada dos R$ 900,00 efetuada a Galdino exonera o devedor Leonardo perante todos os outros credores. Se Galdino fica insolvente, após o recebimento da prestação, não conseguindo repartir o valor devido com os outros credores, são estes (concredores), e não o devedor Leonardo, quem suportará o prejuízo.

Considerando tais exemplos, verifica-se que no regime da solidariedade, se desvelam, pois, as *relações internas* e as *relações externas*.

É no plano das *relações externas* que existe a ligação entre credores e devedores. É neste plano que a solidariedade opera, já que transforma os vários vínculos em um só.

No plano das *relações internas*, isto é, das relações entre devedores, na solidariedade passiva, e das relações entre os credores, na solidariedade ativa o que existe é *corresponsabilidade* e não solidariedade.

No exemplo acima acerca da *solidariedade ativa*, vislumbram-se as seguintes relações: a) a *relação externa* é formada pelo vínculo entre credores (José Rogério, Galdino e Sidney) e o devedor (Leonardo), com *solidariedade ativa*[163]; b) a *relação interna* é o vínculo entre os credores, existindo corresponsabilidade entre eles e não solidariedade, ou seja, aquele credor que recebeu o valor integral

---

161 VARELA, João de Matos Antunes. *Das Obrigações em Geral.* Vol. I, 10. ed. Coimbra: Almedina, 2006, p. 751.

162 VARELA, João de Matos Antunes. *Das Obrigações em Geral.* Vol. I, 10. ed. Coimbra: Almedina, 2006, p. 752.

163 Nas relações externas, a ligação ocorre entre sujeitos que estão em polos opostos, a solidariedade atua para converter os diferentes vínculos em um só (como se houvesse um único credor e um único devedor).

(no caso, o credor Galdino), ficará responsável perante os demais credores de entregar os seus respectivos quinhões.

A solidariedade é, pois, um modo de assegurar o cumprimento da prestação, estimulando e facilitando o pagamento do débito.

Art. 88. Nos procedimentos de jurisdição voluntária, as despesas serão adiantadas pelo requerente e rateadas entre os interessados.

Notas:

Confira comentários nos arts. 719 e ss.

Art. 89. Nos juízos divisórios, não havendo litígio, os interessados pagarão as despesas proporcionalmente a seus quinhões.

Notas:

Juízo divisório. A distribuição das despesas no juízo divisório (artigos 588 a 598, do CPC) será proporcional aos quinhões de seus interessados.

Art. 90. Proferida sentença com fundamento em desistência, em renúncia ou em reconhecimento do pedido, as despesas e os honorários serão pagos pela parte que desistiu, renunciou ou reconheceu.

§ 1º Sendo parcial a desistência, a renúncia ou o reconhecimento, a responsabilidade pelas despesas e pelos honorários será proporcional à parcela reconhecida, à qual se renunciou ou da qual se desistiu.

§ 2º Havendo transação e nada tendo as partes disposto quanto às despesas, estas serão divididas igualmente.

§ 3º Se a transação ocorrer antes da sentença, as partes ficam dispensadas do pagamento das custas processuais remanescentes, se houver.

§ 4º Se o réu reconhecer a procedência do pedido e, simultaneamente, cumprir integralmente a prestação reconhecida, os honorários serão reduzidos pela metade.

Notas:

Despesas processuais. Desistência, renúncia ou reconhecimento do pedido. Art. 90 CPC. Aqui, as despesas e os honorários serão pagos pela parte que desistiu, renunciou ou reconheceu. A *desistência da ação* acarreta a extinção do processo sem resolução do mérito (artigo 485, inciso VIII, do CPC). De outra forma, no caso de renúncia ao direito material sobre o qual se funda a ação, o pedido deverá ser julgado improcedente, de acordo com o artigo 487, inciso I, do CPC. Por fim, no caso de reconhecimento jurídico do pedido (artigo 487, inciso III, alínea a, do CPC) a consequência é a mesma à da renúncia.

Sendo parcial a desistência, a renúncia ou o reconhecimento, a responsabilidade pelas despesas e pelos honorários será proporcional à parcela reconhecida, à qual se renunciou ou da qual se desistiu (artigo 90, § 1º, do CPC).

Transação. O vocábulo transação é originado do latim *transactio*, de *transigere* (transigir). Transigir é pactuar, convencionar, ou seja, uma convenção firmada pelas partes. Daí a sua natureza jurídica contratual. Consoante o magistério de Washington de Barros Monteiro, a "transação constitui ato jurídico bilateral, pelo qual as partes, fazendo-se concessões recíprocas, extinguem obrigações litigiosas ou duvidosas. Torna-se assim essencial à transação: a) reciprocidade do ônus e vantagens; b) existência de litígio, dúvida ou controvérsia entre as partes".[164] O artigo 840 do nosso Código Civil enuncia que "é lícito aos interessados prevenirem ou terminarem o litígio mediante concessões mútuas." Só quanto a direitos patrimoniais de caráter privado se permite a transação (CC, art. 841). Portanto, são elementos constitutivos da transação: a) a existência de relações jurídicas controvertidas; b) a intenção das partes em por fim ao litígio; c) o acordo de vontades; e d) concessões recíprocas.

José Manuel Lete Del Rio define transação como um "contrato por el que las partes eliminan una controvérsia jurídica, haya provocado o no el comienzo de un pleito, mediante recíprocas concesiones, sustituyendo una relación jurídica dudosa por outra cierta."[165]

A transação pode ser judicial ou extrajudicial.

O contrato de transação possui ainda, os seguintes caracteres: é um contrato acessório, já que pressupõe uma relação jurídica anterior; consensual, porque se aperfeiçoa pelo simples acordo de vontades; bilateral (ou sinalagmático) haja vista as concessões recíprocas efetuadas pelas partes; onerosa, solene ou não-solene conforme o caso.

Quanto à forma, o artigo 842 do nosso Código Civil determina que "a transação far-se-á por escritura pública,[166] nas obrigações em que a lei o exige, ou por instrumento particular, nas em que ela o admite; se recair sobre direitos contestados em juízo, será feita por escritura pública, ou por termo nos autos, assinado pelos transigentes e homologado pelo juiz."

---

164 MONTEIRO, Washington de Barros. *Curso de Direito Civil: Direito das Obrigações*. 1ª parte, 17. ed., São Paulo: Saraiva, 1982, p. 308.

165 DEL RÍO, José Manuel Lete. *Derecho de Obligaciones*. Vol. III. 4. ed. Madrid: Tecnos, 2003, p. 527-528.

166 CC: "*Art. 107. A validade da declaração de vontade não dependerá de forma especial, senão quando a lei expressamente a exigir.*"

Quanto à *interpretação*, a transação interpreta-se restritivamente, e por ela não se transmitem, apenas se declaram ou reconhecem direitos (CC, art. 843).

Consoante o artigo 844, "a transação não aproveita, nem prejudica senão aos que nela intervierem, ainda que diga respeito a coisa indivisível.[167] Se for concluída entre o credor e o devedor, desobrigará o fiador (CC, art. 844, § 1º). Se entre um dos credores solidários e o devedor, extingue a obrigação deste para com os outros credores (CC, art. 844, § 2º). Se entre um dos devedores solidários e seu credor, extingue a dívida em relação aos codevedores (CC, art. 844, § 3º).

Se a coisa renunciada ou transferida, não pertencer a um dos transigentes, e vier a sofrer evicção, não ficará sem efeito a transação. Neste sentido, o artigo 845 preceitua que "dada a evicção da coisa renunciada por um dos transigentes, ou por ele transferida à outra parte, não revive a obrigação extinta pela transação; mas ao evicto cabe o direito de reclamar perdas e danos."

Clovis Beviláqua ensina que o "evicto tem direito à indenização, porque a outra parte nenhuma compensação, afinal, lhe deu pela renúncia de seus direitos. Sem essa indenização, o evicto teria apenas prejuízo e a outra parte somente vantagens com a transação, quando é do conceito desta que as partes se façam mútuas concessões."[168]

Observa Caio Mário Da Silva Pereira que "segundo Teixeira de Freitas, a transação é um ato uno, embora complexo, envolvendo simultaneamente negócio jurídico da transação e o da renúncia ou transferência da coisa. Evicta a coisa, seria lógico o restabelecimento da obrigação. A doutrina do Código Civil, na mesma linha do seu antecessor, reza em sentido contrário: a transação gera o efeito de extinguir a obrigação (art. 845). Se, posteriormente, o transator vem a perder a coisa, que foi objeto dela, a obrigação não se restaura. Assim já era no Direito Romano, que respondia a quem indagava o que poderia ocorrer: *nihil patere potes*. Ao transigente evicto ressalva, entretanto, o Código, o direito de reclamar perdas e danos. Se em virtude da transação ocorreu a renúncia ou transferência de uma coisa por um deles, e o outro vem a perdê-la, tem o direito de ser ressarcido do dano que lhe adveio da evicção."[169]

---

167 CC: "*Art. 87. Bens divisíveis são os que se podem fracionar sem alteração na sua substância, diminuição considerável de valor, ou prejuízo do uso a que se destinam.*"

CC: "*Art. 88. Os bens naturalmente divisíveis podem tornar-se indivisíveis por determinação da lei ou por vontade das partes.*"

168 BEVILAQUA, Clóvis. *Código Civil dos Estados Unidos do Brasil comentado por Clóvis Bevilaquá*. Edição histórica. Rio de Janeiro: Rio, 1976, p. 151.

169 PEREIRA, Caio Mário da Silva. *Instituições de Direito Civil*. 11. ed. Vol. III. Rio de Janeiro: Forense, 2003, p. 511.

Se um dos transigentes adquirir, depois da transação, novo direito sobre a coisa renunciada ou transferida, a transação feita não o inibirá de exercê-lo (CC, art. 845, parágrafo único). A regra do parágrafo único do artigo 845 traz um comando óbvio, já que a transação realizada no passado não poderá atingir um novo direito sobre a coisa renunciada ou transferida.

Estabelece o artigo 846 que "a transação concernente a obrigações resultantes de delito não extingue a ação penal pública."

É admissível, na transação, a pena convencional (CC, art. 847).

Sendo nula qualquer das cláusulas da transação, nula será esta (CC, art. 848).

E o parágrafo único do artigo 848 estabelece que "quando a transação versar sobre diversos direitos contestados, independentes entre si, o fato de não prevalecer em relação a um não prejudicará os demais."

E, por fim, "é nula a transação a respeito do litígio decidido por sentença passada em julgado, se dela não tinha ciência algum dos transatores, ou quando, por título ulteriormente descoberto, se verificar que nenhum deles tinha direito sobre o objeto da transação (CC, art. 850).

Consoante o artigo 849, "a transação só se anula por dolo, coação, ou erro essencial quanto à pessoa ou coisa controversa." Rizzardo alerta que embora a relação restritiva da norma, as causas enumeradas são meramente exemplificativas, já que outras são passíveis de ocorrer. "Aliás, a anulação se dará pelas causas ou motivos que anulam os atos jurídicos em geral. Inclusive a lesão enorme, ou a inclusão de cláusulas que ofendem o direito e a lei. Nesta ordem, as prestações abusivas, ou que trazem excessiva vantagem a um dos transatores."[170]

A transação não se anula por erro de direito a respeito das questões que foram objeto de controvérsia entre as partes (CC, art. 849, parágrafo único).

O erro de direito envolve o desconhecimento da lei, a sua errônea interpretação, ou a falta de ciência de que ela se aplicava. Observa Carlos Roberto Gonçalves que "o Código de 2002, seguindo a linha dos Códigos francês e italiano, exclui, como inovação, a anulação por erro de direito, malgrado o considere erro substancial, no art. 139, III, quando, 'não implicando recusa à aplicação da lei, for o motivo único ou principal do negócio jurídico.'"[171]

Enunciado das Jornadas de Direito Processual Civil do Conselho da Justiça Federal:

Nº 166 do CJF: Aplica-se o benefício do § 4º do art. 90 do CPC quando a exequente concordar com a exceção de pré-executividade apresentada e, de

---

170 RIZZARDO, Arnaldo. *Contratos*. 6. ed. Rio de Janeiro: Forense, 2006, p. 1.026.

171 GONÇALVES, Carlos Roberto. *Direito Civil brasileiro*. Vol. III. São Paulo: Saraiva, 2004, p. 551.

imediato, pedir a extinção do feito executivo. (Cancelado o Enunciado 10 da I Jornada).

Enunciado do Fórum Permanente de Processualistas Civis:

Nº 112 do FPPC: No processo do trabalho, se a transação ocorrer antes da sentença, as partes ficam dispensadas do pagamento das custas processuais, se houver.

Art. 91. As despesas dos atos processuais praticados a requerimento da Fazenda Pública, do Ministério Público ou da Defensoria Pública serão pagas ao final pelo vencido.

§ 1º As perícias requeridas pela Fazenda Pública, pelo Ministério Público ou pela Defensoria Pública poderão ser realizadas por entidade pública ou, havendo previsão orçamentária, ter os valores adiantados por aquele que requerer a prova.

§ 2º Não havendo previsão orçamentária no exercício financeiro para adiantamento dos honorários periciais, eles serão pagos no exercício seguinte ou ao final, pelo vencido, caso o processo se encerre antes do adiantamento a ser feito pelo ente público.

Notas:

Despesas dos atos processuais praticados a requerimento da Fazenda Pública, do Ministério Público ou da Defensoria Pública. O vencido na demanda suportará, pois, o pagamento de todas as despesas do processo, inclusive as realizadas a requerimento do Ministério Público, da Fazenda Pública e da Defensoria Pública. Esta regra jurídica somente terá incidência quando o MP ou Defensoria Pública não forem uma das partes da relação jurídica processual.

Realização da perícia requerida pelo Ministério Público, Fazenda Pública e Defensoria Pública. Neste caso, o § 1º do artigo 91 diz que as perícias poderão ser realizadas por entidade pública ou, havendo previsão orçamentária, ter os valores adiantados por aquele que requerer a prova. Caso não haja previsão orçamentária no exercício financeiro para adiantamento dos honorários periciais, eles serão pagos no exercício seguinte ou ao final, pelo vencido, caso o processo se encerre antes do adiantamento a ser feito pelo ente público (artigo 91, § 2º, do CPC).[172]

---

[172] RESOLUÇÃO Nº 153, DE 06 DE JULHO DE 2012
Publicada no DJe de 09/07/2012 – Alterada pela Resolução nº 196/2014
Estabelece procedimentos para garantir o recebimento antecipado de despesas de diligências dos oficiais de justiça.

Recurso Especial Repetitivo:

– Acórdão submetido ao regime do art. 1.036 e seguintes do CPC/2015 (art. 256-I do RISTJ), fixando-se a seguinte TESE: "A teor dos arts. 27 e 511, § 1º, do revogado CPC/73 (arts. 91 e 1.007, § 1º, do vigente CPC/15), o Instituto Nacional do Seguro Social – INSS, nos recursos de competência dos Tribunais de Justiça, está dispensado do prévio pagamento do porte de remessa e de retorno, enquanto parcela integrante do preparo, devendo recolher o respectivo valor somente ao final da demanda, acaso vencido".

11. Recurso especial do INSS a que se dá provimento, para anular o acórdão do Tribunal a quo, com a devolução dos autos à origem, para julgamento do recurso voluntário interposto pela autarquia previdenciária. (STJ, Tema Repetitivo 1001 – REsp 1761618/SP, REsp 1762577/SP e REsp 1761119/SP, Rel. Ministro SÉRGIO KUKINA, CORTE ESPECIAL, julgado em 07/08/2019, DJe 14/08/2019).

Súmulas:

STJ nº 190: Na execução fiscal, processada perante a justiça estadual, cumpre à fazenda pública antecipar o numerário destinado ao custeio das despesas com o transporte dos oficiais de justiça.

STJ nº 232: A Fazenda Pública, quando parte no processo, fica sujeita à exigência do depósito prévio dos honorários do perito.

O PRESIDENTE DO CONSELHO NACIONAL DE JUSTIÇA, no uso de suas atribuições constitucionais e regimentais, CONSIDERANDO a necessidade de regular os procedimentos de desembolso inerentes às despesas de diligências dos oficiais de justiça nas ações judiciais que envolvam a Fazenda Pública, o Ministério Público e os beneficiários da assistência judiciária gratuita; CONSIDERANDO que as despesas com diligências de oficiais de justiça não se confundem com custas judiciais; CONSIDERANDO a necessidade de garantir aos oficiais de justiça o recebimento justo, correto e antecipado das despesas com diligências que devam cumprir; CONSIDERANDO a decisão do plenário do Conselho Nacional de Justiça, tomada no julgamento do Pedido de Providências 0000830-73.2012.2.00.0000, na 148ª Sessão Ordinária, realizada em 5 de junho de 2012; RESOLVE:

Art. 1º Os Tribunais devem estabelecer procedimentos para garantir o recebimento antecipado do valor necessário para o custeio de diligência nos processos em que o pedido seja formulado pela Fazenda Pública, Ministério Público ou beneficiário da assistência judiciária gratuita, pelo oficial de justiça.

Parágrafo único. O recebimento antecipado de que trata o *caput* poderá ser excepcionado nas hipóteses de cumprimento de medidas de urgência, inclusive nos plantões judiciários. (Parágrafo incluído pela Resolução nº 196/2014 – DJe 09/06/2012).

Art. 2º Os Tribunais devem incluir, nas respectivas propostas orçamentárias, verba específica para custeio de despesas dos oficiais de justiça para o cumprimento das diligências requeridas pela Fazenda Pública, Ministério Público ou beneficiário da assistência judiciária gratuita.

Art. 3º Esta Resolução entra em vigor na data de sua publicação. Ministro Ayres Britto Presidente.

STF nº 236: Em ação de acidente do trabalho, a autarquia seguradora não tem isenção de custas.

STJ nº 178: O INSS não goza de isenção do pagamento de custas e emolumentos, nas ações acidentárias e de benefícios, propostas na Justiça Estadual.

STJ nº 483: O INSS não está obrigado a efetuar depósito prévio do preparo por gozar das prerrogativas e privilégios da Fazenda Pública.

Art. 92. Quando, a requerimento do réu, o juiz proferir sentença sem resolver o mérito, o autor não poderá propor novamente a ação sem pagar ou depositar em cartório as despesas e os honorários a que foi condenado.

Notas:

Extinção do processo sem resolução do mérito. O autor para propor a mesma ação deve, junto com a petição inicial, provar o pagamento das custas, despesas processuais e honorários advocatícios da anterior ação extinta sem resolução de mérito.

Art. 93. As despesas de atos adiados ou cuja repetição for necessária ficarão a cargo da parte, do auxiliar da justiça, do órgão do Ministério Público ou da Defensoria Pública ou do juiz que, sem justo motivo, houver dado causa ao adiamento ou à repetição.

Notas:

Despesas de atos adiados ou cuja repetição for necessária. Todo aquele participante do processo que der azo, sem justo motivo, ao adiamento do processo, deve, pois, arcar com as despesas deste adiamento.

Art. 94. Se o assistido for vencido, o assistente será condenado ao pagamento das custas em proporção à atividade que houver exercido no processo.

Notas:

Assistente simples e assistente litisconsorcial. O assistente simples é aquele que defende interesse próprio, embora atue em auxílio do assistido (artigo 121, CPC). Já o assistente litisconsorcial é litisconsorte do assistido, uma vez que a lide em discussão lhe pertence (artigo 124, CPC).

Art. 95. Cada parte adiantará a remuneração do assistente técnico que houver indicado, sendo a do perito adiantada pela parte que houver requerido a perícia ou rateada quando a perícia for determinada de ofício ou requerida por ambas as partes.

§ 1º O juiz poderá determinar que a parte responsável pelo pagamento dos honorários do perito deposite em juízo o valor correspondente.

§ 2º A quantia recolhida em depósito bancário à ordem do juízo será corrigida monetariamente e paga de acordo com o art. 465, § 4º.

§ 3º Quando o pagamento da perícia for de responsabilidade de beneficiário de gratuidade da justiça, ela poderá ser:

I – custeada com recursos alocados no orçamento do ente público e realizada por servidor do Poder Judiciário ou por órgão público conveniado;

II – paga com recursos alocados no orçamento da União, do Estado ou do Distrito Federal, no caso de ser realizada por particular, hipótese em que o valor será fixado conforme tabela do tribunal respectivo ou, em caso de sua omissão, do Conselho Nacional de Justiça.

§ 4º Na hipótese do § 3º, o juiz, após o trânsito em julgado da decisão final, oficiará a Fazenda Pública para que promova, contra quem tiver sido condenado ao pagamento das despesas processuais, a execução dos valores gastos com a perícia particular ou com a utilização de servidor público ou da estrutura de órgão público, observando-se, caso o responsável pelo pagamento das despesas seja beneficiário de gratuidade da justiça, o disposto no art. 98, § 2º.

§ 5º Para fins de aplicação do § 3º, é vedada a utilização de recursos do fundo de custeio da Defensoria Pública.

Notas:

Honorários dos peritos e dos assistentes. O artigo 95 trata dos honorários do perito e dos assistentes técnicos. A regra jurídica do *caput* diz que cada parte deve adiantar a remuneração do assistente técnico que houver indicado. A remuneração do perito deve ser adiantada pela parte que houver requerido a perícia ou rateada quando a perícia for determinada de ofício ou requerida por ambas as partes.

Depósito antecipado dos honorários (artigo 95, §§ 1º e 2º). O magistrado poderá determinar que a parte responsável pelo pagamento dos honorários do perito deposite em juízo o valor correspondente. A quantia recolhida em depósito bancário à ordem do juízo será corrigida monetariamente e paga de acordo com o art. 465, § 4º.

Prova requerida por beneficiário de Justiça Gratuita (artigo 95, §§ 3º, 4º e 5º). O Artigo 5º, inciso LXXIV da CF/88 afirma que "o *Estado prestará assistência jurídica integral e gratuita aos que comprovarem insuficiência de recursos*" Dessa forma, os beneficiários da gratuita de justiça gozam de isenção de despesas para a prática de atos processuais até o fim do litígio em toda e qualquer instância (artigo 9º da Lei nº 1.060/50).

Neste caso, o pagamento dos honorários e peritos será custeada com recursos alocados no orçamento do ente público e realizada por servidor do Poder Judiciário ou por órgão público conveniado (artigo 95, § 3º; inciso I, do CPC) ou paga com recursos alocados no orçamento da União, do Estado ou do Distrito Federal, no caso de ser realizada por particular, hipótese em que o valor será fixado conforme tabela do tribunal respectivo ou, em caso de sua omissão, do Conselho Nacional de Justiça (artigo 95, § 3º; inciso II, do CPC).

Súmulas:

STJ nº 190: Na execução fiscal, processada perante a justiça estadual, cumpre à fazenda pública antecipar o numerário destinado ao custeio das despesas com o transporte dos oficiais de justiça.

STJ nº 232: A Fazenda Pública, quando parte no processo, fica sujeita à exigência do depósito prévio dos honorários do perito.

Enunciado do Fórum Permanente de Processualistas Civis:

Nº 622 do FPPC: A execução prevista no § 4º do art. 95 também está sujeita à condição suspensiva de exigibilidade prevista no § 3º do art. 98.

Art. 96. O valor das sanções impostas ao litigante de má-fé reverterá em benefício da parte contrária, e o valor das sanções impostas aos serventuários pertencerá ao Estado ou à União.

Notas:

Valor da sanção por litigância de má-fé. A condenação do litigante de má-fé está prevista no artigo 81 do CPC.[173]

---

[173] CPC – "*Art. 81. De ofício ou a requerimento, o juiz condenará o litigante de má-fé a pagar multa, que deverá ser superior a um por cento e inferior a dez por cento do valor corrigido da causa, a indenizar a parte contrária pelos prejuízos que esta sofreu e a arcar com os honorários advocatícios e com todas as despesas que efetuou.*

§ 1º Quando forem 2 (dois) ou mais os litigantes de má-fé, o juiz condenará cada um na proporção de seu respectivo interesse na causa ou solidariamente aqueles que se coligaram para lesar a parte contrária.

§ 2º Quando o valor da causa for irrisório ou inestimável, a multa poderá ser fixada em até 10 (dez) vezes o valor do salário-mínimo.

§ 3º O valor da indenização será fixado pelo juiz ou, caso não seja possível mensurá-lo, liquidado por arbitramento ou pelo procedimento comum, nos próprios autos."

Condenação de Ofício. Caracterizada a litigância de má-fé exsurge, pois, o dever de indenizar.

Art. 97. A União e os Estados podem criar fundos de modernização do Poder Judiciário, aos quais serão revertidos os valores das sanções pecuniárias processuais destinadas à União e aos Estados, e outras verbas previstas em lei.

Notas:

Fundos de Modernização do Poder Judiciário.

Enunciado do Fórum Permanente de Processualistas Civis:

Nº 624 do FPPC: As regras que dispõem sobre a gratuidade da justiça e sua impugnação são aplicáveis ao procedimento de mediação e conciliação judicial.

Seção IV
Da Gratuidade da Justiça

Art. 98. A pessoa natural ou jurídica, brasileira ou estrangeira, com insuficiência de recursos para pagar as custas, as despesas processuais e os honorários advocatícios tem direito à gratuidade da justiça, na forma da lei.

§ 1º A gratuidade da justiça compreende:

I – as taxas ou as custas judiciais;

II – os selos postais;

III – as despesas com publicação na imprensa oficial, dispensando-se a publicação em outros meios;

IV – a indenização devida à testemunha que, quando empregada, receberá do empregador salário integral, como se em serviço estivesse;

V – as despesas com a realização de exame de código genético – DNA e de outros exames considerados essenciais;

VI – os honorários do advogado e do perito e a remuneração do intérprete ou do tradutor nomeado para apresentação de versão em português de documento redigido em língua estrangeira;

VII – o custo com a elaboração de memória de cálculo, quando exigida para instauração da execução;

VIII – os depósitos previstos em lei para interposição de recurso, para propositura de ação e para a prática de outros atos processuais inerentes ao exercício da ampla defesa e do contraditório;

IX – os emolumentos devidos a notários ou registradores em decorrência da prática de registro, averbação ou qualquer outro ato notarial necessário à efetivação de decisão judicial ou à continuidade de processo judicial no qual o benefício tenha sido concedido.

§ 2º A concessão de gratuidade não afasta a responsabilidade do beneficiário pelas despesas processuais e pelos honorários advocatícios decorrentes de sua sucumbência.

§ 3º Vencido o beneficiário, as obrigações decorrentes de sua sucumbência ficarão sob condição suspensiva de exigibilidade e somente poderão ser executadas se, nos 5 (cinco) anos subsequentes ao trânsito em julgado da decisão que as certificou, o credor demonstrar que deixou de existir a situação de insuficiência de recursos que justificou a concessão de gratuidade, extinguindo-se, passado esse prazo, tais obrigações do beneficiário.

§ 4º A concessão de gratuidade não afasta o dever de o beneficiário pagar, ao final, as multas processuais que lhe sejam impostas.

§ 5º A gratuidade poderá ser concedida em relação a algum ou a todos os atos processuais, ou consistir na redução percentual de despesas processuais que o beneficiário tiver de adiantar no curso do procedimento.

§ 6º Conforme o caso, o juiz poderá conceder direito ao parcelamento de despesas processuais que o beneficiário tiver de adiantar no curso do procedimento.

§ 7º Aplica-se o disposto no art. 95, §§ 3º a 5º, ao custeio dos emolumentos previstos no § 1º, inciso IX, do presente artigo, observada a tabela e as condições da lei estadual ou distrital respectiva.

§ 8º Na hipótese do § 1º, inciso IX, havendo dúvida fundada quanto ao preenchimento atual dos pressupostos para a concessão de gratuidade, o notário ou registrador, após praticar o ato, pode requerer, ao juízo competente para decidir questões notariais ou registrais, a revogação total ou parcial do benefício ou a sua substituição pelo parcelamento de que trata o § 6º deste artigo, caso em que o beneficiário será citado para, em 15 (quinze) dias, manifestar-se sobre esse requerimento.

Remissões:

– Lei nº 1.060, de 5.02.1950, e art. 1º da Lei nº 5.478, de 25.07.1968, sobre justiça gratuita e ação de alimentos.

– Defensoria Pública: Lei Complementar nº 80, de 12.1.1994.

Notas:

É considerada detentora do direito à gratuidade da justiça a pessoa natural[174] ou jurídica[175], brasileira ou estrangeira, com insuficiência de recursos para pagar as custas, as despesas processuais e os honorários advocatícios, conforme expressa o art. 98 do CPC.

Para fins de gratuidade o § 1º do art. 98 arrola específicos conteúdos.

Não obstante a tal rol, a referida concessão de gratuidade não afasta a responsabilidade do beneficiário pelas despesas processuais e pelos honorários advocatícios quando decorrentes de sua sucumbência, bem como não afasta o dever do mesmo pagar, ao final, as multas processuais que lhe sejam impostas.

Assim, uma vez vencido o beneficiário da gratuidade, as obrigações decorrentes de sua sucumbência ficarão sob condição suspensiva de exigibilidade e somente poderão ser executadas se, nos 5 (cinco) anos subsequentes ao trânsito em julgado da decisão que as certificou, o credor demonstrar que deixou de existir a situação de insuficiência de recursos que justificou a concessão de gratuidade, extinguindo-se, passado esse prazo, tais obrigações do beneficiário (§ 3º do art. 98).

Poderá a gratuidade ser concedida em relação a algum ou mesmo a todos os atos processuais, ou ainda consistir na redução percentual de despesas processuais que o beneficiário tiver de adiantar no decorrer do procedimento.

Cabe destacar que o magistrado, conforme o caso, poderá conceder direito ao parcelamento de despesas processuais que o beneficiário tiver de adiantar no curso do procedimento, conforme regra o § 6º do art. 98.

Na hipótese relativa aos emolumentos devidos a notários ou registradores em decorrência da prática de registro, averbação ou qualquer outro ato notarial necessário à efetivação de decisão judicial ou à continuidade de processo judicial no qual o benefício tenha sido concedido (inciso IX do § 1º do art. 98), ocorrendo dúvida fundada quanto ao preenchimento atual dos pressupostos para a concessão de gratuidade, o notário ou registrador, após praticar o ato, pode requerer junto ao juízo competente para decidir questões notariais ou registrais, a revogação total ou parcial do benefício ou a sua substituição pelo parcelamento de que trata

[174] Tratando-se de pessoa física, justiça gratuita deve ser concedida à vista da simples afirmação da parte, uma vez que goza ela de presunção juris tantum de veracidade (STJ. 5ª T. REsp 243.386/SP. Rel. Min. Félix Fischer. Julg. 16.03.2000, *DJ* 10.04.2000).

Por outro lado, havendo dúvidas fundadas, não bastará a simples declaração, devendo a parte comprovar sua necessidade (STJ. 3ª T. AgRg no AREsp 602.943/SP. Rel. Min. Moura Ribeiro, *DJe* 04.02.2015).

[175] "Faz jus ao benefício da justiça gratuita a pessoa jurídica com ou sem fins lucrativos que demonstrar sua impossibilidade de arcar com encargos processuais" (Súmula n. 481 do STJ).

o já referido § 6º do art. 98, sendo então o beneficiário será citado para, em 15 (quinze) dias, manifestar-se sobre esse requerimento (§ 8º do art. 98).

Súmula:

STJ nº 481: Faz jus ao benefício da justiça gratuita a pessoa jurídica com ou sem fins lucrativos que demonstrar sua impossibilidade de arcar com encargos processuais.

Enunciado das Jornadas de Direito Processual Civil do Conselho da Justiça Federal

Nº 171 do CJF: O rol do § 1º do art. 98 do CPC é meramente exemplificativo, podendo englobar outras isenções, desde que sejam necessárias para garantir o acesso à justiça ao destinatário da gratuidade de justiça.

Enunciados do Fórum Permanente de Processualistas Civis:

Nº 113 do FPPC: Na Justiça do Trabalho, o empregador pode ser beneficiário da gratuidade da justiça, na forma do art. 98.

Nº 385 do FPPC: Havendo risco de perecimento do direito, o poder do juiz de exigir do autor a comprovação dos pressupostos legais para a concessão da gratuidade não o desincumbe do dever de apreciar, desde logo, o pedido liminar de tutela de urgência.

Nº 612 do FPPC: Cabe agravo de instrumento contra decisão interlocutória que, apreciando pedido de concessão integral da gratuidade da Justiça, defere a redução percentual ou o parcelamento de despesas processuais.

Nº 622 do FPPC: A execução prevista no § 4º do art. 95 também está sujeita à condição suspensiva de exigibilidade prevista no § 3º do art. 98.

Nº 623 do FPPC: O deferimento de gratuidade de justiça não afasta a imposição de multas processuais, mas apenas dispensa sua exigência como condição para interposição de recursos.

Art. 99. O pedido de gratuidade da justiça pode ser formulado na petição inicial, na contestação, na petição para ingresso de terceiro no processo ou em recurso.

§ 1º Se superveniente à primeira manifestação da parte na instância, o pedido poderá ser formulado por petição simples, nos autos do próprio processo, e não suspenderá seu curso.

§ 2º O juiz somente poderá indeferir o pedido se houver nos autos elementos que evidenciem a falta dos pressupostos legais para a concessão de gratuidade, devendo, antes de indeferir o pedido, determinar à parte a comprovação do preenchimento dos referidos pressupostos.

§ 3º Presume-se verdadeira a alegação de insuficiência deduzida exclusivamente por pessoa natural.

§ 4º A assistência do requerente por advogado particular não impede a concessão de gratuidade da justiça.

§ 5º Na hipótese do § 4º, o recurso que verse exclusivamente sobre valor de honorários de sucumbência fixados em favor do advogado de beneficiário estará sujeito a preparo, salvo se o próprio advogado demonstrar que tem direito à gratuidade.

§ 6º O direito à gratuidade da justiça é pessoal, não se estendendo a litisconsorte ou a sucessor do beneficiário, salvo requerimento e deferimento expressos.

§ 7º Requerida a concessão de gratuidade da justiça em recurso, o recorrente estará dispensado de comprovar o recolhimento do preparo, incumbindo ao relator, neste caso, apreciar o requerimento e, se indeferi-lo, fixar prazo para realização do recolhimento.

Notas:

Pedido de gratuidade de justiça. Será realizado no momento em que a parte ingressa no processo ou oferece o recurso. Pode ser formulado na petição inicial, na contestação, na petição para ingresso de terceiro no processo ou em recurso. Se superveniente à primeira manifestação da parte na instância, o pedido poderá ser formulado por petição simples, nos autos do próprio processo, e não suspenderá seu curso (artigo 99, § 1º, do CPC).

O pedido de gratuidade de justiça poderá ser indeferido se houver nos autos do processo elementos que evidenciem a falta de pressupostos legais para o deferimento do pedido da gratuidade de justiça. Cabe ao interessado o ônus da prova.

Se o pedido for formulado por pessoa natural, o magistrado deve deduzir verdadeira a alegação de insuficiência de recursos. Neste caso, a parte contrária poderá afastar a presunção referida no § 3º.

Vale destacar que a assistência do requerente por advogado particular não impede a concessão de gratuidade da justiça, nos termos do § 4º.

Na ocorrência do citado § 4º, o recurso que verse exclusivamente sobre valor de honorários de sucumbência fixados em favor do advogado de beneficiário estará sujeito a preparo, salvo se o próprio advogado demonstrar que tem direito à gratuidade (artigo 99, § 5º, do CPC).

O direito à gratuidade da justiça é pessoal, não se estendendo a litisconsorte ou a sucessor do beneficiário, salvo requerimento e deferimento expressos. (artigo 99, § 6º, do CPC).

Por fim, se a concessão de gratuidade da justiça for requerida em recurso, o recorrente estará dispensado de comprovar o recolhimento do preparo, incumbindo ao relator, neste caso, apreciar o requerimento e, se indeferi-lo, fixar prazo para realização do recolhimento. (artigo 99, § 7º, do CPC).

Súmula:

STJ nº 481: Faz jus ao benefício da justiça gratuita a pessoa jurídica com ou sem fins lucrativos que demonstrar sua impossibilidade de arcar com encargos processuais.

Enunciados do Fórum Permanente de Processualistas Civis:

Nº 245 do FPPC: O fato de a parte, pessoa natural ou jurídica, estar assistida por advogado particular não impede a concessão da justiça gratuita na Justiça do Trabalho.

Nº 246 do FPPC: Dispensa-se o preparo do recurso quando houver pedido de justiça gratuita em sede recursal, consoante art. 99, § 6º, aplicável ao processo do trabalho. Se o pedido for indeferido, deve ser fixado prazo para o recorrente realizar o recolhimento.

Nº 613 do FPPC: A interposição do agravo interno prolonga a dispensa provisória de adiantamento de despesa processual de que trata o § 7º do art. 99, sendo desnecessário postular a tutela provisória recursal.

Art. 100. Deferido o pedido, a parte contrária poderá oferecer impugnação na contestação, na réplica, nas contrarrazões de recurso ou, nos casos de pedido superveniente ou formulado por terceiro, por meio de petição simples, a ser apresentada no prazo de 15 (quinze) dias, nos autos do próprio processo, sem suspensão de seu curso.

Parágrafo único. Revogado o benefício, a parte arcará com as despesas processuais que tiver deixado de adiantar e pagará, em caso de má-fé, até o décuplo de seu valor a título de multa, que será revertida em benefício da Fazenda Pública estadual ou federal e poderá ser inscrita em dívida ativa.

Notas:

Impugnação do pedido de gratuidade de justiça. Caso o pedido de gratuidade de justiça for deferido, a parte contrária poderá oferecer impugnação (na contestação, na réplica, nas contrarrazões de recurso ou, nos casos de pedido superveniente ou formulado por terceiro) no prazo de 15 dias. É, pois, o contraditório acerca do deferimento da gratuidade de justiça.

Revogação do benefício. Se o benefício da gratuidade de justiça for revogado, a parte responderá pelas despesas processuais que tiver deixado de adiantar e pagará, em caso de má-fé, até o décuplo de seu valor a título de multa, que será revertida em benefício da Fazenda Pública estadual ou federal e poderá ser inscrita em dívida ativa. É o que determina o parágrafo único do artigo 100 do CPC.

Art. 101. Contra a decisão que indeferir a gratuidade ou a que acolher pedido de sua revogação caberá agravo de instrumento, exceto quando a questão for resolvida na sentença, contra a qual caberá apelação.

§ 1º O recorrente estará dispensado do recolhimento de custas até decisão do relator sobre a questão, preliminarmente ao julgamento do recurso.

§ 2º Confirmada a denegação ou a revogação da gratuidade, o relator ou o órgão colegiado determinará ao recorrente o recolhimento das custas processuais, no prazo de 5 (cinco) dias, sob pena de não conhecimento do recurso.

Notas:

Agravo de Instrumento ou Apelação. Contra a decisão de indeferimento da gratuidade de justiça ou decisão que acolha a revogação deste benefício cabe recurso de agravo de instrumento, salvo se esta questão for resolvida na própria sentença. Aí, neste caso, caberá apelação.

Art. 102. Sobrevindo o trânsito em julgado de decisão que revoga a gratuidade, a parte deverá efetuar o recolhimento de todas as despesas de cujo adiantamento foi dispensada, inclusive as relativas ao recurso interposto, se houver, no prazo fixado pelo juiz, sem prejuízo de aplicação das sanções previstas em lei.

Parágrafo único. Não efetuado o recolhimento, o processo será extinto sem resolução de mérito, tratando-se do autor, e, nos demais casos, não poderá ser deferida a realização de nenhum ato ou diligência requerida pela parte enquanto não efetuado o depósito.

Notas:

Prazo para o pagamento. Se a gratuidade de justiça for revogada, não cabendo mais nenhum recurso, a parte deverá efetuar todas as despesas que foi dispensada anteriormente, no prazo fixado pelo juiz, sem prejuízo de aplicação das sanções previstas em lei.

Já o parágrafo único do artigo 102 diz que não efetuado o recolhimento, o processo será extinto sem resolução de mérito, tratando-se do autor, e, nos demais casos, não poderá ser deferida a realização de nenhum ato ou diligência requerida pela parte enquanto não efetuado o depósito.

CAPÍTULO III
DOS PROCURADORES

Art. 103. A parte será representada em juízo por advogado regularmente inscrito na Ordem dos Advogados do Brasil.

Parágrafo único. É lícito à parte postular em causa própria quando tiver habilitação legal.

Notas:

A Constituição Federal de 1988 prescreve em seu art. 133 que: "o advogado é indispensável à administração da justiça, sendo inviolável por seus atos e manifestações no exercício da profissão, nos limites da lei." Com isto, pela primeira vez, a Constituição deu à advocacia uma estatura constitucional, institucionalizando-a no Capítulo IV do Título IV entre "As Funções Essenciais à Justiça". O mesmo foi reafirmado pelo Estatuto da Advocacia e a OAB (Lei nº 8.906/94), em seu art. 2º, § 3º.

Ao jurisdicionado, para postular em juízo, cabe a representação por advogado que, sendo o seu representante, será o titular do *ius postulandi.* O advogado se posta numa posição de relevo, de destaque, *sui generis*, peculiar dentro do processo, não se incluindo nem entre os sujeitos principais e nem entre os sujeitos secundários.

Em relação às atividades, prescreve o Estatuto em seu art. 1º: "São atividades privativas da advocacia: I – a postulação a qualquer órgão do Poder Judiciário e aos Juizados Especiais; II – as atividades de consultoria, assessoria e direção jurídicas." Isto posto, nota-se que as atividades do advogado se desdobram em duas: a advocacia judicial e a extrajudicial. A primeira, de caráter contencioso (com ressalva relativa à jurisdição voluntária) e a última, eminentemente preventiva e de grande crescimento e importância nos últimos anos.

A postulação, ou seja, o ato de pedir ou exigir a prestação jurisdicional do Estado é promovida privativamente pelo advogado em nome de seu cliente.

Apesar de o Estatuto apontar a necessidade da participação do advogado para postular perante qualquer órgão do Poder Judiciário, o Supremo Tribunal Federal, na Ação Direta de Inconstitucionalidade nº 1.127-8, reconheceu a constitucionalidade do dispositivo (art. 1º), mas excluiu sua aplicação aos juizados especiais e à justiça do trabalho.

A presença do advogado em juízo é imprescindível para que se realize o contraditório plenamente, já que há exigência de conhecimentos técnicos e científicos especiais para se postular em juízo, por isto, o CPC estabelece no art. 36 que a parte será representada em juízo por advogado legalmente habilitado. Ser-lhe-á lícito, no entanto, postular em causa própria, quando tiver habilitação legal ou, não tendo, no caso de falta de advogado no lugar ou recusa ou impedimento dos que houver.

Garantindo a presença do advogado, mesmo nos casos em que a parte não tenha recursos para constituí-lo, é que o art. 5º, LXXIV, da Constituição Federal consagra como "direito público subjetivo" a assistência judiciária gratuita.

Remissões:

- Lei nº 8.906/1994 (Estatuto da OAB).

- Art. 133 da CRFB/88:

"Art. 133. O advogado é indispensável à administração da justiça, sendo inviolável por seus atos e manifestações no exercício da profissão, nos limites da lei".

- Art. 9º da Lei nº 9.099/1995

"Art. 9º Nas causas de valor até vinte salários mínimos, as partes comparecerão pessoalmente, podendo ser assistidas por advogado; nas de valor superior, a assistência é obrigatória.

§ 1º Sendo facultativa a assistência, se uma das partes comparecer assistida por advogado, ou se o réu for pessoa jurídica ou firma individual, terá a outra parte, se quiser, assistência judiciária prestada por órgão instituído junto ao Juizado Especial, na forma da lei local.

§ 2º O Juiz alertará as partes da conveniência do patrocínio por advogado, quando a causa o recomendar.

§ 3º O mandato ao advogado poderá ser verbal, salvo quanto aos poderes especiais.

§ 4º O réu, sendo pessoa jurídica ou titular de firma individual, poderá ser representado por preposto credenciado, munido de carta de preposição com poderes para transigir, sem haver necessidade de vínculo empregatício".

Ação Direta de Inconstitucionalidade

- EMENTA: AÇÃO DIRETA DE INCONSTITUCIONALIDADE. MEDIDA PROVISÓRIA. REQUISITOS DA RELEVÂNCIA E URGÊNCIA. DIREITO À REPRESENTAÇÃO SINDICAL. CONTAS VINCULADAS AO FGTS. IMPROCEDÊNCIA DO PEDIDO DE DECLARAÇÃO DE INCONSTITUCIONALIDADE. 1. A averiguação da presença dos requisitos da relevância e urgência para edição de medidas provisórias, não obstante possível como atividade jurisdicional desta Corte, não encontra, no presente caso, a excepcionalidade necessária para seu exercício. 2. Se ao tempo da edição da medida provisória, as suas disposições normativas obedeceram aos parâmetros constitucionais estabelecidos, não há inconstitucionalidade formal a ser declarada. 3. A exigência de comparecimento pessoal, vinculação dos depósitos referentes à correção dos saldos das contas respectivas e proibição de concessão de medidas judiciais para saque ou movimentação das contas referentes ao FGTS constituem restrições constitucionais que não atingem o núcleo essencial do direito à representação sindical e da Advocacia como função essencial à Justiça. 4. A garantia fundamental da inafastabilidade de jurisdição não é afrontada pela vedação de medidas judiciais autorizadoras da movimentação das contas vinculadas do FGTS. 5. Pedido da ação direta de inconstitucionalidade julgado improcedente. (STF, ADI 2425, Rel. Ricardo Lewandowski, Rel. p/ Acórdão: Edson Fachin, Tribunal Pleno, julgado em 14/03/2018, Acórdão Eletrônico DJe-216 Divulg. 09-10-2018 Public. 10-10-2018).

Súmula:

STJ nº 343: É Obrigatória a presença de Advogado em todas as fases do processo administrativo disciplinar.

Art. 104. O advogado não será admitido a postular em juízo sem procuração, salvo para evitar preclusão, decadência ou prescrição, ou para praticar ato considerado urgente.

§ 1º Nas hipóteses previstas no *caput*, o advogado deverá, independentemente de caução, exibir a procuração no prazo de 15 (quinze) dias, prorrogável por igual período por despacho do juiz.

§ 2º O ato não ratificado será considerado ineficaz relativamente àquele em cujo nome foi praticado, respondendo o advogado pelas despesas e por perdas e danos.

Notas:

A expressão mandato é derivada de *manu datum*. As partes contratantes (mandante e mandatário) simbolizavam o contrato no momento em que davam as mãos. Esse ato representava a fidelidade no cumprimento do acordado. É a ideia de representação (agir "em seu nome").

Da mesma forma, Carvalho De Mendonça afirma que "em direito romano, o mandato decorria da confiança, simbolizada no aperto de mão – *manus datio*. A religião e a política intervinham para cristalizar a concepção jurídica do instituto.

Aquela estigmatizada com a infâmia e a ignomínia, a quem faltasse aos deveres que assumisse com o mandato.

Por outro lado, motivos de ordem social e política ditavam aos cidadãos prestar seus serviços gratuitos aos seus concidadãos em todos os negócios jurídicos."[176]

O Código Civil brasileiro, no artigo 653, conceitua o mandato da seguinte forma: "*Opera-se o mandato quando alguém recebe de outrem poderes para, em seu nome, praticar atos ou administrar interesses. A procuração é o instrumento do mandato.*"

Daí que o mandato é o contrato pelo qual alguém (mandante) outorga a outra pessoa (mandatário) poderes para emitir vontade em seu nome ou para administrar os seus bens. Portanto, o mandato é uma espécie de representação.

O Código Civil de 2002 trata do instituto jurídico da representação nos artigos 115 e seguintes.[177] [178]A representação é o instituto jurídico pelo qual o

---

[176] CARVALHO DE MENDONÇA, Manuel Inácio. *Contratos no Direito Civil brasileiro*. Tomo I. 3.ed. Rio de Janeiro: Forense, 1955, p. 191-192.

[177] Código Civil – CAPÍTULO II: DA REPRESENTAÇÃO

"Art. 115. Os poderes de representação conferem-se por lei ou pelo interessado.

Art. 116. A manifestação de vontade pelo representante, nos limites de seus poderes, produz efeitos em relação ao representado.

Art. 117. Salvo se o permitir a lei ou o representado, é anulável o negócio jurídico que o representante, no seu interesse ou por conta de outrem, celebrar consigo mesmo.

Parágrafo único. Para esse efeito, tem-se como celebrado pelo representante o negócio realizado por aquele em quem os poderes houverem sido substabelecidos. (Sem Correspondência ao CCB de 1916).

Art. 118. O representante é obrigado a provar às pessoas, com quem tratar em nome do representado, a sua qualidade e a extensão de seus poderes, sob pena de, não o fazendo, responder pelos atos que a estes excederem.

Art. 119. É anulável o negócio concluído pelo representante em conflito de interesses com o representado, se tal fato era ou devia ser do conhecimento de quem com aquele tratou.

Parágrafo único. É de cento e oitenta dias, a contar da conclusão do negócio ou da cessação da incapacidade, o prazo de decadência para pleitear-se a anulação prevista neste artigo.

Art. 120. Os requisitos e os efeitos da representação legal são os estabelecidos nas normas respectivas; os da representação voluntária são os da Parte Especial deste Código.

[178] Da mesma forma no direito comparado:

CC-PORTUGUÊS. ARTIGO 258º (Efeitos da representação). O negócio jurídico realizado pelo representante em nome do representado, nos limites dos poderes que lhe competem, produz os seus efeitos na esfera jurídica deste último.

CC-PORTUGUÊS. ARTIGO 259º (Falta ou vícios da vontade e estados subjectivos relevantes) 1. À excepção dos elementos em que tenha sido decisiva a vontade do representado, é na pessoa do representante que deve verificar-se, para efeitos de nulidade ou anulabilidade da declaração, a falta ou vício da vontade, bem como o conhecimento ou ignorância dos

representante atua, praticando um ato, em nome do representado. A representação pode ser legal ou convencional. Vejamos:

1) Representação legal. É o poder de representação que decorre diretamente da lei, como, por exemplo, as previstas nos artigos 1.364, inciso V, 1.747, inciso I e 1.767, inciso I todos do CC 2002;[179] A representação legal poderá ocorrer de duas formas diferentes: a) quando se tratar de uma pessoa absolutamente incapaz, essa representação dá-se por substituição subjetiva, ou seja, o absolutamente incapaz é substituído no momento de emitir vontade pelo seu representante legal. No momento da declaração de vontade, o absolutamente incapaz não precisa estar presente no momento do ato, já que quem o substitui é o seu representante legal; b) Já em relação aos relativamente incapazes, a representação se faz através do instituto jurídico da assistência que não se traduz em uma substituição subjetiva. Os relativamente incapazes emitem vontade, já que possuem um discernimento. Mas essa vontade só produzirá efeitos se, no momento de emiti-la, o relativamente incapaz for assistido pelo seu representante legal, o que significa aconselhar, assessorar.

Os atos praticados diretamente pelos absolutamente incapazes são nulos. Já os atos praticados pelos relativamente incapazes, sem assistência do seu representante legal, são anuláveis.

---

factos que podem influir nos efeitos do negócio. 2. Ao representado de má fé não aproveita a boa fé do representante.

CC-PORTUGUÊS. ARTIGO 260º (Justificação dos poderes do representante) 1. Se uma pessoa dirigir em nome de outrem uma declaração a terceiro, pode este exigir que o representante, dentro de prazo razoável, faça prova dos seus poderes, sob pena de a declaração não produzir efeitos. 2. Se os poderes de representação constarem de documento, pode o terceiro exigir uma cópia dele assinada pelo representante.

CC-PORTUGUÊS. ARTIGO 261º (Negócio consigo mesmo) 1. É anulável o negócio celebrado pelo representante consigo mesmo, seja em nome próprio, seja em representação de terceiro, a não ser que o representado tenha especificadamente consentido na celebração, ou que o negócio excluía por sua natureza a possibilidade de um conflito de interesses. 2. Considera-se celebrado pelo representante, para o efeito do número precedente, o negócio realizado por aquele em quem tiverem sido substabelecidos os poderes de representação.

179 CC: "Art. 1.634. Compete aos pais, quanto à pessoa dos filhos menores: [...] V – representá-los, até os dezesseis anos, nos atos da vida civil, e assisti-los, após essa idade, nos atos em que forem partes, suprindo-lhes o consentimento;"

CC: "Art. 1.747. Compete mais ao tutor: I – representar o menor, até os dezesseis anos, nos atos da vida civil, e assisti-lo, após essa idade, nos atos em que for parte;"

CC: "Art. 1.767. Estão sujeitos a curatela: I – aqueles que, por enfermidade ou deficiência mental, não tiverem o necessário discernimento para os atos da vida civil; II – aqueles que, por outra causa duradoura, não puderem exprimir a sua vontade; III – os deficientes mentais, os ébrios habituais e os viciados em tóxicos; IV – os excepcionais sem completo desenvolvimento mental; V – os pródigos."

2) Representação convencional ou voluntária. A representação voluntária é aquela estabelecida entre as partes (representante e representado), já que decorre do princípio basilar da autonomia da vontade. Por exemplo, o caso do mandato. CC 2002 – Art. 653. Opera-se o mandato quando alguém recebe de outrem poderes para, em seu nome, praticar atos ou administrar interesses. A procuração é o instrumento do mandato.

Portanto, são espécies de representantes:

Legais (tutores, curadores – administração de bens e interesses alheios); Judiciais (nomeados pelo juiz, por exemplo: inventariante, síndico da falência etc.); e, Convencionais (através do instrumento de mandato – procuração, por exemplo: nos casos de casamento por procuração).

Vale destacar que mandato não se confunde com procuração. Aquele é contrato firmado entre mandante e mandatário, este é o instrumento daquele, ou seja, é a maneira pela qual o mandato se exterioriza.

Procuração ***ad judicia***.

A procuração ad judicia é aquela outorgada para o foro em geral e a procuração *ad negotia* é destinada a prática e administração dos negócios em geral.

Substabelecimento.

O substabelecimento ocorre no momento em que o mandatário (procurador) transfere a outrem os poderes recebidos do mandante (outorgante). O subestabelecimento poderá ocorrer com reserva de poderes ou sem reserva de poderes.

No subestabelecimento com reserva de poderes, o subestabelecente poderá usar os poderes subestabelecidos. Já no subestabelecimento sem reserva de poderes, ocorre renúncia do mandato.

O subestabelecimento poderá ser ainda total ou parcial. Vale observar que o poder para realização do subestabelecimento deve restar expresso no instrumento do contrato.

E no caso do substabelecido causar um prejuízo ao mandante? Aqui, para que possamos analisar a responsabilidade pelas perdas e danos, torna-se necessário, inicialmente, apontar algumas hipóteses que podem ocorrer no mundo vivido:

No instrumento do mandato está expresso a possibilidade de subestabelecimento.

Aqui, fica claro que o mandante autorizou o substabelecimento. Daí, ele corre o risco e, portanto, ele deve reclamar o prejuízo ao substabelecido, salvo se for provada a *culpa in eligendo* do mandatário, hipótese em que este responderá pelo prejuízo.

No instrumento do mandato inexiste autorização expressa do mandante para a realização do subestabelecimento. Neste caso, o mandatário responde pelos prejuízos, de forma subjetiva, isto é, desde que fique provada a culpa do substabelecido.

No instrumento do mandato existe cláusula expressa impedindo o substabelecimento, mas, ainda assim, o mandatário substabelece os seus poderes, como no caso, do advogado ficar impedido de comparecer a uma audiência em virtude de uma doença. Nessa hipótese, o mandatário responde pelas perdas e danos, objetivamente, perante o mandante, salvo se provar que esse prejuízo ocorreria ao mandante, mesmo que não tivesse substabelecido.

O artigo 655 do CCB determina que "ainda quando se outorgue mandato por instrumento público, pode substabelecer-se mediante instrumento particular." Nessa questão, o Conselho da Justiça Federal, na III Jornada de Direito Civil, se pronunciou da seguinte forma: "CJF – Enunciado 182 – Art. 655: O mandato outorgado por instrumento público previsto no art. 655 do CC somente admite substabelecimento por instrumento particular, quando a forma pública for facultativa e não integrar a substância do ato."

Súmula:

STJ nº 115: Na instância especial é inexistente recurso interposto por advogado sem procuração nos autos.

Enunciado do Fórum Permanente de Processualistas Civis:

Nº 83 do FPPC: Fica superado o enunciado 115 da súmula do STJ após a entrada em vigor do CPC ("Na instância especial é inexistente recurso interposto por advogado sem procuração nos autos").

Art. 105. A procuração geral para o foro, outorgada por instrumento público ou particular assinado pela parte, habilita o advogado a praticar todos os atos do processo, exceto receber citação, confessar, reconhecer a procedência do pedido, transigir, desistir, renunciar ao direito sobre o qual se funda a ação, receber, dar quitação, firmar compromisso e assinar declaração de hipossuficiência econômica, que devem constar de cláusula específica.

§ 1º A procuração pode ser assinada digitalmente, na forma da lei.

§ 2º A procuração deverá conter o nome do advogado, seu número de inscrição na Ordem dos Advogados do Brasil e endereço completo.

§ 3º Se o outorgado integrar sociedade de advogados, a procuração também deverá conter o nome dessa, seu número de registro na Ordem dos Advogados do Brasil e endereço completo.

§ 4º Salvo disposição expressa em sentido contrário constante do próprio instrumento, a procuração outorgada na fase de conhecimento é eficaz para todas as fases do processo, inclusive para o cumprimento de sentença.

Notas:

O artigo 105 do CPC trata dos poderes conferidos ao causídico na procuração. O § 1º informa que a procuração pode ser assinada digitalmente, de acordo com os artigos 1º e 2º da Lei nº 11.419/06.[180]

O § 2º diz que a procuração deverá conter o nome do advogado, seu número de inscrição na Ordem dos Advogados do Brasil e endereço completo. Já se o advogado integrar sociedade de advogados, a procuração também deverá conter o nome dessa, seu número de registro na Ordem dos Advogados do Brasil e endereço completo, conforme determina o § 3º do referido dispositivo em comento.

---

180 *"Art. 1º O uso de meio eletrônico na tramitação de processos judiciais, comunicação de atos e transmissão de peças processuais será admitido nos termos desta Lei.*

§ 1º Aplica-se o disposto nesta Lei, indistintamente, aos processos civil, penal e trabalhista, bem como aos juizados especiais, em qualquer grau de jurisdição.

§ 2º Para o disposto nesta Lei, considera-se:

I – meio eletrônico qualquer forma de armazenamento ou tráfego de documentos e arquivos digitais;

II – transmissão eletrônica toda forma de comunicação a distância com a utilização de redes de comunicação, preferencialmente a rede mundial de computadores;

III – assinatura eletrônica as seguintes formas de identificação inequívoca do signatário:

a) assinatura digital baseada em certificado digital emitido por Autoridade Certificadora credenciada, na forma de lei específica;

b) mediante cadastro de usuário no Poder Judiciário, conforme disciplinado pelos órgãos respectivos.

Art. 2º O envio de petições, de recursos e a prática de atos processuais em geral por meio eletrônico serão admitidos mediante uso de assinatura eletrônica, na forma do art. 1ºdesta Lei, sendo obrigatório o credenciamento prévio no Poder Judiciário, conforme disciplinado pelos órgãos respectivos.

§ 1º O credenciamento no Poder Judiciário será realizado mediante procedimento no qual esteja assegurada a adequada identificação presencial do interessado.

§ 2º Ao credenciado será atribuído registro e meio de acesso ao sistema, de modo a preservar o sigilo, a identificação e a autenticidade de suas comunicações.

§ 3º Os órgãos do Poder Judiciário poderão criar um cadastro único para o credenciamento previsto neste artigo."

Remissão:

– Art. 654 do Código Civil.

Súmula:

STJ nº 115: Na instância especial é inexistente recurso interposto por advogado sem procuração nos autos.

Art. 106. Quando postular em causa própria, incumbe ao advogado:

I – declarar, na petição inicial ou na contestação, o endereço, seu número de inscrição na Ordem dos Advogados do Brasil e o nome da sociedade de advogados da qual participa, para o recebimento de intimações;

II – comunicar ao juízo qualquer mudança de endereço.

§ 1º Se o advogado descumprir o disposto no inciso I, o juiz ordenará que se supra a omissão, no prazo de 5 (cinco) dias, antes de determinar a citação do réu, sob pena de indeferimento da petição.

§ 2º Se o advogado infringir o previsto no inciso II, serão consideradas válidas as intimações enviadas por carta registrada ou meio eletrônico ao endereço constante dos autos.

Notas:

Postulação em causa própria.

Nos casos em que o advogado atua em causa própria, o advogado o deve declarar na petição inicial ou na contestação, o endereço em que receberá a intimação, bem como comunicar ao juízo qualquer mudança de endereço. A falta de comunicação da mudança de endereço resulta em ser considerada válida a intimação pela via postal, encaminhada ao endereço constante dos autos.

Enunciado do Fórum Permanente de Processualistas Civis:

Nº 425 do FPPC: Ocorrendo simultaneamente as hipóteses dos art. 106, § 1º, e art. 321, *caput*, o prazo de emenda será único e de quinze dias.

Art. 107. O advogado tem direito a:

I – examinar, em cartório de fórum e secretaria de tribunal, mesmo sem procuração, autos de qualquer processo, independentemente da fase de tramitação, assegurados a obtenção de cópias e o registro de anotações, salvo na hipótese de segredo de justiça, nas quais apenas o advogado constituído terá acesso aos autos;

II – requerer, como procurador, vista dos autos de qualquer processo, pelo prazo de 5 (cinco) dias;

III – retirar os autos do cartório ou da secretaria, pelo prazo legal, sempre que neles lhe couber falar por determinação do juiz, nos casos previstos em lei.

§ 1º Ao receber os autos, o advogado assinará carga em livro ou documento próprio.

§ 2º Sendo o prazo comum às partes, os procuradores poderão retirar os autos somente em conjunto ou mediante prévio ajuste, por petição nos autos.

§ 3º Na hipótese do § 2º, é lícito ao procurador retirar os autos para obtenção de cópias, pelo prazo de 2 (duas) a 6 (seis) horas, independentemente de ajuste e sem prejuízo da continuidade do prazo.

§ 4º O procurador perderá no mesmo processo o direito a que se refere o § 3º se não devolver os autos tempestivamente, salvo se o prazo for prorrogado pelo juiz.

§ 5º O disposto no inciso I do *caput* deste artigo aplica-se integralmente a processos eletrônicos. (Incluído pela Lei nº 13.793, de 2019).

Remissão:

Art. 7º da Lei nº 8.906/1994 (dispõe sobre o Estatuto da Advocacia e a Ordem dos Advogados do Brasil – OAB).

Notas:

O artigo nº 107 trata das prerrogativas dos advogados não excluindo, pois, aquelas que constam na Lei nº 8.906/94.

A Lei nº 13.793/2019, de 03.01.2019 veio a alterar as Leis nº 8.906, de 4 de julho de 1994, 11.419, de 19 de dezembro de 2006 e 13.105, de 16 de março de 2015, para assegurar a advogados o exame e a obtenção.

CAPÍTULO IV
DA SUCESSÃO DAS PARTES E DOS PROCURADORES

Art. 108. No curso do processo, somente é lícita a sucessão voluntária das partes nos casos expressos em lei.

Notas:

Deve-se ressaltar que, de um modo geral, não se admite a sucessão de partes no ordenamento processual civil pátrio. Com efeito, o CPC em seu art. 108 é bem claro a esse respeito.

Em duas situações, entretanto, admitem-se exceções quanto a tal regra geral:

a) Sucessão *inter vivos*;

b) Sucessão *causa mortis*.

Art. 109. A alienação da coisa ou do direito litigioso por ato entre vivos, a título particular, não altera a legitimidade das partes.

§ 1º O adquirente ou cessionário não poderá ingressar em juízo, sucedendo o alienante ou cedente, sem que o consinta a parte contrária.

§ 2º O adquirente ou cessionário poderá intervir no processo como assistente litisconsorcial do alienante ou cedente.

§ 3º Estendem-se os efeitos da sentença proferida entre as partes originárias ao adquirente ou cessionário.

Notas:

De acordo com o art. 108, só se permite a sucessão voluntária das partes quando a lei assim permitir. Neste sentido, quando o bem litigioso for alienado a título particular, por ato entre vivos, no decorrer do processo (como, por exemplo, através de contrato), não se altera a legitimidade das partes (art. 109, *caput*).

Não poderá, assim, o adquirente do bem litigioso ingressar em juízo, sucedendo o alienante ou cedente, ao menos que a parte contrária venha a consentir (art. 109, § 1º). Poderá, contudo, dito adquirente intervir no processo como assistente litisconsorcial do alienante ou cedente (art. 109, § 2º).

Havendo ou não consentimento da parte contrária quanto à sucessão da parte alienante do bem litigioso, a sentença estenderá seus efeitos tanto ao já citado alienante ou cedente quanto ao adquirente do aludido bem.

Para ilustrar, tomemos o seguinte exemplo: o autor "A" ajuíza uma ação em face de "B" (réu) para que seja discutida a propriedade de um bem. No decorrer do processo, "B" vende o bem litigioso para "C". Para que este possa ingressar na demanda substituindo "B", "A" deverá anuir com tal sucessão. De outra forma, sem a anuência de "A", o adquirente do bem, "C", poderá somente intervir no processo na condição de assistente litisconsorcial de "B". A lei estabelece que "a sentença proferida entre as partes originárias, estende os seus efeitos ao adquirente ou ao cessionário" (art. 109, § 3º), o que vale dizer que, mesmo não ocorrendo a sucessão da parte com a saída do alienante e o respectivo ingresso do adquirente no processo, os efeitos da sentença a este se estenderá.

Enunciado do Fórum Permanente de Processualistas Civis:

Nº 115 do FPPC: O negócio jurídico celebrado nos termos do art. 190 obriga herdeiros e sucessores.

Art. 110. Ocorrendo a morte de qualquer das partes, dar-se-á a sucessão pelo seu espólio ou pelos seus sucessores, observado o disposto no art. 313, §§ 1º e 2º.

Notas:

No caso de falecimento de uma das partes na relação jurídica processual, essas serão sucedidas pelo espólio ou pelos herdeiros. Caso não tenha acontecido a partilha e a ação tiver cunho patrimonial, o espólio assumirá o polo da relação jurídica processual do falecido. Já quando a ação for pessoal e não contiver cunho patrimonial (*e.g.* a ação de investigação de paternidade) ou no caso de a partilha já tiver sido efetuada, o falecido será substituído pelos seus herdeiros.

Enunciado do Fórum Permanente de Processualistas Civis:

Nº 115 do FPPC: O negócio jurídico celebrado nos termos do art. 190 obriga herdeiros e sucessores.

Art. 111. A parte que revogar o mandato outorgado a seu advogado constituirá, no mesmo ato, outro que assuma o patrocínio da causa.

Parágrafo único. Não sendo constituído novo procurador no prazo de 15 (quinze) dias, observar-se-á o disposto no art. 76.

Notas:

De acordo com o artigo 682, inciso I, do Código Civil brasileiro, cessa o mandato pela revogação ou pela renúncia. A revogação e a renúncia são atos jurídicos unilaterais que produzirão efeitos jurídicos. De forma que se a parte revogar o mandato outorgado a seu advogado, no mesmo ato deverá constituir outro que assuma o patrocínio da causa.

A revogação do mandato pode ser expressa ou tácita. Neste caso, a parte que revogar o mandato de seu advogado deverá constituir no mesmo ato outro advogado para assumir a causa. Não sendo constituído novo procurador no prazo de 15 dias, ocorrerá suspensão do processo, bem como a realização das providências previstas no artigo 76.

Art. 112. O advogado poderá renunciar ao mandato a qualquer tempo, provando, na forma prevista neste Código, que comunicou a renúncia ao mandante, a fim de que este nomeie sucessor.

§ 1º Durante os 10 (dez) dias seguintes, o advogado continuará a representar o mandante, desde que necessário para lhe evitar prejuízo

§ 2º Dispensa-se a comunicação referida no *caput* quando a procuração tiver sido outorgada a vários advogados e a parte continuar representada por outro, apesar da renúncia.

Notas:

O artigo 112 trata da renúncia do mandato realizada pelo advogado. Aqui é o advogado que renuncia o mandato. Nesse caso, ele deverá provar que cientificou o mandante com a finalidade de que este nomeie outro advogado para patrocinar a causa. Todavia, o renunciante possui o dever jurídico de, durante os dez dias do ato da renúncia, continuar a representar o mandante, desde que necessário para lhe evitar o prejuízo.

Vale mencionar o artigo 5º, § 3º do Estatuto da OAB (Lei nº 8.906/94) que determina: "O advogado que renunciar ao mandato continuará, durante os dez dias seguintes à notificação da renúncia, a representar o mandante, salvo se for substituído antes do término desse prazo."

Haverá dispensa de comunicação quando a procuração tiver sido outorgada a vários advogados e a parte continuar representada por outro advogado.

Remissões:

– Arts. 5º, § 3º e 34 da Lei nº 8.906/1994 (Estatuto da OAB).

"Art. 5º O advogado postula, em juízo ou fora dele, fazendo prova do mandato.

(...)

§ 3º O advogado que renunciar ao mandato continuará, durante os dez dias seguintes à notificação da renúncia, a representar o mandante, salvo se for substituído antes do término desse prazo".

"Art. 34. Constitui infração disciplinar:

(...)

XI - abandonar a causa sem justo motivo ou antes de decorridos dez dias da comunicação da renúncia;

(...)"

TÍTULO II
DO LITISCONSÓRCIO

Art. 113. Duas ou mais pessoas podem litigar, no mesmo processo, em conjunto, ativa ou passivamente, quando:

I – entre elas houver comunhão de direitos ou de obrigações relativamente à lide;

II – entre as causas houver conexão pelo pedido ou pela causa de pedir;

III – ocorrer afinidade de questões por ponto comum de fato ou de direito.

§ 1º O juiz poderá limitar o litisconsórcio facultativo quanto ao número de litigantes na fase de conhecimento, na liquidação de sentença ou na execução, quando este comprometer a rápida solução do litígio ou dificultar a defesa ou o cumprimento da sentença.

§ 2º O requerimento de limitação interrompe o prazo para manifestação ou resposta, que recomeçará da intimação da decisão que o solucionar.

Notas:

Litisconsórcio. Noção.

Denomina-se litisconsórcio a ocorrência processual onde duas ou mais pessoas litigam em conjunto ativa e/ou passivamente, configurando uma pluralidade de partes em um ou em ambos os polos da relação processual. Litisconsórcio, portanto, significa consórcio na lide.[181]

De acordo com as lições de Cândido Rangel Dinamarco, o litisconsórcio, "no contexto da categoria mais ampla, representada pela pluralidade de partes, fácil é entender o litisconsórcio como a situação caracterizada pela coexistência de duas ou mais pessoas do lado ativo ou do lado passivo da relação processual, ou em ambas as posições."[182]

Já Luiz Fux ensina que o litisconsórcio "é um fenômeno jurídico consistente na pluralidade de partes na relação processual. Em consequência, admite a classificação de *ativo,* quando há vários autores; *passivo,* quando há vários réus e *misto,* quando a pluralidade verifica-se em ambos os polos da relação processual. Os protagonistas do fenômeno denominam-se *litisconsortes.* O litisconsórcio é informado, primeiramente, pelo princípio da economia processual que visa conferir às partes do processo um máximo de resultado com um mínimo de esforço, por isso que enfeixando várias relações no seu bojo, a sentença proferida num processo em que há a formação de litisconsórcio dispõe em *unum et idem judex* acerca de várias pretensões. Por outro lado, o fenômeno encerra, também, uma cumulação de ações pela só variação do elemento subjetivo. Entretanto, além do cúmulo subjetivo, o litisconsórcio pode gerar, também, uma cumulação objetiva, como ocorre no litisconsórcio por afinidade de questões, hipótese em que cada um dos litisconsortes deduz sua própria pretensão."[183]

Por fim, vale mencionar as lições de Athos Gusmão Carneiro que diz "a relação jurídica processual mais simples forma-se com apenas um autor e um réu nos polos processuais. Mas é comuníssimo o ***litisconsórcio***, isto é, que na relação estejam presentes mais de um autor ou mais de um réu, e isso em virtude de os interesses plurais sobre o bem da vida, objeto da demanda, serem interesses em ***comunhão***, ou em *conexão*, ou em posição de *afinidade* por pontos comuns de fato ou de direito (CPC, art. 46).

Teremos assim o litisconsórcio ativo, com a presença de A e de B no polo ativo, e apenas um réu; ou o litisconsórcio ***passivo***, com a presença de um autor, e no polo passivo dois ou mais réus; ou o litisconsórcio misto ou bilateral com a presença de pluralidade de pessoas tanto no polo ativo como no polo passivo."[184]

Litisconsórcio facultativo simples. Art. 113, CPC. Este dispositivo enumera as hipóteses do *litisconsórcio facultativo simples* (art. 113, incisos I a III do CPC). São elas: I – entre elas houver comunhão de direitos ou de obrigações

181 GAIO JÚNIOR, Antônio Pereira. *Instituições de Direito Processual.* 2. ed. Belo Horizonte: Del rey, 2015, p.122.
182 DINAMARCO, Cândido Rangel. *Litisconsórcio.* 6. ed. São Paulo: Malheiros, 2001, p. 39.
183 FUX, Luiz. *Curso de Direito Processual Civil.* 2. ed. Rio de Janeiro: Forense, 2004, p. 265.
184 CARNEIRO, Athos Gusmão. *Intervenção de Terceiros.* 16. ed. São Paulo: Saraiva, 2006, p. 7.

relativamente à lide; II – entre as causas houver conexão pelo pedido ou pela causa de pedir; III – ocorrer afinidade de questões por ponto comum de fato ou de direito.

A primeira hipótese ocorre quando houver entre as partes uma comunhão de direitos ou de obrigações relacionados à lide. Ora, comunhão significa cotitularidade, ou seja, uma relação jurídica que pertence a mais de um titular. É o caso, por exemplo, da solidariedade passiva, onde o credor poderá ingressar com a ação em face de cada devedor isoladamente, ou em face de todos os devedores, se formando o *litisconsórcio facultativo simples.*

A segunda hipótese ocorrerá quando ocorrer conexão.

A terceira hipótese de litisconsórcio facultativo simples, engloba a hipótese ocorrer afinidade de questões por ponto comum de fato ou de direito.

Nas ações coletivas é possível a limitação do número de substituídos em cada cumprimento de sentença, por aplicação extensiva do art. 113, § 1º, do Código de Processo Civil. (REsp 1.947.661-RS, Rel. Min. Og Fernandes, Segunda Turma, por unanimidade, julgado em 23/09/2021).

STF. Tema 1004 da Repercussão Geral:

Tese: Em ação civil pública proposta pelo Ministério Público do Trabalho em face de empresa estatal, com o propósito de invalidar a contratação irregular de pessoal, não é cabível o ingresso, no polo passivo da causa, de todos os empregados atingidos, mas é indispensável sua representação pelo sindicato da categoria.

Enunciados do Fórum Permanente de Processualistas Civis:

Nº 10 do FPPC: Em caso de desmembramento do litisconsórcio multitudinário, a interrupção da prescrição retroagirá à data de propositura da demanda original.

Nº 116 do FPPC: Quando a formação do litisconsórcio multitudinário for prejudicial à defesa, o juiz poderá substituir a sua limitação pela ampliação de prazos, sem prejuízo da possibilidade de desmembramento na fase de cumprimento de sentença.

Nº 117 do FPPC: Em caso de desmembramento do litisconsórcio multitudinário ativo, os efeitos mencionados no art. 240 são considerados produzidos desde o protocolo originário da petição inicial.

Nº 386 do FPPC: A limitação do litisconsórcio facultativo multitudinário acarreta o desmembramento do processo.

Nº 387 do FPPC: A limitação do litisconsórcio multitudinário não é causa de extinção do processo.

Art. 114. O litisconsórcio será necessário por disposição de lei ou quando, pela natureza da relação jurídica controvertida, a eficácia da sentença depender da citação de todos que devam ser litisconsortes.

Notas:

O artigo 114 trata do *litisconsórcio necessário.*

Importante aqui pontuar que, ao contrário do equivocado texto do revogado art. 47 do CPC/1973, este que ligava a figura do litisconsórcio necessário à exigência de sentença uniforme (unitária)[185], o CPC/2015 colocou em termos corretos a incidência da figura litisconsorcial necessária sem qualquer vinculação com a uniformidade ou não do provimento final entre os litisconsortes, como se vê:

> "*Art. 114. O litisconsórcio será necessário por disposição de lei ou quando, pela natureza da relação jurídica controvertida, a eficácia da sentença depender da citação de todos que devam ser litisconsortes.*"

Assim, destacamos as possíveis formações de litisconsórcios necessários e facultativos quanto à uniformidade da sentença:

- necessário unitário: ex.: art. 1.549 do Código Civil: o MP ingressa com ação de anulação de casamento celebrado por juiz incompetente; neste caso, a sentença será a mesma para os litisconsortes;
- necessário simples: ex.: arts. 569 a 573 do CPC: nas ações divisórias e demarcatórias por lei, devem ser citados todos os confinantes, será litisconsórcio simples porque a sentença será diferente para cada um dos litisconsortes;
- facultativo unitário: ex.: art. 1.314, *caput*, do Código Civil: a lei permite que um único condômino ou que todos juntos defendam a propriedade, por isso, litisconsórcio facultativo e também unitário, porque a sentença deverá ser idêntica para todos os condôminos;
- facultativo simples: ex.: vários credores com créditos diferentes ingressam com uma ação em face de um mesmo devedor; é facultativo porque os credores podem ingressar com ação em separado e simples porque o conteúdo da sentença será diferente para cada um dos credores, pois os valores são diferentes.

---

185 Sobre o assunto, ver GAIO JÚNIOR, Antônio Pereira. *Instituições de Direito Processual Civil.* 2. ed. Belo Horizonte: Del Rey, 2013, p. 125-126.

Súmulas:

STF nº 263: O possuidor deve ser citado pessoalmente para a ação de usucapião.

STF nº 391: O confinante certo deve ser citado, pessoalmente, para a ação de usucapião.

STF nº 631: Extingue-se o processo de mandado de segurança se o impetrante não promove, no prazo.

STF nº 701: No mandado de segurança impetrado pelo ministério público contra decisão proferida em processo penal, é obrigatória a citação do réu como litisconsorte passivo.

Art. 115. A sentença de mérito, quando proferida sem a integração do contraditório, será:

I - nula, se a decisão deveria ser uniforme em relação a todos que deveriam ter integrado o processo;

II - ineficaz, nos outros casos, apenas para os que não foram citados.

Parágrafo único. Nos casos de litisconsórcio passivo necessário, o juiz determinará ao autor que requeira a citação de todos que devam ser litisconsortes, dentro do prazo que assinar, sob pena de extinção do processo.

Remissões:

- Art. 5º, LV, da CRFB/88

"LV - aos litigantes, em processo judicial ou administrativo, e aos acusados em geral são assegurados o contraditório e ampla defesa, com os meios e recursos a ela inerentes;".

- Art. 94 da Lei nº 8.078, de 11.09.1990 (CDC).

Notas:

Oportuno que a relação litisconsorcial tenha sua formação realizada no início da relação jurídica processual.

Assim, observando o juiz a ocorrência de litisconsórcio necessário passivo na demanda, porém, ainda não integrado a ela, ordenará que o autor promova a citação de todos os litisconsortes necessários, *ex vi* do art. 115, parágrafo único), isso dentro de prazo que assinar (máximo de 30 dias, por analogia ao art. 351 do CPC), sob pena de ser declarado extinto o processo.

Por outro lado, sendo ativo, o mesmo deverá ser citado para compor a relação jurídica processual, podendo vir ele a ingressar ou não na relação jurídica processual, visto que não se pode obrigar ninguém a demandar. Ingressando ou não formalmente no polo ativo da relação processual, a sentença a ele se estenderá, visto que foi citado validamente, possibilitando, portanto, a sua integração à relação jurídica processual.

Nisso, em exemplo, sendo cônjuge, poderá o cônjuge autor, caso o outro cônjuge não venha aceitar ingressar no processo, obter o suprimento judicial da outorga do cônjuge não interessado, isto quando, por motivo justo, ocorra a impossibilidade de obtê-la, como, por exemplo, esteja o outro cônjuge em viagem.

Assim, o importante é que os litisconsortes necessários possam figurar na relação jurídica processual, seja em qual polo processual for exigido, sob pena de restar nula ou ineficaz a sentença proferida.

Coube ao CPC/2015, regular validade da sentença de mérito em relação à uniformidade ou não da decisão em sede de litisconsórcio necessário, i.e., dependendo ser ele necessário uniforme ou necessário simples e sua participação na demanda, tudo por meio da existência ou não da citação.

Expressa o art. 115, I e II:

> *Art. 115. A sentença de mérito, quando proferida sem a integração do contraditório, será:*
>
> *I – nula, se a decisão deveria ser uniforme em relação a todos que deveriam ter integrado o processo;*
>
> *II – ineficaz, nos outros casos, apenas para os que não foram citados.*

Nota-se que haverá diferença para os efeitos da sentença proferida em processo ao qual o litisconsorte necessário não foi integralizado.

Dito isso, tratando-se de litisconsórcio necessário-simples (exigência de formação da relação litisconsorcial com conteúdos da sentença de modo não uniforme para os litisconsortes), a sentença será ineficaz para aqueles que não participaram da relação jurídica processual, mas que deveriam ter participado na condição de litisconsórcio-simples, portanto, válida e eficaz para aqueles que dela participaram.

Já, quando da relação litisconsorcial-unitária (exigência de formação da relação litisconsorcial com conteúdos uniformes para todos os litisconsortes), a sentença será considerada nula, pois que todos os litisconsortes devem receber tratamento isonômico no plano do direito material. Daí, que a aludida sentença poderá ser impugnada por ação rescisória, com fundamento no art. 966, V.[186]

Neste último caso pensamos diferente. Em sendo a sentença proferida sem a participação de litisconsórcio necessário com sentença de índole unitária,

[186] No mesmo sentido, NERY JÚNIOR, Nelson; NERY, Rosa Maria Andrade. Ob. cit., p. 526.

isto é, de falha substancial na relação jurídica processual, inclusive ferindo isonomicamente as questões no plano material, tratar-se-á, verdadeiramente, de sentença inexistente, pois que não pode aquele que ficou de fora pela própria ausência de citação ou ainda, nulidade da mesma, ficar condicionado ao lapso temporal da ação rescisória para fins de enfrentar conteúdo que sequer teve a oportunidade de se manifestar, ferindo o básico preceito constitucional do contraditório e ampla defesa, sendo-lhe podado a possibilidade de influir nos desígnios da sentença a ele imputada, isso a qualquer tempo! Contraditório substancial é muito mais do que o binômio informação-reação. Significa a possibilidade de influir no próprio destino da tutela jurisdicional a ser prolatada.

Trata-se, aí então, da possibilidade de manejo da ação de *querela nullitatis*, de manejo imprescritível, onde será possível enfrentar o digitado vício formal – de natureza grave! – que é a ausência de correta formação da relação jurídica processual entre aquele não citado e os partícipes da demanda ora extinta em seu mérito, não sendo razoável que depois de passados 2 (dois) anos de eventual não propositura da ação rescisória, possam os efeitos materiais da sentença proferida sem a participação imprescindível do litisconsorte necessário-unitário, tornarem imutáveis, diante do que, lamentavelmente acostou colocou o legislador no inciso I do supracitado art. 115, como sentença de natureza nula.[187]

No mesmo sentido, adverte Teresa Wambier *et al.*[188] ao bem afirmar que "sentenças de mérito proferidas nessas condições não têm aptidão material para transitar em julgado, ficando sujeitas à impugnação pela ação declaratória.

A nosso ver, a ausência de citação de litisconsorte necessário é vício que equivale à ausência de citação. Afinal, o processo só se triangulariza se estiverem (ou se forem provocados a estar) ali todos aqueles cuja presença a lei considera necessária."

---

187 Colaciona-se aqui, jurisprudência firme a tempos no Supremo Tribunal Federal:

"AÇÃO DECLARATÓRIA DE NULIDADE DE SENTENÇA POR SER NULA A CITAÇÃO DO RÉU REVEL NA AÇÃO EM QUE ELA FOI PROFERIDA. 1.PARA A HIPÓTESE PREVISTA NO ARTIGO 741, I, DO ATUAL CPC – QUE É A DA FALTA OU NULIDADE DE CITAÇÃO, HAVENDO REVELIA – PERSISTE, NO DIREITO POSITIVO BRASILEIRO – A "QUERELA NULLITATIS", O QUE IMPLICA DIZER QUE A NULIDADE DA SENTENÇA, NESSE CASO, PODE SER DECLARADA EM AÇÃO DECLARATÓRIA DE NULIDADE, INDEPENDENTEMENTE DO PRAZO PARA A PROPOSITURA DA AÇÃO RESCISÓRIA, QUE, EM RIGOR, NÃO E A CABÍVEL PARA ESSA HIPÓTESE. 2.RECURSO EXTRAORDINÁRIO CONHECIDO, NEGANDO-SE-LHE, POREM, PROVIMENTO". (STF. RE 97589/SC, Tribunal Pleno. Rel. Min. Moreira Alves, Julg. 17.11.1982, *DJ* 03.06.1983).

188 WAMBIER, Teresa Arruda Alvim *et al. Primeiros Comentários ao Novo Código de Processo Civil.* São Paulo: RT, 2015, p.340.

Súmula:

STF nº 631: Extingue-se o processo de mandado de segurança se o impetrante não promove, no prazo assinado, a citação do litisconsorte passivo necessário.

Enunciados do Fórum Permanente de Processualistas Civis:

Nº 11 do FPPC: O litisconsorte unitário, integrado ao processo a partir da fase instrutória, tem direito de especificar, pedir e produzir provas, sem prejuízo daquelas já produzidas, sobre as quais o interveniente tem o ônus de se manifestar na primeira oportunidade em que falar no processo.

Nº 110 do FPPC: Havendo substituição processual, e sendo possível identificar o substituído, o juiz deve determinar a intimação deste último para, querendo, integrar o processo.

Nº 118 do FPPC: O litisconsorte unitário ativo pode optar por ingressar no processo no polo ativo ou passivo ou, ainda, adotar outra postura que atenda aos seus interesses.

Nº 638 do FPPC: A formação de coisa julgada sobre questão prejudicial incidental, cuja resolução como principal exigiria a formação de litisconsórcio necessário unitário, pressupõe contraditório efetivo por todos os legitimados, observada a parte final do art. 506.

Art. 116. O litisconsórcio será unitário quando, pela natureza da relação jurídica, o juiz tiver de decidir o mérito de modo uniforme para todos os litisconsortes.

Notas:

O artigo 116 do CPC conceitua o litisconsórcio unitário. É aquele que, pela natureza da relação jurídica, o juiz tiver de decidir o mérito de modo uniforme para todos os litisconsortes.

Assim, quando a sentença tiver que ser proferida de forma idêntica para todos os litisconsortes que estejam no mesmo polo da relação processual; por exemplo, a sentença de anulação de casamento requerida pelo MP. Neste caso a sentença será a mesma para todos os litisconsortes.

Enunciados do Fórum Permanente de Processualistas Civis:

Nº 11 do FPPC: O litisconsorte unitário, integrado ao processo a partir da fase instrutória, tem direito de especificar, pedir e produzir provas, sem prejuízo daquelas já produzidas, sobre as quais o interveniente tem o ônus de se manifestar na primeira oportunidade em que falar no processo.

Nº 110 do FPPC: Havendo substituição processual, e sendo possível identificar o substituto, o juiz deve determinar a intimação deste último para, querendo, integrar o processo.

Nº 119 do FPPC: Em caso de relação jurídica plurilateral que envolva diversos titulares do mesmo direito, o juiz deve convocar, por edital, os litisconsortes unitários ativos incertos e indeterminados (art. 259, III), cabendo-lhe, na hipótese de dificuldade de formação do litisconsórcio, oficiar o Ministério Público, a Defensoria Pública ou outro legitimado para que possa requerer a conversão da ação individual em coletiva (art. 333)

Art. 117. Os litisconsortes serão considerados, em suas relações com a parte adversa, como litigantes distintos, exceto no litisconsórcio unitário, caso em que os atos e as omissões de um não prejudicarão os outros, mas os poderão beneficiar.

Notas:

Autonomia entre os litisconsortes. Os litisconsortes simples são considerados integrantes distintos e independentes dos outros, exceto no litisconsórcio unitário, caso em que os atos e as omissões de um não prejudicarão os outros, mas os poderão beneficiar.

O artigo 1.005 do CPC diz que "*O recurso interposto por um dos litisconsortes a todos aproveita, salvo se distintos ou opostos os seus interesses.*" E o parágrafo único afirma que "*havendo solidariedade passiva, o recurso interposto por um devedor aproveitará aos outros quando as defesas opostas ao credor lhes forem comuns.*"

Enunciados do Fórum Permanente de Processualistas Civis:

Nº 102 do FPPC: O pedido subsidiário ou alternativo não apreciado pelo juiz é devolvido ao tribunal com a apelação.

Nº 584 do FPPC: É possível que um litisconsorte requeira o depoimento pessoal do outro.

Art. 118. Cada litisconsorte tem o direito de promover o andamento do processo, e todos devem ser intimados dos respectivos atos.

Notas:

Autonomia entre os litisconsortes e a obrigatoriedade de serem intimados dos atos processuais.

Enunciado do Fórum Permanente de Processualistas Civis:

Nº 339 do FPPC: O CADE e a CVM, caso não tenham sido intimados, quando obrigatório, para participar do processo (art. 118, Lei nº 12.529/2011;

art. 31, Lei nº 6.385/1976), têm legitimidade para propor ação rescisória contra a decisão ali proferida, nos termos do inciso IV do art. 967.

TÍTULO III
DA INTERVENÇÃO DE TERCEIROS

Notas:

Em um sentido sumamente genérico, é possível conceituar intervenção de terceiros como a situação em que alguém (o terceiro), devidamente autorizado por lei, ingressa em processo alheio, tornando complexa a relação jurídica processual, passando tal interveniente a figurar como parte ou coadjuvante de parte no dito processo alheio, este que já se encontra em andamento.

Justifica-se a existência do presente instituto na medida em que, por mais que os ordenamentos processuais modernos sistematizem que a sentença produza efeitos apenas para as partes do processo, será impossível sempre alcançar tal limitação, visto que a própria sentença provoca implicações em relações jurídicas de pessoas que não são exclusivamente autor e réu.

Devemos ter em mente que as relações jurídicas não se apresentam de maneira isolada no universo jurídico, sendo, muitas vezes, encadeadas ou entrelaçadas, configurando-se em uma unidade complexa.

A intervenção de terceiro pode ser espontânea ou provocada. A intervenção espontânea pode ocorrer nas seguintes formas: a assistência, o recurso de terceiro prejudicado e quando requerida a manifestação de pessoa natural ou jurídica, órgão ou entidade especializada, com representação adequada, o *amicus curiae*, que pode ser também provocada por requerimento da parte ou determinada de ofício pelo juiz. Já a intervenção de terceiro provocada ocorre na denunciação da lide, no chamamento ao processo e no *amicus curiae,* quando requerida pelas partes ou determinada pelo juiz, sem contar a chamada intervenção forçada, determinada pelo juiz, quando é obrigatória a formação de litisconsórcio necessário. O novo CPC criou uma nova modalidade provocada de intervenção, o incidente de desconsideração da personalidade jurídica, nos artigos 133 a 137.

CAPÍTULO I
DA ASSISTÊNCIA

Seção I
Disposições Comuns

Art. 119. Pendendo causa entre 2 (duas) ou mais pessoas, o terceiro juridicamente interessado em que a sentença seja favorável a uma delas poderá intervir no processo para assisti-la.

Parágrafo único. A assistência será admitida em qualquer procedimento e em todos os graus de jurisdição, recebendo o assistente o processo no estado em que se encontre.

Notas:

Assistência. O instituto jurídico da assistência é uma das formas de intervenção de terceiros sempre na modalidade voluntária.

Existem dois tipos de assistência, a saber: a) assistência simples e b) assistência litisconsorcial.

Na *assistência simples* o terceiro possui interesse jurídico em que a sentença jurídica seja favorável para uma das partes da relação jurídica processual. Dessa maneira, o seu ingresso no processo tem por finalidade precípua auxiliar um dos litigantes, visando que este seja vitorioso no processo. Ora, o interesse jurídico ocorre a partir do momento que o resultado desta sentença venha a influenciar o resultado de uma relação jurídica firmada com um dos litigantes. Os contratos de locação e sublocação são um exemplo. Existem, pois, duas relações jurídicas distintas: uma relação entre o locador e o locatário e outra entre o locatário (sublocador) e o sublocatário. Qualquer litígio entre o locador e locatário pode influenciar a relação jurídica entre este e o sublocatário. Daí que este possui interesse jurídico no resultado de uma possível demanda entre aqueles. Dessa forma, o sublocatário poderá ingressar como assistente simples do locatário numa ação de despejo movida pelo proprietário do imóvel, já que possui interesse jurídico no resultado da demanda.

Já a *assistência litisconsorcial* é uma forma de intervenção de terceiro em que este é titular ou cotitular da relação jurídica discutida em juízo. O terceiro poderá ingressar no processo já que poderá ser atingido pelo resultado da demanda. Vejamos o seguinte exemplo: um cavalo possui três donos, A, B e C. Qualquer um pode ajuizar uma ação reivindicatória ou possessória, não somente em relação à sua parte na coisa, mas em relação ao objeto inteiro, como um todo. Cada um dos condôminos será, pois, legitimado extraordinário, em relação as frações dos demais coproprietários. Se a demanda for proposta apenas por A (legitimidade ordinária em relação a sua fração e legitimidade extraordinária em relação às frações alheias), os demais coproprietários (B e C) serão substituídos processuais, já que não figurarão como partes na demanda, mas os seus direitos estarão sendo defendidos em juízo pelo condômino A. A sentença de mérito proferida pelo magistrado, em ação reivindicatória, terá eficácia em relação a todos os condôminos da coisa e não somente em relação ao demandante. Os coproprietários B e C (substituídos) do cavalo que não faziam parte do polo ativo da demanda serão atingidos pelos efeitos da coisa julgada. Dessa maneira, qualquer coproprietário poderá ingressar posteriormente na demanda, como assistente litisconsorcial, já que terá interesse no resultado da sentença.

Remissões:

– Art. 10 da Lei nº 9.099/1995 (dispõe sobre os Juizados Especiais Cíveis e Criminais e dá outras providências):

"Art. 10. Não se admitirá, no processo, qualquer forma de intervenção de terceiro nem de assistência. Admitir-se-á o litisconsórcio".

– Art. 7º da Lei nº 9.868/99 (dispõe sobre o processo e julgamento da ação direta de inconstitucionalidade e da ação declaratória de constitucionalidade perante o Supremo Tribunal Federal):

"Art. 7º Não se admitirá intervenção de terceiros no processo de ação direta de inconstitucionalidade.

(...)

§ 2º O relator, considerando a relevância da matéria e a representatividade dos postulantes, poderá, por despacho irrecorrível, admitir, observado o prazo fixado no parágrafo anterior, a manifestação de outros órgãos ou entidades".

Enunciados do Fórum Permanente de Processualistas Civis:

Nº 388 do FPPC: O assistente simples pode requerer a intervenção de *amicus curiae.*

Nº 487 do FPPC. No mandado de segurança, havendo substituição processual, o substituído poderá ser assistente litisconsorcial do impetrante que o substituiu.

Art. 120. Não havendo impugnação no prazo de 15 (quinze) dias, o pedido do assistente será deferido, salvo se for caso de rejeição liminar.

Parágrafo único. Se qualquer parte alegar que falta ao requerente interesse jurídico para intervir, o juiz decidirá o incidente, sem suspensão do processo.

Notas:

Pedido de intervenção do assistente.

O assistente simples e o litisconsorcial podem ingressar a qualquer tempo no processo, desde que não tenha ocorrido o trânsito em julgado da sentença.

Eles devem formular um requerimento dirigido ao magistrado que ouvirá as partes. O pedido será deferido não havendo impugnação no prazo de 15 dias, exceto no caso de rejeição liminar.

Seção II
Da Assistência Simples

Art. 121. O assistente simples atuará como auxiliar da parte principal, exercerá os mesmos poderes e sujeitar-se-á aos mesmos ônus processuais que o assistido.

Parágrafo único. Sendo revel ou, de qualquer outro modo, omisso o assistido, o assistente será considerado seu substituto processual.

Notas:

Poderes do Assistente. O assistente simples pode praticar os atos processuais que não colidam com a vontade do assistido.

Enunciado do Fórum Permanente de Processualistas Civis:

Nº 501 do FPPC: A tutela antecipada concedida em caráter antecedente não se estabilizará quando for interposto recurso pelo assistente simples, salvo se houver manifestação expressa do réu em sentido contrário.

Art. 122. A assistência simples não obsta a que a parte principal reconheça a procedência do pedido, desista da ação, renuncie ao direito sobre o que se funda a ação ou transija sobre direitos controvertidos.

Notas:

Poderes do Assistente Simples. Aqui fica claro que a parte principal pode reconhecer a procedência do pedido, desistir da ação ou transigir sobre direitos controvertidos, mesmo sem a anuência do assistente. Este dispositivo não se aplica ao assistente litisconsorcial já que este é tratado como um litisconsorte unitário.

Enunciado do Fórum Permanente de Processualistas Civis:

Nº 389 do FPPC: As hipóteses previstas no art. 122 são meramente exemplificativas.

Art. 123. Transitada em julgado a sentença no processo em que interveio o assistente, este não poderá, em processo posterior, discutir a justiça da decisão, salvo se alegar e provar que:

I – pelo estado em que recebeu o processo ou pelas declarações e pelos atos do assistido, foi impedido de produzir provas suscetíveis de influir na sentença;

II – desconhecia a existência de alegações ou de provas das quais o assistido, por dolo ou culpa, não se valeu.

Notas:

Sendo o assistente litisconsorcial parte no processo, sofrerá ele os efeitos da sentença e, por conseguinte, a eficácia da coisa julgada o atingirá normalmente (regime da unitariedade).

Já em se tratando de assistência simples, o assistente, como não figura como parte e sim como mero assistente da mesma, normalmente não seria atingido pela eficácia da coisa julgada já que o próprio art. 506 do CPC deixa expresso que a coisa julgada atinge somente as partes do processo e não terceiros.

Excepcionalmente, em virtude da sua intervenção voluntária no processo, o próprio CPC o impede rediscutir em processo futuro qualquer conteúdo da lide (os motivos de fato e de direito da sentença) entre o assistido e a parte contrária, salvo se dito assistente alegar e provar a exceção de má gestão processual, cujas hipóteses estão contidas nos incisos I e II do art. 123 do CPC.

Seção III
Da Assistência Litisconsorcial

Art. 124. Considera-se litisconsorte da parte principal o assistente sempre que a sentença influir na relação jurídica entre ele e o adversário do assistido.

Notas:

Trata-se da Assistência litisconsorcial (ou qualificada). Assim, há relação jurídica entre o assistente e o adversário do assistido.

Enunciado do Fórum Permanente de Processualistas Civis:

Nº 11: O litisconsorte unitário, integrado ao processo a partir da fase instrutória, tem direito de especificar, pedir e produzir provas, sem prejuízo daquelas já produzidas, sobre as quais o interveniente tem o ônus de se manifestar na primeira oportunidade em que falar no processo.

CAPÍTULO II
DA DENUNCIAÇÃO DA LIDE

Art. 125. É admissível a denunciação da lide, promovida por qualquer das partes:

I – ao alienante imediato, no processo relativo à coisa cujo domínio foi transferido ao denunciante, a fim de que possa exercer os direitos que da evicção lhe resultam;

II – àquele que estiver obrigado, por lei ou pelo contrato, a indenizar, em ação regressiva, o prejuízo de quem for vencido no processo.

§ 1º O direito regressivo será exercido por ação autônoma quando a denunciação da lide for indeferida, deixar de ser promovida ou não for permitida.

§ 2º Admite-se uma única denunciação sucessiva, promovida pelo denunciado, contra seu antecessor imediato na cadeia dominial ou quem seja responsável por indenizá-lo, não podendo o denunciado sucessivo promover nova denunciação, hipótese em que eventual direito de regresso será exercido por ação autônoma.

Remissão:

- Art. 1.197 do CC.

Notas:

Denunciação da Lide. É uma espécie de intervenção de terceiros que pode ser provocada pelo autor ou pelo réu.

Natureza jurídica. É uma ação que não implica a formação de um processo autônomo. Aqui se busca a celeridade processual, já que teremos em um único processo, uma lide principal e uma secundária. Daí que o magistrado na sentença já decide a lide principal e o eventual direito de regresso.

Evicção. A evicção é uma garantia legal ofertada ao adquirente, no caso dele perder a propriedade, a posse ou o uso em razão de uma decisão judicial ou de um ato administrativo, que reconheça tal direito a terceiro, possa ele recobrar de quem lhe transferiu esse domínio – posse – uso, o que pagou pela coisa (CC, art. 447). A palavra evicção deriva do latim *evictio*, do verbo *evincere*. Pontes de Miranda ensina que "evincere é ex vincere, vencer pondo fora, tirando, afastando. A língua portuguesa possui o verbo "evencer": o terceiro, ou o próprio outorgante que vence, quer como demandante quer como demandado, evence, porque vence e põe fora, no todo ou em parte, o direito do outorgado".[189]

Evencer significa, portanto, despojar; desapossar, ou seja, promover a evicção de.[190] A pessoa que reivindica o bem é denominada evictor ou evincente (vencedor) e aquela pessoa que perde o bem pela evicção é o evicto (vencido).

Washington de Barros Monteiro frisava: "o alienante é obrigado não só a entregar ao adquirente a coisa alienada, como também a garantir-lhe o uso e gozo. Pode suceder, entretanto, que o adquirente venha a perdê-la, total ou parcialmente, por força de decisão judicial, baseada em causa preexistente

[189] MIRANDA, Pontes de. *Tratado de direito privado*. Tomo 38. Campinas: Bookseller, 2005, p. 221.

[190] Dicionário Eletrônico Aurélio Século XXI.

ao contrato. É a essa perda, oriunda de sentença fundada em motivo jurídico anterior, que se atribui o nome de evicção (evincere est vincendo in judicio aliquid auferre)".[191]

A evicção é uma obrigação de fazer do alienante que se encontra implícita em todo e qualquer contrato, já que representa uma garantia legal estabelecida em benefício do adquirente. São requisitos para a configuração da evicção:

a) perda da coisa, isto é, o adquirente deve perder o domínio da coisa adquirida;
b) sentença judicial ou ato administrativo[192] que reconhece o direito aquisitivo preexistente ao contrato;
c) vício anterior ao contrato aquisitivo. Vale destacar que consoante o artigo 457 do CC "não pode o adquirente demandar pela evicção, se sabia que a coisa era alheia ou litigiosa".

O artigo 447 do Código Civil preceitua que o alienante responde pela evicção nos contratos onerosos, subsistindo esta garantia ainda que a aquisição se tenha realizado em hasta pública. Dessa maneira, a evicção ocorre nos contratos onerosos, embora exerça sua influência, também, na doação remuneratória (CC, art. 540), nas doações para casamento com certa e determinada pessoa, salvo convenção em contrário (CC, art. 552), o sócio que, a título de quota social, transmitir domínio, posse ou uso, responde pela evicção; e pela solvência do devedor, aquele que transferir crédito (CC, art. 1.005), no caso da partilha dos quinhões hereditários, em que os coerdeiros são reciprocamente obrigados a se indenizarem, no caso de evicção dos bens aquinhoados (CC, art. 2.024).[193]

Em face do princípio da Autonomia da Vontade ou Princípio da Autodeterminação dos Contratos, as partes contratantes podem, por cláusula contratual expressa, reforçar (*v.g.*, restituição em dobro), diminuir (*v.g.*, restituição pela metade), ou excluir (cláusula de non praestanda evictione) a garantia legal da evicção (CC, art. 448).[194] Da mesma forma, a renúncia da garantia da evicção também é possível por cláusula expressa. No caso de exclusão o adquirente ainda terá o direito de recobrar o preço que pagou pela coisa evicta. Já no caso

---

191 MONTEIRO, Washington de Barros. *Curso de direito civil.* Vol. 5. 34. ed. São Paulo: Saraiva, 2003, p. 55.

192 Ver posição jurisprudencial que reconhece a inexigibilidade de sentença judicial.

193 "*Art. 2.026. O evicto será indenizado pelos co-herdeiros na proporção de suas quotas hereditárias, mas, se algum deles se achar insolvente, responderão os demais na mesma proporção, pela parte desse, menos a quota que corresponderia ao indenizado.*"

194 CC/2002 – "*Art. 448. Podem as partes, por cláusula expressa, reforçar, diminuir ou excluir a responsabilidade pela evicção.*"

de renúncia, o contrato se convola em contrato aleatório, já que uma das partes assume conscientemente o risco de perder a coisa pela evicção.

Dessa maneira, o artigo 449 firma que "não obstante a cláusula que exclui a garantia contra a evicção, se esta se der, tem direito o evicto a receber o preço que pagou pela coisa evicta, se não soube do risco da evicção, ou, dele informado, não o assumiu".[195]

Ocorrendo a perda da coisa, salvo estipulação em contrário, o adquirente poderá exigir do alienante o seguinte quantum indenizatório de acordo com a lei:

a) a restituição integral do preço ou das quantias que pagou (art. 450, *caput*, CC);
b) a indenização dos frutos que tiver sido obrigado a restituir (art. 450, I, CC);
c) a indenização pelas despesas dos contratos e pelos prejuízos que diretamente resultarem da evicção (art. 450, II, CC);
d) as custas judiciais e aos honorários do advogado por ele constituído (art. 450, III, CC);

Vale acrescentar que o alienante responde ainda pela "plus-valia" da coisa, de acordo com o parágrafo único do artigo 450 do Código Civil brasileiro, é a diferença a maior entre o preço de aquisição da coisa e o seu valor ao tempo em que se evenceu. Melhor dizendo: é o valor de valorização da coisa. Realmente, o parágrafo único do referido artigo estipula que "o preço, seja a evicção total ou parcial, será o do valor da coisa, na época em que se evenceu, e proporcional ao desfalque sofrido, no caso de evicção parcial".

A obrigação do alienante subsiste ainda que a coisa alienada esteja deteriorada, exceto havendo dolo do adquirente. E se o adquirente tiver auferido vantagens das deteriorações, e não tiver sido condenado a indenizá-las, o valor das vantagens será deduzido da quantia que lhe houver de dar o alienante (CC, artigos 451 e 452).

As benfeitorias podem ser voluptuárias, úteis ou necessárias (CC, art. 96). São voluptuárias as de mero deleite ou recreio, que não aumentam o uso habitual do bem, ainda que o tornem mais agradável ou sejam de elevado valor (CC, art. 96, § 1º). São úteis as que aumentam ou facilitam o uso do bem (CC, art. 96, § 2º). São necessárias as que têm por fim conservar o bem ou evitar que se deteriore (CC, art. 96, § 3º).

[195] Correspondente ao art. 1.108 do CCB/1916.

Assim, em face das benfeitorias necessárias ou úteis existentes, se o adquirente as tiver realizado na coisa, e a sentença judicial as não tiver abonado, deverão ser pagas pelo alienante ao adquirente (CC, art. 453).[196]

O tratamento hermenêutico é o mesmo utilizado na redação do artigo 1.219 do CC que informa que "o possuidor de boa-fé tem direito à indenização das benfeitorias necessárias e úteis, bem como, quanto às voluptuárias, se não lhe forem pagas, a levantá-las, quando o puder sem detrimento da coisa, e poderá exercer o direito de retenção pelo valor das benfeitorias necessárias e úteis."

Evicção Total e Evicção Parcial

A evicção poderá ser total ou parcial, já que a perda poderá ser de apenas uma fração da coisa. O artigo 455 determina que "se parcial, mas considerável, for a evicção, poderá o evicto optar entre a rescisão do contrato e a restituição da parte do preço correspondente ao desfalque sofrido. Se não for considerável, caberá somente direito a indenização."

Se ocorrer a evicção total, caberá ao adquirente (evicto) pleitear o quantum indenizatório. E no caso de evicção parcial, se a parte for considerável, caberá ao adquirente a resolução do contrato ou a restituição parcial do preço correspondente ao desfalque sofrido; caso contrário, se a parte for não considerável caberá a restituição parcial do preço correspondente ao desfalque sofrido.

Necessidade de Denunciação à Lide

Para a efetivação do direito resultante da evicção torna-se necessário convocar o alienante à integração da lide (*laudactio auctoris*). É o que determina o artigo 456 do Código Civil brasileiro ao afirmar que "para poder exercitar o direito que da evicção lhe resulta, o adquirente notificará do litígio o alienante imediato, ou qualquer dos anteriores, quando e como lhe determinarem as leis do processo".

O Código de Processo Civil dispõe que á admissível (não mais obrigatória) a denunciação da lide no artigo 125, inciso I: "ao alienante imediato, no processo relativo à coisa cujo domínio foi transferido ao denunciante, a fim de que possa exercer os direitos que da evicção lhe resultam;".

Dessa forma, o CPC de 2015 limitou a denunciação da lide ao antecessor imediato na cadeia dominial. Daí não se pode mais falar de denunciação da lide *per saltum* no ordenamento jurídico brasileiro. Ora, o artigo 456 do CCB fica, pois, revogado.

[196] Correspondente ao art. 1.113 do CCB/1916.

Direito de Regresso

O inciso II do artigo 125 do CPC afirma que é admissível a denunciação da lide, promovida por qualquer das partes: II – àquele que estiver obrigado, por lei ou pelo contrato, a indenizar, em ação regressiva, o prejuízo de quem for vencido no processo. Aqui estão inseridos todos os casos que envolvam o *direito de regresso* decorrentes de lei e contratos, tais como os casos de responsabilidade civil (por exemplo, o empregador possui direito de regresso contra o seu preposto no cometimento de ato ilícito), os contratos de seguro etc.

O direito regressivo será exercido por ação autônoma quando a denunciação da lide for indeferida, deixar de ser promovida ou não for permitida, de acordo com o § 1º do artigo 125 do CPC.

Admite-se uma única denunciação sucessiva, promovida pelo denunciado, contra seu antecessor imediato na cadeia dominial ou quem seja responsável por indenizá-lo, não podendo o denunciado sucessivo promover nova denunciação, hipótese em que eventual direito de regresso será exercido por ação autônoma (artigo 125, § 2º, do CPC).

Súmula:

STF nº 188: O segurador tem ação regressiva contra o causador do dano, pelo que efetivamente pagou, até ao limite previsto no contrato de seguro.

Enunciados do Fórum Permanente de Processualistas Civis:

Nº 120 do FPPC: A ausência de denunciação da lide gera apenas a preclusão do direito de a parte promovê-la, sendo possível ação autônoma de regresso.

Nº 121 do FPPC: O cumprimento da sentença diretamente contra o denunciado é admissível em qualquer hipótese de denunciação da lide fundada no inciso II do art. 125.

Enunciado das Jornadas de Direito Processual Civil do Conselho da Justiça Federal:

Nº 159 do CJF: É incabível a condenação sucumbencial do litisdenunciado quando não houver resistência ao pedido de denunciação.

Art. 126. A citação do denunciado será requerida na petição inicial, se o denunciante for autor, ou na contestação, se o denunciante for réu, devendo ser realizada na forma e nos prazos previstos no art. 131.

Notas:

Denunciação da lide requerida pelo réu. Momento do requerimento. O réu deverá fazer a denunciação da lide no momento da contestação. A denunciação da lide poderá ser feita em peça autônoma ou no próprio corpo da peça de contestação. O denunciante deve indicar os fundamentos de fato e de direito que dão suporte ao direito de regresso e o pedido. Após o deferimento pelo magistrado, o denunciado será citado. Este poderá apresentar contestação.

No julgamento de ambas as ações, poderão ocorrer as seguintes situações: a) procedência da lide principal e condenação do réu denunciante. Aqui o juiz decidirá se o denunciante tem ou não direito de regresso contra o denunciado; b) improcedência da lide principal. Nesse caso, a denunciação da lide ficará prejudicada e o juiz vai julgá-la extinta sem julgamento de mérito.

Súmula:

STJ nº 150: Compete à justiça federal decidir sobre a existência de interesse jurídico que justifique a presença, no processo, da união, suas autarquias ou empresas públicas.

Art. 127. Feita a denunciação pelo autor, o denunciado poderá assumir a posição de litisconsorte do denunciante e acrescentar novos argumentos à petição inicial, procedendo-se em seguida à citação do réu.

Notas:

Denunciação da lide requerida pelo autor e aditamento da petição inicial. Caso o magistrado defira a denunciação da lide requerida pelo autor, aquele mandará primeiro citar o denunciado e depois o réu, já que como litisconsorte do autor, na lide principal, o denunciado terá o direito de aditar a inicial.

Art. 128. Feita a denunciação pelo réu:

I – se o denunciado contestar o pedido formulado pelo autor, o processo prosseguirá tendo, na ação principal, em litisconsórcio, denunciante e denunciado;

II – se o denunciado for revel, o denunciante pode deixar de prosseguir com sua defesa, eventualmente oferecida, e abster-se de recorrer, restringindo sua atuação à ação regressiva;

III – se o denunciado confessar os fatos alegados pelo autor na ação principal, o denunciante poderá prosseguir com sua defesa ou, aderindo a tal reconhecimento, pedir apenas a procedência da ação de regresso.

Parágrafo único. Procedente o pedido da ação principal, pode o autor, se for o caso, requerer o cumprimento da sentença também contra o denunciado, nos limites da condenação deste na ação regressiva.

Notas:

Denunciação da lide feita pelo Réu. O réu, no prazo para contestação, pode somente denunciar ou denunciar e contestar na mesma petição. Se ele somente denunciar, após a manifestação do denunciado, abrir-se-á o prazo para a sua contestação. Se ele contestar e denunciar, não mais se abrirá o prazo para a sua contestação. Ocorrerá verdadeira preclusão consumativa.

Em sede de satisfação de direitos diretamente pelo réu denunciante em face do denunciado, o parágrafo único do art. 128 resolve fundada controvérsia, inclusive com reflexos na própria jurisprudência do STJ, ao permitir expressamente que, uma vez vencido aquele réu denunciante, poderá o mesmo requerer o cumprimento da sentença também contra o denunciado nos limites da condenação deste na ação regressiva.[197]

Súmula:

STJ nº 537: Em ação de reparação de danos, a seguradora denunciada, se aceitar a denunciação ou contestar o pedido do autor, pode ser condenada, direta e solidariamente junto com o segurado, ao pagamento da indenização devida à vítima, nos limites contratados na apólice.

Enunciado do Fórum Permanente de Processualistas Civis:

Nº 121: O cumprimento da sentença diretamente contra o denunciado é admissível em qualquer hipótese de denunciação da lide fundada no inciso II do art. 125.

Art. 129. Se o denunciante for vencido na ação principal, o juiz passará ao julgamento da denunciação da lide.

Parágrafo único. Se o denunciante for vencedor, a ação de denunciação não terá o seu pedido examinado, sem prejuízo da condenação do denunciante ao pagamento das verbas de sucumbência em favor do denunciado.

Remissões:

– Arts. 402 a 405 do CC.

Notas:

O artigo 129 determina os efeitos da vitória ou derrota do denunciante na ação principal, bem como fixa as verbas de sucumbência em favor do denunciado.

[197] Cf. no mesmo sentido, BUENO, Cássio Scarpinella. *Novo Código de Processo Civil anotado*. São Paulo: Saraiva, 2015, p. 130.

Enunciado do Fórum Permanente de Processualistas Civis:

Nº 122: Vencido o denunciante na ação principal e não tendo havido resistência à denunciação da lide, não cabe a condenação do denunciado nas verbas de sucumbência.

CAPÍTULO III
DO CHAMAMENTO AO PROCESSO

Art. 130. É admissível o chamamento ao processo, requerido pelo réu:

I - do afiançado, na ação em que o fiador for réu;

II - dos demais fiadores, na ação proposta contra um ou alguns deles;

III - dos demais devedores solidários, quando o credor exigir de um ou de alguns o pagamento da dívida comum.

Notas:

Trata-se da faculdade atribuída àquele que está sendo demandado pelo pagamento de determinada dívida, de chamar ao processo os outros devedores ou aquele(s) a quem estava(m) incumbido(s) de forma principal o pagamento, de modo a torná-los também réus na ação.

O presente instituto possui a finalidade de se obter sentença que possa ser executada contra os codevedores ou o obrigado principal pelo devedor que pagar o débito.

Conforme observa Athos Gusmão Carneiro,[198] a sentença apresenta similitude com a proferida nos casos de denunciação da lide, mas com uma diferença. Na denunciação, a sentença de procedência é título executivo no que tange à ação regressiva em favor do denunciante e contra o denunciado. No chamamento, nem sempre o título executivo será formado em favor do chamante e contra o chamado; poderá sê-lo em favor do chamado e contra o chamante, tudo dependendo de quem vier, ao final, a satisfazer a dívida.

Art. 131. A citação daqueles que devam figurar em litisconsórcio passivo será requerida pelo réu na contestação e deve ser promovida no prazo de 30 (trinta) dias, sob pena de ficar sem efeito o chamamento.

Parágrafo único. Se o chamado residir em outra comarca, seção ou subseção judiciárias, ou em lugar incerto, o prazo será de 2 (dois) meses.

---

198 CARNEIRO, Athos Gusmão. *Intervenção de Terceiros*. 14. ed. São Paulo: Saraiva, 2003, p. 122-123.

Notas:

O presente dispositivo trata da citação dos chamados ao processo. Ela será requerida pelo réu na contestação e deve ser promovida no prazo de 30 (trinta) dias, sob pena de ficar sem efeito o chamamento.

Art. 132. A sentença de procedência valerá como título executivo em favor do réu que satisfizer a dívida, a fim de que possa exigi-la, por inteiro, do devedor principal, ou, de cada um dos codevedores, a sua quota, na proporção que lhes tocar.

Notas:

Uma vez procedente a ação principal, a sentença ali proferida valerá como título executivo judicial em favor do réu que solver a dívida, este que poderá então exigir do devedor principal o reembolso integral da quantia paga, ou dos devedores solidários a quota proporcional que a cada um deles tocar.

CAPÍTULO IV
DO INCIDENTE DE DESCONSIDERAÇÃO DA PERSONALIDADE JURÍDICA

Art. 133. O incidente de desconsideração da personalidade jurídica será instaurado a pedido da parte ou do Ministério Público, quando lhe couber intervir no processo.

§ 1º O pedido de desconsideração da personalidade jurídica observará os pressupostos previstos em lei.

§ 2º Aplica-se o disposto neste Capítulo à hipótese de desconsideração inversa da personalidade jurídica.

Notas:

Desconsideração da Personalidade Jurídica. É certo que a personalidade da pessoa jurídica difere da personalidade jurídica de seus membros. Ocorre que a personalidade jurídica atribuída à pessoa jurídica pode, de forma transitória, ser desconsiderada, quando a autonomia patrimonial servir para acobertar práticas fraudulentas dos sócios. Daí que com a *desconsideração da personalidade jurídica* é possível inibir os atos sociais fraudulentos. É a denominada *teoria da desconsideração da personalidade jurídica*, denominada no direito anglo-americano de *disregard doutrine* ou *disregard of legal entity*; chamada de teoria da separação no direito alemão (D*urchgriff der Juristischen Personen*); ou teoria do *superamento della personalità giuridica*, no direito civil italiano.

A desconsideração da personalidade jurídica permite que o magistrado, em casos de fraude e má-fé, coloque de lado, naquele caso concreto decidendo, a autonomia patrimonial da sociedade, possibilitando a responsabilização direta e ilimitada do sócio por obrigação que, em princípio, é da sociedade.

A finalidade deste ato é impossibilitar que a sociedade seja utilizada por seus sócios como um escudo protetor de seus atos fraudulentos no dia a dia das transações comerciais.

Desconsideração da personalidade jurídica no Código Civil. As hipóteses de aplicação da teoria da desconsideração da personalidade jurídica são apontadas no artigo 50 do nosso Código Civil, quais sejam: abuso da personalidade jurídica, caracterizado pelo desvio de finalidade ou pela confusão patrimonial.

O referido artigo afirma que "*Em caso de abuso da personalidade jurídica, caracterizado pelo desvio de finalidade, ou pela confusão patrimonial, pode o juiz decidir, a requerimento da parte, ou do Ministério Público quando lhe couber intervir no processo, que os efeitos de certas e determinadas relações de obrigações sejam estendidos aos bens particulares dos administradores ou sócios da pessoa jurídica*".

A sociedade, ao adquirir personalidade jurídica, passa a ter *autonomia patrimonial*, já que os bens que integram o seu patrimônio não se confundem com os bens particulares de seus sócios. Ora, os credores de uma sociedade personificada terão como principal garantia (na hipótese de inadimplemento) os bens que integram o patrimônio da sociedade devedora. Daí, não ser possível, em regra, atingir diretamente os bens particulares dos sócios, com vistas a satisfação do seu crédito. É, pois, o desvelamento do princípio da autonomia patrimonial que gera responsabilidade subsidiária aos sócios da sociedade personificada. Contudo, esta autonomia patrimonial não é absoluta, já que relativizada pela teoria da desconsideração da personalidade jurídica.

Dessa forma, nos termos do artigo 50 do CCB, sempre que houver abuso na utilização da personalidade jurídica de uma sociedade caracterizada pelo desvio de finalidade ou pela confusão patrimonial, poderá o magistrado, a requerimento da parte ou do Ministério Público nos casos em que lhe couber intervir no processo, estender os efeitos de certas e determinadas relações obrigacionais aos bens particulares dos sócios e administradores da sociedade.

Em relação à desconsideração da personalidade jurídica, o Conselho da Justiça Federal, nas I, III, IV e V Jornadas de Direito Civil, publicou os seguintes enunciados:

a) I Jornada de Direito Civil: CJF – 7 – Art. 50: só se aplica a desconsideração da personalidade jurídica quando houver a prática de ato irregular e, limitadamente, aos administradores ou sócios que nela hajam incorrido.

b) I Jornada de Direito Civil: CJF – 51 – Art. 50: a teoria da desconsideração da personalidade jurídica – *disregard doctrine* – fica positivada no novo Código Civil, mantidos os parâmetros existentes nos microssistemas legais e na construção jurídica sobre o tema.

c) III Jornada de Direito Civil: CJF – Enunciado 146 – Art. 50: Nas relações civis, interpretam-se restritivamente os parâmetros de desconsideração da personalidade jurídica previstos no art. 50 (desvio de finalidade social ou confusão patrimonial). (Este Enunciado não prejudica o Enunciado nº 7.)

d) IV Jornada de Direito Civil: CJF – Enunciado 281 – Art. 50. A aplicação da teoria da desconsideração, descrita no art. 50 do Código Civil, prescinde da demonstração de insolvência da pessoa jurídica.

e) IV Jornada de Direito Civil: CJF – Enunciado 282 – Art. 50. O encerramento irregular das atividades da pessoa jurídica, por si só, não basta para caracterizar abuso de personalidade jurídica.

f) IV Jornada de Direito Civil: CJF – Enunciado 283 – Art. 50. É cabível a desconsideração da personalidade jurídica denominada "inversa" para alcançar bens de sócio que se valeu da pessoa jurídica para ocultar ou desviar bens pessoais, com prejuízo a terceiros.

g) IV Jornada de Direito Civil: CJF – Enunciado 284 – Art. 50. As pessoas jurídicas de direito privado sem fins lucrativos ou de fins não econômicos estão abrangidas no conceito de abuso da personalidade jurídica.

h) IV Jornada de Direito Civil: CJF – Enunciado 285 – Art. 50. A teoria da desconsideração, prevista no art. 50 do Código Civil, pode ser invocada pela pessoa jurídica em seu favor.

i) V Jornada de Direito Civil. CJF – Enunciado 406 – Art. 50. A desconsideração da personalidade jurídica alcança os grupos de sociedade quando presentes os pressupostos do art. 50 do Código Civil e houver prejuízo para os credores até o limite transferido entre as sociedades.

Vale lembrar ainda que o mesmo Conselho da Justiça Federal, por meio do Centro de Estudos Judiciários (CEJ), promoveu em outubro de 2012, a Primeira Jornada de Direito Comercial, publicando o seguinte enunciado que trata diretamente do assunto em tela:

"Enunciado 9. Quando aplicado às relações jurídicas empresariais, o art. 50 do Código Civil não pode ser interpretado analogamente ao art. 28, § 5º, do CDC ou ao art. 2º, § 2º, da CLT."

Desconsideração da personalidade jurídica no Código de Defesa do Consumidor – CDC. A desconsideração da personalidade jurídica já havia sido prevista pelo legislador na Lei nº 8.078/90 (CDC) onde, pela natureza da proteção, tem aplicação mais abrangente, chegando a ser prevista no caso de falência, estado de insolvência, encerramento ou inatividade da pessoa jurídica, provocadas por má administração (art. 28, *caput* do CDC); quando a personalidade jurídica constituir obstáculo ao ressarcimento de prejuízos causados ao consumidor (art. 28, § 5º do CDC).

Desconsideração da personalidade jurídica no Código Tributário Nacional – CTN. A desconsideração da personalidade jurídica, também, é encontrada no Código Tributário Nacional, em especial, no artigo 135, inciso III, que preceitua que "*são pessoalmente responsáveis pelos créditos correspondentes a obrigações tributárias resultantes de atos praticados com excesso de poderes ou infração de lei, contrato social ou estatutos: [...] III – os diretores, gerentes ou representantes de pessoas jurídicas de direito privado.*"

Desconsideração inversa da personalidade jurídica.

De acordo com o § 2º do artigo 133, aplica-se o disposto neste Capítulo à hipótese de desconsideração inversa da personalidade jurídica. A desconsideração inversa consiste em imputar à pessoa jurídica a responsabilidade por obrigações de seus sócios. Aqui deve ter ocorrido desvio de bens de uma pessoa física para uma pessoa jurídica.[199]

---

199 Se o sócio controlador de sociedade empresária transferir parte de seus bens à pessoa jurídica controlada com o intuito de fraudar partilha em dissolução de união estável, a companheira prejudicada, ainda que integre a sociedade empresária na condição de sócia minoritária, terá legitimidade para requerer a desconsideração inversa da personalidade jurídica de modo a resguardar sua meação. Inicialmente, ressalte-se que a Terceira Turma do STJ já decidiu pela possibilidade de desconsideração inversada personalidade jurídica – que se caracteriza pelo afastamento da autonomia patrimonial da sociedade, para, contrariamente do que ocorre na desconsideração da personalidade jurídica propriamente dita, atingir o ente coletivo e seu patrimônio social, de modo a responsabilizar a pessoa jurídica por obrigações do sócio –, em razão de uma interpretação teleológica do art. 50 do CC/2002 (REsp 948.117-MS, DJe 3/8/2010). Quanto à legitimidade para atuar como parte no processo, por possuir, em regra, vinculação com o direito material, é conferida, na maioria das vezes, somente aos titulares da relação de direito material. Dessa forma, a legitimidade para requerer a desconsideração é atribuída, em regra, ao familiar que tenha sido lesado, titular do direito material perseguido, consoante a regra segundo a qual "Ninguém poderá pleitear, em nome próprio, direito alheio, salvo quando autorizado por lei" (art. 6º do CPC). Nota-se, nesse contexto, que a legitimidade para requerer a desconsideração inversa da personalidade jurídica da

Remissões:

– Art. 50 do Código Civil, com a redação dada pela Lei nº 13.874/2019:

"Art. 50. Em caso de abuso da personalidade jurídica, caracterizado pelo desvio de finalidade ou pela confusão patrimonial, pode o juiz, a requerimento da parte, ou do Ministério Público quando lhe couber intervir no processo, desconsiderá-la para que os efeitos de certas e determinadas relações de

---

sociedade não decorre da condição de sócia, mas sim da condição de companheira do sócio controlador acusado de cometer abuso de direito com o intuito de fraudar a partilha. Além do mais, embora a companheira que se considera lesada também seja sócia, seria muito difícil a ela, quando não impossível, investigar os bens da empresa e garantir que eles não seriam indevidamente dissipados antes da conclusão da partilha, haja vista a condição de sócia minoritária. REsp 1.236.916-RS, Rel. Min. Nancy Andrighi, julgado em 22/10/2013.

Discute-se, no REsp, se a regra contida no art. 50 do CC/2002 autoriza a chamada desconsideração da personalidade jurídica inversa. Destacou a Min. Relatora, em princípio, que, a par de divergências doutrinárias, este Superior Tribunal sedimentou o entendimento de ser possível a desconstituição da personalidade jurídica dentro do processo de execução ou falimentar, independentemente de ação própria. Por outro lado, expõe que, da análise do art. 50 do CC/2002, depreende-se que o ordenamento jurídico pátrio adotou a chamada teoria maior da desconsideração, segundo a qual se exige, além da prova de insolvência, a demonstração ou de desvio de finalidade (teoria subjetiva da desconsideração) ou de confusão patrimonial (teoria objetiva da desconsideração). Também explica que a interpretação literal do referido artigo, de que esse preceito de lei somente serviria para atingir bens dos sócios em razão de dívidas da sociedade e não o inverso, não deve prevalecer. Anota, após essas considerações, que a desconsideração inversa da personalidade jurídica caracteriza-se pelo afastamento da autonomia patrimonial da sociedade, para, contrariamente do que ocorre na desconsideração da personalidade propriamente dita, atingir, então, o ente coletivo e seu patrimônio social, de modo a responsabilizar a pessoa jurídica por obrigações de seus sócios ou administradores. Assim, observa que o citado dispositivo, sob a ótica de uma interpretação teleológica, legitima a inferência de ser possível a teoria da desconsideração da personalidade jurídica em sua modalidade inversa, que encontra justificativa nos princípios éticos e jurídicos intrínsecos à própria *disregard doctrine*, que vedam o abuso de direito e a fraude contra credores. Dessa forma, a finalidade maior da *disregard doctrine* contida no preceito legal em comento é combater a utilização indevida do ente societário por seus sócios. Ressalta que, diante da desconsideração da personalidade jurídica inversa, com os efeitos sobre o patrimônio do ente societário, os sócios ou administradores possuem legitimidade para defesa de seus direitos mediante a interposição dos recursos tidos por cabíveis, sem ofensa ao contraditório, à ampla defesa e ao devido processo legal. No entanto, a Min. Relatora assinala que o juiz só poderá decidir por essa medida excepcional quando forem atendidos todos os pressupostos relacionados à fraude ou abuso de direito estabelecidos no art. 50 do CC/2002. No caso dos autos, tanto o juiz como o tribunal *a quo* entenderam haver confusão patrimonial e abuso de direito por parte do recorrente. Nesse contexto, a Turma negou provimento ao recurso. Precedentes citados: REsp 279.273-SP, DJ 29/3/2004; REsp 970.635-SP, DJe 1º/12/2009, e REsp 693.235-MT, DJe 30/11/2009. REsp 948.117-MS, Rel. Min. Nancy Andrighi, julgado em 22/6/2010.

obrigações sejam estendidos aos bens particulares de administradores ou de sócios da pessoa jurídica beneficiados direta ou indiretamente pelo abuso. (Redação dada pela Lei nº 13.874, de 2019).

§ 1º Para os fins do disposto neste artigo, desvio de finalidade é a utilização da pessoa jurídica com o propósito de lesar credores e para a prática de atos ilícitos de qualquer natureza. (Incluído pela Lei nº 13.874, de 2019).

§ 2º Entende-se por confusão patrimonial a ausência de separação de fato entre os patrimônios, caracterizada por: (Incluído pela Lei nº 13.874, de 2019).

I – cumprimento repetitivo pela sociedade de obrigações do sócio ou do administrador ou vice-versa; (Incluído pela Lei nº 13.874, de 2019).

II – transferência de ativos ou de passivos sem efetivas contraprestações, exceto os de valor proporcionalmente insignificante; e (Incluído pela Lei nº 13.874, de 2019).

III – outros atos de descumprimento da autonomia patrimonial. (Incluído pela Lei nº 13.874, de 2019).

§ 3º O disposto no *caput* e nos §§ 1º e 2º deste artigo também se aplica à extensão das obrigações de sócios ou de administradores à pessoa jurídica. (Incluído pela Lei nº 13.874, de 2019).

§ 4º A mera existência de grupo econômico sem a presença dos requisitos de que trata o *caput* deste artigo não autoriza a desconsideração da personalidade da pessoa jurídica.

§ 5º Não constitui desvio de finalidade a mera expansão ou a alteração da finalidade original da atividade econômica específica da pessoa jurídica".

– Art. 28 da Lei nº 8.078/90 (CDC):

"Art. 28. O juiz poderá desconsiderar a personalidade jurídica da sociedade quando, em detrimento do consumidor, houver abuso de direito, excesso de poder, infração da lei, fato ou ato ilícito ou violação dos estatutos ou contrato social. A desconsideração também será efetivada quando houver falência, estado de insolvência, encerramento ou inatividade da pessoa jurídica provocados por má administração.

§ 1° (Vetado).

§ 2° As sociedades integrantes dos grupos societários e as sociedades controladas, são subsidiariamente responsáveis pelas obrigações decorrentes deste código.

§ 3° As sociedades consorciadas são solidariamente responsáveis pelas obrigações decorrentes deste código.

§ 4° As sociedades coligadas só responderão por culpa.

§ 5º Também poderá ser desconsiderada a pessoa jurídica sempre que sua personalidade for, de alguma forma, obstáculo ao ressarcimento de prejuízos causados aos consumidores".

- Art. 82-A da Lei nº 11.101/2005, incluído pela Lei nº 14.112/2020:

"Art. 82-A. É vedada a extensão da falência ou de seus efeitos, no todo ou em parte, aos sócios de responsabilidade limitada, aos controladores e aos administradores da sociedade falida, admitida, contudo, a desconsideração da personalidade jurídica.

Parágrafo único. A desconsideração da personalidade jurídica da sociedade falida, para fins de responsabilização de terceiros, grupo, sócio ou administrador por obrigação desta, somente pode ser decretada pelo juízo falimentar com a observância do art. 50 da Lei nº 10.406, de 10 de janeiro de 2002 (Código Civil) e dos arts. 133, 134, 135, 136 e 137 da Lei nº 13.105, de 16 de março de 2015 (Código de Processo Civil), não aplicada a suspensão de que trata o § 3º do art. 134 da Lei nº 13.105, de 16 de março de 2015 (Código de Processo Civil)".

Súmula:

STJ nº 211: Inadmissível recurso especial quanto à questão que, a despeito da oposição de embargos declaratórios, não foi apreciada pelo tribunal *a quo*.

Enunciados das Jornadas de Direito Processual Civil do Conselho da Justiça Federal:

Nº 11 do CJF: Aplica-se o disposto nos arts. 133 a 137 do CPC às hipóteses de desconsideração indireta e expansiva da personalidade jurídica.

Nº 42 do CJF: É cabível a concessão de tutela provisória de urgência em incidente de desconsideração da personalidade jurídica.

Nº 110 do CJF: A instauração do incidente de desconsideração da personalidade jurídica não suspenderá a tramitação do processo de execução e do cumprimento de sentença em face dos executados originários.

Nº 111 do CJF: O incidente de desconsideração da personalidade jurídica pode ser aplicado ao processo falimentar.

Enunciados do Fórum Permanente de Processualistas Civis:

Nº 123 do FPPC: É desnecessária a intervenção do Ministério Público, como fiscal da ordem jurídica, no incidente de desconsideração da personalidade jurídica, salvo nos casos em que deva intervir obrigatoriamente, previstos no art. 178.

Nº 124 do FPPC: A desconsideração da personalidade jurídica no processo do trabalho deve ser processada na forma dos arts. 133 a 137, podendo o incidente ser resolvido em decisão interlocutória ou na sentença.

Nº 689 do FPPC: A desconsideração da personalidade jurídica requerida em reconvenção processa-se da mesma forma que a deduzida em petição inicial.

Art. 134. O incidente de desconsideração é cabível em todas as fases do processo de conhecimento, no cumprimento de sentença e na execução fundada em título executivo extrajudicial.

§ 1º A instauração do incidente será imediatamente comunicada ao distribuidor para as anotações devidas.

§ 2º Dispensa-se a instauração do incidente se a desconsideração da personalidade jurídica for requerida na petição inicial, hipótese em que será citado o sócio ou a pessoa jurídica.

§ 3º A instauração do incidente suspenderá o processo, salvo na hipótese do § 2º.

§ 4º O requerimento deve demonstrar o preenchimento dos pressupostos legais específicos para desconsideração da personalidade jurídica.

Notas:

Momento do pedido de desconsideração. O incidente de desconsideração pode ser requerido em qualquer momento processual. Deve ser comunicado imediatamente ao distribuidor para que este faça as anotações devidas. Em atenção a economia processual, dispensa-se a instauração do incidente se a desconsideração da personalidade jurídica for requerida na petição inicial, hipótese em que será citado o sócio ou a pessoa jurídica. O processo ficará suspenso enquanto o incidente estiver sendo instaurado. Por fim, vale lembrar que o pedido de incidente de desconsideração deve demonstrar o preenchimento dos pressupostos legais específicos para desconsideração da personalidade jurídica.

Enunciados do Fórum Permanente de Processualistas Civis:

Nº 125 do FPPC: Há litisconsórcio passivo facultativo quando requerida a desconsideração da personalidade jurídica, juntamente com outro pedido formulado na petição inicial ou incidentemente no processo em curso.

Nº 126 do FPPC: No processo do trabalho, da decisão que resolve o incidente de desconsideração da personalidade jurídica na fase de execução cabe agravo de petição, dispensado o preparo.

Nº 248 do FPPC: Quando a desconsideração da personalidade jurídica for requerida na petição inicial, incumbe ao sócio ou a pessoa jurídica, na contestação, impugnar não somente a própria desconsideração, mas também os demais pontos da causa.

Nº 529 do FPPC: As averbações previstas nos arts. 799, IX e 828 são aplicáveis ao cumprimento de sentença.

Art. 135. Instaurado o incidente, o sócio ou a pessoa jurídica será citado para manifestar-se e requerer as provas cabíveis no prazo de 15 (quinze) dias.

Notas:

Uma vez requerida a desconsideração da personalidade jurídica e então instaurado o incidente, o sócio ou a pessoa jurídica será citado para, no prazo de quinze dias, se manifestar e requerer as provas cabíveis.

Aponta-se aí a participação de ditas pessoas – o sócio ou a pessoa jurídica – que não compondo qualquer dos polos da demanda quando, p. ex., de seu nascedouro e mediante o requerimento da desconsideração da personalidade jurídica, terão seus interesses jurídicos[200] (neste caso, patrimoniais) possivelmente atingidos, caso venha o magistrado, convencido pela força probante acostada pelo requerente, julgar procedente o já digitado requerimento.

Traga-se aqui à luz as garantias do devido processo constitucional[201] com a correta citação daqueles, por ventura, apontados na peça requerente, não somente porque, estando pela primeira vez a participar do feito, farão jus à aludida comunicação processual, inclusive, na forma pessoal – já que figurarão agora no processo, inegavelmente, como parte, pois que algo se pede em face deles[202] – como também, e aí na forma constitucionalmente "sagrada", exercerem o pleno e efetivo contraditório acerca das afirmações a qualquer daqueles dirigidas, tendo como natural garantia, notadamente, o direito de requererem as provas que julgarem cabíveis, tudo no lapso temporal de 15 (quinze) dias.

---

200 Sobre a classificação dos terceiros quanto ao grau de influência dos efeitos de uma sentença sobre as suas relações jurídicas, estando aí a se destacar o "terceiro juridicamente interessado", ver GAIO JÚNIOR, Antônio Pereira. *Instituições de Direito Processual Civil.* 6 ed. Londrina: Thoth, 2024, p. 134-135.

201 Como instrumento para a efetivação dos valores bem como a realização das liberdades e direitos fundamentais, se estará a compreender que o processo leva consigo toda a carga tipicamente comandada pela sua exata noção de que, mais do que um meio estatal para a tentativa de realização prática do justo, é ele instrumento social e democrático eivado de direitos e garantias imperativas que devem ser respeitadas em sintonia com o Estado democrático que se presencia em dado tempo e espaço.
Nestes termos é que propulsa a índole do devido processo constitucional, consubstanciando no efetivo ideário axiológico que se estabelece na firme leitura constitucional sobre as instituições processuais.
No que se refere à relação Constituição e Processo, realçando a necessária efetividade deste bem como os escopos daquela, ver o nosso *Tutela Específica das Obrigações de Fazer...*, especialmente, o Capitulo I.

202 Dispõe o art. 242 do CPC/2015:
"Art. 242. A citação será pessoal, podendo, no entanto, ser feita na pessoa do representante legal ou do procurador do réu, do executado ou do interessado."

Enunciado da Escola Nacional de Formação e Aperfeiçoamento de Magistrados:

Nº 52 do ENFAM: A citação a que se refere o art. 792, § 3º, do CPC/2015 (fraude à execução) é a do executado originário, e não aquela prevista para o incidente de desconsideração da personalidade jurídica (art. 135 do CPC/2015).

Art. 136. Concluída a instrução, se necessária, o incidente será resolvido por decisão interlocutória.

Parágrafo único. Se a decisão for proferida pelo relator, cabe agravo interno.

Notas:

Aqui o texto é bem claro, o incidente é julgado por decisão interlocutória agravável de instrumento. O artigo 1015, inciso IV do CPC informa que "*cabe agravo de instrumento contra as decisões interlocutórias que versarem sobre: (...) IV – incidente de desconsideração da personalidade jurídica;*".

Enunciado das Jornadas de Direito Processual Civil do Conselho da Justiça Federal:

Nº 168 do CJF: Salvo nos casos de competência originária dos tribunais, o incidente de desconsideração da personalidade jurídica deve ser instaurado em primeiro grau.

Enunciado do Fórum Permanente de Processualistas Civis:

Nº 390 do FPPC: Resolvida a desconsideração da personalidade jurídica na sentença, caberá apelação.

Art. 137. Acolhido o pedido de desconsideração, a alienação ou a oneração de bens, havida em fraude de execução, será ineficaz em relação ao requerente.

Notas:

Se o pedido de desconsideração for acolhido, a alienação ou a oneração de bens será considerada fraude à execução e, portanto, ineficaz em relação ao requerente.

CAPÍTULO V
DO *AMICUS CURIAE*

Art. 138. O juiz ou o relator, considerando a relevância da matéria, a especificidade do tema objeto da demanda ou a repercussão social da controvérsia, poderá, por decisão irrecorrível, de ofício ou a requerimento das partes ou de quem pretenda manifestar-se, solicitar ou admitir a participação de pessoa natural ou jurídica, órgão ou entidade especializada, com representatividade adequada, no prazo de 15 (quinze) dias de sua intimação.

§ 1º A intervenção de que trata o *caput* não implica alteração de competência nem autoriza a interposição de recursos, ressalvadas a oposição de embargos de declaração e a hipótese do § 3º.

§ 2º Caberá ao juiz ou ao relator, na decisão que solicitar ou admitir a intervenção, definir os poderes do *amicus curiae*.

§ 3º O *amicus curiae* pode recorrer da decisão que julgar o incidente de resolução de demandas repetitivas.

Notas:

O Código de Processo Civil introduziu no artigo 138 e seu parágrafo único, como modalidade de intervenção de terceiro, o *amicus curiae*. Este pode ser proposto tanto no primeiro como no segundo grau de jurisdição e, ainda, nos Tribunais Superiores, desde que a matéria seja relevante.

O artigo 138 ainda define a forma do seu ingresso no processo, ou por determinação do juiz, de ofício, ou em razão de pedido das partes e, ainda, quando o pedido é feito por pessoa natural ou jurídica, órgão ou entidade especializada, com representatividade adequada e quando provocada no prazo de quinze dias da sua intimação. O ingresso do *amicus curiae* pode ser por provocação do juiz ou da parte, como pode se dar voluntariamente, hipótese em que o juiz, como também em relação ao requerimento de qualquer das partes, deverá examinar o seu cabimento, ou seja, o preenchimento das condições expressamente previstas no *caput*, do art. 138.[203]

Marcelo Pereira de Almeida diz que "quando é o próprio juiz que chama o *amicus curiae* o juízo de admissibilidade está implícito, mas pode sofrer contestação de interessados (partes) ou do MP. O ingresso do *amicus curiae* no processo não acarreta a alteração da competência do juízo, seja ele de que natureza for, como não desloca a competência da Justiça estadual para a federal.

O legislador processual deixou claro que o *amicus curiae* não tem legitimidade para interpor recurso. A razão é simples, ele não é vencido e nem vencedor, além de não ser o sujeito da lide, pelo que lhe falta, inclusive, interesse em recorrer. Claro, proferida a sentença e havendo recurso do vencido continuará com poderes de manifestação para apoiar a decisão proferida ou não, e isso se justifica porque no 2º grau, o relator do processo pode solicitar o seu ingresso no processo, como previsto no *caput*, do art. 138 do NCPC, sem contar que a sua intervenção pode ser dar apenas na fase recursal."[204]

---

203 ALMEIDA, Marcelo Pereira de. *Amicus Curiae*. *In*: ARAUJO, Luis Carlos de; MELLO, Cleyson de Moraes. *Curso do Novo Processo Civil*. Rio de Janeiro: Freitas Bastos, 2015, p. 182.

204 Ibidem.

Remissão:

– Art. 14, § 7º da Lei nº 10.259/2001(dispõe sobre a instituição dos Juizados Especiais Cíveis e Criminais no âmbito da Justiça Federal):

"Art. 14. Caberá pedido de uniformização de interpretação de lei federal quando houver divergência entre decisões sobre questões de direito material proferidas por Turmas Recursais na interpretação da lei.

(...)

§ 7º Se necessário, o relator pedirá informações ao Presidente da Turma Recursal ou Coordenador da Turma de Uniformização e ouvirá o Ministério Público, no prazo de cinco dias. Eventuais interessados, ainda que não sejam partes no processo, poderão se manifestar, no prazo de trinta dias".

Enunciados das Jornadas de Direito Processual Civil do Conselho da Justiça Federal:

Nº 202 do CJF: No microssistema de julgamento de causas repetitivas, o controle da legitimidade para intervenção deve ocorrer a partir da análise: a) da contribuição argumentativa; b) da representatividade dos membros do grupo; e c) do grau de interesse na controvérsia.

Nº 207 do CJF: Nos processos em que houver intervenção de amicus curiae, deve-se garantir o efetivo diálogo processual e, por consequência, constar na fundamentação da decisão proferida a adequada manifestação acerca dos argumentos por ele trazidos.

Ação Direta de Inconstitucionalidade

Direito constitucional e processual civil. Agravo interno em Ação Direta de Inconstitucionalidade. Inadmissão de amicus curiae. Decisão irrecorrível do Relator. Precedente da Corte. Agravo não conhecido. 1. É irrecorrível a decisão do Relator que indefere o pedido de ingresso na condição de *amicus curiae*. Precedente: RE 602.584-AgR, Rel. Min. Marco Aurélio, Red. P/ acórdão Min. Luiz Fux, j. em 17.10.2018. 2. Agravo interno não conhecido (art. 21, § 1º, do Regimento Interno do Supremo Tribunal Federal).(STF, ADI 4711 AgR, Relator(a): Roberto Barroso, Tribunal Pleno, julgado em 05/11/2019, PROCESSO ELETRÔNICO DJe-260 DIVULG 27-11-2019 PUBLIC 28-11-2019)

Direito constitucional e processual civil. Ação direta de inconstitucionalidade. Agravo interno em embargos de declaração. Decisão de extinção por perda do objeto. Ilegitimidade do *amicus curiae* para oposição de embargos de declaração. Desprovimento. 1. Agravo interno contra decisão que inadmitiu embargos de declaração manejados por *amicus curiae* contra decisão que reconheceu a perda de objeto da ação direta. 2. O Supremo Tribunal Federal tem firme o entendimento de que as entidades que participam dos processos na condição de *amicus curiae* têm como papel instruir os autos com informações relevantes ou dados técnicos, não possuindo, entretanto, legitimidade para a interposição de recursos, inclusive embargos de declaração. Precedentes. 3. Ainda que a disciplina prevista no novo Código de Processo Civil a respeito do *amicus curiae* permita a oposição de embargos de declaração pelo interveniente (CPC/2015, art. 138, § 1º), a regra não é aplicável em sede de ações de controle concentrado de constitucionalidade. Precedentes. 4. Agravo interno a que se nega provimento. (STF, ADI 4.389 ED-AgR, Relator(a): Roberto Barroso, Tribunal Pleno, julgado em 14/08/2019, PROCESSO ELETRÔNICO DJe-202 DIVULG 17-09-2019 PUBLIC 18-09-2019).

Enunciados das Jornadas de Direito Processual Civil do Conselho da Justiça Federal:

Nº 12 do CJF: É cabível a intervenção de *amicus curiae* (art. 138 do CPC) no procedimento do Mandado de Injunção (Lei nº 13.300/2016).

Nº 82 do CJF: Quando houver pluralidade de pedidos de admissão de *amicus curiae*, o relator deve observar, como critério para definição daqueles que serão admitidos, o equilíbrio na representatividade dos diversos interesses jurídicos contrapostos no litígio, velando, assim, pelo respeito à amplitude do contraditório, paridade de tratamento e isonomia entre todos os potencialmente atingidos pela decisão.

Enunciados do Fórum Permanente de Processualistas Civis:

Nº 127 do FPPC: A representatividade adequada exigida do *amicus curiae* não pressupõe a concordância unânime daqueles a quem representa.

Nº 128 do FPPC: No processo em que há intervenção do *amicus curiae*, a decisão deve enfrentar as alegações por ele apresentadas, nos termos do inciso IV do § 1º do art. 489.

Nº 249 do FPPC: A intervenção do *amicus curiae* é cabível no mandado de segurança.

Nº 250 do FPPC: Admite-se a intervenção do *amicus curiae* nas causas trabalhistas, na forma do art. 138, sempre que o juiz ou relator vislumbrar a relevância da matéria, a especificidade do tema objeto da demanda ou a repercussão geral da controvérsia, a fim de obter uma decisão respaldada na pluralidade do debate e, portanto, mais democrática.

Nº 388 do FPPC: O assistente simples pode requerer a intervenção de *amicus curiae*.

Nº 391 do FPPC: O *amicus curiae* pode recorrer da decisão que julgar recursos repetitivos.

Nº 392 do FPPC: As partes não podem estabelecer, em convenção processual, a vedação da participação do *amicus curiae.*

Nº 393 do FPPC: É cabível a intervenção de *amicus curiae* no procedimento de edição, revisão e cancelamento de enunciados de súmula pelos tribunais.

Nº 394 do FPPC: As partes podem opor embargos de declaração para corrigir vício da decisão relativo aos argumentos trazidos pelo *amicus curiae.*

Nº 395 do FPPC: Os requisitos objetivos exigidos para a intervenção do *amicus curiae* são alternativos.

Nº 460 do FPPC: O microssistema de aplicação e formação dos precedentes deverá respeitar as técnicas de ampliação do contraditório para amadurecimento da tese, como a realização de audiências públicas prévias e participação de *amicus curiae.*

Nº 575 do FPPC: Verificada a relevância da matéria, a repercussão social da controvérsia ou a especificidade do tema objeto da demanda, o juiz poderá promover a ampla divulgação do processo, inclusive por meio dos cadastros eletrônicos dos tribunais e do Conselho Nacional de Justiça, para incentivar a participação de mais sujeitos na qualidade de *amicus curiae.*

Nº 619 do FPPC: O processo coletivo deverá respeitar as técnicas de ampliação do contraditório, como a realização de audiências públicas, a participação de *amicus curiae* e outros meios de participação.

Nº 659 do FPPC: O relator do julgamento de casos repetitivos e do incidente de assunção de competência tem o dever de zelar pelo equilíbrio do contraditório, por exemplo solicitando a participação, na condição de *amicus curiae,* de pessoas, órgãos ou entidades capazes de sustentar diferentes pontos de vista.

Nº 690 do FPPC: A "representatividade adequada" do *amicus curiae* não pressupõe legitimidade extraordinária.

TÍTULO IV
DO JUIZ E DOS AUXILIARES DA JUSTIÇA

CAPÍTULO I
DOS PODERES, DOS DEVERES E DA RESPONSABILIDADE DO JUIZ

Art. 139. O juiz dirigirá o processo conforme as disposições deste Código, incumbindo-lhe:

I – assegurar às partes igualdade de tratamento;

II – velar pela duração razoável do processo;

III – prevenir ou reprimir qualquer ato contrário à dignidade da justiça e indeferir postulações meramente protelatórias;

IV – determinar todas as medidas indutivas, coercitivas, mandamentais ou sub-rogatórias necessárias para assegurar o cumprimento de ordem judicial, inclusive nas ações que tenham por objeto prestação pecuniária;

V – promover, a qualquer tempo, a auto composição, preferencialmente com auxílio de conciliadores e mediadores judiciais;

VI – dilatar os prazos processuais e alterar a ordem de produção dos meios de prova, adequando-os às necessidades do conflito de modo a conferir maior efetividade à tutela do direito;

VII – exercer o poder de polícia, requisitando, quando necessário, força policial, além da segurança interna dos fóruns e tribunais;

VIII – determinar, a qualquer tempo, o comparecimento pessoal das partes, para inquiri-las sobre os fatos da causa, hipótese em que não incidirá a pena de confesso;

IX – determinar o suprimento de pressupostos processuais e o saneamento de outros vícios processuais;

X – quando se deparar com diversas demandas individuais repetitivas, oficiar o Ministério Público, a Defensoria Pública e, na medida do possível, outros legitimados a que se referem o art. 5º da Lei nº 7.347, de 24 de julho de 1985, e o art. 82 da Lei nº 8.078, de 11 de setembro de 1990, para, se for o caso, promover a propositura da ação coletiva respectiva.

Parágrafo único. A dilação de prazos prevista no inciso VI somente pode ser determinada antes de encerrado o prazo regular.

Notas:

De maneira geral (*lato sensu*), os poderes do juiz podem ser classificados em "poderes jurisdicionais", relacionados ao exercício da função jurisdicional, e "poderes de polícia", que provêm da sua qualidade como autoridade judiciária (art. 360 do CPC).

Ordinariamente, os poderes jurisdicionais são classificados em: *poderes instrumentais*, que consentem ao juiz tomar decisões que envolvam os atos de direção e documentação do processo, originário do princípio do impulso oficial; *poderes instrutórios*, que fazem do juiz não o destinatário da prova, porque esta se endereça à verdade, mas como o responsável pela sua colheita, dentro, fundamentalmente, das circunstâncias que o processo exige; *poderes finais*, que proporcionam ao juiz o cumprimento do típico poder jurisdicional, dizendo o direito e, no caso de ser necessário e requerido, autorizar medidas propensas a garantir a efetividade do direito, quer de maneira interlocutória no correr da marcha processual, quer nos casos de reconhecimento pela sentença (*v.g.*, imposição e multa, busca e apreensão, expropriação de bens do devedor etc.).

Por outro lado, o magistrado tem como dever fundamental prestar a efetiva tutela jurisdicional, decidindo no processo, conforme seu convencimento, mas sempre devidamente motivado, i.e., com o dever de indicar, analiticamente, as razões deste seu convencimento (art. 371 do CPC), sob pena de restar imotivada ou não fundamentada a sua decisão, seja ela interlocutória, sentença ou acórdão (§ 1º do art. 489).

Remissões:

– Art. 5º, LXXVIII da CRFB/88:

"Art. 5º, LXXVIII - a todos, no âmbito judicial e administrativo, são assegurados a razoável duração do processo e os meios que garantam a celeridade de sua tramitação."

– Art. 7º da Lei nº 7.347/1985 (disciplina a ação civil pública):

"Art. 7º Se, no exercício de suas funções, os juízes e tribunais tiverem conhecimento de fatos que possam ensejar a propositura da ação civil, remeterão peças ao Ministério Público para as providências cabíveis".

Súmulas:

STJ nº 121: Na execução fiscal o devedor deverá ser intimado, pessoalmente, do dia e hora da realização do leilão.

Enunciados das Jornadas de Direito Processual Civil do Conselho da Justiça Federal:

Nº 13 do CJF: O art. 139, VI, do CPC autoriza o deslocamento para o futuro do termo inicial do prazo.

Nº 162 do CJF: São cabíveis medidas indutivas, coercitivas e mandamentais visando a compelir o devedor a transferir criptoativos ou saldos em criptoativos que lhe pertençam para endereço público que venha a ser indicado por ordem judicial.

Nº 169 do CJF: A Defensoria Pública pode ser admitida como custos vulnerabilis sempre que do julgamento puder resultar formação de precedente com impacto potencial no direito de pessoas necessitadas.

Nº 209 do CJF: É cabível pedido de penhora de criptoativos, desde que indicadas pelo requerente as diligências pretendidas, ainda que ausentes indícios de que o executado os tenha.

Enunciados do Fórum Permanente de Processualistas Civis:

Nº 12 do FPPC: A aplicação das medidas atípicas sub-rogatórias e coercitivas é cabível em qualquer obrigação no cumprimento de sentença ou execução de título executivo extrajudicial. Essas medidas, contudo, serão aplicadas de forma subsidiária às medidas tipificadas, com observação do contraditório, ainda que diferido, e por meio de decisão à luz do art. 489, § 1º, I e II.

Nº 107 do FPPC: O juiz pode, de ofício, dilatar o prazo para a parte se manifestar sobre a prova documental produzida.

Nº 116 do FPPC: Quando a formação do litisconsórcio multitudinário for prejudicial à defesa, o juiz poderá substituir a sua limitação pela ampliação de prazos, sem prejuízo da possibilidade de desmembramento na fase de cumprimento de sentença.

Nº 119 do FPPC: Em caso de relação jurídica plurilateral que envolva diversos titulares do mesmo direito, o juiz deve convocar, por edital, os litisconsortes unitários ativos incertos e indeterminados (art. 259, III), cabendo-lhe, na hipótese de dificuldade de formação do litisconsórcio, oficiar o Ministério Público, a Defensoria Pública ou outro legitimado para que possa requerer a conversão da ação individual em coletiva (art. 333)

Nº 129 do FPPC: A autorização legal para ampliação de prazos pelo juiz não se presta a afastar preclusão temporal já consumada.

Nº 150 do FPPC: O prazo do art. 333, § 5º, poderá ser dilatado, nos termos do art. 139, I e VI, para assegurar direito ao contraditório e à ampla defesa.

Nº 179 do FPPC: O prazo de cinco dias para prestar caução pode ser dilatado, nos termos do art. 139, inciso VI.

Nº 251 do FPPC: O inciso VI do art. 139 do CPC aplica-se ao processo de improbidade administrativa.

Nº 396 do FPPC: As medidas do inciso IV do art. 139 podem ser determinadas de ofício, observado o art. 8º.

Nº 444 do FPPC: Para o processo de execução de título extrajudicial de obrigação de não fazer, não é necessário propor a ação de conhecimento para que o juiz possa aplicar as normas decorrentes dos arts. 536 e 537.

Nº 485 do FPPC: É cabível conciliação ou mediação no processo de execução, no cumprimento de sentença e na liquidação de sentença, em que será admissível a apresentação de plano de cumprimento da prestação.

Nº 525 do FPPC: A produção do resultado prático equivalente pode ser determinada por decisão proferida na fase de conhecimento.

Nº 581 do FPPC: O poder de dilação do prazo, previsto no inciso VI do art. 139 e no inciso I do § 1º do art. 303, abrange a fixação do termo final para aditar o pedido inicial posteriormente ao prazo para recorrer da tutela antecipada antecedente.

Nº 645 do FPPC: Ao relator se conferem os poderes e os deveres do art. 139.

Nº 658 do FPPC: O dever de comunicação previsto no inciso X do art. 139 não impede nem condiciona que o juiz suscite a instauração de incidente de resolução de demandas repetitivas nos termos do inciso I do art. 977.

Nº 714 do FPPC: O juiz pode cumular medida indutiva e coercitiva para o cumprimento da obrigação.

Nº 715 do FPPC: O art. 139, IV, CPC, é aplicável nos juizados especiais.

Nº 716 do FPPC: As medidas atípicas não impedem a aplicação das sanções decorrentes dos atos atentatórios à dignidade da justiça.

Enunciados da Escola Nacional de Formação e Aperfeiçoamento de Magistrados:

Nº 35 do ENFAM: Além das situações em que a flexibilização do procedimento é autorizada pelo art. 139, VI, do CPC/2015, pode o juiz, de ofício, preservada a previsibilidade do rito, adaptá-lo às especificidades da causa, observadas as garantias fundamentais do processo.

Nº 48 do ENFAM: O art. 139, IV, do CPC/2015 traduz um poder geral de efetivação, permitindo a aplicação de medidas atípicas para garantir o cumprimento de qualquer ordem judicial, inclusive no âmbito do cumprimento de sentença e no processo de execução baseado em títulos extrajudiciais.

Art. 140. O juiz não se exime de decidir sob a alegação de lacuna ou obscuridade do ordenamento jurídico.

Parágrafo único. O juiz só decidirá por equidade nos casos previstos em lei.

Remissões:

– Arts. 4º e 5º do Decreto-Lei nº 4.657, de 04-09-1942 (LINDB).

"Art. 4º Quando a lei for omissa, o juiz decidirá o caso de acordo com a analogia, os costumes e os princípios gerais de direito".

"Art. 5º Na aplicação da lei, o juiz atenderá aos fins sociais a que ela se dirige e às exigências do bem comum".

– Art. 2º da Lei nº 9.307/1996 (Lei da Arbitragem):

"Art. 2º A arbitragem poderá ser de direito ou de equidade, a critério das partes.

§ 1º Poderão as partes escolher, livremente, as regras de direito que serão aplicadas na arbitragem, desde que não haja violação aos bons costumes e à ordem pública.

§ 2º Poderão, também, as partes convencionar que a arbitragem se realize com base nos princípios gerais de direito, nos usos e costumes e nas regras internacionais de comércio.

§ 3º A arbitragem que envolva a administração pública será sempre de direito e respeitará o princípio da publicidade".

Notas:

Função do juiz. "*La función del juez no puede, por una parte, reducirse a una actividad puramente mecánica no pudiendo dejar de ejercerse aún en el caso de que haya silencio u oscuridad en la ley y, por otra, es sabido que ningún código puede contener una regulación que contemple todos los casos posibles que puedan presentarse en la realidad.*"[205]

Nos dias atuais, ainda existem operadores do direito que acreditam que, em nossa legislação, existem normas jurídicas expressas para toda e qualquer questão levada à presença do poder judiciário. Todavia, o direito pode ser lacunoso, apresentar regras vagas (vaguedade dos termos jurídicos) e, ainda, exibir antinomias.

O que fariam os juízes e demais operadores do direito na ausência da norma jurídica, nas situações de vaguedade e nas situações de conflito normativo?

Como decidir nos casos em que a norma é clara e existe, porém esta norma é injusta? Os magistrados devem sempre, a cada decisão judicial, prolatar suas sentenças seguindo o direito em vez de tentar aperfeiçoá-lo? Eles podem "não gostar" do direito que encontram – no caso de não poder reconhecer o casamento de pessoas do mesmo sexo –, mas ainda assim devem aplicá-lo. Caso contrário, os juízes podem tentar melhorar a lei sempre que possível, adequando-a às novas valores sociais, preferindo a justiça à lei?

Antinomia Jurídica. Em linhas gerais, antinomia jurídica é a colidência de normas e princípios em um ordenamento jurídico.

Tércio Sampaio Ferraz Jr. define antinomia jurídica como "a oposição que ocorre entre duas normas contraditórias (total ou parcialmente), emanadas de autoridades competentes num mesmo âmbito normativo, que colocam o sujeito numa posição insustentável pela ausência ou inconsistência de critérios aptos a permitir-lhe uma saída nos quadros de um ordenamento dado".[206]

---

205 MARTÍN, Nuria Belloso. *Derecho Natural e Derecho Positivo: El itinerario iusnaturalista de Giorgio del Vecchio.* Valladolid: Universidad de Valladolid, 1993, p. 62.

206 FERRAZ JR., Tércio Sampaio. *Introdução ao Estudo do Direito*: Técnica, Decisão, Dominação. 2. ed. São Paulo: Atlas, 1994, p. 211.

Norberto Bobbio ensina que para ocorrer antinomia são necessárias duas condições, a saber: a) as duas normas devem pertencer ao mesmo ordenamento jurídico; e b) as duas normas devem ter o mesmo âmbito de validade. Bobbio distingue quatro âmbitos de validade de uma norma. São eles: *temporal, espacial, pessoal* e *material.*[207] Daí que não constituem antinomia duas normas que não coincidem com respeito a:[208]

a) *validade temporal*: "É proibido fumar das cinco às sete" não é incompatível com: "É permitido fumar das sete às nove".;
b) validade espacial: "É proibido fumar na sala de cinema" não é incompatível com: "É permitido fumar na sala de espera";
c) validade pessoal: "É proibido, aos menores de 18 anos, fumar" não é incompatível com: "É permitido aos adultos fumar";
d) validade material: "É proibido fumar charutos" não é incompatível com: "É permitido fumar cigarros".

Nesse diapasão, Bobbio entende por antinomia jurídica "aquela situação que se verifica entre duas normas incompatíveis, pertencentes ao mesmo ordenamento e tendo o mesmo âmbito de validade".[209]

Critérios para a solução das antinomias. Como nos ensina Norberto Bobbio, as regras fundamentais para a solução das antinomias são três: [210]

a) o critério cronológico;
b) o critério hierárquico;
c) o critério da especialidade.

O *critério cronológico* determina que na incompatibilidade de duas normas, deverá prevalecer a norma posterior (*lex posterior derogat priori).*

O *critério hierárquico* é aquele pelo qual, entre duas normas incompatíveis, prevalece a hierarquicamente superior: *lex superior derogat inferiori.* Um bom exemplo é a prevalência das normas constitucionais em face das normas infraconstitucionais.

E o *critério da especialidade* informa que no caso de incompatibilidade normativa entre uma norma geral e uma especial, esta prevalece sobre aquela. É

---

207 BOBBIO, Norberto. *Teoria do Ordenamento Jurídico.* 10. ed. Tradução Maria Celeste Cordeiro Leite dos Santos. Brasília: UnB, 1999, p. 86-87.
208 *Idem*, p. 88.
209 *Ibidem.*
210 *Ibidem.*

o critério denominado *lex specialis derogat generali*. No Direito brasileiro, este critério de especialidade encontra-se, por exemplo, guarida no Código Penal brasileiro (Decreto-Lei nº 2.848, de 7 de dezembro de 1940), em especial, em seu artigo 12 que determina "as regras gerais deste Código aplicam-se aos fatos incriminados por lei especial, se esta não dispuser de modo diverso".

Lacunas no Direito (Anomias). Pode ocorrer, não obstante a existência de um manancial de leis produzidas pelo Estado, que uma ou outra situação fática levada ao Judiciário não tenha solução normativa prevista em nosso ordenamento jurídico. Este fenômeno é conhecido como lacuna do direito ou anomia. Francesco Carnelutti, professor da Universidade de Milão, ensina que existe uma lacuna "quando um certo caso não é regulado não só pela fonte legislativa, como por qualquer outra fonte"[211] do Direito. Neste caso, caberá ao intérprete (magistrado) completar (colmatar) o que está faltando no ordenamento jurídica com o firme propósito de eliminar as lacunas do ordenamento jurídico.

A nossa Lei de Introdução as Normas Brasileiras determina no artigo 4º que "*quando a lei for omissa, o juiz decidirá o caso de acordo com a analogia, os costumes e os princípios gerais de direito*".

No mesmo diapasão, o Código de Processo Civil brasileiro informa em seu artigo Art. 140. "*O juiz não se exime de decidir sob a alegação de lacuna ou obscuridade do ordenamento jurídico. Parágrafo único. O juiz só decidirá por equidade nos casos previstos em lei.*"

Daí a importância do processo de preenchimento das lacunas existentes no ordenamento jurídico, através de elementos que a própria lei oferta, quais sejam: analogia, aos costumes e aos princípios gerais de direito.

Analogia. A analogia é um processo que o interprete poderá se utilizar com o intuito de colmatar as lacunas do ordenamento jurídico.

Ora, se existem regras em nosso ordenamento jurídico que regulam certas condutas (ou disposições específicas) para determinados casos previstos em lei, é natural que o intérprete e aplicador do direito possa se utilizar dessa norma para resolver um caso análogo.

Princípios Gerais do Direito. José de Oliveira Ascenção caracteriza os princípios gerais do direito "como princípios ou grandes orientações da ordem positiva, que a percorrem ou vivificam, e que têm assim a potencialidade de conduzir a novas soluções".[212]

---

211 CARNELUTTI, Francesco. *Teoria Geral do Direito*. Trad. Antônio Carlos Ferreira. São Paulo: Lejus, 2000, p. 184.

212 ASCENÇÃO, José de Oliveira. *O Direito: Introdução e Teoria Geral*. 2. ed. Rio de Janeiro: Renovar, 2001, p. 436.

Conclui o autor supra que os princípios gerais do direito não são regras, "são princípios formais, que se desprendem, não apenas do complexo legal, mas de toda a ordem jurídica".[213]

Isso representa que os princípios gerais do direito apresentam uma maior flexibilização e maleabilidade em sua aplicação.

A Hermenêutica Jurídica

O ato de interpretar a lei e as diferentes normas que compõem o ordenamento jurídico, usualmente designado como hermenêutica, pode ser realizado a partir de procedimentos *fechados ou abertos*. A hermenêutica fechada é mais comodista, pois que demanda esforço intelectual reduzido do intérprete; assim sendo, a interpretação desenvolve-se segundo perspectiva burocrática e literal do texto legal.[214] A hermenêutica aberta evidencia tendência inovadora e requer capacidade reflexiva do judiciário ou do Direito, para que se torne viável a adaptação às novas situações e desafios postos pela sociedade.

Na história jurídica, verifica-se que Hipódomo de Mileto já pretendia que as sentenças judiciais não fossem proferidas por simples votação, mas que os juízes pudessem expor, de modo integral e com exatidão, seu próprio parecer, sem terem de forçar a própria consciência a aceitar ou rejeitar uma tese determinada. Reconhece-se nessa orientação filosófica, ao menos, um esforço para proporcionar condições de maior aproximação entre direito e vida social, corrigindo eventuais tendências mecanicistas na aplicação do direito.[215]

Da mesma forma, Giorgio Del Vechio,[216] em seu livro *A Justiça*, afirma que: "Quem quer que saiba (e todo o jurista sabe) a larga margem que deixam necessariamente ao intérprete as formulações jurídicas positivas, e como todo o sistema, embora aparentemente "fechado", tem na realidade as suas "válvulas" e seus meios naturais de renovação, de transformação e de acréscimo, não pode ignorar esta elementar exigência, a saber, que em face de ordenamentos injustos

213 ASCENÇÃO, Jose de Oliveira. *O Direito: Introdução e Teoria Geral*. 2. ed. Rio de Janeiro: Renovar, 2001, p. 438.

214 Em seu artigo Judiciário e Conflitos Sociais (na perspectiva da pós-modernidade), Willis Santiago Guerra Filho define os juízes, segundo as diversas posturas dos Magistrados em "juiz tradicional", "juiz tolerante" e "juiz revolucionário". O problema com o "juiz tradicional" é o modo como, em sua prática, em geral inconsciente, termina contribuindo decisivamente para a conservação do estado das coisas na sociedade, até chegar à estagnação. Disse que isso ele o faz inconscientemente porque ele se acha imbuído da crença em toda uma mitologia, que lhe foi inculcada durante sua formação jurídica e no processo específico de socialização como Magistrado. *In*: *Revista de Processo* n. 70, 1993, p. 136.

215 DEL VECCHIO. Giorgio. *A justiça*. São Paulo: Saraiva, 1960, p. 42-43.

216 *Idem*, p. 142-143.

se recorre em primeiro lugar a estes meios e não se destrói levianamente ou a seu arbítrio aquilo que se constrói com bastante dificuldade."

Mais recentemente, Miguel Reale,[217] em sua obra *Lições Preliminares do Direito,* ensina que: "Interpretar uma lei importa, previamente, compreendê-la na plenitude de seus fins sociais, a fim de poder-se, desse modo, determinar o sentido de cada um dos seus dispositivos. Somente assim ela é aplicável a todos os casos que correspondam àqueles objetivos."

Elucidativa é a lição crítica de Carlos Maximiliano[218]: "O magistrado moderno, liberto das estreitezas da dogmática, investido da prerrogativa de melhorar a lei e suprimir-lhe as lacunas, guiado pela finalidade humana, atento aos fatores sociológicos dos fenômenos jurídicos, não pode ter apenas a tradicional cultura romanista e clássica; necessita de um preparo menos especializado, mais amplo e completo. Homens de tanto valor se não encontram comumente nos pretórios; porque o atual processo de seleção é antiquado e deficiente, e os vencimentos não atraem as capacidades excepcionais."

Daí as regras de direito positivo serão justas quando não houver diferenças significativas entre elas e o fato social a que se referem. Admitindo-se esse pressuposto, acrescentamos que, de certo modo, o direito escrito já nasce potencialmente injusto, eis que constitui um conjunto de preceitos gerais, sendo impossível contemplar as diversas circunstâncias da vida social em que os fatos humanos ocorrem.

Kantorowicz, citado por Karl Gareis,[219] já lecionava acerca da necessidade da correlação entre as regras e fatos sociais. É muito interessante refletir sobre a análise de Gareis: "Kantorowicz induz o magistrado a buscar um ideal jurídico, o Direito Justo (*richtiges recht*), onde quer que se encontre, dentro ou fora da lei, na ausência desta ou a despeito da mesma; isto é, a decidir *proeter* e também *contra legem*: não se preocupe com os textos; despreze qualquer interpretação, construção, ficção ou analogia; inspire-se de preferência, nos dados sociológicos e siga o determinismo dos fenômenos, atenha-se à observação e à experiência, tome como guias os ditames imediatos do seu sentimento, do seu tato profissional, da sua consciência jurídica. A doutrina revolucionária olha demasiado para o foro íntimo, quando deveria, como os moderados e a escola histórico-evolutiva, tomar por ponto de partida a lei, interpretada e compreendida não somente à luz dos preceitos lógicos, mas também de acordo com as ideias, aspirações e interesses legítimos da coletividade."

---

217 REALE, Miguel. *Lições Preliminares de Direito.* 6.ed. São Paulo: Saraiva, 1979, p. 285.

218 MAXIMILIANO, Carlos. *Hermenêutica e Interpretação do Direito.* Rio de Janeiro: Forense, 1995, p. 75.

219 GAREIS, Karl. *"Rechtsenzyklopaedie und Methodologie".* *In*: MAXIMILIANO, Carlos. *Hermenêutica e Interpretação do Direito.* Rio de Janeiro: Forense, 1995, p. 73.

De fato, uma análise do contexto sociocultural e ideológico brasileiro, permite inferir que, especialmente a partir do advento da Carta da República de 1988, novas situações fático-jurídicas vêm surgindo em nossos tribunais e elas exigem uma interpretação mais flexível e consentânea com a realidade social contemporânea. Dizendo de outra forma, é preciso enfrentar o desafio de uma interpretação principiológica constitucional, para que o mundo jurídico propicie tratamento justo aos conflitos que a sociedade se lhe apresenta, em sua realidade material[220] (real e histórica).

Nesta linha de pensamento, encontramos respaldo na preciosa lição de Paulo Bonavides,[221] quando utiliza a expressão *Sistema Constitucional*[222] e acrescenta: "O sistema constitucional surge pois como expressão elástica e flexível, que nos permite perceber o sentido tomado pela Constituição em face da ambiência social, que ela reflete, e a cujos influxos está sujeita, numa escala de dependência cada vez mais avultante."

O eminente professor[223] identifica a idade de ouro do positivismo liberal e constitucional dos normativistas, assinalando que os mesmos "confiados na abstração dos textos, alcançaram surpreendentes extremidades de uma teoria meta-empírica, capaz de pretensiosamente dispensar os elementos sociológicos e filosóficos da realidade e proclamar com a exacerbação unilateralista do normativismo puro a identidade absoluta do Direito e do Estado. Todo o problema constitucional ainda hoje procede, contudo da ausência de uma fórmula que

---

220 Neste sentido, Luis Alberto Warrat entende que a dogmática ligada ao direito positivo apenas pode reproduzir um conhecimento reprodutor e não renovador, devendo-se abrir para os domínios afins ao jurídico, extraindo-se novos critérios de significação jurídica, mais consentâneos com a dinâmica social atual, cuja complexidade e alterabilidade crescem aceleradamente. WARAT, Luis Alberto. *Introdução Geral do Direito – A Epistemologia jurídica da modernidade* – Volume II, Porto Alegre: Sergio Antonio Fabris Editor, 1995, p. 39

221 BONAVIDES, Paulo. *Curso de Direito Constitucional.* 8. ed. São Paulo: Malheiros, 1999. p. 77.

222 Paulo Ricardo Schier, em sua obra "Filtragem Constitucional – Construindo uma Nova Dogmática Jurídica" conclui, a partir do diálogo entre Konrad Hesse (A Força Normativa da Constituição) e Ferdinand Lassale (*A Essência da Constituição*), que a idéia de sistema constitucional deve substituir as noções de Constituição em sentido formal e material. Esta é entendida como a organização dos fatores reais (políticos, econômicos e sociais, por exemplo) de poder dentro de uma determinada sociedade, aqueloutra como a expressão jurídica (folha de papel, como diria Lassale) destas condições materiais.

No pensamento de Lassale a dimensão fática do poder (Constituição Real) preponderá sobre a codificação (Constituição Jurídica – "Folha de Papel"). Konrad Hesse, sem tirar a importância histórica de Lassale estabelece uma releitura a partir da força normativa da Constituição.

223 BONAVIDES, Ob. cit., p. 77.

venha a combinar e conciliar essas duas dimensões da Constituição: a jurídica e a política."

Interpretação do direito

Na hermenêutica jurídica clássica o intérprete interpretava por partes: primeiro compreende, depois interpreta e finalmente aplica o Direito. A hermenêutica era vista a partir de um conjunto de métodos de interpretação.

Lenio Luiz Streck desenvolveu uma teoria denominada Nova Crítica do Direito (NCD) na qual a interpretação de um texto jurídico não pode restar desvinculada da antecipação de sentido representado pelo sentido que o intérprete tem da Constituição. Isso porque é impossível ao intérprete desprender-se da circularidade da compreensão. É a ontologia da compreensão.[224]

Retornando à questão da interpretação jurídica clássica, vejamos, os principais métodos de interpretação.

Métodos ou Elementos Clássicos de Interpretação

Aqui, antes de enunciar os métodos ou elementos clássicos de interpretação, vale lembrar que a importância da interpretação jurídica não está relacionada apenas como possibilidade de determinação do significante de textos no viés exegético, mas, principalmente, como instrumento e meio fundamental da manifestação do próprio direito através da atividade prático-judicativa de nossos juízes.

Antes cabe indagar quais seriam as consequências, para a efetividade da justiça, do predomínio do positivismo jurídico que se estende até os dias atuais, permeado com a redução do direito à lei, com sua neutralidade axiológica, buscando uma verdade absoluta, através de um processo silogístico lógico-dedutivo?

Seria o caso de superação dos paradigmas estritamente normativos, no qual se formaram e ainda se formam sucessivas gerações de juízes, que cumprem a lei pela lei, sem se preocupar com a justiça?

Gramatical, Textual, Filológica, Verbal, Semântica ou Literal *(Verba Legis)*

É a interpretação em que o operador do direito verifica qual o sentido do texto gramatical da norma jurídica, ou seja, verifica-se o valor semântico das palavras que integram o texto jurídico, bem como a sintaxe, pontuação etc.

---

224 STRECK, Lenio Luiz. *Jurisdição Constitucional e Hermenêutica*. 2. ed. Rio de Janeiro: Forense, 2004, p. 210.

Lógica *(Mens Legis)*

A interpretação lógica da norma jurídica poderá ocorrer de duas formas: a lógica interna relacionada a lógica formal e a lógica externa que procura investigar as razões sociais que levaram ao surgimento do comando normativo.

Teleológica ou Finalística

A interpretação teleológica ou finalística é aquela que se encontra em sintonia com o fim visado pelo legislador, isto é, qual a razão de ser da norma (*ratio legis*).

Sistemática

A interpretação da norma jurídica é realizada levando-se em consideração o seu conjunto (sistema). A unicidade do sistema jurídico proporciona uma interpretação sistemática de suas normas, já que o ordenamento jurídico representa um todo harmônico entre seus dispositivos legais. É, pois, uma visão estrutural de todo o sistema de normas.

Luís Roberto Barroso ensina que o "método sistemático disputa com o teleológico a primazia no processo interpretativo. O direito objetivo não é um aglomerado aleatório de disposições legais, mas um organismo jurídico, um sistema de preceitos coordenados ou subordinados, que convivem harmonicamente".[225]

Histórica

O intérprete procura analisar a evolução histórica dos fatos, a exposição de motivos, mensagens, emendas, discussões parlamentares referentes ao nascimento daquela norma jurídica. Vale destacar que modernamente o processo de exegese não atribui grande importância a questão de desvendar a *mens legislatoris*, já que os valores da sociedade atual podem estar em distonia em relação a intenção do legislador à época do processo de elaboração da lei.

Nas lições de José de Oliveira Ascenção, a interpretação histórica deve ter em conta aqueles dados ou acontecimentos históricos que expliquem a lei. São eles:[226]

---

225 BARROSO, Luís Roberto. *Interpretação e Aplicação da Constituição*. 2. ed. São Paulo: Saraiva, 1998, p. 127.

226 ASCENÇÃO, José de Oliveira. *O Direito: Introdução e Teoria Geral*. 2. ed. Rio de Janeiro: Renovar, 2001, p. 426.

a) precedentes normativos (históricos e comparativos);
b) trabalhos preparatórios; e
c) *occasio legis* (pode ser compreendido por todo o circunstancialismo social que rodeou o aparecimento da lei). Como exemplo, a legislação restritiva de direitos que norteou a sociedade americana após o atentado de 11 de setembro. O intérprete jurídico não pode deixar de ponderar o circunstancialismo social de "terror" que forçou o aparecimento de uma legislação diferenciada.

Sociológica

Neste caso, o intérprete procura investigar a realidade social.

Autêntica, Legal, Legislativa

É realizada pelo próprio órgão que editou a norma, declarando seu sentido, alcance e conteúdo.

Extensiva ou Ampliativa

O intérprete jurídico atribui um sentido mais amplo à norma jurídica do que ela originalmente teria.

Restritiva ou Limitativa

O exegeta dá um sentido mais restrito à norma jurídica.

Art. 141. O juiz decidirá o mérito nos limites propostos pelas partes, sendo-lhe vedado conhecer de questões não suscitadas a cujo respeito a lei exige iniciativa da parte.

Notas:

O artigo 141 trata da correlação entre pedido e sentença, mantendo o princípio da vinculação do juiz ao pedido.

Art. 142. Convencendo-se, pelas circunstâncias, de que autor e réu se serviram do processo para praticar ato simulado ou conseguir fim vedado por lei, o juiz proferirá decisão que impeça os objetivos das partes, aplicando, de ofício, as penalidades da litigância de má-fé.

Notas:

O artigo 142 está relacionado ao processo simulado ou fraudulento. Neste caso, o magistrado proferirá decisão que impeça os objetivos das partes, aplicando, de ofício, as penalidades da litigância de má-fé.

Enunciado do Fórum Permanente de Processualistas Civis:

Nº 410 do FPPC: Aplica-se o Art. 142 do CPC ao controle de validade dos negócios jurídicos processuais.

Art. 143. O juiz responderá, civil e regressivamente, por perdas e danos quando:

I - no exercício de suas funções, proceder com dolo ou fraude;

II - recusar, omitir ou retardar, sem justo motivo, providência que deva ordenar de ofício ou a requerimento da parte.

Parágrafo único. As hipóteses previstas no inciso II somente serão verificadas depois que a parte requerer ao juiz que determine a providência e o requerimento não for apreciado no prazo de 10 (dez) dias.

Remissões:

- Arts. 402 a 405 do CC.

"Art. 402. Salvo as exceções expressamente previstas em lei, as perdas e danos devidos ao credor abrangem, além do que ele efetivamente perdeu, o que razoavelmente deixou de lucrar.

Art. 403. Ainda que a inexecução resulte de dolo do devedor, as perdas e danos só incluem os prejuízos efetivos e os lucros cessantes por efeito dela direto e imediato, sem prejuízo do disposto na lei processual.

Art. 404. As perdas e danos, nas obrigações de pagamento em dinheiro, serão pagas com atualização monetária segundo índices oficiais regularmente estabelecidos, abrangendo juros, custas e honorários de advogado, sem prejuízo da pena convencional.

Parágrafo único. Provado que os juros da mora não cobrem o prejuízo, e não havendo pena convencional, pode o juiz conceder ao credor indenização suplementar.

Art. 405. Contam-se os juros de mora desde a citação inicial".

Notas:

O artigo 143 trata das hipóteses de responsabilidade civil do magistrado.

Para que se possa estabelecer um conceito técnico de Responsabilidade Civil entendemos necessário buscá-la na sua fonte histórica no Direito Romano. O termo *responsabilidade* provém da raiz latina SPONDEO, fórmula solene pela qual o devedor se ligava ao credor no mais importante dos contratos verbais do Direito Romano em que se estabelecia a formula solene em que o credor fazia a seguinte pergunta ao devedor: *dare mihi spondes?* que era seguida do objeto do contrato, como por exemplo uma quantia devida ou uma entrega de um bem; ato contínuo o devedor respondia-lhe *spondeo*. Este contrato denominava-se *stipulatio* e dele se originou o verbo *respondere* com o significado, como vimos acima de ter alguém se constituído garantidor de algo, ou seja, assumindo alguma coisa. Desta origem surgem as inúmeras definições de responsabilidade civil.

A Constituição da República Federativa do Brasil de 1988 aborda a responsabilidade civil dentre os direitos e garantias individuais, em seu art. 5º, incisos V e X[227], demonstrando sua importância no âmbito das relações modernas e a consequente resolução dos conflitos sociais.

No âmbito do Código Civil, na esfera do direito obrigacional, existem importantes apontamentos quanto à responsabilidade civil. O CCB/02 trata com mais profundidade a matéria, dando-lhe espaço exclusivo (arts. 927 e seguintes) quando em comparação com o Código Civil Brasileiro de 1916, que tratava a matéria de forma esparsa.

A responsabilidade civil constitui-se sempre na formação de uma relação jurídica obrigacional, em que uma pessoa, quer natural, quer jurídica, esta, de Direito Público interno ou de Direito Privado, nacional ou estrangeira por sua ação ou omissão, direta ou ás vezes, indireta por via, nesta hipótese dos seus empregados, agentes, dirigentes, prepostos ou similares que, de alguma forma, praticam atos ou se omitem em nome de uma Instituição venham de forma causal a ocasionar danos ou prejuízos, materiais ou imateriais à outrem, de forma injustificada, acarretando para si ou para a Instituição, em nome de quem praticaram ou se omitiram indevidamente o dever de reparar ou indenizar aqueles danos, patrimoniais ou extrapatrimoniais.

O princípio dominante na responsabilidade civil é o de que os seres humanos ao conviverem devem ter a sua vida imune à quaisquer lesões que possam violar os seus direitos, assim como, reciprocamente, numa dupla acepção,

---

[227] "*Art. 5º da CF/88 – Todos são iguais perante a lei, sem distinção de qualquer natureza, garantindo-se aos brasileiros e aos estrangeiros residentes no país a inviolabilidade do direito à vida, à liberdade, à igualdade,* à segurança e à propriedade, nos termos seguintes:

(...)

V – é assegurado o direito de resposta, proporcional ao agravo, além da indenização por dano material, moral ou à imagem.

(...)

X – são invioláveis a intimidade, a vida privada, a honra e a imagem das pessoas, assegurando o direito a indenização pelo dano material ou moral decorrente de sua violação."

não só assegurar direitos, como também sancionar aqueles que ocasionam ou acarretam a violação dos direitos de outrem.

Desta forma como fundamento da responsabilidade civil obviamente encontramos os princípios fundamentais do Direito expressos na Constituição da República Federativa do Brasil expressando os valores primordiais que a sociedade humana consagrou, através dos séculos, como convenientes, oportunos e indispensáveis à própria existência da sociedade.

Daí decorrem os princípios elegidos pela própria sociedade e inseridos pelo legislador constituinte: dignidade, vida, integridade física, integridade moral, honra, imagem que fizeram decorrer uma série de elementos jurídicos considerados básicos: boa-fé objetiva, bons costumes, bem comum e ordem pública; a conduta de qualquer pessoa que venha a infringir quaisquer dos valores e dos elementos decorrentes acima elencados, *a priori*, caracteriza uma conduta reprovável originadora, para o seu autor de reparação dos danos patrimoniais e de indenização em caso de lesões ou danos extrapatrimoniais.

Não resta dúvida, que a prestação jurisdicional importará sempre na responsabilidade do Estado quando ocorrer o erro judiciário ou quando, como nos demonstra o artigo 143 do CPC houver a recusa, a omissão ou o retardamento injustificado desta mesma prestação pelas autoridades judiciais.

Não há qualquer dúvida que a morosidade da prestação jurisdicional é a mais grave chaga no acesso à justiça, apontada de forma esmagadora nas diversas pesquisas realizadas pelos mais diversos órgãos públicos ou privados junto aos jurisdicionados. O artigo 37 § 6º da Constituição Federal que impõe à administração pública direta ou indireta de qualquer dos poderes da união, dos Estados, do Distrito Federal e dos municípios na sua atividade de serviços públicos os princípios da legalidade, impessoalidade, moralidade, publicidade e, destacamos o último dos mesmos que é o que diretamente cinge-se ao fato por nós analisado que é EFICIÊNCIA e no citado § 6º impõe-se à pessoas jurídicas de direito público e as de direito privado prestadoras de serviços públicos a responsabilidade pelos danos que seus agentes, ao exercerem os serviços públicos, causem à terceiros, assegurado o direito regressivo contra os mesmos.

Ora, a prestação jurisdicional é função e exercício de serviço público, de competência do Estado efetuado pelo Poder Judiciário que, portanto, tem o dever insofismável e inquestionável, pelos dispositivos legais constitucionais acima referidos, de forma eficiente, sob pena de não o fazendo, ser responsabilizado. Uma prestação jurisdicional, como o é no Brasil, morosa e, portanto injusta, obviamente não é eficiente e acarreta para o Poder Judiciário a Responsabilidade por tal falta deste serviço público.

CAPÍTULO II
DOS IMPEDIMENTOS E DA SUSPEIÇÃO

Art. 144. Há impedimento do juiz, sendo-lhe vedado exercer suas funções no processo:

I – em que interveio como mandatário da parte, oficiou como perito, funcionou como membro do Ministério Público ou prestou depoimento como testemunha;

II – de que conheceu em outro grau de jurisdição, tendo proferido decisão;

III – quando nele estiver postulando, como defensor público, advogado ou membro do Ministério Público, seu cônjuge ou companheiro, ou qualquer parente, consanguíneo ou afim, em linha reta ou colateral, até o terceiro grau, inclusive;

IV – quando for parte no processo ele próprio, seu cônjuge ou companheiro, ou parente, consanguíneo ou afim, em linha reta ou colateral, até o terceiro grau, inclusive;

V – quando for sócio ou membro de direção ou de administração de pessoa jurídica parte no processo;

VI – quando for herdeiro presuntivo, donatário ou empregador de qualquer das partes;

VII – em que figure como parte instituição de ensino com a qual tenha relação de emprego ou decorrente de contrato de prestação de serviços;

VIII – em que figure como parte cliente do escritório de advocacia de seu cônjuge, companheiro ou parente, consanguíneo ou afim, em linha reta ou colateral, até o terceiro grau, inclusive, mesmo que patrocinado por advogado de outro escritório;

IX – quando promover ação contra a parte ou seu advogado.

§ 1º Na hipótese do inciso III, o impedimento só se verifica quando o defensor público, o advogado ou o membro do Ministério Público já integrava o processo antes do início da atividade judicante do juiz.

§ 2º É vedada a criação de fato superveniente a fim de caracterizar impedimento do juiz.

§ 3º O impedimento previsto no inciso III também se verifica no caso de mandato conferido a membro de escritório de advocacia que tenha em seus quadros advogado que individualmente ostente a condição nele prevista, mesmo que não intervenha diretamente no processo.

Notas:

O artigo 144 apresenta um rol de situações fáticas que caracterizam o impedimento do magistrado para atuar no feito. O afastamento do juiz tem por finalidade a manutenção da imparcialidade na condução do processo e seu julgamento. A distinção entre impedimento e suspeição é de grau ou intensidade de perda de imparcialidade. No impedimento, o juiz fica vedado de participar do processo. É, pois, uma situação mais gravosa que a suspeição. Nesta é mais que conveniente que o magistrado se afaste do processo. Todavia, se as partes não alegarem suspeição, o processo correrá normalmente sem que se desvelem nulidades processuais. Dessa maneira, a suspeição é menos gravosa que o impedimento. Considerando que as causas de impedimento são mais gravosas, se não houver a arguição destas, a sentença judicial sofrerá de nulidade absoluta. As causas de impedimento são objetivas, facilitando, pois, a sua verificação.

Ação Direta de Inconstitucionalidade:

ART. 144, INCISO VIII, DO CÓDIGO DE PROCESSO CIVIL. CAUSA DE IMPEDIMENTO DE MAGISTRADO. VIOLAÇÃO AOS PRINCÍPIOS DA RAZOABILIDADE, DA PROPORCIONALIDADE E DO JUIZ NATURAL. PROCEDÊNCIA. 1. Ação direta de inconstitucionalidade ajuizada em face do inciso VIII do art. 144 da Lei 13.105, de 16 de março de 2015, Código de Processo Civil (CPC), que veda o juiz de exercer funções no processo "em que figure como parte cliente do escritório de advocacia de seu cônjuge, companheiro ou parente, consanguíneo ou afim, em linha reta ou colateral, até o terceiro grau, inclusive, mesmo que patrocinado por advogado de outro escritório". 2. A presente ação direta de inconstitucionalidade não versa sobre a hipótese de impedimento de magistrado no processo em que "estiver postulando, como defensor público, advogado ou membro do Ministério Público, seu cônjuge ou companheiro, ou qualquer parente, consanguíneo ou afim, em linha reta ou colateral, até o terceiro grau, inclusive" (CPC, art. 144, III), tampouco sobre o caso "de mandato conferido a membro de escritório de advocacia que tenha em seus quadros advogado que individualmente ostente a condição" de cônjuge, companheiro ou qualquer parente, consanguíneo ou afim, em linha reta ou colateral, até o terceiro grau, "mesmo que não intervenha diretamente no processo" (CPC, art. 144, § 3º). 3. O inciso VIII do art. 144 do CPC delineia situação diversa: trata do impedimento do juiz no processo em que for parte "cliente do escritório de advocacia" de seu cônjuge, companheiro ou parente, "mesmo que patrocinado por advogado de outro escritório" (CPC, art. 144, VIII – grifo nosso). Portanto, esta ação direta tem por objeto a regra de impedimento do caso em que o "cliente do escritório de advocacia" do indivíduo que ostente a condição de parentesco ou vínculo conjugal prevista no inciso III do art. 144 estiver representado por advogado de outro escritório. 4. A regra descrita no inciso impugnado depende de informações trazidas por terceiros para a sua averiguação, o que nem sempre pode se coadunar com a realidade dos fatos, implicando consequências indesejadas para a efetividade da jurisdição. Dessa forma, o dispositivo impôs ao magistrado o dever de recusar-se a julgar, sem sequer fornecer os meios para que o julgador avalie a incidência da norma. Por isso, a causa de impedimento torna-se de inviável observância. 5. A norma não cumpre o requisito da adequação, eis que prevê uma situação que não alcança a finalidade da regra de impedimento, mas cria uma presunção absoluta, que pode gerar, inclusive, reflexos negativos e conflitantes com os princípios do juiz natural, da razoabilidade e da proporcionalidade, como possíveis hipóteses de forja de impedimento e de manipulação de quórum ou distribuição. 6. Para se alcançar a finalidade pretendida pelo comando legal atacado, a imparcialidade do julgador já é resguardada pela regra do art. 144, inciso III e § 3º. Essa, sim, é orientada pela ideia objetiva de impedir que o magistrado exerça suas funções em processos que atue, como defensor público, advogado ou membro do Ministério Público, seu cônjuge ou companheiro, ou qualquer parente, consanguíneo ou afim, em linha reta ou colateral, até o terceiro grau, ou, ainda, qualquer outro membro de escritório de advocacia que tenha em seus quadros algum familiar do magistrado, mesmo que esse não intervenha diretamente no processo. 7. Ação direta de inconstitucionalidade julgada procedente para declarar a inconstitucionalidade do inciso VIII do art. 144 da Lei 13.105, de 16 de março de 2015. (STF. Tribunal Pleno. ADI 5.953, Rel. Min. Edson Fachin, Rel. p/ Acórdão: Min. Gilmar Mendes. Julg. em 22.08.2023, DJe-s/n, Publ. 18.10.2023).

Súmulas:

STF nº 72: No julgamento de questão constitucional, vinculada a decisão do tribunal superior eleitoral, não estão impedidos os ministros do supremo tribunal federal que ali tenham funcionado no mesmo processo, ou no processo originário.

STF nº 252: Na ação rescisória, não estão impedidos juízes que participaram do julgamento rescindendo.

STJ nº 234: A participação de membro do Ministério Público na fase investigatória criminal não acarreta o seu impedimento ou suspeição para o oferecimento da denúncia.

Enunciado do Fórum Permanente de Processualistas Civis:

Nº 489 do FPPC: Observado o dever de revelação, as partes celebrantes de convenção de arbitragem podem afastar, de comum acordo, de forma expressa e por escrito, hipótese de impedimento ou suspeição do árbitro.

Art. 145. Há suspeição do juiz:

I – amigo íntimo ou inimigo de qualquer das partes ou de seus advogados;

II – que receber presentes de pessoas que tiverem interesse na causa antes ou depois de iniciado o processo, que aconselhar alguma das partes acerca do objeto da causa ou que subministrar meios para atender às despesas do litígio;

III – quando qualquer das partes for sua credora ou devedora, de seu cônjuge ou companheiro ou de parentes destes, em linha reta até o terceiro grau, inclusive;

IV – interessado no julgamento do processo em favor de qualquer das partes.

§ 1º Poderá o juiz declarar-se suspeito por motivo de foro íntimo, sem necessidade de declarar suas razões.

§ 2º Será ilegítima a alegação de suspeição quando:

I – houver sido provocada por quem a alega;

II – a parte que a alega houver praticado ato que signifique manifesta aceitação do arguido.

Notas:

O chamado "juiz suspeito", ao contrário do que acontece com o juiz impedido, não está impedido de exercer suas funções no processo, já que neste caso há somente uma presunção relativa, *juris tantum*, de que o magistrado possa ser parcial. Nesta hipótese, quando tomar conhecimento do motivo que causa a suspeição, a parte interessada deverá optar pelo manejo ou não da exceção de suspeição. No caso da parte não se manifestar, ocorrerá a preclusão, passando o juiz a ser considerado imparcial. O CPC, no seu art. 145, determina que se repute suspeito o juiz quando: I – amigo íntimo ou inimigo de qualquer das partes ou de seus advogados; II – que receber presentes de pessoas que tiverem interesse na causa antes ou depois de iniciado o processo, que aconselhar alguma das partes acerca do objeto da causa ou que subministrar meios para atender às despesas do litígio; III – quando qualquer das partes for sua credora ou devedora, de seu cônjuge ou companheiro ou de parentes destes, em linha reta até o terceiro grau, inclusive; IV – interessado no julgamento do processo em favor de qualquer das partes.

Notadamente, poderá o próprio magistrado se declarar suspeito por motivo de foro íntimo; no entanto o § 1º do art. 145 atesta que, neste caso, não terá ele a necessidade de declarar suas razões, o que, pensamos, não se coaduna com processo como instrumento público e democrático, onde cediço é – até para fins de conhecimento das partes – a publicidade da motivação é de relevância para atestar a própria veracidade da argumentação.

Por outro lado, atesta-se como ilegítima a alegação de suspeição quando provocada por quem a alega ou quem a alega houver praticado ato que signifique manifesta aceitação do arguido, tudo de acordo com § 2º do art. 145.

Enunciado do Fórum Permanente de Processualistas Civis:

Nº 489 do FPPC: Observado o dever de revelação, as partes celebrantes de convenção de arbitragem podem afastar, de comum acordo, de forma expressa e por escrito, hipótese de impedimento ou suspeição do árbitro.

Art. 146. No prazo de 15 (quinze) dias, a contar do conhecimento do fato, a parte alegará o impedimento ou a suspeição, em petição específica dirigida ao juiz do processo, na qual indicará o fundamento da recusa, podendo instruí-la com documentos em que se fundar a alegação e com rol de testemunhas.

§ 1º Se reconhecer o impedimento ou a suspeição ao receber a petição, o juiz ordenará imediatamente a remessa dos autos a seu substituto legal, caso contrário, determinará a autuação em apartado da petição e, no prazo de 15 (quinze) dias, apresentará suas razões, acompanhadas de documentos e de rol de testemunhas, se houver, ordenando a remessa do incidente ao tribunal.

§ 2º Distribuído o incidente, o relator deverá declarar os seus efeitos, sendo que, se o incidente for recebido:

I - sem efeito suspensivo, o processo voltará a correr;

II - com efeito suspensivo, o processo permanecerá suspenso até o julgamento do incidente.

§ 3º Enquanto não for declarado o efeito em que é recebido o incidente ou quando este for recebido com efeito suspensivo, a tutela de urgência será requerida ao substituto legal.

§ 4º Verificando que a alegação de impedimento ou de suspeição é improcedente, o tribunal rejeita-la-á.

§ 5º Acolhida a alegação, tratando-se de impedimento ou de manifesta suspeição, o tribunal condenará o juiz nas custas e remeterá os autos ao seu substituto legal, podendo o juiz recorrer da decisão.

§ 6º Reconhecido o impedimento ou a suspeição, o tribunal fixará o momento a partir do qual o juiz não poderia ter atuado.

§ 7º O tribunal decretará a nulidade dos atos do juiz, se praticados quando já presente o motivo de impedimento ou de suspeição.

Notas:

Nas exceções de impedimento e suspeição, figurará como excipiente autor ou réu e, como excepto o próprio magistrado, assemelhando-se sua posição à de um réu comum, podendo, inclusive, ser condenado nas custas processuais, caso seja acolhida pelo tribunal a alegação de seu impedimento ou suspeição (§ 5º do art. 146 do CPC).

No prazo de 15 (quinze) dias, a contar do conhecimento do fato, a parte poderá alegar o impedimento ou a suspeição do magistrado do processo, sempre em petição específica dirigida a ele, indicando o fundamento da recusa, podendo instruí-la com documentos em que se fundar a alegação e com rol de testemunhas (art. 146, *caput* do CPC).

Uma vez recebida a petição e reconhecendo seu impedimento ou a suspeição, caberá ao o juiz ordenar, imediatamente, a remessa dos autos a seu substituto legal.

Por outro lado, não reconhecendo qualquer impedimento ou suspeição, determinará a autuação da peça em apartado e, no prazo de 15 (quinze) dias, apresentará suas razões, acompanhadas de documentos e de rol de testemunhas, se houver, ordenando a remessa do incidente ao tribunal (§ 1º do art. 146 do CPC).

Distribuído o incidente no tribunal competente, acorda o art. 146, § 2º que o relator deverá declarar os seus efeitos, sendo que, se o incidente for recebido:

> I – sem efeito suspensivo, o processo voltará a correr;
>
> II – com efeito suspensivo, o processo permanecerá suspenso até o julgamento do incidente.

Enquanto pender a respectiva declaração do efeito a que é recebido o incidente ou mesmo, quando este for recebido com efeito suspensivo, ocorrendo eventual necessidade de solicitação de tutela de urgência no processo, esta será requerida ao substituto legal, tudo em sintonia com § 3º do art. 146 do CPC.

Verificando o tribunal que a alegação de impedimento ou de suspeição é improcedente, deverá o mesmo rejeitá-la.

De outro modo, sendo a mesma acolhida, tratando-se de impedimento ou de manifesta suspeição, o tribunal condenará o juiz nas custas e remeterá os autos ao seu substituto legal, podendo o juiz recorrer da decisão.

Dito reconhecimento da existência de impedimento ou suspeição levará o tribunal a fixar o momento a partir do qual o magistrado não poderia ter atuado no processo, decretando, inclusive, a nulidade dos atos por ventura praticados quando já se fazia presente o motivo de impedimento ou de suspeição do julgador (§§ 6º e 7º do art. 146).

Por fim, ressalta-se que o afastamento por qualquer motivo (morte, aposentadoria, promoção etc.) do juiz arguido de impedimento ou suspeição não prejudica o incidente, quando há atos cuja invalidade necessita ser decretada.

Súmula:

STJ nº 86: Cabe recurso especial contra acórdão proferido no julgamento de agravo de instrumento.

Art. 147. Quando 2 (dois) ou mais juízes forem parentes, consanguíneos ou afins, em linha reta ou colateral, até o terceiro grau, inclusive, o primeiro que conhecer do processo impede que o outro nele atue, caso em que o segundo se escusará, remetendo os autos ao seu substituto legal.

Notas:

O artigo 147 cuida do parentesco entre magistrados, com vistas a proteger a imparcialidade da decisão judicial.

Art. 148. Aplicam-se os motivos de impedimento e de suspeição:

I – ao membro do Ministério Público;

II – aos auxiliares da justiça;

III – aos demais sujeitos imparciais do processo.

§ 1º A parte interessada deverá arguir o impedimento ou a suspeição, em petição fundamentada e devidamente instruída, na primeira oportunidade em que lhe couber falar nos autos.

§ 2º O juiz mandará processar o incidente em separado e sem suspensão do processo, ouvindo o arguido no prazo de 15 (quinze) dias e facultando a produção de prova, quando necessária.

§ 3º Nos tribunais, a arguição a que se refere o § 1º será disciplinada pelo regimento interno.

§ 4º O disposto nos §§ 1º e 2º não se aplica à arguição de impedimento ou de suspeição de testemunha.

Notas:

Os casos de impedimento e de suspeição se estendem aos membros do Ministério Público, auxiliares de justiça e aos demais sujeitos do processo.

CAPÍTULO III
DOS AUXILIARES DA JUSTIÇA

Art. 149. São auxiliares da Justiça, além de outros cujas atribuições sejam determinadas pelas normas de organização judiciária, o escrivão, o chefe de secretaria, o oficial de justiça, o perito, o depositário, o administrador, o intérprete, o tradutor, o mediador, o conciliador judicial, o partidor, o distribuidor, o contabilista e o regulador de avarias.

Notas:

O artigo 149 indica quem são os auxiliares da justiça. Vejamos: o escrivão, o chefe de secretaria, o oficial de justiça, o perito, o depositário, o administrador, o intérprete, o tradutor, o mediador, o conciliador judicial, o partidor, o distribuidor, o contabilista e o regulador de avarias.

Seção I
Do Escrivão, do Chefe de Secretaria e do Oficial de Justiça

Art. 150. Em cada juízo haverá um ou mais ofícios de justiça, cujas atribuições serão determinadas pelas normas de organização judiciária.

Notas:

O artigo 150 trata da criação de ofícios de justiça, cujas atribuições devem restar nas normas de organização judiciária.

Art. 151. Em cada comarca, seção ou subseção judiciária haverá, no mínimo, tantos oficiais de justiça quantos sejam os juízos.

Notas:

Procura o presente artigo atingir uma melhor organização do trabalho jurisdicional.

Art. 152. Incumbe ao escrivão ou ao chefe de secretaria:

I – redigir, na forma legal, os ofícios, os mandados, as cartas precatórias e os demais atos que pertençam ao seu ofício;

II – efetivar as ordens judiciais, realizar citações e intimações, bem como praticar todos os demais atos que lhe forem atribuídos pelas normas de organização judiciária;

III – comparecer às audiências ou, não podendo fazê-lo, designar servidor para substituí-lo;

IV – manter sob sua guarda e responsabilidade os autos, não permitindo que saiam do cartório, exceto:

a) quando tenham de seguir à conclusão do juiz;

b) com vista a procurador, à Defensoria Pública, ao Ministério Público ou à Fazenda Pública;

c) quando devam ser remetidos ao contabilista ou ao partidor;

d) quando forem remetidos a outro juízo em razão da modificação da competência;

V – fornecer certidão de qualquer ato ou termo do processo, independentemente de despacho, observadas as disposições referentes ao segredo de justiça;

VI – praticar, de ofício, os atos meramente ordinatórios.

§ 1º O juiz titular editará ato a fim de regulamentar a atribuição prevista no inciso VI.

§ 2º No impedimento do escrivão ou chefe de secretaria, o juiz convocará substituto e, não o havendo, nomeará pessoa idônea para o ato.

Notas:

O artigo 152 cuida dos atos do escrivão.

Remissão:

- Art. 93, XIV da CRFB/88:

"Art. 93. Lei complementar, de iniciativa do Supremo Tribunal Federal, disporá sobre o Estatuto da Magistratura, observados os seguintes princípios:

(...)

XIV os servidores receberão delegação para a prática de atos de administração e atos de mero expediente sem caráter decisório; (...)".

Enunciado do Fórum Permanente de Processualistas Civis:

Enunciado nº 130 do FPPC: A obtenção da certidão prevista no art. 828 independe de decisão judicial.

Art. 153. O escrivão ou o chefe de secretaria atenderá, preferencialmente, à ordem cronológica de recebimento para publicação e efetivação dos pronunciamentos judiciais. (*Alteração dada pela Lei nº 13.256, de 04.02.2016*).

§ 1º A lista de processos recebidos deverá ser disponibilizada, de forma permanente, para consulta pública.

§ 2º Estão excluídos da regra do *caput*:

I – os atos urgentes, assim reconhecidos pelo juiz no pronunciamento judicial a ser efetivado;

II – as preferências legais.

§ 3º Após elaboração de lista própria, respeitar-se-ão a ordem cronológica de recebimento entre os atos urgentes e as preferências legais.

§ 4º A parte que se considerar preterida na ordem cronológica poderá reclamar, nos próprios autos, ao juiz do processo, que requisitará informações ao servidor, a serem prestadas no prazo de 2 (dois) dias.

§ 5º Constatada a preterição, o juiz determinará o imediato cumprimento do ato e a instauração de processo administrativo disciplinar contra o servidor.

Notas:

Conforme dispõe o art. 153 em seu *caput* e § 1º, àquele servidor compete atender, preferencialmente, a ordem cronológica de recebimento da publicação e efetivação dos respectivos pronunciamentos judiciais, devendo ser a lista de processos recebidos ficar disponibilizada de forma permanente, inclusive para consulta pública.

Assim, a parte que considerar-se preterida quanto à ordem cronológica dos autos de seu processo poderá reclamar, diga-se, nos próprios autos, junto ao magistrado do processo, este que requisitará informações ao servidor responsável pela elaboração da aludida lista de ordem cronológica dos processos, que terá 2 (dois) dias para prestá-las.

Uma vez constatada a alegada preterição, será determinado pelo juiz o imediato cumprimento do ato seguido da instauração do devido processo administrativo em face do servidor (§ 5º do art. 153).

Enunciado das Jornadas de Direito Processual Civil do Conselho da Justiça Federal:

Nº 14 do CJF: A ordem cronológica do art. 153 do CPC não será renovada quando houver equívoco atribuível ao Poder Judiciário no cumprimento de despacho ou decisão.

Enunciado da Escola Nacional de Formação e Aperfeiçoamento de Magistrados:

Nº 34 do ENFAM: A violação das regras dos arts. 12 e 153 do CPC/2015 não é causa de nulidade dos atos praticados no processo decidido/cumprido fora da ordem cronológica, tampouco caracteriza, por si só, parcialidade do julgador ou do serventuário.

Art. 154. Incumbe ao oficial de justiça:

I – fazer pessoalmente citações, prisões, penhoras, arrestos e demais diligências próprias do seu ofício, sempre que possível na presença de 2 (duas) testemunhas, certificando no mandado o ocorrido, com menção ao lugar, ao dia e à hora;

II – executar as ordens do juiz a que estiver subordinado;

III – entregar o mandado em cartório após seu cumprimento;

IV – auxiliar o juiz na manutenção da ordem;

V – efetuar avaliações, quando for o caso;

VI – certificar, em mandado, proposta de auto composição apresentada por qualquer das partes, na ocasião de realização de ato de comunicação que lhe couber.

Parágrafo único. Certificada a proposta de auto composição prevista no inciso VI, o juiz ordenará a intimação da parte contrária para manifestar-se, no prazo de 5 (cinco) dias, sem prejuízo do andamento regular do processo, entendendo-se o silêncio como recusa.

Notas:

O artigo 154 cuida da atividade do oficial de justiça. Este é auxiliar do magistrado, devendo cumprir as ordens judiciais e os mandados expedidos.

Súmulas:

STF nº 400: Decisão que deu razoável interpretação à lei, ainda que não seja a melhor, não autoriza recurso extraordinário pela letra "a" do art. 101, III, da constituição federal.

Enunciado das Jornadas de Direito Processual Civil do Conselho da Justiça Federal:

Nº 217 do CJF: Cabe arresto executivo online no caso de o executado não ser encontrado, independentemente da modalidade de citação.

Art. 155. O escrivão, o chefe de secretaria e o oficial de justiça são responsáveis, civil e regressivamente, quando:

I – sem justo motivo, se recusarem a cumprir no prazo os atos impostos pela lei ou pelo juiz a que estão subordinados;

II – praticarem ato nulo com dolo ou culpa.

Notas:

O artigo 155 cuida da responsabilidade civil do escrivão e do oficial de justiça.

Seção II
Do Perito

Art. 156. O juiz será assistido por perito quando a prova do fato depender de conhecimento técnico ou científico.

§ 1º Os peritos serão nomeados entre os profissionais legalmente habilitados e os órgãos técnicos ou científicos devidamente inscritos em cadastro mantido pelo tribunal ao qual o juiz está vinculado.

§ 2º Para formação do cadastro, os tribunais devem realizar consulta pública, por meio de divulgação na rede mundial de computadores ou em jornais de grande circulação, além de consulta direta a universidades, a conselhos de classe, ao Ministério Público, à Defensoria Pública e à Ordem dos Advogados do Brasil, para a indicação de profissionais ou de órgãos técnicos interessados.

§ 3º Os tribunais realizarão avaliações e reavaliações periódicas para manutenção do cadastro, considerando a formação profissional, a atualização do conhecimento e a experiência dos peritos interessados.

§ 4º Para verificação de eventual impedimento ou motivo de suspeição, nos termos dos arts. 148 e 467, o órgão técnico ou científico nomeado para realização da perícia informará ao juiz os nomes e os dados de qualificação dos profissionais que participarão da atividade.

§ 5º Na localidade onde não houver inscrito no cadastro disponibilizado pelo tribunal, a nomeação do perito é de livre escolha pelo juiz e deverá recair sobre profissional ou órgão técnico ou científico comprovadamente detentor do conhecimento necessário à realização da perícia.

Notas:

O artigo 156 trata das funções do perito e daqueles que podem ser nomeados para exercer este *munus* público.

Súmula:

STJ nº 232: A Fazenda Pública, quando parte no processo, fica sujeita à exigência do depósito prévio dos honorários do perito.

Art. 157. O perito tem o dever de cumprir o ofício no prazo que lhe designar o juiz, empregando toda sua diligência, podendo escusar-se do encargo alegando motivo legítimo.

§ 1º A escusa será apresentada no prazo de 15 (quinze) dias, contado da intimação, da suspeição ou do impedimento supervenientes, sob pena de renúncia ao direito a alegá-la.

§ 2º Será organizada lista de peritos na vara ou na secretaria, com disponibilização dos documentos exigidos para habilitação à consulta de interessados, para que a nomeação seja distribuída de modo equitativo, observadas a capacidade técnica e a área de conhecimento.

Notas:

O dispositivo em tela cuida dos deveres do perito.

Art. 158. O perito que, por dolo ou culpa, prestar informações inverídicas responderá pelos prejuízos que causar à parte e ficará inabilitado para atuar em outras perícias no prazo de 2 (dois) a 5 (cinco) anos, independentemente das demais sanções previstas em lei, devendo o juiz comunicar o fato ao respectivo órgão de classe para adoção das medidas que entender cabíveis.

Remissões:

– Art. 342 do CP.

Notas:

Trata-se aqui da responsabilidade do perito acerca de informações inverídicas prestadas, causando, pois, danos e prejuízos as partes.

Seção III
Do Depositário e do Administrador

Art. 159. A guarda e a conservação de bens penhorados, arrestados, sequestrados ou arrecadados serão confiadas a depositário ou a administrador, não dispondo a lei de outro modo.

Remissões:

– Art. 5º, LXVII, da CF.

Notas:

O presente dispositivo regra as questões relacionadas ao depositário e ao administrador, como a guarda e a conservação de bens penhorados, arrestados, sequestrados ou arrecadados à eles confiados.

Art. 160. Por seu trabalho o depositário ou o administrador perceberá remuneração que o juiz fixará levando em conta a situação dos bens, ao tempo do serviço e às dificuldades de sua execução.

Parágrafo único. O juiz poderá nomear um ou mais prepostos por indicação do depositário ou do administrador.

Notas:

Cuida-se aqui da remuneração do depositário e administrador.

Art. 161. O depositário ou o administrador responde pelos prejuízos que, por dolo ou culpa, causar à parte, perdendo a remuneração que lhe foi arbitrada, mas tem o direito a haver o que legitimamente despendeu no exercício do encargo.

Parágrafo único. O depositário infiel responde civilmente pelos prejuízos causados, sem prejuízo de sua responsabilidade penal e da imposição de sanção por ato atentatório à dignidade da justiça.

Notas:

O artigo 161 desvela o alcance da responsabilidade do depositário e administrador.

Súmulas:

STF. Súmula Vinculante nº 25: É ilícita a prisão civil de depositário infiel, qualquer que seja a modalidade de depósito.

STJ nº 271: A correção monetária dos depósitos judiciais independe de ação específica contra o banco depositário.

STJ nº 319: O encargo de depositário de bens penhorados pode ser expressamente recusado.

STJ nº 419: Descabe a prisão civil do depositário judicial infiel.

Seção IV
Do Intérprete e do Tradutor

Art. 162. O juiz nomeará intérprete ou tradutor quando necessário para:

I – traduzir documento redigido em língua estrangeira;

II – verter para o português as declarações das partes e das testemunhas que não conhecerem o idioma nacional;

III – realizar a interpretação simultânea dos depoimentos das partes e testemunhas com deficiência auditiva que se comuniquem por meio da Língua Brasileira de Sinais, ou equivalente, quando assim for solicitado.

Notas:

O presente artigo regra a necessidade de nomeação de intérprete ou tradutor.

Art. 163. Não pode ser intérprete ou tradutor quem:

I – não tiver a livre administração de seus bens;

II – for arrolado como testemunha ou atuar como perito no processo;

III – estiver inabilitado para o exercício da profissão por sentença penal condenatória, enquanto durarem seus efeitos.

Notas:

Informa aqui aqueles que não podem ser nomeados intérprete ou tradutor.

Art. 164. O intérprete ou tradutor, oficial ou não, é obrigado a desempenhar seu ofício, aplicando-se-lhe o disposto nos arts. 157 e 158.

Notas:

Aplica-se ao intérprete e ao tradutor as mesmas normas relativas aos deveres e responsabilidade do perito.

Seção V
Dos Conciliadores e Mediadores Judiciais

Art. 165. Os tribunais criarão centros judiciários de solução consensual de conflitos, responsáveis pela realização de sessões e audiências de conciliação e mediação e pelo desenvolvimento de programas destinados a auxiliar, orientar e estimular a autocomposição.

§ 1º A composição e a organização dos centros serão definidas pelo respectivo tribunal, observadas as normas do Conselho Nacional de Justiça.

§ 2º O conciliador, que atuará preferencialmente nos casos em que não houver vínculo anterior entre as partes, poderá sugerir soluções para o litígio, sendo vedada a utilização de qualquer tipo de constrangimento ou intimidação para que as partes conciliem.

§ 3º O mediador, que atuará preferencialmente nos casos em que houver vínculo anterior entre as partes, auxiliará aos interessados a compreender as questões e os interesses em conflito, de modo que eles possam, pelo restabelecimento da comunicação, identificar, por si próprios, soluções consensuais que gerem benefícios mútuos.

Notas:

O artigo 165 trata da necessidade de criação dos centros judiciários de solução consensual de conflitos, com destaque para as figuras do mediador e do conciliador, que passam a ostentar a qualidade de auxiliares da justiça, evidenciando a intenção do legislador de promover em qualquer momento do processo a composição dos conflitos através do consenso das partes. O § 1º do artigo 165 informa que a composição e a organização dos centros serão definidas pelo respectivo tribunal, observadas as normas do Conselho Nacional de Justiça.

Aqui cabe destacar a Resolução nº 125, de 29 de novembro de 2010 que dispõe sobre a Política Judiciária Nacional de tratamento adequado dos conflitos de interesses no âmbito do Poder Judiciário e dá outras providências.[228] Os §§ 2º e 3º tratam da atuação dos conciliadores e mediadores.

---

[228] *"Seção I - DOS NÚCLEOS PERMANENTES DE MÉTODOS CONSENSUAIS DE SOLUÇÃO DE CONFLITOS*

Art. 7º Os Tribunais deverão criar, no prazo de 60 (sessenta) dias, Núcleos Permanentes de Métodos Consensuais de Solução de Conflitos, compostos por magistrados da ativa ou aposentados e servidores, preferencialmente atuantes na área, com as seguintes atribuições, entre outras: (Redação dada pela Emenda nº 1, de 31.01.13)

I - desenvolver a Política Judiciária de tratamento adequado dos conflitos de interesses, estabelecida nesta Resolução;

II - planejar, implementar, manter e aperfeiçoar as ações voltadas ao cumprimento da política e suas metas;

III - atuar na interlocução com outros Tribunais e com os órgãos integrantes da rede mencionada nos arts. 5º e 6º;

IV - instalar Centros Judiciários de Solução de Conflitos e Cidadania que concentrarão a realização das sessões de conciliação e mediação que estejam a cargo de conciliadores e mediadores, dos órgãos por eles abrangidos;

V - incentivar ou promover capacitação, treinamento e atualização permanente de magistrados, servidores, conciliadores e mediadores nos métodos consensuais de solução de conflitos;

VI - propor ao Tribunal a realização de convênios e parcerias com entes públicos e privados para atender aos fins desta Resolução.

§ 1º A criação dos Núcleos e sua composição deverão ser informadas ao Conselho Nacional de Justiça.

§ 2º Os Núcleos poderão estimular programas de mediação comunitária, desde que esses centros comunitários não se confundam com os Centros de conciliação e mediação judicial, previstos no Capítulo III, Seção II.

§ 3º Nos termos do art. 73 da Lei nº 9.099/95 e dos arts. 112 e 116 da Lei nº 8.069/90, os Núcleos poderão centralizar e estimular programas de mediação penal ou qualquer outro processo restaurativo, desde que respeitados os princípios básicos e processos restaurativos previstos na Resolução nº 2002/12 do Conselho Econômico e Social da Organização das Nações Unidas e a participação do titular da ação penal em todos os atos.

§ 4º Na hipótese de conciliadores e mediadores que atuem em seus serviços, os Tribunais deverão criar e manter cadastro, de forma a regulamentar o processo de inscrição e de desligamento desses facilitadores.

Seção II

DOS CENTROS JUDICIÁRIOS DE SOLUÇÃO DE CONFLITOS E CIDADANIA

Art. 8º Para atender aos Juízos, Juizados ou Varas com competência nas áreas cível, fazendária, previdenciária, de família ou dos Juizados Especiais Cíveis, Criminais e Fazendários, os Tribunais deverão criar os Centros Judiciários de Solução de Conflitos e Cidadania ("Centros"), unidades do Poder Judiciário, preferencialmente, responsáveis pela realização das sessões e

Remissão:

- Lei nº 13.140/2015 (Lei da Mediação).

---

audiências de conciliação e mediação que estejam a cargo de conciliadores e mediadores, bem como pelo atendimento e orientação ao cidadão. (Redação dada pela Emenda nº 1, de 31.01.13)

§ 1º As sessões de conciliação e mediação pré-processuais deverão ser realizadas nos Centros, podendo, excepcionalmente, serem realizadas nos próprios Juízos, Juizados ou Varas designadas, desde que o sejam por conciliadores e mediadores cadastrados pelo Tribunal (inciso VI do art. 7º) e supervisionados pelo Juiz Coordenador do Centro (art. 9º).

§ 2º Os Centros poderão ser instalados nos locais onde exista mais de uma unidade jurisdicional com pelo menos uma das competências referidas no caput e, obrigatoriamente, serão instalados a partir de 5 (cinco) unidades jurisdicionais.

§ 3º Nas Comarcas das Capitais dos Estados e nas sedes das Seções e Regiões Judiciárias, bem como nas Comarcas do interior, Subseções e Regiões Judiciárias de maior movimento forense, o prazo para a instalação dos Centros será de 4 (quatro) meses a contar do início de vigência desta Resolução.

§ 4º Nas demais Comarcas, Subseções e Regiões Judiciárias, o prazo para a instalação dos Centros será de 12 (doze) meses a contar do início de vigência deste ato.

§ 5º Os Tribunais poderão, excepcionalmente, estender os serviços do Centro a unidades ou órgãos situados em locais diversos, desde que próximos daqueles referidos no § 2º, e instalar Centros nos chamados Foros Regionais, nos quais funcionem 2 (dois) ou mais Juízos, Juizados ou Varas, observada a organização judiciária local.

§ 6º Os Centros poderão ser organizados por áreas temáticas, como centros de conciliação de juizados especiais, família, precatórios e empresarial, dentre outros, juntamente com serviços de cidadania.

§ 7º O coordenador do Centro Judiciário de Solução de Conflitos e Cidadania poderá solicitar feitos de outras unidades judiciais com o intuito de organizar pautas concentradas ou mutirões, podendo, para tanto, fixar prazo.

§ 8º Para efeito de estatística de produtividade, as sentenças homologatórias prolatadas em razão da solicitação estabelecida no parágrafo anterior reverterão ao juízo de origem, e as sentenças decorrentes da atuação pré-processual ao coordenador do Centro Judiciário de Solução de Conflitos e Cidadania.

Art. 9º Os Centros contarão com um juiz coordenador e, se necessário, com um adjunto, aos quais caberão a sua administração e a homologação de acordos, bem como a supervisão do serviço de conciliadores e mediadores. Os magistrados da Justiça Estadual e da Justiça Federal serão designados pelo Presidente de cada Tribunal dentre aqueles que realizaram treinamento segundo o modelo estabelecido pelo CNJ, conforme Anexo I desta Resolução. (Redação dada pela Emenda nº 1, de 31.01.13)

§ 1º Caso o Centro atenda a grande número de Juízos, Juizados ou Varas, o respectivo juiz coordenador poderá ficar designado exclusivamente para sua administração.

§ 2º Os Tribunais deverão assegurar que nos Centros atuem servidores com dedicação exclusiva, todos capacitados em métodos consensuais de solução de conflitos e, pelo menos, um deles capacitado também para a triagem e encaminhamento adequado de casos.

§ 3º O treinamento dos servidores referidos no parágrafo anterior deverá observar as diretrizes estabelecidas pelo CNJ conforme Anexo I desta Resolução.

Enunciados do Fórum Permanente de Processualistas Civis:

Nº 187 do FPPC: No emprego de esforços para a solução consensual do litígio familiar, são vedadas iniciativas que gerem constrangimento ou que sejam intimidatórias para que as partes obtenham autocomposição. (redação revista no X FPPC-Brasília)

Nº 371 do FPPC: Os métodos de solução consensual de conflitos devem ser estimulados também nas instâncias recursais.

Nº 707 do FPPC: A atuação das serventias extrajudiciais e dos comitês de resolução de disputas (*dispute boards*) também integra o sistema brasileiro de justiça multiportas.

Nº 708 do FPPC: As práticas restaurativas são aplicáveis ao processo civil.

Art. 166. A conciliação e a mediação são informadas pelos princípios da independência, da imparcialidade, da autonomia da vontade, da confidencialidade, da oralidade, da informalidade e da decisão informada.

Art. 10. Os Centros deverão obrigatoriamente abranger setor de solução pré-processual de conflitos, setor de solução processual de conflitos e setor de cidadania. (Redação dada pela Emenda nº 1, de 31.01.13)

Art. 11. Nos Centros poderão atuar membros do Ministério Público, defensores públicos, procuradores e/ou advogados.

Seção III

DOS CONCILIADORES E MEDIADORES

Art. 12. Nos Centros, bem como todos os demais órgãos judiciários nos quais se realizem sessões de conciliação e mediação, somente serão admitidos mediadores e conciliadores capacitados na forma deste ato (Anexo I), cabendo aos Tribunais, antes de sua instalação, realizar o curso de capacitação, podendo fazê-lo por meio de parcerias. (Redação dada pela Emenda nº 1, de 31.01.13)

§ 1º Os Tribunais que já realizaram a capacitação referida no caput poderão dispensar os atuais mediadores e conciliadores da exigência do certificado de conclusão do curso de capacitação, mas deverão disponibilizar cursos de treinamento e aperfeiçoamento, na forma do Anexo I, como condição prévia de atuação nos Centros.

§ 2º Todos os conciliadores, mediadores e outros especialistas em métodos consensuais de solução de conflitos deverão submeter-se a reciclagem permanente e à avaliação do usuário.

§ 3º Os cursos de capacitação, treinamento e aperfeiçoamento de mediadores e conciliadores deverão observar o conteúdo programático, com número de exercícios simulados e carga horária mínimos estabelecidos pelo CNJ (Anexo I) e deverão ser seguidos necessariamente de estágio supervisionado.

§ 4º Os mediadores, conciliadores e demais facilitadores do entendimento entre as partes ficarão sujeitos ao código de ética estabelecido pelo Conselho (Anexo II)."

§ 1º A confidencialidade estende-se a todas as informações produzidas no curso do procedimento, cujo teor não poderá ser utilizado para fim diverso daquele previsto por expressa deliberação das partes.

§ 2º Em razão do dever de sigilo, inerente às suas funções, o conciliador e o mediador, assim como os membros de suas equipes, não poderão divulgar ou depor acerca de fatos ou elementos oriundos da conciliação ou da mediação.

§ 3º Admite-se a aplicação de técnicas negociais, com o objetivo de proporcionar ambiente favorável à auto composição.

§ 4º A mediação e a conciliação serão regidas conforme a livre autonomia dos interessados, inclusive no que diz respeito à definição das regras procedimentais.

Notas:

O artigo 166 apresenta os princípios informadores da conciliação e mediação. São eles: princípios da independência, da imparcialidade, da autonomia da vontade, da confidencialidade, da oralidade, da informalidade e da decisão informada.

Enunciados do Fórum Permanente de Processualistas Civis:

Nº 187 do FPPC: No emprego de esforços para a solução consensual do litígio familiar, são vedadas iniciativas de constrangimento ou intimidação para que as partes conciliem, assim como as de aconselhamento sobre o objeto da causa.

Nº 576 do FPPC: Admite-se a solução parcial do conflito em audiência de conciliação ou mediação.

Nº 577 do FPPC: A realização de sessões adicionais de conciliação ou mediação depende da concordância de ambas as partes.

Art. 167. Os conciliadores, os mediadores e as câmaras privadas de conciliação e mediação serão inscritos em cadastro nacional e em cadastro de tribunal de justiça ou de tribunal regional federal, que manterá registro de profissionais habilitados, com indicação de sua área profissional.

§ 1º Preenchendo o requisito da capacitação mínima, por meio de curso realizado por entidade credenciada, conforme parâmetro curricular definido pelo Conselho Nacional de Justiça em conjunto com o Ministério da Justiça, o conciliador ou o mediador, com o respectivo certificado, poderá requerer sua inscrição no cadastro nacional e no cadastro de tribunal de justiça ou de tribunal regional federal.

§ 2º Efetivado o registro, que poderá ser precedido de concurso público, o tribunal remeterá ao diretor do foro da comarca, seção ou subseção judiciária onde atuará o conciliador ou o mediador os dados necessários para que seu nome passe a constar da respectiva lista, a ser observada na distribuição alternada e aleatória, respeitado o princípio da igualdade dentro da mesma área de atuação profissional.

§ 3º Do credenciamento das câmaras e do cadastro de conciliadores e mediadores constarão todos os dados relevantes para a sua atuação, tais como o número de processos de que participou, o sucesso ou insucesso da atividade, a matéria sobre a qual versou a controvérsia, bem como outros dados que o tribunal julgar relevantes.

§ 4º Os dados colhidos na forma do § 3º serão classificados sistematicamente pelo tribunal, que os publicará, ao menos anualmente, para conhecimento da população e para fins estatísticos e de avaliação da conciliação, da mediação, das câmaras privadas de conciliação e de mediação, dos conciliadores e dos mediadores.

§ 5º Os conciliadores e mediadores judiciais cadastrados na forma do *caput*, se advogados, estarão impedidos de exercer a advocacia nos juízos em que desempenhem suas funções.

§ 6º O tribunal poderá optar pela criação de quadro próprio de conciliadores e mediadores, a ser preenchido por concurso público de provas e títulos, observadas as disposições deste Capítulo.

Notas:

O artigo 167 cuida dos cadastros de conciliadores e mediadores que devem ser formados e atualizados frequentemente pelos tribunais, de forma a estabelecer as condições mínimas de viabilidade.

Vale lembrar que o Conselho Nacional de Justiça (CNJ) já colocou em funcionamento o Cadastro Nacional de Instrutores da Justiça Consensual Brasileira (Cijuc), que mantém e atualiza o processo de certificação de instrutores em mediação judicial e conciliação, que atuam em Tribunais de Justiça de todo o país. São incluídos no banco de dados aqueles servidores e voluntários aptos a formarem mediadores capacitados nos métodos consensuais de solução de conflitos nos moldes do CNJ ou que estejam em processo de formação.

Enunciado do Fórum Permanente de Processualistas Civis:

Nº 625 do FPPC: O sucesso ou insucesso da mediação ou da conciliação não deve ser apurado apenas em função da celebração de acordo.

Enunciados da Escola Nacional de Formação e Aperfeiçoamento de Magistrados:

Nº 57 do ENFAM: O cadastro dos conciliadores, mediadores e câmaras privadas deve ser realizado nos núcleos estaduais ou regionais de conciliação (Núcleos Permanentes de Métodos Consensuais de Solução de Conflitos – NUPEMEC), que atuarão como órgãos de gestão do sistema de autocomposição.

Nº 58 do ENFAM: As escolas judiciais e da magistratura têm autonomia para formação de conciliadores e mediadores, observados os requisitos mínimos estabelecidos pelo CNJ.

Nº 59 do ENFAM: O conciliador ou mediador não cadastrado no tribunal, escolhido na forma do § 1º do art. 168 do CPC/2015, deverá preencher o requisito de capacitação mínima previsto no § 1º do art. 167.

Nº 60 do ENFAM: À sociedade de advogados a que pertença o conciliador ou mediador aplicam-se os impedimentos de que tratam os arts. 167, § 5º, e 172 do CPC/2015.

Art. 168. As partes podem escolher, de comum acordo, o conciliador, o mediador ou a câmara privada de conciliação e de mediação.

§ 1º O conciliador ou mediador escolhido pelas partes poderá ou não estar cadastrado no tribunal.

§ 2º Inexistindo acordo quanto à escolha do mediador ou conciliador, haverá distribuição entre aqueles cadastrados no registro do tribunal, observada a respectiva formação.

§ 3º Sempre que recomendável, haverá a designação de mais de um mediador ou conciliador.

Notas:

É determinado aqui que as partes possuem a *liberdade de escolher*, de comum acordo, o conciliador, o mediador ou a câmara privada de conciliação e de mediação.

Enunciado da Escola Nacional de Formação e Aperfeiçoamento de Magistrados:

Nº 59 do ENFAM: O conciliador ou mediador não cadastrado no tribunal, escolhido na forma do § 1º do art. 168 do CPC/2015, deverá preencher o requisito de capacitação mínima previsto no § 1º do art. 167.

Art. 169. Ressalvada a hipótese do art. 167, § 6º, o conciliador e o mediador receberão pelo seu trabalho remuneração prevista em tabela fixada pelo tribunal, conforme parâmetros estabelecidos pelo Conselho Nacional de Justiça.

§ 1º A mediação e a conciliação podem ser realizadas como trabalho voluntário, observada a legislação pertinente e a regulamentação do tribunal.

§ 2º Os tribunais determinarão o percentual de audiências não remuneradas que deverão ser suportadas pelas câmaras privadas de conciliação e mediação, com o fim de atender aos processos em que deferida gratuidade da justiça, como contrapartida de seu credenciamento.

Notas:

O artigo 169 cuida da remuneração dos conciliadores e mediadores, bem com apresenta as hipóteses em que ela é vedada.

Art. 170. No caso de impedimento, o conciliador ou mediador o comunicará imediatamente, de preferência por meio eletrônico, e devolverá os autos ao juiz do processo ou ao coordenador do centro judiciário de solução de conflitos, devendo este realizar nova distribuição.

Parágrafo único. Se a causa de impedimento for apurada quando já iniciado o procedimento, a atividade será interrompida, lavrando-se ata com relatório do ocorrido e solicitação de distribuição para novo conciliador ou mediador.

Notas:

O impedimento do conciliador ou mediador deverá ser comunicado imediatamente e os autos devem ser devolvidos ao juiz do processo ou ao coordenador do centro judiciário de solução de conflitos, devendo este realizar nova distribuição. Se o impedimento ocorrer durante o procedimento, este será interrompido, lavrando-se ata com relatório do ocorrido e solicitação de distribuição para novo conciliador ou mediador.

Art. 171. No caso de impossibilidade temporária do exercício da função, o conciliador ou mediador informará o fato ao centro, preferencialmente por meio eletrônico, para que, durante o período em que perdurar a impossibilidade, não haja novas distribuições

Notas:

Prevê o dispositivo em tela a hipótese de impossibilidade do exercício da função de conciliador e mediador.

Art. 172. O conciliador e o mediador ficam impedidos, pelo prazo de 1 (um) ano, contado do término da última audiência em que atuaram, de assessorar, representar ou patrocinar qualquer das partes.

Notas:

O presente artigo diz acerca do prazo de impedimento aos conciliadores e mediadores de atuar, assessorar, representar ou patrocinar qualquer das partes.

Enunciado da Escola Nacional de Formação e Aperfeiçoamento de Magistrados:

Nº 60 do ENFAM: À sociedade de advogados a que pertença o conciliador ou mediador aplicam-se os impedimentos de que tratam os arts. 167, § 5º, e 172 do CPC/2015.

Art. 173. Será excluído do cadastro de conciliadores e mediadores aquele que:

I – agir com dolo ou culpa na condução da conciliação ou da mediação sob sua responsabilidade ou violar qualquer dos deveres decorrentes do art. 166, §§ 1º e 2º;

II – atuar em procedimento de mediação ou conciliação, apesar de impedido ou suspeito.

§ 1º Os casos previstos neste artigo serão apurados em processo administrativo.

§ 2º O juiz do processo ou o juiz coordenador do centro de conciliação e mediação, se houver, verificando atuação inadequada do mediador ou conciliador, poderá afastá-lo de suas atividades por até 180 (cento e oitenta) dias, por decisão fundamentada, informando o fato imediatamente ao tribunal para instauração do respectivo processo administrativo.

Notas:

Apresentam-se neste âmbito as hipóteses de exclusão do cadastro de conciliadores e mediadores.

Art. 174. A União, os Estados, o Distrito Federal e os Municípios criarão câmaras de mediação e conciliação, com atribuições relacionadas à solução consensual de conflitos no âmbito administrativo, tais como:

I – dirimir conflitos envolvendo órgãos e entidades da administração pública;

II – avaliar a admissibilidade dos pedidos de resolução de conflitos, por meio de conciliação, no âmbito da administração pública;

III – promover, quando couber, a celebração de termo de ajustamento de conduta.

Notas:

O artigo 174 prevê a possibilidade de a Administração Pública criar câmaras de mediação e conciliação, com atribuições relacionadas à solução consensual de conflitos no âmbito administrativo.

Enunciados do Fórum Permanente de Processualistas Civis:

Nº 398 do FPPC: As câmaras de mediação e conciliação têm competência para realização da conciliação e da mediação, no âmbito administrativo, de conflitos judiciais e extrajudiciais.

Nº 717 do FPPC: A indisponibilidade do direito material, por si só, não impede a celebração de autocomposição.

Art. 175. As disposições desta Seção não excluem outras formas de conciliação e mediação extrajudiciais vinculadas a órgãos institucionais ou realizadas por intermédio de profissionais independentes, que poderão ser regulamentadas por lei específica.

Parágrafo único. Os dispositivos desta Seção aplicam-se, no que couber, às câmaras privadas de conciliação e mediação.

Notas:

Ainda que pese toda esta regulação quanto o estabelecimento da conciliação e mediação judiciais, o que, diga-se de passagem, aplica-se, no que couber, às câmaras privadas de conciliação e mediação. (parágrafo único do art. 175), não ficam excluídas outras formas de conciliação e mediação extrajudiciais vinculadas a órgãos institucionais ou mesmo realizadas por intermédio de profissionais independentes, o que já se observa, p. ex. em sede da Lei nº 13.140, de 26.07.2015, esta que dispõe sobre a mediação entre particulares como meio de solução de controvérsias e sobre a autocomposição de conflitos no âmbito da administração pública, alterando a Lei nº 9.469, de 10 de julho de 1997, e o Decreto nº 70.235, de 6 de março de 1972; e revoga o § 2º do art. 6º da Lei nº 9.469, de 10 de julho de 1997.

TÍTULO V
DO MINISTÉRIO PÚBLICO

Art. 176. O Ministério Público atuará na defesa da ordem jurídica, do regime democrático e dos interesses e direitos sociais e individuais indisponíveis.

Notas:

O Ministério Público participa no âmbito do processo civil, atuando na defesa da ordem jurídica, do regime democrático e dos interesses e direitos sociais e individuais indisponíveis, conforme destaca o art. 176 do CPC.

Dita participação de dá nos seguintes termos:

I - *como parte* (art. 177 do CPC), nos casos expressamente previstos em lei, tais como na ação de nulidade de casamento (art. 1.549 do Código Civil de 2002), na ação rescisória (art. 967, III, do CPC), na ação de inventário (art. 616, VII, do CPC), na ação civil pública (art. 5º, Lei nº 7.347/85), na ação coletiva (art. 82, I, do CDC) etc.;

II – como fiscal da ordem jurídica, ou *custos legis* (art. 178 do CPC),

Neste caso, será ele sempre intimado para que possa intervir como fiscal da ordem jurídica nas hipóteses devidamente previstas em lei bem como na Carta Maior e ainda nos processos que envolvam as seguintes questões:

I – interesse público ou social;

II – interesse de incapaz;

III – litígios coletivos pela posse de terra rural ou urbana.

Na atividade de fiscal do ordenamento, terá o MP vista dos autos do processo sempre após as partes, sendo ainda intimado de todos os atos do processo. Poderá igualmente produzir provas, requerer as medidas processuais que achar pertinentes e ainda, como cediço, recorrer.

Art. 177. O Ministério Público exercerá o direito de ação em conformidade com suas atribuições constitucionais.

Remissões:

– Arts. 127 a 130-A da CF sobre Ministério Público.

– LOMP (8.625/93) – Art. 25 – Além das funções previstas nas Constituições Federal e Estadual, na Lei Orgânica e em outras leis, incumbe, ainda, ao Ministério Público: I – propor ação de inconstitucionalidade de leis ou atos normativos estaduais ou municipais, face à Constituição Estadual; II – promover a representação de inconstitucionalidade para efeito de intervenção do Estado nos Municípios; III – promover, privativamente, a ação penal pública, na forma da lei; IV – promover o inquérito civil e a ação civil pública, na forma da lei: a) para a proteção, prevenção e reparação dos danos causados ao meio ambiente, ao consumidor, aos bens e direitos de valor artístico, estético, histórico, turístico e paisagístico, e a outros interesses difusos, coletivos e individuais indisponíveis e homogêneos; b) para a anulação ou declaração de nulidade de atos lesivos ao patrimônio público ou à moralidade administrativa do Estado ou de Município, de suas administrações indiretas ou fundacionais ou de entidades privadas de que participem.

- LOMP (8.625/93) - Art. 32 - Além de outras funções cometidas nas Constituições Federal e Estadual, na Lei Orgânica e demais leis, compete aos Promotores de Justiça, dentro de suas esferas de atribuições: I - impetrar "*habeas corpus*" e mandado de segurança e requerer correição parcial, inclusive perante os Tribunais locais competentes; II - atender a qualquer do povo, tomando as providências cabíveis; III - oficiar perante a Justiça Eleitoral de primeira instância, com as atribuições do Ministério Público Eleitoral previstas na Lei Orgânica do Ministério Público da União que forem pertinentes, além de outras estabelecidas na legislação eleitoral e partidária.

Notas:

A Constituição Federal, em seu art. 127 e seguintes, criou o Ministério Público como uma instituição permanente, autônoma e independente, com competência para defender a ordem jurídica, o regime democrático e os interesses sociais e individuais indisponíveis. Apesar de atuar junto a todos os órgãos do Poder Judiciário, não possui nenhum vínculo de subordinação a ele ou aos outros poderes da República.

Na verdade, os membros do Ministério Público têm as mesmas garantias dos membros da magistratura (art. 128 da CF), quais sejam: I - vitalidade, após dois anos de exercício, não podendo perder o cargo senão por sentença judicial transitada em julgado; II - inamovibilidade, salvo por motivo de interesse público, mediante decisão do órgão colegiado competente do Ministério Público, pelo voto da maioria absoluta de seus membros, assegurada ampla defesa; III - irredutibilidade de subsídio, fixado na forma do art. 39, § 4º e ressalvado o disposto nos arts. 37, X e XI, 150, II, 153, III, 153, § 2º, I da CF/88.

A Constituição Federal, no seu art. 128, afirma que o Ministério Público abrange: I - O Ministério Público da União que compreende o Ministério Público Federal que atua junto à Justiça Federal, o Ministério Público do Trabalho, o Ministério Público Militar e o Ministério Público do Distrito Federal e Território; II - os Ministérios Públicos dos Estados.

Previsão legal do direito de ação do MP. Como já alhures referido, são numerosos os casos em que, por previsão legal, o Ministério Público exerce o direito de ação. A lista apresentada abrange uma grande quantidade de diplomas legais. No entanto, estão transcritos na íntegra somente os artigos de diplomas mais correlatos ao nosso estudo: Constituição Federal, Código Civil, lei orgânica do Ministério Público (8.625/93), leis da Ação Popular (4.717/65) e da Ação Civil Pública (7.347/85), Código de Defesa do Consumidor, lei de Registros Públicos

(6.015/73) e o próprio CPC. No caso de outras leis ordinárias, os artigos estão referenciados.

O MP como instituição. Até o advento da LACP (7.347/85), o Ministério Público concentrava funções essencialmente na área do direito criminal, atuando na área cível somente como interveniente e fiscal da lei em ações individuais. O mencionado diploma ampliou consideravelmente sua área de atuação, consagrando-o como agente protetor-fiscalizador dos interesses difusos e coletivos, antevendo o importante status que lhe conferiria a CRFB/88. Em sua estrutura organizacional compreende, além dos Ministérios Públicos estaduais, os seguintes ramos: a) O Ministério Público Federal; b) O Ministério Público do Trabalho; c) O Ministério Público Militar; d) O Ministério Público do Distrito Federal e Territórios.

MP e Ação Civil Pública. Direito-dever. É obrigatório ao MP exercer o direito de ação civil pública estando presentes os requisitos previstos na LACP (7.347/85). Trata-se de um direito-dever institucional decorrente da própria finalidade do órgão. Assim como lhe cabe promover a ação civil pública, permite-se-lhe dela desistir, havendo fundado motivo. Nesse caso, o MP dispõe do direito processual de ação no caso concreto, já que o direito material que servia de objeto da ACP é indisponível. Dessa desistência não decorrem os efeitos da coisa julgada.

Interesses e direitos difusos, coletivos e individuais homogêneos. Definição. O art. 81 do CDC traz uma definição do que sejam interesses e direitos difusos, coletivos e individuais homogêneos. Direitos e interesses difusos são aqueles indivisíveis, cujos titulares são pessoas indeterminadas, porém ligadas por circunstâncias de fato, e.g., o direito ao meio ambiente, à saúde e segurança públicas; interesses e direitos coletivos são também de natureza indivisível, porém o grupo ou classe de pessoas deles titular é determinável, e ligados entre si por uma relação jurídica base, e.g., o direito que a classe dos advogados e do próprio MP tem de verem respeitadas as regras constitucionais de ocupação das vagas nos tribunais destinadas a advogados e promotores; os direitos e interesses individuais homogêneos, embora sejam divisíveis e seus titulares determinados, atingem a muitas pessoas, e.g., um enorme grupo de consumidores que seja prejudicado pela nocividade de um produto ou serviço, razão pela qual o MP tem legitimidade de agir de modo a facilitar o acesso à justiça e favorecer a economia processual.

Legitimação do MP como autor da ação. A legitimidade ativa do MP é autônoma quando promove a ação para tutela de interesses e direitos difusos e coletivos. Quando age por direitos individuais, sejam ou não de natureza homogênea, o faz como substituto processual, com legitimação extraordinária.

Os mesmos poderes e ônus que cabem às partes. Importante disposição que, inclusive, obriga o MP a atender todos os ditames processuais e éticos que devem orientar as partes no processo civil. Tal disposição se relaciona com o princípio da isonomia (CF/88, art. 5º, *caput*) e tem imbricações com o princípio da lealdade processual. Há, no entanto, relatividade na disposição comentada, eis que o MP não pode confessar, não presta depoimento pessoal, não recolhe custas processuais e sequer é condenado em custas ou sucumbência quando é parte vencida.

Art. 178. O Ministério Público será intimado para, no prazo de 30 (trinta) dias, intervir como fiscal da ordem jurídica nas hipóteses previstas em lei ou na Constituição Federal e nos processos que envolvam:

I – interesse público ou social;

II – interesse de incapaz;

III – litígios coletivos pela posse de terra rural ou urbana.

Parágrafo único. A participação da Fazenda Pública não configura, por si só, hipótese de intervenção do Ministério Público.

Remissões:

– Art. 75 da Lei nº 10.741, de 01.10.2003 (Estatuto do Idoso).

"Art. 75. Nos processos e procedimentos em que não for parte, atuará obrigatoriamente o Ministério Público na defesa dos direitos e interesses de que cuida esta Lei, hipóteses em que terá vista dos autos depois das partes, podendo juntar documentos, requerer diligências e produção de outras provas, usando os recursos cabíveis."

– Art. 7º da Lei nº 13.146/2015 (Lei Brasileira de Inclusão da Pessoa com Deficiência/Estatuto da Pessoa com Deficiência):

"Art. 7º É dever de todos comunicar à autoridade competente qualquer forma de ameaça ou de violação aos direitos da pessoa com deficiência.

Parágrafo único. Se, no exercício de suas funções, os juízes e os tribunais tiverem conhecimento de fatos que caracterizem as violações previstas nesta Lei, devem remeter peças ao Ministério Público para as providências cabíveis".

– Art. 5º, § 1º, da Lei nº 7.347/85 (Lei da Ação Civil Pública):

"Art. 5º Têm legitimidade para propor a ação principal e a ação cautelar:

§ 1º O Ministério Público, se não intervier no processo como parte, atuará obrigatoriamente como fiscal da lei".

– Art. 12 da Lei nº 12.016/2009 (disciplina o mandado de segurança individual e coletivo e dá outras providências):

"Art. 12. Findo o prazo a que se refere o inciso I do *caput* do art. 7º desta Lei, o juiz ouvirá o representante do Ministério Público, que opinará, dentro do prazo improrrogável de 10 (dez) dias.

Parágrafo único. Com ou sem o parecer do Ministério Público, os autos serão conclusos ao juiz, para a decisão, a qual deverá ser necessariamente proferida em 30 (trinta) dias".

Recurso Extraordinário

RECURSO EXTRAORDINÁRIO EM REPERCUSSÃO GERAL. DIREITO CONSTITUCIONAL. DIREITO PROCESSUAL CIVIL. DIREITO ADMINISTRATIVO. LEGITIMIDADE COLETIVA DO MINISTÉRIO PÚBLICO PARA A TUTELA DO PATRIMÔNIO PÚBLICO. ARTIGOS 127, *CAPUT,* E 129, II, III E IX, DA CONSTITUIÇÃO. RELEVÂNCIA CONSTITUCIONAL DA ATUAÇÃO COLETIVA DO PARQUET NA DEFESA DO INTERESSE PÚBLICO. VEDAÇÃO À REPRESENTAÇÃO JUDICIAL E CONSULTORIA JURÍDICA DE ENTIDADES PÚBLICAS. INAPLICABILIDADE. EXCEPCIONALIDADE DAS RESTRIÇÕES À LEGITIMIDADE COLETIVA DO MINISTÉRIO PÚBLICO. LEGITIMIDADE TAMBÉM CONFERIDA A QUALQUER CIDADÃO (ART. 5º, LXXIII, CRFB). NECESSIDADE DE FORTALECIMENTO DO SISTEMA DE CONTROLE DA ADMINISTRAÇÃO PÚBLICA. PRECEDENTES DO PLENÁRIO. RECURSO PARCIALMENTE CONHECIDO E, NA PARTE CONHECIDA, NÃO PROVIDO. 1. O Ministério Público ostenta legitimidade para a tutela coletiva destinada à proteção do patrimônio público, mormente porque múltiplos dispositivos Constitucionais evidenciam a elevada importância que o constituinte conferiu à atuação do parquet no âmbito das ações coletivas. 2. O Ministério Público, por força do art. 127, *caput*, da Carta Magna, tem dentre suas incumbências a "defesa da ordem jurídica, do regime democrático e dos interesses sociais e individuais indisponíveis", mercê de o art. 129 da Lei Maior explicitar as funções institucionais do Ministério Público no sentido de "zelar pelo efetivo respeito dos Poderes Públicos e dos serviços de relevância pública aos direitos assegurados" na Constituição (inciso II), "promover o inquérito civil e a ação civil pública, para a proteção do patrimônio público e social, do meio ambiente e de outros interesses difusos e coletivos" (inciso III) e "exercer outras funções que lhe forem conferidas, desde que compatíveis com sua finalidade, sendo-lhe vedada a representação judicial e a consultoria jurídica de entidades públicas" (inciso IX). 3. A tutela coletiva exercida pelo Ministério Público se submete apenas a restrições excepcionais, como, *verbi gratia* a norma que veda ao Ministério Público a representação judicial e a consultoria jurídica de entidades públicas (art. 129, IX, in fine, da CRFB), sendo certo que a Carta

Magna atribui ao Parquet ampla atribuição no campo da tutela do patrimônio público, interesse de cunho inegavelmente transindividual, bem como que sua atuação na proteção do patrimônio público não afasta a atuação do próprio ente público prejudicado, conforme prevê o art. 129, § 1º, da Constituição: "A legitimação do Ministério Público para as ações civis previstas neste artigo não impede a de terceiros, nas mesmas hipóteses, segundo o disposto nesta Constituição e na lei". 4. O Parquet, ao ajuizar ação coletiva para a tutela do Erário, não age como representante da entidade pública, e sim como substituto processual de uma coletividade indeterminada, é dizer, a sociedade como um todo, titular do direito à boa administração do patrimônio público, da mesma forma que qualquer cidadão também poderia fazê-lo por meio de ação popular (art. 5º, LXXIII, da CRFB). 5. O combate em juízo à dilapidação ilegal do Erário configura atividade de defesa da ordem jurídica, dos interesses sociais e do patrimônio público, sendo todas essas funções institucionais atribuídas ao Ministério Público pelos artigos 127 e 129 da Constituição, de modo que entendimento contrário não apenas afronta a textual previsão da Carta Magna, mas também fragiliza o sistema de controle da Administração Pública, visto que deixaria a persecução de atos atentatórios à probidade e à moralidade administrativas basicamente ao talante do próprio ente público no bojo do qual a lesão ocorreu. 6. A jurisprudência do Plenário deste Supremo Tribunal Federal reconhece a legitimidade do Ministério Público para o ajuizamento de ação coletiva destinada à proteção do patrimônio público: RE 225.777, Relator(a): Min. EROS GRAU, Relator(a) p/ Acórdão: Min. DIAS TOFFOLI, Tribunal Pleno, julgado em 24/02/2011; RE 208790, Relator(a): Min. ILMAR GALVÃO, Tribunal Pleno, julgado em 27/09/2000. 7. *In casu*: a) O Ministério Público do Estado de Rondônia ajuizou ação civil pública contra o Estado de Rondônia e um policial militar, postulando a anulação do ato administrativo que transferiu o referido policial para a reserva, porquanto ele não contava com tempo de serviço suficiente para esse fim, mercê de pleitear também exclusão do pagamento de gratificações e limitação da remuneração ao teto salarial estadual. b) A alegação recursal de impossibilidade de exercício de controle de constitucionalidade incidental no bojo de ação civil pública demanda interpretação do art. 103 do Código de Defesa do Consumidor, o qual versa sobre os limites subjetivos da coisa julgada nas ações coletivas, revelando-se incabível o Recurso Extraordinário para "rever a interpretação dada a normas infraconstitucionais pela decisão recorrida", nos termos da Súmula nº 636 deste Supremo Tribunal Federal. c) Por sua vez, a causa de pedir recursal que sustenta o direito à incorporação da gratificação por cargo de gerenciamento superior aos proventos do Recorrente demanda o exame da legislação local, não havendo questão propriamente constitucional a ser apreciada, de modo que incide o óbice da Súmula nº 280 desta Corte, *verbis*: "Por ofensa a direito local não cabe recurso extraordinário." 8. Recurso Extraordinário parcialmente conhecido e, na parte conhecida, desprovido, fixando-se a seguinte tese para aplicação a casos idênticos, na forma do art. 1.040, III, do Código de Processo Civil de 2015: "O Ministério Público tem legitimidade para ajuizar Ação Civil Pública que vise anular ato administrativo de aposentadoria que importe em lesão patrimônio público". (STF, RE 409356, Relator(a): Luiz Fux, Tribunal Pleno, julgado em 25/10/2018, PROCESSO ELETRÔNICO REPERCUSSÃO GERAL - MÉRITO DJe-187 DIVULG 28-07-2020 PUBLIC 29-07-2020)

Ação Direta de Inconstitucionalidade:

ADMINISTRATIVO. LEI COMPLEMENTAR Nº 75/1993 E LEI Nº 8.625/1993. PRERROGATIVA DOS MEMBROS DO MINISTÉRIO PÚBLICO DE SE APRESENTAR NO MESMO PLANO E À DIREITA DOS MAGISTRADOS NAS AUDIÊNCIAS E SESSÕES DE JULGAMENTO. INEXISTÊNCIA DE AFRONTA AOS PRINCÍPIOS DA ISONOMIA, DO DEVIDO PROCESSO LEGAL, DA AMPLA DEFESA E DO CONTRADITÓRIO OU COMPROMETIMENTO DA PARIDADE DE ARMAS ENTRE DEFESA E ACUSAÇÃO. PERFIL INSTITUCIONAL DO MINISTÉRIO PÚBLICO NA DEFESA DA ORDEM JURÍDICA, DO REGIME DEMOCRÁTICO E DOS INTERESSES SOCIAIS E INDIVIDUAIS INDISPONÍVEIS (ART. 127 DA CONSTITUIÇÃO DA REPÚBLICA). PROTEÇÃO DO INTERESSE PÚBLICO. INCINDIBILIDADE DAS FUNÇÕES DE FISCAL DA LEI E PARTE PROCESSUAL. AÇÃO DIRETA DE INCONSTITUCIONALIDADE JULGADA IMPROCEDENTE. (STF. Tribunal Pleno. ADI 4.768, Rel. Min. Cármen Lúcia. Julg. em 23.11.2022, DJe-s/n, Publ. 28.04.2023).

STF. Tema 850 da Repercussão Geral:

Tese: O Ministério Público tem legitimidade para a propositura de ação civil pública em defesa de direitos sociais relacionados ao FGTS.

STF. Tema 561 da Repercussão Geral:

Tese: O Ministério Público tem legitimidade para ajuizar Ação Civil Pública que vise anular ato administrativo de aposentadoria que importe em lesão ao patrimônio público.

Recurso Especial Repetitivo

Tese jurídica firmada: O Ministério Público é parte legítima para pleitear tratamento médico ou entrega de medicamentos nas demandas de saúde propostas contra os entes federativos, mesmo quando se tratar de feitos contendo beneficiários individualizados, porque se refere a direitos individuais indisponíveis, na forma do art. 1º da Lei nº 8.625/1993 (Lei Orgânica Nacional do Ministério Público). (STJ, Tema Repetitivo 766 – REsp 1682836/SP e REsp 1681690/SP, Rel. Ministro Og Fernandes, Primeira Seção, julgado em 25/04/2018, DJe 30/04/2018).

Notas:

Interesse público. Considera-se de interesse público: as ações que visem evitar ou reprimir o abuso do poder econômico; ação popular ou medida cautelar preparatória ou incidental desta; ação rescisória, pois que é medida excepcional destinada a apagar do mundo jurídico a coisa julgada; ações que versem sobre o interesse do deficiente físico; casos de arguição de inconstitucionalidade de lei, no curso do processo, como fundamento basilar do pedido quando o julgamento deve ser sobrestado até o deslinde da questão constitucional em incidente específico; ações cujo pedido seja a insolvência civil; os interesses de uma coletividade numa ação reivindicatória.[229]

Intervenção obrigatória. Age o MP, obrigatoriamente, como interveniente nas hipóteses do art. 178 do CPC. Aliás, está presente o *parquet* nessas ações como fiscal da lei (*custos legis*) no interesse público.

Parte ou interessado incapaz. Em ambos os casos, sob pena de nulidade, é obrigatória a intervenção do Ministério Público do processo, mesmo na hipótese de o incapaz ter representante legal. Cessado o estado de incapacidade, igualmente cessa a obrigatória intervenção ministerial.

Litígios coletivos pela posse de terra rural ou urbana. Por ser ação coletiva é necessário a intervenção obrigatória do MP no processo civil.

Por fim, o parágrafo único do artigo 178 alerta que a participação da Fazenda Pública não configura, por si só, hipótese de intervenção do Ministério Público.

Súmulas:

STJ nº 99**:** O Ministério Público tem legitimidade para recorrer no processo em que oficiou como fiscal da lei, ainda que não haja recurso da parte.

STJ nº 189: É desnecessária a intervenção do ministério público nas execuções fiscais.

STJ nº 226: O Ministério Público tem legitimidade para recorrer na ação de acidente do trabalho, ainda que o segurado esteja assistido por advogado.

STJ nº 601: O Ministério Público tem legitimidade ativa para atuar na defesa de direitos difusos, coletivos e individuais homogêneos dos consumidores, ainda que decorrentes da prestação de serviço público.

---

[229] NERY JR., Nelson: *Código de Processo Civil Comentado e Legislação Extravagante*. São Paulo: RT, 2006, p. 273.

Ação Direta de Inconstitucionalidade:

CONSTITUCIONAL E ADMINISTRATIVO. CONSTITUCIONALIZAÇÃO DE REGRAS RÍGIDAS DE REGÊNCIA DA ADMINISTRAÇÃO PÚBLICA, PROTEÇÃO AO PATRIMONIO PÚBLICO E RESPONSABILIZAÇÃO DOS AGENTES PÚBLICOS CORRUPTOS PREVISTAS NO ARTIGO 37 DA CF. VEDAÇÃO À EXCLUSIVIDADE DO MINISTÉRIO PÚBLICO PARA PROPOSITURA DA AÇÃO POR ATO DE IMPROBIDADE ADMINISTRATIVA E DO ACORDO DE NÃO PERSECUÇÃO CIVIL (CF, ARTIGO 129, § 1º). LEGITIMIDADE CONCORRENTE E DISJUNTIVA ENTRE FAZENDA PÚBLICA E MINISTÉRIO PÚBLICO. VEDAÇÃO À OBRIGATORIEDADE DE ATUAÇÃO DA ASSESSORIA JURÍDICA NA DEFESA JUDICIAL DO ADMINISTRADOR PÚBLICO. AÇÃO PARCIALMENTE PROCEDENTE. 1. Reconhecida a legitimidade ativa da Associação Nacional dos Procuradores dos Estados e do Distrito Federal – ANAPE e da Associação Nacional dos Advogados Públicos Federais – ANAFE para o ajuizamento das presentes demandas, tendo em conta o caráter nacional e a existência de pertinência temática entre suas finalidades institucionais e o objeto de impugnação. Precedentes. 2. Vedação constitucional à previsão de legitimidade exclusiva do Ministério Público para a propositura da ação por ato de improbidade administrativa, nos termos do artigo 129, § 1º da Constituição Federal e, consequentemente, para oferecimento do acordo de não persecução civil. 3. A legitimidade da Fazenda Pública para o ajuizamento de ações por improbidade administrativa é ordinária, já que ela atua na defesa de seu próprio patrimônio público, que abarca a reserva moral e ética da Administração Pública brasileira. 4. A supressão da legitimidade ativa das pessoas jurídicas interessadas para a propositura da ação por ato de improbidade representa uma inconstitucional limitação ao amplo acesso à jurisdição (CF, art. 5º, XXXV) e a defesa do patrimônio público, com ferimento ao princípio da eficiência (CF, art. 37, *caput*) e significativo retrocesso quanto ao imperativo constitucional de combate à improbidade administrativa. 5. A legitimidade para firmar acordo de não persecução civil no contexto do combate à improbidade administrativa exsurge como decorrência lógica da própria legitimidade para a ação, razão pela qual estende-se às pessoas jurídicas interessadas. 6. A previsão de obrigatoriedade de atuação da assessoria jurídica na defesa judicial do administrador público afronta a autonomia dos Estados-Membros e desvirtua a conformação constitucional da Advocacia Pública delineada pelo art. 131 e 132 da Constituição Federal, ressalvada a possibilidade de os órgãos da Advocacia Pública autorizarem a realização dessa representação judicial, nos termos de legislação específica. 7. Ação julgada parcialmente procedente para (a) declarar a inconstitucionalidade parcial, com interpretação conforme sem redução de texto, do *caput* e dos §§ 6º-A e 10-C do art. 17, assim como do *caput* e dos

§§ 5º e 7º do art. 17-B, da Lei 8.429/1992, na redação dada pela Lei 14.230/2021, de modo a restabelecer a existência de legitimidade ativa concorrente e disjuntiva entre o Ministério Público e as pessoas jurídicas interessadas para a propositura da ação por ato de improbidade administrativa e para a celebração de acordos de não persecução civil; (b) declarar a inconstitucionalidade parcial, com interpretação conforme sem redução de texto, do § 20 do art. 17 da Lei 8.429/1992, incluído pela Lei 14.230/2021, no sentido de que não inexiste "obrigatoriedade de defesa judicial"; havendo, porém, a possibilidade de os órgãos da Advocacia Pública autorizarem a realização dessa representação judicial, por parte da assessoria jurídica que emitiu o parecer atestando a legalidade prévia dos atos administrativos praticados pelo administrador público, nos termos autorizados por lei específica; (c) declarar a inconstitucionalidade do art. 3º da Lei 14.230/2021. Em consequência, declara-se a constitucionalidade: (a) do § 14 do art. 17 da Lei 8.429/1992, incluído pela Lei 14.230/2021; e (b) do art. 4º, X, da Lei 14.230/2021. (STF. Tribunal Pleno. ADI 7.042, Rel. Min. Alexandre de Moraes. Julg. em 31.08.2022, DJe-s/n Publ. 28.02.2023).

Enunciados das Jornadas de Direito Processual Civil do Conselho da Justiça Federal:

Nº 112 do CJF: A intervenção do Ministério Público como fiscal da ordem jurídica não inviabiliza a celebração de negócios processuais.

Nº 178 do CJF: No procedimento de alteração de regime de bens, a intimação do Ministério Público prevista no art. 734, § 1º, do CPC somente se dará nos casos dos arts. 178 e 721 do CPC.

Nº 222 do CJF: Os legitimados coletivos poderão propor a liquidação e o cumprimento de sentença em favor das vítimas ou seus sucessores, nos termos do art. 98 do CDC, sempre que houver informações suficientes, podendo ser obtidas em bancos de dados do executado ou de terceiros, entre outros.

Enunciado do Fórum Permanente de Processualistas Civis:

Nº 123 do FPPC: É desnecessária a intervenção do Ministério Público, como fiscal da ordem jurídica, no incidente de desconsideração da personalidade jurídica, salvo nos casos em que deva intervir obrigatoriamente, previstos no art. 178.

Art. 179. Nos casos de intervenção como fiscal da ordem jurídica, o Ministério Público:

I – terá vista dos autos depois das partes, sendo intimado de todos os atos do processo;

II – poderá produzir provas, requerer as medidas processuais pertinentes e recorrer.

Notas:

Mesmo atuando como fiscal da lei (*custos legis*), o CPC confere ao Ministério Público alguns poderes e direitos próprios da parte, sendo eles: ter vista dos autos, ser intimado dos atos do processo, juntar documentos e certidões, produzir prova e requerer medidas ou diligências necessárias ao descobrimento da verdade.

Enunciado do Fórum Permanente de Processualistas Civis:

Nº 467 do FPPC: O Ministério Público deve ser obrigatoriamente intimado no incidente de assunção de competência

Art. 180. O Ministério Público gozará de prazo em dobro para manifestar-se nos autos, que terá início a partir de sua intimação pessoal, nos termos do art. 183, § 1º.

§ 1º Findo o prazo para manifestação do Ministério Público sem o oferecimento de parecer, o juiz requisitará os autos e dará andamento ao processo.

§ 2º Não se aplica o benefício da contagem em dobro quando a lei estabelecer, de forma expressa, prazo próprio para o Ministério Público.

Notas:

O artigo 180 prevê prazo em dobro para a manifestação do Ministério Público (como parte ou como interveniente) e as intimações dos membros do MP devem ser realizadas pessoalmente.

Enunciado do Fórum Permanente de Processualistas Civis:

Nº 399 do FPPC: Os arts. 180 e 183 somente se aplicam aos prazos que se iniciarem na vigência do CPC de 2015, aplicando-se a regulamentação anterior aos prazos iniciados sob a vigência do CPC de 1973.

Art. 181. O membro do Ministério Público será civil e regressivamente responsável quando agir com dolo ou fraude no exercício de suas funções.

Notas:

O artigo 181 trata da responsabilidade civil do membro do Ministério Público.

TÍTULO VI
DA ADVOCACIA PÚBLICA

Art. 182. Incumbe à Advocacia Pública, na forma da lei, defender e promover os interesses públicos da União, dos Estados, do Distrito Federal e dos Municípios, por meio da representação judicial, em todos os âmbitos federativos, das pessoas jurídicas de direito público que integram a administração direta e indireta.

Notas:

O artigo 182 trata da Advocacia Pública. Aos advogados públicos cabe defender e promover os interesses públicos da União, dos Estados, do Distrito Federal e dos Municípios, por meio de representação judicial, abrangendo todos os âmbitos federativos, das pessoas jurídicas de direito público que integram a administração pública direta e indireta.

Remissões:

- Arts. 131 e 132 da CRFB/88:

"Art. 131. A Advocacia-Geral da União é a instituição que, diretamente ou através de órgão vinculado, representa a União, judicial e extrajudicialmente, cabendo-lhe, nos termos da lei complementar que dispuser sobre sua organização e funcionamento, as atividades de consultoria e assessoramento jurídico do Poder Executivo.

§ 1º A Advocacia-Geral da União tem por chefe o Advogado-Geral da União, de livre nomeação pelo Presidente da República dentre cidadãos maiores de trinta e cinco anos, de notável saber jurídico e reputação ilibada.

§ 2º O ingresso nas classes iniciais das carreiras da instituição de que trata este artigo far-se-á mediante concurso público de provas e títulos.

§ 3º Na execução da dívida ativa de natureza tributária, a representação da União cabe à Procuradoria-Geral da Fazenda Nacional, observado o disposto em lei.

Art. 132. Os Procuradores dos Estados e do Distrito Federal, organizados em carreira, na qual o ingresso dependerá de concurso público de provas e títulos, com a participação da Ordem dos Advogados do Brasil em todas as suas fases, exercerão a representação judicial e a consultoria jurídica das respectivas unidades federadas.

Parágrafo único. Aos procuradores referidos neste artigo é assegurada estabilidade após três anos de efetivo exercício, mediante avaliação de desempenho perante os órgãos próprios, após relatório circunstanciado das corregedorias".

Ação Direta de Inconstitucionalidade

AÇÃO DIRETA DE INCONSTITUCIONALIDADE. CONSTITUCIONAL. ADMINISTRATIVO. INC. III DO ART. 7º DA LEI COMPLEMENTAR MINEIRA Nº 30/1993, PELO QUAL SE DISPÕE SOBRE A COMPETÊNCIA DO ADVOGADO-GERAL DO ESTADO PARA RECEBER A CITAÇÃO INICIAL OU COMUNICAÇÃO REFERENTE À AÇÃO OU PROCESSO AJUIZADO CONTRA O ESTADO OU SUJEITO À INTERVENÇÃO DA PROCURADORIA-GERAL. ALEGADA OFENSA AO INC. LXVIII DO ART. 5º, AO INC. I DO ART. 22 E AO *CAPUT* DO ART. 37 DA CONSTITUIÇÃO DA REPÚBLICA. AUTONOMIA ADMINISTRATIVA DOS ESTADOS. AUSÊNCIA DE OFENSA À RAZOÁVEL DURAÇÃO DO PROCESSO E AO PRINCÍPIO DA EFICIÊNCIA. AÇÃO DIRETA JULGADA IMPROCEDENTE. 1. Nos termos do art. 132 da Constituição da República, cada Estado detém competência para organizar sua representação judicial e extrajudicial, que deve ser realizada por procuradores de carreira, incluída, nesta competência, a formulação de leis sobre procedimentos em matéria processual, atendidas as peculiaridades locais. 2. A procuração geral para o foro dos advogados públicos decorre da lei, também sendo necessária autorização legal para a prática de atos reservados à procuração com poderes especiais. 3. É constitucional a norma impugnada pela qual indicado o destinatário da citação no órgão da Advocacia Pública estadual, pois se enquadra como modelo procedimental complementar à sistemática processual civil, decorrente da autonomia dos entes federados em estruturar-se administrativamente, nos termos do plexo de competências previstas no *caput* do art. 18, no inc. XI do art. 24 e no *caput* do art. 25 da Constituição da República. 4. A estruturação interna e a divisão de tarefas da Advocacia-Geral do Estado estabelecidas na norma impugnada observam a celeridade processual e a razoável duração do processo, na medida em que permite a melhor execução das atividades administrativas e jurídicas da instituição. 5. Ação direta de inconstitucionalidade julgada improcedente para declarar constitucional o inc. III do art. 7º da Lei Complementar nº 30/1993 de Minas Gerais. (STF, ADI 5773, Relator(a): Alexandre de Moraes, Relator(a) p/ Acórdão: CÁRMEN LÚCIA, Tribunal Pleno, julgado em 08/03/2021, PROCESSO ELETRÔNICO DJe-097 DIVULG 20-05-2021 PUBLIC 21-05-2021).

CONSTITUCIONAL E ADMINISTRATIVO. INTERDEPENDÊNCIA E COMPLEMENTARIDADE DAS NORMAS CONSTITUCIONAIS PREVISTAS NOS ARTIGOS 37, *CAPUT*, XI, E 39, §§ 4º E 8º, E DAS PREVISÕES ESTABELECIDAS NO TÍTULO IV, CAPÍTULO IV, SEÇÕES II E IV, DO TEXTO CONSTITUCIONAL. POSSIBILIDADE DO RECEBIMENTO DE VERBA DE HONORÁRIOS DE SUCUMBÊNCIA POR ADVOGADOS PÚBLICOS CUMULADA COM SUBSÍDIO. NECESSIDADE DE ABSOLUTO RESPEITO

AO TETO CONSTITUCIONAL DO FUNCIONALISMO PÚBLICO. 1. A natureza constitucional dos serviços prestados pelos advogados públicos possibilita o recebimento da verba de honorários sucumbenciais, nos termos da lei. A CORTE, recentemente, assentou que "o artigo 39, § 4º, da Constituição Federal, não constitui vedação absoluta de pagamento de outras verbas além do subsídio" (ADI 4.941, Rel. Min. TEORI ZAVASCKI, Relator p/ acórdão, Min. LUIZ FUX, DJe de 7/2/2020). 2. Nada obstante compatível com o regime de subsídio, sobretudo quando estruturado como um modelo de remuneração por performance, com vistas à eficiência do serviço público, a possibilidade de advogados públicos perceberem verbas honorárias sucumbenciais não afasta a incidência do teto remuneratório estabelecido pelo art. 37, XI, da Constituição Federal. 3. AÇÃO PARCIALMENTE PROCEDENTE. (STF, ADI 6.165, Relator(a): Alexandre de Moraes, Tribunal Pleno, julgado em 22/06/2020, PROCESSO ELETRÔNICO DJe-197 DIVULG 06-08-2020 PUBLIC 07-08-2020).

DIREITO ADMINISTRATIVO. DIREITO CONSTITUCIONAL. AÇÃO DIRETA DE INCONSTITUCIONALIDADE. RECEBIMENTO DE HONORÁRIOS SUCUMBENCIAIS POR ADVOGADOS PÚBLICOS. PARCIAL PROCEDÊNCIA. 1. Ação direta em que se discute a constitucionalidade dos arts. 43 § 1º e 91 da Lei Complementar 20/1994, com redação das Leis Complementares 65/2003 e 206/2017 que dispõem sobre o pagamento de honorários advocatícios de sucumbência a Procuradores do Estado do Maranhão. 2. Em recente decisão, proferida em caso análogo à presente ação, o Plenário do Supremo Tribunal firmou os seguintes entendimentos: i) o pagamento de honorários sucumbenciais aos advogados públicos é constitucional; ii) o recebimento da verba é compatível com o regime de subsídios, nos termos do art. 39, § 4º, da Constituição; e iii) os honorários sucumbenciais, somados às demais verbas remuneratórias, devem estar limitados ao teto constitucional disposto no art. 37, XI, da Constituição (ADIs 6.165, 6.178, 6.181, 6.197, Rel. Min. Alexandre de Moraes, e ADI 6.053, Rel. para acórdão Min. Alexandre de Moraes, julgadas na Sessão Virtual de 12.06.2020 a 19.06.2020). 3. Ação direta julgada parcialmente procedente, com a fixação da seguinte tese: "É constitucional o pagamento de honorários sucumbenciais aos advogados públicos, observando-se, porém, o limite remuneratório previsto no art. 37, XI, da Constituição". (ADI 6.166, Relator(a): Edson Fachin, Tribunal Pleno, julgado em 08/09/2020, PROCESSO ELETRÔNICO DJe-235 DIVULG 23-09-2020 PUBLIC 24-09-2020).

Art. 183. A União, os Estados, o Distrito Federal, os Municípios e suas respectivas autarquias e fundações de direito público gozarão de prazo em dobro para todas as suas manifestações processuais, cuja contagem terá início a partir da intimação pessoal.

§ 1º A intimação pessoal far-se-á por carga, remessa ou meio eletrônico.

§ 2º Não se aplica o benefício da contagem em dobro quando a lei estabelecer, de forma expressa, prazo próprio para o ente público.

Notas:

Determina-se aqui o prazo em dobro para todas as manifestações processuais quando for parte a União, os Estados, o Distrito Federal, os Municípios e suas respectivas autarquias e fundações de direito público. A intimação pessoal far-se-á por carga, remessa ou meio eletrônico.

Remissões:

- Art. 9º da Lei nº 10.259/2001(dispõe sobre a instituição dos Juizados Especiais Cíveis e Criminais no âmbito da Justiça Federal):

"Art. 9º Não haverá prazo diferenciado para a prática de qualquer ato processual pelas pessoas jurídicas de direito público, inclusive a interposição de recursos, devendo a citação para audiência de conciliação ser efetuada com antecedência mínima de trinta dias".

Enunciados do Fórum Permanente de Processualistas Civis:

Nº 399 do FPPC: Os arts. 180 e 183 somente se aplicam aos prazos que se iniciarem na vigência do CPC de 2015, aplicando-se a regulamentação anterior aos prazos iniciados sob a vigência do CPC de 1973.

Nº 400 do FPPC: O art. 183 se aplica aos processos que tramitam em autos eletrônicos.

Nº 401 do FPPC: Para fins de contagem de prazo da Fazenda Pública nos processos que tramitam em autos eletrônicos, não se considera como intimação pessoal a publicação pelo Diário da Justiça Eletrônico.

Nº 578 do FPPC: Em razão da previsão especial do § 1º do art. 183, estabelecendo a intimação pessoal da Fazenda Pública por carga, remessa ou meio eletrônico, a ela não se aplica o disposto no § 1º do art. 269.

Art. 184. O membro da Advocacia Pública será civil e regressivamente responsável quando agir com dolo ou fraude no exercício de suas funções

Notas:

O artigo 184 trata da responsabilidade civil do membro da Advocacia Pública.

TÍTULO VII
DA DEFENSORIA PÚBLICA

Art. 185. A Defensoria Pública exercerá a orientação jurídica, a promoção dos direitos humanos e a defesa dos direitos individuais e coletivos dos necessitados, em todos os graus, de forma integral e gratuita.

Remissões:

- Art. 134 da CRFB/88:

"Art. 134. A Defensoria Pública é instituição permanente, essencial à função jurisdicional do Estado, incumbindo-lhe, como expressão e instrumento do regime democrático, fundamentalmente, a orientação jurídica, a promoção dos direitos humanos e a defesa, em todos os graus, judicial e extrajudicial, dos direitos individuais e coletivos, de forma integral e gratuita, aos necessitados, na forma do inciso LXXIV do art. 5º desta Constituição Federal.

§ 1º Lei complementar organizará a Defensoria Pública da União e do Distrito Federal e dos Territórios e prescreverá normas gerais para sua organização nos Estados, em cargos de carreira, providos, na classe inicial, mediante concurso público de provas e títulos, assegurada a seus integrantes a garantia da inamovibilidade e vedado o exercício da advocacia fora das atribuições institucionais.

§ 2º Às Defensorias Públicas Estaduais são asseguradas autonomia funcional e administrativa e a iniciativa de sua proposta orçamentária dentro dos limites estabelecidos na lei de diretrizes orçamentárias e subordinação ao disposto no art. 99, § 2º.

§ 3º Aplica-se o disposto no § 2º às Defensorias Públicas da União e do Distrito Federal.

§ 4º São princípios institucionais da Defensoria Pública a unidade, a indivisibilidade e a independência funcional, aplicando-se também, no que couber, o disposto no art. 93 e no inciso II do art. 96 desta Constituição Federal".

- Assistência judiciária: Lei nº 1.060, de 05.02.1950.
- Defensoria Pública: Lei Complementar nº 80, de 12.01.1994.

Notas:

A Constituição Federal de 1988, no art. 5º, LXXIV, previu a assistência jurídica integral e gratuita como direito fundamental, sendo certo que tal norma é autoaplicável (art. 5º, § 1º). a Defensoria Pública tem a função de prestar assistência jurídica, considerando a orientação jurídica e a defesa, em todos os graus, dos direitos dos necessitados, em todos os graus de jurisdição.

Enunciado das Jornadas de Direito Processual Civil do Conselho da Justiça Federal:

Nº 222 do CJF: Os legitimados coletivos poderão propor a liquidação e o cumprimento de sentença em favor das vítimas ou seus sucessores, nos termos do art. 98 do CDC, sempre que houver informações suficientes, podendo ser obtidas em bancos de dados do executado ou de terceiros, entre outros.

Art. 186. A Defensoria Pública gozará de prazo em dobro para todas as suas manifestações processuais.

§ 1º O prazo tem início com a intimação pessoal do defensor público, nos termos do art. 183, § 1º.

§ 2º A requerimento da Defensoria Pública, o juiz determinará a intimação pessoal da parte patrocinada quando o ato processual depender de providência ou informação que somente por ela possa ser realizada ou prestada.

§ 3º O disposto no *caput* aplica-se aos escritórios de prática jurídica das faculdades de Direito reconhecidas na forma da lei e às entidades que prestam assistência jurídica gratuita em razão de convênios firmados com a Defensoria Pública.

§ 4º Não se aplica o benefício da contagem em dobro quando a lei estabelecer, de forma expressa, prazo próprio para a Defensoria Pública.

Notas:

A Defensoria Pública gozará de prazo em dobro para todas as suas manifestações processuais.

A outra prerrogativa prevista no Código de Processo Civil é a da intimação pessoal para a prática dos atos processuais. O § 1º do art. 186 expressamente esclarece que o prazo se inicia com a intimação pessoal do Defensor Público, sendo que o § 1º do mesmo dispositivo legal esclarece que a intimação pessoal ocorrerá através de carga, remessa ou meio eletrônico (art. 183, § 1º, CPC).

É admissível a extensão da prerrogativa conferida à Defensoria Pública de requerer a intimação pessoal da parte na hipótese do art. 186, § 2º, do CPC ao defensor dativo nomeado em razão de convênio entre a Ordem dos Advogados do Brasil e a Defensoria. (RMS 64.894-SP, Rel. Min. Nancy Andrighi, Terceira Turma, por unanimidade, julgado em 03/08/2021, DJe de 9/8/2021).[230]

---

230 "A interpretação literal das regras contidas do art. 186, *caput*, § 2º e § 3º, do CPC/2015, autoriza a conclusão no sentido de que apenas a prerrogativa de cômputo em dobro dos prazos prevista no *caput* seria extensível ao defensor dativo, mas não a prerrogativa de requerer a intimação pessoal da parte assistida quando o ato processual depender de providência ou informação que somente por ela possa ser realizada ou prestada.

Enunciado das Jornadas de Direito Processual Civil do Conselho da Justiça Federal:

Nº 15 do CJF: Aplicam-se às entidades referidas no § 3º do art. 186 do CPC as regras sobre intimação pessoal das partes e suas testemunhas (art. 186, § 2º; art. 455, § 4º, IV; art. 513, § 2º, II e art. 876, § 1º, II, todos do CPC).

Enunciado do Fórum Permanente de Processualistas Civis:

Nº 626 do FPPC: O requerimento previsto no § 2º do art. 186, formulado pela Defensoria Pública ou pelas entidades mencionadas no § 3º do art. 186, constitui justa causa para os fins do § 2º do art. 223, quanto ao prazo em curso.

Art. 187. O membro da Defensoria Pública será civil e regressivamente responsável quando agir com dolo ou fraude no exercício de suas funções.

Notas:

O artigo 187 trata da responsabilidade civil do membro da Defensoria Pública.

Esse conjunto de regras, todavia, deve ser interpretado de modo sistemático e à luz de sua finalidade, a fim de se averiguar se há razão jurídica plausível para que se trate a Defensoria Pública e o defensor dativo de maneira anti-isonômica nesse particular.

Dado que o defensor dativo atua em locais em que não há Defensoria Pública instalada, cumprindo o quase altruísta papel de garantir efetivo e amplo acesso à justiça àqueles mais necessitados, é correto afirmar que as mesmas dificuldades de comunicação e de obtenção de informações, dados e documentos, experimentadas pela Defensoria Pública e que justificaram a criação do art. 186, § 2º, do CPC/2015, são igualmente frequentes em relação ao defensor dativo.

É igualmente razoável concluir que a altíssima demanda recebida pela Defensoria Pública, que pressiona a instituição a tratar de muito mais causas do que efetivamente teria capacidade de receber, também se verifica quanto ao defensor dativo, especialmente porque se trata de profissional remunerado de maneira módica e que, em virtude disso, naturalmente precisa assumir uma quantidade significativa de causas para que obtenha uma remuneração digna e compatível.

A interpretação literal e restritiva da regra em exame, a fim de excluir do seu âmbito de incidência o defensor dativo, prejudicará justamente o assistido necessitado que a regra pretendeu tutelar, ceifando a possibilidade de, pessoalmente intimado, cumprir determinações e fornecer subsídios, em homenagem ao acesso à justiça, ao contraditório e à ampla defesa, razão pela qual deve ser admitida a extensão da prerrogativa conferida à Defensoria Pública no art. 186, § 2º, do CPC/2015, também ao defensor dativo nomeado em virtude de convênio celebrado entre a OAB e a Defensoria".

LIVRO IV
DOS ATOS PROCESSUAIS

TÍTULO I
DA FORMA, DO TEMPO E DO LUGAR DOS ATOS PROCESSUAIS

CAPÍTULO I
DA FORMA DOS ATOS PROCESSUAIS

Seção I
Dos Atos em Geral

Art. 188. Os atos e os termos processuais independem de forma determinada, salvo quando a lei expressamente a exigir, considerando-se válidos os que, realizados de outro modo, lhe preencham a finalidade essencial.

Remissões:

A Resolução nº 427, de 20.04.2010, do STF (regulamenta o processo eletrônico no âmbito daquele Tribunal).

Lei nº 11.419, de 19.12.2006 (dispõe sobre a informatização do processo judicial).

Notas:

O artigo 188 privilegia o conteúdo do ato processual. Os atos e os termos processuais independem de forma determinada, exceto quando a lei expressamente exigir forma específica4. De outra parte, serão considerados válidos os atos processuais que, realizados de outro modo, lhe preencham a finalidade essencial (Princípio da Instrumentalidade).

Art. 189. Os atos processuais são públicos, todavia tramitam em segredo de justiça os processos:

I – em que o exija o interesse público ou social;

II – que versem sobre casamento, separação de corpos, divórcio, separação, união estável, filiação, alimentos e guarda de crianças e adolescentes;

III – em que constem dados protegidos pelo direito constitucional à intimidade;

IV – que versem sobre arbitragem, inclusive sobre cumprimento de carta arbitral, desde que a confidencialidade estipulada na arbitragem seja comprovada perante o juízo.

§ 1º O direito de consultar os autos de processo que tramite em segredo de justiça e de pedir certidões de seus atos é restrito às partes e aos seus procuradores.

§ 2º O terceiro que demonstrar interesse jurídico pode requerer ao juiz certidão do dispositivo da sentença, bem como de inventário e de partilha resultantes de divórcio ou separação.

Remissões:

– Art. 5º, LX, da CF.

Notas:

O artigo 189 informa que os atos processuais são públicos, salvo aqueles que tramitam em segredo de justiça. Deve-se respeitar, portanto, o princípio da publicidade, consoante o artigo 93, X, da CF/88.

Enunciados do Fórum Permanente de Processualistas Civis:

Nº 13 do FPPC: O disposto no inciso IV do art. 189 abrange todo e qualquer ato judicial relacionado à arbitragem, desde que a confidencialidade seja comprovada perante o Poder Judiciário, ressalvada em qualquer caso a divulgação das decisões, preservada a identidade das partes e os fatos da causa que as identifiquem.

Nº 15 do FPPC: As arbitragens que envolvem a Administração Pública respeitarão o princípio da publicidade, observadas as exceções legais.

Art. 190. Versando o processo sobre direitos que admitam autocomposição, é lícito às partes plenamente capazes estipular mudanças no procedimento para ajustá-lo às especificidades da causa e convencionar sobre os seus ônus, poderes, faculdades e deveres processuais, antes ou durante o processo.

Parágrafo único. De ofício ou a requerimento, o juiz controlará a validade das convenções previstas neste artigo, recusando-lhes aplicação somente nos casos de nulidade ou de inserção abusiva em contrato de adesão ou em que alguma parte se encontre em manifesta situação de vulnerabilidade.

Notas:

O Código de Processo Civil de 2015 otimiza com real destaque a possibilidade superlativa do negócio jurídico processual.

Em sede de atos processuais, estabelece o art. 190 do CPC:

> Versando o processo sobre direitos que admitam autocomposição, é lícito às partes plenamente capazes estipular mudanças no procedimento para

ajustá-lo às especificidades da causa e convencionar sobre os seus ônus, poderes, faculdades e deveres processuais, antes ou durante o processo.[231]

Nota-se daí, a real possibilidade de as partes plenamente capazes estabelecerem negócios jurídicos processuais, acertarem mudanças no procedimento, adaptando-o às suas específicas necessidades e, consequentemente, permitindo a melhor resolução do caso concreto marcado pelo ajuste de vontades.

É típico do sistema de regras rigidamente pré-estabelecidas por lei que, uma vez decorrendo eventual violação normativa, opera-se a respectiva invalidade do próprio ato, de todo o procedimento ou mesmo do processo. Tal sistema ainda é prevalecente entre nós, dada inclusive a necessária previsibilidade dos atos e momentos processuais e ainda, como meio hábil de controle junto às atividades estatais, evitando um possível e deliberado arbítrio do órgão julgador em sua atuação, portanto, escopos da segurança jurídica que devem encarnar o Processo como instrumento ético, justo e democrático.

Lado outro, se faz notar que a possibilidade da adequação do procedimento às necessidades das partes, objetivando a operação do procedimento de forma mais efetiva possível ao caso concreto e às necessidades ínsitas àquele momento pré ou endo processual, em nítida vontade regida pelos partícipes da contenda, logicamente, respeitando em sentido pleno, o consagrado devido processo legal, é fator importante para o enfrentamento de uma incomparável diversidade fática de conflitos e interesses no mundo hodierno, e mais especificamente no Brasil, país de dimensões continentais e com culturas reconhecidamente díspares em vários de seus territórios.

A flexibilização do procedimento por vontade das partes pode, por exemplo, ser fator importante para assegurar isonomia na prática de atos processuais quando uma das partes possuir verdadeiro obstáculo geográfico para o cumprimento de determinada obrigação processual, o que em sentido lato, contribui para o aperfeiçoamento da prática cooperativa visando o estabelecimento do justo processual.

Nota-se que o dispositivo supracitado (art. 190), admite a celebração de negócios processuais sujeitos à autocomposição, entendido aí como direitos transacionáveis, facultando ainda às partes a convenção de seus ônus, poderes,

231 Neste ínterim, vale aqui destacar importante enunciado de nº 403 do FPPC: "A validade do negócio jurídico processual, requer agente capaz, objeto lícito, possível, determinado ou determinável e forma prescrita ou não defesa em lei."

faculdades e deveres processuais, tanto em fase que antecede a judicialização da demanda quanto no próprio decorrer do processo judicial.[232]

Neste âmbito, é bem possível depreender questões afeitas ao comando facultativo das partes em sede de negócios jurídicos processuais, tais como, dentre outros, acordo de ampliação de prazos de qualquer natureza, pacto de impenhorabilidade, convenção sobre a distribuição diversa do ônus da prova, acordo de rateio de despesas processuais, dispensa consensual de assistente técnico, acordo para não promover execução provisória, acordo para realização de sustentação oral, acordo para ampliação do tempo de sustentação oral, julgamento antecipado da lide convencional, convenção sobre prova, redução de prazos processuais, tudo em sintonia como entendimentos já acostados em enunciados do Fórum Permanente de Processualistas Civis.[233]

Por outro lado, é fato que questões de ordem pública devem ser entendidas como não integrantes do rol negocial ou de liberalidade das próprias partes, tais como, a titulo exemplificativo, a modificação de competência absoluta, acordo para a supressão de qualquer instância ou mesmo acordo para a não presença do Ministério Público em determinada demanda, de cuja presença se faz reconhecidamente necessária.

É também possível às partes, em comum acordo com o juiz, fixarem calendário para a prática dos atos processuais, quando assim se fizer necessário, sendo que uma vez estabelecido dito calendário, o mesmo vinculará a partes e o juiz, sendo que os prazos nele previstos somente serão modificados em casos excepcionais, devidamente justificados (§ 1º do art. 190).

Uma vez estabelecido o calendário com acertamento das datas para a prática de determinado ato processual ou mesmo a realização de audiências, dispensar-se-á a intimação de qualquer das partes para o seu devido cumprimento (§ 2º do art. 189).

Por fim, e de não menos necessária regulação, atenta o parágrafo único do art. 190 que caberá ao juiz, de ofício ou a requerimento, a responsabilidade pelo controle do cumprimento das convenções estabelecidas pelas partes, todavia,

---

232 Para Garcia Redondo, o art. 190 constitui verdadeira *cláusula geral de atipicidade de negociação processual*, "ao permitir que as partes convencionem sobre '(...) mudanças no procedimento (...) e sobre os seus ônus, poderes, faculdades deveres processuais (...)', sem, contudo, esmiuçar *quais* situações processuais específicas que podem ser negociadas, em *qual sentido* cabe a convenção (seus *limites*), quais os *efeitos* permitidos ou vedados, quais os *pressupostos/requisitos* específicos, etc." (Grifos do autor). REDONDO, Bruno Garcia. *Negócios Jurídicos Processuais Atípicos.* Salvador: JusPodivm, 2020, p. 139.

233 Cf. DIDIER JR. Fredie; BUENO, Cássio Sarpinella; CRAMER, Ronaldo. III Encontro do Fórum Permanente de Processualistas Civis. *In*: *Revista de Processo*, Vol. 233. São Paulo RT, 2014, p. 298-299.

"recusando-lhes aplicação somente nos casos de nulidade ou de inserção abusiva em contrato de adesão ou em que alguma parte se encontre em manifesta situação de vulnerabilidade."

Remissão:

- Art. 189, § 2º da Lei nº 11.101/2005, com a redação dada pela Lei nº 14.112/2020:

"Art. 189 (...)

§ 2º Para os fins do disposto no art. 190 da Lei nº 13.105, de 16 de março de 2015 (Código de Processo Civil), a manifestação de vontade do devedor será expressa e a dos credores será obtida por maioria, na forma prevista no art. 42 desta Lei. (Incluído pela Lei nº 14.112, de 2020)".

Enunciados das Jornadas de Direito Processual Civil do Conselho da Justiça Federal:

Nº 16 do CJF: As disposições previstas nos arts. 190 e 191 do CPC poderão aplicar-se aos procedimentos previstos nas leis que tratam dos juizados especiais, desde que não ofendam os princípios e regras previstos nas Leis nº 9.099/1995, 10.259/2001 e 12.153/2009.

Nº 17 do CJF: A Fazenda Pública pode celebrar convenção processual, nos termos do art. 190 do CPC.

Nº 18 do CJF: A convenção processual pode ser celebrada em pacto antenupcial ou em contrato de convivência, nos termos do art. 190 do CPC.

Nº 112 do CJF: A intervenção do Ministério Público como fiscal da ordem jurídica não inviabiliza a celebração de negócios processuais.

Nº 113 do CJF: As disposições previstas nos arts. 190 e 191 do CPC poderão ser aplicadas ao procedimento de recuperação judicial.

Nº 114 do CJF: Os entes despersonalizados podem celebrar negócios jurídicos processuais.

Nº 115 do CJF: O negócio jurídico processual somente se submeterá à homologação quando expressamente exigido em norma jurídica, admitindo-se, em todo caso, o controle de validade da convenção.

Nº 128 do CJF: Exceto quando reconhecida sua nulidade, a convenção das partes sobre o ônus da prova afasta a redistribuição por parte do juiz.

Nº 152 do CJF: O pacto de impenhorabilidade (arts. 190, 200 e 833, I) produz efeitos entre as partes, não alcançando terceiros.

Nº 153 do CJF: A penhorabilidade dos bens, observados os critérios do art. 190 do CPC, pode ser objeto de convenção processual das partes.

Enunciados do Fórum Permanente de Processualistas Civis:

Nº 6 do FPPC: O negócio jurídico processual não pode afastar os deveres inerentes à boa-fé e à cooperação.

Nº 16 do FPPC: O controle dos requisitos objetivos e subjetivos de validade da convenção de procedimento deve ser conjugado com a regra segundo a qual não há invalidade do ato sem prejuízo.

Nº 17 do FPPC: As partes podem, no negócio processual, estabelecer outros deveres e sanções para o caso do descumprimento da convenção.

Nº 18 do FPPC: Há indício de vulnerabilidade quando a parte celebra acordo de procedimento sem assistência técnico-jurídica.

Nº 19 do FPPC: São admissíveis os seguintes negócios processuais, dentre outros: pacto de impenhorabilidade, acordo de ampliação de prazos das partes de qualquer natureza, acordo de rateio de despesas processuais, dispensa consensual de assistente técnico, acordo para retirar o efeito suspensivo de recurso14, acordo para não promover execução provisória; pacto de mediação ou conciliação extrajudicial prévia obrigatória, inclusive com a correlata previsão de exclusão da audiência de conciliação ou de mediação prevista no art. 334; pacto de exclusão contratual da audiência de conciliação ou de mediação prevista no art. 334; pacto de disponibilização prévia de documentação (pacto de *disclosure*), inclusive com estipulação de sanção negocial, sem prejuízo de medidas coercitivas, mandamentais, sub-rogatórias ou indutivas; previsão de meios alternativos de comunicação das partes entre si.

Nº 20 do FPPC: Não são admissíveis os seguintes negócios bilaterais, dentre outros: acordo para modificação da competência absoluta, acordo para supressão da primeira instância.

Nº 21 do FPPC: São admissíveis os seguintes negócios, dentre outros: acordo para realização de sustentação oral, acordo para ampliação do tempo de sustentação oral, julgamento antecipado do mérito convencional, convenção sobre prova, redução de prazos processuais.

Nº 115 do FPPC: O negócio jurídico celebrado nos termos do art. 190 obriga herdeiros e sucessores.

Nº 131 do FPPC: Aplica-se ao processo do trabalho o disposto no art. 190 no que se refere à flexibilidade do procedimento por proposta das partes, inclusive quanto aos prazos.

Nº 132 do FPPC: Além dos defeitos processuais, os vícios da vontade e os vícios sociais podem dar ensejo à invalidação dos negócios jurídicos atípicos do art. 190.

Nº 133 do FPPC: Salvo nos casos expressamente previstos em lei, os negócios processuais do art. 190 não dependem de homologação judicial.

Nº 134 do FPPC: Negócio jurídico processual pode ser invalidado parcialmente.

Nº 135 do FPPC: A indisponibilidade do direito material não impede, por si só, a celebração de negócio jurídico processual.

Nº 252 do FPPC: O descumprimento de uma convenção processual válida é matéria cujo conhecimento depende de requerimento.

Nº 253 do FPPC: O Ministério Público pode celebrar negócio processual quando atua como parte.

Nº 254 do FPPC: É inválida a convenção para excluir a intervenção do Ministério Público como fiscal da ordem jurídica.

Nº 255 do FPPC: É admissível a celebração de convenção processual coletiva.

Nº 256 do FPPC: A Fazenda Pública pode celebrar negócio jurídico processual.

Nº 257 do FPPC: O art. 190 autoriza que as partes tanto estipulem mudanças do procedimento quanto convencionem sobre os seus ônus, poderes, faculdades e deveres processuais.

Nº 258 do FPPC: As partes podem convencionar sobre seus ônus, poderes, faculdades e deveres processuais, ainda que essa convenção não importe ajustes às especificidades da causa.

Nº 259 do FPPC: A decisão referida no parágrafo único do art. 190 depende de contraditório prévio.

Nº 260 do FPPC: A homologação, pelo juiz, da convenção processual, quando prevista em lei, corresponde a uma condição de eficácia do negócio.

Nº 261 do FPPC: O art. 200 aplica-se tanto aos negócios unilaterais quanto aos bilaterais, incluindo as convenções processuais do art. 190.

Nº 262 do FPPC: É admissível negócio processual para dispensar caução no cumprimento provisório de sentença.

Nº 392 do FPPC: As partes não podem estabelecer, em convenção processual, a vedação da participação do *amicus curiae*.

Nº 402 do FPPC: A eficácia dos negócios processuais para quem deles não fez parte depende de sua anuência, quando lhe puder causar prejuízo.

Nº403 do FPPC: A validade do negócio jurídico processual, requer agente capaz, objeto lícito, possível, determinado ou determinável e forma prescrita ou não defesa em lei.

Nº 404 do FPPC: Nos negócios processuais, atender-se-á mais à intenção consubstanciada na manifestação de vontade do que ao sentido literal da linguagem.

Nº 405 do FPPC: Os negócios jurídicos processuais devem ser interpretados conforme a boa-fé e os usos do lugar de sua celebração.

Nº 406 do FPPC: Os negócios jurídicos processuais benéficos e a renúncia a direitos processuais interpretam-se estritamente.

Nº 407 do FPPC: Nos negócios processuais, as partes e o juiz são obrigados a guardar nas tratativas, na conclusão e na execução do negócio o princípio da boa-fé.

Nº 408 do FPPC: Quando houver no contrato de adesão negócio jurídico processual com previsões ambíguas ou contraditórias, dever-se-á adotar a interpretação mais favorável ao aderente.

Nº 409 do FPPC: A convenção processual é autônoma em relação ao negócio em que estiver inserta, de tal sorte que a invalidade deste não implica necessariamente a invalidade da convenção processual.

Nº 410 do FPPC: Aplica-se o Art. 142 do CPC ao controle de validade dos negócios jurídicos processuais.

Nº 411 do FPPC: O negócio processual pode ser distratado

Nº 412 do FPPC: A aplicação de negócio processual em determinado processo judicial não impede, necessariamente, que da decisão do caso possa vir a ser formado precedente.

Nº 413 do FPPC: O negócio jurídico processual pode ser celebrado no sistema dos juizados especiais, desde que observado o conjunto dos princípios que o orienta, ficando sujeito a controle judicial na forma do parágrafo único do art. 190 do CPC.

Nº 490 do FPPC: São admissíveis os seguintes negócios processuais, entre outros: pacto de inexecução parcial ou total de multa coercitiva; pacto de alteração de ordem de penhora; pré-indicação de bem penhorável preferencial (art. 848, II); prefixação de indenização por dano processual prevista nos arts. 81, § 3º, 520, inc. I, 297, parágrafo único (cláusula penal processual); negócio de anuência prévia para aditamento ou alteração do pedido ou da causa de pedir até o saneamento (art. 329, inc. II).

Nº 491 do FPPC: É possível negócio jurídico processual que estipule mudanças no procedimento das intervenções de terceiros, observada a necessidade de anuência do terceiro quando lhe puder causar prejuízo.

Nº 492 do FPPC: O pacto antenupcial e o contrato de convivência podem conter negócios processuais.

Nº 493 do FPPC: O negócio processual celebrado ao tempo do CPC-1973 é aplicável após o início da vigência do CPC-2015.

Nº 494 do FPPC: A admissibilidade de auto composição não é requisito para o calendário processual.

Nº 569 do FPPC: O art. 1.047 não impede convenções processuais em matéria probatória, ainda que relativas a provas requeridas ou determinadas sob vigência do CPC-1973.

Nº 579 do FPPC: Admite-se o negócio processual que estabeleça a contagem dos prazos processuais dos negociantes em dias corridos.

Nº 580 do FPPC: É admissível o negócio processual estabelecendo que a alegação de existência de convenção de arbitragem será feita por simples petição, com a interrupção ou suspensão do prazo para contestação.

Nº 628 do FPPC: As partes podem celebrar negócios jurídicos processuais na audiência de conciliação ou mediação.

Enunciados da Escola Nacional de Formação e Aperfeiçoamento de Magistrados:

Nº 36 do ENFAM: A regra do art. 190 do CPC/2015 não autoriza às partes a celebração de negócios jurídicos processuais atípicos que afetem poderes e deveres do juiz, tais como os que: a) limitem seus poderes de instrução ou de sanção à litigância ímproba; b) subtraiam do Estado/juiz o controle da legitimidade das partes ou do ingresso de *amicus curiae*; c) introduzam novas hipóteses de recorribilidade, de rescisória ou de sustentação oral não previstas em lei; d) estipulem o julgamento do conflito com base em lei diversa da nacional vigente; e e) estabeleçam prioridade de julgamento não prevista em lei.

Nº 37 do ENFAM: São nulas, por ilicitude do objeto, as convenções processuais que violem as garantias constitucionais do processo, tais como as que: a) autorizem o uso de prova ilícita; b) limitem a publicidade do processo para além das hipóteses expressamente previstas em lei; c) modifiquem o regime de competência absoluta; e d) dispensem o dever de motivação.

Nº 38 do ENFAM: Somente partes absolutamente capazes podem celebrar convenção pré-processual atípica (arts. 190 e 191 do CPC/2015).

Nº 39 do ENFAM: Não é válida convenção pré-processual oral (art. 4º, § 1º, da Lei nº 9.307/1996 e 63, § 1º, do CPC/2015).

Art. 191. De comum acordo, o juiz e as partes podem fixar calendário para a prática dos atos processuais, quando for o caso.

§ 1º O calendário vincula as partes e o juiz, e os prazos nele previstos somente serão modificados em casos excepcionais, devidamente justificados.

§ 2º Dispensa-se a intimação das partes para a prática de ato processual ou a realização de audiência cujas datas tiverem sido designadas no calendário.

Notas:

As partes juntamente com o magistrado podem fixar um calendário processual para a prática dos atos. Neste caso, todos estarão vinculados aos prazos avençados, salvo alterações excepcionais justificáveis. Outrossim, não haverá intimação das partes, *in casu*, em virtude da celeridade processual.

Enunciados das Jornadas de Direito Processual Civil do Conselho da Justiça Federal:

Nº 16 do CJF: Não é possível majorar os honorários na hipótese de interposição de recurso no mesmo grau de jurisdição (art. 85, § 11, do CPC/2015).

Nº 113 do CJF: As disposições previstas nos arts. 190 e 191 do CPC poderão ser aplicadas ao procedimento de recuperação judicial.

Enunciados do Fórum Permanente de Processualistas Civis:

Nº19: São admissíveis os seguintes negócios processuais, dentre outros: pacto de impenhorabilidade, acordo de ampliação de prazos das partes de qualquer natureza, acordo de rateio de despesas processuais, dispensa consensual de assistente técnico, acordo para retirar o efeito suspensivo de recurso14, acordo para não promover execução provisória; pacto de mediação ou conciliação extrajudicial prévia obrigatória, inclusive com a correlata previsão de exclusão da audiência de conciliação ou de mediação prevista no art. 334; pacto de exclusão contratual da audiência de conciliação ou de mediação prevista no art. 334; pacto de disponibilização prévia de documentação (pacto de *disclosure*), inclusive com estipulação de sanção negocial, sem prejuízo de medidas coercitivas, mandamentais, sub-rogatórias ou indutivas; previsão de meios alternativos de comunicação das partes entre si.

Nº 21: São admissíveis os seguintes negócios, dentre outros: acordo para realização de sustentação oral, acordo para ampliação do tempo de sustentação oral, julgamento antecipado do mérito convencional, convenção sobre prova, redução de prazos processuais.

Nº 131: Aplica-se ao processo do trabalho o disposto no art. 190 no que se refere à flexibilidade do procedimento por proposta das partes, inclusive quanto aos prazos.

Nº 299: O juiz pode designar audiência também (ou só) com objetivo de ajustar com as partes a fixação de calendário para fase de instrução e decisão.

Nº 413 do FPPC: O negócio jurídico processual pode ser celebrado no sistema dos juizados especiais, desde que observado o conjunto dos princípios que o orienta, ficando sujeito a controle judicial na forma do parágrafo único do art. 190 do CPC.

Nº 414 do FPPC: O disposto no § 1º do artigo 191 refere-se ao juízo.

Nº 628 do FPPC: As partes podem celebrar negócios jurídicos processuais na audiência de conciliação ou mediação.

Enunciado da Escola Nacional de Formação e Aperfeiçoamento de Magistrados:

Nº 38 do ENFAM: Somente partes absolutamente capazes podem celebrar convenção pré-processual atípica (arts. 190 e 191 do CPC/2015).

Art. 192. Em todos os atos e termos do processo é obrigatório o uso da língua portuguesa.

Parágrafo único. O documento redigido em língua estrangeira somente poderá ser juntado aos autos quando acompanhado de versão para a língua portuguesa tramitada por via diplomática ou pela autoridade central, ou firmada por tradutor juramentado.

Remissões:

- Art. 13 da CF.

Notas:

É necessária a utilização da língua portuguesa em todos os atos e termos do processo. É, pois, a expressão da soberania do Estado e respeito a nacionalidade do cidadão.

Seção II
Da Prática Eletrônica de Atos Processuais

Art. 193. Os atos processuais podem ser total ou parcialmente digitais, de forma a permitir que sejam produzidos, comunicados, armazenados e validados por meio eletrônico, na forma da lei.

Parágrafo único. O disposto nesta Seção aplica-se, no que for cabível, à prática de atos notariais e de registro.

Remissões:

- Lei nº 11.419, de 19.12.2006 (dispõe sobre a informatização do processo judicial).

– Resolução nº 427, de 20.04.2010, do STF (regulamenta o processo eletrônico no âmbito daquele Tribunal).

Notas:

Processo Eletrônico. Os atos processuais podem ser total ou parcialmente digitais.

Art. 194. Os sistemas de automação processual respeitarão a publicidade dos atos, o acesso e a participação das partes e de seus procuradores, inclusive nas audiências e sessões de julgamento, observadas as garantias da disponibilidade, independência da plataforma computacional, acessibilidade e interoperabilidade dos sistemas, serviços, dados e informações que o Poder Judiciário administre no exercício de suas funções.

Notas:

Processo Eletrônico. Princípios. O artigo em comento apresenta os princípios que devem reger a automação processual, especialmente, em relação a publicidade dos atos.

Importante ainda no contexto do art. 194 é a garantia de disponibilidade, i.e., não interrupção do acesso. Verdade é que, como cediço, não se pode garantir o pleno acesso ininterrupto do sistema eletrônico de dados e prova disso é o que assegura o próprio art. 197 em seu parágrafo único: "*Nos casos de problema técnico do sistema e de erro ou omissão do auxiliar da justiça responsável pelo registro dos andamentos, poderá ser configurada a justa causa prevista no art. 223, caput e § 1º.*"

A independência da plataforma computacional é outra garantia prometida pelo art. 194, onde se quer compreender que os sistemas não devem ser projetados para funcionarem atrelados a determinado sistema operacional, *software*, equipamentos, estrutura de dados e mesmo não serem dependentes de eventuais tecnologias específicas, de modo a limitar ou obstruir o devido acesso à prática dos atos.

Ainda como garantia inclusa no art. 194 está a interoperabilidade, esta relacionando-se com a comunicação entre sistemas de tribunais, possibilitando ao advogado, por exemplo, a desnecessidade de possuir um infindável número de códigos para operar junto ao Poder Judiciário.

Com relação ao registro de um ato processual eletrônico, este deverá ser realizado em padrões tidos como "abertos", estes que são padrões disponíveis para livre acesso e implementação, que independem de *royalties* e outras taxas, não possuindo ainda qualquer discriminação de uso.

Enunciados do Fórum Permanente de Processualistas Civis:

Nº 263 do FPPC: A mera juntada de decisão aos autos eletrônicos não necessariamente lhe confere publicidade em relação a terceiros.

Nº 264 do FPPC: Salvo hipóteses de segredo de justiça, nos processos em que se realizam intimações exclusivamente por portal eletrônico, deve ser garantida ampla publicidade aos autos eletrônicos, assegurado o acesso a qualquer um.

Nº 265 do FPPC: É possível haver documentos transitoriamente confidenciais no processo eletrônico.

Art. 195. O registro de ato processual eletrônico deverá ser feito em padrões abertos, que atenderão aos requisitos de autenticidade, integridade, temporalidade, não repúdio, conservação e, nos casos que tramitem em segredo de justiça, confidencialidade, observada a infraestrutura de chaves públicas unificada nacionalmente, nos termos da lei.

Notas:

Processo Eletrônico. Requisitos. O artigo indica os requisitos que deve conter o ato processual eletrônico sujeitos ou não ao segredo de justiça.

Art. 196. Compete ao Conselho Nacional de Justiça e, supletivamente, aos tribunais, regulamentar a prática e a comunicação oficial de atos processuais por meio eletrônico e velar pela compatibilidade dos sistemas, disciplinando a incorporação progressiva de novos avanços tecnológicos e editando, para esse fim, os atos que forem necessários, respeitadas as normas fundamentais deste Código.

Notas:

Unificação do Processo Eletrônico. Competência do CNJ. Compete ao Conselho Nacional de Justiça e, supletivamente, aos tribunais, regulamentar a prática e a comunicação oficial de atos processuais por meio eletrônico e velar pela compatibilidade dos sistemas. Aqui, cabe lembrar a Resolução nº 185, de 18/12/2013, do CNJ que institui o Sistema Processo Judicial Eletrônico – PJe como sistema de processamento de informações e prática de atos processuais e estabelece os parâmetros para sua implementação e funcionamento.

Ao editar a Resolução 185, o CNJ levou em conta a "necessidade de racionalização" do uso dos recursos orçamentários pelo Judiciário, além dos ganhos que o sistema trará e da celeridade e qualidade que a medida gerará para a prestação jurisdicional.

Art. 197. Os tribunais divulgarão as informações constantes de seu sistema de automação em página própria na rede mundial de computadores, gozando a divulgação de presunção de veracidade e confiabilidade.

Parágrafo único. Nos casos de problema técnico do sistema e de erro ou omissão do auxiliar da justiça responsável pelo registro dos andamentos, poderá ser configurada a justa causa prevista no art. 223, *caput* e § 1º.

Notas:

Divulgação das informações na internet. Os tribunais divulgarão as informações constantes de seu sistema de automação em página própria na rede mundial de computadores, gozando a divulgação de presunção de veracidade e confiabilidade.

Enunciado do Fórum Permanente de Processualistas Civis:

Nº 724 do FPPC: Os documentos extraídos dos sítios dos tribunais gozam de presunção de veracidade e confiabilidade, sendo idôneos para comprovar o feriado local para os fins do § 6º do art. 1.003.

Art. 198. As unidades do Poder Judiciário deverão manter gratuitamente, à disposição dos interessados, equipamentos necessários à prática de atos processuais e à consulta e ao acesso ao sistema e aos documentos dele constantes.

Parágrafo único. Será admitida a prática de atos por meio não eletrônico no local onde não estiverem disponibilizados os equipamentos previstos no *caput*.

Notas:

Quanto à acessibilidade como garantia, certamente, trata-se de conteúdo da maior relevância e relacionado com as variadas questões dispostas nos diversos artigos acostados nesta seção.

Art. 199. As unidades do Poder Judiciário assegurarão às pessoas com deficiência acessibilidade aos seus sítios na rede mundial de computadores, ao meio eletrônico de prática de atos judiciais, à comunicação eletrônica dos atos processuais e à assinatura eletrônica.

Remissão:

– Lei nº 13.146, de 06.07. 2015 (Institui a Lei Brasileira de Inclusão da Pessoa com Deficiência (Estatuto da Pessoa com Deficiência).

Notas:

Acessibilidade plena às pessoas com deficiências.

Seção III
Dos Atos das Partes

Art. 200. Os atos das partes consistentes em declarações unilaterais ou bilaterais de vontade produzem imediatamente a constituição, modificação ou extinção de direitos processuais.

Parágrafo único. A desistência da ação só produzirá efeitos após homologação judicial.

Notas:

O artigo 200 cuida dos efeitos dos atos das partes no processo.

Enunciados do Fórum Permanente de Processualistas Civis:

Nº 133 do FPPC: Salvo nos casos expressamente previstos em lei, os negócios processuais do art. 190 não dependem de homologação judicial.

Nº 260 do FPPC: A homologação, pelo juiz, da convenção processual, quando prevista em lei, corresponde a uma condição de eficácia do negócio.

Nº 261 do FPPC: O art. 200 aplica-se tanto aos negócios unilaterais quanto aos bilaterais, incluindo as convenções processuais do art. 190.

Nº 495 do FPPC: O distrato do negócio processual homologado por exigência legal depende de homologação.

Enunciado das Jornadas de Direito Processual Civil do Conselho da Justiça Federal:

Nº 152 do CJF: O pacto de impenhorabilidade (arts. 190, 200 e 833, I) produz efeitos entre as partes, não alcançando terceiros.

Art. 201. As partes poderão exigir recibo de petições, arrazoados, papéis e documentos que entregarem em cartório.

Notas:

Recibo dos documentos entregues em cartório.

Art. 202. É vedado lançar nos autos cotas marginais ou interlineares, as quais o juiz mandará riscar, impondo a quem as escrever multa correspondente à metade do salário-mínimo.

Notas:

Vedação do lançamento de cotas marginais ou interlineares.

Seção IV
Dos Pronunciamentos do Juiz

Art. 203. Os pronunciamentos do juiz consistirão em sentenças, decisões interlocutórias e despachos.

§ 1º Ressalvadas as disposições expressas dos procedimentos especiais, sentença é o pronunciamento por meio do qual o juiz, com fundamento nos arts. 485 e 487, põe fim à fase cognitiva do procedimento comum, bem como extingue a execução.

§ 2º Decisão interlocutória é todo pronunciamento judicial de natureza decisória que não se enquadre no § 1º.

§ 3º São despachos todos os demais pronunciamentos do juiz praticados no processo, de ofício ou a requerimento da parte.

§ 4º Os atos meramente ordinatórios, como a juntada e a vista obrigatória, independem de despacho, devendo ser praticados de ofício pelo servidor e revistos pelo juiz quando necessário.

Notas:

Conforme dispõe o presente dispositivo, os pronunciamentos do juiz consistirão em sentenças, decisões interlocutórias e despachos.

– *Sentenças* (art. 203, § 1º):

Define-se sentença como o pronunciamento por meio do qual o magistrado, com fundamento nos arts. 485 e 487, põe fim à fase cognitiva do procedimento comum, bem como extingue a execução. Nesse sentido, teremos as seguintes denominações de sentenças:

– Terminativas: sem resolução de mérito (art. 485).

– Definitivas: com resolução de mérito, no todo ou em parte (art. 487).

Insta notar que o CPC/1973, em seu art. 162, § 1º, em redação anterior à Lei nº 11.232/05 conceituava sentença como "ato pelo qual o juiz põe termo ao processo, decidindo ou não o mérito da causa".

Já era entendimento da doutrina, de um modo geral, que o juiz ao proferir a sentença, nem sempre colocava fim ao processo ora iniciado, pois que, haveria ainda a possibilidade de recurso a instância superior ou mesmo, diante da incidência de embargos declaratórios, haveria possibilidade de, p.ex., o próprio magistrado proferir novo julgado completando o anterior.

Com uma nova definição comandada pela lei supracitada, o legislador do código revogado não mais situou o final do processo somente com a simples prolação da sentença, levando ele em conta também a possibilidade da incidência de outros casuísmos, dando margem a que o próprio processo, mesmo depois de dito pronunciamento do ato decisório, pudesse ter como encerrado apenas um procedimento ou fase cognitiva (de conhecimento), *v.g.*, nos casos do procedimento de liquidação de sentença (arts. 475-A a H do CPC/1973) e do cumprimento da sentença (arts. 475-I a R do CPC/1973), etapas finais de um processo de conhecimento, onde neste último, após um *tempus iudicati*, satisfar-se-ia o direito sem a necessidade, muitas vezes, de instauração de um novo processo, este de execução.

Assim, conjugando as diversas situações e possibilidades decorrentes da prolação da sentença, pode então conceituá-la como pronunciamento do juiz que contém algumas das situações previstas nos arts. 267 e 269 do CPC/1973, e que, poderia extinguir o processo ou procedimento, resolvendo ou não o mérito.

Já no CPC/2015, nota-se que o legislador além de acostar, conceitualmente, a sentença "o pronunciamento por meio do qual o juiz, com fundamento nos arts. 485 e 487 põe fim à fase cognitiva do procedimento comum", determinando então específica etapa da marcha procedimental em 1º grau como delimitação de incidência de sua existência (diga-se, havendo ou não interposição recursal!), estendendo sua presença, de maneira formal-conceitual também ao ato que encerra a execução, entendido aí, pois, atividade executiva, portanto, tanto o Cumprimento de Sentença quanto o Processo de Execução.

– *Decisão interlocutória* (art. 203, § 2º)

É todo pronunciamento judicial de natureza decisória que não seja sentença, portanto, que não ponha fim à fase cognitiva do procedimento comum ou venha a extinguir a execução. Trata-se, pois, pronunciamento do juiz, no decorrer do processo, resolvendo tanto questões incidentais, como, p.ex., deferimento ou não de produção de determinadas provas, pedidos de liminar, efetivação de saneamento do processo, quanto conteúdos atinentes à parte do mérito da causa, como se dá no julgamento antecipado parcial de mérito (art. 356 do CPC/2015).

Aliás, neste ponto é de se notar o avanço formal do CPC/2015 quanto a possibilidade de uma decisão que enfrenta questão representativa de parte do mérito ser considerada como de natureza interlocutória, desafiadora, por isso, do recurso de Agravo de Instrumento (§ 5º do art. 356). Expressa-se, inequivocamente, o novel *codex* quanto a não limitação das decisões interlocutórias apenas a questões incidentais ou acessórias, relevando assim sua serventia a conteúdos atinentes ao objeto litigioso, ainda que de forma parcial, encerrando, portanto, discussões em sede doutrinaria sobre a unidade do objeto sob litígio e mesmo a unicidade da sentença, com relevantes repercussões sobre a própria formação da coisa julgada material e sua consequente invalidade reclamada em sede de ação rescisória.[234]

– *Despachos* (art. 203, § 3º)

A definição de despacho (art. 203, § 3º) é bem verdade, nada esclarece, havendo necessidade de se recorrer ao art. 1.001 do CPC que qualifica os despachos irrecorríveis, sendo então, verdadeiramente, de mero expediente.

Assim, despachos de mero expediente são aqueles sem conteúdo decisório, não tendo, por isso, o condão de causar sucumbência às partes, ou seja, não causam gravame de ordem material ou processual, todavia a verificação da existência ou não de gravame depende de exame do caso concreto.

Neste sentido, observa Vicente Greco Filho[235] que "um simples J., digam", exarado em petição que pede a juntada de documento, é, em princípio, despacho de mero expediente, podendo, no entanto, consubstanciar-se em verdadeira conclusão na hipótese de tal despacho vir a provocar o adiantamento de uma audiência previamente designada, portanto, a sucumbência, em concreto, depende da verificação de que tal ato praticado pelo juiz, qualquer que seja a sua forma, tenha violado uma expectativa processual ou material da parte.[236]

Sendo assim, havendo violação de expectativa, não estamos diante de despacho de mero expediente, mas sim, de decisão interlocutória, esta, sujeita à impugnação por meio de agravo de instrumento ou de preliminar de apelação, conforme inteligência dos arts. 1.009, § 1º e 1.015, respectivamente. Ressalva-se ainda, a hipótese de que a decisão possa ser considerada ilegal e, portanto, passível de ser atacada por mandado de segurança.[237]

Com relação aos atos tidos como meramente ordinatório, dispõe o § 4º do art. 203, ser aqueles que independem de despacho, tais como a juntada e a vista

---

234 No mesmo sentido, THEODORO JÚNIOR, Humberto. *Curso de Direito Processual Civil.* Vol. I. 56 ed. Rio de Janeiro: Forense, 2015, p. 489.

235 *Direito processual civil brasileiro.* Vol. II. 18. ed. São Paulo: Saraiva, 2007, p. 339.

236 "Em regra, é indiscutível não caber recurso contra despacho de mero expediente. O despacho aqui analisado determina à autoridade coatora o cumprimento, de imediato, da ordem concedida em mandado de segurança, no sentido de promover o recorrido a Cabo da Polícia Militar. Em miúdos, tal despacho determina, antes de haver trânsito em julgado, que seja dado cumprimento à decisão concedida em mandado de segurança. Dessa forma, o despacho possui claro conteúdo decisório, pois nele existe um cunho indiciário de execução provisória, especialmente porque enseja prejuízo aos interesses do ora recorrente, tratando-se, portanto, de decisão interlocutória, e não de despacho de mero expediente, razão pela qual o disposto no art. 504 do CPC (*de 1973, este que corresponde ao art. 1.001 do CPC/2015*) não impede o exame do agravo apresentado em face de tal decisão (STJ. 2ª T. REsp 1.244.553/DF, rel. Min. Mauro Campbell Marques. Julg. 07.02.2012). Grifo nosso.

237 No mesmo sentido, MEDINA, José Miguel Garcia. *Novo Código de Processo Civil Comentado.* 3. ed. São Paulo: RT, 2015, p. 1.364.

obrigatória, devendo ser praticados de ofício pelo servidor e revistos pelo juiz quando se fizer necessário.

Como alhures já afirmado em nota, importante observar que o art. 203 do CPC não esgota todos os atos processuais praticados pelo juiz, até porque deve ser entendido os atos como gênero.

Assim, além dos presentes pronunciamentos, o magistrado pratica atos não decisórios, tais como: oitiva de testemunha (art. 453), inspeção judicial de pessoas e coisas (art. 481), interrogatórios das partes (art. 361, II), inquirição de testemunhas (art. 361, III), dentre outros.

Remissão:

- Art. 93, XIV, da CRFB/88:

"Art. 93. Lei complementar, de iniciativa do Supremo Tribunal Federal, disporá sobre o Estatuto da Magistratura, observados os seguintes princípios:

(...)

- XIV os servidores receberão delegação para a prática de atos de administração e atos de mero expediente sem caráter decisório;".

Súmula:

STJ nº 118: O agravo de instrumento é o recurso cabível da decisão que homologa a atualização do cálculo da liquidação.

Enunciado do Fórum Permanente de Processualistas Civis:

Nº103 do FPPC: A decisão parcial proferida no curso do processo com fundamento no art. 487, I, sujeita-se a recurso de agravo de instrumento.

Art. 204. Acórdão é o julgamento colegiado proferido pelos tribunais.

Notas:

O julgamento colegiado proferido pelos tribunais recebe a denominação de Acórdão (art. 204).

Como já salientávamos em edições anteriores, ainda sob a égide do CPC/1973, importante mencionar que Acórdão é decisão do órgão colegiado do tribunal, *v.g.*, turma, câmara, seção, órgão especial, plenário. Nota-se aí que, o art. 204 não faz referência aos atos praticados nos tribunais por juiz singular (desembargadores e ministros), aludindo-se, portanto, apenas aos atos colegiados, sendo verdade que nos tribunais existem atos realizados, singularmente, por desembargadores ou ministros na qualidade de relator, presidente, vice-presidente, no tocante a questões concernentes à sua competência.[238]

Art. 205. Os despachos, as decisões, as sentenças e os acórdãos serão redigidos, datados e assinados pelos juízes.

§ 1º Quando os pronunciamentos previstos no *caput* forem proferidos oralmente, o servidor os documentará, submetendo-os aos juízes para revisão e assinatura.

§ 2º A assinatura dos juízes, em todos os graus de jurisdição, pode ser feita eletronicamente, na forma da lei.

§ 3º Os despachos, as decisões interlocutórias, o dispositivo das sentenças e a ementa dos acórdãos serão publicados no Diário de Justiça Eletrônico.

Notas:

O artigo 205, *caput*, do CPC trata dos requisitos instrumentais dos atos do magistrado. O § 1º cuida da sentença ditada (atos proferidos oralmente). O § 2º se refere a assinatura eletrônica e, por fim, o § 3º prevê a necessidade de publicação dos atos no Diário de Justiça Eletrônico (DJUE).

Remissão:

– Art. 1º, § 2º, III, da Lei nº 11.419/2006 (dispõe sobre a informatização do processo judicial):

"Art. 1º (...)

§ 2º Para o disposto nesta Lei, considera-se:

III – assinatura eletrônica as seguintes formas de identificação inequívoca do signatário:

a) assinatura digital baseada em certificado digital emitido por Autoridade Certificadora credenciada, na forma de lei específica;

b) mediante cadastro de usuário no Poder Judiciário, conforme disciplinado pelos órgãos respectivos".

Enunciado do Fórum Permanente de Processualistas Civis:

Nº 665 do FPPC: A negativa de seguimento ou sobrestamento de recurso especial ou extraordinário, ao fundamento de que a questão de direito já foi ou está selecionada para julgamento de recursos sob o rito dos repetitivos, não pode ser feita via carimbo ou outra forma automatizada nem por pessoa não investida no cargo de magistrado.

---

238 No mesmo sentido, NERY JR., Nelson; ANDRADE NERY, Rosa Maria de. *Código de Processo Civil Comentado e Legislação Extravagante*. 9. ed. São Paulo: RT, 2006, p. 378.

Seção V
Dos Atos do Escrivão ou do Chefe de Secretaria

Art. 206. Ao receber a petição inicial de processo, o escrivão ou o chefe de secretaria a autuará, mencionando o juízo, a natureza do processo, o número de seu registro, os nomes das partes e a data de seu início, e procederá do mesmo modo em relação aos volumes em formação.

Notas:

O artigo 206 cuida dos procedimentos de autuação da petição inicial e dos demais volumes do processo.

Remissão:

– Art. 10, *caput*, da Lei nº 11.419/2006 (dispõe sobre a informatização do processo judicial):

"Art. 10. A distribuição da petição inicial e a juntada da contestação, dos recursos e das petições em geral, todos em formato digital, nos autos de processo eletrônico, podem ser feitas diretamente pelos advogados públicos e privados, sem necessidade da intervenção do cartório ou secretaria judicial, situação em que a autuação deverá se dar de forma automática, fornecendo-se recibo eletrônico de protocolo".

Art. 207. O escrivão ou o chefe de secretaria numerará e rubricará todas as folhas dos autos.

Parágrafo único. À parte, ao procurador, ao membro do Ministério Público, ao defensor público e aos auxiliares da justiça é facultado rubricar as folhas correspondentes aos atos em que intervierem.

Notas:

Numeração e rubrica.

Art. 208. Os termos de juntada, vista, conclusão e outros semelhantes constarão de notas datadas e rubricadas pelo escrivão ou pelo chefe de secretaria.

Notas:

Termos. Rubrica do escrivão ou chefe de secretaria.

Art. 209. Os atos e os termos do processo serão assinados pelas pessoas que neles intervierem, todavia, quando essas não puderem ou não quiserem firmá-los, o escrivão ou o chefe de secretaria certificará a ocorrência.

§ 1º Quando se tratar de processo total ou parcialmente documentado em autos eletrônicos, os atos processuais praticados na presença do juiz poderão ser produzidos e armazenados de modo integralmente digital em arquivo eletrônico inviolável, na forma da lei, mediante registro em termo, que será assinado digitalmente pelo juiz e pelo escrivão ou chefe de secretaria, bem como pelos advogados das partes.

§ 2º Na hipótese do § 1º, eventuais contradições na transcrição deverão ser suscitadas oralmente no momento de realização do ato, sob pena de preclusão, devendo o juiz decidir de plano e ordenar o registro, no termo, da alegação e da decisão.

Notas:

Forma dos atos e termos do processo. Este dispositivo cuida da forma de assinatura dos termos processuais. Já os §§ 1º e 2º tratam da prática de atos eletrônicos e da distonia dos atos praticados em papel e o praticado eletronicamente.

Art. 210. É lícito o uso da taquigrafia, da estenotipia ou de outro método idôneo em qualquer juízo ou tribunal.

Notas:

Taquigrafia e estenotipia.

Art. 211. Não se admitem nos atos e termos processuais espaços em branco, salvo os que forem inutilizados, assim como entrelinhas, emendas ou rasuras, exceto quando expressamente ressalvadas.

Notas:

Espaços em branco e ressalvas.

CAPÍTULO II
DO TEMPO E DO LUGAR DOS ATOS PROCESSUAIS

Seção I
Do Tempo

Art. 212. Os atos processuais serão realizados em dias úteis, das 6 (seis) às 20 (vinte) horas.

§ 1º Serão concluídos após as 20 (vinte) horas os atos iniciados antes, quando o adiamento prejudicar a diligência ou causar grave dano.

§ 2º Independentemente de autorização judicial, as citações, intimações e penhoras poderão realizar-se no período de férias forenses, onde as houver, e nos feriados ou dias úteis fora do horário estabelecido neste artigo, observado o disposto no art. 5º, inciso XI, da Constituição Federal.

§ 3º Quando o ato tiver de ser praticado por meio de petição em autos não eletrônicos, essa deverá ser protocolada no horário de funcionamento do fórum ou tribunal, conforme o disposto na lei de organização judiciária local.

Remissões:

Art. 5º, XI, da CF.

Notas:

Tempo dos atos processuais.

Inviolabilidade do lar. Art. 5º, XI, da CF/88. A expressão durante o dia deve ser entendida durante o horário das 6 às 18 horas. Ademais, casa não deve abranger somente o domicílio, mas também o escritório, oficinas, garagens etc.

Súmulas:

STJ nº 256: "O sistema de "protocolo integrado" não se aplica aos recursos dirigidos ao Superior Tribunal de Justiça. dj data: 22/08/2001 – cancelada julgando o agrg no ag 792.846-sp, na sessão de 21/05/2008."

Enunciado das Jornadas de Direito Processual Civil do Conselho da Justiça Federal:

Nº 415 do CJF: Os prazos processuais no sistema dos Juizados Especiais são contados em dias úteis.

Art. 213. A prática eletrônica de ato processual pode ocorrer em qualquer horário até as 24 (vinte e quatro) horas do último dia do prazo.

Parágrafo único. O horário vigente no juízo perante o qual o ato deve ser praticado será considerado para fins de atendimento do prazo.

Notas:

Horário livre para a prática eletrônica do ato processual. O artigo 213 cuida da prática eletrônica de ato processual. A contagem do prazo, neste caso, deve obedecer os mesmos critérios que o prazo dos atos não eletrônicos. Aqui se considera as férias e feriados, de acordo com a norma do artigo 216. O parágrafo único trata dos fusos horários do Brasil. Melhor dizendo: deve se considerar o horário vigente no juízo perante o qual o ato deve ser praticado.

Remissões:

– Arts. 3º e 10 da Lei nº 11.419/2006 (dispõe sobre a informatização do processo judicial):

"Art. 3º Consideram-se realizados os atos processuais por meio eletrônico no dia e hora do seu envio ao sistema do Poder Judiciário, do que deverá ser fornecido protocolo eletrônico.

Parágrafo único. Quando a petição eletrônica for enviada para atender prazo processual, serão consideradas tempestivas as transmitidas até as 24 (vinte e quatro) horas do seu último dia.

(...)"

"Art. 10. A distribuição da petição inicial e a juntada da contestação, dos recursos e das petições em geral, todos em formato digital, nos autos de processo eletrônico, podem ser feitas diretamente pelos advogados públicos e privados, sem necessidade da intervenção do cartório ou secretaria judicial, situação em que a autuação deverá se dar de forma automática, fornecendo-se recibo eletrônico de protocolo.

§ 1º Quando o ato processual tiver que ser praticado em determinado prazo, por meio de petição eletrônica, serão considerados tempestivos os efetivados até as 24 (vinte e quatro) horas do último dia.

§ 2º No caso do § 1º deste artigo, se o Sistema do Poder Judiciário se tornar indisponível por motivo técnico, o prazo fica automaticamente prorrogado para o primeiro dia útil seguinte à resolução do problema.

§ 3º Os órgãos do Poder Judiciário deverão manter equipamentos de digitalização e de acesso à rede mundial de computadores à disposição dos interessados para distribuição de peças processuais".

Art. 214. Durante as férias forenses e nos feriados, não se praticarão atos processuais, excetuando-se:

I – os atos previstos no art. 212, § 2º;

II – a tutela de urgência.

Notas:

Férias e feriados. Vale destacar que as férias forenses foram abolidas na ocasião da Emenda Constitucional nº 45/2014. O artigo 93, inciso XII da CF/88 diz que "*a atividade jurisdicional será ininterrupta, sendo vedado férias coletivas nos juízos e tribunais de segundo grau, funcionando, nos dias em que não houver expediente forense normal, juízes em plantão permanente;*". Dessa maneira, a expressão "férias" do *caput* do artigo 214 deve ser considerada inconstitucional.

Já os feriados nacionais são aqueles declarados por lei federal. A lei 9.093/95 dispõe sobre os feriados.[239]

Remissão:

- Art. 93, XII, CRFB/88:

"Art. 93. Lei complementar, de iniciativa do Supremo Tribunal Federal, disporá sobre o Estatuto da Magistratura, observados os seguintes princípios:

(...)

XII – a atividade jurisdicional será ininterrupta, sendo vedado férias coletivas nos juízos e tribunais de segundo grau, funcionando, nos dias em que não houver expediente forense normal, juízes em plantão permanente".

Art. 215. Processam-se durante as férias forenses, onde as houver, e não se suspendem pela superveniência delas:

I – os procedimentos de jurisdição voluntária e os necessários à conservação de direitos, quando puderem ser prejudicados pelo adiamento;

II – a ação de alimentos e os processos de nomeação ou remoção de tutor e curador;

III – os processos que a lei determinar.

Notas:

A norma jurídica do artigo 215, em razão do artigo 93, inciso XII da CF/88, não deve produzir efeitos jurídicos.

Art. 216. Além dos declarados em lei, são feriados, para efeito forense, os sábados, os domingos e os dias em que não haja expediente forense.

---

239 Lei nº 9.093, de 12 .09.1995.

"Art. 1º São feriados civis:

I – os declarados em lei federal;

II – a data magna do Estado fixada em lei estadual.

III – os dias do início e do término do ano do centenário de fundação do Município, fixados em lei municipal. (Inciso incluído pela Lei nº 9.335, de 10.12.1996)

Art. 2º São feriados religiosos os dias de guarda, declarados em lei municipal, de acordo com a tradição local e em número não superior a quatro, neste incluída a Sexta-Feira da Paixão.

Art. 3º Esta Lei entra em vigor na data de sua publicação.

Art. 4º Revogam-se as disposições em contrário, especialmente o art. 11 da Lei nº 605, de 5 de janeiro de 1949."

Remissão:

– Lei nº 9.093, de 12.09.1995.

Notas:

O artigo 216 cuida dos dias úteis e os dias considerados feriados.

Seção II
Do Lugar

Art. 217. Os atos processuais realizar-se-ão ordinariamente na sede do juízo, ou, excepcionalmente, em outro lugar em razão de deferência, de interesse da justiça, da natureza do ato ou de obstáculo arguido pelo interessado e acolhido pelo juiz.

Notas:

O artigo 217 trata do lugar de realização dos atos processuais.

CAPÍTULO III
DOS PRAZOS

Seção I
Disposições Gerais

Art. 218. Os atos processuais serão realizados nos prazos prescritos em lei.

§ 1º Quando a lei for omissa, o juiz determinará os prazos em consideração à complexidade do ato.

§ 2º Quando a lei ou o juiz não determinar prazo, as intimações somente obrigarão a comparecimento após decorridas 48 (quarenta e oito) horas.

§ 3º Inexistindo preceito legal ou prazo determinado pelo juiz, será de 5 (cinco) dias o prazo para a prática de ato processual a cargo da parte.

§ 4º Será considerado tempestivo o ato praticado antes do termo inicial do prazo.

Notas:

Os atos processuais serão realizados nos prazos prescritos em lei. Quando a lei for omissa, o juiz determinará os prazos em consideração à complexidade do ato. Outrossim, quando a lei ou o juiz não determinar prazo, as intimações somente obrigarão a comparecimento após decorridas 48 (quarenta e oito) horas. O prazo em caso de omissão legal será de 5 (cinco) dias. Por fim, o ato praticado antes do termo inicial do prazo será considerado tempestivo.

Enunciados do Fórum Permanente de Processualistas Civis:

Nº 22 do FPPC: O Tribunal não poderá julgar extemporâneo ou intempestivo recurso, na instância ordinária ou na extraordinária, interposto antes da abertura do prazo.

Nº 23 do FPPC: Fica superado o enunciado 418 da súmula do STJ após a entrada em vigor do CPC ("É inadmissível o recurso especial interposto antes da publicação do acórdão dos embargos de declaração, sem posterior ratificação").

Nº 107 do FPPC: O juiz pode, de ofício, dilatar o prazo para a parte se manifestar sobre a prova documental produzida.

Nº 266 do FPPC: Aplica-se o art. 218, § 4º, ao processo do trabalho, não se considerando extemporâneo ou intempestivo o ato realizado antes do termo inicial do prazo.

Nº 267 do FPPC: Os prazos processuais iniciados antes da vigência do CPC serão integralmente regulados pelo regime revogado.

Art. 219. Na contagem de prazo em dias, estabelecido por lei ou pelo juiz, computar-se-ão somente os dias úteis.

Parágrafo único. O disposto neste artigo aplica-se somente aos prazos processuais.

Notas:

Os prazos processuais, na sua contagem em dias, computar-se-ão somente os dias úteis.

O prazo de cumprimento da obrigação de fazer possui natureza processual, devendo ser contado em dias úteis. (REsp 1.778.885-DF, Rel. Min. Og Fernandes, Segunda Turma, por unanimidade, julgado em 15/06/2021, DJe 21/06/2021).

Remissões:

– Art. 12-A da Lei nº 9.099/95, incluído pela Lei nº 13.728/2018:

"Art. 12-A. Na contagem de prazo em dias, estabelecido por lei ou pelo juiz, para a prática de qualquer ato processual, inclusive para a interposição de recursos, computar-se-ão somente os dias úteis".

– Art. 189, § 1º, I da Lei nº 11.101/2005, com a redação dada pela Lei nº 14.112/2020.

"Art. 189. (...)

§ 1º Para os fins do disposto nesta Lei:

I – todos os prazos nela previstos ou que dela decorram serão contados em dias corridos; (...)".

Enunciados das Jornadas de Direito Processual Civil do Conselho da Justiça Federal:

Nº 19 do CJF: O prazo em dias úteis previsto no art. 219 do CPC aplica-se também aos procedimentos regidos pelas Leis nº 9.099/1995, 10.259/2001 e 12.153/2009.

Nº 116 do CJF: Aplica-se o art. 219 do CPC na contagem dos prazos processuais previstos na Lei nº 6.830/1980.

Nº 132 do CJF: O prazo para apresentação de embargos de terceiro tem natureza processual e deve ser contado em dias úteis.

Nº 146 do CJF: O prazo de 3 (três) dias previsto pelo art. 528 do CPC conta-se em dias úteis e na forma dos incisos do art. 231 do CPC, não se aplicando seu § 3º.

Nº 20 do CJF: Aplica-se o art. 219 do CPC na contagem do prazo para oposição de embargos à execução fiscal previsto no art. 16 da Lei nº 6.830/1980.

Enunciados do Fórum Permanente de Processualistas Civis:

Nº 268 do FPPC: A regra de contagem de prazos em dias úteis só se aplica aos prazos iniciados após a vigência do Novo Código.

Nº 415 do FPPC: Os prazos processuais no sistema dos Juizados Especiais são contados em dias úteis.

Nº 416 do FPPC: A contagem do prazo processual em dias úteis prevista no art. 219 aplica-se aos Juizados Especiais Cíveis, Federais e da Fazenda Pública.

Nº 477 do FPPC: Publicada em cartório ou inserida nos autos eletrônicos a decisão que julga embargos de declaração sob a vigência do CPC de 2015, computar-se-ão apenas os dias úteis no prazo para o recurso subsequente, ainda que a decisão embargada tenha sido proferida ao tempo do CPC de 1973, tendo em vista a interrupção do prazo prevista no art. 1.026.

Nº 579 do FPPC: Admite-se o negócio processual que estabeleça a contagem dos prazos processuais dos negociantes em dias corridos.

Enunciado do Fórum Nacional de Juizados Especiais:

Nº 165 do FONAJE: Nos Juizados Especiais Cíveis, todos os prazos serão contados de forma contínua.

Enunciado da Escola Nacional de Formação e Aperfeiçoamento de Magistrados:

Nº 45 do ENFAM: A contagem dos prazos em dias úteis (art. 219 do CPC/2015) aplica-se ao sistema de juizados especiais.

Art. 220. Suspende-se o curso do prazo processual nos dias compreendidos entre 20 de dezembro e 20 de janeiro, inclusive.

§ 1º Ressalvadas as férias individuais e os feriados instituídos por lei, os juízes, os membros do Ministério Público, da Defensoria Pública e da Advocacia Pública e os auxiliares da Justiça exercerão suas atribuições durante o período previsto no *caput*.

§ 2º Durante a suspensão do prazo, não se realizarão audiências nem sessões de julgamento.

Notas:

Trata-se aqui da suspensão do prazo processual no recesso forense (feriado forense contínuo).

Enunciado das Jornadas de Direito Processual Civil do Conselho da Justiça Federal:

Nº 21 do CJF: A suspensão dos prazos processuais prevista no *caput* do art. 220 do CPC estende-se ao Ministério Público, à Defensoria Pública e à Advocacia Pública.

Enunciado do Fórum Permanente de Processualistas Civis:

Nº 269 do FPPC: A suspensão de prazos de 20 de dezembro a 20 de janeiro é aplicável aos Juizados Especiais.

Art. 221. Suspende-se o curso do prazo por obstáculo criado em detrimento da parte ou ocorrendo qualquer das hipóteses do art. 313, devendo o prazo ser restituído por tempo igual ao que faltava para sua complementação.

Parágrafo único. Suspendem-se os prazos durante a execução de programa instituído pelo Poder Judiciário para promover a autocomposição, incumbindo aos tribunais especificar, com antecedência, a duração dos trabalhos.

Notas:

Suspensão do prazo por obstáculos judiciais ou criados pela outra parte. Se a parte criar algum obstáculo à prática do ato processual, o prazo ficará suspenso até o fim do referido obstáculo. Da mesma forma, o prazo é suspenso nas hipóteses previstas no artigo 313 do CPC.[240]

---

240 "*Art. 313. Suspende-se o processo:*

I – pela morte ou pela perda da capacidade processual de qualquer das partes, de seu representante legal ou de seu procurador;

II – pela convenção das partes;

III – pela arguição de impedimento ou de suspeição;

Já o parágrafo único cuida da suspensão do prazo por ocasião de programa instituído pelo Poder Judiciário para promover a autocomposição. É a chamada *Semana Nacional de Conciliação*, evento realizado anualmente pelo CNJ.

Súmula:

STF nº 173: Em caso de obstáculo judicial admite-se a purga da mora, pelo locatário, além do prazo legal.

Art. 222. Na comarca, seção ou subseção judiciária onde for difícil o transporte, o juiz poderá prorrogar os prazos por até 2 (dois) meses.

§ 1º Ao juiz é vedado reduzir prazos peremptórios sem anuência das partes.

§ 2º Havendo calamidade pública, o limite previsto no *caput* para prorrogação de prazos poderá ser excedido.

IV – pela admissão de incidente de resolução de demandas repetitivas;

V – quando a sentença de mérito:

a) depender do julgamento de outra causa ou da declaração de existência ou de inexistência de relação jurídica que constitua o objeto principal de outro processo pendente;

b) tiver de ser proferida somente após a verificação de determinado fato ou a produção de certa prova, requisitada a outro juízo;

VI – por motivo de força maior;

VII – quando se discutir em juízo questão decorrente de acidentes e fatos da navegação de competência do Tribunal Marítimo;

VIII – nos demais casos que este Código regula.

§ 1º Na hipótese do inciso I, o juiz suspenderá o processo, nos termos do art. 689.

§ 2º Não ajuizada ação de habilitação, ao tomar conhecimento da morte, o juiz determinará a suspensão do processo e observará o seguinte:

I – falecido o réu, ordenará a intimação do autor para que promova a citação do respectivo espólio, de quem for o sucessor ou, se for o caso, dos herdeiros, no prazo que designar, de no mínimo 2 (dois) e no máximo 6 (seis) meses;

II – falecido o autor e sendo transmissível o direito em litígio, determinará a intimação de seu espólio, de quem for o sucessor ou, se for o caso, dos herdeiros, pelos meios de divulgação que reputar mais adequados, para que manifestem interesse na sucessão processual e promovam a respectiva habilitação no prazo designado, sob pena de extinção do processo sem resolução de mérito.

§ 3º No caso de morte do procurador de qualquer das partes, ainda que iniciada a audiência de instrução e julgamento, o juiz determinará que a parte constitua novo mandatário, no prazo de 15 (quinze) dias, ao final do qual extinguirá o processo sem resolução de mérito, se o autor não nomear novo mandatário, ou ordenará o prosseguimento do processo à revelia do réu, se falecido o procurador deste.

§ 4º O prazo de suspensão do processo nunca poderá exceder 1 (um) ano nas hipóteses do inciso V e 6 (seis) meses naquela prevista no inciso II.

§ 5º O juiz determinará o prosseguimento do processo assim que esgotados os prazos previstos no § 4º."

Notas:

No caso do artigo 222, o prazo é prorrogado pelo magistrado e deve ocorrer somente em casos excepcionais, como por exemplo, a dificuldade de transporte. Neste caso, o prazo pode ser prorrogado até o máximo de dois meses.

Ao juiz é vedado reduzir prazos peremptórios sem anuência das partes.

Por fim, no caso de calamidade pública, o magistrado pode prorrogar o prazo de realização de realização do ato processual.

Enunciados do Fórum Permanente de Processualistas Civis:

Nº 19 do FPPC: São admissíveis os seguintes negócios processuais, dentre outros: pacto de impenhorabilidade, acordo de ampliação de prazos das partes de qualquer natureza, acordo de rateio de despesas processuais, dispensa consensual de assistente técnico, acordo para retirar o efeito suspensivo de recurso14, acordo para não promover execução provisória; pacto de mediação ou conciliação extrajudicial prévia obrigatória, inclusive com a correlata previsão de exclusão da audiência de conciliação ou de mediação prevista no art. 334; pacto de exclusão contratual da audiência de conciliação ou de mediação prevista no art. 334; pacto de disponibilização prévia de documentação (pacto de *disclosure*), inclusive com estipulação de sanção negocial, sem prejuízo de medidas coercitivas, mandamentais, sub-rogatórias ou indutivas; previsão de meios alternativos de comunicação das partes entre si.

Nº 21 do FPPC: São admissíveis os seguintes negócios, dentre outros: acordo para realização de sustentação oral, acordo para ampliação do tempo de sustentação oral, julgamento antecipado do mérito convencional, convenção sobre prova, redução de prazos processuais.

Nº 131 do FPPC: Aplica-se ao processo do trabalho o disposto no art. 190 no que se refere à flexibilidade do procedimento por proposta das partes, inclusive quanto aos prazos.

Nº 579 do FPPC: Admite-se o negócio processual que estabeleça a contagem dos prazos processuais dos negociantes em dias corridos.

Art. 223. Decorrido o prazo, extingue-se o direito de praticar ou de emendar o ato processual, independentemente de declaração judicial, ficando assegurado, porém, à parte provar que não o realizou por justa causa.

§ 1º Considera-se justa causa o evento alheio à vontade da parte e que a impediu de praticar o ato por si ou por mandatário.

§ 2º Verificada a justa causa, o juiz permitirá à parte a prática do ato no prazo que lhe assinar.

Notas:

Cuida-se aqui da consumação do prazo pelo decurso do tempo, ou seja, é a denominada preclusão (perda da faculdade de praticar o ato processual). Todavia, a parte pode fazer prova que não realizou o ato processual por justa causa.

A justa causa o evento alheio à vontade da parte e que a impediu de praticar o ato por si ou por mandatário. Neste caso, o magistrado deve permitir a prática do ato no prazo que assinar a parte.

Enunciado do Fórum Permanente de Processualistas Civis:

Nº 626 do FPPC: O requerimento previsto no § 2º do art. 186, formulado pela Defensoria Pública ou pelas entidades mencionadas no § 3º do art. 186, constitui justa causa para os fins do § 2º do art. 223, quanto ao prazo em curso.

Art. 224. Salvo disposição em contrário, os prazos serão contados excluindo o dia do começo e incluindo o dia do vencimento.

§ 1º Os dias do começo e do vencimento do prazo serão protraídos para o primeiro dia útil seguinte, se coincidirem com dia em que o expediente forense for encerrado antes ou iniciado depois da hora normal ou houver indisponibilidade da comunicação eletrônica.

§ 2º Considera-se como data de publicação o primeiro dia útil seguinte ao da disponibilização da informação no Diário da Justiça eletrônico.

§ 3º A contagem do prazo terá início no primeiro dia útil que seguir ao da publicação.

Notas:

Contagem dos Prazos. Para a contagem dos prazos algumas regras legais devem ser analisadas.

Salvo disposição em contrário, inicia-se a contagem do prazo com a exclusão do seu termo inicial e a inclusão do seu termo final – na forma do presente dispositivo.

O termo inicial dos prazos vem esculpido no art. 231 do Código de Processo Civil. No dia seguinte aos atos ali indicados, inicia-se a contagem dos prazos, como determina o art. 224. Percebe-se daqueles dispositivos, em síntese, que se tentou determinar o termo inicial do prazo a partir do momento em que viesse aos autos o documento comprobatório da convocação da parte contrária para a sua realização. É óbvio que, somente a partir da ciência do ato e da confirmação dessa ciência nos autos do processo, a parte terá condições de realizá-lo. Frise-se, no entanto, que uma coisa é termo inicial do prazo *(dies a quo) e* outra é o início da contagem de prazo. O termo inicial do prazo vem inscrito no art.

231 do CPC: já o início da contagem do prazo é obtido da conjugação desse dispositivo com o disposto no art. 224, *caput*, e § 3º do mesmo Código – como exposto acima, a contagem inicia-se com a exclusão do termo inicial do prazo. *Dies a quo nom computator in termino.*

De fundamental relevância é a contagem do prazo estipulada § 3º do art. 231, nos seguintes termos:

> "*Quando o ato tiver de ser praticado diretamente pela parte ou por quem, de qualquer forma, participe do processo, sem a intermediação de representante judicial, o dia do começo do prazo para cumprimento da determinação judicial corresponderá à data em que se der a comunicação.*"

Nota-se neste caso que, o termo inicial do prazo (*dies a quo*) se dará tão logo a parte receba a comunicação, portanto, não haverá a necessidade de juntada aos autos do processo para que tal termo inicial se dê, sendo aí a contagem se dando no primeiro dia útil subsequente à comunicação recebida pela parte.

Há de se ressaltar que tal hipótese se dará, quando, sem a necessidade de representante judicial, a parte tiver que cumprir determinação judicial, como, por exemplo, pagar, fazer, não fazer determinada obrigação ou mesmo entregar coisa já efetivamente reconhecida como devida por decisão judicial.

Novidade trazida pelo CPC/2015 é aquela relativa aos dias computados na contagem do prazo, sendo agora considerados apenas os dias úteis como aptos para se contar, conforme já comentado:

> "*Art. 219. Na contagem de prazo em dias, estabelecido por lei ou pelo juiz, computar-se-ão somente os dias úteis.*"

Assim, por exemplo, juntando o mandado de intimação realizada por correio, instrumento esse que comprova que houve cientificação pela parte de que deverá realizar o ato, começa-se a contagem no primeiro dia útil imediatamente posterior à juntada (art. 224, *caput* c/c art. 231, I, do CPC).

No exemplo anterior, se foi feita a juntada na sexta-feira, o primeiro dia útil após a intimação será a segunda-feira. Se a juntada se processou na quinta-feira, a contagem inicia-se na sexta-feira, lembrando que o dia não considerado útil não fará parte no computo da contagem.

De acordo com o § 1º do art. 224, há de se destacar ainda que os dias do começo e do vencimento do prazo serão protraídos para o primeiro dia útil seguinte, se coincidirem com dia em que o expediente forense for encerrado antes ou iniciado depois da hora normal ou houver indisponibilidade da comunicação eletrônica.

Por outro lado e em critério geral (autos físicos ou eletrônicos), no caso superveniência do recesso forense, este compreendido entre 20 de dezembro a 20 de janeiro, haverá suspensão do prazo (art. 220), reiniciando-se a sua contagem no primeiro dia útil após o final destas.[241] Assim, se até o advento do recesso transcorreram dez dias, de um prazo de vinte, haverá a sua suspensão, com o reinício da contagem - faltam dez dias - no primeiro dia útil após o fim das férias.

Na suspensão, há paralisação da contagem, com o seu reinício no momento indicado em lei, considerando-se os dias já transcorridos. Na interrupção, por sua vez, há paralisação da contagem, com o seu reinício do começo, sem considerar dias já eventualmente contados, finda essa paralisação.

Vale destacar que, excetuadas férias individuais e os feriados instituídos por lei, os juízes, os membros do Ministério Público, da Defensoria Pública e da Advocacia Pública bem como os auxiliares da Justiça exercerão suas atribuições durante o período do recesso supracitado (art. 220, § 1º). No entanto, durante dita suspensão temporal, não serão realizadas audiências nem sessões de julgamento, conforme pontua o § 2º do art. 220.

A regra da suspensão dos prazos aplica-se, igualmente, a outras ocorrências, conforme bem aponta do art. 221 do CPC.

Mecanismo Eletrônico e a contagem dos prazos. Quando se tratar de ato judicial divulgado pelo mecanismo do Diário Oficial eletrônico, para fins de contagem, a data da publicação a ser considerada corresponderá ao primeiro dia útil subsequente à própria divulgação, consoante dispõe a Lei nº 11.419/2006 (art. 4º, §§ 3ºe 4º)[242], agora reprisado pelos §§ 3º e 4º do art. 224 do CPC/2015. *In casu*, por exemplo, se a disponibilização do acórdão no diário oficial eletrônico ocorreu em 04.08.2015, primeiro dia útil após a sua divulgação será o da

---

241 Enunciado n. 269 do FPPC: "A suspensão de prazos de 20 de dezembro a 20 de janeiro é aplicável aos Juizados Especiais."

242 *"Art. 4º Os tribunais poderão criar Diário da Justiça eletrônico, disponibilizado em sítio da rede mundial de computadores, para publicação de atos judiciais e administrativos próprios e dos órgãos a eles subordinados, bem como comunicações em geral.*

(...)

§ 3º Considera-se como data da publicação o primeiro dia útil seguinte ao da disponibilização da informação no Diário da Justiça eletrônico.

§ 4º Os prazos processuais terão início no primeiro dia útil que seguir ao considerado como data da publicação."

publicação, ou seja, dia 05.08.2015, tendo o início da contagem do prazo em 06.08.2015.[243]

Ainda quanto ao mecanismo eletrônico e a sua incidência no tocante à contagem de prazos, o legislador do CPC/2015, em consonância com a Lei nº 11.419/2006, regulou a hipótese de comunicação pessoal fora do Diário da Justiça eletrônico, esta que pode ser ela realizada em portal próprio para aqueles que se cadastrarem junto ao Poder Judiciário,[244] de acordo com as regras que os próprios órgãos judiciais instituírem (art. 5º da Lei nº 11.419/2006).

Assim, por exemplo, na hipótese intimação pessoal realizada por meio de portal próprio, considera-se a mesma realizada no "dia útil seguinte à consulta ao teor da citação ou da intimação ou ao término do prazo para que a consulta se dê, quando a citação ou a intimação for eletrônica" (art. 231, V do CPC).

O aperfeiçoamento da comunicação, contudo, não ficará à escolha voluntária do destinatário, ou seja, do mesmo consultar ou não a mensagem eletrônica a ele dirigida. Isso porque, de acordo com o art. 5, § 3º da Lei nº11.419/2015 a consulta deverá "*ser feita em até 10 (dez) dias corridos contados da data do envio da intimação, sob pena de considerar-se a intimação automaticamente realizada na data do término desse prazo.*"

Prazos no Código Civil. O prazo é o lapso temporal entre o termo inicial (*dies a quo*) e o termo final (*dies ad quem*). De acordo com a regra do artigo 132 CC, "*salvo disposição legal ou convencional em contrário, computam-se os prazos, excluído o dia do começo, e incluído o do vencimento.*"

Se o dia do vencimento cair em feriado, considerar-se-á prorrogado o prazo até o seguinte dia útil (CC, art. 132, § 1º).

---

243 STJ – RECURSO. ATO JUDICIAL. PUBLICAÇÃO. DIA ÚTIL SUBSEQUENTE. DIÁRIO DA JUSTIÇA. DIÁRIO ELETRÔNICO. PRAZO RECURSAL. CONTAGEM. LEI 11.419/2006, ART. 4º, § 4º. CPC, ART. 184. (STJ. Mand. de Seg. 16.180/2012 – DF – Rel.: Min. Castro Meira. Julg. em 05.10.2011, *DJ* 01.02.2012).

244 Lei nº 11.419/2006, art. 2º: "*O envio de petições, de recursos e a prática de atos processuais em geral por meio eletrônico serão admitidos mediante uso de assinatura eletrônica, na forma do art. 1º desta Lei, sendo obrigatório o credenciamento prévio no Poder Judiciário, conforme disciplinado pelos órgãos respectivos.*

§ 1º O credenciamento no Poder Judiciário será realizado mediante procedimento no qual esteja assegurada a adequada identificação presencial do interessado.

§ 2º Ao credenciado será atribuído registro e meio de acesso ao sistema, de modo a preservar o sigilo, a identificação e a autenticidade de suas comunicações.

§ 3º Os órgãos do Poder Judiciário poderão criar um cadastro único para o credenciamento previsto neste artigo."

Meado considera-se, em qualquer mês, o seu décimo quinto dia (CC, art. 132, § 2º).

Os prazos de meses e anos expiram no dia de igual número do de início, ou no imediato, se faltar exata correspondência (CC, art. 132, § 3º).

Os prazos fixados por hora contar-se-ão de minuto a minuto (CC, art. 132, § 4º).

Remissões:

– Arts. 3º, 4º, § 4º e 5º da Lei nº 11.419/2006 (dispõe sobre a informatização do processo judicial):

"Art. 3º Consideram-se realizados os atos processuais por meio eletrônico no dia e hora do seu envio ao sistema do Poder Judiciário, do que deverá ser fornecido protocolo eletrônico.

Parágrafo único. Quando a petição eletrônica for enviada para atender prazo processual, serão consideradas tempestivas as transmitidas até as 24 (vinte e quatro) horas do seu último dia.

Art. 4º Os tribunais poderão criar Diário da Justiça eletrônico, disponibilizado em sítio da rede mundial de computadores, para publicação de atos judiciais e administrativos próprios e dos órgãos a eles subordinados, bem como comunicações em geral.

(...)

§ 4º Os prazos processuais terão início no primeiro dia útil que seguir ao considerado como data da publicação.

(...)

"Art. 5º As intimações serão feitas por meio eletrônico em portal próprio aos que se cadastrarem na forma do art. 2º desta Lei, dispensando-se a publicação no órgão oficial, inclusive eletrônico.

§ 1º Considerar-se-á realizada a intimação no dia em que o intimando efetivar a consulta eletrônica ao teor da intimação, certificando-se nos autos a sua realização.

§ 2º Na hipótese do § 1º deste artigo, nos casos em que a consulta se dê em dia não útil, a intimação será considerada como realizada no primeiro dia útil seguinte.

§ 3º A consulta referida nos §§ 1º e 2º deste artigo deverá ser feita em até 10 (dez) dias corridos contados da data do envio da intimação, sob pena de considerar-se a intimação automaticamente realizada na data do término desse prazo.

§ 4º Em caráter informativo, poderá ser efetivada remessa de correspondência eletrônica, comunicando o envio da intimação e a abertura automática do prazo processual nos termos do § 3º deste artigo, aos que manifestarem interesse por esse serviço.

§ 5º Nos casos urgentes em que a intimação feita na forma deste artigo possa causar prejuízo a quaisquer das partes ou nos casos em que for evidenciada qualquer tentativa de burla ao sistema, o ato processual deverá ser realizado por outro meio que atinja a sua finalidade, conforme determinado pelo juiz.

§ 6º As intimações feitas na forma deste artigo, inclusive da Fazenda Pública, serão consideradas pessoais para todos os efeitos legais".

Súmulas:

STF nº 310: Quando a intimação tiver lugar na sexta-feira, ou a publicação com efeito de intimação for feita nesse dia, o prazo judicial terá início na segunda-feira imediata, salvo se não houver expediente, caso em que começará no primeiro dia útil que se seguir.

STJ nº 117: A inobservância do prazo de 48 horas, entre a publicação de pauta e o julgamento sem a presença das partes, acarreta nulidade.

Enunciado do Fórum Permanente de Processualistas Civis:

Nº 270 do FPPC: Aplica-se ao processo do trabalho o art. 224, § 1º.

Art. 225. A parte poderá renunciar ao prazo estabelecido exclusivamente em seu favor, desde que o faça de maneira expressa.

Notas:

O artigo 225 do CPC trata da renúncia ao prazo estabelecido em favor da parte.

Art. 226. O juiz proferirá:

I – os despachos no prazo de 5 (cinco) dias;

II – as decisões interlocutórias no prazo de 10 (dez) dias;

III – as sentenças no prazo de 30 (trinta) dias.

Notas:

Têm-se aqui os prazos judiciais.

Art. 227. Em qualquer grau de jurisdição, havendo motivo justificado, pode o juiz exceder, por igual tempo, os prazos a que está submetido.

Notas:

O artigo 227 do CPC informa que, em qualquer grau de jurisdição, o magistrado pode exceder, por igual tempo, os seus prazos. São os considerados prazos impróprios, uma vez descumpridos, não trará nenhuma consequência processual.

Art. 228. Incumbirá ao serventuário remeter os autos conclusos no prazo de 1 (um) dia e executar os atos processuais no prazo de 5 (cinco) dias, contado da data em que:

I - houver concluído o ato processual anterior, se lhe foi imposto pela lei;

II - tiver ciência da ordem, quando determinada pelo juiz.

§ 1º Ao receber os autos, o serventuário certificará o dia e a hora em que teve ciência da ordem referida no inciso II.

§ 2º Nos processos em autos eletrônicos, a juntada de petições ou de manifestações em geral ocorrerá de forma automática, independentemente de ato de serventuário da justiça.

Notas:

Estabelece o presente artigo dos prazos para o serventuário.

Remissão:

– Art. 10, *caput*, da Lei nº 11.419/2006 (dispõe sobre a informatização do processo judicial).

"Art. 10. A distribuição da petição inicial e a juntada da contestação, dos recursos e das petições em geral, todos em formato digital, nos autos de processo eletrônico, podem ser feitas diretamente pelos advogados públicos e privados, sem necessidade da intervenção do cartório ou secretaria judicial, situação em que a autuação deverá se dar de forma automática, fornecendo-se recibo eletrônico de protocolo".

Art. 229. Os litisconsortes que tiverem diferentes procuradores, de escritórios de advocacia distintos, terão prazos contados em dobro para todas as suas manifestações, em qualquer juízo ou tribunal, independentemente de requerimento.

§ 1º Cessa a contagem do prazo em dobro se, havendo apenas 2 (dois) réus, é oferecida defesa por apenas um deles.

§ 2º Não se aplica o disposto no *caput* aos processos em autos eletrônicos.

Notas:

O artigo 229 do CPC cuida dos **prazos em relação aos litisconsortes.** Aqueles que tiverem diferentes procuradores, de escritórios de advocacia distintos, terão prazos contados em dobro para todas as suas manifestações. Já o § 1º relaciona o prazo com a revelia, isto é, cessa a contagem do prazo em dobro se, havendo apenas 2 (dois) réus, é oferecida defesa por apenas um deles. Ora, a contagem em dobro se fundamenta na existência de mais de um litigante, no mesmo polo da relação jurídica processual, com advogados diferentes. Se um dos litisconsortes se torna revel, cessa, pois, a contagem em dobro. Por fim, não se aplica a contagem em dobro aos processos em autos eletrônicos (§ 2º do artigo 229).

Súmulas:

STF nº 641: Não se conta em dobro o prazo para recorrer, quando só um dos litisconsortes haja sucumbido.

Enunciado do Fórum Permanente de Processualistas Civis:

Nº 275 do FPPC: Nos processos que tramitam eletronicamente, a regra do art. 229, § 2º, não se aplica aos prazos já iniciados no regime anterior.

Enunciado do Fórum Nacional de Juizados Especiais:

Nº 164 do FONAJE: O art. 229, *caput*, do CPC/2015 não se aplica ao Sistema de Juizados Especiais.

Art. 230. O prazo para a parte, o procurador, a Advocacia Pública, a Defensoria Pública e o Ministério Público será contado da citação, da intimação ou da notificação.

Notas:

Trata-se aqui do início da contagem do prazo processual, ou seja, da citação, intimação ou notificação.

Art. 231. Salvo disposição em sentido diverso, considera-se dia do começo do prazo:

I – a data de juntada aos autos do aviso de recebimento, quando a citação ou a intimação for pelo correio;

II – a data de juntada aos autos do mandado cumprido, quando a citação ou a intimação for por oficial de justiça;

III – a data de ocorrência da citação ou da intimação, quando ela se der por ato do escrivão ou do chefe de secretaria;

IV – o dia útil seguinte ao fim da dilação assinada pelo juiz, quando a citação ou a intimação for por edital;

V – o dia útil seguinte à consulta ao teor da citação ou da intimação ou ao término do prazo para que a consulta se dê, quando a citação ou a intimação for eletrônica;

VI – a data de juntada do comunicado de que trata o art. 232 ou, não havendo esse, a data de juntada da carta aos autos de origem devidamente cumprida, quando a citação ou a intimação se realizar em cumprimento de carta;

VII – a data de publicação, quando a intimação se der pelo Diário da Justiça impresso ou eletrônico;

VIII – o dia da carga, quando a intimação se der por meio da retirada dos autos, em carga, do cartório ou da secretaria.

IX - o quinto dia útil seguinte à confirmação, na forma prevista na mensagem de citação, do recebimento da citação realizada por meio eletrônico. (Incluído pela Lei nº 14.195, de 2021).

§ 1º Quando houver mais de um réu, o dia do começo do prazo para contestar corresponderá à última das datas a que se referem os incisos I a VI do *caput*.

§ 2º Havendo mais de um intimado, o prazo para cada um é contado individualmente.

§ 3º Quando o ato tiver de ser praticado diretamente pela parte ou por quem, de qualquer forma, participe do processo, sem a intermediação de representante judicial, o dia do começo do prazo para cumprimento da determinação judicial corresponderá à data em que se der a comunicação.

§ 4º Aplica-se o disposto no inciso II do *caput* à citação com hora certa.

Notas:

Início do prazo. Este dispositivo trata de diversas hipóteses. Vejamos: a regra da juntada aos autos (incisos I, II e VI) da citação ou intimação que determina o início do prazo. O inciso III refere-se ao ato do escrivão, isto é, ele certifica o comparecimento do advogado ou parte em cartório, uma vez que estes tomaram ciência dos atos do processo. O inciso IV trata da citação/intimação por edital. Já o inciso V cuida do processo eletrônico. O inciso VI considera-se o dia do começo do prazo quando a intimação se der pelo Diário da Justiça impresso ou eletrônico. O inciso VIII quando a intimação se der por meio da retirada dos autos, em carga, do cartório ou da secretaria.

Os §§ 1º e 2º distinguem o início do prazo (litisconsórcio passivo) para apresentar a contestação dos casos em que ocorre a intimação, na hipótese de prazo individual.

Por fim § 3º, de forma inovadora, diz que no caso de o ato ser praticado diretamente pela parte, sem a intermediação de representante judicial, o início do prazo ocorre no dia em que houver a comunicação.

Confira os apontamentos acostados ao art. 224.

Remissão:

– Art. 4º da Lei nº 11.419/2006 (dispõe sobre a informatização do processo judicial):

"Art. 4º Os tribunais poderão criar Diário da Justiça eletrônico, disponibilizado em sítio da rede mundial de computadores, para publicação de atos judiciais e administrativos próprios e dos órgãos a eles subordinados, bem como comunicações em geral.

§ 1º O sítio e o conteúdo das publicações de que trata este artigo deverão ser assinados digitalmente com base em certificado emitido por Autoridade Certificadora credenciada na forma da lei específica.

§ 2º A publicação eletrônica na forma deste artigo substitui qualquer outro meio e publicação oficial, para quaisquer efeitos legais, à exceção dos casos que, por lei, exigem intimação ou vista pessoal.

§ 3º Considera-se como data da publicação o primeiro dia útil seguinte ao da disponibilização da informação no Diário da Justiça eletrônico.

§ 4º Os prazos processuais terão início no primeiro dia útil que seguir ao considerado como data da publicação.

§ 5º A criação do Diário da Justiça eletrônico deverá ser acompanhada de ampla divulgação, e o ato administrativo correspondente será publicado durante 30 (trinta) dias no diário oficial em uso".

Recurso Especial Repetitivo:

Acórdão submetido ao regime do art. 543-C do CPC/1973 (art. 1.036 do Código Fux, CPC/2015), fixando-se a tese: nos casos de intimação/citação realizadas por Correio, Oficial de Justiça, ou por Carta de Ordem, Precatória ou Rogatória, o prazo recursal inicia-se com a juntada aos autos do aviso de recebimento, do mandado cumprido, ou da juntada da carta. (STJ, Tema Repetitivo 379 – REsp 1.632.777/SP, Rel. Ministro Napoleão Nunes Maia Filho, Corte Especial, julgado em 17/05/2017, DJe 26/05/2017).

Enunciado das Jornadas de Direito Processual Civil do Conselho da Justiça Federal:

Nº 146 do CJF: O prazo de 3 (três) dias previsto pelo art. 528 do CPC conta-se em dias úteis e na forma dos incisos do art. 231 do CPC, não se aplicando seu § 3º.

Enunciados do Fórum Permanente de Processualistas Civis:

Nº 271 do FPPC: Quando for deferida tutela provisória a ser cumprida diretamente pela parte, o prazo recursal conta a partir da juntada do mandado de intimação, do aviso de recebimento ou da carta precatória; o prazo para o cumprimento da decisão inicia-se a partir da intimação da parte.

Nº 272 do FPPC: Não se aplica o § 2º do art. 231 ao prazo para contestar, em vista da previsão do § 1º do mesmo artigo.

Nº 629 do FPPC: Se o réu reconvier contra o autor e terceiro, o prazo de contestação à reconvenção, para ambos, iniciar-se-á após a citação do terceiro.

Art. 232. Nos atos de comunicação por carta precatória, rogatória ou de ordem, a realização da citação ou da intimação será imediatamente informada, por meio eletrônico, pelo juiz deprecado ao juiz deprecante.

Notas:

No que se refere aos atos de comunicação por carta precatória, rogatória ou de ordem, a realização da citação ou da intimação será informada imediatamente por via eletrônica, pelo juiz deprecado ao juiz deprecante.

Remissão:

- Art. 7º da Lei nº 11.419/2006 (dispõe sobre a informatização do processo judicial):

"Art. 7º As cartas precatórias, rogatórias, de ordem e, de um modo geral, todas as comunicações oficiais que transitem entre órgãos do Poder Judiciário, bem como entre os deste e os dos demais Poderes, serão feitas preferentemente por meio eletrônico".

Seção II
Da Verificação dos Prazos e das Penalidades

Art. 233. Incumbe ao juiz verificar se o serventuário excedeu, sem motivo legítimo, os prazos estabelecidos em lei.

§ 1º Constatada a falta, o juiz ordenará a instauração de processo administrativo, na forma da lei.

§ 2º Qualquer das partes, o Ministério Público ou a Defensoria Pública poderá representar ao juiz contra o serventuário que injustificadamente exceder os prazos previstos em lei.

Notas:

Fiscalização. A norma é clara: cabe ao juiz verificar se o serventuário excedeu, sem motivo legítimo, os prazos estabelecidos em lei. Se o motivo do excesso de prazo for ilegítimo, o magistrado deve abrir processo administrativo. Obviamente, o serventuário terá direito a ampla defesa e ao contraditório.

Art. 234. Os advogados públicos ou privados, o defensor público e o membro do Ministério Público devem restituir os autos no prazo do ato a ser praticado.

§ 1º É lícito a qualquer interessado exigir os autos do advogado que exceder prazo legal.

§ 2º Se, intimado, o advogado não devolver os autos no prazo de 3 (três) dias, perderá o direito à vista fora de cartório e incorrerá em multa correspondente à metade do salário-mínimo.

§ 3º Verificada a falta, o juiz comunicará o fato à seção local da Ordem dos Advogados do Brasil para procedimento disciplinar e imposição de multa.

§ 4º Se a situação envolver membro do Ministério Público, da Defensoria Pública ou da Advocacia Pública, a multa, se for o caso, será aplicada ao agente público responsável pelo ato.

§ 5º Verificada a falta, o juiz comunicará o fato ao órgão competente responsável pela instauração de procedimento disciplinar contra o membro que atuou no feito.

Notas:

Os autos devem ser devolvidos no prazo. Os advogados públicos ou privados, o defensor público e o membro do Ministério Público devem restituir os autos no prazo do ato a ser praticado. Neste sentido, o Estatuto da OAB dispõe no artigo 34, inciso XXII que "*Art. 34. Constitui infração disciplinar: (...) XXII – reter, abusivamente, ou extraviar autos recebidos com vista ou em confiança*;"

É lícito a qualquer interessado cobrar a devolução dos autos do advogado que exceder prazo legal (§ 1º, art. 234). Se, intimado, o advogado não devolver os autos no prazo de 3 (três) dias, perderá o direito à vista fora de cartório e incorrerá em multa correspondente à metade do salário-mínimo (§ 2º, art. 234). Verificada a falta do causídico, o magistrado comunicará o fato à seção local da Ordem dos Advogados do Brasil para procedimento disciplinar e imposição de multa (§ 3º, art. 234).. Por fim, os §§ 4º e 5º, do art. 234 cuidam das faltas cometidas pelos membros do Ministério Público, da Defensoria Pública ou da Advocacia Pública.

Art. 235. Qualquer parte, o Ministério Público ou a Defensoria Pública poderá representar ao corregedor do tribunal ou ao Conselho Nacional de Justiça contra juiz ou relator que injustificadamente exceder os prazos previstos em lei, regulamento ou regimento interno.

§ 1º Distribuída a representação ao órgão competente e ouvido previamente o juiz, não sendo caso de arquivamento liminar, será instaurado procedimento para apuração da responsabilidade, com intimação do representado por meio eletrônico para, querendo, apresentar justificativa no prazo de 15 (quinze) dias.

§ 2º Sem prejuízo das sanções administrativas cabíveis, em até 48 (quarenta e oito) horas após a apresentação ou não da justificativa de que trata o § 1º, se for o caso, o corregedor do tribunal ou o relator no Conselho Nacional de Justiça determinará a intimação do representado por meio eletrônico para que, em 10 (dez) dias, pratique o ato.

§ 3º Mantida a inércia, os autos serão remetidos ao substituto legal do juiz ou do relator contra o qual se representou para decisão em 10 (dez) dias.

Notas:

Excesso de prazo cometido pelo juiz. Qualquer parte, o Ministério Público ou a Defensoria Pública poderá representar ao corregedor do tribunal ou ao Conselho Nacional de Justiça contra juiz ou relator que injustificadamente exceder os prazos previstos em lei, regulamento ou regimento interno. Já os §§ 1º, 2º e 3º, tratam do procedimento da representação contra o magistrado.

TÍTULO II
DA COMUNICAÇÃO DOS ATOS PROCESSUAIS

CAPÍTULO I
DISPOSIÇÕES GERAIS

Art. 236. Os atos processuais serão cumpridos por ordem judicial.

§ 1º Será expedida carta para a prática de atos fora dos limites territoriais do tribunal, da comarca, da seção ou da subseção judiciárias, ressalvadas as hipóteses previstas em lei.

§ 2º O tribunal poderá expedir carta para juízo a ele vinculado, se o ato houver de se realizar fora dos limites territoriais do local de sua sede.

§ 3º Admite-se a prática de atos processuais por meio de videoconferência ou outro recurso tecnológico de transmissão de sons e imagens em tempo real.

Notas:

Os atos processuais serão cumpridos por ordem judicial. Os §§ 1º e 2º, do art. 236 CPC tratam das cartas que são os meios de comunicação entre juízos de diferentes instâncias do Poder Judiciário. O § 3º inova no sentido de permitir a prática de atos processuais por meio de videoconferência ou outro recurso tecnológico de transmissão de sons e imagens em tempo real.

Art. 237. Será expedida carta:

I – de ordem, pelo tribunal, na hipótese do § 2º do art. 236;

II – rogatória, para que órgão jurisdicional estrangeiro pratique ato de cooperação jurídica internacional, relativo a processo em curso perante órgão jurisdicional brasileiro;

III – precatória, para que órgão jurisdicional brasileiro pratique ou determine o cumprimento, na área de sua competência territorial, de ato relativo a pedido de cooperação judiciária formulado por órgão jurisdicional de competência territorial diversa;

IV – arbitral, para que órgão do Poder Judiciário pratique ou determine o cumprimento, na área de sua competência territorial, de ato objeto de pedido de cooperação judiciária formulado por juízo arbitral, inclusive os que importem efetivação de tutela provisória.

Parágrafo único. Se o ato relativo a processo em curso na justiça federal ou em tribunal superior houver de ser praticado em local onde não haja vara federal, a carta poderá ser dirigida ao juízo estadual da respectiva comarca.

Notas:

A prática de atos processuais fora dos limites territoriais da competência do juiz da causa realiza-se por meio das denominadas cartas de ordem, rogatória, precatória e arbitral.

Assim, dar-se-á por carta de ordem os atos a serem praticados pelo juízo subordinado ao tribunal que a expedir, se o ato necessitar de realizar-se fora dos limites territoriais do local da sede dele; mediante carta rogatória, quando tratar de solicitação dirigida à autoridade judiciária estrangeira ou mesmo decorrente desta, para fins de cooperação jurídica internacional; por meio carta de precatória, para que órgão jurisdicional brasileiro pratique ou determine o cumprimento, na área de sua competência territorial, de ato relativo a pedido de cooperação judiciária formulado por órgão jurisdicional de competência territorial diversa e por carta arbitral – novidade inclusa no CPC/2015 – para que órgão do Poder Judiciário pratique ou determine o cumprimento, na área de sua competência territorial, de ato objeto de pedido de cooperação judiciária formulado por juízo arbitral, inclusive os que importem efetivação de tutela provisória, tudo conforme expressa o art. 236

Cabe ainda observar que, caso o ato relativo a processo em curso na justiça federal ou em tribunal superior tenha que ser praticado em local onde não haja vara federal, poderá a carta ser dirigida ao juízo estadual da respectiva comarca.

Remissões:

– Art. 105, I, "i", da CRFB/88:

"Art. 105. Compete ao Superior Tribunal de Justiça:

I – processar e julgar, originariamente:

i) a homologação de sentenças estrangeiras e a concessão de exequatur às cartas rogatórias; (...)."

– Art. 167 – G da Lei nº 11.101/2005, incluído pela Lei nº 14.112/2020 (Altera as Leis nºs 11.101, de 9 de fevereiro de 2005, 10.522, de 19 de julho de 2002, e 8.929, de 22 de agosto de 1994, para atualizar a legislação referente à recuperação judicial, à recuperação extrajudicial e à falência do empresário e da sociedade empresária):

"Art. 167 – G. Os credores estrangeiros têm os mesmos direitos conferidos aos credores nacionais nos processos de recuperação judicial, de recuperação extrajudicial ou de falência.

§ 1º Os credores estrangeiros receberão o mesmo tratamento dos credores nacionais, respeitada a ordem de classificação dos créditos prevista nesta Lei, e não serão discriminados em razão de sua nacionalidade ou da localização de sua sede, estabelecimento, residência ou domicílio, respeitado o seguinte:

I – os créditos estrangeiros de natureza tributária e previdenciária, bem como as penas pecuniárias por infração de leis penais ou administrativas, inclusive as multas tributárias devidas a Estados estrangeiros, não serão considerados nos processos de recuperação judicial e serão classificados como créditos subordinados nos processos de falência, independentemente de sua classificação nos países em que foram constituídos;

II – o crédito do representante estrangeiro será equiparado ao do administrador judicial nos casos em que fizer jus a remuneração, exceto quando for o próprio devedor ou seu representante;

III – os créditos que não tiverem correspondência com a classificação prevista nesta Lei serão classificados como quirografários, independentemente da classificação atribuída pela lei do país em que foram constituídos.

§ 2º O juiz deve determinar as medidas apropriadas, no caso concreto, para que os credores que não tiverem domicílio ou estabelecimento no Brasil tenham acesso às notificações e às informações dos processos de recuperação judicial, de recuperação extrajudicial ou de falência.

§ 3º As notificações e as informações aos credores que não tiverem domicílio ou estabelecimento no Brasil serão realizadas por qualquer meio considerado adequado pelo juiz, dispensada a expedição de carta rogatória para essa finalidade.

§ 4º A comunicação do início de um processo de recuperação judicial ou de falência para credores estrangeiros deverá conter as informações sobre providências necessárias para que o credor possa fazer valer seu direito, inclusive quanto ao prazo para apresentação de habilitação ou de divergência e à necessidade de os credores garantidos habilitarem seus créditos.

§ 5º O juiz brasileiro deverá expedir os ofícios e os mandados necessários ao Banco Central do Brasil para permitir a remessa ao exterior dos valores recebidos por credores domiciliados no estrangeiro."

– Art. 7º da Lei nº 11.419/2006 (dispõe sobre a informatização do processo judicial):

"Art. 7º As cartas precatórias, rogatórias, de ordem e, de um modo geral, todas as comunicações oficiais que transitem entre órgãos do Poder Judiciário, bem como entre os deste e os dos demais Poderes, serão feitas preferentemente por meio eletrônico."

Enunciado do Fórum Permanente de Processualistas Civis:

Nº 24 do FPPC: Independentemente dos locais em que se realizem os atos da arbitragem, a carta arbitral poderá ser expedida diretamente ao órgão do Poder Judiciário do local da efetivação da medida ou decisão.

CAPÍTULO II
DA CITAÇÃO

Art. 238. Citação é o ato pelo qual são convocados o réu, o executado ou o interessado para integrar a relação processual.

Parágrafo único. A citação será efetivada em até 45 (quarenta e cinco) dias a partir da propositura da ação. (Incluído pela Lei nº 14.195, de 2021).

Notas:

Trata-se do ato pelo qual são convocados o réu, o executado ou o interessado para integrar a relação processual, vinculando-os ao processo e aos seus efeitos.

É um ato solene, portanto, a falta de alguma de suas formalidades legais a torna nula, anulando, consequentemente, todos os atos que se seguirem.

Tem a citação caráter fundamental no processo civil moderno, traduzindo-se em uma característica essencial para a garantia de um processo democrático e justo, pois é por intermédio da citação que o réu passa a ter conhecimento da demanda e do que pretende o autor da mesma.[245]

Ausente a citação, não se completa o *actum trium personarum* (relação jurídica processual), não tendo, neste caso, o processo qualquer efeito ou validade, o que se faz atestado pelo próprio art. 239 do CPC.[246]

---

245 Ver, por todos, VÉSCOVI, Enrique. *Teoría General del Proceso*. 2. ed. Santa Fé de Bogotá: 1999, p. 239 e ss.

246 "*La notificasione, come procedimento direto a far conoscere a uma parte l'atto, intorno al quale conviene stimolarla al contradditorio, costituisce pertanto uno strumento e perciò un*

Art. 239. Para a validade do processo é indispensável a citação do réu ou do executado, ressalvadas as hipóteses de indeferimento da petição inicial ou de improcedência liminar do pedido.

§ 1º O comparecimento espontâneo do réu ou do executado supre a falta ou a nulidade da citação, fluindo a partir desta data o prazo para apresentação de contestação ou de embargos à execução.

§ 2º Rejeitada a alegação de nulidade, tratando-se de processo de:

I - conhecimento, o réu será considerado revel;

II - execução, o feito terá seguimento.

Notas:

O artigo 239 relaciona a validade do processo a citação do réu ou executado. Daí que a citação válida é um pressuposto processual de validade da relação jurídica processual. O § 1º cuida do comparecimento espontâneo do réu ou do executado. Neste caso, fica suprida a falta ou a nulidade da citação, fluindo a partir desta data o prazo para apresentação de contestação ou de embargos à execução. Por fim, o § 2º disciplina a hipótese de a alegação de nulidade ser rejeitada.

Por outro lado, em casos de alegação pelo réu de nulidade da citação, sendo a mesma rejeitada, e tratando-se de processo de conhecimento, será o réu considerado revel. Já, em sede de processo de execução, o feito terá o seu devido prosseguimento, conforme estabelece o § 2º do art. 239.

Art. 9º da Lei nº 11.419/2006 (dispõe sobre a informatização do processo judicial):

"Art. 9º No processo eletrônico, todas as citações, intimações e notificações, inclusive da Fazenda Pública, serão feitas por meio eletrônico, na forma desta Lei.

§ 1º As citações, intimações, notificações e remessas que viabilizem o acesso à íntegra do processo correspondente serão consideradas vista pessoal do interessado para todos os efeitos legais.

§ 2º Quando, por motivo técnico, for inviável o uso do meio eletrônico para a realização de citação, intimação ou notificação, esses atos processuais poderão ser praticados segundo as regras ordinárias, digitalizando-se o documento físico, que deverá ser posteriormente destruído".

---

istituto complementare del contraddittorio: non si può avere il contraddittorio sulla domanda se quaesta non sai notificada (se la parte non sai citada (...) non si può aceitare il potere di gravame contro la sentensa sensa che ne avenga la notificasione." CARNELUTTI, Francesco. *Lezioni di Diritto Processuale Civile*. Vol. 2. Padova: Cedam, 1933, p. 156-157.

Art. 240. A citação válida, ainda quando ordenada por juízo incompetente, induz litispendência, torna litigiosa a coisa e constitui em mora o devedor, ressalvado o disposto nos arts. 397 e 398 da Lei nº 10.406, de 10 de janeiro de 2002 (Código Civil).

§ 1º A interrupção da prescrição, operada pelo despacho que ordena a citação, ainda que proferido por juízo incompetente, retroagirá à data de propositura da ação.

§ 2º Incumbe ao autor adotar, no prazo de 10 (dez) dias, as providências necessárias para viabilizar a citação, sob pena de não se aplicar o disposto no § 1º.

§ 3º A parte não será prejudicada pela demora imputável exclusivamente ao serviço judiciário.

§ 4º O efeito retroativo a que se refere o § 1º aplica-se à decadência e aos demais prazos extintivos previstos em lei.

Notas:

O artigo 240 trata dos *efeitos materiais e processuais da citação em relação ao réu*. Dessa forma, a citação válida, ainda quando ordenada por juízo incompetente, induz litispendência, torna litigiosa a coisa e constitui em mora o devedor, ressalvado o disposto nos artigos 397 e 398 da Lei nº 10.406, de 10 de janeiro de 2002 (Código Civil Brasileiro). Melhor dizendo: o inadimplemento de obrigação positiva e líquida constitui de pleno direito em mora o devedor e não havendo termo a mora se constitui mediante interpelação judicial ou extrajudicial, bem como em caso de obrigação proveniente de ato ilícito a mora se constitui desde a prática do ato.[247]

A interrupção da prescrição, operada pelo despacho que ordena a citação, ainda que proferido por juízo incompetente, retroagirá à data de propositura da ação (artigo 240, § 1º CPC).

O § 2º cuida do prazo em que o autor deve providenciar a citação. Ele terá 10 (dez) dias para dotar as providências necessárias para viabilizar a citação, sob pena de não se aplicar o disposto no § 1º. Se a demora na citação não foi ocasionada pelo autor, este não será prejudicado (§ 3º).

Por fim, o § 4º determina que o efeito retroativo a que se refere o § 1º aplica-se à decadência e aos demais prazos extintivos previstos em lei.

---

[247] CC: "*Art. 397. O inadimplemento da obrigação, positiva e líquida, no seu termo, constitui de pleno direito em mora o devedor.*

Parágrafo único. Não havendo termo, a mora se constitui mediante interpelação judicial ou extrajudicial."

"*Art. 398. Nas obrigações provenientes de ato ilícito, considera-se o devedor em mora, desde que o praticou.* "

Remissão:

– Art. 6º, § 6º, da Lei nº 11.101/2005 (regula a recuperação judicial, a extrajudicial e a falência do empresário e da sociedade empresária):

"Art. 6º (...)

§ 6º Independentemente da verificação periódica perante os cartórios de distribuição, as ações que venham a ser propostas contra o devedor deverão ser comunicadas ao juízo da falência ou da recuperação judicial:

I – pelo juiz competente, quando do recebimento da petição inicial;

II – pelo devedor, imediatamente após a citação".

Súmulas:

STF nº 149: É imprescritível a ação de investigação de paternidade, mas não o é a de petição de herança.

STF nº 150: Prescreve a execução no mesmo prazo de prescrição da ação.

STF nº 151: Prescreve em um ano a ação do segurador sub-rogado para haver indenização por extravio ou perda de carga transportada por navio.

STF nº 153: Simples protesto cambiário não interrompe a prescrição.

STF nº 154: Simples vistoria não interrompe a prescrição.

STF nº 163: Salvo contra a fazenda pública, sendo a obrigação ilíquida, contam-se os juros moratórios desde a citação inicial para a ação.

STF nº 224: Os juros da mora, nas reclamações trabalhistas, são contados desde a notificação inicial.

STF nº 230: A prescrição da ação de acidente do trabalho conta-se do exame pericial que comprovar a enfermidade ou verificar a natureza da incapacidade.

STF nº 264: Verifica-se a prescrição intercorrente pela paralisação da ação rescisória por mais de cinco anos.

STF nº 494: A ação para anular venda de ascendente a descendente, sem consentimento dos demais, prescreve em vinte anos, contados da data do ato, revogada a súmula 152.

STJ nº 39: Prescreve em vinte anos a ação para haver indenização, por responsabilidade civil, de sociedade de economia mista.

STJ nº 43: Incide correção monetária sobre dívida por ato ilícito a partir da data do efetivo prejuízo.

STJ nº 54: Os juros moratórios fluem a partir do evento danoso, em caso de responsabilidade extracontratual.

STJ nº 85: Nas relações jurídicas de trato sucessivo em que a fazenda pública figure como devedora, quando não tiver sido negado o próprio direito reclamado, a prescrição atinge apenas as prestações vencidas antes do quinquênio anterior à propositura da ação.

STJ nº 101: A ação de indenização do segurado em grupo contra a seguradora prescreve em um ano.

STJ nº 106: Proposta a ação no prazo fixado para o seu exercício, a demora na citação, por motivos inerentes ao mecanismo da justiça, não justifica o acolhimento da arguição de prescrição ou decadência.

STJ nº 114: Os juros compensatórios, na desapropriação indireta, incidem a partir da ocupação, calculados sobre o valor da indenização, corrigidos monetariamente.

STJ nº 119: A ação de desapropriação indireta prescreve em vinte anos.

STJ nº 143: Prescreve em cinco anos a ação de perdas e danos pelo uso de marca comercial.

STJ nº 186: Nas indenizações por ato ilícito, os juros compostos somente são devidos por aquele que praticou o crime.

STJ nº 188: Os juros moratórios, na repetição do indébito, são devidos a partir do trânsito em julgado da sentença.

STJ nº 204: Os juros de mora nas ações relativas a benefícios previdenciários incidem a partir da citação válida.

STJ nº 210: A ação de cobrança das contribuições para o FGTS prescreve em trinta (30) anos.

STJ nº 224: Excluído do feito o ente federal, cuja presença levara o juiz estadual a declinar da competência, deve o juiz federal restituir os autos e não suscitar conflito.

STJ nº 229: O pedido do pagamento de indenização à seguradora suspende o prazo de prescrição até que o segurado tenha ciência da decisão.

STJ nº 277: Julgada procedente a investigação de paternidade, os alimentos são devidos a partir da citação.

STJ nº 380: A simples propositura da ação de revisão de contrato não inibe a caracterização da mora do autor.

STJ nº 398: Sobre os saldos de conta vinculada do fgts não atinge o fundo de direito, limitando-se às parcelas vencidas.

STJ nº 405: A ação de cobrança do seguro obrigatório (DPVAT) prescreve em três anos.

STJ nº 409: Em execução fiscal, a prescrição ocorrida antes da propositura da ação pode ser decretada de ofício (art. 219, § 5º, do CPC).

STJ nº 412: A ação de repetição de indébito de tarifas de água e esgoto sujeita-se ao prazo prescricional estabelecido no código civil.

STJ nº 426: Os juros de mora na indenização do seguro DPVAT fluem a partir da citação.

STJ. Tema Repetitivo 1133:

Tese: O termo inicial dos juros de mora, em ação de cobrança de valores pretéritos ao ajuizamento de anterior mandado de segurança que reconheceu o direito, é a data da notificação da autoridade coatora no mandado de segurança, quando o devedor é constituído em mora (art. 405 do Código Civil e art. 240 do CPC).

Enunciados do Fórum Permanente de Processualistas Civis:

Nº 10 do FPPC: Em caso de desmembramento do litisconsórcio multitudinário, a interrupção da prescrição retroagirá à data de propositura da demanda original.

Nº 117 do FPPC: Em caso de desmembramento do litisconsórcio multitudinário ativo, os efeitos mencionados no art. 240 são considerados produzidos desde o protocolo originário da petição inicial.

Nº 136 do FPPC: A citação válida no processo judicial interrompe a prescrição, ainda que o processo seja extinto em decorrência do acolhimento da alegação de convenção de arbitragem.

Art. 241. Transitada em julgado a sentença de mérito proferida em favor do réu antes da citação, incumbe ao escrivão ou ao chefe de secretaria comunicar-lhe o resultado do julgamento.

Notas:

Ocorrendo o trânsito em julgado decorrente de prolação de sentença de mérito anterior à citação,[248] incumbirá ao escrivão ou ao chefe de secretaria comunicar ao réu o resultado do julgamento.

---

248 *"Art. 487. Haverá resolução de mérito quando o juiz:*

I - acolher ou rejeitar o pedido formulado na ação ou na reconvenção;

II - decidir, de ofício ou a requerimento, sobre a ocorrência de decadência ou prescrição;

III - homologar:

a) o reconhecimento da procedência do pedido formulado na ação ou na reconvenção;

b) a transação;

c) a renúncia à pretensão formulada na ação ou na reconvenção.

Parágrafo único. Ressalvada a hipótese do § 1º do art. 332, a prescrição e a decadência não serão reconhecidas sem que antes seja dada às partes oportunidade de manifestar-se."

Vale lembrar que se a decisão judicial extinguir o feito sem resolução de mérito,[249] não há falar-se em comunicação ao réu.

Art. 242. A citação será pessoal, podendo, no entanto, ser feita na pessoa do representante legal ou do procurador do réu, do executado ou do interessado.

§ 1º Na ausência do citando, a citação será feita na pessoa de seu mandatário, administrador, preposto ou gerente, quando a ação se originar de atos por eles praticados.

§ 2º O locador que se ausentar do Brasil sem cientificar o locatário de que deixou, na localidade onde estiver situado o imóvel, procurador com poderes para receber citação será citado na pessoa do administrador do imóvel encarregado do recebimento dos aluguéis, que será considerado habilitado para representar o locador em juízo.

§ 3º A citação da União, dos Estados, do Distrito Federal, dos Municípios e de suas respectivas autarquias e fundações de direito público será realizada perante o órgão de Advocacia Pública responsável por sua representação judicial.

---

249 *"Art. 485. O juiz não resolverá o mérito quando:*
I – indeferir a petição inicial;
II – o processo ficar parado durante mais de 1 (um) ano por negligência das partes;
III – por não promover os atos e as diligências que lhe incumbir, o autor abandonar a causa por mais de 30 (trinta) dias;
IV – verificar a ausência de pressupostos de constituição e de desenvolvimento válido e regular do processo;
V – reconhecer a existência de perempção, de litispendência ou de coisa julgada;
VI – verificar ausência de legitimidade ou de interesse processual;
VII – acolher a alegação de existência de convenção de arbitragem ou quando o juízo arbitral reconhecer sua competência;
VIII – homologar a desistência da ação;
IX – em caso de morte da parte, a ação for considerada intransmissível por disposição legal; e
X – nos demais casos prescritos neste Código.
§ 1º Nas hipóteses descritas nos incisos II e III, a parte será intimada pessoalmente para suprir a falta no prazo de 5 (cinco) dias.
§ 2º No caso do § 1º, quanto ao inciso II, as partes pagarão proporcionalmente as custas, e, quanto ao inciso III, o autor será condenado ao pagamento das despesas e dos honorários de advogado.
§ 3º O juiz conhecerá de ofício da matéria constante dos incisos IV, V, VI e IX, em qualquer tempo e grau de jurisdição, enquanto não ocorrer o trânsito em julgado.
§ 4º Oferecida a contestação, o autor não poderá, sem o consentimento do réu, desistir da ação.
§ 5º A desistência da ação pode ser apresentada até a sentença.
§ 6º Oferecida a contestação, a extinção do processo por abandono da causa pelo autor depende de requerimento do réu.
§ 7º Interposta a apelação em qualquer dos casos de que tratam os incisos deste artigo, o juiz terá 5 (cinco) dias para retratar-se."

Notas:

O artigo 242 cuida da *citação pessoal*. Esta é a regra geral. Todavia, a citação pode ser realizada na pessoa do representante legal ou do procurador do réu, do executado ou do interessado. Na ausência do citando, a citação será feita na pessoa de seu mandatário, administrador, preposto ou gerente, quando a ação se originar de atos por eles praticados (art. 242, § 1° CPC).

O locador que se ausentar do Brasil sem cientificar o locatário de que deixou, na localidade onde estiver situado o imóvel, procurador com poderes para receber citação será citado na pessoa do administrador do imóvel encarregado do recebimento dos aluguéis, que será considerado habilitado para representar o locador em juízo (art. 242, § 2° CPC).

Por fim, o § 3° trata da citação das pessoas jurídicas de direito público. Dessa maneira, a citação da União, dos Estados, do Distrito Federal, dos Municípios e de suas respectivas autarquias e fundações de direito público será realizada perante o órgão de Advocacia Pública responsável por sua representação judicial.

Súmula:

STJ n° 429: A citação postal, quando autorizada por lei, exige o aviso de recebimento.

Art. 243. A citação poderá ser feita em qualquer lugar em que se encontre o réu, o executado ou o interessado.

Parágrafo único. O militar em serviço ativo será citado na unidade em que estiver servindo, se não for conhecida sua residência ou nela não for encontrado.

Notas:

O presente dispositivo regra acerca do lugar da citação. Esta poderá ser feita em qualquer lugar em que se encontre o réu, o executado ou o interessado. Já o parágrafo único cuida da citação do militar em serviço, isto é, será citado na unidade em que estiver servindo, se não for conhecida sua residência ou nela não for encontrado.

Art. 244. Não se fará a citação, salvo para evitar o perecimento do direito:

I – de quem estiver participando de ato de culto religioso;

II – de cônjuge, de companheiro ou de qualquer parente do morto, consanguíneo ou afim, em linha reta ou na linha colateral em segundo grau, no dia do falecimento e nos 7 (sete) dias seguintes;

III – de noivos, nos 3 (três) primeiros dias seguintes ao casamento;

IV – de doente, enquanto grave o seu estado.

Notas:

Trata-se aqui das hipóteses em que não se realizará a citação.

Art. 245. Não se fará citação quando se verificar que o citando é mentalmente incapaz ou está impossibilitado de recebê-la.

§ 1º O oficial de justiça descreverá e certificará minuciosamente a ocorrência.

§ 2º Para examinar o citando, o juiz nomeará médico, que apresentará laudo no prazo de 5 (cinco) dias.

§ 3º Dispensa-se a nomeação de que trata o § 2º se pessoa da família apresentar declaração do médico do citando que ateste a incapacidade deste.

§ 4º Reconhecida a impossibilidade, o juiz nomeará curador ao citando, observando, quanto à sua escolha, a preferência estabelecida em lei e restringindo a nomeação à causa.

§ 5º A citação será feita na pessoa do curador, a quem incumbirá a defesa dos interesses do citando.

Remissão:

– Art. 1.775 do Código Civil.

Notas:

Impossibilidade de realização da citação. Não se fará citação quando se verificar que o citando é mentalmente incapaz ou está impossibilitado de recebê-la. Já os parágrafos do artigo em tela cuidam dos procedimentos a serem adotados neste caso.

Art. 246. A citação será feita preferencialmente por meio eletrônico, no prazo de até 2 (dois) dias úteis, contado da decisão que a determinar, por meio dos endereços eletrônicos indicados pelo citando no banco de dados do Poder Judiciário, conforme regulamento do Conselho Nacional de Justiça. (Redação dada pela Lei nº 14.195, de 2021).

§ 1º As empresas públicas e privadas são obrigadas a manter cadastro nos sistemas de processo em autos eletrônicos, para efeito de recebimento de citações e intimações, as quais serão efetuadas preferencialmente por esse meio. (Redação dada pela Lei nº 14.195, de 2021)

§ 1º– A A ausência de confirmação, em até 3 (três) dias úteis, contados do recebimento da citação eletrônica, implicará a realização da citação: (Incluído pela Lei nº 14.195, de 2021)

I – pelo correio; (Incluído pela Lei nº 14.195, de 2021).

II – por oficial de justiça; (Incluído pela Lei nº 14.195, de 2021).

III – pelo escrivão ou chefe de secretaria, se o citando comparecer em cartório; (Incluído pela Lei nº 14.195, de 2021).

IV – por edital. (Incluído pela Lei nº 14.195, de 2021).

§ 1º – B Na primeira oportunidade de falar nos autos, o réu citado nas formas previstas nos incisos I, II, III e IV do § 1º-A deste artigo deverá apresentar justa causa para a ausência de confirmação do recebimento da citação enviada eletronicamente. (Incluído pela Lei nº 14.195, de 2021).

§ 1º – C Considera-se ato atentatório à dignidade da justiça, passível de multa de até 5% (cinco por cento) do valor da causa, deixar de confirmar no prazo legal, sem justa causa, o recebimento da citação recebida por meio eletrônico. (Incluído pela Lei nº 14.195, de 2021).

§ 2º O disposto no § 1º aplica-se à União, aos Estados, ao Distrito Federal, aos Municípios e às entidades da administração indireta.

§ 3º Na ação de usucapião de imóvel, os confinantes serão citados pessoalmente, exceto quando tiver por objeto unidade autônoma de prédio em condomínio, caso em que tal citação é dispensada.

§ 4º As citações por correio eletrônico serão acompanhadas das orientações para realização da confirmação de recebimento e de código identificador que permitirá a sua identificação na página eletrônica do órgão judicial citante. (Incluído pela Lei nº 14.195, de 2021).

§ 5º As microempresas e as pequenas empresas somente se sujeitam ao disposto no § 1º deste artigo quando não possuírem endereço eletrônico cadastrado no sistema integrado da Rede Nacional para a Simplificação do Registro e da Legalização de Empresas e Negócios (Redesim). (Incluído pela Lei nº 14.195, de 2021).

§ 6º Para os fins do § 5º deste artigo, deverá haver compartilhamento de cadastro com o órgão do Poder Judiciário, incluído o endereço eletrônico constante do sistema integrado da Redesim, nos termos da legislação aplicável ao sigilo fiscal e ao tratamento de dados pessoais. (Incluído pela Lei nº 14.195, de 2021).

Notas:

O artigo 246 trata das *modalidades de citação.*

Na hipótese de usucapião de imóvel, a citação deve ser pessoal em relação aos confinantes, de acordo com o § 3º.

– *A Citação Eletrônica:*

A Lei nº 14.195/21, que facilita a abertura de empresas com o objetivo de modernizar o ambiente de negócios nacional - estratégia de recuperação econômica pós-pandemia trouxe um Capítulo (de número X) denominado "Da Racionalização Processual", figurando este como um verdadeiro "contrabando legislativo", pois incluso na presente lex por meio de inconsistências em seu processo legislativo (resultante da conversão da Medida Provisória 1.040, de 29 de março de 2021), e, portanto, de matéria que não caberia naquela Medida Provisória, exatamente por ausência de permissivo constitucional, mas que a par disso, oportunizou uma série de modificações ao texto legal do Código de Processo Civil de 2015.

Para além de outros deveres, passou o art. 77 do CPC a conter o inciso VII, consubstanciando em deveres das partes, de seus procuradores e de todos aqueles que de qualquer forma participem do processo, "*informar e manter atualizados seus dados cadastrais perante os órgãos do Poder Judiciário e, no caso do § 6º do art. 246 deste Código, da Administração Tributária, para recebimento de citações e intimações*".

Uma vez proposta respectiva ação, a citação, preferencialmente eletrônica, deverá ser efetivada em até 45 (quarenta e cinco) dias de tal propositura (art. 238, único do CPC).

Por outro lado, de acordo com art. 246, *caput*, a citação, que será feita, preferencialmente, por meio eletrônico e deverá ser realizada no prazo de até dois dias úteis, contado da decisão que a determinar, por meio dos endereços eletrônicos indicados pelo citando no banco de dados do Poder Judiciário, conforme regulamento do CNJ.

Diante ausência de confirmação pelo citando, em até três dias úteis, contados do recebimento da citação eletrônica, implicará a realização da citação pelo correio; por oficial de justiça; pelo escrivão ou chefe de secretaria, se o citando comparecer em cartório e por edital (§ 1º-A do art. 246).

O que nossa chama atenção é o 1º-B do art. 246, onde traz que, na primeira oportunidade de falar nos autos, o réu citado nas formas previstas nos incisos I, II, III e IV do § 1º-A do referido dispositivo legal (por correio, por oficial de justiça, pelo escrivão ou chefe de secretaria, se o citando comparecer em cartório ou por edital), deverá apresentar justa causa para a ausência de confirmação do recebimento da citação enviada eletronicamente, portanto, obrigando a que todos tenham endereço eletrônico e mais: que se abra seu email sempre em um prazo de três dias.

Ora, para além de sua teratologia, trata-se de regra com nítida disformidade em relação ao tecido social deste país de dimensões continentais e onde a exclusão digital se faz estrutural e profunda.

Para o agravamento da condição de ausente quanto à não apresentação de justa causa para a negativa de "abertura" de email no lapso temporal indicado pelo § 1º-A do art. 246 confirmando o recebimento da citação eletrônica ou mesmo não sendo considerada justa causa para tanto, o réu terá sua atitude tabulada como ato atentatório à dignidade da justiça, passível de multa em até 5% (cinco por cento) do valor da causa, conforme regra o § 1º-C do art. 246.

Nisso, ratificamos a lamentação quanto ao caráter desconecto entre a exigibilidade e a sanção a que se impõe em tal passagem, somando-se ao descolamento para com a realidade brasileira quanto ao direito fundamental à inclusão digital.

No que toca à confirmação de recebimento, conforme sustenta o § 4º do art. 246, as citações por correio eletrônico serão acompanhadas de orientações para realização de dita confirmação bem como de código identificador, permitindo a sua identificação na página eletrônica do órgão judicial citante.

Quanto às microempresas e as pequenas empresas, estas somente se sujeitam ao que dispõe o § 1º A, B e C do art. 246, quando não possuírem endereço eletrônico cadastrado no sistema integrado da Rede Nacional para a Simplificação do Registro e da Legalização de Empresas e Negócios (Redesim), conforme regra o § 5º do artigo em comento, valendo ressaltar que deverá haver compartilhamento de cadastro com os órgãos judiciais, aí incluso o endereço eletrônico constante do sistema integrado da Redesim, nos termos da legislação aplicável ao sigilo fiscal e ao tratamento de dados pessoais.

Súmulas:

STF nº 263: O possuidor deve ser citado pessoalmente para a ação de usucapião.

STF nº 391: O confinante certo deve ser citado, pessoalmente, para a ação de usucapião.

Enunciado do Fórum Permanente de Processualistas Civis:

Nº 25 do FPPC: A inexistência de procedimento judicial especial para a ação de usucapião e de regulamentação da usucapião extrajudicial não implica vedação da ação, que remanesce no sistema legal, para qual devem ser observadas as peculiaridades que lhe são próprias, especialmente a necessidade de citação dos confinantes e a ciência da União, do Estado, do Distrito Federal e do Município.

Art. 247. A citação será feita por meio eletrônico ou pelo correio para qualquer comarca do País, exceto: (Redação dada pela Lei nº 14.195, de 2021).

I – nas ações de estado, observado o disposto no art. 695, § 3º;

II – quando o citando for incapaz;

III – quando o citando for pessoa de direito público;

IV – quando o citando residir em local não atendido pela entrega domiciliar de correspondência;

V – quando o autor, justificadamente, a requerer de outra forma.

Notas:

O artigo 247 disciplina a citação a ser realizada via postal. A regra geral é a citação feita pelo correio para qualquer comarca do país, exceto as hipóteses apresentadas nos incisos do referido artigo.

Súmula:

STJ nº 429: A citação postal, quando autorizada por lei, exige o aviso de recebimento.

Art. 248. Deferida a citação pelo correio, o escrivão ou o chefe de secretaria remeterá ao citando cópias da petição inicial e do despacho do juiz e comunicará o prazo para resposta, o endereço do juízo e o respectivo cartório.

§ 1º A carta será registrada para entrega ao citando, exigindo-lhe o carteiro, ao fazer a entrega, que assine o recibo.

§ 2º Sendo o citando pessoa jurídica, será válida a entrega do mandado a pessoa com poderes de gerência geral ou de administração ou, ainda, a funcionário responsável pelo recebimento de correspondências.

§ 3º Da carta de citação no processo de conhecimento constarão os requisitos do art. 250.

§ 4º Nos condomínios edilícios ou nos loteamentos com controle de acesso, será válida a entrega do mandado a funcionário da portaria responsável pelo recebimento de correspondência, que, entretanto, poderá recusar o recebimento, se declarar, por escrito, sob as penas da lei, que o destinatário da correspondência está ausente.

Notas:

O artigo em destaque trata dos requisitos da carta de citação e seus respectivos procedimentos.

Súmula:

STJ nº 429: A citação postal, quando autorizada por lei, exige o aviso de recebimento.

Art. 249. A citação será feita por meio de oficial de justiça nas hipóteses previstas neste Código ou em lei, ou quando frustrada a citação pelo correio.

Notas:

Cuida o artigo 249 do ato citatório realizado pelo *oficial de justiça.*

Art. 250. O mandado que o oficial de justiça tiver de cumprir conterá:

I – os nomes do autor e do citando e seus respectivos domicílios ou residências;

II – a finalidade da citação, com todas as especificações constantes da petição inicial, bem como a menção do prazo para contestar, sob pena de revelia, ou para embargar a execução;

III – a aplicação de sanção para o caso de descumprimento da ordem, se houver;

IV – se for o caso, a intimação do citando para comparecer, acompanhado de advogado ou de defensor público, à audiência de conciliação ou de mediação, com a menção do dia, da hora e do lugar do comparecimento;

V – a cópia da petição inicial, do despacho ou da decisão que deferir tutela provisória;

VI – a assinatura do escrivão ou do chefe de secretaria e a declaração de que o subscreve por ordem do juiz.

Notas:

Disciplina o dispositivo em comento, os requisitos que devem conter o mandado de citação.

Vale anotar que denominamos de "real" a citação praticada por mandado (art. 250) através do oficial de justiça ou pelo correio em que há a certeza da ciência do réu, sendo chamada de "ficta" aquela exercida por meio de edital ou pela chamada citação com hora certa, esta praticada também por oficial.

Enunciado do Fórum Permanente de Processualistas Civis:

Nº 273 do FPPC: Ao ser citado, o réu deverá ser advertido de que sua ausência injustificada à audiência de conciliação ou mediação configura ato atentatório à dignidade da justiça, punível com a multa do art. 334, § 8º, sob pena de sua inaplicabilidade.

Art. 251. Incumbe ao oficial de justiça procurar o citando e, onde o encontrar, citá-lo:

I – lendo-lhe o mandado e entregando-lhe a contrafé;

II – portando por fé se recebeu ou recusou a contrafé;

III – obtendo a nota de ciente ou certificando que o citando não a apôs no mandado.

Notas:

A citação será feita por meio de oficial de justiça nas hipóteses previstas neste Código ou em lei, ou quando frustrada a citação pelo correio. Incumbe ao oficial de justiça procurar o citando e, onde o encontrar, citá-lo lendo-lhe o mandado e entregando-lhe a contrafé; portando por fé se recebeu ou recusou a contrafé; obtendo a nota de ciente ou certificando que o citando não a após no mandado.

Art. 252. Quando, por 2 (duas) vezes, o oficial de justiça houver procurado o citando em seu domicílio ou residência sem o encontrar, deverá, havendo suspeita de ocultação, intimar qualquer pessoa da família ou, em sua falta, qualquer vizinho de que, no dia útil imediato, voltará a fim de efetuar a citação, na hora que designar.

Parágrafo único. Nos condomínios edilícios ou nos loteamentos com controle de acesso, será válida a intimação a que se refere o *caput* feita a funcionário da portaria responsável pelo recebimento de correspondência.

Notas:

Citação com hora certa. Quando, por 2 (duas) vezes, o oficial de justiça houver procurado o citando em seu domicílio ou residência sem o encontrar, deverá, havendo suspeita de ocultação, intimar qualquer pessoa da família ou, em sua falta, qualquer vizinho de que, no dia útil imediato, voltará a fim de efetuar a citação, na hora que designar.

O parágrafo único trata da citação da hora certa na pessoa do porteiro.

Art. 253. No dia e na hora designados, o oficial de justiça, independentemente de novo despacho, comparecerá ao domicílio ou à residência do citando a fim de realizar a diligência.

§ 1º Se o citando não estiver presente, o oficial de justiça procurará informar-se das razões da ausência, dando por feita a citação, ainda que o citando se tenha ocultado em outra comarca, seção ou subseção judiciárias.

§ 2º A citação com hora certa será efetivada mesmo que a pessoa da família ou o vizinho que houver sido intimado esteja ausente, ou se, embora presente, a pessoa da família ou o vizinho se recusar a receber o mandado.

§ 3º Da certidão da ocorrência, o oficial de justiça deixará contrafé com qualquer pessoa da família ou vizinho, conforme o caso, declarando-lhe o nome.

§ 4º O oficial de justiça fará constar do mandado a advertência de que será nomeado curador especial se houver revelia.

Notas:

Cuida-se aqui dos procedimentos a serem adotados pelo *oficial de justiça* com o firme propósito de concretizar a citação por hora certa.

Art. 254. Feita a citação com hora certa, o escrivão ou chefe de secretaria enviará ao réu, executado ou interessado, no prazo de 10 (dez) dias, contado da data da juntada do mandado aos autos, carta, telegrama ou correspondência eletrônica, dando-lhe de tudo ciência.

Notas:

O presente artigo informa da necessidade de o escrivão dar ciência ao citando sobre a sua citação por hora certa.

Art. 255. Nas comarcas contíguas de fácil comunicação e nas que se situem na mesma região metropolitana, o oficial de justiça poderá efetuar, em qualquer delas, citações, intimações, notificações, penhoras e quaisquer outros atos executivos.

Notas:

O artigo 255 apresenta uma novidade: o oficial de justiça poderá realizar atos de comunicação e de execução em comarcas contíguas naquelas da mesma região metropolitana.

Art. 256. A citação por edital será feita:

I – quando desconhecido ou incerto o citando;

II – quando ignorado, incerto ou inacessível o lugar em que se encontrar o citando;

III – nos casos expressos em lei.

§ 1º Considera-se inacessível, para efeito de citação por edital, o país que recusar o cumprimento de carta rogatória.

§ 2º No caso de ser inacessível o lugar em que se encontrar o réu, a notícia de sua citação será divulgada também pelo rádio, se na comarca houver emissora de radiodifusão.

§ 3º O réu será considerado em local ignorado ou incerto se infrutíferas as tentativas de sua localização, inclusive mediante requisição pelo juízo de informações sobre seu endereço nos cadastros de órgãos públicos ou de concessionárias de serviços públicos.

Notas:

O artigo em comento regra acerca das hipóteses de realização da citação por edital.

A citação por edital é subsidiária da citação pessoal. Aquela só é realizada se esta não obtiver êxito. Os §§ 1º e 2º tratam da *inacessibilidade do réu*. O réu é inacessível quando se encontra em um país que se recusa a cumprir a carta rogatória ou ele se encontra em lugar não alcançado. Neste último caso, a notícia da citação será divulgada pelo rádio. Aqui, o legislador poderia ter mencionado a própria rede mundial de computadores (*internet*).

Por fim, o § 3º dispõe sobre o local ignorado e incerto do réu. Neste caso conhece o réu, mas ele está em lugar ignorado ou incerto, isto é, ninguém sabe sobre o seu paradeiro.

Súmulas:

STJ nº 282: Cabe a citação por edital na ação monitória.

STJ nº 414: A citação por edital na execução fiscal é cabível quando frustradas as demais modalidades.

Art. 257. São requisitos da citação por edital:

I – a afirmação do autor ou a certidão do oficial informando a presença das circunstâncias autorizadoras;

II – a publicação do edital na rede mundial de computadores, no sítio do respectivo tribunal e na plataforma de editais do Conselho Nacional de Justiça, que deve ser certificada nos autos;

III – a determinação, pelo juiz, do prazo, que variará entre 20 (vinte) e 60 (sessenta) dias, fluindo da data da publicação única ou, havendo mais de uma, da primeira;

IV – a advertência de que será nomeado curador especial em caso de revelia.

Parágrafo único. O juiz poderá determinar que a publicação do edital seja feita também em jornal local de ampla circulação ou por outros meios, considerando as peculiaridades da comarca, da seção ou da subseção judiciárias.

Notas:

O artigo 257 trata dos requisitos da *citação por edital.*

Art. 258. A parte que requerer a citação por edital, alegando dolosamente a ocorrência das circunstâncias autorizadoras para sua realização, incorrerá em multa de 5 (cinco) vezes o salário-mínimo.

Parágrafo único. A multa reverterá em benefício do citando.

Notas:

Determina neste âmbito a responsabilidade daquele que requerer indevidamente a *citação por edital.* Aqui se pune a litigância de má-fé.

Art. 259. Serão publicados editais:

I – na ação de usucapião de imóvel;

II – na ação de recuperação ou substituição de título ao portador;

III – em qualquer ação em que seja necessária, por determinação legal, a provocação, para participação no processo, de interessados incertos ou desconhecidos.

Notas:

Cabe lembrar que serão publicados editais na ação de usucapião de imóvel; na ação de recuperação ou substituição de título ao portador; em qualquer ação em que seja necessária, por determinação legal, a provocação, para participação no processo, de interessados incertos ou desconhecidos.

Enunciados do Fórum Permanente de Processualistas Civis:

Nº 46 do FPPC: A reconvenção pode veicular pedido de declaração de usucapião, ampliando subjetivamente o processo, desde que se observem os arts. 259, I, e 328, § 1º, II. Ampliação do Enunciado 237 da Súmula do STF.

Nº 119 do FPPC: Em caso de relação jurídica plurilateral que envolva diversos titulares do mesmo direito, o juiz deve convocar, por edital, os litisconsortes unitários ativos incertos e indeterminados (art. 259, III), cabendo-lhe, na hipótese de dificuldade de formação do litisconsórcio, oficiar o Ministério Público, a Defensoria Pública ou outro legitimado para que possa requerer a conversão da ação individual em coletiva (art. 333).

CAPÍTULO III
DAS CARTAS

Art. 260. São requisitos das cartas de ordem, precatória e rogatória:

I – a indicação dos juízes de origem e de cumprimento do ato;

II – o inteiro teor da petição, do despacho judicial e do instrumento do mandato conferido ao advogado;

III – a menção do ato processual que lhe constitui o objeto;

IV – o encerramento com a assinatura do juiz.

§ 1º O juiz mandará trasladar para a carta quaisquer outras peças, bem como instruí-la com mapa, desenho ou gráfico, sempre que esses documentos devam ser examinados, na diligência, pelas partes, pelos peritos ou pelas testemunhas.

§ 2º Quando o objeto da carta for exame pericial sobre documento, este será remetido em original, ficando nos autos reprodução fotográfica.

§ 3º A carta arbitral atenderá, no que couber, aos requisitos a que se refere o *caput* e será instruída com a convenção de arbitragem e com as provas da nomeação do árbitro e de sua aceitação da função.

Notas:

Apresenta-se aqui os requisitos das cartas de ordem, precatória e rogatória.

É de se ressaltar, conforme nota o § 1º, que ao magistrado caberá ordem de trasladar, na carta, quaisquer outras peças bem como instruí-la com mapa, desenho ou gráfico, sempre que esses documentos devam ser examinados, na diligência, pelas partes, pelos peritos ou pelas testemunhas, e ainda, em sendo objeto da carta exame pericial sobre documento, este será remetido em original, ficando nos autos reprodução fotográfica (§ 2º do art. 260).

Importante se faz destacar ainda que, os requisitos supracitados são igualmente aplicáveis à carta arbitral, esta que também será instruída com a convenção de arbitragem, além as provas da nomeação do árbitro e de sua aceitação da função.

Remissões:

– Art. 105, I, "i", da CRFB/88:

"Art. 105. Compete ao Superior Tribunal de Justiça:

I - processar e julgar, originariamente:

(...)

i) a homologação de sentenças estrangeiras e a concessão de exequatur às cartas rogatórias;".

– Art. 22-C da Lei nº 9.307/1996 (Lei da Arbitragem):

"Art. 22-C. O árbitro ou o tribunal arbitral poderá expedir carta arbitral para que o órgão jurisdicional nacional pratique ou determine o cumprimento, na área de sua competência territorial, de ato solicitado pelo árbitro.

Parágrafo único. No cumprimento da carta arbitral será observado o segredo de justiça, desde que comprovada a confidencialidade estipulada na arbitragem.

– Arts. 167-G, § 3º, e 167-P, § 1º, da Lei nº 11.101/2005, incluídos pela Lei nº 14.112/2020:

"Art. 167-G. Os credores estrangeiros têm os mesmos direitos conferidos aos credores nacionais nos processos de recuperação judicial, de recuperação extrajudicial ou de falência.

(...)

§ 3º As notificações e as informações aos credores que não tiverem domicílio ou estabelecimento no Brasil serão realizadas por qualquer meio considerado adequado pelo juiz, dispensada a expedição de carta rogatória para essa finalidade.

(...)".

"Art. 167-P. O juiz deverá cooperar diretamente ou por meio do administrador judicial, na máxima extensão possível, com a autoridade estrangeira ou com representantes estrangeiros, na persecução dos objetivos estabelecidos no art. 167-A desta Lei.

§ 1º O juiz poderá comunicar-se diretamente com autoridades estrangeiras ou com representantes estrangeiros, ou deles solicitar informação e assistência, sem a necessidade de expedição de cartas rogatórias, de procedimento de auxílio direto ou de outras formalidades semelhantes

(...)".

Enunciado do Fórum Permanente de Processualistas Civis:

Nº 26 do FPPC: Os requisitos legais mencionados no inciso I do art. 267 são os previstos no art. 260.

Nº 417 do FPPC: São requisitos para o cumprimento da carta arbitral: i) indicação do árbitro ou do tribunal arbitral de origem e do órgão do Poder Judiciário de destino; ii) inteiro teor do requerimento da parte, do pronunciamento do árbitro ou do Tribunal arbitral e da procuração conferida ao representante da parte, se houver; iii) especificação do ato processual que deverá ser praticado pelo juízo de destino; iv) encerramento com a assinatura do árbitro ou do presidente do tribunal arbitral conforme o caso.

Art. 261. Em todas as cartas o juiz fixará o prazo para cumprimento, atendendo à facilidade das comunicações e à natureza da diligência.

§ 1º As partes deverão ser intimadas pelo juiz do ato de expedição da carta.

§ 2º Expedida a carta, as partes acompanharão o cumprimento da diligência perante o juízo destinatário, ao qual compete a prática dos atos de comunicação.

§ 3º A parte a quem interessar o cumprimento da diligência cooperará para que o prazo a que se refere o *caput* seja cumprido.

Notas:

Uma vez expedida, as partes acompanharão o cumprimento da diligência perante o juízo destinatário, este ao qual competirá a prática dos atos de comunicação.

Diga-se que à parte a quem interessar o cumprimento da diligência cooperará para que a mesma seja cumprida dentro do lapso temporal assinado pelo juiz para a sua efetiva realização.

Art. 262. A carta tem caráter itinerante, podendo, antes ou depois de lhe ser ordenado o cumprimento, ser encaminhada a juízo diverso do que dela consta, a fim de se praticar o ato.

Parágrafo único. O encaminhamento da carta a outro juízo será imediatamente comunicado ao órgão expedidor, que intimará as partes.

Notas:

Preceitua-se neste artigo que a carta possui um papel itinerante, ou seja, antes ou depois de lhe ser ordenado o cumprimento, ser encaminhada a juízo diverso do que dela consta, a fim de se praticar o ato. Já o parágrafo único informa que o encaminhamento da carta a outro juízo será imediatamente comunicado ao órgão expedidor, que intimará as partes.

Art. 263. As cartas deverão, preferencialmente, ser expedidas por meio eletrônico, caso em que a assinatura do juiz deverá ser eletrônica, na forma da lei.

Notas:

Prioridade na expedição das cartas, preferencialmente, por meio eletrônico.

Art. 264. A carta de ordem e a carta precatória por meio eletrônico, por telefone ou por telegrama conterão, em resumo substancial, os requisitos mencionados no art. 250, especialmente no que se refere à aferição da autenticidade.

Remissão:

– Art. 7º da Lei nº 11.419/2006 (dispõe sobre a informatização do processo judicial):

"Art. 7º As cartas precatórias, rogatórias, de ordem e, de um modo geral, todas as comunicações oficiais que transitem entre órgãos do Poder Judiciário, bem como entre os deste e os dos demais Poderes, serão feitas preferentemente por meio eletrônico".

Notas:

Sem frisar para o conteúdo da urgência, como o fazia o CPC/1973 (art. 205), o CPC/2015 em seu art. 264, indica que as cartas de ordem e a precatória, seja por meio eletrônico, por telefone ou por telegrama, conterão, em resumo substancial, os requisitos mencionados no art. 250, especialmente, quanto à aferição da autenticidade.

Art. 265. O secretário do tribunal, o escrivão ou o chefe de secretaria do juízo deprecante transmitirá, por telefone, a carta de ordem ou a carta precatória ao juízo em que houver de se cumprir o ato, por intermédio do escrivão do primeiro ofício da primeira vara, se houver na comarca mais de um ofício ou de uma vara, observando-se, quanto aos requisitos, o disposto no art. 264.

§ 1º O escrivão ou o chefe de secretaria, no mesmo dia ou no dia útil imediato, telefonará ou enviará mensagem eletrônica ao secretário do tribunal, ao escrivão ou ao chefe de secretaria do juízo deprecante, lendo-lhe os termos da carta e solicitando-lhe que os confirme.

§ 2º Sendo confirmada, o escrivão ou o chefe de secretaria submeterá a carta a despacho.

Notas:

Providências a serem tomadas pelo secretário do tribunal, escrivão ou chefe de secretaria do juízo deprecante, isso quando da transmissão por telefone da carta de ordem ou precatória.

Art. 266. Serão praticados de ofício os atos requisitados por meio eletrônico e de telegrama, devendo a parte depositar, contudo, na secretaria do tribunal ou no cartório do juízo deprecante, a importância correspondente às despesas que serão feitas no juízo em que houver de praticar-se o ato.

Notas:

Em se tratando da hipótese de carta por telefone, o secretário do tribunal, o escrivão ou o chefe de secretaria do juízo deprecante transmitirá, por telefone, a carta de ordem ou a carta precatória ao juízo em que houver de se cumprir o ato, por intermédio do escrivão do primeiro ofício da primeira vara, se houver na comarca mais de um ofício ou de uma vara, observando-se, quanto aos requisitos, respeitados os requisitos do art. 264.

Art. 267. O juiz recusará cumprimento a carta precatória ou arbitral, devolvendo-a com decisão motivada quando:

I – a carta não estiver revestida dos requisitos legais;

II – faltar ao juiz competência em razão da matéria ou da hierarquia;

III – o juiz tiver dúvida acerca de sua autenticidade.

Parágrafo único. No caso de incompetência em razão da matéria ou da hierarquia, o juiz deprecado, conforme o ato a ser praticado, poderá remeter a carta ao juiz ou ao tribunal competente.

Notas:

O artigo 267 indica os motivos pelos quais o magistrado deve recursar o cumprimento da carta precatória ou arbitral. A primeira hipótese é a inobservância dos requisitos legais que devem conter as referidas cartas. O segundo motivo é a incompetência em razão da matéria ou da hierarquia. Da mesma forma, se o juiz tiver dúvida acerca da autenticidade das cartas, ele deverá recusá-las. O parágrafo único afirma que no caso de incompetência em razão da matéria ou da hierarquia, o juiz deprecado, conforme o ato a ser praticado, poderá remeter a carta ao juiz ou ao tribunal competente.

Enunciados do Fórum Permanente de Processualistas Civis:

Nº 26 do FPPC: Os requisitos legais mencionados no inciso I do art. 267 são os previstos no art. 260.

Nº 27 do FPPC: Não compete ao juízo estatal revisar o mérito da medida ou decisão arbitral cuja efetivação se requer por meio da carta arbitral.

Nº 417 do FPPC: São requisitos para o cumprimento da carta arbitral: i) indicação do árbitro ou do tribunal arbitral de origem e do órgão do Poder Judiciário de destino; ii) inteiro teor do requerimento da parte, do pronunciamento do árbitro ou do Tribunal arbitral e da procuração conferida ao representante da parte, se houver; iii) especificação do ato processual que deverá ser praticado pelo juízo de destino; iv) encerramento com a assinatura do árbitro ou do presidente do tribunal arbitral conforme o caso.

Art. 268. Cumprida a carta, será devolvida ao juízo de origem no prazo de 10 (dez) dias, independentemente de traslado, pagas as custas pela parte.

Notas:

Uma vez cumprida a carta ou mesmo frustrado o seu cumprimento, será ela devolvida ao juízo de origem no lapso temporal de 10 (dez) dias, isso independente de traslado bem como de qualquer pagamento de custas pela parte.

CAPÍTULO IV
DAS INTIMAÇÕES

Art. 269. Intimação é o ato pelo qual se dá ciência a alguém dos atos e dos termos do processo.

§ 1º É facultado aos advogados promover a intimação do advogado da outra parte por meio do correio, juntando aos autos, a seguir, cópia do ofício de intimação e do aviso de recebimento.

§ 2º O ofício de intimação deverá ser instruído com cópia do despacho, da decisão ou da sentença.

§ 3º A intimação da União, dos Estados, do Distrito Federal, dos Municípios e de suas respectivas autarquias e fundações de direito público será realizada perante o órgão de Advocacia Pública responsável por sua representação judicial.

Notas:

Intimação é o ato pelo qual se dá ciência a alguém dos atos e termos do processo para que faça ou deixe de fazer alguma coisa.

O Processo Civil brasileiro é guiado pelo chamado impulso oficial (art. 2º), sendo as intimações efetuadas de ofício, independentemente de requerimento da parte, pois que cabe ao juiz e aos seus auxiliares o andamento regular e célere do processo.

É a intimação o instrumento propiciador da efetividade do sistema preclusivo, delimitando o momento e o tempo para o conhecimento e/ou produção de atos no processo.

Na sistemática do CPC, em regra, as intimações dos atos processuais são realizadas na pessoa do advogado da parte. Porém, quando se tratar de ato a ser cumprido pela parte, pessoalmente, terá ela que ser intimada diretamente, como, por exemplo, na hipótese do art. 313, § 3º, esta relativa à constituição de novo advogado, quando da morte daquele que a representava no processo; na questão indicada pelo *caput* do art. 528, onde, a requerimento do exequente, intimado será executado para, em 3 (três) dias, pagar o débito, provar que o fez ou justificar a impossibilidade de efetuá-lo.

Interessante a novidade trazida pelo CPC/2015, onde se autoriza que o ato de intimação seja levado a cabo pelo próprio advogado[250] de uma das partes, pela via do correio, juntando aos autos do processo, posteriormente, cópia do ofício de intimação bem como do aviso de recebimento (§ 1º do art. 269). Ressalta-se que aludido ofício de intimação deverá ser instruído com a cópia do despacho, da decisão ou da sentença a que se refere (§ 2º do art. 269).

Quanto à intimação dos entes públicos - União, dos Estados, do Distrito Federal, dos Municípios e de suas respectivas autarquias e fundações de direito público - esta se dará perante o órgão de Advocacia Pública responsável por sua representação judicial (§ 3º do art. 269).

---

[250] Tal prática já é comum em ordenamentos estrangeiros. Em Portugal, por exemplo, dispõe o art. 229-A do Código de Processo Civil:

"*1 - Nos processos em que as partes tenham constituído mandatário judicial, os atos processuais que devam ser praticados por escrito pelas partes após a notificação da contestação do réu ao autor, são notificados pelo mandatário judicial do apresentante ao mandatário judicial da contraparte, no respetivo domicílio profissional, nos termos do artigo 260º-A.*

2 - O mandatário judicial que assuma o patrocínio na pendência do processo comunica o seu domicílio profissional e endereço de correio eletrónico ao mandatário judicial da contraparte."

Enunciado do Fórum Permanente de Processualistas Civis:

Nº 275 do FPPC: Nos processos que tramitam eletronicamente, a regra do art. 269, § 1º, não se aplica aos prazos já iniciados no regime anterior.

Art. 270. As intimações realizam-se, sempre que possível, por meio eletrônico, na forma da lei.

Parágrafo único. Aplica-se ao Ministério Público, à Defensoria Pública e à Advocacia Pública o disposto no § 1º do art. 246.

Remissões:

– Art. 4º, § 2º e 5º, da Lei nº 11.419/2006 (dispõe sobre a informatização do processo judicial):

"Art. 4º Os tribunais poderão criar Diário da Justiça eletrônico, disponibilizado em sítio da rede mundial de computadores, para publicação de atos judiciais e administrativos próprios e dos órgãos a eles subordinados, bem como comunicações em geral.

(...)

§ 2º A publicação eletrônica na forma deste artigo substitui qualquer outro meio e publicação oficial, para quaisquer efeitos legais, à exceção dos casos que, por lei, exigem intimação ou vista pessoal.

Art. 5º As intimações serão feitas por meio eletrônico em portal próprio aos que se cadastrarem na forma do art. 2º desta Lei, dispensando-se a publicação no órgão oficial, inclusive eletrônico.

§ 1º Considerar-se-á realizada a intimação no dia em que o intimando efetivar a consulta eletrônica ao teor da intimação, certificando-se nos autos a sua realização.

§ 2º Na hipótese do § 1º deste artigo, nos casos em que a consulta se dê em dia não útil, a intimação será considerada como realizada no primeiro dia útil seguinte.

§ 3º A consulta referida nos §§ 1º e 2º deste artigo deverá ser feita em até 10 (dez) dias corridos contados da data do envio da intimação, sob pena de considerar-se a intimação automaticamente realizada na data do término desse prazo.

§ 4º Em caráter informativo, poderá ser efetivada remessa de correspondência eletrônica, comunicando o envio da intimação e a abertura automática do prazo processual nos termos do § 3º deste artigo, aos que manifestarem interesse por esse serviço.

§ 5º Nos casos urgentes em que a intimação feita na forma deste artigo possa causar prejuízo a quaisquer das partes ou nos casos em que for evidenciada qualquer tentativa de burla ao sistema, o ato processual deverá ser realizado por outro meio que atinja a sua finalidade, conforme determinado pelo juiz.

§ 6º As intimações feitas na forma deste artigo, inclusive da Fazenda Pública, serão consideradas pessoais para todos os efeitos legais".

Notas:

Coube ao legislador adotar como regra geral, a intimação por via eletrônica, conforme se atesta da leitura do presente art. 270:

É de lembrar que o art. 9º, *caput*, da Lei nº 11.419/2006 possui regramento no seguinte sentido:

> "*No processo eletrônico, todas as citações, intimações e notificações, inclusive da Fazenda Pública, serão feitas por meio eletrônico, na forma desta Lei.*"

Mais especificamente, com relação aos detalhes da intimação por meio eletrônica, regra o art. 5º os conteúdos pertinentes à sua valida realização:

> *Art. 5º As intimações serão feitas por meio eletrônico em portal próprio aos que se cadastrarem na forma do art. 2º desta Lei, dispensando-se a publicação no órgão oficial, inclusive eletrônico.*
>
> *§ 1º Considerar-se-á realizada a intimação no dia em que o intimando efetivar a consulta eletrônica ao teor da intimação, certificando-se nos autos a sua realização.*
>
> *§ 2º Na hipótese do § 1º deste artigo, nos casos em que a consulta se dê em dia não útil, a intimação será considerada como realizada no primeiro dia útil seguinte.*
>
> *§ 3º A consulta referida nos §§ 1º e 2º deste artigo deverá ser feita em até 10 (dez) dias corridos contados da data do envio da intimação, sob pena de considerar-se a intimação automaticamente realizada na data do término desse prazo.*
>
> *§ 4º Em caráter informativo, poderá ser efetivada remessa de correspondência eletrônica, comunicando o envio da intimação e a abertura automática do prazo processual nos termos do § 3º deste artigo, aos que manifestarem interesse por esse serviço.*
>
> *§ 5º Nos casos urgentes em que a intimação feita na forma deste artigo possa causar prejuízo a quaisquer das partes ou nos casos em que for evidenciada qualquer tentativa de burla ao sistema, o ato processual*

deverá ser realizado por outro meio que atinja a sua finalidade, conforme determinado pelo juiz.

§ 6º As intimações feitas na forma deste artigo, inclusive da Fazenda Pública, serão consideradas pessoais para todos os efeitos legais.

Com relação às intimações por via eletrônica ao Ministério Público, à Defensoria Pública e à Advocacia Pública, aplicam-se os mandamentos do § 1º do art. 246, ou seja, são obrigados a manter cadastro nos sistemas de processo em autos eletrônicos, para efeito de recebimento de citações e intimações, as quais serão efetuadas preferencialmente por esse meio.

Art. 271. O juiz determinará de ofício as intimações em processos pendentes, salvo disposição em contrário.

Notas:

Cuida-se aqui da possibilidade do magistrado determinar intimações de ofício em processo pendentes, ressalvando-se disposições em contrário.

Art. 272. Quando não realizadas por meio eletrônico, consideram-se feitas as intimações pela publicação dos atos no órgão oficial.

§ 1º Os advogados poderão requerer que, na intimação a eles dirigida, figure apenas o nome da sociedade a que pertençam, desde que devidamente registrada na Ordem dos Advogados do Brasil.

§ 2º Sob pena de nulidade, é indispensável que da publicação constem os nomes das partes e de seus advogados, com o respectivo número de inscrição na Ordem dos Advogados do Brasil, ou, se assim requerido, da sociedade de advogados.

§ 3º A grafia dos nomes das partes não deve conter abreviaturas.

§ 4º A grafia dos nomes dos advogados deve corresponder ao nome completo e ser a mesma que constar da procuração ou que estiver registrada na Ordem dos Advogados do Brasil.

§ 5º Constando dos autos pedido expresso para que as comunicações dos atos processuais sejam feitas em nome dos advogados indicados, o seu desatendimento implicará nulidade.

§ 6º A retirada dos autos do cartório ou da secretaria em carga pelo advogado, por pessoa credenciada a pedido do advogado ou da sociedade de advogados, pela Advocacia Pública, pela Defensoria Pública ou pelo Ministério Público implicará intimação de qualquer decisão contida no processo retirado, ainda que pendente de publicação.

§ 7º O advogado e a sociedade de advogados deverão requerer o respectivo credenciamento para a retirada de autos por preposto.

§ 8º A parte arguirá a nulidade da intimação em capítulo preliminar do próprio ato que lhe caiba praticar, o qual será tido por tempestivo se o vício for reconhecido.

§ 9º Não sendo possível a prática imediata do ato diante da necessidade de acesso prévio aos autos, a parte limitar-se-á a arguir a nulidade da intimação, caso em que o prazo será contado da intimação da decisão que a reconheça.

Notas:

Confira de início, os comentários assentados no art. 270.

Em complementação aos conteúdos inseridos na publicação da intimação via diário oficial, estabelece o CPC alguns contornos relevantes.

De início, relativo aos próprios dados do advogado, onde poderão requerer que, na intimação a eles dirigida, figure apenas o nome da sociedade a que pertençam, desde que devidamente registrada na Ordem dos Advogados do Brasil (§ 1º do art. 272).

Ainda, na mesma trilha nominativa e sob pena de nulidade do ato intimatório, é indispensável que da publicação constem os nomes das partes e de seus advogados, com o respectivo número de inscrição na Ordem dos Advogados do Brasil, ou, se assim requerido, da sociedade de advogados (§ 2º do art. 272).

No que toca à grafia dos nomes constantes da publicação, a grafia dos nomes das partes não deve conter abreviaturas, devendo os nomes dos advogados corresponder ao nome completo, sendo o mesmo daquele que constar da procuração ou que estiver registrada na Ordem dos Advogados do Brasil (§§ 3º e 4º do art. 272).

Vale relevar que, uma vez constando dos autos pedido expresso para que as comunicações dos atos processuais sejam realizadas em nome dos advogados indicados, o seu desatendimento implicará nulidade, nos termos que frisa o § 5º do art. 272.

O § 6º cuida da intimação pela retirada em carga dos autos. O § 7º trata da retira dos autos por preposto. Por fim, os §§ 8º e 9º disciplinam a arguição de nulidade da intimação.

Enunciado do Fórum Permanente de Processualistas Civis:

Nº 274 do FPPC: Aplica-se a regra do § 6º do art. 272 ao prazo para contestar, quando for dispensável a audiência de conciliação e houver poderes para receber citação.

Art. 273. Se inviável a intimação por meio eletrônico e não houver na localidade publicação em órgão oficial, incumbirá ao escrivão ou chefe de secretaria intimar de todos os atos do processo os advogados das partes:

I – pessoalmente, se tiverem domicílio na sede do juízo;

II – por carta registrada, com aviso de recebimento, quando forem domiciliados fora do juízo.

Notas:

O artigo 273 cuida da necessidade de realização da intimação pessoal a ser realizada pelo escrivão ou chefe de secretaria.

Art. 274. Não dispondo a lei de outro modo, as intimações serão feitas às partes, aos seus representantes legais, aos advogados e aos demais sujeitos do processo pelo correio ou, se presentes em cartório, diretamente pelo escrivão ou chefe de secretaria.

Parágrafo único. Presumem-se válidas as intimações dirigidas ao endereço constante dos autos, ainda que não recebidas pessoalmente pelo interessado, se a modificação temporária ou definitiva não tiver sido devidamente comunicada ao juízo, fluindo os prazos a partir da juntada aos autos do comprovante de entrega da correspondência no primitivo endereço.

Notas:

Não dispondo a lei de outro modo, as intimações serão feitas às partes, aos seus representantes legais, aos advogados e aos demais sujeitos do processo pelo correio, conforme disciplina o dispositivo em tela, presumindo-se válidas, inclusive, aquelas dirigidas ao endereço constante dos autos, ainda que não recebidas pessoalmente pelo interessado, se a modificação temporária ou definitiva não tiver sido devidamente comunicada ao juízo, fluindo os prazos a partir da juntada aos autos do comprovante de entrega da correspondência no primitivo endereço.

Art. 275. A intimação será feita por oficial de justiça quando frustrada a realização por meio eletrônico ou pelo correio.

§ 1º A certidão de intimação deve conter:

I – a indicação do lugar e a descrição da pessoa intimada, mencionando, quando possível, o número de seu documento de identidade e o órgão que o expediu;

II – a declaração de entrega da contrafé;

III – a nota de ciente ou a certidão de que o interessado não a apôs no mandado.

§ 2º Caso necessário, a intimação poderá ser efetuada com hora certa ou por edital.

Notas:

Frustrada a realização por meio eletrônico ou pelo correio, a intimação será feita por oficial de justiça. Nota-se, portanto, o seu caráter supletivo.

Para tanto, a certidão de intimação deverá necessariamente conter os conteúdos acostados no presente dispositivo.

TÍTULO III
DAS NULIDADES

Notas:

O ato processual, entendido como a ação humana apta a influir na relação jurídico-processual, está subordinado às mesmas condições de validade para os atos jurídicos em geral, quais sejam: agente capaz, objeto lícito e forma prescrita ou não proibida por lei. Além disso, para garantia da transparência do próprio processo judicial, estabelece o arts. 11 e 189 do CPC, que os atos processuais devem ser públicos, salvo aqueles acobertados pelo segredo de justiça, hipótese em que o interesse privado se sobrepõe ao coletivo.

Assim, para que o ato processual cumpra a sua finalidade, mister se faz que determinadas fórmulas sejam seguidas, ou seja, que exista a capacidade da parte que o pratica – capacidade processual e postulatória quanto ao autor e o réu e competência e imparcialidade no tocante ao juiz; que o objeto visado seja lícito, sendo dever do magistrado impedir que as partes utilizem o processo para fins escusos ou meramente protelatórios (arts. 139, III, e 142); que a forma escolhida para o ato corresponda à exigência da lei nos casos por ela expressamente determinados, consoante o princípio da legalidade das formas adotado pelo CPC, no art. 188.

Desta feita, praticado o ato com infração a quaisquer das condições acima, torna-se este passível de ser anulado sempre que a violação resultar em prejuízo para qualquer das partes ou para o próprio processo conforme prescreve os art. 273 e seguintes do CPC.

Art. 276. Quando a lei prescrever determinada forma sob pena de nulidade, a decretação desta não pode ser requerida pela parte que lhe deu causa.

Notas:

As nulidades processuais distinguem-se em três tipos de vícios processuais, a saber: dos defeitos que não resistem à eficácia preclusiva da coisa julgada e, por isso, se não forem alegados em recursos se tornam irrelevantes; a dos que sobrevivem à coisa julgada e, por previsão estrita da lei, pode servir de fundamento à ação rescisória e, por fim, a dos vícios processuais que, dispensando o exercício da ação rescisória, continuam alegáveis a qualquer tempo, e se apresentam como óbices à satisfação do direito através do cumprimento de sentença, se arguidos em impugnação.[251]

Art. 277. Quando a lei prescrever determinada forma, o juiz considerará válido o ato se, realizado de outro modo, lhe alcançar a finalidade.

Notas:

O artigo 277 acolhe o princípio da instrumentalidade das formas ou denominado de "aproveitamento dos atos processuais."

Esse princípio desvela que a forma somente é indispensável para que o ato processual alcance a sua finalidade, ou seja, inexiste vício se o ato atingiu a sua finalidade ainda que de outra forma. Por exemplo, se o réu não foi citado, mas compareceu a sua audiência e se defendeu não há que se falar em vício de nulidade. Daí que o artigo 244 diz que o juiz considerará válido o ato praticado em desconformidade com a lei, desde que esta não prescreva a nulidade. A moderna hermenêutica processual entende que ainda que a lei comine nulidade, o magistrado não a declarará se porventura o ato, por outra forma, atingiu o seu desiderato. Melhor dizendo: se não ocorreu prejuízo, não há falar-se em nulidade (quer absoluta, quer relativa).

Remissão:

- Art. 76 da Lei nº 11.101/2005 (Regula a recuperação judicial, a extrajudicial e a falência do empresário e da sociedade empresária):

"Art. 76. O juízo da falência é indivisível e competente para conhecer todas as ações sobre bens, interesses e negócios do falido, ressalvadas as causas trabalhistas, fiscais e aquelas não reguladas nesta Lei em que o falido figurar como autor ou litisconsorte ativo.

Parágrafo único. Todas as ações, inclusive as excetuadas no *caput* deste artigo, terão prosseguimento com o administrador judicial, que deverá ser intimado para representar a massa falida, sob pena de nulidade do processo".

---

[251] Cf. THEODORO JR., Humberto. *Sentença: direito processual ao vivo*. Vol. I, Rio de Janeiro: Aide, 1991, p. 73.

Enunciado das Jornadas de Direito Processual Civil do Conselho da Justiça Federal:

Nº 201 do CJF: É aplicável o princípio da fungibilidade recursal quando o erro na interposição do recurso decorre da nomenclatura usada na decisão pelo magistrado.

Art. 278. A nulidade dos atos deve ser alegada na primeira oportunidade em que couber à parte falar nos autos, sob pena de preclusão.

Parágrafo único. Não se aplica o disposto no *caput* às nulidades que o juiz deva decretar de ofício, nem prevalece a preclusão provando a parte legítimo impedimento.

Notas:

Nulidades e preclusão. Aqui, a regra jurídica está se referindo às anulabilidades, ou seja, invalidades sanáveis. Vale acrescentar que as nulidades absolutas não podem ser convalidadas, uma vez que não são suscetíveis de preclusão.

Art. 279. É nulo o processo quando o membro do Ministério Público não for intimado a acompanhar o feito em que deva intervir.

§ 1º Se o processo tiver tramitado sem conhecimento do membro do Ministério Público, o juiz invalidará os atos praticados a partir do momento em que ele deveria ter sido intimado.

§ 2º A nulidade só pode ser decretada após a intimação do Ministério Público, que se manifestará sobre a existência ou a inexistência de prejuízo.

Notas:

O artigo 279 trata da falta de intimação do Ministério Público. Daí que o processo é nulo. O § 1º, em observância ao princípio da instrumentalidade das formas, se o processo tiver tramitado sem conhecimento do membro do Ministério Público, o juiz invalidará os atos praticados a partir do momento em que ele deveria ter sido intimado. Por fim, o § 2º informa que a nulidade somente pode ser decretada após a oitiva do Ministério Público.

Art. 280. As citações e as intimações serão nulas quando feitas sem observância das prescrições legais.

Notas:

Nulidade das citações e intimações. As citações ou as intimações são feitas sem a observância das prescrições legais.

Querela Nullitatis. Dentre o universo de atos processuais, sabido é que a citação tem significado fundamental, sobretudo, no Estado Democrático de Direito, dado encarnar a própria garantia do contraditório, sendo que o réu, ao ser citado validamente, repercute não somente na formação integral da relação processual bem como oportuniza ao próprio demandado o conhecimento exato da pretensão diante a ele reclamada, além da incidência de todo aquele rol de efeitos ditados pelo art. 240 do CPC.

Assim, pelo acima dito, uma vez realizando-se tal ato de comunicação e permanecendo o réu inerte quanto à apresentação de sua peça contestatória, dar-se-á a incidência da revelia em sentido estrito cujos efeitos desta, inegavelmente, serão danosos ao réu.

Ocorre que tal citação pode estar eivada de vício (falta ou nulidade), implicando, ainda que do silêncio e inércia do réu, ofensa ao direito sublime de ser citado.

O defeito em questão, realmente, é de grande repercussão de modo que sua problemática envolve a perspectiva de ataque à sentença proferida em processo no qual foi a citação omitida, ou, se realizada, configurou-se nula, levando-se ainda assim o réu à condição de revel, salvo, evidentemente, a escusa contida no § 1º do art. 239 do CPC.

Para o enfrentamento de inescrupulosa sentença, têm doutrina[252] e jurisprudência[250] se esmerado para a defesa no tocante à subsistência da chamada *querela nullitatis.*[251]

Leciona Calamandrei[253] que o instituto da *querela nullitatis* é advindo de elaboração havida no período medieval com a fusão de elementos romanos e germânicos, tendo como serventia combater uma sentença maculada de vícios de forma *(errores in procedendo).*

---

[252] Ver, dentre outros, CALAMANDREI, Piero. Sopravvivenza della querella di nullità nel proceso civile vigente. *In*: *Revista di Diritto Processuale*, n. VI, 1951, p. 112-128; SILVA, Ovídio Baptista. Sobrevivência da querella nullitatis. In: *Revista Forense*, n. 333, jan./mar. 1996, p. 115-122; GAIO JÚNIOR, Antônio Pereira. *Instituições de Direito Processual Civil.* 2. ed. Belo Horizonte: Del Rey, 2015, p. 193-197; MACEDO, Alexander dos Santos Macedo. *Da Querella Nullitatis – Sua Subsistência no Direito Brasileiro.* 3. ed. Rio de Janeiro: Lumen Júris, 2005; MARTINS, Sandro Gilbert. *A Defesa do Executado por meio de ações autônomas.* 2. ed. São Paulo: RT, 2005, p. 265-273.

[253] CALAMANDREI, Piero. *Opere Giuridiche.* Napoli: Morano Editore, p. 131-145, v. VI.

Daí, elaborada foi a *actio nullitatis*, via de impugnação autônoma cuja função era a de reparar os vícios formais que pudessem tornar nula a sentença.

Art. 281. Anulado o ato, consideram-se de nenhum efeito todos os subsequentes que dele dependam, todavia, a nulidade de uma parte do ato não prejudicará as outras que dela sejam independentes.

Notas:

O artigo 281 cuida da extensão da nulidade e suas consequências. Se o ato processual for anulado, ficam sem efeitos jurídicos todos os atos subsequentes que dele dependam. No entanto, a nulidade de uma parte do ato não prejudica as outras que dela sejam dependentes. É, pois, o princípio da conservação dos atos processuais. Dessa maneira, o magistrado ao declarar a nulidade, invalidará os atos subsequentes que dele dependam. Todavia, os atos que não estejam relacionados ao ato invalidado, restarão preservados.

Enunciados do Fórum Permanente de Processualistas Civis:

Nº 276 do FPPC: Os atos anteriores ao ato defeituoso não são atingidos pela pronúncia de invalidade.

Nº 277 do FPPC: Para fins de invalidação, o reconhecimento de que um ato subsequente é dependente de um ato defeituoso deve ser objeto de fundamentação específica à luz de circunstâncias concretas.

Art. 282. Ao pronunciar a nulidade, o juiz declarará que atos são atingidos e ordenará as providências necessárias a fim de que sejam repetidos ou retificados.

§ 1º O ato não será repetido nem sua falta será suprida quando não prejudicar a parte.

§ 2º Quando puder decidir o mérito a favor da parte a quem aproveite a decretação da nulidade, o juiz não a pronunciará nem mandará repetir o ato ou suprir-lhe a falta.

Notas:

Cabe ao juiz declarar e indicar os atos atingidos pela nulidade, ordenando as providências necessárias para que o ato processual seja repetido ou retificado.

Enunciados do Fórum Permanente de Processualistas Civis:

Nº 276 do FPPC: Os atos anteriores ao ato defeituoso não são atingidos pela pronúncia de invalidade.

Nº 277 do FPPC: Para fins de invalidação, o reconhecimento de que um ato subsequente é dependente de um ato defeituoso deve ser objeto de fundamentação específica à luz de circunstâncias concretas.

Nº 278 do FPPC: O CPC adota como princípio a sanabilidade dos atos processuais defeituosos.

Nº 279 do FPPC: Para os fins de alegar e demonstrar prejuízo, não basta a afirmação de tratar-se de violação a norma constitucional.

Art. 283. O erro de forma do processo acarreta unicamente a anulação dos atos que não possam ser aproveitados, devendo ser praticados os que forem necessários a fim de se observarem as prescrições legais.

Parágrafo único. Dar-se-á o aproveitamento dos atos praticados desde que não resulte prejuízo à defesa de qualquer parte.

Notas:

Como dito acima, o CPC adotou o *princípio da instrumentalidade das formas* e da *conservação dos atos processuais*, ou seja, o mais relevante é a finalidade do ato processual e não o ato em si mesmo considerado. Daí que o erro de forma do processo acarreta, unicamente, a anulação dos atos que não possam ser aproveitados, devendo ser praticados os que forem necessários a fim de se observarem as prescrições legais.

Enunciado das Jornadas de Direito Processual Civil do Conselho da Justiça Federal:

Nº 201 do CJF: É aplicável o princípio da fungibilidade recursal quando o erro na interposição do recurso decorre da nomenclatura usada na decisão pelo magistrado.

Enunciado do Fórum Permanente de Processualistas Civis:

Nº 279 do FPPC: Para os fins de alegar e demonstrar prejuízo, não basta a afirmação de tratar-se de violação a norma constitucional.

TÍTULO IV
DA DISTRIBUIÇÃO E DO REGISTRO

Art. 284. Todos os processos estão sujeitos a registro, devendo ser distribuídos onde houver mais de um juiz.

Notas:

O artigo 284 cuida da necessidade de registro dos processos.

Art. 285. A distribuição, que poderá ser eletrônica, será alternada e aleatória, obedecendo-se rigorosa igualdade.

Parágrafo único. A lista de distribuição deverá ser publicada no Diário de Justiça.

Notas:

Poderá a distribuição se dar na forma eletrônica, sendo então alternada e aleatória, obedecendo-se rigorosa igualdade e, por conseguinte, devendo a lista de distribuição ser publicada no Diário da Justiça, garantindo a publicidade de tal prática processual.

Art. 286. Serão distribuídas por dependência as causas de qualquer natureza:

I - quando se relacionarem, por conexão ou continência, com outra já ajuizada;

II - quando, tendo sido extinto o processo sem resolução de mérito, for reiterado o pedido, ainda que em litisconsórcio com outros autores ou que sejam parcialmente alterados os réus da demanda;

III - quando houver ajuizamento de ações nos termos do art. 55, § 3º, ao juízo prevento.

Parágrafo único. Havendo intervenção de terceiro, reconvenção ou outra hipótese de ampliação objetiva do processo, o juiz, de ofício, mandará proceder à respectiva anotação pelo distribuidor.

Notas:

Casos de distribuição processual por dependência. O artigo 286 apresenta as hipóteses de distribuição por dependência. No inciso I, a distribuição por dependência é ocasionada por conexão ou continência entre duas ou mais demandas. Da mesma forma, a distribuição se dá por dependência quando, tendo sido extinto o processo sem resolução de mérito, for reiterado o pedido, ainda que em litisconsórcio com outros autores ou que sejam parcialmente alterados os réus da demanda (inciso II). Outra hipótese é quando houver ajuizamento de ações nos termos do art. 55, § 3º, ao juízo prevento (inciso III).

Súmula:

STJ nº 235: A conexão não determina a reunião dos processos, se um deles já foi julgado.

Art. 287. A petição inicial deve vir acompanhada de procuração, que conterá os endereços do advogado, eletrônico e não eletrônico.

Parágrafo único. Dispensa-se a juntada da procuração:

I - no caso previsto no art. 104;

II – se a parte estiver representada pela Defensoria Pública;

III – se a representação decorrer diretamente de norma prevista na Constituição Federal ou em lei.

Notas:

Uma vez apresentada a petição inicial com o objeto a ser conhecido pelo órgão julgador, deve a mesma vir acompanhada de procuração, que conterá os endereços do advogado, eletrônico e não eletrônico.

Pode-se, entretanto, dispensar-se a juntada da procuração parta fins de se evitar preclusão, decadência ou prescrição, ou para praticar ato considerado urgente, sendo que caberá ao advogado, independentemente de caução, exibir a procuração no prazo de 15 (quinze) dias, prorrogável por igual período por despacho do juiz, *ex vi* do art. 104, § 1º do CPC.

Uma vez não sendo não sendo apresentada respectiva procuração, será considerado ineficaz o ato relativamente àquele em cujo nome foi praticado, respondendo o advogado pelas despesas e por perdas e danos (§ 2º do art. 104 do CPC).

São ainda consideradas motivações legais para a ausência de juntada da devida procuração, ação onde a parte estiver representada pela Defensoria Pública bem como representação decorrer diretamente de norma prevista na Constituição Federal ou em lei (art. 287, II e III).

No caso do advogado manejar ação em causa própria, cediço é que não haverá necessidade de juntada de procuração, inclusive pela própria inteligência do art. 106 do CPC.

Há de se ressaltar, por fim, que deverá o autor realizar o pagamento das custas iniciais para a correta propositura da ação, exigindo então a prestação do serviço da justiça estatal, tratando-se aí de taxa devidamente regulada pelo Regimento de Custa da Justiça Federal bem como pelas leis estaduais.

Dito isso, uma vez não paga as devidas custas e despesas de ingresso da ação, será a parte intimada na pessoa de seu advogado, para que em 15 (quinze) dias, possa realizar os devidos pagamentos. Não cumprindo no lapso temporal citado, cancelada será a distribuição da demanda, o equivale ao indeferimento da petição inicial, sendo então determinado por sentença (art. 203, § 1º do CPC).

Enunciado do Fórum Permanente de Processualistas Civis:

Nº 139 do FPPC: No processo do trabalho, é requisito da petição inicial a indicação do endereço, eletrônico ou não, do advogado, cabendo-lhe atualizá-lo, sempre que houver mudança, sob pena de se considerar válida a intimação encaminhada para o endereço informado nos autos.

Art. 288. O juiz, de ofício ou a requerimento do interessado, corrigirá o erro ou compensará a falta de distribuição.

Notas:

Erro na distribuição.

Art. 289. A distribuição poderá ser fiscalizada pela parte, por seu procurador, pelo Ministério Público e pela Defensoria Pública.

Notas:

Fiscalização na Distribuição.

Art. 290. Será cancelada a distribuição do feito se a parte, intimada na pessoa de seu advogado, não realizar o pagamento das custas e despesas de ingresso em 15 (quinze) dias.

Notas:

Custas e cancelamento da distribuição.

Enunciado do Fórum Permanente de Processualistas Civis:

Nº 280 do FPPC: O prazo de quinze dias a que se refere o art. 290 conta-se da data da intimação do advogado.

TÍTULO V
DO VALOR DA CAUSA

Art. 291. A toda causa será atribuído valor certo, ainda que não tenha conteúdo econômico imediatamente aferível.

Notas:

A toda causa será atribuído valor certo, ainda que não possua conteúdo econômico auferível no momento da propositura, devendo o valor da causa constar sempre da petição inicial e, quando presente, da reconvenção.

Tal requisito possui finalidades processuais específicas, como, por exemplo:

a) parametrizar o *quantum* relativo à pretensão solicitada pela parte.

b) influenciar na fixação de honorários do advogado.

c) possibilitar, em sede de juizados especiais, a adoção do rito sumaríssimo.

Art. 292. O valor da causa constará da petição inicial ou da reconvenção e será:

I – na ação de cobrança de dívida, a soma monetariamente corrigida do principal, dos juros de mora vencidos e de outras penalidades, se houver, até a data de propositura da ação;

II – na ação que tiver por objeto a existência, a validade, o cumprimento, a modificação, a resolução, a resilição ou a rescisão de ato jurídico, o valor do ato ou o de sua parte controvertida;

III – na ação de alimentos, a soma de 12 (doze) prestações mensais pedidas pelo autor;

IV – na ação de divisão, de demarcação e de reivindicação, o valor de avaliação da área ou do bem objeto do pedido;

V – na ação indenizatória, inclusive a fundada em dano moral, o valor pretendido;

VI – na ação em que há cumulação de pedidos, a quantia correspondente à soma dos valores de todos eles;

VII – na ação em que os pedidos são alternativos, o de maior valor;

VIII – na ação em que houver pedido subsidiário, o valor do pedido principal.

§ 1º Quando se pedirem prestações vencidas e vincendas, considerar-se-á o valor de umas e outras.

§ 2º O valor das prestações vincendas será igual a uma prestação anual, se a obrigação for por tempo indeterminado ou por tempo superior a 1 (um) ano, e, se por tempo inferior, será igual à soma das prestações.

§ 3º O juiz corrigirá, de ofício e por arbitramento, o valor da causa quando verificar que não corresponde ao conteúdo patrimonial em discussão ou ao proveito econômico perseguido pelo autor, caso em que se procederá ao recolhimento das custas correspondentes.

Notas:

O presente dispositivo trata da fixação do valor da causa. O disposto apresenta várias hipóteses, indicando, pois, o valor que deve ser atribuído a causa.

Os §§ 1º e 2º cuidam de prestações cumuladas. Impende destacar que consoante o § 3º do citado artigo, o juiz corrigirá, de ofício e por arbitramento, o valor da causa quando verificar que não corresponde ao conteúdo patrimonial em discussão ou ao proveito econômico perseguido pelo autor, caso em que se procederá ao recolhimento das custas correspondentes.

Remissão:

– Arts. 51, § 5º e 70-A da Lei nº 11.101/2005 (Regula a recuperação judicial, a extrajudicial e a falência do empresário e da sociedade empresária):

"Art. 51. A petição inicial de recuperação judicial será instruída com:

(...)

§ 5º O valor da causa corresponderá ao montante total dos créditos sujeitos à recuperação judicial.

(...)

Art. 70-A. O produtor rural de que trata o § 3º do art. 48 desta Lei poderá apresentar plano especial de recuperação judicial, nos termos desta Seção, desde que o valor da causa não exceda a R$ 4.800.000,00 (quatro milhões e oitocentos mil reais). (Incluído pela Lei nº 14.112, de 2020)".

Súmula:

STF nº 449: O valor da causa, na consignatória de aluguel, corresponde a uma anuidade.

Art. 293. O réu poderá impugnar, em preliminar da contestação, o valor atribuído à causa pelo autor, sob pena de preclusão, e o juiz decidirá a respeito, impondo, se for o caso, a complementação das custas.

Notas:

O artigo 293 trata da impugnação do valor da causa. Melhor dizendo, o réu e qualquer outro legitimado poderá impugnar o valor da causa, através de preliminar de contestação sob pena de preclusão.[254]

LIVRO V
DA TUTELA PROVISÓRIA

TÍTULO I
DISPOSIÇÕES GERAIS

Art. 294. A tutela provisória pode fundamentar-se em urgência ou evidência.

Parágrafo único. A tutela provisória de urgência, cautelar ou antecipada, pode ser concedida em caráter antecedente ou incidental.

Notas:

É fato que no Estado contemporâneo de direito, marcadamente por sua leitura constitucional e democrática, no que toca aos anseios e conquistas que povoam aqueles que nele creem, o serviço público da justiça merece atenção

[254] A reciproca, igualmente, se faz verdadeira, ou seja, uma vez o autor sendo intimado para se manifestar acerca da preliminar de impugnação ao valor da causa alegada pelo réu e a deixa de fazer, tal atitude corresponderá à aceitação tácita do valor indicado pelo réu, cabendo ao juiz acolher a citada preliminar impugnativa e proceder à correção valorativa da demanda.

e contornos mais que especiais, pois que são depositadas ali variadas formas de felicidade e de um futuro promissor quando se tem a convicção de (re) conquista de um bem da vida, quer agredido, aviltado ou mesmo prometido.

A jurisdição não se deve prestar tão somente à realização concreta da vontade da lei, mas mais dos que isso: deve conceder a proteção em tempo razoável e de forma efetiva do direito material pretendido.

Notadamente, é através do instrumento processo que o Estado deve buscar o aperfeiçoamento das atividades nele realizadas para dar concretude real de gozo e fruição àquele que tem seu direito inadimplido, de modo a tornar as pessoas mais felizes ou menos infelizes.

Verdade é que, diante dos desafios da prestação jurisdicional qualitativa, tenta-se aprimorar o sistema jurisdicional a partir de medidas voltadas ao equilíbrio entre o as técnicas de tutela substancial e o respeito e realização das garantias processuais constitucionais.[255]

Descrevendo os males que, de certo, determinam o retardamento da tutela jurisdicional almejada, Proto Pisani[256] aponta que a ideologia liberal-individualista dos fins do século XIX e da primeira parte do século XX imaginava com a mais absoluta certeza que a técnica do procedimento ordinário resultava-se idônea ao se prestar a tutelar um rol infinito de direitos, decorrendo daí o caráter mistificador do pressuposto teórico da estéril igualdade formal.

Na mesma toada e sob a égide do CPC/1973, bem acentuava Marinoni que o procedimento ordinário, como o é intuitivo "faz com que o ônus do tempo do processo recaia unicamente sobre o autor, como se este fosse o culpado pela demora ínsita à cognição dos direitos."[257]

É preciso que se condicione o tempo do processo, possibilitando, pela própria razão prática, a eliminação de injustiça, esta que se torna ainda mais acentuada diante daquele que necessita – por que tem razão – da tutela.

Por outro lado, a urgência no uso e gozo de determinada pretensão de direito caminha na mesma perspectiva, ou seja, se requer muitas vezes a tutela de forma provisória, seja pelo seu caráter de urgência e/ou mesmo pela percepção do direito demonstrado como evidente no plano da razão probatória e que, certamente, já condicionaria ao seu necessário gozo e fruição de forma efetiva, ainda que em momento antecedente à sua provável e possível concessão definitiva.

---

255 Cf. CRUZ E TUCCI, José Rogério. *Tempo e Processo*. São Paulo: RT, 1997, p.121.

256 PISANI, Andrea Proto. *Appunti sulla giustiza civile*. Bari: Cacucci, 1982, p. 18 e ss.

257 MARINONI, Luiz Guilherme. *Tutela Antecipatória, Julgamento Antecipado e Execução Imediata da Sentença*. São Paulo: RT, 1997, p. 17.

Como cediço, não se trata de qualquer novidade em sede de direito pátrio a obtenção de uma tutela de natureza provisória urgente.

A única maneira de conseguir uma tutela de urgência antes da Lei nº 8.952/94, que deu origem a um ciclo de minirreformas do CPC/1973, era através do processo cautelar, onde o autor, após comprovar o *periculum in mora* e o *fumus boni iuris*, requisitava uma medida assecuratória com o escopo de preservar a efetividade de eventual tutela a ser concedida em futuro processo de conhecimento, contudo, a citada lei modificou o mecanismo lógico e natural do processo de cognição, qualquer que seja o procedimento, determinando um novo tipo de tutela de urgência denominada "antecipação de tutela" que facultava ao juiz, diante de provas não exauríveis e mediante decisão interlocutória fundamentada (art. 273, § 1º, do CPC/1973), outorgar total ou parcialmente a tutela que, de regra, deveria ser concedida apenas no final do processo, depois do encerramento da fase de instrução – quando da sentença de mérito, possibilitando, assim, que o autor, de imediato, tivesse satisfação da sua pretensão.

A despeito de ser uma medida que se deve primar, mais do que nunca, por uma equilibrada razoabilidade do juízo, uma vez que, compreende a alteração da ordem natural do processo, a tutela antecipada fora justificada pela necessidade do Estado-juiz ter de tornar realmente eficiente o processo, o que, às vezes, não é possível quando se faz necessário esperar um lapso de tempo exacerbado até que, por fim, seja prolatada uma sentença e esta se torne executável, via de regra, depois do seu trânsito em julgado.

Em um contexto mais amplo, notadamente, voltado ao equilíbrio dos planos da urgência e da evidência do direito frente ao próprio lapso temporal do processo, dedica o CPC/2015 um livro específico à denominada "Tutela Provisória".

Trata-se do Livro V da Parte Geral onde a Tutela Provisória se faz considerada como gênero do qual são espécies as Tutelas de Urgência de Evidência.

Observa-se que o legislador do novel CPC/2015 optou por adotar o termo Tutela Provisória como gênero, tendo como suas espécies as Tutelas de Urgência (Antecipada e Cautelar) e de Evidência, podendo as primeiras serem concedidas tanto em caráter antecedente quanto incidentalmente no processo, *ex vi* do art. 294 e seu parágrafo único.

Remissões:

– Arts. 22-A e 22-B da Lei nº 9.307/96 (Lei da Arbitragem):

"Art. 22-A. Antes de instituída a arbitragem, as partes poderão recorrer ao Poder Judiciário para a concessão de medida cautelar ou de urgência.

Parágrafo único. Cessa a eficácia da medida cautelar ou de urgência se a parte interessada não requerer a instituição da arbitragem no prazo de 30 (trinta) dias, contado da data de efetivação da respectiva decisão.

Art. 22-B. Instituída a arbitragem, caberá aos árbitros manter, modificar ou revogar a medida cautelar ou de urgência concedida pelo Poder Judiciário.

Parágrafo único. Estando já instituída a arbitragem, a medida cautelar ou de urgência será requerida diretamente aos árbitros".

– Art. 167-L da Lei nº 11.101/2005, incluído pela Lei nº 14.112/2020:

"Art. 167-L. Após o ajuizamento do pedido de reconhecimento do processo estrangeiro, e antes de sua decisão, o juiz poderá conceder liminarmente as medidas de tutela provisória, fundadas em urgência ou evidência, necessárias para o cumprimento desta Lei, para a proteção da massa falida ou para a eficiência da administração.

§ 1º Salvo no caso do disposto no inciso IV do ***caput*** do art. 167-N desta Lei, as medidas de natureza provisória encerram-se com a decisão sobre o pedido de reconhecimento.

§ 2º O juiz poderá recusar-se a conceder as medidas de assistência provisória que possam interferir na administração do processo estrangeiro principal".

– Art. 12 da Lei nº 7.347/85 (Lei da Ação Civil Pública):

"Art. 12. Poderá o juiz conceder mandado liminar, com ou sem justificação prévia, em decisão sujeita a agravo".

STJ. Tema Repetitivo 1040:

Tese: Na ação de busca e apreensão de que trata o Decreto-Lei nº 911/1969, a análise da contestação somente deve ocorrer após a execução da medida liminar. Publicação: 04/11/2021.

Enunciados das Jornadas de Direito Processual Civil do Conselho da Justiça Federal:

Nº 45 do CJF: Aplica-se às tutelas provisórias o princípio da fungibilidade, devendo o juiz esclarecer as partes sobre o regime processual a ser observado.

Nº 129 do CJF: É admitida a exibição de documentos como objeto de produção antecipada de prova, nos termos do art. 381 do CPC.

Nº 144 do CJF: No caso de apelação, o deferimento de tutela provisória em sentença retira-lhe o efeito suspensivo referente ao capítulo atingido pela tutela.

Nº 191 do CJF: Cabe recurso em face de decisão que defere ou indefere pedido de tutela provisória no rito dos Juizados Especiais da Fazenda Pública no âmbito dos Estados, do Distrito Federal, dos Territórios e dos Municípios, regido pela Lei nº 12.153/2009.

Nº 192: É admissível sustentação oral no agravo interposto contra a decisão do presidente em suspensão de segurança, de liminar, de sentença e de medidas congêneres propostas pelo Poder Público.

Nº 198 do CJF: Caberá reclamação às Cortes superiores, nos termos do art. 988, inciso I, do CPC, quando o presidente de tribunal analisar pedido de suspensão de liminar deferida por um de seus pares ou por órgão fracionário do próprio tribunal.

Enunciados do Fórum Permanente de Processualistas Civis:

Nº 28 do FPPC: Tutela Antecipada é uma técnica de julgamento que serve para adiantar efeito de qualquer tipo e provimento, de natureza cautelar ou satisfativa, de conhecimento ou executiva.

Nº 496 do FPPC: Preenchidos os pressupostos de lei, o requerimento de tutela provisória incidental pode ser formulado a qualquer tempo, não se submetendo à preclusão temporal.

Nº 691 do FPPC: A decisão que nega a tutela provisória coletiva não obsta a concessão da tutela provisória no plano individual.

Art. 295. A tutela provisória requerida em caráter incidental independe do pagamento de custas.

Notas:

Uma vez requerida a tutela provisória em caráter incidental, esta não exigirá o pagamento de custas.

Art. 296. A tutela provisória conserva sua eficácia na pendência do processo, mas pode, a qualquer tempo, ser revogada ou modificada.

Parágrafo único. Salvo decisão judicial em contrário, a tutela provisória conservará a eficácia durante o período de suspensão do processo.

Notas:

A tutela provisória (de urgência ou da evidência), uma vez concedida, conservará a sua eficácia na pendência do processo, no entanto, poderá ser a qualquer momento, revogada ou modificada, ressaltando-se que, salvo decisão judicial, conservará a sua eficácia ainda que durante a eventual suspensão do processo.

Enunciado das Jornadas de Direito Processual Civil do Conselho da Justiça Federal:

Nº 39 do CJF: Cassada ou modificada a tutela de urgência na sentença, a parte poderá, além de interpor recurso, pleitear o respectivo restabelecimento na instância superior, na petição de recurso ou em via autônoma.

Enunciado do Fórum Permanente de Processualistas Civis:

Nº 140 do FPPC: A decisão que julga improcedente o pedido final gera a perda da eficácia da tutela antecipada.

Art. 297. O juiz poderá determinar as medidas que considerar adequadas para efetivação da tutela provisória.

Parágrafo único. A efetivação da tutela provisória observará as normas referentes ao cumprimento provisório da sentença, no que couber.

Notas:

A competência para a concessão da tutela provisória será daquele juízo competente para conhecer da pretensão principal, portanto, o requerimento da desejada tutela provisória será dirigido ao órgão julgador apto ao conhecimento da tutela definitiva, podendo o magistrado determinar as medidas que considerar adequadas para a sua efetivação (art. 297).

Aliás, devemos aqui salientar que tal poder do juiz em determinar medidas adequadas à sua consideração acerca do bem/situação jurídica apresentada na *actio*, possui caráter mais amplo do que o poder geral de cautela que se fazia previsto no CPC/1973 (art. 798), pois que no CPC/2015, dito poder se faz estendido ao gênero Tutela Provisória, portanto, em tutelas de natureza urgente ou de evidência, inclusive não se prendendo a medidas típicas, dependendo então das exigências do caso concreto apresentado para tanto.

Enunciado das Jornadas de Direito Processual Civil do Conselho da Justiça Federal:

Nº 38 do CJF: As medidas adequadas para efetivação da tutela provisória independem do trânsito em julgado, inclusive contra o Poder Público (art. 297 do CPC).

Enunciados do Fórum Permanente de Processualistas Civis:

Nº 31 do FPPC: O poder geral de cautela está mantido no NCPC.

Nº 490 do FPPC: São admissíveis os seguintes negócios processuais, entre outros: pacto de inexecução parcial ou total de multa coercitiva; pacto de alteração de ordem de penhora; pré-indicação de bem penhorável preferencial (art. 848, II); pré-fixação de indenização por dano processual prevista nos arts. 81, § 3º, 520, inc. I, 297, parágrafo único (cláusula penal processual); negócio de anuência prévia para aditamento ou alteração do pedido ou da causa de pedir até o saneamento (art. 329, inc. II).

Nº 497 do FPPC: As hipóteses de exigência de caução para a concessão de tutela provisória de urgência devem ser definidas à luz do art. 520, IV, CPC.

Nº 498 do FPPC: A possibilidade de dispensa de caução para a concessão de tutela provisória de urgência, prevista no art. 300, § 1º, deve ser avaliada à luz das hipóteses do art. 521.

Nº 627 do FPPC: Em processo coletivo, a decisão que fixa multa coercitiva é passível de cumprimento provisório, permitido o levantamento do valor respectivo após o trânsito em julgado da decisão de mérito favorável.

Art. 298. Na decisão que conceder, negar, modificar ou revogar a tutela provisória, o juiz motivará seu convencimento de modo claro e preciso.

Notas:

Diante do requerimento da tutela provisória, quer de forma antecedente ou incidentalmente, sendo esta negada ou concedida e mesmo que, após sua concessão, venha operar-se sua modificação ou mesmo revogação, não se eximirá o magistrado, diante de qualquer destas decisões, de motivar o seu convencimento, sempre de modo claro e preciso (art. 298), o que, aliás, torna-se despiciendo tal referência, já que por próprio preceito constitucional (art. 93, IX da CF/88), impedido está o órgão julgador de proferir decisões sem o respeito integral à imprescindível motivação e por isso, a uma fundamentação analítica e justificada.

Enunciados do Fórum Permanente de Processualistas Civis:

Nº 29 do FPPC: A decisão que condicionar a apreciação da tutela antecipada incidentalmente ao recolhimento de custas ou a outra exigência não prevista em lei equivale a negá-la, sendo impugnável por agravo de instrumento.

Nº 30 do FPPC: O juiz deve justificar a postergação da análise liminar da tutela antecipada de urgência sempre que estabelecer a necessidade de contraditório prévio.

Nº 141 do FPPC: O disposto no art. 298 do CPC, aplica-se igualmente à decisão monocrática ou colegiada do Tribunal.

Nº 142 do FPPC: Da decisão monocrática do relator que concede ou nega o efeito suspensivo ao agravo de instrumento ou que concede, nega, modifica ou revoga, no todo ou em parte, a tutela jurisdicional nos casos de competência originária ou recursal, cabe o recurso de agravo interno nos termos do art. 1.021 do CPC.

Nº 730 do FPPC: A indisponibilidade de bens decretada antes da Lei 14.230/2021 para garantir eventual condenação de multa civil ou sobre acréscimo patrimonial decorrente de atividade lícita deve ser revogada.

Art. 299. A tutela provisória será requerida ao juízo da causa e, quando antecedente, ao juízo competente para conhecer do pedido principal.

Parágrafo único. Ressalvada disposição especial, na ação de competência originária de tribunal e nos recursos a tutela provisória será requerida ao órgão jurisdicional competente para apreciar o mérito.

Notas:

A competência para a concessão da tutela provisória será daquele juízo competente para conhecer da pretensão principal, portanto, o requerimento da desejada tutela provisória será dirigido ao órgão julgador apto ao conhecimento da tutela definitiva e, ressalvado disposição em contrário, na ação de competência originária de tribunal bem com em sede recursal, a Tutela Provisória será devidamente requerida ao órgão competente naquele tribunal para apreciar o mérito.

TÍTULO II
DA TUTELA DE URGÊNCIA

CAPÍTULO I
DISPOSIÇÕES GERAIS

Art. 300. A tutela de urgência será concedida quando houver elementos que evidenciem a probabilidade do direito e o perigo de dano ou o risco ao resultado útil do processo.

§ 1º Para a concessão da tutela de urgência, o juiz pode, conforme o caso, exigir caução real ou fidejussória idônea para ressarcir os danos que a outra parte possa vir a sofrer, podendo a caução ser dispensada se a parte economicamente hipossuficiente não puder oferecê-la.

§ 2º A tutela de urgência pode ser concedida liminarmente ou após justificação prévia.

§ 3º A tutela de urgência de natureza antecipada não será concedida quando houver perigo de irreversibilidade dos efeitos da decisão.

Notas:

A Tutela Provisória de Urgência, seja ela antecipada ou cautelar, será concedida quando houver elementos que evidenciem a probabilidade do direito e o perigo de dano ou risco ao resultado útil do processo, o que pode ser traduzido na demora da prestação jurisdicional (art. 300, *caput* do CPC/2015), em referência ao seu correspondente no CPC/1973, *in casu*, o art. 273, *caput* e inciso I.

De pronto, é de se notar a aproximação dos requisitos da tutela antecipada e cautela, ambas consideradas pelo legislador do CPC/2015 como tutelas voltadas à urgência fática e jurídica para a sua concessão restando, portanto, clara a escolha quantos aos elementos ou requisitos comuns à ambas, mais uma vez: a) probabilidade do direito (*fumus boni iuris*); e b) perigo de dano ou risco ao resultado útil do processo (*periculum in mora*).

Aliás, ratificando dito entendimento está o Enunciado nº 143 do Fórum Permanente de Processualistas Civis:

> "A redação do art. 300, *caput*, superou a distinção entre os requisitos da concessão para a tutela cautelar e para a tutela satisfativa de urgência, erigindo a probabilidade e o perigo na demora a requisitos comuns para a prestação de ambas as tutelas de forma antecipada."

É de se lembrar, conforme já explicitado quando da análise da tutela provisória que, as tutelas de urgência antecipada ou cautelar podem ser requeridas e concedidas tanto em caráter antecedente quanto incidentalmente no processo, conforme assegura o art. 294, parágrafo único.

Em se de concessão da tutela de urgência, poderá o magistrado exigir caução real ou fidejussória idônea para ressarcir os danos que a outra parte, por ventura, possa vir a sofrer, podendo ser dispensada se a parte economicamente hipossuficiente não puder oferecê-la (art. 300, § 1º).

Nota-se, conforme supracitado, a possibilidade de a parte *ex adversa* vir a sofrer danos decorrentes da concessão de medida de urgência e nisso, dispõe o art. 302 de hipóteses resultantes de realização da tutela de urgência no plano prático.

Atesta o presente dispositivo legal:

> "*Art. 302. Independentemente da reparação por dano processual, a parte responde pelo prejuízo que a efetivação da tutela de urgência causar à parte adversa, se:*
>
> *I – a sentença lhe for desfavorável;*
>
> *II – obtida liminarmente a tutela em caráter antecedente, não fornecer os meios necessários para a citação do requerido no prazo de 5 (cinco) dias;*
>
> *III – ocorrer a cessação da eficácia da medida em qualquer hipótese legal;*
>
> *IV – o juiz acolher a alegação de decadência ou prescrição da pretensão do autor.*
>
> *Parágrafo único. A indenização será liquidada nos autos em que a medida tiver sido concedida, sempre que possível.*"

Pode a tutela de urgência pode ser concedida liminarmente ou após justificação prévia (§ 2º do art. 300). Justifica-se tal hipótese quando o juiz, por exemplo, ao examinar o pedido de tutela de urgência, não se convença da real presença de *fumus boni iuris* e/ou do *periculum in mora*, necessitando, pois, designar audiência de justificação prévia para fins de certificar-se probalmente da necessidade da medida requerida, logicamente, com a presença do autor e, uma vez pautando -se em pedido de tutela de urgência *inauldita altera pars*, certamente, a presença do réu, neste caso, redundaria no próprio esvaziamento da medida objetivada.

Destaca-se que a tutela de urgência de natureza antecipada não será concedida quando houver perigo de irreversibilidade dos efeitos da decisão ora pretendida (§ 3º do art. 300).

Em verdade, é possível que a concessão da medida e sua respectiva realização venham a ocasionar, realmente, a irreversibilidade do bem jurídico objeto da referida tutela, como, por exemplo, em casos onde se obtém uma tutela antecipada para demolição de um prédio de valor histórico ou arquitetônico. De certo, sua reconstrução não terá o condão fiel de substituir o original e daí, o que teríamos seria uma irreversibilidade de fato, sendo razoável a não concessão da tutela de urgência antecipada.

Tal irreversibilidade também é conhecida, dentre outros, no seguinte julgado:

> "EMBARGOS DE DECLARAÇÃO NO AGRAVO REGIMENTAL. TUTELA ANTECIPATÓRIA EM AÇÃO RESCISÓRIA. IDADE AVANÇADA DA RÉ. CARÁTER ALIMENTAR. EXISTÊNCIA DO *PERICULUM IN MORA* INVERSO. EMBARGOS DECLARATÓRIOS ACOLHIDOS, COM EFEITOS MODIFICATIVOS, PARA REVOGAR A ANTECIPAÇÃO DA TUTELA.
>
> 1. Na hipótese dos autos, em que se informam a idade avançada da ré e a ausência de recursos financeiros para sua subsistência, verifica-se a existência do *periculum in mora* inverso, ante o caráter alimentar da pensão especial de ex-combatente, concedida pelo julgado que se pretende rescindir com a presente ação. Em verdade, diante de tais fatos, noticiados na petição dos embargos de declaração, imperioso concluir que a manutenção da antecipação da tutela, suspendendo a execução do julgado rescindendo, pode ocasionar danos irreparáveis à parte ré, em razão da demora do processo. Trata-se, pois, de irreversibilidade de fato, que impede a concessão da tutela antecipatória, porquanto insuscetível de ser resolvida em perdas e danos (artigo 273, 2º, do Código de Processo Civil).
>
> 2. Embargos de declaração acolhidos, com efeitos modificativos, a fim de revogar a decisão que concedeu tutela antecipatória, determinando, por

conseguinte, o prosseguimento da execução do julgado rescindendo."[258] (Grifo nosso).

Por outro lado, em se tratando da possibilidade de reparação por perdas e danos diante da concessão de medida antecipada, entende doutrina[259] e jurisprudência (o próprio acórdão acima), de possível obtenção da tutela de urgência antecipada, ainda que diante de possível irreversibilidade, *in casu*, de tida como de direito.[260]

– Tutela liminar em face da Fazenda Pública:

Tema com interesse frequente e alvo de enfrentamento pela doutrina é aquele relativo à possibilidade de medida antecipatória quando em questão está o Poder Público, mais especificamente, a União, os Estados, o Distrito Federal bem como Municípios, como alvo de tal.

O art. 1.059 do CPC/2015 afirma que à tutela provisória requerida contra a Fazenda Pública aplica-se o disposto nos arts. 1º a 4º da Lei nº 8.437, de 30 de junho de 1992, e no art. 7º, § 2º, da Lei nº 12.016, de 7 de agosto de 2009.

A despeito de aludida disposição do CPC, o Supremo Tribunal Federal em Ação Direta de Inconstitucionalidade promovida pela Conselho Federal da Ordem dos Advogados do Brasil - OAB, declarou a inconstitucionalidade de dispositivos da Lei do Mandado de Segurança (Lei nº 12.016/09) que restringiam as hipóteses de concessão de medida liminar em face da Fazenda Pública.

Um dos dispositivos declarados inconstitucionais é o parágrafo 2º do art. 7º, segundo o qual não se deve conceder liminar, em sede de mandado de segurança, "*que tenha por objeto a compensação de créditos tributários, a entrega de mercadorias e bens provenientes do exterior, a reclassificação ou equiparação de servidores públicos e a concessão de aumento ou a extensão de vantagens ou pagamento de qualquer natureza*".

Outro dispositivo declarado inconstitucional pelo STF foi o parágrafo 2º do art. 22 da supracitada lei, onde se determina que, no mandado de segurança coletivo, a liminar só poderia ser concedida após a audiência do representante

---

258 STJ.3ª Seção EDcl no AgRg na AR 3.163 – PR Rel. Min. Hélio Quaglia Barbosa.Julg. 08.03.2006, DJ 20.03.2006.

259 Por muitos, ver, MEDINA, José Miguel Garcia. *Novo Código de Processo Civil Comentado*. 3 ed. São Paulo: RT, 2015, p. 476.

260 NERY JR., Nelson; ANDRADE NERY, Rosa Maria. Ob. cit., p. 859.

Entendendo como possível a obtenção da tutela de urgência antecipada em quaisquer casuísmos, ou seja, não sendo a irreversibilidade óbice à obtenção da medida, dentre outros, MARINONI, Luiz Guilherme; ARENHART, Sérgio Cruz; MITIDIERO, Daniel. *Novo Código de Processo Civil Comentado*..., p. 313.

judicial da pessoa jurídica de direito público, que deverá se pronunciar no prazo de 72 horas.

Assim sucumbe-se a limitação para a concessão de tutela liminar (aqui tanto em sede antecipatória quanto cautelar) em face do ente público.

Remissões:

– Art. 6º, § 12 da Lei nº 11.101/02005, incluído pela Lei nº 14.112/2020:

"Art. 6º A decretação da falência ou o deferimento do processamento da recuperação judicial implica:

§ 12. Observado o disposto no art. 300 da Lei nº 13.105, de 16 de março de 2015 (Código de Processo Civil), o juiz poderá antecipar total ou parcialmente os efeitos do deferimento do processamento da recuperação judicial".

– Art. 7º da Lei nº 12.016/2009 (disciplina o mandado de segurança individual e coletivo e dá outras providências):

"Art. 7º Ao despachar a inicial, o juiz ordenará:

(...)

III – que se suspenda o ato que deu motivo ao pedido, quando houver fundamento relevante e do ato impugnado puder resultar a ineficácia da medida, caso seja finalmente deferida, sendo facultado exigir do impetrante caução, fiança ou depósito, com o objetivo de assegurar o ressarcimento à pessoa jurídica.

§ 1º Da decisão do juiz de primeiro grau que conceder ou denegar a liminar caberá agravo de instrumento, observado o disposto na Lei nº 5.869, de 11 de janeiro de 1973 – Código de Processo Civil.

§ 2º Não será concedida medida liminar que tenha por objeto a compensação de créditos tributários, a entrega de mercadorias e bens provenientes do exterior, a reclassificação ou equiparação de servidores públicos e a concessão de aumento ou a extensão de vantagens ou pagamento de qualquer natureza. *(Dispositivo declarado inconstitucional pelo STF na ADI nº 4.296/DF).*

§ 3º Os efeitos da medida liminar, salvo se revogada ou cassada, persistirão até a prolação da sentença.

§ 4º Deferida a medida liminar, o processo terá prioridade para julgamento.

§ 5º As vedações relacionadas com a concessão de liminares previstas neste artigo se estendem à tutela antecipada a que se referem os arts. 273 e 461 da Lei nº 5.869, de 11 de janeiro de 1973 – Código de Processo Civil".

Ação Direta de Inconstitucionalidade:

EMENTA: AÇÃO DIRETA DE INCONSTITUCIONALIDADE. ARTS. 1º, § 2º, 7º, III E § 2º, 22, § 2º, 23 E 25, DA LEI DO MANDADO DE SEGURANÇA

(LEI 12.016/2009). ALEGADAS LIMITAÇÕES À UTILIZAÇÃO DESSA AÇÃO CONSTITUCIONAL COMO INSTRUMENTO DE PROTEÇÃO DE DIREITOS INDIVIDUAIS E COLETIVOS. SUPOSTA OFENSA AOS ARTS. 2º E 5º, XXXV E LXIX, DA CONSTITUIÇÃO. NÃO CABIMENTO DO *"WRIT"* CONTRA ATOS DE GESTÃO COMERCIAL DE ENTES PÚBLICOS, PRATICADOS NA EXPLORAÇÃO DE ATIVIDADE ECONÔMICA, ANTE A SUA NATUREZA ESSENCIALMENTE PRIVADA. EXCEPCIONALIDADE QUE DECORRE DO PRÓPRIO TEXTO CONSTITUCIONAL. POSSIBILIDADE DE O JUIZ EXIGIR CONTRACAUTELA PARA A CONCESSÃO DE MEDIDA LIMINAR. MERA FACULDADE INERENTE AO PODER GERAL DE CAUTELA DO MAGISTRADO. INOCORRÊNCIA, QUANTO A ESSE ASPECTO, DE LIMITAÇÃO AO JUÍZO DE COGNIÇÃO SUMÁRIA. CONSTITUCIONALIDADE DO PRAZO DECADENCIAL DO DIREITO DE IMPETRAÇÃO E DA PREVISÃO DE INVIABILIDADE DE CONDENAÇÃO AO PAGAMENTO DE HONORÁRIOS SUCUMBENCIAIS. JURISPRUDÊNCIA CONSOLIDADA DO SUPREMO TRIBUNAL FEDERAL. PROIBIÇÃO DE CONCESSÃO DE LIMINAR EM RELAÇÃO A DETERMINADOS OBJETOS. CONDICIONAMENTO DO PROVIMENTO CAUTELAR, NO ÂMBITO DO MANDADO DE SEGURANÇA COLETIVO, À PRÉVIA OITIVA DA PARTE CONTRÁRIA. IMPOSSIBILIDADE DE A LEI CRIAR ÓBICES OU VEDAÇÕES ABSOLUTAS AO EXERCÍCIO DO PODER GERAL DE CAUTELA. EVOLUÇÃO DO ENTENDIMENTO JURISPRUDENCIAL. CAUTELARIDADE ÍNSITA À PROTEÇÃO CONSTITUCIONAL AO DIREITO LÍQUIDO E CERTO. RESTRIÇÃO À PRÓPRIA EFICÁCIA DO REMÉDIO CONSTITUCIONAL. PREVISÕES LEGAIS EIVADAS DE INCONSTITUCIONALIDADE. PARCIAL PROCEDÊNCIA DA AÇÃO. (STF. ADI 4.296/DF. Rel. Min. Marco Aurélio Mello. Rel. do Acórdão. Min. Alexandre de Moraes. Julg. 09.06.2021, DJe 11.10.2021).

Enunciados das Jornadas de Direito Processual Civil do Conselho da Justiça Federal:

Nº 40 do CJF: irreversibilidade dos efeitos da tutela de urgência não impede sua concessão, em se tratando de direito provável, cuja lesão seja irreversível.

Nº 41 do CJF: Nos processos sobrestados por força do regime repetitivo, é possível a apreciação e a efetivação de tutela provisória de urgência, cuja competência será do órgão jurisdicional onde estiverem os autos.

Nº 42 do CJF: É cabível a concessão de tutela provisória de urgência em incidente de desconsideração da personalidade jurídica.

Enunciados do Fórum Permanente de Processualistas Civis:

Nº 31 do FPPC: O poder geral de cautela está mantido no CPC.

Nº 71 do FPPC: Poderá ser dispensada a garantia mencionada no parágrafo único do art. 654, para efeito de julgamento da partilha, se a parte hipossuficiente não puder oferecê-la, aplicando-se por analogia o disposto no art. 300, § 1º.

Nº 143 do FPPC: A redação do art. 300, *caput*, superou a distinção entre os requisitos da concessão para a tutela cautelar e para a tutela satisfativa de urgência, erigindo a probabilidade e o perigo na demora a requisitos comuns para a prestação de ambas as tutelas de forma antecipada.

Nº 419 do FPPC: Não é absoluta a regra que proíbe tutela provisória com efeitos irreversíveis.

Nº 496 do FPPC: Preenchidos os pressupostos de lei, o requerimento de tutela provisória incidental pode ser formulado a qualquer tempo, não se submetendo à preclusão temporal.

Nº 497 do FPPC: As hipóteses de exigência de caução para a concessão de tutela provisória de urgência devem ser definidas à luz do art. 520, IV, CPC.

Nº 498 do FPPC: A possibilidade de dispensa de caução para a concessão de tutela provisória de urgência, prevista no art. 300, § 1º, deve ser avaliada à luz das hipóteses do art. 521.

Nº 647 do FPPC: A tutela provisória pode ser concedida pelo relator liminarmente ou após justificação prévia.

Enunciado da Escola Nacional de Formação e Aperfeiçoamento de Magistrados:

Nº 25 do ENFAM: A vedação da concessão de tutela de urgência cujos efeitos possam ser irreversíveis (art. 300, § 3º, do CPC/2015) pode ser afastada no caso concreto com base na garantia do acesso à Justiça (art. 5º, XXXV, da CRFB).

Art. 301. A tutela de urgência de natureza cautelar pode ser efetivada mediante arresto, sequestro, arrolamento de bens, registro de protesto contra alienação de bem e qualquer outra medida idônea para asseguração do direito.

Notas:

Encontramos dentro do conteúdo geral da tutela de urgência, disposição atinente, especificamente, à tutela de urgência de natureza cautelar, onde através no art. 301 do CPC disposto está a possibilidade da citada tutela ser efetivada mediante arresto, sequestro, arrolamento de bens, registro de protesto contra alienação de bem e qualquer outra medida idônea para asseguração do direito, demonstrando na locução "qualquer outra medida idônea", a ideia de que a tônica das medidas cautelares inominadas corresponde ao regramento adotado pelo legislador do CPC/2015, dado que com a extinção do Livro III do CPC/1973, este inteiramente dedicado ao Processo Cautelar e em especial, às cautelares nominadas, procura o novel *codex* de 2015, elencar as medidas cautelares a título nominalmente exemplificativo, como acima se viu no art. 301, possibilitando que qualquer outra medida idônea para asseguração do direito possa ser adotada e/ou adaptada ao bem e/ou situação jurídica desejada para o acautelamento.

Art. 302. Independentemente da reparação por dano processual, a parte responde pelo prejuízo que a efetivação da tutela de urgência causar à parte adversa, se:

I – a sentença lhe for desfavorável;

II – obtida liminarmente a tutela em caráter antecedente, não fornecer os meios necessários para a citação do requerido no prazo de 5 (cinco) dias;

III – ocorrer a cessação da eficácia da medida em qualquer hipótese legal;

IV – o juiz acolher a alegação de decadência ou prescrição da pretensão do autor.

Parágrafo único. A indenização será liquidada nos autos em que a medida tiver sido concedida, sempre que possível.

Notas:

Confira notas do art. 300.

Enunciado do Fórum Permanente de Processualistas Civis:

Nº 499 do FPPC: Efetivada a tutela de urgência e, posteriormente, sendo o processo extinto sem resolução do mérito e sem estabilização da tutela, será possível fase de liquidação para fins de responsabilização civil do requerente da medida e apuração de danos.

CAPÍTULO II
DO PROCEDIMENTO DA TUTELA ANTECIPADA REQUERIDA EM CARÁTER ANTECEDENTE

Art. 303. Nos casos em que a urgência for contemporânea à propositura da ação, a petição inicial pode limitar-se ao requerimento da tutela antecipada e à indicação do pedido de tutela final, com a exposição da lide, do direito que se busca realizar e do perigo de dano ou do risco ao resultado útil do processo.

§ 1º Concedida a tutela antecipada a que se refere o *caput* deste artigo:

I – o autor deverá aditar a petição inicial, com a complementação de sua argumentação, a juntada de novos documentos e a confirmação do pedido de tutela final, em 15 (quinze) dias ou em outro prazo maior que o juiz fixar;

II – o réu será citado e intimado para a audiência de conciliação ou de mediação na forma do art. 334;

III – não havendo autocomposição, o prazo para contestação será contado na forma do art. 335.

§ 2º Não realizado o aditamento a que se refere o inciso I do § 1º deste artigo, o processo será extinto sem resolução do mérito.

§ 3º O aditamento a que se refere o inciso I do § 1º deste artigo dar-se-á nos mesmos autos, sem incidência de novas custas processuais.

§ 4º Na petição inicial a que se refere o *caput* deste artigo, o autor terá de indicar o valor da causa, que deve levar em consideração o pedido de tutela final.

§ 5º O autor indicará na petição inicial, ainda, que pretende valer-se do benefício previsto no *caput* deste artigo.

§ 6º Caso entenda que não há elementos para a concessão de tutela antecipada, o órgão jurisdicional determinará a emenda da petição inicial em até 5 (cinco) dias, sob pena de ser indeferida e de o processo ser extinto sem resolução de mérito.

Notas:

Nota-se daí a possibilidade de se requerer os efeitos da pretensão final quando a urgência da medida antecipatória for contemporânea à própria propositura da ação a qual se objetiva o tutela final.

No caso em tela, a petição inicial pode limitar-se ao pedido de tutela antecipada com a indicação do pleito de tutela final, expondo aí a lide, o direito que deseja alcançar bem como o perigo de dano ou risco ao necessário resultado útil do processo, portanto, uma peça simplificada[261], não obstante capaz de motivar o órgão julgador a conhecer da pretensão desejada e por isso, o conteúdo probatório da alegação deve ser, inexoravelmente, acostado. Ainda na peça exordial deverá constar o valor da causa, este que deve levar em consideração o pedido de tutela final e a indicação de que pretende o autor se valer da aludida medida antecipada de caráter antecedente à tutela final (§§ 4º e 5º do art. 303).

Pois bem. Uma vez deferida a tutela de urgência antecipada de caráter antecedente, deverá o autor aditar à petição inicial, nos mesmos autos e sem novas custas (§ 3º do art. 303), a respectiva complementação de sua argumentação, possibilitando a juntada de novos documentos e a confirmação do pedido de

[261] Cf. WAMBIER, Teresa Arruda Alvim *et al. Primeiros Comentários ao Novo Código de Processo Civil*. São Paulo: RT, 2015, p. 507.

tutela final, em 15 (quinze) dias ou em outro prazo maior que o juiz poderá fixar, *ex vi* do art. 303, § 1º, I. Não levando a cabo o supracitado aditamento no tempo e forma prevista, o processo será extinto sem resolução do mérito (§ 2º do art. 303).

Poderá ainda o juízo entender da inexistência de elementos para a concessão da medida antecipada em caráter antecedente. Neste caso, será determinada ao autor a emenda da petição inicial no prazo de 5 (cinco) dias (diga-se, sem possibilidade de alargamento temporal), o que significa dizer que deverá o mesmo, caso seja de seu interesse, efetivar o próprio pedido de tutela final em sua extensão; caso contrário, haverá indeferimento da petição inicial e a consequente extinção do processo sem resolução do mérito (§ 6º do art. 303).

Assim, uma vez deferida a medida, será o réu citado e intimado para a audiência de conciliação ou de mediação (II do § 1º do art. 303).

Cabe aqui elencar alguns apontamentos.

A citação neste caso dar-se-á para que o réu, logicamente, tenha a ciência da concessão da medida antecipatória de caráter *inaudita altera pars*, e mais do que isso, possibilitar a interposição do respectivo recurso[262] (agravo de instrumento, art. 1.015, I do CPC) diante da decisão interlocutória de admissão da medida antecipada, dado que não recorrendo o réu da referida decisão, ocorrerá a denominada "estabilização da tutela antecipada" (art. 304, *caput* do CPC), concedendo presunção de força e estabilidade ao pedido que até então era de caráter provisório, sendo o processo extinto com resolução do mérito conforme atesta o § 1º do art. 304.

Enunciados do Fórum Permanente de Processualistas Civis:

Nº 581 do FPPC: O poder de dilação do prazo, previsto no inciso VI do art. 139 e no inciso I do § 1º do art. 303, abrange a fixação do termo final para aditar o pedido inicial posteriormente ao prazo para recorrer da tutela antecipada antecedente.

Nº 692 do FPPC: O pedido de quebra de sigilo prévio ao ajuizamento de ações de improbidade administrativa, por não configurar tutela provisória, não fica sujeito à complementação prevista nos arts. 303, § 1º, I e 308, *caput*.

---

[262] Entendendo da possibilidade do réu se opor à presente decisão concessiva de tutela antecipada antecedente, não somente por meio de recurso, mas por qualquer outra forma de oposição ao *decisum*, *v.g.*, contestação, reconvenção, a fim de se evitar a extinção do processo, cf., WAMBIER, Teresa Arruda Alvim *et al.* Ob. cit., p.512.

Enunciado do Fórum Nacional de Juizados Especiais:

Nº 163 do FONAJE: Os procedimentos de tutela de urgência requeridos em caráter antecedente, na forma prevista nos arts. 303 a 310 do CPC/2015, são incompatíveis com o Sistema dos Juizados Especiais.

Art. 304. A tutela antecipada, concedida nos termos do art. 303, torna-se estável se da decisão que a conceder não for interposto o respectivo recurso.

§ 1º No caso previsto no *caput*, o processo será extinto.

§ 2º Qualquer das partes poderá demandar a outra com o intuito de rever, reformar ou invalidar a tutela antecipada estabilizada nos termos do *caput*.

§ 3º A tutela antecipada conservará seus efeitos enquanto não revista, reformada ou invalidada por decisão de mérito proferida na ação de que trata o § 2º.

§ 4º Qualquer das partes poderá requerer o desarquivamento dos autos em que foi concedida a medida, para instruir a petição inicial da ação a que se refere o § 2º, prevento o juízo em que a tutela antecipada foi concedida.

§ 5º O direito de rever, reformar ou invalidar a tutela antecipada, previsto no § 2º deste artigo, extingue-se após 2 (dois) anos, contados da ciência da decisão que extinguiu o processo, nos termos do § 1º.

§ 6º A decisão que concede a tutela não fará coisa julgada, mas a estabilidade dos respectivos efeitos só será afastada por decisão que a revir, reformar ou invalidar, proferida em ação ajuizada por uma das partes, nos termos do § 2º deste artigo.

Notas:

Ocorrendo a estabilidade da tutela antecipada, esta conservará seus efeitos enquanto não for revista, reformada ou invalidada por decisão de mérito decorrente de ação revocatória a ser promovida por qualquer das partes para tais fins, dentro do prazo de 2 (dois) anos, estes contados da ciência da decisão que extinguiu o processo, concedendo a a referida estabilidade (§§ 2º,3º e 5º do art. 334), cabendo frisar que para dita *actio*, prevento será o juízo que concedeu a medida de urgência antecipada antecedente.

Vale dizer, por conseguinte, que qualquer das partes poderá, igualmente, solicitar desarquivamento dos autos em que fora concedida a medida ora estabilizada, com o intuito de instruir a petição da ação revocatória de revisão, reforma ou invalidez da tutela antecipada antecedente estável, nos termos do § 4º do art. 304.

Questão importante é aquela que toca os § 6º do art. 304.

Em bom sentido, compreender como coisa julgada pretensão decidida de forma não exauriente é sempre questão temerária, de modo que merece encômios o preceito legislativo em tela.

Por outro lado, conforme firmado em linhas atrás, passados 2 (dois) anos da ciência da decisão que extinguiu o processo, incorrerá, inegavelmente, a decadência o direito de propor a citada ação revocatória (§ 5º do art. 304), e daí sobrevirá, efetivamente, a coisa julgada.[263] [264]

Outrossim, pela própria dicção normativa, havendo a interposição do recurso, independente do sucesso do mesmo, deverá o autor realizar o supracitado aditamento do pedido de tutela final, sob pena de ver extinto o processo, de acordo com o já digitado § 2º do art. 303.[265]

Destaca-se que o 3ª Turma do Superior Tribunal de Justiça interpretou de forma ampla o artigo 304 do Código de Processo Civil de 2015, entendendo que outras formas de impugnação, como a contestação, servem para impedir a estabilização da tutela antecipada. A despeito de restar de forma clara e evidente a locução "recurso" no *caput* do art. 304, o relator do REsp, ministro Marco Aurélio Bellizze, entendeu que, embora o *caput* do artigo 304 do CPC de 2015 determine que '*a tutela antecipada, concedida nos termos do artigo 303, torna-se estável se da decisão que a conceder não for interposto o respectivo recurso*',[266] a leitura que deve ser realizada do dispositivo legal é que a estabilização somente ocorrerá se não houver qualquer tipo de impugnação pela parte contrária, do qual, notadamente, discordamos pela própria literalidade inequívoca do texto legal.

---

263 Na mesma *ratio*, cf. GRECO, Leonardo, Idem; NERY JR., Nélson e NERY, Rosa Maria Andrade. (*Comentários ao Código de Processo Civil. Novo CPC – Lei 13.105/2015...*, p. 864).

264 Há de se atentar que, no mesmo sentido de cognição não exauriente com possibilidades de se operar os efeitos da formação de Coisa Julgada encontra-se em sede de Ação Monitória com a ausência de interposição dos Embargos Monitórios pelo réu, não sendo, portanto, casuísmo interpretativo isolado, senão vejamos:

"Art. 701. Sendo evidente o direito do autor, o juiz deferirá a expedição de mandado de pagamento, de entrega de coisa ou para execução de obrigação de fazer ou de não fazer, concedendo ao réu prazo de 15 (quinze) dias para o cumprimento e o pagamento de honorários advocatícios de cinco por cento do valor atribuído à causa.

(...)

§ 2º Constituir-se-á de pleno direito o título executivo judicial, independentemente de qualquer formalidade, se não realizado o pagamento e não apresentados os embargos previstos no art. 702, observando-se, no que couber, o Título II do Livro I da Parte Especial.

§ 3ª É cabível ação rescisória da decisão prevista no *caput* quando ocorrer a hipótese do § 2º."

265 No mesmo sentido, BUENO, Cássio Scarpinella. *Novo Código de Processo Civil Anotado*. São Paulo: Saraiva, 2015, p. 224.

266 REsp 1760966/SP.

Enunciados das Jornadas de Direito Processual Civil do Conselho da Justiça Federal:

Nº 43 do CJF: Não ocorre a estabilização da tutela antecipada requerida em caráter antecedente, quando deferida em ação rescisória.

Nº 130 do CJF: É possível a estabilização de tutela antecipada antecedente em face da Fazenda Pública.

Enunciados do Fórum Permanente de Processualistas Civis:

Nº 32 do FPPC: Além da hipótese prevista no art. 304, é possível a estabilização expressamente negociada da tutela antecipada de urgência antecedente.

Nº 33 do FPPC: Não cabe ação rescisória nos casos estabilização da tutela antecipada de urgência.

Nº 420 do FPPC: Não cabe estabilização de tutela cautelar.

Nº 421 do FPPC: Não cabe estabilização de tutela antecipada em ação rescisória.

Nº 500 do FPPC: O regime da estabilização da tutela antecipada antecedente aplica-se aos alimentos provisórios previstos no art. 4º da Lei 5.478/1968, observado o § 1º do art. 13 da mesma lei.

Nº 501 do FPPC: A tutela antecipada concedida em caráter antecedente não se estabilizará quando for interposto recurso pelo assistente simples, salvo se houver manifestação expressa do réu em sentido contrário.

Nº 582 do FPPC: Cabe estabilização da tutela antecipada antecedente contra a Fazenda Pública.

Enunciados da Escola Nacional de Formação e Aperfeiçoamento de Magistrados:

Nº 18 do ENFAM: Na estabilização da tutela antecipada, o réu ficará isento do pagamento das custas e os honorários deverão ser fixados no percentual de 5% sobre o valor da causa (art. 304, *caput*, c/c o art. 701, *caput*, do CPC/2015).

Nº 26 do ENFAM: Caso a demanda destinada a rever, reformar ou invalidar a tutela antecipada estabilizada seja ajuizada tempestivamente, poderá ser deferida em caráter liminar a antecipação dos efeitos da revisão, reforma ou invalidação pretendida, na forma do art. 296, parágrafo único, do CPC/2015, desde que demonstrada a existência de outros elementos que ilidam os fundamentos da decisão anterior.

Nº 27 do ENFAM: Não é cabível ação rescisória contra decisão estabilizada na forma do art. 304 do CPC/2015.

Nº 28 do ENFAM: Admitido o recurso interposto na forma do art. 304 do CPC/2015, converte-se o rito antecedente em principal para apreciação definitiva do mérito da causa, independentemente do provimento ou não do referido recurso.

CAPÍTULO III
DO PROCEDIMENTO DA TUTELA CAUTELAR REQUERIDA EM CARÁTER ANTECEDENTE

Art. 305. A petição inicial da ação que visa à prestação de tutela cautelar em caráter antecedente indicará a lide e seu fundamento, a exposição sumária do direito que se objetiva assegurar e o perigo de dano ou o risco ao resultado útil do processo.

Parágrafo único. Caso entenda que o pedido a que se refere o *caput* tem natureza antecipada, o juiz observará o disposto no art. 303.

Notas:

Notas conjuntas a seguir.

Remissões:

– Art. 4º da Lei nº 7.347/85 (Lei da Ação Civil Pública):

"Art. 4º Poderá ser ajuizada ação cautelar para os fins desta Lei, objetivando, inclusive, evitar dano ao patrimônio público e social, ao meio ambiente, ao consumidor, à honra e à dignidade de grupos raciais, étnicos ou religiosos, à ordem urbanística ou aos bens e direitos de valor artístico, estético, histórico, turístico e paisagístico".

– Art. 4º da Lei nº 10.259/2001(dispõe sobre a instituição dos Juizados Especiais Cíveis e Criminais no âmbito da Justiça Federal):

"Art. 4º O Juiz poderá, de ofício ou a requerimento das partes, deferir medidas cautelares no curso do processo, para evitar dano de difícil reparação".

Enunciado das Jornadas de Direito Processual Civil do Conselho da Justiça Federal:

Nº 44 do CJF: É requisito da petição inicial da tutela cautelar requerida em caráter antecedente a indicação do valor da causa.

Enunciados do Fórum Permanente de Processualistas Civis:

Nº 502 do FPPC: Caso o juiz entenda que o pedido de tutela antecipada em caráter antecedente tenha natureza cautelar, observará o disposto no art. 305 e seguintes.

Nº 503 do FPPC: O procedimento da tutela cautelar, requerida em caráter antecedente ou incidente, previsto no Código de Processo Civil é compatível com o microssistema do processo coletivo.

Nº 693 do FPPC: Cabe agravo de instrumento contra a decisão interlocutória que converte o rito da tutela provisória de urgência requerida em caráter antecedente.

Art. 306. O réu será citado para, no prazo de 5 (cinco) dias, contestar o pedido e indicar as provas que pretende produzir.

Notas:

Notas conjuntas s seguir.

Enunciado do Fórum Permanente de Processualistas Civis:

Nº 503 do FPPC: O procedimento da tutela cautelar, requerida em caráter antecedente ou incidente, previsto no Código de Processo Civil é compatível com o microssistema do processo coletivo.

Art. 307. Não sendo contestado o pedido, os fatos alegados pelo autor presumir-se-ão aceitos pelo réu como ocorridos, caso em que o juiz decidirá dentro de 5 (cinco) dias.

Parágrafo único. Contestado o pedido no prazo legal, observar-se-á o procedimento comum.

Notas:

Notas conjuntas a seguir.

Enunciados do Fórum Permanente de Processualistas Civis:

Nº 381 do FPPC: É cabível réplica no procedimento de tutela cautelar requerida em caráter antecedente.

Nº 503 do FPPC: O procedimento da tutela cautelar, requerida em caráter antecedente ou incidente, previsto no Código de Processo Civil é compatível com o microssistema do processo coletivo.

Art. 308. Efetivada a tutela cautelar, o pedido principal terá de ser formulado pelo autor no prazo de 30 (trinta) dias, caso em que será apresentado nos mesmos autos em que deduzido o pedido de tutela cautelar, não dependendo do adiantamento de novas custas processuais.

§ 1º O pedido principal pode ser formulado conjuntamente com o pedido de tutela cautelar.

§ 2º A causa de pedir poderá ser aditada no momento de formulação do pedido principal.

§ 3º Apresentado o pedido principal, as partes serão intimadas para a audiência de conciliação ou de mediação, na forma do art. 334, por seus advogados ou pessoalmente, sem necessidade de nova citação do réu.

§ 4º Não havendo autocomposição, o prazo para contestação será contado na forma do art. 335.

Notas:

Notas conjuntas a seguir.

Enunciado das Jornadas de Direito Processual Civil do Conselho da Justiça Federal

Nº 165 do CJF: Conta-se em dias úteis o prazo do *caput* do art. 308 do CPC.

Enunciado do Fórum Permanente de Processualistas Civis:

Nº 503 do FPPC: O procedimento da tutela cautelar, requerida em caráter antecedente ou incidente, previsto no Código de Processo Civil é compatível com o microssistema do processo coletivo.

Art. 309. Cessa a eficácia da tutela concedida em caráter antecedente, se:

I – o autor não deduzir o pedido principal no prazo legal;

II – não for efetivada dentro de 30 (trinta) dias;

III – o juiz julgar improcedente o pedido principal formulado pelo autor ou extinguir o processo sem resolução de mérito.

Parágrafo único. Se por qualquer motivo cessar a eficácia da tutela cautelar, é vedado à parte renovar o pedido, salvo sob novo fundamento.

Notas:

Notas conjuntas a seguir.

Enunciado das Jornadas de Direito Processual Civil do Conselho da Justiça Federal:

Nº 46 do CJF: A cessação da eficácia da tutela cautelar, antecedente ou incidental, pela não efetivação no prazo de 30 dias, só ocorre se caracterizada omissão do requerente.

Enunciados do Fórum Permanente de Processualistas Civis:

Nº 499 do FPPC: Efetivada a tutela de urgência e, posteriormente, sendo o processo extinto sem resolução do mérito e sem estabilização da tutela, será possível fase de liquidação para fins de responsabilização civil do requerente da medida e apuração de danos.

Nº 503 do FPPC: O procedimento da tutela cautelar, requerida em caráter antecedente ou incidente, previsto no Código de Processo Civil é compatível com o microssistema do processo coletivo.

Nº 504 do FPPC: Cessa a eficácia da tutela cautelar concedida em caráter antecedente, se a sentença for de procedência do pedido principal, e o direito objeto do pedido foi definitivamente efetivado e satisfeito.

Art. 310. O indeferimento da tutela cautelar não obsta a que a parte formule o pedido principal, nem influi no julgamento desse, salvo se o motivo do indeferimento for o reconhecimento de decadência ou de prescrição.

Notas conjuntas aos artigos retrorreferidos:

Sempre que se fizer necessária a tutela de urgência cautelar de forma preparatória, objetivando de conservar bens, pessoas ou provas que possam sofrer perigo de dano em decorrência da demasiada delonga por que passa a marcha processual, o CPC/2015 estabeleceu um procedimento específico.

a) Petição Inicial

Além do dever de respeitar os elementos ínsitos à uma petição inicial (art. 319), ou seja, autoridade competente endereçada, qualificação das partes, pedido com suas especificações, o valor da causa bem como as provas que pretende comprovar os fatos alegados, regra, especificamente, o art. 305, demais conteúdos necessários a compor a petição inicial do pedido de tutela de urgência cautelar de caráter antecedente.

Assim, deverá a petição inicial conter:

- *Indicação da lide* (conflito de interesse qualificado por pretensão resistida) *e seu fundamento*. Trata-se da necessidade de constar da petição inicial a lide que será objeto meritório do pedido principal a ser formulado posteriormente – como se verá adiante – bem como o fundamento jurídico decorrente da mesma, portanto, traduzindo-se na própria *causa petendi* da demanda, ainda que de forma sumária, já que a própria causa de pedir, em sua extensão poderá ser aditada no momento da formulação do pedido principal, conforme regra o § 2º do art. 308.
- *Exposição sumária do direito que se objetiva assegurar*. Significa a probabilidade do direito que se entende ser necessário acautelar,

traduzindo-se no *fumus boni iuris*, o que repercute também no interesse de agir do requerente da medida de urgência cautelar antecedente, pois que a necessidade da medida precisa ser demonstrada em princípio, aparentando-se no "bom direito", e por isso ligando em nexo de referibilidade com o pedido principal.

- *Perigo de dano ou o risco ao resultado útil do processo*. Necessidade de se evidenciar o *periculum in mora*, representado pelo potencial risco de lesão que pode a parte requerente experimentar diante da não concessão da medida de urgência cautelar conservativa.

Como já exposto em outro momento da presente temática (vide item *Tutela de urgência*), caso o autor venha requerer tutela de urgência de natureza cautelar (conservativa) e, na verdade, tratar-se de tutela de urgência antecipada (satisfativa), caberá ao magistrado aplicar a fungibilidade das pretensões, conhecendo então da pretensão satisfativa ou invés da conservativa (*ex vi* do parágrafo único do art. 305 do CPC) e vice-versa.

b) Despacho da petição inicial e citação do réu

Uma vez recebida a petição inicial, caberá ao juízo a analise da mesma.

Havendo pedido liminar *inaudita altera pars*, poderá concedê-la desde que existente os elementos para tal ou mesmo após justificação prévia do autor (art. 300, § 2º do CPC).

Deferida a peça inicial, será o réu citado para contestar o pedido de tutela de urgência cautelar antecedente, devendo sua peça de defesa ser apresentada em 5 (cinco) dias, cabendo na mesma indicar ainda as provas que pretende produzir, situação na qual o procedimento comum deverá ser observado (arts. 306 e 307,parágrafo único).

Por outro lado, sendo o pedido de tutela de urgência cautelar antecedente negado, o processo será extinto, sem necessitar, obviamente, a obrigatoriedade do autor em apresentar o pedido principal. No entanto, nada impede que o autor formule o pedido principal, inaugurando uma nova ação em autos próprios, sendo esta de cognição plena, abarcando então o pedido principal, tendo em vista que a tutela de urgência cautelar é que fora negada, salvo se o motivo que a obstou for o reconhecimento de decadência ou de prescrição (art. 310).

Não sendo contestado o pedido pelo réu, presumir-se-ão aceitos os fatos alegados na exordial e cabendo ao magistrado decidir a tutela provisória em 5 (cinco) dias, conforme *caput* do art. 307.

c) Formulação do pedido principal

Uma vez deferida e efetivada a medida de urgência cautelar, o pedido principal terá de ser formulado pelo autor no prazo de 30 (trinta) dias, sendo apresentado nos mesmos autos em que deduzido o pedido de tutela cautelar, não dependendo do adiantamento de novas custas processuais (art. 308, *caput*).

É de chamar a atenção para a contagem do prazo retrorreferido: este se dará da efetivação da medida (cumprimento do mandado judicial que concedeu a tutela acautelatória) e não do seu deferimento, logicamente, excluindo o dia do começo e incluindo o do vencimento (arts. 219 e 224 do CPC).

Sendo om pedido principal apresentado, as partes serão intimadas para a audiência de conciliação ou de mediação, na forma do art. 334, por seus advogados ou pessoalmente, sem necessidade de nova citação do réu (§ 3º do art. 308).

Não ocorrendo a autocomposição, o prazo para contestação será contado na forma do art. 335.[267]

d) Cessação da tutela de urgência concedida de forma antecedente

Expressa o art. 309 do CPC:

> *"Art. 309. Cessa a eficácia da tutela concedida em caráter antecedente, se:*
>
> *I – o autor não deduzir o pedido principal no prazo legal;*
>
> *II – não for efetivada dentro de 30 (trinta) dias;*
>
> *III – o juiz julgar improcedente o pedido principal formulado pelo autor ou extinguir o processo sem resolução de mérito."*

Dito isso, entende-se no inciso I que, concedida a medida em procedimento preparatório, terá a parte 30 (trinta) dias, contados da sua efetivação, para ingressar com a ação principal. Logo, a norma visa repelir a inércia imotivada do autor que pudesse prolongar indefinidamente a situação litigiosa, enquanto

---

[267] *"Art. 335. O réu poderá oferecer contestação, por petição, no prazo de 15 (quinze) dias, cujo termo inicial será a data:*

I – da audiência de conciliação ou de mediação, ou da última sessão de conciliação, quando qualquer parte não comparecer ou, comparecendo, não houver autocomposição;

II – do protocolo do pedido de cancelamento da audiência de conciliação ou de mediação apresentado pelo réu, quando ocorrer a hipótese do art. 334, § 4º, inciso I;

III – prevista no art. 231, de acordo com o modo como foi feita a citação, nos demais casos."

perdurassem os efeitos da medida constritiva, como, p.ex., o arresto ou o sequestro em face do réu.

Já, o inciso II, reporta à situação de não efetivada em 30 (dias) a medida já deferida pelo juízo. Por isso, desde que o requerente receba o deferimento da tutela de urgência cautelar pretendida, abre-se o prazo de 30 (trinta) dias para a sua execução, contados do seu deferimento. Ultrapassado o período assinalado, contudo, a inatividade será tida como renúncia tácita, ensejadora da cessação dos efeitos da medida.

Por fim, no inciso III, devemos considerar a possibilidade de afastamento total da eficácia da tutela de urgência cautelar quando a) advier o trânsito em julgado da decisão contrária ao requerente; ou b) quando ocorrer a sua substituição por um provimento final satisfativo, quer dizer, capaz de liquidar a sua pretensão. Por quanto, sempre que passível de recurso, ou pendente o seu cumprimento, será possível não ter a sentença o condão absoluto de acabar com os efeitos da tutela cautelar outrora deferida.

Completando o raciocínio supra, "pode acontecer de excepcionalmente a sentença de improcedência não levar à cessação da eficácia da tutela cautelar. Isso porque existem situações em que o dano pode ser tão grave e ocorrer automaticamente depois da sentença de improcedência que pode o juiz decidir julgar improcedente o pedido, mas manter a proteção cautelar, mormente se vislumbra a possibilidade de o tribunal modificar a decisão."[268]

Por fim, resta o entendimento de que, qualquer que seja a causa da cessação da eficácia da tutela cautelar, ficará vedado à parte de renovar o pedido feito, salvo se puder apresentar nova fundamentação, impondo aí importante restrição ao requerente daquela tutela (parágrafo único do art. 308).

Obs.: Tutela de urgência cautelar requerida em caráter inicial e incidental

No que toca ao pedido incidental da tutela de urgência cautelar, poderá o autor requerer a medida já na própria petição inicial, portanto, cumulativamente com o pedido principal (§ 1º do art. 308), necessariamente apontando a incidência dos requisitos basilares da medida, prevalecendo a partir daí o procedimento comum.

Em se tratando de pedido de liminar de cautelar *inaudita altera pars*, o que se justifica quando o risco do dano se faz imediato, sendo imprescindível a concessão da medida sem qualquer oitiva da parte contrária em um primeiro momento, já que comprovada a possibilidade de a parte requerida causar embaraços à plena consecução da medida acautelatória, o magistrado, se convencendo dos

---

268 MARINONI, Luiz Guilherme; ARENHART, Sérgio Cruz; MITIDIERO, Daniel. *Novo Código de Processo Civil Comentado...*, p. 320.

argumentos supracitados e desde que presentes os conteúdos autorizadores da tutela em questão, i.e., a probabilidade do direito (*fumus boni iuris*) e perigo de dano ou risco ao resultado útil do processo (*periculum in mora*), deferirá, liminarmente, a medida já no momento em que aceita a peça inicial autoral.

Insta destacar a possibilidade de incidência § 1º do art. 300:

> "*Para a concessão da tutela de urgência, o juiz pode, conforme o caso, exigir caução real ou fidejussória idônea para ressarcir os danos que a outra parte possa vir a sofrer, podendo a caução ser dispensada se a parte economicamente hipossuficiente não puder oferecê-la.*"

Daí, o contraditório da parte *ex adversa* deverá ser realizado, em um momento subsequente ao provimento da medida requerida[269], frise-se, caso seja comprovada a real necessidade de se evitar que a parte ré cause qualquer embaraço à plena consecução da medida cautelar

Assim, uma vez deferida a tutela em comento, será a parte requerida intimada da concessão da liminar da tutela de urgência cautelar podendo a ela se opor por meio de agravo de instrumento (art. 1.015, I do CPC), sendo, por conseguinte, conforme o rito comum citada para a audiência de conciliação ou de mediação (art. 334 do CPC).

Por outro lado, é possível o requerimento da tutela de urgência cautelar na forma incidental, ou seja, no decorrer do andamento processual (art. 294, parágrafo único do CPC), evidentemente, dotado dos requisitos essenciais já reiteradamente acostados em linhas atrás, para o seu conhecimento e possível aceite pelo órgão julgador.

Neste caso, uma vez requerida a pretensão cautelar por qualquer das partes e sendo a mesma deferida, a parte requerida será intimada para o devido contraditório, este a realizar-se no prazo de 5 (cinco) dias, já que não se faz previsto qualquer prazo específico para dita questão (art. 218, § 3º), salvo se o magistrado estipular outro lapso temporal para tal fim.

Por outro lado, sendo o pedido de tutela provisória de urgência em sede incidental indeferido, caberá ao requerente interpor o agravo de instrumento para que possa tentar a concessão da medida perante o juízo *ad quem* (art. 1.050, I do CPC).

---

269 Conforme bem pontua MARINONI, Luiz Guilherme; ARENHART, Sérgio Cruz; MITIDIERO, Daniel. *Novo Curso de Processo Civil*. Vol. 2. São Paulo: RT, 2015, p. 207: "A possibilidade de o *tempo* ou a *atuação* da parte contrária frustrar a efetividade da tutela sumária constitui pressuposto para *postergação* do contraditório no processo civil."

Enunciados do Fórum Permanente de Processualistas Civis:

Nº 217 do FPPC: A apelação contra o capítulo da sentença que concede, confirma ou revoga a tutela antecipada da evidência ou de urgência não terá efeito suspensivo automático.

Nº 503 do FPPC: O procedimento da tutela cautelar, requerida em caráter antecedente ou incidente, previsto no Código de Processo Civil é compatível com o microssistema do processo coletivo.

Enunciado do Fórum Nacional de Juizados Especiais:

Nº 163 do FONAJE: Os procedimentos de tutela de urgência requeridos em caráter antecedente, na forma prevista nos arts. 303 a 310 do CPC/2015, são incompatíveis com o Sistema dos Juizados Especiais.

TÍTULO III
DA TUTELA DA EVIDÊNCIA

Art. 311. A tutela da evidência será concedida, independentemente da demonstração de perigo de dano ou de risco ao resultado útil do processo, quando:

I – ficar caracterizado o abuso do direito de defesa ou o manifesto propósito protelatório da parte;

II – as alegações de fato puderem ser comprovadas apenas documentalmente e houver tese firmada em julgamento de casos repetitivos ou em súmula vinculante;

III – se tratar de pedido reipersecutório fundado em prova documental adequada do contrato de depósito, caso em que será decretada a ordem de entrega do objeto custodiado, sob cominação de multa;

IV – a petição inicial for instruída com prova documental suficiente dos fatos constitutivos do direito do autor, a que o réu não oponha prova capaz de gerar dúvida razoável.

Parágrafo único. Nas hipóteses dos incisos II e III, o juiz poderá decidir liminarmente.

Notas:

É de se notar, de pronto, que a Tutela de Evidência, espécie de Tutela Provisória, objetiva o acolhimento no todo ou em parte, do pedido principal do autor da ação, independente da presença de urgência, quando a existência do direito se mostra *prima facie* indiscutível, de acordo com as hipóteses prevista no art. 311.[270]

Insta, desde já, esclarecer que as supracitadas hipóteses não se confundem com aquelas em que é permitido ao juiz, de forma antecipada, julgar o mérito (*ex vi* dos arts. 355 e 356), porquanto a decisão em sede de tutela de evidência, diferentemente do julgamento antecipado se pauta em cognição sumária e, por isso, como já bem salientado alhures, traduz em uma decisão revogável e provisória.[271]

Como já expressado conceitualmente no início do presente item, na tutela de evidência, não se exige a presença da urgência para o seu deferimento, pois que se pauta na evidência da pretensão solicitada, portanto, não se está a cogitar o *periculum in mora*, mas sim, a probabilidade do direito da parte, o que, à exceção do inciso I do art. 311, se mostra de total necessidade nos demais incisos o convencimento do órgão julgador quanto ao provável direito da parte requerente.

Não obstante a isso, ainda que o inciso I supra não faça referência a qualquer conteúdo documental, não seria razoável a concessão da medida somente pelo comprovado *abuso do direito de defesa ou o manifesto propósito protelatório da parte*, sem que, sequer, mostre-se provável o pedido do autor, e daí têm-se coerência com o espírito de antecipação da tutela de evidência, ratificando-se, inclusive, a própria diferença entre esta tutela e aquela da urgência.

Por tudo, é de se afirmar que, em qualquer das hipóteses, deverá o requerente da medida comprovar a evidência e a probabilidade do seu direito, independentemente da demonstração de perigo de dano ou de risco ao resultado útil do processo.

Com relação ao inciso I do art. 331, despiciendo afirmar que o mesmo possui similitude com o *caput* e inciso II do art. 273 do CPC/1973. Trata-se da possibilidade de concessão da tutela de evidência quando caracterizado o abuso do direito de defesa ou o manifesto propósito protelatório da parte contrária, portanto, sendo a defesa abusiva, excessiva ou mesmo inadequada e com o propósito de frustrar ou retardar a prestação jurisdicional, *v.g.*, repetir alegações já indeferidas ou mesmo insistir na discussão de matéria tida como reclusa, demonstrando claramente o intuito procrastinatório da atitude volitiva da parte, seja na defesa como na própria marcha processual.

---

270 Cf. GRECO, Leonardo. *Instituições de Processo Civil*. Vol. 2. 3. ed. Rio de Janeiro: Forense, 2015, p.370.

271 Cf. também sobre a questão, WAMBIER, Teresa *et al*. *Primeiros comentários ao Novo Código de Processo Civil*. São Paulo: RT, 2015, p. 523.

No que toca ao inciso II do art. 331, temos a concessão da medida de evidência quando *as* alegações de fato colacionadas pelo requerente puderem ser comprovadas apenas documentalmente e houver tese firmada em julgamento de casos repetitivos ou em súmula vinculante a respeito.

De pronto, observa-se que, nesta hipótese, independe de qualquer atitude do réu, deve o autor comprovar documentalmente (e lógico, de forma idônea) suas alegações de fato bem como estar a mesma assentada em tese firmada em julgamento de casos repetitivos (entende-se, decorrentes de incidente de resolução de demandas repetitivas – arts. 976 a 987 e recursos repetitivos – arts. 1.036 a 1.041) ou em súmula vinculante. Mostra-se aí a preocupação do legislador em prestigiar os precedentes jurisprudenciais dos Tribunais Superiores, em clara demonstração ao respeito à isonomia dos julgamentos através da verticalização das decisões, como no caso de recursos repetitivos e súmulas vinculantes ou mesmo de jurisprudência firmada em incidente de resolução de demandas repetitivas nos Tribunais de Justiça ou nos Tribunais Regionais Federais.[272]

Aponta o inciso III para a possibilidade de concessão da tutela de evidência quando se tratar *de pedido reipersecutório fundado em prova documental adequada do contrato de depósito, caso em que será decretada a ordem de entrega do objeto custodiado, sob cominação de multa.*

Digitada hipótese se relaciona com o contrato de depósito, este devidamente regulado pelo Código Civil, nos arts. 627 e ss.

Em síntese apertada, no aludido contrato, o depositário tem por obrigação guardar e conservar a coisa depositada como se dele fosse e, notadamente, deve restituí-la com seus frutos ao depositante, correndo as despesas da restituição por conta do próprio depositante. Poderá o depositário reter o depósito até que se lhe pague a retribuição devida, o líquido valor das despesas, ou dos prejuízos a que se refere o artigo anterior, provando imediatamente esses prejuízos ou essas despesas.

No modelo do CPC/1973, uma vez negada a devolução do bem e havendo prova literal do depósito (conforme era expresso no art. 902 do CPC/1973), o depositante ingressava com a respectiva ação de depósito, mirando então o exato cumprimento obrigacional, i.e., a devolução do bem pelo depositário.

No CPC/2015, pode o legislador prever dita hipótese como possível em sede de tutela provisória de evidência, cabendo ao depositante, fundado em prova documental adequada ao contrato de depósito, reivindicar a coisa, inclusive com

272 Em acerto, seria de efetiva concessão da tutela de evidência em ações onde se questionasse a exigência de depósito para a admissão de recurso administrativo (Súmula Vinculante n.21) ou se pretendesse matrícula em Universidade Pública sem sujeitar-se ao pagamento de taxa (Súmula Vinculante n.12).

a cominação de multa ao depositário, caso seja recalcitrante no cumprimento espontâneo do comando judicial.

Por fim, preceitua o inciso IV do art. 331, como forma de admissão de tutela de evidência, hipótese onde a *petição inicial for instruída com prova documental suficiente dos fatos constitutivos do direito do autor, a que o réu não oponha prova capaz de gerar dúvida razoável.*

Neste caso, caberá ao requerente da medida de evidência instruir sua peça inicial com prova documental satisfatória para comprovar os fatos constitutivos que alega ter razão e, diante disso, ter carecido parte *ex adversa* de oferecer conteúdo probante capaz de estabelecer dúvida razoável aos fatos e, por isso, razões do autor do pedido daquela medida.

Perceba-se que não se trata da denominada incontrovérsia (como se vê do art. 356, nos casos de julgamento antecipado de mérito), mas de ausência de prova de forma consistente parte do réu, que pudesse fazer frente àquela apresentada pelo autor do pedido de tutela de evidência.

Enunciados das Jornadas de Direito Processual Civil do Conselho da Justiça Federal:

Nº 47 do CJF: A probabilidade do direito constitui requisito para concessão da tutela da evidência fundada em abuso do direito de defesa ou em manifesto propósito protelatório da parte contrária.

Nº 48 do CJF: É admissível a tutela provisória da evidência, prevista no art. 311, II, do CPC, também em casos de tese firmada em repercussão geral ou em súmulas dos tribunais superiores.

Nº 49 do CJF: A tutela da evidência pode ser concedida em mandado de segurança.

Nº 135 do CJF: É admissível a concessão de tutela da evidência fundada em tese firmada em incidente de assunção de competência.

Enunciados do Fórum Permanente de Processualistas Civis:

Nº 34 do FPPC: Considera-se abusiva a defesa da Administração Pública, sempre que contrariar entendimento coincidente com orientação vinculante firmada no âmbito administrativo do próprio ente público, consolidada em manifestação, parecer ou súmula administrativa, salvo se demonstrar a existência de distinção ou da necessidade de superação do entendimento.

Nº 35 do FPPC: As vedações à concessão de tutela provisória contra a Fazenda Pública limitam-se às tutelas de urgência.

Nº 217 do FPPC: A apelação contra o capítulo da sentença que concede, confirma ou revoga a tutela antecipada da evidência ou de urgência não terá efeito suspensivo automático.

Nº 422 do FPPC: A tutela de evidência é compatível com os procedimentos especiais.

Nº 423 do FPPC: Cabe tutela de evidência recursal.

Nº 496 do FPPC: Preenchidos os pressupostos de lei, o requerimento de tutela provisória incidental pode ser formulado a qualquer tempo, não se submetendo à preclusão temporal.

Enunciados da Escola Nacional de Formação e Aperfeiçoamento de Magistrados:

Nº 29 do ENFAM: Para a concessão da tutela de evidência prevista no art. 311, III, do CPC/2015, o pedido reipersecutório deve ser fundado em prova documental do contrato de depósito e também da mora.

Nº 30 do ENFAM: É possível a concessão da tutela de evidência prevista no art. 311, II, do CPC/2015 quando a pretensão autoral estiver de acordo com orientação firmada pelo Supremo Tribunal Federal em sede de controle abstrato de constitucionalidade ou com tese prevista em súmula dos tribunais, independentemente de caráter vinculante.

LIVRO VI
DA FORMAÇÃO, DA SUSPENSÃO E DA EXTINÇÃO DO PROCESSO

TÍTULO I
DA FORMAÇÃO DO PROCESSO

Art. 312. Considera-se proposta a ação quando a petição inicial for protocolada, todavia, a propositura da ação só produz quanto ao réu os efeitos mencionados no art. 240 depois que for validamente citado.

Notas:

Por iniciativa da parte é que se dá a formação do processo, enquanto o seu desenvolvimento se regerá por impulso oficial, *ex vi* do art. 2º do CPC, muito embora existam casos excepcionais, quando a iniciativa do processo fica a cargo do juiz (*v.g.*, art. 738 do CPC, hipótese de herança jacente; art. 744 do CPC, questões envoltas à arrecadação de bens de ausente).

Assim, considera-se proposta a ação pelo autor mediante o protocolo da petição inicial e, portanto, iniciado estará o processo, ainda que pendente de integralização da relação jurídica processual posto que esta somente se dará por completa com a citação válida do réu – art. 312 do CPC.

É de se frisar que, com o registro ou a distribuição da peça exordial, importantes questões já se apresentam no feito uma vez que é nesta oportunidade que se abre espaço para a fixação da jurisdição por meio da conexão, continência ou prevenção (art. 59), bem como se iniciam os seus efeitos para o réu, caso haja a determinação de liminar *inaudita altera pars*. Outro elementar aspecto é o da possibilidade de modificação do pedido ou da causa de pedir por parte do autor que, apenas arcando com as custas judiciais excedentes (art. 329, I), poderá alterar a demanda ou mesmo desistir da ação, sem qualquer interferência do réu, ainda não citado; porém, com o advento da citação válida, tal alteração somente será possível desde que feita com a anuência do réu e até a fase de saneamento (art. 329, II), salvo no tocante às substituições das partes determinadas por lei, como no caso da sucessão *inter vivos* ou *causa mortis*.

Por fim, atente-se que, na hipótese de litisconsórcio passivo necessário, desde que já citado qualquer dos réus, restará inválida a regra da modificação unilateral da pretensão pelo autor; haja vista que a relação jurídica processual já se encontra parcialmente formada, aproveitando-se os demais réus dos efeitos da citação inicial.

Enunciados do Fórum Permanente de Processualistas Civis:

Nº 117 do FPPC: Em caso de desmembramento do litisconsórcio multitudinário ativo, os efeitos mencionados no art. 240 são considerados produzidos desde o protocolo originário da petição inicial.

Nº 367 do FPPC: Para fins de interpretação do art. 1.054, entende-se como início do processo a data do protocolo da petição inicial.

Nº 539 do FPPC: A certidão a que se refere o art. 828 não impede a obtenção e a averbação de certidão da propositura da execução (art. 799).

TÍTULO II
DA SUSPENSÃO DO PROCESSO

Art. 313. Suspende-se o processo:

I – pela morte ou pela perda da capacidade processual de qualquer das partes, de seu representante legal ou de seu procurador;

II – pela convenção das partes;

III – pela arguição de impedimento ou de suspeição;

IV – pela admissão de incidente de resolução de demandas repetitivas;

V – quando a sentença de mérito:

a) depender do julgamento de outra causa ou da declaração de existência ou de inexistência de relação jurídica que constitua o objeto principal de outro processo pendente;

b) tiver de ser proferida somente após a verificação de determinado fato ou a produção de certa prova, requisitada a outro juízo;

VI – por motivo de força maior;

VII – quando se discutir em juízo questão decorrente de acidentes e fatos da navegação de competência do Tribunal Marítimo;

VIII – nos demais casos que este Código regula.

IX – pelo parto ou pela concessão de adoção, quando a advogada responsável pelo processo constituir a única patrona da causa; (Incluído pela Lei nº 13.363, de 2016).

X – quando o advogado responsável pelo processo constituir o único patrono da causa e tornar-se pai.(Incluído pela Lei nº 13.363, de 2016).

§ 1º Na hipótese do inciso I, o juiz suspenderá o processo, nos termos do art. 689.

§ 2º Não ajuizada ação de habilitação, ao tomar conhecimento da morte, o juiz determinará a suspensão do processo e observará o seguinte:

I – falecido o réu, ordenará a intimação do autor para que promova a citação do respectivo espólio, de quem for o sucessor ou, se for o caso, dos herdeiros, no prazo que designar, de no mínimo 2 (dois) e no máximo 6 (seis) meses;

II – falecido o autor e sendo transmissível o direito em litígio, determinará a intimação de seu espólio, de quem for o sucessor ou, se for o caso, dos herdeiros, pelos meios de divulgação que reputar mais adequados, para que manifestem interesse na sucessão processual e promovam a respectiva habilitação no prazo designado, sob pena de extinção do processo sem resolução de mérito.

§ 3º No caso de morte do procurador de qualquer das partes, ainda que iniciada a audiência de instrução e julgamento, o juiz determinará que a parte constitua novo mandatário, no prazo de 15 (quinze) dias, ao final do qual extinguirá o processo sem resolução de mérito, se o autor não nomear novo mandatário, ou ordenará o prosseguimento do processo à revelia do réu, se falecido o procurador deste.

§ 4º O prazo de suspensão do processo nunca poderá exceder 1 (um) ano nas hipóteses do inciso V e 6 (seis) meses naquela prevista no inciso II.

§ 5º O juiz determinará o prosseguimento do processo assim que esgotados os prazos previstos no § 4º.

§ 6º No caso do inciso IX, o período de suspensão será de 30 (trinta) dias, contado a partir da data do parto ou da concessão da adoção, mediante apresentação de certidão de nascimento ou documento similar que comprove a realização do parto, ou de termo judicial que tenha concedido a adoção, desde que haja notificação ao cliente. (Incluído pela Lei nº 13.363, de 2016).

§ 7º No caso do inciso X, o período de suspensão será de 8 (oito) dias, contado a partir da data do parto ou da concessão da adoção, mediante apresentação de certidão de nascimento ou documento similar que comprove a realização do parto, ou de termo judicial que tenha concedido a adoção, desde que haja notificação ao cliente. (Incluído pela Lei nº 13.363, de 2016).

Notas:

Notas conjuntas a seguir.

Remissão:

– Art. 16 da Lei nº 13.140/2015 (Lei da Mediação):

"Art. 16. Ainda que haja processo arbitral ou judicial em curso, as partes poderão submeter-se à mediação, hipótese em que requererão ao juiz ou árbitro a suspensão do processo por prazo suficiente para a solução consensual do litígio.

§ 1º É irrecorrível a decisão que suspende o processo nos termos requeridos de comum acordo pelas partes.

§ 2º A suspensão do processo não obsta a concessão de medidas de urgência pelo juiz ou pelo árbitro".

Enunciado das Jornadas de Direito Processual Civil do Conselho da Justiça Federal:

Nº 87 do CJF: O acordo de reparação de danos feito durante a suspensão condicional do processo, desde que devidamente homologado por sentença, é título executivo judicial.

Enunciados do Fórum Permanente de Processualistas Civis:

Nº 92 do FPPC: A suspensão de processos prevista neste dispositivo é consequência da admissão do incidente de resolução de demandas repetitivas e não depende da demonstração dos requisitos para a tutela de urgência.

Nº 580 do FPPC: É admissível o negócio processual estabelecendo que a alegação de existência de convenção de arbitragem será feita por simples petição, com a interrupção ou suspensão do prazo para contestação.

Nº 695 do FPPC: A suspensão do julgamento da causa de que trata o art. 377 é aplicável ao requerimento de produção de prova ou de verificação de determinado fato veiculado por qualquer meio de cooperação judiciária.

Enunciado da Escola Nacional de Formação e Aperfeiçoamento de Magistrados:

Nº 31 do ENFAM: A concessão da tutela de evidência prevista no art. 311, II, do CPC/2015 independe do trânsito em julgado da decisão paradigma.

Art. 314. Durante a suspensão é vedado praticar qualquer ato processual, podendo o juiz, todavia, determinar a realização de atos urgentes a fim de evitar dano irreparável, salvo no caso de arguição de impedimento e de suspeição.

Notas:

Notas conjuntas a seguir.

Art. 315. Se o conhecimento do mérito depender de verificação da existência de fato delituoso, o juiz pode determinar a suspensão do processo até que se pronuncie a justiça criminal.

§ 1º Se a ação penal não for proposta no prazo de 3 (três) meses, contado da intimação do ato de suspensão, cessará o efeito desse, incumbindo ao juiz cível examinar incidentemente a questão prévia.

§ 2º Proposta a ação penal, o processo ficará suspenso pelo prazo máximo de 1 (um) ano, ao final do qual aplicar-se-á o disposto na parte final do § 1º.

Notas conjuntas aos retrorreferidos:

Uma vez proposta a ação, sabemos que o desenvolvimento do processo se dará por impulso oficial, entretanto, existem causas, voluntárias ou não, que geram a sua suspensão, ou seja, a paralisação temporária e geralmente delimitada do seu andamento, quando se torna defeso a prática de qualquer ato processual, com exceção daqueles considerados urgentes, pois que visam assegurar o afastamento de dano irreparável (melhor, de difícil reparação) ao direito da parte, salvo casos de arguição de impedimento e de suspeição (art. 314 do CPC).

Desta forma, para que ocorra a suspensão do processo, mister se faz a análise das hipóteses arroladas no art. 313 do Código, quais sejam:

> *I – Pela morte ou perda da capacidade processual de qualquer das partes, de seu representante legal ou de seu procurador.*

Ocorrendo a morte de qualquer das partes, prejudicada fica a relação jurídica processual a partir daquele momento, o que, certamente, necessitará de providências para o seu correto prosseguimento.

Versando a demanda sobre direito intransmissível (*v.g.*, ações relativas a alimentos, separação entre cônjuges), incabível será a suspensão do processo, tendo em vista a impossibilidade de habilitação nos autos de herdeiros e/ou sucessores do *de cujus*, fato esse gerador da sua extinção (art. 485, IX).

No entanto, versando a ação sobre direitos transmissíveis, falecendo qualquer das partes, deverá o juiz determinar a suspensão do processo para fins de que seja promovida a respectiva habilitação (art. 689 do CPC) do espólio ou sucessores do falecido (art. 313, § 1º do CPC).

Daí, não ocorrendo o ajuizamento de dita habilitação, caberá ao magistrado determinar uma das seguintes medidas:

a) Falecido o réu (§ 2º, I do art. 313) – ordenará a intimação do autor para que promova a citação do respectivo espólio, de quem for o sucessor ou, se for o caso, dos herdeiros, no prazo que designar, sendo esse de no mínimo 2 (dois) e no máximo 6 (seis) meses.

b) Falecido o autor (§ 2º, II do art. 313) – determinará a intimação de seu espólio, de quem for o sucessor ou, se for o caso, dos herdeiros, pelos meios de divulgação que reputar mais adequados, para que manifestem interesse na sucessão processual e promovam a devida e necessária habilitação no prazo designado, sob pena de extinção do processo sem resolução de mérito.

Com relação à perda da capacidade de qualquer das partes, esta, igualmente, ensejará a suspensão do feito.

Como se sabe, a capacidade para o exercício da vida civil (art. 5º do Código Civil) é pressuposto essencial para a correta validade da relação jurídica processual (art. 70 do CPC), neste sentido, notório é que diante de sua perda, necessária será a adoção de providências para fins de continuidade da marcha processual.

Assim, ocorrendo a perda da capacidade, necessário será a suspensão do processo, a fim de que o curador se habilite a representar o incapaz nos autos do processo. Do contrário, ou seja, não havendo curador que se habilite à representação do incapaz, caberá ao magistrado nomear um curador especial (art. 72, I).

Por outro lado, se o falecimento for do procurador de qualquer das partes, ainda que iniciada a audiência de instrução e julgamento, determinará o juiz que a parte constitua novo mandatário, no prazo de 15 (quinze) dias, ao final do qual extinguirá o processo sem resolução de mérito, se o autor não nomear novo mandatário, ou ordenará o prosseguimento do processo à revelia do réu, se falecido o procurador deste (§ 3º do art. 313). Por último, tratando-se da perda da capacidade do procurador de qualquer das partes, a despeito do CPC não estipular qualquer previsão normativa regulatória para tal, aplicar-se-á, por analogia, o § 3º do art. 313, suspendendo-se o processo a fim de as partes constituam novo advogado.[273]

II – Pela convenção das partes.

Mediante a apresentação de petição conjunta e fundamentada, poderão as partes acordar acerca da suspensão do processo. E uma vez apresentado o

[273] No mesmo sentido, NERY JÚNIOR, Nelson; ANDRADE NERY, Rosa Maria. *Comentários ao Código de Processo Civil.* São Paulo: RT, 2015, p. 875.

pedido, em conformidade com os requisitos acima descritos, não poderá o juiz da causa indeferi-lo, mas tão somente assegurar que o início da suspensão não prejudique a conclusão de qualquer ato processual pendente, nem que ultrapasse o prazo máximo de 06 (seis) meses (§ 4º do art. 313).

É de se ressaltar que, uma vez esgotado tal lapso temporal suspensivo, o juiz determinará o prosseguimento do processo, conforme prescreve o § 5º do art. 313.

III – Pela arguição de impedimento ou de suspeição.

As arguições de impedimento (art. 144 do CPC) e suspeição (art. 145 do CPC) são incidentes processuais voltados a afastar à pessoa física do juiz da condução do processo, portanto, alegam-se vícios que se referem à figura pessoal do julgador, sendo possível que tanto o impedimento quanto a suspeição possam aparecer em qualquer fase processual, abrindo-se então, o prazo de 15 (quinze) dias para a propositura da respectiva arguição, contados a partir do momento em que os fatos se tornaram conhecidos pelo possível lesado (art. 146, *caput* do CPC).

Cabe destacar que, tanto os motivos ensejadores de impedimento quanto de suspeição são, igualmente, aplicáveis ao membro do Ministério Público, aos auxiliares da justiça bem como aos demais sujeitos imparciais do processo (art. 148, *caput* do CPC).

IV – Pela admissão de incidente de resolução de demandas repetitivas.

O Incidente de resolução de demandas repetitivas (IRDR) é novidade edificada pelo CPC/2015, sendo regulado pelo arts. 976 a 987.

Trata-se de instituto cabível em situações onde, decorrente de demandas em andamento, for detectada respectiva controvérsia que, na exata dicção do texto (*ex vi* do art. 976), possuam, simultaneamente, efetiva repetição de processos que contenham controvérsia sobre mesma questão unicamente de direito e daí, potencializando-se em risco de ofensa à isonomia e à segurança jurídica. Portanto, da relevância e serventia do IRDR, caso o juiz, de ofício; ou, por petição, as partes, o Ministério Público e a Defensoria Pública, em sintonia com os incisos I, II e III do art. 977, durante o curso do processo, identificar que *in casu*, tratar-se de possível processo repetitivo e que este ainda não fora devidamente apreciado pelo incidente, oficiará ao tribunal, cabendo a devida suspensão do processo.

Uma vez dirigido o pedido (ofício ou petição) de instauração do IRDR ao Presidente do Tribunal, será ele então distribuído ao órgão colegiado competente para o julgamento, porém, antes, dito órgão realizará o juízo de admissibilidade sobre o Incidente, cabendo ao relator, uma vez admitido o IRDR, tomar as várias atitudes regidas dispostas pelo art. 982, mas dentre elas, suspender os processos pendentes, individuais ou coletivos, que tramitam no Estado ou na região, conforme o caso, que venham a possuir idêntica questão de direito, capaz de causar grave insegurança jurídica decorrente do risco de coexistência de decisões conflitantes, isto no estado ou na região, dependendo da própria alegação e comprovação territorial da questão, o que será realizado, obviamente por qualquer das partes legitimas.

Dita suspensão será diretamente comunicada aos órgãos jurisdicionais competentes (§ 1º do art. 982 do CPC), o que se dará, certamente, mediante ofício.

A despeito da aludida suspensão de ações pendentes, havendo necessidade de adoção de tutela de urgência no âmbito de tais demandas, autoriza o § 2º do art. 982 o pedido de dita tutela ao juízo do processo suspenso.

Vale destacar ainda que a suspensão de processos pendentes, quer individuais ou coletivos que tramitem no Estado ou região será cessada, caso não seja interposto recurso especial ou recurso extraordinário desafiando a decisão proferida no próprio IRDR, conforme dicção do § 5º do art. 982.

Uma vez superado o motivo da suspensão, os processos individuais e coletivos retomarão os seus cursos normais, sendo então julgados de acordo com a tese jurídica firmada no incidente, pelo próprio tribunal, de acordo com o que estabelece o art. 985, I do CPC.

V – Quando a sentença de mérito:

a) depender do julgamento de outra causa, ou da declaração da existência ou inexistência da relação jurídica, que constitua o objeto principal de outro processo pendente.

Contempla a norma acima a figura da questão prejudicial, entendida esta como toda e qualquer contenda litigiosa, de fato ou de direito, que influencie na decisão do processo, pode a questão prejudicial ser interna quando submetida a julgamento pelo próprio juiz da causa, sem obedecer a procedimento específico, ou externa, quando o ponto controvertido depender de decisão em outro processo, fazendo suspender a causa afetada até o julgamento da questão prejudicial, desde que tal suspensão não ultrapasse o prazo máximo de 01 (um) ano conforme preceitua o § 4º do art. 313.

Trata a presente alínea da questão prejudicial externa, Neste sentido, seria o caso de se estar discutindo em certo processo a condição de servidor público de X, sendo que, em outro processo, têm-se como objeto o pleito deste X a um direito, dado a condição de ser um servidor público. Ora, deve este último ficar suspenso, pois que caso o primeiro processo julgue não ser X servidor público, de certo, não teria ele legitimidade para pleitear direito relativo à esta condição.[274]

O mesmo se pode observar em questões envoltas ao pedido de alimentos pleiteados em uma demanda por Y em face de seu pai P, sendo que em outro processo, P discute a negativa de paternidade de Y. A prejudicialidade externa se vislumbra notória na *questio*.

Havendo, no entanto, a prorrogação da competência, por conexão ou continência, bem como a possibilidade de reunião dos feitos, haja vista a compatibilidade de procedimentos, afastada estará a hipótese da suspensão processual enunciada já que desaparecida a necessidade de decisões distintas que, afinal, constitui o seu fundamento.[275]

b) tiver de ser proferida somente após a verificação de determinado fato ou a produção de certa prova, requisitada a outro juízo; Aqui temos a suspensão provocada em um processo, quando a sua sentença depender do cumprimento de uma diligência em outro juízo, através da expedição da carta apropriada, seja ela precatória, rogatória ou mesmo o auxílio direto, desde que a sua expedição tenha sido requerida antes da decisão de saneamento e ainda, que a prova solicitada em tais atos processuais de comunicação apresentar-se imprescindível, tudo por força do que dispõem o art. 377 do CPC.

VI – Por motivo de força maior.

Embora o Código se refira apenas às hipóteses de força maior, por interpretação heterotópica do art. 393 do Código Civil, abrangidos estão também neste conceito os incidentes imputáveis ao caso fortuito já que ambos correspondem a situações imprevistas, previsíveis ou não, oriundas da ação humana ou dos caprichos da natureza, respectivamente, que tornam impossível o regular seguimento do processo, advindo daí a justificativa da sua suspensão pelo prazo que se fizer necessário ao encerramento do evento impeditivo.

---

274 No mesmo entendimento, WAMBIER, Teresa Arruda *et ali*. *Primeiros comentários ao Novo Código de Processo Civil*. São Paulo: RT, 2015, p. 536.

275 Já fora decidido que "havendo continência e prejudicialidade entre os embargos do devedor e a ação exoneratória de débitos, não tendo sido reunidos os feitos oportunamente, para julgamento conjunto, cabível é a suspensão dos embargos nos termos do art. 265, IV, a do CPC *(de 1973)*". (STJ. 4ª T. REsp 392.680/RS. Rel. Min. Barros Monteiro. Julg. 16.04.2002). Grifo nosso.

Como exemplos ensejadores de tal paralisação, podemos citar a greve dos serventuários da justiça ou as situações de calamidade pública, como no caso de enchente que afete as instalações físicas do Tribunal.

VII – Quando se discutir em juízo questão decorrente de acidentes e fatos da navegação de competência do Tribunal Marítimo.

Possui o Tribunal Marítimo, jurisdição em todo o território nacional, sendo órgão, autônomo, mas auxiliar do Poder Judiciário, vinculado ao Ministério da Marinha no que se refere ao provimento de pessoal militar e de recursos orçamentários para pessoal e material destinados ao seu funcionamento, tendo como atribuições julgar os acidentes e fatos da navegação marítima, fluvial e lacustre e as questões relacionadas com tal atividade (Lei nº 2.180/1954).

Assim, uma vez em curso análise do Tribunal Marítimo acerca de determinado acidente ou fato relativo à navegação, eventual o processo que esteja em curso no âmbito do Poder Judiciário relativo ao conteúdo sob análise daquele Tribunal deverá permanecer suspenso até que a Corte Marítima possa finalizar sua verificação *in concreto*.

Notadamente, as decisões do Tribunal Marítimo podem ser reexaminadas pelo Superior Tribunal de Justiça e, neste sentido, é que deve ser entendido o presente inciso.[276]

VIII – Nos demais casos que este Código regula.

Finalmente, além das possibilidades expressamente arroladas acima, outros casos de suspensão processual são permitidos pelo CPC, tais como a incapacidade processual ou irregularidade da representação da parte (art. 76), como também na hipótese de oferecimento de embargos à execução (art. 921, II), execução frustrada por ausência de bens penhoráveis (art. 921, III), dentre outros.

IX – pelo parto ou pela concessão de adoção, quando a advogada responsável pelo processo constituir a única patrona da causa.

Neste caso, o período de suspensão do processo será de 30 (trinta) dias, contado a partir da data do parto ou da concessão da adoção, mediante apresentação

---

[276] CIVIL. RESPONSABILIDADE CIVIL. TRIBUNAL MARÍTIMO. As decisões do Tribunal Marítimo podem ser revistas pelo Poder Judiciário; quando fundadas em perícia técnica, todavia, elas só não subsistirão se esta for cabalmente contrariada pela prova judicial. Recurso especial conhecido e provido. (STJ. 3ª T. REsp: 38082 PR 1993/0023708-0. Rel. Min. Ari Pargendler. Julg. 20.05.1999, *DJ* 04.10.1999).

de certidão de nascimento ou documento similar que possa comprovar a realização do parto, ou de termo judicial que tenha concedido a adoção, desde que haja notificação ao cliente, conforme regra o § 6º do art. 313.

X – quando o advogado responsável pelo processo constituir o único patrono da causa e tornar-se pai.

Em tal hipótese, de acordo com o § 7º do art. 313, o período de suspensão do processo será de 8 (oito) dias, contado a partir da data do parto ou da concessão da adoção, mediante apresentação de certidão de nascimento ou documento similar que comprove a realização do parto, ou de termo judicial que tenha concedido a adoção, desde que haja notificação ao cliente.

Vale ainda destacar a possibilidade de suspensão do processo quando dele depender a verificação de fato delituoso (art. 315 do CPC). Neste caso, poderá o magistrado determinara a aludida suspensão até que a justiça criminal se pronuncie.

Teremos daí então, duas situações:

1ª) Caso a necessária ação penal não venha a ser proposta no prazo de 3 (três) meses, contado da intimação do ato de suspensão, cessará o efeito suspensivo, incumbindo ao juiz cível examinar incidentemente a questão prévia (§ 1º do art. 315).

2ª) Uma vez proposta a ação penal, o processo ficará suspenso pelo prazo máximo de 1 (um) ano, após, caberá ao magistrado dar curso novamente ao processo, examinando de forma incidente a respectiva questão prévia (§ 2º do art. 315).

Enunciado do Fórum Permanente de Processualistas Civis:

Nº 92 do FPPC: A suspensão de processos prevista neste dispositivo é consequência da admissão do incidente de resolução de demandas repetitivas e não depende da demonstração dos requisitos para a tutela de urgência.

TÍTULO III
DA EXTINÇÃO DO PROCESSO

Art. 316. A extinção do processo dar-se-á por sentença.

Notas:

Nota a seguir.

Art. 317. Antes de proferir decisão sem resolução de mérito, o juiz deverá conceder à parte oportunidade para, se possível, corrigir o vício

Notas conjuntas aos artigos retrorreferidos:

Vide comentários acostados aos arts. 485 e 487 do CPC.

Enunciado do Fórum Permanente de Processualistas Civis:

Nº 657 do FPPC: O relator, antes de considerar inadmissível o incidente de resolução de demandas repetitivas, oportunizará a correção de vícios ou a complementação de informações.

PARTE ESPECIAL

LIVRO I
DO PROCESSO DE CONHECIMENTO E DO CUMPRIMENTO DE SENTENÇA

TÍTULO I
DO PROCEDIMENTO COMUM

CAPÍTULO I
DISPOSIÇÕES GERAIS

Art. 318. Aplica-se a todas as causas o procedimento comum, salvo disposição em contrário deste Código ou de lei.

Parágrafo único. O procedimento comum aplica-se subsidiariamente aos demais procedimentos especiais e ao processo de execução.

Notas:

No CPC/2015, o Processo de Conhecimento está alocado na Parte Especial, mais precisamente em seu Livro I, tendo seu rito concentrado em um único, este denominado “comum”, disposto no Título I do aludido Livro (substituindo os ritos do CPC/1973, no caso, ordinário e sumário), sendo o referido procedimento comum aplicável aos Procedimentos Especiais e ao Processo de Execução de forma subsidiária.

Enunciado das Jornadas de Direito Processual Civil do Conselho da Justiça Federal:

Nº 86 do CJF: As prestações vincendas até o efetivo cumprimento da obrigação incluem-se na execução de título executivo extrajudicial (arts. 323 e 318, parágrafo único, do CPC).

CAPÍTULO II
DA PETIÇÃO INICIAL

Seção I
Dos Requisitos da Petição Inicial

Art. 319. A petição inicial indicará:

I – o juízo a que é dirigida;

II – os nomes, os prenomes, o estado civil, a existência de união estável, a profissão, o número de inscrição no Cadastro de Pessoas Físicas ou no Cadastro Nacional da Pessoa Jurídica, o endereço eletrônico, o domicílio e a residência do autor e do réu;

III – o fato e os fundamentos jurídicos do pedido;

IV – o pedido com as suas especificações;

V – o valor da causa;

VI – as provas com que o autor pretende demonstrar a verdade dos fatos alegados;

VII – a opção do autor pela realização ou não de audiência de conciliação ou de mediação.

§ 1º Caso não disponha das informações previstas no inciso II, poderá o autor, na petição inicial, requerer ao juiz diligências necessárias a sua obtenção.

§ 2º A petição inicial não será indeferida se, a despeito da falta de informações a que se refere o inciso II, for possível a citação do réu.

§ 3º A petição inicial não será indeferida pelo não atendimento ao disposto no inciso II deste artigo se a obtenção de tais informações tornar impossível ou excessivamente oneroso o acesso à justiça.

Notas:

Petição Inicial. O art. 319 do Código de Processo Civil prevê como requisitos essenciais da petição inicial: o juízo a que é dirigida a petição inicial, isto é o juízo ou tribunal competente (inciso I);[277] a qualificação jurídica das partes (inciso II) – que se traduz na identificação daquele que pede e em face de quem se pede a tutela jurisdicional, os fatos e os fundamentos jurídicos do pedido (inciso III); o pedido (inciso IV); o valor da causa (inciso V);[278] as provas (inciso

[277] CPC: "*Art. 44. Obedecidos os limites estabelecidos pela Constituição Federal, a competência é determinada pelas normas previstas neste Código ou em legislação especial, pelas normas de organização judiciária e, ainda, no que couber, pelas constituições dos Estados.*"

[278] CPC: "*Art. 291. A toda causa será atribuído valor certo, ainda que não tenha conteúdo econômico imediatamente aferível.*"

CPC: "*Art. 292. O valor da causa constará da petição inicial ou da reconvenção e será:*

I – na ação de cobrança de dívida, a soma monetariamente corrigida do principal, dos juros de mora vencidos e de outras penalidades, se houver, até a data de propositura da ação;

VI)[279] e a opção do autor pela realização ou não de audiência de conciliação e mediação (inciso VII).[280]

Em relação ao inciso III, vale destacar as lições de Nelson Nery Júnior e Rosa Maria de Andrade Nery ao afirmar que os fundamentos de fato "compõem a *causa de pedir próxima.* É o inadimplemento, a ameaça ou violação do direito (fatos) que caracteriza o interesse processual imediato, quer dizer, aquele que autoriza o autor a deduzir pedido em juízo. Daí que a causa de pedir próxima, imediata, é a violação do direito que se pretende proteger em juízo, isto é,

---

II – na ação que tiver por objeto a existência, a validade, o cumprimento, a modificação, a resolução, a resilição ou a rescisão de ato jurídico, o valor do ato ou o de sua parte controvertida;

III – na ação de alimentos, a soma de 12 (doze) prestações mensais pedidas pelo autor;

IV – na ação de divisão, de demarcação e de reivindicação, o valor de avaliação da área ou do bem objeto do pedido;

V – na ação indenizatória, inclusive a fundada em dano moral, o valor pretendido;

VI – na ação em que há cumulação de pedidos, a quantia correspondente à soma dos valores de todos eles;

VII – na ação em que os pedidos são alternativos, o de maior valor;

VIII – na ação em que houver pedido subsidiário, o valor do pedido principal.

§ 1º Quando se pedirem prestações vencidas e vincendas, considerar-se-á o valor de umas e outras.

§ 2º O valor das prestações vincendas será igual a uma prestação anual, se a obrigação for por tempo indeterminado ou por tempo superior a 1 (um) ano, e, se por tempo inferior, será igual à soma das prestações."

§ 3º O juiz corrigirá, de ofício e por arbitramento, o valor da causa quando verificar que não corresponde ao conteúdo patrimonial em discussão ou ao proveito econômico perseguido pelo autor, caso em que se procederá ao recolhimento das custas correspondentes.

279 CPC: *"Art. 373. O ônus da prova incumbe:*

I – ao autor, quanto ao fato constitutivo de seu direito;

II – ao réu, quanto à existência de fato impeditivo, modificativo ou extintivo do direito do autor.

§ 1º Nos casos previstos em lei ou diante de peculiaridades da causa relacionadas à impossibilidade ou à excessiva dificuldade de cumprir o encargo nos termos do caput ou à maior facilidade de obtenção da prova do fato contrário, poderá o juiz atribuir o ônus da prova de modo diverso, desde que o faça por decisão fundamentada, caso em que deverá dar à parte a oportunidade de se desincumbir do ônus que lhe foi atribuído.

§ 2º A decisão prevista no § 1º deste artigo não pode gerar situação em que a desincumbência do encargo pela parte seja impossível ou excessivamente difícil.

§ 3º A distribuição diversa do ônus da prova também pode ocorrer por convenção das partes, salvo quando:

I – recair sobre direito indisponível da parte;

II – tornar excessivamente difícil a uma parte o exercício do direito.

§ 4º A convenção de que trata o § 3º pode ser celebrada antes ou durante o processo."

280 CPC: *"Art. 139. O juiz dirigirá o processo conforme as disposições deste Código, incumbindo-lhe: [...] V – promover, a qualquer tempo, a autocomposição, preferencialmente com auxílio de conciliadores e mediadores judiciais;"*

os fundamentos de fato do pedido. O direito em si, em tese e abstratamente considerado, não pode ser o fundamento *imediato* do pedido; afirmar-se ser titular de um direito não é suficiente para justificar o ingresso em juízo, pois é necessário que se diga o motivo pelo qual (fundamento de fato) o direito está ameaçado ou foi violado. Por isso é que a causa de pedir imediata (próxima) são os fundamentos de fato, vale dizer, o que imediatamente motivou o autor, pela lesão a direito seu, a deduzir sua pretensão em juízo."[281] Já os fundamentos jurídicos "compõem a *causa de pedir remota*. É o que, mediatamente, autoriza o pedido. O direito, o título, não podem ser a causa de pedir próxima porque, enquanto não ameaçados ou violados, não ensejam ao seu titular a necessidade do ingresso em juízo, ou seja, não caracterizam *per se* o interesse processual primário e imediato, aquele que motiva o pedido. Fundamento jurídico é a autorização e a base que o ordenamento jurídico dá ao autor para que possa deduzir pretensão junto ao Poder Judiciário. É o título do pedido (a que "título" você pede?), que tanto pode ser a *lei* como *direito*, o *contrato* etc. Não há necessidade de o autor indicar a lei ou o artigo de lei em que se encontra baseado o pedido, pois o juiz conhece o direito (*iura novit curia*). Basta que o autor dê concretamente os fundamentos de fato de fato, para que o juiz possa dar-lhe o direito (*mihi factum, dabo tibi ius*).[282]

Ainda no tocante à própria propositura da ação e mesmo ao seu desenvolvimento, cabe ao autor, em sendo possível, desde já solicitar a concessão de prioridade no trâmite processual da demanda, isso diante de ocorrências especiais conforme garante o art. 1.048, respectivamente, como, por exemplo, em casos de idade (acima de 60 anos) ou mesmo, diante da parte estar acometida por doença grave.

Nisso, bem expressa o a*rt. 1.048:*

> *"Terão prioridade de tramitação, em qualquer juízo ou tribunal, os procedimentos judiciais:*
>
> *I – em que figure como parte ou interessado pessoa com idade igual ou superior a 60 (sessenta) anos ou portadora de doença grave, assim compreendida qualquer das enumeradas no art. 6º, inciso XIV, da Lei nº 7.713, de 22 de dezembro de 1988;*
>
> *II – regulados pela Lei nº 8.069, de 13 de julho de 1990 (Estatuto da Criança e do Adolescente)."*

---

281 NERY, Nelson; NERY JUNIOR, Rosa Maria de Andrade. *Comentários ao Código de Processo Civil*. São Paulo: Revista dos Tribunais, 2015, p. 886.

282 *Ibidem.*

Para tanto, a pessoa interessada na obtenção da prioridade supra referida, ao requerê-la, deverá juntar prova de sua condição, e uma vez deferida a prioridade, os autos receberão identificação própria, de modo a evidenciar que tramita na forma prioritária (§§ 1º e 2º do art. 1.048).

Vale dizer por tudo que, uma vez a parte provando a condição de beneficiário da prioridade no trâmite processual, deverá o órgão jurisdicional competente, imediatamente, determinar as providências para tanto, junto ao cartório do juízo. (§§ 1º e 4º do art. 1.048).

Cabe salientar que diante da aludida concessão de prioridade, essa não cessará com a morte do beneficiado, *estendendo-se em favor do cônjuge supérstite ou do companheiro em união estável* (§ 3º do art. 1.048).

No tocante ao idoso, insta ressaltar que a Lei nº 13.466/17, mais precisamente em seu art. 2º, veio a assegurar prioridade especial aos maiores de 80 (oitenta) anos, atendendo-se suas necessidades sempre preferencialmente em relação aos demais idosos.

Remissões:

- Art. 51 da Lei nº 11.101/2005 (regula a recuperação judicial, a extrajudicial e a falência do empresário e da sociedade empresária):

"Art. 51. A petição inicial de recuperação judicial será instruída com:

I - a exposição das causas concretas da situação patrimonial do devedor e das razões da crise econômico-financeira;

II - as demonstrações contábeis relativas aos 3 (três) últimos exercícios sociais e as levantadas especialmente para instruir o pedido, confeccionadas com estrita observância da legislação societária aplicável e compostas obrigatoriamente de:

a) balanço patrimonial;

b) demonstração de resultados acumulados;

c) demonstração do resultado desde o último exercício social;

d) relatório gerencial de fluxo de caixa e de sua projeção;

e) descrição das sociedades de grupo societário, de fato ou de direito; (Incluído pela Lei nº 14.112, de 2020) (Vigência).

III - a relação nominal completa dos credores, sujeitos ou não à recuperação judicial, inclusive aqueles por obrigação de fazer ou de dar, com a indicação do endereço físico e eletrônico de cada um, a natureza, conforme estabelecido nos arts. 83 e 84 desta Lei, e o valor atualizado do crédito, com a discriminação de sua origem, e o regime dos vencimentos; (Redação dada pela Lei nº 14.112, de 2020) (Vigência);

IV – a relação integral dos empregados, em que constem as respectivas funções, salários, indenizações e outras parcelas a que têm direito, com o correspondente mês de competência, e a discriminação dos valores pendentes de pagamento;

V – certidão de regularidade do devedor no Registro Público de Empresas, o ato constitutivo atualizado e as atas de nomeação dos atuais administradores;

VI – a relação dos bens particulares dos sócios controladores e dos administradores do devedor;

VII – os extratos atualizados das contas bancárias do devedor e de suas eventuais aplicações financeiras de qualquer modalidade, inclusive em fundos de investimento ou em bolsas de valores, emitidos pelas respectivas instituições financeiras;

VIII – certidões dos cartórios de protestos situados na comarca do domicílio ou sede do devedor e naquelas onde possui filial;

IX – a relação, subscrita pelo devedor, de todas as ações judiciais e procedimentos arbitrais em que este figure como parte, inclusive as de natureza trabalhista, com a estimativa dos respectivos valores demandados; (Redação dada pela Lei nº 14.112, de 2020) (Vigência);

X – o relatório detalhado do passivo fiscal; e (Incluído pela Lei nº 14.112, de 2020) (Vigência);

XI – a relação de bens e direitos integrantes do ativo não circulante, incluídos aqueles não sujeitos à recuperação judicial, acompanhada dos negócios jurídicos celebrados com os credores de que trata o § 3º do art. 49 desta Lei. (Incluído pela Lei nº 14.112, de 2020) (Vigência);

§ 1º Os documentos de escrituração contábil e demais relatórios auxiliares, na forma e no suporte previstos em lei, permanecerão à disposição do juízo, do administrador judicial e, mediante autorização judicial, de qualquer interessado.

§ 2º Com relação à exigência prevista no inciso II do *caput* deste artigo, as microempresas e empresas de pequeno porte poderão apresentar livros e escrituração contábil simplificados nos termos da legislação específica.

§ 3º O juiz poderá determinar o depósito em cartório dos documentos a que se referem os §§ 1º e 2º deste artigo ou de cópia destes.

§ 4º Na hipótese de o ajuizamento da recuperação judicial ocorrer antes da data final de entrega do balanço correspondente ao exercício anterior, o devedor apresentará balanço prévio e juntará o balanço definitivo no prazo da lei societária aplicável. (Incluído pela Lei nº 14.112, de 2020) (Vigência)

§ 5º O valor da causa corresponderá ao montante total dos créditos sujeitos à recuperação judicial. (Incluído pela Lei nº 14.112, de 2020) (Vigência)

§ 6º Em relação ao período de que trata o § 3º do art. 48 desta Lei: (Incluído pela Lei nº 14.112, de 2020) (Vigência)

I – a exposição referida no inciso I do *caput* deste artigo deverá comprovar a crise de insolvência, caracterizada pela insuficiência de recursos financeiros ou patrimoniais com liquidez suficiente para saldar suas dívidas; (Incluído pela Lei nº 14.112, de 2020)

II – os requisitos do inciso II do *caput* deste artigo serão substituídos pelos documentos mencionados no § 3º do art. 48 desta Lei relativos aos últimos 2 (dois) anos. (Incluído pela Lei nº 14.112, de 2020)".

– Art. 6º, §§ 1º e 3º, da Lei nº 12.016/2009 (disciplina o mandado de segurança individual e coletivo e dá outras providências):

"Art. 6º A petição inicial, que deverá preencher os requisitos estabelecidos pela lei processual, será apresentada em 2 (duas) vias com os documentos que instruírem a primeira reproduzidos na segunda e indicará, além da autoridade coatora, a pessoa jurídica que esta integra, à qual se acha vinculada ou da qual exerce atribuições.

§ 1º No caso em que o documento necessário à prova do alegado se ache em repartição ou estabelecimento público ou em poder de autoridade que se recuse a fornecê-lo por certidão ou de terceiro, o juiz ordenará, preliminarmente, por ofício, a exibição desse documento em original ou em cópia autêntica e marcará, para o cumprimento da ordem, o prazo de 10 (dez) dias. O escrivão extrairá cópias do documento para juntá-las à segunda via da petição.

§ 2º Se a autoridade que tiver procedido dessa maneira for a própria coatora, a ordem far-se-á no próprio instrumento da notificação.

§ 3º Considera-se autoridade coatora aquela que tenha praticado o ato impugnado ou da qual emane a ordem para a sua prática".

– Art. 3º da Lei nº 9.868/1999 (dispõe sobre o processo e julgamento da ação direta de inconstitucionalidade e da ação declaratória de constitucionalidade perante o Supremo Tribunal Federal):

"Art. 3º A petição indicará:

I – o dispositivo da lei ou do ato normativo impugnado e os fundamentos jurídicos do pedido em relação a cada uma das impugnações;

II – o pedido, com suas especificações".

– Art. 3º da Lei nº 9.882/1999 (dispõe sobre o processo e julgamento da arguição de descumprimento de preceito fundamental, nos termos do § 1º do art. 102 da Constituição Federal):

"Art. 3º A petição inicial deverá conter:

I – a indicação do preceito fundamental que se considera violado;

II – a indicação do ato questionado;

III – a prova da violação do preceito fundamental;

IV – o pedido, com suas especificações;

V – se for o caso, a comprovação da existência de controvérsia judicial relevante sobre a aplicação do preceito fundamental que se considera violado.

Parágrafo único. A petição inicial, acompanhada de instrumento de mandato, se for o caso, será apresentada em duas vias, devendo conter cópias do ato questionado e dos documentos necessários para comprovar a impugnação".

Súmula:

STJ nº 33: A incompetência relativa não pode ser declarada de ofício.

STJ nº 628: A teoria da encampação é aplicada no mandado de segurança quando presentes, cumulativamente, os seguintes requisitos: a) existência de vínculo hierárquico entre a autoridade que prestou informações e a que ordenou a prática do ato impugnado; b) manifestação a respeito do mérito nas informações prestadas; e c) ausência de modificação de competência estabelecida na Constituição Federal.

Enunciados do Fórum Permanente de Processualistas Civis:

Nº 145 do FPPC: No processo do trabalho, é requisito da inicial a indicação do número no cadastro de pessoas físicas ou no cadastro nacional de pessoas jurídicas, bem como os endereços eletrônicos do autor e do réu, aplicando-se as regras do novo Código de Processo Civil a respeito da falta de informações pertinentes ou quando elas tornarem impossível ou excessivamente oneroso o acesso à justiça.

Nº 281 do FPPC: O enquadramento normativo dos fatos não é requisito da petição inicial e, uma vez existente, não vincula o órgão julgador.

Nº 282 do FPPC: Para julgar com base em enquadramento normativo diverso daquele invocado pelas partes, ao juiz cabe observar o dever de consulta, previsto no art. 10.

Nº 283 do FPPC: Aplicam-se os arts. 319, § 1º, 396 a 404 também quando o autor não dispuser de documentos indispensáveis à propositura da ação.

Nº 424 do FPPC: Os parágrafos do art. 319 devem ser aplicados imediatamente, inclusive para as petições iniciais apresentadas na vigência do CPC-1973.

Nº 519 do FPPC: Em caso de impossibilidade de obtenção ou de desconhecimento das informações relativas à qualificação da testemunha, a parte poderá requerer ao juiz providências necessárias para a sua obtenção, salvo em casos de inadmissibilidade da prova ou de abuso de direito.

Art. 320. A petição inicial será instruída com os documentos indispensáveis à propositura da ação.

Notas:

Documentos indispensáveis. Sustenta o art. 320 do CPC que a petição inicial será instruída com os documentos necessários à impetração da ação. Fato é que ao autor faculta a juntada à sua petição inicial de documentos que entenda serem úteis e aptos a justificarem a sua pretensão, demonstrando a seu critério a conformidade daquilo que pede.

No entanto, coube ao legislador indicar a indispensabilidade da juntada de determinados documentos em sede de petição inicial, sempre de acordo com a pretensão que se faz deduzida em juízo por qualquer interessado.

Nisto, temos como exemplo de documentos tidos como indispensáveis à propositura da ação, dentre outros:

- em ação reivindicatória, a "escritura devidamente registrada";
- em ação de separação judicial, divórcio ou mesmo anulação de casamento, a "certidão de casamento";
- em ação de execução ou mesmo no procedimento do cumprimento da sentença, o "título executivo extrajudicial ou judicial", dependendo evidentemente, da via executiva a seguir;
- em ação desconstitutiva de contrato escrito, o "instrumento do contrato";
- em ação de execução fundada em título executivo extrajudicial, a "título executivo.

Enunciado do Fórum Permanente de Processualistas Civis:

Nº 283 do FPPC: Aplicam-se os arts. 319, § 1º, 396 a 404 também quando o autor não dispuser de documentos indispensáveis à propositura da ação.

Art. 321. O juiz, ao verificar que a petição inicial não preenche os requisitos dos arts. 319 e 320 ou que apresenta defeitos e irregularidades capazes de dificultar o julgamento de mérito, determinará que o autor, no prazo de 15 (quinze) dias, a emende ou a complete, indicando com precisão o que deve ser corrigido ou completado.

Parágrafo único. Se o autor não cumprir a diligência, o juiz indeferirá a petição inicial.

Notas:

Emenda da petição inicial. A emenda da petição inicial é um direito subjetivo do autor da ação. O magistrado ao requerer a emenda da petição inicial deve indicar, pois o vício a ser sanado. Caso o autor não cumpra a diligência, o magistrado deverá indeferir a petição inicial.

Enunciado das Jornadas de Direito Processual Civil do Conselho da Justiça Federal:

Nº 120 do CJF: Deve o juiz determinar a emenda também na reconvenção, possibilitando ao reconvinte, a fim de evitar a sua rejeição prematura, corrigir defeitos e/ou irregularidades.

Enunciados do Fórum Permanente de Processualistas Civis:

Nº 284 do FPPC: Aplica-se à ação rescisória o disposto no art. 321, ainda que o vício seja a indicação incorreta da decisão rescindenda. (redação revisada no X FPPC-Brasília).

Nº 292 do FPPC: Antes de indeferir a petição inicial, o juiz deve aplicar o disposto no art. 321.

Nº 425 do FPPC: Ocorrendo simultaneamente as hipóteses dos art. 106, § 1º, e art. 321, *caput*, o prazo de emenda será único e de quinze dias.

Seção II
Do Pedido

Art. 322. O pedido deve ser certo.

§ 1º Compreendem-se no principal os juros legais, a correção monetária e as verbas de sucumbência, inclusive os honorários advocatícios.

§ 2º A interpretação do pedido considerará o conjunto da postulação e observará o princípio da boa-fé.

Notas:

O dispositivo em comento cuida da formulação do pedido. O pedido deve ser *certo*, sendo, portanto, vedado o pedido genérico. O § 1º do referido artigo trata do pedido implícito, por exemplo: compreendem-se no principal os juros legais, a correção monetária e as verbas de sucumbência, inclusive os honorários advocatícios. O § 2º informa que a interpretação do pedido deve ser sistemática, ou seja, considerando o conjunto da postulação e deverá observar o princípio da boa-fé. Boa-fé é lealdade, transparência, correção, honestidade, características que devem permear a relação jurídica processual.

Súmulas:

STF nº 254: Incluem-se os juros moratórios na liquidação, embora omisso o pedido inicial ou a condenação.

STJ nº 271: A correção monetária dos depósitos judiciais independe de ação específica contra o banco depositário.

Enunciados do Fórum Permanente de Processualistas Civis:

Nº 285 do FPPC: A interpretação do pedido e dos atos postulatórios em geral deve levar em consideração a vontade da parte, aplicando-se o art. 112 do Código Civil.

Nº 286 do FPPC: Aplica-se o § 2º do art. 322 à interpretação de todos os atos postulatórios, inclusive da contestação e do recurso.

Nº 378 do FPPC: A boa fé processual orienta a interpretação da postulação e da sentença, permite a reprimenda do abuso de direito processual e das condutas dolosas de todos os sujeitos processuais e veda seus comportamentos contraditórios.

Nº 726 do FPPC: A ausência de indicação da alínea do permissivo constitucional que embasa a interposição de recurso especial ou extraordinário não leva ao não conhecimento do recurso, quando for possível deduzir o fundamento da irresignação a partir da análise do conjunto da postulação.

Art. 323. Na ação que tiver por objeto cumprimento de obrigação em prestações sucessivas, essas serão consideradas incluídas no pedido, independentemente de declaração expressa do autor, e serão incluídas na condenação, enquanto durar a obrigação, se o devedor, no curso do processo, deixar de pagá-las ou de consigná-las.

Notas:

Prestações sucessivas ou periódicas. Também conhecida como prestações de trato sucessivo, é regulada pelo art. 323, este que permite ao magistrado que inclua na condenação as prestações periódicas mesmo que o autor não as tenha requerido.

Vencendo as prestações no curso da demanda, serão as mesmas incluídas na sentença; vencendo após a prolação da sentença, a inclusão é implícita.

Sendo assim, a sentença abrangerá as prestações vencidas ao tempo da propositura da ação, aquelas que se vencerem no decorrer do processo e as vincendas, isto é, aquelas que se referem à duração da obrigação. Como exemplo, temos as prestações alimentícias, aluguéis.

Tal norma tem por objetivo evitar que novas demandas sejam propostas sobre prestações sucessivas oriundas de um mesmo objeto.

Enunciado das Jornadas de Direito Processual Civil do Conselho da Justiça Federal:

Nº 86 do CJF: As prestações vincendas até o efetivo cumprimento da obrigação incluem-se na execução de título executivo extrajudicial (arts. 323 e 318, parágrafo único, do CPC).

Enunciado do Fórum Permanente de Processualistas Civis:

Nº 505 do FPPC: Na ação de despejo cumulada com cobrança, julgados procedentes ambos os pedidos, são passíveis de execução, além das parcelas vencidas indicadas na petição inicial, as que se tornaram exigíveis entre a data de propositura da ação e a efetiva desocupação do imóvel locado

Art. 324. O pedido deve ser determinado.

§ 1º É lícito, porém, formular pedido genérico:

I - nas ações universais, se o autor não puder individuar os bens demandados;

II - quando não for possível determinar, desde logo, as consequências do ato ou do fato;

III - quando a determinação do objeto ou do valor da condenação depender de ato que deva ser praticado pelo réu.

§ 2º O disposto neste artigo aplica-se à reconvenção.

Notas:

Pedido determinado. O *caput* deste artigo exige que o pedido seja determinado. Ocorre que o § 1º permite que o pedido seja genérico: nas ações universais, se o autor não puder individuar os bens demandados (inciso I), quando não for possível determinar, desde logo, as consequências do ato ou do fato (inciso II), quando a determinação do objeto ou do valor da condenação depender de ato que deva ser praticado pelo réu (inciso III). Estas regras são aplicáveis à reconvenção.

Súmula:

STJ nº 261: A cobrança de direitos autorais pela retransmissão radiofônica de músicas, em estabelecimentos hoteleiros, deve ser feita conforme a taxa média de utilização do equipamento, apurada em liquidação.

Enunciado do Fórum Permanente de Processualistas Civis:

Nº 506 do FPPC: A expressão "procedimentos especiais" a que alude o § 2º do art. 327 engloba aqueles previstos na legislação especial.

Art. 325. O pedido será alternativo quando, pela natureza da obrigação, o devedor puder cumprir a prestação de mais de um modo.

Parágrafo único. Quando, pela lei ou pelo contrato, a escolha couber ao devedor, o juiz lhe assegurará o direito de cumprir a prestação de um ou de outro modo, ainda que o autor não tenha formulado pedido alternativo.

Notas:

Pedido alternativo. O pedido alternativo é aquele que versa sobre a obrigação alternativa, consoante o artigo 252 do Código Civil brasileiro.

A *obrigação alternativa* ocorre nas relações jurídicas complexas com pluralidade de objetos (prestações), na qual o devedor cumpre a obrigação quando presta apenas um deles (*plures sunt res in obligatione*). Existe, pois, uma pluralidade de prestações, em que apenas uma delas será objeto do vínculo obrigacional. Por exemplo: uma pessoa firma um contrato com outra se comprometendo a entregar um automóvel ou uma motocicleta. Considerando que a avença está relacionada a uma obrigação alternativa, o devedor cumprirá sua obrigação entregando apenas um dos objetos.

Direito de Escolha. Como dito acima, a *obrigação alternativa* ocorre numa pluralidade de prestações, em que apenas uma delas será objeto do vínculo obrigacional. A pretensão, neste caso, conforme lições de Pontes de Miranda, "dirige-se a duas ou mais prestações, de modo que só uma delas, determinada pela escolha, se haja de realizar. A indeterminação, com que nasce o crédito, serve ao credor ou ao devedor, tal como se o hóspede pode escolher, dentre os pratos do dia (entrada, peixe, carne e sobremesa), ou a legatária pode escolher o anel de brilhante ou os brincos, ou como se o vendedor de café pode entregar o tipo *a* ou o tipo *b*. A pretensão é uma só; uma só obrigação."[283]

O que vem a ser escolha? Considerando que nas obrigações alternativas ocorre uma pluralidade de prestações, a *escolha* é um *ato unilateral de vontade* em que se determina qual das prestações deve ser paga.

Com o exercício do direito de escolha, a obrigação múltipla se transforma em obrigação simples, tendo como objeto da relação jurídica àquela prestação que foi escolhida, desaparecendo, pois, as demais prestações.

Segundo Antunes Varela, a *escolha* é "o ato de *opção* ou *seleção*, por meio do qual se opera, em regra, a concentração da obrigação numa das prestações em alternativa a que o devedor se encontra adstrito. A escolha converte o estado provisório de *pluralidade disjuntiva* dos objetos da obrigação na *unicidade* de

283 PONTES DE MIRANDA. *Tratado de Direito Privado*. Parte Especial. Tomo XXII. 2. ed. Rio de Janeiro: Borsoi, 1958, p. 124.

objeto própria das obrigações simples, pondo assim termo à indeterminação inicial da prestação."[284]

O artigo 252 do nosso Código Civil determina que "nas obrigações alternativas, a escolha cabe ao devedor, se outra coisa não se estipulou." Dessa maneira, os contratantes podem estipular expressamente no instrumento contratual a quem caberá o direito de escolha, caso contrário, na omissão de cláusula contratual, caberá ao devedor a escolha.

Assim, em princípio, a escolha é definitiva e irrevogável, não podendo ser modificada, salvo se dispuserem as partes em contrário. Ocorre que quando a obrigação for de prestações periódicas, a faculdade de opção poderá ser exercida em cada período (CC, art. 252, § 2º). Isto quer dizer que ao fim de cada período, o devedor poderá realizar nova escolha. Antonio Chaves exemplifica a questão da seguinte forma: "Digamos que *a* tenha arrendado seu sítio a *b*, pelo preço anual de mil sacas de café ou do valor correspondente em dinheiro. Temos uma obrigação alternativa que se renova todos os anos, porque todos os anos *b* deverá pagar mil sacas de café ou o valor correspondente em dinheiro. Pode o devedor efetuar duas, três prestações da mesma modalidade, pagando anuidades sucessivas em sacas de café. Mas isso não o inibe da prestação em dinheiro e de escolher a que bem entender nos anos seguintes."[285]

Não pode o devedor obrigar o credor a receber parte em uma prestação e parte em outra (CC, art. 252, § 1º). É, pois, o *princípio da indivisibilidade da prestação*. O devedor possui o direito de escolha ou opção, entretanto não pode obrigar o credor a receber parte em uma prestação, e parte em outra. Vejamos o seguinte exemplo: Gaio se obriga a dar-me vinte mil reais, ou quarenta livros de sua biblioteca, ele não poderá dar-me metade em livros, e metade em dinheiro.

Neste caso, existe a possibilidade de o credor recusar o pagamento, posto que parcial e irregular.

No caso de falecimento do devedor, o direito de opção ou escolha passará aos seus herdeiros, caso não tenha sido realizado antes do falecimento.

O Código Civil Brasileiro trouxe duas inovações, quais sejam: as regras constantes dos §§ 3º e 4º.

O § 3º do artigo 252 informa que "no caso de pluralidade de optantes, não havendo acordo unânime entre eles, decidirá o juiz, findo o prazo por este assinado para a deliberação." Aqui se trata da hipótese de multiplicidade tanto de objeto quanto de sujeito.

---

284 VARELA, João de Matos Antunes. *Das Obrigações em Geral*. Vol. I, 10. ed. Coimbra: Almedina, 2006, p. 833.

285 CHAVES, Antonio. *Tratado de Direito Civil*. Volume II. Direito das Obrigações. Tomo I. 3. ed. São Paulo: RT, 1984, p. 98.

O § 4º do artigo 252 preceitua que "se o título deferir a opção a terceiro, e este não quiser, ou não puder exercê-la, caberá ao juiz a escolha se não houver acordo entre as partes."

Outra questão relevante é saber em que momento se deve considerar como fixada a escolha (opção) pelo devedor? Qual o prazo que o devedor teria para concentrar o débito (ato de comunicar ao credor qual a prestação que escolheu)? Em tese poderá ser feita a qualquer tempo, inclusive no momento do pagamento. Melhor seria que o devedor realizasse a escolha no momento do pagamento, uma vez que indicada a escolha não poderá haver alteração do objeto.

Outrossim, se a escolha for do credor, este deverá realizar a escolha (opção) em prazo razoável de forma que o devedor possa cumprir a obrigação. Suponhamos que a obrigação alternativa fosse a reforma de um automóvel ou a construção de uma casa. Neste caso, a escolha pelo credor não poderia ocorrer no momento do pagamento, já que a obrigação não teria tempo hábil para ser cumprida. O nosso Código Civil não informa o prazo, até mesmo porque este vai depender de cada caso concreto. O credor não poderá, pois, alegar mora do devedor se o prazo dado a este for exíguo para o cumprimento da prestação. Em caso de litígio, caberá ao magistrado verificar se o prazo dado pelo credor é suficiente ou não para o cumprimento da obrigação.

A vantagem das *obrigações alternativas* consiste, segundo Cunha Gonçalves, em oferecer ao credor maior certeza de ser pago ou receber a coisa convencionada do que na obrigação simples ou com prestação única; pois que perecendo uma das coisas, há sempre a possibilidade de receber a outra, salvo se ambas se perderem.[286]

O artigo 253 do CC informa que "se uma das duas prestações não puder ser objeto de obrigação ou se tornada inexequível, subsistirá o débito quanto à outra."

Nas obrigações alternativas, a responsabilidade pelos riscos vai variar conforme a escolha da coisa pertencendo ao credor ou ao devedor. Vamos examinar as hipóteses:

I. Sendo a escolha do devedor:

a) Se ambas as coisas perecem por culpa do devedor, ou seja, impossibilidade de cumprimento de todas as prestações por culpa do devedor, competindo ao devedor a escolha. A solução dada pelo diploma civilístico é o pagamento pelo devedor do valor da prestação que por último se impossibilitou, acrescidos de perdas e danos que o caso determinar. É o que determina o artigo 254 do CC: "se, por culpa do devedor, não

[286] CUNHA GONÇALVES, Luiz da. *Tratado de Direito Civil.* Vol. IV. Tomo II. São Paulo: Max Limonad, 1958, p. 908.

se puder cumprir nenhuma das prestações, não competindo ao credor a escolha, ficará aquele obrigado a pagar o valor da que por último se impossibilitou, mais as perdas e danos que o caso determinar." Por que será que o devedor deverá pagar o valor da prestação que por último se impossibilitou? A razão é que no momento em que uma das prestações se impossibilitou, ocorreu a concentração do débito na prestação remanescente, tornando-se, pois a obrigação em simples. Uma outra questão se apresenta: e se não for possível determinar qual das prestações primeiro se impossibilitou (uma espécie de cronologia das perdas)? O nosso Código Civil não apresenta uma regra para esta situação fática, porém, deve-se entender, que, cabendo a escolha ao devedor, este optaria pela prestação menos onerosa.

b) Se uma das coisas perece por culpa do devedor ou sem culpa do devedor, concentra-se automaticamente o débito na prestação remanescente. Haverá, pois, a chamada concentração automática do débito que significa que o devedor ficará obrigado a entregar ao credor a obrigação remanescente. Vejamos o seguinte exemplo: Galdino (devedor) firma contrato estipulando obrigação alternativa com Adriano (credor) de entregar sua caminhonete ou sua motocicleta de corrida. A escolha cabe ao devedor e está ainda não ocorreu. A sua motocicleta é furtada (por culpa ou sem culpa do devedor), logo, ocorrerá à concentração automática do débito na prestação remanescente.

c) Se ambas as obrigações perecem sem culpa do devedor. Neste caso, se não houve culpa do devedor, resolve-se à obrigação, voltando às partes ao status quo ante. Aqui, quem suporta o prejuízo econômico é o devedor (a coisa perece para o dono) e o credor não poderá requerer perdas e danos. Neste caso extinguir-se-á a obrigação, isto é, ficará resolvida a obrigação para ambas as partes da relação contratual. É o que determina o artigo 256 do CC ao dizer que "se todas as prestações se tornarem impossíveis sem culpa do devedor, extinguir-se-á a obrigação."

II. Sendo a escolha do credor:

a) Impossibilidade de uma ou todas as prestações por culpa do devedor, em casos de escolha pelo credor. Existem duas hipóteses no corpo do artigo 255.[287] *1º) Na impossibilidade de uma das prestações: o credor terá*

[287] CC: "*Art. 255. Quando a escolha couber ao credor e uma das prestações tornar-se impossível por culpa do devedor, o credor terá direito de exigir a prestação subsistente ou o valor da outra, com perdas e danos; se, por culpa do devedor, ambas as prestações se tornarem inexequíveis, poderá o credor reclamar o valor de qualquer das duas, além da indenização por perdas e danos.*"

direito a exigir a prestação subsistente, acrescida de perdas e danos; ou terá direito de exigir o valor da outra prestação com perdas e danos. 2º) Na impossibilidade de todas as prestações: neste caso, o credor poderá pedir o valor de qualquer das duas prestações, além da indenização por perdas e danos. (CC 2002 – Art. 389, 402 e 404). Neste caso, não haverá a chamada concentração automática do débito. A razão é que o credor não poderá ficar excluído do seu direito de escolha, dentro do possível, é claro.

b) Na impossibilidade de uma das prestações sem culpa do devedor, ou seja, nas hipóteses de caso fortuito ou força maior. Aqui ocorrerá a concentração automática do débito na prestação restante.

Enunciado das Jornadas de Direito Processual Civil do Conselho da Justiça Federal:

Nº 109 do CJF: Na hipótese de cumulação alternativa, acolhido integralmente um dos pedidos, a sucumbência deve ser suportada pelo réu.

Art. 326. É lícito formular mais de um pedido em ordem subsidiária, a fim de que o juiz conheça do posterior, quando não acolher o anterior.

Parágrafo único. É lícito formular mais de um pedido, alternativamente, para que o juiz acolha um deles.

Notas:

Pedido sucessivo. É possível que o autor realize cumulação de pedidos na petição inicial. Ora, pode acontecer que o magistrado acolha um pedido posterior, se o anterior não for conhecido. É a chamada *cumulação subsidiária*.

Enunciados do Fórum Permanente de Processualistas Civis:

Nº 102 do FPPC: O pedido subsidiário (art. 326) não apreciado pelo juiz – que acolheu o pedido principal – é devolvido ao tribunal com a apelação interposta pelo réu.

Nº 287 do FPPC: O pedido subsidiário somente pode ser apreciado se o juiz não puder examinar ou expressamente rejeitar o principal.

Nº 288 do FPPC: Quando acolhido o pedido subsidiário, o autor tem interesse de recorrer em relação ao principal.

Art. 327. É lícita a cumulação, em um único processo, contra o mesmo réu, de vários pedidos, ainda que entre eles não haja conexão.

§ 1º São requisitos de admissibilidade da cumulação que:

I – os pedidos sejam compatíveis entre si;

II – seja competente para conhecer deles o mesmo juízo;

III – seja adequado para todos os pedidos o tipo de procedimento.

§ 2º Quando, para cada pedido, corresponder tipo diverso de procedimento, será admitida a cumulação se o autor empregar o procedimento comum, sem prejuízo do emprego das técnicas processuais diferenciadas previstas nos procedimentos especiais a que se sujeitam um ou mais pedidos cumulados, que não forem incompatíveis com as disposições sobre o procedimento comum.

§ 3º O inciso I do § 1º não se aplica às cumulações de pedidos de que trata o art. 326.

Notas:

Cumulação de Pedidos. É, pois, possível a cumulação de vários pedidos. O § 1º trata dos requisitos de admissibilidade da cumulação. Importante destacar que o autor deve optar pelo procedimento comum, se cada pedido tiver um diverso de procedimento (§ 2º). Por fim, o § 3º determina acerca da impossibilidade de cumulação de pedidos na hipótese de cumulação de pedidos alternativos, conforme artigo 326.

Súmulas:

STJ nº 170: Compete ao juízo onde primeiro for intentada a ação envolvendo acumulação de pedidos, trabalhista e estatutário, decidi-la nos limites da sua jurisdição, em prejuízo do ajuizamento de nova causa, com o pedido remanescente, no juízo próprio.

STJ nº 387: É lícita a cumulação das indenizações de dano estético e dano moral.

Enunciado das Jornadas de Direito Processual Civil do Conselho da Justiça Federal:

Nº 176 do CJF: Para atender às especificidades da causa, garantido o contraditório, o art. 327, § 2º, do CPC autoriza o trânsito de técnicas processuais adequadas entre os procedimentos especiais e entre esses e o procedimento comum.

Enunciados do Fórum Permanente de Processualistas Civis:

Nº 46 do FPPC. A reconvenção pode veicular pedido de declaração de usucapião, ampliando subjetivamente o processo, desde que se observem os arts. 259, I, e 328, § 1º, II. Ampliação do Enunciado 237 da Súmula do STF.

Nº 289 do FPPC: Se houver conexão entre pedidos cumulados, a incompetência relativa não impedirá a cumulação, em razão da modificação legal da competência.

Art. 328. Na obrigação indivisível com pluralidade de credores, aquele que não participou do processo receberá sua parte, deduzidas as despesas na proporção de seu crédito.

Notas:

O dispositivo em tela trata da pluralidade de credores em sede de obrigação indivisível, sendo certo que aquele credor que não participou do processo receberá sua cota-parte, sendo aí abatidas as despesas na proporção do crédito a que tenha direito.

A Indivisibilidade com Pluralidade de Credores. No caso de pluralidade de credores, o artigo 260 do Código Civil preceitua que "se a pluralidade for dos credores, poderá cada um destes exigir a dívida inteira; mas o devedor ou devedores se desobrigarão, pagando: I – a todos conjuntamente ; II – a um, dando este caução de ratificação dos outros credores.

Neste caso, sendo a obrigação indivisível, qualquer um dos cocredores poderá exigir a dívida por inteiro. Não há falar-se de solidariedade da obrigação que produz o mesmo efeito, senão da indivisibilidade da prestação com pluralidade de credores.

Vejamos o seguinte exemplo: *A*, *B* e *C* são credores de R$ 1.000,00, cada um em relação a D. Portanto, o total da dívida é de R$ 3.000,00 (três mil reais). As partes acordaram no contrato que a obrigação seria indivisível. Logo, o devedor (D) se desobrigará pagando a todos conjuntamente, ou a um deles, dando este caução de ratificação dos outros credores. A caução de ratificação é uma espécie de autorização dada a um dos credores para que este possa receber os quinhões dos demais credores. No mundo da vida (mundo vivido), basta um simples recibo dos demais credores. Esta caução tem por finalidade precípua desobrigar o devedor para com os demais credores, bem como protegê-lo contra eventuais demandas judiciais. Esta caução de ratificação pode consistir, também, "na garantia real ou pessoal oferecida pelo credor que recebe o pagamento integral de que os outros credores concordam com a validade do pagamento feito, autorizam o ato, renunciam o direito de impugnar o negócio jurídico."[288]

Vale relembrar que se há muitos credores e a obrigação é divisível, cada um só tem sua parte no crédito; sendo muitos os devedores, cada qual só é obrigado à sua parte no crédito e no débito.[289] Se no momento em que o devedor for efetuar a prestação, um dos credores não possuir a autorização dos demais

[288] CARVALHO SANTOS, J. M. de. *Código Civil Brasileiro Interpretado*. Vol XI. 6.ed. Rio de Janeiro: Freitas Bastos, 1953, p. 163.

[289] *Idem*, p.295.

credores? O devedor poderá pagar a dívida inteira e este credor e exigir deste uma caução de recebimento da dívida. Esta caução poderá ser real (representada por uma coisa) ou pessoal (por exemplo, um fiador). Esta caução terá por objetivo garantir que este credor entregará os quinhões dos demais credores.

E na hipótese de o devedor não encontrar os seus credores? Neste caso, o devedor deverá propor ação consignatória.

E se a obrigação for solidária? Se a obrigação for solidária, o devedor poderá pagar a dívida toda a qualquer um dos credores, sem necessidade de caução de ratificação dos demais credores.

E no caso de falecimento de um dos credores? A obrigação é indivisível, logo, cada um dos credores poderá exigir a dívida toda. Portanto, um único herdeiro do credor falecido teria legitimidade para cobrar toda a dívida. Vale lembrar que uma das características da indivisibilidade da obrigação é a unicidade da prestação.[290] Vejamos alguns exemplos apresentados por Carvalho Santos:[291]

a) *Na obrigação de dar*: se Pedro promete dar uma servidão de passagem pelo seu prédio para os de João, Joaquim e Luiz. Este direito sendo indivisível, cada um destes, ou seja João, ou seja Joaquim, ou seja Luiz poderá, de per si, intentar ação contra Pedro pelo total;
b) *Na obrigação de fazer*: o construtor Pedro obriga-se a construir um prédio para Paulo, Luis e Sancho. Qualquer destes, pode intentar ação contra Pedro, para que faça a construção. O mesmo se diga se o credor fosse um e viesse a falecer deixando herdeiros;
c) *Na obrigação de não fazer*: Pedro obriga-se a não embaraçar a vista de um prédio pertencente a Paulo, Sancho e Luis ou a não lhes embaraçar a passagem pelos seus prédios. Qualquer deles pode acionar Pedro para obrigá-lo a cumprir a obrigação.

Em relação à prescrição, vale lembrar a regra do artigo 201 que informa "suspensa a prescrição em favor de um dos credores solidários, só aproveitam os outros se a obrigação for indivisível." [292]

---

290 Se a obrigação fosse solidária, no caso de falecimento de um dos credores, a solução seria a aplicação da regra do artigo 270 do CC: "*Art. 270. Se um dos credores solidários falecer deixando herdeiros, cada um destes só terá direito a exigir e receber a quota do crédito que corresponder ao seu quinhão hereditário, salvo se a obrigação for indivisível.*"

291 CARVALHO SANTOS, J. M. de. *Ob. cit.* p. 161.

292 CC: Obrigações Indivisíveis. Arts. 257 a 263.
CC: Solidariedade Ativa. Arts. 267 a 274.

Clóvis Bevilaqua anota que "a suspensão do curso da prescrição ou a impossibilidade de seu início, importa num benefício, e este somente pode ser invocado pela pessoa, em favor de quem foi estabelecido. Por isso, apesar da solidariedade da obrigação, os credores não favorecidos pelo benefício da suspensão sujeitam-se aos efeitos da prescrição, que não corre contra o seu consorte beneficiado, por qualquer dos motivos de incapacidade, de ausência ou outro dos que a lei contempla. Se, porém, a obrigação é indivisível, o benefício se estende a todos pela própria natureza das coisas."[293]

Ilustremos, para melhor entendimento, com alguns exemplos. O primeiro exemplo é de Carpenter e refere-se, de forma equivalente, ao Código Civil de 1916: "A, B, C obtém de D uma escritura, na qual este confessa dever-lhes solidariamente, a quantia de nove contos de réis.

Vencida a divida e não paga, nascem para A, B, C as ações pessoais de cobrança[294] contra D, cada ação para cobrança do débito integral de nove contos, e nasce ao mesmo tempo para D a prescrição daquelas ações, prescrição que começa a correr e que ficará consumada ao cabo de 30 anos.

Sucede, porém, que, mobilizado o exercício nacional em tempo de guerra, vai A nele servir por dez anos.

Porquanto, A poderá exercitar sua ação enquanto não estiver completo o prazo de quarenta anos, porque a prescrição da sua ação esteve suspensa por dez anos, ao passo que B e C somente poderão exercitar as suas ações enquanto não estiver completo o prazo de trinta anos, porque o favor da suspensão concedido a A não lhes aproveita."[295]

Assim sendo, se um dos credores for beneficiado com a suspensão da prescrição, como por exemplo, por estar servindo ao Governo brasileiro no exterior, e considerando que a suspensão decorre de uma causa pessoal, pergunta-se: neste caso, a suspensão da prescrição em relação a um dos credores na *obrigação indivisível* atinge aos demais? A resposta é afirmativa, já que o artigo 201 determina que "suspensa a prescrição em favor de um dos credores solidários, *só aproveitam os outros se a obrigação for indivisível*." Neste caso, se a obrigação fosse solidária a suspensão da prescrição não atingiria aos demais credores.

O segundo exemplo, mais recente, é fornecido por Carlos Roberto Gonçalves: "existindo três credores contra devedor comum, de importância em dinheiro,

---

[293] BEVILAQUA, Clóvis. *Código Civil dos Estados Unidos do Brasil comentado por Clóvis Bevilaqua*. V. 1. Edição histórica. Rio de Janeiro: Rio, 1976, p. 449-450.

[294] Leia-se, na ambiência do CC de 2002, "pretensões".

[295] CARPENTER, Luiz Frederico Sauerbronn. *Prescrição*. *In*: LACERDA. Paulo de. *Manual do Código Civil Brasileiro*. Parte Geral. Vol. IV. Rio de Janeiro: Jacintho Ribeiro dos Santos, 1929, p. 275-276.

sendo um dos credores absolutamente incapaz, por exemplo, a prescrição correrá contra os demais credores, pois a obrigação de efetuar o pagamento em dinheiro é divisível, ficando suspensa somente em relação ao menor. Se se tratasse, porém, de obrigação indivisível (de entregar um animal, p. ex.) a prestação somente começaria a fluir, para todos, quando o incapaz completasse 16 anos. Sendo o direito indivisível, a suspensão aproveita a todos os credores."[296]

Por sua vez o artigo 261 do nosso Código Civil afirma que "se um só dos credores receber a prestação por inteiro, a cada um dos outros assistirá o direito de exigir dele em dinheiro a parte que lhe caiba no total."

Vimos acima que no caso de obrigação indivisível com pluralidade de credores, cada credor pode exigir a dívida inteira do devedor. Daí que o credor que receber a dívida por inteiro deverá apresentar caução de ratificação dos demais credores. (CCB, art. 260, II). Dessa forma, ao receber a prestação por inteiro, este credor deverá pagar a cada um dos outros credores a quota-parte específica. Também nas relações internas entre cocredores cessa a indivisibilidade.

Art. 329. O autor poderá:

I – até a citação, aditar ou alterar o pedido ou a causa de pedir, independentemente de consentimento do réu;

II – até o saneamento do processo, aditar ou alterar o pedido e a causa de pedir, com consentimento do réu, assegurado o contraditório mediante a possibilidade de manifestação deste no prazo mínimo de 15 (quinze) dias, facultado o requerimento de prova suplementar.

Parágrafo único. Aplica-se o disposto neste artigo à reconvenção e à respectiva causa de pedir.

Notas:

Objetivando a estabilidade do processo, o art. 329 estabelece momentos aos quais será facultada ao autor a possibilidade de modificação de sua pretensão e/ou causa de pedir, mesmo que diante de eventual provocação da jurisdição já realizada.

Nisso, poderá o autor aditar ou alterar o pedido e/ou a causa de pedir até a citação, independentemente do consentimento do réu, visto que a relação processual ainda é linear, não causando prejuízos à defesa do mesmo (art. 329, I do CPC).

---

[296] GONÇALVES, Carlos Roberto. *Direito Civil Brasileiro*: Parte Geral. Vol. I, São Paulo: Saraiva, 2003, p. 476.

Uma vez realizada a citação[297] e até o saneamento, poderá o autor aditar ou alterar o pedido e/ou a causa de pedir somente com a anuência do réu, assegurado a este o contraditório, mediante a possibilidade de manifestação no prazo de 15 (quinze) dias, facultando, inclusive, requerimento de prova suplementar (art. 329, II do CPC). Sendo o réu revel, deverá o mesmo ser citado novamente para que possa tomar conhecimento e se manifestar diante de aditamento ou alteração de pedido e/ou causa de pedir; caso o réu tenha advogado nos autos, deverá este ser intimado regularmente.

Neste ínterim, vale fazer menção ao art. 493 do CPC, esse que indica ao magistrado tomar em consideração, mesmo que após a propositura da demanda, de ofício ou a requerimento da parte interessada, fato constitutivo, modificativo ou extintivo do direito que deva influir no julgamento da lide, sendo o momento propício para tal aquele da prolação da sentença.[298]

Assim, diante do *ius superveniens*, este que, fundamentalmente, deva possuir o condão de influenciar no julgamento da lide em questão, caberá ao juiz levá-lo em consideração, independentemente de quem vier a ser o beneficiário de tal prática,[299] ligando-se por isso ao desiderato objetivado pelo processo enquanto instrumento hábil à satisfação efetiva do direito molestado, importando por isso, na compreensão do julgador de que verdades formais divorciadas do que, de fato reza a realidade, transforma o processo em modelo estéril de atuação do justo.

---

297 Considera-se realizada a citação por ato do escrivão ou do chefe de secretaria, ou ainda quando juntado aos autos do processo o aviso de recebimento, o mandado cumprido ou quando finda a dilação assinada pelo juiz, conforme o art. 231 do CPC.

Já se decidiu por isso que, deve ser acolhida a solicitação do autor para fins de alteração do pedido e/ou da causa de pedir, independentemente de qualquer consentimento do réu, se dito requerimento do autor vem aos autos antes da juntada do respectivo aviso de recebimento ou mandado cumprido, ainda que já postada a carta ou expedido o devido mandado. (STJ. 4ªT. REsp 400.042/PE. Rel. Min. Sálvio de Figueiredo Teixeira. Julg.21.05.2002, *DJ* 02.09.2002).

298 Importante anotar aqui posicionamentos jurisprudenciais que, reconhecendo a possibilidade do conhecimento em sede recursal, de fato superveniente ao proferimento da sentença, indica, caso a caso – e na medida do possível! – a necessidade de realização do processo como instrumento hábil à consecução do justo. Nisto: "O fato tido por superveniente, que possa influenciar no julgamento da causa, deve ser considerado pelo julgador, ainda que em sede recursal, não havendo óbice para que a parte requeira o seu conhecimento por meio de contrarrazões recursais." (STJ. 1ª T. REsp 847.831. Min. Francisco Falcão. Julg. 28.11.2006, *DJU* 14.12.2006). Na mesma toada, ver dentre outros, RSTJ 42/352, 87/237, STJ-RT 687/200 e STJ-Bol. AASP 1.787/122.

299 Não importa se o fato novo beneficia o autor ou o réu; a quem quer que seja, deverá ser levado em consideração (Ver STJ. 2ª T. AgRg no REsp 548.700/PE. Rel. Min. Eliana Calmon. Julg. 3.8.2006, *DJ* 17.8.2006, p. 336).

Por outro lado, insta afirmar que o fato superveniente não terá serventia para alterar a causa de pedir ou mesmo o pedido.[300]

De tudo afirmado aqui, insta pontuar também o seu cabimento em sede de reconvenção (parágrafo único do art. 329 do CPC).

Enunciado das Jornadas de Direito Processual Civil do Conselho da Justiça Federal:

Nº 35 do CJF: Considerando os princípios do acesso à justiça e da segurança jurídica, persiste o interesse de agir na propositura de ação declaratória a respeito da questão prejudicial incidental, a ser distribuída por dependência da ação preexistente, inexistindo litispendência entre ambas as demandas (arts. 329 e 503, § 1º, do CPC).

Enunciados do Fórum Permanente de Processualistas Civis:

Nº 111 do FPPC: Persiste o interesse no ajuizamento de ação declaratória quanto à questão prejudicial incidental.

Nº 428 do FPPC: A integração e o esclarecimento das alegações nos termos do art. 357, § 3º, não se confundem com o aditamento do ato postulatório previsto no art. 329.

Nº 490 do FPPC: São admissíveis os seguintes negócios processuais, entre outros: pacto de inexecução parcial ou total de multa coercitiva; pacto de alteração de ordem de penhora; pré-indicação de bem penhorável preferencial (art. 848, II); pré-fixação de indenização por dano processual prevista nos arts. 81, § 3º, 520, inc. I, 297, parágrafo único (cláusula penal processual); negócio de anuência prévia para aditamento ou alteração do pedido ou da causa de pedir até o saneamento (art. 329, inc. II).

Seção III
Do Indeferimento da Petição Inicial

Art. 330. A petição inicial será indeferida quando:

I – for inepta;

II – a parte for manifestamente ilegítima;

III – o autor carecer de interesse processual;

IV – não atendidas as prescrições dos arts. 106 e 321.

§ 1º Considera-se inepta a petição inicial quando:

I – lhe faltar pedido ou causa de pedir;

[300] STJ. 5ª T. REsp 620.828. Rel. Min. Felix Fischer. Julg. 17.8.2006, *DJU* 18.9.2006, p. 351.

II – o pedido for indeterminado, ressalvadas as hipóteses legais em que se permite o pedido genérico;

III – da narração dos fatos não decorrer logicamente a conclusão;

IV – contiver pedidos incompatíveis entre si.

§ 2º Nas ações que tenham por objeto a revisão de obrigação decorrente de empréstimo, de financiamento ou de alienação de bens, o autor terá de, sob pena de inépcia, discriminar na petição inicial, dentre as obrigações contratuais, aquelas que pretende controverter, além de quantificar o valor incontroverso do débito.

§ 3º Na hipótese do § 2º, o valor incontroverso deverá continuar a ser pago no tempo e modo contratados.

Notas:

Indeferimento da petição inicial. Os motivos ensejadores para a decisão pelo indeferimento da petição inicial estão arrolados no artigo em tela.

São de duas espécies:

- De ordem formal (incisos I; IV; § 1º e § 2º do art. 330).
- Fundado na inadmissibilidade da ação, carecendo de condição essencial ao julgamento do mérito (incisos II e III do art. 330).

O inciso I e o § 1º cuidam do indeferimento da petição inicial pelo magistrado em razão da inépcia da inicial. A inicial será considerada inepta quando lhe faltar pedido ou causa de pedir (inciso I); o pedido for indeterminado, ressalvadas as hipóteses legais em que se permite o pedido genérico (inciso II); da narração dos fatos não decorrer logicamente a conclusão (inciso III) ou contiver pedidos incompatíveis entre si (inciso IV).

A petição inicial, também, será indeferida quando a parte for manifestamente ilegítima (inciso II), falta de interesse processual (inciso III) ou quando não forem atendidas as prescrições para a emenda da inicial (arts. 106 e 321 do CPC).

Insta ressaltar que trata-se de caso de inépcia da petição inicial, o desrespeito à regra prevista no § 2º do art. 330.

Remissões:

– Art. 4º da Lei nº 9.868/1999 (dispõe sobre o processo e julgamento da ação direta de inconstitucionalidade e da ação declaratória de constitucionalidade perante o Supremo Tribunal Federal):

"Art. 4º A petição inicial inepta, não fundamentada e a manifestamente improcedente serão liminarmente indeferidas pelo relator.

Parágrafo único. Cabe agravo da decisão que indeferir a petição inicial".

– Art. 4º da Lei nº 9.882/1999 (dispõe sobre o processo e julgamento da arguição de descumprimento de preceito fundamental, nos termos do § 1º do art. 102 da Constituição Federal):

"Art. 4º A petição inicial será indeferida liminarmente, pelo relator, quando não for o caso de arguição de descumprimento de preceito fundamental, faltar algum dos requisitos prescritos nesta Lei ou for inepta.

§ 1º Não será admitida arguição de descumprimento de preceito fundamental quando houver qualquer outro meio eficaz de sanar a lesividade.

§ 2º Da decisão de indeferimento da petição inicial caberá agravo, no prazo de cinco dias".

– Art. 10 da Lei nº 12.016/2009 (disciplina o mandado de segurança individual e coletivo e dá outras providências):

"Art. 10. A inicial será desde logo indeferida, por decisão motivada, quando não for o caso de mandado de segurança ou lhe faltar algum dos requisitos legais ou quando decorrido o prazo legal para a impetração.

§ 1º Do indeferimento da inicial pelo juiz de primeiro grau caberá apelação e, quando a competência para o julgamento do mandado de segurança couber originariamente a um dos tribunais, do ato do relator caberá agravo para o órgão competente do tribunal que integre.

§ 2º O ingresso de litisconsorte ativo não será admitido após o despacho da petição inicial".

Enunciados do Fórum Permanente de Processualistas Civis:

Nº 290 do FPPC: A enumeração das espécies de contrato previstas no § 2º do art. 330 é exemplificativa.

Nº 292 do FPPC: Antes de indeferir a petição inicial, o juiz deve aplicar o disposto no art. 321.

Art. 331. Indeferida a petição inicial, o autor poderá apelar, facultado ao juiz, no prazo de 5 (cinco) dias, retratar-se.

§ 1º Se não houver retratação, o juiz mandará citar o réu para responder ao recurso.

§ 2º Sendo a sentença reformada pelo tribunal, o prazo para a contestação começará a correr da intimação do retorno dos autos, observado o disposto no art. 334.

§ 3º Não interposta a apelação, o réu será intimado do trânsito em julgado da sentença.

Notas:

O dispositivo em tela cuida da possibilidade de o autor apelar, caso seja indeferida a petição inicial. O magistrado pode exercer o juízo de retratação, ou seja, o juiz pode reformar a sua própria sentença. Vale destacar que apenas cabe o juízo de retratação no caso de indeferimento liminar da petição inicial. O indeferimento liminar da petição inicial, como dito alhures, é a negativa de prosseguimento da exordial, antes da citação do réu.

Caso não ocorra o juízo de retratação, cabe ao magistrado citar o réu para responder ao recurso (§ 1º). Se a sentença for reformada pelo tribunal, o prazo para a contestação começará a correr da intimação do retorno dos autos (§ 2º). Por fim, o § 3º trata do improvimento da apelação ou falta da sua interposição. Neste caso, o réu apenas será intimado do trânsito em julgado da sentença.

Enunciados do Fórum Permanente de Processualistas Civis:

Nº 291 do FPPC. Aplicam-se ao procedimento do mandado de segurança os arts. 331 e parágrafos e 332, § 3º do CPC.

Nº 292 do FPPC. Antes de indeferir a petição inicial, o juiz deve aplicar o disposto no art. 321.

Nº 293 do FPPC. Se considerar intempestiva a apelação contra sentença que indefere a petição inicial ou julga liminarmente improcedente o pedido, não pode o juízo *a quo* retratar-se.

CAPÍTULO III
DA IMPROCEDÊNCIA LIMINAR DO PEDIDO

Art. 332. Nas causas que dispensem a fase instrutória, o juiz, independentemente da citação do réu, julgará liminarmente improcedente o pedido que contrariar:

I – enunciado de súmula do Supremo Tribunal Federal ou do Superior Tribunal de Justiça;

II – acórdão proferido pelo Supremo Tribunal Federal ou pelo Superior Tribunal de Justiça em julgamento de recursos repetitivos;

III – entendimento firmado em incidente de resolução de demandas repetitivas ou de assunção de competência;

IV – enunciado de súmula de tribunal de justiça sobre direito local.

§ 1º O juiz também poderá julgar liminarmente improcedente o pedido se verificar, desde logo, a ocorrência de decadência ou de prescrição.

§ 2º Não interposta a apelação, o réu será intimado do trânsito em julgado da sentença, nos termos do art. 241.

§ 3º Interposta a apelação, o juiz poderá retratar-se em 5 (cinco) dias.

§ 4º Se houver retratação, o juiz determinará o prosseguimento do processo, com a citação do réu, e, se não houver retratação, determinará a citação do réu para apresentar contrarrazões, no prazo de 15 (quinze) dias.

Notas:

O artigo em comento concede poderes ao juiz de, ainda que no nascedouro da demanda proposta e, portanto, de *prima facie*, antes de integralizar totalmente a relação jurídica processual com a citação do réu, proferir sentença de improcedência do pedido reclamado pelo autor.

Tal atitude é permissiva ao magistrado nas causas que dispensem a fase instrutória (típicas matérias tão somente de direito) e quando o pedido autoral contrariar:

> I – enunciado de súmula do Supremo Tribunal Federal ou do Superior Tribunal de Justiça;
>
> II – acórdão proferido pelo Supremo Tribunal Federal ou pelo Superior Tribunal de Justiça em julgamento de recursos repetitivos;
>
> III – entendimento firmado em incidente de resolução de demandas repetitivas ou de assunção de competência;
>
> IV – enunciado de súmula de tribunal de justiça sobre direito local.

Poderá o juiz, do mesmo modo, julgar liminarmente improcedente o pedido do autor quando, desde já, observar a ocorrência de decadência ou prescrição do direito. (§ 1º do art. 332). Aliás, ainda que o que o art. 487, parágrafo único do CPC autorize que o juízo possa, de ofício, reconhecer nesta hipótese a improcedência sem ouvir as partes – diga-se, a contrário senso do que estabelece o art. 10 – temos que seja possível e muitas vezes prudente ao juiz oportunizar a manifestação das partes neste contexto, não somente pelo próprio preceito do ora art. 10 supracitado, como em razão da possibilidade de existência de causas interruptivas e suspensivas do prazo prescricional.[301]

Enunciado das Jornadas de Direito Processual Civil do Conselho da Justiça Federal:

Nº 22 do CJF: Em causas que dispensem a fase instrutória, é possível o julgamento de improcedência liminar do pedido que contrariar decisão do Supremo Tribunal Federal em controle concentrado de constitucionalidade ou enunciado de súmula vinculante.

Enunciados do Fórum Permanente de Processualistas Civis:

Nº 36 do FPPC: As hipóteses de impossibilidade jurídica do pedido ensejam a improcedência liminar do pedido.

Nº 146 do FPPC: Na aplicação do inciso I do art. 332, o juiz observará o inciso IV do *caput* do art. 927.

---

[301] STJ. 2º T. REsp 1.005.209/RJ. Rel. Min. Castro Meira, *DJe* 22.04.2008.

Nº 291 do FPPC: Aplicam-se ao procedimento do mandado de segurança os arts. 331 e parágrafos e 332, § 3º do CPC.

Nº 293 do FPPC: Se considerar intempestiva a apelação contra sentença que indefere a petição inicial ou julga liminarmente improcedente o pedido, não pode o juízo *a quo* retratar-se.

Nº 294 do FPPC: O julgamento liminar de improcedência, disciplinado no art. 333, salvo com relação ao § 1º, se aplica ao processo do trabalho quando contrariar: a) enunciado de súmula ou de Orientação Jurisprudencial do TST; b) acórdão proferido pelo TST em julgamento de recursos de revista repetitivos; c) entendimento firmado em resolução de demandas repetitivas.

Nº 507 do FPPC: O art. 332 aplica-se ao sistema de Juizados Especiais.

Nº 508 do FPPC: Interposto recurso inominado contra sentença que julga liminarmente improcedente o pedido, o juiz pode retratar-se em cinco dias.

Enunciado da Escola Nacional de Formação e Aperfeiçoamento de Magistrados:

Nº 43 do ENFAM: O art. 332 do CPC/2015 se aplica ao sistema de juizados especiais e o inciso IV também abrange os enunciados e súmulas dos seus órgãos colegiados competentes.

CAPÍTULO IV
DA CONVERSÃO DA AÇÃO INDIVIDUAL EM AÇÃO COLETIVA

Art. 333. (VETADO).

CAPÍTULO V
DA AUDIÊNCIA DE CONCILIAÇÃO OU DE MEDIAÇÃO

Art. 334. Se a petição inicial preencher os requisitos essenciais e não for o caso de improcedência liminar do pedido, o juiz designará audiência de conciliação ou de mediação com antecedência mínima de 30 (trinta) dias, devendo ser citado o réu com pelo menos 20 (vinte) dias de antecedência.

§ 1º O conciliador ou mediador, onde houver, atuará necessariamente na audiência de conciliação ou de mediação, observando o disposto neste Código, bem como as disposições da lei de organização judiciária.

§ 2º Poderá haver mais de uma sessão destinada à conciliação e à mediação, não podendo exceder a 2 (dois) meses da data de realização da primeira sessão, desde que necessárias à composição das partes.

§ 3º A intimação do autor para a audiência será feita na pessoa de seu advogado.

§ 4º A audiência não será realizada:

I – se ambas as partes manifestarem, expressamente, desinteresse na composição consensual;

II – quando não se admitir a autocomposição.

§ 5º O autor deverá indicar, na petição inicial, seu desinteresse na autocomposição, e o réu deverá fazê-lo, por petição, apresentada com 10 (dez) dias de antecedência, contados da data da audiência.

§ 6º Havendo litisconsórcio, o desinteresse na realização da audiência deve ser manifestado por todos os litisconsortes.

§ 7º A audiência de conciliação ou de mediação pode realizar-se por meio eletrônico, nos termos da lei.

§ 8º O não comparecimento injustificado do autor ou do réu à audiência de conciliação é considerado ato atentatório à dignidade da justiça e será sancionado com multa de até dois por cento da vantagem econômica pretendida ou do valor da causa, revertida em favor da União ou do Estado.

§ 9º As partes devem estar acompanhadas por seus advogados ou defensores públicos.

§ 10. A parte poderá constituir representante, por meio de procuração específica, com poderes para negociar e transigir.

§ 11. A autocomposição obtida será reduzida a termo e homologada por sentença.

§ 12. A pauta das audiências de conciliação ou de mediação será organizada de modo a respeitar o intervalo mínimo de 20 (vinte) minutos entre o início de uma e o início da seguinte.

Notas:

Conciliação e Mediação. O *caput* apresenta uma novidade. Caso não seja a hipótese de improcedência liminar do pedido e a exordial preencher os requisitos essenciais, o magistrado designará audiência de conciliação ou de mediação com antecedência mínima de 30 (trinta) dias, devendo ser citado o réu com pelo menos 20 (vinte) dias de antecedência.

A audiência será realizada por mediador ou conciliador (§ 1º). Esta somente não será realizada nos casos: (I) se ambas as partes manifestarem, expressamente, desinteresse na composição consensual; (II) quando não se admitir a autocomposição (§ 4º). Havendo litisconsórcio, o desinteresse na realização da audiência deve ser manifestado por todos os litisconsortes (§ 6º). Trata-se de regra que não parece ser a de melhor caminho, pois generalizante. Por isso entendemos que a mesma deve ser analisada sob o manto da dependência ou não da relação litisconsorcial, i.e., sendo ele simples ou unitário, a depender do real interesse da pretensão bem como da possibilidade ou não de solução diferente para o mesmo objeto, como na possibilidade, em sendo simples, de se ter a liberdade do litisconsorte desejar ou não a composição do litígio frente ao outro litisconsorte que assim não o deseje, desde que possa a pretensão ser juridicamente divisível e transacionável.

Se o autor não tiver interesse na autocomposição, este deve indicar o seu desinteresse na petição inicial. Já o réu deverá fazê-lo, por petição, apresentada com 10 (dez) dias de antecedência, contados da data da audiência (§ 5º).

O legislador destacou a audiência de conciliação ou de mediação, já que o não comparecimento das partes a esta audiência é considerado ato atentatório à dignidade da justiça e será sancionado com multa de até dois por cento da vantagem econômica pretendida ou do valor da causa, revertida em favor da União ou do Estado (§ 8º).

Não cabe a aplicação de multa pelo não comparecimento pessoal à audiência de conciliação, por ato atentatório à dignidade da Justiça, quando a parte estiver representada por advogado com poderes específicos para transigir (RMS 56.422-MS, Rel. Min. Raul Araújo, Quarta Turma, por unanimidade, julgado em 08/06/2021).

Vale destacar, ainda, que a autocomposição obtida será reduzida a termo e homologada por sentença, conforme o § 11 do referido artigo.

Remissões:

– Arts. 16, 17 e 20 a 26 da Lei nº 9.099/1995 (dispõe sobre os Juizados Especiais Cíveis e Criminais e dá outras providências):

"Art. 16. Registrado o pedido, independentemente de distribuição e autuação, a Secretaria do Juizado designará a sessão de conciliação, a realizar-se no prazo de quinze dias.

Art. 17. Comparecendo inicialmente ambas as partes, instaurar-se-á, desde logo, a sessão de conciliação, dispensados o registro prévio de pedido e a citação.

Parágrafo único. Havendo pedidos contrapostos, poderá ser dispensada a contestação formal e ambos serão apreciados na mesma sentença.

(...)

Art. 20. Não comparecendo o demandado à sessão de conciliação ou à audiência de instrução e julgamento, reputar-se-ão verdadeiros os fatos alegados no pedido inicial, salvo se o contrário resultar da convicção do Juiz.

Art. 21. Aberta a sessão, o Juiz togado ou leigo esclarecerá as partes presentes sobre as vantagens da conciliação, mostrando-lhes os riscos e as consequências do litígio, especialmente quanto ao disposto no § 3º do art. 3º desta Lei.

Art. 22. A conciliação será conduzida pelo Juiz togado ou leigo ou por conciliador sob sua orientação.

§ 1º Obtida a conciliação, esta será reduzida a escrito e homologada pelo Juiz togado mediante sentença com eficácia de título executivo.

§ 2º É cabível a conciliação não presencial conduzida pelo Juizado mediante o emprego dos recursos tecnológicos disponíveis de transmissão de sons e imagens em tempo real, devendo o resultado da tentativa de conciliação ser reduzido a escrito com os anexos pertinentes.

Art. 23. Se o demandado não comparecer ou recusar-se a participar da tentativa de conciliação não presencial, o Juiz togado proferirá sentença. (Redação dada pela Lei nº 13.994, de 2020)

Art. 24. Não obtida a conciliação, as partes poderão optar, de comum acordo, pelo juízo arbitral, na forma prevista nesta Lei.

§ 1º O juízo arbitral considerar-se-á instaurado, independentemente de termo de compromisso, com a escolha do árbitro pelas partes. Se este não estiver presente, o Juiz convocá-lo-á e designará, de imediato, a data para a audiência de instrução.

§ 2º O árbitro será escolhido dentre os juízes leigos.

Art. 25. O árbitro conduzirá o processo com os mesmos critérios do Juiz, na forma dos arts. 5º e 6º desta Lei, podendo decidir por equidade.

Art. 26. Ao término da instrução, ou nos cinco dias subsequentes, o árbitro apresentará o laudo ao Juiz togado para homologação por sentença irrecorrível".

– Art. 9º da Lei nº 10.259/2001(dispõe sobre a instituição dos Juizados Especiais Cíveis e Criminais no âmbito da Justiça Federal):

"Art. 9º Não haverá prazo diferenciado para a prática de qualquer ato processual pelas pessoas jurídicas de direito público, inclusive a interposição de recursos, devendo a citação para audiência de conciliação ser efetuada com antecedência mínima de trinta dias".

– Arts. 27 a 29 da Lei nº 13.140/2015 (Lei da Mediação):

"Art. 27. Se a petição inicial preencher os requisitos essenciais e não for o caso de improcedência liminar do pedido, o juiz designará audiência de mediação.

Art. 28. O procedimento de mediação judicial deverá ser concluído em até sessenta dias, contados da primeira sessão, salvo quando as partes, de comum acordo, requererem sua prorrogação.

Parágrafo único. Se houver acordo, os autos serão encaminhados ao juiz, que determinará o arquivamento do processo e, desde que requerido pelas partes, homologará o acordo, por sentença, e o termo final da mediação e determinará o arquivamento do processo.

Art. 29. Solucionado o conflito pela mediação antes da citação do réu, não serão devidas custas judiciais finais".

– Art. 21º, § 4º, da Lei nº 9.307/1996 (Lei da Arbitragem):

"Art. 21. A arbitragem obedecerá ao procedimento estabelecido pelas partes na convenção de arbitragem, que poderá reportar-se às regras de um órgão arbitral institucional ou entidade especializada, facultando-se, ainda, às partes delegar ao próprio árbitro, ou ao tribunal arbitral, regular o procedimento.

(...)

§ 4º Competirá ao árbitro ou ao tribunal arbitral, no início do procedimento, tentar a conciliação das partes, aplicando-se, no que couber, o art. 28 desta Lei".

Enunciados das Jornadas de Direito Processual Civil do Conselho da Justiça Federal:

Nº 23 do CJF: Na ausência de auxiliares da justiça, o juiz poderá realizar a audiência inaugural do art. 334 do CPC, especialmente se a hipótese for de conciliação.

Nº 121 do CJF: Não cabe aplicar multa a quem, comparecendo à audiência do art. 334 do CPC, apenas manifesta desinteresse na realização de acordo, salvo se a sessão foi designada unicamente por requerimento seu e não houver justificativa para a alteração de posição.

Nº 124 do CJF: Não há preclusão consumativa do direito de apresentar contestação, se o réu se manifesta, antes da data da audiência de conciliação ou de mediação, quanto à incompetência do juízo.

Nº 24 do CJF: Havendo a Fazenda Pública publicizado ampla e previamente as hipóteses em que está autorizada a transigir, pode o juiz dispensar a realização da audiência de mediação e conciliação, com base no art. 334, § 4º, II, do CPC, quando o direito discutido na ação não se enquadrar em tais situações.

Nº 25 do CJF: As audiências de conciliação ou mediação, inclusive dos juizados especiais, poderão ser realizadas por videoconferência, áudio, sistemas de troca de mensagens, conversa *online*, conversa escrita, eletrônica, telefônica e telemática ou outros mecanismos que estejam à disposição dos profissionais da autocomposição para estabelecer a comunicação entre as partes.

Nº 26 do CJF: A multa do § 8º do art. 334 do CPC não incide no caso de não comparecimento do réu intimado por edital.

Nº 67 do CJF: Há interesse recursal no pleito da parte para impugnar a multa do art. 334, § 8º, do CPC por meio de apelação, embora tenha sido vitoriosa na demanda.

Enunciados do Fórum Permanente de Processualistas Civis:

Nº 151 do FPPC: Na Justiça do Trabalho, as pautas devem ser preparadas com intervalo mínimo de uma hora entre as audiências designadas para instrução do feito. Para as audiências para simples tentativa de conciliação, deve ser respeitado o intervalo mínimo de vinte minutos.

Nº 273 do FPPC: Ao ser citado, o réu deverá ser advertido de que sua ausência injustificada à audiência de conciliação ou mediação configura ato atentatório à dignidade da justiça, punível com a multa do art. 334, § 8º, sob pena de sua inaplicabilidade.

Nº 295 do FPPC: As regras sobre intervalo mínimo entre as audiências do CPC só se aplicam aos processos em que o ato for designado após sua vigência.

Nº 509 do FPPC: Sem prejuízo da adoção das técnicas de conciliação e mediação, não se aplicam no âmbito dos juizados especiais os prazos previstos no art. 334.

Nº 573 do FPPC: As Fazendas Públicas devem dar publicidade às hipóteses em que seus órgãos de Advocacia Pública estão autorizados a aceitar autocomposição.

Nº 583 do FPPC: O intervalo mínimo entre as audiências de mediação ou de conciliação não se confunde com o tempo de duração da sessão.

Nº 628 do FPPC: As partes podem celebrar negócios jurídicos processuais na audiência de conciliação ou mediação.

Nº 639 do FPPC: O juiz poderá, excepcionalmente, dispensar a audiência de mediação ou conciliação nas ações em que uma das partes estiver amparada por medida protetiva.

Nº 717 do FPPC: A indisponibilidade do direito material, por si só, não impede a celebração de autocomposição.

Enunciado da Escola Nacional de Formação e Aperfeiçoamento de Magistrados:

Nº 56 do ENFAM: Nas atas das sessões de conciliação e mediação, somente serão registradas as informações expressamente autorizadas por todas as partes.

CAPÍTULO VI
DA CONTESTAÇÃO

Art. 335. O réu poderá oferecer contestação, por petição, no prazo de 15 (quinze) dias, cujo termo inicial será a data:

I – da audiência de conciliação ou de mediação, ou da última sessão de conciliação, quando qualquer parte não comparecer ou, comparecendo, não houver autocomposição;

II – do protocolo do pedido de cancelamento da audiência de conciliação ou de mediação apresentado pelo réu, quando ocorrer a hipótese do art. 334, § 4º, inciso I;

III – prevista no art. 231, de acordo com o modo como foi feita a citação, nos demais casos.

§ 1º No caso de litisconsórcio passivo, ocorrendo a hipótese do art. 334, § 6º, o termo inicial previsto no inciso II será, para cada um dos réus, a data de apresentação de seu respectivo pedido de cancelamento da audiência.

§ 2º Quando ocorrer a hipótese do art. 334, § 4º, inciso II, havendo litisconsórcio passivo e o autor desistir da ação em relação a réu ainda não citado, o prazo para resposta correrá da data de intimação da decisão que homologar a desistência.

Notas:

Resposta do réu: No tocante ao papel do réu quando citado para responder a uma demanda, poderá o mesmo ter reações diversas, isto é, permanecer inerte, confessar a procedência do pedido do autor, apresentar pedido em face deste e mesmo optar pela sua própria defesa.

É bem verdade que o Código de Processo Civil de 1973 optou por considerar como resposta do réu apenas três institutos específicos: contestação, exceção e reconvenção (art. 297 do CPC/1973); porém já se podia vislumbrar outras tantas reações do réu, tanto as já citadas como também outras mais esporádicas e particulares como, por exemplo, a utilização pelo réu de algumas figuras jurídicas de intervenção de terceiros; uma possível indagação ao valor da causa etc.

Já o CPC/2015 considera como defesa clássica a peça da contestação, onde em seu bojo, poderão se arguidas a reconvenção e a própria incompetência do juízo, ou seja, tanto a absoluta quanto a relativa (esta última, objeto da denominada exceção de incompetência em peça apartada no CPC/1973), além de impugnação ao valor da causa e mesmo, a impugnação à concessão de gratuidade de justiça.

O direito de defesa é considerado um contraposto ao direito de ação, isto é, corresponde ao seu equivalente.

Importante ressaltar que ação e defesa se diferenciam quanto ao seu conteúdo: ambas têm conteúdo imediato, mas a defesa, apenas por exceção, tem conteúdo mediato.

A defesa, em geral, mostra-se como forma pela qual o réu objetiva uma decisão de improcedência do pedido.

Existem ainda, outras formas onde pode o réu em sua própria defesa, formular o pedido, como, por exemplo, no que toca à proteção possessória (art. 556), ou ainda em sede de pedido contraposto, no âmbito dos juizados especiais cíveis estaduais (Lei nº 9.099/95 em seu art. 31, 2ª frase).

Em um sentido geral, como já bem-dito, tem-se que o direito de defesa se expressa na tentativa de o réu buscar a improcedência do pedido do autor.

Contestação. O dispositivo em tela trata da contestação, esta que poderá ser oferecida pelo réu, no prazo de 15 (quinze) dias, contados das diversas hipóteses apresentada pelo dispositivo legal.

O § 1º cuida da hipótese de *litisconsórcio passivo*. Aqui, os litisconsortes não possuindo o mesmo procurador e não havendo interesse na audiência por nenhum dos réus, o prazo será contado a partir do protocolo do pedido de cancelamento da referida audiência. Por fim, no § 2º, havendo desistência da ação em relação a um dos litisconsortes passivos, o prazo começa correr a partir da homologação da desistência.

Remissão:

- Art. 30 da Lei nº 9.099/1995 (dispõe sobre os Juizados Especiais Cíveis e Criminais e dá outras providências):

"Art. 30. A contestação, que será oral ou escrita, conterá toda matéria de defesa, exceto arguição de suspeição ou impedimento do Juiz, que se processará na forma da legislação em vigor.

Art. 31. Não se admitirá a reconvenção. É lícito ao réu, na contestação, formular pedido em seu favor, nos limites do art. 3º desta Lei, desde que fundado nos mesmos fatos que constituem objeto da controvérsia.

Parágrafo único. O autor poderá responder ao pedido do réu na própria audiência ou requerer a designação da nova data, que será desde logo fixada, cientes todos os presentes".

Enunciados das Jornadas de Direito Processual Civil do Conselho da Justiça Federal:

Nº 122 do CJF: O prazo de contestação é contado a partir do primeiro dia útil seguinte à realização da audiência de conciliação ou mediação, ou da última sessão de conciliação ou mediação, na hipótese de incidência do art. 335, inc. I, do CPC.

Nº 124 do CJF: Não há preclusão consumativa do direito de apresentar contestação, se o réu se manifesta, antes da data da audiência de conciliação ou de mediação, quanto à incompetência do juízo.

Enunciado do Fórum Permanente de Processualistas Civis:

Nº 510 do FPPC: Frustrada a tentativa de autocomposição na audiência referida no art. 21 da Lei 9.099/1995, configura prejuízo para a defesa a realização imediata da instrução quando a citação não tenha ocorrido com a antecedência mínima de quinze dias.

Art. 336. Incumbe ao réu alegar, na contestação, toda a matéria de defesa, expondo as razões de fato e de direito com que impugna o pedido do autor e especificando as provas que pretende produzir.

Notas:

Princípio da Eventualidade. O réu deve alegar, na contestação, todas as defesas (exceções) que tiver contra o autor. Vale lembrar que o réu não precisa alegar as defesas de ordem pública, já que estas devem ser efetiva e atentamente analisadas pelo magistrado.

Súmulas:

STF nº 237: O usucapião pode ser arguido em defesa.

Enunciado das Jornadas de Direito Processual Civil do Conselho da Justiça Federal:

Nº 124 do CJF: Não há preclusão consumativa do direito de apresentar contestação, se o réu se manifesta, antes da data da audiência de conciliação ou de mediação, quanto à incompetência do juízo.

Enunciado do Fórum Permanente de Processualistas Civis:

Nº 248 do FPPC: Quando a desconsideração da personalidade jurídica for requerida na petição inicial, incumbe ao sócio ou a pessoa jurídica, na contestação, impugnar não somente a própria desconsideração, mas também os demais pontos da causa.

Enunciados da Escola Nacional de Formação e Aperfeiçoamento de Magistrados:

Nº 61 do ENFAM: Somente a recusa expressa de ambas as partes impedirá a realização da audiência de conciliação ou mediação prevista no art. 334 do CPC/2015, não sendo a manifestação de desinteresse externada por uma das partes justificativa para afastar a multa de que trata o art. 334, § 8º.

Nº 62 do ENFAM: O conciliador e o mediador deverão advertir os presentes, no início da sessão ou audiência, da extensão do princípio da confidencialidade a todos os participantes do ato.

Art. 337. Incumbe ao réu, antes de discutir o mérito, alegar:

I - inexistência ou nulidade da citação;

II - incompetência absoluta e relativa;

III - incorreção do valor da causa;

IV - inépcia da petição inicial;

V – perempção;

VI – litispendência;

VII – coisa julgada;

VIII – conexão;

IX – incapacidade da parte, defeito de representação ou falta de autorização;

X – convenção de arbitragem;

XI – ausência de legitimidade ou de interesse processual;

XII – falta de caução ou de outra prestação que a lei exige como preliminar;

XIII – indevida concessão do benefício de gratuidade de justiça.

§ 1º Verifica-se a litispendência ou a coisa julgada quando se reproduz ação anteriormente ajuizada.

§ 2º Uma ação é idêntica a outra quando possui as mesmas partes, a mesma causa de pedir e o mesmo pedido.

§ 3º Há litispendência quando se repete ação que está em curso.

§ 4º Há coisa julgada quando se repete ação que já foi decidida por decisão transitada em julgado.

§ 5º Excetuadas a convenção de arbitragem e a incompetência relativa, o juiz conhecerá de ofício das matérias enumeradas neste artigo.

§ 6º A ausência de alegação da existência de convenção de arbitragem, na forma prevista neste Capítulo, implica aceitação da jurisdição estatal e renúncia ao juízo arbitral.

Notas:

Preliminares. Defesa Processual. A defesa processual possui conteúdo estritamente formal, tendo o réu como objetivo tentar atingir o processo propriamente dito, inutilizando-o parcial ou totalmente, dentro dos seus limites técnicos (formais).

Dilatórias são as defesas processuais as quais, sendo deferidas, não provocam a extinção do processo, mas sim o paralisam temporariamente até que o obstáculo processual seja removido. Como exemplos, temos: alegações de inexistência ou nulidade de citação; incompetências absoluta e relativa, incorreção do valor da causa; conexão; deficiência na representação da parte; ausência de caução ou de outra prestação que a lei exige como preliminar da ação, indevida concessão do benefício da gratuidade de justiça (art. 337, incisos I, II, III, VIII, IX, XII e XIII).

Por outro lado, *peremptórias* são as defesas processuais que, uma vez acolhidas, extinguem o processo, pois que o vício alegado é sumamente relevante para a ordem jurídica processual, incluindo assim, a validade do processo e a sua aptidão para se obter a devida tutela jurisdicional. Podemos citar como exemplo: inépcia da inicial, incapacidade de parte, perempção litispendência, coisa julgada etc. (art. 337, incisos IV, V, VI, VII e IX).

É variável o procedimento a ser formulado para as alegações das defesas processuais visto que poderão tais defesas ser arroladas, em regra, como preliminares da contestação (art. 337) ou mesmo após esta, como no caso de ausência de condições da ação (interesse de agir ou ilegitimidade *ad causam*), onde o interesse de ordem pública sugere e potencializa na possibilidade de alegar o vício no próprio correr da demanda.

É decisão interlocutória o ato do juiz que rejeita a defesa processual dilatória ou que julga sanada a falha que a originou.

É sentença o ato que acolhe a defesa processual peremptória, extinguindo a relação processual.

Defesa de Mérito. A defesa de mérito é a defesa propriamente dita, quando o réu visa atacar o mérito da causa, objetivando demonstrar que o autor não tem razão naquilo que pleiteia. Pode ser direta ou indireta.

Ocorre defesa direta quando o réu contesta o próprio fato alegado pelo autor (*v.g.*, nega a existência de um dano causado por ele), ou suas consequências jurídicas (ex.: reconhece o fato ocorrido, mas nega que do fato resultou algum dano). Trata-se de ser considerada direta, pois ataca a própria pretensão do autor, destruindo os fundamentos de fato e de direito.

Já a defesa indireta é a defesa do réu que, embora reconhecendo a existência do fato, a este se contrapõe alegando outro que seja impeditivo, modificativo ou extintivo do direito pleiteado pelo autor. Como exemplo, temos: o réu alegar prescrição de direito do autor, o réu alegar pagamento da obrigação.

Remissões:

- Lei nº 9.307/1996 (Lei da Arbitragem).
- Lei nº 1.060/50 (Lei de assistência judiciária aos interessados).

Súmulas:

STF nº 237: O usucapião pode ser arguido em defesa.

STJ nº 33: A incompetência relativa não pode ser declarada de oficio.

Enunciados do Fórum Permanente de Processualistas Civis:

Nº 47 do FPPC: A competência do juízo estatal deverá ser analisada previamente à alegação de convenção de arbitragem.

Nº 48 do FPPC: A alegação de convenção de arbitragem deverá ser examinada à luz do princípio da competência-competência.

Nº 136 do FPPC: A citação válida no processo judicial interrompe a prescrição, ainda que o processo seja extinto em decorrência do acolhimento da alegação de convenção de arbitragem.

Nº 153 do FPPC: A superveniente instauração de procedimento arbitral, se ainda não decidida a alegação de convenção de arbitragem, também implicará a suspensão do processo, à espera da decisão do juízo arbitral sobre a sua própria competência.

Nº 580 do FPPC: É admissível o negócio processual estabelecendo que a alegação de existência de convenção de arbitragem será feita por simples petição, com a interrupção ou suspensão do prazo para contestação.

Nº 624 do FPPC: As regras que dispõem sobre a gratuidade da justiça e sua impugnação são aplicáveis ao procedimento de mediação e conciliação judicial.

Art. 338. Alegando o réu, na contestação, ser parte ilegítima ou não ser o responsável pelo prejuízo invocado, o juiz facultará ao autor, em 15 (quinze) dias, a alteração da petição inicial para substituição do réu.

Parágrafo único. Realizada a substituição, o autor reembolsará as despesas e pagará os honorários ao procurador do réu excluído, que serão fixados entre três e cinco por cento do valor da causa ou, sendo este irrisório, nos termos do art. 85, § 8º.

Notas:

Correção da ilegitimidade passiva. Este dispositivo legal permite a correção da ilegitimidade passiva. No caso de modificação do sujeito passivo, o réu anteriormente citado deverá ser reembolsado de despesas e honorários advocatícios arbitrados consoante o parágrafo único do referido artigo 338.

Confira os apontamentos acostados no art. 339.

Enunciado das Jornadas de Direito Processual Civil do Conselho da Justiça Federal:

Nº 123 do CJF: Aplica-se o art. 339 do CPC à autoridade coatora indicada na inicial do mandado de segurança e à pessoa jurídica que compõe o polo passivo.

Enunciados do Fórum Permanente de Processualistas Civis:

Nº 152 do FPPC: O autor terá prazo único para requerer a substituição ou inclusão de réu (arts. 338, *caput*; 339, §§ 1º e 2º), bem como para a manifestação sobre a resposta (arts. 350 e 351).

Nº 239 do FPPC. Fica superado o enunciado nº 472 da súmula do STF ("A condenação do autor em honorários de advogado, com fundamento no art. 64 do Código de Processo Civil, depende de reconvenção"), pela extinção da nomeação à autoria.

Nº 296 do FPPC. Quando conhecer liminarmente e de ofício a ilegitimidade passiva, o juiz facultará ao autor a alteração da petição inicial, para substituição do réu, nos termos dos arts. 339 e 340, sem ônus sucumbenciais.

Nº 511 do FPPC: A técnica processual prevista nos arts. 338 e 339 pode ser usada, no que couber, para possibilitar a correção da autoridade coatora, bem como da pessoa jurídica, no processo de mandado de segurança.

Art. 339. Quando alegar sua ilegitimidade, incumbe ao réu indicar o sujeito passivo da relação jurídica discutida sempre que tiver conhecimento, sob pena de arcar com as despesas processuais e de indenizar o autor pelos prejuízos decorrentes da falta de indicação.

§ 1º O autor, ao aceitar a indicação, procederá, no prazo de 15 (quinze) dias, à alteração da petição inicial para a substituição do réu, observando-se, ainda, o parágrafo único do art. 338.

§ 2º No prazo de 15 (quinze) dias, o autor pode optar por alterar a petição inicial para incluir, como litisconsorte passivo, o sujeito indicado pelo réu.

Notas:

Poderá o réu alegar ser parte ilegítima ou não ser o responsável pelo prejuízo invocado pelo autor em sua peça exordial.

Para tanto, incumbirá ao réu, obrigatoriamente, indicar o sujeito passivo da relação jurídica discutida sempre que tiver conhecimento, sob pena de arcar com as despesas processuais e de indenizar o autor pelos prejuízos decorrentes da falta de indicação (art. 339, *caput* do CPC).

Neste caso, caberá ao juiz facultar ao autor o prazo de 15 (quinze) dias, para fins de alteração da petição inicial substituindo o polo passivo na mesma (art. 338, *caput* do CPC).

Aceitando o autor a indicação da parte *ex-adversa*, procederá no prazo supracitado a alteração de sua peça inicial e ainda reembolsará as despesas processuais ao réu excluído bem como honorários ao procurador deste, que serão fixados entre três e cinco por cento do valor da causa ou, sendo este irrisório, nos termos do art. 85, § 8º (art. 338, parágrafo único do CPC).

Conforme inteligência do § 2º do art. 339 convém lembrar que, ao autor é facultada a opção de alterar a petição inicial para incluir a pessoa indicada pelo réu como litisconsorte passivo, mantendo, portanto, o réu originário e aquele por este indicado.

Súmula:

STJ nº 628: A teoria da encampação é aplicada no mandado de segurança quando presentes, cumulativamente, os seguintes requisitos: a) existência de vínculo hierárquico entre a autoridade que prestou informações e a que ordenou a prática do ato impugnado; b) manifestação a respeito do mérito nas informações prestadas; e c) ausência de modificação de competência estabelecida na Constituição Federal.

Enunciado das Jornadas de Direito Processual Civil do Conselho da Justiça Federal:

Nº 123 do CJF: Aplica-se o art. 339 do CPC à autoridade coatora indicada na inicial do mandado de segurança e à pessoa jurídica que compõe o polo passivo.

Enunciados do Fórum Permanente de Processualistas Civis:

Nº 42 do FPPC: O dispositivo aplica-se mesmo a procedimentos especiais que não admitem intervenção de terceiros, bem como aos juizados especiais cíveis, pois se trata de mecanismo saneador, que excepciona a estabilização do processo.

Nº 44 do FPPC: A responsabilidade a que se refere o art. 339 é subjetiva.

Nº 152 do FPPC: Nas hipóteses dos §§ 1º e 2º do art. 339, a aceitação do autor deve ser feita no prazo de quinze dias destinado à sua manifestação sobre a contestação ou sobre essa alegação de ilegitimidade do réu.

Nº 239 do FPPC: Fica superado o Enunciado nº 472 da súmula do STF ("A condenação do autor em honorários de advogado, com fundamento no art. 64 do Código de Processo Civil, depende de reconvenção"), pela extinção da nomeação à autoria.

Nº 296 do FPPC: Quando conhecer liminarmente e de ofício a ilegitimidade passiva, o juiz facultará ao autor a alteração da petição inicial, para substituição do réu, nos termos dos arts. 339 e 340, sem ônus sucumbenciais.

Nº 511 do FPPC: A técnica processual prevista nos arts. 338 e 339 pode ser usada, no que couber, para possibilitar a correção da autoridade coatora, bem como da pessoa jurídica, no processo de mandado de segurança.

Art. 340. Havendo alegação de incompetência relativa ou absoluta, a contestação poderá ser protocolada no foro de domicílio do réu, fato que será imediatamente comunicado ao juiz da causa, preferencialmente por meio eletrônico.

§ 1º A contestação será submetida a livre distribuição ou, se o réu houver sido citado por meio de carta precatória, juntada aos autos dessa carta, seguindo-se a sua imediata remessa para o juízo da causa.

§ 2º Reconhecida a competência do foro indicado pelo réu, o juízo para o qual for distribuída a contestação ou a carta precatória será considerado prevento.

§ 3º Alegada a incompetência nos termos do *caput*, será suspensa a realização da audiência de conciliação ou de mediação, se tiver sido designada.

§ 4º Definida a competência, o juízo competente designará nova data para a audiência de conciliação ou de mediação.

Notas:

Protocolização da contestação no foro de domicílio do réu. Quando houver a alegação de incompetência relativa ou absoluta, a contestação poderá ser protocolada no foro de domicílio do réu. Vale destacar ainda que de acordo com o § 2º, o juízo perante o qual a contestação é apresentada fica prevento.

Enunciado do Fórum Permanente de Processualistas Civis:

Nº 426 do FPPC: O juízo para o qual foi distribuída a contestação ou a carta precatória só será considerado prevento se o foro competente for o local onde foi citado.

Art. 341. Incumbe também ao réu manifestar-se precisamente sobre as alegações de fato constantes da petição inicial, presumindo-se verdadeiras as não impugnadas, salvo se:

I – não for admissível, a seu respeito, a confissão;

II – a petição inicial não estiver acompanhada de instrumento que a lei considerar da substância do ato;

III – estiverem em contradição com a defesa, considerada em seu conjunto.

Parágrafo único. O ônus da impugnação especificada dos fatos não se aplica ao defensor público, ao advogado dativo e ao curador especial.

Notas:

O artigo 341 trata do ônus da impugnação específica, ou seja, é vedada a contestação de forma genérica. Cabe ao réu, pois, impugnar cada um dos fatos narrados pelo autor da demanda na exordial.

Não havendo impugnação específica do réu sobre os fatos narrados pelo autor na inicial, entende a doutrina, então, como verdadeiros ou incontroversos os mesmos, dispensando-se prova a seu respeito (art. 374, III), podendo o juiz julgar antecipadamente todo o mérito da pretensão (art. 355, I) ou mesmo, parcela dele (art. 356, I), logicamente, desde que a falta de impugnação específica enseje sobre um fato fundamental para a solução do litígio ou parte dele.

É de atentar para as exceções quanto à veracidade dos fatos não impugnados especificamente pelo réu na contestação, estas contidas nos incisos I, II e III do artigo em comento, quais sejam: (i) se diante das alegações constantes da petição inicial não for admissível, a seu respeito, a confissão; (ii) se a petição inicial não estiver acompanhada de instrumento que a lei considerar da substância do ato e, (iii) se as alegações do autor em sua peça exordial estiverem em contradição com a própria defesa, considerada em seu conjunto.

Importante sublinhar que a o ônus da impugnação especificada dos fatos alegados pelo autor não se aplicará ao defensor público, ao advogado dativo e ainda ao curador especial, de acordo com o que estabelece o parágrafo único do presente art. 341 do CPC.

Art. 342. Depois da contestação, só é lícito ao réu deduzir novas alegações quando:

I – relativas a direito ou a fato superveniente;

II – competir ao juiz conhecer delas de ofício;

III – por expressa autorização legal, puderem ser formuladas em qualquer tempo e grau de jurisdição.

Notas:

Exceções ao princípio da eventualidade. O presente dispositivo apresenta as exceções ao princípio da eventualidade. Melhor dizendo: depois da contestação, só é lícito ao réu deduzir novas alegações quando: relativas a direito ou a fato superveniente (inciso I); competir ao juiz conhecer delas de ofício (inciso II); por expressa autorização legal, puderem ser formuladas em qualquer tempo e grau de jurisdição (inciso III).

CAPÍTULO VII
DA RECONVENÇÃO

Art. 343. Na contestação, é lícito ao réu propor reconvenção para manifestar pretensão própria, conexa com a ação principal ou com o fundamento da defesa.

§ 1º Proposta a reconvenção, o autor será intimado, na pessoa de seu advogado, para apresentar resposta no prazo de 15 (quinze) dias.

§ 2º A desistência da ação ou a ocorrência de causa extintiva que impeça o exame de seu mérito não obsta ao prosseguimento do processo quanto à reconvenção.

§ 3º A reconvenção pode ser proposta contra o autor e terceiro.

§ 4º A reconvenção pode ser proposta pelo réu em litisconsórcio com terceiro.

§ 5º Se o autor for substituto processual, o reconvinte deverá afirmar ser titular de direito em face do substituído, e a reconvenção deverá ser proposta em face do autor, também na qualidade de substituto processual.

§ 6º O réu pode propor reconvenção independentemente de oferecer contestação.

Remissões:

- Art. 16, § 3º, da Lei nº 6.830, de 22-09-1980 (Lei de Execução Fiscal).

- Art. 36, *caput*, da Lei nº 6.515, de 26-12-1977 (Lei do Divórcio).

- Art. 7º da Lei nº 9.289/1995 (dispõe sobre as custas devidas à União, na Justiça Federal de primeiro e segundo graus e dá outras providências):

"Art. 7º A reconvenção e os embargos à execução não se sujeitam ao pagamento de custas."

- Art. 31, *caput*, da Lei nº 9.099/1995 (dispõe sobre os Juizados Especiais Cíveis e Criminais e dá outras providências):

"Art. 31. Não se admitirá a reconvenção. É lícito ao réu, na contestação, formular pedido em seu favor, nos limites do art. 3º desta Lei, desde que fundado nos mesmos fatos que constituem objeto da controvérsia".

Notas:

Reconvenção. Este artigo cuida do processamento da reconvenção. Esta é uma espécie de contra-ataque do réu contra o autor no mesmo processo, ensejando, pois, processamento simultâneo com a ação principal. A reconvenção é realizada na própria contestação.

Proposta a reconvenção, o autor será intimado, na pessoa de seu advogado, para apresentar resposta no prazo de 15 (quinze) dias, conforme § 1º do artigo 343.

A reconvenção cuja natureza jurídica é de ação, possui autonomia em relação à ação principal, consoante o § 2º do artigo 343. Isto significa dizer que se na demanda principal ocorrer desistência ou até mesmo extinção do processo sem resolução do mérito, nada obsta o prosseguimento da reconvenção.

A reconvenção pode ser proposta em face do autor e terceiro (§ 3º do artigo 343 do CPC). A reconvenção pode ser proposta pelo réu em litisconsórcio com terceiro (§ 4º do artigo 343 do CPC). Já o § 5º cuida da reconvenção e a substituição processual. Vale destacar ainda que o réu pode propor reconvenção independentemente de oferecer contestação (§ 6º do artigo 343 do CPC).

Reconvenção da Reconvenção. Ressalta-se que a lei não proíbe e a doutrina admite como viável a reconvenção da reconvenção.

Os argumentos contrários se situam no campo em que o autor poderia fazer o pedido com a propositura da ação ou ainda sob a égide do CPC/1973, afirmava-se – que o art. 316 (§ 1º do art. 343) falava em contestação do reconvindo e não em resposta do mesmo (locação esta alterada pelo CPC/2015); e mesmo que caberia ao autor construir outra relação processual.[302]

Já, os argumentos que militam no campo favorável apontam que nenhum dano poderá causar, posto que o autor é quem sabe o momento de conveniência e oportunidade para elencar outro pedido.

Ainda, em argumentos autorizadores da hipótese presente, atesta Calmon de Passos[303], ainda sob o manto do Código de Buzaid que "o autor ignorava que o réu iria reconvir; e por outro lado o seu interesse pode ter surgido justamente em razão da reconvenção; mas que o soubesse, a cumulação dos pedidos não é dever de ordem substancial nem de natureza processual; b) as ações entre só duas partes são em número finito e logo se exaurem; inclusive a exigência de um nexo entre a ação e a reconvenção ainda opera como fator limitativo de maior eficácia; c) a impugnação da reconvenção contestação é (hoje, inclusive, é assim denominada) sob qualquer aspecto que seja examinada. E esta nos parece a posição correta."

De fato, no âmbito do CPC/2015, assim como já afirmávamos no CPC revogado, não encontramos qualquer óbice a que se possa realizar a *reconventio reconventionis*, logicamente, desde que se preencham os requisitos inerentes à espécie e que a nova reconvenção tenha surgido à vista de um novato material fático acarreado pelo reconvinte em sede de reconvenção.

Certamente, a própria boa-fé processual e a legítima paridade de armas entre as partes, aliás, muito bem consagrada nos arts. 5º, I e 7º do CPC dão o efetivo sustento à presente possibilidade.

Súmulas:

STF nº 237: O usucapião pode ser arguido em defesa.

STF nº 258: É admissível reconvenção em ação declaratória.

STJ nº 292: A reconvenção é cabível na ação monitória, após a conversão do procedimento em ordinário.

Enunciados do Fórum Permanente de Processualistas Civis:

Nº 45 do FPPC: Para que se considere proposta a reconvenção, não há necessidade de uso desse *nomen iuris*, ou dedução de um capítulo próprio.

---

302 MARQUES, José Frederico. *Manual de Direito Processual Civil*. Vol. II. São Paulo: Saraiva, 1974, p. 95.

303 *Comentários ao Código de Processo Civil*. Vol III, 9 ed. Rio de Janeiro: Forense, 2004, p.348.

Contudo, o réu deve manifestar inequivocamente o pedido de tutela jurisdicional qualitativa ou quantitativamente maior que a simples improcedência da demanda inicial.

Nº 46 do FPPC: A reconvenção pode veicular pedido de declaração de usucapião, ampliando subjetivamente o processo, desde que se observem os arts. 259, I, e 328, § 1º, II. Ampliação do Enunciado 237 da Súmula do STF.

Nº 154 do FPPC: É cabível agravo de instrumento contra ato decisório que indefere parcialmente a petição inicial ou a reconvenção.

Nº 239 do FPPC: Fica superado o Enunciado nº 472 da súmula do STF ("A condenação do autor em honorários de advogado, com fundamento no art. 64 do Código de Processo Civil, depende de reconvenção"), pela extinção da nomeação à autoria.

Nº 282 do FPPC: Para julgar com base em enquadramento normativo diverso daquele invocado pelas partes, ao juiz cabe observar o dever de consulta, previsto no art. 10.

Nº 689 do FPPC: A desconsideração da personalidade jurídica requerida em reconvenção processa-se da mesma forma que a deduzida em petição inicial.

Enunciados das Jornadas de Direito Processual Civil do Conselho da Justiça Federal:

Nº 120 do CJF: Deve o juiz determinar a emenda também na reconvenção, possibilitando ao reconvinte, a fim de evitar a sua rejeição prematura, corrigir defeitos e/ou irregularidades.

Nº 133 do CJF: É admissível a formulação de reconvenção em resposta aos embargos de terceiro, inclusive para o propósito de veicular pedido típico de ação pauliana, nas hipóteses de fraude contra credores.

Enunciado do Fórum Permanente de Processualistas Civis:

Nº 629 do FPPC: Se o réu reconvier contra o autor e terceiro, o prazo de contestação à reconvenção, para ambos, iniciar-se-á após a citação do terceiro.

CAPÍTULO VIII
DA REVELIA

Art. 344. Se o réu não contestar a ação, será considerado revel e presumir-se-ão verdadeiras as alegações de fato formuladas pelo autor.

Notas:

Revelia. Assim, é possível perceber que a revelia é a ausência de contestação. Dessa maneira, o réu será considerado revel e ocorrerá a presunção de veracidade das alegações do autor na inicial.

Remissão:

- Art. 22, § 3º, da Lei nº 9.307/1996 (Lei da Arbitragem):

"Art. 22. Poderá o árbitro ou o tribunal arbitral tomar o depoimento das partes, ouvir testemunhas e determinar a realização de perícias ou outras provas que julgar necessárias, mediante requerimento das partes ou de ofício.

(...)

§ 3º A revelia da parte não impedirá que seja proferida a sentença arbitral".

- Art. 20 da Lei nº 9.099/1995 (dispõe sobre os Juizados Especiais Cíveis e Criminais e dá outras providências):

"Art. 20. Não comparecendo o demandado à sessão de conciliação ou à audiência de instrução e julgamento, reputar-se-ão verdadeiros os fatos alegados no pedido inicial, salvo se o contrário resultar da convicção do Juiz".

Art. 345. A revelia não produz o efeito mencionado no art. 344 se:

I - havendo pluralidade de réus, algum deles contestar a ação;

II - o litígio versar sobre direitos indisponíveis;

III - a petição inicial não estiver acompanhada de instrumento que a lei considere indispensável à prova do ato;

IV - as alegações de fato formuladas pelo autor forem inverossímeis ou estiverem em contradição com prova constante dos autos.

Notas:

Aqui se desvelam as situações que afastam a presunção de veracidade dos fatos afirmados pelo autor a que se refere o artigo anterior (artigo 344). São elas: havendo pluralidade de réus, algum deles contestar a ação (inciso I); o litígio versar sobre direitos indisponíveis (inciso II); a petição inicial não estiver acompanhada de instrumento que a lei considere indispensável à prova do ato (inciso III) e, como novidade, as alegações de fato formuladas pelo autor forem inverossímeis ou estiverem em contradição com prova constante dos autos (inciso IV).

Por fim, vale mencionar que o rol do artigo 345 não é taxativo. Existem outras hipóteses em que não ocorrem tais efeitos, por exemplo, no artigo 72, inciso II do CPC[304] e artigo 121, parágrafo único do CPC.[305]

Art. 346. Os prazos contra o revel que não tenha patrono nos autos fluirão da data de publicação do ato decisório no órgão oficial.

Parágrafo único. O revel poderá intervir no processo em qualquer fase, recebendo-o no estado em que se encontrar.

Notas:

Os prazos processuais correrão para o revel independente de intimação (art. 346).

Importante salientar que, caso o revel venha a intervir posteriormente no processo, dito efeito desaparecerá, conforme se depreende da inteligência do parágrafo único do art. 346.

Arruda Alvim, O efeito da revelia deve ser atenuado em determinadas situações, tais como para o autor alterar seu pedido, caso em que deverá ser dada ciência ao réu para manifestar sobre tal questão.[306]

Súmula:

STF nº 231: O revel, em processo cível, pode produzir provas, desde que compareça em tempo oportuno.

Enunciado do Fórum Nacional de Juizados Especiais:

Nº 167 do FONAJE: Não se aplica aos Juizados Especiais a necessidade de publicação no Diário Eletrônico quando o réu for revel.

CAPÍTULO IX
DAS PROVIDÊNCIAS PRELIMINARES E DO SANEAMENTO

Art. 347. Findo o prazo para a contestação, o juiz tomará, conforme o caso, as providências preliminares constantes das seções deste Capítulo.

---

304 CPC: "*Art. 72. O juiz nomeará curador especial ao: [...] II – réu preso revel, bem como ao réu revel citado por edital ou com hora certa, enquanto não for constituído advogado*".

305 CPC: "*Art. 121. O assistente simples atuará como auxiliar da parte principal, exercerá os mesmos poderes e sujeitar-se-á aos mesmos ônus processuais que o assistido. Parágrafo único. Sendo revel ou, de qualquer outro modo, omisso o assistido, o assistente será considerado seu substituto processual.*"

306 ALVIM, ARRUDA, J. M. *Manual de Direito Processual Civil*. Vol. II. 7. ed. São Paulo: RT, 2000, p. 331-332.

Notas:

Como bem expressa o art. 347, com o fim do prazo para a contestação, tomará o magistrado, conforme o caso, as providências preliminares necessárias ao saneamento do processo.

Resta cediço que, com o encerramento da fase postulatória, vários aspectos da relação processual encontram-se efetivamente delineados.

Ocorre que, muito embora ditos aspectos estejam definidos, o magistrado, por vezes, tem a necessidade de sanar determinadas irregularidades com o intuito de regularizar o procedimento, completando também o contraditório.

Às atitudes do juiz, visando o objetivo supracitado, dá-se o nome de "Providências Preliminares".

Enunciado do Fórum Permanente de Processualistas Civis:

Nº 47: A competência do juízo estatal deverá ser analisada previamente à alegação de convenção de arbitragem

Seção I
Da Não Incidência dos Efeitos da Revelia

Art. 348. Se o réu não contestar a ação, o juiz, verificando a inocorrência do efeito da revelia previsto no art. 344, ordenará que o autor especifique as provas que pretenda produzir, se ainda não as tiver indicado.

Notas:

Não se aplica o efeito da revelia, como, por exemplo, em questões relativas a direitos indisponíveis (art. 345, II do CPC), devendo o processo prosseguir com a produção de provas (art. 348 do CPC).

Art. 349. Ao réu revel será lícita a produção de provas, contrapostas às alegações do autor, desde que se faça representar nos autos a tempo de praticar os atos processuais indispensáveis a essa produção.

Notas:

Não obstante o réu não contestar, poderá fazer contraprova aos fatos alegados pelo autor.

Conforme bem atesta o art. 349, será lícita ao revel a produção de provas, contrapostas às alegações do autor, desde que se faça representar nos autos a tempo de praticar os atos processuais indispensáveis à aludida produção. Com isto, aproxima-se ao máximo a "verdade formal" da "verdade real" e, certamente, prestigiando os preceitos indissociáveis do processo democrático, tais como aquele do contraditório e o da paridade de armas, muito bem elencados pelo CPC em seus arts. 7º e 10, respectivamente.

Súmula:

STF nº 231: O revel, em processo cível, pode produzir provas, desde que compareça em tempo oportuno.

Seção II
Do Fato Impeditivo, Modificativo ou Extintivo do Direito do Autor

Art. 350. Se o réu alegar fato impeditivo, modificativo ou extintivo do direito do autor, este será ouvido no prazo de 15 (quinze) dias, permitindo-lhe o juiz a produção de prova.

Notas:

Os fatos impeditivos são aqueles que obstam a procedência do pedido do autor; já os fatos modificativos são aqueles que impedem que o pedido do autor seja reconhecido em sua integralidade; por fim, os fatos extintos são aqueles que tornam improcedente o pedido do autor da demanda, como por exemplo, a prescrição, a decadência, bem como toda e qualquer forma de extinção das obrigações, tais como: pagamento por sub-rogação, imputação no pagamento, pagamento por consignação, novação, confusão, compensação etc.

Súmula:

STF nº 237: O usucapião pode ser arguido em defesa.

Enunciados do Fórum Permanente de Processualistas Civis:

Nº 152 do FPPC: O autor terá prazo único para requerer a substituição ou inclusão de réu (arts. 338, *caput*; 339, §§ 1º e 2º), bem como para a manifestação sobre a resposta (arts. 350 e 351).

Nº 381 do FPPC: É cabível réplica no procedimento de tutela cautelar requerida em caráter antecedente.

Nº 629 do FPPC: Se o réu reconvier contra o autor e terceiro, o prazo de contestação à reconvenção, para ambos, iniciar-se-á após a citação do terceiro.

Seção III
Das Alegações do Réu

Art. 351. Se o réu alegar qualquer das matérias enumeradas no art. 337, o juiz determinará a oitiva do autor no prazo de 15 (quinze) dias, permitindo-lhe a produção de prova.

Notas:

Réplica. O artigo 351 cuida da réplica, isto é, a manifestação do autor sobre a contestação (defesa) do réu.

Enunciados do Fórum Permanente de Processualistas Civis:

Nº 152 do FPPC: O autor terá prazo único para requerer a substituição ou inclusão de réu (arts. 338, *caput*; 339, §§ 1º e 2º), bem como para a manifestação sobre a resposta (arts. 350 e 351).

Nº 381 do FPPC: É cabível réplica no procedimento de tutela cautelar requerida em caráter antecedente.

Art. 352. Verificando a existência de irregularidades ou de vícios sanáveis, o juiz determinará sua correção em prazo nunca superior a 30 (trinta) dias.

Notas:

Irregularidades ou vícios sanáveis. Assim, verificando o magistrado a existência de irregularidades ou de vícios sanáveis, determinará sua correção pelo em prazo nunca superior a 30 (trinta) dias (art. 352).

Art. 353. Cumpridas as providências preliminares ou não havendo necessidade delas, o juiz proferirá julgamento conforme o estado do processo, observando o que dispõe o Capítulo X.

Notas:

Uma vez cumpridas as providências preliminares ou não havendo necessidade delas, estabelece o art. 353 que o juiz proferirá julgamento conforme o estado do processo, observando o que dispõe o Capítulo X, este relativo ao julgamento conforme o estado do processo.

CAPÍTULO X
DO JULGAMENTO CONFORME O ESTADO DO PROCESSO

Seção I
Da Extinção do Processo

Art. 354. Ocorrendo qualquer das hipóteses previstas nos arts. 485 e 487, incisos II e III, o juiz proferirá sentença.

Parágrafo único. A decisão a que se refere o *caput* pode dizer respeito a apenas parcela do processo, caso em que será impugnável por agravo de instrumento.

Notas:

Em verdade, estando os autos prontos para o julgamento, cabe ao magistrado proferir a sentença, com ou sem resolução de mérito, ou ainda, pode-se decidir sobre parcela da pretensão, neste caso, tratar-se-á de decisão interlocutória, esta que desafiará o recurso de agravo de instrumento.

Enunciados do Fórum Permanente de Processualistas Civis:

Nº 103 do FPPC: A decisão parcial proferida no curso do processo com fundamento no art. 487, I, sujeita-se a recurso de agravo de instrumento.

Nº 154 do FPPC: É cabível agravo de instrumento contra ato decisório que indefere parcialmente a petição inicial ou a reconvenção.

Nº 576 do FPPC: Admite-se a solução parcial do conflito em audiência de conciliação ou mediação.

Nº 611 do FPPC: Na hipótese de decisão parcial com fundamento no art. 485 ou no art. 487, as questões exclusivamente a ela relacionadas e resolvidas anteriormente, quando não recorríveis de imediato, devem ser impugnadas em preliminar do agravo de instrumento ou nas contrarrazões.

Nº 705 do FPPC: Aplicam-se os §§ 3º e 4º do art. 1.013 ao agravo de instrumento interposto contra decisão parcial de mérito.

Seção II
Do Julgamento Antecipado do Mérito

Art. 355. O juiz julgará antecipadamente o pedido, proferindo sentença com resolução de mérito, quando:

I – não houver necessidade de produção de outras provas;

II – o réu for revel, ocorrer o efeito previsto no art. 344 e não houver requerimento de prova, na forma do art. 349.

Notas:

Julgamento antecipado do mérito. É o chamando julgamento antecipado da lide. Ocorrerá quando não houver necessidade de prova em audiência ou o réu for considerado revel e não houver requerimento de prova.

Súmula:

STJ nº 7: A pretensão de simples reexame de prova não enseja recurso especial.

Enunciado das Jornadas de Direito Processual Civil do Conselho da Justiça Federal:

Nº 27 do CJF: Não é necessário o anúncio prévio do julgamento do pedido nas situações do art. 355 do CPC.

Enunciado do Fórum Permanente de Processualistas Civis:

Nº 297 do FPPC: O juiz que promove julgamento antecipado do mérito por desnecessidade de outras provas não pode proferir sentença de improcedência por insuficiência de provas.

Seção III
Do Julgamento Antecipado Parcial do Mérito

Art. 356. O juiz decidirá parcialmente o mérito quando um ou mais dos pedidos formulados ou parcela deles:

I – mostrar-se incontroverso;

II – estiver em condições de imediato julgamento, nos termos do art. 355.

§ 1º A decisão que julgar parcialmente o mérito poderá reconhecer a existência de obrigação líquida ou ilíquida.

§ 2º A parte poderá liquidar ou executar, desde logo, a obrigação reconhecida na decisão que julgar parcialmente o mérito, independentemente de caução, ainda que haja recurso contra essa interposto.

§ 3º Na hipótese do § 2º, se houver trânsito em julgado da decisão, a execução será definitiva.

§ 4ºA liquidação e o cumprimento da decisão que julgar parcialmente o mérito poderão ser processados em autos suplementares, a requerimento da parte ou a critério do juiz.

§ 5º A decisão proferida com base neste artigo é impugnável por agravo de instrumento.

Notas:

O CPC/2015, em corretos e importantes termos, prevê a possível divisibilidade do objeto litigioso quanto ao próprio julgamento do mérito do mesmo.

De certo, sob o ponto de vista da temporalidade da prestação jurisdicional, é extremamente injusto que a parte espere o total deslinde da demanda para se ter determinada pretensão satisfeita quando parcela de seu pedido não depender de qualquer ato processual posterior para que seja considerada devida.

Nestes termos, permite o art. 356 do CPC que o juiz possa decidir, ainda que parcialmente, o mérito de um ou mais pedidos invocados pelo autor em sua peça inicial, quando:

> *"I – mostrar-se incontroverso;*
>
> *II – estiver em condições de imediato julgamento, nos termos do art. 355."*

Julgado parcialmente o mérito de um ou mais pedidos, estaremos diante de uma verdadeira decisão interlocutória de mérito, estando sujeita à impugnação pelo recurso do agravo de instrumento, conforme reza o § 5º do art. 356.

Nota-se ainda que, a decisão que julgar parcialmente o mérito poderá reconhecer a existência de obrigação líquida ou ilíquida. Neste caso, poderá a parte executar diretamente ou, em sendo ilíquida, liquidá-la antes para, posteriormente, executá-la, independente de caução e mesmo sob a pendência de eventual recurso interposto da decisão de sua concessão (§§ 1º e 2º do art. 356), tratando-se então de execução de forma provisória.

De outro modo, transitando em julgado a decisão parcial do mérito, a execução se dará na forma definitiva (§ 3º do art. 356).

Vale ainda sublinhar que, tanto a liquidação quanto o cumprimento da decisão que julgar parcialmente o mérito de um ou mais pedidos poderão ser processados em autos suplementares e isso se dará por requerimento da parte interessada ou por próprio critério do julgador (§ 4º do art. 356).

Enunciados das Jornadas de Direito Processual Civil do Conselho da Justiça Federal:

Nº 5 do CJF: Ao proferir decisão parcial de mérito ou decisão parcial fundada no art. 485 do CPC, condenar-se-á proporcionalmente o vencido a pagar honorários ao advogado do vencedor, nos termos do art. 85 do CPC.

Nº 61 do CJF: Deve ser franqueado às partes sustentar oralmente as suas razões, na forma e pelo prazo previsto no art. 937, *caput*, do CPC, no agravo de instrumento que impugne decisão de resolução parcial de mérito (art. 356, § 5º, do CPC).

Nº 117 do CJF: O art. 356 do CPC pode ser aplicado nos julgamentos dos tribunais.

Nº 125 do CJF: A decisão parcial de mérito não pode ser modificada senão em decorrência do recurso que a impugna.

Nº 126 do CJF: O juiz pode resolver parcialmente o mérito, em relação à matéria não afetada para julgamento, nos processos suspensos em razão de recursos repetitivos, repercussão geral, incidente de resolução de demandas repetitivas ou incidente de assunção de competência.

Enunciados do Fórum Permanente de Processualistas Civis:

Nº 103 do FPPC: A decisão parcial proferida no curso do processo com fundamento no art. 487, I, sujeita-se a recurso de agravo de instrumento.

Nº 154 do FPPC: É cabível agravo de instrumento contra ato decisório que indefere parcialmente a petição inicial ou a reconvenção.

Nº 512 do FPPC: A decisão ilíquida referida no § 1º do art. 356 somente é permitida nos casos em que a sentença também puder sê-la.

Nº 513 do FPPC: Postulado o despejo em cumulação com outro(s) pedido(s), e estando presentes os requisitos exigidos pelo art. 356, o juiz deve julgar parcialmente o mérito de forma antecipada, para determinar a desocupação do imóvel locado.

Nº 611 do FPPC: Na hipótese de decisão parcial com fundamento no art. 485 ou no art. 487, as questões exclusivamente a ela relacionadas e resolvidas anteriormente, quando não recorríveis de imediato, devem ser impugnadas em preliminar do agravo de instrumento ou nas contrarrazões.

Nº 630 do FPPC: A necessidade de julgamento simultâneo de causas conexas ou em que há continência não impede a prolação de decisões parciais.

Enunciado da Escola Nacional de Formação e Aperfeiçoamento de Magistrados:

Nº 49 do ENFAM: No julgamento antecipado parcial de mérito, o cumprimento provisório da decisão inicia-se independentemente de caução (art. 356, § 2º, do CPC/2015), sendo aplicável, todavia, a regra do art. 520, IV.

Seção IV
Do Saneamento e da Organização do Processo

Art. 357. Não ocorrendo nenhuma das hipóteses deste Capítulo, deverá o juiz, em decisão de saneamento e de organização do processo:

I – resolver as questões processuais pendentes, se houver;

II – delimitar as questões de fato sobre as quais recairá a atividade probatória, especificando os meios de prova admitidos;

III – definir a distribuição do ônus da prova, observado o art. 373;

IV – delimitar as questões de direito relevantes para a decisão do mérito;

V – designar, se necessário, audiência de instrução e julgamento.

§ 1º Realizado o saneamento, as partes têm o direito de pedir esclarecimentos ou solicitar ajustes, no prazo comum de 5 (cinco) dias, findo o qual a decisão se torna estável.

§ 2º As partes podem apresentar ao juiz, para homologação, delimitação consensual das questões de fato e de direito a que se referem os incisos II e IV, a qual, se homologada, vincula as partes e o juiz.

§ 3º Se a causa apresentar complexidade em matéria de fato ou de direito, deverá o juiz designar audiência para que o saneamento seja feito em cooperação com as partes, oportunidade em que o juiz, se for o caso, convidará as partes a integrar ou esclarecer suas alegações.

§ 4º Caso tenha sido determinada a produção de prova testemunhal, o juiz fixará prazo comum não superior a 15 (quinze) dias para que as partes apresentem rol de testemunhas.

§ 5º Na hipótese do § 3º, as partes devem levar, para a audiência prevista, o respectivo rol de testemunhas.

§ 6º O número de testemunhas arroladas não pode ser superior a 10 (dez), sendo 3 (três), no máximo, para a prova de cada fato.

§ 7º O juiz poderá limitar o número de testemunhas levando em conta a complexidade da causa e dos fatos individualmente considerados.

§ 8º Caso tenha sido determinada a produção de prova pericial, o juiz deve observar o disposto no art. 465 e, se possível, estabelecer, desde logo, calendário para sua realização.

§ 9º As pautas deverão ser preparadas com intervalo mínimo de 1 (uma) hora entre as audiências.

Notas:

Saneamento e Organização do Processo. Este artigo apresenta o rol de atividades a serem executadas pelo magistrado com o propósito de sanear e organizar o processo. Interessante notar que de acordo com o § 1º, as partes podem pedir esclarecimentos ou solicitar ajustes ao juiz, sem que isso signifique recorrer da decisão, entretanto, tudo num prazo comum de 5 (cinco) dias, findo o qual a decisão tornar-se-á estável.

De fato, há uma imprecisão técnica do legislador quanto à utilização do termo "estável". Na verdade, bem nos parece que se a intenção do legislador fora a de referir-se ao caráter "preclusivo" da decisão saneadora após possíveis pronunciamentos das partes quanto a pedido de esclarecimentos ou solicitação de ajustes no lapso temporal supracitado, aquele não se fará presente, seja pelo fato de que é plenamente possível a interposição dos Embargos de Declaração para fins de oportunizar o esclarecimento de obscuridades, eliminar contradições, suprir omissões de ponto ou questão sobre o qual deveria se pronunciar o magistrado, de ofício ou a requerimento, ou ainda corrigir erro material (*ex vi* do art. 1.022 do CPC/15), e mesmo, em exemplo, possibilitar o manejo do Agravo de Instrumento em situações tipicamente reguladas pelo art. 1.015, como nos casos de exclusão de litisconsorte ou/e redistribuição do ônus da prova.[307]

[307] Para Sica, "o art. 357, § 1º, de fato intensificou o regime preclusivo do sistema jurídico no que toca às matérias preliminares, mas ainda assim, persiste um rol de matérias que, por expressa disposição legal, podem ser revistas a qualquer tempo, quais sejam, aquelas referidas nos arts. 342, I, e 493 (matéria superveniente) e art. 966 (matérias ensejadoras de rescindibilidade de subsequentes(s) decisão(ões) de mérito)." SICA, Heitor Vitor Mendonça, Evolução legislativa da fase de saneamento e organização do processo. *In*: *Revista de Processo*, vol. 255, maio. São Paulo: RT, 2016, p. 443-444.

Há de se acostar, igualmente, a não preclusão de matérias não inclusas no rol do art. 1.015, estas que podem ser suscitadas em preliminar de apelação, eventualmente interposta contra a decisão final, ou nas contrarrazões (art. 1.009, § 1º),[308] aliás, o que reforça a contrariedade da locução "estável" contida no digitado no § 1º do art. 357.

O § 2º trata da delimitação consensual, ou seja, as partes podem de comum acordo, determinar os pontos que serão objetos de prova ao longo da instrução.

O § 3º cuida do saneamento cooperativo, isto é, se a causa apresentar complexidade em matéria de fato ou de direito, deverá o juiz designar audiência para que o saneamento seja feito em cooperação com as partes, oportunidade em que o juiz, se for o caso, convidará as partes a integrar ou esclarecer suas alegações.

Os §§ 4º ao 7º cuidam do rol de testemunhas. O § 8º refere-se a produção de prova pericial e, por fim, o § 9º cuida das pautas de audiência.

Enunciados das Jornadas de Direito Processual Civil do Conselho da Justiça Federal:

Nº 28 do CJF: Os incisos do art. 357 do CPC não exaurem o conteúdo possível da decisão de saneamento e organização do processo.

Nº 127 do CJF: O juiz pode homologar parcialmente a delimitação consensual das questões de fato e de direito, após consulta às partes, na forma do art. 10 do CPC.

Nº 29 do CJF: A estabilidade do saneamento não impede a produção de outras provas, cuja necessidade se origine de circunstâncias ou fatos apurados na instrução.

Nº 173 do CJF: O prazo para interpor agravo de instrumento em face da decisão de saneamento e organização do processo começa após o julgamento do pedido de ajustes e esclarecimentos ou do término do prazo previsto no art. 357, § 1º, do CPC, caso as partes deixem de apresentar referida manifestação.

Nº 185 do CJF: O rol de testemunhas apresentado anteriormente à decisão de saneamento e organização do processo é provisório, podendo a parte realizar modificações após a prolação da referida decisão, dentro do prazo estabelecido pelos arts. 357, § 4º, e 451, do CPC).

Enunciados do Fórum Permanente de Processualistas Civis:

Nº 151 do FPPC: Na Justiça do Trabalho, as pautas devem ser preparadas com intervalo mínimo de uma hora entre as audiências designadas para instrução

308 No mesmo sentido, THEODORO JÚNIOR, Humberto, *Curso de Direito Processual Civil.* Vol. I. 56. ed. Rio de Janeiro: Forense, 2015, p. 831-832.

do feito. Para as audiências para simples tentativa de conciliação, deve ser respeitado o intervalo mínimo de vinte minutos.

Nº 295 do FPPC: As regras sobre intervalo mínimo entre as audiências do CPC só se aplicam aos processos em que o ato for designado após sua vigência.

Nº 298 do FPPC: A audiência de saneamento e organização do processo em cooperação com as partes poderá ocorrer independentemente de a causa ser complexa.

Nº 299 do FPPC: O juiz pode designar audiência também (ou só) com objetivo de ajustar com as partes a fixação de calendário para fase de instrução e decisão.

Nº 300 do FPPC: O juiz poderá ampliar ou restringir o número de testemunhas a depender da complexidade da causa e dos fatos individualmente considerados.

Nº 427 do FPPC: A proposta de saneamento consensual feita pelas partes pode agregar questões de fato até então não deduzidas.

Nº 428 do FPPC: A integração e o esclarecimento das alegações nos termos do art. 357, § 3º, não se confundem com o aditamento do ato postulatório previsto no art. 329.

Nº 631 do FPPC: A existência de saneamento negocial ou compartilhado não afasta a incidência do art. 493.

Nº 694 do FPPC: Modificada a decisão de saneamento quanto à delimitação das questões de fato sobre as quais recairá a produção de prova testemunhal, poderá a parte complementar ou alterar seu rol de testemunhas.

CAPÍTULO XI
DA AUDIÊNCIA DE INSTRUÇÃO E JULGAMENTO

Art. 358. No dia e na hora designados, o juiz declarará aberta a audiência de instrução e julgamento e mandará apregoar as partes e os respectivos advogados, bem como outras pessoas que dela devam participar.

Notas:

Abertura da Audiência de Instrução e Julgamento e pregão.

Consiste a audiência em "ato solene", revestido de publicidade (exceto quanto às situações consignadas no art. 189 do CPC), substancial ao processo que se realiza sob a presidência do juiz e que se presta à instrução, discussão e decisão da causa.

Pela sistemática do nosso CPC, a audiência de instrução e julgamento é indispensável quando houver necessidade de coleta de prova oral e/ou esclarecimentos do perito e de assistentes técnicos, podendo, inclusive, em muitos casos, no tocante a estes últimos, dispensar a realização de audiência, pois que podem tais esclarecimentos ser postados pela forma escrita.

Importante lembrar que nas hipóteses de extinção do processo (art. 354 do CPC) bem como na de julgamento antecipado (art. 355, I e II, do CPC), devido ao abreviamento do procedimento, não havendo necessidade para a realização da audiência de instrução e julgamento.

O momento adequado à designação (se necessária) da audiência de instrução e julgamento pelo magistrado é no despacho saneador (art. 357, V do CPC), oportunidade através da qual o juiz deferirá as provas a serem produzidas.

Importante salientar que a "audiência de instrução e julgamento" é aquela minuciosamente detalhada pelo CPC, não obstante o nosso ordenamento processual prever outras audiências como, *v.g.*, a audiência de conciliação e de mediação (art. 334 do CPC) e a audiência de justificação nas ações possessórias (art. 562 do CPC).

Remissões:

- Art. 15, IV, da Lei nº 11.101/2005 (regula a recuperação judicial, a extrajudicial e a falência do empresário e da sociedade empresária):

"Art. 15. Transcorridos os prazos previstos nos arts. 11 e 12 desta Lei, os autos de impugnação serão conclusos ao juiz, que:

(...)

IV – determinará as provas a serem produzidas, designando audiência de instrução e julgamento, se necessário".

- Arts. 27, 28 da Lei nº 9.099/95 (dispõe sobre os Juizados Especiais Cíveis e Criminais e dá outras providências):

Art. 27. Não instituído o juízo arbitral, proceder-se-á imediatamente à audiência de instrução e julgamento, desde que não resulte prejuízo para a defesa.

Parágrafo único. Não sendo possível a sua realização imediata, será a audiência designada para um dos quinze dias subsequentes, cientes, desde logo, as partes e testemunhas eventualmente presentes.

Art. 28. Na audiência de instrução e julgamento serão ouvidas as partes, colhida a prova e, em seguida, proferida a sentença.

Art. 29. Serão decididos de plano todos os incidentes que possam interferir no regular prosseguimento da audiência. As demais questões serão decididas na sentença.

Parágrafo único. Sobre os documentos apresentados por uma das partes, manifestar-se-á imediatamente a parte contrária, sem interrupção da audiência".

Art. 359. Instalada a audiência, o juiz tentará conciliar as partes, independentemente do emprego anterior de outros métodos de solução consensual de conflitos, como a mediação e a arbitragem.

Notas:

Tentativa de conciliação. Instalada a audiência cabe ao magistrado tentar conciliar as partes. Caso ocorra acordo, a conciliação deverá ser reduzida a termo e homologada por sentença.

Enunciado do Fórum Permanente de Processualistas Civis:

Nº 429 do FPPC: A arbitragem a que se refere o art. 359 é aquela regida pela Lei 9.307/1996.

Art. 360. O juiz exerce o poder de polícia, incumbindo-lhe:

I – manter a ordem e o decoro na audiência;

II – ordenar que se retirem da sala de audiência os que se comportarem inconvenientemente;

III – requisitar, quando necessário, força policial;

IV – tratar com urbanidade as partes, os advogados, os membros do Ministério Público e da Defensoria Pública e qualquer pessoa que participe do processo;

V – registrar em ata, com exatidão, todos os requerimentos apresentados em audiência.

Notas:

Poder de Polícia do magistrado nas audiências. O magistrado é o presidente da audiência, portanto, notório que deverá tomar todas as providências necessárias para o correto e adequado desenvolvimento da mesma.

Art. 361. As provas orais serão produzidas em audiência, ouvindo-se nesta ordem, preferencialmente:

I – o perito e os assistentes técnicos, que responderão aos quesitos de esclarecimentos requeridos no prazo e na forma do art. 477, caso não respondidos anteriormente por escrito;

II – o autor e, em seguida, o réu, que prestarão depoimentos pessoais;

III – as testemunhas arroladas pelo autor e pelo réu, que serão inquiridas.

Parágrafo único. Enquanto depuserem o perito, os assistentes técnicos, as partes e as testemunhas, não poderão os advogados e o Ministério Público intervir ou apartear, sem licença do juiz.

Notas:

Princípio da concentração da prova em audiência. As provas orais, se possível, devem ser produzidas e concentradas na audiência de instrução e julgamento. Vale destacar que o parágrafo único veda que os advogados e os membros do Ministério Público se manifestem durante o depoimento sem a autorização do magistrado.

Remissão:

– Art. 33 da lei nº 9.099/1995 (dispõe sobre os Juizados Especiais Cíveis e Criminais e dá outras providências):

"Art. 33. Todas as provas serão produzidas na audiência de instrução e julgamento, ainda que não requeridas previamente, podendo o Juiz limitar ou excluir as que considerar excessivas, impertinentes ou protelatórias".[309]

Enunciado do Fórum Permanente de Processualistas Civis:

Nº 430 do FPPC: A necessidade de licença concedida pelo juiz, prevista no parágrafo único do art. 361, é aplicável também aos Defensores Públicos.

Art. 362. A audiência poderá ser adiada:

I – por convenção das partes;

II – se não puder comparecer, por motivo justificado, qualquer pessoa que dela deva necessariamente participar;

III – por atraso injustificado de seu início em tempo superior a 30 (trinta) minutos do horário marcado.

§ 1º O impedimento deverá ser comprovado até a abertura da audiência, e, não o sendo, o juiz procederá à instrução.

§ 2º O juiz poderá dispensar a produção das provas requeridas pela parte cujo advogado ou defensor público não tenha comparecido à audiência, aplicando-se a mesma regra ao Ministério Público.

§ 3º Quem der causa ao adiamento responderá pelas despesas acrescidas.

---

309 Cf. GAIO JÚNIOR, Antônio Pereira. *O Processo nos Juizados Especiais Cíveis Estaduais, Federais e da Fazenda Pública*. 3 ed. Belo Horizonte: Del Rey, 2019.

Notas:

Adiamento da audiência. O presente dispositivo apresenta as hipóteses em que a audiência pode ser adiada, a saber: por convenção das partes (inciso I); se não puder comparecer, por motivo justificado, qualquer pessoa que dela deva necessariamente participar (inciso II); por atraso injustificado de seu início em tempo superior a 30 (trinta) minutos do horário marcado (inciso III). O § 1º cuida da comprovação do impedimento. O § 2º trata da dispensa de produção de provas e, por fim, o § 3º estabelece a responsabilidade por despesas daquele que deu causa ao adiamento da audiência.

Art. 363. Havendo antecipação ou adiamento da audiência, o juiz, de ofício ou a requerimento da parte, determinará a intimação dos advogados ou da sociedade de advogados para ciência da nova designação.

Notas:

Comunicação da antecipação ou adiamento da audiência. Cabe ao magistrado determinar a intimação dos advogados ou da sociedade de advogados para ciência da nova designação.

Art. 364. Finda a instrução, o juiz dará a palavra ao advogado do autor e do réu, bem como ao membro do Ministério Público, se for o caso de sua intervenção, sucessivamente, pelo prazo de 20 (vinte) minutos para cada um, prorrogável por 10 (dez) minutos, a critério do juiz.

§ 1º Havendo litisconsorte ou terceiro interveniente, o prazo, que formará com o da prorrogação um só todo, dividir-se-á entre os do mesmo grupo, se não convencionarem de modo diverso.

§ 2º Quando a causa apresentar questões complexas de fato ou de direito, o debate oral poderá ser substituído por razões finais escritas, que serão apresentadas pelo autor e pelo réu, bem como pelo Ministério Público, se for o caso de sua intervenção, em prazos sucessivos de 15 (quinze) dias, assegurada vista dos autos.

Notas:

Fim da instrução. O *caput* deste dispositivo trata dos debates realizados na parte final da audiência de instrução e julgamento. O § 1º cuida dos prazos na hipótese de existência de litisconsórcio ou terceiro interveniente. Neste caso, o prazo será dividido por todos do mesmo grupo de forma igualitária, ainda que possa ser convencionado de forma diferente. Já o § 2º cuida dos memoriais e dos prazos sucessivos. Aqui resta claro que as razões finais escritas deve ser realizada de forma sucessiva, sendo apresentada primeiro pelo autor e, em seguida, pelo réu.

Art. 365. A audiência é una e contínua, podendo ser excepcional e justificadamente cindida na ausência de perito ou de testemunha, desde que haja concordância das partes.

Parágrafo único. Diante da impossibilidade de realização da instrução, do debate e do julgamento no mesmo dia, o juiz marcará seu prosseguimento para a data mais próxima possível, em pauta preferencial.

Notas:

Audiência una e contínua. Aqui o *Codex* apresenta uma novidade, qual seja: a audiência pode ser cindida, desde que justificada e excepcional na ausência de perito ou de testemunha, caso haja anuência das partes.

Art. 366. Encerrado o debate ou oferecidas as razões finais, o juiz proferirá sentença em audiência ou no prazo de 30 (trinta) dias.

Notas:

Sentença. Cabe ao magistrado proferir a sentença no prazo impróprio de trinta dias.

Remissão:

– Art. 26 da Lei nº 9.099/1995 (dispõe sobre os Juizados Especiais Cíveis e Criminais e dá outras providências):

"Art. 26. Ao término da instrução, ou nos cinco dias subsequentes, o árbitro apresentará o laudo ao Juiz togado para homologação por sentença irrecorrível".

Art. 367. O servidor lavrará, sob ditado do juiz, termo que conterá, em resumo, o ocorrido na audiência, bem como, por extenso, os despachos, as decisões e a sentença, se proferida no ato.

§ 1º Quando o termo não for registrado em meio eletrônico, o juiz rubricar-lhe-á as folhas, que serão encadernadas em volume próprio.

§ 2º Subscreverão o termo o juiz, os advogados, o membro do Ministério Público e o escrivão ou chefe de secretaria, dispensadas as partes, exceto quando houver ato de disposição para cuja prática os advogados não tenham poderes.

§ 3º O escrivão ou chefe de secretaria trasladará para os autos cópia autêntica do termo de audiência.

§ 4º Tratando-se de autos eletrônicos, observar-se-á o disposto neste Código, em legislação específica e nas normas internas dos tribunais.

§ 5º A audiência poderá ser integralmente gravada em imagem e em áudio, em meio digital ou analógico, desde que assegure o rápido acesso das partes e dos órgãos julgadores, observada a legislação específica.

§ 6º A gravação a que se refere o § 5º também pode ser realizada diretamente por qualquer das partes, independentemente de autorização judicial.

Notas:

Termo de audiência lavrado pelo escrivão ou chefe da secretaria. O termo será lavrado "sob ditado do juiz", contendo, de forma resumida, o ocorrido na audiência, além dos despachos, decisões e a sentença judicial se proferida neste ato processual. Os §§ 1º a 3º tratam da rubrica de todas as páginas do termo de audiência. O § 4º cuida do processo eletrônico. Por fim, os §§ 5º e 6º possibilitam a gravação em imagem e em áudio, em meio digital ou analógico, independentemente de autorização judicial.

Art. 368. A audiência será pública, ressalvadas as exceções legais.

Notas:

Em regra, será pública a audiência (art. 368 do CPC e art. 93, IX da CF/88), significando que qualquer um do foro poderá assistir a ela, porém, será realizada a portas fechadas quando a defesa da intimidade ou o interesse social o exigirem (art. 5º, LX, da CF), como nos casos contidos no art. 155 do CPC (*v.g.*, casamento, separação de corpos, divórcio, separação, união estável, filiação, alimentos e guarda de crianças e adolescentes).

Remissão:

– Art. 93, IX, da CRFB/88:

"Art. 93. Lei complementar, de iniciativa do Supremo Tribunal Federal, disporá sobre o Estatuto da Magistratura, observados os seguintes princípios:

(...)

IX todos os julgamentos dos órgãos do Poder Judiciário serão públicos, e fundamentadas todas as decisões, sob pena de nulidade, podendo a lei limitar a presença, em determinados atos, às próprias partes e a seus advogados, ou somente a estes, em casos nos quais a preservação do direito à intimidade do interessado no sigilo não prejudique o interesse público à informação;".

CAPÍTULO XII
DAS PROVAS

Seção I
Disposições Gerais

Art. 369. As partes têm o direito de empregar todos os meios legais, bem como os moralmente legítimos, ainda que não especificados neste Código, para provar a verdade dos fatos em que se funda o pedido ou a defesa e influir eficazmente na convicção do juiz.

Notas:

É reconhecido o direito que tem as partes de empregar todos os meios legais possíveis, bem como os moralmente legítimos, ainda que não especificados no CPC, para fins de provar a verdade dos fatos[310] em que se funda o pedido ou a defesa, possibilitando assim influir de forma efetiva na convicção do magistrado, conforme inteligência do art. 369 do Código de Processo Civil.

Nisso o autor, ao ajuizar uma ação, comunica uma série de fatos que, de acordo com sua avaliação, têm condições de justificar o seu direito e necessidade da intervenção judicial. O réu, da mesma maneira, o faz quando apresenta a sua defesa, ressaltando fatos que, de algum modo, justificam, no seu entender, a sua resistência à pretensão do autor.

Assim, na fase de instrução do processo, estabelecida a controvérsia, será de competência das partes a produção das provas que irão demonstrar a veracidade de suas alegações, possibilitando o convencimento do magistrado e, logicamente contribuindo para sua persuasão racional[311], pois que apreciará a prova constante dos autos, independentemente do sujeito que a tiver promovido,

---

310 Utilizada no processo como meio de fundamentar a razão das partes nas questões controversas, a prova é em seu fim a ponte para que seja atingida uma possível verdade, ou mesmo, que nos aproximemos o mais perto possível deste ideal quiçá muitas vezes inatingível. Sobre o assunto, confira a célebre obra Castro Mendes sobre o assunto: *O Conceito de Prova em Processo Civil.* Lisboa: Ática,1961.

311 Pautado na importância de uma decisão racional do juiz, esta orientada pela própria determinação da verdade dos fatos, leciona com propriedade, Michele Taruffo (*Simplemente la verdad. El juez y la construcción de los hechos.* Madrid: Macial Pons, 2010, p. 220) :

"(...) la decisión sobre los hechos no puede ser tampoco el fruto de uma intuición irracional, o de uma introspección a través de La cual el juez penetre em los pliegues más recônditos de su espíritu para emerger com uma certeza subjetiva (tal vez calificable como 'moral' o 'absoluta', inescrutable y misteriosa, sobre La verdad de los hechos.

Por el contrario, el estar orientada hacia La determinación de La verdad de los hechos, La decisión debe constituir el resultado de um procedimiento racional, que se desarrolla conforme a reglas y principios, esto es, conforme a um método que permita someterla a control y que determine su validez."

devendo indicar em decisão as razões da formação de seu convencimento (*ex vi* do art. 370 do CPC).

Pode-se, então, concluir que provar é demonstrar ao Estado, personificado na figura do juiz, circunstanciado nas necessidades probatórias que o processo em si necessita, i.e., a verdade de um fato ou de uma alegação nele deduzida.

Muito embora caiba às partes a produção das provas (princípio dispositivo), o art. 370 do CPC pontua em boa hora a importância participativa do juiz na persecução da pacificação social e segurança jurídica – principais escopos do Estado no monopólio da atividade jurisdicional – esclarecendo dito dispositivo legal ser de competência do juiz, de ofício ou a requerimento da parte, determinar as provas necessárias à instrução do processo, indeferindo as diligências inúteis ou meramente protelatórias (parágrafo único do art. 370), tudo em busca do ideário da verdade real, sempre que possível ou o mais próximo deste ideário, conforme já sinalizado.

Insta pontuar neste ínterim que tal interesse dos partícipes do processo – diga-se aqui, as partes e o juiz – na construção qualitativa probatória, cujo alcance, repito, interessa inegavelmente a todos, é razão inspiradora de um Processo Cooperativo[312], onde o diálogo processual leal, plenamente garantido e igualmente conduzido pelo juiz somando-se ao reforço das posições jurídicas das partes, conferem marcas ao processo civil cooperativo[313], manifestando-se ao longo de toda a marcha processual.[314]

Importante ainda observar que, a despeito do objetivo do processo ser a busca da verdade real, entendida aqui como a mais próxima do que seria o ideal de justiça, hão de ter vozes que, reacionariamente, procuram ainda hoje declararem que o direito processual satisfaz-se somente no campo da denominada verdade formal, ou processual, *quod non est in actis non est in mundo* (o que não está no processo não está no mundo).

---

312 "O processo cooperativo parte da ideia de que o Estado tem como dever primordial propiciar condições para a organização de uma sociedade livre, justa e solidária, fundado que está na dignidade da pessoa humana. Indivíduo, sociedade civil e Estado acabam pó ocupar, assim, posições coordenadas. O direito a ser concretizado é um direito que conta com a *juris prudentia*, nada obstante concebido, abstrativamente, como *scientia juris*. Por essa vereda, o contraditório acaba assumindo novamente um local destaque na construção do formalismo processual, sendo instrumento ótimo para a viabilização do diálogo e da cooperação no processo, que implica, de seu turno, necessariamente, a previsão deveres de conduta tanto para as partes como para o órgão jurisdicional (deveres de esclarecimento, consulta, prevenção e auxílio)." MITIDIERO, Daniel. *Colaboração no Processo Civil*. 2. ed. São Paulo: RT, 2011, p. 114.

313 Agora, expressamente consignado no texto do novel CPC:

"*Art. 6º Todos os sujeitos do processo devem cooperar entre si para que se obtenha, em tempo razoável, decisão de mérito justa e efetiva.*"

314 MITIDIERO, Daniel. Ob. cit., p. 114.

Súmulas:

STF nº 225: Não é absoluto o valor probatório das anotações da carteira profissional.

STJ nº 301: Em ação investigatória, a recusa do suposto pai a submeter-se ao exame de DNA induz presunção *juris tantum* de paternidade.

Enunciado das Jornadas de Direito Processual Civil do Conselho da Justiça Federal:

Nº 227 do CJF: Admite-se a prova estatística ou por amostragem no direito brasileiro, especialmente no processo coletivo e estrutural.

Enunciados do Fórum Permanente de Processualistas Civis:

Nº 50 do FPPC: Os destinatários da prova são aqueles que dela poderão fazer uso, sejam juízes, partes ou demais interessados, não sendo a única função influir eficazmente na convicção do juiz.

Nº 301 do FPPC: Aplicam-se ao processo civil, por analogia, as exceções previstas nos §§ 1º e 2º do art. 157 do Código de Processo Penal, afastando a ilicitude da prova.

Nº 516 do FPPC: Para que se considere fundamentada a decisão sobre os fatos, o juiz deverá analisar todas as provas capazes, em tese, de infirmar a conclusão adotada.

Nº 636 do FPPC: As conversas registradas por aplicativos de mensagens instantâneas e redes sociais podem ser admitidas no processo como prova, independentemente de ata notarial.

Art. 370. Caberá ao juiz, de ofício ou a requerimento da parte, determinar as provas necessárias ao julgamento do mérito.

Parágrafo único. O juiz indeferirá, em decisão fundamentada, as diligências inúteis ou meramente protelatórias.

Notas:

Iniciativa probatória. Cabe ao juiz *ex officio* ou a requerimento da parte, determinar as provas necessárias ao julgamento do mérito. As diligências inúteis ou protelatórias deverão ser indeferidas pelo magistrado, desde que fundamentadamente.

Remissões:

– Art. 22, *caput* e § 5º da Lei nº 9.307/1996 (Lei da Arbitragem).

"Art. 22. Poderá o árbitro ou o tribunal arbitral tomar o depoimento das partes, ouvir testemunhas e determinar a realização de perícias ou outras provas que julgar necessárias, mediante requerimento das partes ou de ofício.

(...)

§ 5º Se, durante o procedimento arbitral, um árbitro vier a ser substituído fica a critério do substituto repetir as provas já produzidas".

– Arts. 32 a 37 da Lei nº 9.099/95 (dispõe sobre os Juizados Especiais Cíveis e Criminais e dá outras providências):

"Art. 32. Todos os meios de prova moralmente legítimos, ainda que não especificados em lei, são hábeis para provar a veracidade dos fatos alegados pelas partes.

Art. 33. Todas as provas serão produzidas na audiência de instrução e julgamento, ainda que não requeridas previamente, podendo o Juiz limitar ou excluir as que considerar excessivas, impertinentes ou protelatórias.

Art. 34. As testemunhas, até o máximo de três para cada parte, comparecerão à audiência de instrução e julgamento levadas pela parte que as tenha arrolado, independentemente de intimação, ou mediante esta, se assim for requerido.

§ 1º O requerimento para intimação das testemunhas será apresentado à Secretaria no mínimo cinco dias antes da audiência de instrução e julgamento.

§ 2º Não comparecendo a testemunha intimada, o Juiz poderá determinar sua imediata condução, valendo-se, se necessário, do concurso da força pública.

Art. 35. Quando a prova do fato exigir, o Juiz poderá inquirir técnicos de sua confiança, permitida às partes a apresentação de parecer técnico.

Parágrafo único. No curso da audiência, poderá o Juiz, de ofício ou a requerimento das partes, realizar inspeção em pessoas ou coisas, ou determinar que o faça pessoa de sua confiança, que lhe relatará informalmente o verificado.

Art. 36. A prova oral não será reduzida a escrito, devendo a sentença referir, no essencial, os informes trazidos nos depoimentos.

Art. 37. A instrução poderá ser dirigida por Juiz leigo, sob a supervisão de Juiz togado".

Enunciado das Jornadas de Direito Processual Civil do Conselho da Justiça Federal:

Nº 128 do CJF: Exceto quando reconhecida sua nulidade, a convenção das partes sobre o ônus da prova afasta a redistribuição por parte do juiz.

Enunciados do Fórum Permanente de Processualistas Civis:

Nº 50 do FPPC: Os destinatários da prova são aqueles que dela poderão fazer uso, sejam juízes, partes ou demais interessados, não sendo a única função influir eficazmente na convicção do juiz.

Nº 301 do FPPC: Aplicam-se ao processo civil, por analogia, as exceções previstas nos §§ 1º e 2º do art. 157 do Código de Processo Penal, afastando a ilicitude da prova.

Nº 514 do FPPC: O juiz não poderá revogar a decisão que determinou a produção de prova de ofício sem que consulte as partes a respeito.

Art. 371. O juiz apreciará a prova constante dos autos, independentemente do sujeito que a tiver promovido, e indicará na decisão as razões da formação de seu convencimento.

Notas:

O magistrado tem como dever fundamental prestar a efetiva tutela jurisdicional, decidindo no processo, conforme seu convencimento, mas sempre devidamente motivado, i.e., com o dever de indicar, analiticamente, as razões deste seu convencimento (art. 371 do CPC), sob pena de restar imotivada ou não fundamentada a sua decisão, seja ela interlocutória, sentença ou acórdão (§ 1º do art. 489).

Vale bem sublinhar: O artigo 93, inciso IX da CF/88 determina que "*todos os julgamentos dos órgãos do Poder Judiciário serão públicos, e fundamentadas todas as decisões, sob pena de nulidade, podendo a lei limitar a presença, em determinados atos, às próprias partes e a seus advogados, ou somente a estes, em casos nos quais a preservação do direito à intimidade do interessado no sigilo não prejudique o interesse público à informação;*".

Enunciados do Fórum Permanente de Processualistas Civis:

Nº 515 do FPPC: Aplica-se o disposto no art. 489, § 1º, também em relação às questões fáticas da demanda.

Nº 516 do FPPC: Para que se considere fundamentada a decisão sobre os fatos, o juiz deverá analisar todas as provas capazes, em tese, de infirmar a conclusão adotada.

Art. 372. O juiz poderá admitir a utilização de prova produzida em outro processo, atribuindo-lhe o valor que considerar adequado, observado o contraditório.

Notas:

Prova Emprestada. Reconhece o CPC/2015, a partir do presente dispositivo, a possibilidade de o juiz admitir a utilização de prova produzida em outro processo, atribuindo-lhe o valor que considerar o mais adequado, mas devendo sempre observar o contraditório para seu uso e validade.

Prova emprestada, portanto, é aquela que foi obtida em outro processo, seja entre as mesmas partes ou não. Obrigatoriamente, a prova deve ser produzida dentro do próprio processo, sob a análise do contraditório; entretanto não existe impedimento legal para que a parte interessada faça a juntada, ou requisite que o juízo oficie, requerendo o translado de, por exemplo, depoimentos ou perícia obtidos em outro processo, competindo ao magistrado, por conseguinte, valorar a prova conforme as circunstâncias e o tempo em que foi colhida.

Cabe ressaltar que, a nosso juízo, a despeito do que foi acima expresso e ainda que entendamos ter a prova emprestada qualificada serventia elucidativa, devemos observar com certa parcimônia tal modalidade probal, não perdendo de vista a importante identidade física do juiz com as provas, bem como o contraditório operado em virtude da mesma. Assim, ainda que haja agora autorização normativa expressa, há de se conjugar a prática com o respeito à efetividade processual sintonizada com um devido e qualitativo processo legal.[315]

Vale destacar ainda que a decisão judicial sem fundamento é nula de pleno direito. O magistrado deve fundamentar de forma substancial a sua decisão.

Súmula:

STJ nº 591: É permitida a prova emprestada no processo administrativo disciplinar, desde que devidamente autorizada pelo juízo competente e respeitados o contraditório e a ampla defesa.

---

315 PROCESSUAL CIVIL. AGRAVO REGIMENTAL. OFENSA AO ART. 535 DO CPC NÃO CONFIGURADA. OMISSÃO. INEXISTÊNCIA. REEXAME DOS FATOS. SÚMULA 7/STJ. PROVA EMPRESTADA. CONTRADITÓRIO. DEVIDO PROCESSO LEGAL. AGRAVO NÃO PROVIDO. 1. A solução integral da controvérsia, com fundamento suficiente, não caracteriza ofensa ao art. 535 do CPC. O recorrente não aponta, de forma clara, o vício em que teria incorrido o acórdão impugnado. 2. Quanto à violação dos artigos 330 e 332, ambos do CPC, o entendimento do STJ é no sentido de que não há cerceamento de defesa pela utilização de prova emprestada se esta tiver sido produzida com a observância do contraditório e do devido processo legal. 3. O acórdão recorrido está em sintonia com o atual entendimento do Superior Tribunal de Justiça, razão pela qual não merece prosperar a irresignação. Incide, in casu, o princípio estabelecido na Súmula 83/STJ. 4. Agravo Regimental não provido. (STJ. 2ª Turma. AgRg no AREsp: 301724 CE 2013/0047650-6. Rel. Min. Herman Benjamin. Julg. 25.03.2014, *DJe* 15.04.2014).

STF. Tema 1043 da Repercussão Geral:

Tese: É constitucional a utilização da colaboração premiada, nos termos da Lei 12.850/2013, no âmbito civil, em ação civil pública por ato de improbidade administrativa movida pelo Ministério Público, observando-se as seguintes diretrizes: (1) Realizado o acordo de colaboração premiada, serão remetidos ao juiz, para análise, o respectivo termo, as declarações do colaborador e cópia da investigação, devendo o juiz ouvir sigilosamente o colaborador, acompanhado de seu defensor, oportunidade em que analisará os seguintes aspectos na homologação: regularidade, legalidade e voluntariedade da manifestação de vontade, especialmente nos casos em que o colaborador está ou esteve sob efeito de medidas cautelares, nos termos dos §§ 6º e 7º do artigo 4º da referida Lei 12.850/2013; (2) As declarações do agente colaborador, desacompanhadas de outros elementos de prova, são insuficientes para o início da ação civil por ato de improbidade; (3) A obrigação de ressarcimento do dano causado ao erário pelo agente colaborador deve ser integral, não podendo ser objeto de transação ou acordo, sendo válida a negociação em torno do modo e das condições para a indenização; (4) O acordo de colaboração deve ser celebrado pelo Ministério Público, com a interveniência da pessoa jurídica interessada e devidamente homologado pela autoridade judicial; (5) Os acordos já firmados somente pelo Ministério Público ficam preservados até a data deste julgamento, desde que haja previsão de total ressarcimento do dano, tenham sido devidamente homologados em Juízo e regularmente cumpridos pelo beneficiado.

Enunciado das Jornadas de Direito Processual Civil do Conselho da Justiça Federal:

Nº 30 do CJF: É admissível a prova emprestada, ainda que não haja identidade de partes, nos termos do art. 372 do CPC.

Enunciados do Fórum Permanente de Processualistas Civis:

Nº 302 do FPPC: Aplica-se o art. 373, §§ 1º e 2º, ao processo do trabalho, autorizando a distribuição dinâmica do ônus da prova diante de peculiaridades da causa relacionadas à impossibilidade ou à excessiva dificuldade da parte de cumprir o seu encargo probatório, ou, ainda, à maior facilidade de obtenção da prova do fato contrário. O juiz poderá, assim, atribuir o ônus da prova de modo diverso, desde que de forma fundamentada, preferencialmente antes da instrução e necessariamente antes da sentença, permitindo à parte se desincumbir do ônus que lhe foi atribuído.

Nº 52 do FPPC: Para a utilização da prova emprestada, faz-se necessária a observância do contraditório no processo de origem, assim como no processo de destino, considerando-se que, neste último, a prova mantenha a sua natureza originária.

Art. 373. O ônus da prova incumbe:

I – ao autor, quanto ao fato constitutivo de seu direito;

II – ao réu, quanto à existência de fato impeditivo, modificativo ou extintivo do direito do autor.

§ 1º Nos casos previstos em lei ou diante de peculiaridades da causa relacionadas à impossibilidade ou à excessiva dificuldade de cumprir o encargo nos termos do *caput* ou à maior facilidade de obtenção da prova do fato contrário, poderá o juiz atribuir o ônus da prova de modo diverso, desde que o faça por decisão fundamentada, caso em que deverá dar à parte a oportunidade de se desincumbir do ônus que lhe foi atribuído.

§ 2º A decisão prevista no § 1º deste artigo não pode gerar situação em que a desincumbência do encargo pela parte seja impossível ou excessivamente difícil.

§ 3º A distribuição diversa do ônus da prova também pode ocorrer por convenção das partes, salvo quando:

I – recair sobre direito indisponível da parte;

II – tornar excessivamente difícil a uma parte o exercício do direito.

§ 4º A convenção de que trata o § 3º pode ser celebrada antes ou durante o processo.

Remissões:

– Arts. 6º, VIII, 38 e 51, VI, da Lei nº 8.078, de 11-9-1990 (CDC).

Notas:

Ônus da prova. A regra geral do ônus da prova está fincada no artigo 373 do Código de Processo Civil. Assim, o princípio que se desvela do referido dispositivo processual é: a parte autora, com o ônus de sustentar suas alegações sobre fatos em juízo e a parte ré, deve alegar por sua vez fatos impeditivos, modificativos ou extintivos do direito alheio deve também produzir prova de tais fatos.

Vale destacar a exceção prevista no Código de Defesa do Consumidor, em especial, em seu artigo 6º, inciso VIII, que traduz a possibilidade da inversão do ônus da prova: "Art. 6º São direitos básicos do consumidor: VIII – a facilitação da defesa de seus direitos, inclusive com a inversão do ônus da prova, a seu favor, no processo civil, quando, a critério do juiz, for verossímil a alegação ou quando for ele hipossuficiente, segundo as regras ordinárias de experiências."

Destaca-se aqui que, com o advento do CPC/2015, se fez reconhecida formalmente a possibilidade do juiz atribuir ônus da prova de modo diverso, ou seja, a distribuição dinâmica do ônus probatório, como já cediço, p. ex., em conflitos com a presença forte de hipossuficiência de uma das partes como se dá comumente em conflitos envoltos às relações de consumo, isso desde que, por evidente decisão fundamentada, no entanto, concedendo à parte oportunidade de se desincumbir do ônus a que lhe fora atribuído.

Os §§ 1º e 2º do art. 373 bem retratam tal hipótese.

É possível ainda pelo próprio novato *Codex*, que as partes *ex adversas* possam convencionar entre si a distribuição diversa do ônus probante, definindo de acordo com a sua vontade, quem deve provar determinados fatos e, portanto, qual deles assumirá as consequências da ausência de prova sobre eles,[316] salvo quando a prova recair sobre direito indisponível de uma delas ou tornar-se excessivamente difícil a uma parte o exercício do direito, ou seja, da própria produção da prova em si (§ 3º do art. 373).

Cabe ainda destacar a possibilidade de tal convenção ser pactuada durante o processo ou mesmo antes dele, tal como autoriza o § 4º do art. 373, notadamente, configurando autêntico negócio jurídico processual, à luz do que já disciplina o art. 190 do CPC.

Súmulas:

STF nº 231: O revel, em processo cível, pode produzir provas, desde que compareça em tempo oportuno.

STJ nº 301: Em ação investigatória, a recusa do suposto pai a submeter-se ao exame de DNA induz presunção *juris tantum* de paternidade.

STJ nº 618: A inversão do ônus da prova aplica-se às ações de degradação ambiental.

Enunciado das Jornadas de Direito Processual Civil do Conselho da Justiça Federal:

Nº 128 do CJF: Exceto quando reconhecida sua nulidade, a convenção das partes sobre o ônus da prova afasta a redistribuição por parte do juiz.

Enunciados do Fórum Permanente de Processualistas Civis:

Nº 302 do FPPC: Aplica-se o art. 373, §§ 1º e 2º, ao processo do trabalho, autorizando a distribuição dinâmica do ônus da prova diante de peculiaridades da causa relacionadas à impossibilidade ou à excessiva dificuldade da parte de cumprir o seu encargo probatório, ou, ainda, à maior facilidade de obtenção da prova do fato contrário. O juiz poderá, assim, atribuir o ônus da prova de modo diverso, desde que de forma fundamentada, preferencialmente antes da instrução e necessariamente antes da sentença, permitindo à parte se desincumbir do ônus que lhe foi atribuído.

---

316 Cf. MACÊDO, Lucas Buril de; PEIXOTO, Ravi. *Ônus da Prova e sua Dinamização*. 2. ed. Salvador: JusPodivm, 2016, p. 121.

Nº 632 do FPPC: A redistribuição de ofício do ônus de prova deve ser precedida de contraditório.

Art. 374. Não dependem de prova os fatos:

I – notórios;

II – afirmados por uma parte e confessados pela parte contrária;

III – admitidos no processo como incontroversos;

IV – em cujo favor milita presunção legal de existência ou de veracidade.

Notas:

Fatos que independem de provas. O dispositivo legal é claro ao dizer que independem de prova: I – notórios, ou seja, aqueles são claros e evidentes, tais como: os fatos decorrentes de sentença com transito em julgado ou confissão; II – afirmados por uma parte e confessados pela parte contrária, podendo ser judicial ou extrajudicial, espontânea ou provocada (artigos 389 e 395 CPC)[317];

---

[317] CPC – "*Art. 389. Há confissão, judicial ou extrajudicial, quando a parte admite a verdade de fato contrário ao seu interesse e favorável ao do adversário.*"

"*Art. 390. A confissão judicial pode ser espontânea ou provocada.*

§ 1º A confissão espontânea pode ser feita pela própria parte ou por representante com poder especial.

§ 2º A confissão provocada constará do termo de depoimento pessoal."

"*Art. 391. A confissão judicial faz prova contra o confitente, não prejudicando, todavia, os litisconsortes.*"

Parágrafo único. Nas ações que versarem sobre bens imóveis ou direitos reais sobre imóveis alheios, a confissão de um cônjuge ou companheiro não valerá sem a do outro, salvo se o regime de casamento for o de separação absoluta de bens."

"*Art. 392. Não vale como confissão a admissão, em juízo, de fatos relativos a direitos indisponíveis.*

§ 1ºA confissão será ineficaz se feita por quem não for capaz de dispor do direito a que se referem os fatos confessados.

§ 2º A confissão feita por um representante somente é eficaz nos limites em que este pode vincular o representado."

"*Art. 393. A confissão é irrevogável, mas pode ser anulada se decorreu de erro de fato ou de coação.*

Parágrafo único. A legitimidade para a ação prevista no caput é exclusiva do confitente e pode ser transferida a seus herdeiros se ele falecer após a propositura."

"*Art. 394. A confissão extrajudicial, quando feita oralmente, só terá eficácia nos casos em que a lei não exija prova literal.*"

"*Art. 395. A confissão é, em regra, indivisível, não podendo a parte que a quiser invocar como prova aceitá-la no tópico que a beneficiar e rejeitá-la no que lhe for desfavorável, porém*

III – admitidos no processo como incontroversos; IV – em cujo favor milita presunção legal de existência ou de veracidade.

A presunção é a ilação ou inferência que se retira de um fato conhecido para se concluir pela existência de outro que se desconhece. Existem dois tipos de presunção: as presunções legais (referidas pelo legislador) e as presunções comuns ou de fato (presunção *hominis*) que se baseiam no mundo da vida, na cotidianidade, ou seja, na experiência do que normalmente acontece. Esta é uma observação do que habitualmente ocorre, cabendo prova em contrário.

As presunções legais podem ser classificadas em relativas ou absolutas. Na presunção relativa (*iuris tantum*) admite-se prova em contrário, como na hipótese de que o sujeito seja o pai de uma criança (presunção de paternidade, CC, art. 1.601). A presunção absoluta (*iuris et de iure*) é uma situação que a lei cria a presunção e não se admite prova em contrário, como por exemplo, a presunção de que todos conhecem a lei.

O artigo 230 do nosso Código Civil refere-se à presunção comum ou de fato ou do homem e afirmando que "as presunções, que não as legais, não se admitem nos casos em que a lei exclui a prova testemunhal (CC, art. 230)." Esse artigo está relacionado à hipótese do *caput* do artigo 227, já que não se admite a presunção comum, simples, *hominis*, ou de fato, nos casos de negócios jurídicos cujo valor ultrapasse a 10 (dez) salários mínimos.

Art. 375. O juiz aplicará as regras de experiência comum subministradas pela observação do que ordinariamente acontece e, ainda, as regras de experiência técnica, ressalvado, quanto a estas, o exame pericial.

Notas:

Regras de experiência comum. Cabe ao magistrado utilizar as regras da "experiência comum" na avaliação das provas, ressalvada as regras da experiência técnica, justificando, pois, a realização de prova pericial (artigo 464, § 1º do CPC).

Enunciado do Fórum Permanente de Processualistas Civis:

Nº 517 do FPPC: A decisão judicial que empregar regras de experiência comum, sem indicar os motivos pelos quais a conclusão adotada decorre daquilo que ordinariamente acontece, considera-se não fundamentada.

---

cindir-se-á quando o confitente a ela aduzir fatos novos, capazes de constituir fundamento de defesa de direito material ou de reconvenção."

Art. 376. A parte que alegar direito municipal, estadual, estrangeiro ou consuetudinário provar-lhe-á o teor e a vigência, se assim o juiz determinar.

Notas:

Para a alegação de Direito municipal, estadual, estrangeiro ou consuetudinário, uma vez determinando o magistrado, deverá a parte provar tanto o seu conteúdo quanto a vigência.

Art. 377. A carta precatória, a carta rogatória e o auxílio direto suspenderão o julgamento da causa no caso previsto no art. 313, inciso V, alínea "b", quando, tendo sido requeridos antes da decisão de saneamento, a prova neles solicitada for imprescindível.

Parágrafo único. A carta precatória e a carta rogatória não devolvidas no prazo ou concedidas sem efeito suspensivo poderão ser juntadas aos autos a qualquer momento.

Notas:

Suspensão do processo. Carta precatória, carta rogatória e auxílio direto. A carta precatória, carta rogatória e o auxílio direito podem ser requeridas antes do saneamento do feito, suspendendo o processo, quando a prova for indispensável ao seu julgamento. O parágrafo único cuida da juntada das cartas precatórias e rogatórias.

Enunciado do Fórum Permanente de Processualistas Civis:

Nº 695 do FPPC: A suspensão do julgamento da causa de que trata o art. 377 é aplicável ao requerimento de produção de prova ou de verificação de determinado fato veiculado por qualquer meio de cooperação judiciária.

Art. 378. Ninguém se exime do dever de colaborar com o Poder Judiciário para o descobrimento da verdade.

Notas:

O presente dispositivo traduz o princípio da cooperação, este que vetoriza-se para o plano de um Processo Cooperativo, onde, dentre outras características, é de se reconhecer o diálogo processual leal, plenamente garantido e igualmente conduzido pelo órgão julgador, somando-se ao reforço das posições jurídicas das partes, conferindo tais marcas ao processo, tendo o juiz o seu papel redimensionado, assumindo, efetivamente uma dupla posição: "mostra-se paritário na condução do processo, no diálogo processual, sendo, contudo, assimétrico no quando da decisão da causa."[318]

Por outro lado, o aspecto cultural da "política do consenso" ou invés da "política do conflito" se faz importante no amadurecimento para o exercício da cooperação, não, evidentemente, quanto ao pleito que se objeta em sede da pretensão dos direitos e que se encontra no interesse das partes *ex adversas* (autor e réu), mas quanto à própria qualidade da prestação jurisdicional a que ambos de, de certo, desejam e, por isso, devem colaborar, sendo que cabe ao próprio órgão julgador laborar com inegável interesse pela cooperação, objetivando o caráter finalístico desta que é proporcionar um processo justo, idôneo, isonômico para fins da consecução de uma decisão de mérito justa e efetiva.[319]

O CPC/2015 tem na cooperação processual um de seus preceitos basilares, cuja estampa vem alçada no título relativo às normas fundamentais, tão necessárias à própria compreensão do espírito encarnado por esta novata legis, nos seguintes termos:

> "*Art. 6º Todos os sujeitos do processo devem cooperar entre si para que se obtenha, em tempo razoável, decisão de mérito justa e efetiva.*"

Na mesma esfera, norteada pelo imperativo comando voltado às razões práticas e finalísticas do Processo e que, por isso, implicam no reconhecimento de sua virtude enquanto instrumento democrático e otimizador de satisfação social, encontramos o art. 8º do CPC, ao qual pontifica:

> "*Art. 8º Ao aplicar o ordenamento jurídico, o juiz atenderá aos fins sociais e às exigências do bem comum, resguardando e promovendo a dignidade da pessoa humana e observando a proporcionalidade, a razoabilidade, a legalidade, a publicidade e a eficiência.*"

Depreende-se daí tratar-se de norma sobre norma, ou seja, a atividade judicante deve atender aos fins sociais e às exigências do bem comum, o que, no exercício pragmático da cooperação, exige-se, sobretudo, do órgão julgador, a promoção dos direitos fundamentais como aquele relativo á dignidade da pessoa humana e que leva consigo tantos outros, mas sempre pelo olhar de

---

318 MITIDIERO, Daniel. *Colaboração no Processo Civil*. 2. ed. São Paulo: RT, 2011, p. 114. Ainda sobre o Processo pautado no Princípio da Cooperação, ver por todos, SOUZA, Miguel Teixeira de. *Estudos sobre o Novo Processo Civil*. 2. ed. Lisboa: Lex, 1997.

319 Sobre o assunto, cf. também e no mesmo sentido, WAMBIER, Teresa Arruda Avim *et al. Primeiros Comentários ao Novo Código de Processo Civil*. São Paulo: RT, 2015, p. 153-154.

proporcionalidade, razoabilidade, legalidade publicidade e eficiência, inerentes a um devido processo justo.

Como já dito em outras linhas, verdade é que o maior interessado na solução dos conflitos é o próprio Estado, este que chama para si o monopólio da Jurisdição como um serviço público, tendo, na figura do juiz, sua expressão de interesse, cooperando como um magistrado participativo e interessado na melhor e mais veraz possibilidade de pacificação do conflito ao Estado apresentado.

Súmula:

STJ nº 301: Em ação investigatória, a recusa do suposto pai a submeter-se ao exame de DNA induz presunção *juris tantum* de paternidade.

Enunciado das Jornadas de Direito Processual Civil do Conselho da Justiça Federal:

Nº 31 do CJF: A compatibilização do disposto nos arts. 378 e 379 do CPC com o art. 5º, LXIII, da CF/1988, assegura à parte, exclusivamente, o direito de não produzir prova contra si quando houver reflexos no ambiente penal.

Enunciado do Fórum Permanente de Processualistas Civis:

Nº 51 do FPPC: A compatibilização do disposto nestes dispositivos c/c o art. 5º, LXIII, da CF/1988, assegura à parte, exclusivamente, o direito de não produzir prova contra si em razão de reflexos no ambiente penal.

Art. 379. Preservado o direito de não produzir prova contra si própria, incumbe à parte:

I – comparecer em juízo, respondendo ao que lhe for interrogado;

II – colaborar com o juízo na realização de inspeção judicial que for considerada necessária;

III – praticar o ato que lhe for determinado.

Notas:

Deveres e direitos das partes. Este dispositivo cuida dos deveres e direitos das partes no que tange à produção de provas. O direito de não produzir provas contra si mesmo está em sintonia com os artigos 5º, incisos LVI[320] e LXIII[321] da CF/88.

[320] *"LVI – são inadmissíveis, no processo, as provas obtidas por meios ilícitos;"*

[321] *"LXIII – o preso será informado de seus direitos, entre os quais o de permanecer calado, sendo-lhe assegurada a assistência da família e de advogado;"*

Enunciado das Jornadas de Direito Processual Civil do Conselho da Justiça Federal:

Nº 31 do CJF: A compatibilização do disposto nos arts. 378 e 379 do CPC com o art. 5º, LXIII, da CF/1988, assegura à parte, exclusivamente, o direito de não produzir prova contra si quando houver reflexos no ambiente penal.

Enunciado do Fórum Permanente de Processualistas Civis:

Nº 51 do FPPC: A compatibilização do disposto nestes dispositivos c/c o art. 5º, LXIII, da CF/1988, assegura à parte, exclusivamente, o direito de não produzir prova contra si em razão de reflexos no ambiente penal.

Art. 380. Incumbe ao terceiro, em relação a qualquer causa:

I – informar ao juiz os fatos e as circunstâncias de que tenha conhecimento;

II – exibir coisa ou documento que esteja em seu poder.

Parágrafo único. Poderá o juiz, em caso de descumprimento, determinar, além da imposição de multa, outras medidas indutivas, coercitivas, mandamentais ou sub-rogatórias.

Notas:

Dever de terceiros. O dispositivo em tela trata dos deveres de terceiros em relação à produção de provas. O parágrafo único cuida da imposição de multa, medidas indutivas, coercitivas, mandamentais ou sub-rogatórias, com o firme propósito de que suas determinações sejam cumpridas.

Seção II
Da Produção Antecipada da Prova

Art. 381. A produção antecipada da prova será admitida nos casos em que:

I – haja fundado receio de que venha a tornar-se impossível ou muito difícil a verificação de certos fatos na pendência da ação;

II – a prova a ser produzida seja suscetível de viabilizar a autocomposição ou outro meio adequado de solução de conflito;

III – o prévio conhecimento dos fatos possa justificar ou evitar o ajuizamento de ação.

§ 1º O arrolamento de bens observará o disposto nesta Seção quando tiver por finalidade apenas a realização de documentação e não a prática de atos de apreensão.

§ 2º A produção antecipada da prova é da competência do juízo do foro onde esta deva ser produzida ou do foro de domicílio do réu.

§ 3º A produção antecipada da prova não previne a competência do juízo para a ação que venha a ser proposta.

§ 4º O juízo estadual tem competência para produção antecipada de prova requerida em face da União, de entidade autárquica ou de empresa pública federal se, na localidade, não houver vara federal.

§ 5º Aplica-se o disposto nesta Seção àquele que pretender justificar a existência de algum fato ou relação jurídica para simples documento e sem caráter contencioso, que exporá, em petição circunstanciada, a sua intenção.

Notas:

Hipóteses de antecipação de provas. O artigo em comento apresenta o direito de produção de provas, de forma antecipada, nas hipóteses dos incisos I a III. O primeiro caso é quando ocorra fundado receio de que venha a tornar-se impossível ou muito difícil a verificação de certos fatos na pendência da ação. O inciso II admite a antecipação da produção de provas com o propósito de viabilizar a autocomposição ou outro meio adequado de solução de conflito. No mesmo diapasão é permitido a produção antecipada de provas nos casos de prévio conhecimento dos fatos possa justificar ou evitar o ajuizamento de ação (inciso III).

O § 1º cuida do arrolamento de bens. Os §§ 2º a 4º cuidam das regras de competência na produção antecipada de provas. Por fim, o § 5º informa que "aplica-se o disposto nesta Seção àquele que pretender justificar a existência de algum fato ou relação jurídica para simples documento e sem caráter contencioso, que exporá, em petição circunstanciada, a sua intenção."

Remissão:

- Art. 109, § 3º, da CRFB/88:

"Art. 109. Aos juízes federais compete processar e julgar:

(...)

§ 3º Lei poderá autorizar que as causas de competência da Justiça Federal em que forem parte instituição de previdência social e segurado possam ser processadas e julgadas na justiça estadual quando a comarca do domicílio do segurado não for sede de vara federal. (Redação dada pela Emenda Constitucional nº 103, de 2019)".

Súmula:

STJ nº 32: Compete à Justiça Federal processar justificações judiciais destinadas a instruir pedidos perante entidades que nela tem exclusividade de foro, ressalvada a aplicação do art. 15, II da Lei nº 5010/66.

Enunciado das Jornadas de Direito Processual Civil do Conselho da Justiça Federal:

Nº 129 do CJF: É admitida a exibição de documentos como objeto de produção antecipada de prova, nos termos do art. 381 do CPC.

Enunciados do Fórum Permanente de Processualistas Civis:

Nº 602 do FPPC: A prova nova apta a embasar ação rescisória pode ser produzida ou documentada por meio do procedimento de produção antecipada de provas.

Nº 633 do FPPC: Admite-se a produção antecipada de prova proposta pelos legitimados ao ajuizamento das ações coletivas, inclusive para facilitar a autocomposição ou permitir a decisão sobre o ajuizamento ou não da demanda.

Nº 634 do FPPC: Se, na pendência do processo, ocorrer a hipótese do art. 381, I ou II, poderá ser antecipado o momento procedimental de produção da prova, seguindo-se o regramento próprio do meio de prova requerido e não o procedimento dos arts. 381 a 383.

Art. 382. Na petição, o requerente apresentará as razões que justificam a necessidade de antecipação da prova e mencionará com precisão os fatos sobre os quais a prova há de recair.

§ 1º O juiz determinará, de ofício ou a requerimento da parte, a citação de interessados na produção da prova ou no fato a ser provado, salvo se inexistente caráter contencioso.

§ 2º O juiz não se pronunciará sobre a ocorrência ou a inocorrência do fato, nem sobre as respectivas consequências jurídicas.

§ 3º Os interessados poderão requerer a produção de qualquer prova no mesmo procedimento, desde que relacionada ao mesmo fato, salvo se a sua produção conjunta acarretar excessiva demora.

§ 4º Neste procedimento, não se admitirá defesa ou recurso, salvo contra decisão que indeferir totalmente a produção da prova pleiteada pelo requerente originário.

Notas:

O *caput* do artigo 382 determina que o requerente deverá apresentar as razões que justificam a necessidade de antecipação de provas na petição inicial, mencionando, pois, com precisão os fatos sobre os quais a prova há de recair. O princípio do contraditório deve ser respeitado, salvo se inexistente contencioso (§ 1º). Já o § 2º cuida do fato probando. Este não pode ser discutido pelo magistrado, nem mesmo sobre as respectivas consequências jurídicas. O § 3º permite que os interessados requeiram a produção de qualquer prova no mesmo procedimento, desde que relacionada ao mesmo fato, salvo se a sua produção conjunta acarretar excessiva demora. Por fim, o § 4º trata da contestação e recurso. O referido texto normativo é claro ao afirmar que não se admitirá defesa ou recurso, salvo contra decisão que indeferir totalmente a produção da prova pleiteada pelo requerente originário, o que, de certo, entendemos como conteúdo de índole inconstitucional, haja vista o que bem expressa o art. 5º, LV da Carta Maior, reforçado pelos arts. 7º, 9º e 10 do CPC.

Enunciados das Jornadas de Direito Processual Civil do Conselho da Justiça Federal:

Nº 32 do CJF: A vedação à apresentação de defesa prevista no art. 382, § 4º, do CPC, não impede a alegação pelo réu de matérias defensivas conhecíveis de ofício.

Nº 50 do CJF: A eficácia da produção antecipada de provas não está condicionada a prazo para a propositura de outra ação.

Nº 118 do CJF: É cabível a fixação de honorários advocatícios na ação de produção antecipada de provas na hipótese de resistência da parte requerida na produção da prova.

Nº 183 do CJF: O art. 382, § 4º, do CPC não impede a arguição de defesas referentes à admissibilidade das diligências e das provas requeridas na petição inicial.

Art. 383. Os autos permanecerão em cartório durante 1 (um) mês para extração de cópias e certidões pelos interessados.

Parágrafo único. Findo o prazo, os autos serão entregues ao promovente da medida.

Notas:

Concluída a prova, o juiz a homologará por sentença, dando por realizado o procedimento. Em seguida, ficarão os autos retidos em cartório por 1 (um) mês, podendo os interessados solicitarem as certidões que quiserem. Uma vez encerrado o tal prazo, os autos serão entregues ao promovente da medida.

Seção III
Da Ata Notarial

Art. 384. A existência e o modo de existir de algum fato podem ser atestados ou documentados, a requerimento do interessado, mediante ata lavrada por tabelião.

Parágrafo único. Dados representados por imagem ou som gravados em arquivos eletrônicos poderão constar da ata notarial.

Notas:

De acordo com o art. 384 tem-se que a existência bem como o modo de existir de algum determinado fato pode ser atestado ou documentado para fins de comprovação de própria existência mediante ata notarial, esta que a requerimento do interessado será lavrada pelo tabelião.

Trata-se, portanto, a ata notarial de instrumento devidamente elaborado pelo tabelião objetivando documentar fatos jurídicos.

De acordo com o art. 7º, III da Lei nº 8.935/1994, esta que dispõe sobre os serviços notariais e de registro, compreende a ata notarial de ato privativo do tabelião, conforme se observa abaixo:

> "*Art. 7º Aos tabeliães de notas compete com exclusividade:*
>
> *I - lavrar escrituras e procurações, públicas;*
>
> *II - lavrar testamentos públicos e aprovar os cerrados;*
>
> ***III - lavrar atas notariais;***
>
> *IV - reconhecer firmas;*
>
> *V - autenticar cópias.*" (Grifo nosso).

De certo, pela fé pública que possuem dito tabelião, é de se presumir a veracidade dos fatos por ele atestados em sede de ata notarial, e como consequência da fé pública do notário, depreende-se o próprio caráter valorativo da ata em tela.

Assim, imprescindível será que o notário tenha presenciado o fato descrito, de modo a abalizar o efetivo caráter valorativo da declaração contida no documento notarial.

De certo, assim a ata notarial terá o mesmo valor que qualquer outro documento público.

Por outro lado, conforme reza o art. 27 da Lei nº 8.935/1994, impedimentos ao notário são possíveis, como por exemplo, praticar pessoalmente, qualquer ato de seu interesse, ou de interesse de seu cônjuge ou mesmo de parentes, na linha reta, ou na colateral, consanguíneos ou afins, até o terceiro grau, tendo ainda a ata notarial seu valor reduzido quando elaborada por tabelião incompetente, em sintonia com o que estabelece o art. 407 do CPC, *in verbis*:

> *"Art. 407 O documento feito por oficial público incompetente ou sem a observância das formalidades legais, sendo subscrito pelas partes, tem a mesma eficácia probatória do documento particular."*

Por fim cabe destacar que poderão ainda constar da ata notarial dados representativos decorrentes de imagem ou som gravados em arquivos eletrônicos (parágrafo único do art. 384 do CPC).

Seção IV
Do Depoimento Pessoal

Art. 385. Cabe à parte requerer o depoimento pessoal da outra parte, a fim de que esta seja interrogada na audiência de instrução e julgamento, sem prejuízo do poder do juiz de ordená-lo de ofício.

§ 1º Se a parte, pessoalmente intimada para prestar depoimento pessoal e advertida da pena de confesso, não comparecer ou, comparecendo, se recusar a depor, o juiz aplicar-lhe-á a pena.

§ 2º É vedado a quem ainda não depôs assistir ao interrogatório da outra parte.

§ 3º O depoimento pessoal da parte que residir em comarca, seção ou subseção judiciária diversa daquela onde tramita o processo poderá ser colhido por meio de videoconferência ou outro recurso tecnológico de transmissão de sons e imagens em tempo real, o que poderá ocorrer, inclusive, durante a realização da audiência de instrução e julgamento.

Notas:

O depoimento pessoal é um meio de prova com o propósito de que a outra parte seja interrogada na audiência de instrução e julgamento, sobre fatos relevantes à solução da causa. O § 1º cuida da pena de confissão, ou seja, se a parte, pessoalmente intimada para prestar depoimento pessoal e advertida da pena de confesso, não comparecer ou, comparecendo, se recusar a depor, o juiz deve aplicar-lhe a pena. O § 2º veda a quem ainda não depôs assistir ao interrogatório da outra parte. Por fim, o § 3º cuida do depoimento pessoal da parte que residir em comarca, seção ou subseção judiciária diversa daquela onde tramita o processo. Neste caso é lícito utilizar a videoconferência ou outro recurso tecnológico de transmissão de sons e imagens em tempo real.

Enunciado das Jornadas de Direito Processual Civil do Conselho da Justiça Federal:

Nº 33 do CJF: No depoimento pessoal, o advogado da contraparte formulará as perguntas diretamente ao depoente.

Enunciado do Fórum Permanente de Processualistas Civis:

Nº 584 do FPPC: É possível que um litisconsorte requeira o depoimento pessoal do outro.

Art. 386. Quando a parte, sem motivo justificado, deixar de responder ao que lhe for perguntado ou empregar evasivas, o juiz, apreciando as demais circunstâncias e os elementos de prova, declarará, na sentença, se houve recusa de depor.

Notas:

Quando sem motivo justificado, a parte deixar de responder ao que lhe for perguntado ou empregar evasivas, o magistrado, uma vez apreciando as demais circunstâncias e os elementos de prova, declarará, na sentença, se houve recusa de ao respectivo depoimento.

Enunciado do Fórum Permanente de Processualistas Civis:

Nº 635 do FPPC: Antes de decidir sobre a conduta da parte no depoimento pessoal, deverá o magistrado submeter o tema a contraditório para evitar decisão surpresa.

Art. 387. A parte responderá pessoalmente sobre os fatos articulados, não podendo servir-se de escritos anteriormente preparados, permitindo-lhe o juiz, todavia, a consulta a notas breves, desde que objetivem completar esclarecimentos.

Notas:

Quando do depoimento, o depoente responderá ao interrogatório pessoalmente, não podendo se valer de escritos anteriormente preparados, podendo, entretanto, permitir o juiz que se faça consulta a notas breves, caso estas objetivarem a completar os esclarecimentos a serem prestados, hipótese esta autorizada pelo art. 387 do CPC.

Art. 388. A parte não é obrigada a depor sobre fatos:

I – criminosos ou torpes que lhe forem imputados;

II – a cujo respeito, por estado ou profissão, deva guardar sigilo;

III – acerca dos quais não possa responder sem desonra própria, de seu cônjuge, de seu companheiro ou de parente em grau sucessível;

IV – que coloquem em perigo a vida do depoente ou das pessoas referidas no inciso III.

Parágrafo único. Esta disposição não se aplica às ações de estado e de família.

Remissões:

– Art. 39 da Lei nº 6.515, de 26-12-1977 (Lei do Divórcio).

Notas:

Casos em que a parte pode legitimamente deixar de depor. Aqui, a parte não é obrigada a depor, nos seguintes casos: criminosos ou torpes que lhe forem imputados (inciso I); a cujo respeito, por estado ou profissão, deva guardar sigilo (inciso II); acerca dos quais não possa responder sem desonra própria, de seu cônjuge, de seu companheiro ou de parente em grau sucessível (inciso III); que coloquem em perigo a vida do depoente ou das pessoas referidas no inciso III (inciso IV). O parágrafo único diz que tais disposições não se aplicam às ações de estado e de família.[322]

Seção V
Da Confissão

Art. 389. Há confissão, judicial ou extrajudicial, quando a parte admite a verdade de fato contrário ao seu interesse e favorável ao do adversário.

Notas:

Há confissão quando a parte admite a verdade de um fato contrário ao seu interesse e favorável ao adversário (CPC, art. 389). A confissão poderá ser judicial ou extrajudicial. A confissão judicial pode ser espontânea ou provocada (CPC, art. 390).

O Conselho da Justiça Federal, na III Jornada de Direito Civil, editou o enunciado 157 que diz: "CJF – Enunciado – 157 – Art. 212: O termo "confissão" deve abarcar o conceito lato de depoimento pessoal, tendo em vista que este consiste em meio de prova de maior abrangência, plenamente admissível no ordenamento jurídico brasileiro."

Não tem eficácia a confissão se provém de quem não é capaz de dispor do direito a que se referem os fatos confessados (CC, art. 213). Se feita a confissão por um representante, somente é eficaz nos limites em que este pode vincular o representado (CC, art. 213, parágrafo único).

A confissão é irrevogável, mas pode ser anulada se decorreu de erro de fato ou de coação (CC, art. 214).

---

[322] CPC – CAPÍTULO X – DAS AÇÕES DE FAMÍLIA. "*Art. 693. As normas deste Capítulo aplicam-se aos processos contenciosos de divórcio, separação, reconhecimento e extinção de união estável, guarda, visitação e filiação.*"

Art. 390. A confissão judicial pode ser espontânea ou provocada.

§ 1º A confissão espontânea pode ser feita pela própria parte ou por representante com poder especial.

§ 2º A confissão provocada constará do termo de depoimento pessoal.

Notas:

Confissão espontânea ou provocada. A confissão pode ser espontânea ou provocada. O § 1º cuida da confissão efetuada por procurador e o § 2º trata da forma da confissão judicial.

Art. 391. A confissão judicial faz prova contra o confitente, não prejudicando, todavia, os litisconsortes.

Parágrafo único. Nas ações que versarem sobre bens imóveis ou direitos reais sobre imóveis alheios, a confissão de um cônjuge ou companheiro não valerá sem a do outro, salvo se o regime de casamento for o de separação absoluta de bens.

Notas:

Alcance da confissão. A confissão judicial faz prova contra o confitente, não prejudicando, todavia, os litisconsortes. O parágrafo único trata da confissão nas ações que versarem sobre bens imóveis ou direitos reais sobre imóveis alheios. Neste caso, a confissão de um cônjuge ou companheiro não valerá sem a do outro, salvo se o regime de casamento for o de separação absoluta de bens.

Art. 392. Não vale como confissão a admissão, em juízo, de fatos relativos a direitos indisponíveis.

§ 1º A confissão será ineficaz se feita por quem não for capaz de dispor do direito a que se referem os fatos confessados.

§ 2º A confissão feita por um representante somente é eficaz nos limites em que este pode vincular o representado.

Notas:

O *caput* é claro ao afirmar que não vale como confissão a admissão, em juízo, de fatos relativos a direitos indisponíveis. O § 1º trata da ineficácia da confissão se realizada por confitente incapaz e o § 2º cuida da confissão feita por um representante legal do incapaz.

Art. 393. A confissão é irrevogável, mas pode ser anulada se decorreu de erro de fato ou de coação.

Parágrafo único. A legitimidade para a ação prevista no *caput* é exclusiva do confitente e pode ser transferida a seus herdeiros se ele falecer após a propositura.

Notas:

Irrevogabilidade da confissão. A confissão é irrevogável, mas pode ser anulada se decorrente de erro de fato ou de coação.

Não tem eficácia a confissão se provém de quem não é capaz de dispor do direito a que se referem os fatos confessados (CC, art. 213).

Se feita a confissão por um representante, somente é eficaz nos limites em que este pode vincular o representado (CC, art. 213, parágrafo único).

A confissão é irrevogável, mas pode ser anulada se decorreu de erro de fato ou de coação (CC, art. 214).

O Código Civil trata do erro de fato nos incisos I e II do artigo 139 e erro de direito no inciso III do mesmo dispositivo legal.

Vale destacar que a teoria clássica não tolera o erro de direito consubstanciado no princípio obrigatório de presunção das leis. O artigo 3º da Lei de Introdução as Normas Brasileiras afirma que "ninguém se escusa de cumprir a lei, alegando que não a conhece".

Art. 394. A confissão extrajudicial, quando feita oralmente, só terá eficácia nos casos em que a lei não exija prova literal.

Notas:

Confissão extrajudicial. Tratando da confissão extrajudicial, quando realizada oralmente, somente apresentará eficácia nos casos em que a lei não exija prova literal, ou seja, documento escrito. Assim, somente prova com testemunhas, sendo admissível como valor probante em atos jurídicos tidos como não solenes.

Nestes termos, por exemplo, não será eficaz provar com testemunhas em confissão extrajudicial que determinada pessoa confessou ser fiadora, visto que somente tal declaração não basta para que se realize a fiança, conforme inteligência do art. 819 do Código Civil.

Art. 395. A confissão é, em regra, indivisível, não podendo a parte que a quiser invocar como prova aceitá-la no tópico que a beneficiar e rejeitá-la no que lhe for desfavorável, porém cindir-se-á quando o confitente a ela aduzir fatos novos, capazes de constituir fundamento de defesa de direito material ou de reconvenção.

Notas:

Indivisibilidade da confissão. Art. 395 CPC. A regra é, pois, a indivisibilidade da confissão. Todavia, pode ser cindida quando o confitente a ela aduzir fatos novos, capazes de constituir fundamento de defesa de direito material ou de reconvenção.

Seção VI
Da Exibição de Documento ou Coisa

Art. 396. O juiz pode ordenar que a parte exiba documento ou coisa que se encontre em seu poder.

Remissão:

– Art. 13 da Lei nº 11.419/2006 (Dispõe sobre a informatização do processo judicial).

– Art. 6º, § 1º, da Lei nº 12.016/2009 (disciplina o mandado de segurança individual e coletivo e dá outras providências):

"Art. 6º A petição inicial, que deverá preencher os requisitos estabelecidos pela lei processual, será apresentada em 2 (duas) vias com os documentos que instruírem a primeira reproduzidos na segunda e indicará, além da autoridade coatora, a pessoa jurídica que esta integra, à qual se acha vinculada ou da qual exerce atribuições.

§ 1º No caso em que o documento necessário à prova do alegado se ache em repartição ou estabelecimento público ou em poder de autoridade que se recuse a fornecê-lo por certidão ou de terceiro, o juiz ordenará, preliminarmente, por ofício, a exibição desse documento em original ou em cópia autêntica e marcará, para o cumprimento da ordem, o prazo de 10 (dez) dias. O escrivão extrairá cópias do documento para juntá-las à segunda via da petição".

– Art. 11 da Lei nº 10.259/2001(Dispõe sobre a instituição dos Juizados Especiais Cíveis e Criminais no âmbito da Justiça Federal.):

"Art. 11. A entidade pública ré deverá fornecer ao Juizado a documentação de que disponha para o esclarecimento da causa, apresentando-a até a instalação da audiência de conciliação".

Notas:

Trata o presente artigo da possibilidade do magistrado exigir a exibição de documento ou coisa.

Geralmente, todas as pessoas estão legalmente obrigadas a cooperar para o descobrimento da verdade, auxiliando o Estado na realização de sua função de dizer o direito, sob pena de, em caso de descumprimento de tal cooperação, poder o magistrado determinar, além da imposição de multa, outras medidas indutivas, coercitivas, mandamentais ou sub-rogatórias, para fins de se alcançar a desejada ajuda.

Posto isso e de acordo a presente obrigação, a lei outorgou ao juiz o poder de estabelecer à parte, ou a terceiro a exibição de documento ou coisa que se encontre em seu poder e que seja relevante para o deslinde do feito.

Súmulas:

STJ nº 372: Na ação de exibição de documentos, não cabe a aplicação de multa cominatória.

STJ nº 514: A CEF é responsável pelo fornecimento dos extratos das contas individualizadas vinculadas ao FGTS dos Trabalhadores participantes do Fundo de Garantia do Tempo de Serviço, inclusive para fins de exibição em juízo, independentemente do período em discussão.

Enunciados das Jornadas de Direito Processual Civil do Conselho da Justiça Federal:

Nº 119 do CJF: É admissível o ajuizamento de ação de exibição de documentos, de forma autônoma, inclusive pelo procedimento comum do CPC (art. 318 e seguintes).

Nº 129 do CJF: É admitida a exibição de documentos como objeto de produção antecipada de prova, nos termos do art. 381 do CPC.

Enunciados do Fórum Permanente de Processualistas Civis:

Nº 53 do FPPC: Na ação de exibição não cabe a fixação, nem a manutenção de multa quando a exibição for reconhecida como impossível.

Nº 283 do FPPC: Aplicam-se os arts. 319, § 1º, 396 a 404 também quando o autor não dispuser de documentos indispensáveis à propositura da ação.

Nº 518 do FPPC: Em caso de exibição de documento ou coisa em caráter antecedente, a fim de que seja autorizada a produção, tem a parte autora o ônus de adiantar os gastos necessários, salvo hipóteses em que o custeio incumbir ao réu.

Art. 397. O pedido formulado pela parte conterá:

I – a descrição, tão completa quanto possível, do documento ou da coisa, ou das categorias de documentos ou de coisas buscados; (Redação dada pela Lei nº 14.195, de 2021).

II – a finalidade da prova, com indicação dos fatos que se relacionam com o documento ou com a coisa, ou com suas categorias; (Redação dada pela Lei nº 14.195, de 2021).ou com a coisa;

III – as circunstâncias em que se funda o requerente para afirmar que o documento ou a coisa existe e se acha em poder da parte contrária.

Notas:

Pedido de exibição de documento ou coisa. Este artigo estabelece as exigências que devem conter o pedido formulado pela parte para exibição de documento ou coisa, a saber: a individuação, tão completa quanto possível, do documento ou da coisa ou das categorias de documentos ou de coisas buscados (inciso I), procurando aí então estender para as categorias ou tipos, por exemplo, documentos eletrônicos, documentos em mídia, documentos públicos e privados etc.; a finalidade da prova, indicando os fatos que se relacionam com o documento ou com a coisa ou ainda com as categorias já acima descritas (inciso II); as circunstâncias em que se funda o requerente para afirmar que o documento ou a coisa existe, ainda a referência seja a categoria de documentos ou de coisas e se acha em poder da parte contrária (inciso III).

Art. 398. O requerido dará sua resposta nos 5 (cinco) dias subsequentes à sua intimação.

Parágrafo único. Se o requerido afirmar que não possui o documento ou a coisa, o juiz permitirá que o requerente prove, por qualquer meio, que a declaração não corresponde à verdade.

Notas:

Em respeito ao princípio do contraditório, o requerido terá a oportunidade de combater probalmente eventuais inverdades nas alegações do réu.

Art. 399. O juiz não admitirá a recusa se:

I – o requerido tiver obrigação legal de exibir;

II – o requerido tiver aludido ao documento ou à coisa, no processo, com o intuito de constituir prova;

III – o documento, por seu conteúdo, for comum às partes.

Notas:

Hipóteses as quais o magistrado poderá rejeitar a justificativa de exibição de documento ou coisa.

Súmulas:

STF nº 260: O exame de livros comerciais, em ação judicial, fica limitado às transações entre os litigantes.

STF nº 390: A exibição judicial de livros comerciais pode ser requerida como medida preventiva.

STJ nº 389: A comprovação do pagamento do "custo do serviço" referente ao fornecimento de certidão de assentamentos constantes dos livros da companhia é requisito de procedibilidade da ação de exibição de documentos ajuizada em face da sociedade anônima.

STJ nº 514: A CEF é responsável pelo fornecimento dos extratos das contas individualizadas vinculadas ao FGTS dos Trabalhadores participantes do Fundo de Garantia do Tempo de Serviço, inclusive para fins de exibição em juízo, independentemente do período em discussão.

Art. 400. Ao decidir o pedido, o juiz admitirá como verdadeiros os fatos que, por meio do documento ou da coisa, a parte pretendia provar se:

I – o requerido não efetuar a exibição nem fizer nenhuma declaração no prazo do art. 398;

II – a recusa for havida por ilegítima.

Parágrafo único. Sendo necessário, o juiz pode adotar medidas indutivas, coercitivas, mandamentais ou sub-rogatórias para que o documento seja exibido.

Notas:

Admissão de fatos como verdadeiros. O artigo em destaque apresenta as hipóteses em que o magistrado, ao decidir o pedido, admitirá como verdadeiros os fatos que, por meio do documento ou coisa, pretendia-se provar, se o réu não exibir ou se suas justificativas não forem aceitas pelo juiz.

O parágrafo único trata das medidas indutivas, coercitivas, mandamentais ou sub-rogatórias que podem ser utilizadas pelo magistrado para que o documento seja exigido.

STJ. Tema Repetitivo 1000:

Tese: Desde que prováveis a existência da relação jurídica entre as partes e de documento ou coisa que se pretende seja exibido, apurada em contraditório prévio, poderá o juiz, após tentativa de busca e apreensão ou outra medida coercitiva, determinar sua exibição sob pena de multa com base no art. 400, parágrafo único, do CPC/2015. Publicação: 01/07/2021.

Súmula:

STJ nº 372: Na ação de exibição de documentos, não cabe a aplicação de multa cominatória.

Enunciado do Fórum Permanente de Processualistas Civis:

Nº 54 do FPPC: Fica superado o enunciado 372 da súmula do STJ ("*Na ação de exibição de documentos, não cabe a aplicação de multa cominatória*") após a entrada em vigor do CPC, pela expressa possibilidade de fixação de multa de natureza coercitiva na ação de exibição de documento.

Art. 401. Quando o documento ou a coisa estiver em poder de terceiro, o juiz ordenará sua citação para responder no prazo de 15 (quinze) dias.

Notas:

Documento ou coisa em poder de terceiro. Na hipótese de exibição de documento ou coisa em poder de terceiro, torna-se mister que esta seja citado, para responder no prazo de 15 (quinze dias).

Art. 402. Se o terceiro negar a obrigação de exibir ou a posse do documento ou da coisa, o juiz designará audiência especial, tomando-lhe o depoimento, bem como o das partes e, se necessário, o de testemunhas, e em seguida proferirá decisão.

Notas:

Consequências da não exibição do documento por terceiro (sem justo motivo). Neste caso, o magistrado deve designar uma audiência especial com o propósito de tomar o depoimento de terceiro e, se necessário, da mesma forma com as partes e testemunhas.

Art. 403. Se o terceiro, sem justo motivo, se recusar a efetuar a exibição, o juiz ordenar-lhe-á que proceda ao respectivo depósito em cartório ou em outro lugar designado, no prazo de 5 (cinco) dias, impondo ao requerente que o ressarça pelas despesas que tiver.

Parágrafo único. Se o terceiro descumprir a ordem, o juiz expedirá mandado de apreensão, requisitando, se necessário, força policial, sem prejuízo da responsabilidade por crime de desobediência, pagamento de multa e outras medidas indutivas, coercitivas, mandamentais ou sub-rogatórias necessárias para assegurar a efetivação da decisão.

Notas:

Depósito em cartório ou em outro lugar. Na hipótese de o terceiro, sem justo motivo, se recusar a efetuar a exibição, o magistrado poderá ordenar o depósito em cartório ou em outro lugar designado pelo juiz, no prazo de cinco dias. No caso de descumprimento da ordem judicial, o parágrafo único diz que o juiz expedirá mandado de apreensão, requisitando, se necessário, força policial, sem prejuízo da responsabilidade por crime de desobediência, pagamento de multa e outras medidas indutivas, coercitivas, mandamentais ou sub-rogatórias necessárias para assegurar a efetivação da decisão.

Súmulas:

STJ nº 372: Na ação de exibição de documentos, não cabe a aplicação de multa cominatória.

STJ nº 514: A CEF é responsável pelo fornecimento dos extratos das contas individualizadas vinculadas ao FGTS dos Trabalhadores participantes do Fundo de Garantia do Tempo de Serviço, inclusive para fins de exibição em juízo, independentemente do período em discussão.

Enunciado do Fórum Permanente de Processualistas Civis:

Nº 54 do FPPC: Fica superado o enunciado 372 da súmula do STJ ("*Na ação de exibição de documentos, não cabe a aplicação de multa cominatória*") após a entrada em vigor do CPC, pela expressa possibilidade de fixação de multa de natureza coercitiva na ação de exibição de documento.

Art. 404. A parte e o terceiro se escusam de exibir, em juízo, o documento ou a coisa se:

I – concernente a negócios da própria vida da família;

II – sua apresentação puder violar dever de honra;

III – sua publicidade redundar em desonra à parte ou ao terceiro, bem como a seus parentes consanguíneos ou afins até o terceiro grau, ou lhes representar perigo de ação penal;

IV – sua exibição acarretar a divulgação de fatos a cujo respeito, por estado ou profissão, devam guardar segredo;

V – subsistirem outros motivos graves que, segundo o prudente arbítrio do juiz, justifiquem a recusa da exibição;

VI – houver disposição legal que justifique a recusa da exibição.

Parágrafo único. Se os motivos de que tratam os incisos I a VI do *caput* disserem respeito a apenas uma parcela do documento, a parte ou o terceiro exibirá a outra em cartório, para dela ser extraída cópia reprográfica, de tudo sendo lavrado auto circunstanciado.

Notas:

Escusas legais de exibição de documento e coisa. Este dispositivo legal informa o rol das escusas legais que a parte e o terceiro podem apresentar para não apresentar, em juízo, o documento ou coisa. Vejamos: I – concernente a negócios da própria vida da família; II – sua apresentação puder violar dever de honra; III – sua publicidade redundar em desonra à parte ou ao terceiro, bem como a seus parentes consanguíneos ou afins até o terceiro grau, ou lhes representar perigo de ação penal; IV – sua exibição acarretar a divulgação de fatos a cujo respeito, por estado ou profissão, devam guardar segredo; V – subsistirem outros motivos graves que, segundo o prudente arbítrio do juiz, justifiquem a recusa da exibição; VI – houver disposição legal que justifique a recusa da exibição.

Por fim, o parágrafo único do artigo 404 admite a exibição parcial do documento.

Seção VII
Da Prova Documental

Subseção I
Da Força Probante dos Documentos

Art. 405. O documento público faz prova não só da sua formação, mas também dos fatos que o escrivão, o chefe de secretaria, o tabelião ou o servidor declarar que ocorreram em sua presença.

Notas:

Documento público como prova e sua específica extensão.

Art. 406. Quando a lei exigir instrumento público como da substância do ato, nenhuma outra prova, por mais especial que seja, pode suprir-lhe a falta.

Notas:

Importância do instrumento público. Oportuno lembrar que a forma como elemento constitutivo do ato jurídico (forma *ad substantiam*) é matéria de existência do ato jurídico e não de sua validade.

As partes podem estabelecer em cláusula contratual que o negócio jurídico não tenha valor sem instrumento público. É o que prescreve a regra do artigo

109 do CC ao dizer: "*No negócio jurídico celebrado com a cláusula de não valer sem instrumento público, este é da substância do ato*".

Art. 407. O documento feito por oficial público incompetente ou sem a observância das formalidades legais, sendo subscrito pelas partes, tem a mesma eficácia probatória do documento particular.

Notas:

Documento feito sem as formalidades legais. *O* instrumento particular, feito e assinado, ou somente assinado por quem esteja na livre disposição e administração de seus bens, prova as obrigações convencionais de qualquer valor; mas os seus efeitos, bem como os da cessão, não se operam, a respeito de terceiros, antes de registrado no registro público (CC, art. 221).

A prova do instrumento particular pode suprir-se pelas outras de caráter legal (CC, art. 221, parágrafo único).

Art. 408. As declarações constantes do documento particular escrito e assinado ou somente assinado presumem-se verdadeiras em relação ao signatário.

Parágrafo único. Quando, todavia, contiver declaração de ciência de determinado fato, o documento particular prova a ciência, mas não o fato em si, incumbindo o ônus de prová-lo ao interessado em sua veracidade.

Notas:

Trata o presente dispositivo do documento particular e a presunção de veracidade em relação ao signatário, nas declarações constantes do documento particular escrito e assinado ou somente assinado.

No entanto, contendo no documento particular a declaração ciência de determinado fato, o dito documento é suficiente para provar a ciência, mas não o fato em si, cabendo neste caso o ônus de prová-lo ao interessado em sua veracidade.

Art. 409. A data do documento particular, quando a seu respeito surgir dúvida ou impugnação entre os litigantes, provar-se-á por todos os meios de direito.

Parágrafo único. Em relação a terceiros, considerar-se-á datado o documento particular:

I – no dia em que foi registrado;

II – desde a morte de algum dos signatários;

III – a partir da impossibilidade física que sobreveio a qualquer dos signatários;

IV – da sua apresentação em repartição pública ou em juízo;

V – do ato ou do fato que estabeleça, de modo certo, a anterioridade da formação do documento.

Notas:

Prova da data do documento particular.

Súmula:

STJ nº 132: A ausência de registro da transferência não implica a responsabilidade do antigo proprietário por dano resultante de acidente que envolva o veículo alienado.

Art. 410. Considera-se autor do documento particular:

I – aquele que o fez e o assinou;

II – aquele por conta de quem ele foi feito, estando assinado;

III – aquele que, mandando compô-lo, não o firmou porque, conforme a experiência comum, não se costuma assinar, como livros empresariais e assentos domésticos.

Notas:

Autoria do documento particular. Apresenta o presente este dispositivo artigo as hipóteses de autoria do documento particular.

Art. 411. Considera-se autêntico o documento quando:

I – o tabelião reconhecer a firma do signatário;

II – a autoria estiver identificada por qualquer outro meio legal de certificação, inclusive eletrônico, nos termos da lei;

III – não houver impugnação da parte contra quem foi produzido o documento.

Remissões:

– Art. 2º da Lei nº 11.419/2006 (dispõe sobre a informatização do processo judicial):

"Art. 2º O envio de petições, de recursos e a prática de atos processuais em geral por meio eletrônico serão admitidos mediante uso de assinatura eletrônica, na forma do art. 1º desta Lei, sendo obrigatório o credenciamento prévio no Poder Judiciário, conforme disciplinado pelos órgãos respectivos.

§ 1º O credenciamento no Poder Judiciário será realizado mediante procedimento no qual esteja assegurada a adequada identificação presencial do interessado.

§ 2º Ao credenciado será atribuído registro e meio de acesso ao sistema, de modo a preservar o sigilo, a identificação e a autenticidade de suas comunicações.

§ 3º Os órgãos do Poder Judiciário poderão criar um cadastro único para o credenciamento previsto neste artigo".

– Art. 167-I, II, da Lei nº 11.101/2005, Incluído pela Lei nº 14.112, de 2020:

"Art. 167-I. Independentemente de outras medidas, o juiz poderá reconhecer:

(...)

II – a autenticidade de todos ou de alguns documentos juntados com o pedido de reconhecimento do processo estrangeiro, mesmo que não tenham sido apostilados;".

Notas:

Presunção de autenticidade do documento. O documento será considerado autêntico nos casos estabelecidos no artigo 411 do CPC.

Art. 412. O documento particular de cuja autenticidade não se duvida prova que o seu autor fez a declaração que lhe é atribuída.

Parágrafo único. O documento particular admitido expressa ou tacitamente é indivisível, sendo vedado à parte que pretende utilizar-se dele aceitar os fatos que lhe são favoráveis e recusar os que são contrários ao seu interesse, salvo se provar que estes não ocorreram.

Notas:

Em sentido amplo, documento é todo registro material de um fato, podendo citar como exemplo as certidão de nascimento, o contrato escrito de compra e venda, um recibo de pagamento, fotografias, filmes, fita magnética, *e-mail*, cartas, bilhetes, telegramas, pinturas etc.

O documento, não se pode negar, sempre foi um tipo de prova singular no processo devido à inegável força de convencimento que possui sobre o espírito do julgador.

Inexistência de dúvida da autenticidade do documento. O documento particular de cuja autenticidade não se duvida prova que o seu autor fez a declaração que lhe é atribuída. O parágrafo único do referido dispositivo processual cuida da indivisibilidade do documento particular.

Art. 413. O telegrama, o radiograma ou qualquer outro meio de transmissão tem a mesma força probatória do documento particular se o original constante da estação expedidora tiver sido assinado pelo remetente.

Parágrafo único. A firma do remetente poderá ser reconhecida pelo tabelião, declarando-se essa circunstância no original depositado na estação expedidora.

Notas:

O Telegrama, radiograma ou outro meio de transmissão possuem a mesma força probatória do documento particular se o original constante da estação expedidora tiver sido assinado pelo remetente.

Art. 414. O telegrama ou o radiograma presume-se conforme com o original, provando as datas de sua expedição e de seu recebimento pelo destinatário.

Notas:

Presunção de originalidade do telegrama e do radiograma.

Art. 415. As cartas e os registros domésticos provam contra quem os escreveu quando:

I – enunciam o recebimento de um crédito;

II – contêm anotação que visa a suprir a falta de título em favor de quem é apontado como credor;

III – expressam conhecimento de fatos para os quais não se exija determinada prova.

Notas:

Força probante das cartas e dos registros domésticos.

Art. 416. A nota escrita pelo credor em qualquer parte de documento representativo de obrigação, ainda que não assinada, faz prova em benefício do devedor.

Parágrafo único. Aplica-se essa regra tanto para o documento que o credor conservar em seu poder quanto para aquele que se achar em poder do devedor ou de terceiro.

Notas:

Força probante da nota escrita pelo credor (devedor e terceiro) no documento representativo da obrigação em favor do devedor. Aqui vale destacar a inovação trazida pelo CPC/2015 ao aplicar a regra do *caput* caso seja portador do documento tanto o devedor como o terceiro.

Art. 417. Os livros empresariais provam contra seu autor, sendo lícito ao empresário, todavia, demonstrar, por todos os meios permitidos em direito, que os lançamentos não correspondem à verdade dos fatos.

Notas:

Força probante dos livros empresariais.

Art. 418. Os livros empresariais que preencham os requisitos exigidos por lei provam a favor de seu autor no litígio entre empresários.

Notas:

Livros empresariais que preencham os requisitos legais. Aqui, vale lembrar o artigo 7º da Lei 11.101, de 09.02.2005 (regula a recuperação judicial, a extrajudicial e a falência do empresário e da sociedade empresária), onde bem expressa que a verificação dos créditos será realizada pelo administrador judicial, com base nos livros contábeis e documentos comerciais e fiscais do devedor e nos documentos que lhe forem apresentados pelos credores, podendo contar com o auxílio de profissionais ou empresas especializadas.

Art. 419. A escrituração contábil é indivisível, e, se dos fatos que resultam dos lançamentos, uns são favoráveis ao interesse de seu autor e outros lhe são contrários, ambos serão considerados em conjunto, como unidade.

Notas:

Força probante da escrituração contábil e sua indivisibilidade.

Art. 420. O juiz pode ordenar, a requerimento da parte, a exibição integral dos livros empresariais e dos documentos do arquivo:

I – na liquidação de sociedade;

II – na sucessão por morte de sócio;

III – quando e como determinar a lei.

Notas:

Exibição integral dos livros empresariais e documentos do arquivo. O artigo em destaque apresenta as hipóteses em que as partes podem requerer ao magistrado a exibição dos livros empresariais e os documentos do arquivo.

Remissões:

- Art. 7º da Lei nº 11.101/2005 (regula a recuperação judicial, a extrajudicial e a falência do empresário e da sociedade empresária):

"Art. 7º A verificação dos créditos será realizada pelo administrador judicial, com base nos livros contábeis e documentos comerciais e fiscais do devedor e nos documentos que lhe forem apresentados pelos credores, podendo contar com o auxílio de profissionais ou empresas especializadas.

§ 1º Publicado o edital previsto no art. 52, § 1º, ou no parágrafo único do art. 99 desta Lei, os credores terão o prazo de 15 (quinze) dias para apresentar ao administrador judicial suas habilitações ou suas divergências quanto aos créditos relacionados.

§ 2º O administrador judicial, com base nas informações e documentos colhidos na forma do *caput* e do § 1º deste artigo, fará publicar edital contendo a relação de credores no prazo de 45 (quarenta e cinco) dias, contado do fim do prazo do § 1º deste artigo, devendo indicar o local, o horário e o prazo comum em que as pessoas indicadas no art. 8º desta Lei terão acesso aos documentos que fundamentaram a elaboração dessa relação".

Súmulas:

STF nº 265: Na apuração de haveres não prevalece o balanço não aprovado pelo sócio falecido, excluído ou que se retirou.

STJ nº 389: A comprovação do pagamento do "custo do serviço" referente ao fornecimento de certidão de assentamentos constantes dos livros da companhia é requisito de procedibilidade da ação de exibição de documentos ajuizada em face da sociedade anônima.

Art. 421. O juiz pode, de ofício, ordenar à parte a exibição parcial dos livros e dos documentos, extraindo-se deles a suma que interessar ao litígio, bem como reproduções autenticadas.

Notas:

Exibição parcial dos livros empresariais e documentos.

Súmula:

STF nº 260: O exame de livros comerciais, em ação judicial, fica limitado às transações entre os litigantes.

Art. 422. Qualquer reprodução mecânica, como a fotográfica, a cinematográfica, a fonográfica ou de outra espécie, tem aptidão para fazer prova dos fatos ou das coisas representadas, se a sua conformidade com o documento original não for impugnada por aquele contra quem foi produzida.

§ 1º As fotografias digitais e as extraídas da rede mundial de computadores fazem prova das imagens que reproduzem, devendo, se impugnadas, ser apresentada a respectiva autenticação eletrônica ou, não sendo possível, realizada perícia.

§ 2º Se se tratar de fotografia publicada em jornal ou revista, será exigido um exemplar original do periódico, caso impugnada a veracidade pela outra parte.

§ 3º Aplica-se o disposto neste artigo à forma impressa de mensagem eletrônica.

Notas:

Força probante da reprodução mecânica (fotográfica, cinematográfica, fonográfica ou de outra espécie). O § 1º cuida das fotografias digitais e as extraídas da rede mundial de computadores. Estas podem fazer provas das imagens que reproduzem, devendo ser impugnadas, se apresentada a respectiva autenticação eletrônica. O § 2º trata da fotografia publicada em jornal ou revista. Neste caso, deverá ser apresentado um exemplar original do periódico, caso seja impugnada a sua veracidade. Por fim, o § 3º apresenta dispositivo referente a mensagem eletrônica, isto é, acerca do *e-mail.*

Art. 423. As reproduções dos documentos particulares, fotográficas ou obtidas por outros processos de repetição, valem como certidões sempre que o escrivão ou o chefe de secretaria certificar sua conformidade com o original.

Notas:

Força probante das reproduções dos documentos particulares, fotográficas ou obtidas por outros meios de repetição.

Art. 424. A cópia de documento particular tem o mesmo valor probante que o original, cabendo ao escrivão, intimadas as partes, proceder à conferência e certificar a conformidade entre a cópia e o original.

Notas:

Documentos autenticados.

Remissão:

– Art. 11 da Lei nº 11.419/2006 (dispõe sobre a informatização do processo judicial):

"Art. 11. Os documentos produzidos eletronicamente e juntados aos processos eletrônicos com garantia da origem e de seu signatário, na forma estabelecida nesta Lei, serão considerados originais para todos os efeitos legais.

§ 1º Os extratos digitais e os documentos digitalizados e juntados aos autos pelos órgãos da Justiça e seus auxiliares, pelo Ministério Público e seus auxiliares, pelas procuradorias, pelas autoridades policiais, pelas repartições públicas em geral e por advogados públicos e privados têm a mesma força probante dos originais, ressalvada a alegação motivada e fundamentada de adulteração antes ou durante o processo de digitalização.

§ 2º A arguição de falsidade do documento original será processada eletronicamente na forma da lei processual em vigor.

§ 3º Os originais dos documentos digitalizados, mencionados no § 2º deste artigo, deverão ser preservados pelo seu detentor até o trânsito em julgado da sentença ou, quando admitida, até o final do prazo para interposição de ação rescisória.

§ 4º (VETADO).

§ 5º Os documentos cuja digitalização seja tecnicamente inviável devido ao grande volume ou por motivo de ilegibilidade deverão ser apresentados ao cartório ou secretaria no prazo de 10 (dez) dias contados do envio de petição eletrônica comunicando o fato, os quais serão devolvidos à parte após o trânsito em julgado.

§ 6º Os documentos digitalizados juntados em processo eletrônico estarão disponíveis para acesso por meio da rede externa pelas respectivas partes processuais, pelos advogados, independentemente de procuração nos autos, pelos membros do Ministério Público e pelos magistrados, sem prejuízo da possibilidade de visualização nas secretarias dos órgãos julgadores, à exceção daqueles que tramitarem em segredo de justiça. (Incluído pela Lei nº 13.793, de 2019).

§ 7º Os sistemas de informações pertinentes a processos eletrônicos devem possibilitar que advogados, procuradores e membros do Ministério Público cadastrados, mas não vinculados a processo previamente identificado, acessem automaticamente todos os atos e documentos processuais armazenados em meio eletrônico, desde que demonstrado interesse para fins apenas de registro, salvo nos casos de processos em segredo de justiça. (Incluído pela Lei nº 13.793, de 2019)".

Art. 425. Fazem a mesma prova que os originais:

I – as certidões textuais de qualquer peça dos autos, do protocolo das audiências ou de outro livro a cargo do escrivão ou do chefe de secretaria, se extraídas por ele ou sob sua vigilância e por ele subscritas;

II – os traslados e as certidões extraídas por oficial público de instrumentos ou documentos lançados em suas notas;

III – as reproduções dos documentos públicos, desde que autenticadas por oficial público ou conferidas em cartório com os respectivos originais;

IV – as cópias reprográficas de peças do próprio processo judicial declaradas autênticas pelo advogado, sob sua responsabilidade pessoal, se não lhes for impugnada a autenticidade;

V – os extratos digitais de bancos de dados públicos e privados, desde que atestado pelo seu emitente, sob as penas da lei, que as informações conferem com o que consta na origem;

VI – as reproduções digitalizadas de qualquer documento público ou particular, quando juntadas aos autos pelos órgãos da justiça e seus auxiliares, pelo Ministério Público e seus auxiliares, pela Defensoria Pública e seus auxiliares, pelas procuradorias, pelas repartições públicas em geral e por advogados, ressalvada a alegação motivada e fundamentada de adulteração.

§ 1º Os originais dos documentos digitalizados mencionados no inciso VI deverão ser preservados pelo seu detentor até o final do prazo para propositura de ação rescisória.

§ 2º Tratando-se de cópia digital de título executivo extrajudicial ou de documento relevante à instrução do processo, o juiz poderá determinar seu depósito em cartório ou secretaria.

Notas:

Força probante de outros documentos. O presente dispositivo apresenta uma listagem, nos incisos I a VI, de vários documentos que fazem a mesma prova que seus originais, tais como: as certidões textuais de qualquer peça dos autos, do protocolo das audiências ou de outro livro a cargo do escrivão ou do chefe de secretaria, se extraídas por ele ou sob sua vigilância e por ele subscritas; os traslados e as certidões extraídas por oficial público de instrumentos ou documentos lançados em suas notas; as reproduções dos documentos públicos, desde que autenticadas por oficial público ou conferidas em cartório com os respectivos originais; as cópias reprográficas de peças do próprio processo judicial declaradas autênticas pelo advogado, sob sua responsabilidade pessoal, se não lhes for impugnada a autenticidade; os extratos digitais de bancos de dados públicos e privados, desde que atestado pelo seu emitente, sob as penas da lei, que as informações conferem com o que consta na origem; e as reproduções digitalizadas de qualquer documento público ou particular, quando juntadas aos autos pelos órgãos da justiça e seus auxiliares, pelo Ministério Público e seus auxiliares, pela Defensoria Pública e seus auxiliares, pelas procuradorias, pelas repartições públicas em geral e por advogados, ressalvada a alegação motivada e fundamentada de adulteração.

Os parágrafos cuidam da preservação dos originais dos documentos digitalizados e do depósito em cartório ou em secretária de cópia digital de título executivo extrajudicial ou de documento relevante à instrução do processo.

Art. 426. O juiz apreciará fundamentadamente a fé que deva merecer o documento, quando em ponto substancial e sem ressalva contiver entrelinha, emenda, borrão ou cancelamento.

Notas:

Apreciação fundamentada do julgador acerca da fé que deva, de certo, merecer o documento, isso quando em determinado ponto substancial do mesmo e sem qualquer ressalva contenha entrelinha, emenda, borrão ou cancelamento.

Art. 427. Cessa a fé do documento público ou particular sendo-lhe declarada judicialmente a falsidade.

Parágrafo único. A falsidade consiste em:

I – formar documento não verdadeiro;

II – alterar documento verdadeiro.

Notas:

Cessação da fé do documento público ou particular. Falsidade. Este artigo determina que cessa a fé do documento público ou particular quando declarada judicialmente a sua falsidade. O parágrafo único informa que a falsidade consiste em: I – formar documento não verdadeiro; II – alterar documento verdadeiro.

Art. 428. Cessa a fé do documento particular quando:

I – for impugnada sua autenticidade e enquanto não se comprovar sua veracidade;

II – assinado em branco, for impugnado seu conteúdo, por preenchimento abusivo.

Parágrafo único. Dar-se-á abuso quando aquele que recebeu documento assinado com texto não escrito no todo ou em parte formá-lo ou completá-lo por si ou por meio de outrem, violando o pacto feito com o signatário.

Notas:

Cessação da fé do documento particular. Abuso.

Art. 429. Incumbe o ônus da prova quando:

I – se tratar de falsidade de documento ou de preenchimento abusivo, à parte que a arguir;

II – se tratar de impugnação da autenticidade, à parte que produziu o documento.

Notas:

Ônus da prova em sede de falsidade documental.

Subseção II
Da Arguição de Falsidade

Art. 430. A falsidade deve ser suscitada na contestação, na réplica ou no prazo de 15 (quinze) dias, contado a partir da intimação da juntada do documento aos autos.

Parágrafo único. Uma vez arguida, a falsidade será resolvida como questão incidental, salvo se a parte requerer que o juiz a decida como questão principal, nos termos do inciso II do art. 19.

Notas:

Arguição de falsidade. Caso a parte discorde quanto à autenticidade de documento juntado pela outra parte, seja na petição inicial, na contestação ou, posteriormente, poderá o interessado alegar "incidente de falsidade" [323] na própria contestação, em preliminar, ou, quando for o caso, da juntada de documento aos autos, no prazo de 15 (quinze) dias por petição devidamente fundamentada que deverá denotar ainda os meios pelos quais o requerente pretende provar a referida falsidade (arts. 430 e 431 do CPC).

Uma vez arguida, a falsidade será resolvida como questão incidental, salvo se a parte requerer que o juiz a decida como questão principal, nos termos do inciso II do art. 19.[324] Em todos os casos, o juiz mandará intimar a parte que

---

[323] Nos processos eletrônicos, "a arguição de falsidade do documento original será processada eletronicamente na forma da lei processual em vigor" (art. 11, § 2º, da Lei nº 11.419/2006), devendo os originais de tais documentos ser preservados pelo seu detentor até o trânsito em julgado da sentença ou, quando admitida, até o final do prazo para interposição de ação rescisória (art. 11, § 3º, da Lei nº 11.419/2006).

[324] "*Art. 19. O interesse do autor pode limitar-se à declaração:*

(...)

II – da autenticidade ou da falsidade de documento."

apresentou o documento para responder no prazo de 15 (quinze) dias, sendo-lhe facultado requerer a retirada do documento contestado, o que será estipulado pelo juiz caso não se oponha aquele que produziu o incidente.

Art. 431. A parte arguirá a falsidade expondo os motivos em que funda a sua pretensão e os meios com que provará o alegado.

Notas:

Motivação e meios de prova da arguição de falsidade.

Art. 432. Depois de ouvida a outra parte no prazo de 15 (quinze) dias, será realizado o exame pericial.

Parágrafo único. Não se procederá ao exame pericial se a parte que produziu o documento concordar em retirá-lo.

Notas:

Caso achar necessário, o juiz estipulará a realização de exame pericial no documento, devendo observar quanto ao ônus da prova o que determina o art. 429 do CPC.

Art. 433. A declaração sobre a falsidade do documento, quando suscitada como questão principal, constará da parte dispositiva da sentença e sobre ela incidirá também a autoridade da coisa julgada.

Notas:

Caso a declaração sobre a falsidade do documento venha a ser suscitada como questão principal do processo, esta constará da parte dispositiva da sentença e sobre ela incidirá também a autoridade da coisa julgada.

Subseção III
Da Produção da Prova Documental

Art. 434. Incumbe à parte instruir a petição inicial ou a contestação com os documentos destinados a provar suas alegações.

Parágrafo único. Quando o documento consistir em reprodução cinematográfica ou fonográfica, a parte deverá trazê-lo nos termos do *caput*, mas sua exposição será realizada em audiência, intimando-se previamente as partes.

Notas:

Prova documental. Caso a parte utilize alguma prova documental, esta deverá instruir a petição inicial (artigo 321 CPC) ou a contestação (artigo 335 CPC). O parágrafo único trata da **reprodução cinematográfica ou fonográfica.** Aqui a exposição destes documentos serão realizadas em audiência, devendo as partes serem intimadas previamente.

Art. 435. É lícito às partes, em qualquer tempo, juntar aos autos documentos novos, quando destinados a fazer prova de fatos ocorridos depois dos articulados ou para contrapô-los aos que foram produzidos nos autos.

Parágrafo único. Admite-se também a juntada posterior de documentos formados após a petição inicial ou a contestação, bem como dos que se tornaram conhecidos, acessíveis ou disponíveis após esses atos, cabendo à parte que os produzir comprovar o motivo que a impediu de juntá-los anteriormente e incumbindo ao juiz, em qualquer caso, avaliar a conduta da parte de acordo com o art. 5º.

Notas:

Documentos novos. Os documentos novos podem ser juntados aos autos, a qualquer tempo, pelas partes, desde que destinados a fazer prova de fatos ocorridos depois dos articulados ou para contrapô-los aos que foram produzidos nos autos. Já o parágrafo único do dispositivo legal em comento cuida dos **documentos formados após a petição inicial ou a contestação, bem como dos que se tornaram conhecidos, acessíveis ou disponíveis após esses atos.** Aqui, vale destacar que a parte deve comprovar o motivo da não juntada em momento anterior.

Art. 436. A parte, intimada a falar sobre documento constante dos autos, poderá:

I – impugnar a admissibilidade da prova documental;

II – impugnar sua autenticidade;

III – suscitar sua falsidade, com ou sem deflagração do incidente de arguição de falsidade;

IV – manifestar-se sobre seu conteúdo.

Parágrafo único. Nas hipóteses dos incisos II e III, a impugnação deverá basear-se em argumentação específica, não se admitindo alegação genérica de falsidade.

Notas:

Manifestação sobre o documento. Poderá a parte ao ser intimada para manifestar sobre o documento constante nos autos: impugnar a admissibilidade da prova documental (inciso I); impugnar sua autenticidade (inciso II); suscitar sua falsidade, com ou sem deflagração do incidente de arguição de falsidade (inciso III); manifestar-se sobre seu conteúdo (inciso IV). À parte é facultado ainda impugnar a admissibilidade, o conteúdo ou a autenticidade da prova documental. Por fim, o parágrafo único em tela veda a arguição genérica de falsidade nas hipóteses dos incisos II e III.

Art. 437. O réu manifestar-se-á na contestação sobre os documentos anexados à inicial, e o autor manifestar-se-á na réplica sobre os documentos anexados à contestação.

§ 1º Sempre que uma das partes requerer a juntada de documento aos autos, o juiz ouvirá, a seu respeito, a outra parte, que disporá do prazo de 15 (quinze) dias para adotar qualquer das posturas indicadas no art. 436.

§ 2º Poderá o juiz, a requerimento da parte, dilatar o prazo para manifestação sobre a prova documental produzida, levando em consideração a quantidade e a complexidade da documentação.

Notas:

Vista a outra parte. Princípio do contraditório. Em atendimento ao princípio do contraditório, o réu deve manifestar-se na contestação sobre os documentos anexados à inicial, e o autor, na réplica, sobre os documentos anexados à contestação. Os §§ 1º e 2º cuidam dos prazos destas manifestações.

Enunciado do Fórum Permanente de Processualistas Civis:

Nº 107 do FPPC: O juiz pode, de ofício, dilatar o prazo para a parte se manifestar sobre a prova documental produzida.

Art. 438. O juiz requisitará às repartições públicas, em qualquer tempo ou grau de jurisdição:

I – as certidões necessárias à prova das alegações das partes;

II – os procedimentos administrativos nas causas em que forem interessados a União, os Estados, o Distrito Federal, os Municípios ou entidades da administração indireta.

§ 1º Recebidos os autos, o juiz mandará extrair, no prazo máximo e improrrogável de 1 (um) mês, certidões ou reproduções fotográficas das peças que indicar e das que forem indicadas pelas partes, e, em seguida, devolverá os autos à repartição de origem.

§ 2º As repartições públicas poderão fornecer todos os documentos em meio eletrônico, conforme disposto em lei, certificando, pelo mesmo meio, que se trata de extrato fiel do que consta em seu banco de dados ou no documento digitalizado.

Remissões:

- Art. 5º, XXXIV, da CF.

- Art. 41, parágrafo único, da Lei nº 6.830, de 22.09.1980 (Lei de Execução Fiscal).

Notas:

Requisição judicial de documentos. O magistrado possui o dever-poder de requisitar às repartições públicas os documentos e informações: I – as certidões necessárias à prova das alegações das partes; II – os procedimentos administrativos nas causas em que forem interessados a União, os Estados, o Distrito Federal, os Municípios ou entidades da administração indireta. O § 1º trata da devolução dos autos e o § 2º do fornecimento de documentos em meios eletrônicos.

Seção VIII
Dos Documentos Eletrônicos

Art. 439. A utilização de documentos eletrônicos no processo convencional dependerá de sua conversão à forma impressa e da verificação de sua autenticidade, na forma da lei.

Notas:

Documentos eletrônicos. Em se tratando da prova documental apresentada na legislação e sua relação com a aceitação da prova eletrônica no processo, se faz necessária a indicação do conceito que referencia o Documento Eletrônico como dado relevante em um processo, tomando assim como base os apontamentos de Patrícia Peck[325] analisando conceitualmente o documento conforme transcrito no Decreto Italiano nº 513/97, i.e., "*a representação eletrônica ou digital de atos, fatos ou dados juridicamente relevantes.*"

Sob a ótica pátria, temos na mesma direção a Portaria do Ministério da Fazenda nº 528/96, de 2 de setembro de 1996, publicada no *DOU* em 10-10-1996, que regulamentou o Sistema Setorial de Gestão de Documentação e Informações – SGDI, do Ministério da Fazenda, onde expressa que "*compreende-se por documento, qualquer que seja o suporte utilizado, o conjunto de informações que*

[325] PINHEIRO, Patrícia Peck. *Direito Digital*. 3. ed. São Paulo: Saraiva, 2009. p. 300.

registre o conhecimento humano, de forma que possa ser utilizado como elemento de consulta, estudo e prova."

Bem se observa, portanto, conforme se faz presente em outros ordenamentos já algum tempo, uma tentativa em demonstrar a possível aceitação do documento produzido em meio eletrônico, entre os demais admitidos no universo jurídico, desde que sendo relevantes ao esclarecimento de fatos, apresentem-se na demonstração de atos ou mesmo passível de consulta e estudos probantes na questão discutida.

Vê-se desta forma a preocupação por parte do legislador brasileiro em propor soluções às questões que cercam os paradigmas eletrônicos, sendo cediça a necessidade de verdadeira atenção à questão, dado não existirem moldes que contenham de maneira aceitável uma referência representativa das condições criadas pelas novas proposições tecnológicas.

Cabe ainda ressaltar o papel do Código Civil brasileiro onde, em cláusula genérica versa sobre a regulação de documentos produzidos por equipamentos eletrônicos passíveis de aceitação como meios probatórios:

> *Art. 225. As reproduções fotográficas, cinematográficas, os registros fonográficos e, em geral, quaisquer outras reproduções mecânicas ou eletrônicas de fatos ou de coisas fazem prova plena destes, se a parte, contra quem forem exibidos, não lhes impugnar a exatidão.*

Ao tratar da criação e reprodução de arquivos em máquinas e equipamentos mecânicos ou eletrônicos o legislador legitima os documentos produzidos como registro válido na constituição da prova documental, desde que sejam conferidos alguns cuidados para a efetiva validação do arquivo como válido, seguindo o deferimento pelo juiz e a aceitação do documento pela contra parte, este poderá compor a instrução probatória do processo.

O documento armazenado no papel é idêntico ao produzido em suporte eletrônico, e guardadas as devidas proporções, se faz necessário que sejam tomados os mesmos cuidados em uma situação da verificação da autenticidade como se presta a um documento em papel.

Para que se entenda como é possível demonstrar que a prova documental produzida por meio eletrônico, assim como os meios de sua produção sejam aceitos e valorados dentro de um processo, é preciso que se conheça a construção do Direito Eletrônico, em seu papel de explicar diante de alguns aspectos jurídicos como os novos meios de circulação de documentos e suas particularidades no meio eletrônico podem assegurar a veracidade da informação neles contida.[326]

Remissão:

- Lei nº 11.419/2006 (informatização do processo judicial).

Enunciado do Fórum Permanente de Processualistas Civis:

Nº 636 do FPPC: As conversas registradas por aplicativos de mensagens instantâneas e redes sociais podem ser admitidas no processo como prova, independentemente de ata notarial.

Art. 440. O juiz apreciará o valor probante do documento eletrônico não convertido, assegurado às partes o acesso ao seu teor.

Notas:

Poderá o órgão julgador apreciar o valor probante do documento eletrônico não convertido na forma impressa, cabendo ao julgador conceder o devido acesso das partes ao seu inteiro teor.

Enunciado do Fórum Permanente de Processualistas Civis:

Nº 636 do FPPC: As conversas registradas por aplicativos de mensagens instantâneas e redes sociais podem ser admitidas no processo como prova, independentemente de ata notarial.

Art. 441. Serão admitidos documentos eletrônicos produzidos e conservados com a observância da legislação específica.

Remissão:

- Lei nº 11.419/2006 de 19.12.2006 (Dispõe sobre a informatização do processo judicial).

Notas:

Em se tratando de prova documental, o CPC autoriza a admissão de documentos eletrônicos produzidos e conservados com observância da legislação específica sobre o tema, *in casu*, ressalta-se a importância da Lei nº 11.419/2006).

---

[326] Sobre o assunto, cf. GAIO JÚNIOR, Antônio Pereira; RAMOS, Rafaella Cardoso. Prova Documental Eletrônica como objeto probatório no contexto do Processo Civil Brasileiro. *In*: *Revista de Processo*. Ano 43, n. 282. São Paulo: RT, 2018, p. 179-200.

Seção IX
Da Prova Testemunhal

Subseção I
Da Admissibilidade e do Valor da Prova Testemunhal

Art. 442. A prova testemunhal é sempre admissível, não dispondo a lei de modo diverso.

Notas:

Prova testemunhal. Salvo os casos expressos, a prova exclusivamente testemunhal só se admite nos negócios jurídicos cujo valor não ultrapasse o décuplo do maior salário mínimo vigente no País ao tempo em que foram celebrados (CC, art. 227).

Qualquer que seja o valor do negócio jurídico, a prova testemunhal é admissível como subsidiária ou complementar da prova por escrito (CC, art. 227, parágrafo único).

De acordo com o artigo 228 do nosso Código Civil, não podem ser admitidos como testemunhas: I – os menores de 16 (dezesseis) anos; II – aqueles que, por enfermidade ou retardamento mental, não tiverem discernimento para a prática dos atos da vida civil; III – os cegos e surdos, quando a ciência do fato que se quer provar dependa dos sentidos que lhes faltam; IV – o interessado no litígio, o amigo íntimo ou o inimigo capital das partes; V – os cônjuges, os ascendentes, os descendentes e os colaterais, até o terceiro grau de alguma das partes, por consanguinidade ou afinidade. Todavia, para a prova de fatos que só elas conheçam, pode o juiz admitir o depoimento das pessoas (CC, art. 228, parágrafo único).

Art. 443. O juiz indeferirá a inquirição de testemunhas sobre fatos:

I – já provados por documento ou confissão da parte;

II – que só por documento ou por exame pericial puderem ser provados.

Notas:

Indeferimento da prova testemunhal. Apresenta o artigo em comento as hipóteses de indeferimento da prova testemunhal sobre fatos: I – já provados por documento ou confissão da parte; II – que só por documento ou por exame pericial puderem ser provados.

Súmula:

STJ nº 149: A prova exclusivamente testemunhal não basta à comprovação da atividade rurícola, para efeito da obtenção de benefício previdenciário.

Art. 444. Nos casos em que a lei exigir prova escrita da obrigação, é admissível a prova testemunhal quando houver começo de prova por escrito, emanado da parte contra a qual se pretende produzir a prova.

Notas:

Inadmissibilidade da prova estritamente testemunhal. O dispositivo processual apresenta os casos em que a prova testemunhal pode ser admitida a partir do começo da prova escrita.

Súmula:

STJ nº 149: A prova exclusivamente testemunhal não basta à comprovação da atividade rurícola, para efeito da obtenção de benefício previdenciário.

Art. 445. Também se admite a prova testemunhal quando o credor não pode ou não podia, moral ou materialmente, obter a prova escrita da obrigação, em casos como o de parentesco, de depósito necessário ou de hospedagem em hotel ou em razão das práticas comerciais do local onde contraída a obrigação.

Remissões:

- Parágrafo único do art. 227 do CC.
- Art. 647 do CC.

Notas:

Admissão de Prova exclusivamente testemunhal.

Súmula:

STJ nº 149: A prova exclusivamente testemunhal não basta à comprovação da atividade de rurícola, para efeito da obtenção de benefício previdenciário.

Art. 446. É lícito à parte provar com testemunhas:

I – nos contratos simulados, a divergência entre a vontade real e a vontade declarada;

II – nos contratos em geral, os vícios de consentimento.

Notas:

Simulação e vícios de consentimento. Prova testemunhal. É possível que as partes provem a simulação e os vícios de consentimento com a prova testemunhal.

Art. 447. Podem depor como testemunhas todas as pessoas, exceto as incapazes, impedidas ou suspeitas.

§ 1º São incapazes:

I – o interdito por enfermidade ou deficiência mental;

II – o que, acometido por enfermidade ou retardamento mental, ao tempo em que ocorreram os fatos, não podia discerni-los, ou, ao tempo em que deve depor, não está habilitado a transmitir as percepções;

III – o que tiver menos de 16 (dezesseis) anos;

IV – o cego e o surdo, quando a ciência do fato depender dos sentidos que lhes faltam.

§ 2º São impedidos:

I – o cônjuge, o companheiro, o ascendente e o descendente em qualquer grau e o colateral, até o terceiro grau, de alguma das partes, por consanguinidade ou afinidade, salvo se o exigir o interesse público ou, tratando-se de causa relativa ao estado da pessoa, não se puder obter de outro modo a prova que o juiz repute necessária ao julgamento do mérito;

II – o que é parte na causa;

III – o que intervém em nome de uma parte, como o tutor, o representante legal da pessoa jurídica, o juiz, o advogado e outros que assistam ou tenham assistido as partes.

§ 3º São suspeitos:

I – o inimigo da parte ou o seu amigo íntimo;

II – o que tiver interesse no litígio.

§ 4º Sendo necessário, pode o juiz admitir o depoimento das testemunhas menores, impedidas ou suspeitas.

§ 5º Os depoimentos referidos no § 4º serão prestados independentemente de compromisso, e o juiz lhes atribuirá o valor que possam merecer.

Remissões:

– Lei nº 13.146, de 6 de julho de 2015, esta que institui a Lei Brasileira de Inclusão da Pessoa com Deficiência (Estatuto da Pessoa com Deficiência).

– Arts. 138, 145 e 151, *caput*, do CC.

– Art. 228 do CC.

– Art. 7º, XIX, da Lei nº 8.906, de 04-07-1994 (EAOAB).

– Art. 53, § 6º, da CRFB/88:

"Art. 53. Os Deputados e Senadores são invioláveis, civil e penalmente, por quaisquer de suas opiniões, palavras e votos.

(...)

§ 6º Os Deputados e Senadores não serão obrigados a testemunhar sobre informações recebidas ou prestadas em razão do exercício do mandato, nem sobre as pessoas que lhes confiaram ou deles receberam informações".

– Art. 22, §§ 1º e 2º da Lei nº 9.307/96 (Lei da Arbitragem):

"Art. 22. Poderá o árbitro ou o tribunal arbitral tomar o depoimento das partes, ouvir testemunhas e determinar a realização de perícias ou outras provas que julgar necessárias, mediante requerimento das partes ou de ofício.

§ 1º O depoimento das partes e das testemunhas será tomado em local, dia e hora previamente comunicados, por escrito, e reduzido a termo, assinado pelo depoente, ou a seu rogo, e pelos árbitros.

§ 2º Em caso de desatendimento, sem justa causa, da convocação para prestar depoimento pessoal, o árbitro ou o tribunal arbitral levará em consideração o comportamento da parte faltosa, ao proferir sua sentença; se a ausência for de testemunha, nas mesmas circunstâncias, poderá o árbitro ou o presidente do tribunal arbitral requerer à autoridade judiciária que conduza a testemunha renitente, comprovando a existência da convenção de arbitragem".

Notas:

Pessoas que não podem ser testemunhas. A regra do *caput* é clara ao afirmar que podem depor como testemunhas todas as pessoas, exceto as incapazes, impedidas ou suspeitas. O § 1º enumera as pessoas que são incapazes de depor como testemunha em razão da sua *incapacidade*.[327] Vejamos: o interdito por enfermidade ou deficiência mental (inciso I); o que, acometido por enfermidade ou retardamento mental, ao tempo em que ocorreram os fatos, não podia discerni-los, ou, ao tempo em que deve depor, não está habilitado a transmitir as percepções (inciso II); o que tiver menos de 16 (dezesseis) anos (inciso III); o cego e o surdo, quando a ciência do fato depender dos sentidos que lhes faltam (inciso IV).

O § 2º apresenta o rol das testemunhas *impedidas*, tais como: o cônjuge, o companheiro, o ascendente e o descendente em qualquer grau e o colateral, até o terceiro grau, de alguma das partes, por consanguinidade ou afinidade, salvo se o exigir o interesse público ou, tratando-se de causa relativa ao estado da pessoa, não se puder obter de outro modo a prova que o juiz repute necessária ao julgamento do mérito (inciso I); o que é parte na causa (inciso II); o que intervém em nome de uma parte, como o tutor, o representante legal da pessoa jurídica, o juiz, o advogado e outros que assistam ou tenham assistido as partes (inciso III).

---

[327] Observar a Lei nº 13.146, de 6 de julho de 2015, esta que institui a Lei Brasileira de Inclusão da Pessoa com Deficiência (Estatuto da Pessoa com Deficiência).

Já o § 3º, por sua vez, apresenta as pessoas suspeitas de testemunhar: o inimigo da parte ou o seu amigo íntimo (inciso I); o que tiver interesse no litígio Inciso II).

Por fim, os §§ 4º e 5º tratam da indispensabilidade da oitiva das testemunhas.

É de se destacar que, na prática, apesar do referido na norma legal, é competência do juiz, perante o fato concreto, decidir se vai ou não ouvir o depoimento de determinada testemunha, mesmo que esteja legalmente impedida de depor. Neste sentido, o art. 228, parágrafo único do Código Civil determina que "*para a prova de fatos que só elas conheçam, pode o juiz admitir o depoimento das pessoas a que se refere este artigo*." Tal norma é complementada com o § 4º do art. 447 do CPC, que afirma que sendo necessário, poderá o juiz admitir o depoimento das testemunhas menores, impedidas ou suspeitas, sendo nestes casos, prestados independentemente de compromisso, cabendo ao julgador atribuir o valor merecido (§ 5º do art. 447).

Enunciado das Jornadas de Direito Processual Civil do Conselho da Justiça Federal:

Nº 181 do FPPC: O depoimento ou testemunho de criança ou adolescente não pode ser colhido extrajudicialmente por tabelião, por meio de ata notarial ou de escritura pública de declaração.

Art. 448. A testemunha não é obrigada a depor sobre fatos:

I – que lhe acarretem grave dano, bem como ao seu cônjuge ou companheiro e aos seus parentes consanguíneos ou afins, em linha reta ou colateral, até o terceiro grau;

II – a cujo respeito, por estado ou profissão, deva guardar sigilo.

Notas:

Testemunhas não são obrigadas a depor. Este dispositivo legal apresenta os casos em que a testemunha não é obrigada a depor sobre fatos que lhe acarretem grave dano, bem como ao seu cônjuge ou companheiro e aos seus parentes consanguíneos ou afins, em linha reta ou colateral, até o terceiro grau; ou a cujo respeito, por estado ou profissão, deva guardar sigilo.

Art. 449. Salvo disposição especial em contrário, as testemunhas devem ser ouvidas na sede do juízo.

Parágrafo único. Quando a parte ou a testemunha, por enfermidade ou por outro motivo relevante, estiver impossibilitada de comparecer, mas não de prestar depoimento, o juiz designará, conforme as circunstâncias, dia, hora e lugar para inquiri-la.

Notas:

Geralmente, as testemunhas depõem na sede do juízo, salvo as que são inquiridas por carta, as que, por doença, ou outra razão relevante, estão impossibilitadas de comparecer em juízo, caso em que o juiz estabelecerá, de acordo com a situação, dia, hora e lugar para ouvi-las (art. 449, parágrafo único do CPC). Há, ainda, um grupo de pessoas que, por consideração à importância do cargo que ocupam, são ouvidas, conforme o art. 454 do CPC, em sua residência, ou onde exercem a sua função.

Subseção II
Da Produção da Prova Testemunhal

Art. 450. O rol de testemunhas conterá, sempre que possível, o nome, a profissão, o estado civil, a idade, o número de inscrição no Cadastro de Pessoas Físicas, o número de registro de identidade e o endereço completo da residência e do local de trabalho.

Notas:

Elementos do rol de testemunhas. Aqui vale destacar que o número máximo de testemunhas é 10 (dez), 3 (três) para cada fato, consoante o § 6º do artigo 357 do CPC.

Enunciado das Jornadas de Direito Processual Civil do Conselho da Justiça Federal:

Nº 34 do CJF: A qualificação incompleta da testemunha só impede a sua inquirição se houver demonstração de efetivo prejuízo.

Enunciado do Fórum Permanente de Processualistas Civis:

Nº 519 do FPPC: Em caso de impossibilidade de obtenção ou de desconhecimento das informações relativas à qualificação da testemunha, a parte poderá requerer ao juiz providências necessárias para a sua obtenção, salvo em casos de inadmissibilidade da prova ou de abuso de direito.

Art. 451. Depois de apresentado o rol de que tratam os §§ 4º e 5º do art. 357, a parte só pode substituir a testemunha:

I – que falecer;

II – que, por enfermidade, não estiver em condições de depor;

III – que, tendo mudado de residência ou de local de trabalho, não for encontrada.

Notas:

Possibilidades de substituição das testemunhas.

Enunciado das Jornadas de Direito Processual Civil do Conselho da Justiça Federal:

Nº 185 do CJF: O rol de testemunhas apresentado anteriormente à decisão de saneamento e organização do processo é provisório, podendo a parte realizar modificações após a prolação da referida decisão, dentro do prazo estabelecido pelos arts. 357, § 4º, e 451, do CPC).

Art. 452. Quando for arrolado como testemunha, o juiz da causa:

I – declarar-se-á impedido, se tiver conhecimento de fatos que possam influir na decisão, caso em que será vedado à parte que o incluiu no rol desistir de seu depoimento;

II – se nada souber, mandará excluir o seu nome.

Notas:

Hipótese de o magistrado da causa ser indicado como testemunha (Juiz testemunha).

Art. 453. As testemunhas depõem, na audiência de instrução e julgamento, perante o juiz da causa, exceto:

I – as que prestam depoimento antecipadamente;

II – as que são inquiridas por carta.

§ 1º A oitiva de testemunha que residir em comarca, seção ou subseção judiciária diversa daquela onde tramita o processo poderá ser realizada por meio de videoconferência ou outro recurso tecnológico de transmissão e recepção de sons e imagens em tempo real, o que poderá ocorrer, inclusive, durante a audiência de instrução e julgamento.

§ 2º Os juízos deverão manter equipamento para a transmissão e recepção de sons e imagens a que se refere o § 1º.

Notas:

Local do depoimento das testemunhas. Exceções. O artigo apresenta uma regra geral, qual seja: as testemunhas depõem, na audiência de instrução e julgamento, perante o juiz da causa. Todavia, existem exceções: oitiva antecipada ou por carta. Os §§ 1º e 2º tratam da oitiva de testemunha realizada por videoconferência ou recurso tecnológico similar.

– Art. 34 da Lei nº 9.099/1995 (dispõe sobre os Juizados Especiais Cíveis e Criminais e dá outras providências):

"Art. 34. As testemunhas, até o máximo de três para cada parte, comparecerão à audiência de instrução e julgamento levadas pela parte que as tenha arrolado, independentemente de intimação, ou mediante esta, se assim for requerido.

§ 1º O requerimento para intimação das testemunhas será apresentado à Secretaria no mínimo cinco dias antes da audiência de instrução e julgamento.

§ 2º Não comparecendo a testemunha intimada, o Juiz poderá determinar sua imediata condução, valendo-se, se necessário, do concurso da força pública".

Art. 454. São inquiridos em sua residência ou onde exercem sua função:

I – o presidente e o vice-presidente da República;

II – os ministros de Estado;

III – os ministros do Supremo Tribunal Federal, os conselheiros do Conselho Nacional de Justiça e os ministros do Superior Tribunal de Justiça, do Superior Tribunal Militar, do Tribunal Superior Eleitoral, do Tribunal Superior do Trabalho e do Tribunal de Contas da União;

IV – o procurador-geral da República e os conselheiros do Conselho Nacional do Ministério Público;

V – o advogado-geral da União, o procurador-geral do Estado, o procurador-geral do Município, o defensor público-geral federal e o defensor público-geral do Estado;

VI – os senadores e os deputados federais;

VII – os governadores dos Estados e do Distrito Federal;

VIII – o prefeito;

IX – os deputados estaduais e distritais;

X – os desembargadores dos Tribunais de Justiça, dos Tribunais Regionais Federais, dos Tribunais Regionais do Trabalho e dos Tribunais Regionais Eleitorais e os conselheiros dos Tribunais de Contas dos Estados e do Distrito Federal;

XI – o procurador-geral de justiça;

XII – o embaixador de país que, por lei ou tratado, concede idêntica prerrogativa a agente diplomático do Brasil.

§ 1º O juiz solicitará à autoridade que indique dia, hora e local a fim de ser inquirida, remetendo-lhe cópia da petição inicial ou da defesa oferecida pela parte que a arrolou como testemunha.

§ 2º Passado 1 (um) mês sem manifestação da autoridade, o juiz designará dia, hora e local para o depoimento, preferencialmente na sede do juízo.

§ 3º O juiz também designará dia, hora e local para o depoimento, quando a autoridade não comparecer, injustificadamente, à sessão agendada para a colheita de seu testemunho no dia, hora e local por ela mesma indicados.

Notas:

Inquirição em residência ou onde exerça a função. Os §§ 1º a 3º do dispositivo em comento cuidam da designação da data da oitiva da testemunha, do seu silêncio e do não comparecimento injustificado da autoridade, nos casos dos incisos I a XII.

Confira os apontamentos ao art. 449 do CPC.

Art. 455. Cabe ao advogado da parte informar ou intimar a testemunha por ele arrolada do dia, da hora e do local da audiência designada, dispensando-se a intimação do juízo.

§ 1º A intimação deverá ser realizada por carta com aviso de recebimento, cumprindo ao advogado juntar aos autos, com antecedência de pelo menos 3 (três) dias da data da audiência, cópia da correspondência de intimação e do comprovante de recebimento.

§ 2º A parte pode comprometer-se a levar a testemunha à audiência, independentemente da intimação de que trata o § 1º, presumindo-se, caso a testemunha não compareça, que a parte desistiu de sua inquirição.

§ 3º A inércia na realização da intimação a que se refere o § 1º importa desistência da inquirição da testemunha.

§ 4º A intimação será feita pela via judicial quando:

I – for frustrada a intimação prevista no § 1º deste artigo;

II – sua necessidade for devidamente demonstrada pela parte ao juiz;

III – figurar no rol de testemunhas servidor público ou militar, hipótese em que o juiz o requisitará ao chefe da repartição ou ao comando do corpo em que servir;

IV – a testemunha houver sido arrolada pelo Ministério Público ou pela Defensoria Pública;

V – a testemunha for uma daquelas previstas no art. 454.

§ 5º A testemunha que, intimada na forma do § 1º ou do § 4º, deixar de comparecer sem motivo justificado será conduzida e responderá pelas despesas do adiamento.

Notas:

Comparecimento independentemente de intimação. Aqui, mais uma vez, o CPC inova ao afirmar que cabe ao advogado da parte informar ou intimar a testemunha por ele arrolada do dia, da hora e do local da audiência designada, dispensando-se a intimação do juízo. Daí que a intimação das testemunhas é um ônus do advogado que pode fazê-lo por carta com aviso de recebimento. Cabe ao causídico, ainda, juntar aos autos, com antecedência de pelo menos 3 (três) dias da data da audiência, cópia da correspondência de intimação e do comprovante de recebimento (§ 1º).

Todavia, a parte pode comprometer-se a levar a testemunha à audiência, independentemente da intimação realizada pelo advogado, presumindo-se, caso a testemunha não compareça, que a parte desistiu de sua inquirição (§ 2º). A inércia na realização da intimação da testemunha será interpretada como desistência de sua oitiva (§ 3º).

O § 4º cuida dos casos em que a intimação deverá ser realizada pela via judicial. Vejamos: I – for frustrada a intimação prevista no § 1º deste artigo; II – sua necessidade for devidamente demonstrada pela parte ao juiz; III – figurar no rol de testemunhas servidor público ou militar, hipótese em que o juiz o requisitará ao chefe da repartição ou ao comando do corpo em que servir; IV – a testemunha houver sido arrolada pelo Ministério Público ou pela Defensoria Pública; V – a testemunha for uma daquelas previstas no art. 454.

Por fim, o § 5º trata da condução coercitiva da testemunha.

Enunciado das Jornadas de Direito Processual Civil do Conselho da Justiça Federal:

Nº 15 do CJF: Aplicam-se às entidades referidas no § 3º do art. 186 do CPC as regras sobre intimação pessoal das partes e suas testemunhas (art. 186, § 2º; art. 455, § 4º, IV; art. 513, § 2º, II e art. 876, § 1º, II, todos do CPC).

Enunciado do Fórum Permanente de Processualistas Civis:

Nº 155 do FPPC: No processo do trabalho, as testemunhas somente serão intimadas judicialmente nas hipóteses mencionadas no § 4º do art. 455, cabendo à parte informar ou intimar as testemunhas da data da audiência.

Art. 456. O juiz inquirirá as testemunhas separada e sucessivamente, primeiro as do autor e depois as do réu, e providenciará para que uma não ouça o depoimento das outras.

Parágrafo único. O juiz poderá alterar a ordem estabelecida no *caput* se as partes concordarem.

Notas:

Ordem de oitiva das testemunhas. Inversão. As pessoas arroladas, no dia e hora estipulados, depõem diante do juiz da causa, que as ouvirá separada e sucessivamente.

Inicialmente, serão inquiridas as testemunhas do autor e, em seguida, as do réu, de maneira que uma não escute o depoimento das outras. Poderá o juiz, no entanto, alterar a ordem das inquirições supracitadas, isso desde que as parte concordem, *ex vi* do próprio parágrafo único do art. 456.

Art. 457. Antes de depor, a testemunha será qualificada, declarará ou confirmará seus dados e informará se tem relações de parentesco com a parte ou interesse no objeto do processo.

§ 1º É lícito à parte contraditar a testemunha, arguindo-lhe a incapacidade, o impedimento ou a suspeição, bem como, caso a testemunha negue os fatos que lhe são imputados, provar a contradita com documentos ou com testemunhas, até 3 (três), apresentadas no ato e inquiridas em separado.

§ 2º Sendo provados ou confessados os fatos a que se refere o § 1º, o juiz dispensará a testemunha ou lhe tomará o depoimento como informante.

§ 3º A testemunha pode requerer ao juiz que a escuse de depor, alegando os motivos previstos neste Código, decidindo o juiz de plano após ouvidas as partes.

Notas:

Qualificação da testemunha e contradita. O presente artigo trata da qualificação da testemunha e sua possibilidade de ser contraditada, ou seja, a testemunha pode ser arguida sobre seu impedimento, incapacidade ou suspeição para depor. Sendo acolhida a contradita, a testemunha será dispensada ou ouvida na qualidade de informante (§ 2º). Por fim, o § 3º cuida da escusa da testemunha.

Art. 458. Ao início da inquirição, a testemunha prestará o compromisso de dizer a verdade do que souber e lhe for perguntado.

Parágrafo único. O juiz advertirá à testemunha que incorre em sanção penal quem faz afirmação falsa, cala ou oculta a verdade.

Notas:

Compromisso da testemunha. Crime. A testemunha antes do início da inquirição deverá prestar compromisso com a verdade. O parágrafo único determina que o magistrado deve alertar a testemunha sobre o crime de quem faz afirmação falsa, cala ou oculta a verdade (artigo 342 do Código Penal).[328]

Art. 459. As perguntas serão formuladas pelas partes diretamente à testemunha, começando pela que a arrolou, não admitindo o juiz aquelas que puderem induzir a resposta, não tiverem relação com as questões de fato objeto da atividade probatória ou importarem repetição de outra já respondida.

§ 1º O juiz poderá inquirir a testemunha tanto antes quanto depois da inquirição feita pelas partes.

§ 2º As testemunhas devem ser tratadas com urbanidade, não se lhes fazendo perguntas ou considerações impertinentes, capciosas ou vexatórias.

§ 3º As perguntas que o juiz indeferir serão transcritas no termo, se a parte o requerer.

Notas:

Cronologia da inquirição. Ordem das perguntas. O *caput* do dispositivo em comento apresenta a cronologia e a ordem das perguntas a serem formuladas à testemunha. O juiz poderá inquirir a testemunha tanto antes quanto depois da inquirição feita pelas partes, conforme a redação do § 1º. As testemunhas devem ser tratadas com urbanidade e as perguntas ou considerações impertinentes, capciosas ou vexatórias podem ser indeferidas (§ 2º). Por fim, o § 3º determina que as perguntas que o juiz indeferir serão transcritas no termo, se a parte o requerer.

Enunciados do Fórum Permanente de Processualistas Civis:

Nº 156 do FPPC: Não configura induzimento, constante do art. 466, *caput*, a utilização de técnica de arguição direta no exercício regular de direito.

Nº 157 do FPPC: Deverá ser facultada às partes a formulação de perguntas de esclarecimento ou complementação decorrentes da inquirição do juiz.

---

[328] "*Art. 342. Fazer afirmação falsa, ou negar ou calar a verdade como testemunha, perito, contador, tradutor ou intérprete em processo judicial, ou administrativo, inquérito policial, ou em juízo arbitral:*

Pena – reclusão, de 2 (dois) a 4 (quatro) anos, e multa.

§ 1º As penas aumentam-se de um sexto a um terço, se o crime é praticado mediante suborno ou se cometido com o fim de obter prova destinada a produzir efeito em processo penal, ou em processo civil em que for parte entidade da administração pública direta ou indireta.

§ 2º O fato deixa de ser punível se, antes da sentença no processo em que ocorreu o ilícito, o agente se retrata ou declara a verdade."

Nº 158 do FPPC: Constitui direito da parte a transcrição de perguntas indeferidas pelo juiz.

Art. 460. O depoimento poderá ser documentado por meio de gravação.

§ 1º Quando digitado ou registrado por taquigrafia, estenotipia ou outro método idôneo de documentação, o depoimento será assinado pelo juiz, pelo depoente e pelos procuradores.

§ 2º Se houver recurso em processo em autos não eletrônicos, o depoimento somente será digitado quando for impossível o envio de sua documentação eletrônica.

§ 3º Tratando-se de autos eletrônicos, observar-se-á o disposto neste Código e na legislação específica sobre a prática eletrônica de atos processuais.

Remissão:

– Lei nº 11.419/2006 (Dispõe sobre a informatização do processo judicial).

Notas:

Forma de registro dos atos. O depoimento da testemunha poderá ser documentado por meio de gravação.

No entanto, quando digitado ou registrado por taquigrafia, estenotipia ou outro método idôneo de documentação, será o depoimento assinado pelo juiz, pelo depoente e pelos procuradores (§ 1º do art. 460 do CPC).

De outro modo caso houver recurso em processo em autos não eletrônicos, o depoimento somente será digitado quando for impossível o envio de sua documentação eletrônica (§ 2º do art. 460 do CPC).

Art. 461. O juiz pode ordenar, de ofício ou a requerimento da parte:

I – a inquirição de testemunhas referidas nas declarações da parte ou das testemunhas;

II – a acareação de 2 (duas) ou mais testemunhas ou de alguma delas com a parte, quando, sobre fato determinado que possa influir na decisão da causa, divergirem as suas declarações.

§ 1º Os acareados serão reperguntados para que expliquem os pontos de divergência, reduzindo-se a termo o ato de acareação.

§ 2º A acareação pode ser realizada por videoconferência ou por outro recurso tecnológico de transmissão de sons e imagens em tempo real.

Notas:

Possibilidade de oitiva de testemunhas referidas. Acareação. A testemunha referida é aquela mencionada nas declarações das partes ou testemunhos que tenham conhecimento de fatos relacionados a lide (inciso I). Cabe ao magistrado avaliar a necessidade de sua oitiva. O inciso II do referido dispositivo processual trata da acareação. Este pode ser ordenada pelo juiz, de ofício, ou a requerimento da parte entre duas ou mais testemunhas ou de alguma delas com a parte. A acareação é importante quando as testemunhas apresentarem versões diferentes para um mesmo fato. Dessa maneira, os acareados serão reperguntados para que expliquem os pontos de divergência, reduzindo-se a termo o ato de acareação (§ 1º). Por fim, o § 2º permite que a acareação possa ser realizada por videoconferência ou outro recurso tecnológico similar.

Art. 462. A testemunha pode requerer ao juiz o pagamento da despesa que efetuou para comparecimento à audiência, devendo a parte pagá-la logo que arbitrada ou depositá-la em cartório dentro de 3 (três) dias.

Notas:

Despesas da testemunha. A regra é clara ao afirmar que a parte pode pedir o reembolso de suas despesas, devendo a parte efetuar o pagamento logo que arbitrada ou depositar o valor em cartório dentro de três dias.

Art. 463. O depoimento prestado em juízo é considerado serviço público.

Parágrafo único. A testemunha, quando sujeita ao regime da legislação trabalhista, não sofre, por comparecer à audiência, perda de salário nem desconto no tempo de serviço.

Notas:

Serviço público. O depoimento prestado em juízo é considerado serviço público, sendo que testemunha, quando sujeita ao regime da legislação laboral, pelo fato de comparecer à audiência, não poderá sofrer qualquer desconto no tempo de serviço ou perda de salário.

Seção X
Da Prova Pericial

Art. 464. A prova pericial consiste em exame, vistoria ou avaliação.

§ 1º O juiz indeferirá a perícia quando:

I – a prova do fato não depender de conhecimento especial de técnico;

II – for desnecessária em vista de outras provas produzidas;

III – a verificação for impraticável.

§ 2º De ofício ou a requerimento das partes, o juiz poderá, em substituição à perícia, determinar a produção de prova técnica simplificada, quando o ponto controvertido for de menor complexidade.

§ 3º A prova técnica simplificada consistirá apenas na inquirição de especialista, pelo juiz, sobre ponto controvertido da causa que demande especial conhecimento científico ou técnico.

§ 4º Durante a arguição, o especialista, que deverá ter formação acadêmica específica na área objeto de seu depoimento, poderá valer-se de qualquer recurso tecnológico de transmissão de sons e imagens com o fim de esclarecer os pontos controvertidos da causa.

Notas:

Prova Pericial. Caso o esclarecimento da lide necessitar de resposta a fatos e/ou questões que exijam conhecimento técnico-científico específico, o juiz poderá recorrer a um auxiliar de sua confiança, denominado perito, que tenha a formação técnica necessária para responder de maneira coerente às perguntas do juízo e das partes, com o objetivo de gerar segurança quanto à verdade dos fatos discutidos no processo. Assim, perícia é o meio de prova através do qual o juiz utiliza um auxiliar com conhecimento técnico específico para elucidar questões fáticas controvertidas.

Apesar de não haver diferença quanto à disciplina legal, tanto que o Código Civil, art. 212, inciso V, cita somente genericamente "perícia", o art. 464 do CPC classifica a prova pericial em: *exame*, caso a perícia envolva a inspeção de bens móveis ou pessoas, com intuito de responder a questões formuladas pelo juízo e pelas partes; *vistoria*, da mesma forma como o exame que compreende a inspeção de bens; no entanto, neste caso de bens imóveis, com o objetivo de também responder às questões formuladas pelo juízo e pelas partes; *avaliação*, esta praticada no caso de inspeção de bens móveis ou imóveis, a fim de imputar, de acordo com regras técnicas, preço ou valor à coisa ou obrigação.

Solicitada a prova pericial na petição inicial ou na contestação, o magistrado, levando em conta a sua utilidade para o esclarecimento da causa, deferirá ou não a sua produção.

Assentou ainda o CPC/2015 a possibilidade de realização da denominada "perícia simplificada" ou "prova técnica simplificada", algo muito próximo do que já era autorizado pela Lei nº 9.099/95, mais precisamente em seu art. 35.[329]

---

329 *"Art. 35. Quando a prova do fato exigir, o Juiz poderá inquirir técnicos de sua confiança, permitida às partes a apresentação de parecer técnico."*

Aponta o legislador do Codex, *in verbis*:

"Art. 464 (...)

§ 2. De ofício ou a requerimento das partes, o ***juiz poderá, em substituição à perícia, determinar a produção de prova técnica simplificada, quando o ponto controvertido for de menor complexidade.***

§ 3. A ***prova técnica simplificada consistirá apenas na inquirição de especialista, pelo juiz****, sobre ponto controvertido da causa que demande especial conhecimento científico ou técnico.*

§ 4. Durante a arguição, o especialista, que deverá ter formação acadêmica específica na área objeto de seu depoimento, poderá valer-se de qualquer recurso tecnológico de transmissão de sons e imagens com o fim de esclarecer ***os pontos controvertidos da causa****".*

De pronto, como atesta o § 2º supra, o magistrado, de ofício (o que deverá, evidentemente, fundamentar esta escolha) ou as partes, em requerimento, podem, em substituição à perícia convencional, entenderem que a prova técnica simplificada ou perícia simplificada seria mais adequada à comprovação dos fatos ou de algum deles, objeto da respectiva demanda, notadamente, compreendendo aí que o ponto controvertido seria de menor complexidade.

Outrossim, tem-se no termo "menor complexidade", conceito verdadeiramente indeterminado. O que seria maior ou menor complexidade? Seria aquele que não fosse necessário realizar, por exemplo, uma avaliação quantitativa dos riscos ambientais na caracterização de uma insalubridade? Ou seria o equivalente a fazer uma perícia com base apenas na avaliação documental do processo, o que se denomina como "perícia indireta"? A experiência comum do órgão julgador ou das partes poderia dar algumas luzes?

As indagações são necessárias para que se possa compreender a necessidade de balizamentos, algo que a lei não se apropria, cabendo nestes termos à doutrina e ao próprio exercício do foro por meio de construções jurisprudenciais darem melhores horizontes.

Sobre a complexidade ou não como critério de competência no âmbito dos Juizados Especiais, cf. o nosso GAIO JÚNIOR, Antônio Pereira. *O Processo nos Juizados Especiais Cíveis Estaduais, Federais e da Fazenda Pública*. Belo Horizonte: Del Rey, 2019, p. 55-61.

Nisto, esclarece Karl Engisch (*Introdução ao Pensamento Jurídico*. Trad. J. Baptista Machado. 8 ed. Lisboa: Fundação Calouste Gulbenkian, 2001, p. 209), que os conceitos juridicamente indeterminados são formados por um "núcleo conceitual" (certeza do que é ou não é) bem como um "halo conceitual" (dúvida do que pode ser). Em termos, esclarece Engisch: "Sempre que temos a uma noção clara do conteúdo e da extensão dum conceito, estamos no domínio do núcleo conceitual. Onde as dúvidas começam, começa o halo do conceito".

O modo de realização da perícia simplificada será a inquirição de especialista, pelo julgador, delimitado pelo ponto controvertido da causa que necessite de conhecimento científico ou técnico específico. Bem por isso, deverá o perito possuir, inquestionavelmente, comprovação de formação acadêmica na área objeto de seu depoimento, demonstrando autoridade e conhecimento na seara para qual se presta o seu ofício no processo, podendo se valer de qualquer recurso tecnológico de transmissão de sons e imagens para fins de apoio ao esclarecimento dos pontos pelos quais a demanda se estabelece e necessita de sua atuação.

Remissões:

- Art. 35 da Lei nº 9.099/1995 (dispõe sobre os Juizados Especiais Cíveis e Criminais e dá outras providências):

"Art. 35. Quando a prova do fato exigir, o Juiz poderá inquirir técnicos de sua confiança, permitida às partes a apresentação de parecer técnico.

Parágrafo único. No curso da audiência, poderá o Juiz, de ofício ou a requerimento das partes, realizar inspeção em pessoas ou coisas, ou determinar que o faça pessoa de sua confiança, que lhe relatará informalmente o verificado".

- Art. 12 da Lei nº 10.259/2001(dispõe sobre a instituição dos Juizados Especiais Cíveis e Criminais no âmbito da Justiça Federal):

"Art. 12. Para efetuar o exame técnico necessário à conciliação ou ao julgamento da causa, o Juiz nomeará pessoa habilitada, que apresentará o laudo até cinco dias antes da audiência, independentemente de intimação das partes.

§ 1º Os honorários do técnico serão antecipados à conta de verba orçamentária do respectivo Tribunal e, quando vencida na causa a entidade pública, seu valor será incluído na ordem de pagamento a ser feita em favor do Tribunal.

§ 2º Nas ações previdenciárias e relativas à assistência social, havendo designação de exame, serão as partes intimadas para, em dez dias, apresentar quesitos e indicar assistentes".

- Art. 22, *caput*, da Lei nº 9.307/1996 (Lei da Arbitragem):

"Art. 22. Poderá o árbitro ou o tribunal arbitral tomar o depoimento das partes, ouvir testemunhas e determinar a realização de perícias ou outras provas que julgar necessárias, mediante requerimento das partes ou de ofício".

Súmula:

STJ nº 301: Em ação investigatória, a recusa do suposto pai a submeter-se ao exame de DNA induz presunção *juris tantum* de paternidade.

Art. 465. O juiz nomeará perito especializado no objeto da perícia e fixará de imediato o prazo para a entrega do laudo.

§ 1º Incumbe às partes, dentro de 15 (quinze) dias contados da intimação do despacho de nomeação do perito:

I – arguir o impedimento ou a suspeição do perito, se for o caso;

II – indicar assistente técnico;

III – apresentar quesitos.

§ 2º Ciente da nomeação, o perito apresentará em 5 (cinco) dias:

I – proposta de honorários;

II – currículo, com comprovação de especialização;

III – contatos profissionais, em especial o endereço eletrônico, para onde serão dirigidas as intimações pessoais.

§ 3º As partes serão intimadas da proposta de honorários para, querendo, manifestar-se no prazo comum de 5 (cinco) dias, após o que o juiz arbitrará o valor, intimando-se as partes para os fins do art. 95.

§ 4º O juiz poderá autorizar o pagamento de até cinquenta por cento dos honorários arbitrados a favor do perito no início dos trabalhos, devendo o remanescente ser pago apenas ao final, depois de entregue o laudo e prestados todos os esclarecimentos necessários.

§ 5º Quando a perícia for inconclusiva ou deficiente, o juiz poderá reduzir a remuneração inicialmente arbitrada para o trabalho.

§ 6º Quando tiver de realizar-se por carta, poder-se-á proceder à nomeação de perito e à indicação de assistentes técnicos no juízo ao qual se requisitar a perícia.

Notas:

Nomeação de perito especializado. O § 1º do presente dispositivo permite que as partes, no prazo de 15 (quinze) dias contados da intimação do despacho de nomeação do perito, arguam o impedimento ou suspeição do perito, podendo indicar assistente técnico ou apresentar quesitos. Quando o perito tomar ciência da nomeação, ele deverá apresentará em 5 (cinco) dias: proposta de honorários; currículo, com comprovação de especialização e contatos profissionais, em especial o endereço eletrônico, para onde serão dirigidas as intimações pessoais (§ 2º). O § 3º cuida da oitiva das partes acerca da proposta de honorários do perito. O § 4º trata da possibilidade de pagamento parcelado dos honorários do perito. Se porventura, a perícia for inconclusiva ou deficiente, o juiz poderá reduzir a remuneração inicialmente arbitrada para o trabalho (§ 5º). Por fim, o § 6º dispõe sobre a perícia realizada por carta.

Remissão:

– Art. 18 da Lei nº 7.347/1985 (Lei da Ação Civil Pública):

"Art. 18. Nas ações de que trata esta lei, não haverá adiantamento de custas, emolumentos, honorários periciais e quaisquer outras despesas, nem condenação da associação autora, salvo comprovada má-fé, em honorários de advogado, custas e despesas processuais".

Art. 466. O perito cumprirá escrupulosamente o encargo que lhe foi cometido, independentemente de termo de compromisso.

§ 1º Os assistentes técnicos são de confiança da parte e não estão sujeitos a impedimento ou suspeição.

§ 2º O perito deve assegurar aos assistentes das partes o acesso e o acompanhamento das diligências e dos exames que realizar, com prévia comunicação, comprovada nos autos, com antecedência mínima de 5 (cinco) dias.

Notas:

Cumprimento do encargo pelo perito. Cabe ao perito cumprir escrupulosamente o seu encargo. Os §§ 1º e 2º cuidam do acompanhamento da perícia pelos assistentes técnicos.

Art. 467. O perito pode escusar-se ou ser recusado por impedimento ou suspeição.

Parágrafo único. O juiz, ao aceitar a escusa ou ao julgar procedente a impugnação, nomeará novo perito.

Notas:

Escusa do perito ou recusa ao mesmo.

Art. 468. O perito pode ser substituído quando:

I – faltar-lhe conhecimento técnico ou científico;

II – sem motivo legítimo, deixar de cumprir o encargo no prazo que lhe foi assinado.

§ 1º No caso previsto no inciso II, o juiz comunicará a ocorrência à corporação profissional respectiva, podendo, ainda, impor multa ao perito, fixada tendo em vista o valor da causa e o possível prejuízo decorrente do atraso no processo.

§ 2º O perito substituído restituirá, no prazo de 15 (quinze) dias, os valores recebidos pelo trabalho não realizado, sob pena de ficar impedido de atuar como perito judicial pelo prazo de 5 (cinco) anos.

§ 3º Não ocorrendo a restituição voluntária de que trata o § 2º, a parte que tiver realizado o adiantamento dos honorários poderá promover execução contra o perito, na forma dos arts. 513 e seguintes deste Código, com fundamento na decisão que determinar a devolução do numerário.

Notas:

Substituição do perito. O dispositivo aponta as hipóteses em que o perito pode ser substituído, a saber: I – faltar-lhe conhecimento técnico ou científico; II – sem motivo legítimo, deixar de cumprir o encargo no prazo que lhe foi assinado.

Vale destacar que no caso de descumprimento do prazo para a entrega do laudo, o magistrado poderá impor uma multa ao perito. Os §§ 2º e 3º tratam da hipótese da substituição do perito e a consequente devolução dos valores já recebidos.

Art. 469. As partes poderão apresentar quesitos suplementares durante a diligência, que poderão ser respondidos pelo perito previamente ou na audiência de instrução e julgamento.

Parágrafo único. O escrivão dará à parte contrária ciência da juntada dos quesitos aos autos.

Notas:

Possibilidade de apresentação de quesitos suplementares.

Art. 470. Incumbe ao juiz:

I – indeferir quesitos impertinentes;

II – formular os quesitos que entender necessários ao esclarecimento da causa.

Notas:

Possível indeferimento de quesitos impertinentes e formulação de quesitos necessários.

Art. 471. As partes podem, de comum acordo, escolher o perito, indicando-o mediante requerimento, desde que:

I – sejam plenamente capazes;

II – a causa possa ser resolvida por autocomposição.

§ 1º As partes, ao escolher o perito, já devem indicar os respectivos assistentes técnicos para acompanhar a realização da perícia, que se realizará em data e local previamente anunciados.

§ 2º O perito e os assistentes técnicos devem entregar, respectivamente, laudo e pareceres em prazo fixado pelo juiz.

§ 3º A perícia consensual substitui, para todos os efeitos, a que seria realizada por perito nomeado pelo juiz.

Notas:

Escolha do perito pelas partes. Perícia consensual. É possível que as partes, em comum acordo, escolham o perito e os respectivos assistentes técnicos, indicando-o por requerimento ao juiz. Todavia, torna-se necessário que as partes sejam capazes e a causa possa ser resolvida por autocomposição.

Ver os apontamentos acostados ao art. 190 do CPC.

Enunciado do Fórum Permanente de Processualistas Civis:

Nº 637 do FPPC: A escolha consensual do perito não impede as partes de alegarem o seu impedimento ou suspeição em razão de fato superveniente à escolha.

Art. 472. O juiz poderá dispensar prova pericial quando as partes, na inicial e na contestação, apresentarem, sobre as questões de fato, pareceres técnicos ou documentos elucidativos que considerar suficientes.

Notas:

Dispensa da prova pericial.

Enunciado das Jornadas de Direito Processual Civil do Conselho da Justiça Federal:

Nº 178 do CJF: Em casos excepcionais, o juiz poderá dispensar a prova pericial nos processos de interdição ou curatela, na forma do art. 472 do CPC e ouvido o Ministério Público, quando as partes juntarem pareceres técnicos ou documentos elucidativos e houver entrevista do interditando.

Art. 473. O laudo pericial deverá conter:

I – a exposição do objeto da perícia;

II – a análise técnica ou científica realizada pelo perito;

III – a indicação do método utilizado, esclarecendo-o e demonstrando ser predominantemente aceito pelos especialistas da área do conhecimento da qual se originou;

IV – resposta conclusiva a todos os quesitos apresentados pelo juiz, pelas partes e pelo órgão do Ministério Público.

§ 1º No laudo, o perito deve apresentar sua fundamentação em linguagem simples e com coerência lógica, indicando como alcançou suas conclusões.

§ 2º É vedado ao perito ultrapassar os limites de sua designação, bem como emitir opiniões pessoais que excedam o exame técnico ou científico do objeto da perícia.

§ 3º Para o desempenho de sua função, o perito e os assistentes técnicos podem valer-se de todos os meios necessários, ouvindo testemunhas, obtendo informações, solicitando documentos que estejam em poder da parte, de terceiros ou em repartições públicas, bem como instruir o laudo com planilhas, mapas, plantas, desenhos, fotografias ou outros elementos necessários ao esclarecimento do objeto da perícia.

Notas:

Laudo pericial. O artigo em tela trata do conteúdo do laudo pericial, indicando, pois, os requisitos que o documento deve conter. O laudo deve ser fundamentado com linguagem simples e coerência lógica, indicando como alcançou suas conclusões (§ 1º).

Já o § 2º veda ao perito ultrapassar os limites de sua designação, bem como emitir opiniões pessoais que excedam o exame técnico ou científico do objeto da perícia.

Por fim, o § 3º cuida do desempenho do perito e seus assistentes técnicos.

Art. 474. As partes terão ciência da data e do local designados pelo juiz ou indicados pelo perito para ter início a produção da prova.

Notas:

Ciência às partes quanto ao início da produção de prova pericial.

Art. 475. Tratando-se de perícia complexa que abranja mais de uma área de conhecimento especializado, o juiz poderá nomear mais de um perito, e a parte, indicar mais de um assistente técnico.

Notas:

Perícia complexa. Nomeação de mais de um perito bem como a indicação de mais um assistente técnico pela parte.

Art. 476. Se o perito, por motivo justificado, não puder apresentar o laudo dentro do prazo, o juiz poderá conceder-lhe, por uma vez, prorrogação pela metade do prazo originalmente fixado.

Notas:

Possibilidade de prorrogação do prazo para apresentação do laudo pelo perito.

Art. 477. O perito protocolará o laudo em juízo, no prazo fixado pelo juiz, pelo menos 20 (vinte) dias antes da audiência de instrução e julgamento.

§ 1º As partes serão intimadas para, querendo, manifestar-se sobre o laudo do perito do juízo no prazo comum de 15 (quinze) dias, podendo o assistente técnico de cada uma das partes, em igual prazo, apresentar seu respectivo parecer.

§ 2º O perito do juízo tem o dever de, no prazo de 15 (quinze) dias, esclarecer ponto:

I – sobre o qual exista divergência ou dúvida de qualquer das partes, do juiz ou do órgão do Ministério Público;

II – divergente apresentado no parecer do assistente técnico da parte.

§ 3º Se ainda houver necessidade de esclarecimentos, a parte requererá ao juiz que mande intimar o perito ou o assistente técnico a comparecer à audiência de instrução e julgamento, formulando, desde logo, as perguntas, sob forma de quesitos.

§ 4º O perito ou o assistente técnico será intimado por meio eletrônico, com pelo menos 10 (dez) dias de antecedência da audiência.

Notas:

Antecedência na apresentação do laudo. O perito deverá entregar o laudo pelo menos 20 (vinte) dias antes da audiência de instrução e julgamento. O § 1º dispõe que as partes terão o prazo de 15 dias para realizar manifestação sobre o laudo do perito. De acordo com o § 2º, o perito tem o dever jurídico de, no prazo de 15 (quinze) dias, esclarecer ponto: I – sobre o qual exista divergência ou dúvida de qualquer das partes, do juiz ou do órgão do Ministério Público; II – divergente apresentado no parecer do assistente técnico da parte. É possível, ainda, que a parte requeira ao magistrado que mande intimar o perito ou o assistente técnico a comparecer à audiência de instrução e julgamento, formulando, desde logo, as perguntas, sob forma de quesitos (§ 3º). Por fim, o § 4º cuida da intimação ao perito ou o assistente técnico por meio eletrônico, com pelo menos 10 (dez) dias de antecedência da audiência.

Art. 478. Quando o exame tiver por objeto a autenticidade ou a falsidade de documento ou for de natureza médico-legal, o perito será escolhido, de preferência, entre os técnicos dos estabelecimentos oficiais especializados, a cujos diretores o juiz autorizará a remessa dos autos, bem como do material sujeito a exame.

§ 1º Nas hipóteses de gratuidade de justiça, os órgãos e as repartições oficiais deverão cumprir a determinação judicial com preferência, no prazo estabelecido.

§ 2º A prorrogação do prazo referido no § 1º pode ser requerida motivadamente.

§ 3º Quando o exame tiver por objeto a autenticidade da letra e da firma, o perito poderá requisitar, para efeito de comparação, documentos existentes em repartições públicas e, na falta destes, poderá requerer ao juiz que a pessoa a quem se atribuir a autoria do documento lance em folha de papel, por cópia ou sob ditado, dizeres diferentes, para fins de comparação.

Notas:

Exame cujo objeto for a autenticidade ou a falsidade de documento ou com natureza médico-legal. No texto legal em questão, o perito será escolhido, de preferência, entre os técnicos dos estabelecimentos oficiais especializados, a cujos diretores o juiz autorizará a remessa dos autos, bem como do material sujeito a exame. Os §§ 1º e 2º cuidam do benefício da justiça gratuita. O § 3º cuida da requisição de documentos feita pelo perito quando o exame tiver por objeto a autenticidade da letra e da firma.

Art. 479. O juiz apreciará a prova pericial de acordo com o disposto no art. 371, indicando na sentença os motivos que o levaram a considerar ou a deixar de considerar as conclusões do laudo, levando em conta o método utilizado pelo perito.

Notas:

Avaliação do laudo pericial pelo magistrado. O juiz não está adstrito ao laudo pericial, nem mesmo as possíveis opiniões dos assistentes técnicos das partes.

Art. 480. O juiz determinará, de ofício ou a requerimento da parte, a realização de nova perícia quando a matéria não estiver suficientemente esclarecida.

§ 1º A segunda perícia tem por objeto os mesmos fatos sobre os quais recaiu a primeira e destina-se a corrigir eventual omissão ou inexatidão dos resultados a que esta conduziu.

§ 2º A segunda perícia rege-se pelas disposições estabelecidas para a primeira.

§ 3º A segunda perícia não substitui a primeira, cabendo ao juiz apreciar o valor de uma e de outra.

Notas:

Realização de nova perícia. Quando a matéria não estiver devidamente esclarecida para o magistrado, este pode determinar de ofício ou a requerimento da parte, a realização de nova perícia. A segunda perícia não será nova, uma vez que terá por objeto os mesmos fatos, destinando-se, pois, a corrigir eventual omissão ou exatidão dos resultados produzidos.

Seção XI
Da Inspeção Judicial

Art. 481. O juiz, de ofício ou a requerimento da parte, pode, em qualquer fase do processo, inspecionar pessoas ou coisas, a fim de se esclarecer sobre fato que interesse à decisão da causa.

Notas:

Inspeção Judicial. O juiz deve manter-se imparcial, equidistante das partes, permitindo que elas tenham a iniciativa da produção das provas que acham necessárias e pertinentes, todavia pode o juiz, por iniciativa própria ou a pedido de uma das partes, deixar a sua natural impassividade e de forma participativa, pessoalmente examinar pessoas ou coisas, indo ao local onde se encontram para elucidar-se de fatos que sejam relevantes para o esclarecimento da demanda (art. 481do CPC).

Insta ressaltar aqui que tal iniciativa participativa do magistrado, demonstra claramente o ideia do Estado como o principal interessado na solução dos conflitos, pois que, ao chamar o monopólio da jurisdição para si, interessa, fundamentalmente, a ele a possibilidade de se buscar a verdade real, escopo elucidativo da pretensão solicitada, desde que operacionalizada pelo juiz de acordo com as circunstâncias que o próprio processo exige, já que o principal destinatário das provas é, sem sombra de dúvidas, a própria verdade.

Remissão:

– Art. 35, parágrafo único, da Lei nº 9.099/95 (dispõe sobre os Juizados Especiais Cíveis e Criminais e dá outras providências):

"Art. 35. Quando a prova do fato exigir, o Juiz poderá inquirir técnicos de sua confiança, permitida às partes a apresentação de parecer técnico.

Parágrafo único. No curso da audiência, poderá o Juiz, de ofício ou a requerimento das partes, realizar inspeção em pessoas ou coisas, ou determinar que o faça pessoa de sua confiança, que lhe relatará informalmente o verificado".

Art. 482. Ao realizar a inspeção, o juiz poderá ser assistido por um ou mais peritos.

Notas:

Auxílio ao magistrado na Inspeção Judicial.

Art. 483. O juiz irá ao local onde se encontre a pessoa ou a coisa quando:

I – julgar necessário para a melhor verificação ou interpretação dos fatos que deva observar;

II – a coisa não puder ser apresentada em juízo sem consideráveis despesas ou graves dificuldades;

III – determinar a reconstituição dos fatos.

Parágrafo único. As partes têm sempre direito a assistir à inspeção, prestando esclarecimentos e fazendo observações que considerem de interesse para a causa.

Notas:

Este artigo apresenta as hipóteses (rol exemplificativo) que ensejam o deslocamento do magistrado onde se encontre a pessoa ou a coisa. Ainda neste ínterim, ressalta-se que as partes possuem sempre direito a assistir à inspeção judicial, prestando esclarecimentos e mesmo apontando observações que creem de seu interesse para a causa (parágrafo único do próprio art. 483 do CPC).

Art. 484. Concluída a diligência, o juiz mandará lavrar auto circunstanciado, mencionando nele tudo quanto for útil ao julgamento da causa.

Parágrafo único. O auto poderá ser instruído com desenho, gráfico ou fotografia.

Notas:

Findada a diligência, caberá ao magistrado ordenar a lavratura do auto circunstanciado, citando nele tudo quanto for útil ao julgamento da causa, podendo dito auto ser instruído com desenho, gráfico ou fotografia.

CAPÍTULO XIII
DA SENTENÇA E DA COISA JULGADA

Seção I
Disposições Gerais

Art. 485. O juiz não resolverá o mérito quando:

I – indeferir a petição inicial;

II – o processo ficar parado durante mais de 1 (um) ano por negligência das partes;

III – por não promover os atos e as diligências que lhe incumbir, o autor abandonar a causa por mais de 30 (trinta) dias;

IV – verificar a ausência de pressupostos de constituição e de desenvolvimento válido e regular do processo;

V – reconhecer a existência de perempção, de litispendência ou de coisa julgada;

VI – verificar ausência de legitimidade ou de interesse processual;

VII – acolher a alegação de existência de convenção de arbitragem ou quando o juízo arbitral reconhecer sua competência;

VIII – homologar a desistência da ação;

IX – em caso de morte da parte, a ação for considerada intransmissível por disposição legal; e

X – nos demais casos prescritos neste Código.

§ 1º Nas hipóteses descritas nos incisos II e III, a parte será intimada pessoalmente para suprir a falta no prazo de 5 (cinco) dias.

§ 2º No caso do § 1º, quanto ao inciso II, as partes pagarão proporcionalmente as custas, e, quanto ao inciso III, o autor será condenado ao pagamento das despesas e dos honorários de advogado.

§ 3º O juiz conhecerá de ofício da matéria constante dos incisos IV, V, VI e IX, em qualquer tempo e grau de jurisdição, enquanto não ocorrer o trânsito em julgado.

§ 4º Oferecida a contestação, o autor não poderá, sem o consentimento do réu, desistir da ação.

§ 5º A desistência da ação pode ser apresentada até a sentença.

§ 6º Oferecida a contestação, a extinção do processo por abandono da causa pelo autor depende de requerimento do réu.

§ 7º Interposta a apelação em qualquer dos casos de que tratam os incisos deste artigo, o juiz terá 5 (cinco) dias para retratar-se.

Notas:

Sentença terminativa. Sem resolução de mérito. Este artigo apresenta as hipóteses em que o magistrado deve proferir uma sentença judicial sem resolução de mérito.

Assim, denominamos de terminativa a sentença que põe termo ao processo sem resolução do mérito da demanda, seja por motivo decorrente da ausência de pressuposto processual, falta de condições da ação ou mesmo de ato motivado pela(s) parte(s) (*vide* art. 485 do CPC).

Pode a sentença terminativa ser proferida a qualquer momento no processo, visto que a matéria relacionada tanto aos pressupostos processuais quanto às condições da ação não são passíveis de preclusão (*vide* art. 485, § 3º).

Por fim, deve-se ressaltar que a extinção do processo decorrente de sentença terminativa em virtude da inocorrência da coisa julgada material (apenas faz coisa julgada formal) não impede que a parte intente novamente a demanda, no entanto, ocorrendo a extinção em razão de litispendência e nos casos dos incisos I, IV, VI e VII do art. 485, a propositura da nova ação dependerá da correção do vício que levou à sentença sem resolução do mérito. O § 1º trata da intimação pessoal da parte nas hipóteses descritas nos incisos II e III acima. O § 2º cuida das despesas processuais. O § 3º diz que o juiz conhecerá de ofício da matéria constante dos incisos IV, V, VI e IX, em qualquer tempo e grau de jurisdição, enquanto não ocorrer o trânsito em julgado. Os §§ 4º e 5º tratam da desistência da ação. O § 6º dispõe sobre o requerimento do réu para a extinção em razão do abandono de causa. Por fim, o § 7º cuida da manifestação do juiz sobre a apelação, ou seja, de forma inovadora, o juiz terá 5 (cinco) dias para retratar-se.

Súmulas:

STJ nº 240: A extinção do processo, por abandono da causa pelo autor, depende de requerimento do réu.

STJ nº 452: A extinção das ações de pequeno valor é faculdade da Administração Federal, vedada a atuação judicial de ofício.

Enunciado das Jornadas de Direito Processual Civil do Conselho da Justiça Federal:

Nº 5 do CJF: Ao proferir decisão parcial de mérito ou decisão parcial fundada no art. 485 do CPC, condenar-se-á proporcionalmente o vencido a pagar honorários ao advogado do vencedor, nos termos do art. 85 do CPC.

Enunciados do Fórum Permanente de Processualistas Civis:

Nº 47 do FPPC: A competência do juízo estatal deverá ser analisada previamente à alegação de convenção de arbitragem

Nº 48 do FPPC: A alegação de convenção de arbitragem deverá ser examinada à luz do princípio da competência-competência.

Nº 136 do FPPC: A citação válida no processo judicial interrompe a prescrição, ainda que o processo seja extinto em decorrência do acolhimento da alegação de convenção de arbitragem.

Nº 153 do FPPC: A superveniente instauração de procedimento arbitral, se ainda não decidida a alegação de convenção de arbitragem, também implicará a suspensão do processo, à espera da decisão do juízo arbitral sobre a sua própria competência.

Nº 159 do FPPC: No processo do trabalho, o juiz pode retratar-se no prazo de cinco dias, após a interposição do recurso contra sentença que extingue o processo sem resolução do mérito.

Nº160 do FPPC: A sentença que reconhece a extinção da obrigação pela confusão é de mérito.

Nº 434 do FPPC: O reconhecimento da competência pelo juízo arbitral é causa para a extinção do processo judicial sem resolução de mérito.

Nº 435 do FPPC: Cabe agravo de instrumento contra a decisão do juiz que, diante do reconhecimento de competência pelo juízo arbitral, se recusar a extinguir o processo judicial sem resolução de mérito.

Nº 520 do FPPC: Interposto recurso inominado contra sentença sem resolução de mérito, o juiz pode se retratar em cinco dias.

Nº 611 do FPPC: Na hipótese de decisão parcial com fundamento no art. 485 ou no art. 487, as questões exclusivamente a ela relacionadas e resolvidas anteriormente, quando não recorríveis de imediato, devem ser impugnadas em preliminar do agravo de instrumento ou nas contrarrazões.

Art. 486. O pronunciamento judicial que não resolve o mérito não obsta a que a parte proponha de novo a ação.

§ 1º No caso de extinção em razão de litispendência e nos casos dos incisos I, IV, VI e VII do art. 485, a propositura da nova ação depende da correção do vício que levou à sentença sem resolução do mérito.

§ 2º A petição inicial, todavia, não será despachada sem a prova do pagamento ou do depósito das custas e dos honorários de advogado.

§ 3º Se o autor der causa, por 3 (três) vezes, a sentença fundada em abandono da causa, não poderá propor nova ação contra o réu com o mesmo objeto, ficando-lhe ressalvada, entretanto, a possibilidade de alegar em defesa o seu direito.

Notas:

Repropositura da ação. Extinguindo-se o processo sem resolução de mérito, não há solução da lide que poderá ser buscada através da instauração de outro processo (art. 486). No entanto, duas são as condições para que a novata propositura se dê regularmente:

Em se tratando de extinção do processo em razão da presença de litispendência assim como nos casuísmos relativos aos incisos I, IV, VI e VII do art. 485, a propositura da nova ação dependerá da correção do vício que motivou levar a sentença ao julgamento sem resolução do mérito (§ 1º do art. 486).

A petição inicial, não será despachada pelo juízo sem a prova do pagamento ou do depósito das custas e dos honorários de advogado (§ 2º do art. 486).

Por fim, cuida ainda o art. 486 em seu § 3º da ocorrência da perempção e seus limites para a alegação do objeto da demanda contaminada por sua presença.

Remissão:

- Art. 6º, § 6º, da Lei nº 12.016/2009 (disciplina o mandado de segurança individual e coletivo e dá outras providências):

"Art. 6º A petição inicial, que deverá preencher os requisitos estabelecidos pela lei processual, será apresentada em 2 (duas) vias com os documentos que instruírem a primeira reproduzidos na segunda e indicará, além da autoridade coatora, a pessoa jurídica que esta integra, à qual se acha vinculada ou da qual exerce atribuições.

(...)

§ 6º O pedido de mandado de segurança poderá ser renovado dentro do prazo decadencial, se a decisão denegatória não lhe houver apreciado o mérito".

Art. 487. Haverá resolução de mérito quando o juiz:

I – acolher ou rejeitar o pedido formulado na ação ou na reconvenção;

II – decidir, de ofício ou a requerimento, sobre a ocorrência de decadência ou prescrição;

III – homologar:

a) o reconhecimento da procedência do pedido formulado na ação ou na reconvenção;

b) a transação;

c) a renúncia à pretensão formulada na ação ou na reconvenção.

Parágrafo único. Ressalvada a hipótese do § 1º do art. 332, a prescrição e a decadência não serão reconhecidas sem que antes seja dada às partes oportunidade de manifestar-se.

Notas:

Sentença judicial com resolução de mérito. É sentença definitiva aquela que põe fim ao processo com resolução do mérito da causa, no todo ou em parte.

Importante se faz salientar que, não obstante o vocábulo "definitiva", tal sentença não se torna absolutamente imutável, pois que o dito vocábulo significa que houve, a princípio, um pronunciamento final do juiz de 1º grau, definindo o mérito da questão em litígio (acertamento do direito). Tornará, sim, imutável, quando transitada em julgado e passado o lapso de tempo para a propositura da ação rescisória (art. 975 – 2 anos), não permitindo, portanto, nova discussão sobre o mérito já decidido; tudo isto por força da chamada coisa julgada material, refletindo os efeitos da sentença para o mundo externo ao processo.

A presente sentença se faz representada pelo art. 487 e seus incisos.

Súmulas:

STF nº 149: É imprescritível a ação de investigação de paternidade, mas não o é a de petição de herança.

STF nº 150: Prescreve a execução no mesmo prazo de prescrição da ação.

STF nº 151: Prescreve em um ano a ação do segurador subrogado para haver indenização por extravio ou perda de carga transportada por navio.

STF nº 153: Simples protesto cambiário não interrompe a prescrição.

STF nº 154: Simples vistoria não interrompe a prescrição.

STF nº 230: A prescrição da ação de acidente do trabalho conta-se do exame pericial que comprovar a enfermidade ou verificar a natureza da incapacidade.

STF nº 494: A ação para anular venda de ascendente a descendente, sem consentimento dos demais, prescreve em vinte anos, contados da data do ato, revogada a súmula 152.

STJ nº 39: Prescreve em vinte anos a ação para haver indenização, por responsabilidade civil, de sociedade de economia mista.

STJ nº 85: Nas relações jurídicas de trato sucessivo em que a Fazenda Pública figure como devedora, quando não tiver sido negado O próprio direito reclamado, a prescrição atinge apenas as Prestações vencidas antes do quinquênio anterior a propositura da ação.

STJ nº 101: A ação de indenização do segurado em grupo contra a seguradora prescreve em um ano.

STJ nº 106: Proposta a ação no prazo fixado para o seu exercício, a demora na citação, por motivos inerentes ao mecanismo da justiça, não justifica o acolhimento da arguição de prescrição ou decadência.

STJ nº 299: É admissível a ação monitória fundada em cheque prescrito.

STJ nº 398: A prescrição da ação para pleitear os juros progressivos sobre os saldos de conta vinculada do FGTS não atinge o fundo de direito, limitando-se às parcelas vencidas.

STJ nº 401: O prazo decadencial da ação rescisória só se inicia quando não for cabível qualquer recurso do último pronunciamento judicial.

STJ nº 409: Em execução fiscal, a prescrição ocorrida antes da propositura da ação pode ser decretada de ofício (art. 219, § 5º, do CPC).

Enunciados do Fórum Permanente de Processualistas Civis:

Nº 160 do FPPC: A sentença que reconhece a extinção da obrigação pela confusão é de mérito.

Nº 161 do FPPC: É de mérito a decisão que rejeita a alegação de prescrição ou de decadência.

Nº 521 do FPPC: Apenas a decadência fixada em lei pode ser conhecida de ofício pelo juiz.

Nº 611 do FPPC: Na hipótese de decisão parcial com fundamento no art. 485 ou no art. 487, as questões exclusivamente a ela relacionadas e resolvidas anteriormente, quando não recorríveis de imediato, devem ser impugnadas em preliminar do agravo de instrumento ou nas contrarrazões.

Art. 488. Desde que possível, o juiz resolverá o mérito sempre que a decisão for favorável à parte a quem aproveitaria eventual pronunciamento nos termos do art. 485.

Notas:

O dispositivo em destaque bem autoriza a quebra da ordem tradicional de exame das questões no processo civil, portanto, sempre que possível, vislumbrando o julgador a possibilidade de resolver o mérito, ainda que na ausência de determinado requisito para concessão da pretendida tutela jurisdicional, deverá fazê-lo, desde que a sentença definitiva proteja igualmente aquela parte a que aproveitaria a sentença terminativa. Aplica-se aqui, efetivamente, o princípio da primazia da decisão de mérito.

Seção II
Dos Elementos e dos Efeitos da Sentença

Art. 489. São elementos essenciais da sentença:

I – o relatório, que conterá os nomes das partes, a identificação do caso, com a suma do pedido e da contestação, e o registro das principais ocorrências havidas no andamento do processo;

II – os fundamentos, em que o juiz analisará as questões de fato e de direito;

III – o dispositivo, em que o juiz resolverá as questões principais que as partes lhe submeterem.

§ 1º Não se considera fundamentada qualquer decisão judicial, seja ela interlocutória, sentença ou acórdão, que:

I – se limitar à indicação, à reprodução ou à paráfrase de ato normativo, sem explicar sua relação com a causa ou a questão decidida;

II – empregar conceitos jurídicos indeterminados, sem explicar o motivo concreto de sua incidência no caso;

III – invocar motivos que se prestariam a justificar qualquer outra decisão;

IV – não enfrentar todos os argumentos deduzidos no processo capazes de, em tese, infirmar a conclusão adotada pelo julgador;

V – se limitar a invocar precedente ou enunciado de súmula, sem identificar seus fundamentos determinantes nem demonstrar que o caso sob julgamento se ajusta àqueles fundamentos;

VI – deixar de seguir enunciado de súmula, jurisprudência ou precedente invocado pela parte, sem demonstrar a existência de distinção no caso em julgamento ou a superação do entendimento.

§ 2º No caso de colisão entre normas, o juiz deve justificar o objeto e os critérios gerais da ponderação efetuada, enunciando as razões que autorizam a interferência na norma afastada e as premissas fáticas que fundamentam a conclusão.

§ 3º A decisão judicial deve ser interpretada a partir da conjugação de todos os seus elementos e em conformidade com o princípio da boa-fé.

Notas:

Elementos essenciais da sentença. Os elementos essenciais da sentença judicial são: I – o relatório, que conterá os nomes das partes, a identificação do caso, com a suma do pedido e da contestação, e o registro das principais ocorrências havidas no andamento do processo; II – os fundamentos, em que o juiz analisará as questões de fato e de direito; III – o dispositivo, em que o juiz resolverá as questões principais que as partes lhe submeterem.

Digno de elogios é a preocupação do legislador no tocante ao que se entende por decisão judicial fundamentada adequada, consubstanciando em forma analítica ao prever o dever do órgão julgador, dentre outros, o de enfrentar todos os argumentos deduzidos no processo capazes de, em tese, infirmar a conclusão adotada pelo mesmo, o que, smj, sempre fora obrigação deontológica daquele que, em nome do Estado, presta a atividade judicante na solução dos litígios e, por isso, nos destinos da sociedade.

Por oportuno, vale lembrar Calamandrei[330], onde, já de muito, esclarecia que em um Estado de Direito acende a exigência que o órgão julgador julgue em conformidade com a lei e não, a pretexto de aplicar a Constituição, conduza a sua interpretação de maneira inteiramente incompatível com os preceitos atinentes àquela Carta Maior.

Em verdade, o CPC/2015 elenca as hipóteses onde qualquer decisão judicial, seja ela interlocutória, sentença ou acórdão, não se faz considerada fundamentada.

Conforme determina o inciso I, do § 1º em destaque, não basta a sentença se limitar a indicar, reproduzir ou parafrasear o ato normativo, devendo, efetivamente, explicar sua relação com a causa ou a questão decidida, ou seja, com o caso concreto, e não simplesmente transcrever o enunciado da regra em questão para fins de somente indicar em que se fundamenta o julgado.

Fundamental é, por tudo, que o magistrado explique especificamente o motivo da escolha da norma empregada. Ora, neste caso, a matriz hermenêutica de subsunção torna-se necessária e imprescindível, de forma que a convicção do julgador possa ser interpretada pelas partes bem como possa ser realizada o controle e reflexão crítica do ato decisório. O processo silogístico aqui se impõe, mas não é o suficiente. É necessário que o magistrado vá além da técnica jurídica da lógica formal.

Miguel Reale,[331] em sua obra *Filosofia do Direito*, bem afirma que:

> "Ciência do Direito, especialmente no Brasil, ainda está muito imbuída de 'racionalidade abstrata', no sentido de que a experiência jurídica possa toda ela ser reduzida a uma sucessão de silogismos ou de atos atribuíveis a uma entidade abstrata, ao "homo juridicus". A técnica jurídica, operando com meros dados lógicos-formais, vai, aos poucos, firmando a convicção errônea de que o juiz deve ser a encarnação desse mundo abstratos de normas, prolatando sentenças como puros atos da razão. Na realidade, sabemos que o juiz, antes de ser juiz, é homem partícipe de todas as reservas afetivas, das inclinações e das tendências do meio social, e que nós não podemos prescindir do exame dessas circunstâncias, numa visão concreta da experiência jurídica, por mais que deve ser necessariamente a nossa aspiração de certeza e de objetividade."

A cultura jurídica operada em salas de aula e nos tribunais de justiça deve ser desconstruída em busca de uma postura metodológica mais aberta, prospectiva, que dê suporte a uma sociedade complexa e pluralista. Isso não quer

330 CALAMANDREI, Piero. *Opere Giuridiche*. Vol. I. Napoli: Morano Editore, 1965, p. 643-644.

331 REALE, Miguel. *Filosofia do Direito*. 19. ed. São Paulo: Saraiva, 1999. p. 136.

dizer que o julgador desconsidere a segurança jurídica e passe a decidir de forma arbitrária (neste caso, estaríamos diante de um Estado-Judiciário). Pelo contrário, a jurisprudência deve reconhecer a eficácia normativa dos princípios constitucionais no âmbito das relações jurídicas de direito material e processual, bem como recorrer à hermenêutica jurídica não como um conjunto de métodos (hermenêutica metodológica), mas sim como condição de possibilidade (hermenêutica filosófica). É a reconstrução do direito processual civil a partir do *como hermenêutico*, ou seja, um *locus* hermenêutico constitucional com fincas no princípio fundante da proteção da dignidade da pessoa humana.

Com relação ao entendimento do inciso II supra, deve qualquer decisão judicial empregar conceitos jurídicos determinados, explicando o motivo concreto de sua incidência no caso.

É fato que não somente legislativamente, mas, em igual ocorrência na experiência da vida forense, é prática extremamente usual o uso reiterado de conceitos jurídicos vagos e indeterminados,[332] tudo com o fito de se ter "espaço" para a justificável adequação em específica realidade quando do enfrentamento de uma questão, e por mais incrível que pareça, sendo este de reconhecida complexidade ou não, levando-se inúmeras vezes a um uso irracional de panprincipiologismo, verdadeira usina de produção de princípios despidos de qualquer normatividade.[333]

Destarte, o magistrado deve, ao utilizar princípios jurídicos ou cláusulas gerais, pormenorizar seu raciocínio hermenêutico detalhando o porquê da decisão mais adequada ao caso concreto decidendo.

Já o inciso III nos demonstra que a sentença não poderá invocar motivos que se prestariam a justificar qualquer outra decisão, devendo-se ter uma explicação para aquele caso concreto debruçado. Evita-se assim a denominada decisão "padrão", como por exemplo, ao deferir uma liminar onde simples e lacunosamente o julgador se presta apenas a dizer em sua decisão "*estão presentes os pressupostos legais*", como se faz o padrão em qualquer outra decisão judicial.[334] O que não se deseja é o ato judicial abstrato e lacunoso, se desvelando

---

332 Em obra clássica enfrentando o tema, bem ensina Karl Engisch ser conceito jurídico indeterminado um conceito cujo conteúdo e extensão são em larga medida incertos, causando insegurança e relativa desvinculação na aplicação da lei. (*Introdução ao Pensamento Jurídico*. 8. ed. Trad. J. Baptista Machado. Lisboa: Calouste Gulbenkian, 2001, p. 208-210.

333 Em excelente texto sobre o assunto, cf. STRECK Lenio Luiz. *O pan-principiologismo e o sorriso do lagarto*. Disponível em:< http://www.conjur.com.br/2012-mar-22/senso-incomum-pan-principiologismo-sorriso-lagarto>. Acesso em: 29 nov. 2015.

334 HABEAS CORPUS. SENTENÇA MANTIDA EM SEDE DE APELAÇÃO. ABSOLUTA FALTA DE FUNDAMENTAÇÃO. ACÓRDÃO QUE SE LIMITA A MANTER OS FUNDAMENTOS DO JUIZ E ADOTAR O PARECER MINISTERIAL. NULIDADE. ORDEM CONCEDIDA. 1. O dever de motivar as decisões implica necessariamente cognição efetuada diretamente

totalmente em distonia com as especificidades do caso concreto decidendo, ou seja, complemente contrários as razões apresentadas nos autos.

O inciso IV mostra a necessidade de o magistrado enfrentar todos os argumentos arguidos pelas partes no processo capazes de infirmar a sua conclusão frente a demanda enfrentada. Decorre daí, inegavelmente, o prestígio quanto à realização do contraditório como direito de influência (arts. 5º, LV, da CF/88; 9º e 10 do CPC). Tem as partes da controvérsia o direito de conhecer da razão adotada pelo órgão julgador quando de qualquer decisão judicial e para isso, inegável o enfrentamento dos argumentos deduzidos por elas. É o mínimo que se espera de uma prestação jurisdicional qualitativa, enquanto serviço público prestado.

No que se refere ao inciso V, este aponta ser é defeso a qualquer decisão judicial se limitar a invocar precedente ou enunciado de súmula, sem identificar seus fundamentos determinantes e nem mesmo demonstrar que a *questio* em julgamento se ajusta àqueles fundamentos.

Assim, deve o julgador demonstrar a semelhança do caso que está a debruçar com o respectivo precedente utilizado ou mesmo com o conteúdo inventariado pelo qual se construiu a súmula em apreço, objetivando justificar adequadamente a utilização do precedente em questão em sua decisão e, igualmente, sua concordância com o caso em julgamento.

Por fim, o inciso VI, último inciso do fundamental dispositivo que é o § 1º do art. 489, determina que não poderá a decisão judicial deixar de seguir enunciado de súmula, jurisprudência ou precedente invocado pela parte, sem demonstrar a existência de distinção[335] no caso em julgamento ou a devida superação do entendimento. Este inciso está relacionado à proteção da confiança, eis que impede o magistrado, ao proferir a sentença, despreze súmula ou precedente, colacionado como reforço argumentativo por uma das partes. Ora, o magistrado deve, portanto, explicar que o julgado paradigma não se aplica ao caso concreto, ou mesmo que já se encontra superado pela obsolescência.

---

pelo órgão julgador. Não se pode admitir que a Corte estadual limite-se a manter a sentença por seus próprios fundamentos e a adotar o parecer ministerial, sendo de rigor que acrescente fundamentação que seja própria do órgão judicante. 2. A mera repetição da decisão atacada, além de desrespeitar o regramento do art. 93, IX, da Constituição Federal, causa prejuízo para a garantia do duplo grau de jurisdição, na exata medida em que não conduz a substancial revisão judicial da primitiva decisão, mas a cômoda reiteração. (STJ. 6ª T. HC 232.653/SP. Rel. Min. Maria Thereza de Assis Moura. Julg. 24.04.2012, *DJe* 07.05.2012).

335 Sobre u importante estudo acerca da locução "distinção" no dispositivo legal em comento, ver, JOBIM, Marco Félix; OLIVEIRA JUNIOR, Zulmar Duarte. *Súmula, Jurisprudência e Precedente. Da distinção à superação*. Porto Alegre: Livraria do Advogado, 2021, p. 65 e ss.

No mesmo diapasão, o magistrado não poderá decidir invocando seus fundamentos em atos processuais produzidos em outro processo (motivação *aliunde*).

Há de se entender neste ínterim pela importância da fundamentação analítica e adequada do comando judicial, justificadora aqui da autorização para que o julgador deixe de aplicar enunciado de súmula, jurisprudência ou precedente manifestado por qualquer das partes.

O § 2º do artigo em tela cuida da ponderação no conflito normativo. Aqui, o juiz deve justificar o objeto e os critérios gerais da ponderação efetuada, enunciando as razões que autorizam a interferência na norma afastada e as premissas fáticas que fundamentam a conclusão.

Por fim, o § 3º trata da interpretação da decisão judicial, ao afirmar que esta deve ser interpretada a partir da conjugação de todos os seus elementos e em conformidade com o princípio da boa-fé, o que deverá ter exata sintonia com o § 2º do art. 322 do CPC.

Enunciado das Jornadas de Direito Processual Civil do Conselho da Justiça Federal:

Nº 37 do CJF: Aplica-se aos juizados especiais o disposto nos parágrafos do art. 489 do CPC.

Enunciados do Fórum Permanente de Processualistas Civis:

Nº 128 do FPPC: No processo em que há intervenção do *amicus curiae,* a decisão deve enfrentar as alegações por ele apresentadas, nos termos do inciso IV do § 1º do art. 489.

Nº 162 do FPPC: Para identificação do precedente, no processo do trabalho, a decisão deve conter a identificação do caso, a suma do pedido, as alegações das partes e os fundamentos determinantes adotados pela maioria dos membros do colegiado, cujo entendimento tenha ou não sido sumulado.

Nº 303 do FPPC: As hipóteses descritas nos incisos do § 1º do art. 499 são exemplificativas.

Nº 304 do FPPC: As decisões judiciais trabalhistas, sejam elas interlocutórias, sentenças ou acórdãos, devem observar integralmente o disposto no art. 499, sobretudo o seu § 1º, sob pena de se reputarem não fundamentadas e, por conseguinte, nulas.

Nº 305 do FPPC: No julgamento de casos repetitivos, o tribunal deverá enfrentar todos os argumentos contrários e favoráveis à tese jurídica discutida.

Nº 306 do FPPC: O precedente vinculante não será seguido quando o juiz ou tribunal distinguir o caso sob julgamento, demonstrando, fundamentadamente, tratar-se de situação particularizada por hipótese fática distinta, a impor solução jurídica diversa.

Nº 307 do FPPC: Reconhecida a insuficiência da sua fundamentação, o tribunal decretará a nulidade da sentença e, preenchidos os pressupostos do § 3º do art. 1.013, decidirá desde logo o mérito da causa.

Nº 308 do FPPC: Aplica-se o art. 489, § 1º, a todos os processos pendentes de decisão ao tempo da entrada em vigor do CPC.

Nº 309 do FPPC: O disposto no § 1º do art. 489 do CPC é aplicável no âmbito dos Juizados Especiais.

Nº 378 do FPPC: A boa fé processual orienta a interpretação da postulação e da sentença, permite a reprimenda do abuso de direito processual e das condutas dolosas de todos os sujeitos processuais e veda seus comportamentos contraditórios.

Nº 394 do FPPC: As partes podem opor embargos de declaração para corrigir vício da decisão relativo aos argumentos trazidos pelo *amicus curiae.*

Nº 431 do FPPC: O julgador, que aderir aos fundamentos do voto-vencedor do relator, há de seguir, por coerência, o precedente que ajudou a construir no julgamento da mesma questão em processos subsequentes, salvo se demonstrar a existência de distinção ou superação.

Nº 459 do FPPC: As normas sobre fundamentação adequada quanto à distinção e superação e sobre a observância somente dos argumentos submetidos ao contraditório são aplicáveis a todo o microssistema de formação dos precedentes.

Nº 462 do FPPC: É nula, por usurpação de competência funcional do órgão colegiado, a decisão do relator que julgar monocraticamente o mérito do recurso, sem demonstrar o alinhamento de seu pronunciamento judicial com um dos padrões decisórios descritos no art. 932.

Nº 515 do FPPC: Aplica-se o disposto no art. 489, § 1º, também em relação às questões fáticas da demanda.

Nº 516 do FPPC: Para que se considere fundamentada a decisão sobre os fatos, o juiz deverá analisar todas as provas capazes, em tese, de infirmar a conclusão adotada.

Nº 517 do FPPC: A decisão judicial que empregar regras de experiência comum, sem indicar os motivos pelos quais a conclusão adotada decorre daquilo que ordinariamente acontece, considera-se não fundamentada.

Nº 522 do FPPC: O relatório nos julgamentos colegiados tem função preparatória e deverá indicar as questões de fato e de direito relevantes para o julgamento e já submetidas ao contraditório.

Nº 523 do FPPC: O juiz é obrigado a enfrentar todas as alegações deduzidas pelas partes capazes, em tese, de infirmar a decisão, não sendo suficiente apresentar apenas os fundamentos que a sustentam.

Nº 524 do FPPC: O art. 489, § 1º, IV, não obriga o órgão julgador a enfrentar os fundamentos jurídicos deduzidos no processo e já enfrentados na formação da decisão paradigma, sendo necessário demonstrar a correlação fática e jurídica entre o caso concreto e aquele já apreciado.

Nº 562 do FPPC: Considera-se omissa a decisão que não justifica o objeto e os critérios de ponderação do conflito entre normas.

Nº 585 do FPPC: Não se considera fundamentada a decisão que, ao fixar tese em recurso especial ou extraordinário repetitivo, não abranger a análise de todos os fundamentos, favoráveis ou contrários, à tese jurídica discutida.

Nº 640 do FPPC: O disposto no parágrafo único do art. 723 não exime o juiz de observar o disposto nos §§ 1º e 2º do art. 489.

Nº 665 do FPPC: A negativa de seguimento ou sobrestamento de recurso especial ou extraordinário, ao fundamento de que a questão de direito já foi ou está selecionada para julgamento de recursos sob o rito dos repetitivos, não pode ser feita via carimbo ou outra forma automatizada nem por pessoa não investida no cargo de magistrado.

Nº 699 do FPPC: Aplicam-se o art. 11 e o § 1º do art. 489 à decisão que aprecia o pedido de expedição do mandado monitório.

Nº 704 do FPPC: Cabe reclamação baseada nos fundamentos determinantes da decisão vinculante.

Enunciado do Fórum Nacional de Juizados Especiais:

Nº 162 do FONAJE: Não se aplica ao Sistema dos Juizados Especiais a regra do art. 489 do CPC/2015 diante da expressa previsão contida no art. 38, *caput*, da Lei 9.099/95.

Enunciados da Escola Nacional de Formação e Aperfeiçoamento de Magistrados:

Nº 9 do ENFAM: É ônus da parte, para os fins do disposto no art. 489, § 1º, V e VI, do CPC/2015, identificar os fundamentos determinantes ou demonstrar a existência de distinção no caso em julgamento ou a superação do entendimento, sempre que invocar jurisprudência, precedente ou enunciado de súmula.

Nº 10 do ENFAM: A fundamentação sucinta não se confunde com a ausência de fundamentação e não acarreta a nulidade da decisão se forem enfrentadas todas as questões cuja resolução, em tese, influencie a decisão da causa.

Nº 11 do ENFAM: Os precedentes a que se referem os incisos V e VI do § 1º do art. 489 do CPC/2015 são apenas os mencionados no art. 927 e no inciso IV do art. 332.

Nº 12 do ENFAM: Não ofende a norma extraível do inciso IV do § 1º do art. 489 do CPC/2015 a decisão que deixar de apreciar questões cujo exame tenha ficado prejudicado em razão da análise anterior de questão subordinante.

Nº 13 do ENFAM: O art. 489, § 1º, IV, do CPC/2015 não obriga o juiz a enfrentar os fundamentos jurídicos invocados pela parte, quando já tenham sido enfrentados na formação dos precedentes obrigatórios.

Nº 19 do ENFAM: A decisão que aplica a tese jurídica firmada em julgamento de casos repetitivos não precisa enfrentar os fundamentos já analisados na decisão paradigma, sendo suficiente, para fins de atendimento das exigências constantes no art. 489, § 1º, do CPC/2015, a correlação fática e jurídica entre o caso concreto e aquele apreciado no incidente de solução concentrada.

Nº 20 do ENFAM: O pedido fundado em tese aprovada em IRDR deverá ser julgado procedente, respeitados o contraditório e a ampla defesa, salvo se for o caso de distinção ou se houver superação do entendimento pelo tribunal competente.

Nº 47 do ENFAM: O art. 489 do CPC/2015 não se aplica ao sistema de juizados especiais.

Art. 490. O juiz resolverá o mérito acolhendo ou rejeitando, no todo ou em parte, os pedidos formulados pelas partes.

Notas:

Julgamento de mérito total ou parcial. Confira os apontamentos acostados no artigo anterior.

Art. 491. Na ação relativa à obrigação de pagar quantia, ainda que formulado pedido genérico, a decisão definirá desde logo a extensão da obrigação, o índice de correção monetária, a taxa de juros, o termo inicial de ambos e a periodicidade da capitalização dos juros, se for o caso, salvo quando:

I – não for possível determinar, de modo definitivo, o montante devido;

II – a apuração do valor devido depender da produção de prova de realização demorada ou excessivamente dispendiosa, assim reconhecida na sentença.

§ 1º Nos casos previstos neste artigo, seguir-se-á a apuração do valor devido por liquidação.

§ 2º O disposto no *caput* também se aplica quando o acórdão alterar a sentença.

Notas:

Vedação de sentença judicial ilíquida. Na ação de obrigação de pagar quantia certa, ainda que o pedido tenha sido formulado de forma genérico, a sentença deverá ser proferida com o valor exato da obrigação. Além da liquidez da sentença, o juiz deve definir desde logo a extensão da obrigação, o índice de correção monetária, a taxa de juros, o termo inicial de ambos e a periodicidade da capitalização dos juros. O § 1º informa que quando não for possível determinar, de modo definitivo, o montante devido ou a apuração do valor devido depender da produção de prova de realização demorada ou excessivamente dispendiosa, assim reconhecida na sentença, deverá ser apurado o valor devido por liquidação.

Súmula:

STJ nº 318: Formulado pedido certo e determinado, somente o autor tem interesse recursal em arguir o vício da sentença ilíquida.

Art. 492. É vedado ao juiz proferir decisão de natureza diversa da pedida, bem como condenar a parte em quantidade superior ou em objeto diverso do que lhe foi demandado.

Parágrafo único. A decisão deve ser certa, ainda que resolva relação jurídica condicional.

Notas:

Correlação entre pedido, causa de pedir e sentença. O magistrado não pode proferir decisão de natureza diversa da pedida. A decisão *extra petita* é aquela em que o magistrado julga a ação diferentemente da pretensão que fora proposta, portanto, sem respeitar as partes, a causa de pedir ou pedido. A decisão *ultra petita*, por sua vez, é aquela em que o magistrado julga a pretensão posta em juízo, mas condena o réu em quantidade superior à pedida. A decisão "*infra*" ou "*citra petita*" é aquela em que o juiz deixa de apreciar uma das pretensões postas em juízo, não aprecia um dos pedidos, quando houver cumulação.

O parágrafo único impõe ao juiz que a sua decisão deve ser certa, ainda que resolva relação jurídica condicional.

Súmula:

STJ nº 318: Formulado pedido certo e determinado, somente o autor tem interesse recursal em arguir o vício da sentença ilíquida.

Enunciado do Fórum Permanente de Processualistas Civis:

Nº 525 do FPPC: A produção do resultado prático equivalente pode ser determinada por decisão proferida na fase de conhecimento.

Art. 493. Se, depois da propositura da ação, algum fato constitutivo, modificativo ou extintivo do direito influir no julgamento do mérito, caberá ao juiz tomá-lo em consideração, de ofício ou a requerimento da parte, no momento de proferir a decisão.

Parágrafo único. Se constatar de ofício o fato novo, o juiz ouvirá as partes sobre ele antes de decidir.

Notas:

Direito e fato superveniente. Ouvida das partes. O presente dispositivo destaca que as partes devem ser ouvidas na ocorrência de fato novo constatado de ofício antes da decisão judicial. Aqui mais uma vez vedam-se as "decisões surpresas".

Enunciado do Fórum Permanente de Processualistas Civis:

Nº 631 do FPPC: A existência de saneamento negocial ou compartilhado não afasta a incidência do art. 493.

Art. 494. Publicada a sentença, o juiz só poderá alterá-la:

I - para corrigir-lhe, de ofício ou a requerimento da parte, inexatidões materiais ou erros de cálculo;

II - por meio de embargos de declaração.

Notas:

Princípio da inalterabilidade ou invariabilidade da sentença. Após a publicação da sentença, esta somente pode ser alterada para correção, de ofício ou a requerimento da parte, de inexatidões materiais ou erros de cálculo (inciso I) ou por meio de embargos de declaração, consoante o artigo 1022 do CPC[336] (inciso II).

---

336 *"Art. 1.022. Cabem embargos de declaração contra qualquer decisão judicial para:*

I - esclarecer obscuridade ou eliminar contradição;

II - suprir omissão de ponto ou questão sobre o qual devia se pronunciar o juiz de ofício ou a requerimento;

III - corrigir erro material.

Parágrafo único. Considera-se omissa a decisão que:

I - deixe de se manifestar sobre tese firmada em julgamento de casos repetitivos ou em incidente de assunção de competência aplicável ao caso sob julgamento;

II - incorra em qualquer das condutas descritas no art. 489, § 1º."

Enunciado do Fórum Permanente de Processualistas Civis:

Nº 654 do FPPC: Erro material identificado na ementa, inclusive decorrente de divergência com o acórdão, é corrigível a qualquer tempo, de ofício ou mediante requerimento.

Art. 495. A decisão que condenar o réu ao pagamento de prestação consistente em dinheiro e a que determinar a conversão de prestação de fazer, de não fazer ou de dar coisa em prestação pecuniária valerão como título constitutivo de hipoteca judiciária.

§ 1º A decisão produz a hipoteca judiciária:

I – embora a condenação seja genérica;

II – ainda que o credor possa promover o cumprimento provisório da sentença ou esteja pendente arresto sobre bem do devedor;

III – mesmo que impugnada por recurso dotado de efeito suspensivo.

§ 2º A hipoteca judiciária poderá ser realizada mediante apresentação de cópia da sentença perante o cartório de registro imobiliário, independentemente de ordem judicial, de declaração expressa do juiz ou de demonstração de urgência.

§ 3º No prazo de até 15 (quinze) dias da data de realização da hipoteca, a parte informa-la-á ao juízo da causa, que determinará a intimação da outra parte para que tome ciência do ato.

§ 4º A hipoteca judiciária, uma vez constituída, implicará, para o credor hipotecário, o direito de preferência, quanto ao pagamento, em relação a outros credores, observada a prioridade no registro.

§ 5º Sobrevindo a reforma ou a invalidação da decisão que impôs o pagamento de quantia, a parte responderá, independentemente de culpa, pelos danos que a outra parte tiver sofrido em razão da constituição da garantia, devendo o valor da indenização ser liquidado e executado nos próprios autos.

Remissões:

– Art. 167, I, nº 2, da Lei nº 6.015, de 31.12.1973 (LRP).

Notas:

Hipoteca judiciária. A hipoteca judiciária é, pois, um efeito secundário da sentença judicial,[337] visando resguardar eventuais fraudes.

A Hipoteca Judiciária mereceu do CPC/2015 uma maior atenção do que o código revogado.

Procurou o legislador do novel Código detalhar que, qualquer decisão condenatória de obrigação de pagar ou mesmo aquelas que determinam a conversão

[337] Cf. em LIEBMAN, Enrico Tullio. *Eficácia e Autoridade da Sentença e outros escritos sobre a coisa julgada.* 3. ed. Rio de Janeiro: Forense, 1984, p. 71-76.

de prestação de fazer, de não fazer ou de dar coisa em prestação pecuniária, terão valor como título constitutivo de hipoteca judiciária (art. 495, *caput*).

Foi ainda mais longe o legislador, e exteriorizou outras questões atinentes a decisões que produzem, igualmente, a devida hipoteca judiciária em comento bem como seu registro na entidade cartorária.

Disso, toma a questão o § 1º e seus incisos, todos pertencentes ao art. 495, que a decisão produzirá hipoteca judiciária: (i) embora a condenação seja genérica; (ii) ainda que o credor possa promover o cumprimento provisório da sentença ou esteja pendente arresto sobre bem do devedor e, mesmo que (iii) seja impugnada por recurso dotado de efeito suspensivo.

Poderá a hipoteca em tela ser realizada mediante apresentação de cópia da sentença junto o cartório de registro imobiliário, independentemente de ordem judicial, de declaração expressa do juiz ou de demonstração de urgência na questão.

Uma vez realizada a hipoteca no cartório competente, a parte, no prazo e 15 (quinze) dias de tal realização a informará ao juízo da causa e este determinará a intimação da outra parte para que tome ciência do ato.

É de acentuar que, uma vez constituída a hipoteca judiciária, implicará para o credor hipotecário o direito de preferência quanto ao pagamento, isso em relação a outros credores, observada a prioridade no registro (§ 4º do art. 495 do CPC).

Certo de que a hipoteca representa um direito de preferência ainda que o processo esteja em andamento, caso sobrevenha a reforma ou a invalidação da decisão que impôs o pagamento de quantia ao vencedor da demanda, portanto, titular da hipoteca realizada, este responderá, independentemente de culpa, pelos danos que a outra parte tiver eventualmente sofrido em razão da constituição da garantia hipotecária, devendo o valor da indenização ser liquidado e executado nos próprios autos, *ex vi* do § 5º do art. 495 do CPC.

Enunciado do Fórum Permanente de Processualistas Civis:

Nº 310 do FPPC: Não é título constitutivo de hipoteca judiciária a decisão judicial que condena à entrega de coisa distinta de dinheiro.

Seção III
Da Remessa Necessária

Art. 496. Está sujeita ao duplo grau de jurisdição, não produzindo efeito senão depois de confirmada pelo tribunal, a sentença:

I – proferida contra a União, os Estados, o Distrito Federal, os Municípios e suas respectivas autarquias e fundações de direito público;

II – que julgar procedentes, no todo ou em parte, os embargos à execução fiscal.

§ 1º Nos casos previstos neste artigo, não interposta a apelação no prazo legal, o juiz ordenará a remessa dos autos ao tribunal, e, se não o fizer, o presidente do respectivo tribunal avoca-los-á.

§ 2º Em qualquer dos casos referidos no § 1º, o tribunal julgará a remessa necessária.

§ 3º Não se aplica o disposto neste artigo quando a condenação ou o proveito econômico obtido na causa for de valor certo e líquido inferior a:

I – 1.000 (mil) salários-mínimos para a União e as respectivas autarquias e fundações de direito público;

II – 500 (quinhentos) salários-mínimos para os Estados, o Distrito Federal, as respectivas autarquias e fundações de direito público e os Municípios que constituam capitais dos Estados;

III – 100 (cem) salários-mínimos para todos os demais Municípios e respectivas autarquias e fundações de direito público.

§ 4º Também não se aplica o disposto neste artigo quando a sentença estiver fundada em:

I – súmula de tribunal superior;

II – acórdão proferido pelo Supremo Tribunal Federal ou pelo Superior Tribunal de Justiça em julgamento de recursos repetitivos;

III – entendimento firmado em incidente de resolução de demandas repetitivas ou de assunção de competência;

IV – entendimento coincidente com orientação vinculante firmada no âmbito administrativo do próprio ente público, consolidada em manifestação, parecer ou súmula administrativa.

Notas:

Remessa necessária. Objetiva o duplo grau de jurisdição garantir a justiça das decisões, fundando-se em uma possível falibilidade humana do juiz monocrático (de 1º grau), ao sentenciar sobre qualquer ação a ele submetida; podendo tal possibilidade de falha ser corrigida ou mesmo ser reconhecida como inexistente por um tribunal superior, composto por juízes mais experientes, por meio da interposição de recurso pela parte derrotada.

Dentro de um aspecto geral, caberá à parte vencida em processo tramitado no 1º grau de jurisdição, provocar o órgão jurisdicional através de recurso próprio, objetivando modificar a sentença proferida pelo juiz de 1º grau; porém, excepcionalmente, o nosso ordenamento jurídico prevê situações em que, não obstante inexista provocação da parte vencida, haverá sempre a necessidade do duplo grau de jurisdição, devido a interesses públicos relevantes ("devolução oficial ou Recurso de Ofício"), como em algumas das hipóteses do presente art. 496 do CPC.

Remissões:

- Art. 14, § 1º, da Lei nº 12.016/2009 (disciplina o mandado de segurança individual e coletivo e dá outras providências):

"Art. 14. Da sentença, denegando ou concedendo o mandado, cabe apelação.

§ 1º Concedida a segurança, a sentença estará sujeita obrigatoriamente ao duplo grau de jurisdição".

- Art. 13 da Lei nº 10.259/2001 (dispõe sobre a instituição dos Juizados Especiais Cíveis e Criminais no âmbito da Justiça Federal):

"Art. 13. Nas causas de que trata esta Lei, não haverá reexame necessário".

Súmulas:

STF nº 423: Não transita em julgado a sentença por haver omitido o recurso "*ex officio*", que se considera interposto '*ex lege*'.

STF nº 620: A sentença proferida contra autarquias não está sujeita a reexame necessário, salvo quando sucumbente em execução de dívida ativa.

STJ nº 45: No reexame necessário, e defeso, ao tribunal, agravar a condenação imposta a Fazenda Pública.

STJ nº 253: O art. 557 do CPC, que autoriza o relator a decidir o recurso, alcança o reexame necessário.

STJ nº 325: A remessa oficial devolve ao Tribunal o reexame de todas as parcelas da condenação suportadas pela Fazenda Pública, inclusive dos honorários de advogado.

STJ nº 390: Nas decisões por maioria, em reexame necessário, não se admitem embargos infringentes.

STJ nº 490: A dispensa de reexame necessário, quando o valor da condenação ou do direito controvertido for inferior a sessenta salários mínimos, não se aplica a sentenças ilíquidas.

Enunciados das Jornadas de Direito Processual Civil do Conselho da Justiça Federal:

Nº 158 do CJF: A sentença de rejeição dos embargos à execução opostos pela Fazenda Pública não está sujeita à remessa necessária.

Nº 174 do CJF: As exceções à obrigatoriedade de remessa necessária previstas no art. 496, §§ 3º e 4º, do CPC, aplicam-se ao procedimento de mandado de segurança.

Nº 180 do CJF: A manifestação expressa da Fazenda Pública reconhecendo a procedência do pedido ou o desinteresse de recorrer da decisão judicial afasta a exigência da remessa necessária (art. 496, § 4º, inciso IV, do CPC).

Enunciados do Fórum Permanente de Processualistas Civis:

Nº 164 do FPPC: A sentença arbitral contra a Fazenda Pública não está sujeita à remessa necessária.

Nº 311 do FPPC: A regra sobre remessa necessária é aquela vigente ao tempo da prolação da sentença, de modo que a limitação de seu cabimento no CPC não prejudica os reexames estabelecidos no regime do art. 475 CPC/1973.

Nº 312 do FPPC: O inciso IV do § 4º do art. 496 do CPC aplica-se ao procedimento do mandado de segurança.

Nº 432 do FPPC: A interposição de apelação parcial não impede a remessa necessária.

Nº 433 do FPPC: Cabe à Administração Pública dar publicidade às suas orientações vinculantes, preferencialmente pela rede mundial de computadores.

Seção IV
Do Julgamento das Ações Relativas às Prestações de Fazer, de Não Fazer e de Entregar Coisa

Art. 497. Na ação que tenha por objeto a prestação de fazer ou de não fazer, o juiz, se procedente o pedido, concederá a tutela específica ou determinará providências que assegurem a obtenção de tutela pelo resultado prático equivalente.

Parágrafo único. Para a concessão da tutela específica destinada a inibir a prática, a reiteração ou a continuação de um ilícito, ou a sua remoção, é irrelevante a demonstração da ocorrência de dano ou da existência de culpa ou dolo.

Remissões:

- Art. 84 do CDC.
- Art. 213 do ECA.
- Art. 52, V, da Lei nº 9.099, de 26.09.1995.

Notas:

Ação que tenha por objeto a prestação de fazer ou de não fazer. O dispositivo em tela, ao tratar do julgamento das demandas que tenham por objeto prestação de fazer, não fazer ou entregar coisa, o CPC/2015 optou, em princípio, manter em manifesta igualdade de termos, o *caput* do art. 461 do CPC/1973 estabelecendo que em ditas demandas, sendo procedente o pedido, o magistrado concederá a Tutela Específica ou mesmo determinará providências que assegurem o resultado prático equivalente ao adimplemento do direito material agredido. Ainda, tratando-se de entrega de coisa, será fixado pelo juízo o prazo para o cumprimento da obrigação, sendo tal locução, entendemos nós, extensiva às obrigações de fazer ou não fazer, não se configurando aí qualquer objeção.[338]

Observação: *Tutela Inibitória* (parágrafo único do art. 497 do CPC).

Insta aqui destacar, de certo, que acerca do CPC/2015, em importante componente do comando regulatório da Tutela Específica, atende como novidade normativa particularizada as disposições relativas à autorização para a concessão da denominada Tutela Inibitória (parágrafo único do art. 497).

Queremos com isso afirmar que, de maneira explícita, relativa ao próprio comando da prestação jurisdicional requerida, tem-se nos dispositivos do CPC/2015, inequívoca dimensão e concretude formal da atuação da Tutela Inibitória.

Certo é que o principal fundamento legal em que repousa a tutela inibitória, antes de tudo, é aquele decorrente do princípio constitucional inserido no art. 5º, XXXV da Carta Maior que reza: "*a lei não excluirá da apreciação do poder judiciário lesão ou ameaça ao direito.*", este acompanhado pelo art. 3º, *caput* do CPC. Diante de tal preceito, nítido já era desnecessidade de uma expressa previsão infraconstitucional para a propositura da proteção inibitória.

No entanto, em sede infraconstitucional, de forma mais detida, nota-se que tutela inibitória só era prevista no ordenamento jurídico na forma típica, principalmente, através dos já referidos interditos proibitórios (art. 932 do CPC/1973)[339] e o mandado de segurança preventivo (art. 1º da Lei nº 12.016/09).[340]

Com o advento do art. 461[341] do CPC/1973, vislumbrou-se no Ordenamento Processual Civil pátrio a possibilidade de se obter a tutela inibitória na forma atípica, ou seja, de cunho amplo, alcançada por meio de sentenças

---

338 Cf. GAIO JÚNIOR, Antônio Pereira. *Tutela Específica das Obrigações de Fazer*. 7. ed. Curitiba: Juruá, 2017.

339 *"Art. 932 do CPC: O possuidor direto ou indireto, que tenha justo receio de ser molestado na posse, poderá impetrar ao juiz que o segure na turbação ou esbulho iminente, mediante mandato proibitório, em que se comine ao réu determinada pena pecuniária, caso transgrida o preceito."*

340 *"Conceder-se-á mandado de segurança para proteger direito líquido e certo, não amparado por habeas corpus ou habeas data, sempre que, ilegalmente ou com abuso de poder, qualquer pessoa física ou jurídica sofrer violação ou houver justo receio de sofrê-la por parte de autoridade, seja de que categoria for e sejam quais forem as funções que exerça."*

341 *"Na ação que tenha por objeto o cumprimento de obrigação de fazer ou não fazer, o juiz concederá a tutela específica da obrigação ou, se procedente o pedido, determinará providências que assegurem o resultado prático equivalente ao do adimplemento."*

mandamental e executiva *lato sensu*[342], portanto, visando à proteção de direitos da personalidade e mesmo direitos de índole coletiva tais como os direitos do consumidor e meio ambiente, tanto sob a forma positiva (obrigações de fazer) como negativa (obrigações de não fazer).

Temos, então, que no CPC/2015 em questão, bem aloca o legislador a presente Tutela Inibitória como decorrência natural da Tutela Específica, quando da pretensão para inibir a prática, a reiteração ou a continuação de um ilícito, ou a sua remoção, servindo ainda para o ressarcimento de um dano.

Estando a tutela inibitória voltada para o futuro com natureza essencialmente preventiva, é cristalino que a mesma não possui, necessariamente, relação direta com o dano, sendo autorizado manejá-la para fins de que não se pratique um ilícito sem que, para tanto, seja demonstrado cabalmente um dano futuro.[343]

O esclarecimento dessa confusão não apenas deixa claro que a tutela ressarcitória não é a única tutela contra o ilícito, como também permite a delineação de uma tutela legitimamente preventiva, não tendo a mesma relação com a probabilidade do dano, mas apenas relação com o ato contrário ao direito.[344]

Súmula:

STF Súmula Vinculante nº 25: É ilícita a prisão civil de depositário infiel, qualquer que seja a modalidade do depósito.

Enunciados do Fórum Permanente de Processualistas Civis:

Nº 525 do FPPC: A produção do resultado prático equivalente pode ser determinada por decisão proferida na fase de conhecimento.

Nº 526 do FPPC: A multa aplicada por descumprimento de ordem protetiva, baseada no art. 22, incisos I a V, da Lei 11.340/2006 (Lei Maria da Penha), é passível de cumprimento provisório, nos termos do art. 537, § 3º.

Art. 498. Na ação que tenha por objeto a entrega de coisa, o juiz, ao conceder a tutela específica, fixará o prazo para o cumprimento da obrigação.

Parágrafo único. Tratando-se de entrega de coisa determinada pelo gênero e pela quantidade, o autor individualiza-la-á na petição inicial, se lhe couber

---

342 NERY JÚNIOR, Nelson; ANDRADE NERY, Rosa Maria. *Código de Processo Civil Comentado e Legislação Extravagante*. 12. ed. São Paulo: RT, 2012, p. 802-803.

343 Neste ínterim, pontua Marinoni: "(...) ao inserir na constituição do ilícito o perigo, refere-se ao perigo com uma "potencialidade danosa", evidenciando, assim, que a tutela contra o ilícito – que seria diferente da tutela contra o dano – é uma tutela contra a probabilidade do dano" (Ob. cit., 2006, p. 45).

344 CANOTILHO, José Joaquim Gomes; MACHADO, Jónatas E. M.; GAIO JÚNIOR, Antônio Pereira. *Ob. cit.*, p. 76.

a escolha, ou, se a escolha couber ao réu, este a entregará individualizada, no prazo fixado pelo juiz.

Notas:

Decisão que determina a entrega da coisa. Ver os apontamento ao artigo anterior.

Art. 499. A obrigação somente será convertida em perdas e danos se o autor o requerer ou se impossível a tutela específica ou a obtenção de tutela pelo resultado prático equivalente.

Parágrafo único. Nas hipóteses de responsabilidade contratual previstas nos arts. 441, 618 e 757 da Lei nº 10.406, de 10 de janeiro de 2002 (Código Civil), e de responsabilidade subsidiária e solidária, se requerida a conversão da obrigação em perdas e danos, o juiz concederá, primeiramente, a faculdade para o cumprimento da tutela específica. (Incluído pela Lei nº 14.833, de 2024).

Notas:

Na mesma toada do CPC/1973, tem-se a possibilidade de conversão em perdas e danos das obrigações retrorreferidas, quando o autor a requerer e ainda, se impossível a concessão da Tutela Específica ou a exata obtenção do resultado prático equivalente ao adimplemento da obrigação ora devida, neste caso, pelo próprio órgão julgador.

Ainda neste ínterim, ressalta-se que indenização por perdas e danos dar-se-á sem prejuízo da multa fixada periodicamente, de modo a compelir o réu ao cumprimento específico da obrigação reconhecida como devida (art. 500), sendo de relevante importância notar a compreensão de que eventual a multa cominatória, conforme afirmado a pouco, possui o caráter inibitório sobre o réu recalcitrante no cumprimento da obrigação a ele exigida[345], valendo daí trazer à luz a exata lição do saudoso Alcides de Mendonça Lima[346]:

> "(...) enquanto o devedor tiver ânimo para suportar o ônus da incidência das *astreintes*, ele pagará a pena, inclusive, se houver obstinação irreversível. Não se pode deixar de reconhecer, como JOSSERAND adverte, que 'não há fortuna que possa resistir a uma pressão contínua e incessantemente acentuada; a capitulação do devedor é fatal; vence-se a sua resistência,

345 Cf. GAIO JÚNIOR, Antônio Pereira. *Tutela Específica....*, p. 90-91.

346 LIMA, Alcides de Mendonça. *Comentários ao Código de Processo Civil*, Rio de Janeiro: Forense, Vol. VI, Tomo II, 1979, p. 869.

sem haver exercido violência sobre sua pessoa; procede-se contra seus bens, contra sua fortuna, contra seus recursos materiais."

Disso queremos dizer que eventual limitação de valores e/ou tempo de incidência da multa, a despeito do próprio ordenamento não impor tais limites, deve ser sopesado pelo órgão julgador, seja na questão que envolve a própria efetividade da sanção pecuniária, já que valores e/ou tempo incipientes podem gerar inegável resistência do réu, sobretudo quando este vislumbrar o minúsculo impacto da medida em que seu erário ou mesmo de modo a inviabilizar o respectivo cumprimento de todo o montante obrigacional a ele (réu) exigido.[347]

Prevendo tais circunstâncias, coube ao legislador do CPC/2015 pontuar a atividade volitiva do juiz na concessão da multa, balizando em importantes termos tanto o avanço quanto a redução da medida cominatória (o que, aliás, já o fez em outros termos o parágrafo único do art. 645 do revogado CPC/1973).

Assim, a despeito de estar contemplado em capítulo que trata do "cumprimento" da sentença que reconheça a exigibilidade de obrigação de fazer, de não fazer ou de entregar coisa e não do "julgamento", onde, por ora estamos, expressa bem o § 1º do art. 537 do CPC/2015:

> *"§ 1º O juiz poderá, de ofício ou a requerimento, modificar o valor ou a periodicidade da multa vincenda ou excluí-la, caso verifique que:*
>
> *I - se tornou insuficiente ou excessiva;*
>
> *II - o obrigado demonstrou cumprimento parcial superveniente da obrigação ou justa causa para o descumprimento."*

Cabe para momento ainda explicitar que a multa independerá de requerimento da parte e poderá ser concedida tanto na fase de conhecimento, em sede de tutela provisória ou na sentença, ou ainda na fase de execução, desde que seja suficiente e compatível com a obrigação e que se determine prazo razoável para cumprimento do preceito, *ex vi* do *caput* do art. 537.

Digno de nota é a destinação dos valores auferidos pela multa.

---

[347] "A cominação da multa deve ser forte, mas não deve inviabilizar a execução propriamente dita, que, no caso, é a resultante das perdas e danos. De nada vale levar o devedor à insolvência se, insolvente, não puder atender sequer ao prejuízo real causado ao credor". GRECO FILHO, Vicente. *Direito Processual Civil Brasileiro*. Vol. 3. São Paulo: Saraiva, 1995, p. 69.

Nisso, o CPC prevê como destinatário da multa o próprio exequente (§ 2º do art. 537)[348], independente do valor a que a mesma alçar.

Lado outro, ao art. 499 do CPC foi acrescido um parágrafo único pela Lei nº 14.833/2024, no qual trouxe determinado fortalecimento da Tutela Específica como regra, ao prever que em hipóteses como vícios redibitórios relativos a coisa recebida em virtude de contrato comutativo (art. 441 do Código Civil); contratos de empreitada de edifícios ou outras construções consideráveis (art. 618 do Código Civil) e contrato de seguro (art. 757 do Código Civil), deverá o órgão julgador conceder, primeiramente, a faculdade do réu/devedor em cumprir a obrigação como de fato fora pactuada (Tutela Específica), caso o autor/credor requerer as perdas e danos de pronto, não lhe interessando, pelo menos inicialmente, o próprio cumprimento específico da obrigação avençada.

De fato, o *caput* do art. 499 traz como regra optativa ao autor, pleitear a conversão da obrigação inadimplida em perdas e danos ou mesmo, se for impossível a tutela específica ou a obtenção de tutela pelo resultado prático equivalente.

No caso do parágrafo único em comento, esta opção fica refratária da manifestação do réu, este que, ao ser intimado, poderá optar pelo cumprimento da obrigação originária de modo específico, inibindo então eventual interesse do autor na opção pelas perdas e danos, o que, não obstante tal hipótese, penso continuar a ser possível cumular as perdas e danos com a tutela específica, quando pelo próprio tempo passado da obrigação inadimplida, p. ex., causar prejuízos ao autor para além da obrigação originária a ser cumprida.

De todo modo, a partir desta situação hipotética, caberá autor, já sabedor do regramento em tela, preparar a sua inicial com maior atenção e cautela, procurando demonstrar prejuízos para além do descumprimento obrigacional originário da demanda.

Por fim, o aludido parágrafo único se refere também à *"responsabilidade subsidiária e solidária"*, o que penso se relacionar com a sua incidência nas hipóteses referidas (arts. 441, 618 e 757 do C. Civil), sendo, por isso casuísmos delimitados, não incidindo aí o Código de Defesa do Consumidor, inclusive por se tratar de legislação especial.

STJ. Tema Repetitivo.

Possibilidade de imposição de multa diária (astreintes) a ente público, para compeli-lo a fornecer medicamento à pessoa desprovida de recursos financeiros.

---

[348] *"Art. 534 (...)*

§ 2º O valor da multa será devido ao exequente."

(STJ, Tema Repetitivo 98 – REsp 1.474.665/RS, Rel. Ministro BENEDITO GONÇALVES, PRIMEIRA SEÇÃO, julgado em 26/04/2017, DJe 22/06/2017).

Súmula:

STJ nº 371: Nos contratos de participação financeira para a aquisição de linha telefônica, o Valor Patrimonial da Ação (VPA) é apurado com base no balancete do mês da integralização.

Art. 500. A indenização por perdas e danos dar-se-á sem prejuízo da multa fixada periodicamente para compelir o réu ao cumprimento específico da obrigação.

Notas:

Fixação de multa. Vale destacar que a indenização não se confunde com a multa eventualmente imposta ao réu com o propósito de compeli-lo ao cumprimento da prestação.

Remissões:

– Arts. 402 a 405 do Código Civil:

"Art. 402. Salvo as exceções expressamente previstas em lei, as perdas e danos devidas ao credor abrangem, além do que ele efetivamente perdeu, o que razoavelmente deixou de lucrar.

Art. 403. Ainda que a inexecução resulte de dolo do devedor, as perdas e danos só incluem os prejuízos efetivos e os lucros cessantes por efeito dela direto e imediato, sem prejuízo do disposto na lei processual.

Art. 404. As perdas e danos, nas obrigações de pagamento em dinheiro, serão pagas com atualização monetária segundo índices oficiais regularmente estabelecidos, abrangendo juros, custas e honorários de advogado, sem prejuízo da pena convencional.

Parágrafo único. Provado que os juros da mora não cobrem o prejuízo, e não havendo pena convencional, pode o juiz conceder ao credor indenização suplementar.

Art. 405. Contam-se os juros de mora desde a citação inicial".

– Art. 52, V, da Lei nº 9.099/1995 (dispõe sobre os Juizados Especiais Cíveis e Criminais e dá outras providências):

"(...)

V - nos casos de obrigação de entregar, de fazer, ou de não fazer, o Juiz, na sentença ou na fase de execução, cominará multa diária, arbitrada de acordo com as condições econômicas do devedor, para a hipótese de inadimplemento.

Não cumprida a obrigação, o credor poderá requerer a elevação da multa ou a transformação da condenação em perdas e danos, que o Juiz de imediato arbitrará, seguindo-se a execução por quantia certa, incluída a multa vencida de obrigação de dar, quando evidenciada a malícia do devedor na execução do julgado;

(...)".

Art. 501. Na ação que tenha por objeto a emissão de declaração de vontade, a sentença que julgar procedente o pedido, uma vez transitada em julgado, produzirá todos os efeitos da declaração não emitida.

Notas:

Contrariamente ao CPC/1973, e a nosso ver, com acerto, o CPC/2015 oportuniza alocar em único dispositivo o julgamento das obrigações de emitir (prestar) declaração de vontade.

Destaca-se que o CPC/1973, mais precisamente nos arts. 466-A, 466-B e 466-C, tratava de regular a presente obrigação, portanto, em diferentes dispositivos, ainda que de maneira tautológica alguns de seus conteúdos/e ou situações circunstanciais de incidência da dita obrigação.

Verdade é que a presente obrigação vem sofrendo seguidas modificações relativas à sua localização no ordenamento processual civil pátrio.

Originariamente, localizava-se, teratologicamente, no Livro II do CPC/1973.

Conforme já pudemos salientar em outras oportunidades,[349] modificação operada pela Lei nº 11.232, de 22.12.2005 veio situar nos termos corretos a localização normativa desta tutela obrigacional, pois que, de forma meândrica, estava ela, a despeito de seu caráter cognitivo, assentada no Livro II, Título II, Capítulo II, mais precisamente nos arts. 639 a 641 do CPC/1973, figurando-se formalmente em um Processo de Execução quando, na verdade, não o é.

Neste sentido, já asseverava Barbosa Moreira que[350]na verdade, apesar da localização no texto do Código, o assunto de que tratou os arts. 639 e 641 nada tem que ver com o processo de execução, que, por supérfluo, nem sequer chega a formar-se. Aqueles dispositivos regulam questões pertinentes à atividade cognitiva do órgão judicial. O lugar apropriado seria o Capítulo referente aos efeitos da sentença.

---

349 GAIO JÚNIOR, Antônio Pereira. *Tutela Específica* ..., p. 100.

350 BARBOSA MOREIRA, José Carlos. Aspectos da Execução em Emitir Declaração de Vontade *In*: *Temas de Direito Processual*. Sexta Série. São Paulo: Saraiva, 1997, p. 236.

Como dissemos e com acerto, o novel Código disciplina o julgamento das obrigações de emitir declaração de vontade nos seguintes termos:

> *"Art. 501. Na ação que tenha por objeto a emissão de declaração de vontade, a sentença que julgar procedente o pedido, uma vez transitada em julgado, produzirá todos os efeitos da declaração não emitida."*

Despiciendo notar que se trata de ação pessoal, abrangendo as declarações de vontade inadimplidas, comumente decorrentes de um negócio jurídico unilateral ou bilateral que tenha por objeto tanto bens móveis quanto imóveis.

Assim, por exemplo, desde que uma parte, em contrato preliminar, assuma uma obrigação de contratar, bem como de emitir declaração de vontade e a isso deixe de fazer ou se recuse a fazê-la, poderá a outra parte acioná-la judicialmente, objetivando, com isso, obter uma sentença que produza os mesmos efeitos da declaração não emitida pelo obrigado.

A presente solução encontra-se consubstanciada na ideia da denominada "infungibilidade jurídica", quando o Estado, através do provimento jurisdicional, cria urna situação jurídica equivalente à que se verificaria se a declaração de vontade fosse prestada pelo próprio devedor.[351]

Seção V
Da Coisa Julgada

Art. 502. Denomina-se coisa julgada material a autoridade que torna imutável e indiscutível a decisão de mérito não mais sujeita a recurso.

Notas:

Coisa julgada material. Conceito. É a autoridade que torna imutável e indiscutível a sentença, seja definitiva ou terminativa, não mais sujeita a qualquer recurso.

O instituto da coisa julgada se fundamenta, eminentemente, na necessidade da paz social, neste caso, representada pela segurança jurídica que a tutela jurisdicional deve prestar ao cidadão.

Já dizia Chiovenda que a sentença substitui o comando da lei e, neste sentido, deve prover com o objetivo da dita lei que é a pacificação social.

---

351 Sobre o efeito jurídico da sentença substitutiva da vontade, vale lembrar LIEBMAN ao afirmar: "o respeito à vontade individual não pode ser tão absoluto a ponto de impedir a produção do efeito jurídico que a declaração de vontade produziria, quando existe obrigação anterior de emitir essa declaração e o obrigado se recusa a cumpri-la" (LIEBMAN, Enrico Tullio. *Embargos do Executado.* São Paulo: Saraiva, 1952, p. 161).

Assim, é a própria lei que concede à sentença a autoridade da coisa julgada e dentro de um critério político-processual, assegura a imutabilidade e indiscutibilidade do julgado judicial.

Coisa julgada formal. É o fenômeno jurídico da imutabilidade no próprio processo em que a sentença ou o acórdão foi proferido.

Coisa julgada material. São os efeitos da imutabilidade da sentença judicial que inibem a sua (re)discussão em outro processo.

Direito Adquirido, Ato Jurídico Perfeito e Coisa Julgada. Art. 5º, XXXVI, da CF/88.

Lei de Introdução às Normas do Direito Brasileiro (LINDB):

> *"Art. 6º A Lei em vigor terá efeito imediato e geral, respeitados o ato jurídico perfeito, o direito adquirido e a coisa julgada." (Redação dada pela Lei nº 3.238, de 1957).*
>
> *§ 1º Reputa-se ato jurídico perfeito o já consumado segundo a lei vigente ao tempo em que se efetuou.*
>
> *§ 2º Consideram-se adquiridos assim os direitos que o seu titular, ou alguém por ele, possa exercer, como aqueles cujo começo do exercício tenha termo prefixo, ou condição preestabelecida inalterável, a arbítrio de outrem;*
>
> *§ 3º Chama-se coisa julgada ou caso julgado a decisão judicial de que já não caiba recurso."*

Princípio da Irretroatividade. Pelo Princípio da Irretroatividade das Leis, a lei nova não alcança os fatos produzidos antes de sua vigência. A Constituição da República Federativa do Brasil de 1988, em seu artigo 5º, inciso XXXVI, determina que "*a lei não prejudicará o direito adquirido, o ato jurídico perfeito e a coisa julgada*". Da mesma forma, o artigo 6º da LINB, acima mencionado. A partir do estabelecido nos §§ do artigo 6º da LINB torna-se possível compreender os institutos jurídicos denominados ato jurídico perfeito, direito adquirido e coisa julgada. O ato jurídico perfeito é o que já encontra-se consumado segundo a lei vigente ao tempo em que se efetuou; o direito adquirido é aquele que já se incorporou de forma definitiva ao patrimônio e à personalidade do sujeito; e a coisa julgada é a decisão judicial que não cabe mais nenhum recurso. Vejamos o caso do disposto no artigo 2.035 do Código Civil de 2002 que informa que Art. 2.035. A validade dos negócios e demais atos jurídicos, constituídos antes da entrada em vigor deste Código, obedece ao disposto nas leis anteriores, referidas no art. 2.045, mas os seus efeitos, produzidos após a vigência deste Código, aos preceitos dele se subordinam, salvo se houver sido prevista pelas partes determinada forma de execução. Isso representa que não se confunde o efeito imediato da nova norma à retroatividade genérica das leis. No caso, a nova legislação (Código Civil brasileiro de 2002) a ser imediatamente aplicada não atinge os fatos anteriores a ela, nem os efeitos consumados de tais fatos (princípio da irretroatividade da lei); mas incide nos fatos ocorridos após sua vigência, e também nos efeitos futuros – ocorridos já na sua vigência – dos fatos ocorridos antes de entrar em vigor. Proibição do Retrocesso.

De acordo com André Ramos Tavares, "a proteção a segurança jurídica, implícita ao Estado de Direito, exige, igualmente, uma proteção contra medidas retrocessivas, mas que não podem ser tidas como propriamente retroativas, já que não alcançam as figuras dos direitos adquiridos, do ato jurídico perfeito e da coisa julgada. Seria justamente o caso de se pretender a eliminação de leis regulamentadoras de direitos sociais, ainda que com pretensão meramente prospectiva (não retroativa)."[352]

Remissões:

– Art. 5º, XXXVI, da CRFB/88:

"Art. 5º Todos são iguais perante a lei, sem distinção de qualquer natureza, garantindo-se aos brasileiros e aos estrangeiros residentes no País a inviolabilidade do direito à vida, à liberdade, à igualdade, à segurança e à propriedade, nos termos seguintes:

(...)

XXXVI - a lei não prejudicará o direito adquirido, o ato jurídico perfeito e a coisa julgada;".

– Art. 6º, § 3º, da LINDB:

"Art. 6º A Lei em vigor terá efeito imediato e geral, respeitados o ato jurídico perfeito, o direito adquirido e a coisa julgada.

§ 3º Chama-se coisa julgada ou caso julgado a decisão judicial de que já não caiba recurso."

– Art. 5º, III, da Lei nº 12.016/2009 (disciplina o mandado de segurança individual e coletivo e dá outras providências):

"Art. 5º Não se concederá mandado de segurança quando se tratar:

(...)

III – de decisão judicial transitada em julgado".

352 TAVARES, André Ramos. *Curso de Direito Constitucional*. 10. ed. São Paulo: Saraiva, 2012, p. 770.

Súmulas:

STF nº 121: É vedada a capitalização de juros, ainda que expressamente convencionada.

STF nº 239: Decisão que declara indevida a cobrança do imposto em determinado exercício não faz coisa julgada em relação aos posteriores.

STF nº 423: Não transita em julgado a sentença por haver omitido o recurso 'ex officio', que se considera interposto '*ex lege*'.

STF nº 424: Transita em julgado o despacho saneador de que não houve recurso, excluídas as questões deixadas, explícita ou implicitamente, para a sentença.

STJ nº 12: Em desapropriação, são cumuláveis juros compensatórios e moratórios.

STJ nº 98: Embargos de declaração manifestados com notório propósito de prequestionamento não tem caráter protelatório.

STJ nº 102: A incidência dos juros moratórios sobre os compensatórios, nas ações expropriatórias, não constitui anatocismo vedado em lei.

STJ nº 344: A liquidação por forma diversa da estabelecida na sentença não ofende a coisa julgada.

STJ nº 401: O prazo decadencial da ação rescisória só se inicia quando não for cabível qualquer recurso do último pronunciamento judicial.

Enunciado do Fórum Permanente de Processualistas Civis:

Nº 436 do FPPC: Preenchidos os demais pressupostos, a decisão interlocutória e a decisão unipessoal (monocrática) são suscetíveis de fazer coisa julgada.

Art. 503. A decisão que julgar total ou parcialmente o mérito tem força de lei nos limites da questão principal expressamente decidida.

§ 1º O disposto no *caput* aplica-se à resolução de questão prejudicial, decidida expressa e incidentemente no processo, se:

I – dessa resolução depender o julgamento do mérito;

II – a seu respeito tiver havido contraditório prévio e efetivo, não se aplicando no caso de revelia;

III – o juízo tiver competência em razão da matéria e da pessoa para resolvê-la como questão principal.

§ 2º A hipótese do § 1º não se aplica se no processo houver restrições probatórias ou limitações à cognição que impeçam o aprofundamento da análise da questão prejudicial.

Notas:

Limites objetivos da coisa julgada. A decisão de mérito (total ou parcial) tem força de lei nos limites da questão principal expressamente decidida. Hermeneuticamente, a expressão "força de lei" traduz um sentido de coisa julgada material, razão pela qual não há falar-se em discussões posteriores, salvo as questões inerentes a ação rescisória (art. 966 CPC).

Questão prejudicial de mérito. A questão prejudicial é um antecedente lógico e necessário, é uma premissa subordinante, ou seja, questão relativa à outra relação ou estado que se apresenta como principal em uma relação controversa e que poderia, de per si, com figurar-se em uma ação autônoma.

Para entender a questão prejudicial e suas devidas implicações, verifiquemos um exemplo prático: o autor propõe ação de alimentos, fundamentando o pedido no vínculo de parentesco (alega ser filho do alimentante e junta certidão de nascimento, na qual consta que a declarante foi a mãe), na necessidade dos alimentos e na possibilidade do alimentante de prestá-los.

Neste caso, a filiação constitui uma relação jurídica de cuja existência ou inexistência depende o julgamento da lide – é uma premissa lógica e necessária da sentença.

A essa relação, teoricamente, dá-se o nome de questão prejudicial, podendo ser ela objeto de uma ação autônoma (investigação de paternidade).

O artigo em comento estabelece que a decisão que julgar total ou parcialmente o mérito terá força de lei nos limites da questão principal expressamente decidida.

Mais adiante, em seu § 1º atesta que o disposto no acima se aplica também à resolução de questão prejudicial, decidida expressa e incidentemente no processo, demonstrando com isso que, a coisa julgada atingirá, igualmente, as questões prejudiciais eventualmente ocorridas e decididas no âmbito do processo, desde que:

> I – dessa resolução dependa o julgamento do mérito;
>
> II – a seu respeito tiver havido contraditório prévio e efetivo, não se aplicando no caso de revelia;
>
> III – o juízo tiver competência em razão da matéria e da pessoa para resolvê-la como questão principal.

Aliás, ainda neste ínterim vale pontuar importante Enunciado do Fórum Permanente de Processualistas Civis:

"Nº 438. É desnecessário que a resolução expressa da questão prejudicial incidental esteja no dispositivo da decisão para ter aptidão de fazer coisa julgada."

Importante, de outro modo, constar que tal entendimento acerca da questão prejudicial não se aplicará caso no processo ocorram restrições probatórias ou limitações à cognição que impeçam o aprofundamento da análise da questão prejudicial, conforme inteligência do § 2º do art. 503.

Enunciado das Jornadas de Direito Processual Civil do Conselho da Justiça Federal:

Nº 35 do CJF: Considerando os princípios do acesso à justiça e da segurança jurídica, persiste o interesse de agir na propositura de ação declaratória a respeito da questão prejudicial incidental, a ser distribuída por dependência da ação preexistente, inexistindo litispendência entre ambas as demandas (arts. 329 e 503, § 1º, do CPC).

Enunciados do Fórum Permanente de Processualistas Civis:

Nº 111 do FPPC: Persiste o interesse no ajuizamento de ação declaratória quanto à questão prejudicial incidental.

Nº 165 do FPPC: Independentemente de provocação, a análise de questão prejudicial incidental, desde que preencha os pressupostos dos parágrafos do art. 503, está sujeita à coisa julgada.

Nº 313 do FPPC: São cumulativos os pressupostos previstos nos § 1º e seus incisos, observado o § 2º do art. 503.

Nº 338 do FPPC: Cabe ação rescisória para desconstituir a coisa julgada formada sobre a resolução expressa da questão prejudicial incidental.

Nº 367 do FPPC: Para fins de interpretação do art. 1.054, entende-se como início do processo a data do protocolo da petição inicial.

Nº 437 do FPPC: A coisa julgada sobre a questão prejudicial incidental se limita à existência, inexistência ou modo de ser de situação jurídica, e à autenticidade ou falsidade de documento.

Nº 438 do FPPC: É desnecessário que a resolução expressa da questão prejudicial incidental esteja no dispositivo da decisão para ter aptidão de fazer coisa julgada.

Nº 439 do FPPC: Nas causas contra a Fazenda Pública, além do preenchimento dos pressupostos previstos no art. 503, §§ 1º e 2º, a coisa julgada sobre a questão prejudicial incidental depende de remessa necessária, quando for o caso.

Nº 638 do FPPC: A formação de coisa julgada sobre questão prejudicial incidental, cuja resolução como principal exigiria a formação de litisconsórcio necessário unitário, pressupõe contraditório efetivo por todos os legitimados, observada a parte final do art. 506.

Nº 696 do FPPC: Aplica-se o regramento da coisa julgada sobre questão prejudicial incidental ao regime da coisa julgada nas ações coletivas.

Art. 504. Não fazem coisa julgada:

I – os motivos, ainda que importantes para determinar o alcance da parte dispositiva da sentença;

II – a verdade dos fatos, estabelecida como fundamento da sentença.

Notas:

A definição dos limites objetivos da causa julgada está relacionada à questão de se saber quais partes da sentença estão cobertas pela coisa julgada.

O CPC, no art. 504, expressamente define o que não faz coisa julgada em uma sentença.

Neste sentido, a partir do conhecimento dos elementos necessários de tal ato processual (relatório, fundamentação e dispositivo), resulta entendimento de que apenas o dispositivo da sentença, ou seja, a parte que contém a norma concreta (preceito enunciado pelo juiz) é que está apto a revestir-se de coisa julgada.

Outrossim, ainda que se leve à conclusão de que somente faz coisa julgada (material) o dispositivo da sentença, isto é, a sua conclusão tornando-se imutável, por exemplo, a condenação do réu, a declaração de falsidade de um documento, a anulação de um casamento, no processo civil moderno, os fatos e a certificação da verdade não podem ser ignorados quando do estabelecimento dos limites da coisa julgada. Quer-se com isso entender que "a coisa julgada abrange não só a resposta contida no dispositivo da sentença, mas se estende à relação jurídica material básica acertada em função das questões solucionadas para compor a situação jurídica controvertida."[353]

Na mesma toada, bem pontua Vicente Greco Filho[354] que, em princípio, a parte dispositiva deve estar concentrada e resumida no final da sentença, no entanto pode ocorrer que o juiz, ao fazer a fundamentação, decida algum ponto da lide principal, sem depois reproduzir, em resumo, no dispositivo. Neste caso,

[353] THEODORO JÚNIOR, Humberto. *Curso de Direito Processual Civil*. Vol. I. 56. ed. Rio de Janeiro: Forense, 2015, p. 1119.

[354] *Direito Processual Civil Brasileiro*. Vol. II. 18. ed. São Paulo: Saraiva, 2007, p. 278-279.

tal decisão fará coisa julgada, visto que, apesar de formalmente não fazer parte do dispositivo, tem conteúdo dispositivo.

Como exemplo, temos: se o juiz, ao discutir o cabimento ou não, de uma multa já paga, vem a entendê-la incabível e depois, no dispositivo, condena o réu em quantia fixa que corresponde ao principal, a falta de referência à multa no dispositivo, na verdade, não deixa de tê-la excluído e, neste sentido, de maneira substancial, pertencerá também ao dispositivo e será atingida pelo efeito da imutabilidade quando transitado em julgado tal sentença.

Nas ideias de Liebman,[355] é exato dizer que a coisa julgada se restringe à parte dispositiva da sentença; essa expressão, todavia, deve dar-se em sentido substancial e não formalista, de modo que abranja não só a parte final da sentença, como também qualquer outro ponto em que tenha o juiz eventualmente provido sobre os pedidos.

Súmula:

STF nº 239: Decisão que declara indevida a cobrança do imposto em determinado exercício não faz coisa julgada em relação aos posteriores.

Art. 505. Nenhum juiz decidirá novamente as questões já decididas relativas à mesma lide, salvo:

I – se, tratando-se de relação jurídica de trato continuado, sobreveio modificação no estado de fato ou de direito, caso em que poderá a parte pedir a revisão do que foi estatuído na sentença;

II – nos demais casos prescritos em lei.

Notas:

Preclusão. Mesmo processo. Em sentido geral, decidida uma vez a questão, o juiz estará impossibilitado de decidi-la novamente, isto em virtude da ocorrência de coisa julgada ou mesmo da preclusão (arts. 505, *caput* e 507 do CPC).

O nosso sistema processual, entretanto, no tocante às chamadas relações jurídicas continuativas excetuou o entendimento supracitado, onde, através do art. 505. I e II possibilita àquelas relações com características de continuidade, uma vez ocorrendo alteração dos elementos fáticos que subsidiaram a sentença, a devida revisão (exceção à imutabilidade e indiscutibilidade da sentença).

Ex. 1: Ação de alimentos, na qual a prestação alimentícia, uma vez fixada por sentença, poderá ser revisada desde que subsidiada em alterações decorrentes da possibilidade de pagamento do alimentante, como também da real necessidade do alimentado (ou alimentando).

---

[355] *Estudos sôbre o Processo Civil Brasileiro*. São Paulo: Saraiva, 1947, 168.

Ex. 2: Regulamentação da guarda de filhos, podendo ser revisada em virtude das circunstâncias do momento.

Em tais hipóteses (relações jurídicas continuativas) há coisa julgada formal, isto é, impede-se a discussão em torno de questões relativas à relação jurídica processual, no entanto não proíbe que qualquer das partes ajuíze outra ação com fundamento em mudança superveniente (relacionada com o direito material discutido).

Assim, a sentença a ser prolatada em ação revisional integrará aquela já proferida em ação anterior, constituindo em uma nova situação jurídica, porém, agora, de acordo com o tempo atual das coisas.

Súmulas:

STF nº 239: Decisão que declara indevida a cobrança do imposto em determinado exercício não faz coisa julgada em relação aos posteriores.

STJ nº 85: Nas relações jurídicas de trato sucessivo em que a Fazenda Pública figure como devedora, quando não tiver sido negado próprio direito reclamado, a prescrição atinge apenas as prestações vencidas antes do quinquênio anterior a propositura da ação.

Art. 506. A sentença faz coisa julgada às partes entre as quais é dada, não prejudicando terceiros.

Notas:

Limites subjetivos da coisa julgada. A definição dos limites subjetivos da coisa julgada está relacionada à questão de se saber quem é atingido pela coisa julgada material.

Na verdade, a sentença é ato processual com força de pronunciamento estatal e, portanto, vale para todos. O que realmente terá limite é a imutabilidade e indiscutibilidade da sentença, ou seja, a coisa julgada, esta sim não poderá nem prejudicar nem beneficiar terceiros, estranhos à relação processual onde foi proferida decisão transitada em julgado.

Faz-se fundamental aqui referência à doutrina de Liebman[356] quanto à extensão da coisa julgada:

356 *Eficácia e Autoridade da Sentença e outros escritos sobre a coisa julgada.* 3 ed. Rio de Janeiro: Forense, 1984.

- Eficácia natural da sentença (relacionada com o respeito quanto ao pronunciamento estatal e sua força): vale para todos (*erga omnes*) tal como acontece com qualquer ato.
- Autoridade da coisa julgada (relacionada à imutabilidade e indiscutibilidade): incide sobre as partes, atuando somente sobre elas.

É de se notar que o terceiro (estranho) é alcançado pela eficácia natural da sentença, e, sentindo-se juridicamente prejudicado pela tal eficácia, poderá se insurgir contra aquilo que foi julgado entre as partes.

Remissão:

- Art. 16 da Lei nº 7.347/1985 (Lei da Ação Civil Pública):

"Art. 16. A sentença civil fará coisa julgada erga omnes, nos limites da competência territorial do órgão prolator, exceto se o pedido for julgado improcedente por insuficiência de provas, hipótese em que qualquer legitimado poderá intentar outra ação com idêntico fundamento, valendo-se de nova prova".

Enunciado das Jornadas de Direito Processual Civil do Conselho da Justiça Federal:

Nº 36 do CJF: O disposto no art. 506 do CPC não permite que se incluam, dentre os beneficiados pela coisa julgada, litigantes de outras demandas em que se discuta a mesma tese jurídica.

Enunciados do Fórum Permanente de Processualistas Civis:

Nº 234 do FPPC: A decisão de improcedência na ação proposta pelo credor beneficia todos os devedores solidários, mesmo os que não foram partes no processo, exceto se fundada em defesa pessoal.

Nº 436 do FPPC: Preenchidos os demais pressupostos, a decisão interlocutória e a decisão unipessoal (monocrática) são suscetíveis de fazer coisa julgada.

Nº 638 do FPPC: A formação de coisa julgada sobre questão prejudicial incidental, cuja resolução como principal exigiria a formação de litisconsórcio necessário unitário, pressupõe contraditório efetivo por todos os legitimados, observada a parte final do art. 506.

Art. 507. É vedado à parte discutir no curso do processo as questões já decididas a cujo respeito se operou a preclusão.

Notas:

Preclusão. Confira os apontamentos ao art. 505 do CPC.

Enunciado do Fórum Permanente de Processualistas Civis:

Nº 234 do FPPC: A decisão de improcedência na ação proposta pelo credor beneficia todos os devedores solidários, mesmo os que não foram partes no processo, exceto se fundada em defesa pessoal.

Art. 508. Transitada em julgado a decisão de mérito, considerar-se-ão deduzidas e repelidas todas as alegações e as defesas que a parte poderia opor tanto ao acolhimento quanto à rejeição do pedido.

Notas:

Alegações repelidas. A partir do trânsito em julgado da decisão de mérito, as partes estão impossibilitadas de alegar qualquer outra questão relacionada com a lide, sobre a qual pesa o manto da coisa julgada.

CAPÍTULO XIV
DA LIQUIDAÇÃO DE SENTENÇA

Art. 509. Quando a sentença condenar ao pagamento de quantia ilíquida, proceder-se-á à sua liquidação, a requerimento do credor ou do devedor:

I – por arbitramento, quando determinado pela sentença, convencionado pelas partes ou exigido pela natureza do objeto da liquidação;

II – pelo procedimento comum, quando houver necessidade de alegar e provar fato novo.

§ 1º Quando na sentença houver uma parte líquida e outra ilíquida, ao credor é lícito promover simultaneamente a execução daquela e, em autos apartados, a liquidação desta.

§ 2º Quando a apuração do valor depender apenas de cálculo aritmético, o credor poderá promover, desde logo, o cumprimento da sentença.

§ 3º O Conselho Nacional de Justiça desenvolverá e colocará à disposição dos interessados programa de atualização financeira.

§ 4º Na liquidação é vedado discutir de novo a lide ou modificar a sentença que a julgou.

Notas:

Cabe a ação de liquidação de sentença quando o título executivo for ilíquido (natureza constitutivo-integrativa do título executivo). O inciso I trata da liquidação por arbitramento que é realizada por meio de perito nomeado pelo magistrado. O inciso II cuida da liquidação pelo procedimento comum, quando houver necessidade de alegar e provar fato novo que irão determinar o valor da condenação.

O § 1º cuida da hipótese em que existe uma parte líquida e ilíquida da sentença. O § 2º trata da dispensa de liquidação quando a apuração do valor depender apenas de cálculo aritmético. O § 3º refere-se ao programa de atualização financeira a ser desenvolvido pelo Conselho Nacional de Justiça.

Por fim, o § 4º veda a rediscussão da lide e a modificação da sentença.

Remissão:

– Art. 38 da Lei nº 9.099/1995 (dispõe sobre os Juizados Especiais Cíveis e Criminais e dá outras providências):

"Art. 38. A sentença mencionará os elementos de convicção do Juiz, com breve resumo dos fatos relevantes ocorridos em audiência, dispensado o relatório.

Parágrafo único. Não se admitirá sentença condenatória por quantia ilíquida, ainda que genérico o pedido".

Súmulas:

STF nº 254: Incluem-se os juros moratórios na liquidação, embora omisso o pedido inicial ou a condenação.

STJ nº 344: A liquidação por forma diversa estabelecida na sentença não ofende a coisa julgada.

Enunciados das Jornadas de Direito Processual Civil do Conselho da Justiça Federal:

Nº 145 do CJF: O recurso cabível contra a decisão que julga a liquidação de sentença é o Agravo de Instrumento.

Nº 236 do CJF: Na ação coletiva para tutela de direitos individuais homogêneos, a sentença condenatória que determina obrigação de pagar poderá ser líquida, determinando-se, preferencialmente, o cumprimento de forma direta pelo réu aos beneficiários.

Art. 510. Na liquidação por arbitramento, o juiz intimará as partes para a apresentação de pareceres ou documentos elucidativos, no prazo que fixar, e, caso não possa decidir de plano, nomeará perito, observando-se, no que couber, o procedimento da prova pericial.

Notas:

Liquidação por arbitramento. Trata-se de liquidação realizada por meio de um perito, devidamente nomeado pelo juiz, cujo objetivo é a apuração do *quantum* da condenação, este dependendo, exclusivamente, da avaliação de uma coisa, um serviço ou um prejuízo, a ser realizada por quem detenha conhecimento técnico específico.

Importante frisar que, na liquidação por arbitramento, não há lugar para a produção de prova oral, sendo que na eventualidade de necessitar-se de prova documental, esta somente poderá ser produzida caso tenha relação direta e exclusivamente com avaliação.

São exemplos de casos de abarcam liquidação por arbitramento, sentenças condenatórias em ações de indenização como pedido de lucros cessantes por reconhecida inatividade de pessoa ou serviço decorrente da causa de pedir (*fatos+fundamentos jurídicos*), desvalorização de veículos acidentados, indenização por danos causados em imóvel; casos como " Companhia aérea V, em virtude de extravio de bagagem do passageiro P, é condenada a pagar a esse, a título de indenização por danos morais e patrimoniais, uma determinada quantia, que, porém, não foi fixada pelo juiz"

Súmula:

STJ nº 83: Não se conhece do recurso especial pela divergência, quando a orientação do tribunal se firmou no mesmo sentido da decisão recorrida.

Art. 511. Na liquidação pelo procedimento comum, o juiz determinará a intimação do requerido, na pessoa de seu advogado ou da sociedade de advogados a que estiver vinculado, para, querendo, apresentar contestação no prazo de 15 (quinze) dias, observando-se, a seguir, no que couber, o disposto no Livro I da Parte Especial deste Código.

Notas:

Liquidação pelo procedimento comum. Na esteira do que prescreve o artigo em tela, será a liquidação realizada pelo procedimento comum, quando houver necessidade de alegar e provar fato novo, com o intuito de apurar o valor da condenação.

Entende-se por "fato novo" o acontecimento apto a determinar o valor da condenação.

Poderá ele decorrer: (I) de evento ocorrido após a prolação da sentença, guardando relação direta com a determinação da extensão ou do *quantum* da obrigação reconhecida naquele ato sentencial; (II) fato que, mesmo não superveniente à sentença, não haja sido discutido e apreciado no juízo de conhecimento e deva servir de base à liquidação.[357]

357 CASTRO, Amilcar. *Comentários ao CPC*. Vol. VIII. 3. ed. São Paulo: RT, 1983, p. 126.

Súmula:

STJ nº 118: O agravo de instrumento é o recurso cabível da decisão que homologa a atualização do cálculo da liquidação.

Art. 512. A liquidação poderá ser realizada na pendência de recurso, processando-se em autos apartados no juízo de origem, cumprindo ao liquidante instruir o pedido com cópias das peças processuais pertinentes.

Notas:

É possível que seja requerida a liquidação de sentença mesmo com a pendência de recurso interposto contra a sentença liquidanda.

TÍTULO II
DO CUMPRIMENTO DA SENTENÇA

CAPÍTULO I
DISPOSIÇÕES GERAIS

Art. 513. O cumprimento da sentença será feito segundo as regras deste Título, observando-se, no que couber e conforme a natureza da obrigação, o disposto no Livro II da Parte Especial deste Código.

§ 1º O cumprimento da sentença que reconhece o dever de pagar quantia, provisório ou definitivo, far-se-á a requerimento do exequente.

§ 2º O devedor será intimado para cumprir a sentença:

I – pelo Diário da Justiça, na pessoa de seu advogado constituído nos autos;

II – por carta com aviso de recebimento, quando representado pela Defensoria Pública ou quando não tiver procurador constituído nos autos, ressalvada a hipótese do inciso IV;

III – por meio eletrônico, quando, no caso do § 1º do art. 246, não tiver procurador constituído nos autos;

IV – por edital, quando, citado na forma do art. 256, tiver sido revel na fase de conhecimento.

§ 3º Na hipótese do § 2º, incisos II e III, considera-se realizada a intimação quando o devedor houver mudado de endereço sem prévia comunicação ao juízo, observado o disposto no parágrafo único do art. 274.

§ 4º Se o requerimento a que alude o § 1º for formulado após 1 (um) ano do trânsito em julgado da sentença, a intimação será feita na pessoa do devedor, por meio de carta com aviso de recebimento encaminhada ao endereço constante dos autos, observado o disposto no parágrafo único do art. 274 e no § 3º deste artigo.

§ 5º O cumprimento da sentença não poderá ser promovido em face do fiador, do coobrigado ou do corresponsável que não tiver participado da fase de conhecimento.

Notas:

Cognição e Execução: entre a dualidade e unicidade processual:

Outrora, regra geral na processualística civil pátria era a clássica autonomia que, historicamente, fora construída pela doutrina europeia continental, em que os processos de cognição e execução se divorciavam em atividades distintas dado que, indubitavelmente, objetivavam tutelas complementares, mas com atividades jurisdicionais em diferentes teores, tendo, inclusive, vozes da doutrina a propugnar por uma especialização de juízos e magistrados nas atividades especificamente executórias.[358]

Pautado no modelo estrutural do processo civil continental europeu – processo civil clássico – a tutela jurisdicional sempre foi desenvolvida por meio de processos distintos, havendo, conforme já referido, uma dualidade entre conhecimento e execução. Destarte, a efetiva prestação jurisdicional, à luz de tal modelo, se fazia incipiente, visto que, ao mesmo tempo em que reconhecia a titularidade do direito material ora inadimplido, do outro lado não entregava de maneira eficiente, ou seja, não transformava para o mundo dos fatos ou realidade perceptível, a fruição do direito ao exercício pleno por parte do vencedor da demanda, restando-lhe, diante da resistência ou do não cumprimento voluntário do comando da sentença por parte do condenado, nenhuma outra alternativa senão o manejo de uma nova provocação ao judiciário sob o manto de um Processo de Execução.

Com o advento da Lei nº 11.232/2005, alterou-se a sistemática da execução de sentença condenatória relativa à obrigação de pagamento por quantia certa contra devedor solvente, escolhendo o legislador pátrio amenizar a dicotomia outrora existente como nota só entre cognição e execução.

Nesse sentido, inclusas foram ao nosso ordenamento processual civil, novatas dicções ao art. 475 do CPC/1973 e, mais precisamente, no art. 475-I e segs. do CPC/1973, emergindo daí uma fase denominada de "Cumprimento da Sentença", cujo desenvolvimento se dará por meio de atividades executórias de forma incidental ao processo de conhecimento, mantendo-se na devida unidade

---

358 Sobre o assunto, ver GRECO, Leonardo. *Uma pauta para a Reforma do Processo de Execução*. Boletim Legislativo Adcoas, n. 18, 1995.

processual, possibilitando reconhecimento do direito oriundo da sentença e sua própria satisfação no âmbito do mesmo processo.

Tivemos então, com a nova sistemática, um procedimento executivo incidental, afastando a incidência em caráter absoluto do processo de execução *ex intervallo*. A fase de execução da sentença foi deslocada para o contexto do processo de conhecimento, ficando reservada a necessidade da instauração de relação processual *juris* satisfativa apenas para as execuções aparelhadas por títulos executivos extrajudiciais e algumas situações excepcionais, ainda que o título fosse judicializado (dentre outras hipóteses, as ações de Execução de Alimentos contra a Fazenda Pública – art. 730 e segs. do CPC/1973).

Assim, as mudanças ocorridas afastaram-se da concepção romanística de autonomia dos processos de conhecimento e execução, restando abolida a *actio judicati*, dando azo ao estabelecimento de um sistema instrumental sincrético, mais próximo da modelagem do real, em atenção aos princípios da efetividade e brevidade processual.

No que toca ao sincrestimo processual, Alcalá-Zamora[359], de forma destacada, se posicionou firme contra a dualidade entre processo de conhecimento e processo de execução, propugnando pela necessidade de que "a unidade da relação jurídica e da função processual se estenda ao longo de todo o procedimento, em vez de romper-se em dado momento", posição essa que também sempre defendemos[360] não somente pela questão da presteza na solução e posterior entrega efetiva da prestação jurisdicional com qualidade, mas, sobretudo, pelo fato de que a ciência deve, inegavelmente, estar a serviço da sociedade que dela se nutre e daí, sob o manto de um cego respeito dogmático, na convicção de transformação social sob o comando da aplicabilidade do que foi construído – com todos os seus méritos – a outro tecido social, não seria razoável e de digno acerto a permanência em caráter absoluto do modelo divorciado entre cognição (reconhecimento do direito) e execução (satisfação do direito reconhecido).

Também, entre nós, mais hodienamente, Theodoro Jr., já se posicionava acerca do sistema de dicotomia existente entre cognição e execução, ao manifestar a inexistência de "razão, no plano lógico, para continuar a considerar, nas ações condenatórias, a força executória como diferida, se nas ações especiais a execução pode ser admitida como parte integrante essencial da própria ação originária. Nossa proposição é que, em se abandonando velhas e injustificáveis tradições romanísticas, toda e qualquer pretensão condenatória possa ser examinada e atendida dentro de um único processo de sorte que o ato final de satisfação do

---

359 ALCALÁ-ZAMORA Y CASTILLO, Niceto. *Proceso, Autocomposición y Autodefensa*. 2. ed. México: Unam, 1970, p. 149.

360 Ver o nosso *Tutela Específica das Obrigações de Fazer*. 5. ed. Curitiba: Juruá, 2015.

direito do autor não venha a se transformar em uma nova e injustificável ação, como ocorre, atualmente, em nosso processo civil."[361]

Nesse compasso, diante da possibilidade legal de termos em um mesmo processo reconhecimento e satisfação do direito, coube ao legislador dar tratamentos procedimentais diferenciados quando da natureza dos títulos executivos, sejam eles, *v.g.*, decorrentes de sentenças condenando a Obrigações de Fazer, Não Fazer, Entregar Coisa, em que se satisfazem por meio de comandos decorrentes da própria sentença – casos da executiva *lato sensu* e mandamental – ou decorrentes de sentenças condenatórias ao cumprimento de Obrigações de Pagar Quantia, esta, como já comentado, sendo satisfeita mediante o procedimento do "Cumprimento da Sentença" inaugurado pela Lei nº 11.232/2005, representando, de certo, como uma fase do processo de cognição.

Com o advento do CPC/2015, mantida fora a lógica do estabelecimento de um sistema instrumental sincrético, com a fase de execução da sentença deslocada para o contexto do processo de conhecimento, ficando reservada a necessidade da instauração de relação processual *juris* satisfativa apenas para as execuções aparelhadas por títulos executivos extrajudiciais.

A despeito a manutenção da lógica supracitada, cabe anotar que tivemos também modificações, não somente nominativas como de ordem organizacional no âmbito do próprio novato código.

Assim, fora condensado em um mesmo livro – Livro I, Título II da Parte Especial– os procedimentos relacionados à execução de títulos executivos judiciais, sendo a todos dados, indistintamente a nomenclatura de "Cumprimento de Sentença", nos seguintes termos: (i) Cumprimento Definitivo da Sentença que Reconhece a Exigibilidade de Obrigação de Pagar Quantia Certa; (ii) Cumprimento de Sentença que Reconheça a Exigibilidade de Obrigação De Prestar Alimentos; (iii) Cumprimento de Sentença que Reconheça a Exigibilidade de Obrigação de Pagar Quantia Certa pela Fazenda Pública; e (iv) Cumprimento de Sentença que Reconheça a Exigibilidade de Obrigação de Fazer, de Não Fazer ou de Entregar Coisa.

O art. 513:

Será o cumprimento da sentença realizado de acordo com as regras deste Título, observando-se, no que couber e conforme a natureza da obrigação, o disposto no Livro II da Parte Especial deste Código, mais precisamente o Processo de Execução, daí a importância de tal sistemática intercambiável entre

[361] THEODORO JÚNIOR, Humberto. *A Execução de Sentença e a Garantia do Devido Processo Legal*. São Paulo: Aide, 1987, p. 239.

os livros, de modo a que não reste omissão que seja despida de completude em seu conteúdo.[362]

De acordo com § 1º o cumprimento da sentença que reconhece o dever de pagar quantia, provisório ou definitivo, far-se-á a requerimento do exequente.

Dito requerimento deverá estar instruído com demonstrativo discriminado e atualizado do crédito, devendo ainda a conter, *ex vi* do art. 524:

> I – o nome completo, o número de inscrição no Cadastro de Pessoas Físicas ou no Cadastro Nacional da Pessoa Jurídica do exequente e do executado, observado o disposto no art. 319, §§ 1º a 3º:
>
> II – o índice de correção monetária adotado;
>
> III – os juros aplicados e as respectivas taxas;
>
> IV – o termo inicial e o termo final dos juros e da correção monetária utilizados;
>
> V – a periodicidade da capitalização dos juros, se for o caso;
>
> VI – especificação dos eventuais descontos obrigatórios realizados;
>
> VII – indicação dos bens passíveis de penhora, sempre que possível.

Em se tratando de problemas relativos aos cálculos apresentados pelo exequente, peço ao leitor que se dirija ao capítulo anterior da obra, este relativo à Teoria Geral da Execução, mais precisamente no item denominado "*Liquidação de Sentença*".

De acordo com o § 2º o devedor será intimado para cumprir a sentença.

Ressalta-se que a intimação do devedor possui alguns importantes nuances.

Assim, será o devedor intimado para cumprir a sentença: (i) pelo Diário da Justiça, na pessoa de seu advogado devidamente constituído nos autos; (ii) por carta com aviso de recebimento, quando representado pela Defensoria Pública ou quando não tiver procurador constituído nos autos, ressalvada a hipótese do inciso IV; (iii) por meio eletrônico, quando, no caso do § 1º do art. 246, não tiver procurador constituído nos autos; (iv) pela via editalícia, quando, citado na forma do art. 256, tiver sido revel na fase de conhecimento.

Conforme assegura o § 3º do art. 513, nas hipóteses previstas nos incisos II e III do § 2º do também art. 513, considerar-se-á realizada a intimação quando

---

[362] Dita questão se justifica quando enfrentamos o Cumprimento da Sentença e o Processo de Execução a partir de uma Teoria Geral da Execução. Cf GAIO JÚNIOR, Antônio Pereira. *Instituições de Direito Processual Civil*. 2. ed. Belo Horizonte: Del Rey, 2013, mais precisamente o Capítulo 17.

o devedor houver mudado de endereço sem prévia comunicação ao juízo, observado o disposto no parágrafo único do art. 274, este que regra o seguinte:

> "*Presumem-se válidas as intimações dirigidas ao endereço constante dos autos, ainda que não recebidas pessoalmente pelo interessado, se a modificação temporária ou definitiva não tiver sido devidamente comunicada ao juízo, fluindo os prazos a partir da juntada aos autos do comprovante de entrega da correspondência no primitivo endereço.*"

Caso o requerimento do exequente for postulado após 1 (um) ano do trânsito em julgado da sentença, a intimação será feita na pessoa do devedor, por meio de carta com aviso de recebimento encaminhada ao endereço constante dos autos, observado o disposto no parágrafo único do art. 274 e no § 3º do art. 513, ambos retro mencionados.

Ainda, para fins de participação como sujeito passivo no âmbito do cumprimento da sentença definitiva que reconheça a obrigação de pagar quantia, estão excetuados o fiador, o coobrigado ou o corresponsável que não tiver participado da fase de conhecimento, portanto, onde se reconheceu o título executivo judicial objeto do cumprimento de sentença em tela (§ 5º do art. 513).

Remissões:

– Art. 16 da Lei nº 10.259/2001 (dispõe sobre a instituição dos Juizados Especiais Cíveis e Criminais no âmbito da Justiça Federal):

"Art. 16. O cumprimento do acordo ou da sentença, com trânsito em julgado, que imponham obrigação de fazer, não fazer ou entrega de coisa certa, será efetuado mediante ofício do Juiz à autoridade citada para a causa, com cópia da sentença ou do acordo".

– Art. 11º da Lei nº 7.347/1985 (Lei da Ação Civil Pública):

"Art. 11. Na ação que tenha por objeto o cumprimento de obrigação de fazer ou não fazer, o juiz determinará o cumprimento da prestação da atividade devida ou a cessação da atividade nociva, sob pena de execução específica, ou de cominação de multa diária, se esta for suficiente ou compatível, independentemente de requerimento do autor".

– Art. 26 da Lei nº 12.016/2009 (disciplina o mandado de segurança individual e coletivo e dá outras providências):

"Art. 26. Constitui crime de desobediência, nos termos do art. 330 do Decreto-Lei nº 2.848, de 7 de dezembro de 1940, o não cumprimento das decisões proferidas em mandado de segurança, sem prejuízo das sanções administrativas e da aplicação da Lei no 1.079, de 10 de abril de 1950, quando cabíveis".

Súmula:

STJ nº 268: O fiador que não integrou a relação processual na ação de despejo não responde pela execução do julgado.

Enunciado das Jornadas de Direito Processual Civil do Conselho da Justiça Federal:

Nº 15 do CJF: Aplicam-se às entidades referidas no § 3º do art. 186 do CPC as regras sobre intimação pessoal das partes e suas testemunhas (art. 186, § 2º; art. 455, § 4º, IV; art. 513, § 2º, II e art. 876, § 1º, II, todos do CPC).

Art. 514. Quando o juiz decidir relação jurídica sujeita a condição ou termo, o cumprimento da sentença dependerá de demonstração de que se realizou a condição ou de que ocorreu o termo.

Notas:

Não há qualquer novidade no presente dispositivo, conservando ele a regra já disposta no art. 572 do CPC/1973.

Assim, decidindo o magistrado relação jurídica sujeita a condição ou temo, o cumprimento da sentença dependerá da efetiva demonstração de que aquela condição foi realizada ou mesmo que o termo se deu.

Art. 515. São títulos executivos judiciais, cujo cumprimento dar-se-á de acordo com os artigos previstos neste Título:

I – as decisões proferidas no processo civil que reconheçam a exigibilidade de obrigação de pagar quantia, de fazer, de não fazer ou de entregar coisa;

II – a decisão homologatória de autocomposição judicial;

III – a decisão homologatória de autocomposição extrajudicial de qualquer natureza;

IV – o formal e a certidão de partilha, exclusivamente em relação ao inventariante, aos herdeiros e aos sucessores a título singular ou universal;

V – o crédito de auxiliar da justiça, quando as custas, emolumentos ou honorários tiverem sido aprovados por decisão judicial;

VI – a sentença penal condenatória transitada em julgado;

VII – a sentença arbitral;

VIII – a sentença estrangeira homologada pelo Superior Tribunal de Justiça;

IX – a decisão interlocutória estrangeira, após a concessão do *exequatur* à carta rogatória pelo Superior Tribunal de Justiça;

X – (VETADO).

§ 1º Nos casos dos incisos VI a IX, o devedor será citado no juízo cível para o cumprimento da sentença ou para a liquidação no prazo de 15 (quinze) dias.

§ 2º A autocomposição judicial pode envolver sujeito estranho ao processo e versar sobre relação jurídica que não tenha sido deduzida em juízo.

Notas:

Nosso Código de Processo Civil enumera os títulos executivos judiciais e extrajudiciais nos arts. 515 e 784.

Vale lembrar que os primeiros serão satisfeitos via fase de "Cumprimento da Sentença", procedimento esse atrelado ao Processo de Cognição, não necessitando da formação de Processo de Execução autônomo. Já, quanto aos segundos, o dito Processo de Execução autônomo se faz necessário para a satisfação da obrigação neles inclusa.

Remissões:

– Arts. 22, § 1º e 57 da Lei nº 9.099/1995 (Dispõe sobre os Juizados Especiais Cíveis e Criminais e dá outras providências):

"Art. 22. A conciliação será conduzida pelo Juiz togado ou leigo ou por conciliador sob sua orientação.

§ 1º Obtida a conciliação, esta será reduzida a escrito e homologada pelo Juiz togado mediante sentença com eficácia de título executivo".

"Art. 57. O acordo extrajudicial, de qualquer natureza ou valor, poderá ser homologado, no juízo competente, independentemente de termo, valendo a sentença como título executivo judicial.

Parágrafo único. Valerá como título extrajudicial o acordo celebrado pelas partes, por instrumento escrito, referendado pelo órgão competente do Ministério Público".

– Art. 5º, § 6º, da Lei nº 7.347/1985 (Lei da Ação Civil Pública):

"Art. 5º Têm legitimidade para propor a ação principal e a ação cautelar:

(...)

§ 6º Os órgãos públicos legitimados poderão tomar dos interessados compromisso de ajustamento de sua conduta às exigências legais, mediante cominações, que terá eficácia de título executivo extrajudicial".

– Art. 31 da Lei nº 9.307/1996 (Lei da Arbitragem):

"Art. 31. A sentença arbitral produz, entre as partes e seus sucessores, os mesmos efeitos da sentença proferida pelos órgãos do Poder Judiciário e, sendo condenatória, constitui título executivo".

– Arts. 20 e 32, § 3º da Lei nº 13.140/2015 (Lei da Mediação):

"Art. 20. O procedimento de mediação será encerrado com a lavratura do seu termo final, quando for celebrado acordo ou quando não se justificarem novos esforços para a obtenção de consenso, seja por declaração do mediador nesse sentido ou por manifestação de qualquer das partes.

Parágrafo único. O termo final de mediação, na hipótese de celebração de acordo, constitui título executivo extrajudicial e, quando homologado judicialmente, título executivo judicial.

(...)

Art. 32. A União, os Estados, o Distrito Federal e os Municípios poderão criar câmaras de prevenção e resolução administrativa de conflitos, no âmbito dos respectivos órgãos da Advocacia Pública, onde houver, com competência para:

(...)

§ 3º Se houver consenso entre as partes, o acordo será reduzido a termo e constituirá título executivo extrajudicial.

(...)".

Recurso Extraordinário

EXECUÇÃO – AÇÃO COLETIVA – RITO ORDINÁRIO – ASSOCIAÇÃO – BENEFICIÁRIOS. Beneficiários do título executivo, no caso de ação proposta por associação, são aqueles que, residentes na área compreendida na jurisdição do órgão julgador, detinham, antes do ajuizamento, a condição de filiados e constaram da lista apresentada com a peça inicial. (STF, RE 612.043, Relator(a): MARCO AURÉLIO, Tribunal Pleno, julgado em 10/05/2017, PROCESSO ELETRÔNICO REPERCUSSÃO GERAL – MÉRITO DJe-229 DIVULG 05-10-2017 PUBLIC 06-10-2017)

Recursos Especiais Repetitivos:

Fixa-se a seguinte tese repetitiva para o Tema 1.029/STJ: "Não é possível propor nos Juizados Especiais da Fazenda Pública a execução de título executivo formado em Ação Coletiva que tramitou sob o rito ordinário, assim como impor o rito sumaríssimo da Lei 12.153/2009 ao juízo comum da execução. (STJ, Tema Repetitivo 1.029 – REsp 1804186/SC e REsp 1.804.188/SC, Rel. Ministro HERMAN BENJAMIN, PRIMEIRA SEÇÃO, julgado em 12/08/2020, DJe 11/09/2020).

Para fins do art. 543-C do CPC, firma-se a seguinte tese: "A sentença, qualquer que seja sua natureza, de procedência ou improcedência do pedido, constitui título executivo judicial, desde que estabeleça obrigação de pagar quantia, de fazer, não fazer ou entregar coisa, admitida sua prévia liquidação e execução nos próprios autos". (STJ, Tema Repetitivo 889 – REsp 1.324.152/

SP, Rel. Ministro LUIS FELIPE SALOMÃO, CORTE ESPECIAL, julgado em 04/05/2016, DJe 15/06/2016).

Súmula:

STJ nº 461: O contribuinte pode optar por receber, por meio de precatório ou por compensação, o indébito tributário certificado por sentença declaratória transitada em julgado.

Enunciados das Jornadas de Direito Processual Civil do Conselho da Justiça Federal:

Nº 85 do CJF: Na execução de título extrajudicial ou judicial (art. 515, § 1º, do CPC) é cabível a citação postal.

Nº 87 do CJF: O acordo de reparação de danos feito durante a suspensão condicional do processo, desde que devidamente homologado por sentença, é título executivo judicial.

Enunciados do Fórum Permanente de Processualistas Civis:

Nº 440 do FPPC: O art. 516, III e o seu parágrafo único aplicam-se à execução de decisão interlocutória estrangeira, após a concessão do *exequatur* à carta rogatória.

Nº 527 do FPPC: Os créditos referidos no art. 515, inc. V, e no art. 784, inc. X e XI do CPC-2015 constituídos ao tempo do CPC-1973 são passíveis de execução de título judicial e extrajudicial, respectivamente.

Nº 642 do FPPC: A decisão do juiz que reconhecer o direito a indenização, decorrente de indevida averbação prevista no art. 828 ou do não cancelamento das averbações excessivas, é apta a ensejar a liquidação e o posterior cumprimento da sentença, sem necessidade de propositura de ação de conhecimento.

Art. 516. O cumprimento da sentença efetuar-se-á perante:

I – os tribunais, nas causas de sua competência originária;

II – o juízo que decidiu a causa no primeiro grau de jurisdição;

III – o juízo cível competente, quando se tratar de sentença penal condenatória, de sentença arbitral, de sentença estrangeira ou de acórdão proferido pelo Tribunal Marítimo.

Parágrafo único. Nas hipóteses dos incisos II e III, o exequente poderá optar pelo juízo do atual domicílio do executado, pelo juízo do local onde se encontrem os bens sujeitos à execução ou pelo juízo do local onde deva ser executada a obrigação de fazer ou de não fazer, casos em que a remessa dos autos do processo será solicitada ao juízo de origem.

Notas:

Dos incisos I e II se extrai que a execução fundada em título judicial deverá ser processada perante o juízo no qual o título se formou, caracterizando-se, então, pelo critério funcional de competência.

Assim, no caso do inciso I, sendo a causa de competência originária dos Tribunais, como, por exemplo, a ação demandada pela União em face de um Estado federado brasileiro, que tem a sua propositura diretamente no STF (art. 102, I, *f*, da CF), será executada perante este mesmo tribunal superior.

No inciso II, temos que o juízo de primeiro grau será o competente para a atividade executiva, mesmo que a sentença por ele proferida tenha enfrentado recursos em esferas superiores.

Ainda que, em nível superior, tenha o tribunal reformado a decisão do juiz de primeiro grau, a competência para execução do título permanecerá com este último, ou seja, o magistrado em primeiro grau.

No inciso III, é de se entender que, quando o título executivo for sentença penal condenatória, sentença arbitral ou sentença estrangeira, a execução correrá perante o juízo cível competente (nota-se que, a despeito do presente inciso acostar "acórdão proferido pelo Tribunal Marítimo", este que fora literalmente vetado pela Presidência da República como modalidade de título executivo judicial, como bem se depreende do inciso X do art. 515 do CPC, de modo que deva ser desconsiderado).

Importante frisar que, nesses casos bem como no que se refere à decisão interlocutória após a concessão do *exequatur* à carta rogatória pelo Superior Tribunal de Justiça, haverá execução autônoma, em que o devedor será citado para o cumprimento da sentença ou para a liquidação no prazo de 15 (quinze) dias e não simplesmente intimado (art. 515, § 1º), no entanto nota-se que o procedimento desenvolvido será nas regras do Cumprimento da Sentença.

O parágrafo único do art. 515 do CPC alarga regra já prevista no CPC/1973: naquelas execuções que deveriam tramitar perante o juízo em que se processou a causa no primeiro grau de jurisdição (inciso II do art. 515) bem como nos títulos executivos judiciais indicados pelo inciso III do art. 515, o exequente poderá optar pelo atual domicílio do executado, pelo juízo do local onde se encontram bens sujeitos à expropriação (verdadeira "execução itinerante") ou pelo juízo do local onde deva ser executada a obrigação de fazer ou de não fazer, casos em que a remessa dos autos do processo será solicitada ao juízo de origem. Tem-se um abrandamento da competência funcional, concedendo o legislador opções ao credor.

Nesse caso, surgem, então, quatro foros competentes para a execução por título judicial comum: o do local em que correu o processo de conhecimento; aquele em que o executado tiver bens, o que pode facilitar a penhora, avaliação e expropriação, o local do domicílio atual do executado e o do local onde deva ser executada a obrigação de fazer ou de não fazer, o que pode facilitar as intimações necessárias.

A escolha deve ser feita pelo exequente e não pelo executado que, por isso, não pode apresentar exceção de incompetência diante da escolha de alguns dos três foros competentes.

Nesse raciocínio, o exequente deverá propor a execução diretamente no foro de sua opção. Se esse não coincidir com aquele em que correu o processo de conhecimento, será solicitada, pelo juízo da execução ao juízo de origem, a remessa dos autos do processo.

Isso pode trazer alguma dificuldade prática, porque cumprirá ao juízo da execução julgar eventual impugnação na qual se poderá alegar, por exemplo, falta ou nulidade de citação ou inexigibilidade do título, vícios que advêm do processo de conhecimento, este que correu em outro juízo. Haverá a possibilidade de um juízo declarar inexequível sentença proferida por outro. Isso, porém, é admitido em nosso ordenamento e mesmo na sistemática antiga já era possível, em embargos, reconhecer-se a falta de citação no processo de conhecimento *(querela nullitatis)* ou algum outro vício que pudesse tornar inexigível o título.

O fato de a lei ter atribuído opções ao exequente não significa que a competência para execução por título judicial seja relativa. Pelo contrário, será absoluta (critério funcional), dado que, se o exequente a propuser fora das opções que o ordenamento lhe autorizou, deverá o juiz se dar por incompetente de ofício e isso a qualquer tempo e grau de jurisdição (art. 771 c/c art. 64, § 1º do CPC), visto tratar-se de conteúdo de ordem pública, consubstanciando-se de verdadeira objeção.

Enunciado do Fórum Permanente de Processualistas Civis:

Nº 440 do FPPC: O art. 516, III e o seu parágrafo único aplicam-se à execução de decisão interlocutória estrangeira, após a concessão do *exequatur* à carta rogatória.

Art. 517. A decisão judicial transitada em julgado poderá ser levada a protesto, nos termos da lei, depois de transcorrido o prazo para pagamento voluntário previsto no art. 523.

§ 1º Para efetivar o protesto, incumbe ao exequente apresentar certidão de teor da decisão.

§ 2º A certidão de teor da decisão deverá ser fornecida no prazo de 3 (três) dias e indicará o nome e a qualificação do exequente e do executado, o número do processo, o valor da dívida e a data de decurso do prazo para pagamento voluntário.

§ 3º O executado que tiver proposto ação rescisória para impugnar a decisão exequenda pode requerer, a suas expensas e sob sua responsabilidade, a anotação da propositura da ação à margem do título protestado.

§ 4º A requerimento do executado, o protesto será cancelado por determinação do juiz, mediante ofício a ser expedido ao cartório, no prazo de 3 (três) dias, contado da data de protocolo do requerimento, desde que comprovada a satisfação integral da obrigação.

Notas:

Trata-se de protesto de técnica de indução, objetivando a forçar o devedor ao adimplemento da obrigação devida, por isso, somente podendo ser requerido depois de esgotado respectivo lapso temporal para o pagamento voluntário do devedor.

Para levar a cabo o protesto da sentença transitada em julgado, caberá ao próprio credor, por ato voluntário, i.e., não dependente de autorização judicial, otimizar o ato.

Assim, para fins de efetivar o protesto, incumbirá ao exequente a apresentação da certidão de teor da decisão, esta que deverá ser fornecida no prazo de 3 (três) dias e indicará o nome e a qualificação do exequente e do executado, o número do processo, o valor da dívida e a data de decurso do prazo para pagamento voluntário (§§ 1º e 2º do art. 517).

Uma vez purgada a integral obrigação devida, caberá ao executado requerer ao juiz o cancelamento do protesto, o que se dará mediante ofício a ser expedido ao cartório, no prazo de 3 (três) dias, contado da data de protocolo do requerimento, desde que comprovada a satisfação integral da obrigação (§ 4º do art. 517).

Por outro lado, caso o executado tenha proposto ação rescisória para fins de impugnar a decisão exequenda, poderá ele requerer, a suas expensas e sob sua responsabilidade, a anotação da propositura da ação referida ação rescindenda junto à margem do título protestado, conforme se denota do § 3º do art. 517.

Remissão:

- Lei nº 9.492/1997 (protesto de títulos);

Art. 518. Todas as questões relativas à validade do procedimento de cumprimento da sentença e dos atos executivos subsequentes poderão ser arguidas pelo executado nos próprios autos e nestes serão decididas pelo juiz.

Notas:

Nisso temos que, mesmo diante de matéria de defesa não autorizada a compor o conteúdo da impugnação (prescrição e decadência) e ainda aquelas de conteúdo de ordem pública (regulares condições da ação, determinados pressupostos processuais etc.), passível será lançar mão de petição avulsa para alegá-las, configurando-se no fundamento mínimo da garantia constitucional da ampla defesa, com previsão constitucional decorrente do art. 5º, LV, da Constituição Federal de 1988, normatizando o que até então nomináramos de exceção ou objeção de pré-executividade.

Art. 519. Aplicam-se as disposições relativas ao cumprimento da sentença, provisório ou definitivo, e à liquidação, no que couber, às decisões que concederem tutela provisória.

Notas:

Vide apontamentos do art. 294 e ss.

CAPÍTULO II
DO CUMPRIMENTO PROVISÓRIO DA SENTENÇA QUE RECONHECE A EXIGIBILIDADE DE OBRIGAÇÃO DE PAGAR QUANTIA CERTA

Art. 520. O cumprimento provisório da sentença impugnada por recurso desprovido de efeito suspensivo será realizado da mesma forma que o cumprimento definitivo, sujeitando-se ao seguinte regime:

I – corre por iniciativa e responsabilidade do exequente, que se obriga, se a sentença for reformada, a reparar os danos que o executado haja sofrido;

II – fica sem efeito, sobrevindo decisão que modifique ou anule a sentença objeto da execução, restituindo-se as partes ao estado anterior e liquidando-se eventuais prejuízos nos mesmos autos;

III – se a sentença objeto de cumprimento provisório for modificada ou anulada apenas em parte, somente nesta ficará sem efeito a execução;

IV – o levantamento de depósito em dinheiro e a prática de atos que importem transferência de posse ou alienação de propriedade ou de outro direito real, ou dos quais possa resultar grave dano ao executado, dependem de caução suficiente e idônea, arbitrada de plano pelo juiz e prestada nos próprios autos.

§ 1º No cumprimento provisório da sentença, o executado poderá apresentar impugnação, se quiser, nos termos do art. 525.

§ 2º A multa e os honorários a que se refere o § 1º do art. 523 são devidos no cumprimento provisório de sentença condenatória ao pagamento de quantia certa.

§ 3º Se o executado comparecer tempestivamente e depositar o valor, com a finalidade de isentar-se da multa, o ato não será havido como incompatível com o recurso por ele interposto.

§ 4º A restituição ao estado anterior a que se refere o inciso II não implica o desfazimento da transferência de posse ou da alienação de propriedade ou de outro direito real eventualmente já realizada, ressalvado, sempre, o direito à reparação dos prejuízos causados ao executado.

§ 5º Ao cumprimento provisório de sentença que reconheça obrigação de fazer, de não fazer ou de dar coisa aplica-se, no que couber, o disposto neste Capítulo.

Notas:

O cumprimento provisório da sentença já se configura como execução, inclusive realizando-se do mesmo modo que o cumprimento definitivo, observadas, no entanto, as seguintes normativas do art. 520:

> "*I – corre por iniciativa e responsabilidade do exequente, que se obriga, se a sentença for reformada, a reparar os danos que o executado haja sofrido;*"

Trata-se de responsabilidade objetiva em que, a despeito do efeito inibidor em face do credor, se posta de forma razoável em relação ao devedor diante do caráter provisório ou precário da execução.

Por conseguinte, aplica-se também a presente regra ao exequente nas execuções por título executivo extrajudicial em que se executa provisoriamente, atingindo os bens do executado e, posteriormente, vê reformada a sentença que julgou improcedentes os embargos deste.

> "*II – fica sem efeito, sobrevindo decisão que modifique ou anule a sentença objeto da execução, restituindo-se as partes ao estado anterior e liquidando-se eventuais prejuízos nos mesmos autos;*"

Eventuais prejuízos sofridos pelo executado serão apurados e liquidados nos mesmos autos, homenageando a economia temporal e pecuniária.

Conforme já pontuado em linhas atrás, sustenta o § 4º do art. 520 que a nominada "restituição ao estado anterior" a que alude inciso II em tela, não implica ao desfazimento da transferência de posse, da alienação de propriedade ou de outro direito real eventualmente já realizada, ressalvado sempre o direito à reparação dos prejuízos causados ao executado.

> "*III – se a sentença objeto de cumprimento provisório for modificada ou anulada apenas em parte, somente nesta ficará sem efeito a execução;*"

Vale dizer que, sendo a modificação ou anulação da sentença de forma parcial em favor do executado, somente nessa parte ficará sem efeito a execução.

> "*IV – o levantamento de depósito em dinheiro e a prática de atos que importem transferência de posse ou alienação de propriedade ou de outro direito real, ou dos quais possa resultar grave dano ao executado, dependem de caução suficiente e idônea, arbitrada de plano pelo juiz e prestada nos próprios autos.*"

Nesses casos, o exequente deverá prestar caução, i.e., garantia do ressarcimento dos prejuízos. Se já houve prestação de caução por outro motivo anterior e esta já é suficiente, não haverá necessidade de prestar nova caução.

Quanto à multa (o débito será acrescido de multa de dez por cento) bem como aos honorários advocatícios, serão ambos também devidos no cumprimento provisório de sentença condenatória ao pagamento de quantia certa (§ 2º do art. 520). No entanto, caso o executado compareça tempestivamente e deposite o valor do débito, com a finalidade de isentar-se da multa, o ato não será havido como incompatível com o recurso por ele interposto, como regra o § 3º do art. 520 (e nem mesmo entendemos incompatível com eventual impugnação a ser apresentada pelo executado, restringindo-lhe a ampla defesa!), estabelecendo o legislador do novel *Codex* paz – esperamos! – no dissenso doutrinário e jurisprudencial instaurado ainda sob o manto do CPC/1973.

No cumprimento provisório de decisão condenatória ao pagamento de quantia certa, o executado não pode substituir o depósito judicial em dinheiro por bem equivalente ou representativo do valor, salvo se houver concordância do exequente, como forma de se isentar da multa e dos honorários advocatícios com base no art. 520, § 3º, do CPC/2015. (REsp 1.942.671-SP, Rel. Min. Nancy Andrighi, Terceira Turma, por unanimidade, julgado em 21/09/2021, DJe 23/09/2021).[363]

---

[363] "Contrariando a jurisprudência que se firmou na vigência do CPC/1973, a nova legislação processual civil passou a prever, expressamente, que a multa e os honorários advocatícios, previstos para a hipótese de descumprimento da decisão definitiva que condena ao pagamento de obrigação de quantia certa, também serão devidos na hipótese de cumprimento provisório.

Diante da aparente contradição entre as regras do art. 520, § 2º e 3º, do CPC/2015, é correto afirmar que, em se tratando de cumprimento definitivo da decisão, a multa será excluída apenas se o executado depositar voluntariamente a quantia devida em juízo, sem condicionar seu levantamento a qualquer discussão do débito.

Entretanto, se se tratar de cumprimento provisório da decisão, a multa e os honorários advocatícios não serão devidos se houver o simples depósito judicial do valor (que não se confunde com o pagamento voluntário da condenação), de modo a compatibilizar a referida regra com a preservação do interesse recursal do executado que impugnou a decisão exequenda.

Por fim, adverte-se que, no caso de cumprimento provisório de sentença que reconheça obrigação de fazer, de não fazer ou de dar coisa aplicar-se-á, sempre no que couber, as regras relativas ao cumprimento provisório da sentença que reconhece a exigibilidade de obrigação de pagar quantia certa, como impõe o § 5º do art. 520 do CPC.

Súmula:

STJ nº 317: É definitiva a execução de título extrajudicial, ainda que pendente apelação contra a sentença que julgue improcedentes os embargos.

Enunciados das Jornadas de Direito Processual Civil do Conselho da Justiça Federal:

Nº 88 do CJF: A caução prevista no inc. IV do art. 520 do CPC não pode ser exigida em cumprimento definitivo de sentença. Considera-se como tal o cumprimento de sentença transitada em julgado no processo que deu origem

---

O depósito judicial do valor previsto no art. 520, § 3º, do CPC/2015, tem por finalidade isentar o executado da multa e dos honorários advocatícios, funciona como uma espécie de garantia de que não haverá a prática de atos de invasão patrimonial na fase provisória da execução e poderá ser levantado, como regra, mediante prestação de caução suficiente e idônea.

Diante desse cenário, resta examinar se o depósito judicial do valor deve ocorrer apenas em dinheiro ou se pode ser substituído pelo equivalente ou representativo do valor executado, como, por exemplo, o depósito de um bem imóvel, em uma espécie de dação em pagamento.

Como não há que se falar em direito subjetivo do executado em depositar ou satisfazer uma obrigação por quantia certa com o oferecimento de bem móvel ou imóvel, ainda que equivalente, representativo ou superior ao valor da execução, a tutela executiva deve se direcionar para o sentido inverso, de modo que, em verdade, o que há é o direito subjetivo do exequente em obter a satisfação nos moldes e termos da decisão que a fixou.

Assim, o depósito judicial do valor a que se refere o art. 520, § 3º, do CPC/2015, deve ocorrer apenas em dinheiro, salvo na hipótese em que houver o consentimento do exequente para a sua substituição por bem equivalente ou representativo do valor executado, pois, na execução por quantia certa, a finalidade e o objetivo a ser perseguido e alcançado é apenas, ou primordialmente, a tutela pecuniária, isto é, a tutela do provável ou definitivo crédito a que faz jus o exequente.

É absolutamente irrelevante investigar, para fins de incidência da multa e dos honorários advocatícios, se o executado possui ou não condição material ou intenção de satisfazer a obrigação de pagar quantia certa, pois ambos os acréscimos decorrem objetivamente do descumprimento da ordem de depósito judicial do valor executado provisoriamente.

Por fim, a substituição do depósito judicial do valor executado em dinheiro por bem de titularidade do executado está condicionada a aceitação pelo exequente também porque, em se tratando de execução por quantia certa, em que é direito do exequente receber dinheiro, não se pode impor unilateralmente que ele receba coisa distinta daquela estipulada na decisão judicial provisória ou definitivamente executada, especialmente em virtude do comprometimento da liquidez do título executivo e da amplificação dos debates acerca da suficiência do bem, de sua disponibilidade e capacidade de transformação em dinheiro e do valor apropriado para sua alienação ou adjudicação".

ao crédito executado, ainda que sobre ela penda impugnação destituída de efeito suspensivo.

Nº 136 do CJF: A caução exigível em cumprimento provisório de sentença poderá ser dispensada se o julgado a ser cumprido estiver em consonância com tese firmada em incidente de assunção de competência.

Nº 209 do CJF: É cabível pedido de penhora de criptoativos, desde que indicadas pelo requerente as diligências pretendidas, ainda que ausentes indícios de que o executado os tenha.

Enunciados do Fórum Permanente de Processualistas Civis:

Nº 262 do FPPC: É admissível negócio processual para dispensar caução no cumprimento provisório de sentença.

Nº 490 do FPPC: São admissíveis os seguintes negócios processuais, entre outros: pacto de inexecução parcial ou total de multa coercitiva; pacto de alteração de ordem de penhora; pré-indicação de bem penhorável preferencial (art. 848, II); pré-fixação de indenização por dano processual prevista nos arts. 81, § 3º, 520, inc. I, 297, parágrafo único (cláusula penal processual); negócio de anuência prévia para aditamento ou alteração do pedido ou da causa de pedir até o saneamento (art. 329, inc. II).

Nº 497 do FPPC: As hipóteses de exigência de caução para a concessão de tutela provisória de urgência devem ser definidas à luz do art. 520, IV, CPC.

Nº 528 do FPPC: No cumprimento provisório de sentença por quantia certa iniciado na vigência do CPC-1973, sem garantia da execução, deve o juiz, após o início de vigência do CPC-2015 e a requerimento do exequente, intimar o executado nos termos dos arts. 520, § 2º, 523, § 1º e 525, *caput*.

Nº 697 do FPPC: A caução exigida em sede de cumprimento provisório de sentença pode ser prestada por terceiro, devendo o juiz aferir a suficiência e a idoneidade da garantia.

Art. 521. A caução prevista no inciso IV do art. 520 poderá ser dispensada nos casos em que:

I – o crédito for de natureza alimentar, independentemente de sua origem;

II – o credor demonstrar situação de necessidade;

III – pender o agravo do art. 1.042; (*alteração dada pela Lei nº 13.256, de 04.02.2016*).

IV – a sentença a ser provisoriamente cumprida estiver em consonância com súmula da jurisprudência do Supremo Tribunal Federal ou do Superior Tribunal de Justiça ou em conformidade com acórdão proferido no julgamento de casos repetitivos.

Parágrafo único. A exigência de caução será mantida quando da dispensa possa resultar manifesto risco de grave dano de difícil ou incerta reparação.

Notas:

Trata-se de casuísmos autorizadores da dispensa de caução, esta que se faz exigível de acordo com o IV do art. 520.

Por lado, ainda assim será mantida a exigência de caução quando, da sua dispensa, puder resultar manifesto risco de grave dano de difícil ou incerta reparação (parágrafo único do art. 521), logicamente, devendo ser adequadamente fundamentada tal decisão.

Enunciados do Fórum Permanente de Processualistas Civis:

Nº 262 do FPPC: É admissível negócio processual para dispensar caução no cumprimento provisório de sentença.

Nº 498 do FPPC: A possibilidade de dispensa de caução para a concessão de tutela provisória de urgência, prevista no art. 300, § 1º, deve ser avaliada à luz das hipóteses do art. 521.

Art. 522. O cumprimento provisório da sentença será requerido por petição dirigida ao juízo competente.

Parágrafo único. Não sendo eletrônicos os autos, a petição será acompanhada de cópias das seguintes peças do processo, cuja autenticidade poderá ser certificada pelo próprio advogado, sob sua responsabilidade pessoal:

I - decisão exequenda;

II - certidão de interposição do recurso não dotado de efeito suspensivo;

III - procurações outorgadas pelas partes;

IV - decisão de habilitação, se for o caso;

V - facultativamente, outras peças processuais consideradas necessárias para demonstrar a existência do crédito.

Notas:

O requerimento do Cumprimento Provisório da Sentença será dirigido ao juízo competente e, não se tratando de autos eletrônicos, será a petição necessariamente acompanhada das cópias de peças do processo, cuja autenticidade poderá ser certificada pelo próprio advogado sob sua responsabilidade pessoal

De acordo com os incisos do parágrafo único do art. 522, são elas:

I - a decisão exequenda;

II - a certidão de interposição do recurso não dotado de efeito suspensivo;

III - as procurações outorgadas pelas partes;

IV - a decisão de habilitação, se for o caso;

V - facultativamente, outras peças processuais consideradas necessárias para demonstrar a existência do crédito.

A decisão de habilitação ostentada no inciso IV refere-se ao procedimento do art. 687 e segs. quando diante do falecimento de qualquer das partes, os interessados houverem de suceder-lhe no processo.

No tocante ao procedimento do cumprimento provisório da sentença, será ele o mesmo do cumprimento definitivo, *ex vi* do art. 520, *caput* do CPC. No entanto, corre ele em apartado aos autos principais e, por isso, reclamando a formação de autos próprios, o que se fará utilizando cópias extraídas dos autos principais por iniciativa do exequente.

CAPÍTULO III
DO CUMPRIMENTO DEFINITIVO DA SENTENÇA QUE RECONHECE A EXIGIBILIDADE DE OBRIGAÇÃO DE PAGAR QUANTIA CERTA

Art. 523. No caso de condenação em quantia certa, ou já fixada em liquidação, e no caso de decisão sobre parcela incontroversa, o cumprimento definitivo da sentença far-se-á a requerimento do exequente, sendo o executado intimado para pagar o débito, no prazo de 15 (quinze) dias, acrescido de custas, se houver.

§ 1º Não ocorrendo pagamento voluntário no prazo do *caput*, o débito será acrescido de multa de dez por cento e, também, de honorários de advogado de dez por cento.

§ 2º Efetuado o pagamento parcial no prazo previsto no *caput*, a multa e os honorários previstos no § 1º incidirão sobre o restante.

§ 3º Não efetuado tempestivamente o pagamento voluntário, será expedido, desde logo, mandado de penhora e avaliação, seguindo-se os atos de expropriação.

Notas:

Uma vez intimado regularmente o devedor para quitar, voluntariamente, o seu débito no prazo de 15 (quinze) dias, como já dito, e mesmo não o satisfaz, aludido débito será acrescido de multa de 10% (dez por cento) bem como de honorários advocatícios também em 10% (dez por cento). No entanto, realizando o pagamento parcial no prazo de 15 (quinze) dias, a multa assim como os honorários de advogado incidirá sobre o valor restante da dívida (§§ 1º e 2º do art. 523 do CPC).

De tudo, não efetuado o pagamento integral e voluntário da dívida, será expedido, desde logo, mandado de penhora e avaliação, seguindo-se os atos de expropriação.

Não incide a multa prevista no art. 523, § 1º, do CPC/2015 sobre o crédito sujeito ao processo de recuperação judicial, decorrente de ação que demandava quantia ilíquida. (REsp 1.937.516-SP, Rel. Min. Nancy Andrighi, Terceira Turma, por unanimidade, julgado em 03/08/2021, DJe 09/08/2021).

Remissão:

- Art. 17 da Lei nº 10.259/2001(dispõe sobre a instituição dos Juizados Especiais Cíveis e Criminais no âmbito da Justiça Federal):

"Art. 17 Tratando-se de obrigação de pagar quantia certa, após o trânsito em julgado da decisão, o pagamento será efetuado no prazo de sessenta dias, contados da entrega da requisição, por ordem do Juiz, à autoridade citada para a causa, na agência mais próxima da Caixa Econômica Federal ou do Banco do Brasil, independentemente de precatório.

§ 1º Para os efeitos do § 3º do art. 100 da Constituição Federal, as obrigações ali definidas como de pequeno valor, a serem pagas independentemente de precatório, terão como limite o mesmo valor estabelecido nesta Lei para a competência do Juizado Especial Federal Cível (art. 3º, *caput*).

§ 2º Desatendida a requisição judicial, o Juiz determinará o sequestro do numerário suficiente ao cumprimento da decisão.

§ 3º São vedados o fracionamento, repartição ou quebra do valor da execução, de modo que o pagamento se faça, em parte, na forma estabelecida no § 1º deste artigo, e, em parte, mediante expedição do precatório, e a expedição de precatório complementar ou suplementar do valor pago.

§ 4º Se o valor da execução ultrapassar o estabelecido no § 1º, o pagamento far-se-á, sempre, por meio do precatório, sendo facultado à parte exequente a renúncia ao crédito do valor excedente, para que possa optar pelo pagamento do saldo sem o precatório, da forma lá prevista".

Enunciados das Jornadas de Direito Processual Civil do Conselho da Justiça Federal:

Nº 84 do CJF: O comparecimento espontâneo da parte constitui termo inicial dos prazos para pagamento e, sucessivamente, impugnação ao cumprimento de sentença.

Nº 89 do CJF: Conta-se em dias úteis o prazo do *caput* do art. 523 do CPC.

Nº 92 do CJF: A intimação prevista no *caput* do art. 523 do CPC deve contemplar, expressamente, o prazo sucessivo para impugnar o cumprimento de sentença.

Enunciados do Fórum Permanente de Processualistas Civis:

Nº 12 do FPPC: A aplicação das medidas atípicas sub-rogatórias e coercitivas é cabível em qualquer obrigação no cumprimento de sentença ou execução de título executivo extrajudicial. Essas medidas, contudo, serão aplicadas de forma subsidiária às medidas tipificadas, com observação do contraditório, ainda que diferido, e por meio de decisão à luz do art. 489, § 1º, I e II.

Nº 450 do FPPC: Aplica-se a regra decorrente do art. 827, § 2º, ao cumprimento de sentença.

Nº 528 do FPPC: No cumprimento provisório de sentença por quantia certa iniciado na vigência do CPC-1973, sem garantia da execução, deve o juiz, após o início de vigência do CPC-2015 e a requerimento do exequente, intimar o executado nos termos dos arts. 520, § 2º, 523, § 1º e 525, *caput*.

Nº 529 do FPPC: As averbações previstas nos arts. 799, IX e 828 são aplicáveis ao cumprimento de sentença.

Nº 642 do FPPC: A decisão do juiz que reconhecer o direito à indenização, decorrente de indevida averbação prevista no art. 828 ou do não cancelamento das averbações excessivas, é apta a ensejar a liquidação e o posterior cumprimento da sentença, sem necessidade de propositura de ação de conhecimento.

Art. 524. O requerimento previsto no art. 523 será instruído com demonstrativo discriminado e atualizado do crédito, devendo a petição conter:

I – o nome completo, o número de inscrição no Cadastro de Pessoas Físicas ou no Cadastro Nacional da Pessoa Jurídica do exequente e do executado, observado o disposto no art. 319, §§ 1º a 3º;

II – o índice de correção monetária adotado;

III – os juros aplicados e as respectivas taxas;

IV – o termo inicial e o termo final dos juros e da correção monetária utilizados;

V – a periodicidade da capitalização dos juros, se for o caso;

VI – especificação dos eventuais descontos obrigatórios realizados;

VII – indicação dos bens passíveis de penhora, sempre que possível.

§ 1º Quando o valor apontado no demonstrativo aparentemente exceder os limites da condenação, a execução será iniciada pelo valor pretendido, mas a penhora terá por base a importância que o juiz entender adequada.

§ 2º Para a verificação dos cálculos, o juiz poderá valer-se de contabilista do juízo, que terá o prazo máximo de 30 (trinta) dias para efetuá-la, exceto se outro lhe for determinado.

§ 3º Quando a elaboração do demonstrativo depender de dados em poder de terceiros ou do executado, o juiz poderá requisitá-los, sob cominação do crime de desobediência.

§ 4º Quando a complementação do demonstrativo depender de dados adicionais em poder do executado, o juiz poderá, a requerimento do exequente, requisitá-los, fixando prazo de até 30 (trinta) dias para o cumprimento da diligência.

§ 5º Se os dados adicionais a que se refere o § 4º não forem apresentados pelo executado, sem justificativa, no prazo designado, reputar-se-ão corretos os cálculos apresentados pelo exequente apenas com base nos dados de que dispõe.

Notas:

Tratando-se de condenação em quantia certa, ou já fixada em liquidação, e no caso de decisão sobre parcela incontroversa, será definitivo cumprimento da sentença.

Dito requerimento deverá estar instruído com demonstrativo discriminado e atualizado do crédito, devendo ainda a conter os elementos elencados nos incisos do art. 524:

No tocante à memória de cálculos pelo exequente, importantes normatizações nos trazem os §§ 1º, 2º, 3º e 4º e 5º do art. 524 do CPC.

Nisso, quando o valor apontado no demonstrativo apresentado pelo exequente aparentemente exceder os limites da condenação, a execução será iniciada pelo valor pretendido, mas a penhora terá por base a importância que o juiz entender adequada (§ 1º do art. 524).

Daí que, para fins de verificação dos cálculos apresentados pelo exequente, poderá o magistrado se valer de contabilista do juízo, que terá o prazo máximo de 30 (trinta) dias para efetuá-lo, exceto se outro lhe for determinado (§ 2º do art. 524).

Caso forem apresentados novos cálculos pelo contador, deverá sobre eles ouvido o exequente.

Não concordando este com os cálculos apresentados, entende a norma que o juiz prossiga na execução pelo valor apresentado pelo próprio exequente, no entanto a penhora terá por base o valor encontrado pelo contador ou aquele que o juiz entender como adequado (§ 1º do art. 524). Tem-se que a regra desse § 1º estaria dotada de certa impropriedade. Ora, se a penhora será realizada com base na importância a que o juiz entendeu como adequada (ou no valor encontrado pelo contador do juízo), a execução, notadamente, teria que seguir por tal valor encontrado, pois que a atividade executiva se desenvolve por valor certo e apurado na patrimonialidade do executado.

Sendo assim, por exemplo, levando-se em conta no momento da penhora o valor apurado pelo contador, não se dá para sustentar, como também não fará sentido que a execução prossiga sobre o valor originariamente apresentado pelo exequente.

Devemos, nesse caso, exercitar com parcimônia, soluções, inclusive em searas interpretativas.

Primeiro, seria razoável que, caso o exequente viesse a apontar erros visíveis no cálculo do contador, que dispensassem profundas considerações, a memória de cálculo por ele apresentada prevaleceria tanto para fins de prosseguimento da execução como para a penhora.

Em segundo, não sendo o caso acima, pode-se suscitar que a execução dita no texto seria, na verdade, não a própria atividade executiva, mas todo um curso processual executivo. Nesse caso, possível então de se examinar a matéria relativa ao valor do cálculo em questão em outras oportunidades. Aliás, essa é ideia correspondente ao que observa Theodoro Jr., entendendo esse como momento propício a tal discussão o evento da impugnação realizada pelo réu no bojo da fase do cumprimento da sentença.[364] Em caso de não apresentação da impugnação pelo executado, caberá ao exequente requerer junto ao juiz o julgamento definitivo dos cálculos, produzindo-se, no caso, os elementos de prova cabíveis, se necessário.[365]

Assim, acreditamos que a opção do legislador para aprovar o presente dispositivo, na esteira do que já expressava o CPC/1973, teve a intenção de se evitar, à primeira vista, penhora aparentemente excessiva.

Outra situação é aquela relativa à existência de cálculo elaborado, equivocadamente, pelo exequente e o magistrado, não percebendo tal equívoco, determina a intimação do executado. Ao executado caberá, então, opor impugnação, apontando os equívocos do aludido cálculo.

De outra banda, quando a elaboração do demonstrativo de cálculos pelo exequente depender de dados em poder de terceiros ou do executado, o juiz poderá requisitá-los, sob cominação do crime de desobediência (§ 3º do art. 524 do CPC).

Já, quando a complementação do supracitado demonstrativo depender de dados adicionais em poder do executado, o juiz poderá, a requerimento do

---

364 Ainda em referência ao CPC/1973, dizia o autor: "Na fase para a impugnação (art. 475-L *do CPC/1973*) (*art. 525, § 1º do CPC/2015*) é que afinal será proferida, após competente contraditório e adequada instrução, a decisão sobre a ocorrência ou não de excesso nos cálculos do *quantum debeatur*". (Grifos nossos). THEODORO JR., Humberto. *Curso de Direito Processual Civil*. Vol. II. 39. ed. Rio de Janeiro: Forense, 2006, p. 106.

365 Ibidem.

exequente e em conformidade com o § 4º do art. 524, requisitá-los, fixando prazo de até 30 (trinta) dias para o cumprimento da diligência.

Se os ditos dados adicionais não forem apresentados pelo executado, sem qualquer justificativa, no prazo designado – 30 (trinta) dias – reputar-se-ão corretos os cálculos apresentados pelo exequente apenas com base nos dados de que o mesmo dispõe, tudo de acordo com o § 5º do art. 524 do CPC.

Enunciados das Jornadas de Direito Processual Civil do Conselho da Justiça Federal:

Nº 91 do CJF: Interpreta-se o art. 524 do CPC e seus parágrafos no sentido de permitir que a parte patrocinada pela Defensoria Pública continue a valer-se da contadoria judicial para elaborar cálculos para execução ou cumprimento de sentença.

Nº 99 do CJF: A inclusão do nome do executado em cadastros de inadimplentes poderá se dar na execução definitiva de título judicial ou extrajudicial.

Art. 525. Transcorrido o prazo previsto no art. 523 sem o pagamento voluntário, inicia-se o prazo de 15 (quinze) dias para que o executado, independentemente de penhora ou nova intimação, apresente, nos próprios autos, sua impugnação.

§ 1º Na impugnação, o executado poderá alegar:

I – falta ou nulidade da citação se, na fase de conhecimento, o processo correu à revelia;

II – ilegitimidade de parte;

III – inexequibilidade do título ou inexigibilidade da obrigação;

IV – penhora incorreta ou avaliação errônea;

V – excesso de execução ou cumulação indevida de execuções;

VI – incompetência absoluta ou relativa do juízo da execução;

VII – qualquer causa modificativa ou extintiva da obrigação, como pagamento, novação, compensação, transação ou prescrição, desde que supervenientes à sentença.

§ 2º A alegação de impedimento ou suspeição observará o disposto nos arts. 146 e 148.

§ 3º Aplica-se à impugnação o disposto no art. 229.

§ 4º Quando o executado alegar que o exequente, em excesso de execução, pleiteia quantia superior à resultante da sentença, cumprir-lhe-á declarar de imediato o valor que entende correto, apresentando demonstrativo discriminado e atualizado de seu cálculo.

§ 5º Na hipótese do § 4º, não apontado o valor correto ou não apresentado o demonstrativo, a impugnação será liminarmente rejeitada, se o excesso de execução for o seu único fundamento, ou, se houver outro, a impugnação será processada, mas o juiz não examinará a alegação de excesso de execução.

§ 6º A apresentação de impugnação não impede a prática dos atos executivos, inclusive os de expropriação, podendo o juiz, a requerimento do executado e desde que garantido o juízo com penhora, caução ou depósito suficientes, atribuir-lhe efeito suspensivo, se seus fundamentos forem relevantes e se o prosseguimento da execução for manifestamente suscetível de causar ao executado grave dano de difícil ou incerta reparação.

§ 7º A concessão de efeito suspensivo a que se refere o § 6º não impedirá a efetivação dos atos de substituição, de reforço ou de redução da penhora e de avaliação dos bens

§ 8º Quando o efeito suspensivo atribuído à impugnação disser respeito apenas a parte do objeto da execução, esta prosseguirá quanto à parte restante.

§ 9º A concessão de efeito suspensivo à impugnação deduzida por um dos executados não suspenderá a execução contra os que não impugnaram, quando o respectivo fundamento disser respeito exclusivamente ao impugnante.

§ 10. Ainda que atribuído efeito suspensivo à impugnação, é lícito ao exequente requerer o prosseguimento da execução, oferecendo e prestando, nos próprios autos, caução suficiente e idônea a ser arbitrada pelo juiz.

§ 11. As questões relativas a fato superveniente ao término do prazo para apresentação da impugnação, assim como aquelas relativas à validade e à adequação da penhora, da avaliação e dos atos executivos subsequentes, podem ser arguidas por simples petição, tendo o executado, em qualquer dos casos, o prazo de 15 (quinze) dias para formular esta arguição, contado da comprovada ciência do fato ou da intimação do ato.

§ 12. Para efeito do disposto no inciso III do § 1º deste artigo, considera-se também inexigível a obrigação reconhecida em título executivo judicial fundado em lei ou ato normativo considerado inconstitucional pelo Supremo Tribunal Federal, ou fundado em aplicação ou interpretação da lei ou do ato normativo tido pelo Supremo Tribunal Federal como incompatível com a Constituição Federal, em controle de constitucionalidade concentrado ou difuso.

§ 13. No caso do § 12, os efeitos da decisão do Supremo Tribunal Federal poderão ser modulados no tempo, em atenção à segurança jurídica.

§ 14. A decisão do Supremo Tribunal Federal referida no § 12 deve ser anterior ao trânsito em julgado da decisão exequenda.

§ 15. Se a decisão referida no § 12 for proferida após o trânsito em julgado da decisão exequenda, caberá ação rescisória, cujo prazo será contado do trânsito em julgado da decisão proferida pelo Supremo Tribunal Federal.

Notas:

1) Impugnação do executado:

Na fase do Cumprimento da Sentença, fase essa de natureza executória incidental ao processo de cognição, a defesa do executado será realizada por meio de um incidente processual denominado "Impugnação".

Não tem ela natureza de ação tal qual os Embargos do Devedor - cabíveis no Processo de Execução autônomo, regulado pelo Livro II da Parte Especial do CPC - mas, sim, como dito, de uma defesa incidental.

Dado seu caráter incidental, serão aplicados os ditames dos arts. 180 e 229, pois que, por se tratar a impugnação um obstáculo ao cumprimento de um ato dentro do processo em andamento, caberia a aplicação da expressão "todas as suas manifestações" contida no art. 229, *caput*, segundo a qual quando os "litisconsortes que tiverem diferentes procuradores, de escritórios de advocacia distintos, terão prazos contados em dobro para todas as suas manifestações, em qualquer juízo ou tribunal, independentemente de requerimento." Aliás, o § 3º do art. 525 ratifica bem o presente raciocínio.

Muito embora enfrentando fase tipicamente de natureza satisfativa, na impugnação são também analisados conteúdos de cunho cognitivo, isto é, questões que impliquem na necessidade de soluções em busca da certeza do direito e não própria e somente do adimplemento.

Oferecida a impugnação, ocorrerá a justa necessidade de ser estabelecido o contraditório, com a indispensável oitiva do Exequente-Impugnado acerca da defesa incidental articulada,[366] sendo razoável que o prazo a ele concedido para manifestar-se seja igual ao do impugnante, de 15 dias, à luz do princípio da igualdade ou isonomia processual.

Insta ressaltar ainda que caberá ao juiz, antes de rejeitar liminarmente a impugnação ao cumprimento de sentença, intimar o impugnante para sanar eventual vício sanável, em observância ao dever processual de cooperação[367], facultando ao executado agravar de instrumento em caso de discordância quanto ao conteúdo do ato decisório, aplicando-se, então, o art. 1.015, parágrafo único do CPC.

Em síntese, portanto, uma vez transcorrido o prazo de 15 (quinze) dias para o pagamento voluntário do qual fora regularmente intimado, sem quitá-lo

[366] No mesmo sentido, DIDIER JÚNIOR, Fredie *et ali*. *Curso de Direito Processual Civil*. Vol. 5. 6. ed. Salvador: JusPodivm, 2014, p. 387.

[367] No mesmo sentido, Enunciado n. 95 da I Jornada de Direito Processual Civil do Conselho da Justiça Federal (CJF).

integralmente, independente de penhora ou nova intimação, será facultado ao executado apresentar nos próprios autos sua impugnação.

2)Matérias de defesa:

Como sabido, a observância ao princípio constitucional da ampla defesa deverá ser sempre a mais abrangente e extensa possível, logicamente, não excedendo os limites do devido processo legal de modo a assegurar o respeito ao espírito democrático, evitando a prática de chicanas procrastinatórias.

Dessa ideia, a cognição gerada pela interposição da impugnação não será aberta e subjetiva ao extremo, uma vez que o legislador, com razão, limitou as matérias sob as quais alegações em sede de defesa incidental podem repousar, logicamente, levando-se em conta os respectivos comentários já tecidos quando do enfrentamento das matérias nela arroladas.

Nisso, em tese, apenas os argumentos capitulados em *numerus clausus*, no bojo do art. 525, § 1º do CPC, é que estão aptos a compor, expressamente, o conteúdo da impugnação, versando-os, normalmente, sobre fatos supervenientes à prolação da sentença e isso se justifica na medida em que a sentença está acobertada pelo manto da coisa julgada, o que, em tese, expressa relativa segurança jurídica, pois que pesa a possibilidade de impetração da Ação Rescisória.

Dentro desse contexto impugnatório do ato executivo, é de se afirmar que existem vícios da execução a despeito de não enumerados no corpo do art. 525, § 1º e de possibilidade de ocorrência anterior ou posterior à impugnação que, verdadeiramente, podem comprometer a validade e a efetivação do resultado da fase do cumprimento da sentença, tais como, *v.g.*, aqueles autorizados pelo art. 485, § 3º, do CPC, os quais, de tamanha gravidade, que permitidos serem examinados a qualquer tempo e grau de jurisdição, configurando-se matérias não atingidas, a rigor, pelo fenômeno preclusivo gerado pela decisão a respeito da impugnação.

Nos mesmos termos é de se notar o § 11 do artigo em comento, onde, por simples petição, poderá o executado, no prazo de 15 (quinze) dias contados da comprovada ciência do fato ou da intimação do ato, formular arguição relativa a fato superveniente ao término do prazo para apresentação da impugnação, assim como relacionada à validade e à adequação da penhora, da avaliação e dos atos executivos subsequentes.

3)Efeitos da Impugnação:

A impugnação não terá, via de regra, efeito suspensivo, como resulta da redação do art. 525, § 6º do CPC, de modo a não servir de obstáculo ao desenvolvimento do procedimento executório incidental, inclusive os atos expropriatórios. O juiz, porém, poderá imprimir efeito suspensivo à impugnação desde que requerido pelo executado, garantido o juízo com penhora, caução ou depósito suficiente e ainda, que sejam relevantes os fundamentos afirmados e o curso regular da execução seja capaz de causar ao Executado grave dano de difícil ou incerta reparação.

Nesses termos, o magistrado, diante de criterioso exame das alegações, verificando a relevância dos fundamentos acostados à impugnação, ou seja, a razoabilidade do direito invocado, aliado ao *periculum in mora* em sentido inverso (em favor do Executado) bem como garantido o juízo, poderá autorizar suspensão da prática dos atos executórios propriamente ditos.

Cabe frisar que a concessão de efeito suspensivo não impedirá a efetivação dos atos de substituição, de reforço ou de redução da penhora e de avaliação dos bens (§ 7º do art. 525).

Outrossim, quando o efeito suspensivo atribuído à impugnação disser respeito apenas a parte do objeto da execução, certamente esta prosseguirá quanto à parte restante, valendo destacar que, em caso de relação litisconsorcial passiva, o aludido efeito suspensivo concedido à impugnação deduzida por um dos executados, não suspenderá a execução contra os que não impugnaram, isso quando o respectivo fundamento disser respeito exclusivamente ao impugnante, tudo de acordo com o § 9º do art. 525 do CPC.

De outra banda, será possível ao exequente, conforme permitido pelo § 10 do art. 525, levantar o efeito suspensivo atribuído à impugnação mediante a prestação de caução suficiente e idônea nos próprios autos, arbitrada pelo juiz, com a finalidade de ressarcir o executado por eventuais prejuízos ou danos sofridos como consequência da prática dos atos expropriatórios.

Relevante salientar que o juiz não está obrigado, por razões óbvias, a admitir a caução ofertada, mesmo porque a medida poderá não ser conveniente diante da razoabilidade do direito suscitado pelo executado e da forte possibilidade de este sofrer danos por conta dos atos executórios por ventura praticados.

Caso seja concedido efeito suspensivo à impugnação, será ela procedimentalizada nos mesmos autos; mas de outro modo, ante a ausência de efeito suspensivo, o processamento ocorrerá em autos apartados de modo a não servir de empecilho à realização dos atos executórios.

4) Natureza da decisão:

A decisão que resolver a impugnação produzirá efeitos heterogêneos, dependendo da natureza das matérias aduzidas.

Assim, a decisão desafiará recurso de agravo de instrumento (art. 1.015, parágrafo único do CPC), se não tiver o condão de dar fim à execução; do contrário, o recurso adequado será a apelação diante de decisão capaz de extinguir a execução (art. 203, § 1º c/c art. 1.009, *caput* do CPC).

5) Inexequibilidade do título ou inexigibilidade da obrigação:

Considera-se também inexigível a obrigação constante de título executivo judicial fundado em lei ou ato normativo declarado inconstitucional pelo Supremo Tribunal Federal, ou fundado em aplicação ou interpretação da lei ou ato normativo tido pelo Supremo Tribunal Federal como incompatível com a Constituição Federal, em controle de constitucionalidade concentrado ou difuso (§ 12 do art. 525).

Trata-se de exceção à coisa julgada e que atende ao que parte da doutrina denomina nulidade da sentença, flexibilização da coisa julgada ou mesmo coisa julgada inconstitucional, reconhecida, muitas vezes, como não admissível por falta de previsão legal expressa, exatamente por se tratar de exceção. Com a previsão legal, no entanto, parte-se da ideia de que dispensada estaria a ação rescisória de pressupostos mais estreitos, inclusive quanto ao prazo decadencial.

No entanto, na presente matéria coube ao legislador do novato Código de Processo Civil ir mais adiante que o seu antecessor.

Primeiro, ao estabelecer que em tais casos, os efeitos da decisão do Supremo Tribunal Federal poderão ser modulados no tempo, em atenção à segurança jurídica, dado que, sobretudo, a mutabilidade das questões fáticas decorrentes do próprio reconhecimento da coisa julgada inconstitucional, *ex vi* do § 13 do art. 525 do CPC.

Indo mais à frente, é de sublinhar aqui que, a inexigibilidade da obrigação referida no § 12 será reconhecida caso a decisão do Supremo Tribunal Federal seja anterior ao trânsito em julgado da decisão exequenda (§ 14 do art. 525 do CPC). Do contrário, isto é, sendo decisão do STF proferida após o trânsito em julgado da decisão exequenda, caberá o manejo da ação rescisória, respectivamente, cujo prazo para a referida *actio* será contado do trânsito em julgado da decisão proferida pelo Supremo Tribunal Federal (§ 15 do art. 525 do CPC).[368]

---

[368] Impende ressaltar aqui que a presente temática estava longe de ser uma unanimidade como aceita ou inquestionável no plano de sua própria aderência constitucional.

É verdade que já havia uma variedade de formas aptas a interpretar o dispositivo em comento, sobretudo no que tange ao lapso temporal em que repercutiria o campo de validade ou não de um determinado título executivo e sua inexigibilidade na incidência da *questio*, o que agora no CPC/2015, se coloca no plano da inexigibilidade da obrigação que consta do título executivo judicial.

Ainda sob a égide do CPC/1973 o entendimento de Arruda Alvim *et al.* (ARRUDA ALVIM; ASSIS, Araken de; ARRUDA ALVIM, Eduardo. *Comentários ao Código de Processo Civil.* 3 ed. São Paulo: RT, 2014, p. 873) era o de que a interpretação correta do § 1º do art. 475-L

Recurso Extraordinário

EMENTA: RECURSO EXTRAORDINÁRIO. COISA JULGADA INCONSTITUCIONAL. ARTIGO 741, PARÁGRAFO ÚNICO, E ARTIGO 475-L, PARÁGRAFO PRIMEIRO, DO CÓDIGO DE PROCESSO CIVIL DE 1973. ARTIGO 525, PARÁGRAFO PRIMEIRO, INCISO III, PARÁGRAFOS 12 E 14, E ARTIGO 535, PARÁGRAFO 5º, DO CÓDIGO DE PROCESSO CIVIL DE 2015. 1. São constitucionais as disposições normativas do parágrafo único do art. 741 do CPC, do § 1º do art. 475-L, ambos do CPC/73, bem como os correspondentes dispositivos do CPC/15, o art. 525, § 1º, III e §§ 12 e 14, o art. 535, § 5º. 2. Os dispositivos questionados buscam harmonizar a garantia da coisa julgada com o primado da Constituição, agregando ao sistema

---

do CPC/1973 se dava no sentido de que deveria "ser feita de modo a respeitar a integridade da decisão transitada em julgado. Qualquer outra interpretação do preceito em questão, segundo nos parece, será insofismavelmente inconstitucional. Por isso, entendemos que o dispositivo sob comento logra obter aplicação nas hipóteses em que o STF tiver decidido anteriormente ao trânsito em julgado da decisão exequenda, em sede de controle abstrato (Adin, ADC, ADPF), pela inconstitucionalidade do preceito, que tiver servido de base para a decisão exequenda. Poderá também, referido preceito, ser aplicado nas situações em que o STF tiver decidido pela inconstitucionalidade incidenter tantum, desde que o Senado tenha deliberado pela suspensão da execução da lei na forma do inc. X do art. 52 do Texto Constitucional e isso se tenha passado anteriormente ao trânsito em julgado da decisão exequenda."

Julgando ao contrário do pensamento supra, notadamente, sobre o art. 741, parágrafo único, cuja redação caminha na mesma ideia do § 1º do art. 475-L, não obstante aquele situar-se no âmbito do Livro II – Processo de Execução, o STJ (2ª T. Resp 1049702/RS. Rel. Min. Eliana Calmon. Julg. 17.03.2009) orientou-se nos seguintes termos:

"PROCESSUAL CIVIL E TRIBUTÁRIO – EMBARGOS À EXECUÇÃO – CPC, ART. 741 PARÁGRAFO ÚNICO (COM A REDAÇÃO DA MEDIDA PROVISÓRIA 2.180-35/2001) – APLICABILIDADE ÀS SENTENÇAS TRANSITADAS EM JULGADO POSTERIORMENTE À SUA VIGÊNCIA – PRECEDENTES.

1. Nos termos do art. 741, parágrafo único do CPC "considera-se inexigível o título judicial fundado em lei ou ato normativo declarados inconstitucionais pelo Supremo Tribunal Federal ou em aplicação ou interpretação tidas por incompatíveis com a Constituição Federal 2. Se à época da promoção dos embargos de devedor já havia decisão da Suprema Corte extirpando a norma ou a sua interpretação do ordenamento jurídico é possível a relativização da coisa julgada, ante o caráter processual do art. 741, parágrafo único, do CPC e à máxima efetividade das decisões emanadas da Corte Constitucional.

Lado outro, é de se entender que os dispositivos constantes dos arts. 475-L, § 1º e 741, parágrafo único, permitiriam apenas uma interpretação constitucional: a de que o executado poderia alegar a pronúncia do Supremo Tribunal Federal quando a sentença exequenda tivesse aplicado lei que já havia sido declarada inconstitucional ou adotado interpretação que já teria sido declarada incompatível com a Carta Maior, antes mesmo de seu trânsito em julgado."

processual brasileiro, um mecanismo com eficácia rescisória de sentenças revestidas de vício de inconstitucionalidade qualificado. 3. São consideradas decisões com vícios de inconstitucionalidade qualificados: (a) a sentença exequenda fundada em norma reconhecidamente inconstitucional, seja por aplicar norma inconstitucional, seja por aplicar norma em situação ou com sentido inconstitucionais; (b) a sentença exequenda que tenha deixado de aplicar norma reconhecidamente constitucional. 4. Para o reconhecimento do vício de inconstitucionalidade qualificado exige-se que o julgamento do STF, que declara a norma constitucional ou inconstitucional, tenha sido realizado em data anterior ao trânsito em julgado da sentença exequenda. 5. Recurso extraordinário a que se nega provimento.(STF, RE 611.503, Relator(a): TEORI ZAVASCKI, Relator(a) p/ Acórdão: EDSON FACHIN, Tribunal Pleno, julgado em 20/08/2018, ACÓRDÃO ELETRÔNICO REPERCUSSÃO GERAL - MÉRITO DJe-053 DIVULG 18-03-2019 PUBLIC 19-03-2019).

Súmulas:

STJ nº 394: É admissível, em embargos à execução, compensar os valores de imposto de renda retidos indevidamente na fonte, com valores restituídos apurados na declaração anual.

STJ nº 487: O parágrafo único do art. 741 do CPC (1973) não se aplica às sentenças transitadas em julgado em data anterior à da sua vigência.

Enunciados das Jornadas de Direito Processual Civil do Conselho da Justiça Federal:

Nº 84 do CJF: O comparecimento espontâneo da parte constitui termo inicial dos prazos para pagamento e, sucessivamente, impugnação ao cumprimento de sentença.

Nº 90 do CJF: Conta-se em dobro o prazo do art. 525 do CPC nos casos em que o devedor é assistido pela Defensoria Pública.

Nº 93 do CJF: Da decisão que julga a impugnação ao cumprimento de sentença cabe apelação, se extinguir o processo, ou agravo de instrumento, se não o fizer.

Nº 94 do CJF: Aplica-se o procedimento do art. 920 do CPC à impugnação ao cumprimento de sentença, com possibilidade de rejeição liminar nas hipóteses dos arts. 525, § 5º, e 918 do CPC.

Nº 95 do CJF: O juiz, antes de rejeitar liminarmente a impugnação ao cumprimento de sentença (art. 525, § 5º, do CPC), deve intimar o impugnante para sanar eventual vício, em observância ao dever processual de cooperação (art. 6º do CPC).

Enunciados do Fórum Permanente de Processualistas Civis:

Nº 56 do FPPC: É cabível alegação de causa modificativa ou extintiva da obrigação na impugnação de executado, desde que tenha ocorrido após o início do julgamento da apelação, e, uma vez alegada pela parte, tenha o tribunal superior se recusado ou omitido de apreciá-la.

Nº 57 do FPPC: A prescrição prevista nos arts. 525, § 1º, VII e 535, VI, é exclusivamente da pretensão executiva.

Nº 58 do FPPC: As decisões de inconstitucionalidade a que se referem os art. 525, §§ 12 e 13 e art. 535 §§ 5º e 6º devem ser proferidas pelo plenário do STF.

Nº 176 do FPPC: Compete exclusivamente ao Supremo Tribunal Federal modular os efeitos da decisão prevista no § 13 do art. 525.

Nº 450 do FPPC: Aplica-se a regra decorrente do art. 827, § 2º, ao cumprimento de sentença.

Nº 545 do FPPC: Aplicam-se à impugnação, no que couber, as hipóteses previstas nos incisos I e III do art. 918 e no seu parágrafo único.

Nº 530 do FPPC: Após a entrada em vigor do CPC-2015, o juiz deve intimar o executado para apresentar impugnação ao cumprimento de sentença, em quinze dias, ainda que sem depósito, penhora ou caução, caso tenha transcorrido o prazo para cumprimento espontâneo da obrigação na vigência do CPC-1973 e não tenha àquele tempo garantido o juízo.

Nº 531 do FPPC: Permite-se, presentes os pressupostos do § 6º do art. 525 ou do § 1° do art. 919 do CPC, a concessão de efeito suspensivo à simples petição em que se alega fato superveniente ao término do prazo de oferecimento da impugnação ao cumprimento de sentença ou dos embargos à execução, respectivamente (redação revista no XI FPPC-Brasília).

Nº 586 do FPPC: O oferecimento de impugnação manifestamente protelatória é ato atentatório à dignidade da justiça, nos termos do art. 771 c/c art. 918, III e parágrafo único do CPC, que enseja a aplicação da multa prevista no parágrafo único do art. 774 do CPC (redação revista no XI FPPC-Brasília).

Nº 719 do FPPC: Quando o executado alegar que o exequente, em excesso de execução, pleiteia quantia superior à resultante do título, e os elementos necessários para a aferição do excesso não estiverem em seu poder, admite-se a concessão de prazo para a apresentação da planilha de cálculos.

Enunciados da Escola Nacional de Formação e Aperfeiçoamento de Magistrados:

Nº 51 do ENFAM: A majoração de honorários advocatícios prevista no art. 827, § 2º, do CPC/2015 não é aplicável à impugnação ao cumprimento de sentença.

Nº 55 do ENFAM: Às hipóteses de rejeição liminar a que se referem os arts. 525, § 5º, 535, § 2º, e 917 do CPC/2015 (excesso de execução) não se aplicam os arts. 9º e 10 desse código.

Art. 526. É lícito ao réu, antes de ser intimado para o cumprimento da sentença, comparecer em juízo e oferecer em pagamento o valor que entender devido, apresentando memória discriminada do cálculo.

§ 1º O autor será ouvido no prazo de 5 (cinco) dias, podendo impugnar o valor depositado, sem prejuízo do levantamento do depósito a título de parcela incontroversa.

§ 2º Concluindo o juiz pela insuficiência do depósito, sobre a diferença incidirão multa de dez por cento e honorários advocatícios, também fixados em dez por cento, seguindo-se a execução com penhora e atos subsequentes.

§ 3º Se o autor não se opuser, o juiz declarará satisfeita a obrigação e extinguirá o processo.

Notas:

De outra banda, autorizado será ao réu antes mesmo de ser intimado para o cumprimento da sentença, comparecer em juízo e oferecer em pagamento, ou seja, depositando o valor que entende devido, apresentando memória discriminada do cálculo (art. 526, *caput* do CPC).

Nestes termos, conforme o § 1º do art. 526, será o autor ouvido no prazo de 5 (cinco) dias, facultado a este impugnar o valor depositado pelo réu, sem prejuízo do levantamento do depósito já realizado, este considerado então como parcela incontroversa.

Entendendo o magistrado ser o depósito insuficiente, sobre a diferença incidirão multa de dez por cento e honorários advocatícios, também fixados em dez por cento, seguindo-se a execução com penhora e atos subsequentes (§ 2º do art. 526).

Por outro lado, caso o autor não se opuser ao valor apresentado pelo réu, o juiz declarará satisfeita a obrigação, extinguindo-se assim o processo (§ 3º do art. 526).

Art. 527. Aplicam-se as disposições deste Capítulo ao cumprimento provisório da sentença, no que couber.

Notas:

Vide apontamentos nos arts. 520 a 522.

CAPÍTULO IV
DO CUMPRIMENTO DE SENTENÇA QUE RECONHEÇA A EXIGIBILIDADE DE OBRIGAÇÃO DE PRESTAR ALIMENTOS

Art. 528. No cumprimento de sentença que condene ao pagamento de prestação alimentícia ou de decisão interlocutória que fixe alimentos, o juiz, a requerimento do exequente, mandará intimar o executado pessoalmente para, em 3 (três) dias, pagar o débito, provar que o fez ou justificar a impossibilidade de efetuá-lo.

§ 1º Caso o executado, no prazo referido no *caput*, não efetue o pagamento, não prove que o efetuou ou não apresente justificativa da impossibilidade de efetuá-lo, o juiz mandará protestar o pronunciamento judicial, aplicando-se, no que couber, o disposto no art. 517.

§ 2º Somente a comprovação de fato que gere a impossibilidade absoluta de pagar justificará o inadimplemento.

§ 3º Se o executado não pagar ou se a justificativa apresentada não for aceita, o juiz, além de mandar protestar o pronunciamento judicial na forma do § 1º, decretar-lhe-á a prisão pelo prazo de 1 (um) a 3 (três) meses.

§ 4º A prisão será cumprida em regime fechado, devendo o preso ficar separado dos presos comuns.

§ 5º O cumprimento da pena não exime o executado do pagamento das prestações vencidas e vincendas.

§ 6º Paga a prestação alimentícia, o juiz suspenderá o cumprimento da ordem de prisão.

§ 7º O débito alimentar que autoriza a prisão civil do alimentante é o que compreende até as 3 (três) prestações anteriores ao ajuizamento da execução e as que se vencerem no curso do processo.

§ 8º O exequente pode optar por promover o cumprimento da sentença ou decisão desde logo, nos termos do disposto neste Livro, Título II, Capítulo III, caso em que não será admissível a prisão do executado, e, recaindo a penhora em dinheiro, a concessão de efeito suspensivo à impugnação não obsta a que o exequente levante mensalmente a importância da prestação.

§ 9º Além das opções previstas no art. 516, parágrafo único, o exequente pode promover o cumprimento da sentença ou decisão que condena ao pagamento de prestação alimentícia no juízo de seu domicílio.

Notas:

Novidade contida no CPC/2015 é a que trata de modo expresso do cumprimento da sentença em sede de alimentos, algo que mesmo em virtude das alterações introduzidas pela Lei nº 11.232/2005 no âmbito do revogado CPC/1973, não contemplava tal possibilidade no âmbito do cumprimento de sentença e daí, ante tal ausência de regulação própria, aplicado era o regramento genérico dos arts. 732 a 735 às obrigações referentes a alimentos, seja em virtude de título executivo judicial ou extrajudicial e ainda considerada a Lei nº 5.478/1968, esta que trata dos alimentos provisórios (tendo seus arts.16 a 18 agora revogados pelo art. 1.072, V do CPC/2015).

Em verdade, tornando a matéria mais coesa e organizada, observa-se diante do CPC/2015 que, tratando-se de cumprimento judicial que reconheça a exigência de obrigação de prestar alimentos, necessário será a aplicação do procedimento regulado pelos arts. 528 a 533, sendo que tal rito será adequado tanto para os casos de alimentos definitivos quanto para aqueles tidos provisórios (art. 531 do CPC).

Quanto às obrigações relacionadas a alimentos decorrentes de título executivo extrajudicial, o CPC reserva regulação específica no Livro II da Parte Especial, esta atinente ao Processo de Execução, mais precisamente nos arts. 911 a 913.

Vale ainda destacar que o Código não fez opção por qual(ais) alimento(s) merece(m) tutela(s) por ele disciplinada, ou seja, se legítimos (decorrentes das relações de família), indenizatórios (oriundos de atos ilícitos que gerem morte ou incapacidade laboral) ou mesmo aqueles relacionados com verbas de subsistência do credor, como, por exemplo, em ganhos necessários para a subsistência de sua família bem como aqueles relativos ao honorários advocatícios (*ex vi* do art. 85, § 14 do CPC), de modo que entendemos serem todos protegidos pelo CPC/2015, não havendo qualquer limite normativo ou interpretativo que condicione a outra racionalidade que não esta.

Remissões:

– Art. 5º, LXVII, da CRFB/88

"Art. 5º Todos são iguais perante a lei, sem distinção de qualquer natureza, garantindo-se aos brasileiros e aos estrangeiros residentes no País a inviolabilidade do direito à vida, à liberdade, à igualdade, à segurança e à propriedade, nos termos seguintes:

(...)

LXVII - não haverá prisão civil por dívida, salvo a do responsável pelo inadimplemento voluntário e inescusável de obrigação alimentícia e a do depositário infiel;

(...)".

Súmula:

STJ nº 309: O débito alimentar que autoriza a prisão civil do alimentante é o que compreende as três prestações anteriores ao ajuizamento da execução e as que se vencerem no curso do processo.

Enunciados das Jornadas de Direito Processual Civil do Conselho da Justiça Federal:

Nº 146 do CJF: O prazo de 3 (três) dias previsto pelo art. 528 do CPC conta-se em dias úteis e na forma dos incisos do art. 231 do CPC, não se aplicando seu § 3º.

Nº 147 do CJF: Basta o inadimplemento de uma parcela, no todo ou em parte, para decretação da prisão civil prevista no art. 528, § 7º, do CPC.

Enunciado do Fórum Permanente de Processualistas Civis:

Nº 587 do FPPC: A limitação de que trata o § 3º do art. 529 não se aplica à execução de dívida não alimentar.

Art. 529. Quando o executado for funcionário público, militar, diretor ou gerente de empresa ou empregado sujeito à legislação do trabalho, o exequente poderá requerer o desconto em folha de pagamento da importância da prestação alimentícia.

§ 1º Ao proferir a decisão, o juiz oficiará à autoridade, à empresa ou ao empregador, determinando, sob pena de crime de desobediência, o desconto a partir da primeira remuneração posterior do executado, a contar do protocolo do ofício.

§ 2º O ofício conterá o nome e o número de inscrição no Cadastro de Pessoas Físicas do exequente e do executado, a importância a ser descontada mensalmente, o tempo de sua duração e a conta na qual deve ser feito o depósito.

§ 3º Sem prejuízo do pagamento dos alimentos vincendos, o débito objeto de execução pode ser descontado dos rendimentos ou rendas do executado, de forma parcelada, nos termos do *caput* deste artigo, contanto que, somado à parcela devida, não ultrapasse cinquenta por cento de seus ganhos líquidos.

Notas:

Poderá ainda o exequente requerer o desconto em folha de pagamento da importância da prestação alimentícia, isso caso o executado seja funcionário público, militar, diretor ou gerente de empresa ou empregado sujeito à legislação do trabalho.

Enunciado do Fórum Permanente de Processualistas Civis:

Nº 587 do FPPC: A limitação de que trata o § 3º do art. 529 não se aplica à execução de dívida não alimentar.

Art. 530. Não cumprida a obrigação, observar-se-á o disposto nos arts. 831 e seguintes.

Notas:

Não cumprida a obrigação, deverá a penhora de bens respeitar o disposto nos arts. 831 e ss. do CPC (art. 530), sendo que, uma vez recaindo ela sobre dinheiro, a concessão de efeito suspensivo à impugnação eventualmente apresentada pelo executado, não obstará a que o exequente levante mensalmente a importância da prestação.

Art. 531. O disposto neste Capítulo aplica-se aos alimentos definitivos ou provisórios.

§ 1º A execução dos alimentos provisórios, bem como a dos alimentos fixados em sentença ainda não transitada em julgado, se processa em autos apartados.

§ 2º O cumprimento definitivo da obrigação de prestar alimentos será processado nos mesmos autos em que tenha sido proferida a sentença.

Notas:

As regras dispostas neste Capítulo aplicam-se tanto aos alimentos definitivos quanto aos provisórios, cabendo ressaltar que a execução dos alimentos provisórios bem com daqueles fixados por sentença não transitada em julgado será processada em autos apartados.

Já o cumprimento definitivo da obrigação de prestar alimento será processado nos mesmo autos em que fora proferida a sentença condenatória que reconheceu a dita obrigação.

Art. 532. Verificada a conduta procrastinatória do executado, o juiz deverá, se for o caso, dar ciência ao Ministério Público dos indícios da prática do crime de abandono material.

Notas:

Quanto à atitude procrastinatória do executado, isso quanto ao não pagamento de seu débito alimentar bem como na utilização de meios voltados a obstaculizar a satisfação creditória do exequente, merece destaque o art. 532 do CPC, ao pontificar que, verificada a aludida conduta procrastinatória do executado, *o juiz deverá, se for o caso, dar ciência ao Ministério Público dos indícios da prática do crime de abandono material*, portanto em nítida sintonia casuística com o que dispõe o art. 244 do Código Penal.[369]

Art. 533. Quando a indenização por ato ilícito incluir prestação de alimentos, caberá ao executado, a requerimento do exequente, constituir capital cuja renda assegure o pagamento do valor mensal da pensão.

§ 1º O capital a que se refere o *caput*, representado por imóveis ou por direitos reais sobre imóveis suscetíveis de alienação, títulos da dívida pública ou aplicações financeiras em banco oficial, será inalienável e impenhorável enquanto durar a obrigação do executado, além de constituir-se em patrimônio de afetação.

§ 2º O juiz poderá substituir a constituição do capital pela inclusão do exequente em folha de pagamento de pessoa jurídica de notória capacidade econômica ou, a requerimento do executado, por fiança bancária ou garantia real, em valor a ser arbitrado de imediato pelo juiz.

§ 3º Se sobrevier modificação nas condições econômicas, poderá a parte requerer, conforme as circunstâncias, redução ou aumento da prestação.

§ 4º A prestação alimentícia poderá ser fixada tomando por base o salário-mínimo.

§ 5º Finda a obrigação de prestar alimentos, o juiz mandará liberar o capital, cessar o desconto em folha ou cancelar as garantias prestadas.

Notas:

Quando a indenização por ato ilícito incluir prestação de alimentos, a requerimento do exequente, deverá o executado constituir capital cuja renda assegure o pagamento do valor mensal da pensão.

Como se vê, objetiva-se a presente norma assegurar o cumprimento de determinada obrigação alimentícia decorrente de ato ilícito, evitando-se o risco de o executado dilapidar seu patrimônio, inviabilizando a efetiva quitação de obrigação para com o exequente.

---

369 "*Art. 244. Deixar, sem justa causa, de prover a subsistência do cônjuge, ou de filho menor de 18 (dezoito) anos ou inapto para o trabalho, ou de ascendente inválido ou maior de 60 (sessenta) anos, não lhes proporcionando os recursos necessários ou faltando ao pagamento de pensão alimentícia judicialmente acordada, fixada ou majorada; deixar, sem justa causa, de socorrer descendente ou ascendente, gravemente enfermo: (Redação dada pela Lei nº 10.741, de 2003).*

Pena – detenção, de 1 (um) a 4 (quatro) anos e multa, de uma a dez vezes o maior salário mínimo vigente no País. (Redação dada pela Lei nº 5.478, de 1968).

Parágrafo único – Nas mesmas penas incide quem, sendo solvente, frustra ou ilide, de qualquer modo, inclusive por abandono injustificado de emprego ou função, o pagamento de pensão alimentícia judicialmente acordada, fixada ou majorada."

Súmula:

STJ nº 313: Em ação de indenização, procedente o pedido, é necessária a constituição de capital ou caução fidejussória para a garantia de pagamento da pensão, independentemente da situação financeira do demandado.

CAPÍTULO V DO CUMPRIMENTO DE SENTENÇA QUE RECONHEÇA A EXIGIBILIDADE DE OBRIGAÇÃO DE PAGAR QUANTIA CERTA PELA FAZENDA PÚBLICA

Art. 534. No cumprimento de sentença que impuser à Fazenda Pública o dever de pagar quantia certa, o exequente apresentará demonstrativo discriminado e atualizado do crédito contendo:

I – o nome completo e o número de inscrição no Cadastro de Pessoas Físicas ou no Cadastro Nacional da Pessoa Jurídica do exequente;

II – o índice de correção monetária adotado;

III – os juros aplicados e as respectivas taxas;

IV – o termo inicial e o termo final dos juros e da correção monetária utilizados;

V – a periodicidade da capitalização dos juros, se for o caso;

VI – a especificação dos eventuais descontos obrigatórios realizados.

§ 1º Havendo pluralidade de exequentes, cada um deverá apresentar o seu próprio demonstrativo, aplicando-se à hipótese, se for o caso, o disposto nos §§ 1º e 2º do art. 113.

§ 2º A multa prevista no § 1º do art. 523 não se aplica à Fazenda Pública.

Notas:

Novidade apresentada no CPC/2015 é aquela que trata expressamente do cumprimento de sentença em face da Fazenda Pública, algo que, mesmo em virtude das alterações introduzidas pela Lei nº 11.232/2005 no âmbito do revogado CPC/1973, não contemplava tal possibilidade no âmbito do cumprimento de sentença e daí, ante tal ausência de regulação própria, aplicado era o regramento genérico dos arts. 730 e 731 às obrigações de pagar quantia certa por parte da Fazenda Pública, seja em virtude de título executivo judicial ou extrajudicial.

Agora, diante do CPC/2015, tratando-se de cumprimento judicial que reconheça a exigibilidade de obrigação de pagar quantia certa pela Fazenda Pública, necessária será a aplicação do procedimento regulado pelos arts. 534 a 535, ressaltando-se que, em casos decorrentes de obrigação de fazer, não fazer e entregar coisa em face da Fazenda Pública aplicar-se-ão os procedimentos relativos aos arts. 536 a 538, além daqueles previstos na legislação infraconstitucional (*v.g.*, mandado de segurança).

O presente procedimento diz respeito apenas ao cumprimento da sentença decorrente de obrigação de pagar quantia certa em que a Fazenda figura no polo passivo.

É de se atentar para o fato de que a expressão "Fazenda Pública" engloba todas as pessoas jurídicas de direito público interno (União, Estados, Municípios, Distrito Federal, autarquias e fundações públicas). Já, quando a Fazenda Pública atuar como exequente, o procedimento será o da denominada Execução Fiscal, devidamente previsto na Lei nº 6.830/80.

No que toca aos limites políticos que cerceiam a satisfação do direito por via da atividade executiva, os bens públicos são considerados impenhoráveis, resultando disso reflexos inegavelmente importantes que repercutirão certamente no procedimento das execuções contra a Fazenda Pública, como, por exemplo, na questão relativa à impossibilidade de alienação de bens.

Quanto à questão procedimental em sede de cumprimento de sentença que reconheça a exigibilidade de obrigação de pagar quantia certa pela Fazenda Pública, o exequente apresentará demonstrativo discriminado e atualizado do crédito, tudo de acordo com o art. 534, contendo ainda os dados elencados pelos incisos do aludido dispositivo.

Destaca-se ainda que não se aplica ao presente cumprimento de sentença a multa de 10 % (dez por cento) prevista no § 1º do art. 523. A despeito desta lamentável exceção, outras sanções como aquela decorrente de litigância de má-fé (art. 80 do CPC) ou mesmo de ato atentatório à dignidade da justiça (art. 774 do CPC) não encontram óbices para a sua efetiva aplicação no cumprimento da sentença em tela.

Súmulas:

STF. Súmula Vinculante nº 17: Durante o período previsto no § 1º do art. 100 da Constituição, não incidem juros de mora sobre os precatórios que nele sejam pagos.

STJ nº 399: É cabível ação monitória contra a Fazenda Pública.

STJ nº 461: O contribuinte pode optar por receber, por meio de precatório ou por compensação, o indébito tributário certificado por sentença declaratória transitada em julgado.

Art. 535. A Fazenda Pública será intimada na pessoa de seu representante judicial, por carga, remessa ou meio eletrônico, para, querendo, no prazo de 30 (trinta) dias e nos próprios autos, impugnar a execução, podendo arguir:

I – falta ou nulidade da citação se, na fase de conhecimento, o processo correu à revelia;

II – ilegitimidade de parte;

III – inexequibilidade do título ou inexigibilidade da obrigação;

IV – excesso de execução ou cumulação indevida de execuções;

V – incompetência absoluta ou relativa do juízo da execução;

VI – qualquer causa modificativa ou extintiva da obrigação, como pagamento, novação, compensação, transação ou prescrição, desde que supervenientes ao trânsito em julgado da sentença.

§ 1º A alegação de impedimento ou suspeição observará o disposto nos arts. 146 e 148.

§ 2º Quando se alegar que o exequente, em excesso de execução, pleiteia quantia superior à resultante do título, cumprirá à executada declarar de imediato o valor que entende correto, sob pena de não conhecimento da arguição.

§ 3º Não impugnada a execução ou rejeitadas as arguições da executada:

I – expedir-se-á, por intermédio do presidente do tribunal competente, precatório em favor do exequente, observando-se o disposto na Constituição Federal;

II – por ordem do juiz, dirigida à autoridade na pessoa de quem o ente público foi citado para o processo, o pagamento de obrigação de pequeno valor será realizado no prazo de 2 (dois) meses contado da entrega da requisição, mediante depósito na agência de banco oficial mais próxima da residência do exequente.

§ 4º Tratando-se de impugnação parcial, a parte não questionada pela executada será, desde logo, objeto de cumprimento.

§ 5º Para efeito do disposto no inciso III do *caput* deste artigo, considera-se também inexigível a obrigação reconhecida em título executivo judicial fundado em lei ou ato normativo considerado inconstitucional pelo Supremo Tribunal Federal, ou fundado em aplicação ou interpretação da lei ou do ato normativo tido pelo Supremo Tribunal Federal como incompatível com a Constituição Federal, em controle de constitucionalidade concentrado ou difuso.

§ 6º No caso do § 5º, os efeitos da decisão do Supremo Tribunal Federal poderão ser modulados no tempo, de modo a favorecer a segurança jurídica.

§ 7º A decisão do Supremo Tribunal Federal referida no § 5º deve ter sido proferida antes do trânsito em julgado da decisão exequenda.

§ 8º Se a decisão referida no § 5º for proferida após o trânsito em julgado da decisão exequenda, caberá ação rescisória, cujo prazo será contado do trânsito em julgado da decisão proferida pelo Supremo Tribunal Federal.

Notas:

Uma vez deferida a inicial, será a Fazenda Pública intimada na pessoa de seu representante judicial, por carga, remessa ou meio eletrônico, para, querendo, no prazo de 30 (trinta) dias e nos próprios autos, impugnar a execução, podendo arguir as matérias constantes dos incisos do art. 535.

Fundamental pontuar aqui que caberá à Fazenda Pública, quando da alegação de que o exequente, em excesso de execução pleiteia quantia superior à resultante do título executivo judicial, declarar, de imediato, o valor que entende correto (§ 2º do art. 535 do CPC), apresentando demonstrativo discriminado e atualizado de seu cálculo (§ 4º do art. 525 do CPC), sob pena de não conhecimento da respectiva alegação.

Destaca-se ainda que, havendo interesse na alegação de suspeição ao impedimento, observar-se-á o que dispõem os arts. 146 e 148 do CPC.

Quanto ao efeito suspensivo decorrente da impugnação apresentada, ainda que não regrada neste momento pelo legislador, entendemos da sua possibilidade no presente procedimento, cabendo à Fazenda Pública requerer a concessão do aludido efeito à sua impugnação, hipótese em que deverá demonstrar ao órgão julgador a ocorrência dos pressupostos previstos no § 6º do art. 525, i.e., que seus fundamentos sejam relevantes para tanto e que o prosseguimento da execução seja manifestamente suscetível de causar ao executado grave dano de difícil ou incerta reparação.

Entendemos ainda que, pelo próprio modelo constitucional do processo, não estará a Fazenda Pública sujeita à garantia do juízo para a conquista do retro mencionado efeito suspensivo, bastando, portanto, a presença dos pressupostos acima referidos.

Não havendo requerimento de efeito suspensivo ou o magistrado indeferindo-o, expedir-se-á o precatório ou far-se-á a requisição do pequeno valor desde já, ainda que a impugnação não tenha sido julgada.

Insta sublinhar que o Supremo Tribunal Federal reconheceu a possibilidade de execução provisória contra a Fazenda Pública nas obrigações de fazer, o mesmo não ocorrendo quando da obrigação de pagar quantia, conforme se observa do entendimento no Recurso Extraordinário abaixo:

> RECURSO EXTRAORDINÁRIO COM REPERCUSSÃO GERAL. DIREITO CONSTITUCIONAL FINANCEIRO. SISTEMÁTICA DOS PRECATÓRIOS (ART. 100, CF/88). EXECUÇÃO PROVISÓRIA DE DÉBITOS DA FAZENDA PÚBLICA. OBRIGAÇÃO DE FAZER. SENTENÇA COM TRÂNSITO EM JULGADO. EMENDA CONSTITUCIONAL 30/2000. 1. Fixação da seguinte tese ao Tema 45 da sistemática da repercussão geral: "A execução provisória de obrigação de fazer em face da Fazenda Pública não atrai o regime constitucional dos precatórios". 2. A jurisprudência

do STF firmou-se no sentido da inaplicabilidade ao Poder Público do regime jurídico da execução provisória de prestação de pagar quantia certa, após o advento da Emenda Constitucional 30/2000. Precedentes. 3. A sistemática constitucional dos precatórios não se aplica às obrigações de fato positivo ou negativo, dado a excepcionalidade do regime de pagamento de débitos pela Fazenda Pública, cuja interpretação deve ser restrita. Por consequência, a situação rege-se pela regra legal de que toda decisão não autossuficiente pode ser cumprida de maneira imediata, na pendência de recursos não recebidos com efeito suspensivo. 4. Não se encontra parâmetro constitucional ou legal que obste a pretensão de execução provisória de sentença condenatória de obrigação de fazer relativa à implantação de pensão de militar, antes do trânsito em julgado dos embargos do devedor opostos pela Fazenda Pública. 5. Há compatibilidade material entre o regime de cumprimento integral de decisão provisória e a sistemática dos precatórios, haja vista que este apenas se refere às obrigações de pagar quantia certa. 6. Recurso extraordinário a que se nega provimento. (STF nº 573.872/RS. Rel. Min. Edson Fachin. Publicado em 11.09.2017, DJe em 03.10.2017).

Outrossim, longe de qualquer generalidade, entende o STJ da possibilidade de execução provisória em face da fazenda pública em outros conteúdos, como se nota o acórdão destacado abaixo:

> *(...) O entendimento consolidado no âmbito deste Superior Tribunal de Justiça, é no sentido de ser possível a execução provisória contra a Fazenda Pública nos casos em que se busca nomeação e posse em cargo público, em razão da aprovação em concurso.* Nesse sentido são os seguintes precedentes: PROCESSUAL CIVIL. EMBARGOS DECLARATÓRIOS. ADMINISTRATIVO. MANDADO DE SEGURANÇA. CONCURSO PÚBLICO. NOMEAÇÃO E POSSE EM CARGO PÚBLICO. EXECUÇÃO PROVISÓRIA. INEXISTÊNCIA DE AFRONTA À LEI 9.494/97. EMBARGOS ACOLHIDOS SEM EFEITO MODIFICATIVO. 1. A vedação contida na Lei 9.494/97 em relação à concessão de antecipação de tutela contra a Fazenda Pública nos casos de aumento ou extensão de vantagens a servidor público não se aplica nas hipóteses em que o autor busca sua nomeação e posse em cargo público, em razão da sua aprovação em concurso público. Precedentes do STJ. 2. *Possibilidade da execução provisória, na hipótese dos autos, para cumprimento da determinação do acórdão embargado.* 3. Embargos de declaração acolhidos, sem efeito modificativo. (EDcl nos EDcl no RMS 27.311/AM, Rel. Ministro JORGE MUSSI, QUINTA TURMA, julgado em 06/02/2014, DJe 14/02/2014)

ADMINISTRATIVO. AGRAVO REGIMENTAL NO AGRAVO EM RECURSO ESPECIAL. MANDADO DE SEGURANÇA. CONCURSO PÚBLICO. EXECUÇÃO PROVISÓRIA. POSSIBILIDADE. AUSÊNCIA DE PREQUESTIONAMENTO DOS DISPOSITIVOS LEGAIS TIDOS POR VIOLADOS. SÚMULA Nº 211 DO STF. ARTIGOS DE LEI QUE NÃO POSSUEM FORÇA NORMATIVA PARA INDUZIR A REFORMA DO JULGADO. SÚMULA Nº 284 DO STF. AUSÊNCIA DE VIOLAÇÃO DO ART. 535 DO CPC. 1. Discute-se a admissibilidade de recurso especial no qual se impugna acórdão que entendeu pela possibilidade de execução provisória em mandado de segurança, consistente na determinação de nomeação de candidato, antes do trânsito em julgado. 2. Os artigos 128, 460, 468 e 472 do CPC, além não se encontram prequestionados, não servem à pretensão recursal porque suas disposições não teriam o condão de induzir a reforma do julgado a quo, o que atrai os entendimentos da Súmula nº 211 do STJ e da Súmula nº 284 do STF. 3."A vedação contida nos arts. 1º, § 3º, da Lei 8.437/92 e 1º da Lei 9.494/97, quanto à concessão de antecipação de tutela contra a Fazenda Pública nos casos de aumento ou extensão de vantagens a servidor público, não se aplica nas hipóteses em que o autor busca sua nomeação e posse em cargo público, em razão da sua aprovação no concurso público. Precedente do STJ" (AgRg no Ag 1.161.985/ES, Rel. Min. Arnaldo Esteves Lima, Quinta Turma, julgado em 22.6.2010, DJe 2.8.2010). No mesmo sentido: AgRg no AREsp 17.774/DF, Rel. Ministro Humberto Martins, Segunda Turma, DJe 26/10/2011; REsp 1234743/GO, Rel. Ministro Mauro Campbell Marques, Segunda Turma, DJe 31/03/2011. 4. Nos termos em que decidida a controvérsia pelo acórdão a quo, não há falar em violação do art. 535 do CPC, pois o Tribunal de origem julgou a matéria, de forma clara, coerente e fundamentada, pronunciando-se, suficientemente, sobre os pontos que entendeu relevantes para a solução da controvérsia. 5. Agravo regimental não provido. (AgRg no AREsp 15.804/GO, Rel. Ministro BENEDITO GONÇALVES, PRIMEIRA TURMA, julgado em 21/02/2013, DJe 11/03/2013) ADMINISTRATIVO. CONCURSO PÚBLICO. CANDIDATO APROVADO DENTRO DO NÚMERO DE VAGAS. NOMEAÇÃO E POSSE EM CARGO PÚBLICO. EXECUÇÃO PROVISÓRIA DE SENTENÇA CONTRA A FAZENDA PÚBLICA. POSSIBILIDADE. AFRONTA AOS ARTS. 1º, § 3º, DA LEI 8.437/1992; 1º E 2º-B DA LEI 9.494/1997. NÃO OCORRÊNCIA. 1. A vedação contida nos arts. 1º, § 3º, da Lei 8.437/92 e 1º da Lei 9.494/97, quanto à concessão de antecipação de tutela contra a Fazenda Pública nos casos de aumento ou extensão de vantagens a servidor público, não se aplica nas hipóteses em que o autor busca sua nomeação e posse em cargo público, em razão da sua aprovação no concurso público. Precedente do STJ. 2. *A jurisprudência do Superior Tribunal de Justiça firmou-se no sentido de que a vedação de execução provisória de sentença contra a Fazenda Pública restringe-se às hipóteses previstas no art. 2º-B da Lei 9.494/97, o que não é o caso dos autos, pois não há determinação de pagamentos pretéritos, mas apenas o pagamento pelo efetivo serviço prestado.* 3. Agravo Regimental não provido. (AgRg no REsp 1259941/DF, Rel. Ministro HERMAN BENJAMIN, SEGUNDA TURMA, julgado em 04/12/2012, DJe 19/12/2012) Desta forma, ao conceder efeito suspensivo ao recurso de apelação interposto pelo Município, na hipótese em que o autor busca sua nomeação e posse em cargo público em razão de sua aprovação em concurso público, o Tribunal decidiu em desconformidade com o entendimento jurisprudencial desta Corte Superior. Ante o exposto, conheço do recurso especial, e dou-lhe provimento para determinar que a apelação interposta pelo Município seja recebida apenas no efeito devolutivo (STJ. 1ª T. REsp: 1397516/SC 2013/0261779-2, Rel. Min. Sérgio Kukina, Julg. 20.04.2015. DJ 24.04.2015). (grifos nossos).

Não oposta a impugnação ou rejeitadas as arguições da executada (aqui também ensejando o reexame necessário do julgado, com as devidas exceções do art. 496, §§ 3º e 4º do CPC):

> I – será expedido precatório pelo qual o órgão judicial, por intermédio do presidente do tribunal competente em favor do exequente, observando-se o que dispõe a Constituição Federal de 1988[370] (art. 535, § 3º I do CPC), sendo os precatórios pagos em ordem cronológica, sob pena de sequestro de quantia necessária para satisfação do débito;[371] [372]

---

370 De acordo com o art. 100, § 5º, da CF/88, as entidades de direito público são obrigadas a reservar em seus orçamentos, verbas necessárias ao pagamento de seus débitos decorrentes de sentenças transitadas em julgado, constantes de precatórios judiciais que lhe sejam comunicados até o dia 1º de julho, realizando-se o devido pagamento até o final do exercício seguinte, quando então sofrerão as quantias devidas, atualizações monetárias.

371 Nisso indica o § 6º do art. 100 da CF/88: "*As dotações orçamentárias e os créditos abertos serão consignados diretamente ao Poder Judiciário, cabendo ao Presidente do Tribunal que proferir a decisão exequenda determinar o pagamento integral e autorizar, a requerimento do credor e exclusivamente para os casos de preterimento de seu direito de precedência ou de não alocação orçamentária do valor necessário à satisfação do seu débito, o sequestro da quantia respectiva*"

372 STF. Súmula Vinculante n.17: "Durante o período previsto no § 1º do art. 100 da Constituição, não incidem juros de mora sobre os precatórios que nele sejam pagos."

> II – por ordem do juiz dirigida à autoridade na pessoa de quem o ente público foi citado para o processo, o pagamento de obrigação de pequeno valor será realizado no prazo de 2 (dois) meses contado da entrega da requisição, mediante depósito na agência de banco oficial mais próxima da residência do exequente (art. 535, § 3º I do CPC).

De outra banda, caso a impugnação da Fazenda Pública seja parcial quanto ao débito executado, à parte não questionada será, desde logo objeto de cumprimento, conforme reza o § 4º do art. 535 do CPC.

Por fim, para efeito do que dispõe o inciso III do art. 535 acerca da *inexequibilidade do título ou inexigibilidade da obrigação* e demais questões afetas a tal conteúdo, ver notas do art. 525.

Recurso Extraordinário

EMENTA: RECURSO EXTRAORDINÁRIO. COISA JULGADA INCONSTITUCIONAL. ARTIGO 741, PARÁGRAFO ÚNICO, E ARTIGO 475-L, PARÁGRAFO PRIMEIRO, DO CÓDIGO DE PROCESSO CIVIL DE 1973. ARTIGO 525, PARÁGRAFO PRIMEIRO, INCISO III, PARÁGRAFOS 12 E 14, E ARTIGO 535, PARÁGRAFO 5º, DO CÓDIGO DE PROCESSO CIVIL DE 2015. 1. São constitucionais as disposições normativas do parágrafo único do art. 741 do CPC, do § 1º do art. 475-L, ambos do CPC/73, bem como os correspondentes dispositivos do CPC/15, o art. 525, § 1º, III e §§ 12 e 14, o art. 535, § 5º. 2. Os dispositivos questionados buscam harmonizar a garantia da coisa julgada com o primado da Constituição, agregando ao sistema processual brasileiro, um mecanismo com eficácia rescisória de sentenças revestidas de vício de inconstitucionalidade qualificado. 3. São consideradas decisões com vícios de inconstitucionalidade qualificados: (a) a sentença exequenda fundada em norma reconhecidamente inconstitucional, seja por aplicar norma inconstitucional, seja por aplicar norma em situação ou com sentido inconstitucionais; (b) a sentença exequenda que tenha deixado de aplicar norma reconhecidamente constitucional. 4. Para o reconhecimento do vício de inconstitucionalidade qualificado exige-se que o julgamento do STF, que declara a norma constitucional ou inconstitucional, tenha sido realizado em data anterior ao trânsito em julgado da sentença exequenda. 5. Recurso extraordinário a que se nega provimento. (STF, RE 611.503, Relator(a): TEORI ZAVASCKI, Relator(a) p/ Acórdão: EDSON FACHIN, Tribunal Pleno, julgado em 20/08/2018, ACÓRDÃO ELETRÔNICO REPERCUSSÃO GERAL – MÉRITO DJe-053 DIVULG 18-03-2019 PUBLIC 19-03-2019).

EMBARGOS DE DIVERGÊNCIA NOS EMBARGOS DE DECLARAÇÃO NO AGRAVO REGIMENTAL NO RECURSO EXTRAORDINÁRIO.

ADMINISTRATIVO E PROCESSUAL CIVIL. PRECATÓRIO COMPLEMENTAR. JUROS DE MORA. COISA JULGADA. PRESSUPOSTOS ESPECÍFICOS DE ADMISSIBILIDADE RECURSAL PREENCHIDOS. ART. 546, II, DO CPC/1973. ART. 330 DO RISTF. DISSENSO JURISPRUDENCIAL DEMONSTRADO. INCIDÊNCIA DE JUROS MORATÓRIOS NO PRAZO ESTIPULADO CONSTITUCIONALMENTE PARA O PAGAMENTO DE PRECATÓRIO. IMPOSSIBILIDADE. VIOLAÇÃO DA COISA JULGADA. INOCORRÊNCIA. EMBARGOS DE DIVERGÊNCIA CONHECIDOS E PROVIDOS PARA, REFORMANDO O ACÓRDÃO EMBARGADO, DAR PROVIMENTO AO RECURSO EXTRAORDINÁRIO, A FIM DE EXCLUIR A INCIDÊNCIA DE JUROS MORATÓRIOS NO PRAZO ESTABELECIDO CONSTITUCIONALMENTE PARA O PAGAMENTO DO PRECATÓRIO, COM FIXAÇÃO DA SEGUINTE TESE: "DURANTE O PERÍODO PREVISTO NO PARÁGRAFO 1º DO ARTIGO 100 DA CONSTITUIÇÃO, NÃO INCIDEM JUROS DE MORA SOBRE OS PRECATÓRIOS QUE NELE SEJAM PAGOS". (STF, RE 594892 AgR-ED-EDv, Relator(a): LUIZ FUX, Tribunal Pleno, julgado em 01/07/2020, PROCESSO ELETRÔNICO DJe-259 DIVULG 27-10-2020 PUBLIC 28-10-2020).

Ação Direta de Inconstitucionalidade

Direito Processual Civil. Artigo 535, § 3º, inciso II, e § 4º, do Código de Processo Civil de 2015. Execução contra a Fazenda Pública. Requisições de pequeno valor. Prazo para pagamento. Competência legislativa da União. Execução da parte incontroversa da condenação. Possibilidade. Interpretação conforme. Parcial procedência do pedido. 1. A autonomia expressamente reconhecida na Constituição de 1988 e na jurisprudência do Supremo Tribunal Federal aos estados-membros para dispor sobre obrigações de pequeno valor restringe-se à fixação do valor referencial. Pretender ampliar o sentido da jurisprudência e do que está posto nos §§ 3º e 4º do art. 100 da Constituição, de modo a afirmar a competência legislativa do estado-membro para estabelecer também o prazo para pagamento das RPV, é passo demasiadamente largo. 2. A jurisprudência do Supremo Tribunal Federal confere ampla autonomia ao estado-membro na definição do valor referencial das obrigações de pequeno valor, permitindo, inclusive, a fixação de valores inferiores ao do art. 87 do ADCT (ADI nº 2.868, Tribunal Pleno, Rel. Min. Ayres Britto, Rel. p/ ac. Min. Joaquim Barbosa, DJ de 12/11/04). A definição do montante máximo de RPV é critério razoável e suficiente à adequação do rito de cumprimento das obrigações de pequeno valor à realidade financeira e orçamentária do ente federativo. 3. O Supremo Tribunal Federal reconhece a natureza processual das normas que regulamentam o procedimento de execução das obrigações de pequeno valor, por versarem sobre os atos necessários para que a Fazenda Pública cumpra o julgado exequendo. Precedentes: RE nº 632.550-AgR, Primeira Turma, da minha relatoria, DJe de 14/5/12; RE nº 293.231, Segunda Turma, Rel. Min. Maurício Corrêa, DJ de 1º/6/01). A norma do art. 535, § 3º, inciso II, do Código de Processo Civil detém natureza nitidamente processual, a atrair a competência privativa da União para dispor sobre tema (art. 22, inciso I, da Constituição de 1988). 4. O Supremo Tribunal Federal declarou, em julgamento com repercussão geral, a constitucionalidade da expedição de precatório ou requisição de pequeno valor para pagamento da parte incontroversa e autônoma do pronunciamento judicial transitada em julgado, observada a importância total executada para efeitos de dimensionamento como obrigação de pequeno valor. Precedente: RE nº 1.205.530, Tribunal Pleno, Rel. Min. Marco Aurélio, julgado em 8/6/20. 5. Procedência parcial do pedido, declarando-se a constitucionalidade do art. 535, § 3º, inciso II, da Código de Processo Civil de 2015 e conferindo-se interpretação conforme à Constituição de 1988 ao art. 535, § 4º, no sentido de que, para efeito de determinação do regime de pagamento do valor incontroverso, deve ser observado o valor total da condenação. (STF, ADI 5.534, Relator(a): DIAS TOFFOLI, Tribunal Pleno, julgado em 21/12/2020, PROCESSO ELETRÔNICO DJe-027 DIVULG 11-02-2021 PUBLIC 12-02-2021).

Súmulas:

STF. Súmula Vinculante nº 17: Durante o período previsto no § 1º do art. 100 da Constituição, não incidem juros de mora sobre os precatórios que nele sejam pagos.

STJ nº 144: Os créditos de natureza alimentícia gozam de preferência, desvinculados os precatórios da ordem cronológica dos créditos de natureza diversa.

STJ nº 345: São devidos honorários advocatícios pela Fazenda Pública nas execuções individuais de sentença proferida em ações coletivas, ainda que não embargadas.

STJ nº 461: O contribuinte pode optar por receber, por meio de precatório ou por compensação, o indébito tributário certificado por sentença declaratória transitada em julgado.

STJ nº 517: São devidos honorários advocatícios no cumprimento de sentença, haja ou não impugnação, depois de escoado o prazo para pagamento voluntário, que se inicia após a intimação do advogado da parte executada.

Enunciado das Jornadas de Direito Processual Civil do Conselho da Justiça Federal:

Nº 93 do CJF: Da decisão que julga a impugnação ao cumprimento de sentença cabe apelação, se extinguir o processo, ou agravo de instrumento, se não o fizer.

Enunciados do Fórum Permanente de Processualistas Civis:

Nº 57 do FPPC: A prescrição prevista nos arts. 525, § 1º, VII e 535, VI, é exclusivamente da pretensão executiva.

Nº 58 do FPPC: As decisões de inconstitucionalidade a que se referem os art. 525, §§ 12 e 13 e art. 535 §§ 5º e 6º devem ser proferidas pelo plenário do STF.

Nº 532 do FPPC: A expedição do precatório ou da RPV depende do trânsito em julgado da decisão que rejeita as arguições da Fazenda Pública executada.

Nº 535 do FPPC: Cabe ação rescisória contra a decisão prevista no inciso III do art. 548.

Nº 719 do FPPC: Quando o executado alegar que o exequente, em excesso de execução, pleiteia quantia superior à resultante do título, e os elementos necessários para a aferição do excesso não estiverem em seu poder, admite-se a concessão de prazo para a apresentação da planilha de cálculos.

Enunciado da Escola Nacional de Formação e Aperfeiçoamento de Magistrados:

Nº 55 do ENFAM: Às hipóteses de rejeição liminar a que se referem os arts. 525, § 5º, 535, § 2º, e 917 do CPC/2015 (excesso de execução) não se aplicam os arts. 9º e 10 desse código.

CAPÍTULO VI
DO CUMPRIMENTO DE SENTENÇA QUE RECONHEÇA A EXIGIBILIDADE DE OBRIGAÇÃO DE FAZER, DE NÃO FAZER OU DE ENTREGAR COISA

Seção I
Do Cumprimento de Sentença que Reconheça a Exigibilidade de Obrigação de Fazer ou de Não Fazer

Art. 536. No cumprimento de sentença que reconheça a exigibilidade de obrigação de fazer ou de não fazer, o juiz poderá, de ofício ou a requerimento, para a efetivação da tutela específica ou a obtenção de tutela pelo resultado prático equivalente, determinar as medidas necessárias à satisfação do exequente.

§ 1º Para atender ao disposto no *caput*, o juiz poderá determinar, entre outras medidas, a imposição de multa, a busca e apreensão, a remoção de pessoas e coisas, o desfazimento de obras e o impedimento de atividade nociva, podendo, caso necessário, requisitar o auxílio de força policial.

§ 2º O mandado de busca e apreensão de pessoas e coisas será cumprido por 2 (dois) oficiais de justiça, observando-se o disposto no art. 846, §§ 1º a 4º, se houver necessidade de arrombamento.

§ 3º O executado incidirá nas penas de litigância de má-fé quando injustificadamente descumprir a ordem judicial, sem prejuízo de sua responsabilização por crime de desobediência.

§ 4º No cumprimento de sentença que reconheça a exigibilidade de obrigação de fazer ou de não fazer, aplica-se o art. 525, no que couber.

§ 5º O disposto neste artigo aplica-se, no que couber, ao cumprimento de sentença que reconheça deveres de fazer e de não fazer de natureza não obrigacional.

Notas:

Importante virtude contida no CPC/2015 é aquela da organicidade normativa voltada à racionalidade dos institutos e sua melhor operabilidade, aqui destacada pela junção "julgamento-cumprimento" da Tutela Específica.

Destacado já no CPC/1973, oriundas inclusive do § 5º do art. 84 do Código de Defesa do Consumidor, as medidas de "execução indireta", isto é, aquelas exercidas por meios de coação[373] sobre a vontade do devedor, de modo a compeli-lo a cumprir com a obrigação devida, sobretudo, na forma específica, configurando-se em meios de apoio ao cumprimento da obrigação, vem no novato Código arroladas de forma a reproduzir, inicialmente, o que já dispunha o § 5º do art. 461 do CPC/1973.

Como bem se nota, o § 1º acosta um rol de medidas à disposição do juízo, para que, com interesse e coragem, possa adotá-las, a fim de empreender força necessária e apta a atuar sobre o devedor recalcitrante ao cumprimento específico da obrigação. No entanto cabe bem frisar que, de acordo com a dicção "entre outras medidas" não se trata de rol que se esgota nele mesmo, sendo perfeitamente possível lançar mão de outras medidas, desde que voltadas ao objetivo efetivo da satisfação do direito reconhecido e, inegavelmente, descumprido.

Aliás, é o que se dá com a medida denominada "intervenção judicial em atividade empresarial".[374]

---

373 Ditos meios de coação atuam através de medidas de pressão econômica, física ou psicológica, tais como as penas de multa, a incidência das *astreintes*, hipóteses de prisão civil, bem como punições oriundas da prática de atos atentatórios à dignidade da justiça, dentre outras. Cf. o nosso *Tutela Específica das Obrigações de Fazer*. 5. ed. Curitiba: Juruá, 2015, p. 82.

374 A presente medida fora acostada, inicialmente, no Relatório do Senador Vital do Rêgo, oriunda do Substitutivo da Câmara dos Deputados – PL n. 8.046/2010 – e devidamente aprovada em votação simbólica pelo Plenário do Senado Federal. No entanto, em votação

Na verdade, trata-se de medida é tipificada pela *lex* que estrutura o Sistema Brasileiro de Defesa da Concorrência (Lei nº 12.529, de 30 de novembro de 2011), mais precisamente em seus arts. 102 a 111.

A intervenção judicial em atividade empresária, como outras medidas indicadas no § 1º do art. 536, é uma medida de sub-rogação, cuja técnica pode assumir diferentes modelos, notadamente, de acordo com o fim objetivado pelo magistrado quando de sua aplicabilidade.

Alçado ao ambiente das obrigações fazer, não fazer e entregar, preferiu o legislador reforçar a ideia outrora existente no revogado CPC/1973[375] quanto ao descumprimento injustificado de ordem judicial dirigida ao executado para o exato cumprimento da obrigação inadimplida, incidindo, por isso, nas penas de litigância de má-fé, sem prejuízo da correta responsabilização pela prática do crime de desobediência.[376]

Digno de aplausos ao CPC/2015 é a normativa que se encontra disposta no § 4º do art. 536: "*§ 4º No cumprimento da sentença que reconheça a exigibilidade de obrigação de fazer ou de não fazer, aplica-se o art. 525, no que couber.*"

Em uma leitura pouco acurada, talvez pudesse parecer tratar-se de simples dispositivo, se não fosse a remissão a que faz quanto ao art. 525, este que possui a seguinte redação, mais precisamente com referência ao seu *caput* e § 1º:

> "*Art. 525. Transcorrido o prazo previsto no art. 523 sem o pagamento voluntário, inicia-se o prazo de 15 (quinze dias) para que o executado,*

---

final, esta realizada em 17.12.2014, onde analisados foram os destaques do Substitutivo da Câmara, dita medida fora, lamentavelmente, retirada, o que se reproduziu no texto final do Código sancionado.

Dentre os motivos para a não contemplação da mesma no bojo do CPC está a afirmativa do próprio relator do PLS n. 166/2010 no Senado Federal, Senador Vital do Rêgo, de que a manutenção da medida poderia dar margem a abusos, o que certamente pensamos nós, quis ele dizer em relação ao próprio órgão julgador, competente para a eventual adoção da medida de reforço ao cumprimento da obrigação. *In: Congresso aprova novo Código de Processo Civil para agilizar processos.* Disponível em: <http://www1.folha.uol.com.br/poder/2014/12/1563905-congresso-aprova-novo-codigo-do-processo-civil-para-agilizar-processos.shtml>. Acesso em: 18.12.2014.

375 *Ex vi* do art. 14, mais precisamente o seu inciso V e parágrafo único.

376 Tem o STJ, *a contrario sensu*, rechaçado a ideia de possibilitar a incidência do crime de desobediência em questões que envolvem o descumprimento de obrigação de fazer:

"1. Manifestamente ilegal a decretação ou a ameaça de decretação de prisão por crime de desobediência nos autos de processo civil como forma de coagir a parte ao cumprimento de obrigação, ressalvada a obrigação de natureza alimentar. 2. Precedentes específicos do STJ. 3. "HABEAS CORPUS" CONCEDIDO DE OFÍCIO, PREJUDICADO O RECURSO ORDINÁRIO." STJ. 3ª T. RHC nº 35.253/RJ (2012/0276083-4). Rel. Min. Paulo de Tarso Sanseverino. Julg. 05.03.2013, *DJe* 26.03.2013.

independentemente de penhora ou nova intimação, apresente, nos próprios autos, sua impugnação.

§ 1º Na impugnação, o executado poderá alegar:

I – falta ou nulidade da citação se, na fase de conhecimento, o processo correu à revelia;

II – ilegitimidade de parte;

III – inexequibilidade do título ou inexigibilidade da obrigação;

IV – penhora incorreta ou avaliação errônea;

V – excesso de execução ou cumulação indevida de execuções;

VI – incompetência absoluta ou relativa do juízo da execução;

VII – qualquer causa modificativa ou extintiva da obrigação, como pagamento, novação, compensação, transação ou prescrição, desde que supervenientes à sentença."

Por que da importância?

No modelo que tínhamos sob a égide do CPC Buzaid, havia total incipiência quanto às próprias manifestações de defesa do executado no âmbito da Tutela Específica nas obrigações de fazer, não fazer e entregar coisa!

Conforme já tivemos a oportunidade de exclamar,[377] a questão se agravava mediante aqueles títulos executivos que sequer passavam por um processo de conhecimento anterior ou que quiçá tivessem em seu comando legal o disposto pelo art. 461 do CPC/1973, *ex vi*, da sentença arbitral, sentença estrangeira, os acordos extrajudiciais homologados judicialmente, sentença penal condenatória etc., o que, evidentemente, ter-se-ia que adaptar, forçosamente, possibilidades normativas, tal qual aquela outrora prevista no art. 475-R do CPC/1973 revogado[378], buscando no Livro II reais condições para o exercício do direito de defesa do executado (*in casu*, Embargos à Execução), para fins de se antepor a execuções verdadeiramente prejudiciais no plano legal.

Nota-se que, inquestionavelmente, temos agora rumos muito mais adequados no plano de um devido processo constitucional para a "igualdade de armas" em sede de Tutela Específica, eximindo-nos de uma prestidigitação normativa.

Possibilitando não pairar quaisquer dúvidas quanto à extensão dispositiva que regula a efetiva possibilidade de atuação da Tutela Específica, o novel Código

---

377 GAIO JÚNIOR, Antônio Pereira. *Instituições de Direito Processual Civil*. 2. ed. Belo Horizonte: Del Rey, 2013, p. 428-430.

378 *"Art. 475-R. Aplicam-se subsidiariamente ao cumprimento da sentença, no que couber, as normas que regem o processo de execução de título extrajudicial."*

de Processo Civil de 2015 procura contemplar, formalmente, as obrigações de fazer e não fazer decorrentes de relação não obrigacional.

Observação: *Antecipação dos Efeitos da Tutela Específica.*

Propiciar a devida tutela específica do direito lesado é o corolário a que o processo se deve guiar.

Assim, consubstanciado na ideia da efetividade deste instrumento de satisfação de direitos, é de se afirmar que aquele titular da obrigação de fazer, não fazer ou entregar inadimplida, poderá obter a antecipação da tutela pretendida.

Trata-se de possibilidade que o art. 461 § 3º do CPC/1973 concedia, estabelecendo a viabilidade de ser antecipada a tutela específica alusiva às obrigações de fazer, não fazer e entregar coisa, quando não só for relevante o fundamento da demanda, mas, sobretudo, quando houver justificado receio de ineficácia do provimento meritório final[379] e, notoriamente, quando não houver perigo de irreversibilidade do provimento antecipado, conforme regrava o § 3º do art. 273 do CPC/1973.

Não se postou diferente o CPC/2015, possibilitando a aplicabilidade da mesma ideia, i.e., permitindo a antecipação dos efeitos da tutela – aqui específica – notadamente, no sentido de autorizar ao magistrado o uso de medidas que considerar adequadas para obtenção da efetivação da medida provisória, como se depreende do art. 297, infra:

> *"Art. 297. O juiz poderá determinar as medidas que considerar adequadas para efetivação da tutela provisória."*

Remissões:

– Art. 52, VI, da Lei nº 9.099/1995 (Dispõe sobre os Juizados Especiais Cíveis e Criminais e dá outras providências):

"Art. 52. A execução da sentença processar-se-á no próprio Juizado, aplicando-se, no que couber, o disposto no Código de Processo Civil, com as seguintes alterações:

(...)

379 No mesmo sentido, caminha a opinião de DINAMARCO, Cândido R. (*A Reforma do Código de Processo Civil.* 3. ed. São Paulo: Malheiros Editores, 1996, p. 154), ao afirmar que o art. 461 do CPC deve ser interpretado em sistema com o art. 83 do CDC, "segundo o qual (*Mutatis Mutandis)* todas as espécies de ações são admissíveis, para a tutela jurisdicional nas obrigações de fazer ou de não fazer", acrescentando ainda que "Falar em todas as espécies de ações significa incluir as espécies de tutela que se obtém no processo de conhecimento (constitutiva, condenatória ou meramente declaratória) e também" tutela executiva e a cautelar."

VI - na obrigação de fazer, o Juiz pode determinar o cumprimento por outrem, fixado o valor que o devedor deve depositar para as despesas, sob pena de multa diária;(...)".

- Arts. 3º e 11 da Lei nº 7.347/1985 (Lei da Ação Civil Pública):

"Art. 3º A ação civil poderá ter por objeto a condenação em dinheiro ou o cumprimento de obrigação de fazer ou não fazer.

(...)

Art. 11. Na ação que tenha por objeto o cumprimento de obrigação de fazer ou não fazer, o juiz determinará o cumprimento da prestação da atividade devida ou a cessação da atividade nociva, sob pena de execução específica, ou de cominação de multa diária, se esta for suficiente ou compatível, independentemente de requerimento do autor".

Súmulas:

STF. Súmula Vinculante nº 25: É ilícita a prisão civil do depositário infiel, qualquer que seja a modalidade do depósito.

STJ nº 410: A prévia intimação pessoal do devedor constitui condição necessária para a cobrança de multa pelo descumprimento de obrigação de fazer ou não fazer.

STJ nº 419: Descabe a prisão civil do depositário judicial infiel.

Enunciados do Fórum Permanente de Processualistas Civis:

Nº 12 do FPPC: A aplicação das medidas atípicas sub-rogatórias e coercitivas é cabível em qualquer obrigação no cumprimento de sentença ou execução de título executivo extrajudicial. Essas medidas, contudo, serão aplicadas de forma subsidiária às medidas tipificadas, com observação do contraditório, ainda que diferido, e por meio de decisão à luz do art. 489, § 1º, I e II.

Nº 441 do FPPC: O § 5º do art. 536 e o § 5º do art. 537 alcançam situação jurídica passiva correlata a direito real.

Nº 442 do FPPC: O § 5º do art. 536 e o § 5º do art. 537 alcançam os deveres legais.

Nº 533 do FPPC: Se o executado descumprir ordem judicial, conforme indicado pelo § 3º do art. 536, incidirá a pena por ato atentatório à dignidade da justiça (art. 774, IV), sem prejuízo da sanção por litigância de má-fé.

Art. 537. A multa independe de requerimento da parte e poderá ser aplicada na fase de conhecimento, em tutela provisória ou na sentença, ou na fase de execução, desde que seja suficiente e compatível com a obrigação e que se determine prazo razoável para cumprimento do preceito.

§ 1º O juiz poderá, de ofício ou a requerimento, modificar o valor ou a periodicidade da multa vincenda ou excluí-la, caso verifique que:

I – se tornou insuficiente ou excessiva;

II – o obrigado demonstrou cumprimento parcial superveniente da obrigação ou justa causa para o descumprimento.

§ 2º O valor da multa será devido ao exequente.

§ 3º A decisão que fixa a multa é passível de cumprimento provisório, devendo ser depositada em juízo, permitido o levantamento do valor após o trânsito em julgado da sentença favorável à parte. (*Alteração dada pela Lei nº 13.256, de 04.02.2016*).

§ 4º A multa será devida desde o dia em que se configurar o descumprimento da decisão e incidirá enquanto não for cumprida a decisão que a tiver cominado.

§ 5º O disposto neste artigo aplica-se, no que couber, ao cumprimento de sentença que reconheça deveres de fazer e de não fazer de natureza não obrigacional.

Notas:

Estamos diante da possibilidade de exigência do cumprimento de eventual multa imposta ao devedor, como medida de execução indireta, a fim de que pudesse estimulá-lo, diante da agressão pecuniária, ao adimplemento da obrigação reconhecida pelo Poder Judicante.

Não obstante entendermos, de muito,[380] ser o trânsito em julgado da sentença favorável à parte, o momento correto para a exigência do cumprimento da *astreinte* imposta ao devedor recalcitrante à satisfação da obrigação devida, permite o CPC/2015 a possibilidade de depósito da multa se dar em caráter provisório, certamente, diante da concessão de pleito provisório deferido a uma das partes (*v.g.* Tutela Provisória), descumprido a outra a decisão judicial referente.

Diante de eventual provisoriedade, deverá o valor da multa ser depositado em juízo, porém, permitindo o seu levantamento após o trânsito em julgado favorável à parte.

Vale ressaltar que, o lapso temporal para a incidência da supracitada multa se dá a partir da configuração do descumprimento da decisão e, por isso, incidirá enquanto não for devidamente cumprida a decisão que a tiver cominado (§ 4º do art. 537).

---

380 *Tutela Específica das Obrigações de Fazer*. Rio de Janeiro: Forense, 2000, p. 62-63.

Tais normativas aplicam-se em igual sentido e, no que couber quanto ao cumprimento de sentenças que reconheçam deveres de fazer e de não fazer de natureza não obrigacional, *ex vi* do § 5º do art. 537 do CPC/2015.

Remissões:

- Art. 12, § 2º, da Lei nº 7.347/1985 (Lei da Ação Civil Pública):

"Art. 12. Poderá o juiz conceder mandado liminar, com ou sem justificação prévia, em decisão sujeita a agravo.

(...)

§ 2º A multa cominada liminarmente só será exigível do réu após o trânsito em julgado da decisão favorável ao autor, mas será devida desde o dia em que se houver configurado o descumprimento".

STJ. Corte Especial

PROCESSUAL CIVIL. EMBARGOS DE DIVERGÊNCIA EM AGRAVO EM RECURSO ESPECIAL. CABIMENTO. MÉRITO ANALISADO. VALOR ACUMULADO DAS ASTREINTES. REVISÃO A QUALQUER TEMPO. POSSIBILIDADE. CLÁUSULA REBUS SIC STANTIBUS. AUSÊNCIA DE PRECLUSÃO OU FORMAÇÃO DE COISA JULGADA.

EXORBITÂNCIA CONFIGURADA. REVISÃO. EMBARGOS DE DIVERGÊNCIA

CONHECIDOS E PROVIDOS. 1. É dispensável a exata similitude fática entre os acórdãos paragonados, em se tratando de embargos de divergência que tragam debate acerca de interpretação de regra de direito processual, bastando o indispensável dissenso a respeito da solução da mesma questão de mérito de natureza processual controvertida. 2. O valor das astreintes, previstas no art. 461, *caput* e §§ 1º a 6º, do Código de Processo Civil de 1973, correspondente aos arts. 497, *caput*, 499, 500, 536, *caput* e § 1º, e 537, § 1º, do Código de Processo Civil de 2015, pode ser revisto a qualquer tempo (CPC/1973, art. 461, § 6º; CPC/2015, art. 537, § 1º), pois é estabelecido sob a cláusula rebus sic stantibus, e não enseja preclusão ou formação de coisa julgada. 3. Assim, sempre que o valor acumulado da multa devida à parte destinatária tornar-se irrisório ou exorbitante ou desnecessário, poderá o órgão julgador modificá-lo, até mesmo de ofício, adequando-o a patamar condizente com a finalidade da medida no caso concreto, ainda que sobre a quantia estabelecida já tenha havido explícita manifestação, mesmo que o feito esteja em fase de execução ou cumprimento de sentença. 4. Embargos de divergência conhecidos e providos, para reduzir o valor total das astreintes, restabelecendo-o conforme fixado pelo d. Juízo singular. (STJ. Corte Especial. EMBARGOS DE DIVERGÊNCIA EM

AGRAVO EM RECURSO ESPECIAL 2015/0006850-7. Rel. Min. Raúl Araújo. Jul. 07.04.2021, DJe 03.08.2021).

Súmulas:

STF. Súmula Vinculante nº 25: É ilícita a prisão civil do depositário infiel, qualquer que seja a modalidade do depósito.

STJ nº 410: A prévia intimação pessoal do devedor constitui condição necessária para a cobrança de multa pelo descumprimento de obrigação de fazer ou não fazer.

STJ nº 419: Descabe a prisão civil do depositário judicial infiel.

Enunciado das Jornadas de Direito Processual Civil do Conselho da Justiça Federal:

Nº 96 do CJF: Os critérios referidos no *caput* do art. 537 do CPC devem ser observados no momento da fixação da multa, que não está limitada ao valor da obrigação principal e não pode ter sua exigibilidade postergada para depois do trânsito em julgado.

Enunciados do Fórum Permanente de Processualistas Civis:

Nº 441 do FPPC: O § 5º do art. 536 e o § 5º do art. 537 alcançam situação jurídica passiva correlata a direito real.

Nº 442 do FPPC: O § 5º do art. 536 e o § 5º do art. 537 alcançam os deveres legais.

Nº 526 do FPPC: A multa aplicada por descumprimento de ordem protetiva, baseada no art. 22, incisos I a V, da Lei 11.340/2006 (Lei Maria da Penha), é passível de cumprimento provisório, nos termos do art. 537, § 3º.

Nº 627 do FPPC: Em processo coletivo, a decisão que fixa multa coercitiva é passível de cumprimento provisório, permitido o levantamento do valor respectivo após o trânsito em julgado da decisão de mérito favorável.

Seção II
Do Cumprimento de Sentença que Reconheça a Exigibilidade de Obrigação de Entregar Coisa

Art. 538. Não cumprida a obrigação de entregar coisa no prazo estabelecido na sentença, será expedido mandado de busca e apreensão ou de imissão na posse em favor do credor, conforme se tratar de coisa móvel ou imóvel.

§ 1º A existência de benfeitorias deve ser alegada na fase de conhecimento, em contestação, de forma discriminada e com atribuição, sempre que possível e justificadamente, do respectivo valor.

§ 2º O direito de retenção por benfeitorias deve ser exercido na contestação, na fase de conhecimento.

§ 3º Aplicam-se ao procedimento previsto neste artigo, no que couber, as disposições sobre o cumprimento de obrigação de fazer ou de não fazer.

Notas:

Não obstante todas as regras relativas ao cumprimento das obrigações de fazer e não fazer aplicarem-se, no que couber, às obrigações de entregar coisa, conforme sustenta do § 3º do art. 538 do CPC/2015, optou o legislador, talvez pelas próprias particularidades desta forma obrigacional, a ocupar da Seção II do Capítulo VI, este alocado no Título II (Cumprimento da Sentença) do Livro I (Do Processo de Conhecimento e do Cumprimento de Sentença), todos deste novato Ordenamento Processual Civil.

Nestes termos é que, de forma objetiva e em sintonia com o que já dispunha o § 2º do art. 461-A do CPC/1973, atenta o CPC/2015 para o cumprimento da sentença que reconheça a obrigação de entregar coisa, regrando que, não cumprida a obrigação de entregar coisa no prazo estabelecido no ato sentencial, expedido será o respectivo mandado de busca e apreensão ou de imissão na posse em favor do credor, conforme se tratar de coisa móvel ou imóvel (art. 538, *caput*), onde certamente o credor comunicará ao juízo aludido descumprimento para o efetiva expedição do necessário mandado.

Por outro lado, inova o CPC/2015 supra em relação ao CPC/1973 no que se refere tanto à existência de benfeitorias quanto ao direito de retenção em razão das mesmas.

Assim, reza o § 1º do art. 538 que a existência de benfeitorias deve ser alegada já na fase de conhecimento em peça contestatória, atentando o réu naquele momento para a discriminação da(s) mesma(s) e atribuindo-lhe, quando possível e de forma justificada, o seu valor.

Na mesma toada, o direito de retenção pelas ditas benfeitorias, no mesmo sentido, deve ser alegado também em sede de contestação na fase de conhecimento (§ 2º).

Parece-nos que o legislador quis, com isso, evitar argumentos "oportunistas" por parte do devedor/executado já em fase de cumprimento da sentença obrigacional em tela, não obstante ser perfeitamente possível a ocorrência de benfeitorias no bem quer móvel ou imóvel, durante o correr do processo, em qualquer de suas fases.

Súmulas:

STF. Súmula Vinculante nº 25: É ilícita a prisão civil do depositário infiel, qualquer que seja a modalidade do depósito.

STJ nº 419: Descabe a prisão civil do depositário judicial infiel.

Enunciado do Fórum Permanente de Processualistas Civis:

Nº 12 do FPPC: A aplicação das medidas atípicas sub-rogatórias e coercitivas é cabível em qualquer obrigação no cumprimento de sentença ou execução de título executivo extrajudicial. Essas medidas, contudo, serão aplicadas de forma subsidiária às medidas tipificadas, com observação do contraditório, ainda que diferido, e por meio de decisão à luz do art. 489, § 1º, I e II.

TÍTULO III
DOS PROCEDIMENTOS ESPECIAIS
CAPÍTULO I
DA AÇÃO DE CONSIGNAÇÃO EM PAGAMENTO[381]

Art. 539. Nos casos previstos em lei, poderá o devedor ou terceiro requerer, com efeito de pagamento, a consignação da quantia ou da coisa devida.

§ 1º Tratando-se de obrigação em dinheiro, poderá o valor ser depositado em estabelecimento bancário, oficial onde houver, situado no lugar do pagamento, cientificando-se o credor por carta com aviso de recebimento, assinado o prazo de 10 (dez) dias para a manifestação de recusa.

§ 2º Decorrido o prazo do § 1º, contado do retorno do aviso de recebimento, sem a manifestação de recusa, considerar-se-á o devedor liberado da obrigação, ficando à disposição do credor a quantia depositada.

§ 3º Ocorrendo a recusa, manifestada por escrito ao estabelecimento bancário, poderá ser proposta, dentro de 1 (um) mês, a ação de consignação, instruindo-se a inicial com a prova do depósito e da recusa.

§ 4º Não proposta a ação no prazo do § 3º, ficará sem efeito o depósito, podendo levantá-lo o depositante.

Notas:

De acordo com o disposto no *caput*, pode-se requerer a consignação "nos casos previstos em lei".

O art. 335 do Código Civil especifica esses casos ou hipóteses que permitem a consignação e aludem às circunstâncias que podem impedir o devedor de solver a obrigação pelos meios normais[382]

---

381 O CPC/2015 não dedica um Livro inteiro aos procedimentos especiais de jurisdição contenciosa e voluntária, como o faz o CPC de 1973. São eles tratados, na verdade, como capítulos do Título III "Dos Procedimentos Especiais" no Livro I da Parte Especial, livro este que nominado "Do Processo de Conhecimento e do Cumprimento de Sentença", sendo alguns procedimentos especiais sequer enfrentados de forma particular, *v. g.* "Ação de Depósito".

382 "*Art. 335. A consignação tem lugar:*

I – se o credor, não puder, ou, sem justa causa, recusar receber o pagamento, ou dar quitação na devida forma;

Da leitura dos parágrafos é possível notar que se admite a consignação extrajudicial em pagamento para as obrigações pecuniárias (§ 1º), ou seja, somente cabível nas obrigações em dinheiro. A quantia devida deverá ser depositada em estabelecimento bancário oficial - ou particular, em local no qual não exista o oficial - do lugar de pagamento (art. 539, *caput* e § 1º). Em seguida, será o credor cientificado para declarar recusa no prazo de 10 dias, caso não a faça no aludido prazo, será o devedor libertado da obrigação, ficando o depósito à disposição do credor (art. 539, § 2º).

Já, na hipótese de haver recusa por parte do credor, essa manifestada por escrito ao estabelecimento bancário, poderá ser proposta a ação de consignação no prazo de 1 (um) mês, instruindo a inicial com a prova do depósito e da recusa (art. 539, § 3º). Tem, ainda, o devedor a possibilidade de escolher o não ajuizamento da consignatória, no prazo citado, podendo, então, levantar o depósito ora efetuado, dado que o mesmo se tornou, nesse caso, sem efeito.

Caso não seja cabível o depósito extrajudicial ou se o devedor, optando por essa modalidade de consignação, não tiver obtido êxito, levando-se em conta, inclusive, o não aceite do credor, resta-lhe a prerrogativa de ajuizar a ação consignatória.

STJ. Tema Repetitivo

Tese para os efeitos dos arts. 927 e 1.036 a 1.041 do CPC:

"Em ação consignatória, a insuficiência do depósito realizado pelo devedor conduz ao julgamento de improcedência do pedido, pois o pagamento parcial da dívida não extingue o vínculo obrigacional". (STJ, Tema Repetitivo 967 - REsp 1.108.058/DF, Rel. Ministro LÁZARO GUIMARÃES (DESEMBARGADOR CONVOCADO DO TRF 5ª REGIÃO), Rel. p/ Acórdão Ministra MARIA ISABEL GALLOTTI, SEGUNDA SEÇÃO, julgado em 10/10/2018, DJe 23/10/2018).

II - se o credor não for, nem mandar receber a coisa no lugar, tempo e condição devidos;

III - se o credor for incapaz de receber, for desconhecido, declarado ausente ou residir em lugar incerto, ou de acesso perigoso ou difícil;

IV - se ocorrer dúvida sobre quem deva legitimamente receber o objeto do pagamento;

V - se pender litígio sobre o objeto do pagamento."

Cabe pontuar aqui que o inciso I faz referência à mora *accipiendi* (mora em receber), caso a dívida seja portável, ou seja, dívida que deva ser paga no domicílio do credor. O inciso II, igualmente, faz referência à mora *accipiendi*, no caso da dívida ser quesível, isto é, cuja cobrança deva acontecer no domicílio do devedor.

Art. 540. Requerer-se-á a consignação no lugar do pagamento, cessando para o devedor, à data do depósito, os juros e os riscos, salvo se a demanda for julgada improcedente.

Notas:

A alteração aqui destacada demarca o momento exato a partir do qual cessa para o devedor os juros e os riscos, salvo se a demanda for julgada improcedente.

O artigo em comento dispõe sobre a competência para processamento e julgamento do processo, sendo regra excepcional, tendo em vista a norma geral prevista no artigo 46 do CPC, que determina a competência do foro do domicílio do demandado.

Enunciado do Fórum Permanente de Processualistas Civis

Nº 59 do FPPC: Em ação de consignação e pagamento, quando a coisa devida for corpo que deva ser entregue no lugar em que está, poderá o devedor requerer a consignação no foro em que ela se encontra. A supressão do parágrafo único do art. 891 do Código de Processo Civil de 1973 é inócua, tendo em vista o art. 341 do CC/2002.

Remissões:

– Arts. 334 a 345 do Código Civil:

"Art. 334. Considera-se pagamento, e extingue a obrigação, o depósito judicial ou em estabelecimento bancário da coisa devida, nos casos e forma legais.

Art. 335. A consignação tem lugar:

I – se o credor não puder, ou, sem justa causa, recusar receber o pagamento, ou dar quitação na devida forma;

II – se o credor não for, nem mandar receber a coisa no lugar, tempo e condição devidos;

III – se o credor for incapaz de receber, for desconhecido, declarado ausente, ou residir em lugar incerto ou de acesso perigoso ou difícil;

IV – se ocorrer dúvida sobre quem deva legitimamente receber o objeto do pagamento;

V – se pender litígio sobre o objeto do pagamento.

Art. 336. Para que a consignação tenha força de pagamento, será mister concorram, em relação às pessoas, ao objeto, modo e tempo, todos os requisitos sem os quais não é válido o pagamento.

Art. 337. O depósito requerer-se-á no lugar do pagamento, cessando, tanto que se efetue, para o depositante, os juros da dívida e os riscos, salvo se for julgado improcedente.

Art. 338. Enquanto o credor não declarar que aceita o depósito, ou não o impugnar, poderá o devedor requerer o levantamento, pagando as respectivas despesas, e subsistindo a obrigação para todas as consequências de direito.

Art. 339. Julgado procedente o depósito, o devedor já não poderá levantá-lo, embora o credor consinta, senão de acordo com os outros devedores e fiadores.

Art. 340. O credor que, depois de contestar a lide ou aceitar o depósito, aquiescer no levantamento, perderá a preferência e a garantia que lhe competiam com respeito à coisa consignada, ficando para logo desobrigados os codevedores e fiadores que não tenham anuído.

Art. 341. Se a coisa devida for imóvel ou corpo certo que deva ser entregue no mesmo lugar onde está, poderá o devedor citar o credor para vir ou mandar recebê-la, sob pena de ser depositada.

Art. 342. Se a escolha da coisa indeterminada competir ao credor, será ele citado para esse fim, sob cominação de perder o direito e de ser depositada a coisa que o devedor escolher; feita a escolha pelo devedor, proceder-se-á como no artigo antecedente.

Art. 343. As despesas com o depósito, quando julgado procedente, correrão à conta do credor, e, no caso contrário, à conta do devedor.

Art. 344. O devedor de obrigação litigiosa exonerar-se-á mediante consignação, mas, se pagar a qualquer dos pretendidos credores, tendo conhecimento do litígio, assumirá o risco do pagamento.

Art. 345. Se a dívida se vencer, pendendo litígio entre credores que se pretendem mutuamente excluir, poderá qualquer deles requerer a consignação".

Art. 541. Tratando-se de prestações sucessivas, consignada uma delas, pode o devedor continuar a depositar, no mesmo processo e sem mais formalidades, as que se forem vencendo, desde que o faça em até 5 (cinco) dias contados da data do respectivo vencimento.

Notas:

Na incidência de prestações periódicas, consignada uma delas, poderá o devedor permanecer consignando no mesmo processo as demais que forem vencendo, não havendo necessidade de outras formalidades, desde que os depósitos sejam efetuados no prazo de 5 (cinco) dias, contados da data do vencimento.

Enunciado do Fórum Permanente de Processualistas Civis

Nº 60 do FPPC: Na ação de consignação em pagamento que tratar de prestações sucessivas, consignada uma delas, pode o devedor continuar a consignar sem mais formalidades as que se forem vencendo, enquanto estiver pendente o processo.

Art. 542. Na petição inicial, o autor requererá:

I – o depósito da quantia ou da coisa devida, a ser efetivado no prazo de 5 (cinco) dias contados do deferimento, ressalvada a hipótese do art. 539, § 3º;

II – a citação do réu para levantar o depósito ou oferecer contestação.

Parágrafo único. Não realizado o depósito no prazo do inciso I, o processo será extinto sem resolução do mérito.

Notas:

Compete ao autor requerer na petição inicial o depósito da quantia ou da coisa devida, a ser realizado no prazo de 5 (cinco) dias contados do deferimento da inicial (art. 542, I), ressalvada a hipótese do art. 539, § 3º do CPC, bem como a citação do réu para levantar o depósito ou oferecer contestação (art. 542, II).

Destaca-se que, caso deferido o requerimento de depósito da quantia ou da coisa devida no prazo de 5 (cinco) e não sendo este realizado, o processo será extinto sem resolução de mérito, tudo em sintonia com o que dispõe o parágrafo único do art. 542.

Art. 543. Se o objeto da prestação for coisa indeterminada e a escolha couber ao credor, será este citado para exercer o direito dentro de 5 (cinco) dias, se outro prazo não constar de lei ou do contrato, ou para aceitar que o devedor a faça, devendo o juiz, ao despachar a petição inicial, fixar lugar, dia e hora em que se fará a entrega, sob pena de depósito.

Notas:

Caso o objeto da prestação venha ser coisa indeterminada e a escolha competir ao credor, será esse citado para cumprir o ato no prazo de 5 (cinco) dias – quando outro prazo não constar de lei ou do contrato (art. 543) – ou aceitar que a escolha venha caber ao devedor (autor).

Nesse caso, o juiz, ao despachar a petição inicial, fixará o lugar, dia e hora em que se realizará o depósito. Uma vez o credor (réu) não o realizando, será o depósito efetuado (art. 543), dessa forma, pelo autor interessado na extinção da obrigação.

Art. 544. Na contestação, o réu poderá alegar que:

I – não houve recusa ou mora em receber a quantia ou a coisa devida;

II – foi justa a recusa;

III – o depósito não se efetuou no prazo ou no lugar do pagamento;

IV – o depósito não é integral.

Parágrafo único. No caso do inciso IV, a alegação somente será admissível se o réu indicar o montante que entende devido.

Notas:

O art. 544 específica as matérias que delimitaram o conteúdo da contestação a ser invocado pelo réu.

Ressalta-se que a limitação à alegação de que "o depósito não é integral", somente será admissível caso o réu indique o montante que entende devido.

Art. 545. Alegada a insuficiência do depósito, é lícito ao autor completá-lo, em 10 (dez) dias, salvo se corresponder a prestação cujo inadimplemento acarrete a rescisão do contrato.

§ 1º No caso do *caput*, poderá o réu levantar, desde logo, a quantia ou a coisa depositada, com a consequente liberação parcial do autor, prosseguindo o processo quanto à parcela controvertida.

§ 2º A sentença que concluir pela insuficiência do depósito determinará, sempre que possível, o montante devido e valerá como título executivo, facultado ao credor promover-lhe o cumprimento nos mesmos autos, após liquidação, se necessária.

Notas:

O presente dispositivo atenta para o fato de que, caso o réu alegue na contestação que o depósito não se figura na forma integral, será lícito que o autor o complete, em até 10 (dez) dias, exceto quando corresponder à prestação cujo inadimplemento acarrete a rescisão do contrato (art. 545, *caput*).

Uma vez alegada a insuficiência do depósito, o réu poderá levantar a quantia ou a coisa depositada, com a consequente liberação parcial do autor, seguindo-se o processo quanto à parcela controvertida (art. 545, § 1º).

Em concluindo a sentença pela insuficiência do depósito, estabelecer-se-á nela e, sempre que possível, o montante devido e, nessa hipótese, terá valor de título executivo, autorizando ao credor requerer a execução nos mesmos autos, ou caso necessário, após a liquidação (art. 545, § 2º).

Enunciado do Fórum Permanente de Processualistas Civis:

Nº 61: É permitido ao réu da ação de consignação em pagamento levantar "desde logo" a quantia ou coisa depositada em outras hipóteses além da prevista no § 1º do art. 545 (insuficiência do depósito), desde que tal postura não seja contraditória com fundamento da defesa.

Art. 546. Julgado procedente o pedido, o juiz declarará extinta a obrigação e condenará o réu ao pagamento de custas e honorários advocatícios.

Parágrafo único. Proceder-se-á do mesmo modo se o credor receber e der quitação.

Notas:

Uma vez julgado o pedido procedente, o magistrado, declarando a extinção da obrigação, condenará o réu ao pagamento das custas e honorários advocatícios, nos termos do art. 546, procedendo-se da mesma maneira caso o credor venha receber e dar a respectiva quitação.

Art. 547. Se ocorrer dúvida sobre quem deva legitimamente receber o pagamento, o autor requererá o depósito e a citação dos possíveis titulares do crédito para provarem o seu direito.

Notas:

Na hipótese de a consignação se basear em dúvida sobre quem deva legitimamente receber, requererá o autor o depósito e a citação de todos os possíveis titulares do crédito para fins de provarem seu direito.

Art. 548. No caso do art. 547:

I – não comparecendo pretendente algum, converter-se-á o depósito em arrecadação de coisas vagas;

II – comparecendo apenas um, o juiz decidirá de plano;

III – comparecendo mais de um, o juiz declarará efetuado o depósito e extinta a obrigação, continuando o processo a correr unicamente entre os presuntivos credores, observado o procedimento comum.

Notas:

Conforme já explicitado no artigo anterior, na hipótese de a consignação se basear em dúvida sobre quem deva legitimamente receber, requererá o autor o depósito e a citação de todos os possíveis titulares do crédito para fins de provarem seu direito.

Assim, não comparecendo pretendente algum, será convertido o depósito em arrecadação de coisas vagas. Caso compareça apenas um, decidirá o magistrado de plano.

Por outro lado, comparecendo mais de um, o julgador declarará efetuado o depósito e extinta a obrigação, continuando o processo a correr unicamente entre os presuntivos credores, observado o procedimento comum.

Enunciado do Fórum Permanente de Processualistas Civis:

Nº 62 do FPPC: A regra prevista no art. 548, III, que dispõe que, em ação de consignação em pagamento, o juiz declarará efetuado o depósito extinguindo a obrigação em relação ao devedor, prosseguindo o processo unicamente entre os presuntivos credores, só se aplicará se o valor do depósito não for controvertido, ou seja, não terá aplicação caso o montante depositado seja impugnado por qualquer dos presuntivos credores.

Nº 534 do FPPC: A decisão a que se refere o inciso III do art. 548 faz coisa julgada quanto à extinção da obrigação.

Art. 549. Aplica-se o procedimento estabelecido neste Capítulo, no que couber, ao resgate do aforamento.[383]

Notas:

O autor (devedor), optando pela via judicial, proporá a devida ação de consignação em pagamento, instruindo a petição inicial com as provas tanto do depósito realizado na via extrajudicial (bancária) quanto da recusa formal do credor, se for preciso (art. 539, § 3º).

Não havendo depósito extrajudicial (art. 539, § 4º), em razão de não ser cabível essa forma de consignação na obrigação bem como do devedor não ter escolhido essa via consignatória, ou ainda, do depósito ter sido levantado, compete ao autor requerer na petição inicial o depósito da quantia ou da coisa devida, a ser realizado no prazo de 5 dias contados do deferimento da inicial (art. 542, I), bem como a citação do réu para levantar o depósito ou oferecer resposta (art. 542, II).

Efetivado o depósito, o réu será citado para apresentar resposta no prazo de 15 dias (podendo também ofertar exceções e/ou reconvenção).

O art. 544 especifica as matérias que delimitaram o conteúdo da contestação a ser invocado pelo réu. No inciso IV, ressalta-se a limitação a alegação, limite esse conferido pelo parágrafo único do próprio art. 544, o qual sustenta que a alegação do inciso IV "somente será admissível se o réu indicar o montante que entende devido".

---

[383] V. artigo 2.038 do Código Civil de 2002 e artigos 678 e 693 do Código Civil de 1916, que ainda regulam as enfiteuses existentes.

Uma vez não oferecida a contestação e incidentes os efeitos da revelia, julgará o magistrado procedente o pedido, declarando a extinção da obrigação, condenando, por conseguinte, o réu nas custas e honorários advocatícios, nos termos do art. 546.

Por outro lado, caso o objeto da prestação venha ser coisa indeterminada e a escolha competir ao credor, será esse citado para cumprir o ato no prazo de 5 dias – quando outro prazo não constar de lei ou do contrato (art. 543) – ou aceitar que a escolha venha caber ao devedor (autor).

Nesse caso, o juiz, ao despachar a petição inicial, fixará o lugar, dia e hora em que se realizará o depósito. Uma vez o credor (réu) não o realizando, será o depósito efetuado (art. 543), dessa forma, pelo autor interessado na extinção da obrigação.

Da fase postulatória em diante, o processo seguirá o procedimento ordinário, culminando com a devida sentença.

Na hipótese de a consignação se basear em dúvida sobre quem deva legitimamente receber, requererá o autor o depósito e a citação de todas as pessoas que disputam a titularidade do crédito, seguindo-se o rito ordinário, consoante o art. 548, III.

CAPÍTULO II
DA AÇÃO DE EXIGIR CONTAS

Art. 550. Aquele que afirmar ser titular do direito de exigir contas requererá a citação do réu para que as preste ou ofereça contestação no prazo de 15 (quinze) dias.

§ 1º Na petição inicial, o autor especificará, detalhadamente, as razões pelas quais exige as contas, instruindo-a com documentos comprobatórios dessa necessidade, se existirem.

§ 2º Prestadas as contas, o autor terá 15 (quinze) dias para se manifestar, prosseguindo-se o processo na forma do Capítulo X do Título I deste Livro.

§ 3º A impugnação das contas apresentadas pelo réu deverá ser fundamentada e específica, com referência expressa ao lançamento questionado.

§ 4º Se o réu não contestar o pedido, observar-se-á o disposto no art. 355.

§ 5º A decisão que julgar procedente o pedido condenará o réu a prestar as contas no prazo de 15 (quinze) dias, sob pena de não lhe ser lícito impugnar as que o autor apresentar.

§ 6º Se o réu apresentar as contas no prazo previsto no § 5º, seguir-se-á o procedimento do § 2º, caso contrário, o autor apresentá-las-á no prazo de 15 (quinze) dias, podendo o juiz determinar a realização de exame pericial, se necessário.

Notas:

Conforme preceitua Adroaldo Furtado Fabrício:

> "Prestar contas significa fazer alguém, a outrem, pormenorizadamente, parcela por parcela, a exposição dos componentes do débito e crédito resultantes de determinada relação jurídica, concluindo pela apuração aritmética do saldo credor ou devedor ou de sua inexistência."[384]

Nisso, estará obrigado a prestar contas toda pessoa que, de qualquer forma, administra bens ou interesses alheios, devido à relação jurídica legal ou contratual, como, por exemplo, o tutor, o mandatário, o inventariante, o sucessor provisório, o administrador (arts. 33, 668, 1.755 do Código Civil e arts. 550, *caput*, 618, VII, 622, V do CPC).

No modelo do CPC/1973 figurava no art. 914 que a ação de prestação de contas se daria sob duas formas: ação de exigir e ação de prestar contas. Notadamente, no CPC/2015, é possível a ocorrência de ambas as pretensões em um mesmo procedimento, dependendo da própria atitude volitiva de qualquer das partes ante o aceite ou não das contas apresentadas ou da insatisfação quanto ao conteúdo das mesmas, o que, de certo modo, já era possível no texto revogado.

O termo inicial do prazo de 15 (quinze) dias, previsto no art. 550, § 5º, do CPC/2015, para o réu cumprir a condenação da primeira fase do procedimento de exigir contas começa a fluir automaticamente a partir da intimação do réu, na pessoa do seu advogado, acerca da respectiva decisão (REsp 1.847.194-MS, Rel. Min. Marco Aurélio Belizze, por unanimidade, julgado em 16/03/2021).

Súmulas:

STJ nº 259: A ação de prestação de contas pode ser proposta pelo titular de conta-corrente bancária.

STJ nº 477: A decadência do artigo 26 do CDC não é aplicável à prestação de contas para obter esclarecimentos sobre cobrança de taxas, tarifas e encargos bancários.

Enunciado do Fórum Permanente de Processualistas Civis:

Nº 177 do FPPC: A decisão interlocutória que julga procedente o pedido para condenar o réu a prestar contas, por ser de mérito, é recorrível por agravo de instrumento.

---

[384] FABRÍCIO, Adroaldo Furtado. *Comentários ao Código de Processo Civil.* Vol. VIII, t. III. Rio de Janeiro: Forense, 1980, p. 387-388.

Art. 551. As contas do réu serão apresentadas na forma adequada, especificando-se as receitas, a aplicação das despesas e os investimentos, se houver.

§ 1º Havendo impugnação específica e fundamentada pelo autor, o juiz estabelecerá prazo razoável para que o réu apresente os documentos justificativos dos lançamentos individualmente impugnado.

§ 2º As contas do autor, para os fins do art. 550, § 5º, serão apresentadas na forma adequada, já instruídas com os documentos justificativos, especificando-se as receitas, a aplicação das despesas e os investimentos, se houver, bem como o respectivo saldo.

Notas:

O réu, após ser citado na ação de exigir contas, poderá optar dentre as seguintes alternativas:

a) *apresentar as contas e não contestar*: o procedimento nessa hipótese será reduzido, eliminando-se uma etapa, já que a prestação de contas presume o reconhecimento da procedência do pedido relativo à obrigação de prestá-las, ficando a lide restrita, especificamente, às contas.

Conforme reza o art. 551, *caput*, o réu apresentará as contas na forma adequada, especificando-se as receitas, a aplicação das despesas e os investimentos, caso houver.

O juiz proferirá a sentença, julgando as contas, depois de ouvir o autor sobre as mesmas no prazo de 15 dias e, caso seja preciso, após as provas serem produzidas (art. 550, § 2º), seguindo-se assim, então, o rito cognitivo comum.

Vale ressaltar que caso o autor venha impugnar as contas apresentadas pelo réu, dita impugnação deverá ser fundamentada e específica, fazendo-se referência expressa e direta ao lançamento questionado.

Neste caso, ocorrendo impugnação fundamentada e específica do autor, o juiz estabelecerá prazo razoável para que o réu apresente os documentos justificativos dos lançamentos individualmente impugnados (§ 1º do art. 551), o que, posteriormente, seguir-se-á o procedimento comum.

b) *contestar a obrigação de prestar contas*: caso seja necessário, nessa situação o juiz ordenará a produção de provas e, com devida audiência de instrução e julgamento, decidirá por sentença, definindo se tem ou não o réu a obrigação de prestar contas. Em sendo afirmativo, o juiz o condenará a prestá-las em 15 (quinze) dias, podendo, sob pena de não lhe ser lícito impugnar as que o autor apresentar (art. 550, § 5º). Na segunda etapa, o juiz julga as contas de acordo com o art. 550, § 6º.

Art. 552. A sentença apurará o saldo e constituirá título executivo judicial.

Notas:

Uma vez apurada as contas e reconhecido saldo devido, este será assentado na sentença, constituindo-se em título executivo judicial, cabendo ser executado em sede de cumprimento de sentença.

Art. 553. As contas do inventariante, do tutor, do curador, do depositário e de qualquer outro administrador serão prestadas em apenso aos autos do processo em que tiver sido nomeado.

Parágrafo único. Se qualquer dos referidos no *caput* for condenado a pagar o saldo e não o fizer no prazo legal, o juiz poderá destituí-lo, sequestrar os bens sob sua guarda, glosar o prêmio ou a gratificação a que teria direito e determinar as medidas executivas necessárias à recomposição do prejuízo.

Notas:

Em se tratando de contas a serem prestadas pelo inventariante, tutor, curador, depositário ou qualquer outro administrador, estas serão realizadas em apenso aos autos do processo em que tiver sido nomeado. Caso qualquer dos sujeitos acima citados venha a ser condenado a pagar o saldo e não o fizer dentro do prazo legal, poderá o magistrado destitui-lo, sequestrar os bens sob sua guarda, glosar o prêmio ou a gratificação a que teria direito, assim como determinar as medidas executivas necessárias para efetivar a recomposição do prejuízo.

CAPÍTULO III
DAS AÇÕES POSSESSÓRIAS

Notas:

Proteção Possessória

Vários procedimentos com a finalidade de defender a posse são contemplados pelo CPC como, por exemplo, a ação de nunciação de obra nova e os embargos de terceiro. Todavia, são consideradas ações possessórias típicas somente a manutenção de posse, a reintegração de posse e o interdito proibitório.

As ações que pretendem o direito de posse como efeito resultante do simples fato de possuir a coisa (*ius possessionis*) e as ações que visam à defesa do direito à posse, isto é, a posse resultante da propriedade (*ius possidendi*) não se confundem.

No caso de direito à posse fática, independente de titulação, a ação manejável é a possessória; ao contrário, aludindo-se a defesa da posse, decorrente exclusivamente de título de domínio, destituída de suporte fático, a ação será petitória, como, por exemplo, a reivindicatória. Os juízos possessório e petitório são totalmente distintos, nisso certo é que poderá, por vezes, o titular do domínio sair vencido no juízo possessório e, posteriormente, vencedor no petitório.

A existência das três aludidas ações possessórias diferentes resulta da necessidade de se adequar as providências judiciais de tutela possessória aos diversos casos de violação da posse, à intensidade da ofensa.

Seção I
Disposições Gerais

Art. 554. A propositura de uma ação possessória em vez de outra não obstará a que o juiz conheça do pedido e outorgue a proteção legal correspondente àquela cujos pressupostos estejam provados.

§ 1º No caso de ação possessória em que figure no polo passivo grande número de pessoas, serão feitas a citação pessoal dos ocupantes que forem encontrados no local e a citação por edital dos demais, determinando-se, ainda, a intimação do Ministério Público e, se envolver pessoas em situação de hipossuficiência econômica, da Defensoria Pública.

§ 2º Para fim da citação pessoal prevista no § 1º, o oficial de justiça procurará os ocupantes no local por uma vez, citando-se por edital os que não forem encontrados.

§ 3º O juiz deverá determinar que se dê ampla publicidade da existência da ação prevista no § 1º e dos respectivos prazos processuais, podendo, para tanto, valer-se de anúncios em jornal ou rádio locais, da publicação de cartazes na região do conflito e de outros meios.

Notas:

Devido à dificuldade de se diferenciar entre um caso de esbulho ou turbação ou entre essa e o de simples ameaça da posse, foi autorizado pelo legislador o princípio da fungibilidade ou conversibilidade entre as ações possessórias, conforme inteligência do art. 554 do CPC.

Dito dispositivo legal prevê a conversibilidade restrita às possessórias. Na hipótese, por exemplo, de ação petitória e de ter o autor ajuizado ação possessória, não será razoavelmente aceita a aplicação da presente fungibilidade, visto que os pedidos e as causas de pedir das duas demandas são totalmente distintos e, portanto, a outorga de uma tutela em vez de outra implicaria julgamento *extra petita.*

Remissões

– Art. 3º, I e IV, da Lei nº 9.099/1995 (Dispõe sobre os Juizados Especiais Cíveis e Criminais e dá outras providências):

"Art. 3º O Juizado Especial Cível tem competência para conciliação, processo e julgamento das causas cíveis de menor complexidade, assim consideradas:

I – as causas cujo valor não exceda a quarenta vezes o salário mínimo;

(...)

IV – as ações possessórias sobre bens imóveis de valor não excedente ao fixado no inciso I deste artigo".

– Art. 1.435, II, do Código Civil:

"Art. 1.435. O credor pignoratício é obrigado:

(...)

II – à defesa da posse da coisa empenhada e a dar ciência, ao dono dela, das circunstâncias que tornarem necessário o exercício de ação possessória;

(...)".

Súmula:

STJ nº 637: O ente público detém legitimidade e interesse para intervir, incidentalmente, na ação possessória entre particulares, podendo deduzir qualquer matéria defensiva, inclusive, se for o caso, o domínio.

Enunciado das Jornadas de Direito Processual Civil do Conselho da Justiça Federal:

Nº 223 do CJF: A ampla divulgação prevista no art. 94 do CDC, além de realizada por publicação de edital no órgão oficial, pode também se valer de diferentes meios e canais de comunicação, conforme as peculiaridades do caso concreto.

Enunciados do Fórum Permanente de Processualistas Civis:

Nº 63 do FPPC: No caso de ação possessória em que figure no pólo passivo grande número de pessoas, a ampla divulgação prevista no § 3º do art. 554 contempla a inteligência do art. 301, com a possibilidade de determinação de registro de protesto para consignar a informação do litígio possessório na matrícula imobiliária respectiva.

Nº 178 do FPPC: O valor da causa nas ações fundadas em posse, tais como as ações possessórias, os embargos de terceiro e a oposição, deve considerar a expressão econômica da posse, que não obrigatoriamente coincide com o valor da propriedade.

Nº 328 do FPPC: Os arts. 568 e 579 do CPC aplicam-se à ação de usucapião coletiva (art. 10 da Lei 10.258/2001) e ao processo em que exercido o direito a que se referem os §§ 4º e 5º do art. 1.228, Código Civil, especialmente quanto à necessidade de ampla publicidade da ação e da participação do Ministério Público, da Defensoria Pública e dos órgãos estatais responsáveis pela reforma agrária e política urbana.

Nº 620 do FPPC: O ajuizamento e o julgamento de ações coletivas serão objeto da mais ampla e específica divulgação e publicidade.

Art. 555. É lícito ao autor cumular ao pedido possessório o de:
I – condenação em perdas e danos;
II – indenização dos frutos
Parágrafo único. Pode o autor requerer, ainda, imposição de medida necessária e adequada para:
I – evitar nova turbação ou esbulho;
II – cumprir-se a tutela provisória ou final.

Notas:

Será lícito ao autor da ação possessória cumular ao seu pedido possessório o (i) a condenação em perdas e danos; (ii) a indenização dos frutos.

Ser-lhe-á ainda possível requerer a imposição de medida necessária e adequada para fins de evitar nova turbação ou esbulho e cumprir-se a tutela provisória ou final.

A posse de direitos pessoais não é admitida em razão de a própria posse pressupor uma coisa sobre a qual se exerça poder.

Na ação possessória, a sentença é considerada autoexecutável, ou seja, verdadeiramente executiva *lato sensu*, por isso não reclamando aí a necessária instauração de uma nova relação processual, bastando, nesse termos, a efetiva expedição do mandado.

Art. 556. É lícito ao réu, na contestação, alegando que foi o ofendido em sua posse, demandar a proteção possessória e a indenização pelos prejuízos resultantes da turbação ou do esbulho cometido pelo autor.

Notas:

Na hipótese relativa às ações possessórias, no mesmo sentido do que já dispunha o CPC/1973, e agora se assemelhando ao modelo procedimental reconvencional, será "*lícito ao réu, na contestação, alegando que foi o ofendido em sua posse, demandar a proteção possessória e a indenização pelos prejuízos resultantes da turbação ou do esbulho cometido pelo autor*" (art. 556). Devido a esse direito concedido ao réu, de formular pedido na própria contestação, afirma-se que as ações possessórias possuem natureza dúplice.

A natureza dúplice aqui se dá como consequência lógica da relação de direito material apresentada em juízo. Nestes termos, bem expressa Araken de Assis ao pontuar que:

> "Do prisma material, é dúplice a ação, provocando o *iudicium duplex*, na qual a contestação do réu já basta à obtenção do bem da vida. Em geral, o autor pede e o réu somente impede; na *actio duplex*, o ato de impedir (contestação) já expressa um pedido contrário. Tal característica deriva do direito material posto em causa (*rectius*: mérito, pretensão processual ou objeto litigioso)."[385]

Diante disso, é de afirmar que o réu não exerce verdadeiro direito de ação na hipótese presente, tendo em vista que a sua própria pretensão já se encontra inserida no objeto do processo desde a propositura da ação pela parte autora, i.e., da própria pretensão de direito material apresentado.

Quer com isso dizer que, a relevância de dita afirmativa se dá na justificativa, inclusive processual, para diferenciar-se do que autonomamente se observa na reconvenção.

Aqui nas ações dúplices, p. ex., a decretação de carência de ação em fase procedimental posterior ao oferecimento da defesa pelo réu repercutirá na extinção do processo sem resolução do mérito e não haverá possibilidade de o réu aproveitar os atos processuais praticados para obter provimento favorável à sua pretensão. Daí que, sendo o autor carecedor de ação, a relação de direito material não será apreciada pelo Poder Judiciário e, consequentemente, não haverá qualquer manifestação acerca da pretensão do réu, esta carecedora de autonomia em relação à pretensão autoral, ou, como alhures dito, da própria pretensão de direito material apresentado.

O mesmo desiderato não se faz presente na reconvenção, dada a própria autonomia da pretensão da parte *ex adversa* em relação àquela da parte autora da demanda principal, como claramente garante o § 2º do art. 343.

Art. 557. Na pendência de ação possessória é vedado, tanto ao autor quanto ao réu, propor ação de reconhecimento do domínio, exceto se a pretensão for deduzida em face de terceira pessoa.

Parágrafo único. Não obsta à manutenção ou à reintegração de posse a alegação de propriedade ou de outro direito sobre a coisa.

Notas:

Não se aceita, em sede de ação possessória, específica discussão relativa ao domínio. Além disso, é proibido a qualquer das partes intentar ação de reconhecimento de domínio na pendência do processo possessório, exceto se a pretensão de domínio for deduzida em face de terceira pessoa.

---

[385] ASSIS, Araken de. *Procedimento Sumário*. São Paulo, Malheiros Editores, 1996, p. 93.

Pode o domínio ser discutido somente no caso de os dois litigantes disputarem a posse, alegando que a ela têm o direito diante da propriedade, esta que, *per si*, concede o direito de usar, gozar e dispor da coisa, *ex vi* da Súmula 487 do STF.

Aliás, no mesmo sentido se encontra o parágrafo único do artigo em comento, onde não se tem como obstáculo à manutenção ou à reintegração na posse "*a alegação de propriedade, ou de outro direito sobre a coisa.*"

"Nos termos do art. 557 do CPC/15, "na pendência de ação possessória é vedado, tanto ao autor quanto ao réu, propor ação de reconhecimento do domínio, exceto se a pretensão for deduzida em face de terceira pessoa".

O mencionado dispositivo legal estabelece a impossibilidade de debater-se o domínio enquanto pende discussão acerca da posse, deixando evidente, assim, a clássica concepção de que a posse é direito autônomo em relação à propriedade e, portanto, deve ser objeto de tutela jurisdicional específica.

Cabe salientar que a proibição do ajuizamento de ação petitória enquanto pendente ação possessória não limita o exercício dos direitos constitucionais de propriedade e de ação, mas vem ao propósito da garantia constitucional e legal de que a propriedade deve cumprir a sua função social, representando uma mera condição suspensiva do exercício do direito de ação fundada na propriedade.

Apesar de seu nomen iuris, a ação de imissão na posse é ação do domínio, por meio da qual o proprietário, ou o titular de outro direito real sobre a coisa, pretende obter a posse nunca exercida. Semelhantemente à ação reivindicatória, a ação de imissão funda-se no direito à posse que decorre da propriedade ou de outro direito real (*jus possidendi*), e não na posse em si mesmo considerada, como uma situação de fato a ser protegida juridicamente contra atentados praticados por terceiros (*jus possessionis*).

Assim, a ação petitória ajuizada na pendência da lide possessória deve ser extinta sem resolução do mérito, por lhe faltar pressuposto negativo de constituição e de desenvolvimento válido do processo". (REsp 1.909.196-SP, Rel. Min. Nancy Andrighi, Terceira Turma, por unanimidade, julgado em 15/06/2021, DJe 17/06/2021).

Súmula:

STF nº 487: Será deferida a posse a quem, evidentemente, tiver o domínio, se com base nesse for ela disputada.

Enunciado do Fórum Permanente de Processualistas Civis

Nº 65 do FPPC: O art. 557 do projeto não obsta a cumulação pelo autor de ação reivindicatória e de ação possessória, se os fundamentos forem distintos.

Art. 558. Regem o procedimento de manutenção e de reintegração de posse as normas da Seção II deste Capítulo quando a ação for proposta dentro de ano e dia da turbação ou do esbulho afirmado na petição inicial.

Parágrafo único. Passado o prazo referido no *caput*, será comum o procedimento, não perdendo, contudo, o caráter possessório.

Notas:

No caso de ação de *força nova*, ou seja, proposta dentro de ano e dia da ofensa da posse, será cabível o deferimento de proteção liminar e o rito apropriado será o especial, este normatizado pelas regras da Seção II do Capítulo III ("Das Ações Possessórias").

Quando a ação for de *força velha*, ou seja, proposta depois de excedido o prazo de ano e dia, o procedimento cabível será o comum.

É de ressaltar que o fato da ação de força velha seguir o procedimento comum não a destitui de seu caráter possessório.

Art. 559. Se o réu provar, em qualquer tempo, que o autor provisoriamente mantido ou reintegrado na posse carece de idoneidade financeira para, no caso de sucumbência, responder por perdas e danos, o juiz designar-lhe-á o prazo de 5 (cinco) dias para requerer caução, real ou fidejussória, sob pena de ser depositada a coisa litigiosa, ressalvada a impossibilidade da parte economicamente hipossuficiente.

Notas:

Se por qualquer motivo for o autor mantido ou reintegrado provisoriamente na posse do bem, caso o réu prove, em qualquer tempo, que dito autor carece de idoneidade financeira para, no caso de sucumbência, responder por perdas e danos, o juiz designar-lhe-á o prazo de 5 (cinco) dias prestar caução, real ou fidejussória, sob pena de ser depositada a coisa litigiosa, ressalvada a impossibilidade da parte ser economicamente hipossuficiente.

Enunciados do Fórum Permanente de Processualistas Civis:

Nº 179 do FPPC: O prazo de cinco dias para prestar caução pode ser dilatado, nos termos do art. 139, inciso VI.

Nº 180 do FPPC: A prestação de caução prevista no art. 559 poderá ser determinada pelo juiz, caso o réu obtenha a proteção possessória, nos termos no art. 556.

Seção II
Da Manutenção e da Reintegração de Posse

Art. 560. O possuidor tem direito a ser mantido na posse em caso de turbação e reintegrado em caso de esbulho.

Notas:

Nesses termos, temos que o possuidor, na ação de manutenção de posse, tem como objetivo ser mantido ou manutenido na mesma, posto que existe empecilho à plenitude do exercício dos poderes relativos à propriedade (art. 1.196 do Código Civil). Nesse caso, há proteção da posse existente e não de sua perda, objetivando, então, garantir a situação atual.

É cabível a ação de manutenção de posse na ocorrência de turbação, ou seja, se ocorrer o simples embaraço ao exercício da posse de outrem, não permitindo, por isso, ao possuidor exercê-la em toda plenitude, ainda que continue a possuí-la, *v.g.*, quando alguém adentra no imóvel e passa a cortar árvores no âmbito do mesmo e de maneira seguida, no entanto, não impedindo o acesso do possuidor à área do imóvel.[386]

Já na ação de reintegração de posse, tem-se como escopo a restituição da posse perdida, esbulhada. Difere-se da turbação, visto que nessa não ocorre a perda da posse, mas específica lesão que impede ou embaraça o seu exercício.

O esbulhado é privado da posse, ficando impedido de exercer os poderes inerentes ao domínio, anteriormente adquiridos de fato, por ato do esbulhador, que detém a posse atual. Caracteriza esbulho, *v.g.*, o fato de construir o muro fora da divisa, apoderando-se de parte certa do imóvel vizinho.

Por fim, tem-se o denominado interdito proibitório, remédio de caráter preventivo concedido ao possuidor que tem justo receio de ser molestado em sua posse, assegurando-o contra a violência iminente.

Assim, o interdito proibitório tem a estrutura de uma ação cominatória, a fim de requerer do demandado uma prestação de fazer negativa, ou seja, privar-se da ameaça à posse do autor sob pena de incorrer em multa pecuniária.

Art. 561. Incumbe ao autor provar:

I – a sua posse;

II – a turbação ou o esbulho praticado pelo réu;

III – a data da turbação ou do esbulho;

386 Cf. WAMBIER, Luiz Rodrigues (Coord.). *Curso Avançado de Processo Civil.* Vol. 3. 7. ed. São Paulo: RT, 2006, p. 163.

IV – a continuação da posse, embora turbada, na ação de manutenção, ou a perda da posse, na ação de reintegração.

Notas:

Deverá o autor provar (i) a sua posse; (ii) a turbação ou o esbulho praticado pelo réu; (iii) a respectiva data da turbação ou do esbulho e (iv) a continuação da posse, embora turbada, na ação de manutenção, ou a perda da posse, na ação de reintegração.

Art. 562. Estando a petição inicial devidamente instruída, o juiz deferirá, sem ouvir o réu, a expedição do mandado liminar de manutenção ou de reintegração, caso contrário, determinará que o autor justifique previamente o alegado, citando-se o réu para comparecer à audiência que for designada.

Parágrafo único. Contra as pessoas jurídicas de direito público não será deferida a manutenção ou a reintegração liminar sem prévia audiência dos respectivos representantes judiciais.

Notas:

Uma vez estando a petição inicial instruída corretamente, o magistrado deferirá, sem a oitiva do réu, a expedição do respectivo mandado liminar de manutenção ou de reintegração na posse; do contrário, determinará que o autor justifique previamente sua alegação, citando-se o réu para comparecer à audiência a ser designada.

Vale sublinhar que, em face de pessoas jurídicas de direito público, não será deferida a manutenção ou reintegração liminar sem a ocorrência de prévia audiência de seus respectivos representantes.

Art. 563. Considerada suficiente a justificação, o juiz fará logo expedir mandado de manutenção ou de reintegração.

Notas:

Uma vez considerada suficientemente justificada sua alegação, o magistrado expedirá o respectivo mandado de manutenção ou de reintegração.

Art. 564. Concedido ou não o mandado liminar de manutenção ou de reintegração, o autor promoverá, nos 5 (cinco) dias subsequentes, a citação do réu para, querendo, contestar a ação no prazo de 15 (quinze) dias.

Parágrafo único. Quando for ordenada a justificação prévia, o prazo para contestar será contado da intimação da decisão que deferir ou não a medida liminar.

Notas:

Concedido ou não o mandado liminar, o autor solicitará a citação do réu nos 5 (cinco) dias imediatos para contestar a ação, esta que se dará no prazo de 15 (quinze) dias.

Insta destacar que, uma vez ordenada a justificação prévia, o prazo para contestar será contado da intimação da decisão que deferir ou não a solicitada medida liminar, conforme assenta o parágrafo único do art. 564, seguindo-se em diante o procedimento comum.

Art. 565. No litígio coletivo pela posse de imóvel, quando o esbulho ou a turbação afirmado na petição inicial houver ocorrido há mais de ano e dia, o juiz, antes de apreciar o pedido de concessão da medida liminar, deverá designar audiência de mediação, a realizar-se em até 30 (trinta) dias, que observará o disposto nos §§ 2º e 4º.

§ 1º Concedida a liminar, se essa não for executada no prazo de 1 (um) ano, a contar da data de distribuição, caberá ao juiz designar audiência de mediação, nos termos dos §§ 2º a 4º deste artigo.

§ 2º O Ministério Público será intimado para comparecer à audiência, e a Defensoria Pública será intimada sempre que houver parte beneficiária de gratuidade da justiça.

§ 3º O juiz poderá comparecer à área objeto do litígio quando sua presença se fizer necessária à efetivação da tutela jurisdicional.

§ 4º Os órgãos responsáveis pela política agrária e pela política urbana da União, de Estado ou do Distrito Federal e de Município onde se situe a área objeto do litígio poderão ser intimados para a audiência, a fim de se manifestarem sobre seu interesse no processo e sobre a existência de possibilidade de solução para o conflito possessório.

§ 5º Aplica-se o disposto neste artigo ao litígio sobre propriedade de imóvel.

Notas:

Destaca-se, que o novel CPC/2015 possibilitou a regulação particular do pedido de liminar nos litígios coletivos em sede de esbulho ou turbação ocorrido há mais de ano e dia. Para tanto, estabelecido foi a necessária audiência de mediação, antes mesmo do órgão julgador apreciar o pedido concessivo da aludida medida, sendo aquela a ser realizada em até 30 (trinta) dias.[387]

Oportuno destacar que aludido dispositivo se aplica aos litígios sobre de propriedade de imóvel, conforme autoriza o parágrafo 5º do art. 565, o que se tem daí, por exemplo, as ações de usucapião.

Por outro lado, ainda que em sede de demandas onde figurem uma coletividade de pessoas, no entanto, abrangendo as ações possessórias em geral, teve por bem o CPC/2015 avançar em aspectos processuais relativos a litisconsórcios tidos "multitudinários" e a problemática da dinâmica citatória em tal seara.

Pela própria característica dos conflitos fundiários, a complexidade das demandas em seus mínimos aspectos fáticos, *de per si*, já justificariam medidas práticas de maior logística, tudo buscando a efetividade para um justo provimento jurisdicional.

Enunciado das Jornadas de Direito Processual Civil do Conselho da Justiça Federal:

Nº 224 do CJF: No caso de ação coletiva para a defesa de interesses individuais homogêneos, o juiz poderá intimar o réu para apresentar plano de cumprimento da decisão e notificar as vítimas acerca do plano apresentado.

Enunciados do Fórum Permanente de Processualistas Civis:

Nº 63 do FPPC: No caso de ação possessória em que figure no polo passivo grande número de pessoas, a ampla divulgação prevista no § 3º do art. 554 contempla a inteligência do art. 301, com a possibilidade de determinação

---

387 Tal questão relativa à necessária audiência mediadora, inclusive, fora objeto de entraves da Câmara dos Deputados quando dos debates em torno do PL n. 8.046/2010, este substitutivo da Câmara dos Deputados ao texto do PLS n. 166/2010.Fato é que propostas de institucionalização de políticas de prevenção e mediação de conflitos fundiários urbanos, no Brasil, encontram fundamentos, sobretudo, em proposições oriundas de setores políticos articulados na defesa dos direitos de moradores e ocupantes de imóveis em situação irregular, buscando com isso dar legítima visibilidade à complexidade dos conflitos na esfera fundiária e prevenindo as frequentes ações que violam direitos humanos neste âmbito.

"Salienta-se, de um lado, a existência de tratados internacionais e de normas brasileiras que vedam despejos forçados e violações de direitos humanos em conflitos fundiários e, de outro, a continuidade dessas práticas que, para modificar a atuação do poder público, têm sido construídas propostas de mediação para lidar com tais conflitos. Surgem, assim, com o objetivo de evitar abusos na ação dos agentes do Estado (polícia militar, entre outros), bem como inibir decisões judiciais que objetivem os despejos e as remoções forçadas." VIANA, Cíntia Portugal. Mediação como Política Pública de Estado em Conflitos Fundiários Urbanos no Brasil: reflexões sobre a proposta do Artigo 579 do Projeto do Novo Código do Processo Civil - CPC *In*: *O Social em Questão* - Ano XVIII - nº 31. Rio de Janeiro: Pontifícia Universidade Católica, 2014, p. 60.

de registro de protesto para consignar a informação do litígio possessório na matrícula imobiliária respectiva.

Nº 66 do FPPC: A medida liminar referida no art. 565 é hipótese de tutela antecipada.

Nº 67 do FPPC: A audiência de mediação referida no art. 579 (e seus parágrafos) deve ser compreendida como a sessão de mediação ou de conciliação, conforme as peculiaridades do caso concreto.

Nº 328 do FPPC: Os arts. 568 e 579 do CPC aplicam-se à ação de usucapião coletiva (art. 10 da Lei 10.258/2001) e ao processo em que exercido o direito a que se referem os §§ 4º e 5º do art. 1.228, Código Civil, especialmente quanto à necessidade de ampla publicidade da ação e da participação do Ministério Público, da Defensoria Pública e dos órgãos estatais responsáveis pela reforma agrária e política urbana.

Art. 566. Aplica-se, quanto ao mais, o procedimento comum.

Seção III
Do Interdito Proibitório

Art. 567. O possuidor direto ou indireto que tenha justo receio de ser molestado na posse poderá requerer ao juiz que o segure da turbação ou esbulho iminente, mediante mandado proibitório em que se comine ao réu determinada pena pecuniária caso transgrida o preceito.

Notas:

Tem-se no presente dispositivo o denominado interdito proibitório, remédio de caráter preventivo concedido ao possuidor que tem justo receio de ser molestado em sua posse, assegurando-o contra a violência iminente.

Assim, o interdito proibitório tem a estrutura de uma ação cominatória, a fim de requerer do demandado uma prestação de fazer negativa, ou seja, privar-se da ameaça à posse do autor sob pena de incorrer em multa pecuniária.

Súmula:

STJ nº 228: É inadmissível o interdito proibitório para a proteção do direito autoral.

Art. 568. Aplica-se ao interdito proibitório o disposto na Seção II deste Capítulo.

Notas:

Quanto ao Interdito Proibitório e sua procedimentalidade, bem leciona Antonio Carlos Marcato[388] que o mesmo "será sempre processado no rito especial, por ser descabido falar-se, no que a ele concerne, em força nova ou velha, eis que a ameaça de ofensa à posse é, necessariamente, a atual, sendo tal ideia ratificada pelo artigo em comento ao explicitar que ao Interdito Proibitório serão aplicadas as regras da Seção II do Capítulo III ("Das Ações Possessórias"). Dessa maneira, somente se concebe a possibilidade de realizar procedimentos variados quanto às ações de manutenção e de reintegração de posse – no caso de força velha,comum; no caso de força nova, especial, com subsidiariedade ao rito comum (art. 566).

CAPÍTULO IV
DA AÇÃO DE DIVISÃO E DA DEMARCAÇÃO DE TERRAS PARTICULARES

Notas:

O Código de Processo Civil, em seu art. 569 e seguintes, prevê o procedimento aplicável somente às terras particulares. Já quanto à demarcação de terras públicas, sobretudo aquelas denominadas "terras devolutas", possível será o manejo da ação discriminatória, essa regulada pela Lei nº 6.383/76.

Seção I
Disposições Gerais

Art. 569. Cabe:

I – ao proprietário a ação de demarcação, para obrigar o seu confinante a estremar os respectivos prédios, fixando-se novos limites entre eles ou aviventando-se os já apagados;

II – ao condômino a ação de divisão, para obrigar os demais consortes a estremar os quinhões.

Notas:

As ações de divisão e de demarcação de terras particulares são estudadas conjuntamente devido à semelhança entre ambas, tornando-se possível ao

[388] MARCATO, Carlos Antonio. *Procedimentos Especiais*. 7. ed. São Paulo: Malheiros, 1995.

legislador determinar disposições comuns entre tais ações. A despeito de expostas englobadamente, suas diferenças são notórias.

A finalidade de cada um dos procedimentos é determinada pelo art. 569, no qual se pode observar de modo evidente a diferença entre demarcação e divisão.

Nesse sentido, pressupondo prédios contíguos, caso haja controvérsia compreendendo os limites de duas ou mais propriedades, devido a não fixação de rumos ou ao fato dos rumos fixados já terem se apagado, é adequada a ação de demarcação.

Quando se pretende a partilha de coisa comum, pressupondo aí prédio único, *v.g.*, dissolução de condomínio, pretendendo a mudança de cota ideal em quinhão determinado, cabível será a ação de divisão.

Não sendo a divisão possível, como, por exemplo, no caso de se tratar de coisas móveis ou área inferior ao módulo rural, viável será a extinção do condomínio por meio da alienação da coisa comum (art. 730).

Enunciados do Fórum Permanente de Processualistas Civis

Nº 68 do FPPC: Também possuem legitimidade para a ação demarcatória os titulares de direito real de gozo e fruição, nos limites dos seus respectivos direitos e títulos constitutivos de direito real. Assim, além da propriedade, aplicam-se os dispositivos do Capítulo sobre ação demarcatória, no que for cabível, em relação aos direitos reais de gozo e fruição.

Nº 69 do FPPC: Cabe ao proprietário ação demarcatória para extremar a demarcação entre o seu prédio e do confinante, bem como fixar novos limites, aviventar rumos apagados e a renovar marcos destruídos (art. 1.297 do CC/2002).

Art. 570. É lícita a cumulação dessas ações, caso em que deverá processar-se primeiramente a demarcação total ou parcial da coisa comum, citando-se os confinantes e os condôminos.

Notas:

Trilhando pela sempre que possível e desejada economia processual, possibilita a cumulação das ações demarcatória e divisória. Nessa hipótese, proceder-se-á, inicialmente, à demarcação e, logo após a divisão, visto que a primeira se coloca prejudicial à segunda.

Art. 571. A demarcação e a divisão poderão ser realizadas por escritura pública, desde que maiores, capazes e concordes todos os interessados, observando-se, no que couber, os dispositivos deste Capítulo.

Remissões:

- Arts. 18-A a 18-F do Decreto-Lei nº 9.760/1946.
- Art. 176, § 1º, II, 3), a) e o art. 225, § 3º da Lei nº 6.015/1973.

Notas:

É de se registrar que o CPC/2015 acrescentou dispositivo onde se autoriza que a demarcação e a divisão sejam realizadas por escritura pública, desde que os partícipes tenham capacidade civil plena e todos estejam concordes, observando-se no que couber, as regras relativas à ação de divisão e demarcação de terras particulares

Confira os arts. 18-A a 18-F do Decreto-Lei nº 9.760/1946, estes que permitem a demarcação extrajudicial de terrenos públicos para a regularização fundiária de interesse social.

Art. 572. Fixados os marcos da linha de demarcação, os confinantes considerar-se-ão terceiros quanto ao processo divisório, ficando-lhes, porém, ressalvado o direito de vindicar os terrenos de que se julguem despojados por invasão das linhas limítrofes constitutivas do perímetro ou de reclamar indenização correspondente ao seu valor.

§ 1º No caso do *caput*, serão citados para a ação todos os condôminos, se a sentença homologatória da divisão ainda não houver transitado em julgado, e todos os quinhoeiros dos terrenos vindicados, se a ação for proposta posteriormente.

§ 2º Neste último caso, a sentença que julga procedente a ação, condenando a restituir os terrenos ou a pagar a indenização, valerá como título executivo em favor dos quinhoeiros para haverem dos outros condôminos que forem parte na divisão ou de seus sucessores a título universal, na proporção que lhes tocar, a composição pecuniária do desfalque sofrido.

Notas:

As ações de demarcação e de divisão possuem natureza dúplice, posto que o réu poderá deduzir pretensão apropriada à proteção de seus interesses no próprio bojo da peça contestatória, mas não por meio da reconvenção, como outrora já enfrentado neste capítulo, no tocante às ações possessórias.

O proprietário e não o possuidor será a parte legítima para propor ação de demarcação, sendo permitido, por conseguinte, que o promissário comprador também proponha a ação em tela. Já o confinante (proprietário ou possuidor) será o legitimado passivo.

Os condôminos são legitimados ativos e passivos na ação de divisão.

O procedimento seja o da ação demarcatória, seja da ação divisória realiza-se em duas etapas.[389]

Inicialmente, decidir-se-á mediante sentença acerca da pretensão de dividir ou demarcar; em seguida, serão procedidas as operações técnicas referentes à divisão ou demarcação, finalizando-se com a devida sentença homologatória.

Art. 573. Tratando-se de imóvel georreferenciado, com averbação no registro de imóveis, pode o juiz dispensar a realização de prova pericial.

Notas:

Cf. os art. 176, § 1º, II, 3, "*a*" e art. 225, § 3º da Lei nº 6.015/1973.

Seção II
Da Demarcação

Art. 574. Na petição inicial, instruída com os títulos da propriedade, designar-se-á o imóvel pela situação e pela denominação, descrever-se-ão os limites por constituir, aviventar ou renovar e nomear-se-ão todos os confinantes da linha demarcanda.

Notas:

A primeira etapa da ação demarcatória tem início com o ajuizamento da ação por meio de petição inicial conforme os requisitos estabelecidos nos arts. 319 e 574.

A demarcação poderá ser requerida pelo autor com queixa de esbulho ou turbação, formulando, ainda, o pedido de restituição do terreno invadido com os rendimentos que deu, ou indenização dos danos pela usurpação averiguada, não obstante a revogação do que preceituava o antigo art. 951 do CPC/1973, tendo em vista o que assegura o próprio parágrafo único do art. 581, parágrafo único do CPC/2015.

389 "AÇÃO DE DIVISÃO – FASE – A ação de terras comporta duas fases distintas. Na primeira, serão examinados os pressupostos de admissibilidade da ação, principalmente a existência de indivisão e condomínio. Na segunda – e somente nesta (...), é que serão analisadas as questões a conformação e localização dos quinhões. Apelação provida em parte." TJRS, 18ª Câmara Cível, Apelação Cível nº 70000714253, Rel. Des. Ilton Carlos Dellandrea, julgamento em 18.05.2000.

Art. 575. Qualquer condômino é parte legítima para promover a demarcação do imóvel comum, requerendo a intimação dos demais para, querendo, intervir no processo.

Notas:

Em sintonia com o que dispõe o art. 1.314 do Código Civil, cada condômino pode atuar em defesa da propriedade ou da posse, o que, no presente dispositivo, será parte legítima para requerer a demarcação de imóvel comum, sendo necessário, notadamente, a intimação dos demais condôminos para, querendo, oportunizá-los a intervir no processo.

Enunciado do Fórum Permanente de Processualistas Civis:

Nº 443 do FPPC: Em ação possessória movida pelo proprietário é possível ao réu alegar a usucapião como matéria de defesa, sem violação ao art. 557.

Art. 576. A citação dos réus será feita por correio, observado o disposto no art. 247.

Parágrafo único. Será publicado edital, nos termos do inciso III do art. 259.

Notas:

Confira os apontamentos assentados nos arts. 247 e 259, respectivamente.

Art. 577. Feitas as citações, terão os réus o prazo comum de 15 (quinze) dias para contestar.

Notas:

O juiz, caso não haja indeferimento ou emenda da inicial, determinará a citação dos réus para a devida resposta contestatória no prazo comum de 15 (quinze) dias. Instar sublinhar que dita citação será realizada via correio, observando o disposto no art. 247 do CPC.

Art. 578. Após o prazo de resposta do réu, observar-se-á o procedimento comum.

Nota:

Em contestando ou não a ação, aplicar-se-á o procedimento comum.

Art. 579. Antes de proferir a sentença, o juiz nomeará um ou mais peritos para levantar o traçado da linha demarcanda.

Notas:

Cabe destacar que, antes de proferir a sentença, nomeará o magistrado um ou mais peritos para fins de levantar o traçado da linha demarcanda.

Art. 580. Concluídos os estudos, os peritos apresentarão minucioso laudo sobre o traçado da linha demarcanda, considerando os títulos, os marcos, os rumos, a fama da vizinhança, as informações de antigos moradores do lugar e outros elementos que coligirem.

Notas:

Uma vez concluídos os estudos, o(s) perito(s), apresentarão laudo, este realizado de forma minuciosa, relativo ao traçado da linha demarcada, levando-se em conta "os títulos, os marcos, os rumos, a fama da vizinhança, as informações de antigos moradores do lugar e outros elementos", desde que, evidentemente, necessários a contribuir para conclusão do digitado laudo.

Enunciado do Fórum Permanente de Processualistas Civis:

Nº 70 do FPPC: Do laudo pericial que traçar a linha demarcanda, deverá ser oportunizada a manifestação das partes interessadas, em prestígio ao princípio do contraditório e da ampla defesa.

Art. 581. A sentença que julgar procedente o pedido determinará o traçado da linha demarcanda.

Parágrafo único. A sentença proferida na ação demarcatória determinará a restituição da área invadida, se houver, declarando o domínio ou a posse do prejudicado, ou ambos.

Notas:

Findada essa etapa introdutória, o juiz proferirá a sentença e, sendo essa procedente, encerra-se a primeira etapa. Na hipótese da pretensão de demarcar ser improcedente, a mesma encerrará o processo, desafiando o recurso da Apelação em ambos os efeitos (art. 1.012, *caput*).

Art. 582. Transitada em julgado a sentença, o perito efetuará a demarcação e colocará os marcos necessários.

Parágrafo único. Todas as operações serão consignadas em planta e memorial descritivo com as referências convenientes para a identificação, em qualquer tempo, dos pontos assinalados, observada a legislação especial que dispõe sobre a identificação do imóvel rural.

Notas:

Após a sentença que julgou a pretensão de demarcar transitar em julgado, tem início a segunda etapa do procedimento, denominada fase executiva. A despeito de dita denominação, tal etapa nada mais é do que um prolongamento da primeira, não havendo nova citação.

Na fase executiva ocorre a execução material da demarcação, com a colocação dos marcos necessários.

Art. 583. As plantas serão acompanhadas das cadernetas de operações de campo e do memorial descritivo, que conterá:

I – o ponto de partida, os rumos seguidos e a aviventação dos antigos com os respectivos cálculos;

II – os acidentes encontrados, as cercas, os valos, os marcos antigos, os córregos, os rios, as lagoas e outros;

III – a indicação minuciosa dos novos marcos cravados, dos antigos aproveitados, das culturas existentes e da sua produção anual;

IV – a composição geológica dos terrenos, bem como a qualidade e a extensão dos campos, das matas e das capoeiras;

V – as vias de comunicação;

VI – as distâncias a pontos de referência, tais como rodovias federais e estaduais, ferrovias, portos, aglomerações urbanas e polos comerciais;

VII – a indicação de tudo o mais que for útil para o levantamento da linha ou para a identificação da linha já levantada.

Notas:

Conforme nota no artigo anterior, em sede de fase executiva ocorrerá a execução material da demarcação, com a colocação dos marcos necessários (art. 582), realização de trabalhos de campo, elaboração de plantas e memorial descritivo (art. 583).

Art. 584. É obrigatória a colocação de marcos tanto na estação inicial, dita marco primordial, quanto nos vértices dos ângulos, salvo se algum desses últimos pontos for assinalado por acidentes naturais de difícil remoção ou destruição.

Notas:

De acordo com o presente dispositivo, obrigatória será a colocação de marcos tanto na estação inicial, dita marco primordial, quanto nos vértices dos ângulos, exceto se algum desses últimos pontos for assinalado por acidentes naturais de difícil remoção ou destruição.

Enunciado do Fórum Permanente de Processualistas Civis:

Nº 636 do FPPC: As conversas registradas por aplicativos de mensagens instantâneas e redes sociais podem ser admitidas no processo como prova, independentemente de ata notarial.

Art. 585. A linha será percorrida pelos peritos, que examinarão os marcos e os rumos, consignando em relatório escrito a exatidão do memorial e da planta apresentados pelo agrimensor ou as divergências porventura encontradas.

Notas:

Caberá ao perito a conferência dos marcos e dos rumos, acostando em relatório escrito a respectiva exatidão do memorial da planta apresentados pelo agrimensor ou as possíveis divergências encontradas.

Art. 586. Juntado aos autos o relatório dos peritos, o juiz determinará que as partes se manifestem sobre ele no prazo comum de 15 (quinze) dias.

Parágrafo único. Executadas as correções e as retificações que o juiz determinar, lavrar-se-á, em seguida, o auto de demarcação em que os limites demarcandos serão minuciosamente descritos de acordo com o memorial e a planta.

Notas:

Depois de realizada a demarcação pelo perito, este deverá juntá-lo aos autos do processo, ouvindo-se, em seguida, as partes no prazo comum de 15 (quinze) dias.

Uma vez, caso necessário, realizados os esclarecimentos, será lavrado o auto de demarcação.

Art. 587. Assinado o auto pelo juiz e pelos peritos, será proferida a sentença homologatória da demarcação.

Notas:

Terminada a demarcação, lavra-se o respectivo auto (art. 586), sendo a sentença homologatória proferida pelo juiz (art. 587), ao determinar o término da segunda etapa do procedimento.

Ao enfrentamento da aludida sentença, tem lugar o recurso de apelação, cujo efeito se opera apenas na forma devolutiva (art. 1.012, § 1º, I).

Seção III
Da Divisão

Art. 588. A petição inicial será instruída com os títulos de domínio do promovente e conterá:

I – a indicação da origem da comunhão e a denominação, a situação, os limites e as características do imóvel;

II – o nome, o estado civil, a profissão e a residência de todos os condôminos, especificando-se os estabelecidos no imóvel com benfeitorias e culturas;

III – as benfeitorias comuns.

Notas:

O procedimento da ação divisória é dividido, igualmente, em 2 etapas.

Provoca-se a jurisdição com a devida petição inicial, essa devidamente apta, contendo, notadamente, os requisitos estabelecidos nos arts. 319 e 588, definindo, assim, o início da primeira etapa.

Art. 589. Feitas as citações como preceitua o art. 576, prosseguir-se-á na forma dos arts. 577 e 578.

Notas:

No que diz respeito à citação e à resposta, na divisão aplicam-se as regras relativas à demarcação. Desse modo, os réus terão para manifestar exceção ou contestação o prazo comum de 15 dias.

Havendo ou não contestação, observar-se-á o procedimento comum. O juiz profere – depois da produção de provas, essa quando necessária– sentença julgando a pretensão de dividir. Tal sentença põe término à primeira etapa, sendo aplicável a ela apelação em ambos os efeitos (art. 1.012, *caput*).

Art. 590. O juiz nomeará um ou mais peritos para promover a medição do imóvel e as operações de divisão, observada a legislação especial que dispõe sobre a identificação do imóvel rural.

Parágrafo único. O perito deverá indicar as vias de comunicação existentes, as construções e as benfeitorias, com a indicação dos seus valores e dos respectivos proprietários e ocupantes, as águas principais que banham o imóvel e quaisquer outras informações que possam concorrer para facilitar a partilha.

Notas:

Cf. art. 176, § 1º, II, 3, "a" e o art. 225, § 3º da Lei nº 6.015/1973.

Art. 591. Todos os condôminos serão intimados a apresentar, dentro de 10 (dez) dias, os seus títulos, se ainda não o tiverem feito, e a formular os seus pedidos sobre a constituição dos quinhões.

Notas:

Após a sentença que julgou a pretensão de dividir transitar em julgado, inicia-se a segunda etapa do procedimento, isto é, a execução material da divisão.

Geralmente, essa etapa compreende a divisão do imóvel dividendo, considerando-se os pedidos formulados pelos condôminos e os elementos concedidos pelos peritos, constante de laudo, devidamente fundamentado, a ser por eles entregue ao juízo, *ex vi* do art. 595.

Realizado o cumprimento do estabelecido no art. 586 (manifestação das partes em 15 dias sobre o relatório elaborado pelos peritos), o escrivão lavrará o auto da divisão, acompanhado de uma folha de pagamento para cada condômino, de acordo com o § 4º do art. 597.

Art. 592. O juiz ouvirá as partes no prazo comum de 15 (quinze) dias.

§ 1º Não havendo impugnação, o juiz determinará a divisão geodésica do imóvel.

§ 2º Havendo impugnação, o juiz proferirá, no prazo de 10 (dez) dias, decisão sobre os pedidos e os títulos que devam ser atendidos na formação dos quinhões.

Notas:

O magistrado ouvirá as partes no prazo comum de 15 (quinze) dias.

Caso não haja impugnação, será determinada a divisão geodésica o imóvel. Por outro lado, ocorrendo a referida impugnação, caberá ao magistrado proferir, no prazo de 10 (dez) dias, decisão sobre os pedidos e os títulos que devam ser atendidos na formação dos quinhões.

Art. 593. Se qualquer linha do perímetro atingir benfeitorias permanentes dos confinantes feitas há mais de 1 (um) ano, serão elas respeitadas, bem como os terrenos onde estiverem, os quais não se computarão na área dividenda.

Notas:

Devem ser respeitadas as benfeitorias permanentes dos confinantes feitas há mais de 1 (um) ano se qualquer linha do perímetro as atingir, assim como os terrenos onde estiverem, os quais não se computarão na área dividenda.

Art. 594. Os confinantes do imóvel dividendo podem demandar a restituição dos terrenos que lhes tenham sido usurpados.

§ 1º Serão citados para a ação todos os condôminos, se a sentença homologatória da divisão ainda não houver transitado em julgado, e todos os quinhoeiros dos terrenos vindicados, se a ação for proposta posteriormente.

§ 2º Nesse último caso terão os quinhoeiros o direito, pela mesma sentença que os obrigar à restituição, a haver dos outros condôminos do processo divisório ou de seus sucessores a título universal a composição pecuniária proporcional ao desfalque sofrido.

Notas:

O dispositivo em tela toca no que já refere o art. 572. Assim, confira os apontamentos lá realizados.

Art. 595. Os peritos proporão, em laudo fundamentado, a forma da divisão, devendo consultar, quanto possível, a comodidade das partes, respeitar, para adjudicação a cada condômino, a preferência dos terrenos contíguos às suas residências e benfeitorias e evitar o retalhamento dos quinhões em glebas separadas.

Notas:

Em laudo devidamente fundamentado, o perito proporá a forma de divisão.

Art. 596. Ouvidas as partes, no prazo comum de 15 (quinze) dias, sobre o cálculo e o plano da divisão, o juiz deliberará a partilha.

Parágrafo único. Em cumprimento dessa decisão, o perito procederá à demarcação dos quinhões, observando, além do disposto nos arts. 584 e 585, as seguintes regras:

I – as benfeitorias comuns que não comportarem divisão cômoda serão adjudicadas a um dos condôminos mediante compensação;

II – instituir-se-ão as servidões que forem indispensáveis em favor de uns quinhões sobre os outros, incluindo o respectivo valor no orçamento para que, não se tratando de servidões naturais, seja compensado o condômino aquinhoado com o prédio serviente;

III – as benfeitorias particulares dos condôminos que excederem à área a que têm direito serão adjudicadas ao quinhoeiro vizinho mediante reposição;

IV – se outra coisa não acordarem as partes, as compensações e as reposições serão feitas em dinheiro.

Notas:

Após ouvidas as partes, o prazo comum de 15 (quinze) dias, sobre o cálculo e o plano da divisão, o órgão julgador deliberará a partilha.

Art. 597. Terminados os trabalhos e desenhados na planta os quinhões e as servidões aparentes, o perito organizará o memorial descritivo.

§ 1º Cumprido o disposto no art. 586, o escrivão, em seguida, lavrará o auto de divisão, acompanhado de uma folha de pagamento para cada condômino.

§ 2º Assinado o auto pelo juiz e pelo perito, será proferida sentença homologatória da divisão.

§ 3º O auto conterá:

I – a confinação e a extensão superficial do imóvel;

II – a classificação das terras com o cálculo das áreas de cada consorte e com a respectiva avaliação ou, quando a homogeneidade das terras não determinar diversidade de valores, a avaliação do imóvel na sua integridade;

III – o valor e a quantidade geométrica que couber a cada condômino, declarando-se as reduções e as compensações resultantes da diversidade de valores das glebas componentes de cada quinhão.

§ 4º Cada folha de pagamento conterá:

I – a descrição das linhas divisórias do quinhão, mencionadas as confinantes;

II – a relação das benfeitorias e das culturas do próprio quinhoeiro e das que lhe foram adjudicadas por serem comuns ou mediante compensação;

III – a declaração das servidões instituídas, especificados os lugares, a extensão e o modo de exercício.

Notas:

A sentença homologatória da divisão será proferida quando o auto for assinado pelo juiz e pelo perito.

Da sentença, cabível será o recurso de apelação contra a decisão que homologou a divisão, tendo tal recurso efeito meramente devolutivo (art. 1.012, § 1º, I).

Cabe ainda ressaltar que a sentença deverá ser registrada conforme disposto na Lei nº 6.015/73, em seu art. 168, II, *b*.

Art. 598. Aplica-se às divisões o disposto nos arts. 575 a 578.

Notas:

Confira os apontamentos inclusos nos arts. 575 a 578.

CAPÍTULO V
DA AÇÃO DE DISSOLUÇÃO PARCIAL DE SOCIEDADE

Notas:

Como novidade no CPC/2015, temos a regulação da denominada Ação de Dissolução Parcial de Sociedade.

A jurisprudência construiu o instituto da dissolução parcial partindo do princípio da preservação da empresa.

Em verdade, a crescente complexidade das relações sociais e econômicas tem obrigado a ordem jurídica a reconhecer que a empresa, sendo, verdadeiramente, uma atividade organizada de produção ou circulação de bens ou serviços, é o foco de interesses múltiplos e diversos, transcendendo a figurados sócios da própria sociedade empresária.

Importante pontuar que se otimiza a regulação de tal *actio* no CPC como o fito de tornar este em perfeita sintonia com o próprio "direito da empresa" catalogado em sede do Código Civil, especialmente através de dispositivos específicos, tais como os arts. 1.028 a 1.032 e arts. 1.085 e 1.086.

Art. 599. A ação de dissolução parcial de sociedade pode ter por objeto:

I – a resolução da sociedade empresária contratual ou simples em relação ao sócio falecido, excluído ou que exerceu o direito de retirada ou recesso; e

II – a apuração dos haveres do sócio falecido, excluído ou que exerceu o direito de retirada ou recesso; ou

III – somente a resolução ou a apuração de haveres.

§ 1º A petição inicial será necessariamente instruída com o contrato social consolidado.

§ 2º A ação de dissolução parcial de sociedade pode ter também por objeto a sociedade anônima de capital fechado quando demonstrado, por acionista ou acionistas que representem cinco por cento ou mais do capital social, que não pode preencher o seu fim.

Remissões:

- Art. 159, § 4º da Lei nº 6.404/1976.

Notas:

A dissolução parcial tem como finalidade preservar a própria sociedade, resolvendo-a em relação ao sócio excluído, falecido ou mesmo aquele que exerceu o direito de retirada ou recesso bem como quantificando os devidos haveres ou a resolução ou apuração dos ditos haveres, conforme se depreende do art. 599, *caput* do CPC.

Poderá a ação de dissolução parcial de sociedade ter também por objeto a sociedade anônima de capital fechado, isso quando demonstrado, quer por acionista ou acionistas que representem 5% (cinco por cento) ou mais do capital social da sociedade, que esta não pode atingir sua finalidade.

Art. 600. A ação pode ser proposta:

I – pelo espólio do sócio falecido, quando a totalidade dos sucessores não ingressar na sociedade;

II – pelos sucessores, após concluída a partilha do sócio falecido;

III – pela sociedade, se os sócios sobreviventes não admitirem o ingresso do espólio ou dos sucessores do falecido na sociedade, quando esse direito decorrer do contrato social;

IV – pelo sócio que exerceu o direito de retirada ou recesso, se não tiver sido providenciada, pelos demais sócios, a alteração contratual consensual formalizando o desligamento, depois de transcorridos 10 (dez) dias do exercício do direito;

V – pela sociedade, nos casos em que a lei não autoriza a exclusão extrajudicial; ou

VI – pelo sócio excluído.

Parágrafo único. O cônjuge ou companheiro do sócio cujo casamento, união estável ou convivência terminou poderá requerer a apuração de seus haveres na sociedade, que serão pagos à conta da quota social titulada por este sócio.

Notas:

Trata-se o presente dispositivo da titularidade para a propositura da *actio* em tela.

Ainda neste ínterim, poderá o cônjuge ou companheiro do sócio cujo casamento, união estável ou convivência terminou requerer a apuração de seus haveres na sociedade, estes que serão pagos à conta da quota social titulada por este sócio.

Art. 601. Os sócios e a sociedade serão citados para, no prazo de 15 (quinze) dias, concordar com o pedido ou apresentar contestação.

Parágrafo único. A sociedade não será citada se todos os seus sócios o forem, mas ficará sujeita aos efeitos da decisão e à coisa julgada.

Notas:

Uma vez recebida a petição inicial e sendo deferida, serão citados os sócios e a sociedade para que, no prazo de 15 (quinze) dias, se manifestem concordando com o pedido ou que apresentem a respectiva contestação, valendo destacar que a sociedade não será citada se todos os seus sócios o forem, mas ficará sujeita aos efeitos da decisão e à coisa julgada.

Art. 602. A sociedade poderá formular pedido de indenização compensável com o valor dos haveres a apurar.

Notas:

Poderá a sociedade formular pedido de indenização, este compensável com o valor dos haveres a apurar.

Art. 603. Havendo manifestação expressa e unânime pela concordância da dissolução, o juiz a decretará, passando-se imediatamente à fase de liquidação.

§ 1º Na hipótese prevista no *caput*, não haverá condenação em honorários advocatícios de nenhuma das partes, e as custas serão rateadas segundo a participação das partes no capital social.

§ 2º Havendo contestação, observar-se-á o procedimento comum, mas a liquidação da sentença seguirá o disposto neste Capítulo.

Notas:

Em uma primeira hipótese, havendo manifestação expressa e unânime pela concordância da dissolução parcial, o magistrado a decretará, passando-se imediatamente à fase respectiva fase de liquidação, cabendo sublinhar que, neste caso, não ensejará condenação em honorários advocatícios para nenhuma das partes, sendo as custas rateadas segundo a participação das partes no capital social, *ex vi* do § 1º do art. 603.

De outro modo, aí em uma segunda hipótese, havendo contestação, observado será o procedimento comum, no entanto, quanto à liquidação, essa seguirá o que regula o capítulo referente à ação em tela.

Art. 604. Para apuração dos haveres, o juiz:

I – fixará a data da resolução da sociedade;

II – definirá o critério de apuração dos haveres à vista do disposto no contrato social; e

III – nomeará o perito.

§ 1º O juiz determinará à sociedade ou aos sócios que nela permanecerem que depositem em juízo a parte incontroversa dos haveres devidos.

§ 2º O depósito poderá ser, desde logo, levantando pelo ex-sócio, pelo espólio ou pelos sucessores.

§ 3º Se o contrato social estabelecer o pagamento dos haveres, será observado o que nele se dispôs no depósito judicial da parte incontroversa.

Notas:

Para fins de apuração dos haveres, caberá ao magistrado seguir o preceituado nos incisos acima expostos e determinar à sociedade ou aos sócios que nela permanecerem que depositem em juízo a parte incontroversa dos haveres devidos, podendo o ser, desde logo levantado pelo ex-sócio, pelo espólio ou pelos sucessores (§§ 1º e 2º do art. 604).

Art. 605. A data da resolução da sociedade será:

I – no caso de falecimento do sócio, a do óbito;

II – na retirada imotivada, o sexagésimo dia seguinte ao do recebimento, pela sociedade, da notificação do sócio retirante;

III – no recesso, o dia do recebimento, pela sociedade, da notificação do sócio dissidente;

IV – na retirada por justa causa de sociedade por prazo determinado e na exclusão judicial de sócio, a do trânsito em julgado da decisão que dissolver a sociedade; e

V – na exclusão extrajudicial, a data da assembleia ou da reunião de sócios que a tiver deliberado.

Notas:

Trata-se da data da resolução da sociedade.

Art. 606. Em caso de omissão do contrato social, o juiz definirá, como critério de apuração de haveres, o valor patrimonial apurado em balanço de determinação, tomando-se por referência a data da resolução e avaliando-se bens e direitos do ativo, tangíveis e intangíveis, a preço de saída, além do passivo também a ser apurado de igual forma.

Parágrafo único. Em todos os casos em que seja necessária a realização de perícia, a nomeação do perito recairá preferencialmente sobre especialista em avaliação de sociedades.

Notas:

Dispõe o presente dispositivo de questão omissa no contrato social. Assim, nestes termos, caso o contrato social seja omisso, o órgão julgador definirá como critério de apuração de haveres, o valor patrimonial apurado em balanço de determinação, tomando-se por referência a data da resolução e avaliando-se bens e direitos do ativo, tangíveis e intangíveis, a preço de saída, além do passivo também a ser apurado de igual forma.

Art. 607. A data da resolução e o critério de apuração de haveres podem ser revistos pelo juiz, a pedido da parte, a qualquer tempo antes do início da perícia.

Notas:

Não obstante as previsões do art. 605, tanto a data da resolução quanto o critério de apuração de haveres poderão ser revistos pelo juiz, isso sempre a pedido da parte e até antes do início da perícia.

Até a data da aludida resolução, integram o valor devido ao ex-sócio, ao espólio ou aos sucessores a participação nos lucros ou os juros sobre o capital próprio, estes declarados pela sociedade e, se for o caso, a remuneração como administrador.

Art. 608. Até a data da resolução, integram o valor devido ao ex-sócio, ao espólio ou aos sucessores a participação nos lucros ou os juros sobre o capital próprio declarados pela sociedade e, se for o caso, a remuneração como administrador.

Parágrafo único. Após a data da resolução, o ex-sócio, o espólio ou os sucessores terão direito apenas à correção monetária dos valores apurados e aos juros contratuais ou legais.

Notas:

Após a data da resolução, o ex-sócio, o espólio ou os sucessores terão direito apenas à correção monetária dos valores apurados e aos juros contratuais ou legais.

Art. 609. Uma vez apurados, os haveres do sócio retirante serão pagos conforme disciplinar o contrato social e, no silêncio deste, nos termos do § 2º do art. 1.031 da Lei nº10.406, de 10 de janeiro de 2002 (Código Civil).

Notas:

Uma vez apurados, os haveres do sócio retirante serão pagos conforme disciplinar o contrato social ou no caso de silêncio deste, nos termos do § 2º do art. 1.031 do Código Civil.[390]

CAPÍTULO VI
DO INVENTÁRIO E DA PARTILHA

Seção I
Disposições Gerais

Art. 610. Havendo testamento ou interessado incapaz, proceder-se-á ao inventário judicial.

§ 1º Se todos forem capazes e concordes, o inventário e a partilha poderão ser feitos por escritura pública, a qual constituirá documento hábil para qualquer ato de registro, bem como para levantamento de importância depositada em instituições financeiras.

§ 2º O tabelião somente lavrará a escritura pública se todas as partes interessadas estiverem assistidas por advogado ou por defensor público, cuja qualificação e assinatura constarão do ato notarial.

---

[390] "*Art. 1.031*

(...)

§ 2º *A quota liquidada será paga em dinheiro, no prazo de noventa dias, a partir da liquidação, salvo acordo, ou estipulação contratual em contrário.*"

Notas:

Denomina-se inventário a ação que tem por finalidade a averiguação e a distribuição dos bens integrantes do patrimônio da pessoa falecida, distribuindo-os entre aqueles que possuem direito sucessório.[391]

Procurou o legislador pontuar, já no dispositivo que inaugura o tema, a ideia de que havendo testamento ou interessado, proceder-se-á ao inventário judicial, numa clara demonstração do incentivo à via extrajudicial para os demais casos, tanto é que nos parágrafos dedica a tal intenção.

Nestes termos, a Lei nº 11.441, busca desburocratização e efetividade dos atos que, mesmo demonstrando a vontade dos interessados, maiores e capazes, permaneciam submetidos à análise prévia da autoridade judicial, por explícita exigência legal, para produzirem efeitos, quando homologados.

A supramencionada legislação, autoriza que os inventários em que existam partilhas amigáveis, bem como as separações e os divórcios consensuais, sejam manejados extrajudicialmente, pela via administrativa, qual seja, o Cartório de Notas (Tabelionato), perante o oficial de registro cartorário.

Importante ressaltar que não poderá haver o interesse de menores tanto no inventário como nas separações/divórcios, sob pena de tornar vedada a utilização da via extrajudicial.

Diante de eventuais divergências interpretativas e de conteúdo decorrentes da própria extensão e procedimentos prestigiados pela da Lei nº 11.441/2007, o Conselho Nacional de Justiça (CNJ) teve por bem regulamentar a referida Lei, ouvindo de antemão o Conselho Federal da Ordem dos Advogados do Brasil e a Associação dos Notários e Registradores do Brasil.

Nestes termos, editada foi a Resolução nº 35 do CNJ, devidamente publicada em 24 de abril de 2007, regulamentando a aplicação da Lei nº 11.441/2007.

De início, cabe apontar que a dita Resolução nº 35 estabeleceu, dentre outras regras, o respectivo critério de cobrança dos emolumentos para a prestação dos referidos serviços a serem cobrados pelos cartórios, pois que com o advento da Lei nº 11.441/2007, ao passar a permitir que determinados procedimentos, sem

---

391 Admite-se ainda, o inventário negativo para a declaração de inexistência de patrimônio a ser partilhado pelo falecido.

Embora não expresso em lei, é possível ao cônjuge ou aos herdeiros a abertura do inventário (judicial ou extrajudicial) para demonstrar que o *de cujus* não deixou bens a inventariar.

O cônjuge, em razão da causa suspensiva prevista no artigo 1.523 do Código Civil, como por exemplo: a) a obrigatoriedade do regime de separação de bens (art. 1.641, inciso I) e b) instituição de hipoteca legal em favor dos filhos (art. 1.489, II CC). O herdeiro, pois responde pelas dívidas da herança até a força do respectivo quinhão hereditário (arts. 1792 e 1821 CC), daí lançar mão do inventário negativo para evitar que tais dívidas possam onerar o seu patrimônio (se nada recebe de herança, nada paga).

litígio, fossem realizados na esfera administrativa, uma diversidade de Cartórios, diante da omissão da Lei no que toca ao critério de cobrança, passaram a estabelecer taxas muitas vezes excessivas aos interessados na realização dos atos elencados pela própria Lei, sobrecarregando os procedimentos em onerosidade pecuniária, visto que o parâmetro de cobrança praticado estava sendo aquele decorrente da quantidade de bens, ou seja, quanto maior o número de bens envolvidos no procedimento, mais elevado seria o valor a pagar.

Em esclarecimento final à questão retro, importante se faz aqui acostar o art. 2º da Lei nº 10.169/2000, cuja referência ao mesmo se encontra no corpo do art. 4º da Resolução nº 35.

Outro conteúdo de suma importância e esclarecimento pela Resolução nº 35 foi aquele relativo à competência e as regras para determinar a escolha do tabelionato de notas apto à prática dos atos procedimentais da matéria a ser manejada, não deixando dúvidas sobre a liberalidade do interessado no tocante a sua escolha. (art. 1º da multicitada Resolução).

> *"Art. 1º Para a lavratura dos atos notariais de que trata a Lei nº 11.441/07, é livre a escolha do tabelião de notas, não se aplicando as regras de competência do Código de Processo Civil."*

Igualmente em matéria relevante, assegurada é a escolha facultativa da via administrativa pelos interessados, podendo inclusive solicitar ao juízo – em casos de demandas judiciais já em andamento – a suspensão do processo judicial pelo prazo de 30 (trinta) dias, a fim de que se promova a instauração do procedimento em respectiva instância cartorária. É o que noticia o art. 2º da Resolução nº 35.

De tudo, resta garantido que, se for de preferência da parte que seu processo seja promovido judicialmente, não poderá ser impedida para tanto, sob pena de inconstitucional afronta ao art. 5º, inciso XXXV, de nossa Constituição Federal, essa que, indubitavelmente, proclama a inafastabilidade da jurisdição, somando-se ainda ao art. 3º, *caput* do CPC.

Remissões:

– Art. 5º, XXX, da CRFB/88:

"Art. 5º Todos são iguais perante a lei, sem distinção de qualquer natureza, garantindo-se aos brasileiros e aos estrangeiros residentes no País a inviolabilidade do direito à vida, à liberdade, à igualdade, à segurança e à propriedade, nos termos seguintes:

XXX - é garantido o direito de herança;

(...)."

– Arts 1.991 a 2.027 do Código Civil (Do inventário e da Partilha).

Enunciado das Jornadas de Direito Processual Civil do Conselho da Justiça Federal:

Nº 51 do CJF: Havendo registro judicial ou autorização expressa do juízo sucessório competente, nos autos do procedimento de abertura, registro e cumprimento de testamento, sendo todos os interessados capazes e concordes, poderão ser feitos o inventário e a partilha por escritura pública.

Enunciado das Jornadas de Direito Civil do Conselho da Justiça Federal:

Nº 600 do CJF: Após registrado judicialmente o testamento e sendo todos os interessados capazes e concordes com os seus termos, não havendo conflito de interesses, é possível que se faça o inventário extrajudicial.

Art. 611. O processo de inventário e de partilha deve ser instaurado dentro de 2 (dois) meses, a contar da abertura da sucessão, ultimando-se nos 12 (doze) meses subsequentes, podendo o juiz prorrogar esses prazos, de ofício ou a requerimento de parte.

Notas:

Esclarece o artigo que o prazo para a abertura do inventário será de dois meses, e não mais 60 (sessenta) dias, a contar da abertura da sucessão (que se dá no momento do falecimento do autor da herança), devendo findar-se nos 12 meses subsequentes. Há expressa, todavia, autorização para que o magistrado possa estender, até mesmo de ofício, os citados prazos.

Em regra o inventário será proposto no local do último domicílio.

O requerimento de inventário e de partilha será instruído com a certidão de óbito do autor da herança e incumbirá a quem estiver na posse e na administração do espólio O requerimento será instruído com a certidão de óbito do autor da herança.

Não obstante a isso, o art. 616 traz a previsão de quem terá legitimidade concorrente para requerê-lo.

Súmula:

STF nº 542: Não é inconstitucional a multa instituída pelo Estado-membro, como sanção pelo retardamento do início ou da ultimação do inventário.

Art. 612. O juiz decidirá todas as questões de direito desde que os fatos relevantes estejam provados por documento, só remetendo para as vias ordinárias as questões que dependerem de outras provas.

Notas:

Destaca o presente artigo que caberá ao órgão julgador decidir todas as questões de direito desde que os fatos relevantes estejam efetivamente provados por documento, somente remetendo para as vias ordinárias as questões que dependerem de outras provas.

Tratando-se, então, de decisão que remete às vias ordinárias, esta possui natureza interlocutória, podendo ser enfrentada pelo recurso do agravo de instrumento.[392]

Art. 613. Até que o inventariante preste o compromisso, continuará o espólio na posse do administrador provisório.

Notas:

O inventariante deverá prestar compromisso de bem, no prazo de 5 (cinco) dias após ser nomeado, tornando-se representante em juízo do espólio e deverá desempenhar o cargo fielmente (parágrafo único do art. 617), mas até que o mesmo venha prestá-lo, deverá o espólio continuar na posse de administrador provisório (art. 613).

Art. 614. O administrador provisório representa ativa e passivamente o espólio, é obrigado a trazer ao acervo os frutos que desde a abertura da sucessão percebeu, tem direito ao reembolso das despesas necessárias e úteis que fez e responde pelo dano a que, por dolo ou culpa, der causa.

Notas:

Referido administrador provisório, representa ativa e passivamente o espólio até o compromisso do inventariante, sendo obrigado a trazer ao acervo os frutos que desde a abertura da sucessão percebeu, tendo direito ao reembolso das despesas necessárias e úteis que fez, respondendo também pelo dano a que, por dolo ou culpa, der causa.

---

392 No mesmo sentido, MARINONI, Luiz Guilherme, ARENHART, Sérgio Cruz; MITIDIERO, Daniel. *Novo Código de Processo Civil Comentado*. São Paulo: RT, 2015, p. 636.

Seção II
Da Legitimidade para Requerer o Inventário[393]

Art. 615. O requerimento de inventário e de partilha incumbe a quem estiver na posse e na administração do espólio, no prazo estabelecido no art. 611.

Parágrafo único. O requerimento será instruído com a certidão de óbito do autor da herança.

Notas:

O requerimento de inventário e de partilha será instruído com a certidão de óbito do autor da herança e incumbirá a quem estiver na posse e na administração do espólio.

Art. 616. Têm, contudo, legitimidade concorrente:

I – o cônjuge ou companheiro supérstite;

II – o herdeiro;

III – o legatário;

IV – o testamenteiro;

V – o cessionário do herdeiro ou do legatário;

VI – o credor do herdeiro, do legatário ou do autor da herança;

VII – o Ministério Público, havendo herdeiros incapazes;

VIII – a Fazenda Pública, quando tiver interesse;

IX – o administrador judicial da falência do herdeiro, do legatário, do autor da herança ou do cônjuge ou companheiro supérstite.

Notas:

Importante notar que os legitimados concorrentes foram mantidos, assim como previsão do CPC de 1973, com a diferença de que o magistrado não mais figura determinando de ofício o início do inventário caso nenhuma das partes legitimadas o faça, conforme era previsto no art. 989, CPC de 1973.

Seção III
Do Inventariante e das Primeiras Declarações

Art. 617. O juiz nomeará inventariante na seguinte ordem:

---

393 Os artigos 615 e 616 do NCPC, correspondem, respectivamente, aos artigos 987 e 988 do CPC de 1973.

I – o cônjuge ou companheiro sobrevivente, desde que estivesse convivendo com o outro ao tempo da morte deste;

II – o herdeiro que se achar na posse e na administração do espólio, se não houver cônjuge ou companheiro sobrevivente ou se estes não puderem ser nomeados;

III – qualquer herdeiro, quando nenhum deles estiver na posse e na administração do espólio;

IV – o herdeiro menor, por seu representante legal;

V – o testamenteiro, se lhe tiver sido confiada a administração do espólio ou se toda a herança estiver distribuída em legados;

VI – o cessionário do herdeiro ou do legatário;

VII – o inventariante judicial, se houver;

VIII – pessoa estranha idônea, quando não houver inventariante judicial.

Parágrafo único. O inventariante, intimado da nomeação, prestará, dentro de 5 (cinco) dias, o compromisso de bem e fielmente desempenhar a função.

Notas:

O artigo determina a ordem de nomeação do inventariante, trazendo três novos legitimados: o herdeiro menor, por seu representante legal; o cessionário do herdeiro ou legatário e o inventariante judicial.

Art. 618. Incumbe ao inventariante:

I – representar o espólio ativa e passivamente, em juízo ou fora dele, observando-se, quanto ao dativo, o disposto no art. 75, § 1º;

II – administrar o espólio, velando-lhe os bens com a mesma diligência que teria se seus fossem;

III – prestar as primeiras e as últimas declarações pessoalmente ou por procurador com poderes especiais;

IV – exibir em cartório, a qualquer tempo, para exame das partes, os documentos relativos ao espólio;

V – juntar aos autos certidão do testamento, se houver;

VI – trazer à colação os bens recebidos pelo herdeiro ausente, renunciante ou excluído;

VII – prestar contas de sua gestão ao deixar o cargo ou sempre que o juiz lhe determinar;

VIII – requerer a declaração de insolvência.

Notas:

No caso do inciso VIII, cumpre destacar que o requerimento deve ocorrer quando as dívidas ultrapassarem o valor do espólio, lembrando-se que as dívidas devem ser quitadas dentro dos limites do espólio, o que quer dizer que não se transmitem aos herdeiros. Deve-se, ainda, ressaltar, que os créditos mais privilegiados terão benefício na ordem de pagamento.

Remissão:

– Art. 1.191 do Código Civil:

"Art. 1.991. Desde a assinatura do compromisso até a homologação da partilha, a administração da herança será exercida pelo inventariante".

Súmula:

STF nº 115: Sobre os honorários do advogado contratado pelo inventariante, com a homologação do juiz, não incide o imposto de transmissão *causa mortis*.

Art. 619. Incumbe ainda ao inventariante, ouvidos os interessados e com autorização do juiz:

I – alienar bens de qualquer espécie;

II – transigir em juízo ou fora dele;

III – pagar dívidas do espólio;

IV – fazer as despesas necessárias para a conservação e o melhoramento dos bens do espólio.

Notas:

Os arts. 618 e 619 do CPC fazem referência aos encargos do inventariante.

Já o art. 622, como se verá adiante, dispõe sobre hipóteses em que o mesmo poderá ser removido.

Art. 620. Dentro de 20 (vinte) dias contados da data em que prestou o compromisso, o inventariante fará as primeiras declarações, das quais se lavrará termo circunstanciado, assinado pelo juiz, pelo escrivão e pelo inventariante, no qual serão exarados:

I – o nome, o estado, a idade e o domicílio do autor da herança, o dia e o lugar em que faleceu e se deixou testamento;

II – o nome, o estado, a idade, o endereço eletrônico e a residência dos herdeiros e, havendo cônjuge ou companheiro supérstite, além dos respectivos dados pessoais, o regime de bens do casamento ou da união estável;

III – a qualidade dos herdeiros e o grau de parentesco com o inventariado;

IV – a relação completa e individualizada de todos os bens do espólio, inclusive aqueles que devem ser conferidos à colação, e dos bens alheios que nele forem encontrados, descrevendo-se:

a) os imóveis, com as suas especificações, nomeadamente local em que se encontram, extensão da área, limites, confrontações, benfeitorias, origem dos títulos, números das matrículas e ônus que os gravam;

b) os móveis, com os sinais característicos;

c) os semoventes, seu número, suas espécies, suas marcas e seus sinais distintivos;

d) o dinheiro, as joias, os objetos de ouro e prata e as pedras preciosas, declarando-se-lhes especificadamente a qualidade, o peso e a importância;

e) os títulos da dívida pública, bem como as ações, as quotas e os títulos de sociedade, mencionando-se-lhes o número, o valor e a data;

f) as dívidas ativas e passivas, indicando-se-lhes as datas, os títulos, a origem da obrigação e os nomes dos credores e dos devedores;

g) direitos e ações;

h) o valor corrente de cada um dos bens do espólio.

§ 1º O juiz determinará que se proceda:

I – ao balanço do estabelecimento, se o autor da herança era empresário individual;

II – à apuração de haveres, se o autor da herança era sócio de sociedade que não anônima.

§ 2º As declarações podem ser prestadas mediante petição, firmada por procurador com poderes especiais, à qual o termo se reportará.

Notas:

Ocorrendo tudo regularmente, o inventariante, no prazo de 20 (vinte) dias após a assinatura do compromisso, deverá prestar as primeiras declarações, esta que poderá ser prestadas mediante petição, firmada por procurador com poderes especiais, à qual o termo se reportará, ou seja, fornecerá informações pessoais do falecido, de seu cônjuge, se casado ao tempo de morte, dos herdeiros, a relação completa e individualizada de todos os bens do espólio, especificando-se móveis, imóveis, semoventes, dinheiro, títulos da dívida pública, ações, cada qual com seus respectivos valores e as dívidas do falecido.

Súmula:

STF nº 265: Na apuração de haveres, não prevalece o balanço não aprovado pelo sócio falecido ou que se retirou.

Art. 621. Só se pode arguir sonegação ao inventariante depois de encerrada a descrição dos bens, com a declaração, por ele feita, de não existirem outros por inventariar.

Notas:

Cumpre lembrar que somente se pode arguir eventual sonegação de informações prestadas pelo inventariante após de encerrada a descrição dos bens, com a declaração, por ele feita, de não existirem outros por inventariar. (art. 621).[394]

Ainda neste ínterim, determinará o magistrado que se proceda ao balanço do estabelecimento, se o autor da herança era empresário individual assim, como à apuração de haveres, se o autor da herança era sócio de sociedade que não anônima.

Remissão:

- Arts. 1.992 a 1.996 do Código Civil:

"Art. 1.992. O herdeiro que sonegar bens da herança, não os descrevendo no inventário quando estejam em seu poder, ou, com o seu conhecimento, no de outrem, ou que os omitir na colação, a que os deva levar, ou que deixar de restituí-los, perderá o direito que sobre eles lhe cabia.

Art. 1.993. Além da pena cominada no artigo antecedente, se o sonegador for o próprio inventariante, remover-se-á, em se provando a sonegação, ou negando ele a existência dos bens, quando indicados.

Art. 1.994. A pena de sonegados só se pode requerer e impor em ação movida pelos herdeiros ou pelos credores da herança.

Parágrafo único. A sentença que se proferir na ação de sonegados, movida por qualquer dos herdeiros ou credores, aproveita aos demais interessados.

Art. 1.995. Se não se restituírem os bens sonegados, por já não os ter o sonegador em seu poder, pagará ele a importância dos valores que ocultou, mais as perdas e danos.

Art. 1.996. Só se pode arguir de sonegação o inventariante depois de encerrada a descrição dos bens, com a declaração, por ele feita, de não existirem outros por inventariar e partir, assim como arguir o herdeiro, depois de declarar-se no inventário que não os possui".

Art. 622. O inventariante será removido de ofício ou a requerimento:

I – se não prestar, no prazo legal, as primeiras ou as últimas declarações;

II – se não der ao inventário andamento regular, se suscitar dúvidas infundadas ou se praticar atos meramente protelatórios;

III – se, por culpa sua, bens do espólio se deteriorarem, forem dilapidados ou sofrerem dano;

---

394 No mesmo sentido, STJ. 4ª T. REsp 265.859/SP. Rel. Min. Sálvio de Figueiredo Teixeira. Julg. 20.03.2003, *DJ* 07.04.2003.

IV – se não defender o espólio nas ações em que for citado, se deixar de cobrar dívidas ativas ou se não promover as medidas necessárias para evitar o perecimento de direitos;

V – se não prestar contas ou se as que prestar não forem julgadas boas;

VI – se sonegar, ocultar ou desviar bens do espólio.

Notas:

Trata o presente dispositivo das causas às quais ensejará a remoção do inventariante, quer de ofício ou a requerimento.

Art. 623. Requerida a remoção com fundamento em qualquer dos incisos do art. 622, será intimado o inventariante para, no prazo de 15 (quinze) dias, defender-se e produzir provas.

Parágrafo único. O incidente da remoção correrá em apenso aos autos do inventário.

Notas:

Oportuno lembrar que, uma vez requerida a remoção do inventariante com base em qualquer dos incisos do art. 622, será ele intimado para, no prazo de 15 (quinze) dias, defender-se e produzir provas, sendo tal incidente processado em autos apensos ao inventário (parágrafo único do art. 623 do CPC).

Art. 624. Decorrido o prazo, com a defesa do inventariante ou sem ela, o juiz decidirá.

Parágrafo único. Se remover o inventariante, o juiz nomeará outro, observada a ordem estabelecida no art. 617.

Notas:

Decorrido o prazo para a defesa do inventariante, com a apresentação dela ou mesmo, diante de sua omissão, o juiz decidirá. Caso decida pela remoção daquele, caberá ao magistrado, observando a ordem estabelecida no art. 617, nomear outro, conforme disciplina o parágrafo único do art. 624.

Art. 625. O inventariante removido entregará imediatamente ao substituto os bens do espólio e, caso deixe de fazê-lo, será compelido mediante mandado de busca e apreensão ou de imissão na posse, conforme se tratar de bem móvel ou imóvel, sem prejuízo da multa a ser fixada pelo juiz em montante não superior a três por cento do valor dos bens inventariados.

Notas:

Ao inventariante removido caberá o ônus de entregar imediatamente ao seu substituto os bens do espólio. Deixando de fazê-lo, será compelido mediante mandado de busca e apreensão ou de imissão na posse, conforme se tratar de bem móvel ou imóvel, sem prejuízo da multa a ser fixada pelo julgador em montante não superior a 3% (três por cento) do valor dos bens inventariados.

Seção IV
Das Citações e das Impugnações

Art. 626. Feitas as primeiras declarações, o juiz mandará citar, para os termos do inventário e da partilha, o cônjuge, o companheiro, os herdeiros e os legatários e intimar a Fazenda Pública, o Ministério Público, se houver herdeiro incapaz ou ausente, e o testamenteiro, se houver testamento.

§ 1º O cônjuge ou o companheiro, os herdeiros e os legatários serão citados pelo correio, observado o disposto no art. 247, sendo, ainda, publicado edital, nos termos do inciso III do art. 259.

§ 2º Das primeiras declarações extrair-se-ão tantas cópias quantas forem as partes.

§ 3º A citação será acompanhada de cópia das primeiras declarações.

§ 4º Incumbe ao escrivão remeter cópias à Fazenda Pública, ao Ministério Público, ao testamenteiro, se houver, e ao advogado, se a parte já estiver representada nos autos.

Notas:

Realizadas as primeiras declarações, o magistrado mandará citar, para os termos do inventário e da partilha, o cônjuge, o companheiro,os herdeiros e os legatários, e intimar a Fazenda Pública, o Ministério Público, no caso de haver herdeiro ausente ou incapaz, e o testamenteiro, quando o falecido deixar testamento.

Art. 627. Concluídas as citações, abrir-se-á vista às partes, em cartório e pelo prazo comum de 15 (quinze) dias, para que se manifestem sobre as primeiras declarações, incumbindo às partes:

I – arguir erros, omissões e sonegação de bens;

II – reclamar contra a nomeação de inventariante

III – contestar a qualidade de quem foi incluído no título de herdeiro.

§ 1º Julgando procedente a impugnação referida no inciso I, o juiz mandará retificar as primeiras declarações.

§ 2º Se acolher o pedido de que trata o inciso II, o juiz nomeará outro inventariante, observada a preferência legal.

§ 3º Verificando que a disputa sobre a qualidade de herdeiro a que alude o inciso III demanda produção de provas que não a documental, o juiz remeterá a parte às vias ordinárias e sobrestará, até o julgamento da ação, a entrega do quinhão que na partilha couber ao herdeiro admitido.

Notas:

Ao término do prazo de 15 (quinze) dias para cada parte citada se manifestar sobre as primeiras declarações, o juiz, aceitando-as ou indicando o que falta nelas constar, ou apontando ainda o que tenha contado indevidamente, nomeará um perito para avaliar os bens do espólio, quando não tiver na comarca avaliador judicial (art. 630 do CPC).

Enunciado das Jornadas de Direito Processual Civil do Conselho da Justiça Federal:

Nº 179 do CJF: Nos termos do art. 627, § 3º, do CPC, é possível o reconhecimento incidental da união estável em inventário, quando comprovada documentalmente.

Art. 628. Aquele que se julgar preterido poderá demandar sua admissão no inventário, requerendo-a antes da partilha.

§ 1º Ouvidas as partes no prazo de *15 (quinze) dias*, o juiz decidirá.

§ 2º Se para solução da questão for necessária a produção de provas que não a documental, o juiz remeterá o requerente às vias ordinárias, mandando reservar, em poder do inventariante, o quinhão do herdeiro excluído até que se decida o litígio.

Notas:

Determina o artigo que aquele que entender que faz *jus* a quinhão na herança poderá demandar sua admissão no inventário, mas a deve requerer antes da partilha.

Deve-se observar no § 1º que o prazo para manifestação da demais partes, fora dilatado para 15 (quinze) dias, uma vez que o artigo 1.001 do CPC de 1973 continha a previsão de 10 dias.

Art. 629. A Fazenda Pública, no prazo de 15 (quinze) dias, após a vista de que trata o art. 627, informará ao juízo, de acordo com os dados que constam de seu cadastro imobiliário, o valor dos bens de raiz descritos nas primeiras declarações.

Notas:

Caberá à Fazenda Pública, no prazo de 15 (quinze) dias, após a vista de que trata o art. 627, conforme comentário já realizado, informar ao juízo, de acordo com os dados que constam de seu cadastro imobiliário, o respectivo valor dos bens de raiz descritos nas primeiras declarações.

Seção V
Da Avaliação e do Cálculo do Imposto

Art. 630. Findo o prazo previsto no art. 627 sem impugnação ou decidida a impugnação que houver sido oposta, o juiz nomeará, se for o caso, perito para avaliar os bens do espólio, se não houver na comarca avaliador judicial.

Parágrafo único. Na hipótese prevista no art. 620, § 1º, o juiz nomeará perito para avaliação das quotas sociais ou apuração dos haveres.

Notas:

Ao término do prazo de 15 (quinze) dias para cada parte citada se manifestar sobre as primeiras declarações, o juiz, aceitando-as ou indicando o que falta nelas constar, ou apontando, ainda, o que tenha contado indevidamente, nomeará um perito para avaliar os bens do espólio, quando não tiver na comarca avaliador judicial.

Art. 631. Ao avaliar os bens do espólio, o perito observará, no que for aplicável, o disposto nos arts. 872 e 873.

Notas:

Avaliação dos bens do espólio pelo perito.

Art. 632. Não se expedirá carta precatória para a avaliação de bens situados fora da comarca onde corre o inventário se eles forem de pequeno valor ou perfeitamente conhecidos do perito nomeado.

Notas:

Dispensa de perícia por carta precatória se os bens situados fora da comarca onde está sendo processado o inventário forem de pequeno valor ou perfeitamente conhecidos do perito nomeado.

Art. 633. Sendo capazes todas as partes, não se procederá à avaliação se a Fazenda Pública, intimada pessoalmente, concordar de forma expressa com o valor atribuído, nas primeiras declarações, aos bens do espólio.

Notas:

Dispensa da avaliação e concordância da Fazenda Pública.

Art. 634. Se os herdeiros concordarem com o valor dos bens declarados pela Fazenda Pública, a avaliação cingir-se-á aos demais.

Notas:

Dispensa da avaliação e concordância dos herdeiros.

Art. 635. Entregue o laudo de avaliação, o juiz mandará que as partes se manifestem no prazo de 15 (quinze) dias, que correrá em cartório.

§ 1º Versando a impugnação sobre o valor dado pelo perito, o juiz a decidirá de plano, à vista do que constar dos autos.

§ 2º Julgando procedente a impugnação, o juiz determinará que o perito retifique a avaliação, observando os fundamentos da decisão.

Notas:

O presente dispositivo regula a correção da avaliação do perito.

Art. 636. Aceito o laudo ou resolvidas as impugnações suscitadas a seu respeito, lavrar-se-á em seguida o termo de últimas declarações, no qual o inventariante poderá emendar, aditar ou completar as primeiras.

Notas:

Trata-se aqui da lavratura do termo das últimas declarações.

Art. 637. Ouvidas as partes sobre as últimas declarações no prazo comum de 15 (quinze) dias, proceder-se-á ao cálculo do tributo.

Notas:

O presente artigo se refere ao cálculo do tributo, isso depois de ouvidas as partes acerca das últimas declarações.

Art. 638. Feito o cálculo, sobre ele serão ouvidas todas as partes no prazo comum de 5 (cinco) dias, que correrá em cartório, e, em seguida, a Fazenda Pública.

§ 1º Se acolher eventual impugnação, o juiz ordenará nova remessa dos autos ao contabilista, determinando as alterações que devam ser feitas no cálculo.

§ 2º Cumprido o despacho, o juiz julgará o cálculo do tributo.

Notas:

Trata-se aqui da realização do cálculo do tributo e seu julgamento, isso após ouvidas as partes e a Fazenda Pública.

Súmulas:

STF nº 112: O imposto de transmissão *causa mortis* é devido pela alíquota vigente ao tempo da abertura da sucessão.

STF nº 113: O imposto de transmissão *causa mortis* é calculado sobre o valor dos bens na data da avaliação.

STF nº 114: O imposto de transmissão *causa mortis* não é exigível antes da homologação do cálculo.

STF nº 115: Sobre os honorários do advogado contratado pelo inventariante, com a homologação do juiz, não incide o imposto de transmissão *causa mortis*.

STF nº 311: No típico acidente do trabalho, a existência de ação judicial não exclui a multa pelo retardamento da liquidação.

STF nº 590: Calcula-se o imposto de transmissão *causa mortis* sobre o saldo credor da promessa de compra e venda de imóvel, no momento da abertura da sucessão do promitente vendedor.

Seção VI
Das Colações

Art. 639. No prazo estabelecido no art. 627, o herdeiro obrigado à colação conferirá por termo nos autos ou por petição à qual o termo se reportará os bens que recebeu ou, se já não os possuir, trar-lhes-á o valor.

Parágrafo único. Os bens a serem conferidos na partilha, assim como as acessões e as benfeitorias que o donatário fez, calcular-se-ão pelo valor que tiverem ao tempo da abertura da sucessão.

Notas:

Os herdeiros obrigados, dentro deste mesmo prazo de 15 (quinze) dias, deverão trazer à colação os bens que receberam, em vida, do falecido ou seu valor, no caso de não possuí-lo mais (art. 639 do CPC).

A colação tem por objetivo a recomposição do real valor do espólio, a fim de que a partilha seja feita de forma justa.

Art. 640. O herdeiro que renunciou à herança ou o que dela foi excluído não se exime, pelo fato da renúncia ou da exclusão, de conferir, para o efeito de repor a parte inoficiosa, as liberalidades que obteve do doador.

§ 1º É lícito ao donatário escolher, dentre os bens doados, tantos quantos bastem para perfazer a legítima e a metade disponível, entrando na partilha o excedente para ser dividido entre os demais herdeiros.

§ 2º Se a parte inoficiosa da doação recair sobre bem imóvel que não comporte divisão cômoda, o juiz determinará que sobre ela se proceda a licitação entre os herdeiros.

§ 3º O donatário poderá concorrer na licitação referida no § 2º e, em igualdade de condições, terá preferência sobre os herdeiros.

Notas:

Conferência das doações recebidas pelo herdeiros que renunciou à herança. Cf. artigos 1.806,1.808, 1.813, 2.007 e 2.008 do Código Civil.

Art. 641. Se o herdeiro negar o recebimento dos bens ou a obrigação de os conferir, o juiz, ouvidas as partes no prazo comum de 15 (quinze) dias, decidirá à vista das alegações e das provas produzidas.

§ 1º Declarada improcedente a oposição, se o herdeiro, no prazo improrrogável de 15 (quinze) dias, não proceder à conferência, o juiz mandará sequestrar-lhe, para serem inventariados e partilhados, os bens sujeitos à colação ou imputar ao seu quinhão hereditário o valor deles, se já não os possuir.

§ 2º Se a matéria exigir dilação probatória diversa da documental, o juiz remeterá as partes às vias ordinárias, não podendo o herdeiro receber o seu quinhão hereditário, enquanto pender a demanda, sem prestar caução correspondente ao valor dos bens sobre os quais versar a conferência.

Notas:

O presente dispositivo trata da decisão do magistrado acerca dos bens sujeitos à colação bem como recebimento de quinhão hereditário mediante caução.

Seção VII
Do Pagamento das Dívidas

Art. 642. Antes da partilha, poderão os credores do espólio requerer ao juízo do inventário o pagamento das dívidas vencidas e exigíveis.

§ 1º A petição, acompanhada de prova literal da dívida, será distribuída por dependência e autuada em apenso aos autos do processo de inventário.

§ 2º Concordando as partes com o pedido, o juiz, ao declarar habilitado o credor, mandará que se faça a separação de dinheiro ou, em sua falta, de bens suficientes para o pagamento.

§ 3º Separados os bens, tantos quantos forem necessários para o pagamento dos credores habilitados, o juiz mandará aliená-los, observando-se as disposições deste Código relativas à expropriação.

§ 4º Se o credor requerer que, em vez de dinheiro, lhe sejam adjudicados, para o seu pagamento, os bens já reservados, o juiz deferir-lhe-á o pedido, concordando todas as partes.

§ 5º Os donatários serão chamados a pronunciar-se sobre a aprovação das dívidas, sempre que haja possibilidade de resultar delas a redução das liberalidades.

Notas:

Poderão os credores do espólio, antes de realizada a partilha, requererem ao juízo competente do inventário o devido pagamento das dívidas vencidas e exigíveis deixadas pelo de cujus.

Remissões

- Art. 5º, XLV, da CRFB/88:

"Art. 5º Todos são iguais perante a lei, sem distinção de qualquer natureza, garantindo-se aos brasileiros e aos estrangeiros residentes no País a inviolabilidade do direito à vida, à liberdade, à igualdade, à segurança e à propriedade, nos termos seguintes:

(...)

XLV - nenhuma pena passará da pessoa do condenado, podendo a obrigação de reparar o dano e a decretação do perdimento de bens ser, nos termos da lei, estendidas aos sucessores e contra eles executadas, até o limite do valor do patrimônio transferido;

(...)."

- Art. 1.792 do Código Civil:

"Art. 1.792. O herdeiro não responde por encargos superiores às forças da herança; incumbe-lhe, porém, a prova do excesso, salvo se houver inventário que a escuse, demostrando o valor dos bens herdados".

Art. 643. Não havendo concordância de todas as partes sobre o pedido de pagamento feito pelo credor, será o pedido remetido às vias ordinárias.

Parágrafo único. O juiz mandará, porém, reservar, em poder do inventariante, bens suficientes para pagar o credor quando a dívida constar de documento que comprove suficientemente a obrigação e a impugnação não se fundar em quitação.

Notas:

O dispositivo em tela indica que, havendo discordância entre todas as partes acerca do pedido de pagamento a ser realizado ao credor, será aludido pedido remetido às vias ordinárias.

Neste caso, caberá ao juiz determinar a reserva de bens suficientes para pagar o credor, estes que ficarão em poder do inventariante.

Art. 644. O credor de dívida líquida e certa, ainda não vencida, pode requerer habilitação no inventário.

Parágrafo único. Concordando as partes com o pedido referido no *caput*, o juiz, ao julgar habilitado o crédito, mandará que se faça separação de bens para o futuro pagamento.

Notas:

Possibilidade do credor de dívida líquida e certa, ainda não vencida, portanto, inexigível, requerer a habilitação no inventário. Neste caso, o magistrado determinar a que se realize a separação de bens para o respectivo pagamento futuro.

Art. 645. O legatário é parte legítima para manifestar-se sobre as dívidas do espólio:

I – quando toda a herança for dividida em legados;

II – quando o reconhecimento das dívidas importar redução dos legados.

Notas:

Cf. os arts. 1.912 a 1.940 do Código Civil.

Enunciado do Fórum Permanente de Processualistas Civis:

Nº 181 do FPPC: A previsão do parágrafo único do art. 647 é aplicável aos legatários na hipótese do inciso I do art. 645, desde que reservado patrimônio que garanta o pagamento do espólio.

Art. 646. Sem prejuízo do disposto no art. 860, é lícito aos herdeiros, ao separarem bens para o pagamento de dívidas, autorizar que o inventariante os indique à penhora no processo em que o espólio for executado.

Notas:

Após a realização dos pagamentos das dívidas (arts. 642 a 646 do CPC), o juiz concederá às partes formular, no prazo comum de 15 dias, pedidos de quinhões (art. 647 do CPC).

Neste ínterim, vale atentar para o que estipula o parágrafo único do art. 647.

Seção VIII
Da Partilha

Art. 647. Cumprido o disposto no art. 642, § 3º, o juiz facultará às partes que, no prazo comum de 15 (quinze) dias, formulem o pedido de quinhão e, em seguida, proferirá a decisão de deliberação da partilha, resolvendo os pedidos das partes e designando os bens que devam constituir quinhão de cada herdeiro e legatário.

Parágrafo único. O juiz poderá, em decisão fundamentada, deferir antecipadamente a qualquer dos herdeiros o exercício dos direitos de usar e de fruir de determinado bem, com a condição de que, ao término do inventário, tal bem integre a cota desse herdeiro, cabendo a este, desde o deferimento, todos os ônus e bônus decorrentes do exercício daqueles direitos.

Notas:

Caso, antes da partilha, os credores tenham requerido ao juízo do inventário o pagamento das dívidas vencidas e exigíveis e tenha ocorrido a separação dos bens tantos quantos forem necessários para o pagamento dos credores habilitados, o juiz facultará às partes que formulem no prazo comum de 15 (quinze) dias, o pedido de quinhão. Após, proferirá a decisão de deliberação da partilha, resolvendo os pedidos e das partes e designando os bens que devam constituir quinhão de cada herdeiro ou legatário.

Enunciado das Jornadas de Direito Processual Civil do Conselho da Justiça Federal:

Nº 184 do CJF: O uso e a fruição antecipados de bens, previstos no parágrafo único do art. 647 do CPC, são deferidos por tutela provisória satisfativa, e não por julgamento antecipado do mérito, devendo o juiz analisar a prova.

Enunciados do Fórum Permanente de Processualistas Civis:

Nº 181 do FPPC: A previsão do parágrafo único do art. 647 é aplicável aos legatários na hipótese do inciso I do art. 645, desde que reservado patrimônio que garanta o pagamento do espólio.

Nº 182 do FPPC: Aplica-se aos legatários o disposto no parágrafo único do art. 647, quando ficar evidenciado que os pagamentos do espólio não irão reduzir os legados.

Art. 648. Na partilha, serão observadas as seguintes regras:

I – a máxima igualdade possível quanto ao valor, à natureza e à qualidade dos bens;

II – a prevenção de litígios futuros;

III – a máxima comodidade dos coerdeiros, do cônjuge ou do companheiro, se for o caso.

Notas:

O presente artigo indica os critérios que regularão a partilha dos bens, pautando-se, em geral, na igualdade, prevenção de litígios futuros e comodidade.

Art. 649. Os bens insuscetíveis de divisão cômoda que não couberem na parte do cônjuge ou companheiro supérstite ou no quinhão de um só herdeiro serão licitados entre os interessados ou vendidos judicialmente, partilhando-se o valor apurado, salvo se houver acordo para que sejam adjudicados a todos.

Notas:

Trata-se de bens insuscetíveis de cômoda divisão. Neste caso, serão alienados judicialmente, partilhando-os, salvo se houver consenso para que os mesmos sejam adjudicados a todos.

Art. 650. Se um dos interessados for nascituro, o quinhão que lhe caberá será reservado em poder do inventariante até o seu nascimento.

Notas:

Os artigos 649 e 650 determinam normas sobre a possibilidade de licitação e preservação de direitos do nascituro (*ex vi* dos arts. 1.798 e 1.799 do Código Civil).

Art. 651. O partidor organizará o esboço da partilha de acordo com a decisão judicial, observando nos pagamentos a seguinte ordem:

I – dívidas atendidas;

II – meação do cônjuge;

III – meação disponível;

IV – quinhões hereditários, a começar pelo coerdeiro mais velho.

Notas:

Em sequência o partidor organizará o esboço da partilha de acordo com a decisão judicial, notadamente, observando os pagamentos na regra insculpida no artigo em tela.

Enunciado das Jornadas de Direito Processual Civil do Conselho da Justiça Federal:

Nº 52 do CJF: Na organização do esboço da partilha tratada pelo art. 651 do CPC, deve-se incluir a meação do companheiro.

Enunciados do Fórum Permanente de Processualistas Civis:

Nº 181 do FPPC: A previsão do parágrafo único do art. 647 é aplicável aos legatários na hipótese do inciso I do art. 645, desde que reservado patrimônio que garanta o pagamento do espólio.

Nº 182 do FPPC: Aplica-se aos legatários o disposto no parágrafo único do art. 647, quando ficar evidenciado que os pagamentos do espólio não irão reduzir os legados.

Art. 652. Feito o esboço, as partes manifestar-se-ão sobre esse no prazo comum de 15 (quinze) dias, e, resolvidas as reclamações, a partilha será lançada nos autos.

Notas:

Cumpre observar que resolvidas as reclamações a partilha será lançada nos autos. Diferentemente do CPC de 1973 em que o prazo era de 5 (cinco) dias, o atual traz uma dilação probatória de 15 (quinze) dias para manifestação em relação ao esboço da partilha.

Art. 653. A partilha constará:

I – de auto de orçamento, que mencionará:

a) os nomes do autor da herança, do inventariante, do cônjuge ou companheiro supérstite, dos herdeiros, dos legatários e dos credores admitidos;

b) o ativo, o passivo e o líquido partível, com as necessárias especificações;

c) o valor de cada quinhão;

II – de folha de pagamento para cada parte, declarando a quota a pagar-lhe, a razão do pagamento e a relação dos bens que lhe compõem o quinhão, as características que os individualizam e os ônus que os gravam.

Parágrafo único. O auto e cada uma das folhas serão assinados pelo juiz e pelo escrivão.

Notas:

O dispositivo em destaque traz os requisitos formais da partilha.

Art. 654. Pago o imposto de transmissão a título de morte e juntada aos autos certidão ou informação negativa de dívida para com a Fazenda Pública, o juiz julgará por sentença a partilha.

Parágrafo único. A existência de dívida para com a Fazenda Pública não impedirá o julgamento da partilha, desde que o seu pagamento esteja devidamente garantido.

Notas:

Nota-se que a existência de dívida para com a Fazenda Pública não será óbice para o julgamento da partilha, isto desde que, como condição, esteja o pagamento ao ente público devidamente garantido.

V. art. 192 do CTN.

Enunciado do Fórum Permanente de Processualistas Civis:

Nº 71 do FPPC: Poderá ser dispensada a garantia mencionada no parágrafo único do art. 654, para efeito de julgamento da partilha, se a parte hipossuficiente não puder oferecê-la, aplicando-se por analogia o disposto no art. 300, § 1º.

Art. 655. Transitada em julgado a sentença mencionada no art. 654, receberá o herdeiro os bens que lhe tocarem e um formal de partilha, do qual constarão as seguintes peças:

I – termo de inventariante e título de herdeiros;

II – avaliação dos bens que constituíram o quinhão do herdeiro;

III – pagamento do quinhão hereditário;

IV – quitação dos impostos;

V – sentença.

Parágrafo único. O formal de partilha poderá ser substituído por certidão de pagamento do quinhão hereditário quando esse não exceder a 5 (cinco) vezes o salário-mínimo, caso em que se transcreverá nela a sentença de partilha transitada em julgado.

Notas:

Trata-se aqui dos conteúdos atinentes ao formal de partilha.

Importante destacar que o formal de partilha é título executivo judicial (art. 515, IV do CPC) e será levado a registro, tratando-se de imóvel (art. 167, I, nº 24 e 25 da Lei nº 6.015/1973).

Art. 656. A partilha, mesmo depois de transitada em julgado a sentença, pode ser emendada nos mesmos autos do inventário, convindo todas as partes, quando tenha havido erro de fato na descrição dos bens, podendo o juiz, de ofício ou a requerimento da parte, a qualquer tempo, corrigir-lhe as inexatidões materiais.

Notas:

Destaque para o fato de que a partilha, mesmo depois de transitada em julgado a sentença, pode ser emendada nos mesmos autos do inventário, desde que acordado por todas as partes.

Art. 657. A partilha amigável, lavrada em instrumento público, reduzida a termo nos autos do inventário ou constante de escrito particular homologado pelo juiz, pode ser anulada por dolo, coação, erro essencial ou intervenção de incapaz, observado o disposto no § 4º do art. 966.

Parágrafo único. O direito à anulação de partilha amigável extingue-se em 1 (um) ano, contado esse prazo:

I – no caso de coação, do dia em que ela cessou;

II – no caso de erro ou dolo, do dia em que se realizou o ato;

III – quanto ao incapaz, do dia em que cessar a incapacidade.

Notas:

Cf. arts. 171, 2.015 e 2.027 do Código Civil.

Enunciado do Fórum Permanente de Processualistas Civis:

Nº 138 do FPPC: A partilha amigável extrajudicial e a partilha amigável judicial homologada por decisão ainda não transitada em julgado são impugnáveis por ação anulatória.

Art. 658. É rescindível a partilha julgada por sentença:

I – nos casos mencionados no art. 657;

II – se feita com preterição de formalidades legais;

III – se preteriu herdeiro ou incluiu quem não o seja.

Notas:

A partilha julgada por sentença pode ser rescindida.

Enunciados do Fórum Permanente de Processualistas Civis:

Nº 137 do FPPC: Contra sentença transitada em julgado que resolve partilha, ainda que homologatória, cabe ação rescisória.

Nº 183 do FPPC: A ação rescisória de partilha com fundamento na preterição de herdeiro, prevista no inciso III do art. 658, está vinculada à hipótese do art. 628, não se confundindo com a ação de petição de herança (art. 1.824 do Código Civil), cujo fundamento é o reconhecimento do direito sucessório e a restituição da herança por aquele que não participou, de qualquer forma, do processo de inventário e partilha.

Seção IX
Do Arrolamento

Art. 659. A partilha amigável, celebrada entre partes capazes, nos termos da lei, será homologada de plano pelo juiz, com observância dos arts. 660 a 663.

§ 1º O disposto neste artigo aplica-se, também, ao pedido de adjudicação, quando houver herdeiro único.

§ 2º Transitada em julgado a sentença de homologação de partilha ou de adjudicação, será lavrado o formal de partilha ou elaborada a carta de adjudicação e, em seguida, serão expedidos os alvarás referentes aos bens e às rendas por ele abrangidos, intimando-se o fisco para lançamento administrativo do imposto de transmissão e de outros tributos porventura incidentes, conforme dispuser a legislação tributária, nos termos do § 2º do art. 662.

Notas:

Considera-se o arrolamento uma forma simplificada do inventário, em que ocorre a partilha amigável celebrada entre as partes capazes, nos termos da lei e que será homologada de plano pelo juiz.

O arrolamento (arts. 659 a 667 do CPC) poderá ser utilizado nos casos em que o valor dos bens do espólio for igual ou inferior a 1.000 (mil) salários-mínimos (art. 664) ou todos os herdeiros forem capazes e já tiverem definido previamente, entre eles, de modo amigável, a partilha dos bens do falecido.

Diante da nova sistemática processual, pode-se dizer que esse procedimento tende a ser cada vez menos usual, tendo em vista a partilha extrajudicial, que vem ganhando cada vez mais adeptos.

O procedimento em tela poderá ser utilizado, outrossim, no pedido de adjudicação no caso de existência de herdeiro único.

Enunciado das Jornadas de Direito Processual Civil do Conselho da Justiça Federal:

Nº 175 do CJF: No arrolamento comum, o prévio recolhimento do imposto de transmissão causa mortis não é condicionante para a expedição do formal de partilha e da carta de adjudicação, mantendo-se a exigência da comprovação do pagamento dos tributos relativos aos bens do espólio e às suas rendas, a teor dos arts. 659, § 2º, 664, § 4º, e 662 do CPC e 192 do CTN.

Art. 660. Na petição de inventário, que se processará na forma de arrolamento sumário, independentemente da lavratura de termos de qualquer espécie, os herdeiros:

I – requererão ao juiz a nomeação do inventariante que designarem;

II – declararão os títulos dos herdeiros e os bens do espólio, observado o disposto no art. 630;

III – atribuirão valor aos bens do espólio, para fins de partilha.

Notas:

O nosso ordenamento processual civil, em seu art. 660, prevê nesse caso que os herdeiros deverão requerer a nomeação do inventariante indicado já na inicial, devendo declarar também os bens do espólio, atribuindo-lhes valor para fins de partilha.

Art. 661. Ressalvada a hipótese prevista no parágrafo único do art. 663, não se procederá à avaliação dos bens do espólio para nenhuma finalidade.

Notas:

Não será necessária a prestação de compromisso pelo inventariante, como também não se procederá à avaliação dos bens.

Art. 662. No arrolamento, não serão conhecidas ou apreciadas questões relativas ao lançamento, ao pagamento ou à quitação de taxas judiciárias e de tributos incidentes sobre a transmissão da propriedade dos bens do espólio.

§ 1º A taxa judiciária, se devida, será calculada com base no valor atribuído pelos herdeiros, cabendo ao fisco, se apurar em processo administrativo valor diverso do estimado, exigir a eventual diferença pelos meios adequados ao lançamento de créditos tributários em geral.

§ 2º O imposto de transmissão será objeto de lançamento administrativo, conforme dispuser a legislação tributária, não ficando as autoridades fazendárias adstritas aos valores dos bens do espólio atribuídos pelos herdeiros.

Notas:

Nos inventários processados na modalidade de arrolamento sumário, o juízo do inventário não conhecerá questões relativas ao lançamento ou mesmo à quitação de taxas e tributos sobre transmissão causa mortis e doação de quaisquer bens ou direitos do espólio.

Enunciados das Jornadas de Direito Processual Civil do Conselho da Justiça Federal:

Nº 131 do CJF: A remissão ao art. 672, feita no art. 664, § 4º, do CPC, consiste em erro material decorrente da renumeração de artigos durante a tramitação legislativa. A referência deve ser compreendida como sendo ao art. 662, norma que possui conteúdo integrativo adequado ao comando expresso e finalístico do art. 664, § 4º.

Nº 175 do CJF: No arrolamento comum, o prévio recolhimento do imposto de transmissão causa mortis não é condicionante para a expedição do formal de partilha e da carta de adjudicação, mantendo-se a exigência da comprovação do pagamento dos tributos relativos aos bens do espólio e às suas rendas, a teor dos arts. 659, § 2º, 664, § 4º, e 662 do CPC e 192 do CTN.

Enunciado do Fórum Permanente de Processualistas Civis:

Nº 698 do FPPC: O § 4º do art. 664 remete às disposições do art. 662, e não à do art. 672, quanto ao lançamento, ao pagamento e à quitação da taxa judiciária e do imposto sobre a transmissão da propriedade dos bens do espólio.

Art. 663. A existência de credores do espólio não impedirá a homologação da partilha ou da adjudicação, se forem reservados bens suficientes para o pagamento da dívida.

Parágrafo único. A reserva de bens será realizada pelo valor estimado pelas partes, salvo se o credor, regularmente notificado, impugnar a estimativa, caso em que se promoverá a avaliação dos bens a serem reservados.

Notas:

Na hipótese de haver dívidas do falecido, os interessados poderão se servir do arrolamento, desde que reservem patrimônio para quitação das dívidas.

Art. 664. Quando o valor dos bens do espólio for igual ou inferior a 1.000 (mil) salários-mínimos, o inventário processar-se-á na forma de arrolamento, cabendo ao inventariante nomeado, independentemente de assinatura de termo de compromisso, apresentar, com suas declarações, a atribuição de valor aos bens do espólio e o plano da partilha.

§ 1º Se qualquer das partes ou o Ministério Público impugnar a estimativa, o juiz nomeará avaliador, que oferecerá laudo em 10 (dez) dias.

§ 2º Apresentado o laudo, o juiz, em audiência que designar, deliberará sobre a partilha, decidindo de plano todas as reclamações e mandando pagar as dívidas não impugnadas.

§ 3º Lavrar-se-á de tudo um só termo, assinado pelo juiz, pelo inventariante e pelas partes presentes ou por seus advogados.

§ 4º Aplicam-se a essa espécie de arrolamento, no que couber, as disposições do art. 672, relativamente ao lançamento, ao pagamento e à quitação da taxa judiciária e do imposto sobre a transmissão da propriedade dos bens do espólio.

§ 5º Provada a quitação dos tributos relativos aos bens do espólio e às suas rendas, o juiz julgará a partilha.

Remissão:

- Art. 1º da Lei nº 6.858/1980.
- Art. 112 da Lei nº 8.213/1991.

Notas:

Arrolamento Sumário. O rito em questão terá cabimento em virtude do valor dos bens apresentados para a partilha.

Enunciados das Jornadas de Direito Processual Civil do Conselho da Justiça Federal:

Nº 131 do CJF: A remissão ao art. 672, feita no art. 664, § 4º, do CPC, consiste em erro material decorrente da renumeração de artigos durante a tramitação legislativa. A referência deve ser compreendida como sendo ao art. 662, norma que possui conteúdo integrativo adequado ao comando expresso e finalístico do art. 664, § 4º.

Nº 175 do CJF: No arrolamento comum, o prévio recolhimento do imposto de transmissão causa mortis não é condicionante para a expedição do formal de partilha e da carta de adjudicação, mantendo-se a exigência da comprovação do pagamento dos tributos relativos aos bens do espólio e às suas rendas, a teor dos arts. 659, § 2º, 664, § 4º, e 662 do CPC e 192 do CTN.

Enunciado do Fórum Permanente de Processualistas Civis:

Nº 698 do FPPC: O § 4º do art. 664 remete às disposições do art. 662, e não à do art. 672, quanto ao lançamento, ao pagamento e à quitação da taxa judiciária e do imposto sobre a transmissão da propriedade dos bens do espólio.

Art. 665. O inventário processar-se-á também na forma do art. 664, ainda que haja interessado incapaz, desde que concordem todas as partes e o Ministério Público.

Notas:

Possibilidade de arrolamento sumário ainda que haja interessado incapaz, isso desde que concordem as partes bem como o Ministério Público.

Art. 666. Independerá de inventário ou de arrolamento o pagamento dos valores previstos na Lei nº 6.858, de 24 de novembro de 1980.

Notas:

A lei ora em destaque dispõe sobre o pagamento aos dependentes ou sucessores, de valores não recebidos em vida pelos respectivos titulares, tais como FGTS e PIS-PASEP.

Art. 667. Aplicam-se subsidiariamente a esta Seção as disposições das Seções VII e VIII deste Capítulo.

Notas:

Aplicação subsidiária de regras relativas ao pagamento das dívidas e à partilha.

Seção X
Disposições Comuns a Todas as Seções

Art. 668. Cessa a eficácia da tutela provisória prevista nas Seções deste Capítulo:

I – se a ação não for proposta em 30 (trinta) dias contados da data em que da decisão foi intimado o impugnante, o herdeiro excluído ou o credor não admitido;

II – se o juiz extinguir o processo de inventário com ou sem resolução de mérito.

Notas:

Casuísmos onde é cessada a eficácia da tutela provisória

Para conhecimento dos apontamentos relativos à tutela provisória, ver os comentários aos arts. 294 e ss.

Art. 669. São sujeitos à sobrepartilha os bens:

I – sonegados;

II – da herança descobertos após a partilha;

III – litigiosos, assim como os de liquidação difícil ou morosa;

IV – situados em lugar remoto da sede do juízo onde se processa o inventário.

Parágrafo único. Os bens mencionados nos incisos III e IV serão reservados à sobrepartilha sob a guarda e a administração do mesmo ou de diverso inventariante, a consentimento da maioria dos herdeiros.

Notas:

Trata-se da disposição relativa aos bens que estão sujeitos à sobrepartilha. Confira também os arts. 1.992 a 1.996 do Código Civil.

Art. 670. Na sobrepartilha dos bens, observar-se-á o processo de inventário e de partilha.

Parágrafo único. A sobrepartilha correrá nos autos do inventário do autor da herança.

Notas:

Para fins de processamento da sobrepartilha, deverá se observar o processo de inventário e de partilha.

Vale destacar que, uma vez ocorrendo as possibilidades descritas no art. 659, será viável a sobrepartilha extrajudicial, ainda que o inventário e/ou a partilha tenha ocorrido na forma judicial.

Art. 671. O juiz nomeará curador especial:

I – ao ausente, se não o tiver;

II – ao incapaz, se concorrer na partilha com o seu representante, desde que exista colisão de interesses.

Notas:

Deverá o magistrado nomear curador em tais hipóteses.

Art. 672. É lícita a cumulação de inventários para a partilha de heranças de pessoas diversas quando houver:

I – identidade de pessoas entre as quais devam ser repartidos os bens;

II – heranças deixadas pelos dois cônjuges ou companheiros;

III – dependência de uma das partilhas em relação à outra.

Parágrafo único. No caso previsto no inciso III, se a dependência for parcial, por haver outros bens, o juiz pode ordenar a tramitação separada, se melhor convier ao interesse das partes ou à celeridade processual.

Enunciado das Jornadas de Direito Processual Civil do Conselho da Justiça Federal:

Nº 131 do CJF: A remissão ao art. 672, feita no art. 664, § 4º, do CPC, consiste em erro material decorrente da renumeração de artigos durante a tramitação legislativa. A referência deve ser compreendida como sendo ao art. 662, norma que possui conteúdo integrativo adequado ao comando expresso e finalístico do art. 664, § 4º.

Enunciado do Fórum Permanente de Processualistas Civis:

Nº 698 do FPPC: O § 4º do art. 664 remete às disposições do art. 662, e não à do art. 672, quanto ao lançamento, ao pagamento e à quitação da taxa judiciária e do imposto sobre a transmissão da propriedade dos bens do espólio.

Nota:

Digna de nota é a novidade inclusa pelo novel CPC de 2015, mais precisamente no que se refere à cumulação de inventários para a partilha de heranças de pessoas diversas.

Para a desejada cumulação, o artigo em tela indica as respectivas necessidades.

Art. 673. No caso previsto no art. 672, inciso II, prevalecerão as primeiras declarações, assim como o laudo de avaliação, salvo se alterado o valor dos bens.

Notas:

Completa a possibilidade expressa no artigo antecedente o conteúdo do artigo em espeque, ao se referir que, no caso de heranças deixadas pelos dois cônjuges ou companheiros, prevalecerão as primeiras declarações, assim como o laudo de avaliação, salvo se se alterou o valor dos bens.

O art. 673 estabelece duas circunstâncias para oposição de embargos: no caso do ato ofensivo resultar de processo de conhecimento, a oposição dos embargos poderá acontecer a qualquer momento enquanto a sentença não for transitada em juízo; quando o ato resultar de cumprimento da sentença ou processo de execução, a oposição dos embargos ocorrerá até 5 (cinco) dias após a adjudicação, a alienação por iniciativa particular ou da arrematação em leilão judicial ou eletrônico, devendo acontecer anteriormente à assinatura da respectiva carta.

CAPÍTULO VII
DOS EMBARGOS DE TERCEIRO

Art. 674. Quem, não sendo parte no processo, sofrer constrição ou ameaça de constrição sobre bens que possua ou sobre os quais tenha direito incompatível com o ato constritivo, poderá requerer seu desfazimento ou sua inibição por meio de embargos de terceiro.

§ 1º Os embargos podem ser de terceiro proprietário, inclusive fiduciário, ou possuidor.

§ 2º Considera-se terceiro, para ajuizamento dos embargos:

I – o cônjuge ou companheiro, quando defende a posse de bens próprios ou de sua meação, ressalvado o disposto no art. 843;

II – o adquirente de bens cuja constrição decorreu de decisão que declara a ineficácia da alienação realizada em fraude à execução;

III – quem sofre constrição judicial de seus bens por força de desconsideração da personalidade jurídica, de cujo incidente não fez parte;

IV – o credor com garantia real para obstar expropriação judicial do objeto de direito real de garantia, caso não tenha sido intimado, nos termos legais dos atos expropriatórios respectivos.

Notas:

Embargos de terceiro é a via processual disponível àquele que não é parte no processo e que enfrenta constrição ou ameaça de constrição sobre seus bens ou sobre os quais tenha direito incompatível com o respectivo ato constritivo, como por exemplo, decorrente de apreensão judicial, em situações como a de depósito, sequestro, penhora, arresto, arrecadação, alienação judicial, partilha, inventário e arrolamento[395].

Muito embora não pertença ao capítulo destinado às ações possessórias, o procedimento dos embargos de terceiro objetiva, verdadeiramente, a proteção da posse, tendo, nesse sentido, específica característica que é a violação da posse resultante sempre de ato judicial.

Nesses termos, admite-se como pressupostos dos embargos de terceiros: I) uma apreensão judicial; II) a condição de senhor ou possuidor do bem; e III) a qualidade de terceiro em relação ao processo do qual emanou a ordem judicial.

O fundamento jurídico dos embargos de terceiros está no fato de que somente às partes cabe a sujeição aos efeitos diretos dos julgados, sendo que a responsabilidade patrimonial, consoante o art.789, toca tão somente ao devedor-executado, ou seja, o vencido na demanda judicial cognitiva ou a pessoa que figura no título como devedora.

---

395 Vale ressaltar que ditas situações citadas faziam parte do que preceituava literalmente o art. 1.046 do CPC/1973.

Com o advento do CPC/2015, aludidas situações foram retiradas do corpo do artigo em comento, o que, não obstante a isso, continuam como possibilidades de medidas constritivas por meio das tutelas de urgência de natureza cautelar, como se depreende do art. 299.

O terceiro, ou seja, aquele que, mesmo não sendo parte no processo, sofreu constrição ou ameaça na posse de seus bens ou sobre os quais possua direito incompatível com respectivo ato constritivo, é o legitimado ativo para opor os embargos de terceiro.

O legitimado ativo, então, é todo aquele que não for parte no processo que determinou a apreensão do bem e que tem sua posse esbulhada ou turbada por ato judicial.

O parágrafo em estudo estabelece que o terceiro na questão em tela poderá ser proprietário, inclusive fiduciário, ou somente possuidor.

A parte que, apesar de figurar no processo, defende bens que, pelo título de sua aquisição ou pela qualidade em que os possuir, não podem ser alcançados pela apreensão judicial, assim é igualado a terceiro.

Para maior esclarecer a questão, teve por bem o legislador exteriorizar quem pode ser considerado terceiro para fins de manejo do presente instituto.

Interessante notar ainda, com relação ao cônjuge, que lhe caberá a possibilidade de exercitar sua legitimidade no ajuizamento de embargos à execução, objetivando contestar a própria dívida, e embargos de terceiro, visando impedir que sua meação responda pelo débito exequendo.[396]

É importante observar que o rol aqui exposto não é taxativo, coadunando com este entendimento o exposto no artigo 675, parágrafo único do CPC.

Súmulas:

STJ nº 84: É admissível a oposição de embargos de terceiro fundados em alegação de posse advinda do compromisso de compra e venda de imóvel, ainda que desprovido do registro.

---

396 "Intimado que seja da penhora o cônjuge do devedor, tornando-se parte, a ele se abre ainda, o exercício dos embargos de terceiro, *ex vi* do art. 1.064, § 2º, do CPC. Foi por espantosamente feliz Hamilton de Moraes de Barros ao esclarecer que a mesma pessoa 'pode ser simultaneamente parte e terceiro no mesmo processo, se são diferentes os títulos jurídicos que justificam esse duplo papel'. O rótulo de 'terceiro' não se aplica somente às pessoas estranhas ao processo, mas à própria parte, se esta invoca título (*causa petendi*) autônomo e particular para defender os bens do mecanismo expropriativo. Assim, a lei outorga à mulher casada pretensão para livrar na execução em que figure só o marido como obrigado, 'os seus bens próprios, ou de sua reserva, os da sua meação e os dotais'. Idêntico realce deu ao princípio a 4ª Turma do STJ: 'ao cônjuge do executado, uma vez intimado da penhora sobre imóvel, assiste dupla legitimidade: a ajuizar embargos à execução, visando discutir a dívida, e embargos de terceiro objetivando evitar que sua meação responda pelo débito exequendo.' (4ª T. do STJ, REsp 19.335-0-RS, 31.8.92, Rel. Min. Sálvio de Figueiredo, RJSTJ 5(46)/242).

Em síntese, o meio hábil para defender os bens do cônjuge insuscetíveis de expropriação (art. 592, IV, a *contrario sensu*) avulta nos embargos de terceiro. Tem o cônjuge, portanto, dois remédios de finalidade distinta, conforme deflui do julgado linhas antes citado". TRT. 13ª Região. Rel. Des. Afrânio Neves de Melo. Agravo de Petição – Proc. nº 00473.2004.008.13.00-9.

STJ nº 134: Embora intimado da penhora em imóvel do casal, o cônjuge do executado pode opor embargos de terceiro para defesa de sua meação.

STJ nº 195: Em embargos de terceiro não se anula ato jurídico, por fraude contra credores.

STJ nº 196: Ao executado que, citado por edital ou por hora certa, permanecer revel, será nomeado curador especial, com legitimidade para apresentação de embargos.

STJ nº 303: Em embargos de terceiro, quem deu causa à constrição indevida deve arcar com os honorários advocatícios.

Enunciado das Jornadas de Direito Processual Civil do Conselho da Justiça Federal:

Nº 132 do CJF: O prazo para apresentação de embargos de terceiro tem natureza processual e deve ser contado em dias úteis.

Art. 675. Os embargos podem ser opostos a qualquer tempo no processo de conhecimento enquanto não transitada em julgado a sentença e, no cumprimento de sentença ou no processo de execução, até 5 (cinco) dias depois da adjudicação, da alienação por iniciativa particular ou da arrematação, mas sempre antes da assinatura da respectiva carta.

Parágrafo único. Caso identifique a existência de terceiro titular de interesse em embargar o ato, o juiz mandará intimá-lo pessoalmente.

Notas:

Sobreleva de interesse a disposição do parágrafo único do art. 675, onde autoriza o juiz, quando eventualmente identificar terceiro titular de interesse em embargar ato, seja de constrição e/ou expropriação, a intimá-lo pessoalmente. De certo, tal medida volitiva do órgão judicial tem o condão de aperfeiçoar a prestação jurisdicional inclusive evitando-se, quando de seu conhecimento, possíveis litigiosidades futuras sobre a *questio* em juízo, traduzindo-se sim, em respeito ao princípio da cooperação para construção de uma qualitativa solução do litígio em exame, o que, diga-se, atitude que cabe a todos os partícipes da demanda, como por exemplo, tendo conhecimento de terceiro titular de interessado jurídico afetado, pode perfeitamente levar ao conhecimento do juízo.

Enunciado das Jornadas de Direito Processual Civil do Conselho da Justiça Federal:

Nº 102 do CJF: A falta de oposição dos embargos de terceiro preventivos no prazo do art. 792, § 4º, do CPC não impede a propositura dos embargos de terceiro repressivos no prazo do art. 675 do mesmo Código.

Enunciados do Fórum Permanente de Processualistas Civis

Nº 184 do FPPC: Os embargos de terceiro também são oponíveis na fase de cumprimento de sentença e devem observar, quanto ao prazo, a regra do processo de execução.

Nº 185 do FPPC: O juiz deve ouvir as partes antes de determinar a intimação pessoal do terceiro.

Nº 191 do FPPC: O prazo de quinze dias para opor embargos de terceiro, disposto no § 4º do art. 792, é aplicável exclusivamente aos casos de declaração de fraude à execução; os demais casos de embargos de terceiro são regidos pelo prazo do *caput* do art. 675.

Enunciado da Escola Nacional de Formação e Aperfeiçoamento de Magistrados:

Nº 54 do ENFAM: A ausência de oposição de embargos de terceiro no prazo de 15 (quinze) dias prevista no art. 792, § 4º, do CPC/2015 implica preclusão para fins do art. 675, *caput*, do mesmo código.

Art. 676. Os embargos serão distribuídos por dependência ao juízo que ordenou a constrição e autuados em apartado.

Parágrafo único. Nos casos de ato de constrição realizado por carta, os embargos serão oferecidos no juízo deprecado, salvo se indicado pelo juízo deprecante o bem constrito ou se já devolvida a carta.

Notas:

Trata-se de competência funcional, de natureza absoluta e inderrogável.

Constituem os embargos uma ação declaratória autônoma, tendo como objetivo visado a desvinculação do bem do ato judicial constritivo. Produz um incidente no percurso procedimental da ação que lhe deu causa.

Referida regra não é aplicável à carta de ordem. Nesses casos, somente aquele que determinou a emissão da carta é que possui competência para processar e julgar os embargos de terceiro.

No que diz respeito à execução por carta, conforme entendimento já sedimento em sede jurisprudencial, teve por bem o NCPC acostá-lo expressamente, ao preceituar no parágrafo único que o juízo deprecado, na execução por carta, será o competente para julgar os embargos de terceiro, salvo se o bem apreendido foi indicado pelo juízo deprecante ou se a carta já tiver sido devolvida.

Art. 677. Na petição inicial, o embargante fará a prova sumária de sua posse ou de seu domínio e da qualidade de terceiro, oferecendo documentos e rol de testemunhas.

§ 1º É facultada a prova da posse em audiência preliminar designada pelo juiz.

§ 2º O possuidor direto pode alegar, além da sua posse, o domínio alheio.

§ 3º A citação será pessoal, se o embargado não tiver procurador constituído nos autos da ação principal.

§ 4º Será legitimado passivo o sujeito a quem o ato de constrição aproveita, assim como o será seu adversário no processo principal quando for sua a indicação do bem para a constrição judicial.

Notas:

A oposição dos embargos se dá mediante petição com os requisitos necessários do art. 319, devendo o terceiro-embargante instruí-la com os documentos comprobatórios de sua posse e da qualidade de terceiro, além do rol de testemunhas, facultada a prova da posse em audiência preliminar a ser devidamente designada pelo magistrado, isso quando este entender da incipiente comprovação efetiva da posse. Julgando suficientemente provado o domínio ou a posse alegada pelo terceiro embargante, a decisão judicial determinará a suspensão das medidas de natureza constritiva sobre o(s) bem(ns) do litígio, objeto(s) ao(s) qual(ais) se pauta os embargos de terceiro, bem como a manutenção ou a reintegração provisória da posse, desde que requerido pelo digitado embargante.

Importante pontuar aqui que a citação do embargado será pessoal, caso não tenha procurador constituído nos autos da ação principal.

Os embargos de terceiro são opostos através de demanda incidental ao processo de execução. Desse modo, tem-se que a legitimidade passiva será do credor, que é o demandante nos autos da ação em que foi originada a constrição judicial.

Todavia, em alguns casos pode-se formar um litisconsórcio passivo necessário em que o executado também figurará no polo passivo da demanda.

Ainda que não contemplado formalmente pelo CPC/2015, entendemos que quando os embargos versarem sobre todos os bens, objetos do processo, prudente será a suspensão deste pelo magistrado, a fim de se evitar possíveis medidas prejudiciais a todas as partes, tendo em vista a complexidade da relação processual instalada. Por outro lado, versando os embargos apenas sobre alguns dos bens, nada impede que sobre os demais prossiga o curso do processo principal, o que, aliás, era o entendimento do revogado art. 1.052 do CPC/1973. A despeito da autonomia dos embargos enquanto ação, sua distribuição será realizada por dependência aos autos do processo que deu origem à apreensão judicial do bem, *i.e.*, o mesmo juízo que ordenou a constrição.

Assim, recebida a inicial, conforme já exteriorizado alhures, julgando suficientemente provado o domínio ou a posse alegada pelo terceiro embargante, com ou sem audiência preliminar, a decisão judicial determinará a suspensão das medidas de natureza constritiva sobre o(s) bem(ns) do litígio, objeto(s) ao(s) qual(ais) se pauta os embargos de terceiro, bem como a manutenção ou a reintegração provisória da posse, desde que requerido pelo digitado embargante.

Súmula:

STJ nº 303: Em embargos de terceiro, quem deu causa à constrição indevida deve arcar com os honorários advocatícios.

Enunciados do Fórum Permanente de Processualistas Civis:

Nº 178 do FPPC: O valor da causa nas ações fundadas em posse, tais como as ações possessórias, os embargos de terceiro e a oposição, deve considerar a expressão econômica da posse, que não obrigatoriamente coincide com o valor da propriedade.

Nº 186 do FPPC: A alusão à "posse" ou a "domínio" nos arts. 677, 678 e 681 deve ser interpretada em consonância com o art. 674, *caput*, que, de forma abrangente, admite os embargos de terceiro para afastar constrição ou ameaça de constrição sobre bens que possua ou sobre quais tenha "direito incompatível com o ato constritivo".

Art. 678. A decisão que reconhecer suficientemente provado o domínio ou a posse determinará a suspensão das medidas constritivas sobre os bens litigiosos objeto dos embargos, bem como a manutenção ou a reintegração provisória da posse, se o embargante a houver requerido.

Parágrafo único. O juiz poderá condicionar a ordem de manutenção ou de reintegração provisória de posse à prestação de caução pelo requerente, ressalvada a impossibilidade da parte economicamente hipossuficiente.

Nota:

Insta anotar que, dito deferimento liminar acerca da manutenção ou reintegração provisória da posse, conforme supracitado pode ser condicionado pelo magistrado à prestação de caução, salvo, notadamente, a comprovação da impossibilidade do requerente, decorrente de sua hipossuficiência econômica.

Recurso Especial Repetitivo

Para os fins do art. 1.040 do CPC/2015 (antigo art. 543-C, § 7º, do CPC/1973), consolida-se a seguinte tese: "Nos Embargos de Terceiro cujo pedido foi acolhido para desconstituir a constrição judicial, os honorários advocatícios serão arbitrados com base no princípio da causalidade, responsabilizando-se o atual proprietário (embargante), se este não atualizou os dados cadastrais. Os encargos de sucumbência serão suportados pela parte embargada, porém, na hipótese em que esta, depois de tomar ciência da transmissão do bem, apresentar ou insistir na impugnação ou recurso para manter a penhora sobre o bem cujo domínio foi transferido para terceiro".(Tema repetitivo 872 – REsp 1.452.840/SP, Rel. Ministro HERMAN BENJAMIN, PRIMEIRA SEÇÃO, julgado em 14/09/2016, DJe 05/10/2016).

Enunciado do Fórum Permanente de Processualistas Civis:

Nº 186 do FPPC: A alusão à "posse" ou a "domínio" nos arts. 677, 678 e 681 deve ser interpretada em consonância com o art. 674, *caput*, que, de forma abrangente, admite os embargos de terceiro para afastar constrição ou ameaça de constrição sobre bens que possua ou sobre quais tenha "direito incompatível com o ato constritivo".

Art. 679. Os embargos poderão ser contestados no prazo de 15 (quinze) dias, findo o qual se seguirá o procedimento comum.

Notas:

A contestação aos embargos deve ser feita no prazo de 15 (quinze) dias. Ao fim dessa fase postulatória, o procedimento a ser seguido será o comum.

Art. 680. Contra os embargos do credor com garantia real, o embargado somente poderá alegar que:

I – o devedor comum é insolvente;

II – o título é nulo ou não obriga a terceiro;

III – outra é a coisa dada em garantia.

Notas:

Trata o presente dispositivo das matérias às quais o embargado poderá alegar em face do credor com garantia real.

Art. 681. Acolhido o pedido inicial, o ato de constrição judicial indevida será cancelado, com o reconhecimento do domínio, da manutenção da posse ou da reintegração definitiva do bem ou do direito ao embargante.

Notas:

Ao fim dessa fase postulatória, o procedimento a ser seguido será o comum (art. 679).

Uma vez acolhido o pedido inicial dos embargos do terceiro, o ato de constrição judicial indevida será cancelado, com o reconhecimento do domínio, da manutenção da posse ou da reintegração definitiva do bem ou do direito ao embargante, tudo de acordo com o que expressa o art. 681.

Súmulas:

STJ nº 195: Em embargos de terceiro não se anula ato jurídico, por fraude contra credores.

STJ nº 303: Em embargos de terceiro, quem deu causa à constrição indevida deve arcar com os honorários advocatícios.

Enunciados das Jornadas de Direito Processual Civil do Conselho da Justiça Federal:

Nº 53 do CJF: Para o reconhecimento definitivo do domínio ou da posse do terceiro embargante (art. 681 do CPC), é necessária a presença, no polo passivo dos embargos, do réu ou do executado a quem se impute a titularidade desse domínio ou dessa posse no processo principal.

Nº 133 do CJF: É admissível a formulação de reconvenção em resposta aos embargos de terceiro, inclusive para o propósito de veicular pedido típico de ação pauliana, nas hipóteses de fraude contra credores.

Enunciado do Fórum Permanente de Processualistas Civis:

Nº 186 do FPPC: A alusão à "posse" ou a "domínio" nos arts. 677, 678 e 681 deve ser interpretada em consonância com o art. 674, *caput*, que, de forma abrangente, admite os embargos de terceiro para afastar constrição ou ameaça de constrição sobre bens que possua ou sobre quais tenha "direito incompatível com o ato constritivo".

CAPÍTULO VIII
DA OPOSIÇÃO

Art. 682. Quem pretender, no todo ou em parte, a coisa ou o direito sobre que controvertem autor e réu poderá, até ser proferida a sentença, oferecer oposição contra ambos.

Notas:

Trata-se de uma intervenção de terceiro em processo alheio, pretendendo este terceiro, no todo ou em parte, a coisa ou o direito do qual disputam autor e réu.

A oposição é uma ação onde o terceiro (opoente) será o autor, demandando este em face dos chamados opostos (autor e réu do processo originário). Sendo assim, a oposição é uma ação prejudicial ao processo originário, porque, uma vez sendo julgada procedente, concederá ao opoente a coisa ou o direito sobre o qual se controvertiam autor e réu na demanda inicial.

A oposição é uma intervenção voluntária visto que ao terceiro-opoente é facultado também mover ação autônoma após o encerramento do processo originário entre autor e réu. Em virtude do princípio da economia processual, bem como a fim de se evitar sentenças contraditórias, a presente oposição, sempre que possível, é de boa técnica e interesse.

No âmbito do revogado CPC/1973, pontificava a oposição regulada como modalidade de intervenção de terceiros, o que o legislador o CPC/2015 declinou a mesma para uma modalidade de procedimento especial de jurisdição contenciosa.

Art. 683. O opoente deduzirá o pedido em observação aos requisitos exigidos para propositura da ação.

Parágrafo único. Distribuída a oposição por dependência, serão os opostos citados, na pessoa de seus respectivos advogados, para contestar o pedido no prazo comum de 15 (quinze) dias.

Notas:

O opoente (aquele que oferece a oposição) deduzirá o seu pedido segundo a observância dos requisitos necessários à petição inicial, *ex vi* dos arts. 319 e 320; a oposição deverá ser distribuída por dependência (quer dizer que a ação deverá ser proposta na vara da demanda originária); os opostos (autor e réu da ação originária) devem ser citados na pessoa dos respectivos advogados para contestação no prazo comum de 15 (quinze) dias (uma exceção ao prazo em dobro concedido aos litisconsortes necessários com advogados de escritórios distintos, como se vê do art. 229 do CPC).

Art. 684. Se um dos opostos reconhecer a procedência do pedido, contra o outro prosseguirá o opoente.

Notas:

O opoente prosseguirá com a ação de oposição contra um dos opostos mesmo que um deles venha reconhecer a procedência do pedido. Uma vez admitido o processamento, a oposição será apensada aos autos, tramitando assim simultaneamente à ação originária, sendo ambas julgadas pela mesma sentença.

Art. 685. Admitido o processamento, a oposição será apensada aos autos e tramitará simultaneamente à ação originária, sendo ambas julgadas pela mesma sentença.

Parágrafo único. Se a oposição for proposta após o início da audiência de instrução, o juiz suspenderá o curso do processo ao fim da produção das provas, salvo se concluir que a unidade da instrução atende melhor ao princípio da duração razoável do processo.

Notas:

Caso a oposição venha ser proposta após o início da audiência de instrução, o juiz suspenderá o curso do processo ao fim da produção das provas, exceto se concluir que a unidade da instrução atende melhor ao princípio da duração razoável do processo.

Art. 686. Cabendo ao juiz decidir simultaneamente a ação originária e a oposição, desta conhecerá em primeiro lugar.

Notas:

Importante ressaltar que a oposição só é cabível em processo de conhecimento, não cabendo nos processos de execução, bem como nos embargos do devedor (este, muito embora seja desenvolvido em processo de conhecimento, também não comporta a oposição, tendo em vista sua especialíssima função que é a de desconstituir ou depurar título executivo).

Cabe consignar ainda que a oposição oferecida depois de iniciada a audiência nem deveria receber este nome, pois, tecnicamente falando, de intervenção de terceiro não se trata, visto que não há ingresso de terceiro na relação jurídica processual já existente e tampouco se utiliza da mesma base procedimental da ação principal.

A oposição se dirige contra autor e réu ao mesmo tempo e não contra um deles apenas (RT 605/134). Distingue-se, pois, oposição de embargos de terceiro (art. 674 e seguintes do CPC), porque o embargante não se opõe às partes; apenas pretende que volte ao seu domínio ou posse o bem que foi apreendido judicialmente (RT 506/145).

CAPÍTULO IX
DA HABILITAÇÃO

Art. 687. A habilitação ocorre quando, por falecimento de qualquer das partes, os interessados houverem de suceder-lhe no processo.

Notas:

Denomina-se habilitação o procedimento especial incidente que tem por finalidade restabelecer o desenvolvimento da relação processual, em vista da suspensão do processo pela morte de uma das partes, *ex vi* do art. 313, I do CPC. É fato que a relação processual integral pressupõe a presença do magistrado bem como das partes, isto é, autor e réu.

Desse modo, a morte de uma das partes tanto poderá ocasionar a extinção do processo sem resolução do mérito, no caso de o direito material controvertido ter natureza personalíssima, entendida como intransmissível (art. 485, IX do CPC), como somente a interrupção da marcha processual até a habilitação dos sucessores da parte necessitada.

Nesse sentido, a morte demanda a transmissão imediata do domínio e posse da herança aos sucessores do falecido (art. 1.784 do Código Civil). Contudo, quando houver processo em curso no qual se discutem direitos do falecido, o procedimento da habilitação, certificada a legitimidade dos sucessores, torna-se indispensável para efetuar a sucessão processual.

Enunciado das Jornadas de Direito Processual Civil do Conselho da Justiça Federal:

Nº 54 do CJF: Estando o processo em grau de recurso, o requerimento de habilitação far-se-á de acordo com o Regimento Interno do respectivo tribunal (art. 687 do CPC).

Art. 688. A habilitação pode ser requerida:

I – pela parte, em relação aos sucessores do falecido;

II – pelos sucessores do falecido, em relação à parte.

Notas:

A habilitação pode ser proposta pela parte, em relação aos sucessores do falecido, como também pelos sucessores do falecido em relação à parte.

Art. 689. Proceder-se-á à habilitação nos autos do processo principal, na instância em que estiver, suspendendo-se, a partir de então, o processo.

Notas:

O procedimento de habilitação proceder-se-á nos próprios autos do processo principal, independente da instância onde este se encontrar, tendo daí o condão de suspendê-lo a partir de aludida instauração da habilitação.

Art. 690. Recebida a petição, o juiz ordenará a citação dos requeridos para se pronunciarem no prazo de 5 (cinco) dias.

Parágrafo único. A citação será pessoal, se a parte não tiver procurador constituído nos autos.

Notas:

O juiz, após receber a petição inicial, ordenará a citação dos requeridos para contestar a ação no prazo de 5(cinco) dias Na hipótese da parte não possuir procurador constituído na causa, a citação será pessoal.

Remissão:

– Art. 51, V, da Lei nº 9.099/1995 (dispõe sobre os Juizados Especiais Cíveis e Criminais e dá outras providências):

"Art. 51. Extingue-se o processo, além dos casos previstos em lei:

(...)

V - quando, falecido o autor, a habilitação depender de sentença ou não se der no prazo de trinta dias;

(...)".

Art. 691. O juiz decidirá o pedido de habilitação imediatamente, salvo se este for impugnado e houver necessidade de dilação probatória diversa da documental, caso em que determinará que o pedido seja autuado em apartado e disporá sobre a instrução.

Notas:

Caso o pedido de habilitação venha a ser impugnado e daí, havendo a necessidade de produção probatória diversa da documental, determinará o magistrado que seja o pedido autuado em apartado aos autos principais e se manifestará sobre a instrução, certamente, levando-a a cabo. Do contrário, decidirá imediatamente.

Enunciado das Jornadas de Direito Processual Civil do Conselho da Justiça Federal:

Nº 55 do CJF: É cabível apelação contra sentença proferida no procedimento especial de habilitação (arts. 687 a 692 do CPC).

Art. 692. Transitada em julgado a sentença de habilitação, o processo principal retomará o seu curso, e cópia da sentença será juntada aos autos respectivos.

Notas:

Independente do tipo de processamento da habilitação nos (nos próprios autos ou em apenso), uma após proferida a sentença e transitada em julgado, o processo principal, interrompido pela morte da parte (art. 311, I), retoma seu curso normal, devendo cópia da sentença do procedimento de habilitação ser juntada aos autos principais.

CAPÍTULO X
DAS AÇÕES DE FAMÍLIA

Art. 693. As normas deste Capítulo aplicam-se aos processos contenciosos de divórcio, separação, reconhecimento e extinção de união estável, guarda, visitação e filiação.

Parágrafo único. A ação de alimentos e a que versar sobre interesse de criança ou de adolescente observarão o procedimento previsto em legislação específica, aplicando-se, no que couber, as disposições deste Capítulo.

Notas:

Diante da nominação "Ações de Família", desde já, observa-se a novidade trazida pelo CPC/2015.

As regras relativas às Ações de Família aplicam-se aos processos contenciosos de divórcio, separação, reconhecimento e extinção de união estável, guarda, visitação e filiação.

Não obstante a isso, estão excluídas dos dispositivos que aqui regem a matéria, ação de alimentos bem como aquelas em que versar sobre interesse da criança ou do adolescente, onde continuam a ser disciplinadas pelas legislações extravagantes (Lei nº 5.478/1968 e nº 8.069/1990), aplicando-se o procedimento do Código de Processo Civil em tela, no que couber.

Enunciado do Fórum Permanente de Processualistas Civis:

Nº 72 do FPPC: O rol do art. 693 não é exaustivo, sendo aplicáveis os dispositivos previstos no Capítulo X a outras ações de caráter contencioso envolvendo o Direito de Família.

Art. 694. Nas ações de família, todos os esforços serão empreendidos para a solução consensual da controvérsia, devendo o juiz dispor do auxílio de profissionais de outras áreas de conhecimento para a mediação e conciliação.

Parágrafo único. A requerimento das partes, o juiz pode determinar a suspensão do processo enquanto os litigantes se submetem a mediação extrajudicial ou a atendimento multidisciplinar.

Notas:

De pronto, já adverte o legislador que nas ações de família, serão empreendidos todos os esforços para que se dê a solução consensual da controvérsia, devendo o magistrado dispor do auxílio de profissionais de outras áreas de conhecimento para a mediação e conciliação, tais como psicólogos, assistentes sociais, dentre outros. Importante ressaltar que as próprias partes poderão requerer ao juiz que determine a suspensão do processo a fim de se submetem a mediação extrajudicial ou a atendimento multidisciplinar.

Enunciado do Fórum Permanente de Processualistas Civis:

Nº 187 do FPPC: No emprego de esforços para a solução consensual do litígio familiar, são vedadas iniciativas de constrangimento ou intimidação para que as partes conciliem, assim como as de aconselhamento sobre o objeto da causa.

Art. 695. Recebida a petição inicial e, se for o caso, tomadas as providências referentes à tutela provisória, o juiz ordenará a citação do réu para comparecer à audiência de mediação e conciliação, observado o disposto no art. 694.

§ 1º O mandado de citação conterá apenas os dados necessários à audiência e deverá estar desacompanhado de cópia da petição inicial, assegurado ao réu o direito de examinar seu conteúdo a qualquer tempo.

§ 2º A citação ocorrerá com antecedência mínima de 15 (quinze) dias da data designada para a audiência.

§ 3º A citação será feita na pessoa do réu.

§ 4º Na audiência, as partes deverão estar acompanhadas de seus advogados ou de defensores públicos.

Notas:

Possível observar que, neste caso, quis o legislador, a fim de propor a consensualidade na solução da contenda, "desarmar" a parte ré, na melhor das intenções, ou seja, evitar com que a mesma já viesse predisposta para eventual conflito de interesses. Mas, por outro lado, a prática poderá levar, ao contrário do pretendido, o acirramento do conflito ou ainda a dificuldade em primeiro momento, de se estabelecer a resolução consensual da *questio.*

Vale destacar ainda que, a audiência de mediação e conciliação, as partes deverão estar acompanhadas de seus advogados ou de defensores públicos.

Enunciado do Fórum Permanente de Processualistas Civis:

Nº 628 do FPPC: As partes podem celebrar negócios jurídicos processuais na audiência de conciliação ou mediação.

Art. 696. A audiência de mediação e conciliação poderá dividir-se em tantas sessões quantas sejam necessárias para viabilizar a solução consensual, sem prejuízo de providências jurisdicionais para evitar o perecimento do direito.

Notas:

Poderá a aludida audiência mediação e conciliação dividir-se em tantas sessões quantas sejam necessárias para fins viabilizar a solução consensual, isso, sem prejuízo de providências jurisdicionais voltadas a evitar o perecimento do direito.

Enunciados do Fórum Permanente de Processualistas Civis:

Nº 577 do FPPC: A realização de sessões adicionais de conciliação ou mediação depende da concordância de ambas as partes.

Nº 639 do FPPC: O juiz poderá, excepcionalmente, dispensar a audiência de mediação ou conciliação nas ações em que uma das partes estiver amparada por medida protetiva.

Remissão:

- Lei nº 13.140/2015 (Lei de Mediação).

Art. 697. Não realizado o acordo, passarão a incidir, a partir de então, as normas do procedimento comum, observado o art. 335.

Notas:

Caso não se chegue ao idealizado acordo, a partir de então o procedimento comum será o adotado.

Art. 698. Nas ações de família, o Ministério Público somente intervirá quando houver interesse de incapaz e deverá ser ouvido previamente à homologação de acordo.

Parágrafo único. O Ministério Público intervirá, quando não for parte, nas ações de família em que figure como parte vítima de violência doméstica e familiar, nos termos da Lei nº 11.340, de 7 de agosto de 2006 (Lei Maria da Penha).

Notas:

Destaca o presente dispositivo que nas ações de família, o Ministério Público somente poderá intervir quando houver interesse de incapaz, e deverá ser ouvido previamente à homologação de acordo.

Assim, não havendo interesse do incapaz, não se justificará a intimação do *Parquet*.

Lado outro, com a inclusão do parágrafo único ao presente dispositivo legal ditado pela Lei nº 13.894, de 2019, caberá a intervenção do Ministério Público, mas não como parte, nas ações de família em que figure como parte vítima de violência doméstica e familiar, nos termos da Lei nº 11.340/2006.

Art. 699. Quando o processo envolver discussão sobre fato relacionado a abuso ou a alienação parental, o juiz, ao tomar o depoimento do incapaz, deverá estar acompanhado por especialista.

Notas:

Estando o processo a envolver discussão acerca de fato relacionado a abuso ou a alienação parental, deverá o juiz ao tomar o depoimento do incapaz, estar devidamente acompanhado por especialista. Ver Lei nº 12.328/2010 (Alienação Parental).

Enunciado das Jornadas de Direito Processual Civil do Conselho da Justiça Federal

Nº 182 do FPPC: Quando o objeto do processo for relacionado a abuso ou alienação parental e for necessário o depoimento especial de criança ou adolescente em juízo, a escuta deverá ser realizada de acordo com o procedimento previsto na Lei nº 13.431/2017, sob pena de nulidade do ato.

Art. 699-A. Nas ações de guarda, antes de iniciada a audiência de mediação e conciliação de que trata o art. 695 deste Código, o juiz indagará às partes e ao Ministério Público se há risco de violência doméstica ou familiar, fixando o prazo de 5 (cinco) dias para a apresentação de prova ou de indícios pertinentes. (Incluído pela Lei nº 14.713, de 2023).

Incluído pela Lei nº 14.713, de 30.10.2023, o art. 699-A regra que nas ações de guarda, antes de iniciada a audiência de mediação e conciliação de que trata o art. 695 supracitado, o magistrado indagará as partes e ao Ministério Público acerca da existência do risco de violência doméstica ou familiar, e daí, em caso de positivo, fixará o prazo de 5 (cinco) dias para a apresentação de prova ou de indícios pertinentes, de modo a que se possa observar e mesmo estabelecer eventual risco de violência doméstica ou familiar como causa impeditiva ao exercício da guarda compartilhada.

CAPÍTULO XI
DA AÇÃO MONITÓRIA

Art. 700. A ação monitória pode ser proposta por aquele que afirmar, com base em prova escrita sem eficácia de título executivo, ter direito de exigir do devedor capaz:

I – o pagamento de quantia em dinheiro;

II – a entrega de coisa fungível ou infungível ou de bem móvel ou imóvel;

III – o adimplemento de obrigação de fazer ou de não fazer.

§ 1º A prova escrita pode consistir em prova oral documentada, produzida antecipadamente nos termos do art. 381.

§ 2º Na petição inicial, incumbe ao autor explicitar, conforme o caso:

O procedimento monitório é instituído por meio da petição inicial, onde, além de respeitar os requisitos fundamentais dos arts. 319 e 320 do CPC/2015 deverá explicitar, conforme o caso, o seguinte:

I – a importância devida, instruindo-a com memória de cálculo;

II – o valor atual da coisa reclamada;

III – o conteúdo patrimonial em discussão ou o proveito econômico perseguido.

§ 3º O valor da causa deverá corresponder à importância prevista no § 2º, incisos I a III.

§ 4º Além das hipóteses do art. 330, a petição inicial será indeferida quando não atendido o disposto no § 2º deste artigo.

§ 5º Havendo dúvida quanto à idoneidade de prova documental apresentada pelo autor, o juiz intimá-lo-á para, querendo, emendar a petição inicial, adaptando-a ao procedimento comum.

§ 6º É admissível ação monitória em face da Fazenda Pública.

§ 7º Na ação monitória, admite-se citação por qualquer dos meios permitidos para o procedimento comum.

Notas:

A ação monitória constitui o procedimento especial de jurisdição contenciosa, de natureza cognitiva, que objetiva a formação de título executivo judicial a favor de quem tiver prova escrita na qual se reconheça obrigação de pagar quantia em dinheiro, entregar coisa fungível ou infungível, bem móvel ou imóvel e ainda adimplemento de obrigação de fazer ou de não fazer.

É o direito que o credor, detentor de título sem eficácia executiva, porém dotado dos requisitos da certeza, liquidez e exigibilidade, isto é, prova escrita da qual seria possível conter tais requisitos, de recorrer ao procedimento monitório, no qual o réu não seria citado para contestar a ação, mas, sim, para saldar a dívida (pagar ou entregar a coisa) no prazo estipulado em lei (15 dias), podendo, de outro modo, também embargá-la.

O novel CPC/2015 segue a mesma linha do revogado CPC, salvo quanto ao alargamento das matérias aptas a ensejar a propositura da ação monitória (obrigação de pagar quantia em dinheiro, entregar coisa fungível ou infungível, bem móvel ou imóvel e adimplemento de obrigação de fazer ou de não fazer) e que, de certo, deverão constar de prova escrita para o seu reconhecimento judicial de natureza obrigacional.

No procedimento monitório, de maneira contrária ao que acontece na ação de conhecimento pelo rito comum, na qual é possível pleitear o direito baseando em início de prova por escrito ou mesmo em prova exclusivamente testemunhal[397], necessário é ter, indubitavelmente, prova escrita, valendo destacar que pode a prova escrita ser oriunda de prova oral documentada, esta colhida em sede de "Produção antecipada de Provas" (arts. 381-383 do CPC/2015). No mesmo compasso, não custa lembrar ainda que, deve a prova ser apta a alicerçar pedido de cunho monitório, isto é, que contemple obrigação certa, líquida e exigível.

Vale lembrar que a prova escrita sem eficácia de título executivo constitui documento essencial para se requerer a ação com os requisitos já referendado. Uma vez não contemplados os requisitos essenciais na exordial será a mesma indeferida.

Em nítido incremento legislativo e em compasso com a instrumentalidade das formas, o NCPC dispõe da possibilidade de adaptação da petição inicial solicitada como de natureza procedimental monitória em demanda de procedimento comum.

Isto se dará quando pairar dúvidas do juízo sobre a idoneidade da prova documental – requisito essencial – apresentada nos autos pelo autor. Neste caso, será o aludido autor intimado para, querendo, emendar a petição inicial, a fim de adaptá-la ao procedimento comum, ou seja, adequar elementos já exteriorizados e/ou acrescentar outros, tais como notoriamente, o próprio pedido imediato.

Súmulas:

STJ nº 247: O contrato de abertura de crédito em conta-corrente, acompanhado do demonstrativo de débito, constitui documento hábil para o ajuizamento da ação monitória.

STJ nº 282: Cabe a citação por edital em ação monitória.

STJ nº292: A reconvenção é cabível na ação monitória, após a conversão do procedimento em ordinário.

---

397 *"Art. 444. Nos casos em que a lei exigir prova escrita da obrigação, é admissível a prova testemunhal, quando houver começo de prova por escrito, emanado da parte contra a qual se pretende produzir a prova."*

STJ nº 299: É admissível a ação monitória fundada em cheque prescrito.

STJ nº 384: Cabe ação monitória para haver saldo remanescente oriundo de venda extrajudicial de bem alienado fiduciariamente em garantia.

STJ nº 399: Cabe à legislação municipal estabelecer o sujeito passivo do IPTU.

STJ nº 503: O prazo para ajuizamento de ação monitória em face do emitente de cheque sem força executiva é quinquenal, a contar do dia seguinte à data de emissão estampada na cártula.

STJ nº 504: O prazo para ajuizamento de ação monitória em face do emitente de nota promissória sem força executiva é quinquenal, a contar do dia seguinte ao vencimento do título.

Enunciado das Jornadas de Direito Processual Civil do Conselho da Justiça Federal:

Nº 101 do CJF: É admissível ação monitória, ainda que o autor detenha título executivo extrajudicial.

Enunciados do Fórum Permanente de Processualistas Civis:

Nº 188 do FPPC: Com a emenda da inicial, o juiz pode entender idônea a prova e admitir o seguimento da ação monitória.

Nº 446 do FPPC: Cabe ação monitória mesmo quando o autor for portador de título executivo extrajudicial.

Nº 699 do FPPC: Aplicam-se o art. 11 e o § 1º do art. 489 à decisão que aprecia o pedido de expedição do mandado monitório.

Art. 701. Sendo evidente o direito do autor, o juiz deferirá a expedição de mandado de pagamento, de entrega de coisa ou para execução de obrigação de fazer ou de não fazer, concedendo ao réu prazo de 15 (quinze) dias para o cumprimento e o pagamento de honorários advocatícios de cinco por cento do valor atribuído à causa.

§ 1º O réu será isento do pagamento de custas processuais se cumprir o mandado no prazo.

§ 2º Constituir-se-á de pleno direito o título executivo judicial, independentemente de qualquer formalidade, se não realizado o pagamento e não apresentados os embargos previstos no art. 702, observando-se, no que couber, o Título II do Livro I da Parte Especial.

§ 3º É cabível ação rescisória da decisão prevista no *caput* quando ocorrer a hipótese do § 2º.

§ 4º Sendo a ré Fazenda Pública, não apresentados os embargos previstos no art. 702, aplicar-se-á o disposto no art. 496, observando-se, a seguir, no que couber, o Título II do Livro I da Parte Especial.

§ 5º Aplica-se à ação monitória, no que couber, o art. 916.

Notas:

Poderá o devedor, no entanto, após citado validamente, adotar a seguinte conduta:

I) continuar inerte: nessa hipótese, restando silente, forma-se o título executivo de natureza judicial, transformando o mandado inicial em mandado executivo e dando continuidade à execução para entrega de coisa, por quantia certa ou execução da obrigação de fazer ou de não fazer, tudo por meio do procedimento do cumprimento da sentença.

Insta ressaltar que o mais coerente é que, uma vez decorrido prazo de 15 (quinze) dias sem apresentação de embargos pelo réu, seja expedido novo mandado, citando-se agora o devedor para entregar coisa, para pagar quantia determinada, propiciando oportunidade para oferecimento de bens à penhora e embargos à execução.

Importante observar que no procedimento em tela, os efeitos são mais gravosos que no procedimento comum. Isso se deve ao fato de que no rito monitório a rebeldia do réu resulta de imediato, a emissão de provimento favorável ao autor, constituindo o título executivo de maneira abreviada.

II) cumprir o mandado, entregando a coisa, pagando a soma em dinheiro ou executando a obrigação de fazer ou de não fazer: ocorrendo, nesse caso, a devida extinção do processo, isentando-se o réu das custas e honorários advocatícios.

Ainda que pese o já reconhecimento da *Lex* novata acerca da temática, fato é que o procedimento monitório, da mesma forma que no rito comum, possibilitará a cognição plena verdadeiramente, desde que o próprio ente público ofereça, como de direito, os respectivos embargos monitórios, ratificando, nas palavras Nery Júnior, que o óbice "de que não haveria título executivo contra a Fazenda não pode ser aceito porque a decisão que defere a expedição do mandado tem eficácia de *título executivo judicial*, caso não haja interposição de embargos."[398]

O problema que deve ser colocado aqui se refere não propriamente ao cabimento em si, mas a utilidade da via monitória nesses casos, dado que, por ser caracterizado como um procedimento hábil para a consecução com brevidade da satisfação da obrigação reconhecida em prova escrita ou, diante da inércia do réu, a obtenção de título executivo judicial, difícil seria prever tal comportamento por parte da Fazenda Pública, seja no aspecto da vontade e mesmo "voluntariedade" no cumprimento satisfativo, seja em meio à questão de ordem legal, essa, ressaltada por Theodoro Júnior, lembrando o autor que, a revelia não produz contra a Fazenda Pública o efeito de confissão aplicável

[398] NERY JÚNIOR, Nelson; ANDRADE NERY, Rosa Maria. *Código de Processo Civil Comentado e Legislação Extravagante*. 9. ed. São Paulo: RT, 2006, p. 1051.

ao comum dos demandados, conforme o art. 320, II, do CPC/1973,[399] correspondendo ao art. 344, II do CPC/2015.

Convém sobrelevar o § 5º do art. 701, este autorizador de novidade em sede de ação monitória, com a possibilidade do réu, uma vez reconhecendo o crédito do autor e comprovando o depósito de 30% (trinta por cento) do valor cobrado, mais custas e honorários advocatícios, requerer que seja admitido a pagar o restante em até 6 (seis) parcelas mensais acrescidas de correção monetária e juros de 1% (um por cento) ao mês (art. 916, *caput* do CPC/2015).

Neste caso, será o autor intimado para se manifestar sobre o preenchimento dos pressupostos acima aludidos (reconhecimento da dívida e referido depósito parcial), tendo o juiz 5 (cinco) dias para decidir sobre o requerimento do réu.

Enquanto não apreciado dito requerimento, o réu deverá depositar as parcelas vincendas, facultado ao autor seu levantamento.

Uma vez deferida a proposta, objeto do requerimento, o autor levantará a quantia depositada e será suspenso o processo até a completa quitação do débito, cabendo exclamar que o não pagamento de qualquer das prestações, acarretará de forma cumulativa, de acordo com o § 5º do art. 916, aplicando-se no que couber à ação monitória.

Enunciado das Jornadas de Direito Processual Civil do Conselho da Justiça Federal:

Nº 200 do CJF: Cabe agravo de instrumento da decisão interlocutória que determinar a emenda da petição inicial da ação monitória, para adequação ao procedimento comum, por ser decisão interlocutória de indeferimento de tutela da evidência.

Art. 702. Independentemente de prévia segurança do juízo, o réu poderá opor, nos próprios autos, no prazo previsto no art. 701, embargos à ação monitória.

§ 1º Os embargos podem se fundar em matéria passível de alegação como defesa no procedimento comum.

§ 2º Quando o réu alegar que o autor pleiteia quantia superior à devida, cumprir-lhe-á declarar de imediato o valor que entende correto, apresentando demonstrativo discriminado e atualizado da dívida.

§ 3º Não apontado o valor correto ou não apresentado o demonstrativo, os embargos serão liminarmente rejeitados, se esse for o seu único fundamento,

[399] THEODORO JÚNIOR, Humberto. *Curso de Direito Processual Civil*. Vol. III. 36. ed. Rio de Janeiro: Forense, 2006, p. 364.

e, se houver outro fundamento, os embargos serão processados, mas o juiz deixará de examinar a alegação de excesso.

§ 4º A oposição dos embargos suspende a eficácia da decisão referida no *caput* do art. 701 até o julgamento em primeiro grau.

§ 5º O autor será intimado para responder aos embargos no prazo de 15 (quinze) dias.

§ 6º Na ação monitória admite-se a reconvenção, sendo vedado o oferecimento de reconvenção à reconvenção.

§ 7º A critério do juiz, os embargos serão autuados em apartado, se parciais, constituindo-se de pleno direito o título executivo judicial em relação à parcela incontroversa.

§ 8º Rejeitados os embargos, constituir-se-á de pleno direito o título executivo judicial, prosseguindo-se o processo em observância ao disposto no Título II do Livro I da Parte Especial, no que for cabível.

§ 9º Cabe apelação contra a sentença que acolhe ou rejeita os embargos.

§ 10. O juiz condenará o autor de ação monitória proposta indevidamente e de má-fé ao pagamento, em favor do réu, de multa de até dez por cento sobre o valor da causa.

§ 11. O juiz condenará o réu que de má-fé opuser embargos à ação monitória ao pagamento de multa de até dez por cento sobre o valor atribuído à causa, em favor do autor.

Notas:

Tal como acontece com os embargos à execução, a interposição dos embargos monitórios não depende de segurança do juízo e ainda, de maneira particular, são processados nos próprios autos do processo monitório. Desse modo, indubitavelmente, coteja-se a admissibilidade de reconvenção e certamente, ao nosso entender, da intervenção de terceiros.

Ainda que a natureza dos Embargos Monitórios pese como matéria sempre controvertida em sede doutrinária, visto a dissonância em torno da similitude ou não dos destes com a contestação, levando, inclusive, o STJ editar a Súmula 292 a qual se reconhece o cabimento da reconvenção em sede de ação monitória, pois que, uma vez opostos os embargos monitórios, o procedimento tornar-se-ia ordinário, o CPC/2015 não perdeu a oportunidade de regular dita questão em seu texto.

Primeiro, ao afirmar, literalmente, que podem os embargos monitórios fundar em matérias passíveis de alegação usadas para defesa em sede de procedimento comum, *v.g.* aquelas contidas no art. 337 do CPC.

Acresce-se a estas, ônus ao réu quando alegar em sua defesa, que o autor está a pleitear quantia superior à devida.

Neste caso, cumprir-lhe-á declarar, de imediato, o valor que entender como correto, isso através de demonstrativo discriminando o valor da dívida devidamente atualizado.

Uma vez não apontando o valor correto, inclusive com a apresentação do supracitado demonstrativo, os embargos serão rejeitados liminarmente, caso seja somente este o argumento de defesa. Caso seja colacionado(s) outro(s), serão os embargos processados, no entanto, o magistrado deixará de analisar a aludida alegação de quantia excessiva.

Admite-se também, expressamente, a admissibilidade do manejo da reconvenção,[400] sendo vedada a oferta da reconvenção da reconvenção.

Ainda não se exclui a possibilidade das modalidades de intervenção de terceiros (ideia não uníssona na doutrina),[401] plenamente possível, sobretudo em casos de denunciação à lide ou chamamento ao processo,[402] mesmo que tal ideia tenha sido fundamentada à luz do CPC/1973.

Caso os embargos monitórios sejam parciais, i.e., atacando apenas parte da pretensão autoral, a critério do juiz, poderão ser processados em apartado, constituindo-se aí, de pleno direito, o título executivo judicial em relação à parcela não embargada.

Além disso, as normas de distribuição do ônus probatório continuam sem alteração, sendo importante ressaltar, que o embargante possui o ônus de comprovar os fatos impeditivos, modificativos ou extintivos do direito do autor da monitória.

---

400 "Processual Civil. Recurso Especial. Ação Monitória. Reconvenção. Admissibilidade. Segundo a *mens legis*, os embargos na ação monitória não têm 'natureza de ação', mas se identificam com a contestação. Não se confundem com os embargos do devedor, em execução fundada em título judicial ou extrajudicial, vez que inexiste ainda título executivo a ser desconstituído. Não pagando o devedor o mandado monitório, abre-lhe a faculdade de defender-se, oferecendo qualquer das espécies de respostas admitidas em direito para fazer frente à pretensão do autor. Os embargos ao mandado de pagamento ordinarizam o procedimento monitório e propiciam a instauração da cognição exauriente, regrados pelas disposições de procedimento comum. Não se vislumbra, por isso, qualquer incompatibilidade com a possibilidade de o réu oferecer reconvenção, desde que seja esta conexa com a ação principal ou com o fundamento da defesa. A tutela diferenciada introduzida pela ação monitória, que busca atingir, no menor espaço de tempo possível, a satisfação do direito lesado, não é incompatível com a ampla defesa do réu, que deve ser assegurada, inclusive pela via reconvencional. Recurso provido, na parte em que conhecido (STJ. 2ª Seção. REsp 222.937/SP. Rel. Min. Nancy Andrighi. Julg. 09.05.2001, *DJ* 02.02.2004, p. 265)."

401 WAMBIER, Luiz Rodrigues (Coord.). Ob. cit., p. 237.

402 *Ibidem*.

O título executivo será efetivamente constituído se os embargos forem rejeitados, tornando-se, a partir daí, possível ao credor executar o título pela via satisfativa do "Cumprimento da Sentença".

Tem-se como recurso cabível contra a sentença que acolhe ou rejeita os embargos, a apelação, sendo ela acolhida em ambos os efeitos, isto é, devolutivo e suspensivo.

No mesmo passo, uma vez proposta indevidamente e de má-fé a ação monitória, o autor será condenado à multa de até 10% sobre o valor da causa, esta em benefício do réu

Em respeito à boa-fé processual e nos trilhos do que se espera da cooperação dos partícipes do processo para uma efetiva prestação jurisdicional qualitativa, inclusive em seu conteúdo, estabelece o legislador que uma vez interposto os Embargos de má-fé, o juiz condenará o réu ao pagamento de multa de até 10% sobre o valor atribuído a causa, sendo esta em favor do autor.

Súmula:

STJ nº 292: A reconvenção é cabível na ação monitória, após a conversão do procedimento em ordinário.

Enunciado das Jornadas de Direito Processual Civil do Conselho da Justiça Federal:

Nº 134 do CJF: A apelação contra a sentença que julga improcedentes os embargos ao mandado monitório não é dotada de efeito suspensivo automático (art. 702, § 4º, e 1.012, § 1º, V, CPC).

CAPÍTULO XII
DA HOMOLOGAÇÃO DO PENHOR LEGAL

Art. 703. Tomado o penhor legal nos casos previstos em lei, requererá o credor, ato contínuo, a homologação.

§ 1º Na petição inicial, instruída com o contrato de locação ou a conta pormenorizada das despesas, a tabela dos preços e a relação dos objetos retidos, o credor pedirá a citação do devedor para pagar ou contestar na audiência preliminar que for designada.

§ 2º A homologação do penhor legal poderá ser promovida pela via extrajudicial mediante requerimento, que conterá os requisitos previstos no § 1º deste artigo, do credor a notário de sua livre escolha.

§ 3º Recebido o requerimento, o notário promoverá a notificação extrajudicial do devedor para, no prazo de 5 (cinco) dias, pagar o débito ou impugnar sua cobrança, alegando por escrito uma das causas previstas no art. 704, hipótese em que o procedimento será encaminhado ao juízo competente para decisão.

§ 4º Transcorrido o prazo sem manifestação do devedor, o notário formalizará a homologação do penhor legal por escritura pública.

Notas:

Por força do art. 1.467 do Código Civil, todas as dívidas contraídas perante hospedeiros ou donos de prédio rústico ou urbano estão asseguradas pelo penhor legal, independentemente de convenção ou ajuste prévio entre as partes.

Dessa feita, malogrado o pagamento devido, tais credores poderão tomar posse, respectivamente, dos bens dos seus fregueses ou inquilinos, desde que suficientes para cobrir o débito e, ato contínuo, deverão requerer a homologação judicial do penhor realizado – é o que prescrevem, em uníssono, os arts. 1.471 do Código Civil e 703, do Código de Processo Civil.

Colocando em relevo a virtude de sua organicidade, o CPC/2015, como se pode depreender, acostou a "Homologação do Penhor legal" no rol dos procedimentos especiais, portanto, respeitando a devida coerência.

Ainda assim, o novato *Codex* pôde avançar na matéria, ao contemplar a possibilidade de promoção da homologação do penhor legal em sede extrajudicial, através de requerimento junto ao notário cartorário de livre escolha do credor (§ 2º), conforme se verá.

Na esfera judicial, inicia-se o procedimento com a apresentação da petição inicial que conterá: o contrato de locação ou a conta pormenorizada das despesas, a tabela dos preços, a relação dos objetos retidos e o pedido de citação do devedor para pagar ou contestar a ação na audiência preliminar que for designada.

Poderá a homologação do penhor legal se dar pela via extrajudicial.

Neste âmbito, através de requerimento do credor junto ao notário cartorário de sua livre escolha, onde deverá conter todos os requisitos já pontuados acima pelo § 1º, promoverá o notário escolhido a devida notificação extrajudicial do devedor, a fim de que este possa, no prazo de 5 (cinco) dias, quitar o débito ou impugnar a respectiva cobrança.

Uma vez escolhendo o devedor impugnar a presente cobrança, deverá ele alegar qualquer das matérias prevista no art. 704, hipótese em que o procedimento será encaminhado pelo cartório ao juízo competente, a fim de que seja devidamente julgado.

Uma vez transcorrido o prazo supracitado sem qualquer manifestação do devedor, caberá ao notário formalizar a homologação de penhor legal por meio de escritura pública.

Cf. os arts. 1.467 a 1.472 do Código Civil.

Enunciado do Fórum Permanente de Processualistas Civis:

Nº 73 do FPPC: No caso de homologação do penhor legal promovida pela via extrajudicial, incluem-se nas contas do crédito as despesas com o notário, constantes do § 2º do art. 703.

Art. 704. A defesa só pode consistir em:

I – nulidade do processo;

II – extinção da obrigação;

III – não estar a dívida compreendida entre as previstas em lei ou não estarem os bens sujeitos a penhor legal;

IV – alegação de haver sido ofertada caução idônea, rejeitada pelo credor.

Notas:

Citado o devedor, caberá ao juiz a avaliação da defesa que, contudo, ficará restrita às seguintes matérias: nulidade do processo, extinção da obrigação, não estar a dívida compreendida entre as previstas por lei ou não estarem os bens sujeitos ao penhor legal, alegação de haver sido ofertada caução idônea, rejeitada pelo credor.

Enunciado do Fórum Permanente de Processualistas Civis:

Nº 74 do FPPC: No rol do art. 704, que enumera as matérias de defesa da homologação do penhor legal, deve-se incluir a hipótese do art. 1.468 do Código Civil, não tendo o CPC revogado o citado dispositivo.

Art. 705. A partir da audiência preliminar, observar-se-á o procedimento comum.

Notas:

Após a aludida audiência preliminar, será observado o procedimento comum.

Art. 706. Homologado judicialmente o penhor legal, consolidar-se-á a posse do autor sobre o objeto.

§ 1º Negada a homologação, o objeto será entregue ao réu, ressalvado ao autor o direito de cobrar a dívida pelo procedimento comum, salvo se acolhida a alegação de extinção da obrigação.

§ 2º Contra a sentença caberá apelação, e, na pendência de recurso, poderá o relator ordenar que a coisa permaneça depositada ou em poder do autor.

Notas:

Proferida a sentença no procedimento em tela, caberá a parte contrariada com o *decisium* interpor o recurso da apelação, valendo ressaltar que na pendência da mesma, é facultado ao relator ordenar que a coisa em litígio permaneça depositada em poder do autor da demanda.

Interessante notar que, consoante ao art. 1.428 do Código Civil, o penhor legal não autoriza o assenhoreamento definitivo dos bens pelo credor, objetivando a quitação da dívida.

CAPÍTULO XIII
DA REGULAÇÃO DE AVARIA GROSSA

Notas:

Em sede de Direito Marítimo, encontram-se dois tipos básicos de avarias: a denominada avaria simples, conhecida também por particular, e avaria grossa, igualmente denominada avaria comum, *ex vi* do art. 763 do Código Comercial.

Em sentido amplo, entende-se por avaria o dano havido ao bem confiado para transporte, ou seja, o prejuízo material resultante do transporte.

Nota-se que se trata de uma das modalidades de dano em transporte marítimo de cargas, caracterizando o inadimplemento contratual do transportador (a outra modalidade de dano é a falta na descarga, também conhecida por extravio de carga).

Avaria grossa é aquela voluntariamente causada pelo capitão do navio com o propósito de evitar o mal maior, desde que o perigo arrostado não tenha sido causado pelo próprio comandante, tripulação ou equiparados.[403] [404]

---

403 Ver sobre o assunto, CREMONESE, Paulo Henrique. *Prática de Direito Marítimo*. 2 ed. São Paulo: Quartier Latim, 2012, p. 293 e ss.

404 Ver artigo 764 do Código Comercial:

"Art. 764 – São avarias grossas:

1 – Tudo o que se dá ao inimigo, corsário ou pirata por composição ou a título de resgate do navio e fazendas, conjunta ou separadamente

2 – As coisas alijadas para salvação comum.

3 – Os cabos, mastros, velas e outros quaisquer aparelhos deliberadamente cortados, ou partidos por força de vela para salvação do navio e carga.

4 – As âncoras, amarras e quaisquer outras coisas abandonadas para salvamento ou benefício comum.

5 – Os danos causados pelo alijamento às fazendas restantes a bordo.

Art. 707. Quando inexistir consenso acerca da nomeação de um regulador de avarias, o juiz de direito da comarca do primeiro porto onde o navio houver chegado, provocado por qualquer parte interessada, nomeará um de notório conhecimento.

Notas:

O CPC procurou regular a supracitada avaria grossa, mais precisamente na nomeação de regulador (arbitrador) das avarias para que as respectivas responsabilidades decorrentes da sua ocorrência sejam devidamente repartidas entre quem de direito.

Assim, expressa o artigo, no sentido de que diante da inexistência de consenso quanto à nomeação de um regulador de avarias, o juiz de direito da comarca

---

6 – Os danos feitos deliberantemente ao navio para facilitar a evacuação d'água e os danos acontecidos por esta ocasião à carga.

7 – O tratamento, curativo, sustento e indenizações da gente da tripulação ferida ou mutilada defendendo o navio.

8 – A indenização ou resgate da gente da tripulação mandada ao mar ou à terra em serviço do navio e da carga, e nessa ocasião aprisionada ou retida.

9 – As soldadas e sustento da tripulação durante arribada forçada.

10 – Os direitos de pilotagem, e outros de entrada e saída num porto de arribada forçada.

11 – Os aluguéis de armazéns em que se depositem, em porto de arribada forçada, as fazendas que não puderem continuar a bordo durante o conserto do navio.

12 – As despesas da reclamação do navio e carga feitas conjuntamente pelo capitão numa só instância, e o sustento e soldadas da gente da tripulação durante a mesma reclamação, uma vez que o navio e carga sejam relaxados e restituídos.

13 – Os gastos de descarga, e salários para aliviar o navio e entrar numa barra ou porto, quando o navio é obrigado a fazê-lo por borrasca, ou perseguição de inimigo, e os danos acontecidos às fazendas pela descarga e recarga do navio em perigo.

14 – Os danos acontecidos ao corpo e quilha do navio, que premeditadamente se faz varar para prevenir perda total, ou presa do inimigo.

15 – As despesas feitas para pôr a nado o navio encalhado, e toda a recompensa por serviços extraordinários feitos para prevenir a sua perda total, ou presa.

16 – As perdas ou danos sobrevindos às fazendas carregadas em barcas ou lanchas, em consequência de perigo.

17 – As soldadas e sustento da tripulação, se o navio depois da viagem começada é obrigado a suspendê-la por ordem de potência estrangeira, ou por superveniência de guerra; e isto por todo o tempo que o navio e carga forem impedidos.

18 – O prêmio do empréstimo a risco, tomado para fazer face a despesas que devam entrar na regra de avaria grossa.

19 – O prêmio do seguro das despesas de avaria grossa, e as perdas sofridas na venda da parte da carga no porto de arribada forçada para fazer face às mesmas despesas.

20 – As custas judiciais para regular as avarias, e fazer a repartição das avarias grossas.

21 – As despesas de uma quarentena extraordinária.

do primeiro porto onde o navio houver chegado, devidamente provocado por qualquer parte interessada, nomeará um de notório conhecimento.

Enunciado do Fórum Permanente de Processualistas Civis:

Nº 75 do FPPC: No mesmo ato em que nomear o regulador da avaria grossa, o juiz deverá determinar a citação das partes interessadas.

Art. 708. O regulador declarará justificadamente se os danos são passíveis de rateio na forma de avaria grossa e exigirá das partes envolvidas a apresentação de garantias idôneas para que possam ser liberadas as cargas aos consignatários.

§ 1º A parte que não concordar com o regulador quanto à declaração de abertura da avaria grossa deverá justificar suas razões ao juiz, que decidirá no prazo de 10 (dez) dias.

§ 2º Se o consignatário não apresentar garantia idônea a critério do regulador, este fixará o valor da contribuição provisória com base nos fatos narrados e nos documentos que instruírem a petição inicial, que deverá ser caucionado sob a forma de depósito judicial ou de garantia bancária.

§ 3º Recusando-se o consignatário a prestar caução, o regulador requererá ao juiz a alienação judicial de sua carga na forma dos arts. 879 a 903.

§ 4º É permitido o levantamento, por alvará, das quantias necessárias ao pagamento das despesas da alienação a serem arcadas pelo consignatário, mantendo-se o saldo remanescente em depósito judicial até o encerramento da regulação.

Notas:

Uma vez sendo nomeado o regulador, este declarará justificadamente se os danos são passíveis de rateio na forma de avaria grossa, devendo exigir das partes envolvidas no caso, a apresentação de garantias idôneas para que possam ser liberadas as cargas aos respectivos consignatários.

Caso a parte discorde do regulador quanto à declaração de avaria grossa, deverá ela justificar suas razões ao juízo, este que decidirá sobre a questão no prazo de 10 (dez) dias.

Quanto à prestação de caução pelo consignatário para fins de liberação de carga, caso ele recusar tal, o regulador requererá ao magistrado a alienação judicial da carga na forma prescrita nos arts. 879 a 903 do CPC (§ 3º). Neste caso, será permitido om levantamento por alvará, das quantias necessárias ao pagamento das despesas da alienação, estas a serem arcadas pelo consignatário, mantendo-se o saldo remanescente em depósito judicial até o encerramento da regulação (§ 4º).

Art. 709. As partes deverão apresentar nos autos os documentos necessários à regulação da avaria grossa em prazo razoável a ser fixado pelo regulador.

Notas:

É dever das partes, conforme dita o presente dispositivo, apresentar nos autos os documentos necessários à regulação da avaria grossa, tudo em prazo razoável a ser estipulado pelo regulador.

Art. 710. O regulador apresentará o regulamento da avaria grossa no prazo de até 12 (doze) meses, contado da data da entrega dos documentos nos autos pelas partes, podendo o prazo ser estendido a critério do juiz.

§ 1º Oferecido o regulamento da avaria grossa, dele terão vista as partes pelo prazo comum de 15 (quinze) dias, e, não havendo impugnação, o regulamento será homologado por sentença.

§ 2º Havendo impugnação ao regulamento, o juiz decidirá no prazo de 10 (dez) dias, após a oitiva do regulador.

Notas:

Caberá ao regulador apresentar o respectivo regulamento da avaria grossa no lapso temporal de 12 (doze) meses, isso contado da data da entrega dos documentos pelas partes, valendo ressaltar que o aludido prazo poderá ser estendido a critério do juiz.

Uma vez oferecido o regulamento da avaria grossa, as partes terão vista do mesmo pelo prazo comum de 15 (quinze) dias, e, caso não haja impugnação, o regulamento será homologado por sentença. Do contrário, ou seja, ocorrendo impugnação ao regulamento, caberá ao órgão julgador decidir no prazo de 10 (dez) dias, isso após a oitiva do regulador.

Art. 711. Aplicam-se ao regulador de avarias os arts. 156 a 158, no que couber.

Notas:

No tocante ao regulador de avarias, aplicar-se-ão os arts. 156 a 158 do CPC, estes referentes à figura do perito (art. 711).

CAPÍTULO XIV
DA RESTAURAÇÃO DE AUTOS

Art. 712. Verificado o desaparecimento dos autos, eletrônicos ou não, pode o juiz, de ofício, qualquer das partes ou o Ministério Público, se for o caso, promover-lhes a restauração.

Parágrafo único. Havendo autos suplementares, nesses prosseguirá o processo.

Notas:

Denomina-se restauração de autos o procedimento especial que tem por objetivo a recomposição de autos eletrônicos ou não, desaparecidos mediante cópias, certidões e quaisquer outros documentos.

A validade da relação processual só ocorre por meio da sucessão de atos praticados que formam o processo (procedimento), que puder ser provada documentalmente e isto se dá por meio dos autos do processo, ou seja, da representação gráfica do instrumento "processo".

Assim, por mais que a sentença tenha sido proferida, só será viável sua comprovação, p.ex., a título de execução do julgado, caso tenha comprovação de sua existência, encontrando lugar aí o presente procedimento especial.

O juiz, de ofício, as partes e o Ministério Público, este último nas causas autorizadas para sua intervenção, possuem legitimidade para requerer a restauração.

Portanto, diante do desaparecimento dos originais, restará tal solução, justificando, inclusive, a própria serventia dos denominados "autos suplementares". Conclui-se, por isso, que o cabimento do rito de restauração dos autos terá lugar sempre quando da inexistência dos aludidos autos suplementares.

Art. 713. Na petição inicial, declarará a parte o estado do processo ao tempo do desaparecimento dos autos, oferecendo:

I – certidões dos atos constantes do protocolo de audiências do cartório por onde haja corrido o processo;

II – cópia das peças que tenha em seu poder;

III – qualquer outro documento que facilite a restauração.

Notas:

O dispositivo em destaque trata dos conteúdos aos quais deverá o requerente acostar na petição inicial em sede de restauração dos autos, sendo necessário declarar o estado da causa ao tempo do desaparecimento dos autos.

Art. 714. A parte contrária será citada para contestar o pedido no prazo de 5 (cinco) dias, cabendo-lhe exibir as cópias, as contrafés e as reproduções dos atos e dos documentos que estiverem em seu poder.

§ 1º Se a parte concordar com a restauração, lavrar-se-á o auto que, assinado pelas partes e homologado pelo juiz, suprirá o processo desaparecido.

§ 2º Se a parte não contestar ou se a concordância for parcial, observar-se-á o procedimento comum.

Notas:

Será a parte *ex adversa* citada para contestar o pedido no prazo de 5 (cinco) dias, cabendo-lhe a exibição das cópias, contrafés e demais reproduções dos atos e documentos que, certamente, estiverem em seu poder.

Art. 715. Se a perda dos autos tiver ocorrido depois da produção das provas em audiência, o juiz, se necessário, mandará repeti-las.

§ 1º Serão reinquiridas as mesmas testemunhas, que, em caso de impossibilidade, poderão ser substituídas de ofício ou a requerimento.

§ 2º Não havendo certidão ou cópia do laudo, far-se-á nova perícia, sempre que possível pelo mesmo perito.

§ 3º Não havendo certidão de documentos, esses serão reconstituídos mediante cópias ou, na falta dessas, pelos meios ordinários de prova.

§ 4º Os serventuários e os auxiliares da justiça não podem eximir-se de depor como testemunhas a respeito de atos que tenham praticado ou assistido.

§ 5º Se o juiz houver proferido sentença da qual ele próprio ou o escrivão possua cópia, esta será juntada aos autos e terá a mesma autoridade da original.

Notas:

Poderá a restauração se realizar na íntegra ou em parte dos autos.

No caso do dispositivo em tela, caso a perda ocorrer após a produção de provas em audiência, caso seja necessário, caberá ao juiz mandar repeti-las e é nestes termos que o texto trata.

Art. 716. Julgada a restauração, seguirá o processo os seus termos.

Parágrafo único. Aparecendo os autos originais, neles se prosseguirá, sendo-lhes apensados os autos da restauração.

Notas:

Uma vez julgada a restauração, o processo prosseguirá. Outrossim, caso apareça os autos do processo originário, será nesse o prosseguimento, apensando-lhe os autos da respectiva restauração.

Enunciado do Fórum Permanente de Processualistas Civis:

Nº 76 do FPPC: Localizados os autos originários, neles devem ser praticados os atos processuais subsequentes, dispensando-se a repetição dos atos que tenham sido ultimados nos autos da restauração, em consonância com a garantia constitucional da duração razoável do processo (CF/88, 5º, LXXVIII) e inspiração no art. 964 do CPC português.

Art. 717. Se o desaparecimento dos autos tiver ocorrido no tribunal, o processo de restauração será distribuído, sempre que possível, ao relator do processo.

§ 1º A restauração far-se-á no juízo de origem quanto aos atos nele realizados.

§ 2º Remetidos os autos ao tribunal, nele completar-se-á a restauração e proceder-se-á ao julgamento.

Notas:

O artigo em comento trata da competência para o conhecimento da restauração dos autos.

Assim, caso o desaparecimento ocorra em sede de tribunal, o processo de restauração será nele distribuído e, sempre que possível, ao relator do processo.

Lado outro, a restauração será processada no juízo de origem quanto aos atos nele realizados.

Uma vez enviados os autos do processo ao tribunal, nele completar-se-á a restauração e proceder-se-á ao julgamento.

Art. 718. Quem houver dado causa ao desaparecimento dos autos responderá pelas custas da restauração e pelos honorários de advogado, sem prejuízo da responsabilidade civil ou penal em que incorrer.

Notas:

Insta ressaltar aqui que quem der causa ao desaparecimento dos autos (seja os originais e/ou suplementares), responderá pelas custas da restauração dos mesmos, bem como dos honorários advocatícios. Ainda assim, não ficará livre das responsabilidades civil e penal que, eventualmente, incorrer.

CAPÍTULO XV
DOS PROCEDIMENTOS DE JURISDIÇÃO VOLUNTÁRIA

Seção I
Disposições Gerais

Art. 719. Quando este Código não estabelecer procedimento especial, regem os procedimentos de jurisdição voluntária as disposições constantes desta Seção.

Notas:

Em Regra, quando o Código de Processo Civil não prescrever procedimento especial específico, o rito que veremos abaixo será aquele a ser adotado em sede de jurisdição voluntária.

Art. 720. O procedimento terá início por provocação do interessado, do Ministério Público ou da Defensoria Pública, cabendo-lhes formular o pedido devidamente instruído com os documentos necessários e com a indicação da providência judicial.

Notas:

O procedimento terá seu início com provocação do interessado, do Ministério Público ou da Defensoria Pública. O pedido deverá estar devidamente instruído com os documentos necessários assim como a indicação da providência judicial necessitada.

Enunciado das Jornadas de Direito Processual Civil do Conselho da Justiça Federal:

Nº 56 do CJF: A legitimidade conferida à Defensoria Pública pelo art. 720 do CPC compreende as hipóteses de jurisdição voluntária previstas na legislação extravagante, notadamente no Estatuto da Criança e do Adolescente

Art. 721. Serão citados todos os interessados, bem como intimado o Ministério Público, nos casos do art. 178, para que se manifestem, querendo, no prazo de 15 (quinze) dias.

Notas:

Quanto aos atos de comunicação, serão citados todos os interessados, assim como intimado o Ministério Público nos casos do art. 178, para que se manifestem, querendo, sempre no prazo de 15 (quinze) dias, instrumentalizando-se aí no sagrado contraditório.

Enunciado das Jornadas de Direito Processual Civil do Conselho da Justiça Federal:

Nº 178 do CJF: No procedimento de alteração de regime de bens, a intimação do Ministério Público prevista no art. 734, § 1º, do CPC somente se dará nos casos dos arts. 178 e 721 do CPC.

Art. 722. A Fazenda Pública será sempre ouvida nos casos em que tiver interesse.

Notas:

Nos procedimentos de jurisdição voluntária, será a Fazenda Pública sempre ouvida nos casos em que tiver interesse, ou seja, quando o assunto possa repercutir em seu interesse processual para justificar sua participação, *v.g.*, em questões envoltas à incidência tributária decorrente de negócio tipicamente realizado em procedimento regulado em sede de tal jurisdição.[405]

Art. 723. O juiz decidirá o pedido no prazo de 10 (dez) dias.

Parágrafo único. O juiz não é obrigado a observar critério de legalidade estrita, podendo adotar em cada caso a solução que considerar mais conveniente ou oportuna.

Notas:

O magistrado decidirá o pedido no prazo de 10 (dez) dias, cabendo ainda sublinhar que não estará ele obrigado a observar o critério de legalidade estrita, podendo adotar diante de cada caso a solução que considerar mais conveniente ou oportuna, logicamente, com respeito à devida fundamentação adequada para tal.

Enunciado do Fórum Permanente de Processualistas Civis:

Nº 640 do FPPC: O disposto no parágrafo único do art. 723 não exime o juiz de observar o disposto nos §§ 1º e 2º do art. 489.

Art. 724. Da sentença caberá apelação.

Notas:

Aplica-se aqui o procedimento previsto no art. 1.009 e ss. do CPC.

---

405 No mesmo sentido, MEDINA, José Miguel Garcia. *Novo Código de Processo Civil Comentado.* São Paulo: RT, 2015, p. 980.

Art. 725. Processar-se-á na forma estabelecida nesta Seção o pedido de:

I - emancipação;

II - sub-rogação;

III - alienação, arrendamento ou oneração de bens de crianças ou adolescentes, de órfãos e de interditos;

IV - alienação, locação e administração da coisa comum;

V - alienação de quinhão em coisa comum;

VI - extinção de usufruto, quando não decorrer da morte do usufrutuário, do termo da sua duração ou da consolidação, e de fideicomisso, quando decorrer de renúncia ou quando ocorrer antes do evento que caracterizar a condição resolutória;

VII - expedição de alvará judicial;

VIII - homologação de autocomposição extrajudicial, de qualquer natureza ou valor.

Parágrafo único. As normas desta Seção aplicam-se, no que couber, aos procedimentos regulados nas seções seguintes.

Notas:

Quanto aos procedimentos especiais de jurisdição voluntária que se verá a seguir, aplica-se, no que couber, o rito que até este momento fora colocado em comento, como se nota do art. 725, parágrafo único.

Seção II
Da Notificação e da Interpelação

Notas:

A finalidade dessas medidas reside na obtenção de publicidade para a declaração de intenção do requerente, de forma a impedir que o intimado alegue desconhecimento ou boa-fé, quando da realização do negócio que se busca protestar. Aliás, ressalte-se que tais providências não têm o condão de inviabilizar nenhuma transação, ainda que concernente à alienação de bens, ficando o seu questionamento, se for o caso, sujeito à propositura da ação judicial cabível.[406]

[406] Ao lado das situações eletivas, por meio das quais restará ao interessado a decisão sobre a necessidade ou não de valer-se desses procedimentos, existem outras hipóteses para as quais a lei impõe a utilização da notificação ou da interpelação, como pré-requisito para o exercício de alguma ação ou direito. É o que ocorre com as ações de despejo, se indeterminado o prazo da locação (Lei n. 8.245/91, art. 46, § 2º), ou com a constituição em mora do devedor de obrigação sem prazo determinado (art. 397, parágrafo único, do Código Civil).

Importante ainda ressaltar que tais medidas podem ser realizadas na modalidade extrajudicial.

Art. 726. Quem tiver interesse em manifestar formalmente sua vontade a outrem sobre assunto juridicamente relevante poderá notificar pessoas participantes da mesma relação jurídica para dar-lhes ciência de seu propósito.

§ 1º Se a pretensão for a de dar conhecimento geral ao público, mediante edital, o juiz só a deferirá se a tiver por fundada e necessária ao resguardo de direito.

§ 2º Aplica-se o disposto nesta Seção, no que couber, ao protesto judicial.

Notas:

Trata dispositivo em comento do interesse na manifestação formal da vontade sobre outrem, em assunto tido como juridicamente relevante – logicamente aqui, cravado em um conceito jurídico indeterminado – terá a faculdade de notificar partícipes da mesma relação jurídica para dar-lhes ciência de seu propósito.

Lado outro, caso a pretensão venha ser a de dar conhecimento geral ao público, mediante edital, o magistrado somente a deferirá caso esteja ela fundada e se mostre necessária ao resguardo de direito.

Vale ainda pontuar que, no que couber em tal seara, aplicado será ao protesto judicial (§ 2º do art. 726).

Art. 727. Também poderá o interessado interpelar o requerido, no caso do art. 726, para que faça ou deixe de fazer o que o requerente entenda ser de seu direito.

Notas:

Poder-se-á interpelar o requerido para que o mesmo faça ou deixe de fazer algo ao qual o requerente entenda ser seu de direito.

Art. 728. O requerido será previamente ouvido antes do deferimento da notificação ou do respectivo edital:

I – se houver suspeita de que o requerente, por meio da notificação ou do edital, pretende alcançar fim ilícito;

II – se tiver sido requerida a averbação da notificação em registro público.

Notas:

Será o requerido previamente ouvido antes do deferimento da notificação ou do respectivo edital nos casos arrolados no presente inciso, respeitando-se assim o devido contraditório.

Art. 729. Deferida e realizada a notificação ou interpelação, os autos serão entregues ao requerente.

Notas:

Realizado o procedimento da notificação ou interpelação, serão os autos entregues ao requerente da medida.

Seção III
Da Alienação Judicial

Art. 730. Nos casos expressos em lei, não havendo acordo entre os interessados sobre o modo como se deve realizar a alienação do bem, o juiz, de ofício ou a requerimento dos interessados ou do depositário, mandará aliená-lo em leilão, observando-se o disposto na Seção I deste Capítulo e, no que couber, o disposto nos arts. 879 a 903.

Notas:

A Alienação Judicial se faz regulada no CPC/2015 por meio do art. 730.

Tem como finalidade a alienação de bens quando não houver concordância entre os interessados sobre o modo como se deve realizar a alienação do específico bem.

Assim, o magistrado, de ofício ou a requerimento dos interessados ou do depositário, mandará aliená-lo em leilão, observando-se o disposto na Seção I do Capítulo XV ("Dos Procedimentos de Jurisdição Voluntária"), do qual já realizamos comentários, aplicando ainda e, no que couber, o disposto nos arts. 879 a 903 do CPC ("Da Alienação").

Remissão:

– Art. 142, I e § 3º da Lei nº 11.101/2005, com a redação dada pela Lei nº 14.112/2020:

"Art. 142. A alienação de bens dar-se-á por uma das seguintes modalidades:

I – leilão eletrônico, presencial ou híbrido;

(...)

§ 3º Ao leilão eletrônico, presencial ou híbrido aplicam-se, no que couber, as regras da Lei nº 13.105, de 16 de março de 2015 (Código de Processo Civil). (...)".

Seção IV
Do Divórcio e da Separação Consensuais, da Extinção Consensual de União Estável e da Alteração do Regime de Bens do Matrimônio

Notas:

Comumente, as formas utilizadas para dissolver a sociedade conjugal são o divórcio e a separação, e muito embora esta última não suspenda o vínculo matrimonial, tem o condão de interromper o complexo de direitos e obrigações inerentes à vida comum dos cônjuges, que compõem a sociedade conjugal. Além delas, também possui o efeito dissolutivo a extinção de união estável.

As ações de divórcio, separação judicial e extinção de união estável, são sempre pessoais e intransferíveis, de modo que a morte de qualquer dos cônjuges ou companheiros requer a imediata extinção do processo, sendo, portanto, suficiente para que a sociedade conjugal seja desconstituída, decretando-se, por isso, o seu final.

Apenas os cônjuges possuem iniciativa para propô-las. O procedimento, no caso de não haver consenso entre eles, será o de jurisdição contenciosa, mais precisamente as ações de família.

Por outro lado, sendo desejo de ambos o divórcio, a separação ou a extinção de união estável e havendo acordo sem divergências, o procedimento será o de jurisdição voluntária. Nessa modalidade de ação resta evidente o caráter juris-integrativo do Estado (Poder Judiciário) reconhecido na administração pública de interesses privados, visto que compete ao Estado-Juiz verificar se os pressupostos estão preenchidos e se é desejo efetivo de ambos os cônjuges.

Art. 731. A homologação do divórcio ou da separação consensuais, observados os requisitos legais, poderá ser requerida em petição assinada por ambos os cônjuges, da qual constarão:

I – as disposições relativas à descrição e à partilha dos bens comuns;

II – as disposições relativas à pensão alimentícia entre os cônjuges;

III – o acordo relativo à guarda dos filhos incapazes e ao regime de visitas; e

IV – o valor da contribuição para criar e educar os filhos.

Parágrafo único. Se os cônjuges não acordarem sobre a partilha dos bens, far-se-á esta depois de homologado o divórcio, na forma estabelecida nos arts. 647 a 658.

Remissão:

- Art. 226, § 6º da CF/ 1988.
- Lei nº 13.058/14 (Lei da guarda compartilhada).

Notas:

Para fins de homologação do divórcio, separação ou a extinção de união estável tida como consensuais, poderá qualquer delas ser requerida em petição assinada por ambos os cônjuges, desde que observados os devidos requisitos legais arrolados nos incisos em questão.

Súmulas:

STF nº 226: Na ação de desquite, os alimentos são devidos desde a inicial e não da data da decisão que os concede.

STF nº 379: No acordo de desquite não se admite renúncia aos alimentos, que poderão ser pleiteados ulteriormente, verificados os pressupostos legais.

Art. 732. As disposições relativas ao processo de homologação judicial de divórcio ou de separação consensuais aplicam-se, no que couber, ao processo de homologação da extinção consensual de união estável.

Notas:

À extinção consensual da união estável e sua devida homologação, aplicam-se as disposições relativas ao processo de homologação judicial de divórcio ou de separação consensuais no que couber.

Art. 733. O divórcio consensual, a separação consensual e a extinção consensual de união estável, não havendo nascituro ou filhos incapazes e observados os requisitos legais, poderão ser realizados por escritura pública, da qual constarão as disposições de que trata o art. 731.

§ 1º A escritura não depende de homologação judicial e constitui título hábil para qualquer ato de registro, bem como para levantamento de importância depositada em instituições financeiras.

§ 2º O tabelião somente lavrará a escritura se os interessados estiverem assistidos por advogado ou por defensor público, cuja qualificação e assinatura constarão do ato notarial.

Remissão:

- Lei nº 11.441/2007 (Altera dispositivos da Lei nº 5.869, de 11 de janeiro de 1973 – Código de Processo Civil), possibilitando a realização de inventário, partilha, separação consensual e divórcio consensual por via administrativa.

- Res. nº 35/2007 do CNJ (Disciplina a aplicação da Lei nº 11.441/07 pelos serviços notariais e de registro).

- Res. nº 175/2013 do CNJ (Dispõe sobre a habilitação, celebração de casamento civil, ou de conversão de união estável em casamento, entre pessoas de mesmo sexo).

- Prov. nº 37/2014 do CNJ (Dispõe sobre o registro de união estável, no Livro "E", por Oficial de Registro Civil das Pessoas Naturais).

Notas:

Tem-se ainda a modalidade extrajudicial para fins de operar o divórcio ou a separação na forma consensual, esta inaugurada pela Lei nº11.441/2007 e devidamente autorizada pelo art. 733 do CPC/2015, onde então, diante da pretensão de eventual separação, divórcio ou extinção de união estável consensuais, não havendo nascituro ou filhos menores ou incapazes do casal e observados os requisitos legais, poderão ditas pretensões ser realizadas por escritura pública, da qual constarão as disposições relativas à descrição e à partilha dos bens comuns e à pensão alimentícia, o acordo relativo à guarda dos filhos incapazes e ao regime de visitas, o valor da contribuição para criar e educar os filhos e, ainda, se for o caso, o acordo quanto à retomada pelo cônjuge de seu nome de solteiro ou à manutenção do nome adotado quando se deu o casamento.

A supracitada escritura não depende de homologação judicial e constitui título hábil para qualquer ato de registro, assim como para levantamento de eventuais importâncias depositadas em instituições financeiras (§ 1º do art. 733).

Vale ressaltar que o tabelião somente lavrará a escritura caso os interessados estiverem devidamente assistidos por advogado ou por defensor público, cuja qualificação e assinatura constarão do ato notarial, *ex vi* do § 2º do art. 733.

Art. 734. A alteração do regime de bens do casamento, observados os requisitos legais, poderá ser requerida, motivadamente, em petição assinada por ambos os cônjuges, na qual serão expostas as razões que justificam a alteração, ressalvados os direitos de terceiro.

§ 1º Ao receber a petição inicial, o juiz determinará a intimação do Ministério Público e a publicação de edital que divulgue a pretendida alteração de bens, somente podendo decidir depois de decorrido o prazo de 30 (trinta) dias da publicação do edital.

§ 2º Os cônjuges, na petição inicial ou em petição avulsa, podem propor ao juiz meio alternativo de divulgação da alteração do regime de bens, a fim de resguardar direitos de terceiros.

§ 3º Após o trânsito em julgado da sentença, serão expedidos mandados de averbação aos cartórios de registro civil e de imóveis e, caso qualquer dos cônjuges seja empresário, ao Registro Público de Empresas Mercantis e Atividades Afins.

Notas:

Quanto à alteração do regime de bens do casamento, poderá a mesma ser requerida, motivadamente, em petição assinada por ambos os cônjuges, na qual serão expostas as razões que justificam a alteração, ressalvados os direitos de terceiros, isso desde que observados os requisitos legais (art. 734, *caput*).

Nisso ao receber a petição inicial, o juiz determinará a intimação do Ministério Público e a publicação de edital que divulgue a pretendida alteração de bens, somente podendo decidir acerca do pedido de alteração do regime de bens após decorrido o prazo de 30 (trinta) dias da publicação do aludido edital.

Será possível também meio alternativo de divulgação alteração do regime de bens do casal. Para isso, os cônjuges, na petição inicial ou em petição avulsa, poderão propô-lo ao magistrado, tudo para fins de resguardar direitos de terceiros (§ 2º do art. 734). Trata de questão que, desde que em melhor e mais ampla divulgação do que a do edital seria possível seu aceite.

Frisa, por derradeiro, o § 3º do art. 734, ao prever que após o trânsito em julgado da sentença, expedidos serão os mandados de averbação aos cartórios de registro civil e de imóveis e, caso qualquer dos cônjuges seja empresário, também ao Registro Público de Empresas Mercantis e Atividades Afins.

Enunciado das Jornadas de Direito Processual Civil do Conselho da Justiça Federal:

Nº 178 do CJF: No procedimento de alteração de regime de bens, a intimação do Ministério Público prevista no art. 734, § 1º, do CPC somente se dará nos casos dos arts. 178 e 721 do CPC.

Seção V
Dos Testamentos e dos Codicilos

Notas:

Conforme a sua fonte, a sucessão pode ser legítima, quando decorre da lei, ou testamentária, no caso de disposição de última vontade expressa em testamento ou codicilo.

A sucessão poderá ser ainda, simultaneamente, legítima e testamentária, desde que o testamento não compreenda todos os bens do *de cujus*, sendo as regras da sucessão legítima utilizadas nos remanescentes.

Quando existir herdeiros necessários (descendentes, ascendentes e cônjuge), a liberdade de testar não será plena, visto não ser possível dispor de mais da metade de herança, mantendo-se, por isso, a legítima. Caso contrário, o testador poderá dispor de tudo o que lhe pertencer.

Diante do exposto, cabe-nos conceituar testamento como o ato de última vontade do autor da herança mediante o qual dispõe ele no todo ou em parte de seus bens para após sua morte, facultando-lhe realizar outras disposições.

No direito pátrio, admitem-se três modalidades de testamento ordinário – público, particular e cerrado – bem como três formas de testamento especial – marítimo, aeronáutico e militar.

Denomina-se testamento público aquele escrito por um tabelião em livro de notas, conforme a vontade do testador, na presença de duas testemunhas.

Já o testamento particular é totalmente escrito e assinado pelo testador. Além disso, deve ser lido e assinado por três testemunhas, considerando-se, nesse caso, a maneira menos segura de testar, visto que demanda confirmação, em juízo, pelas testemunhas após a abertura da sucessão.

Por fim, considera-se cerrado o testamento cujo conteúdo só é conhecido pelo próprio testador, devendo ser lavrado auto de aprovação por oficial público, depois de escrito, na presença de duas testemunhas (art. 1.868, I, do Código Civil).

Uma vez desconhecerem o conteúdo do documento, o oficial e as testemunhas somente darão autenticidade exterior ao mesmo. Em seguida, o documento será lacrado.

Tal modalidade testamentária, igualmente à anterior, é menos segura, já que se reputa revogado o testamento sempre que existir rompimento do lacre.

Ocorrendo o falecimento do autor da herança, ele será aberto pelo juiz que o fará registrar e arquivar em cartório, determinando o seu cumprimento se não achar vício externo que o torne suspeito de nulidade ou falsidade.

Cabe agora realçar que apenas em situações de emergência pode-se utilizar os testamentos marítimo, aeronáutico e militar.

Art. 735. Recebendo testamento cerrado, o juiz, se não achar vício externo que o torne suspeito de nulidade ou falsidade, o abrirá e mandará que o escrivão o leia em presença do apresentante.

§ 1º Do termo de abertura constarão o nome do apresentante e como ele obteve o testamento, a data e o lugar do falecimento do testador, com as respectivas provas, e qualquer circunstância digna de nota.

§ 2º Depois de ouvido o Ministério Público, não havendo dúvidas a serem esclarecidas, o juiz mandará registrar, arquivar e cumprir o testamento.

§ 3º Feito o registro, será intimado o testamenteiro para assinar o termo da testamentária.

§ 4º Se não houver testamenteiro nomeado ou se ele estiver ausente ou não aceitar o encargo, o juiz nomeará testamenteiro dativo, observando-se a preferência legal.

§ 5º O testamenteiro deverá cumprir as disposições testamentárias e prestar contas em juízo do que recebeu e despendeu, observando-se o disposto em lei.

Notas:

No caso de testamento cerrado, o juiz deverá inicialmente verificar se ele está intacto, sem rompimento do lacre ou se existe indícios de vícios externos indicativos de fraude. Após esse procedimento, abrirá o testamento e mandará que o escrivão o leia na presença do apresentante.

Do termo de abertura, constará o nome do apresentante, a maneira como ele obteve o testamento, a data e o lugar do falecimento do testador, com as respectivas provas, e qualquer circunstância digna de nota (parágrafo único do art. 735).

Quando os processos envolverem sucessão testamentária, o Ministério Público será ouvido.

Posteriormente à oitiva do MP, não ocorrendo qualquer constatação de vícios externos que tornem o testamento suspeito de nulidade ou falsidade, o magistrado ordenará seu registro e arquivamento, determinando seu cumprimento, tudo conforme o art. § 2º do art. 735.

Registrado, o testamenteiro nomeado será intimado a assinar o termo da testamentária. Caso não haja testamenteiro nomeado, se ele não aceitar o encargo, o juiz nomeará testamenteiro dativo, observando-se a preferência legal, conforme regra o § 4º do art. 735.

Remissão:

– Arts. 1.868 a 1.875 do Código Civil:

"Art. 1.868. O testamento escrito pelo testador, ou por outra pessoa, a seu rogo, e por aquele assinado, será válido se aprovado pelo tabelião ou seu substituto legal, observadas as seguintes formalidades:

I – que o testador o entregue ao tabelião em presença de duas testemunhas;

II – que o testador declare que aquele é o seu testamento e quer que seja aprovado;

III – que o tabelião lavre, desde logo, o auto de aprovação, na presença de duas testemunhas, e o leia, em seguida, ao testador e testemunhas;

IV – que o auto de aprovação seja assinado pelo tabelião, pelas testemunhas e pelo testador.

Parágrafo único. O testamento cerrado pode ser escrito mecanicamente, desde que seu subscritor numere e autentique, com a sua assinatura, todas as páginas.

Art. 1.869. O tabelião deve começar o auto de aprovação imediatamente depois da última palavra do testador, declarando, sob sua fé, que o testador lhe entregou para ser aprovado na presença das testemunhas; passando a cerrar e coser o instrumento aprovado.

Parágrafo único. Se não houver espaço na última folha do testamento, para início da aprovação, o tabelião aporá nele o seu sinal público, mencionando a circunstância no auto.

Art. 1.870. Se o tabelião tiver escrito o testamento a rogo do testador, poderá, não obstante, aprová-lo.

Art. 1.871. O testamento pode ser escrito em língua nacional ou estrangeira, pelo próprio testador, ou por outrem, a seu rogo.

Art. 1.872. Não pode dispor de seus bens em testamento cerrado quem não saiba ou não possa ler.

Art. 1.873. Pode fazer testamento cerrado o surdo-mudo, contanto que o escreva todo, e o assine de sua mão, e que, ao entregá-lo ao oficial público, ante as duas testemunhas, escreva, na face externa do papel ou do envoltório, que aquele é o seu testamento, cuja aprovação lhe pede.

Art. 1.874. Depois de aprovado e cerrado, será o testamento entregue ao testador, e o tabelião lançará, no seu livro, nota do lugar, dia, mês e ano em que o testamento foi aprovado e entregue.

Art. 1.875. Falecido o testador, o testamento será apresentado ao juiz, que o abrirá e o fará registrar, ordenando seja cumprido, se não achar vício externo que o torne eivado de nulidade ou suspeito de falsidade".

Art. 736. Qualquer interessado, exibindo o traslado ou a certidão de testamento público, poderá requerer ao juiz que ordene o seu cumprimento, observando-se, no que couber, o disposto nos parágrafos do art. 735.

Notas:

Trata o presente dispositivo da possibilidade de requerimento para cumprimento do testamento público.

Assim, poderá qualquer interessado, desde que exibindo o traslado ou a certidão de testamento, solicitar ao juiz o seu respectivo cumprimento.

Remissão:

– Arts. 1.864 a 1.867 do Código Civil:

"Art. 1.864. São requisitos essenciais do testamento público:

I – ser escrito por tabelião ou por seu substituto legal em seu livro de notas, de acordo com as declarações do testador, podendo este servir-se de minuta, notas ou apontamentos;

II – lavrado o instrumento, ser lido em voz alta pelo tabelião ao testador e a duas testemunhas, a um só tempo; ou pelo testador, se o quiser, na presença destas e do oficial;

III – ser o instrumento, em seguida à leitura, assinado pelo testador, pelas testemunhas e pelo tabelião.

Parágrafo único. O testamento público pode ser escrito manualmente ou mecanicamente, bem como ser feito pela inserção da declaração de vontade em partes impressas de livro de notas, desde que rubricadas todas as páginas pelo testador, se mais de uma.

Art. 1.865. Se o testador não souber, ou não puder assinar, o tabelião ou seu substituto legal assim o declarará, assinando, neste caso, pelo testador, e, a seu rogo, uma das testemunhas instrumentárias.

Art. 1.866. O indivíduo inteiramente surdo, sabendo ler, lerá o seu testamento, e, se não o souber, designará quem o leia em seu lugar, presentes as testemunhas.

Art. 1.867. Ao cego só se permite o testamento público, que lhe será lido, em voz alta, duas vezes, uma pelo tabelião ou por seu substituto legal, e a outra por uma das testemunhas, designada pelo testador, fazendo-se de tudo circunstanciada menção no testamento".

Art. 737. A publicação do testamento particular poderá ser requerida, depois da morte do testador, pelo herdeiro, pelo legatário ou pelo testamenteiro, bem como pelo terceiro detentor do testamento, se impossibilitado de entregá-lo a algum dos outros legitimados para requerê-la.

§ 1º Serão intimados os herdeiros que não tiverem requerido a publicação do testamento.

§ 2º Verificando a presença dos requisitos da lei, ouvido o Ministério Público, o juiz confirmará o testamento.

§ 3º Aplica-se o disposto neste artigo ao codicilo e aos testamentos marítimo, aeronáutico, militar e nuncupativo.

§ 4º Observar-se-á, no cumprimento do testamento, o disposto nos parágrafos do art. 735.

Notas:

Com relação ao testamento particular, sua publicação poderá ser requerida pelo legatário ou pelo testamenteiro, bem como pelo terceiro detentor do testamento, se impossibilitado de entregá-lo a algum dos outros legitimados para requerê-la, no entanto, somente podendo se realizar referida requisição após a morte do testador, em sintonia com o que dispõe o art. 737, *caput* do CPC.

Serão então intimados os herdeiros que não tiverem requerido a citada publicação do testamento particular (§ 1º do art. 737).

Verificando o magistrado a presença dos requisitos da lei, será ouvido o Ministério Público e, em seguida, confirmado será o testamento, sendo tal procedimento aplicado ao codicilo, e aos testamentos aeronáutico, militar e nuncupativo (§ 3º do art. 737).

Quanto ao cumprimento do testamento, afirma o § 4º do art. 737 que a ele serão aplicadas as regras dos parágrafos do art. 735.

Remissão:

– Arts. 1.876 a 1.880 do Código Civil:

"Art. 1.876. O testamento particular pode ser escrito de próprio punho ou mediante processo mecânico.

§ 1º Se escrito de próprio punho, são requisitos essenciais à sua validade seja lido e assinado por quem o escreveu, na presença de pelo menos três testemunhas, que o devem subscrever.

§ 2º Se elaborado por processo mecânico, não pode conter rasuras ou espaços em branco, devendo ser assinado pelo testador, depois de o ter lido na presença de pelo menos três testemunhas, que o subscreverão.

Art. 1.877. Morto o testador, publicar-se-á em juízo o testamento, com citação dos herdeiros legítimos.

Art. 1.878. Se as testemunhas forem contestes sobre o fato da disposição, ou, ao menos, sobre a sua leitura perante elas, e se reconhecerem as próprias assinaturas, assim como a do testador, o testamento será confirmado.

Parágrafo único. Se faltarem testemunhas, por morte ou ausência, e se pelo menos uma delas o reconhecer, o testamento poderá ser confirmado, se, a critério do juiz, houver prova suficiente de sua veracidade.

Art. 1.879. Em circunstâncias excepcionais declaradas na cédula, o testamento particular de próprio punho e assinado pelo testador, sem testemunhas, poderá ser confirmado, a critério do juiz.

Art. 1.880. O testamento particular pode ser escrito em língua estrangeira, contanto que as testemunhas a compreendam".

Seção VI
Da Herança Jacente

Art. 738. Nos casos em que a lei considere jacente a herança, o juiz em cuja comarca tiver domicílio o falecido procederá imediatamente à arrecadação dos respectivos bens.

Notas:

Conforme regra o art. 1.819 do Código Civil, considera-se jacente a herança nos casos em que o falecido (*de cujus*) não deixar testamento nem herdeiro legítimo notoriamente conhecido.

Assim sendo, aberta a sucessão e verificando-se que o *de cujus* não deixou, como acima dito, testamento nem mesmo notícia da existência de herdeiros, a herança será jacente.

Dita herança, embora não tenha personalidade jurídica, possui capacidade de ser parte, devendo ser administrada e representada por um curador.

Os bens que compuserem a herança jacente serão arrecadados, sem perda de tempo, por ordem do juiz da comarca em que o falecido tinha domicílio, de ofício ou a pedido de qualquer interessado do Ministério Público, sendo nomeado o curador a quem será confiada a sua guarda e administração.

Ver arts. 1.819 a 1.823 do Código Civil.

Remissão:

– Arts. 1.819 a 1.823 do Código Civil:

"Art. 1.819. Falecendo alguém sem deixar testamento nem herdeiro legítimo notoriamente conhecido, os bens da herança, depois de arrecadados, ficarão sob a guarda e administração de um curador, até a sua entrega ao sucessor devidamente habilitado ou à declaração de sua vacância.

Art. 1.820. Praticadas as diligências de arrecadação e ultimado o inventário, serão expedidos editais na forma da lei processual, e, decorrido um ano de sua primeira publicação, sem que haja herdeiro habilitado, ou penda habilitação, será a herança declarada vacante.

Art. 1.821. É assegurado aos credores o direito de pedir o pagamento das dívidas reconhecidas, nos limites das forças da herança.

Art. 1.822. A declaração de vacância da herança não prejudicará os herdeiros que legalmente se habilitarem; mas, decorridos cinco anos da abertura da sucessão, os bens arrecadados passarão ao domínio do Município ou do Distrito Federal, se localizados nas respectivas circunscrições, incorporando-se ao domínio da União quando situados em território federal.

Parágrafo único. Não se habilitando até a declaração de vacância, os colaterais ficarão excluídos da sucessão.

Art. 1.823. Quando todos os chamados a suceder renunciarem à herança, será esta desde logo declarada vacante".

Art. 739. A herança jacente ficará sob a guarda, a conservação e a administração de um curador até a respectiva entrega ao sucessor legalmente habilitado ou até a declaração de vacância.

§ 1º Incumbe ao curador:

I - representar a herança em juízo ou fora dele, com intervenção do Ministério Público;

II - ter em boa guarda e conservação os bens arrecadados e promover a arrecadação de outros porventura existentes;

III - executar as medidas conservatórias dos direitos da herança;

IV - apresentar mensalmente ao juiz balancete da receita e da despesa;

V - prestar contas ao final de sua gestão.

§ 2º Aplica-se ao curador o disposto nos arts. 159 a 161.

Notas:

De acordo com o art. 739, *caput*, ficará a herança jacente sob a guarda, a conservação e a administração de um curador até a devida entrega ao sucessor legalmente habilitado ou até a declaração de vacância.

Nisso, incumbirá ao curador:

a) Representar a herança em juízo ou fora dele, com intervenção do Ministério Público.
b) Ter em boa guarda e conservação os bens arrecadados, promovendo ainda a arrecadação de outros porventura existentes.
c) Executar as devidas medidas conservatórias dos direitos da herança.
d) Apresentar mensalmente ao juiz o balancete da receita e da despesa.
e) Prestar contas ao final de sua gestão.

Aplicar-se-á ao curador as disposições dos arts. 159 a 161 (regras atinentes ao depositário e ao administrador).

Art. 740. O juiz ordenará que o oficial de justiça, acompanhado do escrivão ou do chefe de secretaria e do curador, arrole os bens e descreva-os em auto circunstanciado.

§ 1º Não podendo comparecer ao local, o juiz requisitará à autoridade policial que proceda à arrecadação e ao arrolamento dos bens, com 2 (duas) testemunhas, que assistirão às diligências.

§ 2º Não estando ainda nomeado o curador, o juiz designará depositário e lhe entregará os bens, mediante simples termo nos autos, depois de compromissado.

§ 3º Durante a arrecadação, o juiz ou a autoridade policial inquirirá os moradores da casa e da vizinhança sobre a qualificação do falecido, o paradeiro de seus sucessores e a existência de outros bens, lavrando-se de tudo auto de inquirição e informação.

§ 4º O juiz examinará reservadamente os papéis, as cartas missivas e os livros domésticos e, verificando que não apresentam interesse, mandará empacotá-los e lacrá-los para serem assim entregues aos sucessores do falecido ou queimados quando os bens forem declarados vacantes.

§ 5º Se constar ao juiz a existência de bens em outra comarca, mandará expedir carta precatória a fim de serem arrecadados.

§ 6º Não se fará a arrecadação, ou essa será suspensa, quando, iniciada, apresentarem-se para reclamar os bens o cônjuge ou companheiro, o herdeiro ou o testamenteiro notoriamente reconhecido e não houver oposição motivada do curador, de qualquer interessado, do Ministério Público ou do representante da Fazenda Pública.

Notas:

O presente artigo esclarece a maneira pela qual se opera a arrecadação.

Assim, o próprio juiz, juntamente com o escrivão ou chefe de secretaria, o oficial de justiça e o curador, comparecerá à residência do falecido e determinará que se arrole os bens, intimando o Ministério Público e a Fazenda Pública. Impedido de comparecer, o próprio juiz requisitará à autoridade policial que execute a respectiva arrecadação e o arrolamento dos bens, tendo a presença de 2 (duas) testemunhas, estas que assistirão às diligências.

Não estando ainda nomeado o curador, o juiz designará depositário e, em seguida, lhe entregará os bens, mediante simples termo nos autos, depois de compromissado (§ 2º do art. 740).

Durante a arrecadação, serão os moradores da casa e da vizinhança inquiridos pelo juiz ou pela autoridade policial acerca da qualificação do falecido, o paradeiro de seus sucessores e a existência de outros bens, lavrando-se de todo o conteúdo, o respetivo auto de inquirição e informação.

Caberá também ao magistrado examinar, reservadamente, os papéis, as cartas missivas e os livros domésticos e, verificando que não apresentam interesse, mandará empacotá-los e lacrá-los para serem assim entregues aos sucessores do falecido ou queimados quando os bens forem declarados vacantes (§ 4º do art. 740).

Caso constar ao juiz a existência de bens em outra comarca, mandará expedir a respectiva carta precatória a fim de serem os mesmos arrecadados (§ 5º do art. 740).

Por outro lado, não se realizará a arrecadação ou ainda será essa suspensa, quando, uma vez iniciada, apresentar-se para reclamar os bens o cônjuge ou companheiro, o herdeiro ou o testamenteiro notoriamente reconhecido e não houver oposição motivada do curador, de qualquer interessado, do Ministério Público ou do representante da Fazenda Pública (§ 6º do art. 740).

Art. 741. Ultimada a arrecadação, o juiz mandará expedir edital, que será publicado na rede mundial de computadores, no sítio do tribunal a que estiver vinculado o juízo e na plataforma de editais do Conselho Nacional de Justiça, onde permanecerá por 3 (três) meses, ou, não havendo sítio, no órgão oficial e na imprensa da comarca, por 3 (três) vezes com intervalos de 1 (um) mês, para que os sucessores do falecido venham a habilitar-se no prazo de 6 (seis) meses contado da primeira publicação.

§ 1º Verificada a existência de sucessor ou de testamenteiro em lugar certo, far-se-á a sua citação, sem prejuízo do edital.

§ 2º Quando o falecido for estrangeiro, será também comunicado o fato à autoridade consular.

§ 3º Julgada a habilitação do herdeiro, reconhecida a qualidade do testamenteiro ou provada a identidade do cônjuge ou companheiro, a arrecadação converter-se-á em inventário.

§ 4º Os credores da herança poderão habilitar-se como nos inventários ou propor a ação de cobrança.

Notas:

Após arrolados e arrecadados os bens, esses que serão confiados ao curador, o magistrado ordenará a expedição de edital que será publicado na rede mundial de computadores, no sítio do tribunal a que estiver vinculado o juízo e na plataforma de editais do Conselho Nacional de Justiça, onde permanecerá por 3 (três) meses, ou, não havendo sítio, no órgão oficial e na imprensa da comarca, por 3 (três) vezes com intervalos de 1 (um) mês, para que os sucessores do falecido venham a habilitar-se no prazo de 6 (seis) meses contado da primeira publicação.

Nota-se que, de acordo com o § 1º do art. 741, verificada a existência de sucessor ou de testamenteiro em lugar certo, será realizada sua citação, sem prejuízo do edital.

Destaca-se que no caso de o falecido ser estrangeiro, a autoridade consular também será comunicada do fato (§ 2º do art. 741).

Poderão os credores da herança se habilitar como nos inventários ou mesmo propor a ação de cobrança.

Por tudo, sendo a digitada habilitação acolhida, o processo de arrecadação converter-se-á em inventário.

Art. 742. O juiz poderá autorizar a alienação:

I – de bens móveis, se forem de conservação difícil ou dispendiosa;

II – de semoventes, quando não empregados na exploração de alguma indústria;

III – de títulos e papéis de crédito, havendo fundado receio de depreciação;

IV – de ações de sociedade quando, reclamada a integralização, não dispuser a herança de dinheiro para o pagamento;

V – de bens imóveis:

a) se ameaçarem ruína, não convindo a reparação;

b) se estiverem hipotecados e vencer-se a dívida, não havendo dinheiro para o pagamento.

§ 1º Não se procederá, entretanto, à venda se a Fazenda Pública ou o habilitando adiantar a importância para as despesas.

§ 2º Os bens com valor de afeição, como retratos, objetos de uso pessoal, livros e obras de arte, só serão alienados depois de declarada a vacância da herança.

Notas:

Trata-se aqui da autorização do magistrado para a alienação de bens quando difícil ou custosa sua conservação assim como de fácil deteriorização.

Art. 743. Passado 1 (um) ano da primeira publicação do edital e não havendo herdeiro habilitado nem habilitação pendente, será a herança declarada vacante.

§ 1º Pendendo habilitação, a vacância será declarada pela mesma sentença que a julgar improcedente, aguardando-se, no caso de serem diversas as habilitações, o julgamento da última.

§ 2º Transitada em julgado a sentença que declarou a vacância, o cônjuge, o companheiro, os herdeiros e os credores só poderão reclamar o seu direito por ação direta.

Notas:

Nota-se aqui que, quando ninguém se habilitar no prazo de 1(um) ano após a primeira publicação do edital, o juiz declarará a herança vacante.

Registra-se ainda que, pendendo habilitação, a vacância será declarada pela mesma sentença que a julgar improcedente, aguardando-se, no caso de serem diversas as habilitações, o julgamento da última.

Uma vez transitada em julgado a sentença que declarou a herança vacante, o cônjuge, o companheiro, os herdeiros e os credores poderão reclamar seu direito apenas mediante ação direta de petição de herança.

Findos 5 (cinco) anos, contados a partir da data da abertura da sucessão, os bens arrecadados passarão ao domínio do Município ou do Distrito Federal, quando situados nas respectivas circunscrições, ou ao domínio da União, se localizados em território federal, conforme o art. 1.822 do Código Civil.

Insta ainda ressaltar o disposto no art. 1.823 do estatuto civil, onde se preceitua que, uma vez chamados todos os herdeiros à sucessão e esses renunciarem à própria herança, esta será também considerada e declarada desde logo como vacante.

Seção VII
Dos Bens dos Ausentes

Notas:

Denomina-se ausente a pessoa que desaparece de seu domicílio sem deixar representante, bem como dar qualquer notícia de seu paradeiro.

Nas hipóteses dispostas nos arts. 22 e 23 do Código Civil, reconhecidas no CPC pelo art. 744, a declaração de ausência será sempre realizada, justificando-se, portanto, tal atitude quando: (i) determinada pessoa desaparecer de seu domicílio, sem que exista notícia de seu paradeiro e mesmo sem deixar representante ou procurador a quem toque administrar-lhe os bens; ou (ii) ainda que deixe mandatário, esse não queira ou não possa continuar exercendo o mandato, a declaração de ausência será sempre feita.

Art. 744. Declarada a ausência nos casos previstos em lei, o juiz mandará arrecadar os bens do ausente e nomear-lhes-á curador na forma estabelecida na Seção VI, observando-se o disposto em lei.

Notas:

Qualquer interessado ou o Ministério Público poderá requerer a declaração de ausência, mediante petição dirigida ao juiz da comarca em que o ausente tinha domicílio e, existindo Vara de Família na comarca, será dela a competência para analisar o pedido.

Poderá o magistrado, antes de aceitar o pedido, estipular diligências cabíveis com o fito de certificar-se que o ausente realmente desapareceu.[407]

Em tais procedimentos, a sentença será meramente declaratória, devendo ser levada ao registro, conforme previsto no art. 94 da Lei nº 6.015/73.

Caberá ao juiz nomear procurador na referida sentença, estabelecendo que sejam arrecadados os bens, valendo ressaltar que a arrecadação será realizada em procedimento idêntico ao utilizado para as heranças jacentes.

Tanto a declaração de ausência como a posterior abertura de sucessão provisória possuem efeitos meramente patrimoniais, jamais pessoais, de modo que o cônjuge do ausente não será considerado viúvo, nem os filhos serão tidos como órfãos. O vínculo matrimonial, todavia, será findado após a abertura da sucessão definitiva (art. 1.571, § 1º, do Código Civil).[408]

Remissão:

– Arts. 6º e 22 a 25 do Código Civil:

"Art. 6º A existência da pessoa natural termina com a morte; presume-se esta, quanto aos ausentes, nos casos em que a lei autoriza a abertura de sucessão definitiva.

(...)

Art. 22. Desaparecendo uma pessoa do seu domicílio sem dela haver notícia, se não houver deixado representante ou procurador a quem caiba administrar-lhe os bens, o juiz, a requerimento de qualquer interessado ou do Ministério Público, declarará a ausência, e nomear-lhe-á curador.

Art. 23. Também se declarará a ausência, e se nomeará curador, quando o ausente deixar mandatário que não queira ou não possa exercer ou continuar o mandato, ou se os seus poderes forem insuficientes.

---

407 NERY JÚNIOR, Nelson; ANDRADE NERY, Rosa Maria. *Ob. cit.*, p. 1077.

408 A morte presumida, que resulta da abertura da sucessão definitiva do ausente, não pode ser confundida com a justificação de óbito, disposta no art. 88 da Lei nº 6.015/73, para os casos de catástrofes em que o corpo da vítima desaparece, impedindo a elaboração de atestado médico de óbito. O aceite da justificação de óbito implicará o reconhecimento da morte real, e não meramente presumida, produzindo, nesses termos, efetivamente, efeitos pessoais e patrimoniais.

Art. 24. O juiz, que nomear o curador, fixar-lhe-á os poderes e obrigações, conforme as circunstâncias, observando, no que for aplicável, o disposto a respeito dos tutores e curadores.

Art. 25. O cônjuge do ausente, sempre que não esteja separado judicialmente, ou de fato por mais de dois anos antes da declaração da ausência, será o seu legítimo curador.

§ 1º Em falta do cônjuge, a curadoria dos bens do ausente incumbe aos pais ou aos descendentes, nesta ordem, não havendo impedimento que os iniba de exercer o cargo.

§ 2º Entre os descendentes, os mais próximos precedem os mais remotos.

§ 3º Na falta das pessoas mencionadas, compete ao juiz a escolha do curador".

Art. 745. Feita a arrecadação, o juiz mandará publicar editais na rede mundial de computadores, no sítio do tribunal a que estiver vinculado e na plataforma de editais do Conselho Nacional de Justiça, onde permanecerá por 1 (um) ano, ou, não havendo sítio, no órgão oficial e na imprensa da comarca, durante 1 (um) ano, reproduzida de 2 (dois) em 2 (dois) meses, anunciando a arrecadação e chamando o ausente a entrar na posse de seus bens.

§ 1º Findo o prazo previsto no edital, poderão os interessados requerer a abertura da sucessão provisória, observando-se o disposto em lei.

§ 2º O interessado, ao requerer a abertura da sucessão provisória, pedirá a citação pessoal dos herdeiros presentes e do curador e, por editais, a dos ausentes para requererem habilitação, na forma dos arts. 689 a 692.

§ 3º Presentes os requisitos legais, poderá ser requerida a conversão da sucessão provisória em definitiva.

§ 4º Regressando o ausente ou algum de seus descendentes ou ascendentes para requerer ao juiz a entrega de bens, serão citados para contestar o pedido os sucessores provisórios ou definitivos, o Ministério Público e o representante da Fazenda Pública, seguindo-se o procedimento comum.

Notas:

Conforme o art. 745, o juiz mandará publicar editais na rede mundial de computadores, no sítio do tribunal a que estiver vinculado e na plataforma de editais do Conselho Nacional de Justiça, onde permanecerá por 1 (um) ano, ou, não havendo sítio, no órgão oficial e na imprensa da comarca, durante 1 (um) ano, reproduzida de 2 (dois) em 2 (dois) meses, anunciando a arrecadação e chamando o ausente a entrar na posse de seus bens.

E daí findo o prazo previsto no edital, poderão os interessados requerer a abertura da sucessão provisória, observando-se o que se dispõe em lei.

Assim, ao requerer a abertura da sucessão provisória, o interessado pedirá a citação pessoal dos herdeiros presentes bem como a do curador e, por editais, a dos ausentes para requererem habilitação, na forma dos arts. 689 a 692, *ex vi* do § 2º do art. 745. Estando presentes os requisitos legais, poderá ser requerida a conversão da sucessão provisória em definitiva.

Havendo o regresso do ausente ou algum de seus descendentes ou ascendentes para requerer ao juiz a entrega de bens, serão citados para contestar o pedido os sucessores provisórios ou definitivos, o Ministério Público e o representante da Fazenda Pública, seguindo-se o procedimento comum (§ 4º).

Remissão:

– Arts. 26 a 28 do Código Civil:

"Art. 26. Decorrido um ano da arrecadação dos bens do ausente, ou, se ele deixou representante ou procurador, em se passando três anos, poderão os interessados requerer que se declare a ausência e se abra provisoriamente a sucessão.

Art. 27. Para o efeito previsto no artigo anterior, somente se consideram interessados:

I – o cônjuge não separado judicialmente;

II – os herdeiros presumidos, legítimos ou testamentários;

III – os que tiverem sobre os bens do ausente direito dependente de sua morte;

IV – os credores de obrigações vencidas e não pagas.

Art. 28. A sentença que determinar a abertura da sucessão provisória só produzirá efeito cento e oitenta dias depois de publicada pela imprensa; mas, logo que passe em julgado, proceder-se-á à abertura do testamento, se houver, e ao inventário e partilha dos bens, como se o ausente fosse falecido.

§ 1º Findo o prazo a que se refere o art. 26, e não havendo interessados na sucessão provisória, cumpre ao Ministério Público requerê-la ao juízo competente.

§ 2º Não comparecendo herdeiro ou interessado para requerer o inventário até trinta dias depois de passar em julgado a sentença que mandar abrir a sucessão provisória, proceder-se-á à arrecadação dos bens do ausente pela forma estabelecida nos arts. 1.819 a 1.823".

Seção VIII
Das Coisas Vagas

Notas:

Denomina-se vaga a coisa alheia que o legítimo dono ou possuidor perdeu, sendo, por isso, diferente da abandonada, por esta não possuir dono, passando, assim, a pertencer a quem encontrá-la e dela se apropriar.

Por possuir dono, a coisa vaga deve ser restituída a ele, sob pena de configurar-se o crime de apropriação indébita.

Art. 746. Recebendo do descobridor coisa alheia perdida, o juiz mandará lavrar o respectivo auto, do qual constará a descrição do bem e as declarações do descobridor.

§ 1º Recebida a coisa por autoridade policial, esta a remeterá em seguida ao juízo competente.

§ 2º Depositada a coisa, o juiz mandará publicar edital na rede mundial de computadores, no sítio do tribunal a que estiver vinculado e na plataforma de editais do Conselho Nacional de Justiça ou, não havendo sítio, no órgão oficial e na imprensa da comarca, para que o dono ou o legítimo possuidor a reclame, salvo se se tratar de coisa de pequeno valor e não for possível a publicação no sítio do tribunal, caso em que o edital será apenas afixado no átrio do edifício do Fórum.

§ 3º Observar-se-á, quanto ao mais, o disposto em lei.

Notas:

Recebendo do descobridor coisa alheia perdida, o juiz mandará lavrar o respectivo auto, do qual constará a descrição do bem e as declarações do descobridor, de acordo com o que dita o art. 746, *caput* do CPC.

Já, caso a coisa seja recebida por autoridade policial, esta a remeterá em seguida ao juízo competente.

Depositada a coisa, pontua o § 2º do art. 746 que o magistrado mandará publicar edital na rede mundial de computadores, no sítio do tribunal a que estiver vinculado e na plataforma de editais do Conselho Nacional de Justiça ou, não havendo sítio, no órgão oficial e na imprensa da comarca, para que o dono ou o legítimo possuidor a reclame, exceto quando se tratar de coisa de pequeno valor e não for possível a publicação no sítio do tribunal, caso em que o edital será apenas afixado no átrio do edifício do Fórum.

Em inteligência com o art. 1.237 do Código Civil pátrio, decorridos 60 (sessenta) dias da divulgação da notícia pela imprensa, ou do edital, não se apresentando quem comprove a propriedade sobre a coisa, será esta vendida em leilão judicial e, deduzidas do preço as despesas, mais a recompensa do descobridor, pertencerá o remanescente ao Município em cuja circunscrição se deparou o objeto perdido.

No entanto, comparecendo o dono e provado o seu direito, retomará a coisa, devendo, por conseguinte, o dono ou o legítimo possuidor recompensar e indenizar o descobridor, tudo nos termos do art. 1.234 do Código Civil.

De outra banda, caso o dono ou legítimo possuidor compareça e abandone coisa, poderá o descobridor requerer de direito a própria adjudicação da coisa (art. 1.234 do Código Civil).

Existindo justificado receio de que a coisa seja produto de crime, a arrecadação será convertida em inquérito, sendo competência do juízo criminal ordenar a entrega da coisa a quem prove ser, verdadeiramente, seu legítimo dono ou possuidor.

Remissão:

– Arts. 1.223 a 1.237 do Código Civil:

"Art. 1.233. Quem quer que ache coisa alheia perdida há de restituí-la ao dono ou legítimo possuidor.

Parágrafo único. Não o conhecendo, o descobridor fará por encontrá-lo, e, se não o encontrar, entregará a coisa achada à autoridade competente.

Art. 1.234. Aquele que restituir a coisa achada, nos termos do artigo antecedente, terá direito a uma recompensa não inferior a cinco por cento do seu valor, e à indenização pelas despesas que houver feito com a conservação e transporte da coisa, se o dono não preferir abandoná-la.

Parágrafo único. Na determinação do montante da recompensa, considerar-se-á o esforço desenvolvido pelo descobridor para encontrar o dono, ou o legítimo possuidor, as possibilidades que teria este de encontrar a coisa e a situação econômica de ambos.

Art. 1.235. O descobridor responde pelos prejuízos causados ao proprietário ou possuidor legítimo, quando tiver procedido com dolo.

Art. 1.236. A autoridade competente dará conhecimento da descoberta através da imprensa e outros meios de informação, somente expedindo editais se o seu valor os comportar.

Art. 1.237. Decorridos sessenta dias da divulgação da notícia pela imprensa, ou do edital, não se apresentando quem comprove a propriedade sobre a coisa, será esta vendida em hasta pública e, deduzidas do preço as despesas, mais a recompensa do descobridor, pertencerá o remanescente ao Município em cuja circunscrição se deparou o objeto perdido.

Parágrafo único. Sendo de diminuto valor, poderá o Município abandonar a coisa em favor de quem a achou".

Seção IX
Da Interdição

Notas:

Entende-se por Interdição a obtenção de declaração judicial da incapacidade de pessoa natural, impedindo-a, por isso, de praticar atos da vida civil.

Estarão sujeitas à interdição as pessoas que não possuírem o discernimento necessário para exercer os atos da vida civil, devido à enfermidade ou deficiência mental, aquelas que não podem exprimir sua vontade, as ébrias habituais, as viciadas em tóxicos, as que possuem discernimento reduzido por deficiência mental, as excepcionais sem desenvolvimento completo e, ainda, as pródigas.

O pai, mãe ou tutor, o cônjuge, ou algum parente próximo e mesmo o Ministério Público podem requerer a interdição, não especificando a lei, no entanto, quem seria o citado parente próximo.

Art. 747. A interdição pode ser promovida:

I – pelo cônjuge ou companheiro;

II – pelos parentes ou tutores;

III – pelo representante da entidade em que se encontra abrigado o interditando;

IV – pelo Ministério Público.

Parágrafo único. A legitimidade deverá ser comprovada por documentação que acompanhe a petição inicial.

Remissões:

– Art. 1072, II do CPC/2015 que revogou os arts. 1768-1773 do Código Civil/2002.

– Art. 1767 do Código Civil/2002.

– Lei nº 10.216/01 (Direitos da pessoa portadora de transtorno mental).

– Art. 84 da Lei nº 13.146/2015 (institui a Lei Brasileira de Inclusão da Pessoa com Deficiência (Estatuto da Pessoa com Deficiência):

"Art. 84. A pessoa com deficiência tem assegurado o direito ao exercício de sua capacidade legal em igualdade de condições com as demais pessoas.

§ 1º Quando necessário, a pessoa com deficiência será submetida à curatela, conforme a lei.

§ 2º É facultado à pessoa com deficiência a adoção de processo de tomada de decisão apoiada.

§ 3º A definição de curatela de pessoa com deficiência constitui medida protetiva extraordinária, proporcional às necessidades e às circunstâncias de cada caso, e durará o menor tempo possível.

§ 4º Os curadores são obrigados a prestar, anualmente, contas de sua administração ao juiz, apresentando o balanço do respectivo ano".

Notas:

O ajuizamento da ação de interdição deverá ser realizado no foro de domicílio do incapaz e, existindo Vara de Família e Sucessões, será ela a destinatária para o correto julgado.

Cabe pontuar que o Ministério Público só promoverá interdição em caso de doença mental grave: (i) se as pessoas designadas nos incisos I, II e III do art. 747 não existirem ou não promoverem a interdição; (ii) se, existindo, forem incapazes as pessoas mencionadas nos incisos I e II do art. 747.

Quando o requerente for o Ministério Público, o juiz nomeará ao interditando um curador à lide, conforme o previsto no art. 72, I do CPC, cuja atribuição será a de defendê-lo contra a pretensão do *Parquet*.

É de se acrescentar, contudo, que não será o grau de parentesco o determinante para demonstrar efetiva proximidade, mas, sim, o fato de o parente ter convívio estreito o suficiente para perceber a necessidade da interdição. Dessa forma, a interdição pode ser requerida por qualquer parente, desde que tenha relação de proximidade com o incapaz, devendo tal legitimidade ser comprovada por documentação que acompanhe a petição inicial.

Enunciado das Jornadas de Direito Processual Civil do Conselho da Justiça Federal:

Nº 57 do CJF: Todos os legitimados a promover a curatela, cujo rol deve incluir o próprio sujeito a ser curatelado, também o são para realizar o pedido do seu levantamento.

Art. 748. O Ministério Público só promoverá interdição em caso de doença mental grave:

I – se as pessoas designadas nos incisos I, II e III do art. 747 não existirem ou não promoverem a interdição;

II – se, existindo, forem incapazes as pessoas mencionadas nos incisos I e II do art. 747.

Notas:

Pontua o presente dispositivo que, o Ministério Público somente poderá atuar como parte na promoção do respectivo procedimento caso esteja presente qualquer das circunstâncias ora indicadas.

Art. 749. Incumbe ao autor, na petição inicial, especificar os fatos que demonstram a incapacidade do interditando para administrar seus bens e, se for o caso, para praticar atos da vida civil, bem como o momento em que a incapacidade se revelou.

Parágrafo único. Justificada a urgência, o juiz pode nomear curador provisório ao interditando para a prática de determinados atos.

Notas:

A petição inicial além de conter os requisitos dispostos no art. 319 do CPC. Além disso, deverá o requerente provar a sua legitimidade, especificar os fatos que demonstram a incapacidade do interditando para administrar seus bens e, se for o caso, para praticar atos da vida civil, bem como o momento em que a incapacidade se revelou.

Uma vez justificada a urgência na questão em tela, o juiz poderá nomear curador provisório ao interditando para a prática de determinados atos.

Art. 750. O requerente deverá juntar laudo médico para fazer prova de suas alegações ou informar a impossibilidade de fazê-lo.

Notas:

Deverá ainda o requerente juntar laudo médico para fazer prova do que alega ou informar a real impossibilidade de fazê-lo.

Art. 751. O interditando será citado para, em dia designado, comparecer perante o juiz, que o entrevistará minuciosamente acerca de sua vida, negócios, bens, vontades, preferências e laços familiares e afetivos e sobre o que mais lhe parecer necessário para convencimento quanto à sua capacidade para praticar atos da vida civil, devendo ser reduzidas a termo as perguntas e respostas.

§ 1º Não podendo o interditando deslocar-se, o juiz o ouvirá no local onde estiver.

§ 2º A entrevista poderá ser acompanhada por especialista.

§ 3º Durante a entrevista, é assegurado o emprego de recursos tecnológicos capazes de permitir ou de auxiliar o interditando a expressar suas vontades e preferências e a responder às perguntas formuladas.

§ 4º A critério do juiz, poderá ser requisitada a oitiva de parentes e de pessoas próximas.

Notas:

Trata-se da citação do interditando para que o mesmo possa ser entrevistado pelo magistrado acerca de sua vida, negócios, bens, vontades, preferências e laços familiares e afetivos, e sobre o que mais lhe parecer necessário para convencimento quanto à sua capacidade para praticar atos da vida civil, devendo as perguntas e respostas serem reduzidas a termo.

Poderá a digitada entrevista ser acompanhada por especialista, o que é de boa técnica, sendo também facultado o emprego recursos tecnológicos capazes de permitir ou de auxiliar o interditando a expressar suas vontades e preferências e a responder às perguntas formuladas.

O artigo em tela ainda prevê possibilidade de serem ouvidos parentes e pessoas de convívio próximo do interditando, isso a critério do órgão julgador.

Art. 752. Dentro do prazo de 15 (quinze) dias contado da entrevista, o interditando poderá impugnar o pedido.

§ 1º O Ministério Público intervirá como fiscal da ordem jurídica.

§ 2º O interditando poderá constituir advogado, e, caso não o faça, deverá ser nomeado curador especial.

§ 3º Caso o interditando não constitua advogado, o seu cônjuge, companheiro ou qualquer parente sucessível poderá intervir como assistente.

Notas:

Exercendo o direito ao sagrado contraditório, aplicando-se, com destreza e razoabilidade, o devido respeito à "igualdade de armas", atributo democrático do Estado Constitucional de Direito, o interditando poderá impugnar o pedido de sua interdição no dentro do prazo de 15 (quinze) dias contado da entrevista retrorreferida.

No procedimento comum, é verdade que o réu pode deixar de constituir advogado e de apresentar contestação. Nesses casos, porém, o réu possui pleno discernimento para descumprir o ônus de resposta que lhe é imposto. No caso de interdição, verdadeiramente e ainda que pese presunção de incapacidade, isso não se faz razoável.

Dito isso, cumpriu ao legislador sublinhar que poderá o interditando constituir advogado, e, caso não o faça, deverá ser nomeado curador especial para tal.

Não sendo o Ministério Público o autor da ação, fará ele, então, a intervenção como *custos legis*.

Art. 753. Decorrido o prazo previsto no art. 752, o juiz determinará a produção de prova pericial para avaliação da capacidade do interditando para praticar atos da vida civil.

§ 1º A perícia pode ser realizada por equipe composta por expertos com formação multidisciplinar.

§ 2º O laudo pericial indicará especificadamente, se for o caso, os atos para os quais haverá necessidade de curatela.

Notas:

Uma vez findado o prazo de resposta, um perito será nomeado pelo juiz para examinar o interditando. Quando necessário, após a apresentação do laudo, será designada audiência de instrução e julgamento.

Enunciado das Jornadas de Direito Processual Civil do Conselho da Justiça Federal:

Nº 178 do CJF: Em casos excepcionais, o juiz poderá dispensar a prova pericial nos processos de interdição ou curatela, na forma do art. 472 do CPC e ouvido o Ministério Público, quando as partes juntarem pareceres técnicos ou documentos elucidativos e houver entrevista do interditando.

Art. 754. Apresentado o laudo, produzidas as demais provas e ouvidos os interessados, o juiz proferirá sentença.

Notas:

Apesar de real controvérsia ainda persistente, prevalece o entendimento de que a sentença que decreta a interdição é puramente declaratória, produzindo efeitos *ex tunc*, significando com isso, que é a existência de alguma das causas de incapacidade que torna o agente incapaz e não, propriamente, a interdição.

Logo, será possível a anulação do negócio jurídico praticado por incapaz, muito embora não interditado, se houver comprovação que na data de celebração, *v.g.*, do contrato, ele já era incapaz de administrar seus próprios interesses. A fim de que terceiros de boa-fé não sejam prejudicados, entretanto, exige-se elemento probal *inconteste* de que a incapacidade do agente era desse modo, manisfesta.

A sentença que decretar a interdição nomeará curador ao incapaz, cabendo notar a incidência dos arts. 1.775, *caput*, e 1.783 do Código Civil, indicando, por conseguinte, os limites da curatela e produzindo, desde então, seus efeitos, evidentemente, sujeita à apelação, recebida ela somente em efeito devolutivo.

Art. 755. Na sentença que decretar a interdição, o juiz:

I – nomeará curador, que poderá ser o requerente da interdição, e fixará os limites da curatela, segundo o estado e o desenvolvimento mental do interdito;

II – considerará as características pessoais do interdito, observando suas potencialidades, habilidades, vontades e preferências.

§ 1º A curatela deve ser atribuída a quem melhor possa atender aos interesses do curatelado.

§ 2º Havendo, ao tempo da interdição, pessoa incapaz sob a guarda e a responsabilidade do interdito, o juiz atribuirá a curatela a quem melhor puder atender aos interesses do interdito e do incapaz.

§ 3º A sentença de interdição será inscrita no registro de pessoas naturais e imediatamente publicada na rede mundial de computadores, no sítio do tribunal a que estiver vinculado o juízo e na plataforma de editais do Conselho Nacional de Justiça, onde permanecerá por 6 (seis) meses, na imprensa local, 1 (uma) vez, e no órgão oficial, por 3 (três) vezes, com intervalo de 10 (dez) dias, constando do edital os nomes do interdito e do curador, a causa da interdição, os limites da curatela e, não sendo total a interdição, os atos que o interdito poderá praticar autonomamente.

Remissões:

– Resolução nº 1.995/2012 do Conselho Federal de Medicina (testamento vital).

– Art. 1.782 do Código Civil.

– Art. 9º, III, do Código Civil:

"Art. 9º Serão registrados em registro público:

(...)

III – a interdição por incapacidade absoluta ou relativa; (...)".

– Art. 1782 do Código Civil.

Notas:

O artigo em destaque regula conteúdos da sentença que decreta a interdição.

É de se observar que a aludida sentença possui natureza constitutiva e eficácia *ex nunc*, portanto, constituindo-se em uma nova situação jurídica.

Art. 756. Levantar-se-á a curatela quando cessar a causa que a determinou.

§ 1º O pedido de levantamento da curatela poderá ser feito pelo interdito, pelo curador ou pelo Ministério Público e será apensado aos autos da interdição.

§ 2º O juiz nomeará perito ou equipe multidisciplinar para proceder ao exame do interdito e designará audiência de instrução e julgamento após a apresentação do laudo.

§ 3º Acolhido o pedido, o juiz decretará o levantamento da interdição e determinará a publicação da sentença, após o trânsito em julgado, na forma do art. 755, § 3º, ou, não sendo possível, na imprensa local e no órgão oficial, por 3 (três) vezes, com intervalo de 10 (dez) dias, seguindo-se a averbação no registro de pessoas naturais.

§ 4º A interdição poderá ser levantada parcialmente quando demonstrada a capacidade do interdito para praticar alguns atos da vida civil.

Notas:

Será o pedido de levantamento da curatela apensado aos autos da interdição, sendo que o magistrado nomeará perito ou equipe multidisciplinar a fim de que se possa examinar o interdito, designando, por conseguinte, a devida audiência de instrução e julgamento após a apresentação do laudo.

Ao ser deferido o pedido, o juiz declarará levantada a interdição, ordenando a publicação da sentença após o seu trânsito em julgado, em consonância com § 2º do art. 1.186 (por meio da imprensa local e órgão oficial por 3 (três) vezes, com intervalo de 10 (dez) dias, seguindo-se a averbação no devido Registro de Pessoas Naturais.

É fato que, mesmo diante da declaração judicial de incapacidade, o ordenamento processual civil (§ 1º) atribui-lhe a capacidade de, ao menos, requerer o levantamento da própria interdição sem a interferência do curador. O mesmo requerimento de levantamento da interdição poderá ser patrocinado pelo Ministério Público ou mesmo pelo próprio curador.

Cumpre ressaltar que a interdição poderá ser levantada de forma parcial, isso quando demonstrada a capacidade do interdito para a prática somente de alguns atos da vida civil (§ 4º).

Art. 757. A autoridade do curador estende-se à pessoa e aos bens do incapaz que se encontrar sob a guarda e a responsabilidade do curatelado ao tempo da interdição, salvo se o juiz considerar outra solução como mais conveniente aos interesses do incapaz.

Notas:

Cumpre destacar que a autoridade do curador estende-se à pessoa e aos bens do incapaz que se encontrar sob a guarda e a responsabilidade do curatelado ao tempo da interdição, exceto se o magistrado considerar ser outra solução a mais conveniente aos interesses do incapaz.

Cf. os arts. 1.778 e 1.779, parágrafo único do Código Civil.

Art. 758. O curador deverá buscar tratamento e apoio apropriados à conquista da autonomia pelo interdito.

Remissões:

– Art. 1.776 do Código Civil.

– Lei 10.216/2001 (Dispõe sobre a proteção e os direitos das pessoas portadoras de transtornos mentais e redireciona o modelo assistencial em saúde mental).

Notas:

Deverá o curador buscar o tratamento e apoio adequados e suficientes para fins de conquista da própria autonomia pelo interdito.

Cf. o art. 1.776 do Código Civil.

Seção X
Disposições Comuns à Tutela e à Curatela

Notas:

Apenas no caso de haver menor que não esteja sob pátrio poder é cabível a tutela. Por outro lado, nomear-se-á o curador em favor dos demais incapazes que não os menores.

Art. 759. O tutor ou o curador será intimado a prestar compromisso no prazo de 5 (cinco) dias contado da:

I – nomeação feita em conformidade com a lei;

II – intimação do despacho que mandar cumprir o testamento ou o instrumento público que o houver instituído.

§ 1º O tutor ou o curador prestará o compromisso por termo em livro rubricado pelo juiz.

§ 2º Prestado o compromisso, o tutor ou o curador assume a administração dos bens do tutelado ou do interditado.

Notas:

Dita o presente artigo que, no prazo de 5 (cinco) dias a contar da data da nomeação do tutor ou curador, ou da intimação do despacho que mandar cumprir o testamento ou o instrumento público que o houver instituído, estes serão intimados a prestar compromisso e que se dará por termo em livro rubricado pelo juiz.

Uma vez prestado o compromisso, o tutor ou curador assumirá a administração dos bens do tutelado ou do interditado.

Art. 760. O tutor ou o curador poderá eximir-se do encargo apresentando escusa ao juiz no prazo de 5 (cinco) dias contado:

I – antes de aceitar o encargo, da intimação para prestar compromisso;

II – depois de entrar em exercício, do dia em que sobrevier o motivo da escusa.

§ 1º Não sendo requerida a escusa no prazo estabelecido neste artigo, considerar-se-á renunciado o direito de alegá-la.

§ 2º O juiz decidirá de plano o pedido de escusa, e, não o admitindo, exercerá o nomeado a tutela ou a curatela enquanto não for dispensado por sentença transitada em julgado.

Notas:

Dita o dispositivo em tela que, tanto o tutor quanto o curador poderão eximir-se de tal encargo, notadamente, apresentado a escusa ao juiz no prazo de 5 (cinco) dias contado da (i) nomeação feita em conformidade com a lei; (ii) intimação do despacho que mandar cumprir o testamento ou o instrumento público que o houver instituído.

Neste caso, decidirá de plano o magistrado tal o pedido de escusa, e não sendo admitido, exercerá o nomeado a respectiva tutela ou a curatela enquanto não for dispensado por sentença transitada em julgado (§ 2º do art. 760).

Por outro lado, não sendo requerida a escusa no prazo acima referido, considerar-se-á renunciado o direito de alegá-la (§ 1º do art. 760).

Art. 761. Incumbe ao Ministério Público ou a quem tenha legítimo interesse requerer, nos casos previstos em lei, a remoção do tutor ou do curador.

Parágrafo único. O tutor ou o curador será citado para contestar a arguição no prazo de 5 (cinco) dias, findo o qual observar-se-á o procedimento comum.

Notas:

O legislador autoriza ainda a remoção do tutor ou curador por meio de requerimento do Ministério Público ou por quem tenha legítimo interesse nos casos previstos na lei civil, *ex vi* do art. 761, *caput*.

Neste caso, será o tutor ou o curador citado para contestar a arguição no prazo de 5 (cinco) dias, findo o qual observar-se-á o procedimento comum.

Art. 762. Em caso de extrema gravidade, o juiz poderá suspender o tutor ou o curador do exercício de suas funções, nomeando substituto interino.

Notas:

Atesta-se aqui que, em situações reconhecidas como de extrema gravidade, *v.g.*, que acarrete dano à incolumidade física, psíquica ou patrimonial do tutelado, poderá o juiz suspender o tutor ou o curador do exercício de suas funções, nomeando então substituto interino para o encargo.

Art. 763. Cessando as funções do tutor ou do curador pelo decurso do prazo em que era obrigado a servir, ser-lhe-á lícito requerer a exoneração do encargo.

§ 1º Caso o tutor ou o curador não requeira a exoneração do encargo dentro dos 10 (dez) dias seguintes à expiração do termo, entender-se-á reconduzido, salvo se o juiz o dispensar.

§ 2º Cessada a tutela ou a curatela, é indispensável a prestação de contas pelo tutor ou pelo curador, na forma da lei civil.

Notas:

Uma vez encerradas as funções do tutor ou do curador pelo decurso do prazo em que era obrigado a servir, ser-lhe-á lícito requerer a exoneração do encargo, conforme disciplina o artigo em tela.

De outro modo, caso o tutor ou o curador não requeira a exoneração do encargo dentro dos 10 (dez) dias seguintes à expiração do termo, será considerado reconduzido, exceto se o magistrado o dispensar.

Encerrada a tutela ou a curatela, indispensável será a prestação de contas pelo tutor ou pelo curador, na forma da lei civil.

Seção XI
Da Organização e da Fiscalização das Fundações

Notas:

Fundações são pessoas jurídicas de direito privado instituídas formalmente, por escritura pública ou testamento, mediante a dotação de bens livres, objetivando atingir determinado fim.[409]

---

[409] NERY JÚNIOR, Nelson; ANDRADE NERY, Rosa Maria. *Ob. cit.*, p. 1087.

Não têm as fundações por escopo o lucro, tendo sempre caráter civil. São elas, dessa forma, um acervo de bens que obtêm personalidade jurídica a fim de alcançar os seus objetivos.

Tem o presente procedimento a finalidade de permitir ao Ministério Público fiscalizar a formação e atuação das fundações.

Art. 764. O juiz decidirá sobre a aprovação do estatuto das fundações e de suas alterações sempre que o requeira o interessado, quando:

I – ela for negada previamente pelo Ministério Público ou por este forem exigidas modificações com as quais o interessado não concorde;

II – o interessado discordar do estatuto elaborado pelo Ministério Público.

§ 1º O estatuto das fundações deve observar o disposto na Lei nº 10.406, de 10 de janeiro de 2002 (Código Civil).

§ 2º Antes de suprir a aprovação, o juiz poderá mandar fazer no estatuto modificações a fim de adaptá-lo ao objetivo do instituidor.

Remissão:

– Arts. 65 e 66 do Código Civil.

Notas:

Estabelece o presente dispositivo que o magistrado decidirá acerca da aprovação do estatuto das fundações e de suas alterações, fazendo-se assim sempre que o requeira o interessado nas hipóteses transcritas em nos incisos I e II.

Com relação ao estatuto das fundações há de se observar as disposições do Código Civil, conforme remete o § 1º do art. 764.

Vale pontuar que, antes de suprir a aprovação, é facultado ao juiz mandar realizar no estatuto devidas alterações a fim de adaptá-lo ao objetivo do instituidor.

Art. 765. Qualquer interessado ou o Ministério Público promoverá em juízo a extinção da fundação quando:

I – se tornar ilícito o seu objeto;

II – for impossível a sua manutenção;

III – vencer o prazo de sua existência.

Notas:

Trata-se aqui da legitimidade para requerer a extinção da fundação, isso pautado nos motivos determinantes dos incisos I, II e III.

Enunciado do Fórum Permanente de Processualistas Civis:

Nº 189 do FPPC: O art. 765 deve ser interpretado em consonância com o art. 69 do Código Civil, para admitir a extinção da fundação quando inútil a finalidade a que visa.

Seção XII
Da Ratificação dos Protestos Marítimos e dos Processos Testemunháveis Formados a Bordo[410]

Notas:

Objetiva o presente procedimento dar publicidade adequada ao Diário da Navegação (arts. 501 e 504 do Código Comercial).

Art. 766. Todos os protestos e os processos testemunháveis formados a bordo e lançados no livro Diário da Navegação deverão ser apresentados pelo comandante ao juiz de direito do primeiro porto, nas primeiras 24 (vinte e quatro) horas de chegada da embarcação, para sua ratificação judicial.

Notas:

Observa-se aqui a apresentação dos protestos e processo testemunháveis formados a bordo e devidamente lançados no livro Diário de Navegação.

O comandante deverá procedê-lo, apresentando ao juiz de direito do primeiro porto tais conteúdos, isso no prazo de 24 (vinte e quatro) horas da chegada da embarcação, tudo com o fito de merecer a ratificação judicial necessária.

Art. 767. A petição inicial conterá a transcrição dos termos lançados no livro Diário da Navegação e deverá ser instruída com cópias das páginas que contenham os termos que serão ratificados, dos documentos de identificação do comandante e das testemunhas arroladas, do rol de tripulantes, do documento de registro da embarcação e, quando for o caso, do manifesto das cargas sinistradas e a qualificação de seus consignatários, traduzidos, quando for o caso, de forma livre para o português.

Notas:

Trata-se dos conteúdos necessários que deverão constar da petição inicial.

---

410 Os arts. 766 a 770 não têm correspondente no CPC de 1973.

Art. 768. A petição inicial deverá ser distribuída com urgência e encaminhada ao juiz, que ouvirá, sob compromisso a ser prestado no mesmo dia, o comandante e as testemunhas em número mínimo de 2 (duas) e máximo de 4 (quatro), que deverão comparecer ao ato independentemente de intimação.

§ 1º Tratando-se de estrangeiros que não dominem a língua portuguesa, o autor deverá fazer-se acompanhar por tradutor, que prestará compromisso em audiência.

§ 2º Caso o autor não se faça acompanhar por tradutor, o juiz deverá nomear outro que preste compromisso em audiência.

Notas:

Será a petição distribuída com urgência e encaminhada ao órgão jurisdicional competente, cabendo então ao juiz ouvir, sob compromisso a ser prestado no mesmo dia, o comandante e as testemunhas em número mínimo de 2 (duas) e máximo de 4 (quatro), que deverão comparecer ao ato independentemente de intimação, de acordo com o que disciplina o *caput* do art. 768 do CPC.

Quando se tratar de estrangeiros que não dominem a língua portuguesa, o autor deverá fazer-se acompanhar por tradutor, que prestará compromisso em audiência. Caso o autor não se faça acompanhar por citado tradutor, deverá o magistrado nomear outro que preste compromisso em audiência (§§ 1º e 2º do art. 768).

Enunciado do Fórum Permanente de Processualistas Civis:

Nº 79 do FPPC: Não sendo possível a inquirição tratada no art. 768 sem prejuízo aos compromissos comerciais da embarcação, o juiz expedirá carta precatória itinerante para a tomada dos depoimentos em um dos portos subsequentes de escala.

Art. 769. Aberta a audiência, o juiz mandará apregoar os consignatários das cargas indicados na petição inicial e outros eventuais interessados, nomeando para os ausentes curador para o ato.

Notas:

Desenvolvimento da audiência e nomeação de curador eventuais ausentes.

Art. 770. Inquiridos o comandante e as testemunhas, o juiz, convencido da veracidade dos termos lançados no Diário da Navegação, em audiência, ratificará por sentença o protesto ou o processo testemunhável lavrado a bordo, dispensado o relatório.

Parágrafo único. Independentemente do trânsito em julgado, o juiz determinará a entrega dos autos ao autor ou ao seu advogado, mediante a apresentação de traslado.

Notas:

Após a inquirição do comandante e das testemunhas e, convencido da veracidade dos termos lançados no Diário da Navegação, o juiz, em audiência, ratificará por sentença o protesto ou o processo testemunhável lavrado a bordo, dispensado neste caso o relatório.

Bem expressa o parágrafo único do art. 770 que, independentemente do trânsito em julgado, o magistrado determinará a entrega dos autos ao autor ou ao seu advogado, isso mediante a apresentação de traslado.

LIVRO II
DO PROCESSO DE EXECUÇÃO

TÍTULO I
DA EXECUÇÃO EM GERAL

CAPÍTULO I
DISPOSIÇÕES GERAIS

Art. 771. Este Livro regula o procedimento da execução fundada em título extrajudicial, e suas disposições aplicam-se, também, no que couber, aos procedimentos especiais de execução, aos atos executivos realizados no procedimento de cumprimento de sentença, bem como aos efeitos de atos ou fatos processuais a que a lei atribuir força executiva.

Parágrafo único. Aplicam-se subsidiariamente à execução as disposições do Livro I da Parte Especial.

Notas:

Conforme assevera o presente dispositivo, o presente capítulo destina-se à regulação da execução autônoma fundada em títulos extrajudiciais. Para os títulos denominados judiciais (art. 515), estes se realizam por meio do procedimento do Cumprimento da Sentença (art. 513 e ss.).

Vale ressaltar que as disposições contidas no presente capítulo são aplicáveis no que couber, a determinados procedimentos especiais de execução bem como a atos executivos em sede de procedimento do cumprimento de sentença, e ainda de eventuais atos ou fatos processuais a que a lei venha a indicá-los como de força executiva.

Mantendo-se o que já disciplinava o CPC/1973 (art. 598), o sistema processual se retroalimenta. Daí que serão aplicadas ao Processo de Execução de forma subsidiária, as disposições contidas no Livro I da Parte Especial deste CPC.

Remissões:

- Art. 3º, § 1º, da Lei nº 9.099/1995 (dispõe sobre os Juizados Especiais Cíveis e Criminais e dá outras providências):

"Art. 3º O Juizado Especial Cível tem competência para conciliação, processo e julgamento das causas cíveis de menor complexidade, assim consideradas:

(...)

§ 1º Compete ao Juizado Especial promover a execução:

I – dos seus julgados;

II – dos títulos executivos extrajudiciais, no valor de até quarenta vezes o salário mínimo, observado o disposto no § 1º do art. 8º desta Lei".

Recurso Extraordinário

Direito processual civil e constitucional. sistema financeiro da habitação. Decreto-lei nº 70/66. Execução extrajudicial. Normas recepcionadas pela Constituição Federal de 1988. Precedentes. Recurso extraordinário não provido. 1. O procedimento de execução extrajudicial previsto pelo Decreto-Lei nº 70/66 não é realizado de forma aleatória, uma vez que se submete a efetivo controle judicial em ao menos uma de suas fases, pois o devedor é intimado a acompanhá-lo e pode lançar mão de recursos judiciais se irregularidades vierem a ocorrer durante seu trâmite. 2. Bem por isso, há muito a jurisprudência da Suprema Corte tem estabelecido que as normas constantes do Decreto-lei nº 70/66, a disciplinar a execução extrajudicial, foram devidamente recepcionadas pela Constituição Federal de 1988. 3. Recurso extraordinário não provido, propondo-se a fixação da seguinte tese de repercussão geral: "É constitucional, pois foi devidamente recepcionado pela Constituição Federal de 1988, o procedimento de execução extrajudicial previsto no Decreto-lei nº 70/66". (STF, RE 627.106, Relator(a): DIAS TOFFOLI, Tribunal Pleno, julgado em 08/04/2021, PROCESSO ELETRÔNICO REPERCUSSÃO GERAL – MÉRITO DJe-113 DIVULG 11-06-2021 PUBLIC 14-06-2021).

Enunciados das Jornadas de Direito Processual Civil do Conselho da Justiça Federal:

Nº 85 do CJF: Na execução de título extrajudicial ou judicial (art. 515, § 1º, do CPC) é cabível a citação postal.

Nº 148 do CJF: A reiteração pelo exequente ou executado de matérias já preclusas pode ensejar a aplicação de multa por conduta contrária à boa-fé.

Enunciados do Fórum Permanente de Processualistas Civis:

Nº 12 do FPPC: A aplicação das medidas atípicas sub-rogatórias e coercitivas é cabível em qualquer obrigação no cumprimento de sentença ou execução de título executivo extrajudicial. Essas medidas, contudo, serão aplicadas de forma subsidiária às medidas tipificadas, com observação do contraditório, ainda que diferido, e por meio de decisão à luz do art. 489, § 1º, I e II.

Nº 194 do FPPC: A prescrição intercorrente pode ser reconhecida no procedimento de cumprimento de sentença.

Nº 444 do FPPC: Para o processo de execução de título extrajudicial de obrigação de não fazer, não é necessário propor a ação de conhecimento para que o juiz possa aplicar as normas decorrentes dos arts. 536 e 537.

Nº 450 do FPPC: Aplica-se a regra decorrente do art. 827, § 2º, ao cumprimento de sentença.

Nº 545 do FPPC: Aplicam-se à impugnação, no que couber, as hipóteses previstas nos incisos I e III do art. 918 e no seu parágrafo único.

Nº 586 do FPPC: O oferecimento de impugnação manifestamente protelatória é ato atentatório à dignidade da justiça, nos termos do art. 771 c/c art. 918, III e parágrafo único do CPC, que enseja a aplicação da multa prevista no parágrafo único do art. 774 do CPC (redação revista no XI FPPC-Brasília).

Nº 587 do FPPC: A limitação de que trata o § 3º do art. 529 não se aplica à execução de dívida não alimentar.

Nº 588 do FPPC: Aplicam-se subsidiariamente à execução, além do Livro I da Parte Especial, também as disposições da Parte Geral, do Livro III da Parte Especial e das Disposições Finais e Transitórias.

Nº 621 do FPPC: Ao cumprimento de sentença do capítulo relativo aos honorários advocatícios, aplicam-se as hipóteses de penhora previstas no § 2º do art. 833, em razão da sua natureza alimentar.

Nº 642 do FPPC: A decisão do juiz que reconhecer o direito a indenização, decorrente de indevida averbação prevista no art. 828 ou do não cancelamento das averbações excessivas, é apta a ensejar a liquidação e o posterior cumprimento da sentença, sem necessidade de propositura de ação de conhecimento.

Nº715 do FPPC: O art. 139, IV, CPC, é aplicável nos juizados especiais.

Art. 772. O juiz pode, em qualquer momento do processo:

I – ordenar o comparecimento das partes;

II – advertir o executado de que seu procedimento constitui ato atentatório à dignidade da justiça;

III – determinar que sujeitos indicados pelo exequente forneçam informações em geral relacionadas ao objeto da execução, tais como documentos e dados que tenham em seu poder, assinando-lhes prazo razoável.

Notas:

Pontifica-se no presente dispositivo o denominado Poder de Polícia do magistrado,[411] este verdadeira característica da Jurisdição. Nisso, dispõe que pode o magistrado ordenar o comparecimento das partes; advertir o executado de que seu procedimento constitui verdadeiro ato atentatório à dignidade da justiça e ainda determinar que eventuais sujeitos indicados pelo exequente forneçam informações em geral relacionadas ao objeto da execução, tais como documentos e dados que tenham em seu poder, assinando-lhes prazo razoável.

Enunciado das Jornadas de Direito Processual Civil do Conselho da Justiça Federal

Nº 219 do CJF: A previsão contida no inciso III do art. 772 do CPC autoriza a realização de atos executivos típicos ou atípicos de busca e localização patrimonial, por meio de cooperação judiciária interinstitucional.

Enunciado do Fórum Permanente de Processualistas Civis:

Nº 536 do FPPC: O juiz poderá, na execução civil, determinar a quebra de sigilo bancário e fiscal.

Art. 773. O juiz poderá, de ofício ou a requerimento, determinar as medidas necessárias ao cumprimento da ordem de entrega de documentos e dados.

Parágrafo único. Quando, em decorrência do disposto neste artigo, o juízo receber dados sigilosos para os fins da execução, o juiz adotará as medidas necessárias para assegurar a confidencialidade.

Notas:

Trata-se da reafirmação do princípio da efetividade processual, corporificando o espírito propulsor voltado à satisfação do direito, possibilitando ao juiz, inclusive de ofício, lançar mão de medidas necessárias a fim de concretizar o direito existente.

Tais medidas, entendemos podem ser atípicas sub-rogatórias e coercitivas, contudo, serão aplicadas de forma subsidiária às medidas tipificadas (*ex vi* do

---

411 Cf. GAIO JÚNIOR, Antônio Pereira. *Instituições de Direito Processual Civil.* 2 ed. Belo Horizonte: Del Rey, 2013, p. 451-455.

art. 536, § 1º do CPC), sempre com observação ao contraditório, ainda que diferido, e por meio de decisão à luz do art. 489, § 1º, I e II.

Enunciado do Fórum Permanente de Processualistas Civis:

Nº 536 do FPPC: O juiz poderá, na execução civil, determinar a quebra de sigilo bancário e fiscal.

Art. 774. Considera-se atentatória à dignidade da justiça a conduta comissiva ou omissiva do executado que:

I – frauda a execução;

II – se opõe maliciosamente à execução, empregando ardis e meios artificiosos;

III – dificulta ou embaraça a realização da penhora;

IV – resiste injustificadamente às ordens judiciais;

V – intimado, não indica ao juiz quais são e onde estão os bens sujeitos à penhora e os respectivos valores, nem exibe prova de sua propriedade e, se for o caso, certidão negativa de ônus.

Parágrafo único. Nos casos previstos neste artigo, o juiz fixará multa em montante não superior a vinte por cento do valor atualizado do débito em execução, a qual será revertida em proveito do exequente, exigível nos próprios autos do processo, sem prejuízo de outras sanções de natureza processual ou material.

Notas:

Faz parte da construção do processo civil brasileiro previsões no sentido de inibir atos atentatórios à dignidade de justiça. Mantêm-se no CPC/2015, portanto, o ideário já pontificado no art. 600 do CPC Buzaid.

O parágrafo único do artigo em comento, (correspondente ao art. 601 do CPC/1973) dá ênfase à previsão de punição pecuniária ao executado, onerando-o, sempre que este provocar embaraços por meio de seus atos, de forma a impedir ou pelo menos dificultar o alcance da necessária prestação jurisdicional.

Enunciado das Jornadas de Direito Processual Civil do Conselho da Justiça Federal:

Nº 209 do CJF: É cabível pedido de penhora de criptoativos, desde que indicadas pelo requerente as diligências pretendidas, ainda que ausentes indícios de que o executado os tenha.

Enunciados do Fórum Permanente de Processualistas Civis:

Nº 533 do FPPC: Se o executado descumprir ordem judicial, conforme indicado pelo § 3º do art. 536, incidirá a pena por ato atentatório à dignidade da justiça (art. 774, IV), sem prejuízo da sanção por litigância de má-fé.

Nº 537 do FPPC: A conduta comissiva ou omissiva caracterizada como atentatória à dignidade da justiça no procedimento da execução fiscal enseja a aplicação da multa do parágrafo único do art. 774 do CPC/15.

Nº 545 do FPPC: Aplicam-se à impugnação, no que couber, as hipóteses previstas nos incisos I e III do art. 918 e no seu parágrafo único.

Nº 586 do FPPC: O oferecimento de impugnação manifestamente protelatória é ato atentatório à dignidade da justiça, nos termos do art. 771 c/c art. 918, III e parágrafo único do CPC, que enseja a aplicação da multa prevista no parágrafo único do art. 774 do CPC (redação revista no XI FPPC-Brasília).

Nº 716 do FPPC: As medidas atípicas não impedem a aplicação das sanções decorrentes dos atos atentatórios à dignidade da justiça.

Enunciado da Escola Nacional de Formação e Aperfeiçoamento de Magistrados:

Nº 50 do ENFAM: O oferecimento de impugnação manifestamente protelatória ao cumprimento de sentença será considerado conduta atentatória à dignidade da Justiça (art. 918, III, parágrafo único, do CPC/2015), ensejando a aplicação da multa prevista no art. 774, parágrafo único.

Art. 775. O exequente tem o direito de desistir de toda a execução ou de apenas alguma medida executiva.

Parágrafo único. Na desistência da execução, observar-se-á o seguinte:

I – serão extintos a impugnação e os embargos que versarem apenas sobre questões processuais, pagando o exequente as custas processuais e os honorários advocatícios;

II – nos demais casos, a extinção dependerá da concordância do impugnante ou do embargante.

Notas:

Mantêm-se as mesmas regras anteriormente existentes para a desistência da execução (CPC/1973, art. 569), tendo o legislador alterado a expressão "credor" para "exequente", o que, aliás, se deu em todo o livro II e já em boa hora, dado agora ao tratamento correto em sede de direito objetivo. Partindo-se do entendimento de que ninguém é obrigado a demandar, prevalece, portanto, a possibilidade de desistência da execução no todo ou em parte, independente de concordância da *ex adversa*, sempre que a impugnação ou os embargos versarem sobre questões apenas processuais, o que implica, consequentemente, na extinção dos mesmos. Por outro lado, quando as impugnações ou embargos contiverem questões materiais, a desistência dependerá da concordância do impugnante ou embargado, levando, portanto, à extinção das referidas defesas somente se estes anuírem a desistência do exequente.

Súmula:

STJ nº 153: A desistência da execução fiscal, após o oferecimento dos embargos, não exime o exequente dos encargos da sucumbência.

Art. 776. O exequente ressarcirá ao executado os danos que este sofreu, quando a sentença, transitada em julgado, declarar inexistente, no todo ou em parte, a obrigação que ensejou a execução.

Notas:

O presente dispositivo torna latente a preocupação do legislador em coibir a demanda indevida, declarando o exequente responsável pelos prejuízos causados ao executado, quanto evidenciada a inexistência, no todo ou em parte, da obrigação ora exigida.

Art. 777. A cobrança de multas ou de indenizações decorrentes de litigância de má-fé ou de prática de ato atentatório à dignidade da justiça será promovida nos próprios autos do processo.

Notas:

Demonstra-se aqui a representação do princípio da economia processual ao viabilizar a cobrança, nos próprios autos, de multas ou indenizações decorrentes de litigância de má-fé ou de ato que atente a dignidade do Poder Judiciário, praticadas por qualquer partícipe do processo, tornando-se aí desnecessária a propositura de ação autônoma para tanto e, por sua vez, propiciando à medida imposta o alcance de sua finalidade.

É de se ressaltar que tal regra não se aplica na hipótese de cobrança pela Fazenda Pública, de multa fixada baseada no art. 77, § 3º do CPC, exceto se fixada em execução fiscal que se encontre em andamento.

CAPÍTULO II
DAS PARTES

Art. 778. Pode promover a execução forçada o credor a quem a lei confere título executivo.

§ 1º Podem promover a execução forçada ou nela prosseguir, em sucessão ao exequente originário:

I – o Ministério Público, nos casos previstos em lei;

II – o espólio, os herdeiros ou os sucessores do credor, sempre que, por morte deste, lhes for transmitido o direito resultante do título executivo;

III – o cessionário, quando o direito resultante do título executivo lhe for transferido por ato entre vivos;

IV – o sub-rogado, nos casos de sub-rogação legal ou convencional.

§ 2º A sucessão prevista no § 1º independe de consentimento do executado.

Notas:

O dispositivo se refere à legitimidade ativa para promover a execução de título executivo extrajudicial. Portanto, têm-se as legitimidades ordinária (credor- exequente), extraordinária (Ministério Público) e ainda a denominada sucessiva ou superveniente (incisos II, III e IV).

Destaca-se que, somente nos casos expressos em lei, terá o Ministério Público legitimidade para agir; a autorização para tanto poderá ser, inclusive, específica para a execução como no caso, *v.g.*, da Ação Popular (Lei nº 4.717/65, em seu art. 16), diante de inércia do autor em promover a ação ou, ainda, nas ações civis públicas, quando decorrer o prazo de um ano sem que se habilitem interessados em número compatível com a gravidade do dano (Lei nº 8.078/90, art. 100).

Convém ressaltar que pode o MP agir também na qualidade de parte material, sendo exemplo típico desta atitude, quando do exercício na execução de honorários arbitrados na sentença que anula casamento em virtude de ação por ele proposta (art. 1.549 do Código Civil). Nesse caso, estaremos diante de uma legitimidade ativa ordinária.

Remissão:

- Art. 15 da Lei nº 7.347/1985 (Lei da Ação Civil Pública):

"Art. 15. Decorridos sessenta dias do trânsito em julgado da sentença condenatória, sem que a associação autora lhe promova a execução, deverá fazê-lo o Ministério Público, facultada igual iniciativa aos demais legitimados".

Art. 779. A execução pode ser promovida contra:

I – o devedor, reconhecido como tal no título executivo;

II – o espólio, os herdeiros ou os sucessores do devedor;

III – o novo devedor que assumiu, com o consentimento do credor, a obrigação resultante do título executivo;

IV – o fiador do débito constante em título extrajudicial;

V – o responsável titular do bem vinculado por garantia real ao pagamento do débito;

VI – o responsável tributário, assim definido em lei.

Notas:

Trata-se da legitimidade passiva na execução, trazendo no inciso I a legitimidade típica da execução, conhecida como legitimação ordinária, já que, em regra, a execução deve ser ajuizada face ao devedor. Em virtude de tal impossibilidade, surgem as hipóteses constantes nos demais incisos, identificando-se no inciso II e III a legitimação sucessiva ou derivada, e nos incisos IV,V e VI a legitimação por responsabilidade.[412]

No tocante aos responsáveis como sujeitos passivos da execução, o NCPC substitui o atual "Fiador Judicial" pelo "*Fiador do débito constante em título extrajudicial*", bem como avança no reconhecimento do "*responsável, titular do bem vinculado por garantia real ao pagamento do débito*" como mais um apto a ter em face de si uma execução (art. 777, IV e V).

Aliás, com relação ao denominado "*responsável titular do bem vinculado por garantia real ao pagamento do débito*", vale a pena, registrar a diferença entre dívida e responsabilidade (*Schuld* e *Haftung*, do direito alemão)[413]. Por dívida temos a noção de direito material decorrente do vínculo jurídico entre dois sujeitos – credor e devedor – ; já a responsabilidade, esta decorrente da vinculação patrimonial relativa à execução, independe da existência da dívida, sendo conceito processual neste âmbito.

Assim, o inciso V do art. 779 reconhece, literalmente, a legitimidade passiva do responsável, titular do bem que serviu de garantia real à execução, não se confundindo este com o devedor principal que é o sujeito passivo da obrigação contratual.[414]

Súmula:

STJ nº 268: O fiador que não integrou a relação processual na ação de despejo não responde pela execução do julgado.

STJ nº 392: A Fazenda Pública pode substituir a Certidão de Dívida Ativa (CDA) até a prolação da sentença de embargos, quando se tratar de correção de erro material ou formal, vedada a modificação do sujeito passivo da execução.

---

412 Cf. GAIO JÚNIOR, Antônio Pereira. *Instituições de Direito Processual Civil*. 2 ed. Belo Horizonte: Del Rey, 2013, p. 443.

413 Cf. GAIO JÚNIOR, Antônio Pereira. *Tutela Específica das Obrigações de Fazer*. 7. ed. Curitiba: Juruá, 2017.

414 WAMBIER, Teresa Arruda Alvim *et ali*. *Primeiros Comentários ao Novo Código de Processo Civil. Artigo por Artigo*. São Paulo: RT, 2015, p. 1.122.

Enunciado das Jornadas de Direito Processual Civil do Conselho da Justiça Federal:

Nº 97 do CJF: A execução pode ser promovida apenas contra o titular do bem oferecido em garantia real, cabendo, nesse caso, somente a intimação de eventual coproprietário que não tenha outorgado a garantia.

Enunciado do Fórum Permanente de Processualistas Civis:

Nº 445 do FPPC: O fiador judicial também pode ser sujeito passivo da execução.

Art. 780. O exequente pode cumular várias execuções, ainda que fundadas em títulos diferentes, quando o executado for o mesmo e desde que para todas elas seja competente o mesmo juízo e idêntico o procedimento.

Notas:

Indica o referido artigo necessário estímulo à economia processual, permitindo que execuções passíveis de serem propostas separadamente, sejam objetos de uma só ação.

Assim, vários títulos podem compor a mesma ação de execução, exigindo para isto que em todos eles haja efetiva identidade acerca do mesmo o executado; que seja aplicável o mesmo procedimento executivo; sendo também competente o mesmo juízo para processar e julgar todas as execuções.

Súmula:

STJ nº 27: Pode a execução fundar-se em mais de um título extrajudicial relativo ao mesmo negócio.

CAPÍTULO III
DA COMPETÊNCIA

Art. 781. A execução fundada em título extrajudicial será processada perante o juízo competente, observando-se o seguinte:

I – a execução poderá ser proposta no foro de domicílio do executado, de eleição constante do título ou, ainda, de situação dos bens a ela sujeitos;

II – tendo mais de um domicílio, o executado poderá ser demandado no foro de qualquer deles;

III – sendo incerto ou desconhecido o domicílio do executado, a execução poderá ser proposta no lugar onde for encontrado ou no foro de domicílio do exequente;

IV – havendo mais de um devedor, com diferentes domicílios, a execução será proposta no foro de qualquer deles, à escolha do exequente;

V – a execução poderá ser proposta no foro do lugar em que se praticou o ato ou em que ocorreu o fato que deu origem ao título, mesmo que nele não mais resida o executado.

Notas:

O presente dispositivo prevê a multiplicidade de foros para a execução, apresentando várias possibilidades para o processamento da mesma, medida esta compatível com as políticas de acesso ao Poder Judiciário. Nota-se que as possibilidades trazidas nos incisos deste artigo não terão que ser observadas necessariamente na ordem de disposição dos mesmos, admitindo-se o exercício de escolha do foro apropriado, diante das circunstâncias apresentadas no caso concreto, viabilizando assim, a busca pela prestação jurisdicional.

Súmulas:

STJ nº 58: Proposta a execução fiscal, a posterior mudança de domicílio do executado não desloca a competência já fixada.

STJ nº 480: O juízo da recuperação judicial não é competente para decidir sobre a constrição de bens não abrangidos pelo plano de recuperação da empresa.

Art. 782. Não dispondo a lei de modo diverso, o juiz determinará os atos executivos, e o oficial de justiça os cumprirá.

§ 1º O oficial de justiça poderá cumprir os atos executivos determinados pelo juiz também nas comarcas contíguas, de fácil comunicação, e nas que se situem na mesma região metropolitana.

§ 2º Sempre que, para efetivar a execução, for necessário o emprego de força policial, o juiz a requisitará.

§ 3º A requerimento da parte, o juiz pode determinar a inclusão do nome do executado em cadastros de inadimplentes.

§ 4º A inscrição será cancelada imediatamente se for efetuado o pagamento, se for garantida a execução ou se a execução for extinta por qualquer outro motivo.

§ 5º O disposto nos §§ 3º e 4º aplica-se à execução definitiva de título judicial.

Notas:

Verifica-se a preocupação em proporcionar mecanismos que viabilizem o cumprimento da obrigação, uma vez que o processo de execução tem como finalidade o alcance da satisfação do direito material inadimplido. Daí, o § 1º permitir ao oficial de justiça extrapolar os limites da comarca no cumprimento dos atos executórios; o § 2º autoriza o emprego de força policial, sempre que necessário para fins de conceder efetividade à medida executiva; o § 3º prever a possibilidade de inclusão do nome do devedor no cadastro de proteção ao crédito, previsão esta não constante no CPC/1973.

De tudo, nota-se o empenho do legislador em viabilizar o alcance à satisfação do direito através de todas as supracitadas medidas.

Súmula:

STJ nº 385: Da anotação irregular em cadastro de proteção ao crédito, não cabe indenização por dano moral, quando preexistente legítima inscrição, ressalvado o direito ao cancelamento.

Enunciados das Jornadas de Direito Processual Civil do Conselho da Justiça Federal:

Nº 98 do CJF: O art. 782, § 3º, do CPC não veda a possibilidade de o credor, ou mesmo o órgão de proteção ao crédito, fazer a inclusão extrajudicial do nome do executado em cadastros de inadimplentes.

Nº 99 do CJF: A inclusão do nome do executado em cadastros de inadimplentes poderá se dar na execução definitiva de título judicial ou extrajudicial.

Enunciados do Fórum Permanente de Processualistas Civis:

Nº 190 do FPPC: O art. 782, § 3º, não veda a inclusão extrajudicial do nome do executado em cadastros de inadimplentes, pelo credor ou diretamente pelo órgão de proteção ao crédito.

Nº 538 do FPPC: Aplica-se o procedimento do § 4º do art. 517 ao cancelamento da inscrição de cadastro de inadimplentes do § 4º do art. 782.

CAPÍTULO IV
DOS REQUISITOS NECESSÁRIOS PARA REALIZAR QUALQUER EXECUÇÃO

Seção I
Do Título Executivo

Art. 783. A execução para cobrança de crédito fundar-se-á sempre em título de obrigação certa, líquida e exigível.

Notas:

Conforme expressa regra do art. 783 do CPC a "*execução para cobrança de crédito fundar-se-á sempre em título de obrigação certa, líquida e exigível.*"

Importante frisar que a certeza, a liquidez e a exigibilidade são atributos da obrigação contida no título e não propriamente do título, mesmo que se conceba sê-lo quer documento, quer ato, dado ser de natureza lógica que ditos atributos estão vinculados à própria obrigação, ou seja, vínculo jurídico estabelecido entre credor e devedor, permitindo ao primeiro o poder de exigir do segundo determinada prestação.

Temos como *certa* a obrigação quando, em face do título do credor, não se comportem dúvidas acerca de sua existência jurídica, isto é, à existência do crédito[415] legalmente reconhecido, seja ele decorrente de título executivo judicial ou extrajudicial.[416]

Em relação ao título executivo extrajudicial, vale lembrar que, a partir do momento em que o legislador atribuiu a determinado documento força executiva, passou ele a considerar que a obrigação contida naquele documento é dotada de certeza desde que preenchidos todos os requisitos formais.

A obrigação é considerada *líquida* quando o título revelar, com precisão, o objeto da obrigação (p.ex. quanto se deve, o que se deve), de modo a que, suficientemente, possa, de maneira clara e objetiva, determinar o seu *quantum* entendido como o valor e a natureza daquilo que se deve.

O parágrafo único do art. 786 esclarece bem que necessidade de simples operações aritméticas para apurar o crédito exequendo não retira a liquidez da obrigação constante do título, mantendo o CPC, portanto, nítida harmonia com o que o posicionamento jurisprudencial onde, de muito, já entende que a simples necessidade de operações aritméticas para se definir o *quantum debeatur* da obrigação não elimina a sua liquidez para a execução forçada (STJ. 4ª T. REsp. 11.373/MG. Rel. Min. Sálvio de Figueiredo Teixeira. Julg. 18.12.1991, *DJU* de 09.03.1992, p. 2.585, RSTJ 34/346), ainda que o cálculo se faça com dados fora do título, logicamente, em fontes precisas, tais como correção monetária, cotações oficiais etc. (STJ. 3ª T. REsp. 33.743/SP. Rel. Min. Eduardo Ribeiro. Julg. 23.11.1993, *DJU* de 07.02.1994, p. 1174, RSTJ 67/359).

Podem os títulos executivos judiciais ser ilíquidos. Nesse caso, antes do início da execução, necessário será promover a liquidação do débito por meio de procedimento próprio denominado "Liquidação de Sentença" (arts. 509 a 512); em sendo a sentença parte líquida, parte ilíquida, óbice não haverá para que o credor promova, simultaneamente, a execução daquela e a liquidação desta.

Já no que toca aos títulos executivos extrajudiciais, hão de conter eles sempre obrigações líquidas para manejar a devida via executiva, pois que, do contrário, caberá ao magistrado rejeitar liminarmente a execução, dada a ausência em

---

415 "Crédito. Juridicamente, significa o direito que tem a pessoa de exigir de outra o cumprimento de obrigação contraída." SILVA, De Plácido e. *Vocabulário Jurídico*. 23. ed. Rio de Janeiro: Forense, 2003, p. 396.

416 Permanece viva a lição de Pontes de Miranda neste ponto: "A certeza que o juiz aprecia, é a da existência da obrigação diante do título (sentença ou título executivo), e não só dos pressupostos formais do título executivo." *Comentários ao Código de Processo Civil*. Vol. IX. Rio de Janeiro: Forense, 1974, p. 400-401.

nosso modelo legal, de procedimento de liquidação de título extrajudicial em virtude de obrigação originariamente ilíquida.

Nesse aspecto, detalhes merecedores de destaque são apontados por Araken de Assis, ainda que sob a égide do CPC/1973, mas que se mantêm vivos:

> "(...) liquidar-se-á a prestação pecuniária substitutiva da prestação originariamente prevista em título extrajudicial. Por exemplo: destruída a coisa, o art. 627, § 2º (*art. 809, § 2º do CPC/2015*), manda apurar 'em liquidação o valor da coisa e os prejuízos'." Ainda, continua o aludido autor, "(...) alguns temperamentos se impõem no que tange à determinação do objeto da prestação nos títulos extrajudiciais, (...) na execução para a entrega de coisa certa pressupõe-se individualização absoluta, mas a coisa 'incerta' se subordinará, sem pejo da liquidez parcial, a incidente de escolha (art. 629; *art. 811 do CPC/2015*). Também se tolerará a relativa indeterminação das prestações de fazer. O exequente indicará na petição inicial os pormenores faltantes. Configurado excesso na pretensão do exequente, o executado 'impugnará' a execução com supedâneo no art. 743, III, c/c art. 475-L,V (*art. 917, § 2º, III c/c art. 525, § 1º, V do CPC/2015*) E, por fim, nas prestações pecuniárias, a cláusula de escala móvel ou o acréscimo de juros não afetam a liquidez conforme decidiu a 1ª Turma do STF. O credor exibirá, por isso, juntamente com a inicial, memória de cálculo do seu alegado crédito (art. 614, II; *art. 798, I, b do CPC/2015*)."[417] (Grifos nossos).

Quanto à *exigibilidade*, diz respeito ao vencimento da dívida, por isso, deve a obrigação se mostrar exigível quando vencida. Assim, caso esteja ela sujeita, *ad exemplum*, a uma contraprestação (art. 787 do CPC), somente com a verificação da satisfação da aludida contraprestação é que o crédito terá se tornado exigível.

Art. 784. São títulos executivos extrajudiciais:

I – a letra de câmbio, a nota promissória, a duplicata, a debênture e o cheque;

II – a escritura pública ou outro documento público assinado pelo devedor;

III – o documento particular assinado pelo devedor e por 2 (duas) testemunhas;

IV – o instrumento de transação referendado pelo Ministério Público, pela Defensoria Pública, pela Advocacia Pública, pelos advogados dos transatores ou por conciliador ou mediador credenciado por tribunal;

V – o contrato garantido por hipoteca, penhor, anticrese ou outro direito real de garantia e aquele garantido por caução;

---

417 *Cumprimento da Sentença*. Rio de Janeiro: Forense, 2006, nº 36.2, p. 97-98.

VI – o contrato de seguro de vida em caso de morte;

VII – o crédito decorrente de foro e laudêmio;

VIII – o crédito, documentalmente comprovado, decorrente de aluguel de imóvel, bem como de encargos acessórios, tais como taxas e despesas de condomínio;

IX – a certidão de dívida ativa da Fazenda Pública da União, dos Estados, do Distrito Federal e dos Municípios, correspondente aos créditos inscritos na forma da lei;

X – o crédito referente às contribuições ordinárias ou extraordinárias de condomínio edilício, previstas na respectiva convenção ou aprovadas em assembleia geral, desde que documentalmente comprovadas;

XI – a certidão expedida por serventia notarial ou de registro relativa a valores de emolumentos e demais despesas devidas pelos atos por ela praticados, fixados nas tabelas estabelecidas em lei;

XI-A - o contrato de contragarantia ou qualquer outro instrumento que materialize o direito de ressarcimento da seguradora contra tomadores de seguro-garantia e seus garantidores; (Incluído pela Lei nº 14.711, de 2023).

XII – todos os demais títulos aos quais, por disposição expressa, a lei atribuir força executiva.

§ 1º A propositura de qualquer ação relativa a débito constante de título executivo não inibe o credor de promover-lhe a execução.

§ 2º Os títulos executivos extrajudiciais oriundos de país estrangeiro não dependem de homologação para serem executados.

§ 3º O título estrangeiro só terá eficácia executiva quando satisfeitos os requisitos de formação exigidos pela lei do lugar de sua celebração e quando o Brasil for indicado como o lugar de cumprimento da obrigação.

§ 4º Nos títulos executivos constituídos ou atestados por meio eletrônico, é admitida qualquer modalidade de assinatura eletrônica prevista em lei, dispensada a assinatura de testemunhas quando sua integridade for conferida por provedor de assinatura. (Incluído pela Lei nº 14.620, de 2023).

Notas:

O dispositivo em tela reproduz parte do conteúdo o art. 585, do CPC/1973 revogado, porém apresentando-se de forma mais didática.

Oportuno se faz mencionar que fora acrescentado ao inciso IV, enquanto título executivo extrajudicial, o instrumento resultante da conciliação ou mediação. Tal inserção se justifica na medida em que, conforme importante dicção do art. 3º, § 2º, o Estado há de promover, sempre que possível, a solução consensual do litígios, sendo interesse da política do consenso a cultura e fortalecimento aos meios propícios à solução dos conflitos (Conciliação, Mediação, Negociação, Arbitragem).

Ainda em sede de novidade reconhecida como de natureza executiva extrajudicial, acostado foi o crédito referente às contribuições ordinárias ou extraordinárias de condomínio edilício, previstas na respectiva convenção ou aprovadas em assembleia geral, desde que documentalmente comprovadas (X), bem como a certidão expedida por serventia notarial ou de registro relativa a valores de emolumentos e demais despesas devidas pelos atos por ela praticados, fixados nas tabelas estabelecidas em lei (XI).

Aliás, neste ínterim, convém sublinhar que se encontra cediço que a atividade notarial é de índole publica, sendo os atos praticados pelos notários cravados de presunção de veracidade e legitimidade, *ex vi* do art. 3º da Lei nº 8.935/1994.

Daí que optou o legislador por reconhecer como título executivo extrajudicial a certidão expedida por serventia notarial ou de registro relativa a valores de emolumentos e demais despesas devidas pelos atos por ela praticados, devendo estar sempre de acordo com os valores fixados nas tabelas de custas e emolumentos, respectivamente.

Em 31.10.2023, entrou em vigor a Lei nº 14.711, esta que fixou o denominado Marco Legal das Garantias, dispondo sobre o aprimoramento das regras de garantias, de modo a facilitar a execução de dívidas no caso de inadimplência.

Nestes termos, acrescentado ao art. 784 foi o inciso XI-A, este que reconhece o contrato de contragarantia como título executivo, correspondendo ele a um instrumento que regulamenta o direito de ressarcimento da seguradora frente ao tomador no caso de ocorrência de sinistro e necessidade de pagamento de indenização ao segurado, ou mesmo cobrança de prêmios não pagos.

A exequibilidade dos contratos de contragarantia, anteriormente à lei retro referida, nem sempre era certa, já que dependia de ações de conhecimento para primeiro reconhecer a força executória do título e posteriormente então, assegurar a devida recuperação dos valores pagos pela seguradora como indenização sob as apólices de seguro-garantia. Tratava-se de uma marcha processual morosa bem como custosa.

Agora, na qualidade de títulos executivos extrajudiciais, os contratos de contragarantia passam a ter um trâmite facilitado de liquidação, fomentando – espera-se – o encorajamento das seguradoras e resseguradoras a assumirem maiores e mais complexos riscos, e com isso beneficiando toda a cadeia econômica envolvida em grandes projetos.

Em relação ao CPC/1973, retirado foi do rol de títulos executivos extrajudiciais – e em boa hora – o denominado título executivo decorrente do "*crédito de auxiliar da justiça, quando as custas, emolumentos ou honorários tiverem sido aprovados por decisão judicial*", este que, corretamente pela sua natureza, passa a ser considerado como título executivo judicial, apto a ser satisfeito por meio do procedimento do Cumprimento de Sentença (inciso V do art. 515).

De acordo com o § 1º do artigo em comento, a força executiva do título fica preservada, mesmo diante da propositura de ação visando discussão relacionada ao débito constante no mesmo, não configurando, p. ex., qualquer ensejo a eventual litispendência. Além disso, estimula-se a valorização ao pactuado, mediante respeito às leis vigentes.

O § 2º mantém o que já dispunha o CPC/1973, no entanto, deverá o título executivo alienígena respeitar os elementos para sua correta formação no lugar de sua celebração, tendo ainda no mesmo a indicação indubitável do Brasil como local para o cumprimento da obrigação constante do mesmo (§ 3º).

Proveniente da Lei nº 14.620, de 2023, acrescido fora ao art. 784, o § 4º, onde se faz destacar que, em relação aos títulos executivos extrajudiciais constituídos ou atestados por meio eletrônico, proveniente da Lei é admitida qualquer modalidade de assinatura eletrônica prevista em lei, dispensada a assinatura de testemunhas quando sua integridade for conferida por provedor de assinatura.

Vale lembrar que tanto a Medida Provisória (MP) nº 2.200-2/2001 quanto a Lei nº 14.063/2020 já haviam reconhecido como válidas as demais modalidades de assinatura eletrônica (assinaturas eletrônicas simples e assinaturas eletrônicas avançadas), para além daquela realizada mediante certificado digital emitido pela ICP-Brasil (assinatura digital ou assinatura eletrônica qualificada).

Mais precisamente com relação aos tipos de assinatura eletrônica, tão qual citado acima, têm-se como assinatura eletrônica avançada aquela que utiliza outros certificados não emitidos pela ICP-Brasil ou mesmo outros meios de comprovação da autoria e da integridade de documentos eletrônicos, oferecendo aí várias camadas de segurança. São elas tão seguras quanto as assinaturas eletrônicas qualificadas, no entanto entregam meios diferentes de autenticação do signatário, como PIX, biometria, reconhecimento facial ou mesmo a combinação de um ou mais pontos de autenticação que ofereçam o nível de segurança desejado.

Já a assinatura eletrônica simples oferta uma forma mais simples de autenticação do signatário, utilizando formas menos refinadas de identificação do signatário, tais como por meio de um e-mail, pelo IP do computador, ou mesmo pela geolocalização do signatário.

Por fim, com relação à assinatura eletrônica qualificada, conforme assinalado alhures, é aquela que utiliza um Certificado Digital emitido pela ICP-Brasil como método de autenticação.

Remissão:

- Art. 5º, § 6º, da Lei nº 7.347/85 (Lei da Ação Civil Pública):

"Art. 5º Têm legitimidade para propor a ação principal e a ação cautelar:

(...)

§ 6º Os órgãos públicos legitimados poderão tomar dos interessados compromisso de ajustamento de sua conduta às exigências legais, mediante cominações, que terá eficácia de título executivo extrajudicial".

Súmulas:

STJ nº 233: O contrato de abertura de crédito, ainda que acompanhado de extrato da conta corrente, não é título executivo.

STJ nº 247: O contrato de abertura de crédito em conta-corrente, acompanhado do demonstrativo de débito, constitui documento hábil para o ajuizamento da ação monitória.

STJ nº 286: A renegociação de contrato bancário ou a confissão da dívida não impede a possibilidade de discussão sobre eventuais ilegalidades dos contratos anteriores.

STJ nº 300: O instrumento de confissão de dívida, ainda que originário de contrato de abertura de crédito, constitui título executivo extrajudicial.

STJ nº 317: É definitiva a execução de título extrajudicial, ainda que pendente apelação contra sentença que julgue improcedentes os embargos.

STJ nº 392: A Fazenda Pública pode substituir a certidão de dívida ativa (CDA) até a prolação da sentença de embargos, quando se tratar de correção de erro material ou formal, vedada a modificação do sujeito passivo da execução.

Enunciado das Jornadas de Direito Processual Civil do Conselho da Justiça Federal:

Nº 100 do CJF: Interpreta-se a expressão condomínio edilício do art. 784, X, do CPC de forma a compreender tanto os condomínios verticais, quanto os horizontais de lotes, nos termos do art. 1.358-A do Código Civil.

Enunciado do Fórum Permanente de Processualistas Civis:

Nº 527 do FPPC: Os créditos referidos no art. 515, inc. V, e no art. 784, inc. X e XI do CPC-2015 constituídos ao tempo do CPC-1973 são passíveis de execução de título judicial e extrajudicial, respectivamente.

Art. 785. A existência de título executivo extrajudicial não impede a parte de optar pelo processo de conhecimento, a fim de obter título executivo judicial.

Notas:

Observa-se aqui a possibilidade do credor quanto à escolha de melhor aperfeiçoamento do título, ou seja, equipá-lo com atividades cognitivas para fins de obtenção de um título executivo judicial. No modelo do CPC/1973, tal questão era tratada como ausência de interesse processual, o que, no CPC/2015, não mais se configura como tal. Um exemplo seria o possuidor de título executivo extrajudicial perceber que o mesmo se apresenta limitado a questões formais, mas que de fato, outras questões materiais contribuíram para o aumento de seu prejuízo. Neste caso, ele abre mão da execução extrajudicial, e opta pela propositura de uma cognição relacionada aos prejuízos a mais que pretende comprovar que sofreu.

Enunciado do Fórum Permanente de Processualistas Civis:

Nº 446 do FPPC: Cabe ação monitória mesmo quando o autor for portador de título executivo extrajudicial.

Seção II
Da Exigibilidade da Obrigação

Art. 786. A execução pode ser instaurada caso o devedor não satisfaça a obrigação certa, líquida e exigível consubstanciada em título executivo.

Parágrafo único. A necessidade de simples operações aritméticas para apurar o crédito exequendo não retira a liquidez da obrigação constante do título.

Notas:

Mantêm-se o que já dispunha o CPC/1973. Parte-se do entendimento de que a obrigação constante do título executivo necessita ser certa, líquida e exigível, não se configurando ausência de liquidez quando da simples necessidade de realizar operações aritméticas para se alcançar o *quantum*.

Para maior aprofundamento, ver as notas do art. 783 do CPC.

Art. 787. Se o devedor não for obrigado a satisfazer sua prestação senão mediante a contraprestação do credor, este deverá provar que a adimpliu ao requerer a execução, sob pena de extinção do processo.

Parágrafo único. O executado poderá eximir-se da obrigação, depositando em juízo a prestação ou a coisa, caso em que o juiz não permitirá que o credor a receba sem cumprir a contraprestação que lhe tocar.

Notas:

Traz o referido dispositivo exata condição que se impõe ao exequente como requisito para execução de obrigação que se pretende efetivar.

Nestes termos, deverá ele comprovar que adimpliu sua contraprestação no momento de requerer a execução em face o devedor.

Ao executado será possível se eximir da obrigação exigida, isso por meio de depósito em juízo da prestação ou coisa devida, hipótese em que não permitirá o juiz que o exequente receba o objeto do depósito sem que este cumpra a contraprestação exigida. Trata-se, portanto do *exceptio non adimpleti contractus.*

Art. 788. O credor não poderá iniciar a execução ou nela prosseguir se o devedor cumprir a obrigação, mas poderá recusar o recebimento da prestação se ela não corresponder ao direito ou à obrigação estabelecidos no título executivo, caso em que poderá requerer a execução forçada, ressalvado ao devedor o direito de embargá-la.

Notas:

O presente artigo enfrenta aquilo que o CPC/1973 já tratava, tendo aplicabilidade em qualquer das modalidades obrigacionais (fazer, não fazer, entregar coisa ou pagar quantia) e retrata impossibilidade do credor de iniciar a execução ou mesmo nela prosseguir caso o devedor cumpra para com a obrigação devida. Por outro lado, não obstante a isso, poderá o credor recusar o recebimento da obrigação, desde que esta não corresponda ao conteúdo obrigacional constante do título executivo.

Neste caso, poderá o credor requerer, como direito, a execução forçada, podendo, logicamente, o devedor a ela se opor por meio dos embargos à execução.

CAPÍTULO V
DA RESPONSABILIDADE PATRIMONIAL

Art. 789. O devedor responde com todos os seus bens presentes e futuros para o cumprimento de suas obrigações, salvo as restrições estabelecidas em lei.

Notas:

Conforme o princípio da patrimonialidade, exceto no que toca ao devedor de alimentos a execução há de ser sempre patrimonial.

Entende-se que o devedor garante o crédito junto aos credores por meio do seu patrimônio, respondendo, inclusive, conforme o art. 789, com todos os seus bens presentes e futuros, salvo as restrições legais pelo cumprimento das suas obrigações.

É sabido que, no âmbito do direito das obrigações, o débito *(schuld)* diferencia-se da responsabilidade patrimonial *(haftung)*, estando ambos os institutos, de regra, sempre associados, isto é, quem deve responder com seu patrimônio pela dívida.

Notadamente, no entanto, não compreendendo o direito como uma ciência exata, há de ter situações sob as quais débito e responsabilidade patrimonial se postam dissociadas, sendo, por isso, possível determinado cidadão dever, mas diferentemente do comum, não responder pela dívida assumida com o seu patrimônio, *v.g.*, nos casos de dívida de jogo, ao qual impedido estará de ser demandado, ainda que pese a existência da dívida contraída.

Por outro lado, ocorrem igualmente momentos em que determinada pessoa se vê compelida a responder com patrimônio próprio, dívidas por ela não contraídas, portanto, que não poderiam ser a ela atribuídas.

Correto será afirmar, como já dito, que em sede de via executiva judicial, devem ser atingidos apenas e tão somente os bens do devedor demandado, impedindose, via de regra, de agressão a bens de eventual terceiro. Do contrário, caberá ao terceiro impetrar respectiva ação de embargos de terceiro a fim de evitar, efetivamente, que seus bens participem de medidas judiciais, inclusive aquelas relativas à expropriação ainda que indevidas.

Súmula:

STF. Súmula Vinculante nº 25: É Ilícita a Prisão Civil de Depositário Infiel, qualquer que seja a modalidade do depósito.

Art. 790. São sujeitos à execução os bens:

I – do sucessor a título singular, tratando-se de execução fundada em direito real ou obrigação reipersecutória;

II – do sócio, nos termos da lei;

III – do devedor, ainda que em poder de terceiros;

IV – do cônjuge ou companheiro, nos casos em que seus bens próprios ou de sua meação respondem pela dívida;

V – alienados ou gravados com ônus real em fraude à execução;

VI – cuja alienação ou gravação com ônus real tenha sido anulada em razão do reconhecimento, em ação autônoma, de fraude contra credores;

VII – do responsável, nos casos de desconsideração da personalidade jurídica.

Notas:

Quanto à inserção do "companheiro" pelo inciso IV, não é demais ressaltar que trata-se do companheiro cuja união estável esteja declarada pelo Estado, não se aplicando à união meramente de fato.

No que toca ao responsável, nos casos de desconsideração da personalidade jurídica, trazido no inciso VII, reportar-se-á ao Livro III, em seu Capítulo IV (arts. 133 a 137) intitulado "Incidente de Desconsideração da Personalidade Jurídica", com características de um incidente processual, prescindindo de ação própria para provocar sua cognição, representando o prestígio da economia processual, na busca pela garantia constitucional da celeridade processual, (art. 5ª, LXXVIII da CF/88). Insta esclarecer que se admite também a desconsideração inversa (§ 2º, art. 133).[418]

Art. 791. Se a execução tiver por objeto obrigação de que seja sujeito passivo o proprietário de terreno submetido ao regime do direito de superfície, ou o superficiário, responderá pela dívida, exclusivamente, o direito real do qual é titular o executado, recaindo a penhora ou outros atos de constrição exclusivamente sobre o terreno, no primeiro caso, ou sobre a construção ou a plantação, no segundo caso.

§ 1º Os atos de constrição a que se refere o *caput* serão averbados separadamente na matrícula do imóvel, com a identificação do executado, do valor do crédito e do objeto sobre o qual recai o gravame, devendo o oficial destacar o bem que responde pela dívida, se o terreno, a construção ou a plantação, de modo a assegurar a publicidade da responsabilidade patrimonial de cada um deles pelas dívidas e pelas obrigações que a eles estão vinculadas.

§ 2º Aplica-se, no que couber, o disposto neste artigo à enfiteuse, à concessão de uso especial para fins de moradia e à concessão de direito real de uso.

Notas:

É bem possível o proprietário do terreno conceder a outrem o direito de construir ou mesmo de plantar, decorrendo daí o direito de superfície, ficando os direitos reais sobre o terreno e a superfície coexistindo perfeitamente e de forma autônoma, muito embora seja certo de que o direito real do superficiário dependa do direito real do proprietário. No entanto, a penhora da construção ou da plantação não implicará na penhora do terreno e vice-versa.[419]

---

418 Ver sobre o tema, GAIO JÚNIOR, Antônio Pereira. Incidente de Desconsideração da Personalidade Jurídica no Novo CPC. *In*: GAIO JÚNIOR, Antônio Pereira; CÂMARA, Alexandre Freitas (Coords.). *Novo CPC: reflexões e perspectivas*. Belo Horizonte: Del Rey, 2014, p.57-85.

419 Cf. MEDINA, José Miguel Garcia. *Novo Código de Processo Civil Comentado*. São Paulo: RT, 2015, p. 1.067-1.068.

Havendo atos de constrição ou penhora sobre o terreno, construção ou plantação, tal como se refere o *caput* do art. 791, serão eles averbados separadamente na matrícula do imóvel, com a identificação do executado, do valor do crédito e do objeto sobre o qual recai o gravame, devendo o oficial destacar o bem que responde pela dívida, se o terreno, a construção ou a plantação, tudo de modo a assegurar respectiva publicidade da responsabilidade patrimonial de cada um deles pelas dívidas e pelas obrigações que a eles estão vinculadas (§ 1º do art. 791 do CPC).

Nos casos relativos à enfiteuse, à concessão de uso especial para fins de moradia e à concessão de direito real de uso, aplica-se no que couberem as disposições retrorreferidas pelo art. 791, ou seja, por se constituírem direito autônomo em relação à propriedade do bem, podem ser objeto de constrição judicial independentemente da penhora do próprio bem imóvel.

Destaca-se que a penhora desses direitos reais limitados não se estende ao imóvel, notadamente, pois que nem sempre a titularidade de um bem está relacionada para com a dívida, objeto da execução.

Enunciado das Jornadas de Direito Processual Civil do Conselho da Justiça Federal:

Nº 150 do CJF: Aplicam-se ao direito de laje os arts. 791, 804 e 889, III, do CPC.

Art. 792. A alienação ou a oneração de bem é considerada fraude à execução:

I – quando sobre o bem pender ação fundada em direito real ou com pretensão reipersecutória, desde que a pendência do processo tenha sido averbada no respectivo registro público, se houver;

II – quando tiver sido averbada, no registro do bem, a pendência do processo de execução, na forma do art. 828;

III – quando tiver sido averbado, no registro do bem, hipoteca judiciária ou outro ato de constrição judicial originário do processo onde foi arguida a fraude;

IV – quando, ao tempo da alienação ou da oneração, tramitava contra o devedor ação capaz de reduzi-lo à insolvência;

V – nos demais casos expressos em lei.

§ 1º A alienação em fraude à execução é ineficaz em relação ao exequente.

§ 2º No caso de aquisição de bem não sujeito a registro, o terceiro adquirente tem o ônus de provar que adotou as cautelas necessárias para a aquisição, mediante a exibição das certidões pertinentes, obtidas no domicílio do vendedor e no local onde se encontra o bem.

§ 3º Nos casos de desconsideração da personalidade jurídica, a fraude à execução verifica-se a partir da citação da parte cuja personalidade se pretende desconsiderar.

§ 4º Antes de declarar a fraude à execução, o juiz deverá intimar o terceiro adquirente, que, se quiser, poderá opor embargos de terceiro, no prazo de 15 (quinze) dias.

Notas:

Com base neste dispositivo, em consonância com a Súmula 375 do Superior Tribunal de Justiça, há caracterização da fraude por pender sobre o bem ação fundada em direito real[420]; por pender processo de execução; por existência de hipoteca judiciária, somente se verifica mediante registro cartorário do bem ou prova.[421] No caso do inciso I, torna-se necessário registrar a citação válida nas margens do próprio registro do bem.[422]

No que tange ao inciso IV, para que se configure a fraude à execução, é necessário que haja demanda em curso, ainda que seja ação de conhecimento, que no CPC/2015 se desenvolve por meio do processo comum (art. 318 e ss.), sendo imprescindível a ciência, pelo adquirente, de demanda fundada em direito real ou capaz de reduzir o alienante à insolvência.

Insta destacar que, antes de declarar a fraude à execução, caberá ao magistrado intimar o terceiro adquirente, que, se quiser, poderá opor embargos de terceiro, no prazo de 15 (quinze) dias, tudo em respeito ao § 4º do art. 792 do CPC.

Já, nos casuísmos que envolvem eventual desconsideração da personalidade jurídica, a fraude à execução verifica-se a partir da citação da parte cuja personalidade se pretende desconsiderar (§ 3º do art. 792 do CPC).

A necessidade de reprimir com severidade a fraude de execução levou o legislador a considerá-la ato atentatório à dignidade da justiça.

São tipificadas no art. 774 as condutas comissivas ou omissivas do executado consideradas atentatórias, i.e., quando ele:

I – frauda a execução;

II – se opõe de forma maliciosa à execução, empregando ardis e meios artificiosos;

III – dificulta ou embaraça a realização da penhora;

---

420 Ações cuja pretensão de direito material possui natureza real, tais como reivindicatória, usucapião, ações que versem sobre penhor, hipoteca, anticrese etc.

421 Cf. GAIO JÚNIOR, Antônio Pereira. *Instituições de Direito Processual Civil.* 3. ed. Salvador: JusPodivm, 2017, p. 707-711.

422 Cf. Sobre Registro de citações: Lei de Registro Público, *ex vi* de seu artigo 167, I, 21.

IV – resiste injustificadamente às ordens judiciais;

V – intimado, não indica ao magistrado quais são e onde estão os bens sujeitos à penhora e os respectivos valores, nem exibe prova de sua propriedade e, se sendo o caso, a certidão negativa de ônus.

Em seguida, de maneira expressa, prevista está pelo parágrafo único do art. 774 a devida punição para tal conduta do executado, competindo ao magistrado a aplicação de multa de 20% (vinte por cento) do valor atualizado do débito em execução, sem prejuízo de outras sanções cabíveis, quer sejam elas de ordem material e/ou processual, atentando-se que o valor da multa será revertido em favor do exequente, exigível no âmbito nos próprios autos da execução.

Súmula:

STJ nº 375: O reconhecimento da fraude à execução depende do registro da penhora do bem alienado ou da prova de má-fé do terceiro adquirente.

Enunciado das Jornadas de Direito Processual Civil do Conselho da Justiça Federal:

Nº 102 do CJF: A falta de oposição dos embargos de terceiro preventivos no prazo do art. 792, § 4º, do CPC não impede a propositura dos embargos de terceiro repressivos no prazo do art. 675 do mesmo Código.

Enunciados do Fórum Permanente de Processualistas Civis:

Nº 190 do FPPC: O art. 782, § 3º, não veda a inclusão extrajudicial do nome do executado em cadastros de inadimplentes, pelo credor ou diretamente pelo órgão de proteção ao crédito.

Nº 191 do FPPC: O prazo de quinze dias para opor embargos de terceiro, disposto no § 4º do art. 792, é aplicável exclusivamente aos casos de declaração de fraude à execução; os demais casos de embargos de terceiro são regidos na forma do *caput* do art. 675.

Enunciados da Escola Nacional de Formação e Aperfeiçoamento de Magistrados:

Nº 52 do ENFAM: A citação a que se refere o art. 792, § 3º, do CPC/2015 (fraude à execução) é a do executado originário, e não aquela prevista para o incidente de desconsideração da personalidade jurídica (art. 135 do CPC/2015).

Nº 54 do ENFAM: A ausência de oposição de embargos de terceiro no prazo de 15 (quinze) dias prevista no art. 792, § 4º, do CPC/2015 implica preclusão para fins do art. 675, *caput*, do mesmo código.

Art. 793. O exequente que estiver, por direito de retenção, na posse de coisa pertencente ao devedor não poderá promover a execução sobre outros bens senão depois de excutida a coisa que se achar em seu poder.

Notas:

Determina o dispositivo a impossibilidade de se buscar por meio de execução outro bem do devedor, quando o exequente já estiver na posse de um bem pertencente àquele.

Art. 794. O fiador, quando executado, tem o direito de exigir que primeiro sejam executados os bens do devedor situados na mesma comarca, livres e desembargados, indicando-os pormenorizadamente à penhora.

§ 1º Os bens do fiador ficarão sujeitos à execução se os do devedor, situados na mesma comarca que os seus, forem insuficientes à satisfação do direito do credor.

§ 2º O fiador que pagar a dívida poderá executar o afiançado nos autos do mesmo processo.

§ 3º O disposto no *caput* não se aplica se o fiador houver renunciado ao benefício de ordem.

Notas:

Verifica-se alusão ao Princípio da Menor Onerosidade aplicado ao denominado fiador, determinando-se a execução de modo menos gravoso possível, quando por vários meios puder ser satisfeita.[423] Neste caso, caberá ao fiador exigir – sendo aí importante também indicar, caso seja de seu conhecimento – que primeiro sejam os bens do devedor afiançado situados na mesma comarca da execução, expropriados.

Caso ditos bens não sejam suficientes para sanar com a dívida, estarão os bens do fiador sujeitos a execução, o que, certamente, não excluirá a possibilidade de o fiador, nos próprios autos, executar o devedor afiançado diante da ocorrência de tal hipótese, salvo se este mesmo fiador renunciar ao benefício de ordem, i.e., deixar de indicar que sejam os bens do devedor executados antes dos seus.

Remissão:

– Arts. 827 e 828 do Código Civil:

"Art. 827. O fiador demandado pelo pagamento da dívida tem direito a exigir, até a contestação da lide, que sejam primeiro executados os bens do devedor.

Parágrafo único. O fiador que alegar o benefício de ordem, a que se refere este artigo, deve nomear bens do devedor, sitos no mesmo município, livres e desembargados, quantos bastem para solver o débito.

[423] Cf. GAIO JÚNIOR, Antônio Pereira. *Instituições de Direito Processual Civil.* 3. ed. Salvador: JusPodivm, 2017, p. 691.

Art. 828. Não aproveita este benefício ao fiador:

I – se ele o renunciou expressamente;

II – se se obrigou como principal pagador, ou devedor solidário;

III – se o devedor for insolvente, ou falido".

Art. 795. Os bens particulares dos sócios não respondem pelas dívidas da sociedade, senão nos casos previstos em lei.

§ 1º O sócio réu, quando responsável pelo pagamento da dívida da sociedade, tem o direito de exigir que primeiro sejam excutidos os bens da sociedade.

§ 2º Incumbe ao sócio que alegar o benefício do § 1º nomear quantos bens da sociedade situados na mesma comarca, livres e desembargados, bastem para pagar o débito.

§ 3º O sócio que pagar a dívida poderá executar a sociedade nos autos do mesmo processo.

§ 4º Para a desconsideração da personalidade jurídica é obrigatória a observância do incidente previsto neste Código.

Notas:

Pontifica o *caput* do presente dispositivo que os bens particulares dos sócios não respondem pelas dívidas da sociedade, senão nos casos previstos em lei.

Nas legislações civil e comercial encontramos hipóteses onde tipos de sociedades têm, na figura do sócio, respectiva responsabilidade solidária e subsidiária pelas dívidas da empresa (*v.g.* sociedades em nome coletivo – art. 1.039 do Código Civil; sócio comanditado, nas sociedades em comandita simples – art. 1.045 do Código Civil etc.).

Nesses termos, será plenamente possível, nas execuções ajuizadas em face de determinada empresa, ser atingidos bens de seus sócios.

Comumente, a regra é que a sociedade, como detentora de personalidade jurídica própria, responda por suas dívidas, e apenas, residualmente, responda pelos bens particulares dos sócios nos casos fixados por lei, de acordo com o art. 795, § 1º. E, ainda que tal fato ocorra, poderá o sócio se resguardar, exigindo que, primeiro, sejam expropriados os bens da sociedade. Para tal benefício de ordem, tem o sócio executado o ônus de nomear os bens da sociedade, livres e desembaraçados na comarca, suficientes para pagar o débito, tudo conforme o art. 795, § 2º.

Pagando, eventualmente, a dívida da sociedade, terá o sócio direito de executar a própria sociedade nos autos do mesmo processo (art. 795, § 3º).

Serão de possível ocorrência casos em que o juiz, percebendo que o uso da empresa foi para empreender manifesta abusividade e má-fé, desconsiderar sua personalidade jurídica.

Nisso, convencendo-se o magistrado da utilização abusiva da sociedade, deve autorizar a penhora de bens dos sócios. Se eles não se conformarem, será facultado ajuizarem respectivos embargos do devedor ou de terceiro, em que a questão da desconstituição da personalidade jurídica poderá ser discutida com toda amplitude.

Remissões:

– Art. 50 do Código Civil, com a redação dada pela Lei nº 13.874/2019:

"Art. 50. Em caso de abuso da personalidade jurídica, caracterizado pelo desvio de finalidade ou pela confusão patrimonial, pode o juiz, a requerimento da parte, ou do Ministério Público quando lhe couber intervir no processo, desconsiderá-la para que os efeitos de certas e determinadas relações de obrigações sejam estendidos aos bens particulares de administradores ou de sócios da pessoa jurídica beneficiados direta ou indiretamente pelo abuso.

§ 1º Para os fins do disposto neste artigo, desvio de finalidade é a utilização da pessoa jurídica com o propósito de lesar credores e para a prática de atos ilícitos de qualquer natureza.

§ 2º Entende-se por confusão patrimonial a ausência de separação de fato entre os patrimônios, caracterizada por:

I – cumprimento repetitivo pela sociedade de obrigações do sócio ou do administrador ou vice-versa;

II – transferência de ativos ou de passivos sem efetivas contraprestações, exceto os de valor proporcionalmente insignificante; e

III – outros atos de descumprimento da autonomia patrimonial.

§ 3º O disposto no *caput* e nos §§ 1º e 2º deste artigo também se aplica à extensão das obrigações de sócios ou de administradores à pessoa jurídica.

§ 4º A mera existência de grupo econômico sem a presença dos requisitos de que trata o *caput* deste artigo não autoriza a desconsideração da personalidade da pessoa jurídica.

§ 5º Não constitui desvio de finalidade a mera expansão ou a alteração da finalidade original da atividade econômica específica da pessoa jurídica".

– Art. 82 da Lei nº 11.101/2005 (regula a recuperação judicial, a extrajudicial e a falência do empresário e da sociedade empresária):

"Art. 82. A responsabilidade pessoal dos sócios de responsabilidade limitada, dos controladores e dos administradores da sociedade falida, estabelecida nas respectivas leis, será apurada no próprio juízo da falência, independentemente da realização do ativo e da prova da sua insuficiência para cobrir o passivo, observado o procedimento ordinário previsto no Código de Processo Civil.

§ 1º Prescreverá em 2 (dois) anos, contados do trânsito em julgado da sentença de encerramento da falência, a ação de responsabilização prevista no *caput* deste artigo.

§ 2º O juiz poderá, de ofício ou mediante requerimento das partes interessadas, ordenar a indisponibilidade de bens particulares dos réus, em quantidade compatível com o dano provocado, até o julgamento da ação de responsabilização".

Art. 796. O espólio responde pelas dívidas do falecido, mas, feita a partilha, cada herdeiro responde por elas dentro das forças da herança e na proporção da parte que lhe coube.

Notas:

Na mesma toada do CPC/1973, o dispositivo em tela deixa clara a destinação prioritária dos bens deixados pelo falecido: o pagamento das dívidas por ele contraídas em vida. Então, mesmo que a partilha se efetive sem que porventura, determinado o crédito tenha sido habilitado no processo de inventário, torna-se possível o recebimento do mesmo, por meio da quota parte adquirida pelo herdeiro.

TÍTULO II
DAS DIVERSAS ESPÉCIES DE EXECUÇÃO

CAPÍTULO I
DISPOSIÇÕES GERAIS

Art. 797. Ressalvado o caso de insolvência do devedor, em que tem lugar o concurso universal, realiza-se a execução no interesse do exequente que adquire, pela penhora, o direito de preferência sobre os bens penhorados.

Parágrafo único. Recaindo mais de uma penhora sobre o mesmo bem, cada exequente conservará o seu título de preferência.

Notas:

Em sintonia com o que já previa o CPC/1973, o presente dispositivo prestigia o Princípio da Patrimonialidade, ao pontuar o direito de preferência assistido ao exequente, isso em relação ao bem penhorado, lembrando que a caracterização da fraude à execução, em caso de alienação do bem penhorado por parte do executado, requer o registro cartorário da penhora (art. 792, III). Excetua-se ao direito de preferência à execução em concurso universal, tratada no diploma de 1973 como execução por quantia certa contra devedor insolvente, (art. 748 e ss do CPC/1973), valendo lembrar que o art. 1.052 do Código de Processo Civil de 2015 estabelece que, até a edição de lei específica, as execuções contra devedor insolvente, em curso ou que venham a ser propostas, permanecem reguladas pelo Livro II, Título IV do CPC/1973.

Enunciado das Jornadas de Direito Processual Civil do Conselho da Justiça Federal:

Nº 209 do CJF: É cabível pedido de penhora de criptoativos, desde que indicadas pelo requerente as diligências pretendidas, ainda que ausentes indícios de que o executado os tenha.

Art. 798. Ao propor a execução, incumbe ao exequente:

I – instruir a petição inicial com:

a) o título executivo extrajudicial;

b) o demonstrativo do débito atualizado até a data de propositura da ação, quando se tratar de execução por quantia certa;

c) a prova de que se verificou a condição ou ocorreu o termo, se for o caso;

d) a prova, se for o caso, de que adimpliu a contraprestação que lhe corresponde ou que lhe assegura o cumprimento, se o executado não for obrigado a satisfazer a sua prestação senão mediante a contraprestação do exequente;

II – indicar:

a) a espécie de execução de sua preferência, quando por mais de um modo puder ser realizada;

b) os nomes completos do exequente e do executado e seus números de inscrição no Cadastro de Pessoas Físicas ou no Cadastro Nacional da Pessoa Jurídica;

c) os bens suscetíveis de penhora, sempre que possível.

Parágrafo único. O demonstrativo do débito deverá conter:

I – o índice de correção monetária adotado;

II – a taxa de juros aplicada;

III – os termos inicial e final de incidência do índice de correção monetária e da taxa de juros utilizados;

IV – a periodicidade da capitalização dos juros, se for o caso;

V – a especificação de desconto obrigatório realizado.

Notas:

Prescrevem-se aqui providências necessárias para que a execução proposta possa ser bem-sucedida, a começar pela própria instrução da petição inicial.

Apresenta-se o dispositivo na fusão dos arts. 614 e 615 do CPC/1973, porém com algumas alterações, de forma a prestigiar o Princípio da Celeridade Processual, visando também o da Economia Processual.

Por isso, o inciso I traz as exigências documentais que viabilizam a execução, tendo inserido a aliena "d", ao inciso I, (com correspondência no inc. IV, art. 614, do CPC/1973) que para facilitação de sua compreensão, deve ser conjugado com o art. 787 do atual diploma.

O inciso II diz respeito ao ônus do exequente em trazer as informações que viabilizarão o êxito na execução, cabendo, portanto, ao exequente, ao peticionar, munir o judiciário de informações básicas como nome completo, CPF ou CNPJ do executado. Nesta mesma toada, estabelece a alínea "c" exigência de um detalhamento do demonstrativo de débito a ser pelo exequente apresentado, o qual deverá informar o índice de correção monetária, a taxa de juros aplicada, a periodicidade de capitação dos juros, a fim de que seja admitido como correto o demonstrativo de débito.

De acordo com a atual redação, se tornou dispensável o pedido de citação do executado, tratando a citação como uma consequência natural da propositura do pedido principal.

Como se vê, todas as medidas estão voltadas à celeridade processual em sede informativa, tudo de modo a contribuir para a boa e satisfativa execução.

Remissão:

– Art. 53 da Lei nº 9.099/1995 (dispõe sobre os Juizados Especiais Cíveis e Criminais e dá outras providências):

"Art. 53. A execução de título executivo extrajudicial, no valor de até quarenta salários mínimos, obedecerá ao disposto no Código de Processo Civil, com as modificações introduzidas por esta Lei.

§ 1º Efetuada a penhora, o devedor será intimado a comparecer à audiência de conciliação, quando poderá oferecer embargos (art. 52, IX), por escrito ou verbalmente.

§ 2º Na audiência, será buscado o meio mais rápido e eficaz para a solução do litígio, se possível com dispensa da alienação judicial, devendo o conciliador propor, entre outras medidas cabíveis, o pagamento do débito a prazo ou a prestação, a dação em pagamento ou a imediata adjudicação do bem penhorado.

§ 3º Não apresentados os embargos em audiência, ou julgados improcedentes, qualquer das partes poderá requerer ao Juiz a adoção de uma das alternativas do parágrafo anterior.

§ 4º Não encontrado o devedor ou inexistindo bens penhoráveis, o processo será imediatamente extinto, devolvendo-se os documentos ao autor".

Súmulas:

STJ nº 199: Na execução hipotecária de crédito vinculado ao Sistema Financeiro de Habitação, nos termos da Lei 5.741/71, a petição inicial deve ser instruída com, pelo menos, dois avisos de cobrança.

STJ nº 392: A Fazenda Pública pode substituir a certidão de dívida ativa (CDA) até a prolação da sentença de embargos, quando se tratar de correção de erro material ou formal, vedada a modificação do sujeito passivo da execução.

STJ nº 472: A cobrança de comissão de permanência – cujo valor não pode ultrapassar a soma dos encargos remuneratórios e moratórios previstos no contrato – exclui a exigibilidade dos juros remuneratórios, moratórios e da multa contratual.

Enunciado das Jornadas de Direito Processual Civil do Conselho da Justiça Federal:

Nº 86 do CJF: As prestações vincendas até o efetivo cumprimento da obrigação incluem-se na execução de título executivo extrajudicial (arts. 323 e 318, parágrafo único, do CPC).

Enunciado do Fórum Permanente de Processualistas Civis:

Nº 590 do FPPC: Na impugnação ao cumprimento de sentença e nos embargos à execução, o executado que alegar excesso de execução deverá elaborar demonstrativo de débito em conformidade com os incisos do art. 524 e do parágrafo único do art. 798, respectivamente.

Art. 799. Incumbe ainda ao exequente:

I – requerer a intimação do credor pignoratício, hipotecário, anticrético ou fiduciário, quando a penhora recair sobre bens gravados por penhor, hipoteca, anticrese ou alienação fiduciária;

II – requerer a intimação do titular de usufruto, uso ou habitação, quando a penhora recair sobre bem gravado por usufruto, uso ou habitação;

III – requerer a intimação do promitente comprador, quando a penhora recair sobre bem em relação ao qual haja promessa de compra e venda registrada;

IV – requerer a intimação do promitente vendedor, quando a penhora recair sobre direito aquisitivo derivado de promessa de compra e venda registrada;

V – requerer a intimação do superficiário, enfiteuta ou concessionário, em caso de direito de superfície, enfiteuse, concessão de uso especial para fins de moradia ou concessão de direito real de uso, quando a penhora recair sobre imóvel submetido ao regime do direito de superfície, enfiteuse ou concessão;

VI – requerer a intimação do proprietário de terreno com regime de direito de superfície, enfiteuse, concessão de uso especial para fins de moradia ou concessão de direito real de uso, quando a penhora recair sobre direitos do superficiário, do enfiteuta ou do concessionário;

VII – requerer a intimação da sociedade, no caso de penhora de quota social ou de ação de sociedade anônima fechada, para o fim previsto no art. 876, § 7º;

VIII – pleitear, se for o caso, medidas urgentes;

IX – proceder à averbação em registro público do ato de propositura da execução e dos atos de constrição realizados, para conhecimento de terceiros.

X - requerer a intimação do titular da construção-base, bem como, se for o caso, do titular de lajes anteriores, quando a penhora recair sobre o direito real de laje; (Incluído pela Lei nº 13.465, de 2017).

XI - requerer a intimação do titular das lajes, quando a penhora recair sobre a construção-base. (Incluído pela Lei nº 13.465, de 2017).

Notas:

O presente dispositivo enfatiza mais uma vez, a crucial importância da participação do exequente para o sucesso da execução, atribuindo a ele o ônus de trazer para os autos o responsável pelo gravame constante no bem que também se encontra penhorado. Seu correspondente no CPC/1973 é o art. 615, embora estivesse limitado basicamente às figuras do inciso I do dispositivo em vigor, tendo o dispositivo atual contemplado várias outras hipóteses dos incisos II ao IX, se valendo dos institutos admitidos pelos direitos reais.

Enunciados das Jornadas de Direito Processual Civil do Conselho da Justiça Federal:

Nº 97 do CJF: A execução pode ser promovida apenas contra o titular do bem oferecido em garantia real, cabendo, nesse caso, somente a intimação de eventual coproprietário que não tenha outorgado a garantia.

Nº 104 do CJF: O fornecimento de certidão para fins de averbação premonitória (art. 799, IX, do CPC) independe de prévio despacho ou autorização do juiz.

Nº 154 do CJF: O exequente deve providenciar a intimação do coproprietário no caso da penhora de bem indivisível ou de direito real sobre bem indivisível.

Enunciados do Fórum Permanente de Processualistas Civis:

Nº 447 do FPPC: O exequente deve providenciar a intimação da União, Estados e Municípios no caso de penhora de bem tombado.

Nº 448 do FPPC: As medidas urgentes previstas no art. 799, VIII, englobam a tutela provisória urgente antecipada.

Nº 529 do FPPC: As averbações previstas nos arts. 799, IX e 828 são aplicáveis ao cumprimento de sentença.

Nº 539 do FPPC: A certidão a que se refere o art. 828 não impede a obtenção e a averbação de certidão da propositura da execução (art. 799).

Nº 641 do FPPC: O exequente deve providenciar a intimação do coproprietário no caso da penhora de bem imóvel indivisível ou de direito real sobre bem imóvel indivisível.

Art. 800. Nas obrigações alternativas, quando a escolha couber ao devedor, esse será citado para exercer a opção e realizar a prestação dentro de 10 (dez) dias, se outro prazo não lhe foi determinado em lei ou em contrato.

§ 1º Devolver-se-á ao credor a opção, se o devedor não a exercer no prazo determinado.

§ 2º A escolha será indicada na petição inicial da execução quando couber ao credor exercê-la.

Notas:

Quanto às obrigações alternativas, nos casos em que a escolha não tiver sido previamente definida, caberá ao devedor exercer tal direito (art.252 do Código Civil), O presente artigo advém da preocupação do legislador em estabelecer procedimento necessário quando da execução acerca de obrigações alternativas, estas que podem originar-se tanto da lei quanto de contrato, valendo ressaltar que será dada ao executado, quando de direito, a opção pela escolha da obrigação a ser adimplida, isso dentro do lapso temporal de 10 (dez) dias. Mantendo-se silente quanto à manifestação em dito prazo, caberá ao credor-exequente o exercício de dita faculdade.

Art. 801. Verificando que a petição inicial está incompleta ou que não está acompanhada dos documentos indispensáveis à propositura da execução, o juiz determinará que o exequente a corrija, no prazo de 15 (quinze) dias, sob pena de indeferimento.

Notas:

Em comparação à redação correspondente no revogado CPC/1973 (art. 616), o dispositivo em comento aumentou de 10 (dez) para 15 (quinze) dias o prazo para que o exequente promova a respectiva emenda da petição, sob pena de indeferimento, quando esta se apresentar incompleta ou faltando documentos essenciais à sua propositura. Observa-se preocupação em possibilitar o sucesso na execução, permitindo-se a mesma alçar seus objetivos bem como à jurisdição estatal a finalidade de resposta ao jurisdicionado, tudo por meio do serviço público da justiça.

Súmulas:

STJ nº 392: A Fazenda Pública pode substituir a certidão de dívida ativa (CDA) até a prolação da sentença de embargos, quando se tratar de correção de erro material ou formal, vedada a modificação do sujeito passivo da execução.

STJ nº 409: Em execução fiscal, a prescrição ocorrida antes da propositura da ação pode ser decretada de ofício (CPC/1973, art. 219, § 5º).

Art. 802. Na execução, o despacho que ordena a citação, desde que realizada em observância ao disposto no § 2º do art. 240, interrompe a prescrição, ainda que proferido por juízo incompetente.

Parágrafo único. A interrupção da prescrição retroagirá à data de propositura da ação.

Notas:

A menção ao § 2º do referido art. 240, diz respeito ao prazo de 10 (dez) dias concedidos ao exequente para promover as providências necessárias com o fito de viabilizar a citação, sob pena de não ser aplicada a retroatividade interruptiva da prescrição à data da propositura da ação (§ 1º do próprio art. 240). Logo, não sendo adotadas as providências, não se viabilizará o despacho citatório. Vale constar que citadas providencias se referem a informações necessárias à correta comunicação processual à parte executada, leia-se, p. ex., endereço daquele a ser citado.

Súmulas:

STF nº 150: Prescreve a execução no mesmo prazo de prescrição da ação.

STF nº 153: Simples protesto cambiário não interrompe a prescrição.

STF nº 154: Simples vistoria não interrompe a prescrição.

STJ nº 414: A citação por edital na execução fiscal é cabível quando frustradas as demais modalidades.

Art. 803. É nula a execução se:

I – o título executivo extrajudicial não corresponder a obrigação certa, líquida e exigível;

II – o executado não for regularmente citado;

III – for instaurada antes de se verificar a condição ou de ocorrer o termo.

Parágrafo único. A nulidade de que cuida este artigo será pronunciada pelo juiz, de ofício ou a requerimento da parte, independentemente de embargos à execução.

Notas:

Dispositivo cujo correspondente no CPC/1973 era o artigo 618, porém, tendo sido acrescentado à redação do atual diploma, o parágrafo único, o qual prevê a possibilidade de decretação de nulidade *ex officio*, ou a requerimento da parte, sem que seja necessária a interposição de embargos à execução. Por meio deste dispositivo, certamente, fica legislada a exceção de pré-executividade enquanto instrumento de defesa do executado, cuja aplicação há muito vem sendo admitida pelos tribunais, embora fosse até então estranha aos textos legais.

Súmula:

STJ nº 409: Em execução fiscal, a prescrição ocorrida antes da propositura da ação pode ser decretada de ofício (CPC/1973, art. 219, § 5º).

Art. 804. A alienação de bem gravado por penhor, hipoteca ou anticrese será ineficaz em relação ao credor pignoratício, hipotecário ou anticrético não intimado.

§ 1º A alienação de bem objeto de promessa de compra e venda ou de cessão registrada será ineficaz em relação ao promitente comprador ou ao cessionário não intimado.

§ 2º A alienação de bem sobre o qual tenha sido instituído direito de superfície, seja do solo, da plantação ou da construção, será ineficaz em relação ao concedente ou ao concessionário não intimado.

§ 3º A alienação de direito aquisitivo de bem objeto de promessa de venda, de promessa de cessão ou de alienação fiduciária será ineficaz em relação ao promitente vendedor, ao promitente cedente ou ao proprietário fiduciário não intimado.

§ 4º A alienação de imóvel sobre o qual tenha sido instituída enfiteuse, concessão de uso especial para fins de moradia ou concessão de direito real de uso será ineficaz em relação ao enfiteuta ou ao concessionário não intimado.

§ 5º A alienação de direitos do enfiteuta, do concessionário de direito real de uso ou do concessionário de uso especial para fins de moradia será ineficaz em relação ao proprietário do respectivo imóvel não intimado.

§ 6º A alienação de bem sobre o qual tenha sido instituído usufruto, uso ou habitação será ineficaz em relação ao titular desses direitos reais não intimado.

Notas:

Dispositivo que se conjuga com o art. 799 do CPC/2015, marcando a força da necessária intimação dos demais credores do devedor ora executado, sob pena de se desconsiderar a alienação do bem penhorado. Tal dispositivo corrobora com o Princípio da Boa-Fé, (art. 5º), bem como com a preocupação em zelar sempre pelo direito ao contraditório (art. 7º), o qual é norteador ao espírito democrático pelo qual se deve pautar as instituições no Estado contemporâneo.[424]

Enunciado das Jornadas de Direito Processual Civil do Conselho da Justiça Federal:

Nº 150 do CJF: Aplicam-se ao direito de laje os arts. 791, 804 e 889, III, do CPC.

Enunciado do Fórum Permanente de Processualistas Civis:

Nº 447 do FPPC: O exequente deve providenciar a intimação da União, Estados e Municípios no caso de penhora de bem tombado.

Art. 805. Quando por vários meios o exequente puder promover a execução, o juiz mandará que se faça pelo modo menos gravoso para o executado.

Parágrafo único. Ao executado que alegar ser a medida executiva mais gravosa incumbe indicar outros meios mais eficazes e menos onerosos, sob pena de manutenção dos atos executivos já determinados.

Notas:

Reverencia-se aqui o Princípio da Menor Onerosidade,[425] por meio do qual a execução far-se-á no interesse do credor, porém, devendo o magistrado mandar que se faça do modo menos gravoso possível ao executado, evitando-se onerações excessivas.

É de se compreender ainda a incidência do Princípio da Proporcionalidade, cabendo ao exequente, quando possível, utilizar-se de meios que impliquem no menor sacrifício ao executado, de forma a concretizar a satisfação de seu direito já reconhecido.

Súmula:

STJ nº 417: Na execução civil, a penhora de dinheiro na ordem de nomeação de bens não tem caráter absoluto.

---

424 Cf. GAIO JÚNIOR, Antônio Pereira. *Instituições de Direito Processual Civil.* 3 ed. Salvador: JusPodivm, 2017, p. 135-136.

425 *Idem*, p. 691.

STJ. Tema Repetitivo 1012:

Tese: O bloqueio de ativos financeiros do executado via sistema BACENJUD, em caso de concessão de parcelamento fiscal, seguirá a seguinte orientação: (i) será levantado o bloqueio se a concessão é anterior à constrição; e (ii) fica mantido o bloqueio se a concessão ocorre em momento posterior à constrição, ressalvada, nessa hipótese, a possibilidade excepcional de substituição da penhora online por fiança bancária ou seguro garantia, diante das peculiaridades do caso concreto, mediante comprovação irrefutável, a cargo do executado, da necessidade de aplicação do princípio da menor onerosidade. Publicação: 14/06/2022.

CAPÍTULO II
DA EXECUÇÃO PARA A ENTREGA DE COISA

Seção I
Da Entrega de Coisa Certa

Art. 806. O devedor de obrigação de entrega de coisa certa, constante de título executivo extrajudicial, será citado para, em 15 (quinze) dias, satisfazer a obrigação.

§ 1º Ao despachar a inicial, o juiz poderá fixar multa por dia de atraso no cumprimento da obrigação, ficando o respectivo valor sujeito a alteração, caso se revele insuficiente ou excessivo.

§ 2º Do mandado de citação constará ordem para imissão na posse ou busca e apreensão, conforme se tratar de bem imóvel ou móvel, cujo cumprimento se dará de imediato, se o executado não satisfizer a obrigação no prazo que lhe foi designado.

Notas:

Será o devedor citado para, no prazo de 15 (quinze) dias, satisfazer a obrigação, entregando a coisa, contendo ainda do respectivo mandado ordem para imissão na posse ou busca e apreensão, conforme se tratar de bem imóvel ou móvel, cujo cumprimento se dará de imediato, isso caso o executado não satisfaça a obrigação inadimplida no lapso temporal que lhe fora concedido. Vale lembrar que dito prazo é contado na forma do § 3º do art. 231, *in verbis*:

> "*Quando o ato tiver de ser praticado diretamente pela parte ou por quem, de qualquer forma, participe do processo, sem a intermediação de representante judicial, o dia do começo do prazo para cumprimento da determinação judicial corresponderá à data em que se der a comunicação.*"

Vale lembrar que aí estaremos diante da denominada *astreites*,[426] pena pecuniária já enfocada por nós na presente obra, tanto no que se refere ao pedido cominatório em si bem como em sua incidência em sede de Tutela Provisória de Urgência Antecipada quanto ao tratarmos da Tutela Específica no âmbito do Cumprimento Definitivo da Sentença que reconhece a Exigibilidade de Obrigação de Pagar Quantia Certa e a aplicação das *astreites* como forma de pressão psicológica atuando sobre a vontade do devedor.

Adverte-se que a incidência da multa não substitui a obrigação não cumprida de modo que, mesmo o executado adimplindo-a fora do prazo a ele concedido para tal, será devida a aludida multa, prosseguindo a execução, agora por quantia certa, a fim de satisfazer o ressarcimento dos prejuízos ou pagamento dos frutos resultantes da obrigação tardiamente satisfeita (art. 807).

Art. 807. Se o executado entregar a coisa, será lavrado o termo respectivo e considerada satisfeita a obrigação, prosseguindo-se a execução para o pagamento de frutos ou o ressarcimento de prejuízos, se houver.

Notas:

Em tal hipótese, lavrar-se-á o respectivo termo, sendo o processo de execução extinto por meio da prolação de sentença (art. 924, II, c/c art. 925, todos do CPC), salvo se tiver a execução de prosseguir, seja para pagamento de frutos dela decorrente, seja visando ao ressarcimento de prejuízos, inclusive valores oriundos das *astreites* estipuladas e incidentes, haja vista o cumprimento atemporal da obrigação.

Art. 808. Alienada a coisa quando já litigiosa, será expedido mandado contra o terceiro adquirente, que somente será ouvido após depositá-la.

Notas:

Fica ressalvada a prioridade do exequente sobre a coisa litigiosa, quando verificada sua alienação, tornando-se possível alcançá-la, mesmo se já estiver na posse de terceiro adquirente, sendo, igualmente importante considerar a possibilidade de caracterização de fraude a execução, desde que a pendência

426 Caracteriza-se pela incidência de uma pena pecuniária (meio executivo ligado à execução indireta), que atuará sobre a vontade do devedor, visando compeli-lo a cumprir com a obrigação devida.

do processo tenha sido averbada no respectivo registro público, nos termos do art. 792 CPC/2015.[427]

Art. 809. O exequente tem direito a receber, além de perdas e danos, o valor da coisa, quando essa se deteriorar, não lhe for entregue, não for encontrada ou não for reclamada do poder de terceiro adquirente.

§ 1º Não constando do título o valor da coisa e sendo impossível sua avaliação, o exequente apresentará estimativa, sujeitando-a ao arbitramento judicial.

§ 2º Serão apurados em liquidação o valor da coisa e os prejuízos.

Notas:

Não sendo possível a entrega da coisa, seja em decorrência de sua deterioração, de não ser encontrada ou, ainda, da não reclamação ao terceiro adquirente, terá o exequente o direito de receber, além das perdas e danos, o valor da coisa (art. 809, *caput* do CPC), passando, então, a execução a ser operada por quantia certa.

Caberá nessa hipótese a liquidação incidental para a devida apuração das perdas e danos bem como do valor da coisa, quando não constar do título seu valor (art. 809, § 1º). Caso seja impossível a avaliação da coisa, o exequente fará sua estimativa, sujeitando-se, no entanto, ao arbitramento judicial, conforme o aludido § 1º do art. 809.

Art. 810. Havendo benfeitorias indenizáveis feitas na coisa pelo executado ou por terceiros de cujo poder ela houver sido tirada, a liquidação prévia é obrigatória.

Parágrafo único. Havendo saldo:

I – em favor do executado ou de terceiros, o exequente o depositará ao requerer a entrega da coisa;

II – em favor do exequente, esse poderá cobrá-lo nos autos do mesmo processo.

Notas:

Havendo benfeitorias na coisa, essas realizadas pelo executado ou por terceiros e desde que indenizáveis, deverá se proceder à prévia e obrigatória liquidação. Nesse caso, havendo saldo em favor do executado ou de terceiros, deverá o exequente depositá-lo, ao requerer a entrega da coisa, podendo o executado ou terceiros de boa-fé exercer o direito à retenção (*ex vi* do art. 1.219 do Código

[427] Cf. GAIO JÚNIOR, Antônio Pereira. *Fraude a Execução e a Súmula n. 375 do STJ*. Disponível em: http://www.gaiojr.com.

Civil), tendo o ônus de alegá-lo em sede de embargos à execução (art. 917, IV do CPC) ou em embargos de terceiro (art. 674 do CPC), prosseguindo-se, pois, a execução somente quanto ao depósito do valor de aludido saldo.

Por outro lado, havendo saldo em favor do credor, este poderá cobrá-lo nos autos do mesmo processo de execução, tudo conforme inteligência do art. 810, parágrafo único, incisos I e II do CPC.

Seção II
Da Entrega de Coisa Incerta

Art. 811. Quando a execução recair sobre coisa determinada pelo gênero e pela quantidade, o executado será citado para entregá-la individualizada, se lhe couber a escolha.

Parágrafo único. Se a escolha couber ao exequente, esse deverá indicá-la na petição inicial.

Notas:

No que toca à execução da obrigação de entrega de coisa incerta, ou seja, coisas determináveis pelo gênero e quantidade, como, p. ex., dez quilos de arroz, vinte latas de tinta, cem quilos de carne de boi etc.,[428] será o executado citado para entregá-las na forma individualizada, isso se lhe couber a escolha. Caso contrário, cabendo ao exequente a referida escolha, esse indicará já na petição inicial, conforme o parágrafo único do art. 811 do CPC.

Art. 812. Qualquer das partes poderá, no prazo de 15 (quinze) dias, impugnar a escolha feita pela outra, e o juiz decidirá de plano ou, se necessário, ouvindo perito de sua nomeação.

---

[428] Como muito bem nota Ernane Fidélis dos Santos (*Manual de Direito Processual Civil*. Vol. 2. 10. ed. São Paulo: Saraiva, 2006, p. 100): "É comum ocorrer tal fato com coisas fungíveis, isto é, móveis que podem ser substituídos por outros da mesma espécie, qualidade e quantidade (CC/2002, art. 85) (...). Mas a regra não é exclusiva, pois coisas infungíveis, as únicas que podem ser objeto de execução por coisa certa, podem ser também incertas e determináveis apenas pelo gênero, qualidade e quantidade." Continua ainda, o "meu automóvel marca Chevrolet, ano de fabricação 1983, cor azul turquesa, ou meu cavalo 'manga-larga', registrado com o nome de Tufão, são coisas certas. Se uma empresa, porém, se compromete a entregar a outra pessoa, no ano vindouro, dez veículos da marca Chevrolet de determinado ano e espécie, ou se o criador de cavalos firma obrigação de fornecer vinte animais de raça 'manga-larga', de três anos de idade, em dia tal, as coisas são incertas e determináveis pelo gênero e quantidade".

Sobre a inexistência de identidade conceitual entre coisa incerta e coisa fungível, ver por todos, MOREIRA, José Carlos Barbosa. *O Novo Processo Civil Brasileiro*. 25. ed. Rio de Janeiro: Forense, 2007, p. 217.

Notas:

Discordando qualquer das partes da escolha feita pela outra, poderá aquela discordante impugnar a escolha no prazo de 15 (quinze) dias. O art. 630 do CPC/1973 atribuía para tal impugnação, prazo de 48 (quarenta e oito) horas. Portanto, a majoração deste prazo corrobora com o direito ao contraditório efetivo e justo, permitindo às partes um melhor gozo de tal direito processual fundamental. Correndo tal lapso de tempo *in albis*, acarretará a devida preclusão no que se refere à aludida impugnação.[429]

Art. 813. Aplicar-se-ão à execução para entrega de coisa incerta, no que couber, as disposições da Seção I deste Capítulo.

Notas:

Com relação às demais particularidades procedimentais, por autorização normativa (art. 813), aplicar-se-ão os regramentos da execução para entrega de coisa certa.

CAPÍTULO III
DA EXECUÇÃO DAS OBRIGAÇÕES DE FAZER OU DE NÃO FAZER

Seção I
Disposições Comuns

Art. 814. Na execução de obrigação de fazer ou de não fazer fundada em título extrajudicial, ao despachar a inicial, o juiz fixará multa por período de atraso no cumprimento da obrigação e a data a partir da qual será devida.

Parágrafo único. Se o valor da multa estiver previsto no título e for excessivo, o juiz poderá reduzi-lo.

Notas:

Estando a inicial apta, será expedido pelo juiz o respectivo mandado executivo para que o devedor pratique o ato no prazo determinado no título executivo, cabendo, inclusive, ao magistrado, caso o título for omisso quanto à questão, determinar o aludido prazo para a realização da obrigação (art. 815 do CPC), fixando ainda multa por período de atraso no cumprimento da obrigação e a data a partir da qual será devida, valendo ressaltar que, caso o valor da citada multa esteja, desde já,

[429] Cf. GAIO JÚNIOR, Antônio Pereira. *Instituições de Direito Processual Civil.* 2. ed. Belo Horizonte: Del Rey, 2013, p. 540.

previsto no título, e sendo ele considerado excessivo, poderá o próprio magistrado reduzi-lo de acordo com a autorização do parágrafo único do art. 814 do CPC.

Seção II
Da Obrigação de Fazer

Art. 815. Quando o objeto da execução for obrigação de fazer, o executado será citado para satisfazê-la no prazo que o juiz lhe designar, se outro não estiver determinado no título executivo.

Notas:

Estabelece para o cumprimento da obrigação, prazo de 15 (quinze) dias a partir da citação, se outro não tiver sido definido pelas partes no título.

Recurso Extraordinário

RECURSO EXTRAORDINÁRIO COM REPERCUSSÃO GERAL. DIREITO CONSTITUCIONAL FINANCEIRO. SISTEMÁTICA DOS PRECATÓRIOS (ART. 100, CF/88). EXECUÇÃO PROVISÓRIA DE DÉBITOS DA FAZENDA PÚBLICA. OBRIGAÇÃO DE FAZER. SENTENÇA COM TRÂNSITO EM JULGADO. EMENDA CONSTITUCIONAL 30/2000. 1. Fixação da seguinte tese ao Tema 45 da sistemática da repercussão geral: "A execução provisória de obrigação de fazer em face da Fazenda Pública não atrai o regime constitucional dos precatórios." 2. A jurisprudência do STF firmou-se no sentido da inaplicabilidade ao Poder Público do regime jurídico da execução provisória de prestação de pagar quantia certa, após o advento da Emenda Constitucional 30/2000. Precedentes. 3. A sistemática constitucional dos precatórios não se aplica às obrigações de fato positivo ou negativo, dado a excepcionalidade do regime de pagamento de débitos pela Fazenda Pública, cuja interpretação deve ser restrita. Por consequência, a situação rege-se pela regra regal de que toda decisão não autossuficiente pode ser cumprida de maneira imediata, na pendência de recursos não recebidos com efeito suspensivo. 4. Não se encontra parâmetro constitucional ou legal que obste a pretensão de execução provisória de sentença condenatória de obrigação de fazer relativa à implantação de pensão de militar, antes do trânsito em julgado dos embargos do devedor opostos pela Fazenda Pública. 5. Há compatibilidade material entre o regime de cumprimento integral de decisão provisória e a sistemática dos precatórios, haja vista que este apenas se refere às obrigações de pagar quantia certa. 6. Recurso extraordinário a que se nega provimento. (STF, RE 573.872, Relator(a): EDSON FACHIN, Tribunal

Pleno, julgado em 24/05/2017, PROCESSO ELETRÔNICO REPERCUSSÃO GERAL - MÉRITO DJe-204 DIVULG 08-09-2017 PUBLIC 11-09-2017).

Art. 816. Se o executado não satisfizer a obrigação no prazo designado, é lícito ao exequente, nos próprios autos do processo, requerer a satisfação da obrigação à custa do executado ou perdas e danos, hipótese em que se converterá em indenização.

Parágrafo único. O valor das perdas e danos será apurado em liquidação, seguindo-se a execução para cobrança de quantia certa.

Notas:

Não cumprindo a obrigação tempestivamente, bem como não apresentando embargos no prazo legal, a execução, evidentemente, prosseguirá. Nesse caso, será lícito ao exequente, nos próprios autos do processo, requerer que a execução seja realizada à custa do próprio exequente, ou mesmo haver perdas e danos. Nesse caso, converter-se-á a mesma em indenização, de acordo com o art. 816, *caput* do CPC.

Importa ressaltar que tais perdas e danos, nos ditames do parágrafo único do art. 816, serão apuradas em devido procedimento de liquidação, com posterior execução, agora, por quantia certa.

Todo esse movimento em torno da possibilidade de exigir-se que a obrigação seja satisfeita à custa do executado nem sempre se faz possível. É que, conforme já salientado por nós, quando do enfrentamento do tema relativo ao "cumprimento da sentença", podem as obrigações ser de ordem fungível ou infungível.

Enunciado das Jornadas de Direito Processual Civil do Conselho da Justiça Federal:

Nº 103 do CJF: Pode o exequente – em execução de obrigação de fazer fungível, decorrente do inadimplemento relativo, voluntário e inescusável do executado – requerer a satisfação da obrigação por terceiro, cumuladamente ou não com perdas e danos, considerando que o *caput* do art. 816 do CPC não derrogou o *caput* do art. 249 do Código Civil.

Art. 817. Se a obrigação puder ser satisfeita por terceiro, é lícito ao juiz autorizar, a requerimento do exequente, que aquele a satisfaça à custa do executado.

Parágrafo único. O exequente adiantará as quantias previstas na proposta que, ouvidas as partes, o juiz houver aprovado.

Notas:

Sendo fungível, poderá ser ela satisfeita tanto pelo executado quanto por um terceiro à custa daquele; caso seja possível, isto é, em substituição ao obrigado, mas por ele subsidiado, e ainda, se assim o requerer o credor-exequente, e decidir o juiz (art. 817). Dessa forma, interessa ao exequente, apenas e verdadeiramente, a satisfação da obrigação realizada, ou seja, o resultado final. E ainda, conforme alhures referendado, facultado é também ao credor converter a obrigação inadimplida em perdas e danos.

Continuando no âmbito das obrigações fungíveis e em sendo esse o caso, optando o exequente pela realização da obrigação à custa do executado, apresentará aquele efetiva proposta que, ouvidas as partes, será submetida à aprovação do juiz, tudo de acordo com o art. 817, parágrafo único.

Art. 818. Realizada a prestação, o juiz ouvirá as partes no prazo de 10 (dez) dias e, não havendo impugnação, considerará satisfeita a obrigação.

Parágrafo único. Caso haja impugnação, o juiz a decidirá.

Notas:

Uma vez aprovada a proposta, o exequente adiantará as quantias naquela previstas, objetivando o pagamento do contratante, este o prestador do fato.

Realizada então a prestação, o juiz ouvirá as partes no prazo de 10 (dez) dias e, não havendo impugnação, a obrigação será considerada satisfeita. Do contrário, ou seja, havendo impugnação, caberá ao magistrado decidir a questão. (parágrafo único do art. 818 do CPC).

Art. 819. Se o terceiro contratado não realizar a prestação no prazo ou se o fizer de modo incompleto ou defeituoso, poderá o exequente requerer ao juiz, no prazo de 15 (quinze) dias, que o autorize a concluí-la ou a repará-la à custa do contratante.

Parágrafo único. Ouvido o contratante no prazo de 15 (quinze) dias, o juiz mandará avaliar o custo das despesas necessárias e o condenará a pagá-lo.

Notas:

De acordo com o presente dispositivo, caso o terceiro contratado não realize a prestação no prazo ou mesmo se a fizer de modo incompleto ou defeituoso, poderá o exequente requerer ao juiz, no prazo de 15 (quinze) dias, que o autorize a concluí-la ou a repará-la, isso à custa do contratante.

Neste caso, será o contratante ouvido no prazo de 15 (quinze) dias, devendo então o juiz avaliar o real custo das despesas necessárias, condenando-o a pagá-las, efetivamente (parágrafo único do art. 819 do CPC).

Art. 820. Se o exequente quiser executar ou mandar executar, sob sua direção e vigilância, as obras e os trabalhos necessários à realização da prestação, terá preferência, em igualdade de condições de oferta, em relação ao terceiro.

Parágrafo único. O direito de preferência deverá ser exercido no prazo de 5 (cinco) dias, após aprovada a proposta do terceiro.

Notas:

Poderá ainda o exequente querer executar as obras e os trabalhos necessários à prestação do fato ou, ainda, mandar executá-los sob sua direção e vigilância. Nessa hipótese, terá ele preferência em igualdade de condições de oferta em relação ao terceiro, sendo que tal direito de preferência deverá ser exercido no prazo de 5 (cinco) dias, esses contados da apresentação da proposta pelo terceiro referida no art. 817, parágrafo único.

Art. 821. Na obrigação de fazer, quando se convencionar que o executado a satisfaça pessoalmente, o exequente poderá requerer ao juiz que lhe assine prazo para cumpri-la.

Parágrafo único. Havendo recusa ou mora do executado, sua obrigação pessoal será convertida em perdas e danos, caso em que se observará o procedimento de execução por quantia certa.

Notas:

Sendo a obrigação de natureza infungível, dado o seu caráter personalíssimo, será a obrigação prestada pelo próprio executado (art. 821, *caput*) ou se converterá em perdas e danos, caso o próprio executado não a cumpra, neste caso será observado o procedimento de execução por quantia certa, como reza o parágrafo único do art. 821 do CPC. Insta esclarecer aqui que fundamental é a compreensão de que o nosso sistema prestigia hoje a efetividade da prestação jurisdicional. Conforme lição irretocável de Chiovenda, o processo deve dar a quem tem um direito inadimplido, exatamente aquilo que teria direito, caso esse mesmo direito não tivesse por outrem sido molestado e, nesse sentido, é que se deve pautar a lógica do ordenamento.[430]

---

430 Conforme lição eterna de Chiovenda: "*Il processo deve dare per quanto è possibile praticamente a chi há um diritto quello e próprio quello ch'egli há diritto di conseguire*". CHIOVENDA,

Assim, certamente, poderá o exequente trazer a lume, quando necessário, as medidas previstas no parágrafo § 1º do art. 536,[431] de modo a conseguir efetivar, na medida do possível, a satisfação do bem da vida por ele perseguido e já legalmente reconhecido como obrigação hábil à execução. A conversão em perdas e danos, por isso, só se justifica na medida em que impossível é a realização da tutela específica da obrigação ou quando do próprio interesse inicial do credor em ver transformada a obrigação devida em perdas e danos, hipótese essa que, uma vez liquidada, satisfar-se-á por meio de respectivo processo de execução por quantia certa (art. 816, parágrafo único).

Seção III
Da Obrigação de Não Fazer

Art. 822. Se o executado praticou ato a cuja abstenção estava obrigado por lei ou por contrato, o exequente requererá ao juiz que assine prazo ao executado para desfazê-lo.

Notas:

Quanto às obrigações de não fazer, terá ela como objeto uma obrigação de desfazer[432], ou seja, tendo o devedor descumprido uma obrigação decorrente da própria lei ou de contrato, obrigação essa referente à abstenção da prática de determinado ato, poderá o exequente requerer junto ao juiz que este assine prazo ao executado para que desfaça o ato realizado, conforme o art. 822.

Cabe pontuar aqui a imperfeição da redação do art. 822, nos mesmos moldes de seu antecessor no CPC/1973 – o art. 642 – quando aponta para a questão, em pé de igualdade, entre a lei e o contrato como fontes da obrigação de não fazer. Esclarece, acertadamente e ainda de forma viva, Barbosa Moreira, este que se refere assim sobre o assunto:

> "(...) a obrigação jamais decorre direta e exclusivamente da lei, mas, sim, da incidência desta sobre um esquema de fato nela previsto, em termos abstratos, como suscetível de gerar a obrigação, quando ocorra

---

Giuseppe, "Dell Azione Nascente dal Contratto Preliminare." In *Saggi di Diritto Processuale Civile*. 2. ed. Roma: Foro It., 1930, n. 3, p. 110.

431 "*Art. 771 (...)*
Parágrafo único:. Aplicam-se subsidiariamente à execução as disposições do Livro I da Parte Especial."

432 Espécie do gênero, obrigações de não fazer é aquela relativa ao ato de "tolerar", ou seja, não oferecer resistência relativa ao fato natural ou à atividade de outrem, ou a resultado desta ou daquele. Exemplo de tal situação é aquela desenhada pelo art. 1.288 do Código Civil, onde obriga o dono de prédio inferior a receber as águas que correm naturalmente do superior.

in concreto. Por exemplo: a situação de vizinhança entre dois cria para cada um dos proprietários confinantes a obrigação de não encostar à parede divisória aparelhos ou depósitos capazes de produzir infiltrações ou interferências prejudiciais ao vizinho (Código Civil, art. 1.308)."[433]

Enunciado do Fórum Permanente de Processualistas Civis:

Nº 444 do FPPC: Para o processo de execução de título extrajudicial de obrigação de não fazer, não é necessário propor a ação de conhecimento para que o juiz possa aplicar as normas decorrentes dos arts. 536 e 537.

Art. 823. Havendo recusa ou mora do executado, o exequente requererá ao juiz que mande desfazer o ato à custa daquele, que responderá por perdas e danos.

Parágrafo único. Não sendo possível desfazer-se o ato, a obrigação resolve-se em perdas e danos, caso em que, após a liquidação, se observará o procedimento de execução por quantia certa.

Notas:

Como cediço acontece nas atividades volitivas, ou seja, voltadas ao cumprimento na realização de fazer, no presente dispositivo, uma vez não cumprida a obrigação satisfativa do direito do exequente, esta se converterá em perdas e danos, dando prosseguimento à execução por quantia certa (redação correspondente ao art. 643 do CPC/1973).

Insta assinalar que eventuais as perdas e danos decorrem tanto do desfazimento da obrigação à custa do executado, quanto nos casos em que for impossível seu desfazimento.

Enunciado do Fórum Permanente de Processualistas Civis:

Nº 444 do FPPC: Para o processo de execução de título extrajudicial de obrigação de não fazer, não é necessário propor a ação de conhecimento para que o juiz possa aplicar as normas decorrentes dos arts. 536 e 537.

CAPÍTULO IV
DA EXECUÇÃO POR QUANTIA CERTA

Seção I
Disposições Gerais

[433] MOREIRA, José Carlos Barbosa. *Ob. cit.*, p. 224.

Art. 824. A execução por quantia certa realiza-se pela expropriação de bens do executado, ressalvadas as execuções especiais.

Notas:

O presente dispositivo ressalta o caráter patrimonial da execução por quantia certa, reverenciando o Princípio da Realidade[434], que atingirá tão somente os bens do executado. Por outro lado, preocupa-se em esclarecer quanto à existência de outras modalidades de execução visando à obtenção de tutela específica, conforme se verifica na Execução para entrega de coisa, seção I, dos artigo 806 a 813 e, na seção II, dos artigos 815 a 821 e art. 822 a 823, referente à obrigação de fazer e obrigação de não fazer, respectivamente, execuções estas pertencentes ao Título II, cap. II do CPC/2015.

Há que se observar a alteração do nome atribuído à referida execução, cujo CPC/1973, a denominava de *'Execução por Quantia Certa contra Devedor Solvente*, passando a denominar-se apenas *'Execução por Quantia Certa'*, o que se justifica pelo fato do CPC/2015 ter levado à extinção o Título IV do Livro II, referente à *'Execução por Quantia Certa contra Devedor Insolvente'*, devendo esta ser regulada por lei própria.

Art. 825. A expropriação consiste em:

I – adjudicação;

II – alienação;

III – apropriação de frutos e rendimentos de empresa ou de estabelecimentos e de outros bens.

Notas:

Ainda sob a luz do CPC Buzaid, a Lei nº 11.382/2006 estabeleceu nova ordem para a realização do ativo do devedor.

Na antiga sistemática, após a avaliação do bem penhorado, haveria a tentativa de sua expropriação pela corriqueiramente morosa hasta pública, o que, pela nova ordem estabelecida pelo CPC/2015, foi colocada como opção posterior às expropriações pela Adjudicação e Alienação particular, nominando-a de alienação judicial.

---

434 O direito processual moderno, em linhas gerais, não tolera a prisão civil decorrente de dívidas. Assim, quando se afirma ser a execução sempre real, significa dizer que a atividade jurisdicional executiva objetiva a garantia do débito por meio do patrimônio e não a pessoa do devedor. Para mais detalhes ver GAIO JÚNIOR, Antônio Pereira. *Instituições de Direito Processual Civil*. 3. ed. Salvador: JusPodivm, 2017, p. 690.

Art. 826. Antes de adjudicados ou alienados os bens, o executado pode, a todo tempo, remir a execução, pagando ou consignando a importância atualizada da dívida, acrescida de juros, custas e honorários advocatícios.

Notas:

O presente dispositivo possui como correspondente no revogado CPC/1973, o art. 651, cuja redação é também oriunda da Lei nº 11.382/2006, por meio do qual se oportuniza ao executado, que antes de realizar a adjudicação ou alienação, este possa efetuar o pagamento do débito exequendo, levando a execução à extinção, em razão da satisfação da obrigação.

Enunciado das Jornadas de Direito Processual Civil do Conselho da Justiça Federal:

Nº 151 do CJF: O legitimado pode remir a execução até a lavratura do auto de adjudicação ou de alienação.

Seção II
Da Citação do Devedor e do Arresto

Art. 827. Ao despachar a inicial, o juiz fixará, de plano, os honorários advocatícios de dez por cento, a serem pagos pelo executado.

§ 1º No caso de integral pagamento no prazo de 3 (três) dias, o valor dos honorários advocatícios será reduzido pela metade.

§ 2º O valor dos honorários poderá ser elevado até vinte por cento, quando rejeitados os embargos à execução, podendo a majoração, caso não opostos os embargos, ocorrer ao final do procedimento executivo, levando-se em conta o trabalho realizado pelo advogado do exequente.

Notas:

No despacho que receber a inicial, o juiz fixará, de plano, os honorários de advogado a serem pagos pelo executado, esses que serão reduzidos pela metade em caso de integral pagamento da dívida pelo executado no prazo legal, tudo na dicção do art. § 1º do art. 827 do CPC.

Aliás, quanto aos honorários advocatícios, vale a pena anotar aqui que poderá o mesmo ser elevado até em 20% (vinte por cento) caso apresentado os embargos à execução (conteúdo que veremos mais adiante), seja este rejeitado e, por outro lado, ainda que não apresentado ditos embargos, a majoração dos honorários poderá ocorrer ao final do procedimento executivo, isso levando-se em consideração o labor realizado pelo advogado do exequente (§ 2º do art. 827 do CPC).

Enunciados das Jornadas de Direito Processual Civil do Conselho da Justiça Federal:

Nº 210 do CJF: O § 2º do art. 827 do CPC é aplicável também na hipótese de total rejeição da impugnação ao cumprimento de sentença.

Nº 217 do CJF: Cabe arresto executivo online no caso de o executado não ser encontrado, independentemente da modalidade de citação.

Enunciados do Fórum Permanente de Processualistas Civis:

Nº 450 do FPPC: Aplica-se a regra decorrente do art. 827, § 2º, ao cumprimento de sentença.

Nº 451 do FPPC: A regra decorrente do *caput* e do § 1º do art. 827 aplica-se às execuções fundadas em título executivo extrajudicial de obrigação de fazer, não fazer e entrega de coisa.

Enunciado da Escola Nacional de Formação e Aperfeiçoamento de Magistrados:

Nº 51 do ENFAM: A majoração de honorários advocatícios prevista no art. 827, § 2º, do CPC/2015 não é aplicável à impugnação ao cumprimento de sentença.

Art. 828. O exequente poderá obter certidão de que a execução foi admitida pelo juiz, com identificação das partes e do valor da causa, para fins de averbação no registro de imóveis, de veículos ou de outros bens sujeitos a penhora, arresto ou indisponibilidade.

§ 1º No prazo de 10 (dez) dias de sua concretização, o exequente deverá comunicar ao juízo as averbações efetivadas.

§ 2º Formalizada penhora sobre bens suficientes para cobrir o valor da dívida, o exequente providenciará, no prazo de 10 (dez) dias, o cancelamento das averbações relativas àqueles não penhorados.

§ 3º O juiz determinará o cancelamento das averbações, de ofício ou a requerimento, caso o exequente não o faça no prazo.

§ 4º Presume-se em fraude à execução a alienação ou a oneração de bens efetuada após a averbação.

§ 5º O exequente que promover averbação manifestamente indevida ou não cancelar as averbações nos termos do § 2º indenizará a parte contrária, processando-se o incidente em autos apartados.

Notas:

Ao distribuir a execução, o exequente poderá obter prova do cartório do ajuizamento da demanda para que possa cientificar, por exemplo, os cartórios de registros imobiliários sobre a possibilidade de penhora sobre os bens do devedor, tratando-se aí da denominada "averbação premonitória".

Deve dita providência ser tomada pelo exequente para prevenir possíveis fraudes do executado (§ 4º do art. 828), sendo essa atitude, caso tomada pelo exequente, causadora de reflexos positivos também a eventuais terceiros de boa-fé que possam relacionar-se com o executado.

Deverá o exequente, obrigatoriamente, comunicar ao juízo as averbações efetivadas no prazo de 10 (dez) dias de sua concretização.

Tendo em vista que tal prerrogativa conferida ao exequente poderá gerar prejuízos ao executado, em se tratando de averbação manifestamente indevida, deverá aquele exequente indenizar a parte contrária prejudicada, nos termos do § 5º do art. 828 do CPC, processando-se o incidente em autos apartados.

Enunciado das Jornadas de Direito Processual Civil do Conselho da Justiça Federal:

Nº 149 do CJF: A falta de averbação da pendência de processo ou da existência de hipoteca judiciária ou de constrição judicial sobre bem no registro de imóveis não impede que o exequente comprove a má-fé do terceiro que tenha adquirido a propriedade ou qualquer outro direito real sobre o bem.

Enunciados do Fórum Permanente de Processualistas Civis:

Nº 130 do FPPC: A obtenção da certidão prevista no art. 828 independe de decisão judicial.

Nº 529 do FPPC: As averbações previstas nos arts. 799, IX e 828 são aplicáveis ao cumprimento de sentença.

Nº 539 do FPPC: A certidão a que se refere o art. 828 não impede a obtenção e a averbação de certidão da propositura da execução (art. 799).

Nº 642 do FPPC: A decisão do juiz que reconhecer o direito a indenização, decorrente de indevida averbação prevista no art. 828 ou do não cancelamento das averbações excessivas, é apta a ensejar a liquidação e o posterior cumprimento da sentença, sem necessidade de propositura de ação de conhecimento.

Art. 829. O executado será citado para pagar a dívida no prazo de 3 (três) dias, contado da citação.

§ 1º Do mandado de citação constarão, também, a ordem de penhora e a avaliação a serem cumpridas pelo oficial de justiça tão logo verificado o não pagamento no prazo assinalado, de tudo lavrando-se auto, com intimação do executado.

§ 2º A penhora recairá sobre os bens indicados pelo exequente, salvo se outros forem indicados pelo executado e aceitos pelo juiz, mediante demonstração de que a constrição proposta lhe será menos onerosa e não trará prejuízo ao exequente.

Notas:

Será o executado será citado para pagar a dívida no prazo de 3 (três) dias, contado da citação.

Do mandado citatório constarão também, a ordem de penhora e a avaliação a serem cumpridas pelo oficial de justiça tão logo verificado o não pagamento no prazo assinalado (3 dias), de tudo lavrando-se o auto com intimação do executado (§ 1º do art. 829).

A aludida penhora recairá sobre os bens indicados pelo exequente, salvo se outros forem indicados pelo executado e aceitos pelo magistrado, tudo mediante demonstração de que a constrição proposta lhe será menos onerosa e não trará prejuízo ao exequente (§ 2º do art. 829).

Enunciado das Jornadas de Direito Processual Civil do Conselho da Justiça Federal:

Nº 85 do CJF: Na execução de título extrajudicial ou judicial (art. 515, § 1º, do CPC) é cabível a citação postal.

Art. 830. Se o oficial de justiça não encontrar o executado, arrestar-lhe-á tantos bens quantos bastem para garantir a execução.

§ 1º Nos 10 (dez) dias seguintes à efetivação do arresto, o oficial de justiça procurará o executado 2 (duas) vezes em dias distintos e, havendo suspeita de ocultação, realizará a citação com hora certa, certificando pormenorizadamente o ocorrido.

§ 2º Incumbe ao exequente requerer a citação por edital, uma vez frustradas a pessoal e a com hora certa.

§ 3º Aperfeiçoada a citação e transcorrido o prazo de pagamento, o arresto converter-se-á em penhora, independentemente de termo.

Notas:

Resta ainda a possibilidade de o devedor não ser encontrado. Nesse caso, o oficial de justiça arrastar-lhe-á tantos bens quantos necessários para a garantia da execução (art. 830, *caput* do CPC), sendo que, nos 10 dias subsequentes à efetivação do arresto, dito oficial procurará o devedor por 2 (duas) vezes em dias distintos e, caso não logrando êxito e havendo suspeita de ocultação, realizará a citação por hora certa, certificando detalhadamente, o ocorrido ao juízo, conforme o § 1º do art. 830 do CPC.

Notadamente, incumbirá ao exequente a solicitação de citação do executado por edital, isso caso uma vez frustradas a citações pessoal e a por hora certa (§ 2º do art. 830).

De tudo, aperfeiçoada a citação e transcorrido o prazo de pagamento, o arresto converter-se-á em penhora, independentemente de termo, de acordo com o que reza o § 3º do art. 830.

Súmulas:

STJ nº 196: Ao executado que, citado por edital ou por hora certa, permanecer revel, será nomeado curador especial, com legitimidade para apresentação de embargos.

STJ nº 414: A citação por edital na execução fiscal é cabível quando frustradas as demais modalidades.

Seção III
Da Penhora, do Depósito e da Avaliação

Subseção I
Do Objeto da Penhora

Art. 831. A penhora deverá recair sobre tantos bens quantos bastem para o pagamento do principal atualizado, dos juros, das custas e dos honorários advocatícios.

Notas:

É a penhora ato pelo qual se apreendem bens com o fito de empregá-los de forma direta e/ou indireta na satisfação do crédito exequendo.

– Aludidos bens, objetos da penhora, podem pertencer ao próprio devedor ou mesmo, e por exceção, a terceiros, quando esses responderem pela responsabilidade executiva.

A penhora pressupõe a satisfação de duas condições: existência de citação e inocorrência de pagamento.

Manteve-se aqui a mesma previsão já constante do *caput* do art. 659 do CPC/1973, devendo o dispositivo atual ser observado em consonância com os demais desta mesma seção.[435]

Remissões:

– Arts. 52, VII e 53 da Lei nº 9.099/1995 (dispõe sobre os Juizados Especiais Cíveis e Criminais e dá outras providências):

---

[435] É a penhora ato pelo qual se apreendem bens com o fito de empregá-los de forma direta e/ou indireta na satisfação do crédito exequendo. Sobre o assunto, cf. GAIO JÚNIOR, Antônio Pereira. *Instituições de Direito Processual Civil*. 2. ed. ...., p. 548-569.

"Art. 52. A execução da sentença processar-se-á no próprio Juizado, aplicando-se, no que couber, o disposto no Código de Processo Civil, com as seguintes alterações:

(...)

VII – na alienação forçada dos bens, o Juiz poderá autorizar o devedor, o credor ou terceira pessoa idônea a tratar da alienação do bem penhorado, a qual se aperfeiçoará em juízo até a data fixada para a praça ou leilão. Sendo o preço inferior ao da avaliação, as partes serão ouvidas. Se o pagamento não for à vista, será oferecida caução idônea, nos casos de alienação de bem móvel, ou hipotecado o imóvel;

(...).

Art. 53. A execução de título executivo extrajudicial, no valor de até quarenta salários mínimos, obedecerá ao disposto no Código de Processo Civil, com as modificações introduzidas por esta Lei.

§ 1º Efetuada a penhora, o devedor será intimado a comparecer à audiência de conciliação, quando poderá oferecer embargos (art. 52, IX), por escrito ou verbalmente.

§ 2º Na audiência, será buscado o meio mais rápido e eficaz para a solução do litígio, se possível com dispensa da alienação judicial, devendo o conciliador propor, entre outras medidas cabíveis, o pagamento do débito a prazo ou a prestação, a dação em pagamento ou a imediata adjudicação do bem penhorado.

§ 3º Não apresentados os embargos em audiência, ou julgados improcedentes, qualquer das partes poderá requerer ao Juiz a adoção de uma das alternativas do parágrafo anterior.

§ 4º Não encontrado o devedor ou inexistindo bens penhoráveis, o processo será imediatamente extinto, devolvendo-se os documentos ao autor".

Art. 832. Não estão sujeitos à execução os bens que a lei considera impenhoráveis ou inalienáveis.

Notas:

Atenta o presente dispositivo para a existência de bens não suscetíveis ao ato de penhora, quanto mais ao ato de expropriação, ou seja, por força de lei não se permite que determinado bem seja retirado do patrimônio do executado, implicando a previsão legal em proteção da propriedade do executado, ainda que possua débito em execução.[436]

Recurso Extraordinário

Recurso Extraordinário. 2. Constitucional, Processual Civil e do Trabalho. 3. Execução. Penhora de bens da extinta Rede Ferroviária Federal S.A. - RFFSA. Sucessão posterior pela União. 4. É válida a penhora em bens de pessoa jurídica de direito privado, realizada anteriormente à sucessão desta pela União, não devendo a execução prosseguir mediante precatório (art. 100, *caput* e § 1º, da Constituição Federal). 5. Repercussão geral. 6. Recurso extraordinário não provido. (STF, RE 693.112, Relator(a): GILMAR MENDES, Tribunal Pleno, julgado em 09/02/2017, ACÓRDÃO ELETRÔNICO REPERCUSSÃO GERAL - MÉRITO DJe-110 DIVULG 24-05-2017 PUBLIC 25-05-2017).

Art. 833. São impenhoráveis:

I – os bens inalienáveis e os declarados, por ato voluntário, não sujeitos à execução;

II – os móveis, os pertences e as utilidades domésticas que guarnecem a residência do executado, salvo os de elevado valor ou os que ultrapassem as necessidades comuns correspondentes a um médio padrão de vida;

III – os vestuários, bem como os pertences de uso pessoal do executado, salvo se de elevado valor;

IV – os vencimentos, os subsídios, os soldos, os salários, as remunerações, os proventos de aposentadoria, as pensões, os pecúlios e os montepios, bem como as quantias recebidas por liberalidade de terceiro e destinadas ao sustento do devedor e de sua família, os ganhos de trabalhador autônomo e os honorários de profissional liberal, ressalvado o § 2º;

V – os livros, as máquinas, as ferramentas, os utensílios, os instrumentos ou outros bens móveis necessários ou úteis ao exercício da profissão do executado;

VI – o seguro de vida;

VII – os materiais necessários para obras em andamento, salvo se essas forem penhoradas;

VIII – a pequena propriedade rural, assim definida em lei, desde que trabalhada pela família;

---

[436] Por razões de ordem política, social, humanitária e mesmo ideológica, é de se afirmar que o ordenamento exclui da responsabilidade patrimonial específicos bens do executado, objetivando com isso preservar o mínimo patrimonial reconhecido como indispensável à existência decente do obrigado, sem privá-lo de tais bens pelos quais sua vida se degradaria a níveis insuportáveis. cf. GAIO JÚNIOR, Antônio Pereira. *Instituições de Direito Processual Civil.* 4 ed. ..., p. 769 e ss.

IX – os recursos públicos recebidos por instituições privadas para aplicação compulsória em educação, saúde ou assistência social;

X – a quantia depositada em caderneta de poupança, até o limite de 40 (quarenta) salários-mínimos;

XI – os recursos públicos do fundo partidário recebidos por partido político, nos termos da lei;

XII – os créditos oriundos de alienação de unidades imobiliárias, sob regime de incorporação imobiliária, vinculados à execução da obra.

§ 1º A impenhorabilidade não é oponível à execução de dívida relativa ao próprio bem, inclusive àquela contraída para sua aquisição.

§ 2º O disposto nos incisos IV e X do *caput* não se aplica à hipótese de penhora para pagamento de prestação alimentícia, independentemente de sua origem, bem como às importâncias excedentes a 50 (cinquenta) salários-mínimos mensais, devendo a constrição observar o disposto no art. 528, § 8º, e no art. 529, § 3º.

§ 3º Incluem-se na impenhorabilidade prevista no inciso V do *caput* os equipamentos, os implementos e as máquinas agrícolas pertencentes a pessoa física ou a empresa individual produtora rural, exceto quando tais bens tenham sido objeto de financiamento e estejam vinculados em garantia a negócio jurídico ou quando respondam por dívida de natureza alimentar, trabalhista ou previdenciária.

Notas:

Caracteriza-se impenhorabilidade absoluta quando o bem, em nenhuma hipótese, poderá ser objeto de penhora e alienação na execução por quantia certa, ainda que isso implique na negação da tutela jurisdicional ao credor, restando infrutífera a execução. Trata-se de questão de ordem pública, competindo ao juiz, a requerimento ou de ofício, impedir a penhora e expropriação do bem. Nessa toada, conforme sustenta muito bem Dinamarco,[437] ainda que sob a égide do CPC Buzaid:

> "Estamos no campo da ordem pública, composta de normas destinadas a preservar valores situados acima da vontade dos sujeitos e do jogo técnico de ônus processuais, tanto quanto se dá com as condições da ação, incompetência absoluta ou pressupostos processuais em geral (art. 267, § 3º); 'a penhora de bem absolutamente impenhorável constitui *nulidade* que pode ser declarada de ofício pelo juiz. Pela mesma razão, isso pode e deve ser feito a todo momento, 'mesmo quando já designada a praça

[437] DINAMARCO, Cândido R. *Instituições de direito processual civil*. Vol. IV. São Paulo: Malheiros, 2005, p. 341.

> e não tenha ele [o executado] suscitado o tema em outra oportunidade' (STJ, *apud* Negrão). Só nessa medida, contudo, é lícito sustentar a irrelevância da vontade do executado, em relação aos bens impenhoráveis."

Tratando-se de execução de dívida relativa ao próprio bem, inclusive aquela contraída para sua aquisição, não terá lugar a impenhorabilidade sobre dito bem (§ 1º do art. 833 do CPC).

Com relação ao disposto nos incisos IV e X do supracitado art. 833, a eles não se aplica à hipótese de penhora para pagamento de prestação alimentícia, independentemente de sua origem, bem como as importâncias excedentes a 50 (cinquenta) salários-mínimos mensais, devendo a constrição observar o disposto no art. 528, § 8º, e no art. 529, § 3º do CPC.

Há de se destacar aqui que o STJ por meio do REsp: 1732927/DF permitiu a penhora de 10% (dez por cento) de rendimento líquido de aposentado para pagamento de honorários advocatícios, por conta destes possuírem natureza alimentar e se enquadrarem na regra de exceção prevista no parágrafo 2º do artigo 833 do Código de Processo Civil de 2015, o que possibilita a penhora de valores de aposentadoria para sua quitação.

Segue o ementário do Recurso Especial supracitado:

> "RECURSO ESPECIAL Nº 1.732.927 – DF (2018/0073612-4) RELATOR: MINISTRO LÁZARO GUIMARÃES (DESEMBARGADOR CONVOCADO DO TRF 5ª REGIÃO) RECORRENTE: SARAH PRISCILLA GUIMARAES ADVOGADO : SARAH PRISCILLA GUIMARÃES (EM CAUSA PRÓPRIA) E OUTROS – DF037394 RECORRIDO : RONALDO DONIZETE PEREIRA ADVOGADOS: PETRONIO DAMASCENO CASTELO BRANCO – DF042199 CLEYTON MATTOS MENEZES E OUTRO (S) – DF049672 DECISÃO Trata-se de recurso especial, interposto por SARAH PRISCILLA GUIMARÃES fundamentado nas alíneas a e c, do permissivo constitucional, contra acórdão do eg. Tribunal de Justiça do Distrito Federal e Territórios, em sede de agravo de instrumento, assim ementado: "PROCESSO CIVIL. AGRAVO DE INSTRUMENTO. PENHORA. REMUNERAÇÃO. HONORÁRIOS ADVOCATÍCIOS. IMPOSSIBILIDADE. APLICAÇÃO DO ART. 833, IV, CPC. INTERPRETAÇÃO EXTENSIVA NÃO ADMITIDA. 1 A pretensão da parte credora para que sejam realizados descontos na folha de pagamento do agravante encontra óbice no artigo 833, inciso IV, do Código de Processo Civil, o qual preconiza que os vencimentos, salários e remunerações são absolutamente impenhoráveis, ressalvada a exceção trazida no § 2º do citado artigo, isto é, quando se tratar de prestação

alimentícia. 2 Com efeito, tem-se que o valor perseguido, conquanto se trate de honorários advocatícios, certamente não se apresenta como prestação alimentícia, razão pela qual a alegada pretensão de penhora se revela impossível. 3 – Decerto, uma vez que o aludido § 2º traz conteúdo de caráter excepcional, não se admite a interpretação extensiva. 4 Agravo interno prejudicado na medida em que o seu mérito está intimamente ligado com o que apreciado no recurso de agravo". (e-STJ, fl. 101) Nas razões do recurso especial, a recorrente aponta violação ao art. 833 do CPC/15, sustenta, em síntese, que, por ter natureza alimentar, os honorários advocatícios se tornam exceção à regra sobre a impossibilidade de desconto em folha salarial, de proventos e aposentadoria. É o relatório. Passo a decidir. Prospera a insurgência. Cumpre salientar que o presente recurso será examinado à luz do Enunciado nº 3 do Plenário do STJ: "Aos recursos interpostos com fundamento no CPC/2015 (relativos a decisões publicadas a partir de 18 de março de 2016) serão exigidos os requisitos de admissibilidade recursal na forma do novo CPC". No caso vertente, entendeu a Corte de origem pela impossibilidade de penhora de salário para o pagamento de dívida relativa a honorários advocatícios, asseverando: "Assim, entendo que a pretensão da agravada – no intuito de que sejam realizados descontos na folha de pagamento do agravante – encontra óbice no artigo 833, inciso IV, do Código de Processo Civil, o qual preconiza que os vencimentos, salários e remunerações são absolutamente impenhoráveis, ressalvada a exceção trazida no § 2º do citado artigo, isto é, quando se tratar de prestação alimentícia. Nessa esteira, tem-se que a r. decisão vergastada merece ser reformada, porquanto o valor perseguido pela credora-agravada, conquanto se trate de honorários advocatícios, certamente não se apresenta como prestação alimentícia, razão pela qual a alegada pretensão de penhora se revela incabível. Decerto, uma vez que o aludido § 2º traz conteúdo de caráter excepcional, não se admite a interpretação extensiva." (e-STJ, 105) Quanto ao tema, as Turmas integrantes da Segunda Seção desta Corte Superior entendem ser vedada a penhora de verbas salariais do devedor, exceto para pagamento de dívidas de caráter alimentar. Firmou, ainda, o entendimento de que "honorários advocatícios são considerados verba alimentar, sendo possível a penhora de verbas remuneratórias para o seu pagamento." (EDcl nos EAREsp 387.601/RS, Rel. Ministro BENEDITO GONÇALVES, CORTE ESPECIAL, julgado em 26/2/2015, DJe de 4/3/2015). No mesmo sentido: APELAÇÃO CÍVEL SEGUROS. PLANO DE SAÚDE. TRATAMENTO DISFONIA CERVICAL GRAVE COM TOXINA BUTOLÍNICA (BOTOX). COBERTURA. "PROCESSO CIVIL. RECURSO ESPECIAL. AÇÃO DE BUSCA E

APREENSÃO CONVERTIDA EM DEPÓSITO. HONORÁRIOS ADVOCATÍCIOS DE SUCUMBÊNCIA. CUMPRIMENTO DE SENTENÇA. PENHORA DE PERCENTUAL DOS PROVENTOS DE APOSENTADORIA. RELATIVIZAÇÃO DA REGRA DA IMPENHORABILIDADE. ORDEM DE DESCONTO EM FOLHA DE PAGAMENTO. POSSIBILIDADE. 1. Ação de busca e apreensão convertida em ação de depósito, em fase de cumprimento de sentença para o pagamento dos honorários advocatícios, de que foi extraído o presente recurso especial, interposto em 07/06/2013 e concluso ao Gabinete em 02/09/2016. Julgamento pelo CPC/73. 2. Cinge-se a controvérsia a decidir sobre a possibilidade de se determinar o bloqueio em folha de pagamento de 5 % (cinco por cento) dos proventos de aposentadoria da recorrida, para o pagamento de honorários advocatícios de sucumbência devidos ao recorrente. 3. Se, de um lado, a garantia da impenhorabilidade constitui-se em uma limitação aos meios executivos, em prol da preservação do mínimo patrimonial indispensável à vida digna do devedor (art. 649, IV, do CPC/73); de outro, o legislador não se olvidou de proteger a dignidade do credor, ao privilegiar a efetividade da tutela jurisdicional quando se tratar de obrigação que envolva o próprio sustento deste (art. 649, § 2º, do CPC/73). 4. O STJ, reconhecendo que os honorários advocatícios, contratuais ou sucumbenciais, têm natureza alimentícia, admite a possibilidade de penhora de verbas remuneratórias para a satisfação do crédito correspondente. 5. É possível determinar o desconto em folha de pagamento do devedor para conferir efetividade ao direito do credor de receber a verba alimentar. 6. Recurso especial conhecido e provido. (REsp 1.440.495/DF, Rel. Ministra NANCY ANDRIGHI, TERCEIRA TURMA, julgado em 2/2/2017, DJe de 6/2/2017). PROCESSUAL CIVIL. AGRAVO REGIMENTAL NO AGRAVO EM RECURSO ESPECIAL. PENHORA DE VERBA SALARIAL. PERCENTUAL DE 30%. IMPOSSIBILIDADE. DECISÃO MANTIDA. 1. Esta Corte Superior adota o posicionamento de que o caráter da impenhorabilidade dos vencimentos, soldos e salários (dentre outras verbas destinadas à remuneração do trabalho) é excepcionado apenas quando se tratar de penhora para pagamento de prestações alimentícias. 2. Excepcionalmente, a regra geral da impenhorabilidade, mediante desconto de conta bancária, de vencimentos, subsídios, soldos, salários, remunerações e proventos de aposentadoria, constante do art. 649, IV, do CPC, incidente na generalidade dos casos, deve ser excepcionada, no caso concreto, diante das condições fáticas bem firmadas por sentença e Acórdão na origem (Súmula 7/STJ) (REsp 1285970/SP, Rel. Ministro SIDNEI BENETI, Terceira Turma, julgado em 27/5/2014, DJe 8/9/2014). 3. No presente caso, a Corte local em nada se manifestou acerca de outras tentativas para receber o valor devido. 4. Inaplicabilidade das disposições do NCPC, no que se refere aos requisitos de admissibilidade dos recursos, são inaplicáveis ao caso concreto ante os termos do Enunciado nº 1 aprovado pelo Plenário do STJ na sessão de 9/3/2016: Aos recursos interpostos com fundamento no CPC/1973 (relativos a decisões publicadas até 17 de março de 2016) devem ser exigidos os requisitos de admissibilidade na forma nele prevista, com as interpretações dadas até então pela jurisprudência do Superior Tribunal de Justiça. 4. Agravo regimental não provido. (AgRg no REsp nº 1.497.214/DF, Rel. Ministro MOURA RIBEIRO, TERCEIRA TURMA, julgado em 26/4/2016, DJe de 9/5/2016) PROCESSUAL CIVIL. AGRAVO REGIMENTAL NO AGRAVO EM RECURSO ESPECIAL. EXECUÇÃO DE HONORÁRIOS ADVOCATÍCIOS. NATUREZA ALIMENTAR. PENHORA DE VERBA SALARIAL. PERCENTUAL DE 30%. POSSIBILIDADE. INCIDÊNCIA DA SÚMULA Nº 83 DO STJ. DECISÃO MANTIDA. 1. Esta Corte Superior adota o posicionamento de que o caráter absoluto da impenhorabilidade dos vencimentos, soldos e salários (dentre outras verbas destinadas à remuneração do trabalho) é excepcionado pelo § 2º do art. 649 do CPC, quando se tratar de penhora para pagamento de prestações alimentícias (AgRg no AREsp 632.356/RS, Rel. Ministro LUIS FELIPE SALOMÃO, Quarta Turma, julgado 3/3/2015, DJe 13/13/2015). 2. Os honorários advocatícios, contratuais ou sucumbenciais têm natureza alimentícia, sendo, assim, possível a penhora de 30% da verba salarial para seu pagamento. Incidência à hipótese da Súmula nº 83 do STJ. 3. Agravo regimental não provido. (AgRg no AREsp 634.032/MG, Rel. Ministro MOURA RIBEIRO, TERCEIRA TURMA, julgado em 20/8/2015, DJe de 31/8/2015) AGRAVO REGIMENTAL NO AGRAVO EM RECURSO ESPECIAL. PROCESSO CIVIL. INOVAÇÃO RECURSAL. VERBAS SALARIAIS. PENHORABILIDADE. PAGAMENTO DE HONORÁRIOS. VERBA ALIMENTAR. PRECEDENTES. 1. Nas razões do agravo regimental, traz a agravante a tese de que recebe proventos de aposentadoria. Inovação recursal vedada em razão da preclusão consumativa. 2. A jurisprudência desta Corte Superior consolidou o entendimento no sentido de que o caráter absoluto da impenhorabilidade dos vencimentos, soldos e salários (dentre outras verbas destinadas à remuneração do trabalho) é excepcionado pelo § 2º do art. 649 do CPC, quando se tratar de penhora para pagamento de prestações alimentícias. 3. Os honorários advocatícios, contratuais ou sucumbenciais, têm natureza alimentícia. Precedentes 4. Agravo regimental não provido. (AgRg no AREsp 632.356/RS, Rel. Ministro LUIS FELIPE SALOMÃO, QUARTA TURMA, julgado em 3/3/2015, DJe de 13/3/2015) Ademais, conforme estabelece o art. 85, § 15, do Código de Processo Civil,"o advogado pode requerer que o pagamento dos honorários que lhe caibam seja efetuado em favor da sociedade de advogados que integra na qualidade de sócio, aplicando-se à hipótese o disposto no § 14", o qual dispõe que os honorários têm natureza alimentar. Assim, encontrando-se o aresto recorrido em dissonância com a jurisprudência desta Corte Superior, imperiosa a sua reforma. Diante do exposto, nos termos do art. 255, § 4º, III, do RISTJ, dou provimento ao recurso especial para permitir a penhora dos rendimentos do agravado até o limite de 30%, consideradas as peculiaridades do caso concreto, nos termos da jurisprudência citada, para o pagamento exclusivo de honorários advocatícios devidos à recorrente. Publique-se. Brasília (DF), 28 de agosto de 2018. MINISTRO LÁZARO GUIMARÃES (DESEMBARGADOR CONVOCADO DO TRF 5ª REGIÃO) Relator (STJ - REsp: 1732927 DF 2018/0073612-4, Relator: Ministro LÁZARO GUIMARÃES (DESEMBARGADOR CONVOCADO DO TRF 5ª REGIÃO), Data de Publicação: DJ 30/08/2018)."

Ainda:

PROCESSUAL CIVIL. EMBARGOS DE DIVERGÊNCIA EM RECURSO ESPECIAL. EXECUÇÃO DE TÍTULO EXTRAJUDICIAL. PENHORA. PERCENTUAL DE VERBA SALARIAL. IMPENHORABILIDADE (ART. 833, IV e § 2º, CPC/2015). RELATIVIZAÇÃO. POSSIBILIDADE. CARÁTER EXCEPCIONAL.

1. O CPC de 2015 trata a impenhorabilidade como relativa, podendo ser mitigada à luz de um julgamento princípio lógico, mediante a ponderação dos princípios da menor onerosidade para o devedor e da efetividade da execução para o credor, ambos informados pela dignidade da pessoa humana.

2. Admite-se a relativização da regra da impenhorabilidade das verbas de natureza salarial, independentemente da natureza da dívida a ser paga e do valor recebido pelo devedor, condicionada, apenas, a que a medida constritiva não comprometa a subsistência digna do devedor e de sua família.

3. Essa relativização reveste-se de caráter excepcional e só deve ser feita quando restarem inviabilizados outros meios executórios que possam garantir a efetividade da execução e desde que avaliado concretamente o impacto da constrição na subsistência digna do devedor e de seus familiares.

4. Ao permitir, como regra geral, a mitigação da impenhorabilidade quando o devedor receber valores que excedam a 50 salários mínimos, o § 2º do art. 833 do CPC não proíbe que haja ponderação da regra nas hipóteses de não excederem (EDcl nos EREsp nº 1.518.169/DF, relatora Ministra Nancy Andrighi, Corte Especial, DJe de 24.5.2019).

5. Embargos de divergência conhecidos e providos.

(STJ, Corte Especial. EREsp nº 1.874.222/DF. Rel. Min. João Otávio de Noronha, julg. em 19.4.2023, DJe de 24.5.2023).

Expressa o § 3º do art. 833 que na impenhorabilidade prevista no inciso V do mesmo artigo, estão incluídos os equipamentos, os implementos e as máquinas agrícolas pertencentes à pessoa física ou à empresa individual produtora rural, salvo quando tais bens tenham sido objeto de financiamento e estejam vinculados em garantia a negócio jurídico ou quando respondam por dívida de natureza alimentar, trabalhista ou previdenciária.

É de se ressaltar que imperam ainda outras impenhorabilidades ditadas por leis específicas, como, *v.g.*, a Lei nº 8.009/90 – Lei do Bem de Família – excluindo a execução sobre o imóvel residencial único ou de menor valor do casal ou da entidade familiar (art. 1º, *caput*, c/c art. 5º) bem como os bens discriminados no parágrafo único do art. 1º necessários a regular utilização de uma casa. Importante aqui pontuar, entretanto, que um único imóvel, ainda que de pessoa solteira e solitária, poderá igualmente ser alvo declaratório de impenhorabilidade, em obediência, sobretudo, a um direito fundamental da pessoa humana, no caso, o direito à moradia.[438] Já a Lei nº 4.075/62 declara como impenhoráveis os exemplares da bandeira nacional não reservados ao comércio.

Por outro lado, a Constituição Federal de 1988 já veda a penhora da pequena propriedade rural para satisfação de débitos decorrentes de sua atividade produtiva (art. 5º, XXVI), possuindo tal situação previsão no art. 833, VIII acima descrito, muito embora com redação um pouco diferenciada. Podemos dizer ainda que os bens do devedor gravados de hipoteca e penhor em favor de um dos credores também escapam da responsabilidade patrimonial em prol de

[438] PROCESSUAL – EXECUÇÃO – IMPENHORABILIDADE – IMÓVEL – RESIDÊNCIA – DEVEDOR SOLTEIRO E SOLITÁRIO – LEI N. 8.009/90. – A interpretação teleológica do art. 1º, da Lei nº 8.009/90 revela que a norma não se limita ao resguardo da família. Seu escopo definitivo é a proteção de um direito fundamental da pessoa humana: o direito à moradia. Se assim ocorre, não faz sentido proteger quem vive em grupo e abandonar o indivíduo que sofre o mais doloroso dos sentimentos: a solidão. É impenhorável, por efeito do preceito contido no art. 1º da Lei n. 8.009/90, o imóvel em que reside, sozinho, o devedor celibatário. (STJ. REsp 182.223/SP. Embargos de Divergência no Recurso Especial 1999/0110360-6. Min. Sálvio de Figueiredo Teixeira. Julg. 06/02/2002, *DJ* 07.04.2003, p. 209).

outros credores. Tal entendimento centra-se na justificativa de que, uma vez penhorados e expropriados os bens por credores sem garantia real, o resultado obtido quando da alienação judicial terá destino, em primeiro lugar, ao pagamento do credor detentor da garantia, só havendo reversão para o credor que requereu a execução caso reste algo do produto advindo da alienação.

Com relação às execuções por quantia, são os bens da Fazenda Pública considerados impenhoráveis, aplicando-se o regime de precatórios previsto no art. 100 da Constituição Federal.

Remissões:

– Art. 5º, XXVI, da CRFB/88:

"Art. 5º Todos são iguais perante a lei, sem distinção de qualquer natureza, garantindo-se aos brasileiros e aos estrangeiros residentes no País a inviolabilidade do direito à vida, à liberdade, à igualdade, à segurança e à propriedade, nos termos seguintes:

XXVI – a pequena propriedade rural, assim definida em lei, desde que trabalhada pela família, não será objeto de penhora para pagamento de débitos decorrentes de sua atividade produtiva, dispondo a lei sobre os meios de financiar o seu desenvolvimento;

(...)".

– Art. 6º, III, da Lei nº 11.101/2005, incluído pela Lei nº 14.112/2020:

"Art. 6º A decretação da falência ou o deferimento do processamento da recuperação judicial implica:

(...)

III – proibição de qualquer forma de retenção, arresto, penhora, sequestro, busca e apreensão e constrição judicial ou extrajudicial sobre os bens do devedor, oriunda de demandas judiciais ou extrajudiciais cujos créditos ou obrigações sujeitem-se à recuperação judicial ou à falência".

Súmulas:

STJ nº 328: Na execução contra instituição financeira, é penhorável o numerário disponível, excluídas as reservas bancárias mantidas no Banco Central.

STJ nº 364: O conceito de impenhorabilidade de bem de família abrange também o imóvel pertencente a pessoas solteiras, separadas e viúvas.

STJ nº 499: A vaga de garagem que possui matrícula própria no registro de imóveis não constitui bem de família para efeito de penhora.

STJ nº 451: É legítima a penhora da sede do estabelecimento comercial.

STJ nº 486: É impenhorável o único imóvel residencial do devedor que esteja locado a terceiros, desde que a renda obtida com a locação seja revertida para a subsistência ou a moradia da sua família.

Enunciados das Jornadas de Direito Processual Civil do Conselho da Justiça Federal:

Nº 105 do CJF: As hipóteses de penhora do art. 833, § 2º, do CPC aplicam-se ao cumprimento da sentença ou à execução de título extrajudicial relativo a honorários advocatícios, em razão de sua natureza alimentar.

Nº 152 do CJF: O pacto de impenhorabilidade (arts. 190, 200 e 833, I) produz efeitos entre as partes, não alcançando terceiros.

Nº 153 do CJF: A penhorabilidade dos bens, observados os critérios do art. 190 do CPC, pode ser objeto de convenção processual das partes.

Enunciados do Fórum Permanente de Processualistas Civis:

Nº 587 do FPPC: A limitação de que trata o § 3º do art. 529 não se aplica à execução de dívida não alimentar.

Nº 621 do FPPC: Ao cumprimento de sentença do capítulo relativo aos honorários advocatícios, aplicam-se as hipóteses de penhora previstas no § 2º do art. 833, em razão da sua natureza alimentar.

Art. 834. Podem ser penhorados, à falta de outros bens, os frutos e os rendimentos dos bens inalienáveis.

Notas:

Estabelece o art. 834 do CPC somente uma hipótese de impenhorabilidade relativa: a penhora dos frutos e rendimentos dos bens inalienáveis, onde, no CPC revogado fazia-se exceção quando destinados à satisfação de prestação alimentícia (vide art. 650 do CPC/1973).

Observa-se, portanto, que a falta de bens livres e aptos à satisfação do crédito exequendo é condicionante para a incidência da impenhorabilidade relativa.

Notadamente, tal solução intermediária entre a livre penhorabilidade e a impenhorabilidade absoluta demonstra claro resultado de um juízo de valores diante do qual o legislador entende que determinados bens, realmente, são importantes para a vida do devedor, mas não o bastante que se justificasse excluí-los por completo.

Em sendo relativas, o reconhecimento dessas impenhorabilidades depende de alegação a ser realizada pelo executado na primeira oportunidade em que lhe tocar manifestar-se no processo após a penhora, sob pena de preclusão.[439]

---

[439] A inalienabilidade abrange a impenhorabilidade. Nesse sentido, todo bem inalienável é também impenhorável, porém a recíproca não é verdadeira, dado existirem bens que, embora impenhoráveis, são passíveis de alienação. A inalienabilidade pode decorrer de lei ou ato

Súmula:

STJ nº 486: É impenhorável o único imóvel residencial do devedor que esteja locado a terceiros, desde que a renda obtida com a locação seja revertida para a subsistência ou a moradia da sua família.

Art. 835. A penhora observará, preferencialmente, a seguinte ordem:

I – dinheiro, em espécie ou em depósito ou aplicação em instituição financeira;

II – títulos da dívida pública da União, dos Estados e do Distrito Federal com cotação em mercado;

III – títulos e valores mobiliários com cotação em mercado;

IV – veículos de via terrestre;

V – bens imóveis;

VI – bens móveis em geral;

VII – semoventes;

VIII – navios e aeronaves;

IX – ações e quotas de sociedades simples e empresárias;

X – percentual do faturamento de empresa devedora;

XI – pedras e metais preciosos;

XII – direitos aquisitivos derivados de promessa de compra e venda e de alienação fiduciária em garantia;

XIII – outros direitos.

§ 1º É prioritária a penhora em dinheiro, podendo o juiz, nas demais hipóteses, alterar a ordem prevista no *caput* de acordo com as circunstâncias do caso concreto.

§ 2º Para fins de substituição da penhora, equiparam-se a dinheiro a fiança bancária e o seguro garantia judicial, desde que em valor não inferior ao do débito constante da inicial, acrescido de trinta por cento.

§ 3º Na execução de crédito com garantia real, a penhora recairá sobre a coisa dada em garantia, e, se a coisa pertencer a terceiro garantidor, este também será intimado da penhora.

Notas:

Convém assentar que será considerada prioritária a penhora em dinheiro, sendo possível, nas demais hipóteses, o magistrado alterar a ordem prevista no art. 835, tudo de acordo com as circunstâncias do caso concreto merecer (§ 1º do art. 835 do CPC).

---

voluntário. Assim, temos como exemplo de bem inalienável por disposição legal os bens públicos, de acordo com os arts. 99 e 100 do C. Civil. Já por ato voluntário, os bens doados com cláusula de inalienabilidade previsto no art. 1.911 também do diploma civilista.

Para fins de substituição da penhora, são equiparados a dinheiro, a fiança bancária e o seguro garantia judicial, desde que em valor não inferior ao do débito constante da inicial, acrescido de 30% (trinta por cento).

No que se refere à execução de crédito com garantia real, regra o § 3º do art. 835 que a penhora recairá sobre a coisa dada em garantia e, caso esta pertença a terceiro garantidor, será ele, igualmente, intimado da penhora.

Recaindo a penhora sobre bem imóvel ou direito real sobre imóvel, será intimado também o cônjuge do executado, isso para se evitar possíveis alegações de vícios na execução, salvo se forem casados em regime de separação absoluta de bens (art. 842 do CPC).

Caso a penhora se dê sobre bem considerado indivisível, o equivalente à quota-parte do coproprietário ou do cônjuge alheio à execução recairá sobre o produto da alienação do bem *ex vi* do *caput* do art. 843.

É reservada ao coproprietário ou ao cônjuge não executado a preferência na arrematação do bem em igualdade de condições.

O § 2º do art. 843 é taxativo ao considerar que não será levada a efeito expropriação por preço inferior ao da avaliação na qual o valor auferido seja incapaz de garantir, ao coproprietário ou ao cônjuge alheio à execução, o correspondente à sua quota-parte calculado sobre o valor da avaliação. Dita ordem preferencial, no entanto, há de ser conjugada com o disposto no art. 848, V, do CPC, caso em que o próprio credor considera mais conveniente a inobservância da gradação legal, visando privilegiar a eficiência da execução.

Por outro lado, salienta-se ainda que referida ordem de preferência poderá variar de acordo com a execução regrada por lei específica, como, por exemplo, nos casos de Execução Fiscal, esta regida pela Lei nº 6.830/80, tendo o CPC aplicação subsidiária. Diz o texto legal da referida Lei:

> *"Art. 11. A penhora ou arresto de bens obedecerá à seguinte ordem:*
>
> *I – dinheiro;*
>
> *II – título da dívida pública, bem como título de crédito, que tenham cotação em bolsa;*
>
> *III – pedras e metais preciosos;*
>
> *IV – imóveis;*
>
> *V – navios e aeronaves;*
>
> *VI – veículos;*
>
> *VII – móveis ou semoventes; e*
>
> *VIII – direitos e ações.*

§ 1º Excepcionalmente, a penhora poderá recair sobre estabelecimento comercial, industrial ou agrícola, bem como em plantações ou edifícios em construção.

§ 2º A penhora efetuada em dinheiro será convertida no depósito de que trata o inciso I do art. 9º.

§ 3º O juiz ordenará a remoção do bem penhorado para depósito judicial, particular ou da Fazenda Pública exequente, sempre que esta o requerer, em qualquer fase do processo."

Recurso Especial Repetitivo

Para fins do art. 543-C do CPC/73 (art. 1.036 do NCPC): 3.1. A cota de fundo de investimento não se subsume à ordem de preferência legal disposta no inciso I do art. 655 do CPC/73 (ou no inciso I do art. 835 do NCPC). 3.2. A recusa da nomeação à penhora de cotas de fundo de investimento, reputada legítima a partir das particularidades de cada caso concreto, não encerra, em si, excessiva onerosidade ao devedor, violação do recolhimento dos depósitos compulsórios e voluntários do Banco Central do Brasil ou afronta à impenhorabilidade das reservas obrigatórias. 4. Recurso Especial improvido. (STJ, Tema Repetitivo 913 – REsp 1.388.642/SP, REsp 1.388.640/SP e REsp 1.388.638/SP. Rel. Ministro Marco Aurélio Bellizze, Corte Especial, Julg. em 03/08/2016, DJe 06/09/2016).

Súmulas:

STJ nº 328: Na execução contra instituição financeira, é penhorável o numerário disponível, excluídas as reservas bancárias mantidas no Banco Central.

STJ nº 417: Na execução civil, a penhora de dinheiro na ordem de nomeação de bens não tem caráter absoluto.

Enunciado das Jornadas de Direito Processual Civil do Conselho da Justiça Federal:

Nº 215 do CJF: O requerimento de nova tentativa de penhora online de dinheiro do executado, via sistema SISBAJUD (Sistema de Busca de Ativos do Poder Judiciário), pode ser reiterado e independe de decurso mínimo de tempo da última tentativa.

Art. 836. Não se levará a efeito a penhora quando ficar evidente que o produto da execução dos bens encontrados será totalmente absorvido pelo pagamento das custas da execução.

§ 1º Quando não encontrar bens penhoráveis, independentemente de determinação judicial expressa, o oficial de justiça descreverá na certidão os bens que guarnecem a residência ou o estabelecimento do executado, quando este for pessoa jurídica.

§ 2º Elaborada a lista, o executado ou seu representante legal será nomeado depositário provisório de tais bens até ulterior determinação do juiz.

Notas:

Em compasso com o CPC/1973, primando pelo Princípio da Menor Onerosidade ou Menor Sacrifício ao Executado, manteve o legislador do CPC/2015, mais precisamente no *caput* deste artigo, a redação constante no § 2º do artigo 659 do *Codex* revogado.

Desta forma, ainda que a execução proceda, não se lavrará a penhora de bens cujo produto arrecadado com o mesma, for suficiente apenas para as custas processuais, não cobrindo o valor do crédito em execução. Neste caso, o referido bem será poupado, uma vez que a perda do mesmo pela expropriação, não proporcionará a satisfação do crédito exequendo.

Por meio da redação conferida aos §§ 1º e 2º, fica latente ser do magistrado a determinação quanto à penhora ou não os bens do executado, isto porque, tais parágrafos deixam claro que ao realizar o mandado de penhora, não encontrando bens passíveis de serem penhorados, deverá o oficial de justiça listar na certidão de cumprimento do mesmo, os bens existentes no local, ficando o executado depositário dos bens listados até que o magistrado de posicione quanto à possibilidade ou não de algum ou alguns deles serem tidos por penhorados.

Súmula:

STJ nº 417: Na execução civil, a penhora de dinheiro na ordem de nomeação de bens não tem caráter absoluto.

Subseção II
Da Documentação da Penhora, de seu Registro e do Depósito

Art. 837. Obedecidas as normas de segurança instituídas sob critérios uniformes pelo Conselho Nacional de Justiça, a penhora de dinheiro e as averbações de penhoras de bens imóveis e móveis podem ser realizadas por meio eletrônico.

Notas:

Estabelece a possibilidade de utilização dos meios eletrônicos para viabilização da penhora em dinheiro e dos bens imóveis, desde que respeitados os critérios de aplicabilidade nacional estabelecido para isto pelo CNJ. Tal medida prima pela celeridade processual, porém, enfatizando-se o respeito ao Princípio da Transparência.

No que tange à regra para realização da penhora *online*, elas estão previstas no art. 854 deste código.

Art. 838. A penhora será realizada mediante auto ou termo, que conterá:

I – a indicação do dia, do mês, do ano e do lugar em que foi feita;

II – os nomes do exequente e do executado;

III – a descrição dos bens penhorados, com as suas características;

IV – a nomeação do depositário dos bens.

Notas:

Tendo como correspondente o art. 665 do CPC/1973, manteve-se basicamente as mesmas exigências lá contidas para o auto de penhora. Percebe-se apenas modificações de expressões utilizadas, uma vez que ao se referir ao auto de penhora o presente dispositivo utiliza a expressão *"auto ou termo de penhora"*, deixando claro não haver distinção entre ambos. E, também, ao se referir às partes do processo, substitui a expressão anterior "credor e devedor" por *"exequente e executado"*, o que aliás já fora verificado em outros dispositivos, uma vez que ocorreu em todo o capítulo.

Súmula:

STJ nº 319: O encargo de depositário de bens penhorados pode ser expressamente recusado.

Art. 839. Considerar-se-á feita a penhora mediante a apreensão e o depósito dos bens, lavrando-se um só auto se as diligências forem concluídas no mesmo dia.

Parágrafo único. Havendo mais de uma penhora, serão lavrados autos individuais.

Notas:

Considerar-se-á realizada a penhora mediante a apreensão e o depósito dos bens, lavrando-se em um só auto se as diligências forem concluídas no mesmo dia, conforme o art. 839, *caput*, e em havendo mais de uma penhora, lavrado será para cada qual um auto, de acordo com o parágrafo único do próprio art. 839.

Art. 840. Serão preferencialmente depositados:

I – as quantias em dinheiro, os papéis de crédito e as pedras e os metais preciosos, no Banco do Brasil, na Caixa Econômica Federal ou em banco do qual o Estado ou o Distrito Federal possua mais da metade do capital social integralizado, ou, na falta desses estabelecimentos, em qualquer instituição de crédito designada pelo juiz;

II – os móveis, os semoventes, os imóveis urbanos e os direitos aquisitivos sobre imóveis urbanos, em poder do depositário judicial;

III – os imóveis rurais, os direitos aquisitivos sobre imóveis rurais, as máquinas, os utensílios e os instrumentos necessários ou úteis à atividade agrícola, mediante caução idônea, em poder do executado.

§ 1º No caso do inciso II do *caput*, se não houver depositário judicial, os bens ficarão em poder do exequente.

§ 2º Os bens poderão ser depositados em poder do executado nos casos de difícil remoção ou quando anuir o exequente.

§ 3º As joias, as pedras e os objetos preciosos deverão ser depositados com registro do valor estimado de resgate.

Notas:

Uma vez penhorados os bens, esses serão depositados de acordo com a ordem de preferência estabelecida no art. 840 e seus incisos: (a) as quantias em dinheiro, os papéis de crédito e as pedras e os metais preciosos no Banco do Brasil, na Caixa Econômica Federal ou em banco do qual o Estado ou o Distrito Federal possua mais da metade do capital social integralizado, (a.1) em qualquer instituição de crédito designada pelo juiz; (b) em poder do depositário judicial, os móveis e os imóveis urbanos ou, caso não haja a figura do depositário judicial, ficarão tais bens em poder do exequente e, por fim, (c) em mãos de do executado, mediante caução idônea, os imóveis rurais, os direitos aquisitivos sobre imóveis rurais, as máquinas, os utensílios e os instrumentos necessários ou úteis à atividade agrícola. O art. 840, em seu § 2º autoriza – desde que com anuência expressa do exequente ou nos casos a que os bens sejam de difícil remoção – que os bens possam permanecer depositados em poder do executado.

Com relação às joias, as pedras e os objetos preciosos, todos deverão ser depositados com registro do valor estimado de resgate. (§ 3º do art. 840).

Importante ressaltar que o depositário deverá zelar sobre o bem em custódia, não podendo inovar sobre o mesmo, sob pena de praticar ato atentatório à dignidade da justiça (art. 77, VI do CPC).[440]

---

440 "*Art. 77 (...)*

§ 1º Nas hipóteses dos incisos IV e VI, o juiz advertirá qualquer das pessoas mencionadas no caput de que sua conduta poderá ser punida como ato atentatório à dignidade da justiça.

Quanto à escolha do local no qual serão os bens depositados, importante que o exequente já indique o local de sua escolha quando da peça vestibular da execução e que o juiz, ao expedir a ordem para a penhora, já indique o local onde será o bem depositado. Por outro lado, não havendo requerimento quanto à aludida indicação, poderá o magistrado optar por seguir a ordem supracitada estabelecida no art. 840 do CPC.

Súmulas:

STF. Súmula Vinculante nº 25: É ilícita a prisão civil de depositário infiel, qualquer que seja a modalidade do depósito.

STJ nº 179: O estabelecimento de crédito que recebe dinheiro, em depósito judicial, responde pelo pagamento da correção monetária relativa aos valores recolhidos.

STJ nº 271: A correção monetária dos depósitos judiciais independe de ação específica contra o banco depositário.

STJ nº 319: O encargo de depositário de bens penhorados pode ser expressamente recusado.

STJ nº 419: Descabe a prisão civil do depositário judicial infiel.

Art. 841. Formalizada a penhora por qualquer dos meios legais, dela será imediatamente intimado o executado.

§ 1º A intimação da penhora será feita ao advogado do executado ou à sociedade de advogados a que aquele pertença.

§ 2º Se não houver constituído advogado nos autos, o executado será intimado pessoalmente, de preferência por via postal.

§ 3º O disposto no § 1º não se aplica aos casos de penhora realizada na presença do executado, que se reputa intimado.

§ 4º Considera-se realizada a intimação a que se refere o § 2º quando o executado houver mudado de endereço sem prévia comunicação ao juízo, observado o disposto no parágrafo único do art. 274.

---

§ 2º A violação ao disposto nos incisos IV e VI constitui ato atentatório à dignidade da justiça, devendo o juiz, sem prejuízo das sanções criminais, civis e processuais cabíveis, aplicar ao responsável multa de até vinte por cento do valor da causa, de acordo com a gravidade da conduta.

§ 3º Não sendo paga no prazo a ser fixado pelo juiz, a multa prevista no § 2º será inscrita como dívida ativa da União ou do Estado após o trânsito em julgado da decisão que a fixou, e sua execução observará o procedimento da execução fiscal, revertendo-se aos fundos previstos no art. 97."

Notas:

Possuindo como correspondentes os arts. 652, §§ 4º e 5º e 659, § 5º do CPC/1973, o presente dispositivo denota a preocupação do legislador com a publicidade do ato processual, principalmente em relação ao executado, evitando surpresas a este, respeitando assim, ao devido processo legal, o qual implica em manter as partes sempre cientes dos atos que lhes afetarão ao longo do processo.

No que tange à intimação da penhora, é por meio desta que o executado tem condições de exercer os direitos que lhe são inerentes, como por exemplo, requerer a substituição de penhora, (art. 847 CPC/2015).

No que se refere à intimação da penhora ao executado, esta se dará por meio de seu advogado ou da sociedade de advogados (§ 1º), mantendo-se a exigência de intimação pessoal, somente quando não houver advogado constituído nos autos (§ 2º).

Porém, quanto à intimação pessoal, inova o dispositivo ao estabelecer que esta ocorrerá, preferencialmente, por via postal, quando no diploma processual anterior, todas as previsões de citação/intimação pessoal de penhora, eram previstas para serem realizadas por oficial de justiça. Desta forma, evidencia-se a simplificação do ato processual, passando a admiti-lo de forma menos onerosa ao Estado e mais célere.

Por fim, o § 4º deixa claro a aplicação na execução da presunção de intimação contida no § único do art. 274 do CPC/2015, quando o executado tiver informado um endereço nos autos e, posteriormente vier a mudar de endereço, deixando de comunicar o novo endereço no processo. Trata-se de medida que visa evitar embaraços ao processo, muitas vezes causados pelo executado, na tentativa de se esquivar das consequências processuais.

Art. 842. Recaindo a penhora sobre bem imóvel ou direito real sobre imóvel, será intimado também o cônjuge do executado, salvo se forem casados em regime de separação absoluta de bens.

Notas:

Enfrenta-se aqui a possibilidade de penhora recair em bem imóvel ou direito real sobre bem imóvel pertencente ao casal, o que, notadamente, torna obrigatória a intimação do cônjuge quanto tais questões, salvo em se tratando do regime de separação total de bens, circunstância esta em que o bem não pertencerá ao cônjuge, mas tão somente ao executado, podendo neste caso o bem responder integralmente pelo débito.

Art. 843. Tratando-se de penhora de bem indivisível, o equivalente à quota-parte do coproprietário ou do cônjuge alheio à execução recairá sobre o produto da alienação do bem.

§ 1º É reservada ao coproprietário ou ao cônjuge não executado a preferência na arrematação do bem em igualdade de condições.

§ 2º Não será levada a efeito expropriação por preço inferior ao da avaliação na qual o valor auferido seja incapaz de garantir, ao coproprietário ou ao cônjuge alheio à execução, o correspondente à sua quota-parte calculado sobre o valor da avaliação.

Notas:

Trata-se de Inovação introduzida pela Lei nº 11.382/2006 (art. 655-B do CPC/1973) e mantida pelo CPC/2015 em seu art. 843.

Aludido dispositivo legal prevê que, em se tratando de penhora em bem considerado indivisível, o equivalente à quota-parte do coproprietário ou do cônjuge alheio à execução recairá sobre o produto da alienação do bem, portanto, o bem indivisível é passível de penhora e alienação.

Não obstante já alhures destacado, reservada ao coproprietário ou ao cônjuge não executado a preferência na arrematação do bem em igualdade de condições, não sendo levada a efeito expropriação por preço inferior ao da avaliação na qual o valor auferido seja incapaz de garantir, ao coproprietário ou ao cônjuge alheio à execução, o correspondente à sua quota-parte calculada sobre o valor da avaliação.

Notadamente, tal regramento não será aplicado à dívida contraída por um dos cônjuges com o intuito de atender as necessidades da família, bem como aquelas relativas às despesas de administração e ainda às decorrentes de imposição legal, dentro dos ditames do art. 1.664 do Código Civil, visto que, em ditas situações, responderão os bens integrantes da comunhão entre os cônjuges.

É admitida a alienação integral do bem indivisível em qualquer hipótese de propriedade em comum, resguardando-se, ao coproprietário ou cônjuge alheio à execução, o equivalente em dinheiro da sua quota-parte no bem. (REsp 1.818.926/DF, Rel. Min. Nancy Andrighi, Terceira Turma, por unanimidade, julgado em 13/04/2021).[441]

---

441 Sob o novo quadro normativo, é autorizada a alienação judicial do bem indivisível, em sua integralidade, em qualquer hipótese de copropriedade. Ademais, resguarda-se ao coproprietário alheio à execução o direito de preferência na arrematação do bem ou, caso não o queira, a compensação financeira pela sua quota-parte, agora apurada segundo o valor da avaliação, não mais sobre o preço obtido na alienação judicial (art. 843 do CPC/2015).

Enunciado das Jornadas de Direito Processual Civil do Conselho da Justiça Federal:

Nº 154 do CJF: O exequente deve providenciar a intimação do coproprietário no caso da penhora de bem indivisível ou de direito real sobre bem indivisível.

Enunciados do Fórum Permanente de Processualistas Civis:

Nº 329 do FPPC: Na execução trabalhista deve ser preservada a quota parte de bem indivisível do coproprietário ou do cônjuge alheio à execução, sendo-lhe assegurado o direito de preferência na arrematação do bem em igualdade de condições.

Nº 641 do FPPC: O exequente deve providenciar a intimação do coproprietário no caso da penhora de bem imóvel indivisível ou de direito real sobre bem imóvel indivisível.

Art. 844. Para presunção absoluta de conhecimento por terceiros, cabe ao exequente providenciar a averbação do arresto ou da penhora no registro competente, mediante apresentação de cópia do auto ou do termo, independentemente de mandado judicial.

Notas:

Conforme se evidencia no livro II, Sessão II, capítulo V deste Código, atinente à Responsabilidade Patrimonial, somente por meio da averbação do arresto ou do registro da penhora no cartório competente é que se obtém o efeito *erga omnes* para tal ato processual, o qual é primordial para fins de caracterização de fraude à execução em caso de alienação do bem por parte do executado.

Confira os apontamentos assentados no art. 792.

Nesse novo regramento, a oposição de embargos de terceiro pelo cônjuge ou coproprietário que não seja devedor nem responsável pelo adimplemento da obrigação se tornou despicienda, na medida em que a lei os confere proteção automática. Basta, de fato, que sejam oportunamente intimados da penhora e da alienação judicial, na forma dos arts. 799, 842 e 889 do CPC/2015, a fim de que lhes seja oportunizada a manifestação no processo, em respeito aos postulados do devido processo legal e do contraditório.

Ainda, a fim de que seja plenamente resguardado o interesse do coproprietário do bem indivisível alheio à execução, a própria penhora não pode avançar sobre o seu quinhão, devendo ficar adstrita à quota-parte titularizada pelo devedor.

Trata-se, pois, de um gravame imposto pela atuação jurisdicional do Estado, com vistas à realização coercitiva do direito do credor, que, à toda evidência, não pode ultrapassar o patrimônio do executado ou de eventuais responsáveis pelo pagamento do débito, seja qual for a natureza dos bens alcançados.

Súmula:

STJ nº 375: O reconhecimento da fraude à execução depende do registro da penhora do bem alienado ou da prova de má-fé do terceiro adquirente.

Subseção III
Do Lugar de Realização da Penhora

Art. 845. Efetuar-se-á a penhora onde se encontrem os bens, ainda que sob a posse, a detenção ou a guarda de terceiros.

§ 1º A penhora de imóveis, independentemente de onde se localizem, quando apresentada certidão da respectiva matrícula, e a penhora de veículos automotores, quando apresentada certidão que ateste a sua existência, serão realizadas por termo nos autos.

§ 2º Se o executado não tiver bens no foro do processo, não sendo possível a realização da penhora nos termos do § 1º, a execução será feita por carta, penhorando-se, avaliando-se e alienando-se os bens no foro da situação.

Notas:

Quando da penhora de bens imóveis, desde que apresentada a certidão da respectiva matrícula, será ela realizada por termos nos autos, independente do local onde estejam situados os respectivos bens imóveis; o mesmo se dando com relação à penhora de veículos automotores, quando apresentada certidão que ateste a sua existência; por isso e em tais casos não haverá a necessidade de realização da penhora por mandado ou por carta precatória.

Assim, lavrado o termo, será o executado intimado pessoalmente ou por meio de seu advogado, ficando ele, *ipso facto*, constituído depositário do bem, de acordo com o § 1º do art. 845 do CPC.

No entanto, não havendo bens no foro do processo, impossibilitando então a realização da penhora por Termo nos Autos, será a execução realizada por carta, penhorando-se, avaliando-se e alienando-se os bens no foro da situação dos mesmos (§ 2º do art. 845).

Súmula:

STJ nº 46: Na execução por carta, os embargos do devedor serão decididos no juízo deprecante, salvo se versarem unicamente vícios ou defeitos da penhora, avaliação ou alienação dos bens.

Art. 846. Se o executado fechar as portas da casa a fim de obstar a penhora dos bens, o oficial de justiça comunicará o fato ao juiz, solicitando-lhe ordem de arrombamento.

§ 1º Deferido o pedido, 2 (dois) oficiais de justiça cumprirão o mandado, arrombando cômodos e móveis em que se presuma estarem os bens, e lavrarão de tudo auto circunstanciado, que será assinado por 2 (duas) testemunhas presentes à diligência.

§ 2º Sempre que necessário, o juiz requisitará força policial, a fim de auxiliar os oficiais de justiça na penhora dos bens.

§ 3º Os oficiais de justiça lavrarão em duplicata o auto da ocorrência, entregando uma via ao escrivão ou ao chefe de secretaria, para ser juntada aos autos, e a outra à autoridade policial a quem couber a apuração criminal dos eventuais delitos de desobediência ou de resistência.

§ 4º Do auto da ocorrência constará o rol de testemunhas, com a respectiva qualificação.

Notas:

Caso venha o executado fechar as portas da casa ou estabelecimento, a fim de impedir a realização da devida penhora de bens, caberá ao oficial de justiça comunicar o fato ao magistrado, solicitando-lhe a necessária ordem de arrombamento. Em sendo deferida tal solicitação, dois oficiais de justiça darão cabo ao cumprimento do mandado, arrombando o local obstaculizado onde se presuma estarem os bens, a fim de lograrem êxito na efetivação da penhora e, ao fazê-la, lavrarão o auto circunstanciado, esse que será devidamente assinado por duas testemunhas presentes à diligência, conforme os ditames do art. 846, *caput* e § 1º do CPC.

Cabe lembrar aqui que, sempre que houver necessidade, permite o § 2º do art. 846 que o juiz requisite força policial com o intuito de auxiliar os oficiais de justiça na penhora de bens bem como na prisão daquele que resistir à ordem, tipificando em crime de resistência tal prática resistiva. Há de se documentar a citada resistência e é o que farão os oficiais, lavrando o devido auto em duas vias do qual constarão nome, qualificação e, se possível, assinatura de duas testemunhas, sendo, posteriormente, uma via entregue ao escrivão para a juntada aos autos da execução, sendo a outra entregue à autoridade policial, com o fito de instruir o procedimento criminal e ainda a entrega do preso, ato a ser realizado também pelos oficiais de justiça.

Remissão:

– Art. 5º, XI, da CRFB/88:

"Art. 5º Todos são iguais perante a lei, sem distinção de qualquer natureza, garantindo-se aos brasileiros e aos estrangeiros residentes no País a inviolabilidade do direito à vida, à liberdade, à igualdade, à segurança e à propriedade, nos termos seguintes:

(...)

XI – a casa é asilo inviolável do indivíduo, ninguém nela podendo penetrar sem consentimento do morador, salvo em caso de flagrante delito ou desastre, ou para prestar socorro, ou, durante o dia, por determinação judicial; (...)".

Súmula:

STF. Súmula Vinculante nº 11: Só é lícito o uso de algemas em casos de resistência e de fundado receio de fuga ou de perigo à integridade física própria ou alheia, por parte do preso ou de terceiros, justificada a excepcionalidade por escrito, sob pena de responsabilidade disciplinar, civil e penal do agente ou da autoridade e de nulidade da prisão ou do ato processual a que se refere, sem prejuízo da responsabilidade civil do Estado.

Subseção IV
Das Modificações da Penhora

Art. 847. O executado pode, no prazo de 10 (dez) dias contado da intimação da penhora, requerer a substituição do bem penhorado, desde que comprove que lhe será menos onerosa e não trará prejuízo ao exequente.

§ 1º O juiz só autorizará a substituição se o executado:

I – comprovar as respectivas matrículas e os registros por certidão do correspondente ofício, quanto aos bens imóveis;

II – descrever os bens móveis, com todas as suas propriedades e características, bem como o estado deles e o lugar onde se encontram;

III – descrever os semoventes, com indicação de espécie, de número, de marca ou sinal e do local onde se encontram;

IV – identificar os créditos, indicando quem seja o devedor, qual a origem da dívida, o título que a representa e a data do vencimento; e

V – atribuir, em qualquer caso, valor aos bens indicados à penhora, além de especificar os ônus e os encargos a que estejam sujeitos.

§ 2º Requerida a substituição do bem penhorado, o executado deve indicar onde se encontram os bens sujeitos à execução, exibir a prova de sua propriedade e a certidão negativa ou positiva de ônus, bem como abster-se de qualquer atitude que dificulte ou embarace a realização da penhora.

§ 3º O executado somente poderá oferecer bem imóvel em substituição caso o requeira com a expressa anuência do cônjuge, salvo se o regime for o de separação absoluta de bens.

§ 4º O juiz intimará o exequente para manifestar-se sobre o requerimento de substituição do bem penhorado.

Notas:

A substituição da penhora também pode ser requerida exclusivamente pelo executado quando demonstre que a substituição não trará prejuízos para o exequente e lhe será menos gravosa (art. 847, *caput*), nesse ponto conservando-se o respeito à regra geral (art. 805).

Súmula:

STJ nº 406: A Fazenda Pública pode recusar a substituição do bem penhorado por precatório.

Art. 848. As partes poderão requerer a substituição da penhora se:

I – ela não obedecer à ordem legal;

II – ela não incidir sobre os bens designados em lei, contrato ou ato judicial para o pagamento;

III – havendo bens no foro da execução, outros tiverem sido penhorados;

IV – havendo bens livres, ela tiver recaído sobre bens já penhorados ou objeto de gravame;

V – ela incidir sobre bens de baixa liquidez;

VI – fracassar a tentativa de alienação judicial do bem; ou

VII – o executado não indicar o valor dos bens ou omitir qualquer das indicações previstas em lei.

Parágrafo único. A penhora pode ser substituída por fiança bancária ou por seguro garantia judicial, em valor não inferior ao do débito constante da inicial, acrescido de trinta por cento.

Notas:

Pode qualquer das partes requerer ao magistrado a substituição da penhora, alegando os motivos do art. 848: (I) se não obedecer à ordem legal; (II) se não incidir sobre os bens designados em lei, contrato ou ato judicial para o pagamento; (III) se, havendo bens no foro da execução, outros houver sido penhorados; (IV) se, havendo bens livres, a penhora houver recaído sobre bens já penhorados ou objeto de gravame; (V) se incidir sobre bens de baixa liquidez; (VI) se fracassar a tentativa de alienação judicial do bem; ou se (VII) o executado não indica o valor dos bens ou omite qualquer das indicações a que estaria obrigado caso ele mesmo venha a pedir a substituição da penhora (ver art. 847).

Por outro lado, mantêm-se o que já dispunha o CPC/1973 (§ 2º, art. 656) ao prever a possibilidade de substituição da penhora por fiança bancária ou seguro garantia real, desde que estas últimas sejam dadas em valor 30% (trinta por cento) maior do que do débito exequendo. Salienta-se não se trata de aumento no valor do débito a pagar, mais sim de um aumento no valor da garantia ofertada, mantendo-se a execução em seus valores reais, caso contrário caracterizaria enriquecimento ilícito.

Súmula:

STJ nº 406: A Fazenda Pública pode recusar a substituição do bem penhorado por precatório.

Enunciado do Fórum Permanente de Processualistas Civis:

Nº 490 do FPPC: São admissíveis os seguintes negócios processuais, entre outros: pacto de inexecução parcial ou total de multa coercitiva; pacto de alteração de ordem de penhora; pré-indicação de bem penhorável preferencial (art. 848, II); pré-fixação de indenização por dano processual prevista nos arts. 81, § 3º, 520, inc. I, 297, parágrafo único (cláusula penal processual); negócio de anuência prévia para aditamento ou alteração do pedido ou da causa de pedir até o saneamento (art. 329, inc. II).

Art. 849. Sempre que ocorrer a substituição dos bens inicialmente penhorados, será lavrado novo termo.

Notas:

Importante ressaltar que o deferimento do requerimento de substituição do bem penhorado somente acontecerá depois de aberto vistas ao exequente para manifestar sobre tal pedido, nos termos do § 4º do art. 847 CPC/2015.

Art. 850. Será admitida a redução ou a ampliação da penhora, bem como sua transferência para outros bens, se, no curso do processo, o valor de mercado dos bens penhorados sofrer alteração significativa.

Notas:

Por trata-se de execução por quantia certa, os bens precisam ter valoração suficiente a cobrir o valor do débito exequendo, de forma a permitir a satisfação pela via executiva, uma vez que a obrigação não foi cumprida espontaneamente. Preconiza-se aqui, portanto, a busca pela efetividade processual.[442]

Realizada a avaliação e não estando o valor do bem penhorado adequado à execução, haverá necessidade de ajustá-lo.

Nesse sentido, avaliados os bens, o interessado requererá, desde que ouvida a parte contrária, que se reduza a penhora a bens suficientes ou a transfira para outros bens que satisfaçam o crédito exigido. De igual forma, lícito é ao interessado requerer a ampliação ou transferência da penhora para outros bens. Em

---

442 Para compreensão do conceito de efetividade processual, Cf. GAIO JÚNIOR, Antônio Pereira. *Tutela Específica das Obrigações de Fazer.* 7. ed. Curitiba: Juruá, 2017.

ambas as hipóteses faz-se necessário que a avaliação fique, realmente, muito distante do valor do débito.

Em síntese: A adequação do valor da penhora poderá significar sua redução ou ampliação.

Importante ressaltar que tanto a substituição quanto a redução e ampliação não constituem penhora diversa, mas, sim, operam na modificação do objeto decorrente do ato originário da penhora.

Amílcar de Castro, com exatidão, já ensinava que não devemos confundir excesso de penhora com excesso de execução, dado que, no primeiro caso, significa a apreensão de bens em valor muito maior que o do crédito do exequente e seus acessórios; enquanto que, no segundo, se estará diante de um pedido excessivo do exequente, alegável mediante embargos, *ex vi* do art. 917, III do CPC.

Art. 851. Não se procede à segunda penhora, salvo se:

I – a primeira for anulada;

II – executados os bens, o produto da alienação não bastar para o pagamento do exequente;

III – o exequente desistir da primeira penhora, por serem litigiosos os bens ou por estarem submetidos a constrição judicial.

Notas:

Sustenta o art. 851 que não se levará a uma segunda penhora, exceto se (I) a primeira for anulada; (II) se os bens executados não bastarem para o pagamento do exequente; (III) caso o exequente desista da primeira penhora, por serem os bens litigiosos, ou estarem submetidos à constrição judicia (*v.g.*, penhorados, arrestados ou onerados).

Com acerto, assevera Pontes de Miranda que, quando se tem como nula a penhora, não se procederá à outra penhora, ou à segunda penhora, mas à penhora que passa a ser única.

O inciso II, do art. 851, refere-se à insuficiência do produto da alienação, isto é, os bens penhorados não bastaram para adimplir a obrigação. Assim, deve-se proceder à segunda penhora, para satisfazer o crédito. A lei não distingue qual a causa da insuficiência, podendo ser ela em razão da desvalorização do bem à época da venda, pela nomeação incompleta do executado ou exequente, enfim, a insuficiência ocorre em qualquer desses casos.

Autoriza a lei também que o exequente possa desistir da primeira penhora quando os bens penhorados forem litigiosos, ou se já estavam sob constrição judicial em outro processo. Tal prerrogativa se pauta na ideia de que a execução deva atender ao interesse do exequente, cabendo-lhe dar os rumos convenientes à expropriação.

Conforme observado, não se procederá à segunda penhora, exceto nos casos previstos nos incisos I a III do art. 851 do CPC.

Por outro lado, conjugação do disposto nos arts. 851 e 874 do CPC, podemos dizer que a penhora pode ser substituída bem como aumentada e diminuída.

Art. 852. O juiz determinará a alienação antecipada dos bens penhorados quando:

I – se tratar de veículos automotores, de pedras e metais preciosos e de outros bens móveis sujeitos à depreciação ou à deterioração;

II – houver manifesta vantagem.

Notas:

Conforme expressa o art. 852 do CPC, poderá o juiz autorizar a alienação antecipada do bem penhorado quando se tratar de veículos automotores, de pedras e metais preciosos e de outros bens móveis sujeitos à depreciação ou à deterioração; ou ainda quando houver manifesta vantagem, esta indicada mediante as condições sazonais do mercado, logicamente, sempre ouvindo a outra parte antes de decidir.

Assim, necessário se fará a incidência de um dos motivos constantes do art. 852, I e II, como condicionantes para efetuar-se a presente alienação.

Tratando-se de bens de fácil deterioração, facultado é ao magistrado decretar ex *officio* ou a requerimento dos interessados a respectiva alienação antecipada, conforme autoriza o art. 730. Partindo, porém, de requerimento feito por uma das partes, a outra há de ser ouvida antes da decisão.

A estreita relação de natureza cautelar com que a presente medida possa gozar, em nada altera a específica natureza da alienação antecipada, esta que compartilha a essência e os efeitos da alienação ordinária. Certo é que o produto da alienação pertence ao executado, sendo que a entrega do produto ao exequente dependerá do deslinde da demanda executória.

Com a alienação antecipada há a dispensa de atos processuais que seriam de se observar.

Art. 853. Quando uma das partes requerer alguma das medidas previstas nesta Subseção, o juiz ouvirá sempre a outra, no prazo de 3 (três) dias, antes de decidir.

Parágrafo único. O juiz decidirá de plano qualquer questão suscitada.

Notas:

Identifica-se aqui o respeito ao pleno contraditório, o que, aliás, se verifica também em outros momentos da execução.

Nestes termos, sendo o caso de se decidir acerca de qualquer das formas de modificação da penhora, deverá o magistrado ouvir as partes.

Subseção V
Da Penhora de Dinheiro em Depósito ou em Aplicação Financeira

Art. 854. Para possibilitar a penhora de dinheiro em depósito ou em aplicação financeira, o juiz, a requerimento do exequente, sem dar ciência prévia do ato ao executado, determinará às instituições financeiras, por meio de sistema eletrônico gerido pela autoridade supervisora do sistema financeiro nacional, que torne indisponíveis ativos financeiros existentes em nome do executado, limitando-se a indisponibilidade ao valor indicado na execução.

§ 1º No prazo de 24 (vinte e quatro) horas a contar da resposta, de ofício, o juiz determinará o cancelamento de eventual indisponibilidade excessiva, o que deverá ser cumprido pela instituição financeira em igual prazo.

§ 2º Tornados indisponíveis os ativos financeiros do executado, este será intimado na pessoa de seu advogado ou, não o tendo, pessoalmente.

§ 3º Incumbe ao executado, no prazo de 5 (cinco) dias, comprovar que:

I – as quantias tornadas indisponíveis são impenhoráveis;

II – ainda remanesce indisponibilidade excessiva de ativos financeiros.

§ 4º Acolhida qualquer das arguições dos incisos I e II do § 3º, o juiz determinará o cancelamento de eventual indisponibilidade irregular ou excessiva, a ser cumprido pela instituição financeira em 24 (vinte e quatro) horas.

§ 5º Rejeitada ou não apresentada a manifestação do executado, converter-se-á a indisponibilidade em penhora, sem necessidade de lavratura de termo, devendo o juiz da execução determinar à instituição financeira depositária que, no prazo de 24 (vinte e quatro) horas, transfira o montante indisponível para conta vinculada ao juízo da execução.

§ 6º Realizado o pagamento da dívida por outro meio, o juiz determinará, imediatamente, por sistema eletrônico gerido pela autoridade supervisora do sistema financeiro nacional, a notificação da instituição financeira para que, em até 24 (vinte e quatro) horas, cancele a indisponibilidade.

§ 7º As transmissões das ordens de indisponibilidade, de seu cancelamento e de determinação de penhora previstas neste artigo far-se-ão por meio de sistema eletrônico gerido pela autoridade supervisora do sistema financeiro nacional.

§ 8º A instituição financeira será responsável pelos prejuízos causados ao executado em decorrência da indisponibilidade de ativos financeiros em valor superior ao indicado na execução ou pelo juiz, bem como na hipótese de não cancelamento da indisponibilidade no prazo de 24 (vinte e quatro) horas, quando assim determinar o juiz.

§ 9º Quando se tratar de execução contra partido político, o juiz, a requerimento do exequente, determinará às instituições financeiras, por meio de sistema eletrônico gerido por autoridade supervisora do sistema bancário, que tornem indisponíveis ativos financeiros somente em nome do órgão partidário que tenha contraído a dívida executada ou que tenha dado causa à violação de direito ou ao dano, ao qual cabe exclusivamente a responsabilidade pelos atos praticados, na forma da lei.

Notas:

Cabe mencionar é a possibilidade de realização da denominada penhora *online*, cuja previsão legal se encontra no art. 854 do CPC e a averbação de penhoras de bens imóveis e móveis por meio eletrônico (art. 837 do CPC) que buscam dar maior rapidez e efetividade ao processo de execução.

Decorrente dessa busca por uma melhor prestação e aperfeiçoamento de serviços judiciários, desde 2002 vem sendo utilizado, sobretudo no âmbito da Justiça do Trabalho, dito sistema da penhora *online* ou penhora eletrônica.

A penhora *online* teve início, originariamente, em um convênio firmado entre o Banco Central do Brasil – BACEN, o Superior Tribunal de Justiça – STJ e o Conselho de Justiça Federal – CJF. Tal sistema permite ao magistrado, por meio de uma senha pessoal e intransferível, acessar o site do Banco Central e determinar o bloqueio, desbloqueio, transferência de valores e ainda ter acesso a saldos e extratos de contas dos devedores que estão sendo executados em sua vara.

Assim, o juiz, a requerimento do exequente, sem dar ciência prévia do ato ao executado, determinará às instituições financeiras, por meio de sistema eletrônico gerido pela autoridade supervisora do sistema financeiro nacional, que torne indisponíveis ativos financeiros existentes em nome do executado, limitando-se a indisponibilidade ao valor indicado na execução, conforme sustenta o art. 854, *caput* do CPC.

Uma vez recebida a resposta de seu ofício, no prazo de 24 (vinte e quatro) horas o magistrado determinará o cancelamento de eventual indisponibilidade excessiva, o que deverá ser cumprido pela instituição financeira em igual prazo.

Tornados indisponíveis os ativos financeiros do executado, este será intimado na pessoa de seu advogado ou, não o tendo, pessoalmente, incumbindo-lhe, no o prazo de 5 (cinco) dias, comprovar que: (i) tais quantias tornadas indisponíveis são impenhoráveis; (ii) ainda remanesce indisponibilidade excessiva de ativos financeiros (§ 3º do art. 854).

Acolhida qualquer das supracitadas arguições do executado, caberá ao juiz determinar o cancelamento de eventual indisponibilidade irregular ou excessiva a ser cumprido pela instituição financeira em 24 (vinte e quatro) horas.

Por outro lado, uma vez rejeitadas, ou mesmo não apresentada a manifestação do executado, converter-se-á a indisponibilidade em penhora sem necessidade de lavratura de termo, devendo o juiz da execução determinar à instituição financeira depositária que, no prazo de 24 (vinte e quatro) horas, transfira o montante indisponível para conta vinculada ao juízo da execução (§ 5º do art. 854).

Como lógico, caso tenha sido quitada a dívida pelo executado por outro modo, imediatamente, o magistrado determinará por sistema eletrônico gerido pela autoridade supervisora do sistema financeiro nacional, a notificação da instituição financeira para que, em até 24 (vinte e quatro) horas, cancele a indisponibilidade.

Vale notar que o CPC/2015, mais precisamente no § 8º do art. 854, assentou devida responsabilidade à instituição financeira quanto a eventual prejuízo que tenha causado ao executado em decorrência da indisponibilidade de ativos financeiros em valor superior ao indicado na execução ou pelo juiz, bem como na hipótese de não cancelamento da indisponibilidade no prazo de 24 (vinte e quatro) horas, quando assim determinar o órgão julgador.

Optou ainda o legislador (§ 9º do art. 854) por regular a penhora *on line* quando a execução pairar sobre partido político, nos seguintes termos:

> *§ 9º Quando se tratar de execução contra partido político, o juiz, a requerimento do exequente, determinará às instituições financeiras, por meio de sistema eletrônico gerido por autoridade supervisora do sistema bancário, que tornem indisponíveis ativos financeiros somente em nome do órgão partidário que tenha contraído a dívida executada ou que tenha dado causa à violação de direito ou ao dano, ao qual cabe exclusivamente a responsabilidade pelos atos praticados, na forma da lei.*

Importante pontuar que os tributos oriundos do cumprimento da ordem de transferência serão suportados pelo executado. Diante da insuficiência de recursos disponíveis para tanto, deverá o valor dos tributos ser deduzido daquela quantia a ser transferida.

Ainda, digno de nota é que as transmissões das ordens de indisponibilidade, de seu cancelamento e de determinação de penhora far-se-ão por meio de sistema eletrônico gerido pela autoridade supervisora do sistema financeiro nacional, ex vi do § 7º do art. 854 do CPC.

Verdade é que a presente modalidade de penhora vem acompanhada de vários questionamentos, desde argumentos que indicam ser a "penhora on line" medida excepcional, que só deveria ser concedida depois da comprovação de que o credor, realmente, esgotou todos os meios para encontrar bens penhoráveis no universo patrimonial do devedor, observando-se aí o princípio da menor onerosidade da execução, quando vozes que exclamam a garantia constitucional do sigilo bancário do executado.

A despeito de se tratar de direito individual expressamente protegido pela Constituição Federal, admite-se que, em situações excepcionais, o interesse público e ainda social pelo qual deve o Judiciário se pautar, interessado que é na efetiva manifestação e solução prática de seus desígnios, justificadores, inclusive da função jurisdicional a ele conferida, obtendo, assim, determinadas informações que prevaleçam sobre o direito e interesse particular .

Nesse sentido tem-se o entendimento do STF.

É de afirmar ainda, que, seguindo tendência, inclusive em nível mundial, intensificada foi a valoração da efetividade processual com relação à própria virtude de que se deve trilhar o instrumento "processo", meio hábil de conceder, dentro do possível e respeitando o estado de direito, o bem da vida a que dele legitimamente se espera, não podendo, por conseguinte, dissociá-lo da própria extensão do que se entende hoje pelo conceito de acesso à justiça.

Na mesma esteira de pensamento, sustenta Dinamarco: "atenta contra o exercício da jurisdição (a) o devedor que, tendo dinheiro ou fundos depositados ou aplicados em banco, não paga desde logo quando citado no processo executivo (art. 652 do CPC/1973; art. 829 do CPC/2015)."[443]

Súmula:

STJ nº 406: A Fazenda Pública pode recusar a substituição do bem penhorado por precatório.

Enunciado das Jornadas de Direito Processual Civil do Conselho da Justiça Federal:

Nº 211 do CJF: Antes de apreciar a defesa do executado lastreada no § 3º do art. 854 do CPC, salvo hipótese de rejeição liminar, o juiz deve intimar o exequente para se manifestar, em cinco dias, sob pena de ofensa ao contraditório.

Enunciados do Fórum Permanente de Processualistas Civis:

Nº 540 do FPPC: A disciplina procedimental para penhora de dinheiro prevista no art. 854 é aplicável ao procedimento de execução fiscal.

---

[443] DINAMARCO, Cândido Rangel. *Nova Era do Processo Civil*. São Paulo: Malheiros Editores, 2003, p. 294.

Nº 541 do FPPC: A responsabilidade que trata o art. 854, § 8º, é objetiva e as perdas e danos serão liquidadas de forma incidental, devendo ser imediatamente intimada a instituição financeira para preservação do contraditório.

Nº 720 do FPPC: O juiz intimará o exequente para manifestar-se, em cinco dias, sobre a defesa do executado prevista no § 3º do art. 854, do CPC ("penhora online").

Subseção VI
Da Penhora de Créditos

Art. 855. Quando recair em crédito do executado, enquanto não ocorrer a hipótese prevista no art. 856, considerar-se-á feita a penhora pela intimação:

I – ao terceiro devedor para que não pague ao executado, seu credor;

II – ao executado, credor do terceiro, para que não pratique ato de disposição do crédito.

Notas:

O art. 855 estabelece que a penhora de créditos deve ser considerada efetivada com a intimação do terceiro devedor para que não pague ao executado (seu credor) e este, credor do terceiro, para que não pratique nenhum ato de disposição ou transferência de crédito.

Nisso, intimado o terceiro como supracitado, estará obrigado a não satisfazer a obrigação, "senão por ordem de justiça, tornando-se ele, desse momento em diante, depositário judicial da coisa ou quantia devida, com todas as responsabilidades inerentes ao cargo".

Além disso, o credor do terceiro também deve ser intimado para que não pratique atos de disposição do crédito.

Art. 856. A penhora de crédito representado por letra de câmbio, nota promissória, duplicata, cheque ou outros títulos far-se-á pela apreensão do documento, esteja ou não este em poder do executado.

§ 1º Se o título não for apreendido, mas o terceiro confessar a dívida, será este tido como depositário da importância.

§ 2º O terceiro só se exonerará da obrigação depositando em juízo a importância da dívida.

§ 3º Se o terceiro negar o débito em conluio com o executado, a quitação que este lhe der caracterizará fraude à execução.

§ 4º A requerimento do exequente, o juiz determinará o comparecimento, em audiência especialmente designada, do executado e do terceiro, a fim de lhes tomar os depoimentos.

Notas:

A penhora dos títulos e cártulas se realiza pela apreensão do documento, conforme dicção do art. 856, sendo o documento apreendido depositado consoante o disposto no art. 840, I.

Em não sendo encontrado o título, será possível a penhora se o terceiro devedor vier a reconhecer a dívida (art. 856, § 1º), ficando como depositário da quantia já exigível, ou mesmo ainda não exigível, ou seja, somente se exonerará da obrigação depositando em juízo a importância decorrente da dívida (§ 2º do art. 856 do CPC).

Com propriedade, Pontes de Miranda[444] sustenta ser a confissão de terceiro, comunicação de conhecimento de parte, não propriamente de terceiros. Equivaleria assim à confissão da parte.

Já, o silêncio do terceiro importa na construção de duas hipóteses: "a) a inércia induz 1ª presunção de existência da dívida, convolando-se em confissão tácita; b) a omissão do *debitor debitoris*, cúmplice ou não, importa obrigatória investigação do crédito."[445]

Inclina-se a doutrina pátria pela adoção da primeira hipótese.[446]

Por outro lado, estando o terceiro a negar dever, expressa Pontes de Miranda, ainda sob a luz do CPC/1973, mas com não menos acerto que "ou (a) o faz porque tem provas, ou (b) porque pagou e lhe falta a prova, ou (c) nega sem ser verdadeiro, sem ou em conluio com o executado. No caso (a), ao que alega contra o terceiro incumbe o ônus da prova; feita ela, ao terceiro, – o de provar a sua afirmação. No caso (b), só a sentença declaratória pode ir em seu auxílio, se o que alegou a existência do dinheiro fez a prova; ou a sentença, na ação que se houver contra ele. No primeiro caso (c), executado e exequente são litisconsortes na ação contra o terceiro (o exequente é litisconsorte voluntário). No segundo caso (c), a situação do terceiro e a do executado podem ser a de réus em fraude contra o credor (cf. art. 672, § 3º *do CPC/197; art. 856, § 3º do CPC/2015*). A quitação e qualquer ato entre os dois não podem, então, ser opostos ao exequente."[447]

Prevê o art. 856, § 4º, que o exequente tem a legitimidade para requerer junto ao juiz a tomada dos depoimentos do executado e do terceiro devedor. Nesses termos, ao deferir, o juiz determinará o comparecimento de ambos, em audiência especialmente designada para tanto.

---

444 PONTES DE MIRANDA, Francisco Cavalcanti. *Comentários ao Código de Processo Civil*, Tomo X. 2. ed. Rio de Janeiro: Forense, 2002, p. 227.

445 ASSIS, Araken. *Manual do Processo de Execução...*, p. 643.

446 *Ibidem*.

447 *Ob. cit.*, p. 229.

Art. 857. Feita a penhora em direito e ação do executado, e não tendo ele oferecido embargos ou sendo estes rejeitados, o exequente ficará sub-rogado nos direitos do executado até a concorrência de seu crédito.

§ 1º O exequente pode preferir, em vez da sub-rogação, a alienação judicial do direito penhorado, caso em que declarará sua vontade no prazo de 10 (dez) dias contado da realização da penhora.

§ 2º A sub-rogação não impede o sub-rogado, se não receber o crédito do executado, de prosseguir na execução, nos mesmos autos, penhorando outros bens.

Notas:

Mantêm-se as mesmas regras anteriormente existentes para a penhora em direito ou ação do executado (CPC/1973, art. 673), porém, tendo o legislador alterado a expressão "credor" para "exequente", o que aliás se deu em todo o livro II, conforme alhures comentado no artigo 775.

Art. 858. Quando a penhora recair sobre dívidas de dinheiro a juros, de direito a rendas ou de prestações periódicas, o exequente poderá levantar os juros, os rendimentos ou as prestações à medida que forem sendo depositados, abatendo-se do crédito as importâncias recebidas, conforme as regras de imputação do pagamento.

Notas:

Tal dispositivo corresponde ao art. 675 do CPC Buzaid.

Uma vez recaindo a penhora sobre dívidas de dinheiro a juros e mesmo de direito a rendas ou prestações periódicas, é lícito ao exequente levantar os juros, rendimentos ou prestações à medida que sorem depositadas, logicamente sendo debitadas do crédito à medida de seu levantamento, de acordo com as regras estabelecidas para o pagamento.

Assim, enquanto não levantadas, as quantias recebidas devem ficar devidamente depositadas em conta vinculada ao juízo da execução.[448]

Art. 859. Recaindo a penhora sobre direito a prestação ou a restituição de coisa determinada, o executado será intimado para, no vencimento, depositá-la, correndo sobre ela a execução.

---

448 No mesmo sentido, MEDINA, José Miguel Garcia. *Novo Código de Processo Civil Comentado*. São Paulo: RT, 2015, p. 1.158.

Notas:

O presente artigo tem como correspondente o art. 676 do CPC/1973, tendo se aprimorado a qualidade da redação, porém, sem alterar-lhe o sentido.

Prevalece a ideia de que, caso a penhora se refira a direito à prestação ou à restituição de coisa determinada, será o executado intimado depositá-la no respectivo vencimento, correndo sobre o respectivo objeto do crédito a execução.

Enunciado do Fórum Permanente de Processualistas Civis:

Nº 643 do FPPC: A intimação prevista no art. 859, para que seja efetuado o depósito de prestação ou restituição (em favor do executado), deve ser direcionada ao devedor do executado.

Art. 860. Quando o direito estiver sendo pleiteado em juízo, a penhora que recair sobre ele será averbada, com destaque, nos autos pertinentes ao direito e na ação correspondente à penhora, a fim de que esta seja efetivada nos bens que forem adjudicados ou que vierem a caber ao executado.

Notas:

Determina o disposto em tela, a realização de averbação da penhora, isso quando esta recair sobre direito que esteja sendo pleiteado em juízo com destaque nos autos pertinentes ao direito e também na ação em que se dará a penhora, tudo de forma a deixar resguardado o direito de preferência no uso de determinado bem para fins de pagamento do débito em dada execução.

Enunciado das Jornadas de Direito Processual Civil do Conselho da Justiça Federal:

Nº 155 do CJF: A penhora a que alude o art. 860 do CPC poderá recair sobre direito litigioso ainda não reconhecido por decisão transitada em julgado.

Subseção VII
Da Penhora das Quotas ou das Ações de Sociedades Personificadas

Art. 861. Penhoradas as quotas ou as ações de sócio em sociedade simples ou empresária, o juiz assinará prazo razoável, não superior a 3 (três) meses, para que a sociedade:

I – apresente balanço especial, na forma da lei;

II – ofereça as quotas ou as ações aos demais sócios, observado o direito de preferência legal ou contratual;

III – não havendo interesse dos sócios na aquisição das ações, proceda à liquidação das quotas ou das ações, depositando em juízo o valor apurado, em dinheiro.

§ 1º Para evitar a liquidação das quotas ou das ações, a sociedade poderá adquiri-las sem redução do capital social e com utilização de reservas, para manutenção em tesouraria.

§ 2º O disposto no *caput* e no § 1º não se aplica à sociedade anônima de capital aberto, cujas ações serão adjudicadas ao exequente ou alienadas em bolsa de valores, conforme o caso.

§ 3º Para os fins da liquidação de que trata o inciso III do *caput*, o juiz poderá, a requerimento do exequente ou da sociedade, nomear administrador, que deverá submeter à aprovação judicial a forma de liquidação.

§ 4º O prazo previsto no *caput* poderá ser ampliado pelo juiz, se o pagamento das quotas ou das ações liquidadas:

I – superar o valor do saldo de lucros ou reservas, exceto a legal, e sem diminuição do capital social, ou por doação; ou

II – colocar em risco a estabilidade financeira da sociedade simples ou empresária.

§ 5º Caso não haja interesse dos demais sócios no exercício de direito de preferência, não ocorra a aquisição das quotas ou das ações pela sociedade e a liquidação do inciso III do *caput* seja excessivamente onerosa para a sociedade, o juiz poderá determinar o leilão judicial das quotas ou das ações.

Notas:

Autoriza o art. 861 do CPC que as quotas ou as ações de sócio em sociedade simples ou empresária, podem ser penhoradas, cabendo ao magistrado assinar prazo razoável, não superior a 3 (três) meses, para que a sociedade:

a) apresente balanço especial, na forma da lei;
b) ofereça as quotas ou as ações aos demais sócios, isso levando-se em conta o direito de preferência legal ou contratual;
c) inexistindo interesse dos sócios na aquisição das ações, proceda à respectiva liquidação das quotas ou das ações, depositando em juízo o valor apurado, em dinheiro.

Poderá a sociedade adquirir as quotas ou ações do sócio penhoradas a fim de evitar a liquidação das mesmas, isso sem redução do capital social, mas com o uso de reservas, para a devida manutenção da tesouraria. Entretanto, tal possibilidade não se estende à sociedade anônima de capital aberto, cujas ações serão adjudicadas ao exequente ou mesmo alienadas em bolsa de valores., portanto, não havendo preferência entre os sócios já vinculados àquela sociedade,

Havendo necessidade de liquidação das quotas ou ações, a requerimento do exequente ou da própria sociedade, poderá o juiz nomear administrador, este que deverá submeter à aprovação judicial a forma de liquidação (§ 3º do art. 861).

O prazo assinalado no *caput* do art. 861 (3 meses) poderá ser ampliado pelo juiz, isso caso o pagamento das quotas ou das ações liquidadas:

(i) – superar o valor do saldo de lucros ou reservas, exceto a legal, e sem diminuição do capital social, ou por doação; ou (ii) – colocar em risco a estabilidade financeira da sociedade simples ou empresária.

Por fim, não havendo interesse dos demais sócios no exercício de direito de preferência, não ocorrendo, por conseguinte, a aquisição das quotas ou das ações pela sociedade e ainda a liquidação se configurar excessivamente onerosa para a própria sociedade, o juiz poderá determinar o leilão judicial das quotas ou das ações, conforme autoriza o § 5º do art. 861 do CPC.

Subseção VIII
Da Penhora de Empresa, de Outros Estabelecimentos e de Semoventes

Art. 862. Quando a penhora recair em estabelecimento comercial, industrial ou agrícola, bem como em semoventes, plantações ou edifícios em construção, o juiz nomeará administrador-depositário, determinando-lhe que apresente em 10 (dez) dias o plano de administração.

§ 1º Ouvidas as partes, o juiz decidirá.

§ 2º É lícito às partes ajustar a forma de administração e escolher o depositário, hipótese em que o juiz homologará por despacho a indicação.

§ 3º Em relação aos edifícios em construção sob regime de incorporação imobiliária, a penhora somente poderá recair sobre as unidades imobiliárias ainda não comercializadas pelo incorporador.

§ 4º Sendo necessário afastar o incorporador da administração da incorporação, será ela exercida pela comissão de representantes dos adquirentes ou, se se tratar de construção financiada, por empresa ou profissional indicado pela instituição fornecedora dos recursos para a obra, devendo ser ouvida, neste último caso, a comissão de representantes dos adquirentes.

Notas:

Recaindo a penhora em estabelecimento comercial, industrial ou agrícola, bem como em semoventes, plantações ou edifícios em construção, o juiz nomeará administrador-depositário, determinando-lhe que apresente em 10 (dez) dias, o plano de administração, *ex vi* do art. 862, *caput* do CPC.

A Lei nº 11.382/2006 acrescentou enunciado ao art. 655-A, mais precisamente, um § 3º, em que expressa que em eventual penhora de percentual do faturamento de determinada empresa executada, nomeado será um depositário, tendo como atribuição submeter à respectiva aprovação judicial a forma de efetivação da constrição de objeto, além de como prestar contas mensalmente, dada a necessária entrega das quantias recebidas ao credor, sendo essas imputadas no pagamento da dívida.

Trata-se a presente regra da necessidade de se penhorar o próprio estabelecimento (comercial, industrial ou agrícola), posto que, muitas vezes, a simples penhora de parte do faturamento da empresa (art. 866) não se mostra suficiente ou mesmo viável para a efetiva satisfação do débito. O juiz nomeará a forma de respectivo administrador-depositário, este que apresentará, em 10 dias, o plano de administração, isso quando não haja acordo prévio entre as partes, sendo essas, portanto, ouvidas acerca do modelo da administração (§ 1º do art. 862). Por outro lado, caso haja ajuste entre ambas as partes, seja quanto à forma de administrar e/ou quanto à escolha do administrador – depositário, juiz, por despacho a indicação, o homologará (§ 2º do art. 862).

Tem o administrador-depositário a função de administrar em razão da necessidade do funcionamento do bem penhorado.

De fato, o sistema administrador-depositário objetiva impedir prejuízos de grande monta com a paralisação da empresa, evitando-se prejuízos desnecessários e mesmo resguardando o interesse de preservar as fontes de produção e comércio, mantendo a regularidade do abastecimento.

Cabe pontuar entendimento de Goldschmidt, para quem o administrador exercita o direito de administração e usufruto daquilo de que foi privado o executado, com vistas ao pagamento do credor, tendo ele o direito e dever de executar todos os atos necessários para a conservação e aproveitamento do negócio administrado, sendo-lhe defeso modificar, essencialmente, a forma de exploração.

Já em relação aos edifícios em construção sob regime de incorporação imobiliária, a penhora somente poderá recair sobre as unidades imobiliárias ainda não comercializadas pelo incorporador (§ 3º do art. 862).

Havendo necessidade de afastar o incorporador da administração da incorporação, atesta o § 4º do art. 862 que será ela exercida pela comissão de representantes dos adquirentes ou, se se tratar de construção financiada, por empresa ou profissional indicado pela instituição fornecedora dos recursos para a obra, devendo ser ouvida, neste último caso, a comissão de representantes dos adquirentes.

Art. 863. A penhora de empresa que funcione mediante concessão ou autorização far-se-á, conforme o valor do crédito, sobre a renda, sobre determinados bens ou sobre todo o patrimônio, e o juiz nomeará como depositário, de preferência, um de seus diretores.

§ 1º Quando a penhora recair sobre a renda ou sobre determinados bens, o administrador-depositário apresentará a forma de administração e o esquema de pagamento, observando-se, quanto ao mais, o disposto em relação ao regime de penhora de frutos e rendimentos de coisa móvel e imóvel.

§ 2º Recaindo a penhora sobre todo o patrimônio, prosseguirá a execução em seus ulteriores termos, ouvindo-se, antes da arrematação ou da adjudicação, o ente público que houver outorgado a concessão.

Notas:

No tocante à penhora de empresas, o art. 863 normatiza tal ato quando em questão está a empresa que funcione mediante concessão ou autorização estatal.

No mesmo sentido, será nomeado um administrador – depositário, sendo de preferência um dos seus diretores, podendo a penhora se dar sobre a renda, determinados bens ou mesmo sobre todo o patrimônio.

Trata o § 1º do dispositivo legal em tela, da exigência para que o administrador-depositário apresente a forma de administração e o esquema de pagamento caso a penhora recaia sobre a renda ou sobre determinados bens da empresa, cabendo quanto aos demais casos, ou seja, relativos à penhora de frutos e rendimentos de coisa móvel e imóvel, aplicar-se-ão os dispositivos referentes a tal questão, mais precisamente os arts. 867 a 869 do CPC.

Lado outro, recaindo a penhora sobre todo o patrimônio da empresa, prosseguirá a execução em seus ulteriores termos, ouvindo-se, antes da arrematação ou da adjudicação, o ente público que houver outorgado a concessão (§ 2º do art. 863).

Art. 864. A penhora de navio ou de aeronave não obsta que continuem navegando ou operando até a alienação, mas o juiz, ao conceder a autorização para tanto, não permitirá que saiam do porto ou do aeroporto antes que o executado faça o seguro usual contra riscos.

Notas:

Determina o art. 864 do CPC que, se a penhora vier recair sobre navio ou aeronave, óbice não haverá para que se continue navegando ou operando até a alienação, entretanto, o magistrado concederá a devida autorização para continuidade das atividades desde que o executado faça o seguro usual contra riscos.

Em tal situação continua a persistir o depósito da coisa, sendo que, na verdade, apenas as funções de depositário é que caberão ao próprio executado com as respectivas responsabilidades a elas inerentes.

Art. 865. A penhora de que trata esta Subseção somente será determinada se não houver outro meio eficaz para a efetivação do crédito.

Notas:

Insta ressaltar que, de acordo, com o que reza o art. 865 do CPC, a penhora em tela (de empresa, de outros estabelecimentos e semoventes, navios e aeronaves) somente será determinada caso não haja outra forma mais eficaz para a devida efetivação do crédito devido. Diante disto, estabelece o legislador, no presente dispositivo, que esta subseção somente será utilizada quando não encontrado outro meio de satisfação do crédito, reverenciando-se aqui o Princípio da Menor Onerosidade[449].

Subseção IX
Da Penhora de Percentual de Faturamento de Empresa

Art. 866. Se o executado não tiver outros bens penhoráveis ou se, tendo-os, esses forem de difícil alienação ou insuficientes para saldar o crédito executado, o juiz poderá ordenar a penhora de percentual de faturamento de empresa.

§ 1º O juiz fixará percentual que propicie a satisfação do crédito exequendo em tempo razoável, mas que não torne inviável o exercício da atividade empresarial.

§ 2º O juiz nomeará administrador-depositário, o qual submeterá à aprovação judicial a forma de sua atuação e prestará contas mensalmente, entregando em juízo as quantias recebidas, com os respectivos balancetes mensais, a fim de serem imputadas no pagamento da dívida.

§ 3º Na penhora de percentual de faturamento de empresa, observar-se-á, no que couber, o disposto quanto ao regime de penhora de frutos e rendimentos de coisa móvel e imóvel.

Notas:

Caso o executado não tenha outros bens penhoráveis ou se, tendo-os, esses forem de difícil alienação ou insuficientes para saldar o crédito executado, é permitido ordenar a penhora de percentual de faturamento de empresa (art. 866, *caput* do CPC).

Para isso, o juiz fixará percentual que propicie a satisfação do crédito exequendo em tempo razoável, desde que não torne inviável o exercício da atividade empresarial.

---

[449] Cf. GAIO JÚNIOR, Antônio Pereira. *Instituições de Direito Processual Civil*.3 ed. ..., p. 691.

Será nomeado um administrador-depositário, este que submeterá à aprovação judicial a forma de sua atuação, prestando contas mensalmente, entregando em juízo as quantias recebidas, com os respectivos balancetes mensais, tudo com o fito de serem imputadas no pagamento da dívida (§ 2º do art. 866).

No mais e no que couber, observado será o disposto quanto ao regime de penhora de frutos e rendimentos de coisa móvel e imóvel.

Enunciado das Jornadas de Direito Processual Civil do Conselho da Justiça Federal:

Nº 106 do CJF: Na expropriação, a apropriação de frutos e rendimentos poderá ser priorizada em relação à adjudicação, se não prejudicar o exequente e for mais favorável ao executado.

Subseção X
Da Penhora de Frutos e Rendimentos de Coisa Móvel ou Imóvel

Art. 867. O juiz pode ordenar a penhora de frutos e rendimentos de coisa móvel ou imóvel quando a considerar mais eficiente para o recebimento do crédito e menos gravosa ao executado.

Notas:

A disciplina do usufruto de bens móveis e imóveis figurava no CPC/1973 ao lado da adjudicação, da alienação por iniciativa particular e da alienação em hasta pública, i.e., dentre os meios de expropriação de bens.

Com o novel CPC de 2015, além de aprimorar as respectivas regras, realocou-as, inclusive abandonando a nomenclatura "usufruto", de modo a pontuar para seu lado mais pragmático, e de necessária utilidade, assim, como os demais meios expropriatórios que veremos mais adiante nesta obra.

De pronto, estabelece o art. 867 que o juiz poderá ordenar a penhora de frutos e rendimentos de coisa móvel ou imóvel quando a considerar mais eficiente para o recebimento do crédito e, ao mesmo tempo, menos gravosa ao executado.

Enunciados das Jornadas de Direito Processual Civil do Conselho da Justiça Federal:

Nº 106 do CJF: Na expropriação, a apropriação de frutos e rendimentos poderá ser priorizada em relação à adjudicação, se não prejudicar o exequente e for mais favorável ao executado.

Nº 154 do CJF: O exequente deve providenciar a intimação do coproprietário no caso da penhora de bem indivisível ou de direito real sobre bem indivisível.

Enunciado do Fórum Permanente de Processualistas Civis:

Nº 641 do FPPC: O exequente deve providenciar a intimação do coproprietário no caso da penhora de bem imóvel indivisível ou de direito real sobre bem imóvel indivisível.

Art. 868. Ordenada a penhora de frutos e rendimentos, o juiz nomeará administrador-depositário, que será investido de todos os poderes que concernem à administração do bem e à fruição de seus frutos e utilidades, perdendo o executado o direito de gozo do bem, até que o exequente seja pago do principal, dos juros, das custas e dos honorários advocatícios.

§ 1º A medida terá eficácia em relação a terceiros a partir da publicação da decisão que a conceda ou de sua averbação no ofício imobiliário, em caso de imóveis.

§ 2º O exequente providenciará a averbação no ofício imobiliário mediante a apresentação de certidão de inteiro teor do ato, independentemente de mandado judicial.

Notas:

Uma vez ordenada penhora em tela, nomeado pelo magistrado será um administrador-depositário, este que, investido de todos os poderes que concernem à administração do bem e à fruição de seus frutos e utilidades, causará no executado a perda do direito de gozo do bem até que seja pago ao exequente o valor principal de seu crédito, os juros, as custas e os honorários advocatícios, tudo como lhe é de direito (art. 868, *caput* do CPC).

Ressalta-se que a medida terá eficácia em relação a terceiros a partir da publicação da decisão que a conceda ou de sua averbação no ofício imobiliário, em caso de imóveis, conforme sublinha o § 1º do art. 868.

Caberá ao exequente providenciar a respectiva averbação no ofício imobiliário mediante a apresentação de certidão de inteiro teor do ato, independentemente de mandado judicial.

Art. 869. O juiz poderá nomear administrador-depositário o exequente ou o executado, ouvida a parte contrária, e, não havendo acordo, nomeará profissional qualificado para o desempenho da função.

§ 1º O administrador submeterá à aprovação judicial a forma de administração e a de prestar contas periodicamente.

§ 2º Havendo discordância entre as partes ou entre essas e o administrador, o juiz decidirá a melhor forma de administração do bem.

§ 3º Se o imóvel estiver arrendado, o inquilino pagará o aluguel diretamente ao exequente, salvo se houver administrador.

§ 4º O exequente ou o administrador poderá celebrar locação do móvel ou do imóvel, ouvido o executado.

§ 5º As quantias recebidas pelo administrador serão entregues ao exequente, a fim de serem imputadas ao pagamento da dívida.

§ 6º O exequente dará ao executado, por termo nos autos, quitação das quantias recebidas.

Notas:

Poderá o exequente ou o executado figurar como administrador-depositário, diante de nomeação operada pelo juiz, desde que ouvida a parte contrária.

Do contrário, inexistindo acordo entre as partes, o magistrado nomeará profissional qualificado para o desempenho da função, este que submeterá à aprovação judicial a forma de administração e a de prestar contas periodicamente. Entretanto, ocorrendo discordância entre as partes ou entre essas e o administrador, o juiz decidirá a melhor forma de administração do bem, ex vi do § 2º do art. 869.

Em se tratando de bem imóvel e estando o mesmo arrendado, o inquilino pagará o aluguel diretamente ao exequente, exceto se houver administrador nomeado pelo juízo (§ 3º do art. 869).

No tocante à locação de bem móvel ou imóvel, será permitido tanto ao exequente quanto ao administrador possibilidade a celebração de contrato para tal fim, devendo para isso ser ouvido o executado, conforme estabelece o § 4º do art. 869.

Recebidas as quantias pelo administrador, estas serão devidamente entregues ao exequente, a fim de serem imputadas ao respectivo pagamento da dívida, cabendo a este mesmo exequente dar ao executado, por termo nos autos, a quitação das quantias recebidas (§§ 5º e 6º do art. 869).

Subseção XI
Da Avaliação

Art. 870. A avaliação será feita pelo oficial de justiça.

Parágrafo único. Se forem necessários conhecimentos especializados e o valor da execução o comportar, o juiz nomeará avaliador, fixando-lhe prazo não superior a 10 (dez) dias para entrega do laudo.

Notas:

A avaliação será feita pelo oficial de justiça (art. 870, *caput* do CPC), ressalvada a aceitação do valor estimado pelo executado (art. 847, § 1º, V); caso sejam necessários conhecimentos especializados, o juiz nomeará avaliador, fixando-lhe prazo não superior a 10 (dez) dias para entrega do laudo (art. 870, parágrafo único).

Art. 871. Não se procederá à avaliação quando:

I – uma das partes aceitar a estimativa feita pela outra;

II – se tratar de títulos ou de mercadorias que tenham cotação em bolsa, comprovada por certidão ou publicação no órgão oficial;

III – se tratar de títulos da dívida pública, de ações de sociedades e de títulos de crédito negociáveis em bolsa, cujo valor será o da cotação oficial do dia, comprovada por certidão ou publicação no órgão oficial;

IV – se tratar de veículos automotores ou de outros bens cujo preço médio de mercado possa ser conhecido por meio de pesquisas realizadas por órgãos oficiais ou de anúncios de venda divulgados em meios de comunicação, caso em que caberá a quem fizer a nomeação o encargo de comprovar a cotação de mercado.

Parágrafo único. Ocorrendo a hipótese do inciso I deste artigo, a avaliação poderá ser realizada quando houver fundada dúvida do juiz quanto ao real valor do bem.

Notas:

O artigo em comento elenca as hipóteses em que não se dará a avaliação do bem por um avaliador especializado, nem mesmo por oficial de justiça.

Nisso, o inciso I estabelece tal dispensa, quando uma das partes aceitar a estimativa de valor do bem, apresentada pela outra e ao magistrado não restar dúvidas quanto ao valor atribuído do bem (parágrafo único do art. 871).

Já os incisos II e III descrevem, em geral que, em se tratando de títulos, mercadorias e ações, cuja cotação se obtém pela bolsa de valores, a avaliação se torna desnecessária, uma vez que por meio da bolsa se tem os valores dos bens objeto de penhora com a segurança necessária para sua utilização em juízo.

Por fim, em se tratando de veículos automotores, ou outros bens cujo preço médio de mercado possa ser conhecido, o inciso IV admite a atribuição de valores ao bem objeto de penhora, pautado em pesquisas realizadas junto a órgãos oficiais, desde que comprovada a fonte de pesquisa por parte de quem apresentou valor do bem em juízo, o que pode se dar pelo exequente ao requerer a penhora de determinado bem, indicando-o e atribuindo a este valor, ou até mesmo pelo próprio executado, quando oferecer o bem em penhora.

Art. 872. A avaliação realizada pelo oficial de justiça constará de vistoria e de laudo anexados ao auto de penhora ou, em caso de perícia realizada por avaliador, de laudo apresentado no prazo fixado pelo juiz, devendo-se, em qualquer hipótese, especificar:

I – os bens, com as suas características, e o estado em que se encontram;

II – o valor dos bens.

§ 1º Quando o imóvel for suscetível de cômoda divisão, a avaliação, tendo em conta o crédito reclamado, será realizada em partes, sugerindo-se, com a apresentação de memorial descritivo, os possíveis desmembramentos para alienação.

§ 2º Realizada a avaliação e, sendo o caso, apresentada a proposta de desmembramento, as partes serão ouvidas no prazo de 5 (cinco) dias.

Notas:

Trata-se aqui das exigências formais a serem cumpridas tanto pelo oficial de justiça ao realizar a avaliação do bem, quanto pelo avaliador especializado nomeado pelo magistrado. Em comparação ao CPC/1973 (art. 681) aumentaram-se os requisitos formais da avaliação, passando o legislador a exigir do avaliador a elaboração do termo de vistoria, além do laudo de avaliação já anteriormente exigido, devendo ambos estar anexados ao auto de penhora, que deverá ser apresentado no prazo pelo juiz fixado.

Quanto ao conteúdo do laudo, este deve especificar os bens, suas características e o estado em que se encontram, bem como seus valores (inc. I e II). Verifica-se por ora as mesmas exigências antes já existentes (CPC/1973, inc. I e II do art. 681), estando, porém, aperfeiçoada a redação do inciso I.

No que tange à apresentação de laudo avaliativo de bem imóvel, evidencia-se no § 1º, mais uma vez, a preocupação em colocar em prática o Princípio da Menor Onerosidade ou do Menor Sacrifício do Executado[450], quando, levando-se em conta o valor do crédito em execução, se exige do avaliador, trazer no laudo avaliativo, a possível divisão observada no imóvel, com a apresentação de memorial descritivo, contendo os possíveis desmembramentos para alienação. De acordo com o § 2º, ao ser apresentado o memorial, deste terão vistas as partes, que o observarão como uma proposta desmembramentos, a fim de promover a alienação apenas da parte aprovada para tal fim, preservando assim, as demais partes ao executado.

Tal medida tem o intuito de permitir que a expropriação se dê apenas em parte do imóvel, quando esta for suficiente para absorver todo o valor do crédito exequendo, possibilitando ao executado o desfazimento patrimonial

[450] vide comentário do artigo 856.

do estritamente necessário ao pagamento do débito, o que leva à satisfação da execução, num cenário de menor sacrifício ao executado.

Art. 873. É admitida nova avaliação quando:

I – qualquer das partes arguir, fundamentadamente, a ocorrência de erro na avaliação ou dolo do avaliador;

II – se verificar, posteriormente à avaliação, que houve majoração ou diminuição no valor do bem;

III – o juiz tiver fundada dúvida sobre o valor atribuído ao bem na primeira avaliação.

Parágrafo único. Aplica-se o art. 480 à nova avaliação prevista no inciso III do *caput* deste artigo.

Notas:

Como de certo, aqui se faz oportuno o contraditório.[451]

Por conseguinte, é de se atentar para a preocupação em se afastar o risco de enriquecimento ilícito, respeitando o direito de propriedade, devendo o bem ser corretamente avaliado, de forma a evitar prejuízo para qualquer das partes.

Enunciado das Jornadas de Direito Processual Civil do Conselho da Justiça Federal:

Nº 156 do CJF: O decurso de tempo entre a avaliação do bem penhorado e a sua alienação não importa, por si só, nova avaliação, a qual deve ser realizada se houver, nos autos, indícios de que houve majoração ou diminuição no valor.

Art. 874. Após a avaliação, o juiz poderá, a requerimento do interessado e ouvida a parte contrária, mandar:

I – reduzir a penhora aos bens suficientes ou transferi-la para outros, se o valor dos bens penhorados for consideravelmente superior ao crédito do exequente e dos acessórios;

II – ampliar a penhora ou transferi-la para outros bens mais valiosos, se o valor dos bens penhorados for inferior ao crédito do exequente.

---

[451] Cf. GAIO JÚNIOR, Antônio Pereira. *Instituições de Direito Processual Civil.* 2 ed. Belo Horizonte: Del Rey, 2013, p. 439, onde o referido autor traz, em relevo, o princípio do contraditório – pautado em normas constitucionais, art. 5º, LIV e LV, da CF/88, ratificando-o também, pragmaticamente, no processo de execução, ainda que depois da predominante aceitação pela aplicabilidade nesta modalidade de processo, doutrina tradicional continuará a sustentar a inexistência na execução.

Notas:

Realizada a avaliação e não estando o valor do bem penhorado adequado à execução, haverá necessidade de ajustá-lo. É o que autoriza o art. 874 do CPC.

Nesse sentido, avaliados os bens, o interessado requererá, desde que ouvida a parte contrária, que se reduza a penhora a bens suficientes ou a transfira para outros bens que satisfaçam o crédito exigido. De igual forma, lícito é ao interessado requerer a ampliação ou transferência da penhora para outros bens. Em ambas as hipóteses faz-se necessário que a avaliação fique, realmente, muito distante do valor do débito.

Em síntese: A adequação do valor da penhora poderá significar sua redução (art. 874, I) ou ampliação (art. 874, II).

Importante ressaltar que tanto a substituição quanto a redução e ampliação não constituem penhora diversa, mas, sim, operam na modificação do objeto decorrente do ato originário da penhora.

Amílcar de Castro, com exatidão, já ensinava que não devemos confundir excesso de penhora com excesso de execução, dado que, no primeiro caso, significa a apreensão de bens em valor muito maior que o do crédito do exequente e seus acessórios; enquanto que, no segundo, se estará diante de um pedido excessivo do exequente, alegável mediante embargos, *ex vi* do art. 917, III do CPC.

Art. 875. Realizadas a penhora e a avaliação, o juiz dará início aos atos de expropriação do bem.

Notas:

Uma vez realizada a penhora e definido o valor do(s) bem(s) penhorado(s), será dado prosseguimento ao feito, passando-se à realização dos atos de expropriação do bem.

Seção IV
Da Expropriação de Bens

Subseção I
Da Adjudicação

Art. 876. É lícito ao exequente, oferecendo preço não inferior ao da avaliação, requerer que lhe sejam adjudicados os bens penhorados.

§ 1º Requerida a adjudicação, o executado será intimado do pedido:

I – pelo Diário da Justiça, na pessoa de seu advogado constituído nos autos;

II – por carta com aviso de recebimento, quando representado pela Defensoria Pública ou quando não tiver procurador constituído nos autos;

III – por meio eletrônico, quando, sendo o caso do § 1º do art. 246, não tiver procurador constituído nos autos.

§ 2º Considera-se realizada a intimação quando o executado houver mudado de endereço sem prévia comunicação ao juízo, observado o disposto no art. 274, parágrafo único.

§ 3º Se o executado, citado por edital, não tiver procurador constituído nos autos, é dispensável a intimação prevista no § 1º.

§ 4º Se o valor do crédito for:

I – inferior ao dos bens, o requerente da adjudicação depositará de imediato a diferença, que ficará à disposição do executado;

II – superior ao dos bens, a execução prosseguirá pelo saldo remanescente.

§ 5º Idêntico direito pode ser exercido por aqueles indicados no art. 889, incisos II a VIII, pelos credores concorrentes que hajam penhorado o mesmo bem, pelo cônjuge, pelo companheiro, pelos descendentes ou pelos ascendentes do executado.

§ 6º Se houver mais de um pretendente, proceder-se-á a licitação entre eles, tendo preferência, em caso de igualdade de oferta, o cônjuge, o companheiro, o descendente ou o ascendente, nessa ordem.

§ 7º No caso de penhora de quota social ou de ação de sociedade anônima fechada realizada em favor de exequente alheio à sociedade, esta será intimada, ficando responsável por informar aos sócios a ocorrência da penhora, assegurando-se a estes a preferência.

Notas:

Consiste a adjudicação na transferência coativa de bens do executado para o exequente, ou seja, o crédito em moeda é substituído pelo bem penhorado do patrimônio do devedor. Há a transferência coativa de bens, a título de pagamento, ao próprio exequente, sendo essa transferência um direito deste.

Bem aponta Leonardo Greco que, "assim como a arrematação, a adjudicação é um ato executório com caráter expropriatório, através do qual o bem que está penhorado é retirado, compulsoriamente, do patrimônio do executado e incorporado ao patrimônio do exequente, manifestando a aceitação de satisfazer o seu crédito através do recebimento de coisa diversa da que lhe era devida, é a primeira modalidade de satisfação do credor."[452]

[452] GRECO, Leonardo. *O Processo de Execução*. Vol. II. Rio de Janeiro: Renovar, 2001, p. 406.

No tocante à própria natureza de tal modalidade de expropriação, observa com acerto Ovídio Baptista[453] que "a adjudicação assemelha-se a uma dação em pagamento, se a considerarmos sob o ponto de vista do bem com que a obrigação é solvida." Notadamente, a diferença entre os dois institutos se pontua na medida em que a adjudicação pressupõe um processo judicial de caráter executório, ao passo que a dação em pagamento, como a venda, situa-se como mero ato jurídico próprio do direito privado.[454]

– Momento da adjudicação

Importante notar que, durante a fase instrutória da expropriação, não faz a lei qualquer referência relativa ao momento em que o exequente poderá solicitar a adjudicação depois de efetivada a avaliação. Somente afirma que, uma vez não efetivada a adjudicação, o exequente poderá requerer a alienação por sua própria iniciativa ou por intermédio de corretor ou leiloeiro público credenciado perante o órgão judiciário (art. 880 do CPC).

Como, no entanto, só se pode adjudicar observando o preço não inferior ao da avaliação, depreende-se que, somente após o término de tal diligência é que se abrirá oportunidade àqueles eventuais interessados requererem a adjudicação dos bens.

– Legitimidade para adjudicar

Conforme o *caput* do art. 876, cabe ao exequente requerer a adjudicação dos bens penhorados, não oferecendo preço inferior daquele constante da avaliação do mesmo.

Por outro lado, somado ao exequente, tem legitimidade para requerer a devida adjudicação aqueles indicados no art. 889, incisos II a VIII, os credores concorrentes que hajam penhorado o mesmo bem, assim como o cônjuge, o companheiro, pelos descendentes ou os ascendentes do executado (§ 5º do art. 876 do CPC).

– Adjudicação e o valor do crédito

Como já demonstrado, a adjudicação foi elevada à condição de forma preferencial para satisfação do débito exequendo.

Ainda que tenha demandado uma nova regulamentação, continua a adjudicação a ser realizada pelo preço da avaliação, o que, certamente, seria de melhor grado e desde que acertado pelas partes, se a adjudicação pudesse ser realizada por valor inferior ao da avaliação, o que não vemos óbice, sobretudo

---

453 SILVA, Ovídio Araújo Baptista da. *Curso de Processo Civil: execução obrigacional, execução real, ações mandamentais*. Vol. 2. 3. ed. rev. e atual. São Paulo: RT, 1998, p. 108.

454 VASQUES, Gilberto Fraiz. Da Adjudicação no Processo de Execução. *In*: *Revista de Processo*, n. 13, ano IV, jan./mar. 1979, p. 72.

diante da novata possibilidade garantida pelo art. 190 do CPC. É bem verdade que, por exemplo, para o executado, opção mais viável seria fazer uma adjudicação por 90% (noventa por cento) do preço da avaliação do que, certamente, correr o risco de o bem ser levado à hasta pública, sendo arrematado por 50% (cinquenta por cento) do seu valor em segundo leilão.

Uma vez requerida a adjudicação, o executado será intimado do pedido, conforme se extrai dos §§ 1º, I, II e III; 2º e 3º do dispositivo em comento.

Conforme se depreende do § 4º do art. 876, sendo o valor do crédito inferior ao dos bens, o requerente da adjudicação depositará, de imediato, a diferença, que ficará à disposição do executado; por outro lado, caso superior ao dos bens, a execução prosseguirá pelo saldo remanescente.

É prevista específica licitação para o caso de haver mais de um legitimado interessado em adjudicar o bem.

Com relação à preferência na adjudicação, alguns pontos importantes merecem atenção:

- Devem os interessados, objetivando a conquista do bem, dizer se oferecem valor superior à avaliação do mesmo.
- Havendo mais de um pretendente, proceder-se-á a licitação entre eles, tendo aí preferência, no caso de igualdade de oferta, o cônjuge, o companheiro, o descendente ou o ascendente nessa ordem (§ 6º do art. 876).
- Já, em caso de penhora de quota social ou de ação de sociedade anônima fechada realizada em favor de exequente alheio à sociedade, esta será intimada, ficando então responsável por informar aos sócios a ocorrência da penhora, assegurando-se a estes a preferência na adjudicação (§ 7º do art. 876).

Não havendo lances, a licitação será definida pela ordem de preferência definida no § 6º, ou seja, primeiro o cônjuge ou companheiro, depois o descendente e o ascendente do executado.

Silencia-se, no entanto, o texto legal quanto à hipótese de nenhum desses requerer a adjudicação.

Igualando-se, de outro modo, as ofertas do exequente e do credor com garantia real ou concorrente com penhora sobre o mesmo bem, nota com propriedade Barbosa Moreira:[455]

455 MOREIRA, José Carlos Barbosa. *O Novo Processo Civil Brasileiro*. 25. ed. Rio de Janeiro: Forense, 2007, p. 252.

"A nosso ver, em tal caso, a preferência caberá ao credor com garantia real. Se apenas outros credores penhorantes se candidatarem à adjudicação, parece razoável adotar-se, sempre em igualdade de condições, o critério da prioridade da penhora, consentâneo com a sistemática legal', está referente aos arts. 711 e 712 do CPC/1973 (arts. 908 e 909 do CPC/2015)."

Enunciados das Jornadas de Direito Processual Civil do Conselho da Justiça Federal:

Nº 15 do CJF: Aplicam-se às entidades referidas no § 3º do art. 186 do CPC as regras sobre intimação pessoal das partes e suas testemunhas (art. 186, § 2º; art. 455, § 4º, IV; art. 513, § 2º, II e art. 876, § 1º, II, todos do CPC).

Nº 106 do CJF: Na expropriação, a apropriação de frutos e rendimentos poderá ser priorizada em relação à adjudicação, se não prejudicar o exequente e for mais favorável ao executado.

Art. 877. Transcorrido o prazo de 5 (cinco) dias, contado da última intimação, e decididas eventuais questões, o juiz ordenará a lavratura do auto de adjudicação.

§ 1º Considera-se perfeita e acabada a adjudicação com a lavratura e a assinatura do auto pelo juiz, pelo adjudicatário, pelo escrivão ou chefe de secretaria, e, se estiver presente, pelo executado, expedindo-se:

I – a carta de adjudicação e o mandado de imissão na posse, quando se tratar de bem imóvel;

II – a ordem de entrega ao adjudicatário, quando se tratar de bem móvel.

§ 2º A carta de adjudicação conterá a descrição do imóvel, com remissão à sua matrícula e aos seus registros, a cópia do auto de adjudicação e a prova de quitação do imposto de transmissão.

§ 3º No caso de penhora de bem hipotecado, o executado poderá remi-lo até a assinatura do auto de adjudicação, oferecendo preço igual ao da avaliação, se não tiver havido licitantes, ou ao do maior lance oferecido.

§ 4º Na hipótese de falência ou de insolvência do devedor hipotecário, o direito de remição previsto no § 3º será deferido à massa ou aos credores em concurso, não podendo o exequente recusar o preço da avaliação do imóvel.

Notas:

Uma vez transcorrido o lapso temporal de 5 (cinco) dias, contados da última intimação e decididas eventuais questões, estabelece o art. 877 que o magistrado ordenará a lavrar o respectivo auto de adjudicação, considerando-a perfeita e acabada com a lavratura e assinatura do citado auto pelo juiz, pelo adjudicatário, pelo escrivão ou chefe de secretaria e ainda, se for presente ao ato, pelo executado, expedindo-se (i) a carta de adjudicação e o mandado de imissão na posse, quando se tratar de bem imóvel ou (ii) a ordem de entrega ao adjudicatário quando se tratar de bem móvel (§ 1º, I e II do art. 877 do CPC).

Conforme retro mencionado, caso o bem adjudicado seja imóvel, expedir-se-á carta de adjudicação, essa que será título utilizável apto para o registro da propriedade em nome do adjudicante no competente Cartório de Registro de Imóveis, tendo a presente carta, de acordo o § 2º do art. 877 "descrição do imóvel, com remissão à sua matrícula e aos seus registros, a cópia do auto de adjudicação e a prova de quitação do imposto de transmissão."

Em se tratando de penhora de bem hipotecado, poderá o executado remi-lo até o momento da assinatura do auto de adjudicação, desde que oferecendo valor igual ao da avaliação, isso caso não houver licitantes; caso contrário, deverá oferecer preço maior do que o lance oferecido, conforme inteligência do § 3º do art. 877.

Já, no caso de falência ou de insolvência do devedor hipotecário, o direito de remição supracitado será deferido à massa ou aos credores em concurso, não podendo o exequente recusar o preço da avaliação do imóvel (§ 4º do art. 877).

Art. 878. Frustradas as tentativas de alienação do bem, será reaberta oportunidade para requerimento de adjudicação, caso em que também se poderá pleitear a realização de nova avaliação.

Notas:

Por fim e em consonância com o art. 878 do CPC, insta assinalar que o direito de ser reaberta a oportunidade para requerimento de adjudicação somente se dará caso frustradas as tentativas de alienação de bens (por iniciativa particular e em leilão judicial eletrônico ou presencial), situação em que se poderá pleitear a realização de nova avaliação no bem a ser expropriado.

Subseção II
Da Alienação

Art. 879. A alienação far-se-á:

I – por iniciativa particular;

II – em leilão judicial eletrônico ou presencial.

Notas:

O novel Código de Processo Civil traz duas modalidades de alienação dos bens penhorados, quais sejam: a alienação por iniciativa particular e o leilão judicial em suas modalidades eletrônica e presencial, valendo destacar que, diferentemente do CPC/1973, este que tratava o tema da alienação em diversas subseções, respectivamente dedicadas à alienação particular e a alienação em hasta pública, atual CPC desenvolve a matéria alienação de modo único em uma Subseção, o que acaba por unificar conteúdos.

Com relação à alienação por iniciativa particular, interessante notar que dita venda foi contemplada no CPC de 1939, por meio do art. 973, posteriormente ocupando modesto lugar no CPC de 1973 onde, por intermédio do art. 700, autorizava o juiz a atribuir a intermediação no ato (alienação particular) e sob determinadas condições a corretor de imóveis inscrito na entidade oficial da categoria, retornando em destaque agora com o advento da Lei nº 11.382/2006.

Ainda sob os olhares do Código de Processo Civil de 1939, já destacara Liebman: "a venda por iniciativa particular que o juiz pode autorizar quando lhe parecer oportuno, a requerimento de qualquer interessado e ouvido o devedor (art. 973). Neste caso, a venda é um contrato e a pessoa a quem é confiada a realiza, usando a faculdade de disposição do executado, de que o juiz o desapropriou, transmitindo-a a essa pessoa."[456]

Com relação ao leilão judicial eletrônico ou presencial, nota-se a opção do legislador por eliminar a distinção histórica que se fazia entre praça (bens imóveis) e leilão (bens móveis).

Nestes termos é que a agora se adota a hasta pública a ser realizada de forma única de "leilão judicial eletrônico ou presencial", independente da natureza do bem objeto de penhora.

Enunciado das Jornadas de Direito Processual Civil do Conselho da Justiça Federal:

Nº 157 do CJF: No leilão eletrônico, a proposta de pagamento parcelado (art. 895 do CPC), observado o valor mínimo fixado pelo juiz, deverá ser apresentada até o início do leilão, nos termos do art. 886, IV, do CPC.

Remissão:

– Art. 1.268, *caput*, do Código Civil:

"Art. 1.268. Feita por quem não seja proprietário, a tradição não aliena a propriedade, exceto se a coisa, oferecida ao público, em leilão ou estabelecimento

[456] LIEBMAN, Enrico Tullio. *Processo de Execução*. 4. ed. São Paulo: Saraiva, 1946, p. 156.

comercial, for transferida em circunstâncias tais que, ao adquirente de boa-fé, como a qualquer pessoa, o alienante se afigurar dono".

Art. 880. Não efetivada a adjudicação, o exequente poderá requerer a alienação por sua própria iniciativa ou por intermédio de corretor ou leiloeiro público credenciado perante o órgão judiciário.

§ 1º O juiz fixará o prazo em que a alienação deve ser efetivada, a forma de publicidade, o preço mínimo, as condições de pagamento, as garantias e, se for o caso, a comissão de corretagem.

§ 2º A alienação será formalizada por termo nos autos, com a assinatura do juiz, do exequente, do adquirente e, se estiver presente, do executado, expedindo-se:

I – a carta de alienação e o mandado de imissão na posse, quando se tratar de bem imóvel;

II – a ordem de entrega ao adquirente, quando se tratar de bem móvel.

§ 3º Os tribunais poderão editar disposições complementares sobre o procedimento da alienação prevista neste artigo, admitindo, quando for o caso, o concurso de meios eletrônicos, e dispor sobre o credenciamento dos corretores e leiloeiros públicos, os quais deverão estar em exercício profissional por não menos que 3 (três) anos.

§ 4º Nas localidades em que não houver corretor ou leiloeiro público credenciado nos termos do § 3º, a indicação será de livre escolha do exequente.

Notas:

Para a implementação e validade da alienação por iniciativa particular deve-se ater aos seguintes pontos básicos:

I) Que não se tenha logrado êxito na adjudicação do bem penhorado ou ainda, que não tenha sido a mesma requerida.

II) Requerida tal modalidade expropriativa pelo exequente e feita por meio deste ou por corretor ou leiloeiro credenciado perante a autoridade judiciária, os quais deverão estar em exercício profissional por não menos que 3 (três) anos, cabendo ressaltar que nas localidades onde não houver corretor ou leiloeiro público credenciado, a indicação será de livre escolha do exequente, *ex vi* do § 4º do art. 880.

Vale notar aí que pelo dispositivo supra, não caberia alienação particular a requerimento do executado. No entanto, pensamos diferente, ou seja, pautado, sobretudo, no princípio da isonomia acompanhado pelo princípio da menor onerosidade, seria possível a legitimidade do executado para requerer tal forma de alienação. Neste caso, deverá o juiz analisar a solicitação e, não havendo qualquer prejuízo ao exequente[457], de certo, deferi-la. Importante pontuar a presença sempre oportuna do processo em contraditório. Daí que, sendo requerida a alienação por exequente ou executado, caberá ao magistrado intimar a outra parte para sua respectiva manifestação acerca do pedido de alienação por iniciativa particular.

Mais a seguir, os parágrafos do art. 880 dão conta de que questões pontuais para o desenrolar da alienação em si.

Assim, de acordo com o § 1º será fixado pelo juiz o prazo ao qual a alienação deverá ser efetivada assim como a forma de publicidade, o preço mínimo, as condições de pagamento, as garantias e ainda, se for o caso, a comissão de corretagem.

Como se vê, o legislador não apontou qualquer parâmetro para que o juiz possa se ater quanto ao valor dito como "preço mínimo".

Vale dizer que, de acordo com o art. 870 e seu parágrafo único, a avaliação base ou inicial é realizada pelo oficial de justiça, podendo o magistrado, em casos de necessidade de conhecimentos especializados e o valor da execução comportar, nomear avaliador específico para determinado(s) bem (ens).

Por conseguinte, nestes termos, entendemos que é de se chamar à luz as balizas do art. 891, i.e., considerando impedido de se estabelecer o preço vil[458] (considerado menor do que 50% do preço do bem já avaliado pelo oficial de justiça ou avaliador, *ex vi* do art. 829, § 1º) para a alienação do bem penhorado.

Uma vez sendo alienado o bem, a formalização da alienação se dará por termo nos autos, com a assinatura do juiz, do exequente, do adquirente e, se estiver presente, do executado, expedindo-se:

> I – a carta de alienação e o mandado de imissão na posse, tratando-se de bem imóvel;
>
> II – a ordem de entrega ao adquirente, aí relativo a bem móvel.

De outro turno, poderão aos tribunais locais e regionais expedir provimentos, complementando e detalhando o procedimento deste tipo de alienação,

---

457 CUNHA, Leonardo José Carneiro da. A Alienação por iniciativa particular. *In*: *Revista de Processo*. Vol. 174, São Paulo, RT, agosto de 2009, p. 51.

458 EXECUÇÃO – ARREMATAÇÃO – IMÓVEL – PREÇO VIL – CONCEITO 1: O conceito de preço vil resulta da comparação entre o valor de mercado do bem penhorado e aquele da arrematação. 2. Em se tratando de arrematação de imóveis, presume-se vil o lance inferior a 50% do valor da avaliação atualizado. O respeito aos arts. 620 e 692 do CPC exige a atualização dos valores dos bens que irão à hasta pública. 3. Recurso provido. STJ, 1ª Turma, REsp 448575/MA, Rel. Min. Humberto Gomes de Barros, j. 26.08.2003, DJ 22.09.2003

inclusive aquelas que envolvem o concurso de meios eletrônicos, conferindo nesse caso em saudável previsão, dada a notória discrepância de realidades e particularidades que cada Estado da Federação ostenta, sobretudo, no que compete aos recursos em que dizem respeito à informatização jurisdicional de um modo geral.

Convém ressaltar que, para se alcançar a efetividade na satisfação dos direitos molestados, há de se ter sensibilidade e sabedoria na elaboração de resoluções – e aqui pelos Tribunais, leiam-se, conforme supracitado, "provimentos" – de modo a torná-las factíveis, portanto, realizáveis e em sintonia com os desejos de um modelo cumpridor dos desígnios vetorizados pelo processo civil de resultados, operando ele, verdadeiramente, no mundo dos fatos e não por mera ficção, por isso, desejosos pelo jurisdicionado.

Enunciado do Fórum Permanente de Processualistas Civis:

Nº 192: Alienação por iniciativa particular realizada por corretor ou leiloeiro não credenciado perante o órgão judiciário não invalida o negócio jurídico, salvo se o executado comprovar prejuízo.

Art. 881. A alienação far-se-á em leilão judicial se não efetivada a adjudicação ou a alienação por iniciativa particular.

§ 1º O leilão do bem penhorado será realizado por leiloeiro público.

§ 2º Ressalvados os casos de alienação a cargo de corretores de bolsa de valores, todos os demais bens serão alienados em leilão público.

Notas:

O presente dispositivo regula os conteúdos relativos ao leilão judicial, outrora, hasta pública, lembrando que não se adota mais a distinção entre praça e leilão. Conforme apontamento alhures.

Uma vez não levada a cabo a adjudicação ou frustrada a alienação particular, avança-se rumo à alienação judicial, sendo esta realizada por leiloeiro público, facultando ao exequente a indicação do mesmo, desde que, entendemos respeitada a dicção do § 4º do art. 880.

O § 2º ressalta-se que, com exceção aos casuísmos relativos à alienação em bolsa de valores (de cujos títulos destacam-se as ações de sociedade, títulos da dívida pública, dentre outros), esta a cargo de corretores específicos, os demais bens serão alienados em leilão público.

Art. 882. Não sendo possível a sua realização por meio eletrônico, o leilão será presencial.

§ 1º A alienação judicial por meio eletrônico será realizada, observando-se as garantias processuais das partes, de acordo com regulamentação específica do Conselho Nacional de Justiça.

§ 2º A alienação judicial por meio eletrônico deverá atender aos requisitos de ampla publicidade, autenticidade e segurança, com observância das regras estabelecidas na legislação sobre certificação digital.

§ 3º O leilão presencial será realizado no local designado pelo juiz.

Notas:

Observa-se que na modalidade leilão judicial, a sua forma eletrônica é a preferencial, tornando-se residual aquele na forma presencial, sendo este último utilizado quando da impossibilidade de realizar-se por meio eletrônico.

Tratando-se de leilão realizado por meio eletrônico, dita o § 1º que este deverá ser levado a cabo observando-se as garantias processuais das partes, o que, certamente, não poderia ser diferente, sobretudo, com relação à publicidade, à isonomia participativa, a colaboração de todos os envolvidos de modo a que se possa auferir sempre o maior grau de validade ao desenvolvimento efetivo do mesmo, evitando-se maculá-lo por vícios processuais de qualquer ordem.

Ainda assim, caberá regulamentação específica do Conselho Nacional de Justiça sobre o desenvolvimento da alienação judicial de bens por meio eletrônico, não se prescindindo dos requisitos relativos à ampla publicidade, autenticidade e segurança, com estrita observância nos regramentos legislativos relativos à certificação digital bem como levando em consideração aos dispositivos que tratam da prática eletrônica de Atos Processuais, esta devidamente regulada pelo CPC entre os arts. 193 a 199.

Art. 883. Caberá ao juiz a designação do leiloeiro público, que poderá ser indicado pelo exequente.

Notas:

O presente dispositivo fala por si só.

Caberá ao magistrado a designação de leiloeiro público. Não obstante a isso, se faz facultado ao exequente a indicação de leiloeiro, mas disso não estará o órgão julgador atrelado.[459]

---

459 PROCESSUAL CIVIL. EXECUÇÃO. NOMEAÇÃO DE LEILOEIRO PELO EXEQUENTE. ART. 706 DO CPC. INDEFERIMENTO POR JUSTO MOTIVO. AUSÊNCIA DE OBRIGAÇÃO DE HOMOLOGAÇÃO PELO JUIZ. ARTS. 125 E 598 DO CPC. LIVRE CONVENCIMENTO MOTIVADO DO JULGADOR. IMPOSSIBILIDADE DE SINDICÂNCIA.

Poderá, portanto, o juiz recusar dita indicação do exequente, notadamente, desde que o faça de maneira motivada, conforme o próprio espírito do novo CPC traduz.

Art. 884. Incumbe ao leiloeiro público:
I – publicar o edital, anunciando a alienação;
II – realizar o leilão onde se encontrem os bens ou no lugar designado pelo juiz;
III – expor aos pretendentes os bens ou as amostras das mercadorias;
IV – receber e depositar, dentro de 1 (um) dia, à ordem do juiz, o produto da alienação;
V – prestar contas nos 2 (dois) dias subsequentes ao depósito.
Parágrafo único. O leiloeiro tem o direito de receber do arrematante a comissão estabelecida em lei ou arbitrada pelo juiz.

Notas:

Como auxiliar do Poder Judiciário, o leiloeiro é considerado como *longa manus* do órgão judicante[460], desempenhando um *munus público* e tendo a prática de seus atos verdadeira presunção de veracidade.

Nestes termos, são incumbências atribuídas ao leiloeiro: a) a publicação do edital, com o anúncio da realização da alienação; b) realizar o respectivo leilão onde os bens estiverem situados ou ainda, no lugar a ser designado pelo juiz; c) expor aos interessados na aquisição dos bens ou as amostras, considerados

---

SÚMULA 7/STJ. 1. Infere-se do art. 706 do CPC (o leiloeiro público será indicado pelo exequente) ser juridicamente possível a indicação de leiloeiro público pelo exequente, o que significa dizer que o credor tem o direito de indicar, mas não de ver nomeado o leiloeiro indicado, por quanto inexiste obrigação de homologação pelo juiz. 2. "Dentre os poderes que o Código de Processo artigos 125, I; 130,ambos c/c art. 598 confere ao juiz na direção do processo de execução, subsome-se o de determinar atos instrutórios necessários para que a execução se processe de forma calibrada, justa, de modo a não impor desnecessários sacrifícios ao devedor." (REsp 71.960/SP,Rel. Min. João Otávio de Noronha, Quarta Turma, julgado em25/3/2003, DJ 14/4/2003, p. 206).Recurso especial improvido (STJ. 2º T. REsp: 1354974/MG 2012/0037733-8, Rel. Min. Humberto Martins, DJe 14.03.2013).

460 AGRAVO REGIMENTAL. RECURSO ESPECIAL. ARREMATAÇÃO. LEILÃO. PAGAMENTO REALIZADO AO LEILOEIRO. AUSÊNCIA DE REPASSE DO PREÇO AO CREDOR. VALIDADE E EFICÁCIA DO ATO. 1. O pagamento efetuado diretamente ao leiloeiro se dá em cumprimento ao disposto no artigo 705,V, do Código de Processo Civil, reconhecendo-se válida e eficaz a arrematação. 2. Revestido de boa-fé o ato praticado pelo arrematante e atuando o leiloeiro como longa manus do Poder Judiciário, é de ser aplicado o entendimento consolidado nesta Corte no sentido de não poder a parte ser penalizada por falha atribuível ao aparelho estatal. 3. Precedente específico acerca do tema. 4. Decisão agravada mantida pelos seus próprios fundamentos. 5. AGRAVO REGIMENTAL DESPROVIDO. STJ, 3ª T. Rel. Min. Paulo De Tarso Sanseverino, D.J. 21.02.2013.

objetos da alienação; d) receber e depositar o produto da alienação, no lapso temporal de 1 (um) dia, isso à ordem do magistrado competente; e) prestar contas acerca do leilão no 2 (dois) dias subsequentes ao referido depósito.

Cabe ressaltar que tem o leiloeiro judicial o devido direito a receber do arrematante uma comissão, esta a ser estabelecida pela lei ou pelo juiz.

No tocante á lei, temos o Decreto nº 21.981, de 10.10.1932, este responsável por regular a profissão do leiloeiro.

Assevera o art. 24 do supracitado Decreto, o seguinte:

> *"Art. 24. A taxa da comissão dos leiloeiros será regulada por convenção escrita que estabelecerem com os comitentes, sobre todos ou alguns dos efeitos a vender. Não havendo estipulação prévia, regulará a taxa de cinco por cento sobre moveis, semoventes, mercadorias, joias e outros efeitos e a de três por cento sobre bens imóveis de qualquer natureza.*
>
> *Parágrafo único. Os compradores pagarão obrigatoriamente cinco por cento sobre quaisquer bens arrematados."*

Do expresso, verifica-se que, em não sendo convencionada por escrito entre os comitentes e o leiloeiro, a taxa legal estabelecida parta este será de 5% (cinco por cento) sobre moveis, semoventes, mercadorias, joias e outros efeitos e a de três por cento sobre bens imóveis de qualquer natureza. Já para os compradores, disciplina o parágrafo único do digitado decreto que estes, obrigatoriamente, pagarão 5% (cinco por cento) sobre quaisquer bens arrematados.

Depreende-se daí que se trata de valor mínimo a ser estabelecido, facultando às próprias partes ou mesmo o juízo, majorá-lo.[461]

---

461 PROCESSO CIVIL. RECURSO ESPECIAL. BASE DE CÁLCULO DA COMISSÃO DO LEILOEIRO. VALOR DA ARREMATAÇÃO. OCORRÊNCIA DE REMIÇÃO. COMISSÃO INDEVIDA. VEDAÇÃO À *REFORMATIO IN PEJUS*. NÃO CONFIGURAÇÃO DE VIOLAÇÃO AO ART. 535 DO CPC. 1. O Tribunal a quo pronunciou-se de forma motivada para a solução da lide, declinando os fundamentos jurídicos que embasaram sua decisão. Ademais, não se exige do magistrado que se reporte de modo específico a determinados preceitos legais que não compõem a base jurídica adotada para sua decisão nem que se detenha a analisar pontualmente todas as alegações expendidas pela parte. 2. Em regra, a base de cálculo da comissão a ser paga pelo arrematante ao leiloeiro é o valor da arrematação, nos termos do art. 24, parágrafo único, do Decreto nº 21.981/1932 c/c o art. 705, IV, do Código de Processo Civil. 3. O direito subjetivo à comissão exsurge quando efetivamente realizada a hasta ou leilão, com a consequente arrematação do bem, cabendo ao arrematante o dever de efetuar o pagamento da referida remuneração. Inexistente a arrematação, o leiloeiro faz jus somente à percepção das "quantias que tiver desembolsado com anúncios, guarda e conservação do que lhe for entregue para vender, instruindo a ação com os documentos comprobatórios dos pagamentos que houver efetuado, por conta dos comitentes e podendo reter em seu poder algum objeto, que pertença ao devedor, até o seu efetivo embolso" (art. 40 do Decreto

Art. 885. O juiz da execução estabelecerá o preço mínimo, as condições de pagamento e as garantias que poderão ser prestadas pelo arrematante.

Notas:

Conforme já salientado alhures, mais precisamente quanto á alienação por iniciativa particular, aqui pensamos valer o mesmo para fins de se estabelecer o "preço mínimo".

Assim, vale dizer que, de acordo com o art. 870 e seu parágrafo único, a avaliação base ou inicial é realizada pelo oficial de justiça, podendo o magistrado, em casos de necessidade de conhecimentos especializados e o valor da execução comportar, nomear avaliador específico para determinado(s) bem(ens).

Por conseguinte, nestes termos, entendemos que é de se chamar à luz as balizas do art. 891, i.e, considerando impedido de se estabelecer o preço vil[462] (considerado menor do que 50% do preço do bem já avaliado pelo oficial de justiça ou avaliador, *ex vi* do art. 829, § 1º) para a alienação do bem penhorado.

Quantos às condições de pagamento bem como garantias a serem prestadas pelo arrematante cabe salientar que, a rigor, preceitua o art. 892 que o pagamento será realizado imediatamente por depósito judicial ou por meio eletrônico, o que, em tese, deixaria inócua, pelo menos o que toca quanto a eventuais garantias a serem prestadas pelo arrematante.

No entanto, conforme prevê o aludido dispositivo que, exceto em casos de pronunciamento judicial em sentido diverso, sendo isso então é que possibilitará a ascendência na questão descrita pelo art. 885.

---

n. 21.981/1932). Precedentes. 4. No caso, porém, é fato incontroverso a não ocorrência de arrematação, uma vez que a dívida foi remida pelo devedor logo após a realização da primeira praça – em caráter condicional. Nessa linha de intelecção, ante a não efetivação do leilão e a inexistência de previsão expressa no edital acerca de eventual comissão devida se acaso suspensa ou anulada a hasta pública, não é devido nenhum pagamento ao pregoeiro a título de prestação de serviços. 5. Não obstante, tendo em vista que o recurso especial foi intentado exclusivamente pelo leiloeiro, em consonância com o princípio da vedação à *reformatio in pejus*, mantém-se a decisão que arbitrou os seus honorários em 2,5% sobre o valor do débito. 6. Recurso especial não provido. STJ. 4ª T. Rel. Min. LUIS FELIPE SALOMÃO, DJ. 22.10.2013.

462 EXECUÇÃO – ARREMATAÇÃO – IMÓVEL – PREÇO VIL – CONCEITO 1: O conceito de preço vil resulta da comparação entre o valor de mercado do bem penhorado e aquele da arrematação. 2. Em se tratando de arrematação de imóveis, presume-se vil o lance inferior a 50% do valor da avaliação atualizado. O respeito aos arts. 620 e 692 do CPC exige a atualização dos valores dos bens que irão à hasta pública. 3. Recurso provido. STJ, 1ª Turma, REsp 448575/MA, Rel. Min. Humberto Gomes de Barros, j. 26.08.2003, DJ 22.09.2003.

Duas questões ainda precisam ser pontuadas quanto ás condições para pagamento e garantias a serem prestadas por quem, de direito, apresentar-se como arrematante:

1ª) Devem estar contidas, necessariamente, no edital, conforme regra o art. 886, II, dentre outros, as condições de pagamento do bem a ser arrematado.

2ª) É estabelecido pelo art. 895 as condições mínimas para pagamento parcelado, desde que apresentado por escrito pelo interessado e, notadamente, autorizado pelo juízo.

Nisso, ainda que autorizado, em qualquer hipótese, a oferta de pagamento será de pelo menos 25% (vinte e cinco por cento) do valor do lance à vista e o restante parcelado em até 30 (trinta) meses, tendo garantia de caução idônea quando se tratar de bens móveis, ou por hipoteca do próprio bem quando bem imóvel for.

Enunciado do Fórum Permanente de Processualistas Civis:

Nº 193 do FPPC: Não justifica o adiamento do leilão, nem é causa de nulidade da arrematação, a falta de fixação, pelo juiz, do preço mínimo para a arrematação.

Art. 886. O leilão será precedido de publicação de edital, que conterá:

I – a descrição do bem penhorado, com suas características, e, tratando-se de imóvel, sua situação e suas divisas, com remissão à matrícula e aos registros;

II – o valor pelo qual o bem foi avaliado, o preço mínimo pelo qual poderá ser alienado, as condições de pagamento e, se for o caso, a comissão do leiloeiro designado;

III – o lugar onde estiverem os móveis, os veículos e os semoventes e, tratando-se de créditos ou direitos, a identificação dos autos do processo em que foram penhorados;

IV – o sítio, na rede mundial de computadores, e o período em que se realizará o leilão, salvo se este se der de modo presencial, hipótese em que serão indicados o local, o dia e a hora de sua realização;

V – a indicação de local, dia e hora de segundo leilão presencial, para a hipótese de não haver interessado no primeiro;

VI – menção da existência de ônus, recurso ou processo pendente sobre os bens a serem leiloados.

Parágrafo único. No caso de títulos da dívida pública e de títulos negociados em bolsa, constará do edital o valor da última cotação.

Notas:

O edital é a exteriorização formal e pública das regras pelas quais nortearão os comandos mínimos do leilão.[463]

Não é por demais lembrar que o CPC/2015 abandonou a dicotomia existente entre praça e leilão, espécies do gênero "hasta pública", de modo que agora temos o leilão, tanto na forma eletrônica quanto presencial como *modus operandi* da alienação pública de bens, tudo com o fito de possibilitar a satisfação creditória do exequente.

No inciso I, atesta-se quanto à necessidade do edital conter a descrição do bem penhorado, com suas características, e ainda, tratando-se de imóvel, sua situação e suas divisas, com remissão à matrícula e aos registros. Trata-se, evidentemente, de informações importantíssimas para fins de se obter com segurança a real situação do bem colocado à venda pública, podendo os interessados conferir a idoneidade das informações ali prestadas.

Prevê o inciso II conteúdos que já foram objetos de análises em comentários a artigos anteriores, tais como o valor pelo qual o bem foi avaliado, o preço mínimo pelo qual poderá ser alienado, as condições de pagamento e, se for o caso, a comissão do leiloeiro designado.

O inciso III estabelece a necessidade de constar no edital a informação do lugar onde estiveram os bens móveis levados à alienação pública, tais como

---

463 PROCESSO CIVIL. EXECUÇÃO. HASTA PÚBLICA. EDITAL. OMISSÃO. ANULAÇÃO. DEMONSTRAÇÃO DO PREJUÍZO. NECESSIDADE. RESPONSABILIZAÇÃO DO ARREMATANTE POR DÉBITOS DE IPTU. POSSIBILIDADE. POSTERIOR FALÊNCIA DA EMPRESA DEVEDORA. IRRELEVÂNCIA. 1. O art. 686 do CPC estabelece o conteúdo mínimo do edital de hasta pública, visando preponderantemente aos interesses dos potenciais arrematantes, de modo a conferir-lhes informações indispensáveis à definição do efetivo interesse no bem levado a leilão, bem como do valor máximo que estarão dispostos a oferecer a título de lanço. De regra, pois, eventual nulidade relacionada à omissão do edital aproveita apenas ao arrematante e depende da demonstração da existência de prejuízo, sendo incabível tal alegação pelo devedor que não foi prejudicado. 2. Não viola o art. 130 do CTN o edital de hasta pública que prevê a responsabilidade do arrematante por débitos fiscais de IPTU. Assumindo o arrematante do imóvel a responsabilidade pelo pagamento do IPTU, o Município passa a ter dupla garantia de quitação da dívida tributária, quais sejam: (i) a garantia pessoal do arrematante, aceita judicialmente por ocasião da arrematação; e (ii) a garantia real representada pelo imóvel arrematado, que dá origem ao próprio débito de IPTU. 3. Tendo a arrematação ocorrido mais de 06 meses antes da falência da empresa devedora, o imóvel arrematado não integrará a massa falida, eis que terá deixado o patrimônio da empresa antes da decretação da quebra. Assim, não se poderá falar em prejuízo aos credores, muito menos em habilitação do crédito relativo ao débito de IPTU, pois a dívida do Município terá como sujeito passivo o arrematante, novo proprietário do imóvel. 4. Recurso especial a que se nega provimento. STJ. 3ªT. REsp: 1316970 RJ 2011/0222448-8, Rel. Min. Nancy Andrighi, DJe 07.06.2013.

veículos e semoventes. Tratando-se de créditos ou de direitos, a devida identificação dos autos do processo em que foram penhorados, tudo a fim de que possa o eventual interessado examinar os bens ou mesmo manusear o processo em que se encontra a informação acerca dos créditos ou direitos penhorados.

Já o inciso IV, é desse destacar, contém informação antes ausente no CPC/1973, que é a previsão em sítio, na rede mundial de computadores *(internet)*, a informação quanto ao período em que se dará a realização do leilão eletrônico (em regra), salvo se este se der na forma presencial, caso em que serão indicados o local, o dia e a hora de sua realização. Já, quanto à hipótese de um segundo leilão presencial, isto quando não houver interessados no primeiro, estabelece o inciso V a necessária indicação quanto ao local, dia e hora de sua realização.

Com relação ao inciso V1, temos importantíssimas questões decorrentes da necessidade de o edital fazer menção quanto à existência de ônus, recurso ou processo pendente sobre os bens em sede de leilão.

Trata-se aí da exigência da lei em dar publicidade ao pretenso arrematante quanto a conteúdos que se acendem sobre o bem, como *v.g.*, qualquer ônus pecuniário ou recursos que, certamente, repercutiram sobre a própria aquisição do bem, possibilitando ensejar questões acerca de atos expropriatórios diante de execuções provisórias, mesmo que diante de possível caução exigida pata tal.

Pode-se ainda ter presente ações possessórias, reivindicatórias ou reipersecutórias sobre os bens ora em leilão público, o que faz incidir a correta informação em sede editalícia.

O parágrafo único finaliza o dispositivo em tela, referindo-se à necessidade de se fazer constar o valor da última cotação quando se tratar de títulos da dívida pública, assim como daqueles títulos negociados em bolsa. Vale ressaltar que, sendo a última cotação, não se quer afirmar que será este o valor, já que é sabido da volatilidade valorativa dos mesmos, devendo ser considerado aí apenas como um parâmetro dita cotação.

Enunciado das Jornadas de Direito Processual Civil do Conselho da Justiça Federal:

Nº 157 do CJF: No leilão eletrônico, a proposta de pagamento parcelado (art. 895 do CPC), observado o valor mínimo fixado pelo juiz, deverá ser apresentada até o início do leilão, nos termos do art. 886, IV, do CPC.

Enunciado do Fórum Permanente de Processualistas Civis:

Nº 193 do FPPC: Não justifica o adiamento do leilão, nem é causa de nulidade da arrematação, a falta de fixação, pelo juiz, do preço mínimo para a arrematação.

Art. 887. O leiloeiro público designado adotará providências para a ampla divulgação da alienação.

§ 1º A publicação do edital deverá ocorrer pelo menos 5 (cinco) dias antes da data marcada para o leilão.

§ 2º O edital será publicado na rede mundial de computadores, em sítio designado pelo juízo da execução, e conterá descrição detalhada e, sempre que possível, ilustrada dos bens, informando expressamente se o leilão se realizará de forma eletrônica ou presencial.

§ 3º Não sendo possível a publicação na rede mundial de computadores ou considerando o juiz, em atenção às condições da sede do juízo, que esse modo de divulgação é insuficiente ou inadequado, o edital será afixado em local de costume e publicado, em resumo, pelo menos uma vez em jornal de ampla circulação local.

§ 4º Atendendo ao valor dos bens e às condições da sede do juízo, o juiz poderá alterar a forma e a frequência da publicidade na imprensa, mandar publicar o edital em local de ampla circulação de pessoas e divulgar avisos em emissora de rádio ou televisão local, bem como em sítios distintos do indicado no § 2º.

§ 5º Os editais de leilão de imóveis e de veículos automotores serão publicados pela imprensa ou por outros meios de divulgação, preferencialmente na seção ou no local reservados à publicidade dos respectivos negócios.

§ 6º O juiz poderá determinar a reunião de publicações em listas referentes a mais de uma execução.

Notas:

Cuida o dispositivo em tela, da publicidade do edital, de acordo com as regras já dispostas em comentários ao art. 886.

Conforme dito é de necessidade a ampla divulgação das regras norteadora da alienação pública dos bens.

Assim, dita publicação editalícia deve anteceder em cinco (cinco) dias a data estabelecida para o leilão (§ 1º), bem como a publicação deste será levada a cabo na rede mundial de computadores, em sítio especificamente designado pelo juiz da execução, contendo a descrição pormenorizada dos bens, explicitando que forma se dará o respectivo leilão, i. e., naquela eletrônica (em regra) ou presencial.

Nota-se, portanto, que a divulgação do edital na internet independe da natureza em que se realizará o leilão, ou seja, quer ele se dê na forma eletrônica ou presencial. No entanto, não sendo possível a publicação na rede mundial de computadores ou considerando o juiz, em atenção às condições da sede do juízo, que esse modo de divulgação é insuficiente ou inadequado, será o edital publicado de outra forma. De acordo com o § 3º, será ele afixado em local de costume e publicado, em resumo, pelo menos uma vez em jornal de ampla circulação local.

A fim de implementar maior dimensão na publicidade do edital, os parágrafos 4º e 5º potencializam tal perspectiva na medida em que autoriza-se ao magistrado a alteração e frequência da publicidade do aludido edital, podendo ser este publicado em locais de maior circulação de pessoas, inclusive com anúncios em emissora de rádio ou televisão local, bem como em sítios eletrônicos distintos do indicado daquele indicado no § 2º (§ 4º) e mais: nos casos envoltos à alienação de bens imóveis e de veículos automotores, o edital de alienação pública de tais bens será publicado pela imprensa ou por outros meios de divulgação – *v.g.*, anúncios em lojas especializadas – preferencialmente na seção ou no local reservados à publicidade para alienação de ditos bens.

Estipula ainda o § 6º é facultado ao juiz determinar a reunião de publicações editalícias em listas referentes a mais de uma execução, ou seja, por economia processual, poder-se-á reunir uma variedade de publicações cujo teor é o da alienação pública de bens, em uma só lista, no entanto, mantendo-as em vários canais de divulgação.

Art. 888. Não se realizando o leilão por qualquer motivo, o juiz mandará publicar a transferência, observando-se o disposto no art. 887.

Parágrafo único. O escrivão, o chefe de secretaria ou o leiloeiro que culposamente der causa à transferência responde pelas despesas da nova publicação, podendo o juiz aplicar-lhe a pena de suspensão por 5 (cinco) dias a 3 (três) meses, em procedimento administrativo regular.

Notas:

Trata o artigo em destaque da não realização do leilão, seja por qualquer motivo que lhe impeça de tal, cabendo ao juiz mandar publicar a transferência da licitação pública para outra data.

Insta pontuar que já destacávamos tal questão em sede do CPC/1973, nos termos seguintes:

> "Afora o próprio exequente, esse que, notoriamente, é intimado de todos os atos do processo, a intimação do executado sempre foi condição necessária ao exercício do contraditório e à validade da alienação em hasta pública. Em consonância com tal ideia, a Lei nº 11.382/2006 inovou, autorizando pelo disposto no § 5º do art. 687 que a ciência daquele executado quanto ao dia, a hora e o local da alienação judicial possa ser dada com a intimação de seu advogado; não o tendo como constituído

> nos autos, dita comunicação ao executado será levada a cabo, seja por carta registrada, mandado, edital ou por qualquer outro meio idôneo (abrindo-se possibilidade para o uso da comunicação eletrônica)."[464]

Pois bem. Tal situação permanece incidente no CPC/2015, agora sob o manto do inciso I do art. 889, sendo aí, por exemplo, um motivo para possível transferência do leilão em tela.

Quanto ao parágrafo único, prevista está a possibilidade de suspensão por 5 (cinco) dias a 3 (três) meses, logicamente, em procedimento administrativo regular, do escrivão, do chefe de secretaria ou do leiloeiro que, culposamente, der causa à transferência do leilão, além de responder o culpado, pelas despesas relativas à nova publicação do edital.

Art. 889. Serão cientificados da alienação judicial, com pelo menos 5 (cinco) dias de antecedência:

I – o executado, por meio de seu advogado ou, se não tiver procurador constituído nos autos, por carta registrada, mandado, edital ou outro meio idôneo;

II – o coproprietário de bem indivisível do qual tenha sido penhorada fração ideal;

III – o titular de usufruto, uso, habitação, enfiteuse, direito de superfície, concessão de uso especial para fins de moradia ou concessão de direito real de uso, quando a penhora recair sobre bem gravado com tais direitos reais;

IV – o proprietário do terreno submetido ao regime de direito de superfície, enfiteuse, concessão de uso especial para fins de moradia ou concessão de direito real de uso, quando a penhora recair sobre tais direitos reais;

V – o credor pignoratício, hipotecário, anticrético, fiduciário ou com penhora anteriormente averbada, quando a penhora recair sobre bens com tais gravames, caso não seja o credor, de qualquer modo, parte na execução;

VI – o promitente comprador, quando a penhora recair sobre bem em relação ao qual haja promessa de compra e venda registrada;

VII – o promitente vendedor, quando a penhora recair sobre direito aquisitivo derivado de promessa de compra e venda registrada;

VIII – a União, o Estado e o Município, no caso de alienação de bem tombado.

Parágrafo único. Se o executado for revel e não tiver advogado constituído, não constando dos autos seu endereço atual ou, ainda, não sendo ele encontrado no endereço constante do processo, a intimação considerar-se-á feita por meio do próprio edital de leilão.

---

[464] GAIO JÚNIOR, Antônio Pereira. *Instituições de Direito Processual Civil.* 2. ed. ..., p. 580.

Notas:

Conforme já comentado de passagem no dispositivo anterior, o presente artigo exige a cientificação – esta que se dá por intimação – de todos os entes arrolados para fins de tornar inequívoca a informação sobre a realização do leilão, sendo a presente comunicação realizada com pelo menos 5 (cinco) dias de antecedência da realização do mesmo.

Assim, serão intimados da realização do leilão: a) o executado, por meio de seu advogado ou, se não tiver procurador constituído nos autos, por carta registrada, mandado, edital ou outro meio idôneo; b) o coproprietário de bem indivisível do qual tenha sido penhorada fração ideal; c) o titular de usufruto, uso, habitação, enfiteuse, direito de superfície, concessão de uso especial para fins de moradia ou concessão de direito real de uso, quando a penhora recair sobre bem gravado com tais direitos reais; d) o proprietário do terreno submetido ao regime de direito de superfície, enfiteuse, concessão de uso especial para fins de moradia ou concessão de direito real de uso, quando a penhora recair sobre tais direitos reais; e) o credor pignoratício, hipotecário, anticrético, fiduciário ou com penhora anteriormente averbada, quando a penhora recair sobre bens com tais gravames, caso não seja o credor, de qualquer modo, parte na execução; f) o promitente comprador, quando a penhora recair sobre bem em relação ao qual haja promessa de compra e venda registrada; g) o promitente vendedor, quando a penhora recair sobre direito aquisitivo derivado de promessa de compra e venda registrada; h) a União, o Estado e o Município, no caso de alienação de bem tombado.

Sendo revel o executado e não possuindo advogado constituído nos autos do processo, bem como ausente seu endereço atual ou mesmo não sendo encontrado em seu endereço constante nos próprios autos do processo, prescreve o parágrafo único que será este mesmo revel considerado intimado, aí de forma ficta, por meio do edital de leilão.

Enunciados das Jornadas de Direito Processual Civil do Conselho da Justiça Federal:

Nº 150 do CJF: Aplicam-se ao direito de laje os arts. 791, 804 e 889, III, do CPC.

Nº 154 do CJF: O exequente deve providenciar a intimação do coproprietário no caso da penhora de bem indivisível ou de direito real sobre bem indivisível.

Enunciados do Fórum Permanente de Processualistas Civis:

Nº 447 do FPPC: O exequente deve providenciar a intimação da União, Estados e Municípios no caso de penhora de bem tombado.

Nº 641 do FPPC: O exequente deve providenciar a intimação do coproprietário no caso da penhora de bem imóvel indivisível ou de direito real sobre bem imóvel indivisível.

Art. 890. Pode oferecer lance quem estiver na livre administração de seus bens, com exceção:

I – dos tutores, dos curadores, dos testamenteiros, dos administradores ou dos liquidantes, quanto aos bens confiados à sua guarda e à sua responsabilidade;

II – dos mandatários, quanto aos bens de cuja administração ou alienação estejam encarregados;

III – do juiz, do membro do Ministério Público e da Defensoria Pública, do escrivão, do chefe de secretaria e dos demais servidores e auxiliares da justiça, em relação aos bens e direitos objeto de alienação na localidade onde servirem ou a que se estender a sua autoridade;

IV – dos servidores públicos em geral, quanto aos bens ou aos direitos da pessoa jurídica a que servirem ou que estejam sob sua administração direta ou indireta;

V – dos leiloeiros e seus prepostos, quanto aos bens de cuja venda estejam encarregados;

VI – dos advogados de qualquer das partes.

Notas:

Em regra, quem estiver na livre administração de seus bens possui legitimidade para oferecer lance quando da realização do leilão, conforme o *caput* do presente dispositivo, em sintonia o que bem prescreve o próprio Código Civil em seu art. 5º, quando da habilitação à prática de todos os atos da vida civil.

No entanto, estão elencadas nos incisos do artigo 890, verdadeiras limitações a determinadas pessoas quanto à legitimidade para a oferta de lance, ainda que estejam elas na livre administração de seus bens. É que pela própria natureza da relação de ditas pessoas para com os bens envolvidos e/ou partes envoltas diretamente na alienação pública, teve por bem o legislador estabelecer determinar manifestos impedimentos.

Nisso, estão impedidos de participarem ofertando lance: a) dos tutores, dos curadores, dos testamenteiros, dos administradores ou dos liquidantes, quanto aos bens confiados à sua guarda e à sua responsabilidade; b) dos mandatários, quanto aos bens de cuja administração ou alienação estejam encarregados; c) do juiz, do membro do Ministério Público e da Defensoria Pública, do escrivão, do chefe de secretaria e dos demais servidores e auxiliares da justiça, em relação aos bens e direitos objeto de alienação na localidade onde servirem ou a que se estender a sua autoridade; d) dos servidores públicos em geral, quanto aos bens ou aos direitos da pessoa jurídica a que servirem ou que estejam sob sua administração direta ou indireta; e) dos leiloeiros e seus prepostos, quanto aos bens de cuja venda estejam encarregados; f) dos advogados de qualquer das partes.

Art. 891. Não será aceito lance que ofereça preço vil.

Parágrafo único. Considera-se vil o preço inferior ao mínimo estipulado pelo juiz e constante do edital, e, não tendo sido fixado preço mínimo, considera-se vil o preço inferior a cinquenta por cento do valor da avaliação.

Notas:

O presente dispositivo, de forma categórica, expressa a proibição de lance que ofereça "preço vil",[465] cabendo ao parágrafo único exteriorizar o que vem a ser considerado vil.

Na dicção do presente regramento, é considerado vil o preço aquele inferior ao mínimo estipulado pelo juiz e constante do edital, e não sendo fixado dito preço mínimo, levar-se-á em consideração como vil o preço inferior a 50% (cinquenta por cento) do valor da avaliação.

Já digno de notas no art. 885, entendemos que é de se chamar à luz aqui as balizas do presente parágrafo único, para então considerar que o magistrado poderá estipular preço mínimo, estando ele, logicamente, impedido de se estabelecer preço já considerado vil (menor do que 50% do preço do bem já avaliado pelo oficial de justiça ou avaliador, *ex vi* do art. 829, § 1º) para a alienação do bem penhorado.

Remissão:

– Art. 142, I, §§ 2º-A a 3º-A, da Lei nº 11.101/2005, com a redação dada pela Lei nº 14.112/2020:

"Art. 142. A alienação de bens dar-se-á por uma das seguintes modalidades:

I – leilão eletrônico, presencial ou híbrido;

(...)

§ 2º-A. A alienação de que trata o *caput* deste artigo:

I – dar-se-á independentemente de a conjuntura do mercado no momento da venda ser favorável ou desfavorável, dado o caráter forçado da venda;

---

465 EXECUÇÃO – ARREMATAÇÃO – IMÓVEL – PREÇO VIL – CONCEITO 1: O conceito de preço vil resulta da comparação entre o valor de mercado do bem penhorado e aquele da arrematação. 2. Em se tratando de arrematação de imóveis, presume-se vil o lance inferior a 50% do valor da avaliação atualizado. O respeito aos arts. 620 e 692 do CPC exige a atualização dos valores dos bens que irão à hasta pública. 3. Recurso provido. STJ, 1ª Turma, REsp 448575/MA, Rel. Min. Humberto Gomes de Barros, j. 26.08.2003, DJ 22.09.2003.

II – independerá da consolidação do quadro-geral de credores;

III – poderá contar com serviços de terceiros como consultores, corretores e leiloeiros;

IV – deverá ocorrer no prazo máximo de 180 (cento e oitenta) dias, contado da data da lavratura do auto de arrecadação, no caso de falência;

V – não estará sujeita à aplicação do conceito de preço vil.

§ 3º Ao leilão eletrônico, presencial ou híbrido aplicam-se, no que couber, as regras da Lei nº 13.105, de 16 de março de 2015 (Código de Processo Civil).

§ 3º-A. A alienação por leilão eletrônico, presencial ou híbrido dar-se-á:

I – em primeira chamada, no mínimo pelo valor de avaliação do bem;

II – em segunda chamada, dentro de 15 (quinze) dias, contados da primeira chamada, por no mínimo 50% (cinquenta por cento) do valor de avaliação; e

III – em terceira chamada, dentro de 15 (quinze) dias, contados da segunda chamada, por qualquer preço.

(...)".

Enunciado do Fórum Permanente de Processualistas Civis:

Nº 193 do FPPC – Não justifica o adiamento do leilão, nem é causa de nulidade da arrematação, a falta de fixação, pelo juiz, do preço mínimo para a arrematação.

Art. 892. Salvo pronunciamento judicial em sentido diverso, o pagamento deverá ser realizado de imediato pelo arrematante, por depósito judicial ou por meio eletrônico.

§ 1º Se o exequente arrematar os bens e for o único credor, não estará obrigado a exibir o preço, mas, se o valor dos bens exceder ao seu crédito, depositará, dentro de 3 (três) dias, a diferença, sob pena de tornar-se sem efeito a arrematação, e, nesse caso, realizar-se-á novo leilão, à custa do exequente.

§ 2º Se houver mais de um pretendente, proceder-se-á entre eles à licitação, e, no caso de igualdade de oferta, terá preferência o cônjuge, o companheiro, o descendente ou o ascendente do executado, nessa ordem.

§ 3º No caso de leilão de bem tombado, a União, os Estados e os Municípios terão, nessa ordem, o direito de preferência na arrematação, em igualdade de oferta.

Notas:

Em regra, a arrematação do bem será realizada com pagamento de imediato por parte daquele adquirente do bem, seja por meio de depósito judicial ou eletronicamente, isso, caso o juiz não pronuncie de forma diferente quanto à forma de quitação, dado que as condições de pagamento devem constar já previamente do edital, conforme disciplina o art. 886 em seu inciso II.

É de se notar, portanto, que caso ausente a previsão das condições de pagamento, entenda-se ser o pagamento à vista, o que pensamos não ser a melhor das possibilidades, pois que pode sim dificultar a própria aquisição do bem colocado à alienação pública.

Vale lembra que o CPC/1973 condicionou a possibilidade de pagamento imediato ou no prazo de 15 dias, mediante caução (art. 690, *caput*), o que deveras possibilitava lapso mais elástico para tal.

Pontua o § 1º que, caso vier o exequente a arrematar bens e sendo ele o único credor, não estará obrigado a exibir o preço, como, *mutatis mutandis* ocorre em sede de adjudicação. Lado outro, em casos onde o valor dos bens arrematados vier a exceder ao seu crédito frente ao executado, deverá depositar, dentro de 3 (três) dias, a diferente entre os valores, caso contrário, perderá a arrematação todos os seus efeitos, encontrando lugar aí um novo leilão a ser realizado, este à custa daquele que lhe deu causa, i.e., o exequente, nos mesmo termos do que já regrava o art. 690-A do CPC/1973.

Havendo mais de um pretendente à arrematação, será considerado arrematante aquele que apresentar a maior oferta, no entanto, em sendo iguais as ofertas, valerá a preferência do cônjuge, o companheiro, o descendente ou o ascendente do executado, nessa ordem, conforme disciplina o § 2º.

Por fim e como novidade, tem-se o § 3º a tratar da preferência à arrematação quando em leilão está bem tombado. Neste caso, terá a União preferência sobre a arrematação, seguindo dos Estados e Municípios, isso quando em igualdade de propostas sobre o valor do bem a ser alienado.

Art. 893. Se o leilão for de diversos bens e houver mais de um lançador, terá preferência aquele que se propuser a arrematá-los todos, em conjunto, oferecendo, para os bens que não tiverem lance, preço igual ao da avaliação e, para os demais, preço igual ao do maior lance que, na tentativa de arrematação individualizada, tenha sido oferecido para eles.

Notas:

O dispositivo em tela é autoexplicativo.

Em verdade, sustenta o direito de preferência na arrematação quando o leilão for de diversos bens em questão.

Assim, havendo uma variedade de bens a serem alienados e ainda mais de um lançador (aquele que dá o seu lance para arrematação de um bem),terá preferência o arrematante que se propuser a adquirir todos os bens em conjunto, oferecendo então, para os bens que não tiveram qualquer lance, o preço idêntico ao da avaliação. Para os demais bens que sofreram lance de qualquer interessado, aquele arrematante oferecerá preço igual ao do maior lance dado, quando da tentativa de arrematação individualizada dos mesmos.

Art. 894. Quando o imóvel admitir cômoda divisão, o juiz, a requerimento do executado, ordenará a alienação judicial de parte dele, desde que suficiente para o pagamento do exequente e para a satisfação das despesas da execução.

§ 1º Não havendo lançador, far-se-á a alienação do imóvel em sua integridade.

§ 2º A alienação por partes deverá ser requerida a tempo de permitir a avaliação das glebas destacadas e sua inclusão no edital, e, nesse caso, caberá ao executado instruir o requerimento com planta e memorial descritivo subscritos por profissional habilitado.

Notas:

O artigo em tela autoriza o executado a requerer ao juízo, quando da alienação de bem imóvel, que seja realizada sobre parte dele, desde que dito bem admita cômoda divisão, e ainda seja suficiente para pagamento ao exequente como também para a satisfação das despesas proporcionadas pela execução. Neste caso, não custa lembrar, caberá ao magistrado autorizar a presente possibilidade.

A despeito do *caput* do presente artigo se referir somente a "requerimento do executado", entendemos ser possível, em consonância como próprio princípio da menor onerosidade, *ex vi* do art. 805, *caput*, aludido requerimento possa se dar por parte do exequente, no interesse da execução.[466]

Por outro lado, inexistindo lançador para aquisição do bem imóvel na forma parcial, será levada a cabo a alienação do mesmo em sua integridade (§ 1º).

Novidade encontramos, de fato, no § 2º do art. 894.

Trata este parágrafo da exigibilidade temporal para requerimento do executado em sede de alienação do bem imóvel por partes.

Assim, deverá aquele requerente solicitar dita alienação a tempo de permitir que a avaliação das glebas destacadas possa ser incluída no edital, cabendo ao executado-requerente instruir seu pedido com planta e memorial descritivo subscritos por profissional habilitado pata tanto.

466 No mesmo sentido, avançando-se ainda mais para entender ser cabível ao magistrado, igualmente, determinar *ex ofício* a possibilidade de alienação parcial de bem imóvel, ALVIM, Arruda; ASSIS, Araken; ALVIM, Eduardo Arruda. *Comentários ao Código de Processo Civil. Com apontamentos sobre o Projeto do novo CPC*. 3. ed. São Paulo: RT, 2014, p. 1320.

Art. 895. O interessado em adquirir o bem penhorado em prestações poderá apresentar, por escrito:

I – até o início do primeiro leilão, proposta de aquisição do bem por valor não inferior ao da avaliação;

II – até o início do segundo leilão, proposta de aquisição do bem por valor que não seja considerado vil.

§ 1º A proposta conterá, em qualquer hipótese, oferta de pagamento de pelo menos vinte e cinco por cento do valor do lance à vista e o restante parcelado em até 30 (trinta) meses, garantido por caução idônea, quando se tratar de móveis, e por hipoteca do próprio bem, quando se tratar de imóveis.

§ 2º As propor de correção monetária e as condições de pagamento do saldo.

§ 3º (VETADO).

§ 4º No caso de atraso no pagamento de qualquer das prestações, incidirá multa de dez por cento sobre a soma da parcela inadimplida com as parcelas vincendas.

§ 5º O inadimplemento autoriza o exequente a pedir a resolução da arrematação ou promover, em face do arrematante, a execução do valor devido, devendo ambos os pedidos ser formulados nos autos da execução em que se deu a arrematação.

§ 6º A apresentação da proposta prevista neste artigo não suspende o leilão.

§ 7º A proposta de pagamento do lance à vista sempre prevalecerá sobre as propostas de pagamento parcelado.

§ 8º Havendo mais de uma proposta de pagamento parcelado:

I – em diferentes condições, o juiz decidirá pela mais vantajosa, assim compreendida, sempre, a de maior valor;

II – em iguais condições, o juiz decidirá pela formulada em primeiro lugar.

§ 9º No caso de arrematação a prazo, os pagamentos feitos pelo arrematante pertencerão ao exequente até o limite de seu crédito, e os subsequentes, ao executado.

Notas:

De forma interessante, regula o presente dispositivo a proposta de aquisição do bem em leilão por meio de prestações.

Não obstante, conforme já visto no art. 892 que, em regra, a arrematação se dá com o pagamento imediato da quantia lançada (confirmada, igualmente, pelo § 7º do art. 895), pretende o presente artigo oportunizar ao interessado que faça proposta de aquisição do bem nos seguintes momentos e termos:

a) até o início do primeiro leilão, proposta de aquisição do bem por valor não inferior ao da avaliação;

b) até o início do segundo leilão, proposta de aquisição do bem por valor que não seja considerado vil.

Em qualquer das hipóteses supramencionadas, a proposta – diga-se, que em nenhum caso não suspenderá o leilão, *ex vi* do § 6º – conterá oferta de pagamento de pelo menos vinte e cinco por cento do valor do lance à vista e o restante parcelado em até 30 (trinta) meses, tudo garantido por caução idônea, quando se tratar de móveis, e por hipoteca do próprio bem, quando se tratar de imóveis, como se observa do § 1º.

Cabe notar que o referido § 1º prescreve a necessidade de oferta de caução, obviamente, idônea, com relação aos valores que sobejarem 25% (vinte e cinco por cento) do valor do lance, estes que serão dados à vista.

Ressalta-se que o CPC/2015, tal como o CPC/1973, ainda que expresse a necessidade de caução, o faz de maneira generalista, não pontuando qual modalidade se terá como a exigida; a despeito disso, entender-se-ão como referência as modalidades de garantia real ou fidejussória, ainda que, posteriormente venha a indicar regras relativas ao fiador (caução fidejussória), conforme os arts. 897 e 898.

Quanto à idoneidade da mesma, caberá ao magistrado sua verificação, podendo, inclusive, e em sendo o caso, ouvir o credor apenas antes de decidir se aceita ou não a caução prestada.

Seguindo as questões correlatas à proposta de pagamento por prestações, indicará o prazo, a modalidade, o indexador de correção monetária e as condições de pagamento do saldo (§ 2º), sendo que em caso de atraso no pagamento de qualquer das prestações, incidirá multa de 10% (dez por cento) sobre a soma da parcela inadimplida com as parcelas vincendas, ou seja, o saldo do preço. Trata-se de penalidade dura, mas a ser assumida pelo proponente diante do interesse na arrematação do bem em prestações (§ 4º).

Ainda em sede de inadimplemento do arrematante, sustenta o § 5º que caberá ao exequente, diante de eventual descumprimento da proposta por parte do arrematante – proponente, pedir a resolução da arrematação ou promover, em face deste aludido arrematante-proponente, a execução do valor devido, sendo ambos os pedidos formulados nos próprios autos do Processo de Execução em que se deu a arrematação.

Nota-se que pode o exequente escolher qual das opções que para ele seja mais pertinente ou menos gravosa. Insta notar que, optando o exequente pela primeira hipótese, restará a ele o direito de levantar a caução depositada, o que gerará alguns possíveis entraves como, por exemplo, o próprio valor estimado da caução, *in casu*, sendo ela real, possibilitará que, dependendo do tempo de pagamento/inadimplência, haja necessidade de complementação de valores por parte do exequente para tê-la, integralmente, para si.

Aliás, ratificando o presente pensamento está o § 9º, ao afirmar que no caso de arrematação a prazo, os pagamentos feitos pelo arrematante pertencerão ao exequente até o limite de seu crédito, e os subsequentes, ao executado, autorizando o mesmo raciocínio quando o valor da caução passar do limite do crédito executado.

Pode prever o legislador no § 8º, a possibilidade de existência de mais de uma proposta para pagamento parcelado do valor do bem a ser arrematado.

Neste caso, caberá ao magistrado a liberalidade de decisão sobre qual delas será mais vantajosa para o credor, entendendo aí aquela de maior valor, não obstante pensarmos que deva ser levado em consideração também a forma e tempo de parcelamento

Por outro lado, sendo ambas as propostas em igualdade de valores, o magistrado decidirá por aquela formulada em primeiro lugar.

Enunciado das Jornadas de Direito Processual Civil do Conselho da Justiça Federal:

Nº 157 do CJF: No leilão eletrônico, a proposta de pagamento parcelado (art. 895 do CPC), observado o valor mínimo fixado pelo juiz, deverá ser apresentada até o início do leilão, nos termos do art. 886, IV, do CPC.

Enunciado do Fórum Permanente de Processualistas Civis:

Nº 330 do FPPC: Na Justiça do trabalho, o juiz pode deferir a aquisição parcelada do bem penhorado em sede de execução, na forma do art. 895 e seus parágrafos.

Art. 896. Quando o imóvel de incapaz não alcançar em leilão pelo menos oitenta por cento do valor da avaliação, o juiz o confiará à guarda e à administração de depositário idôneo, adiando a alienação por prazo não superior a 1 (um) ano.

§ 1º Se, durante o adiamento, algum pretendente assegurar, mediante caução idônea, o preço da avaliação, o juiz ordenará a alienação em leilão.

§ 2º Se o pretendente à arrematação se arrepender, o juiz impor-lhe-á multa de vinte por cento sobre o valor da avaliação, em benefício do incapaz, valendo a decisão como título executivo.

§ 3º Sem prejuízo do disposto nos §§ 1º e 2º, o juiz poderá autorizar a locação do imóvel no prazo do adiamento.

§ 4º Findo o prazo do adiamento, o imóvel será submetido a novo leilão.

Notas:

Em sede de alienação de imóvel de incapaz, prevê o art. 896 o adiamento pelo prazo de 1 (um) ano da respectiva alienação, quando dito bem não alcançar em leilão pelo menos 80% (oitenta por cento) do valor de avaliação. Neste caso, o julgador confiará a guarda e a administração do bem a depositário idôneo.

Em uma interpretação sistemática, poderíamos pensar em dita regra como de preço vil para o presente casuísmo.

Outrossim, pensamos ser possível o adiamento por prazo menor do que 1 (um) ano, desde que o juízo se tente ao próprio mercado e às oportunidades para a venda do bem, somando-se inclusive à dicção do § 1º do presente dispositivo, onde é possível a alienação em leilão se, dentro do prazo do adiamento, algum pretendente assegurar, mediante caução idônea, o preço da avaliação.

Ocorre que, nesta hipótese, caso o pretendente à arrematação venha se arrepender da mesma, caberá ao juiz impor-lhe-á multa de 20% (vinte por cento) sobre o valor da avaliação, tudo em benefício do incapaz, valendo a decisão como título executivo (§ 2º), logicamente, judicial.

Lado outro, será possível no lapso temporal referente ao adiamento, a locação do imóvel (§ 3º).

Por fim, não ocorrendo as hipótese prevista nos §§ 1º e 2º, ao término do prazo de adiamento da alienação, será o bem imóvel do incapaz submetido a novo leilão, conforme autoriza o § 4º.

Art. 897. Se o arrematante ou seu fiador não pagar o preço no prazo estabelecido, o juiz impor-lhe-á, em favor do exequente, a perda da caução, voltando os bens a novo leilão, do qual não serão admitidos a participar o arrematante e o fiador remissos.

Notas:

Justifica-se o presente artigo em penalidade a ser imposta ao arrematante ou ao seu fiador, quando qualquer destes se ausente no pagamento do preço dentro do prazo estabelecido para a aquisição do bem alienado.

No entanto, insta pontuar algumas questões aqui tratadas.

Não nos parece estar o legislador querendo se referir tão somente a bem móvel, mas a qualquer bem objeto de leilão público. Nisso, quando se refere ao termo "caução", deveria, igualmente, a contemplar o termo "hipoteca", já que conforme dicção do § 1º do art. 895, a "proposta conterá, em qualquer hipótese, oferta de pagamento de pelo menos vinte e cinco por cento do valor do lance à vista e o restante parcelado em até 30 (trinta) meses, ***garantido por caução***

idônea, quando se tratar de móveis, e por hipoteca do próprio bem, quando se tratar de imóveis". (Grifo nosso).

Outro ponto de indagação se dá quanto a perda da aludida "caução".

Ora, se eventuais bens voltam a leilão, inclusive sem qualquer participação do arrematante ou fiador inadimplente, o exequente estaria a ganhar muito mais além do que de direito, ou seja, caução mais o produto pecuniário referente à nova alienação? Seria o "castigo" pelo descumprimento sem qualquer parâmetro, ou seja, multa maior ou menor...?

Por tudo, indiscutível nos parece, em sintonia com Dinamarco, que neste caso, a caução visaria tão somente garantir as multas contratuais, do qual entendemos ser pertinente.[467]

Enunciado do Fórum Permanente de Processualistas Civis:

Nº 589 do FPPC: O termo "multa" constante no art. 898 refere-se à perda da caução prevista no art. 897.

Art. 898. O fiador do arrematante que pagar o valor do lance e a multa poderá requerer que a arrematação lhe seja transferida.

Notas:

Em decorrência do entendimento do art. 897, caso o fiador do arrematante inadimplente pagar o valor do lance mais a multa decorrente da mora, esta correspondente a 10% (dez por cento) sobre a soma da parcela inadimplida com as parcelas vincendas (§ 4º do art. 895), poderá requerer que a arrematação seja à ele transferida. Típico caso de sub-rogação por parte do fiador.

Enunciado do Fórum Permanente de Processualistas Civis:

Nº 589 do FPPC: O termo "multa" constante no art. 898 refere-se à perda da caução prevista no art. 897.

Art. 899. Será suspensa a arrematação logo que o produto da alienação dos bens for suficiente para o pagamento do credor e para a satisfação das despesas da execução.

Notas:

Com o fito de evitar onerosidade excessiva, estabelece o presente dispositivo a suspensão da arrematação – na verdade, diga-se, extinção ou término do

[467] DINAMARCO, Cândido Rangel. *Instituições de Direito Processual Civil.* Vol. 4. 3 ed. São Paulo: Malheiros Editores, 2009, p. 666.

leilão – tão logo o produto da alienação dos bens ora arrematados seja suficiente para custear o montante da dívida do executado, mas as despesas decorrentes da própria execução.

Nada de novo, tendo em vista o que já previa o art. 692, parágrafo único do CPC/1973.

Art. 900. O leilão prosseguirá no dia útil imediato, à mesma hora em que teve início, independentemente de novo edital, se for ultrapassado o horário de expediente forense.

Notas:

O presente artigo, sucedâneo do art. 689 do CPC/1973, melhora em muito sua redação, dado que o substituído se referia em seu texto a locução "sobrevindo a noite", tão incerta, sobretudo em um país de dimensões continentais onde "noite" pode não significar horário, mas tão somente escuridão.

Assim, no presente dispositivo atenta-se ao momento mais exato do "expediente forense" como marco para o encerramento do leilão naquele dia, devendo o mesmo continuar no próximo dia útil imediato, inclusive na mesma hora em que se teve início no dia anterior, independente de novo edital para isso.

Art. 901. A arrematação constará de auto que será lavrado de imediato e poderá abranger bens penhorados em mais de uma execução, nele mencionadas as condições nas quais foi alienado o bem.

§ 1º A ordem de entrega do bem móvel ou a carta de arrematação do bem imóvel, com o respectivo mandado de imissão na posse, será expedida depois de efetuado o depósito ou prestadas as garantias pelo arrematante, bem como realizado o pagamento da comissão do leiloeiro e das demais despesas da execução.

§ 2º A carta de arrematação conterá a descrição do imóvel, com remissão à sua matrícula ou individuação e aos seus registros, a cópia do auto de arrematação e a prova de pagamento do imposto de transmissão, além da indicação da existência de eventual ônus real ou gravame.

Notas:

O auto de arrematação é peça essencial na formalização e documentação da alienação judicial de bens, sendo ele, conforme dicção do art. 903, decorrente de qualquer modalidade de leilão, uma vez assinado pelo juiz, pelo arrematante e pelo leiloeiro, torna a arrematação perfeita, acabada e irretratável.

Assim, observa-se no dispositivo em tela, respectivamente, a formalização do auto de arrematação, com a possibilidade da abrangência nele de todos os bens penhorados em mais de uma execução, portanto, ainda que de diversos bens em mais de uma execução, o auto de arrematação é único, sendo ainda mencionado nele as condições pelas quais o bem fora alienado.

O § 1º prevê as circunstâncias para que se dê o respeito à ordem de entrega do bem alienado, seja, no que toca a bens móveis (entrega do mesmo) seja bem imóvel (carta de arrematação), com o respectivo mandado de imissão na posse do bem.

Para que se dê na ordem a expedição do aludido mandado imissão na posse do bem, deverá antes de tudo, ser efetuado o depósito da quantia do bem arrematado ou prestadas as garantias da arrematação pelo adquirente-arrematante, somando-se aí também o pagamento da comissão do leiloeiro e como cediço, as despesas decorrentes da própria execução.

O § 2ª atenta-se para o aperfeiçoamento da denominada carta de arrematação, documento este que exterioriza a arrematação do bem para fins de registro e que nela deverá constar a descrição do imóvel, com remissão à sua matrícula ou individuação e aos seus registros, a cópia do auto de arrematação e a prova de pagamento do imposto de transmissão, além da indicação da existência de eventual ônus real ou gravame, tudo extremamente necessária para fins de se levar, p. ex., ao registro imobiliário onde se dará a transferência na propriedade do bem.

Art. 902. No caso de leilão de bem hipotecado, o executado poderá remi-lo até a assinatura do auto de arrematação, oferecendo preço igual ao do maior lance oferecido.

Parágrafo único. No caso de falência ou insolvência do devedor hipotecário, o direito de remição previsto no *caput* defere-se à massa ou aos credores em concurso, não podendo o exequente recusar o preço da avaliação do imóvel.

Notas:

O presente artigo não possui correspondente no CPC/1973.

De importante iniciativa, pois que avança na possibilidade de aquisição de bem levado a leilão, notando-se aqui a oportunidade dada ao executado em remir em leilão bem hipotecado, desde que até a assinatura do auto de arrematação, bem como oferecendo preço igual ou maior do que o lance já dado ao referido bem.

Importante ressaltar que remir possui a ideia de resgatar o bem pelo executado, o que, de certo, do contrário, seria transferido para terceiro ou mesmo para o exequente, sendo a possibilidade de remição já facultada nos casos de adjudicação do bem (art. 877, §§ 3º e 4º).

Salienta-se ainda que a remição aqui é ato a ser praticado pelo executado, não conferindo oportunidade a cônjuge/companheiro, descendente ou ascendente para tal, diferentemente do que assume o art. 1.482 do Código Civil[468], dispositivo este que autoriza, no casos de adjudicação, a remição por parte de tais entes, o que pesamos, ainda que não contemplado pelo *caput* do art. 902, a existência de qualquer óbice para tal.

O parágrafo único ocupa-se da hipótese de falência ou insolvência do devedor hipotecário. Neste caso, o direito de remir é concedido à massa ou aos credores em concurso, não podendo o exequente recusar o preço da avaliação do imóvel.

Remissão:

– Art. 22, III, "m", da Lei nº 11.101/2005 (regula a recuperação judicial, a extrajudicial e a falência do empresário e da sociedade empresária):

"Art. 22. Ao administrador judicial compete, sob a fiscalização do juiz e do Comitê, além de outros deveres que esta Lei lhe impõe:

(...)

III – na falência:

(...)

m) remir, em benefício da massa e mediante autorização judicial, bens apenhados, penhorados ou legalmente retidos;

(...)".

Art. 903. Qualquer que seja a modalidade de leilão, assinado o auto pelo juiz, pelo arrematante e pelo leiloeiro, a arrematação será considerada perfeita, acabada e irretratável, ainda que venham a ser julgados procedentes os embargos do executado ou a ação autônoma de que trata o § 4º deste artigo, assegurada a possibilidade de reparação pelos prejuízos sofridos.

§ 1º Ressalvadas outras situações previstas neste Código, a arrematação poderá, no entanto, ser:

I – invalidada, quando realizada por preço vil ou com outro vício;

II – considerada ineficaz, se não observado o disposto no art. 804;

III – resolvida, se não for pago o preço ou se não for prestada a caução.

---

468 *"Art. 1.482. Realizada a praça, o executado poderá, até a assinatura do auto de arrematação ou até que seja publicada a sentença de adjudicação, remir o imóvel hipotecado, oferecendo preço igual ao da avaliação, se não tiver havido licitantes, ou ao do maior lance oferecido. Igual direito caberá ao cônjuge, aos descendentes ou ascendentes do executado."*

§ 2º O juiz decidirá acerca das situações referidas no § 1º, se for provocado em até 10 (dez) dias após o aperfeiçoamento da arrematação.

§ 3º Passado o prazo previsto no § 2º sem que tenha havido alegação de qualquer das situações previstas no § 1º, será expedida a carta de arrematação e, conforme o caso, a ordem de entrega ou mandado de imissão na posse.

§ 4º Após a expedição da carta de arrematação ou da ordem de entrega, a invalidação da arrematação poderá ser pleiteada por ação autônoma, em cujo processo o arrematante figurará como litisconsorte necessário.

§ 5º O arrematante poderá desistir da arrematação, sendo-lhe imediatamente devolvido o depósito que tiver feito:

I – se provar, nos 10 (dez) dias seguintes, a existência de ônus real ou gravame não mencionado no edital;

II – se, antes de expedida a carta de arrematação ou a ordem de entrega, o executado alegar alguma das situações previstas no § 1º;

III – uma vez citado para responder a ação autônoma de que trata o § 4º deste artigo, desde que apresente a desistência no prazo de que dispõe para responder a essa ação.

§ 6º Considera-se ato atentatório à dignidade da justiça a suscitação infundada de vício com o objetivo de ensejar a desistência do arrematante, devendo o suscitante ser condenado, sem prejuízo da responsabilidade por perdas e danos, ao pagamento de multa, a ser fixada pelo juiz e devida ao exequente, em montante não superior a vinte por cento do valor atualizado do bem.

Notas:

O presente dispositivo procura aperfeiçoar matéria constante do art. 694 do CPC/1973.

Conforme já objeto de comentários anteriores, inobstante a modalidade de leilão (eletrônico ou presencial), considera-se a arrematação perfeita, acabada e irretratável quando da assinatura do auto de arrematação pelo juiz, pelo arrematante e pelo leiloeiro, ainda que venham a ser interpostos e julgados procedentes os embargos do executado ou a ação autônoma de que trata o § 4º do presente artigo, isto é, mesmo diante de eventual propositura de embargos ou ação autônoma por parte do executado, o bem continuará com o arrematante, cabendo assim em caso de sucesso em qualquer das *actios* citadas, a possibilidade de reparação pelos prejuízos sofridos ao executado.

Fato é que, em regra, não poderá o arrematante mais se arrepender da aquisição, isso após consolidado o auto de arrematação, ficando ele ainda sujeito à incidência das consequências dos arts. 895, § 5º e 897, respectivamente.

Cabe salientar que a simples assinatura do auto de arrematação não possui o condão de transferir a propriedade da coisa adquirida, necessitando para tanto o registro da carta de arrematação (bem imóvel) ou a tradição (bem móvel) para que o efeito da aquisição seja reconhecido.

Em que pese à afirmativa do *caput* do presente dispositivo, este que considera perfeita, acabada e irretratável a arrematação quando da assinatura do auto, aponta o § 1º para situações as quais pode a mesma ser desconstituída, seja no plano da invalidez, quando p. ex., realizada por preço considerado vil; da ineficácia, quando não forem intimados da alienação de bem gravado por penhor, hipoteca ou anticrese, o credor pignoratício, hipotecário ou anticrético, *ex vi* do art. 804 e mesmo considerada resolvida, quando achar-se inadimplente o arrematante, considerando aí também a ausência de constituição de garantia em casos de pagamento parcelado para aquisição do bem em leilão.

Tais situações serão analisadas e resolvidas pelo juiz competente caso venha este ser provocado em até 10 (dez) dias após o aperfeiçoamento da arrematação, diga-se, da assinatura do auto (§ 2º).[469]

Uma vez passado o prazo previsto no § 2º sem que tenha havido alegação de qualquer das situações previstas no § 1º, será expedida a carta de arrematação e, conforme o caso, a ordem de entrega ou mandado de imissão na posse, conforme disposição expressa no § 3º.

Lado outro, regra o § 4º que, uma vez expedida a carta de arrematação ou a ordem de entrega do bem, a invalidação da arrematação será passível de ser pleiteada por meio de ação autônoma, figurando nesta, como litisconsorte necessário, o arrematante.

Há de se considerar que dita ação é cabível também em outros meios de expropriação de bens (adjudicação e alienação particular), figurando-se como substitutiva dos denominados "embargos de segunda fase", este extinto pelo CPC/2015, usado para se opor perante a adjudicação, alienação ou mesmo à arrematação.

Poderá o arrematante desistir da arrematação, tendo imediatamente o direito à devolução da quantia depositada em três hipóteses relatadas pelos incisos I, II e II do § 5º, quais sejam:

- se provar, nos 10 (dez) dias seguintes, a existência de ônus real ou gravame não mencionado no edital;
- se, antes de expedida a carta de arrematação ou a ordem de entrega, o executado alegar alguma das situações previstas no § 1º;

---

469 Nos casos de adjudicação, conforme sustenta o art. 877, o prazo para conhecimento do magistrado será de 5 (cinco) dias e não de 10 (dez).

- uma vez citado para responder a ação autônoma de que trata o § 4º deste artigo, desde que apresente a desistência no prazo de que dispõe para responder a essa ação.

O ordenamento não tolera qualquer chicana ou agressão à boa-fé processual (art. 5º)[470], algo tão caro para todos aqueles que direta ou indiretamente procuram ou atuam no serviço público da justiça para buscar a realização do direito ao justo.

Nisso, explícito está para ato praticado de forma atentatória à dignidade da justiça em sede de arrematação, como aquele decorrente de alegação infundada de vício com o objetivo de ensejar a desistência do arrematante, devida sanção a ser aplicada ao suscitante, este que, uma vez condenado por reprimível ato, sem prejuízo da responsabilidade por perdas e danos, pagará multa a ser fixada pelo juiz e devida ao exequente, em montante não superior a vinte por cento do valor atualizado do bem (§ 6º).

Enunciado das Jornadas de Direito Processual Civil do Conselho da Justiça Federal:

Nº 218 do CJF: A decisão a que se refere o art. 903, § 2º, do CPC é interlocutória e impugnável por agravo de instrumento (art. 1.015, parágrafo único, do CPC).

Enunciados do Fórum Permanente de Processualistas Civis:

Nº 542 do FPPC: Na hipótese de expropriação de bem por arrematante arrolado no art. 890, é possível o desfazimento da arrematação.

Nº 644 do FPPC: A ação autônoma referida no § 4º do art. 903 com base na alegação de preço vil não pode invalidar a arrematação.

Seção V
Da Satisfação do Crédito

Art. 904. A satisfação do crédito exequendo far-se-á:

I – pela entrega do dinheiro;

II – pela adjudicação dos bens penhorados.

Notas:

Uma vez completada toda a arrematação, a satisfação do exequente far-se-á mediante a entrega do dinheiro ao mesmo (art. 904, I do CPC), por ordem do magistrado ao depositário, podendo esta ordem ser decretada de ofício

470 *"Art. 5º Aquele que de qualquer forma participa do processo deve comportar-se de acordo com a boa-fé".*

ou a requerimento da parte, configurando-se em dever legal do depositário cumpri-la. Ainda, atesta o inciso II que a satisfação também poder se dar pela adjudicação dos bens ora penhorados.

Art. 905. O juiz autorizará que o exequente levante, até a satisfação integral de seu crédito, o dinheiro depositado para segurar o juízo ou o produto dos bens alienados, bem como do faturamento de empresa ou de outros frutos e rendimentos de coisas ou empresas penhoradas, quando:

I – a execução for movida só a benefício do exequente singular, a quem, por força da penhora, cabe o direito de preferência sobre os bens penhorados e alienados;

II – não houver sobre os bens alienados outros privilégios ou preferências instituídos anteriormente à penhora.

Parágrafo único. Durante o plantão judiciário, veda-se a concessão de pedidos de levantamento de importância em dinheiro ou valores ou de liberação de bens apreendidos.

Notas:

Trata o *caput* do dispositivo em comento, da possibilita de o exequente, enquanto credor, promover o levantamento de seu crédito que, em razão da execução, foi depositado em juízo, seja este oriundo de depósito em dinheiro, o qual pode decorrer inclusive da alienação de algum bem penhorado, ou mesmo de depósitos contínuos em penhora do faturamento mensal ou outros frutos e rendimentos de coisas ou empresas penhoradas, tendo estas últimas hipóteses sido acrescentadas ao presente artigo, colocando-o em sintonia com as modalidades de penhora referendadas pelo NCPC (arts. 866 e 867), uma vez que não estavam todas elas descritas na redação do art. 709, correspondente deste no CPC/1973.

Porém, advertido está, que tais medidas somente serão possíveis, se verificadas as condições impostas pelos incisos I e II, ou seja, quando tratar-se de execução em benefício de exequente singular e inexistirem sobre o bem penhorado outros privilégios e garantias anteriores à penhora. Com isso, busca-se viabilizar a satisfação do crédito e a consequente extinção da execução, quando o levantamento dos depósitos alcançar seu valor integral, proporcionando o alcance da efetividade processual.

Outrossim, por mais que se vislumbre hipóteses de levantamento de crédito ao longo da demanda, de forma a permitir, paulatinamente, a satisfação do direito, tais medidas, de acordo com o parágrafo único do presente artigo, não serão concedidas durante o plantão judiciário, restringindo-se apenas ao juiz titular do processo, poderes para deferir pedido de levantamento de dinheiro ou de liberação de bens apreendidos.

Art. 906. Ao receber o mandado de levantamento, o exequente dará ao executado, por termo nos autos, quitação da quantia paga.

Parágrafo único. A expedição de mandado de levantamento poderá ser substituída pela transferência eletrônica do valor depositado em conta vinculada ao juízo para outra indicada pelo exequente.

Notas:

Ao receber o mandado de levantamento da quantia, o exequente dará ao executado, por termo nos autos, devida quitação da quantia paga (art. 906), o que, obviamente, não quer dizer em exoneração integral do executado, pois que poderá ocorrer a situação em que o quantum levantado ainda seja inferior ao crédito exequendo, permitindo-se nessa hipótese, ainda que seja dada quitação parcial, a continuidade da execução pela quantia faltante.

Vale destacar que a expedição de mandado de levantamento poderá ser licitamente substituída pela transferência eletrônica do valor depositado em conta vinculada ao juízo para outra indicada pelo exequente.

Art. 907. Pago ao exequente o principal, os juros, as custas e os honorários, a importância que sobrar será restituída ao executado.

Notas:

Conforme pontifica o art. 907, uma vez pago ao exequente o principal, os juros, as custas e os honorários, a importância que sobrar será devidamente restituída ao executado

Art. 908. Havendo pluralidade de credores ou exequentes, o dinheiro lhes será distribuído e entregue consoante a ordem das respectivas preferências.

§ 1º No caso de adjudicação ou alienação, os créditos que recaem sobre o bem, inclusive os de natureza propter rem, sub-rogam-se sobre o respectivo preço, observada a ordem de preferência.

§ 2º Não havendo título legal à preferência, o dinheiro será distribuído entre os concorrentes, observando-se a anterioridade de cada penhora.

Notas:

Concorrendo vários credores, o dinheiro ser-lhes-á distribuído e entregue consoante a ordem das respectivas preferências. Tratando-se de adjudicação ou alienação, os créditos que recaem sobre o bem, inclusive os de natureza *propter rem*, sub-rogam-se sobre o respectivo preço, observada a ordem de preferência (§ 1º do art. 908).

Lado outro, não havendo título legal à preferência, o dinheiro será distribuído entre os concorrentes, cabendo observar-se a anterioridade de cada penhora (§ 2º do art. 908).

Súmulas:

STJ nº 478: Na execução de crédito relativo a cotas condominiais, este tem preferência sobre o hipotecário.

STJ nº 497: Os créditos das autarquias federais preferem aos créditos da Fazenda estadual desde que coexistam penhoras sobre o mesmo bem.

Art. 909. Os exequentes formularão as suas pretensões, que versarão unicamente sobre o direito de preferência e a anterioridade da penhora, e, apresentadas as razões, o juiz decidirá.

Notas:

Existindo vários credores exequentes, o magistrado dará a cada um deles a oportunidade de apresentar suas razões quanto ao direito de preferência ou quanto à anterioridade da penhora e, levando-se em conta as regras sobre o tema, decidirá, definindo a ordem de pagamento.

Súmula:

STJ nº 270: O protesto pela preferência de crédito, apresentado por ente federal em execução que tramita na Justiça Estadual, não desloca a competência para a Justiça Federal.

CAPÍTULO V
DA EXECUÇÃO CONTRA A FAZENDA PÚBLICA

Art. 910. Na execução fundada em título extrajudicial, a Fazenda Pública será citada para opor embargos em 30 (trinta) dias.

§ 1º Não opostos embargos ou transitada em julgado a decisão que os rejeitar, expedir-se-á precatório ou requisição de pequeno valor em favor do exequente, observando-se o disposto no art. 100 da Constituição Federal.

§ 2º Nos embargos, a Fazenda Pública poderá alegar qualquer matéria que lhe seria lícito deduzir como defesa no processo de conhecimento.

§ 3º Aplica-se a este Capítulo, no que couber, o disposto nos artigos 534 e 535.

Notas:

Trata especificamente o CPC no art. 910 da execução por quantia certa ajuizada em face da Fazenda Pública, esta relativa à satisfação de crédito decorrente de título executivo extrajudicial. Tal qual já outrora visto em sede de Cumprimento da Sentença que reconheça a exigibilidade de obrigação de pagar quantia certa pela Fazenda Pública, procedimento este para fins satisfativos decorrentes de título executivo judicial (arts. 534 e 535 do CPC), o rito enfrentado neste momento também diz respeito apenas às execuções em que a Fazenda figura no polo passivo.

É de se atentar para o fato de que a expressão "Fazenda Pública" engloba todas as pessoas jurídicas de direito público interno (União, Estados, Municípios, Distrito Federal, autarquias e fundações públicas). Já, quando a Fazenda Pública atuar como exequente, o procedimento será o da denominada Execução Fiscal devidamente previsto na Lei nº 6.830/80.

Como já referendado na presente obra, sobretudo no que toca aos limites políticos que cerceiam a satisfação do direito por via da execução, os bens públicos são considerados impenhoráveis, resultando disso reflexos inegavelmente importantes que repercutirão certamente no procedimento das execuções contra a Fazenda Pública, como, por exemplo, na questão relativa à impossibilidade de alienação de bens.

É certo que a inalienabilidade decorre da impenhorabilidade, sendo, realmente, consequência desta. Bem aponta, no entanto, Araken de Assis que "os bens públicos dominicais, integrantes do patrimônio das pessoas jurídicas de direito público (art. 99, III, do CC-02), bem como das pessoas jurídicas de direito público 'a que se tenha dado estrutura de direito privado' (art. 99, parágrafo único, do CC-02) – por exemplo, as fundações instituídas pelo poder público com personalidade de direito privado – comportam alienação, 'observadas as exigências da lei', consoante dispõe o art. 101."

E completa:

> "Nem por isso, todavia, os bens públicos dominicais se tornam penhoráveis, ou seja, é de se promover a respectiva desafetação, autorizando a devida alienação, isso em cada caso e para finalidades especiais, cabendo tal conteúdo às leis federais estaduais, distritais e municipais."

Mantém-se, portanto, viva orientação de Pontes de Miranda, para quem: "Todos os bens públicos somente podem ser alienados se a lei o permite e segundo ela o permita."[471]

Por força do § 3º do art. 910, aplica-se ao procedimento da Execução contra a Fazenda Pública, notadamente, no que couber, o disposto nos arts. 534 e 535 do CPC, estes relativos, conforme já acentuado, ao Cumprimento da

[471] *Tratado de Direito Privado*. Vol. 2. 3. ed. Rio de Janeiro: Borsoi, 1971, p. 142.

Sentença que reconheça a exigibilidade de obrigação de pagar quantia certa pela Fazenda Pública.

Súmula:

STJ nº 279: É cabível execução por título extrajudicial contra a Fazenda Pública.

Remissões:

- Art. 100 da CRFB/88:

"Art. 100. Os pagamentos devidos pelas Fazendas Públicas Federal, Estaduais, Distrital e Municipais, em virtude de sentença judiciária, far-se-ão exclusivamente na ordem cronológica de apresentação dos precatórios e à conta dos créditos respectivos, proibida a designação de casos ou de pessoas nas dotações orçamentárias e nos créditos adicionais abertos para este fim.

§ 1º Os débitos de natureza alimentícia compreendem aqueles decorrentes de salários, vencimentos, proventos, pensões e suas complementações, benefícios previdenciários e indenizações por morte ou por invalidez, fundadas em responsabilidade civil, em virtude de sentença judicial transitada em julgado, e serão pagos com preferência sobre todos os demais débitos, exceto sobre aqueles referidos no § 2º deste artigo.

§ 2º Os débitos de natureza alimentícia cujos titulares, originários ou por sucessão hereditária, tenham 60 (sessenta) anos de idade, ou sejam portadores de doença grave, ou pessoas com deficiência, assim definidos na forma da lei, serão pagos com preferência sobre todos os demais débitos, até o valor equivalente ao triplo fixado em lei para os fins do disposto no § 3º deste artigo, admitido o fracionamento para essa finalidade, sendo que o restante será pago na ordem cronológica de apresentação do precatório.

§ 3º O disposto no *caput* deste artigo relativamente à expedição de precatórios não se aplica aos pagamentos de obrigações definidas em leis como de pequeno valor que as Fazendas referidas devam fazer em virtude de sentença judicial transitada em julgado.

§ 4º Para os fins do disposto no § 3º, poderão ser fixados, por leis próprias, valores distintos às entidades de direito público, segundo as diferentes capacidades econômicas, sendo o mínimo igual ao valor do maior benefício do regime geral de previdência social.

§ 5º É obrigatória a inclusão, no orçamento das entidades de direito público, de verba necessária ao pagamento de seus débitos, oriundos de sentenças transitadas em julgado, constantes de precatórios judiciários apresentados até 1º de julho, fazendo-se o pagamento até o final do exercício seguinte, quando terão seus valores atualizados monetariamente.

§ 6º As dotações orçamentárias e os créditos abertos serão consignados diretamente ao Poder Judiciário, cabendo ao Presidente do Tribunal que proferir a decisão exequenda determinar o pagamento integral e autorizar, a requerimento do credor e exclusivamente para os casos de preterimento de seu direito de precedência ou de não alocação orçamentária do valor necessário à satisfação do seu débito, o sequestro da quantia respectiva.

§ 7º O Presidente do Tribunal competente que, por ato comissivo ou omissivo, retardar ou tentar frustrar a liquidação regular de precatórios incorrerá em crime de responsabilidade e responderá, também, perante o Conselho Nacional de Justiça.

§ 8º É vedada a expedição de precatórios complementares ou suplementares de valor pago, bem como o fracionamento, repartição ou quebra do valor da execução para fins de enquadramento de parcela do total ao que dispõe o § 3º deste artigo.

§ 9º No momento da expedição dos precatórios, independentemente de regulamentação, deles deverá ser abatido, a título de compensação, valor correspondente aos débitos líquidos e certos, inscritos ou não em dívida ativa e constituídos contra o credor original pela Fazenda Pública devedora, incluídas parcelas vincendas de parcelamentos, ressalvados aqueles cuja execução esteja suspensa em virtude de contestação administrativa ou judicial.

§ 10. Antes da expedição dos precatórios, o Tribunal solicitará à Fazenda Pública devedora, para resposta em até 30 (trinta) dias, sob pena de perda do direito de abatimento, informação sobre os débitos que preencham as condições estabelecidas no § 9º, para os fins nele previstos.

§ 11. É facultada ao credor, conforme estabelecido em lei da entidade federativa devedora, a entrega de créditos em precatórios para compra de imóveis públicos do respectivo ente federado.

§ 12. A partir da promulgação desta Emenda Constitucional, a atualização de valores de requisitórios, após sua expedição, até o efetivo pagamento, independentemente de sua natureza, será feita pelo índice oficial de remuneração básica da caderneta de poupança, e, para fins de compensação da mora, incidirão juros simples no mesmo percentual de juros incidentes sobre a caderneta de poupança, ficando excluída a incidência de juros compensatórios.

§ 13. O credor poderá ceder, total ou parcialmente, seus créditos em precatórios a terceiros, independentemente da concordância do devedor, não se aplicando ao cessionário o disposto nos §§ 2º e 3º.

§ 14. A cessão de precatórios somente produzirá efeitos após comunicação, por meio de petição protocolizada, ao tribunal de origem e à entidade devedora.

§ 15. Sem prejuízo do disposto neste artigo, lei complementar a esta Constituição Federal poderá estabelecer regime especial para pagamento de crédito de precatórios de Estados, Distrito Federal e Municípios, dispondo sobre vinculações à receita corrente líquida e forma e prazo de liquidação.

§ 16. A seu critério exclusivo e na forma de lei, a União poderá assumir débitos, oriundos de precatórios, de Estados, Distrito Federal e Municípios, refinanciando-os diretamente.

§ 17. A União, os Estados, o Distrito Federal e os Municípios aferirão mensalmente, em base anual, o comprometimento de suas respectivas receitas correntes líquidas com o pagamento de precatórios e obrigações de pequeno valor.

§ 18. Entende-se como receita corrente líquida, para os fins de que trata o § 17, o somatório das receitas tributárias, patrimoniais, industriais, agropecuárias, de contribuições e de serviços, de transferências correntes e outras receitas correntes, incluindo as oriundas do § 1º do art. 20 da Constituição Federal, verificado no período compreendido pelo segundo mês imediatamente anterior ao de referência e os 11 (onze) meses precedentes, excluídas as duplicidades, e deduzidas:

I – na União, as parcelas entregues aos Estados, ao Distrito Federal e aos Municípios por determinação constitucional;

II – nos Estados, as parcelas entregues aos Municípios por determinação constitucional;

III – na União, nos Estados, no Distrito Federal e nos Municípios, a contribuição dos servidores para custeio de seu sistema de previdência e assistência social e as receitas provenientes da compensação financeira referida no § 9º do art. 201 da Constituição Federal.

§ 19. Caso o montante total de débitos decorrentes de condenações judiciais em precatórios e obrigações de pequeno valor, em período de 12 (doze) meses, ultrapasse a média do comprometimento percentual da receita corrente líquida nos 5 (cinco) anos imediatamente anteriores, a parcela que exceder esse percentual poderá ser financiada, excetuada dos limites de endividamento de que tratam os incisos VI e VII do art. 52 da Constituição Federal e de quaisquer outros limites de endividamento previstos, não se aplicando a esse financiamento a vedação de vinculação de receita prevista no inciso IV do art. 167 da Constituição Federal.

§ 20. Caso haja precatório com valor superior a 15% (quinze por cento) do montante dos precatórios apresentados nos termos do § 5º deste artigo, 15% (quinze por cento) do valor deste precatório serão pagos até o final do exercício seguinte e o restante em parcelas iguais nos cinco exercícios subsequentes, acrescidas de juros de mora e correção monetária, ou mediante acordos diretos, perante Juízos Auxiliares de Conciliação de Precatórios, com redução máxima de 40% (quarenta por cento) do valor do crédito atualizado, desde que em relação ao crédito não penda recurso ou defesa judicial e que sejam observados os requisitos definidos na regulamentação editada pelo ente federado".

– Art. 17, da Lei nº 10.259/2001 (dispõe sobre a instituição dos Juizados Especiais Cíveis e Criminais no âmbito da Justiça Federal):

"Art. 17. Tratando-se de obrigação de pagar quantia certa, após o trânsito em julgado da decisão, o pagamento será efetuado no prazo de sessenta dias, contados da entrega da requisição, por ordem do Juiz, à autoridade citada para a causa, na agência mais próxima da Caixa Econômica Federal ou do Banco do Brasil, independentemente de precatório.

§ 1º Para os efeitos do § 3º do art. 100 da Constituição Federal, as obrigações ali definidas como de pequeno valor, a serem pagas independentemente de precatório, terão como limite o mesmo valor estabelecido nesta Lei para a competência do Juizado Especial Federal Cível (art. 3º, *caput*).

§ 2º Desatendida a requisição judicial, o Juiz determinará o sequestro do numerário suficiente ao cumprimento da decisão.

§ 3º São vedados o fracionamento, repartição ou quebra do valor da execução, de modo que o pagamento se faça, em parte, na forma estabelecida no § 1º deste artigo, e, em parte, mediante expedição do precatório, e a expedição de precatório complementar ou suplementar do valor pago.

§ 4º Se o valor da execução ultrapassar o estabelecido no § 1º, o pagamento far-se-á, sempre, por meio do precatório, sendo facultado à parte exequente a renúncia ao crédito do valor excedente, para que possa optar pelo pagamento do saldo sem o precatório, da forma lá prevista".

Recurso Extraordinário

EMBARGOS DE DIVERGÊNCIA NOS EMBARGOS DE DECLARAÇÃO NO AGRAVO REGIMENTAL NO RECURSO EXTRAORDINÁRIO. ADMINISTRATIVO E PROCESSUAL CIVIL. PRECATÓRIO COMPLEMENTAR. JUROS DE MORA. COISA JULGADA. PRESSUPOSTOS ESPECÍFICOS DE ADMISSIBILIDADE RECURSAL PREENCHIDOS. ART. 546, II, DO CPC/1973. ART. 330 DO RISTF. DISSENSO JURISPRUDENCIAL DEMONSTRADO. INCIDÊNCIA DE JUROS MORATÓRIOS NO PRAZO ESTIPULADO CONSTITUCIONALMENTE PARA O PAGAMENTO DE PRECATÓRIO. IMPOSSIBILIDADE. VIOLAÇÃO DA COISA JULGADA. INOCORRÊNCIA. EMBARGOS DE DIVERGÊNCIA CONHECIDOS E PROVIDOS PARA,

REFORMANDO O ACÓRDÃO EMBARGADO, DAR PROVIMENTO AO RECURSO EXTRAORDINÁRIO, A FIM DE EXCLUIR A INCIDÊNCIA DE JUROS MORATÓRIOS NO PRAZO ESTABELECIDO CONSTITUCIONALMENTE PARA O PAGAMENTO DO PRECATÓRIO, COM FIXAÇÃO DA SEGUINTE TESE: "DURANTE O PERÍODO PREVISTO NO PARÁGRAFO 1º DO ARTIGO 100 DA CONSTITUIÇÃO, NÃO INCIDEM JUROS DE MORA SOBRE OS PRECATÓRIOS QUE NELE SEJAM PAGOS". (STF, RE 594.892 AgR-ED-EDv, Relator(a): Luiz Fux, Tribunal Pleno. Jul. em 01/07/2020, Processo Eletrônico DJe-259 Divulg. 27-10-2020 Public. 28-10-2020).

Enunciado do Fórum Permanente de Processualistas Civis:

Nº 240 do FPPC: São devidos honorários nas execuções fundadas em título executivo extrajudicial contra a Fazenda Pública, a serem arbitrados na forma do § 3º do art. 85.

CAPÍTULO VI
DA EXECUÇÃO DE ALIMENTOS

Art. 911. Na execução fundada em título executivo extrajudicial que contenha obrigação alimentar, o juiz mandará citar o executado para, em 3 (três) dias, efetuar o pagamento das parcelas anteriores ao início da execução e das que se vencerem no seu curso, provar que o fez ou justificar a impossibilidade de fazê-lo.

Parágrafo único. Aplicam-se, no que couber, os §§ 2º a 7º do art. 528.

Notas:

Tratando-se de execução fundada em título executivo extrajudicial que contenha obrigação alimentar, o juiz, diante de petição inicial apresentada pelo exequente, mandará citar o executado pessoalmente para que, em 3 (três) dias, pague o débito das parcelas anteriores ao início da execução e das que se vencerem no seu curso, provar que o fez ou apresentar justificativa que o impeça de quitá-las, conforme regra o art. 911, *caput* do CPC.

Destaca-se, desde já, que o executado será citado sob o manto das regras do art. 231 do CPC.

Por força do parágrafo único do art. 911, à presente execução aplicados serão os regramentos contidos nos §§ 2º a 7º do art. 528 (relativos ao Cumprimento da Sentença que reconheça a exigibilidade de obrigação de prestar alimentos), sempre que assim os couber.

Nestes termos então, diante do referido prazo de 3 (três) dias, caso o executado não cumpra sua obrigação, não prove que a fez, não apresente justificativa demonstrando sua impossibilidade de efetuar o débito devido ou apresentando-a, não consiga comprovar aludida impossibilidade, o magistrado mandará protestar o pronunciamento judicial,[472] aplicando ao caso, no que couber, o disposto no art. 517, este que regula o protesto de decisão judicial (§§ 1º e 2º do art. 528 do CPC).

Vale notar que, diferente do que regra as disposições do art. 517, o protesto neste caso não se dará apenas por decisão transitada em julgado, cabendo também quanto à decisão interlocutória que determina pagamento de pensão alimentícia. Outro ponto diferenciador daquele regime insculpido no art. 517 é quanto à iniciativa do protesto. Neste, caberá ao credor requerer o protesto do título judicial. Já, no que se refere ao regime dos alimentos, o próprio juiz, de ofício, é que dará cabo ao mesmo.

Além do protesto supracitado, caberá ao juiz decretar a prisão do executado pelo prazo de 1 (um) a 3 (três) meses, sendo esta cumprida em regime fechado, devendo o preso ficar separado dos presos comuns (§§ 3º e 4º do art. 528 do CPC).

O débito alimentar autorizador da a prisão civil do alimentante, conforme expressa literalmente o § 7º do art. 528 é aquele que compreende até as 3 (três) prestações anteriores ao ajuizamento da execução e as que se vencerem no curso do processo.

Uma vez quitada devidamente a prestação alimentícia em débito, o juiz suspenderá o cumprimento da ordem de prisão (§ 6º do art. 528).

Insta ressaltar ainda que, mesmo cumprindo a pena, não estará o executado livre do pagamento das prestações vencidas e vincendas (§ 5º do art. 528).

Art. 912. Quando o executado for funcionário público, militar, diretor ou gerente de empresa, bem como empregado sujeito à legislação do trabalho, o exequente poderá requerer o desconto em folha de pagamento de pessoal da importância da prestação alimentícia.

§ 1º Ao despachar a inicial, o juiz oficiará à autoridade, à empresa ou ao empregador, determinando, sob pena de crime de desobediência, o desconto a partir da primeira remuneração posterior do executado, a contar do protocolo do ofício.

§ 2º O ofício conterá os nomes e o número de inscrição no Cadastro de Pessoas Físicas do exequente e do executado, a importância a ser descontada

---

472 No mesmo sentido, CÂMARA, Alexandre Freitas. *O Novo Processo Civil Brasileiro*. São Paulo: Atlas, 2015, p. 404.

mensalmente, a conta na qual deve ser feito o depósito e, se for o caso, o tempo de sua duração.

Notas:

Sendo o executado servidor público, militar, diretor ou gerente de empresa, bem como empregado sujeito à legislação do trabalho, o exequente poderá requerer o desconto em folha de pagamento de pessoal da importância da prestação alimentícia. Neste caso, o magistrado, ao despachar a inicial, oficiará à autoridade, à empresa ou ao empregador do executado, determinando, sob pena de crime de desobediência, o desconto a partir da primeira remuneração posterior do executado, a contar do protocolo do ofício (art. 912, *caput* e §§ 1º e 2º do CPC).

É de sublinhar que aludido ofício deverá conter os nomes e o número de inscrição no Cadastro de Pessoas Físicas do exequente e do executado, a importância a ser descontada mensalmente, a conta na qual deve ser feito o depósito e, em sendo o caso, o tempo de duração de tal desconto (§ 2º do art. 912).

Art. 913. Não requerida a execução nos termos deste Capítulo, observar-se-á o disposto no art. 824 e seguintes, com a ressalva de que, recaindo a penhora em dinheiro, a concessão de efeito suspensivo aos embargos à execução não obsta a que o exequente levante mensalmente a importância da prestação.

Notas:

Caso o exequente não requeira a execução nos moldes supracitados neste Capítulo, poderá fazê-lo de acordo com o procedimento disposto no art. 824 e ss., ou seja, pela via da execução padrão relativa ao pagamento de quanta certa (art. 913); porém, neste caso, não estará a postular a prisão do executado.

Importante frisar que, optando o exequente pela execução por quantia certa, caso a penhora recaia em dinheiro, a concessão do efeito suspensivo dos embargos à execução não obstará a que este mesmo exequente levante mensalmente a importância da prestação que fora se vencendo, conforme bem expressa a regra do art. 913, *in fine*.

TÍTULO III
DOS EMBARGOS À EXECUÇÃO

Art. 914. O executado, independentemente de penhora, depósito ou caução, poderá se opor à execução por meio de embargos.

§ 1º Os embargos à execução serão distribuídos por dependência, autuados em apartado e instruídos com cópias das peças processuais relevantes, que poderão ser declaradas autênticas pelo próprio advogado, sob sua responsabilidade pessoal.

§ 2º Na execução por carta, os embargos serão oferecidos no juízo deprecante ou no juízo deprecado, mas a competência para julgá-los é do juízo deprecante, salvo se versarem unicamente sobre vícios ou defeitos da penhora, da avaliação ou da alienação dos bens efetuadas no juízo deprecado.

Notas:

Mantendo a trilha já edificada pela Lei nº 11.382/2006, o CPC/2015 prevê, em seu art. 914, que o executado, independentemente de penhora, depósito ou caução, poderá se opor à execução por meio de embargos.

Diante de inteligência da regra supracitada, a segurança do juízo continua passando longe de qualquer pressuposto básico para o ajuizamento dos embargos do executado, podendo esse, no prazo legal, impetrá-lo, visando à desconstituição do título ou apenas perseguindo a extinção do processo de execução, independentemente da constituição da penhora nos autos da execução ou prestação de outra garantia.

Insta assinalar que a aludida regra, de certo, não terá o condão de afastar a possibilidade da existência de execuções frustradas por ausência de bens do executado, não custando nada lembrar que a responsabilidade do devedor será, na execução, sempre patrimonial.[473]

No CPC/2015, a distribuição dos embargos continua sendo por dependência junto ao juízo da execução, notoriamente, motivada pela conhecida relação de conexão por prejudicialidade que mantém com o processo de execução, podendo o juiz, por cautela e evitando confusão processual, ante a ausência do efeito suspensivo *open legis* dos embargos e, mesmo a despeito de omissão legal, certificar nos autos da execução a existência de tal ação incidental do executado.

No que se refere à autuação dos embargos, disciplina o CPC em seu art. 914, § 1º, que os mesmos serão autuados em apartado e instruídos com cópias das peças processuais que o embargante entenda sejam relevantes, podendo, inclusive, serem as mesmas declaradas autênticas pelo advogado, sob sua responsabilidade pessoal.

---

473 Chama atenção aí o Princípio da Realidade (Patrimonialidade), em que, de acordo com o art. 789, todos os bens do devedor, sejam eles presentes sejam futuros, respondem por suas obrigações, salvo as restrições estabelecidas em lei, *v.g.*, dívidas de alimentos, (art. 5º, LXVII, da CF/88).

Cabe destacar que, na execução por carta, os embargos serão oferecidos no juízo deprecante ou no juízo deprecado, mas a competência para julgá-los é do juízo deprecante, salvo se versarem unicamente sobre vícios ou defeitos da penhora, da avaliação ou da alienação dos bens efetuadas no juízo deprecado, conforme regula o § 2º do art. 914 do CPC.

Remissão:

– Art. 7º da Lei nº 9.289/1996 (dispõe sobre as custas devidas à União, na Justiça Federal de primeiro e segundo graus e dá outras providências):

"Art. 7º A reconvenção e os embargos à execução não se sujeitam ao pagamento de custas".

Súmula:

STJ nº 46: Na execução por carta, os embargos do devedor serão decididos no juízo deprecante, salvo se versarem unicamente vícios ou defeitos da penhora, avaliação ou alienação dos bens.

Enunciados do Fórum Permanente de Processualistas Civis:

Nº 543 do FPPC: Em execução de título executivo extrajudicial, o juízo arbitral é o competente para conhecer das matérias de defesa abrangidas pela convenção de arbitragem.

Nº 544 do FPPC: Admite-se a celebração de convenção de arbitragem, ainda que a obrigação esteja representada em título executivo extrajudicial.

Art. 915. Os embargos serão oferecidos no prazo de 15 (quinze) dias, contado, conforme o caso, na forma do art. 231.

§ 1º Quando houver mais de um executado, o prazo para cada um deles embargar conta-se a partir da juntada do respectivo comprovante da citação, salvo no caso de cônjuges ou de companheiros, quando será contado a partir da juntada do último.

§ 2º Nas execuções por carta, o prazo para embargos será contado:

I – da juntada, na carta, da certificação da citação, quando versarem unicamente sobre vícios ou defeitos da penhora, da avaliação ou da alienação dos bens;

II – da juntada, nos autos de origem, do comunicado de que trata o § 4º deste artigo ou, não havendo este, da juntada da carta devidamente cumprida, quando versarem sobre questões diversas da prevista no inciso I deste parágrafo.

§ 3º Em relação ao prazo para oferecimento dos embargos à execução, não se aplica o disposto no art. 229.

§ 4º Nos atos de comunicação por carta precatória, rogatória ou de ordem, a realização da citação será imediatamente informada, por meio eletrônico, pelo juiz deprecado ao juiz deprecante.

Notas:

Os embargos serão oferecidos no prazo de 15 (quinze) dias, contados, conforme o caso, na forma do art. 231 (*ex vi* do art. 915), bem como também contados de forma diferente daquele prazo para pagar em 3 dias (art. 829 do CPC).[474] Tal regra relativa ao prazo para a apresentação dos embargos mantém-se a mesma também diante da existência de uma pluralidade de executados, como se depreende do conteúdo do § 1º do art. 915 do CPC; portanto, o prazo para o oferecimento dos embargos para cada um dos executados terá início a partir da juntada aos autos do mandado de citação de cada um deles, não sendo aplicada a regra de que o prazo terá curso a partir da juntada aos autos do último mandado de citação devidamente cumprido.

Por tudo, temos que, na medida em que as citações forem sendo juntadas aos autos do processo, se inaugurará o prazo de 15 (quinze) dias para a apresentação dos embargos de maneira individual para cada um dos executados interessados na oferta de tal instrumento, independente da citação dos demais executados.

Exceção à regra acima enfrentada é posta ainda pelo mesmo § 1º, *in fine* do art. 915 do CPC. Expressa esse dispositivo legal, de forma categórica, que, em se tratando de cônjuges ou de companheiros, em relação litisconsorcial – estabelecido, por exemplo, na nomeação à penhora de bens imóveis do casal – o prazo terá como termo *a quo* a data da juntada aos autos do último mandado de citação, configurando-se, nessa situação, em prazo comum para a apresentação dos embargos.

Notadamente, possibilitando aos cônjuges de pleitearem em prazo comum os embargos e diante de conteúdos com reais similitudes, sobretudo em matérias passíveis de alegação pelos mesmos, poder-se-ia aproveitar uma mesma ação incidental de embargos, tentando evitar o aforamento de mais de uma ação de embargos e prestigiando o preceito da economia processual. Tal ressalva, inclusive, já era abraçada pela jurisprudência.[475]

Ainda dentro da seara temporal, foi positivado agora algo já enfrentado pelos pretórios, de um modo geral, com indicação decisória mansa e pacífica acerca

[474] No mesmo sentido está GAJARDONI, Fernando da Fonseca et al. *Execução e Recursos. Comentários ao CPC de 2015.* Vol.3 Rio de Janeiro: Forense; São Paulo: Método, 2017, p.511, para quem "o termo inicial do prazo do embargos não coincide com aquele previsto para o pagamento espontâneo pelo executado na execução de obrigação pecuniária (três dias contados da própria citação – art. 829, *caput*) ou, de forma geral, para o cumprimento voluntário da obrigação pelo executado (sempre a partir do próprio ato citatório, por se tratar de ato a ser praticado diretamente pela parte, ou seja, sem a necessidade de intermediação por advogado ou qualquer outro sujeito com capacidade postulatória – art. 231, § 3º).

[475] STJ. 4ª T. REsp 328.635/GO. Rel. Ruy Rosado. Julg. 12.03.2002, *DJU* de 20.05.2002, p. 150; STJ. 3ª T. REsp 681.266/DF. Rel. Min. Nany Andrighi. Julg. 02.06.2005, *DJU* de 01.07.2005, p. 530.

do entendimento relativo à não incidência da regra do art. 229 ao regime dos embargos.[476]

Expressa o § 3º do art. 915, *in verbis*: "*Em relação ao prazo para oferecimento dos embargos à execução, não se aplica o disposto no art. 229.*"

Como já dito, os embargos têm natureza de ação incidental, não se tratando, naturalmente, de uma contestação ou qualquer fala nos autos.

Assim, não caberá falar acerca do prazo em dobro para embargar, ainda que os executados/litisconsortes tenham procuradores diversos ou diferentes de escritórios de advocacia distintos. Trata-se, portanto, na hipótese de prazo simples.

Nos atos de comunicação por carta precatória, rogatória ou de ordem, a realização da citação será imediatamente informada, por meio eletrônico, pelo juiz deprecado ao juiz deprecante (§ 4º do art. 915), sendo o prazo para embargar, contado nos seguintes termos do § 2º do art. 915:

> I – da juntada, na carta, da certificação da citação, quando versarem unicamente sobre vícios ou defeitos da penhora, da avaliação ou da alienação dos bens;
>
> II – da juntada, nos autos de origem, do comunicado de que trata o § 4º supracitado ou, não havendo este, da juntada da carta devidamente cumprida, quando versarem sobre questões diversas da prevista no item I retrorreferido.

Entende-se, por isso, que, nas execuções por carta, o juízo deprecado deverá comunicar imediatamente ao juízo deprecante a respeito da conclusão do ato citatório, passando o prazo para o oferecimento dos embargos a ser contado a partir da juntada aos autos da execução da aludida comunicação, tudo decorrente de aviso por meio eletrônico, demonstrando, nesse compasso, a preocupação do legislador com a efetividade e presteza dos atos processuais, esses que, a despeito de inúmeros exageros formais e desnecessários que permeiam o nosso sistema processual, no caso em tela, espera-se que realmente haja o exercício amplo da novidade por nossa magistratura.

Cabe aqui ressaltar mais uma vez que, na execução por carta, os embargos serão oferecidos no juízo deprecante ou no juízo deprecado, mas a competência para julgá-los é do juízo deprecante, salvo se versarem unicamente sobre vícios

---

476 STF. 1ª T. RE 97.138-SP. Rel. Min. Soares Moñoz. Julg. 25.06.1982, RTJ 103/1.294; STF. 1ª T. RE 96.361-SP. Rel. Min. Alfredo Buzaid. Julg. 08.06.1982, *RTJ* 102/855; STJ. 4ª T. REsp 454-RJ. Rel. Min. Sálvio de Figueiredo. Julg. 22.08.1989, *RSTJ* 5/498.

ou defeitos da penhora, da avaliação ou da alienação dos bens efetuadas no juízo deprecado, conforme regula o § 2º do art. 914 do CPC.

Enunciados do Fórum Permanente de Processualistas Civis:

Nº 543 do FPPC: Em execução de título executivo extrajudicial, o juízo arbitral é o competente para conhecer das matérias de defesa abrangidas pela convenção de arbitragem.

Nº 544 do FPPC: Admite-se a celebração de convenção de arbitragem, ainda que a obrigação esteja representada em título executivo extrajudicial.

Art. 916. No prazo para embargos, reconhecendo o crédito do exequente e comprovando o depósito de trinta por cento do valor em execução, acrescido de custas e de honorários de advogado, o executado poderá requerer que lhe seja permitido pagar o restante em até 6 (seis) parcelas mensais, acrescidas de correção monetária e de juros de um por cento ao mês.

§ 1º O exequente será intimado para manifestar-se sobre o preenchimento dos pressupostos do *caput*, e o juiz decidirá o requerimento em 5 (cinco) dias.

§ 2º Enquanto não apreciado o requerimento, o executado terá de depositar as parcelas vincendas, facultado ao exequente seu levantamento.

§ 3º Deferida a proposta, o exequente levantará a quantia depositada, e serão suspensos os atos executivos.

§ 4º Indeferida a proposta, seguir-se-ão os atos executivos, mantido o depósito, que será convertido em penhora.

§ 5º O não pagamento de qualquer das prestações acarretará cumulativamente:

I – o vencimento das prestações subsequentes e o prosseguimento do processo, com o imediato reinício dos atos executivos;

II – a imposição ao executado de multa de dez por cento sobre o valor das prestações não pagas.

§ 6º A opção pelo parcelamento de que trata este artigo importa renúncia ao direito de opor embargos

§ 7º O disposto neste artigo não se aplica ao cumprimento da sentença.

Notas:

Observa-se que o *caput* do presente artigo objetiva a facilitação de quitação do débito, traduzindo-se como uma forma de estimular o reconhecimento da dívida, para fins de, com o pagamento, por fim à execução.

Estabelece, portanto, que no prazo para os embargos, caso o executado reconheça efetivamente o crédito do exequente e promova de imediato o depósito de 30% do valor da dívida, acrescido de custas e honorários advocatícios, lhe será concedido o direito de parcelar o restante do débito em até 6 (seis) parcelas mensais, acrescidas de correção monetária de juros de 1% (um por cento) ao mês.

Os §§ 1º e 2º foram acrescentados no CPC/2015, estabelecendo o direito do exequente de manifestar-se sobre o pedido do executado (§ 1º) lhe sendo possibilitado, nesse momento, trazer apenas quanto à verificação quanto ao cumprimento dos requisitos do *caput* pelo executado, não sendo permitido abordar outras questões. Em seguida, caberá ao magistrado decidir sobre o requerimento. Porém, enquanto tal requerimento não for apreciado pelo juiz, deverá o executado ir depositando as parcelas, à medida em que elas forem vencendo, sendo facultado ao exequente o levantamento dos valores (§ 2º).

Regram os §§ 3º e 4º que em caso de deferimento da proposta, ao exequente será permitido levantará a quantia, ficando suspensa a execução. Porém, sendo indeferida, será dado prosseguimento à execução e a quantia depositada será convertida em penhora.

De acordo com o § 5º, verificando-se o não pagamento de qualquer das prestações, ocorrerá o vencimento antecipado das parcelas subsequentes com incidência de multa no importe de 10%, dando sequência aos atos executivos (incisos I e II),[477], sendo vedada a interposição de embargos, já que a opção pelo parcelamento implica em renúncia ao direito de embargar (§ 6º), o que torna inócua a apresentação dos embargos concomitantemente à petição de requerimento de parcelamento do débito, medida esta também inútil pelo CPC/1973 (§ 2º do art. 745-A).

Por fim, estabelece o § 7º que as medidas constantes neste artigo, não se aplicam ao cumprimento de sentença, sendo, portanto, restrita à execução.

---

[477] Não se quer dizer, por outro lado, que restará imune o executado de situações que poderão, de maneira voluntária ou não, impedir-lhe o cumprimento efetivo de parcelas subsequentes; afinal, quem não está sujeito a intempéries? Logicamente, como em qualquer execução, não se pode ter garantia de que o executado possui ou possuirá patrimônio suficiente para saldar, seja por mínimo ou por completo a dívida contraída e devida. Ao exequente também se operam riscos em menor e maior grau.

Cumpre destacar aqui que vozes não faltarão a indicar o bom senso pelo qual se deve trilhar a análise detida do magistrado acerca da relevância ou não dos motivos que, possivelmente, poderão ensejar no não cumprimento pelo executado das parcelas subsequentes comprometidas à satisfação, dado que ao impedimento de se embargar por conta do aludido descumprimento e sendo esse motivado, por exemplo, por ausência de pecúnia suficiente, agravada por um caso fortuito, ensejaria, certamente, a que suspeitassem de transgressão, *in casu*, a aspectos de significância constitucional, como a liberdade de acesso ao Poder Judiciário (art. 5º, inciso XXXV, da CF) – princípio da inafastabilidade da jurisdição, insurgindo daí agressão ao direito de ação – no caso, de embargos do executado. Cf. GAIO JÚNIOR, Antônio Pereira. *Instituições de Direito Processual Civil*. 3 ed. ..., p. 915-916.

Enunciado do Fórum Permanente de Processualistas Civis:

Nº 331 do FPPC: O pagamento da dívida objeto de execução trabalhista pode ser requerido pelo executado nos moldes do art. 916.

Nº 543 do FPPC: Em execução de título executivo extrajudicial, o juízo arbitral é o competente para conhecer das matérias de defesa abrangidas pela convenção de arbitragem.

Nº 544 do FPPC: Admite-se a celebração de convenção de arbitragem, ainda que a obrigação esteja representada em título executivo extrajudicial.

Art. 917. Nos embargos à execução, o executado poderá alegar:

I – inexequibilidade do título ou inexigibilidade da obrigação;

II – penhora incorreta ou avaliação errônea;

III – excesso de execução ou cumulação indevida de execuções;

IV – retenção por benfeitorias necessárias ou úteis, nos casos de execução para entrega de coisa certa;

V – incompetência absoluta ou relativa do juízo da execução;

VI – qualquer matéria que lhe seria lícito deduzir como defesa em processo de conhecimento.

§ 1º A incorreção da penhora ou da avaliação poderá ser impugnada por simples petição, no prazo de 15 (quinze) dias, contado da ciência do ato.

§ 2º Há excesso de execução quando:

I – o exequente pleiteia quantia superior à do título;

II – ela recai sobre coisa diversa daquela declarada no título;

III – ela se processa de modo diferente do que foi determinado no título;

IV – o exequente, sem cumprir a prestação que lhe corresponde, exige o adimplemento da prestação do executado;

V – o exequente não prova que a condição se realizou.

§ 3º Quando alegar que o exequente, em excesso de execução, pleiteia quantia superior à do título, o embargante declarará na petição inicial o valor que entende correto, apresentando demonstrativo discriminado e atualizado de seu cálculo.

§ 4º Não apontado o valor correto ou não apresentado o demonstrativo, os embargos à execução:

I – serão liminarmente rejeitados, sem resolução de mérito, se o excesso de execução for o seu único fundamento;

II – serão processados, se houver outro fundamento, mas o juiz não examinará a alegação de excesso de execução.

§ 5º Nos embargos de retenção por benfeitorias, o exequente poderá requerer a compensação de seu valor com o dos frutos ou dos danos considerados devidos pelo executado, cumprindo ao juiz, para a apuração dos respectivos valores, nomear perito, observando-se, então, o art. 464.

§ 6º O exequente poderá a qualquer tempo ser imitido na posse da coisa, prestando caução ou depositando o valor devido pelas benfeitorias ou resultante da compensação.

§ 7º A arguição de impedimento e suspeição observará o disposto nos arts. 146 e 148.

Notas:

Enfrentando as hipóteses inclusas nos incisos do supracitado dispositivo, cumpre destacar, já no inciso I, a possibilidade de o devedor estancar a execução, atacando *inexequibilidade do título ou inexigibilidade da obrigação.* Os títulos executivos, em sua generalidade, estão previstos nos incisos do art. 784, além daqueles que, por disposição expressa, a lei atribua força executiva (inciso XII).[478]

Assim, não sendo exequível o título ou inexigível a obrigação que nele consta, impedido estará o credor de promover a execução, ensejando, pois, este argumento da impugnação.

A inexequibilidade do título retrata o próprio vicio formal do título, não representando, portanto, o reconhecimento legal de sua validez enquanto um título executivo – aqui judicial. Já, a inexigibilidade da obrigação constante do título executivo encarta a inexigibilidade do débito não vencido ou sujeito à contraprestação ainda não adimplida, por isso, competirá ao credor, no caso de estar a exigibilidade na pendência de termo ou condição, já no requerimento inicial, fazer prova de que tais circunstâncias ocorreram (art. 798, I, *c* do CPC) bem como provar que adimpliu a contraprestação que lhe compete, ou que lhe assegura o cumprimento, se o executado não estiver obrigado a satisfazer a sua prestação senão mediante contraprestação do credor (art. 798, I, *d* do CPC).

Assim, nula será a execução caso o credor vier descumprir o ônus de dita prova, passível de reconhecimento por meio de impugnação, ocorrendo aí verdadeira carência da ação por falta de interesse processual.

Pode-se ainda, a despeito de o título figurar, p.ex., no rol do art. 784, estar ele sem os atributos que da obrigação nele inclusa, se exigem: certeza, liquidez e exigibilidade (art. 803, I). Nesse caso, caberá também ao executado a alegação de nulidade da execução, devidamente fundamentado no presente inciso.

---

[478] Poderá a lei criar outros títulos executivos extrajudiciais, além do rol previsto no art. 784 do CPC.
Assim, as cédulas de crédito rural e industrial, os certificados de depósito bancário, o *warrant* e o conhecimento de depósito, dentre outros.

Na verdade, por ser matéria relacionada às próprias condições basilares para a provocação da jurisdição, tal argumentação de nulidade da execução pelas motivações supracitadas é conteúdo não atingido por preclusão temporal, de modo que independe de embargos do devedor para o seu conhecimento, cumprindo ao juiz declarar, de ofício, a inexistência desses pressupostos formais contemplados na lei processual civil,[479] ou mesmo por meio de objeção, essa suscitada pelo executado.

No inciso II, contemplados estão os argumentos acerca da penhora incorreta ou avaliação errônea.

A penhora é um ato processual e, por isso, está também submetida a requisitos de formação, de modo que, em não sendo observados ou respeitados, estar-se-á diante de uma penhora incorreta, dando ensejo à sua anulação e por outra vez seja ela realizada.

É de se notar ainda que incorreta será também a penhora que recair sobre bens impenhoráveis (art. 833), relativamente impenhoráveis (art. 834), ou mesmo do desrespeito à ordem legal de preferência (art. 835). Aliás, bem andou o legislador ao bem regrar no § 1º do art. 917 que eventual incorreção da penhora ou da avaliação *poderá ser impugnada por simples petição, no prazo de 15 (quinze) dias, contado da ciência do ato.*

No tocante à avaliação errônea, poderá essa configurar-se, p.ex., no que diz respeito ao seu valor, nos casos de estimativa valorativa do bem realizada pelo avaliador não corresponder ao seu valor de mercado, merecendo correção por intermédio de uma nova avaliação. É de se afirmar, contudo, ao executado cabe o abrigo das hipóteses deste inciso II, desde que pautadas em argumentos razoáveis, devendo ser, por isso, não admitida a simples alegação de incorreção ou erro nos atos processuais da avaliação e penhora, como simples pretexto de retardar o desenvolvimento da execução, valendo trazer à luz aqui e não se admitindo tratamento inferior àquelas exigências do art. 847 do CPC.

A hipótese do inciso III dita como possível argumento do executado, o "*excesso de execução ou cumulação indevida de execuções*".

Nos termos do inciso V, matéria permissiva de impugnação é aquela decorrente da argumentação acerca do excesso de execução ou cumulação indevida de execuções.

Tem-se excesso de execução, de acordo com o art. 917, § 2º, quando: I – o exequente pleiteia quantia superior à do título; II – ela recai sobre coisa diversa daquela declarada no título; III – ela se processa de modo diferente do que foi determinado no título; IV – o exequente, sem cumprir a prestação que lhe

---

479 STJ. 3ª T. REsp 13.960-SP. Rel. Min. Waldemar Zveiter. Julg. 26.11.1991, *RSTJ* 40/447.

corresponde, exige o adimplemento da prestação do executado; V – o exequente não prova que a condição se realizou.

Na verdade, apenas na primeira hipótese se configura no excesso propriamente dito, dado que nas demais há a carência da via executiva por falta de interesse de agir em virtude da inadequação do pedido ou da medida executiva em face do título, podendo, indubitavelmente, ser enquadradas como inexequibilidade do título.

É fundamental pontuar que cabe ao devedor, quando da alegação de que o exequente, em excesso de execução, pleiteia quantia superior à resultante da sentença, declarar, de imediato, o valor que entende correto, apresentando demonstrativo discriminado e atualizado de seu cálculo (§ 3º do art. 917 do CPC), evitando-se que se limite somente a aduzir de forma genérica excesso de execução, matéria que, geralmente, tem a finalidade precípua de protelar o desenvolvimento do processo.

Ainda nesta toada, conforme os ditames do § 4º do art. 917, não apontado o valor correto ou não apresentado o demonstrativo, os embargos serão liminarmente rejeitados sem resolução de mérito, se o excesso de execução for o seu único fundamento, ou, se houver outro, serão os embargos processados, mas o magistrado não examinará a alegação de excesso de execução.

Com relação à cumulação indevida de execuções, tem-se como conteúdo exemplificativo a situação onde seja o réu condenado em uma mesma sentença a cumprir duas obrigações de ordens diversas, sendo uma de natureza pecuniária (pagar quantia) e a outra de obrigação de fazer. Neste caso, por serem distintos os procedimentos, não será possível cumular ambas as execuções em um só rito, devendo, portanto, ser realizadas em procedimentos distintos e separadamente. No entanto, optando o credor por acumular ambas as execuções, certamente, poderá o executado apresentar sua impugnação e pautá-la na cumulação indevida de execuções.[480]

É verdade que, sob a luz da economia e efetividade processuais, diante de eventual deferimento parcial da cumulação, há quem afirme a possibilidade de prosseguimento da execução de um dos títulos, extinguindo-se, consequentemente, o processo de forma parcial, sendo então os embargos procedentes em parte, arcando, por isso, o credor com ônus de sucumbência.[481]

Ao contrário, tem a doutrina, já de algum tempo e mesmo recentemente, inclinado pela extinção de todo o processo de execução, ainda que estejamos

480 CÂMARA, Alexandre Freitas. *O Novo Processo Civil Brasileiro*. São Paulo: Atlas, 2015, p. 409.

481 GRECO FILHO, Vicente. *Direito Processual Civil brasileiro*. Vol. III. 18. ed. São Paulo: Saraiva, 2006, p. 128.

diante de deferimento parcial da cumulação, não estando o magistrado autorizado a deferir tal cumulação que venha ao encontro das aludidas vedações legais impostas, ou seja, poder de desacumular, na verdade, reunião de execuções que poderiam ser propostas em separado.[482]

No inciso IV, temos a hipótese permitindo ao executado alegar nos embargos a retenção por benfeitorias necessárias ou úteis (deve-se entender aqui necessárias e/ou úteis!), em casos decorrentes de títulos executivos extrajudiciais para a entrega de coisa certa, obrigação essa regulada pelo art. 806 e segs.

Tal comando legal está em sintonia com o nosso Código Civil, dando ainda a esse, efetividade diante do preceito contido no art. 1.219 do diploma civil, segundo o qual tem o possuidor de boa-fé direito à indenização das benfeitorias necessárias e úteis bem como, no que toca às voluptuárias, caso não lhe sejam pagas, direito a levantá-las, quando puder sem detrimento da coisa, podendo *exercer o direito de retenção pelo valor das benfeitorias necessárias e úteis.*

Neste ínterim, destacam-se os §§ 5º e 6º do próprio art. 917, que bem expressam entendimento acerca da extensão da matéria assentada:

> *§ 5º Nos embargos de retenção por benfeitorias, o exequente poderá requerer a compensação de seu valor com o dos frutos ou dos danos considerados devidos pelo executado, cumprindo ao juiz, para a apuração dos respectivos valores, nomear perito, observando-se, então, o art. 464.*
>
> *§ 6º O exequente poderá a qualquer tempo ser imitido na posse da coisa, prestando caução ou depositando o valor devido pelas benfeitorias ou resultante da compensação.*

O inciso V do art. 917 trata da possibilidade de alegação no bojo dos embargos da *incompetência absoluta ou relativa do juízo da execução.*

Tal temática já fora enfrentada no Capítulo 17 da presente obra, de modo que solicitamos ao leitor que para lá se dirija.

Do último inciso do art. 917, o VI manteve o legislador o que já constava do antigo art. 745, V do CPC/1973, ou seja, a permissão ao executado levantar nos embargos qualquer matéria que lhe seja autorizada a deduzir como defesa em processo de conhecimento, justificando tal regra na notória assertiva de que o título executivo extrajudicial não teve na sua constituição outra participação senão aquela dos contratantes e, por isso, do não enfrentamento de um processo de cognição, mesmo que a lei assegure validade, ainda que ficta a tal título, não se teve manifestação prévia do Poder Judiciário, mesmo que

---

482 SANTOS, Moacyr Amaral. *Primeiras Linhas de Direito Processual Civil.* Vol. III. 13. ed. São Paulo: Saraiva, 1993, p. 410-411; MARQUES, José Frederico. *Manual de Direito Processual Civil.* Vol. IV. São Paulo: Saraiva, 1976, p. 233; ASSIS, Araken, Ob. cit., n. 486.5, p. 1091.

para fins de regularidade na formação e constituição do título em si, ou diante de evento que, de forma ampla e/ou restrita, agrida o instrumento pelo qual a jurisdição opera – o processo – e, por conseguinte, abuso ou desnecessidade na provocação e andamento da máquina judiciária.

Por fim, destaca-se ainda que, havendo interesse na alegação de suspeição ao impedimento, observar-se-á o que dispõem os arts. 146 e 148 do CPC. É o que dispõe o § 7º do art. 917 do CPC.

Súmula:

STJ nº 393: A exceção de pré-executividade é admissível na execução fiscal relativamente às matérias conhecíveis de ofício que não demandem dilação probatória.

Enunciados do Fórum Permanente de Processualistas Civis:

Nº 543 do FPPC: Em execução de título executivo extrajudicial, o juízo arbitral é o competente para conhecer das matérias de defesa abrangidas pela convenção de arbitragem.

Nº 544 do FPPC: Admite-se a celebração de convenção de arbitragem, ainda que a obrigação esteja representada em título executivo extrajudicial.

Nº 590 do FPPC: Na impugnação ao cumprimento de sentença e nos embargos à execução, o executado que alegar excesso de execução deverá elaborar demonstrativo de débito em conformidade com os incisos do art. 524 e do parágrafo único do art. 798, respectivamente.

Enunciado da Escola Nacional de Formação e Aperfeiçoamento de Magistrados:

Nº 55 da ENFAM: Às hipóteses de rejeição liminar a que se referem os arts. 525, § 5º, 535, § 2º, e 917 do CPC/2015 (excesso de execução) não se aplicam os arts. 9º e 10 desse código.

Art. 918. O juiz rejeitará liminarmente os embargos:

I – quando intempestivos;

II – nos casos de indeferimento da petição inicial e de improcedência liminar do pedido;

III – manifestamente protelatórios.

Parágrafo único. Considera-se conduta atentatória à dignidade da justiça o oferecimento de embargos manifestamente protelatórios.

Notas:

De acordo com o art. 918 do CPC, serão os embargos rejeitados *in limine*:

I – quando intempestivos;

II – nos casos de indeferimento da petição inicial e de improcedência liminar do pedido;

Aqui, estar-se-á diante das hipóteses do art. 330 (indeferimento da petição inicial) assim como do art. 332 (improcedência liminar ou *prima face* do pedido).

III – manifestamente protelatórios.

Neste caso, completado pelo parágrafo único do art. 916, onde se considera conduta atentatória à dignidade da justiça o oferecimento de embargos à execução manifestamente protelatórios, chamamos à luz, mais uma vez, as hipóteses contidas no art. 774, onde em rol exemplificativo, sustenta a presença de tal conduta:

> *"Art. 774. Considera-se atentatória à dignidade da justiça a conduta comissiva ou omissiva do executado que:*
>
> *I – frauda a execução;*
>
> *II – se opõe maliciosamente à execução, empregando ardis e meios artificiosos;*
>
> *III – dificulta ou embaraça a realização da penhora;*
>
> *IV – resiste injustificadamente às ordens judiciais;*
>
> *V – intimado, não indica ao juiz quais são e onde estão os bens sujeitos à penhora e os respectivos valores, nem exibe prova de sua propriedade e, se for o caso, certidão negativa de ônus."*

Nota-se que, diante da incidência de tais casuísmos, seja por atitude comissiva ou omissiva do embargante, caberá ao magistrado fixar multa em montante não superior a 20% (vinte por cento) do valor atualizado do débito em execução, esta que será revertida em proveito do exequente, sendo exigível nos próprios autos do processo de execução, sem prejuízo de outras sanções de natureza processual ou material.

Disso temos que por atos manifestamente protelatórios devem ser entendidos aqueles atos praticados com o propósito único de retardar o andamento processual, tendo a nítida feição de obstaculizar a presteza da entrega satisfatória e efetiva do direito e que, por nada acrescentarem ao esclarecimento da demanda, senão ao interesse de travar a máquina jurisdicional do Estado. Deve o magistrado diante de flagrante ataque ao instrumento democrático, que é o processo rechaçar, liminarmente, os embargos no exercício prático que lhe confere o presente inciso III.

Aliás, nesse contexto, não custa reafirmar ser a concretização efetiva da ordem jurídica a tônica do processo civil de resultados, sendo aquela, inclusive, um atributo inerente ao Estado interessado. Este Estado "interessado", em sede jurisdicional, tem na figura do juiz o exercício de seu real e exato interesse, na medida em que, ao chamar para si o monopólio da jurisdição, sobretudo em nível de execução ou satisfação de pretensões reconhecidas como aptas a amparar direitos, possui o papel de partícipe ativo, ocupando o juiz posição que lhe permita não somente com as partes, conduzir o procedimento da *actio*, mas e, sobretudo, condicioná-la a um julgamento, na medida do possível, presto, efetivo e justo, sempre estimulando a cooperação entre os partícipes do processo bem como exercitando o contraditório pleno e qualificado no feito, razão máxima de um devido processo constitucional.

Enunciados das Jornadas de Direito Processual Civil do Conselho da Justiça Federal:

Nº 94 do CJF: Aplica-se o procedimento do art. 920 do CPC à impugnação ao cumprimento de sentença, com possibilidade de rejeição liminar nas hipóteses dos arts. 525, § 5º, e 918 do CPC.

Nº 158 do CJF: A sentença de rejeição dos embargos à execução opostos pela Fazenda Pública não está sujeita à remessa necessária.

Enunciados do Fórum Permanente de Processualistas Civis:

Nº 543 do FPPC: Em execução de título executivo extrajudicial, o juízo arbitral é o competente para conhecer das matérias de defesa abrangidas pela convenção de arbitragem.

Nº 544 do FPPC: Admite-se a celebração de convenção de arbitragem, ainda que a obrigação esteja representada em título executivo extrajudicial.

Nº 545 do FPPC: Aplicam-se à impugnação, no que couber, as hipóteses previstas nos incisos I e III do art. 918 e no seu parágrafo único.

Nº 586 do FPPC: O oferecimento de impugnação manifestamente protelatória é ato atentatório à dignidade da justiça, nos termos do art. 771 c/c art. 918, III e parágrafo único do CPC, que enseja a aplicação da multa prevista no parágrafo único do art. 774 do CPC (redação revista no XI FPPC-Brasília).

Enunciado da Escola Nacional de Formação e Aperfeiçoamento de Magistrados:

Nº 50 da ENFAM: O oferecimento de impugnação manifestamente protelatória ao cumprimento de sentença será considerado conduta atentatória à dignidade da Justiça (art. 918, III, parágrafo único, do CPC/2015), ensejando a aplicação da multa prevista no art. 774, parágrafo único.

Art. 919. Os embargos à execução não terão efeito suspensivo.

§ 1º O juiz poderá, a requerimento do embargante, atribuir efeito suspensivo aos embargos quando verificados os requisitos para a concessão da tutela provisória e desde que a execução já esteja garantida por penhora, depósito ou caução suficientes.

§ 2º Cessando as circunstâncias que a motivaram, a decisão relativa aos efeitos dos embargos poderá, a requerimento da parte, ser modificada ou revogada a qualquer tempo, em decisão fundamentada.

§ 3º Quando o efeito suspensivo atribuído aos embargos disser respeito apenas a parte do objeto da execução, esta prosseguirá quanto à parte restante.

§ 4º A concessão de efeito suspensivo aos embargos oferecidos por um dos executados não suspenderá a execução contra os que não embargaram quando o respectivo fundamento disser respeito exclusivamente ao embargante.

§ 5º A concessão de efeito suspensivo não impedirá a efetivação dos atos de substituição, de reforço ou de redução da penhora e de avaliação dos bens.

Notas:

Conforme expressa o art. 919 do CPC, *os embargos à execução não terão efeito suspensivo*, tomando-se, portanto, como regra, a não suspensividade do processo de execução.

Otimizar a relação processual executória, ensejando a realização efetiva dos atos reais voltados à célere satisfação do direito material, foi a intenção do legislador. Apenas para relembrar, releva assinalar que a impugnação apresentada na fase de execução forçada incidental (cumprimento de sentença) também não possui efeito suspensivo de pronto, como se infere do preceito incluso no art. § 6º do art. 525 do CPC, prevalecendo coerência ante as situações que busquem a satisfação de obrigação inadimplida por meio da jurisdição estatal.

Permanece, porém, ainda a possibilidade de ser atribuído efeito suspensivo aos embargos com a paralisação temporária do processo de execução, conforme dicção do § 1º do art. 919 do CPC:

Nota-se que o magistrado poderá atribuir efeito suspensivo aos embargos apresentados caso forem relevantes os seus fundamentos, somados ainda à possibilidade de o prosseguimento do processo de execução vir a causar grave dano de difícil ou incerta reparação ao executado.

Destarte, além dos requisitos supracitados, estipulou o legislador a segurança do juízo como condição fundamental para que o juiz possa atribuir aos embargos a qualidade suspensiva da marcha executiva.

Há de afirmar que o deferimento ou não do efeito da suspensividade não se situa na esfera discricionária do magistrado, não podendo, por isso, por meio de ato deliberado, ou seja, sem provocação do pedido suspensivo pelo executado, conceder tal efeito. Dessa forma, deve o representante do Estado, ao analisar acerca da concessão ou não do efeito suspensivo ao embargo, atentar-se para a incidência dos requisitos acima enfrentados.

Cabe sublinhar que, mesmo diante da adoção de efeito suspensivo aos embargos, dito efeito não será barreira intransponível à efetivação da penhora e avaliação dos bens, como bem regra o § 5º do art. 919.

Significa tal racionalidade que, durante o curso dos embargos recebidos com efeito suspensivo, poderá a execução seguir o seu curso, realizando-se dos atos de substituição, de reforço ou de redução da penhora e de avaliação dos bens garantidores de crédito do exequente, não ensejando para o executado-embargante qualquer prejuízo, mínimo que seja, decorrente da otimização daqueles atos executivos.

A decisão acerca do deferimento ou não de pleito do embargante relativo à suspensão de seus embargos é de maleável modificação. Nesse ínterim, previu o legislador, ante o § 2º do art. 919 do CPC, a possibilidade de o juiz, mediante decisão fundamentada e diante de pedido de qualquer das partes, modificar ou revogar a qualquer tempo a decisão relativa aos efeitos dos embargos, uma vez desaparecidas as causas que a motivaram, em claro apego ao brocardo *rebus sic standibus*, vale dizer que as situações fáticas que justificaram o acolhimento ou não do requerimento de efeito suspensivo aos embargos poderão passar por alterações, por mudanças supervenientes, sendo, por isso, notadamente possível que, em um primeiro instante, ao deferir ou indeferir o efeito suspensivo ao processamento dos embargos, estejam ou não presentes os requisitos autorizadores da concessão de suspensividade (*v.g.* penhora ainda não realizada), o que não terá o condão de impedir que em fase processual mais adiantada os mencionados requisitos se façam presentes (em caso, indeferimento *prima face*) ou ausentes, justificando, em bom termo, a aplicabilidade do dispositivo legal em comento.

Cabe ainda destacar que concessão de efeito suspensivo aos embargos oferecidos por um dos executados não suspenderá a execução contra aqueles que não embargaram, logicamente, quando o respectivo fundamento disser respeito exclusivamente ao embargante.

Não é demais asseverar que, da decisão do magistrado acerca da suspensão ou não dos embargos do executado bem como do pedido modificativo *a posteriori* dos efeitos prestados ao aludido instituto, desafiará, se de interesse da parte, o recurso de agravo de instrumento (*ex vi* do parágrafo único do art. 1.015 do CPC).

Enunciados do Fórum Permanente de Processualistas Civis:

Nº 80 do FPPC: A tutela provisória a que se referem o § 1º do art. 919 e o art. 969 pode ser de urgência ou de evidência.

Nº 543 do FPPC: Em execução de título executivo extrajudicial, o juízo arbitral é o competente para conhecer das matérias de defesa abrangidas pela convenção de arbitragem.

Nº 544 do FPPC: Admite-se a celebração de convenção de arbitragem, ainda que a obrigação esteja representada em título executivo extrajudicial.

Nº 546 do FPPC: O efeito suspensivo dos embargos à execução e da impugnação ao cumprimento de sentença pode ser requerido e deferido a qualquer momento do seu trâmite, observados os pressupostos legais.

Nº 547 do FPPC: O efeito suspensivo dos embargos à execução e da impugnação ao cumprimento de sentença pode ser parcial, limitando-se ao impedimento ou à suspensão de um único ou de apenas alguns atos executivos.

Art. 920. Recebidos os embargos:

I – o exequente será ouvido no prazo de 15 (quinze) dias;

II – a seguir, o juiz julgará imediatamente o pedido ou designará audiência;

III – encerrada a instrução, o juiz proferirá sentença.

Notas:

Uma vez recebidos os embargos à execução, o magistrado cientificará o exequente – embargado para respondê-lo no prazo de 15 (quinze) dias. Inequívoco que o embargado deverá ser intimado, como cediço, na pessoa de seu advogado, intimação essa equivalente à verdadeira citação, ato de convocação processual por meio do qual é oportunizado ao embargado integrar o processo de conhecimento gerado pela oposição dos embargos.

Seguindo adiante, após o estabelecimento do contraditório, o juiz analisará a possibilidade de realização do julgamento imediato do pedido, sempre quando a questão for unicamente de direito ou, em sendo de direito e de fato, autorizado for a dispensa de dilação probatória por total desnecessidade.

Importa ainda ressaltar que, não ocorrendo a situação supracitada, pontuou o legislador também, de forma expressa, a designação de audiência de instrução e julgamento, seguida de prolação da sentença pelo magistrado.

Oportuno porque também controvertido é o conteúdo referente à incidência da revelia por ausência de resposta ou impugnação do exequente-embargado na ação incidental de embargos do executado.

De início, insta-nos frisar que os efeitos originados pela revelia, regra geral, serão de duas ordens: a) aquele relativo à presunção de veracidade dos fatos, esse observado em melhor memória até pelo senso comum, podendo dele se depreender desde a ausência de ato contestatório do demandado (revelia em sentido estrito), centrando-se no plano material (art. 344); b) relacionado diretamente ao plano processual com a dispensa de intimação ao revel (revelia em sentido amplo), caracterizando-se em uma aceleração ou presteza no procedimento (art. 346).

Significante doutrina[483] e mesmo jurisprudência[484] vem pugnando pela inocorrência da revelia nos embargos por falta de resposta do embargado, dada a execução estar respaldada em título executivo que subsidia o direito reconhecido e solicitado em caráter satisfativo pelo exequente, portanto, dentro deste argumento defendido, não cabe ao exequente a construção probal, recaindo todo o ônus probatório sobre o embargante e, ainda que o embargado não tenha respondido aos embargos, caberá, especificamente ao embargante, produzir provas efetivas de suas alegações.[485]

De outra banda, Araken de Assis aponta para a ocorrência dos efeitos da revelia, quer materiais e/ou processuais, no âmbito da ação de embargos, argumentando em exato teor:

---

[483] Ver, por todos, FAVER, Marcus. A inocorrência da revelia nos embargos de devedor. *Revista de Processo*, São Paulo: RT, Vol. 57, p. 55; SANTOS, Ernani Fidélis dos. *Manual de Direito Processual Civil*. Vol. II. 10. ed. São Paulo: Saraiva, 2006, p. 56.

[484] "1. A não – impugnação dos embargos do devedor não induz os efeitos da revelia, pois que, no processo de execução, diferentemente do processo de conhecimento em que se busca a certeza do direito vindicado, o direito do credor encontra-se consubstanciado no próprio título, que se reveste da presunção de veracidade, até porque já anteriormente comprovado, cabendo, assim, ao embargante-executado o ônus quanto à desconstituição da eficácia do título executivo." STJ. 6ª T. REsp 60.1957 / RJ. Rel. Min. Hamilton Carvalhido. Julg. 23.08.2005, *DJ* 14.11.2005.

[485] "AGRAVO REGIMENTAL. AGRAVO DE INSTRUMENTO. RECURSO ESPECIAL. PROCESSUAL CIVIL. EMBARGOS À EXECUÇÃO. NEGATIVA DE PRESTAÇÃO JURISDICIONAL. NÃO OCORRÊNCIA. PREQUESTIONAMENTO FICTO. DESCABIMENTO. REEXAME DE MATÉRIA DE FATO. ÓBICE DA SÚMULA 7/STJ. AUSÊNCIA DE IMPUGNAÇÃO AOS EMBARGOS DO DEVEDOR. REVELIA. NÃO OCORRÊNCIA. PRECEDENTES. 1. Ausência de maltrato ao art. 535 do Código de Processo Civil quando o acórdão recorrido, ainda que de forma sucinta, aprecia com clareza as questões essenciais ao julgamento da lide, não estando o magistrado obrigado a rebater, um a um, os argumentos deduzidos pelas partes. 2. Inviável o recurso especial se não observado o requisito do prequestionamento. 3. Inaplicabilidade, no STJ, do chamado prequestionamento ficto, entendimento decorrente da Súmula 356/STF. Precedentes. 4. Inadmissível o recurso especial cuja pretensão demanda o revolvimento do conteúdo fático dos autos, por óbice da Súmula7/STJ. 5. Não se produzem os efeitos da revelia em sede de embargos à execução fundado em título executivo extrajudicial quando o embargado deixa de impugnar a petição inicial dos embargos. Precedente. 6. AGRAVO REGIMENTAL DESPROVIDO." (STJ. 3ª T. AgRg no Ag: 1229821/PR 2009/0146504-8, Rel. Ministro Paulo de Tarso Sanseverino, Data de Julgamento: 27.03.2012, DJe 09.04.2012).

"Natural se afigura que, inexistindo resposta aos embargos, o embargado seja considerado revel. A terminologia empregada pelo art. 740, *caput do CPC/1973 (art. 920, I do CPC/2015)* em nada interfere com o fato de o embargado permanecer inerte perante a demanda. A ênfase da controvérsia recai, ao revés, nos efeitos que derivam desse estado."[486] (Grifo nosso).

Notam-se, de antemão, construções argumentativas acerca não só da existência como também da incidência ou não dos efeitos de tal incidente processual.

Convém ressaltarmos que, ante a existência da ação de embargos, não se pode perder de rumo a relação de prejudicialidade que essa tem com o Processo de Execução em curso.

Com efeito, encontra-se o Processo de Execução, em tese, respaldado em título executivo emanado de uma presunção a respeito da existência de obrigação certa, líquida e exigível, afirmada como de direito pelo exequente.

Em se tratando dos efeitos no plano material, esse decorrente da revelia em sentido estrito, como já acima referendado, cabe frisar que, diante da existência da mesma, poderão os efeitos da presunção de veracidade recair não somente sobre os fatos, como também sobre direitos. Notadamente, não há como desconhecer a necessidade da imposição do ônus da prova em sede de embargos ao embargante, tendo em vista que, dado o caráter incidental e prejudicial da ação de embargos, visando, por isso, à desconstituição do objeto da ação de execução principal, impõe-se ao embargante respectivo conteúdo probatório de sua pretensão.

Não custa nada lembrar que o exequente-embargado, ao propor ação de execução, de regra, acostou aos autos na forma exigida, respectivo título executivo como prova de seu crédito e, ainda que esse venha a ser atacado em sede de embargos, caberá ao embargante-executado não de forma presuntiva, mas real, a comprovação da impropriedade daquele crédito.

Ainda há que se pesar o fato de que, diferentemente do ambiente cognitivo processado no Processo de Conhecimento (visa-se, em regra, ao reconhecimento de um direito), mas de argumento cabível a esse também, ao juiz, mesmo que diante da possibilidade de ocorrência do efeito material da revelia em sede de Processo de Execução, caberá estar motivado para o seu livre convencimento, o que dependerá, certamente, de elementos aptos a influenciar, de maneira qualitativa em seu julgado, ou, como na lógica de Arruda Alvim[487], o sucesso da demanda não se mostrará inexorável como se houvesse relação de causa e

486 *Manual da Execução*. 11. ed. São Paulo: RT, 2007, n. 519, p. 1159.

487 ALVIM, Arruda. *Manual de Direito Processual Civil*. Vol. 2. 6. ed. São Paulo: RT, 1997, n. 126, p. 197.

efeito entre a inércia do embargado e a procedência dos embargos. À vista da prova, o juiz poderá chegar a resultado diverso, por isso, ainda que se pensasse na aplicabilidade ampla da revelia e seus efeitos, sobretudo, o material tem-se como freio ao indiscriminado raciocínio a não motivação do magistrado pelo que já fora apresentado pelo embargante.

Afirmar em contrário ao exposto, ou seja, emprestar efeito material cego e indiscriminado à revelia (revelia em sentido estrito) é antever como de mera ficção o direito apresentado pelo exequente por meio de título executivo em ação de execução.

Por outro lado, o mesmo não há de se afirmar no que toca aos efeitos processuais da revelia (revelia, como dito, em sentido amplo), cuja incidência da norma expressa no art. 346 do CPC não encontra óbices à sua aplicabilidade, pois que, diferentemente, não afasta a presunção de existência do direito que sustenta o título que dá suporte à pretensão satisfativa deduzida pelo exequente.

Enunciados das Jornadas de Direito Processual Civil do Conselho da Justiça Federal:

Nº 94 do CJF: Aplica-se o procedimento do art. 920 do CPC à impugnação ao cumprimento de sentença, com possibilidade de rejeição liminar nas hipóteses dos arts. 525, § 5º, e 918 do CPC.

Nº 158 do CJF: A sentença de rejeição dos embargos à execução opostos pela Fazenda Pública não está sujeita à remessa necessária.

Enunciados do Fórum Permanente de Processualistas Civis:

Nº 543 do FPPC: Em execução de título executivo extrajudicial, o juízo arbitral é o competente para conhecer das matérias de defesa abrangidas pela convenção de arbitragem.

Nº 544 do FPPC: Admite-se a celebração de convenção de arbitragem, ainda que a obrigação esteja representada em título executivo extrajudicial.

TÍTULO IV
DA SUSPENSÃO E DA EXTINÇÃO DO PROCESSO DE EXECUÇÃO

CAPÍTULO I
DA SUSPENSÃO DO PROCESSO DE EXECUÇÃO

Art. 921. Suspende-se a execução:

I – nas hipóteses dos arts. 313 e 315, no que couber;

II – no todo ou em parte, quando recebidos com efeito suspensivo os embargos à execução;

III – quando não for localizado o executado ou bens penhoráveis; (Redação dada pela Lei nº 14.195, de 2021).

IV – se a alienação dos bens penhorados não se realizar por falta de licitantes e o exequente, em 15 (quinze) dias, não requerer a adjudicação nem indicar outros bens penhoráveis;

V – quando concedido o parcelamento de que trata o art. 916.

§ 1º Na hipótese do inciso III, o juiz suspenderá a execução pelo prazo de 1 (um) ano, durante o qual se suspenderá a prescrição.

§ 2º Decorrido o prazo máximo de 1 (um) ano sem que seja localizado o executado ou que sejam encontrados bens penhoráveis, o juiz ordenará o arquivamento dos autos.

§ 3º Os autos serão desarquivados para prosseguimento da execução se a qualquer tempo forem encontrados bens penhoráveis.

§ 4º O termo inicial da prescrição no curso do processo será a ciência da primeira tentativa infrutífera de localização do devedor ou de bens penhoráveis, e será suspensa, por uma única vez, pelo prazo máximo previsto no § 1º deste artigo. (Redação dada pela Lei nº 14.195, de 2021).

§ 4º-A A efetiva citação, intimação do devedor ou constrição de bens penhoráveis interrompe o prazo de prescrição, que não corre pelo tempo necessário à citação e à intimação do devedor, bem como para as formalidades da constrição patrimonial, se necessária, desde que o credor cumpra os prazos previstos na lei processual ou fixados pelo juiz. (Incluído pela Lei nº 14.195, de 2021).

§ 5º O juiz, depois de ouvidas as partes, no prazo de 15 (quinze) dias, poderá, de ofício, reconhecer a prescrição no curso do processo e extingui-lo, sem ônus para as partes. (Redação dada pela Lei nº 14.195, de 2021);

§ 6º A alegação de nulidade quanto ao procedimento previsto neste artigo somente será conhecida caso demonstrada a ocorrência de efetivo prejuízo, que será presumido apenas em caso de inexistência da intimação de que trata o § 4º deste artigo. (Incluído pela Lei nº 14.195, de 2021).

§ 7º Aplica-se o disposto neste artigo ao cumprimento de sentença de que trata o art. 523 deste Código. (Incluído pela Lei nº 14.195, de 2021).

Notas:

No processo de execução, tal como ocorre no de cognição, a marcha processual não está imune a óbices que, por vezes, impedirão o seu curso normal.

Ratificando tal afirmativa, elenca o nosso Código Processo Civil, em seu art. 921, hipóteses às quais incidirão possibilidades de suspensão da execução, sendo elas:

a) *Nas hipóteses dos arts. 313 e 315, no que couber* (art. 921, I).

Tal conteúdo se refere às possibilidades de suspensão do processo e já fora devidamente enfrentado nos comentários aos artigos em referência.

Assim, solicitamos ao leitor para lá se dirigir.

b) *Quando, no todo ou em parte, forem os embargos à execução recebidos com efeito suspensivo* (art. 921, II).

Dita hipótese deve ser entendida à luz da regra de a não suspensividade dos embargos (art. 919, *caput* do CPC) e, com isso, conforme já visto em tópicos anteriores, dentro do estudo da matéria acerca dos Embargos à Execução, não terá a impetração de tal instrumento do executado qualquer influência no curso do processo de execução, salvo diante da possibilidade de deferimento de pedido suspensivo ao mesmo, pedido esse realizado pelo próprio executado diante dos fundamentos de que o prosseguimento da execução manifestamente possa causar ao executado grave dano de difícil reparação e, desde que a execução já esteja garantida por penhora, depósito ou caução suficientes (§ 1º do art. 919).

Poderá ainda tal efeito suspensivo ser atribuído apenas a uma parte do objeto da execução, correndo normalmente a execução quanto à(s) parte(s) restante(s) de acordo com o § 3º do art. 919.

Importante ainda lembrar, consoante ao § 4º do art. 919, que a concessão dos efeitos suspensivos aos embargos solicitados por um dos executados – suspendendo o curso da execução – não gerará efeitos aos demais executados que não embargaram quando o respectivo fundamento disser respeito, exclusivamente, ao embargante.

c) *Quando não for localizado o executado ou bens penhoráveis* (art. 921, III).

Conforme nova redação dada pela Lei nº 14.195/2021, não sendo o executado localizado ou carente de bens penhoráveis (art. 921, III do CPC), não se poderá prosseguir com a execução, isso pela razão de que haverá obstáculo à satisfação do crédito exequendo.

Assim, uma vez dada ciência ao órgão jurisdicional quanto à primeira tentativa infrutífera de localização do devedor ou de bens penhoráveis, será a execução suspensa por uma única vez e pelo prazo máximo de um 1 (um) ano, conforme previsto no § 1º do art. 921.

Apenas a título informativo, destaca-se que, ainda sob a égide do CPC/1973 tínhamos debates acerca da suspensão da execução e a ocorrência da prescrição da ação de execução, no entanto, dúvida já não havia quanto ao fato de que a prescrição para a propositura da referida *actio* se dava no mesmo prazo da ação, conforme Súmula 150 do STF, portanto, o prazo prescricional da ação de execução correrá da data em que a mesma poderia ser proposta, ou seja, a partir do momento em que se obteve um título com obrigação líquida, certa e exigível.

No entanto, com o advento do CPC/2015 inovou-se quanto ao acolhimento em seu texto, de dispositivo regulador da denominada "Prescrição Intercorrente". [488]

Daí, conforme regra o § 2º do art. 921, decorrido o prazo máximo de 1 (um) ano sem que seja localizado o executado ou que sejam encontrados bens penhoráveis, o magistrado ordenará o arquivamento dos autos.

Nota-se que os autos serão desarquivados para prosseguimento da execução, desde que, a qualquer tempo, sejam encontrados bens penhoráveis; no entanto, decorrido o prazo de 1 (um) ano da suspensão acima referida sem qualquer manifestação do exequente, começará a correr o prazo da digitada prescrição intercorrente, prazo este que poderá interrompido caso haja a efetiva citação, intimação do devedor ou constrição de bens penhoráveis, sendo tal interrupção apenas pelo tempo necessário à citação e à intimação do devedor, bem como para as formalidades da constrição patrimonial, se necessárias, desde que o credor cumpra os prazos previstos na lei processual ou fixados pelo juiz, *ex vi* do § 4º A do art. 921 do CPC.

É de verdadeira importância a inteligência do dispositivo supra, pois que impedirá a todo momento de se interromper prescrição sob o pretexto de um novo pedido do exequente para de se obter a citação ou constrição de bens do executado, sem se prosperar quanto à efetivação do mesmo, seja por não o encontrar ou não se obter êxito na consecução de seu acervo patrimonial.

Vale ressaltar que poderá ao juiz, após ouvidas as partes no prazo de 15 (quinze) dias, de ofício, reconhecer a prescrição intercorrente no curso do processo e extingui-lo, sem ônus para as partes. (§ 5º do art. 921).

Para fins de alegação de nulidade quanto ao procedimento para o reconhecimento da Prescrição Intercorrente, aquela somente será conhecida caso demonstrada a ocorrência de efetivo prejuízo, que será presumido apenas na hipótese de inexistência da intimação ao executado (também entendemos a citação), à qual se refere o § 4º do art. 921.

Por tudo e em referência à Súmula nº 150 do STF, vale à pena frisar que, aplica-se, igualmente à prescrição intercorrente, o mesmo prazo prescricional que se disciplina para a acionabilidade da pretensão em juízo.

---

488 Cumpre destacar que em sede de execução fiscal, se faz regulada também a prescrição intercorrente (art. 40 da Lei nº 6.830/80), ratificada inclusive pela Súmula nº 314 do STJ nos seguintes termos:

"Em execução fiscal, não localizados bens penhoráveis, suspende-se o processo por um ano, findo o qual se inicia o prazo de prescrição quinquenal intercorrente".

d) *Quando a alienação dos bens penhorados não se realizar por falta de licitantes e o exequente, em 15 (quinze) dias, não requerer a adjudicação nem indicar outros bens penhoráveis* (art. 921, IV).

Trata-se de hipótese de suspensão do processo de execução decorrente de atitude volitiva do exequente quando, diante da ausência de licitantes em alienação, certamente em leilão judicial quer eletrônico ou judicial, não requerer a adjudicação do bem e nem mesmo indicar outros que sejam penhoráveis.

e) *Quando concedido o parcelamento de que trata o art. 916* (art. 921, V)

O presente parcelamento a que se refere o presente inciso V do art. 921 já fora por deveras enfrentado no artigo em referência, mais precisamente sede de processo de execução e de embargos à execução e se relaciona para com a possibilidade de o executado, uma vez citado para embargar, possuir a faculdade de, reconhecendo o débito e comprovando o depósito de 30% (trinta por cento) do valor em execução, acrescido de custas e de honorários de advogado, requerer que lhe seja permitido pagar o restante em até 6 (seis) parcelas mensais, acrescidas de correção monetária e de juros de um por cento ao mês.

Súmulas:

STF nº 150: Prescreve a execução no mesmo prazo de prescrição da ação.

STJ nº 314: Em execução fiscal, não localizados bens penhoráveis, suspende-se o processo por um ano, findo o qual se inicia o prazo de prescrição quinquenal intercorrente.

STJ. Embargos de Divergência em Agravo em Recurso Especial:

PROCESSUAL CIVIL. ÔNUS DA SUCUMBÊNCIA NA EXECUÇÃO EXTINTA POR PRESCRIÇÃO INTERCORRENTE. EMBARGOS DE DIVERGÊNCIA EM AGRAVO EM RECURSO ESPECIAL. CUSTAS. HONORÁRIOS ADVOCATÍCIOS. RECONHECIMENTO DA PRESCRIÇÃO INTERCORRENTE, PRECEDIDO DE RESISTÊNCIA DO EXEQUENTE. RESPONSABILIDADE PELOS ÔNUS SUCUMBENCIAIS. PREVALÊNCIA DO PRINCÍPIO DA CAUSALIDADE. EMBARGOS DE DIVERGÊNCIA PROVIDOS.

1. A controvérsia cinge-se em saber se a resistência do exequente ao reconhecimento de prescrição intercorrente é capaz de afastar o princípio da causalidade na fixação dos ônus sucumbenciais, mesmo após a extinção da execução pela prescrição.

2. Segundo farta jurisprudência desta Corte de Justiça, em caso de extinção da execução, em razão do reconhecimento da prescrição intercorrente, mormente quando este se der por ausência de localização do devedor ou de seus bens, é o princípio da causalidade que deve nortear o julgador para fins de verificação da responsabilidade pelo pagamento das verbas sucumbenciais.

3. Mesmo na hipótese de resistência do exequente – por meio de impugnação da exceção de pré-executividade ou dos embargos do executado, ou de interposição de recurso contra a decisão que decreta a referida prescrição –, é indevido atribuir-se ao credor, além da frustração na pretensão de resgate dos créditos executados, também os ônus sucumbenciais com fundamento no princípio da sucumbência, sob pena de indevidamente beneficiar-se duplamente a parte devedora, que não cumpriu oportunamente com a sua obrigação, nem cumprirá.

4. A causa determinante para a fixação dos ônus sucumbenciais, em caso de extinção da execução pela prescrição intercorrente, não é a existência, ou não, de compreensível resistência do exequente à aplicação da referida prescrição. É, sobretudo, o inadimplemento do devedor, responsável pela instauração do feito executório e, na sequência, pela extinção do feito, diante da não localização do executado ou de seus bens.

5. A resistência do exequente ao reconhecimento de prescrição intercorrente não infirma nem supera a causalidade decorrente da existência das premissas que autorizaram o ajuizamento da execução, apoiadas na presunção de certeza, liquidez e exigibilidade do título executivo e no inadimplemento do devedor.

6. Embargos de divergência providos para negar provimento ao recurso especial da ora embargada.(STJ, EAREsp nº 1.854.589/PR, relator Ministro Raul Araújo, Corte Especial, julgado em 9/11/2023, DJe de 24/11/2023).

Enunciado das Jornadas de Direito Processual Civil do Conselho da Justiça Federal:

Nº 213 do FPPC: A citação ficta do executado não configura causa de suspensão da execução pela sua não localização, prevista no art. 921, inciso III, do CPC.

Enunciados do Fórum Permanente de Processualistas Civis:

Nº 194 do FPPC: A prescrição intercorrente pode ser reconhecida no procedimento de cumprimento de sentença.

Nº 196 do FPPC: O prazo da prescrição intercorrente é o mesmo da ação.

Nº 452 do FPPC: Durante a suspensão do processo prevista no art. 982 não corre o prazo de prescrição intercorrente.

Nº 548 do FPPC: O simples desarquivamento dos autos é insuficiente para interromper a prescrição.

Art. 922. Convindo as partes, o juiz declarará suspensa a execução durante o prazo concedido pelo exequente para que o executado cumpra voluntariamente a obrigação.

Parágrafo único. Findo o prazo sem cumprimento da obrigação, o processo retomará o seu curso.

Notas:

Acordando as partes, o magistrado declarará suspensa a execução durante o prazo concedido pelo exequente para que o executado cumpra voluntariamente a obrigação (art. 922, *caput*). Findo tal prazo, sem o devido cumprimento da obrigação, o processo retornará ao seu andamento regular.

Art. 923. Suspensa a execução, não serão praticados atos processuais, podendo o juiz, entretanto, salvo no caso de arguição de impedimento ou de suspeição, ordenar providências urgentes.

Notas:

Regra o art. 923 que, uma vez suspensa a execução, não serão nela praticados atos processuais, podendo o juiz, entretanto, ordenar providências consideradas urgentes, exceto no caso de arguição de impedimento ou de suspeição.

CAPÍTULO II
DA EXTINÇÃO DO PROCESSO DE EXECUÇÃO

Art. 924. Extingue-se a execução quando:

I – a petição inicial for indeferida;

II – a obrigação for satisfeita;

III – o executado obtiver, por qualquer outro meio, a extinção total da dívida;

IV – o exequente renunciar ao crédito;

V – ocorrer a prescrição intercorrente.

Notas:

Enumera o art. 924 do CPC as circunstâncias pelas quais se ensejará a respectiva extinção da execução

É fato que tal rol não esgota as possibilidades de extinção do processo de execução.

Considera-se possível ainda a existência de extinção da execução em virtude da desistência da ação pelo executado, caso em que será permitida nova propositura de tal ação, já que a desistência, notoriamente, atua de forma contrária à renúncia, não atingindo o direito material em questão.

Igualmente, extinta há de ser a execução quando os embargos à execução forem acolhidos com o objetivo de anular ou declarar nulo o título, ou para reconhecer que a obrigação ora executada está extinta.

Nos casos de acolhimento da impugnação em sede de Cumprimento da Sentença (art. 525 do CPC), ou mesmo diante da procedência da exceção de pré-executividade, também será possível a extinção da execução.

Diante da natureza sentencial desta extinção, o recurso cabível contra o presente ato judicial que declara extinta a execução será aquele da apelação (art. 1.009 do CPC).

Súmula:

STJ nº 452: A extinção das ações de pequeno valor é faculdade da Administração Federal, vedada a atuação judicial de ofício.

Art. 925. A extinção só produz efeito quando declarada por sentença.

Notas:

Consoante a afirmação do art. 925, a extinção da execução somente produzirá efeitos quando declarada por sentença, sendo possível nesses casos adquirir a qualidade de coisa julgada, de onde então será lícito o manejo de respectiva ação rescisória (arts. 966 e ss. do CPC).[489]

LIVRO III
DOS PROCESSOS NOS TRIBUNAIS E DOS MEIOS DE IMPUGNAÇÃO DAS DECISÕES JUDICIAIS

TÍTULO I
DA ORDEM DOS PROCESSOS E DOS PROCESSOS DE COMPETÊNCIA ORIGINÁRIA DOS TRIBUNAIS

CAPÍTULO I
DISPOSIÇÕES GERAIS

Art. 926. Os tribunais devem uniformizar sua jurisprudência e mantê-la estável, íntegra e coerente.

§ 1º Na forma estabelecida e segundo os pressupostos fixados no regimento interno, os tribunais editarão enunciados de súmula correspondentes a sua jurisprudência dominante.

[489] No mesmo sentido, MARINONI, Luiz Guilherme; ARENHART, Sérgio Cruz; MITIDIERO, Daniel. *Novo Código de Processo Civil Comentado*. São Paulo: RT, 2015, p. 865.

§ 2º Ao editar enunciados de súmula, os tribunais devem ater-se às circunstâncias fáticas dos precedentes que motivaram sua criação.

Notas:

A preocupação com a racionalidade e coerência das decisões judiciais é um dos pontos característicos do texto do Código de Processo Civil.

Cediço é que o descontrole com julgados sumamente divergentes, sobretudo em matéria de direito, constitui, inegavelmente, um afronta aos princípios da isonomia e da segurança jurídica.[490]

Já tivemos oportunidade de enfrentar a temática do desrespeito para com a razoável coerência do sistema judicante em sede de divergência jurisprudencial[491] e, ainda que seja um hercúleo caminho em construção, necessário se faz munirmos com instrumentos voltados a empreender a plena consecução do objetivo acima traçado, ou seja, edificar bases para a estabilidade das relações sociais quando delas depender, notoriamente, a própria prestação jurisdicional, esta de natureza estabilizadora no que toca a sua essência, devendo os órgãos jurisdicionais proporcionar segurança e previsibilidade naquilo que for competente para tal.

O CPC/2015, para bem registrar a complexidade do probl jovem pan ema das divergências jurisprudenciais em nosso tempo,[492] optou por consignar já no ponto de partida que abre o livro III da Parte Especial, nominado de "Dos Processos nos Tribunais e dos Meios de Impugnação das Decisões Judiciais", dispositivo apto a nortear a necessária estabilidade das decisões.

Assim então, prescreve o *caput* do presente art. 926:

> "*Os tribunais devem uniformizar a sua jurisprudência e mantê-la estável, íntegra e coerente*".

490 Por isso, nos parece irrefutável a afirmativa de Dennis Loyd: "A utilidade da sistematização racionalizada parece indiscutível, no que se refere ao direito, já que uma de suas finalidades vitais é proporcionar à vida social e econômica do homem uma medida tolerável de segurança e previsibilidade." (*A ideia de Lei*. São Paulo: Martins Fontes, 1985, p. 258).

491 GAIO JÚNIOR, Antônio Pereira. Incidentes de resolução de demandas repetitivas no projeto do novo CPC – Breves apontamentos. *In*: *Revista de Processo*, Vol. 199, setembro de 2011, São Paulo: RT, p.247-256.

492 "Não há Estado Constitucional e não há mesmo Direito no momento em que casos idênticos recebem diferentes decisões do Poder Judiciário. Insulta o bom senso que decisões judiciais possam tratar de forma desigual pessoas que se encontram na mesma situação." MARINONI, Luiz Guilherme; MITIDIERO, Daniel. *O Projeto do CPC. Críticas e propostas*. São Paulo: RT, 2010, p. 17-18.

De relevada importância ditos adjetivos da estabilidade, integridade e coerência.

A estabilidade possui, verdadeiramente, uma relação direta com os julgados anteriores, na medida da "não surpresa" a qualquer custo e em tempos onde a própria imprevisibilidade dos julgados, ainda que sob o manto de uma mesma matéria de direito, nos sai muito cara.

Já, diferentemente da estabilidade, em pontuação muito feliz, sustenta bem Streck:

> "Coerência significa dizer que, em casos semelhantes, deve-se proporcionar a garantia da isonômica aplicação principiológica. Haverá coerência se os mesmos princípios que foram aplicados nas decisões o forem para os casos idênticos; mas, mais do que isto, estará assegurada a integridade do direito a partir da força normativa da Constituição. A coerência assegura a igualdade, isto é, que os diversos casos terão a igual consideração por parte dos juízes. Isso somente pode ser alcançado através de um holismo interpretativo, constituído a partir do círculo hermenêutico. Já a integridade é duplamente composta, conforme Dworkin: um princípio legislativo, que pede aos legisladores que tentem tornar o conjunto de leis moralmente coerente, e um princípio jurisdicional, que demanda que a lei, tanto quanto o possível, seja vista como coerente nesse sentido."[493]

Já a integridade exige que os juízes construam seus argumentos de forma integrada ao conjunto do direito. Trata-se aí de uma garantia contra arbitrariedades interpretativas. A integridade limita a ação dos juízes; mais do que isso, coloca efetivos freios, através dessas comunidades de princípios, às atitudes solipsistas-voluntaristas. A integridade é uma forma de virtude política, significando rechaçar a tentação da arbitrariedade.[494]

O § 1º preceitua que "Na forma estabelecida e segundo os pressupostos fixados no regimento interno, os tribunais editarão enunciados de súmula correspondentes a sua jurisprudência dominante" Já o § 2º cuida das circunstâncias fáticas dos precedentes que motivaram a sua criação.

---

493 STRECK, Lênio Luiz. Por que agora dá para apostar no projeto do novo CPC! Disponível em: <http://www.conjur.com.br/2013-out-21/lenio-streck-agora-apostar-projeto-cpc>. Acesso em: 23 set. 2015.

Ainda sobre a questão, bem pontua o Enunciado n. 454 do FPPC: "Uma das dimensões da coerência a que se refere o *caput* do art. 926 consiste em os tribunais não ignorarem seus próprios precedentes (dever de autorreferência)."

494 *Ibidem.*

Enunciado das Jornadas de Direito Processual Civil do Conselho da Justiça Federal:

Nº 205 do CJF: A fundamentação da superação de tese firmada em recurso repetitivo deve apontar, expressamente, os critérios autorizadores da superação de precedentes: incongruência social ou inconsistência sistêmica.

Enunciados do Fórum Permanente de Processualistas Civis:

Nº 166 do FPPC: A aplicação dos enunciados das súmulas deve ser realizada a partir dos precedentes que os formaram e dos que os aplicaram posteriormente.

Nº 167 do FPPC: Os tribunais regionais do trabalho estão vinculados aos enunciados de suas próprias súmulas e aos seus precedentes em incidente de assunção de competência ou de resolução de demandas repetitivas.

Nº 168 do FPPC: Os fundamentos determinantes do julgamento de ação de controle concentrado de constitucionalidade realizado pelo STF caracterizam a *ratio decidendi* do precedente e possuem efeito vinculante para todos os órgãos jurisdicionais.

Nº 314 do FPPC: As decisões judiciais devem respeitar os precedentes do Supremo Tribunal Federal, em matéria constitucional, e do Superior Tribunal de Justiça, em matéria infraconstitucional federal.

Nº 315 do FPPC: Nem todas as decisões formam precedentes vinculantes.

Nº 316 do FPPC: A estabilidade da jurisprudência do tribunal depende também da observância de seus próprios precedentes, inclusive por seus órgãos fracionários.

Nº 380 do FPPC: A expressão "ordenamento jurídico", empregada pelo Código de Processo Civil, contempla os precedentes vinculantes.

Nº 393 do FPPC: É cabível a intervenção de *amicus curiae* no procedimento de edição, revisão e cancelamento de enunciados de súmula pelos tribunais.

Nº 431 do FPPC: O julgador, que aderir aos fundamentos do voto-vencedor do relator, há de seguir, por coerência, o precedente que ajudou a construir no julgamento da mesma questão em processos subsequentes, salvo se demonstrar a existência de distinção ou superação.

Nº 453 do FPPC: A estabilidade a que se refere o *caput* do art. 926 consiste no dever de os tribunais observarem os próprios precedentes.

Nº 454 do FPPC: Uma das dimensões da coerência a que se refere o *caput* do art. 926 consiste em os tribunais não ignorarem seus próprios precedentes (dever de autorreferência).

Nº 455 do FPPC: Uma das dimensões do dever de coerência significa o dever de não-contradição, ou seja, o dever de os tribunais não decidirem casos análogos contrariamente às decisões anteriores, salvo distinção ou superação.

Nº 456 do FPPC: Uma das dimensões do dever de integridade consiste em os tribunais decidirem em conformidade com a unidade do ordenamento jurídico.

Nº 457 do FPPC: Uma das dimensões do dever de integridade previsto no *caput* do art. 926 consiste na observância das técnicas de distinção e superação dos precedentes, sempre que necessário para adequar esse entendimento à interpretação contemporânea do ordenamento jurídico.

Nº 458 do FPPC: Para a aplicação, de ofício, de precedente vinculante, o órgão julgador deve intimar previamente as partes para que se manifestem sobre ele.

Nº 607 do FPPC: A decisão em recursos especial ou extraordinário repetitivos e a edição de enunciado de súmula pelo STJ ou STF obrigam os tribunais de segunda instância a rever suas decisões em incidente de resolução de demandas repetitivas, incidente de assunção de competência e enunciados de súmula em sentido diverso, nos termos do art. 986.

Nº 703 do FPPC: É admissível a reclamação contra acórdão de órgão fracionário que viole entendimento vinculante do próprio tribunal.

Enunciado da Escola Nacional de Formação e Aperfeiçoamento de Magistrados:

Nº 8 da ENFAM: Os enunciados das súmulas devem reproduzir os fundamentos determinantes do precedente.

Art. 927. Os juízes e os tribunais observarão:

I – as decisões do Supremo Tribunal Federal em controle concentrado de constitucionalidade;

II – os enunciados de súmula vinculante;

III – os acórdãos em incidente de assunção de competência ou de resolução de demandas repetitivas e em julgamento de recursos extraordinário e especial repetitivos;

IV – os enunciados das súmulas do Supremo Tribunal Federal em matéria constitucional e do Superior Tribunal de Justiça em matéria infraconstitucional;

V – a orientação do plenário ou do órgão especial aos quais estiverem vinculados.

§ 1º Os juízes e os tribunais observarão o disposto no art. 10 e no art. 489, § 1º, quando decidirem com fundamento neste artigo.

§ 2º A alteração de tese jurídica adotada em enunciado de súmula ou em julgamento de casos repetitivos poderá ser precedida de audiências públicas e da participação de pessoas, órgãos ou entidades que possam contribuir para a rediscussão da tese.

§ 3º Na hipótese de alteração de jurisprudência dominante do Supremo Tribunal Federal e dos tribunais superiores ou daquela oriunda de julgamento de casos repetitivos, pode haver modulação dos efeitos da alteração no interesse social e no da segurança jurídica.

§ 4º A modificação de enunciado de súmula, de jurisprudência pacificada ou de tese adotada em julgamento de casos repetitivos observará a necessidade de fundamentação adequada e específica, considerando os princípios da segurança jurídica, da proteção da confiança e da isonomia.

§ 5º Os tribunais darão publicidade a seus precedentes, organizando-os por questão jurídica decidida e divulgando-os, preferencialmente, na rede mundial de computadores.

Notas:

Do presente dispositivo, duas observações se fazem necessárias.

A primeira, de índole objetiva, toca ao comando "dever" que, por certo, depreende-se da inteligência do dispositivo em comento, ao dispor que juízes e tribunais observarão ditas decisões, enunciados, acórdãos, súmulas, orientações a que os próprios incisos do art. 927 prestam conta.

Logicamente, dito respeito não se faz às "cegas"! Como bem dita o § 1º do próprio art. 927, ao decidir sob o manto do que estabelece os incisos supracitados, deverá o órgão julgador subordinar-se às exigências dos arts. 10 e 489, § 1º, estes responsáveis pelas balizas relativas à correta validade dos fundamentos das decisões, prevendo o respeito à oportunidade das partes de terem se manifestado sobre o que se fulcrará como base da fundamentação, isso no decorrer da marcha processual (art. 10)[495], bem como se limitar a invocar precedente ou enunciado de súmula, sem identificar seus fundamentos determinantes nem demonstrar que o caso sob julgamento se ajusta àqueles fundamentos e ainda deixar de seguir enunciado de súmula, jurisprudência ou precedente invocado pela parte, sem demonstrar a existência de distinção no caso em julgamento ou a superação do entendimento, *ex vi* do art. 489, § 1º, V e VI).

Já a segunda observação se faz quanto ao caráter substantivo, ou seja, relativo aos conteúdos sob os quais tanto juízes quanto tribunais devem observar ao prolatar seus julgados, estes representados pelos aludidos incisos do art. 927.

Por tudo, trata-se não de mera faculdade, mas dever dos juízes e tribunais em seguir *as decisões do Supremo Tribunal Federal em controle concentrado de constitucionalidade, enunciados de súmula vinculante, os acórdãos em incidente de assunção de competência ou de resolução de demandas repetitivas e em julgamento de recursos extraordinário e especial repetitivos, os enunciados das súmulas do Supremo Tribunal Federal em matéria constitucional, do Superior Tribunal de Justiça em matéria infraconstitucional e a orientação do plenário ou do órgão especial aos quais tiverem vinculados.*

---

495 Foi muito bem o enunciado nº 458 do FPPC ao sublinhar que: "Para a aplicação, de ofício, de precedente vinculante, o órgão julgador deve intimar previamente as partes para que se manifestem sobre ele."

Nota-se que a vinculação aos precedentes arrolados no art. 927 se junta, verdadeiramente, ao rol dos filtros processuais recursais, de modo que a força do comando "devem" traduz no estabelecimento vertical da uniformidade racional realizadora do *decisum*, o que sem exercício empírico para com a certeza no funcionamento do sistema, ainda que pese as virtudes da estabilização dos julgados e previsibilidade das razões e decisões, catalisadores neste âmbito, dos princípios da segurança jurídica, confiança e isonomia, além do princípio da duração razoável do processo, há de se prever ainda uma série de aperfeiçoamentos pragmáticos no âmbito dos tribunais a fim de favorecer o cumprimento exato e reiterado do comportamento dos órgãos judiciais envolvidos, desde aquele responsável pela edição do precedente, passando pelos tribunais hierarquicamente inferiores, até chegar aos juízes monocráticos de 1º grau. Trabalho árduo e que se não operar de forma intermitente, não poucas vezes encontrará óbices ao seu cumprimento dada a própria cultura forense pátria, onde é de conhecimento farto que os juízes pouco conhecem e/ou não se interessam pelos posicionamentos judicantes dos tribunais que, hierarquicamente, acima se estabelecem.

Por outro lado, com intuito de evitar a estagnação *ad eternum* de um precedente já sedimentado, mas divorciado do tecido social é fundamental que se possibilite a modificação do mesmo através de procedimento provocado em decorrência, dentre outras alegações, de revogação ou modificação de norma em que se fundou a tese solicitante de modificação do precedente ou mesmo em alteração econômica, política ou social referente à matéria decidida, fundamento do precedente que clama por modificação.

Como apoio aos trabalhos em prol da análise para possível alteração do precedente, abre-se a possibilidade, caso necessário, da realização de audiências públicas e da participação de pessoas, órgãos ou entidades que possam contribuir para a rediscussão da tese jurídica, conforme sustenta o § 2º do art. 927, *in verbis*:

> *"§ 2º A alteração de tese jurídica adotada em enunciado de súmula ou em julgamento de casos repetitivos poderá ser precedida de audiências públicas e da participação de pessoas, órgãos ou entidades que possam contribuir para a rediscussão da tese."*

No que se refere ainda à modificação de enunciado de súmula, de jurisprudência pacificada ou de tese adotada em julgamento de casos repetitivos, deverá dita mudança vir acompanhada, notadamente, de fundamentação adequada e específica, considerando os princípios já anteriormente referidos, ou seja, segurança jurídica, proteção da confiança e isonomia (§ 4º do art. 927).

Lado outro, não passou despercebido pelo Código de Processo Civil a possibilidade de modulação dos efeitos decorrentes dos precedentes (súmula de jurisprudência dominante do STF e dos Tribunais Superiores e ainda aquelas oriundas de julgamentos de casos repetitivos), seja com relação à sua retroatividade - *ex tunc* - ou na forma prospectiva - *ex nunc*, tudo devidamente fundamentado.

Nestes termos, pontua o § 3º do art. 927:

> "*§ 3º Na hipótese de alteração de jurisprudência dominante do Supremo Tribunal Federal e dos tribunais superiores ou daquela oriunda de julgamento de casos repetitivos, pode haver modulação dos efeitos da alteração no interesse social e no da segurança jurídica.*"

De tudo, caberá aos tribunais dar publicidade a seus precedentes, organizando-os por questão jurídica decidida e divulgando-os, preferencialmente, na rede mundial de computadores. (§ 5º do art. 927).

Remissões:

– Art. 102, § 2º e 103-A da CRFB/88:

"Art. 102. Compete ao Supremo Tribunal Federal, precipuamente, a guarda da Constituição, cabendo-lhe:

(...)

§ 2º As decisões definitivas de mérito, proferidas pelo Supremo Tribunal Federal, nas ações diretas de inconstitucionalidade e nas ações declaratórias de constitucionalidade produzirão eficácia contra todos e efeito vinculante, relativamente aos demais órgãos do Poder Judiciário e à administração pública direta e indireta, nas esferas federal, estadual e municipal.

(...)

Art. 103-A. O Supremo Tribunal Federal poderá, de ofício ou por provocação, mediante decisão de dois terços dos seus membros, após reiteradas decisões sobre matéria constitucional, aprovar súmula que, a partir de sua publicação na imprensa oficial, terá efeito vinculante em relação aos demais órgãos do Poder Judiciário e à administração pública direta e indireta, nas esferas federal, estadual e municipal, bem como proceder à sua revisão ou cancelamento, na forma estabelecida em lei".

– Art. 28 da Lei nº 9.868/1998 (dispõe sobre o processo e julgamento da ação direta de inconstitucionalidade e da ação declaratória de constitucionalidade perante o Supremo Tribunal Federal):

"Art. 28. Dentro do prazo de dez dias após o trânsito em julgado da decisão, o Supremo Tribunal Federal fará publicar em seção especial do Diário da Justiça e do Diário Oficial da União a parte dispositiva do acórdão.

Parágrafo único. A declaração de constitucionalidade ou de inconstitucionalidade, inclusive a interpretação conforme a Constituição e a declaração parcial de inconstitucionalidade sem redução de texto, têm eficácia contra todos e efeito vinculante em relação aos órgãos do Poder Judiciário e à Administração Pública federal, estadual e municipal".

– Art. 10 da Lei nº 9.882/1998 (dispõe sobre o processo e julgamento da arguição de descumprimento de preceito fundamental, nos termos do § 1º do art. 102 da Constituição Federal):

"Art. 10. Julgada a ação, far-se-á comunicação às autoridades ou órgãos responsáveis pela prática dos atos questionados, fixando-se as condições e o modo de interpretação e aplicação do preceito fundamental.

§ 1º O presidente do Tribunal determinará o imediato cumprimento da decisão, lavrando-se o acórdão posteriormente.

§ 2º Dentro do prazo de dez dias contado a partir do trânsito em julgado da decisão, sua parte dispositiva será publicada em seção especial do Diário da Justiça e do Diário Oficial da União.

§ 3º A decisão terá eficácia contra todos e efeito vinculante relativamente aos demais órgãos do Poder Público".

Enunciados das Jornadas de Direito Processual Civil do Conselho da Justiça Federal:

Nº 59 do CJF: Não é exigível identidade absoluta entre casos para a aplicação de um precedente, seja ele vinculante ou não, bastando que ambos possam compartilhar os mesmos fundamentos determinantes.

Nº 126 do CJF: O juiz pode resolver parcialmente o mérito, em relação à matéria não afetada para julgamento, nos processos suspensos em razão de recursos repetitivos, repercussão geral, incidente de resolução de demandas repetitivas ou incidente de assunção de competência.

Nº 208 do CJF: A orientação contida no acórdão de mérito dos embargos de divergência se enquadra no comando do art. 927, inciso V, do CPC se este for proferido pelo Plenário do Supremo Tribunal Federal, pelas seções ou pela Corte Especial do Superior Tribunal de Justiça.

Enunciados do Fórum Permanente de Processualistas Civis:

Nº 2 do FPPC: Para a formação do precedente, somente podem ser usados argumentos submetidos ao contraditório.

Nº 55 do FPPC: Pelos pressupostos do § 3º do art. 927, a modificação do precedente tem, como regra, eficácia temporal prospectiva. No entanto, pode haver modulação temporal, no caso concreto.

Nº 146 do FPPC: Na aplicação do inciso I do art. 332, o juiz observará o inciso IV do *caput* do art. 927.

Nº 166 do FPPC: A aplicação dos enunciados das súmulas deve ser realizada a partir dos precedentes que os formaram e dos que os aplicaram posteriormente.

Nº 168 do FPPC: Os fundamentos determinantes do julgamento de ação de controle concentrado de constitucionalidade realizado pelo STF caracterizam a *ratio decidendi* do precedente e possuem efeito vinculante para todos os órgãos jurisdicionais.

Nº 169 do FPPC: Os órgãos do Poder Judiciário devem obrigatoriamente seguir os seus próprios precedentes, sem prejuízo do disposto nos § 9º do art. 1.037 e § 4º do art. 927.

Nº 170 do FPPC: As decisões e precedentes previstos nos incisos do *caput* do art. 927 são vinculantes aos órgãos jurisdicionais a eles submetidos.

Nº 171 do FPPC: Os juízes e tribunais regionais do trabalho estão vinculados aos precedentes do TST em incidente de assunção de competência em matéria infraconstitucional relativa ao direito e ao processo do trabalho, bem como às suas súmulas.

Nº 172 do FPPC: A decisão que aplica precedentes, com a ressalva de entendimento do julgador, não é contraditória.

Nº 173 do FPPC: Cada fundamento determinante adotado na decisão capaz de resolver de forma suficiente a questão jurídica induz os efeitos de precedente vinculante, nos termos do Código de Processo Civil.

Nº 174 do FPPC: A realização da distinção compete a qualquer órgão jurisdicional, independentemente da origem do precedente invocado.

Nº 175 do FPPC: O relator deverá fundamentar a decisão que inadmitir a participação de pessoas, órgãos ou entidades e deverá justificar a não realização de audiências públicas.

Nº 306 do FPPC: O precedente vinculante não será seguido quando o juiz ou tribunal distinguir o caso sob julgamento, demonstrando, fundamentadamente, tratar-se de situação particularizada por hipótese fática distinta, a impor solução jurídica diversa.

Nº 314 do FPPC: As decisões judiciais devem respeitar os precedentes do Supremo Tribunal Federal, em matéria constitucional, e do Superior Tribunal de Justiça, em matéria infraconstitucional federal.

Nº 315 do FPPC: Nem todas as decisões formam precedentes vinculantes.

Nº 317 do FPPC: O efeito vinculante do precedente decorre da adoção dos mesmos fundamentos determinantes pela maioria dos membros do colegiado, cujo entendimento tenha ou não sido sumulado.

Nº 318 do FPPC: Os fundamentos prescindíveis para o alcance do resultado fixado no dispositivo da decisão (obiter dicta), ainda que nela presentes, não possuem efeito de precedente vinculante.

Nº 319 do FPPC: Os fundamentos não adotados ou referendados pela maioria dos membros do órgão julgador não possuem efeito de precedente vinculante.

Nº 320 do FPPC: Os tribunais poderão sinalizar aos jurisdicionados sobre a possibilidade de mudança de entendimento da corte, com a eventual superação ou a criação de exceções ao precedente para casos futuros.

Nº 321 do FPPC: A modificação do entendimento sedimentado poderá ser realizada nos termos da Lei nº 11.417, de 19 de dezembro de 2006, quando se tratar de enunciado de súmula vinculante; do regimento interno dos tribunais, quando se tratar de enunciado de súmula ou jurisprudência dominante; e, incidentalmente, no julgamento de recurso, na remessa necessária ou causa de competência originária do tribunal.

Nº 322 do FPPC: A modificação de precedente vinculante poderá fundar-se, entre outros motivos, na revogação ou modificação da lei em que ele se baseou, ou em alteração econômica, política, cultural ou social referente à matéria decidida.

Nº 323 do FPPC: A formação dos precedentes observará os princípios da legalidade, da segurança jurídica, da proteção da confiança e da isonomia.

Nº 324 do FPPC: Lei nova, incompatível com o precedente judicial, é fato que acarreta a não aplicação do precedente por qualquer juiz ou tribunal, ressalvado o reconhecimento de sua inconstitucionalidade, a realização de interpretação conforme ou a pronúncia de nulidade sem redução de texto.

Nº 325 do FPPC: A modificação de entendimento sedimentado pelos tribunais trabalhistas deve observar a sistemática prevista no art. 927, devendo se desincumbir do ônus argumentativo mediante fundamentação adequada e específica, modulando, quando necessário, os efeitos da decisão que supera o entendimento anterior.

Nº 326 do FPPC: O órgão jurisdicional trabalhista pode afastar a aplicação do precedente vinculante quando houver distinção entre o caso sob julgamento e o paradigma, desde que demonstre, fundamentadamente, tratar-se de situação particularizada por hipótese fática distinta, a impor solução jurídica diversa.

Nº 380 do FPPC: A expressão "ordenamento jurídico", empregada pelo Código de Processo Civil, contempla os precedentes vinculantes.

Nº 393 do FPPC: É cabível a intervenção de *amicus curiae* no procedimento de edição, revisão e cancelamento de enunciados de súmula pelos tribunais.

Nº 431 do FPPC: O julgador, que aderir aos fundamentos do voto-vencedor do relator, há de seguir, por coerência, o precedente que ajudou a construir no julgamento da mesma questão em processos subsequentes, salvo se demonstrar a existência de distinção ou superação.

Nº 433 do FPPC: Cabe à Administração Pública dar publicidade às suas orientações vinculantes, preferencialmente pela rede mundial de computadores.

Nº 458 do FPPC: Para a aplicação, de ofício, de precedente vinculante, o órgão julgador deve intimar previamente as partes para que se manifestem sobre ele.

Nº 459 do FPPC: As normas sobre fundamentação adequada quanto à distinção e superação e sobre a observância somente dos argumentos submetidos ao contraditório são aplicáveis a todo o microssistema de formação dos precedentes.

Nº 460 do FPPC: O microssistema de aplicação e formação dos precedentes deverá respeitar as técnicas de ampliação do contraditório para amadurecimento da tese, como a realização de audiências públicas prévias e participação de *amicus curiae*.

Nº 461 do FPPC: O disposto no § 2º do art. 927 aplica-se ao incidente de assunção de competência.

Nº 549 do FPPC: O rol do art. 927 e os precedentes da Turma Nacional de Uniformização dos Juizados Especiais Federais deverão ser observados no âmbito dos Juizados Especiais.

Nº 558 do FPPC: Caberá reclamação contra decisão que contrarie acórdão proferido no julgamento dos incidentes de resolução de demandas repetitivas ou de assunção de competência para o tribunal cujo precedente foi desrespeitado, ainda que este não possua competência para julgar o recurso contra a decisão impugnada.

Nº 591 do FPPC: O tribunal dará ampla publicidade ao acórdão que decidiu pela instauração do incidente de arguição de inconstitucionalidade, incidente de assunção de competência ou incidente de resolução de demandas repetitivas, cabendo, entre outras medidas, sua publicação em seção específica no órgão oficial e indicação clara na página do tribunal na rede mundial de computadores.

Nº 608 do FPPC: O acórdão que revisar ou superar a tese indicará os parâmetros temporais relativos à eficácia da decisão revisora.

Nº 659 do FPPC: O relator do julgamento de casos repetitivos e do incidente de assunção de competência tem o dever de zelar pelo equilíbrio do contraditório, por exemplo solicitando a participação, na condição de *amicus curiae*, de pessoas, órgãos ou entidades capazes de sustentar diferentes pontos de vista.

Enunciado da Escola Nacional de Formação e Aperfeiçoamento de Magistrados:

Nº 7 da ENFAM: O acórdão, cujos fundamentos não tenham sido explicitamente adotados como razões de decidir, não constitui precedente vinculante.

Art. 928. Para os fins deste Código, considera-se julgamento de casos repetitivos a decisão proferida em:

I – incidente de resolução de demandas repetitivas;

II – recursos especial e extraordinário repetitivos.

Parágrafo único. O julgamento de casos repetitivos tem por objeto questão de direito material ou processual.

Notas:

Julgamento de casos repetitivos. A fim de não pairar dúvidas sobre o real sentido do "julgamento de casos repetitivos" no assunto em tela ou mesmo em outras passagens do próprio CPC, o legislado optou por ratificar a significância do tema nos termos do artigo em tela.

Enunciados do Fórum Permanente de Processualistas Civis:

Nº 88 do FPPC: Não existe limitação de matérias de direito passíveis de gerar a instauração do incidente de resolução de demandas repetitivas e, por isso, não é admissível qualquer interpretação que, por tal fundamento, restrinja seu cabimento.

Nº 327 do FPPC: Os precedentes vinculantes podem ter por objeto questão de direito material ou processual.

Nº 345 do FPPC: O incidente de resolução de demandas repetitivas e o julgamento dos recursos extraordinários e especiais repetitivos formam um microssistema de solução de casos repetitivos, cujas normas de regência se complementam reciprocamente e devem ser interpretadas conjuntamente.

Nº 480 do FPPC: Aplica-se no âmbito dos juizados especiais a suspensão dos processos em trâmite no território nacional, que versem sobre a questão submetida ao regime de julgamento de recursos especiais e extraordinários repetitivos, determinada com base no art. 1.037, II.

Nº 659 do FPPC: O relator do julgamento de casos repetitivos e do incidente de assunção de competência tem o dever de zelar pelo equilíbrio do contraditório, por exemplo solicitando a participação, na condição de *amicus curiae*, de pessoas, órgãos ou entidades capazes de sustentar diferentes pontos de vista.

CAPÍTULO II
DA ORDEM DOS PROCESSOS NO TRIBUNAL

Art. 929. Os autos serão registrados no protocolo do tribunal no dia de sua entrada, cabendo à secretaria ordená-los, com imediata distribuição.

Parágrafo único. A critério do tribunal, os serviços de protocolo poderão ser descentralizados, mediante delegação a ofícios de justiça de primeiro grau.

Notas:

Registro no tribunal. O artigo trata do registro e imediata distribuição dos recursos e processos originários da competência dos tribunais. O parágrafo único cuida da descentralização ao dizer que a critério do tribunal, os serviços de protocolo poderão ser descentralizados, mediante delegação a ofícios de justiça de primeiro grau.

Art. 930. Far-se-á a distribuição de acordo com o regimento interno do tribunal, observando-se a alternatividade, o sorteio eletrônico e a publicidade.

Parágrafo único. O primeiro recurso protocolado no tribunal tornará prevento o relator para eventual recurso subsequente interposto no mesmo processo ou em processo conexo.

Notas:

Distribuição e Prevenção. Aqui se desvela os princípios atinentes a distribuição: alternatividade, sorteio eletrônico e publicidade. Importante ainda é a regra acostada no parágrafo único em que torna explícita a prevenção recursal, ou seja, decorrente da própria vinculação do órgão julgador no juízo *ad quem* para o conhecimento dos recursos interposto decorrentes de um mesmo processo ou de processo conexo.

Art. 931. Distribuídos, os autos serão imediatamente conclusos ao relator, que, em 30 (trinta) dias, depois de elaborar o voto, restituí-los-á, com relatório, à secretaria.

Notas:

Conclusão ao relator e voto.

Enunciado do Fórum Permanente de Processualistas Civis:

Nº 522 do FPPC: O relatório nos julgamentos colegiados tem função preparatória e deverá indicar as questões de fato e de direito relevantes para o julgamento e já submetidas ao contraditório.

Art. 932. Incumbe ao relator:

I – dirigir e ordenar o processo no tribunal, inclusive em relação à produção de prova, bem como, quando for o caso, homologar autocomposição das partes;

II – apreciar o pedido de tutela provisória nos recursos e nos processos de competência originária do tribunal;

III – não conhecer de recurso inadmissível, prejudicado ou que não tenha impugnado especificamente os fundamentos da decisão recorrida;

IV – negar provimento a recurso que for contrário a:

a) súmula do Supremo Tribunal Federal, do Superior Tribunal de Justiça ou do próprio tribunal;

b) acórdão proferido pelo Supremo Tribunal Federal ou pelo Superior Tribunal de Justiça em julgamento de recursos repetitivos;

c) entendimento firmado em incidente de resolução de demandas repetitivas ou de assunção de competência;

V – depois de facultada a apresentação de contrarrazões, dar provimento ao recurso se a decisão recorrida for contrária a:

a) súmula do Supremo Tribunal Federal, do Superior Tribunal de Justiça ou do próprio tribunal;

b) acórdão proferido pelo Supremo Tribunal Federal ou pelo Superior Tribunal de Justiça em julgamento de recursos repetitivos;

c) entendimento firmado em incidente de resolução de demandas repetitivas ou de assunção de competência;

VI – decidir o incidente de desconsideração da personalidade jurídica, quando este for instaurado originariamente perante o tribunal;

VII – determinar a intimação do Ministério Público, quando for o caso;

VIII – exercer outras atribuições estabelecidas no regimento interno do tribunal.

Parágrafo único. Antes de considerar inadmissível o recurso, o relator concederá o prazo de 5 (cinco) dias ao recorrente para que seja sanado vício ou complementada a documentação exigível.

Notas:

Deveres-poderes do relator. O CPC/2015, diante do presente dispositivo, estabelece como poderes do relator os seguintes:

- *Dirigir* e *ordenar* o processo no tribunal, inclusive em relação à produção de prova, bem como, quando for o caso, homologar autocomposição das partes.
- *Apreciar* o pedido de tutela provisória nos recursos e nos processos de competência originária do tribunal.

- *Não conhecer* de recurso inadmissível, prejudicado ou que não tenha impugnado especificamente os fundamentos da decisão recorrida.
- *Negar provimento* a recurso quando este for contrário a (i) súmula do Supremo Tribunal Federal, do Superior Tribunal de Justiça ou do próprio tribunal; (ii) acórdão proferido pelo Supremo Tribunal Federal ou pelo Superior Tribunal de Justiça em julgamento de recursos repetitivos e (iii) entendimento firmado em incidente de resolução de demandas repetitivas ou de assunção de competência, tratando aí de verdadeiros filtros processuais recursais impostos à racionalidade do sistema de respeito à verticalidade das decisões, o que se diga, aos precedentes das cortes.
- *Conceder provimento* ao recurso, depois de facultada a apresentação de contrarrazões, se a decisão recorrida for contrária à (i) súmula do Supremo Tribunal Federal, do Superior Tribunal de Justiça ou do próprio tribunal; (ii) acórdão proferido pelo Supremo Tribunal Federal ou pelo Superior Tribunal de Justiça em julgamento de recursos repetitivos; (iii) entendimento firmado em incidente de resolução de demandas repetitivas ou de assunção de competência.
- *Decidir* o incidente de desconsideração da personalidade jurídica, quando este for instaurado originariamente perante o tribunal.
- *Determinar* a intimação do Ministério Público, em sendo o caso.
- *Exercer* outras atribuições estabelecidas no regimento interno do respectivo tribunal.

Das decisões monocráticas do relator que negou seguimento ou deu provimento ao recurso cabe agravo regimental no prazo de 15 (quinze) dias para o respectivo órgão colegiado, observando-se, quanto ao processamento, as regras do regimento interno do próprio tribunal (art. 1.021, *caput* do CPC).

Vale ainda perceber, aliás, como já é ponto marcante do novel CPC em sede recursal que, antes de considerar inadmissível o recurso, o relator concederá o prazo de 5 (cinco) dias ao recorrente para que este sane vício ou complemente a documentação exigível para aquele recurso (parágrafo único do art. 932 do CPC).

Súmulas:

STJ nº 115: Na instância especial é inexistente recurso interposto por advogado sem procuração nos autos.

STJ nº 253: O art. 557 do CPC, que autoriza o relator a decidir o recurso, alcança o reexame necessário.

Enunciados Administrativos do STJ:

STJ. Enunciado Administrativo nº 5: Nos recursos tempestivos interpostos com fundamento no CPC/1973 (relativos a decisões publicadas até 17 de março de 2016), não caberá a abertura de prazo prevista no art. 932, parágrafo único, c/c o art. 1.029, § 3º, do novo CPC.

STJ. Enunciado Administrativo nº 6: Nos recursos tempestivos interpostos com fundamento no CPC/2015 (relativos a decisões publicadas a partir de 18 de março de 2016), somente será concedido o prazo previsto no art. 932, parágrafo único, c/c o art. 1.029, § 3º, do novo CPC para que a parte sane vício estritamente formal.

Enunciado das Jornadas de Direito Processual Civil do Conselho da Justiça Federal:

Nº 168 do FPPC: Salvo nos casos de competência originária dos tribunais, o incidente de desconsideração da personalidade jurídica deve ser instaurado em primeiro grau.

Enunciados do Fórum Permanente de Processualistas Civis:

Nº 81 do FPPC: Por não haver prejuízo ao contraditório, é dispensável a oitiva do recorrido antes do provimento monocrático do recurso, quando a decisão recorrida: (a) indeferir liminarmente a justiça gratuita; ou (b) alterar liminarmente o valor da causa. (redação revista no XI FPPC-Brasília).

Nº 82 do FPPC: É dever do relator, e não faculdade, conceder o prazo ao recorrente para sanar o vício ou complementar a documentação exigível, antes de inadmitir qualquer recurso, inclusive os excepcionais.

Nº 83 do FPPC: Fica superado o enunciado 115 da súmula do STJ após a entrada em vigor do CPC ("Na instância especial é inexistente recurso interposto por advogado sem procuração nos autos").

Nº 197 do FPPC: Aplica-se o disposto no parágrafo único do art. 932 aos vícios sanáveis de todos os recursos, inclusive dos recursos excepcionais.

Nº 462 do FPPC: É nula, por usurpação de competência funcional do órgão colegiado, a decisão do relator que julgar monocraticamente o mérito do recurso, sem demonstrar o alinhamento de seu pronunciamento judicial com um dos padrões decisórios descritos no art. 932.

Nº 463 do FPPC: O parágrafo único do art. 932 e o art. 933 devem ser aplicados aos recursos interpostos antes da entrada em vigor do CPC/2015 e ainda pendentes de julgamento.

Nº 464 do FPPC: A decisão unipessoal (monocrática) do relator em Turma Recursal é impugnável por agravo interno.

Nº 550 do FPPC: A inexistência de repercussão geral da questão constitucional discutida no recurso extraordinário é vício insanável, não se aplicando o dever de prevenção de que trata o parágrafo único do art. 932, sem prejuízo do disposto no art. 1.033.

Nº 551 do FPPC: Cabe ao relator, antes de não conhecer do recurso por intempestividade, conceder o prazo de cinco dias úteis para que o recorrente prove qualquer causa de prorrogação, suspensão ou interrupção do prazo recursal a justificar a tempestividade do recurso.

Nº 592 do FPPC: Aplica-se o inciso V do art. 932 ao agravo de instrumento.

Nº 593 do FPPC: Antes de inadmitir o recurso especial ou recurso extraordinário, cabe ao presidente ou vice-presidente do tribunal recorrido conceder o prazo de cinco dias ao recorrente para que seja sanado o vício ou complementada a documentação exigível, nos termos do parágrafo único do art. 932.

Nº 645 do FPPC: Ao relator se conferem os poderes e os deveres do art. 139.

Nº 646 do FPPC: Constatada a necessidade de produção de prova em grau de recurso, o relator tem o dever de conversão do julgamento em diligência.

Nº 647 do FPPC: A tutela provisória pode ser concedida pelo relator liminarmente ou após justificação prévia.

Nº 648 do FPPC: Viola o disposto no art. 932 a previsão em regimento interno de tribunal que estabeleça a possibilidade de julgamento monocrático de recurso ou ação de competência originária com base em "jurisprudência dominante" ou "entendimento dominante".

Nº 664 do FPPC: O Presidente ou Vice-Presidente do Tribunal de origem tem competência para homologar acordo celebrado antes da publicação da decisão de admissão do recurso especial ou extraordinário.

Enunciado da Escola Nacional de Formação e Aperfeiçoamento de Magistrados:

Nº 42 da ENFAM: Não será declarada a nulidade sem que tenha sido demonstrado o efetivo prejuízo por ausência de análise de argumento deduzido pela parte.

Art. 933. Se o relator constatar a ocorrência de fato superveniente à decisão recorrida ou a existência de questão apreciável de ofício ainda não examinada que devam ser considerados no julgamento do recurso, intimará as partes para que se manifestem no prazo de 5 (cinco) dias.

§ 1º Se a constatação ocorrer durante a sessão de julgamento, esse será imediatamente suspenso a fim de que as partes se manifestem especificamente.

§ 2º Se a constatação se der em vista dos autos, deverá o juiz que a solicitou encaminhá-los ao relator, que tomará as providências previstas no *caput* e, em seguida, solicitará a inclusão do feito em pauta para prosseguimento do julgamento, com submissão integral da nova questão aos julgadores.

Notas:

Fato superveniente. A regra jurídica tenta evitar as denominadas "decisões-surpresa", uma vez que contatado a ocorrência de fato superveniente à decisão recorrida ou a existência de questão apreciável de ofício ainda não examinada que devam ser considerados no julgamento do recurso, intimará as partes para que se manifestem no prazo de 5 (cinco) dias. Os §§ 1º e 2º tratam dos procedimentos a serem adotados no aparecimento de questões novas. O § 1º determina a suspensão do julgamento quando a constatação ocorrer durante a sessão de julgamento. O § 2º, por sua vez, cuida da hipótese de a questão nova surgir durante o pedido de vista formulado por um dos julgadores.

Enunciado das Jornadas de Direito Processual Civil do Conselho da Justiça Federal:

Nº 60 do CJF: É direito das partes a manifestação por escrito, no prazo de cinco dias, sobre fato superveniente ou questão de ofício na hipótese do art. 933, § 1º, do CPC, ressalvada a concordância expressa com a forma oral em sessão.

Enunciados do Fórum Permanente de Processualistas Civis:

Nº 522 do FPPC: O relatório nos julgamentos colegiados tem função preparatória e deverá indicar as questões de fato e de direito relevantes para o julgamento e já submetidas ao contraditório.

Nº 594 do FPPC: O art. 933 incide no controle concentrado-abstrato de constitucionalidade.

Nº 595 do FPPC: No curso do julgamento, o advogado poderá pedir a palavra, pela ordem, para indicar que determinada questão suscitada na sessão não foi submetida ao prévio contraditório, requerendo a aplicação do § 1º do art. 933.

Nº 614 do FPPC: Não tendo havido prévia intimação do embargado para apresentar contrarrazões aos embargos de declaração, se surgir divergência capaz de acarretar o acolhimento com atribuição de efeito modificativo do recurso durante a sessão de julgamento, esse será imediatamente suspenso para que seja o embargado intimado a manifestar-se no prazo do § 2º do art. 1.023.

Nº 645 do FPPC: Ao relator se conferem os poderes e os deveres do art. 139.

Art. 934. Em seguida, os autos serão apresentados ao presidente, que designará dia para julgamento, ordenando, em todas as hipóteses previstas neste Livro, a publicação da pauta no órgão oficial.

Notas:

Publicação da pauta no Diário Oficial.

Enunciado do Fórum Permanente de Processualistas Civis:

Nº 649 do FPPC: A retomada do julgamento após devolução de pedido de vista depende de inclusão em nova pauta, a ser publicada com antecedência mínima de cinco dias, ressalvada a hipótese de o magistrado que requereu a vista declarar que levará o processo na sessão seguinte.

Art. 935. Entre a data de publicação da pauta e a da sessão de julgamento decorrerá, pelo menos, o prazo de 5 (cinco) dias, incluindo-se em nova pauta os processos que não tenham sido julgados, salvo aqueles cujo julgamento tiver sido expressamente adiado para a primeira sessão seguinte.

§ 1º Às partes será permitida vista dos autos em cartório após a publicação da pauta de julgamento.

§ 2º Afixar-se-á a pauta na entrada da sala em que se realizar a sessão de julgamento.

Notas:

Pauta de julgamento. O presidente, ao receber os autos, designará dia para julgamento, mandando publicar a pauta no órgão oficial, valendo pontuar que, entre a data de publicação da pauta e a da sessão de julgamento, decorrerá, ao menos, o prazo de 5 (cinco) dias, incluindo-se em nova pauta os processos que não tenham sido julgados, exceto aqueles cujo julgamento tiver sido expressamente adiado para a primeira sessão seguinte, conforme determina o *caput* do art. 935. Será permitido às partes ter vista dos autos em cartório, após a publicação da pauta de julgamento, sendo dita pauta fixada na entrada da sala onde se realizará a sessão de julgamento.

Súmulas:

STF nº 310: Quando a intimação tiver lugar na sexta-feira, ou a publicação com efeito de intimação for feita nesse dia, o prazo judicial terá início na segunda-feira imediata, salvo se não houver expediente, caso em que começará no primeiro dia útil que se seguir.

STJ nº 117: A inobservância do prazo de 48 horas, entre a publicação de pauta e o julgamento sem a presença das partes, acarreta nulidade.

Enunciados do Fórum Permanente de Processualistas Civis:

Nº 84 do FPPC: A ausência de publicação da pauta gera nulidade do acórdão que decidiu o recurso, ainda que não haja previsão de sustentação oral, ressalvada, apenas, a hipótese do § 1º do art. 1.024, na qual a publicação da pauta é dispensável.

Nº 198 do FPPC: Identificada a ausência ou a irregularidade de publicação da pauta, antes de encerrado o julgamento, incumbe ao órgão julgador determinar sua correção, procedendo a nova publicação.

Nº 649 do FPPC: A retomada do julgamento após devolução de pedido de vista depende de inclusão em nova pauta, a ser publicada com antecedência mínima de cinco dias, ressalvada a hipótese de o magistrado que requereu a vista declarar que levará o processo na sessão seguinte.

Nº 650 do FPPC: Os embargos de declaração, se não submetidos a julgamento na primeira sessão subsequente à sua oposição, deverão ser incluídos em pauta.

Art. 936. Ressalvadas as preferências legais e regimentais, os recursos, a remessa necessária e os processos de competência originária serão julgados na seguinte ordem:

I – aqueles nos quais houver sustentação oral, observada a ordem dos requerimentos;

II – os requerimentos de preferência apresentados até o início da sessão de julgamento;

III – aqueles cujo julgamento tenha iniciado em sessão anterior; e

IV – os demais casos.

Notas:

Preferência de julgamento. A regra jurídica processual apresenta a ordem a ser observada no julgamento dos recursos, da remessa necessária e dos processos de competência originária dos tribunais.

Art. 937. Na sessão de julgamento, depois da exposição da causa pelo relator, o presidente dará a palavra, sucessivamente, ao recorrente, ao recorrido e, nos casos de sua intervenção, ao membro do Ministério Público, pelo prazo improrrogável de 15 (quinze) minutos para cada um, a fim de sustentarem suas razões, nas seguintes hipóteses, nos termos da parte final do *caput* do art. 1.021:

I – no recurso de apelação;

II – no recurso ordinário;

III – no recurso especial;

IV – no recurso extraordinário;

V – nos embargos de divergência;

VI – na ação rescisória, no mandado de segurança e na reclamação;

VII – (VETADO);

VIII – no agravo de instrumento interposto contra decisões interlocutórias que versem sobre tutelas provisórias de urgência ou da evidência;

IX – em outras hipóteses previstas em lei ou no regimento interno do tribunal.

§ 1º A sustentação oral no incidente de resolução de demandas repetitivas observará o disposto no art. 984, no que couber.

§ 2º O procurador que desejar proferir sustentação oral poderá requerer, até o início da sessão, que o processo seja julgado em primeiro lugar, sem prejuízo das preferências legais.

§ 3º Nos processos de competência originária previstos no inciso VI, caberá sustentação oral no agravo interno interposto contra decisão de relator que o extinga.

§ 4º É permitido ao advogado com domicílio profissional em cidade diversa daquela onde está sediado o tribunal realizar sustentação oral por meio de videoconferência ou outro recurso tecnológico de transmissão de sons e imagens em tempo real, desde que o requeira até o dia anterior ao da sessão.

Notas:

Realização da sustentação oral. Em caráter geral, dispõe o dispositivo em comento que, na sessão de julgamento, depois de realizada a exposição da causa pelo relator, o presidente dará a palavra, sucessivamente, ao recorrente, ao recorrido bem como ao Ministério Público nos casos necessários à sua intervenção, pelo prazo improrrogável de 15 (quinze) minutos para cada um, com o fito de sustentarem as respectivas razões do recurso, nas hipóteses de apelação; recurso ordinário; recurso especial; recurso extraordinário; embargos de divergência; ação rescisória, mandado de segurança; reclamação; agravo de instrumento interposto contra decisões interlocutórias que versem sobre tutelas provisórias de urgência ou da evidência e em outras hipóteses previstas em lei ou no regimento interno do tribunal.

Vale destacar que, em sede de incidente de resolução de demandas repetitivas haverá, igualmente, possibilidade de sustentação oral, esta que será regulada pelo que dispõe o § 1º do art. 984 do CPC.

Nos processos de competência originária previstos no inciso VI do art. 937 (ação rescisória, mandado de segurança e reclamação), caberá sustentação oral no agravo interno interposto contra decisão de relator que venha extingui-los.

Para fins de realização da sustentação oral, deverá o procurador que a desejá-la, requerer até o início da sessão, que o processo seja julgado em primeiro lugar, logicamente, sem prejuízo das devidas preferências legais (§ 2º do art. 937 do CPC).

Para o procurador que tiver domicílio profissional fora da cidade onde está sediado o tribunal, o legislador possibilitou a realização da sustentação oral por meio de videoconferência ou qualquer outro recurso tecnológico de transmissão de sons e imagens em tempo real, isso desde que o interessado requeira tal forma até o dia anterior à sessão de julgamento (§ 4º do art. 937 do CPC).

Remissões:

– Art. 16, *caput*, da Lei nº 12.016/2009 (disciplina o mandado de segurança individual e coletivo e dá outras providências):

"Art. 16. Nos casos de competência originária dos tribunais, caberá ao relator a instrução do processo, sendo assegurada a defesa oral na sessão do julgamento do mérito ou do pedido liminar. (Redação dada pela Lei nº 13.676, de 2018)".

– Arts. 10, § 2º e 12-F, § 3º, da Lei nº 9.868/1999 (dispõe sobre o processo e julgamento da ação direta de inconstitucionalidade e da ação declaratória de constitucionalidade perante o Supremo Tribunal Federal):

"Art. 10. Salvo no período de recesso, a medida cautelar na ação direta será concedida por decisão da maioria absoluta dos membros do Tribunal, observado o disposto no art. 22, após a audiência dos órgãos ou autoridades dos quais emanou a lei ou ato normativo impugnado, que deverão pronunciar-se no prazo de cinco dias.

(...)

§ 2º No julgamento do pedido de medida cautelar, será facultada sustentação oral aos representantes judiciais do requerente e das autoridades ou órgãos responsáveis pela expedição do ato, na forma estabelecida no Regimento do Tribunal.

(...)."

– Art. 6º, § 2º, da Lei nº 9.882/1999 (dispõe sobre o processo e julgamento da arguição de descumprimento de preceito fundamental, nos termos do § 1º do art. 102 da Constituição Federal):

"Art. 6º Apreciado o pedido de liminar, o relator solicitará as informações às autoridades responsáveis pela prática do ato questionado, no prazo de dez dias.

(...)

§ 2º Poderão ser autorizadas, a critério do relator, sustentação oral e juntada de memoriais, por requerimento dos interessados no processo".

Enunciado das Jornadas de Direito Processual Civil do Conselho da Justiça Federal:

Nº 61 do CJF: Deve ser franqueado às partes sustentar oralmente as suas razões, na forma e pelo prazo previsto no art. 937, *caput*, do CPC, no agravo de instrumento que impugne decisão de resolução parcial de mérito (art. 356, § 5º, do CPC).

Enunciados do Fórum Permanente de Processualistas Civis:

Nº 596 do FPPC: Será assegurado às partes o direito de sustentar oralmente no julgamento de agravo de instrumento que verse sobre tutela provisória e que esteja pendente de julgamento por ocasião da entrada em vigor do CPC de 2015, ainda que o recurso tenha sido interposto na vigência do CPC de 1973.

Nº 651 do FPPC: É admissível sustentação oral na sessão de julgamento designada para o juízo de admissibilidade do incidente de resolução de demandas repetitivas ou do incidente de assunção de competência, sendo legitimados os mesmos sujeitos indicados nos arts. 984 e 947, § 1º.

Enunciado da Escola Nacional de Formação e Aperfeiçoamento de Magistrados:

Nº 41 da ENFAM: Por compor a estrutura do julgamento, a ampliação do prazo de sustentação oral não pode ser objeto de negócio jurídico entre as partes.

Art. 938. A questão preliminar suscitada no julgamento será decidida antes do mérito, deste não se conhecendo caso seja incompatível com a decisão.

§ 1º Constatada a ocorrência de vício sanável, inclusive aquele que possa ser conhecido de ofício, o relator determinará a realização ou a renovação do ato processual, no próprio tribunal ou em primeiro grau de jurisdição, intimadas as partes.

§ 2º Cumprida a diligência de que trata o § 1º, o relator, sempre que possível, prosseguirá no julgamento do recurso.

§ 3º Reconhecida a necessidade de produção de prova, o relator converterá o julgamento em diligência, que se realizará no tribunal ou em primeiro grau de jurisdição, decidindo-se o recurso após a conclusão da instrução.

§ 4º Quando não determinadas pelo relator, as providências indicadas nos §§ 1º e 3º poderão ser determinadas pelo órgão competente para julgamento do recurso.

Notas:

Questões preliminares. As questões preliminares suscitadas no julgamento serão decididas antes do mérito. Os §§ 1º e 2º cuidam das irregularidades a serem sanadas no âmbito do próprio tribunal ou, se for o caso, a necessidade de produção de prova. Neste caso, de acordo com o § 3º, o relator converterá o julgamento em diligência, que se realizará no tribunal ou em primeiro grau de jurisdição, decidindo-se o recurso após a conclusão da instrução. Por fim, vale destacar que a determinação para saneamento do vício pode partir do relator ou do próprio colegiado, conforme regra processual estabelecida no § 4º.

Súmula:

STJ nº 115: Na instancia especial é inexistente recurso interposto por advogado sem procuração nos autos.

Enunciados do Fórum Permanente de Processualistas Civis:

Nº 82 do FPPC: É dever do relator, e não faculdade, conceder o prazo ao recorrente para sanar o vício ou complementar a documentação exigível, antes de inadmitir qualquer recurso, inclusive os excepcionais.

Nº 199 do FPPC: No processo do trabalho, constatada a ocorrência de vício sanável, inclusive aquele que possa ser conhecido de ofício pelo órgão jurisdicional, o relator determinará a realização ou a renovação do ato processual, no próprio tribunal ou em primeiro grau, intimadas as partes; cumprida a diligência, sempre que possível, prosseguirá no julgamento do recurso.

Nº 332 do FPPC: Considera-se vício sanável, tipificado no art. 938, § 1º, a apresentação da procuração e da guia de custas ou depósito recursal em cópia, cumprindo ao relator assinalar prazo para a parte renovar o ato processual com a juntada dos originais.

Nº 333 do FPPC: Em se tratando de guia de custas e depósito recursal inseridos no sistema eletrônico, estando o arquivo corrompido, impedido de ser executado ou de ser lido, deverá o relator assegurar a possibilidade de sanar o vício, nos termos do art. 938, § 1º.

Nº 645 do FPPC: Ao relator se conferem os poderes e os deveres do art. 139.

Nº 646 do FPPC: Constatada a necessidade de produção de prova em grau de recurso, o relator tem o dever de conversão do julgamento em diligência.

Nº 647 do FPPC: A tutela provisória pode ser concedida pelo relator liminarmente ou após justificação prévia.

Nº 652 do FPPC: Cada questão preliminar suscitada será objeto de votação específica no julgamento.

Nº 657 do FPPC: O relator, antes de considerar inadmissível o incidente de resolução de demandas repetitivas, oportunizará a correção de vícios ou a complementação de informações.

Art. 939. Se a preliminar for rejeitada ou se a apreciação do mérito for com ela compatível, seguir-se-ão a discussão e o julgamento da matéria principal, sobre a qual deverão se pronunciar os juízes vencidos na preliminar.

Notas:

Rejeitada a preliminar ou superado do vício, será possível o avanço para a discussão e o julgamento da matéria principal referente ao mérito, isso, por óbvio, se for compatível para tal ocorrência.

Enunciado do Fórum Permanente de Processualistas Civis:

Nº 652 do FPPC: Cada questão preliminar suscitada será objeto de votação específica no julgamento.

Art. 940. O relator ou outro juiz que não se considerar habilitado a proferir imediatamente seu voto poderá solicitar vista pelo prazo máximo de 10 (dez) dias, após o qual o recurso será reincluído em pauta para julgamento na sessão seguinte à data da devolução.

§ 1º Se os autos não forem devolvidos tempestivamente ou se não for solicitada pelo juiz prorrogação de prazo de no máximo mais 10 (dez) dias, o presidente do órgão fracionário os requisitará para julgamento do recurso na sessão ordinária subsequente, com publicação da pauta em que for incluído.

§ 2º Quando requisitar os autos na forma do § 1º, se aquele que fez o pedido de vista ainda não se sentir habilitado a votar, o presidente convocará substituto para proferir voto, na forma estabelecida no regimento interno do tribunal.

Notas:

Pedido de vista. O *caput* do artigo em tela trata do pedido de vista ao afirmar que o relator ou outro juiz que não se considerar habilitado a proferir imediatamente seu voto poderá solicitar vista pelo prazo máximo de 10 (dez) dias, após o qual o recurso será reincluído em pauta para julgamento na sessão seguinte à data da devolução.

O § 1º cuida da **requisição dos autos** se não forem devolvidos tempestivamente ou se não for solicitada pelo juiz prorrogação de prazo de no máximo mais 10 (dez) dias. Neste caso, o julgamento do recurso será efetuado na sessão ordinária subsequente, com publicação da pauta em que for incluído. Por fim, o § 2º trata da **substituição do juiz** que mesmo após o pedido de vista ainda não se senta habilitado a votar. Caberá ao presidente convocar substituto para proferir voto, na forma estabelecida no regimento interno do tribunal.

Enunciado do Fórum Permanente de Processualistas Civis:

Nº 649 do FPPC: A retomada do julgamento após devolução de pedido de vista depende de inclusão em nova pauta, a ser publicada com antecedência mínima de cinco dias, ressalvada a hipótese de o magistrado que requereu a vista declarar que levará o processo na sessão seguinte.

Art. 941. Proferidos os votos, o presidente anunciará o resultado do julgamento, designando para redigir o acórdão o relator ou, se vencido este, o autor do primeiro voto vencedor.

§ 1º O voto poderá ser alterado até o momento da proclamação do resultado pelo presidente, salvo aquele já proferido por juiz afastado ou substituído.

§ 2º No julgamento de apelação ou de agravo de instrumento, a decisão será tomada, no órgão colegiado, pelo voto de 3 (três) juízes.

§ 3º O voto vencido será necessariamente declarado e considerado parte integrante do acórdão para todos os fins legais, inclusive de pré-questionamento.

Notas:

Uma vez proferido os votos, o presidente anunciará o resultado do julgamento, cabendo a designação para a redação do acórdão o relator ou, caso vencido, o autor do primeiro voto vencedor.

Destaca-se que o voto poderá ser alterado até o momento da proclamação do resultado pelo presidente, exceto aquele já proferido por juiz afastado ou substituído. Em se tratando de julgamento dos recursos de apelação ou de agravo de instrumento, a decisão será tomada, no órgão colegiado, pelo voto de 3 (três) juízes. Ocorrendo voto vencido, este será, necessariamente, declarado e devidamente considerado parte integrante do acórdão para todos os fins legais, frise-se, inclusive para fins de pré-questionamento, conforme disciplina o § 3º do presente dispositivo legal.

Súmulas:

STJ nº 320: A questão federal somente ventilada no voto vencido não atende ao requisito do prequestionamento.

Enunciado das Jornadas de Direito Processual Civil do Conselho da Justiça Federal:

Nº 186 do CJF: Na hipótese de julgamento de recurso não unânime, o acórdão somente poderá ser publicado com a integralidade dos votos (vencedor e vencido) e seus respectivos fundamentos, sob pena de nova publicação.

Enunciados do Fórum Permanente de Processualistas Civis:

Nº 166 do FPPC: A aplicação dos enunciados das súmulas deve ser realizada a partir dos precedentes que os formaram e dos que os aplicaram posteriormente.

Nº 200 do FPPC: Fica superado o enunciado 320 da súmula do STJ ("*A questão federal somente ventilada no voto vencido não atende ao requisito do prequestionamento*").

Nº 597 do FPPC: Ainda que o resultado do julgamento seja unânime, é obrigatória a inclusão no acórdão dos fundamentos empregados por todos os julgadores para dar base à decisão.

Nº 598 do FPPC: Cabem embargos de declaração para suprir a omissão do acórdão que, embora convergente na conclusão, deixe de declarar os fundamentos divergentes

Nº 653 do FPPC: Divergindo os julgadores quanto às razões de decidir, mas convergindo na conclusão, caberá ao magistrado que primeiro deduziu o fundamento determinante vencedor redigir o acórdão.

Art. 942. Quando o resultado da apelação for não unânime, o julgamento terá prosseguimento em sessão a ser designada com a presença de outros julgadores, que serão convocados nos termos previamente definidos no regimento interno, em número suficiente para garantir a possibilidade de inversão do resultado inicial, assegurado às partes e a eventuais terceiros o direito de sustentar oralmente suas razões perante os novos julgadores.

§ 1º Sendo possível, o prosseguimento do julgamento dar-se-á na mesma sessão, colhendo-se os votos de outros julgadores que porventura componham o órgão colegiado.

§ 2º Os julgadores que já tiverem votado poderão rever seus votos por ocasião do prosseguimento do julgamento.

§ 3º A técnica de julgamento prevista neste artigo aplica-se, igualmente, ao julgamento não unânime proferido em:

I – ação rescisória, quando o resultado for a rescisão da sentença, devendo, nesse caso, seu prosseguimento ocorrer em órgão de maior composição previsto no regimento interno;

II – agravo de instrumento, quando houver reforma da decisão que julgar parcialmente o mérito.

§ 4º Não se aplica o disposto neste artigo ao julgamento:

I – do incidente de assunção de competência e ao de resolução de demandas repetitivas;

II – da remessa necessária;

III – não unânime proferido, nos tribunais, pelo plenário ou pela corte especial.

Notas:

Ampliação do julgamento da não unânime na apelação. Técnica substitutiva dos embargos infringentes. Destaca-se aqui que, o CPC/2015 extinguiu o recurso denominado Embargos Infringentes. Não obstante isso, o art. 942 regula situação hipotética decorrente da não unanimidade no julgamento da apelação, da ação rescisória julgada procedente e do agravo de instrumento que reforma decisão que antecipa parcialmente o mérito (§ 3º do art. 942), expressando como se operacionaliza a forma de julgamento diante de tal resultado.

Somente se admite a técnica do julgamento ampliado, em agravo de instrumento, prevista no art. 942, § 3º, II, do CPC/2015, quando houver o provimento do recurso por maioria de votos e desde que a decisão agravada tenha julgado parcialmente o mérito. (REsp 1.960.580-MT, Rel. Min. Moura Ribeiro, Terceira Turma, por unanimidade, julgado em 05/10/2021, DJe 13/10/2021).[496]

Trata-se, portanto, da ampliação do julgamento não unânime na apelação, na ação rescisória julgada procedente e do agravo de instrumento que reforma decisão que antecipa parcialmente o mérito.[497] De certo, não ocorrendo decisão

---

496 "O cerne da controvérsia diz respeito a possibilidade ou não, de se ampliar o julgamento de agravo de instrumento que teve seu provimento denegado por maioria de votos.

No caso, ao julgar o agravo de instrumento, a Desembargadora Relatora a ele negou provimento, no que foi acompanhada pela Desembargadora Primeira Vogal. Enquanto, inaugurando a divergência, o Desembargador Segundo Vogal entendeu por bem em dar provimento ao agravo de instrumento.

Diante da ausência de unanimidade, o Desembargador Presidente adiou o julgamento para que fosse aplicada a técnica do art. 942 do NCPC.

O referido artigo dispõe que a utilização da técnica ampliada de julgamento, em agravo de instrumento, depende da necessidade de reforma da decisão que julgar parcialmente o mérito da causa.

Segundo a doutrina, "a técnica recursal em que se busca, com a participação de outros julgadores, possibilitar a prevalência do voto vencido, só pode ser aplicada quando houver reforma da decisão agravada em julgamento não unânime em agravo contra interlocutória que verse sobre o mérito da causa".

Ainda, no mesmo sentido, leciona a doutrina que no julgamento do agravo de instrumento "a regra só se aplica se o agravo for admitido e provido, por maioria de votos, para reformar a decisão que julgar parcialmente procedente o mérito".

Verifica-se, assim, que a lei impõe e a doutrina entende que, em sede de agravo de instrumento, a técnica de julgamento ampliado só é admitida quando houver a reforma da decisão que verse sobre o mérito da causa, o que não ocorreu no caso.

Dessa forma, reconhecido que o julgamento ampliado se deu em confronto com a lei, são nulos os votos proferidos nessa modalidade".

497 Enunciado nº 466 do FPPC: "A técnica do art. 942 não se aplica aos embargos infringentes pendentes ao tempo do início da vigência do CPC, cujo julgamento deverá ocorrer nos termos dos arts. 530 e seguintes do CPC de 1973."

unânime, o julgamento terá prosseguimento na mesma sessão, se possível ou em outra a ser designada, colhendo-se os votos de outros julgadores que, por ventura, componham a turma ou câmara ou serão convocados outros julgadores, de modo que haja número suficiente para garantir a possibilidade de inversão do resultado inicial, garantido às partes e eventuais terceiros o direito de realizar a sustentação oral de suas razões diante dos novos julgadores.

Dita nova sustentação oral poderá, inclusive, contribuir para a possibilidade reversão dos votos daqueles julgadores que já tiverem proferido seus votos quando do início do julgamento.

Interessante notar que o STJ por meio do REsp nº 1.771.815 – SP entendeu que, uma vez ocorrendo a ampliação do colegiado para o enfrentamento de matéria não unânime, poderão os julgadores, em sintonia com o § 2º do art. 942, reverem seus votos, mesmo em matéria que já foram decididas de forma unânime no próprio recurso.

A ementa do referido REsp se faz de necessário destaque:

> "RECURSO ESPECIAL. PROCESSO CIVIL. AÇÃO DE PRESTAÇÃO DE CONTAS. APELAÇÃO. CÓDIGO DE PROCESSO CIVIL DE 2015. JULGAMENTO NÃO UNÂNIME. TÉCNICA DE AMPLIAÇÃO DO COLEGIADO. ART. 942 DO CPC/2015. NATUREZA JURÍDICA. TÉCNICA DE JULGAMENTO. CABIMENTO. MODIFICAÇÃO DE VOTO. POSSIBILIDADE. NULIDADE. NÃO OCORRÊNCIA. 1. Recurso especial interposto contra acórdão publicado na vigência do Código de Processo Civil de 2015 (Enunciados Administrativos nºs 2 e 3/STJ). 2. Cinge-se a controvérsia a aferir, preliminarmente, se houve negativa de prestação jurisdicional. No mérito, o propósito é definir a correta interpretação e a abrangência da técnica de ampliação de colegiado na hipótese de julgamento não unânime, nos termos do art. 942 do CPC/2015. 3. Não há falar em negativa de prestação jurisdicional se o Tribunal de origem motiva adequadamente sua decisão, solucionando a controvérsia com a aplicação do direito que entende cabível à hipótese, apenas não no sentido pretendido pela parte. 4. No caso concreto, diante da ausência de unanimidade no julgamento da apelação, foi aplicado, de ofício, o art. 942 do CPC/2015 a fim de ampliar o colegiado com a convocação de outros desembargadores. Na continuidade do julgamento, um dos desembargadores alterou o voto anteriormente proferido para negar provimento à apelação e manter a sentença, resultado que prevaleceu, por maioria. 5. A técnica de ampliação do colegiado consiste em significativa inovação trazida pelo CPC/2015, tendo cabimento nas hipóteses de julgamento não unânime de apelação; ação rescisória, quando o resultado for a rescisão da sentença; e agravo de instrumento, quando

houver reforma da decisão que julgou parcialmente o mérito. 6. O art. 942 do CPC/2015 não configura uma nova espécie recursal, mas, sim, uma técnica de julgamento, a ser aplicada de ofício, independentemente de requerimento das partes, com o objetivo de aprofundar a discussão a respeito de controvérsia, de natureza fática ou jurídica, acerca da qual houve dissidência. 7. Constatada a ausência de unanimidade no resultado da apelação, é obrigatória a aplicação do art. 942 do CPC/2015, sendo que o julgamento não se encerra até o pronunciamento pelo colegiado estendido, ou seja, inexiste a lavratura de acórdão parcial de mérito. 8. Os novos julgadores convocados não ficam restritos aos capítulos ou pontos sobre os quais houve inicialmente divergência, cabendo-lhes a apreciação da integralidade do recurso. 9. O prosseguimento do julgamento com quórum ampliado em caso de divergência tem por objetivo a qualificação do debate, assegurando-se oportunidade para a análise aprofundada das teses jurídicas contrapostas e das questões fáticas controvertidas, com vistas a criar e manter uma jurisprudência uniforme, estável, íntegra e coerente. 10. Conforme expressamente autorizado pelo art. 942, § 2º, do CPC/2015, os julgadores que já tenham votado podem modificar o seu posicionamento. 11. Não cabe a esta Corte Superior reexaminar as premissas fáticas sobre as quais se fundamentou o Tribunal local, a fim de verificar se houve efetivamente divergência, haja vista o óbice da Súmula nº 7/STJ. 12. Recurso especial não provido. (STJ – REsp: 1771815 SP 2018/0232849-4, Relator: Ministro RICARDO VILLAS BÔAS CUEVA, Data de Julgamento: 13/11/2018, T3 – TERCEIRA TURMA, Data de Publicação: DJe 21/11/2018)."

Ressalta-se ainda que a ampliação do presente julgamento não se aplica aos incidentes de resolução de demandas repetitivas e de assunção competência, da remessa necessária e ainda de julgamento não unânime proferido nos tribunais pelo plenário ou pela corte especial (§ 4º do art. 942).

Ademais, constitui ofensa ao art. 942 do CPC/2015 a dispensa do quinto julgador, integrante necessário do quórum ampliado, sob o argumento de que já teria sido atingida a maioria sem possibilidade de inversão do resultado. (REsp 1.890.473-MS, Rel. Min. Ricardo Villas Bôas Cueva, Terceira Turma, por unanimidade, julgado em 17/08/2021, DJe 20/08/2021).[498]

---

[498] "A técnica de ampliação do colegiado previu a inclusão de julgadores adicionais, conforme dispõe o art. 942 do CPC/2015, 'em número suficiente para garantir a possibilidade de inversão do resultado inicial, assegurado às partes e a eventuais terceiros o direito de sustentar oralmente suas razões perante os novos julgadores'.

Súmula:

STJ nº 390: Nas decisões por maioria, em reexame necessário, não se admitem embargos infringentes.

Enunciados das Jornadas de Direito Processual Civil do Conselho da Justiça Federal:

Nº 62 do CJF: Aplica-se a técnica prevista no art. 942 do CPC no julgamento de recurso de apelação interposto em mandado de segurança.

Nº 63 do CJF: A técnica de que trata o art. 942, § 3º, I, do CPC aplica-se à hipótese de rescisão parcial do julgado.

Nº 137 do CJF: Se o recurso do qual se originou a decisão embargada comportou a aplicação da técnica do art. 942 do CPC, os declaratórios eventualmente opostos serão julgados com a composição ampliada.

Nº 187 do CJF: É vedada a revisão pelo julgador substituto do voto proferido pelo substituído, no julgamento estendido previsto no art. 942 do CPC.

Nº 190 do CJF: No caso de serem acolhidos, por maioria e com efeitos infringentes, os embargos de declaração opostos contra acórdão que julgou

---

A doutrina descreve que o quórum ampliado será composto, pelo menos, por 3 (três) membros do órgão colegiado mais – no mínimo – 2 (dois) julgadores convocados segundo as regras do regimento interno do tribunal.

O fundamento da mencionada composição do colegiado ampliado está relacionado não só com o respeito ao princípio do juízo natural, mas também com a possibilidade de, com a inclusão de 2 (dois) e não apenas 1 (um) desembargador, maximizar e aprofundar as discussões jurídicas ou fáticas a respeito da divergência então instaurada, possibilitando, para tanto, inclusive, nova sustentação oral.

Isso porque a técnica do julgamento tem como intenção privilegiar, sobretudo, o debate ampliado de ideias, com o reforço do "contraditório, assegurando às partes o direito de influência para que possam ter a chance de participar do convencimento dos julgadores que ainda não conhecem o caso".

Diante dessa característica, mostra-se de todo insuficiente reduzir a aludida técnica a uma mera busca pela maioria de votos, como concebido pelo acórdão recorrido. Com tal postura, a Corte estadual desatende a proposta de ampliação dos debates em sua inteireza, bem como torna ineficaz o disposto no § 2º do art. 942 do CPC/2015 que autorizou expressamente que "os julgadores que já tiverem votado poderão rever seus votos por ocasião do prosseguimento do julgamento".

Com base nessa previsão legal, aliás, não é possível presumir, como feito pela Corte de origem, que o quinto julgador não teria nenhuma influência sobre o resultado final do acórdão. Tal equivocada conclusão contraria frontalmente a proposta da técnica ampliada.

Por esses motivos, não é possível admitir a dispensa do quinto julgador, integrante necessário da composição do quórum ampliado do art. 942 do Código de Processo Civil de 2015, sob o argumento de que, com o voto do quarto desembargador, já teria sido atingida a maioria sem possibilidade de inversão do resultado".

unanimemente a apelação, o julgamento deverá ter prosseguimento nos termos do art. 942 do CPC.

Nº 193 do CJF: A técnica de ampliação do colegiado é aplicável a qualquer hipótese de divergência no julgamento da apelação, seja no juízo de admissibilidade ou no de mérito.

Enunciados do Fórum Permanente de Processualistas Civis:

Nº 233 do FPPC: Ficam superados os enunciados 88, 169, 207, 255 e 390 da súmula do STJ como consequência da eliminação dos embargos infringentes ("*São admissíveis embargos infringentes em processo falimentar*"; "*São inadmissíveis embargos infringentes no processo de mandado de segurança*"; "*É inadmissível recurso especial quando cabíveis embargos infringentes contra o acórdão proferido no tribunal de origem*"; "*Cabem embargos infringentes contra acórdão, proferido por maioria, em agravo retido, quando se tratar de matéria de mérito*"; "*Nas decisões por maioria, em reexame necessário, não se admitem embargos infringentes*").

Nº 466 do FPPC: A técnica do art. 942 não se aplica aos embargos infringentes pendentes ao tempo do início da vigência do CPC, cujo julgamento deverá ocorrer nos termos dos arts. 530 e seguintes do CPC de 1973.

Nº 552 do FPPC: Não se aplica a técnica de ampliação do colegiado em caso de julgamento não unânime no âmbito dos Juizados Especiais.

Nº 599 do FPPC: A revisão do voto, após a ampliação do colegiado, não afasta a aplicação da técnica de julgamento do art. 942.

Nº 700 do FPPC: O julgamento dos embargos de declaração contra o acórdão proferido pelo colegiado ampliado será feito pelo mesmo órgão com colegiado ampliado.

Art. 943. Os votos, os acórdãos e os demais atos processuais podem ser registrados em documento eletrônico inviolável e assinados eletronicamente, na forma da lei, devendo ser impressos para juntada aos autos do processo quando este não for eletrônico.

§ 1º Todo acórdão conterá ementa.

§ 2º Lavrado o acórdão, sua ementa será publicada no órgão oficial no prazo de 10 (dez) dias.

Notas:

Registro em documento eletrônico e assinatura eletrônica. Os votos, acórdãos e os demais atos processuais poderão ser registrados em documento eletrônico inviolável, sendo devidamente assinados eletronicamente, no entanto, sendo impressos para fins de juntada aos autos do processo, isso quando não se tratar de documento eletrônico.

Todo acórdão terá ementa, esta que será publicada no órgão oficial no prazo de 10 (dez) dias após lavrado o respectivo acórdão (§§ 1º e 2º do art. 943). Uma vez não ocorrendo a publicação do acórdão no prazo de 30 (trinta) dias, estes contados da data da sessão de julgamento, as notas taquígrafas o substituirão para todos os fins legais, o que ocorrerá independe de revisão.

Enunciados do Fórum Permanente de Processualistas Civis:

Nº 597 do FPPC: Ainda que o resultado do julgamento seja unânime, é obrigatória a inclusão no acórdão dos fundamentos empregados por todos os julgadores para dar base à decisão.

Nº 654 do FPPC: Erro material identificado na ementa, inclusive decorrente de divergência com o acórdão, é corrigível a qualquer tempo, de ofício ou mediante requerimento.

Art. 944. Não publicado o acórdão no prazo de 30 (trinta) dias, contado da data da sessão de julgamento, as notas taquigráficas o substituirão, para todos os fins legais, independentemente de revisão.

Parágrafo único. No caso do *caput*, o presidente do tribunal lavrará, de imediato, as conclusões e a ementa e mandará publicar o acórdão.

Notas:

Notas taquigráficas e ato do Presidente do Tribunal. Uma vez não ocorrendo a publicação do acórdão no prazo de 30 (trinta) dias, estes contados da data da sessão de julgamento, as notas taquígrafas o substituirão para todos os fins legais, o que ocorrerá independe de revisão.

Art. 945. A critério do órgão julgador, o julgamento dos recursos e dos processos de competência originária que não admitem sustentação oral poderá realizar-se por meio eletrônico.

§ 1º O relator cientificará as partes, pelo Diário da Justiça, de que o julgamento se fará por meio eletrônico.

§ 2º Qualquer das partes poderá, no prazo de 5 (cinco) dias, apresentar memoriais ou discordância do julgamento por meio eletrônico.

§ 3º A discordância não necessita de motivação, sendo apta a determinar o julgamento em sessão presencial.

§ 4º Caso surja alguma divergência entre os integrantes do órgão julgador durante o julgamento eletrônico, este ficará imediatamente suspenso, devendo a causa ser apreciada em sessão presencial.

Notas:

Revogado pela Lei nº 13.256, de 04.02.2016.

Art. 946. O agravo de instrumento será julgado antes da apelação interposta no mesmo processo.

Parágrafo único. Se ambos os recursos de que trata o *caput* houverem de ser julgados na mesma sessão, terá precedência o agravo de instrumento.

Notas:

Precedência no Agravo. É de se depreende do presente dispositivo que, o recurso de agravo será julgado e incluído em pauta antes da apelação. Por outro lado, em sendo o agravo decidido posteriormente à apelação, aquele somente ficará prejudicado caso a apelação for desfavorável ao agravante. Daí, em sendo a apelação desfavorável ao agravante e o agravo for provido, deverá a apelação ser novamente julgada, caso ocorrer a incompatibilidade do conteúdo de ambos os recursos em questão (agravo e apelação).

CAPÍTULO III
DO INCIDENTE DE ASSUNÇÃO DE COMPETÊNCIA

Art. 947. É admissível a assunção de competência quando o julgamento de recurso, de remessa necessária ou de processo de competência originária envolver relevante questão de direito, com grande repercussão social, sem repetição em múltiplos processos.

§ 1º Ocorrendo a hipótese de assunção de competência, o relator proporá, de ofício ou a requerimento da parte, do Ministério Público ou da Defensoria Pública, que seja o recurso, a remessa necessária ou o processo de competência originária julgado pelo órgão colegiado que o regimento indicar.

§ 2º O órgão colegiado julgará o recurso, a remessa necessária ou o processo de competência originária se reconhecer interesse público na assunção de competência.

§ 3º O acórdão proferido em assunção de competência vinculará todos os juízes e órgãos fracionários, exceto se houver revisão de tese.

§ 4º Aplica-se o disposto neste artigo quando ocorrer relevante questão de direito a respeito da qual seja conveniente a prevenção ou a composição de divergência entre câmaras ou turmas do tribunal.

Notas:

Assunção de competência. A ideologia da isonomia e verticalização das decisões é ponto característico no novel Código de Processo Civil.

É cediço o volume de demandas que transbordam nas secretarias das numerosas comarcas que compõem a estrutura do Poder Judiciário pátrio.

Notadamente, boa parte de ditas demandas relacionam-se com conflitos que possuem, em seu particular âmago, similitude na causa de pedir, gerando, inegavelmente, lides envoltas em questões ora denominadas repetitivas.[499]

Tal panorama se mostra indissociável do próprio Estado de Direito com o equilíbrio das relações sociais, ainda que, a partir da concepção abstrata da lei, mas que razoavelmente pondera o seu exercício prático à razoabilidade através de soluções comuns à mesma medida do conflito a ser dissolvido pelo Poder Judicante estatal.

O Incidente de Assunção de Competência ao qual o presente artigo se dedica compreende como um dos mecanismos do Direito Processual Civil pátrio, objetivando estabelecer padrões decisórios, os quais são necessários para fins de se evitar uma discrepância de entendimentos dos tribunais que se revela, notadamente, nos dias atuais, prática inaceitável, contribuindo, assim, o seu manejo para levar a cabo a necessária isonomia nas decisões judiciais, fator indissociável para o estabelecimento da segurança jurídica entre nós.

Na ocorrência de questão de grande relevância social (no julgamento de recurso, de remessa necessária ou de processo de competência originária) e com o firme propósito de evitar decisões divergentes entre os órgãos do tribunal, é possível que o relator (de ofício ou a requerimento da parte, do Ministério Público ou da Defensoria Pública) proponha que o recurso seja julgado não pelo órgão fracionário, mas sim pelo órgão colegiado que o regimento indicar. Neste caso, o órgão colegiado julgará o recurso, a remessa necessária ou o processo de competência originária se reconhecer interesse público na assunção de competência. Vale lembrar que o acórdão proferido em assunção de competência vinculará todos os juízes e órgãos fracionários, exceto se houver revisão de tese. É, pois, uma técnica com o propósito de evitar a "dispersão jurisprudencial" entre câmaras ou turmas do tribunal.

---

499 Como bem pontua Ada Pellegrini, "a grande massa de processo que aflige aos tribunais, elevando sobremaneira o número de demandas e atravancando a administração da justiça, é constituída em grande parte por causas em que se discutem e se reavivam questões de direito repetitivas". GRINOVER, Ada Pellegrini. O Tratamento dos processo repetitivos. *In*: JAYME, Fernando Gonzaga; FARIA, Juliana Cordeiro de; LAUAR, Maira Terra (Coords.). *Processo civil: novas tendências. Estudos em homenagem ao Prof. Humberto Theodoro Júnior.* Belo Horizonte: Del Rey, 2008, p. 1.

Em tempos de CPC/2015, o Superior Tribunal de Justiça admitiu o primeiro incidente de assunção de competência desde que esse instituto foi revitalizado e fortalecido pelo aludido *Codex*.[500]

Com a aprovação do incidente, a 2ª Seção do STJ julgará o recurso especial EREsp nº 1604412 / SC (2016/0125154-1, inicialmente distribuído à Terceira Turma – que discute os seguintes temas: cabimento da prescrição intercorrente e a eventual imprescindibilidade de intimação prévia do credor; necessidade de oportunidade para o autor dar andamento ao processo paralisado por prazo superior àquele previsto para a prescrição da pretensão veiculada na demanda.

O relator do recurso, Ministro Felix Fischer, propôs a assunção de competência para que o caso seja julgado na Segunda Seção, tendo em vista a relevância das questões jurídicas e a divergência de entendimentos entre a Terceira e a Quarta Turmas do tribunal, especializadas em direito privado.

A decisão do relator segue as regras do artigo 271-B do Regimento Interno do STJ e do art. 947 do novo CPC.

Nisso, conforme já referido, o IAC pode ser proposto pelo relator, quando o processo envolver relevante questão de direito, com grande repercussão social e sem repetição em múltiplos processos (quando o caso pode ser submetido ao rito dos recursos repetitivos).

A partir do regramento do próprio CPC, o STJ operou regulamentação em seu Regimento Interno a partir da publicação da Emenda Regimental 24, de 28 de setembro de 2016. Por meio do incidente, o processo pode ser julgado por um órgão fracionário diferente daquele que teria, originalmente, competência para a matéria.

Assim como os recursos especiais repetitivos e os enunciados de súmula do STJ, os acórdãos proferidos em julgamento de IAC passam são identificados como "precedentes qualificados" (art. 121-A do Regimento Interno). Na prática, isso significa que as teses adotadas em assunção de competência devem ser observadas de forma estrita por juízes e tribunais.

Vale acrescentar que, para garantir a observância dos acórdãos proferidos em julgamento de IAC, caberá reclamação da parte interessada ou do Ministério Público, conforme o inciso IV do artigo 988 do CPC.

---

500 Disponível em: <https://www.stj.jus.br/sites/portalp/Paginas/Comunicacao/Noticias-antigas/2017/2017-02-22_08-05_Tribunal-admite-primeiro-incidente-de-assuncao-de-competencia-em-recurso-especial.aspx>. Acesso em: 27 out. 2018.

Enunciados das Jornadas de Direito Processual Civil do Conselho da Justiça Federal:

Nº 65 do CJF: A desistência do recurso pela parte não impede a análise da questão objeto do incidente de assunção de competência.

Nº 135 do CJF: É admissível a concessão de tutela da evidência fundada em tese firmada em incidente de assunção de competência.

Nº 136 do CJF: A caução exigível em cumprimento provisório de sentença poderá ser dispensada se o julgado a ser cumprido estiver em consonância com tese firmada em incidente de assunção de competência.

Nº 141 do CJF: É possível a conversão de Incidente de Assunção de Competência em Incidente de Resolução de Demandas Repetitivas, se demonstrada a efetiva repetição de processos em que se discute a mesma questão de direito.

Nº 206 do CJF: Admite-se a propositura de ação rescisória fundada em acórdão proferido em julgamento de Incidente de Assunção de Competência (IAC) (art. 966, inciso V, e § 5º, CPC).

Enunciados do Fórum Permanente de Processualistas Civis:

Nº 167 do FPPC: Os tribunais regionais do trabalho estão vinculados aos enunciados de suas próprias súmulas e aos seus precedentes em incidente de assunção de competência ou de resolução de demandas repetitivas.

Nº 201 do FPPC: Aplicam-se ao incidente de assunção de competência as regras previstas nos arts. 983 e 984.

Nº 202 do FPPC: O órgão colegiado a que se refere o § 1º do art. 947 deve atender aos mesmos requisitos previstos pelo art. 978.

Nº 334 do FPPC: Por força da expressão "sem repetição em múltiplos processos", não cabe o incidente de assunção de competência quando couber julgamento de casos repetitivos.

Nº 335 do FPPC: O incidente de assunção de competência aplica-se ao processo do trabalho.

Nº 461 do FPPC: O disposto no § 2º do art. 927 aplica-se ao incidente de assunção de competência.

Nº 467 do FPPC: O Ministério Público deve ser obrigatoriamente intimado no incidente de assunção de competência.

Nº 468 do FPPC: O incidente de assunção de competência aplica-se em qualquer tribunal.

Nº 469 do FPPC: A "grande repercussão social", pressuposto para a instauração do incidente de assunção de competência, abrange, dentre outras, repercussão jurídica, econômica ou política.

Nº 558 do FPPC: Caberá reclamação contra decisão que contrarie acórdão proferido no julgamento dos incidentes de resolução de demandas repetitivas ou de assunção de competência para o tribunal cujo precedente foi desrespeitado, ainda que este não possua competência para julgar o recurso contra a decisão impugnada.

Nº 600 do FPPC: O incidente de assunção de competência pode ter por objeto a solução de relevante questão de direito material ou processual.

Nº 651 do FPPC: É admissível sustentação oral na sessão de julgamento designada para o juízo de admissibilidade do incidente de resolução de demandas repetitivas ou do incidente de assunção de competência, sendo legitimados os mesmos sujeitos indicados nos arts. 984 e 947, § 1º.

Nº 655 do FPPC: Desde que presentes os requisitos de cabimento, os incidentes de uniformização de jurisprudência pendentes de julgamento na vigência do CPC/2015 deverão ser processados conforme as regras do incidente de resolução de demandas repetitivas ou do incidente de assunção de competência, especialmente as atinentes ao contraditório.

Nº 701 do FPPC: O pedido de revisão da tese jurídica firmada no incidente de assunção de competência pode ser feito pelas partes.

Nº 702 do FPPC: É possível a conversão de incidente de assunção de competência em incidente de resolução de demandas repetitivas e vice-versa, garantida a adequação do procedimento.

Nº 723 do FPPC: No julgamento de casos repetitivos e incidente de assunção de competência, o relator proferirá decisão de saneamento e organização do processo, depois da admissão ou da afetação, na qual, entre outras providências: (i) identificará o(s) grupo(s) titular(es) dos direitos materiais litigiosos; (ii) certificará a legitimidade e a representatividade adequada dos sujeitos condutores do procedimento; (iii) controlará e organizará a intervenção dos interessados, definindo, em especial, os seus poderes e prazos; (iv) designará a(s) audiência(s) pública(s); (v) expedirá comunicações a outros interessados que possam contribuir com o debate.

CAPÍTULO IV
DO INCIDENTE DE ARGUIÇÃO DE INCONSTITUCIONALIDADE

Art. 948. Arguida, em controle difuso, a inconstitucionalidade de lei ou de ato normativo do poder público, o relator, após ouvir o Ministério Público e as partes, submeterá a questão à turma ou à câmara à qual competir o conhecimento do processo.

Notas:

Incidente de arguição de inconstitucionalidade.

Arguição de Inconstitucionalidade. Na verdade, no âmbito do sistema constitucional brasileiro, tem-se como vias de realização do controle de constitucionalidade da lei: a) via direta, por meio de ação específica cuja competência é do Supremo Tribunal Federal, em controle concentrado (arts. 102, I, "a", e 103 da CF) e dos Tribunais Estaduais (art. 125, § 2º, da CF); b) via incidental, em controle difuso, facultando às partes, no curso do processo, suscitar o incidente de inconstitucionalidade, podendo, por isso, ser tal controle realizado ou conhecido por qualquer juiz de qualquer instância no âmbito do Poder Judiciário pátrio.[501]

Nestes termos, poderá o "incidente processual ser suscitável perante o órgão fracionário de tribunal, objetivando resolver questão constitucional no processo de controle de constitucionalidade difuso, para assentar uma das premissas da decisão de mérito."[502]

Remissões:

– Art. 97 da CF/88.

– Arts. 102, § 1º, e 103 da CRFB/88:

"Art. 102. Compete ao Supremo Tribunal Federal, precipuamente, a guarda da Constituição, cabendo-lhe:

§ 1º A arguição de descumprimento de preceito fundamental, decorrente desta Constituição, será apreciada pelo Supremo Tribunal Federal, na forma da lei.

(...)

Art. 103. Podem propor a ação direta de inconstitucionalidade e a ação declaratória de constitucionalidade:

I – o Presidente da República;

II – a Mesa do Senado Federal;

III – a Mesa da Câmara dos Deputados;

IV – a Mesa de Assembléia Legislativa ou da Câmara Legislativa do Distrito Federal;

V – o Governador de Estado ou do Distrito Federal;

VI – o Procurador-Geral da República;

---

501 Quando dito reconhecimento se der por órgão colegiado (Tribunal), determinado e apropriado procedimento deverá ser obedecido, conforme se depreende do art. 97 da CF.

502 Cf. MORAES, Guilherme Pena. *Direito Constitucional: Teoria da Constituição*. 4. ed. Rio de Janeiro: Lúmen Juris, 2007, p. 149.

VII – o Conselho Federal da Ordem dos Advogados do Brasil;

VIII – partido político com representação no Congresso Nacional;

IX – confederação sindical ou entidade de classe de âmbito nacional.

§ 1º O Procurador-Geral da República deverá ser previamente ouvido nas ações de inconstitucionalidade e em todos os processos de competência do Supremo Tribunal Federal.

§ 2º Declarada a inconstitucionalidade por omissão de medida para tornar efetiva norma constitucional, será dada ciência ao Poder competente para a adoção das providências necessárias e, em se tratando de órgão administrativo, para fazê-lo em trinta dias.

§ 3º Quando o Supremo Tribunal Federal apreciar a inconstitucionalidade, em tese, de norma legal ou ato normativo, citará, previamente, o Advogado-Geral da União, que defenderá o ato ou texto impugnado".

– Lei nº 9.868/1999 (processo e julgamento da ação direta de inconstitucionalidade e da ação declaratória de constitucionalidade perante o Supremo Tribunal Federal).

– Lei nº 9.882/1999 (processo e julgamento da arguição de descumprimento de preceito fundamental).

Súmula:

Súmula Vinculante nº 10 do STF: Viola a cláusula de reserva de plenário (CF, art. 97) a decisão de órgão fracionário de tribunal que, embora não declare expressamente a inconstitucionalidade de lei ou ato normativo do poder público, afasta sua incidência, no todo ou em parte.

Art. 949. Se a arguição for:

I – rejeitada, prosseguirá o julgamento;

II – acolhida, a questão será submetida ao plenário do tribunal ou ao seu órgão especial, onde houver.

Parágrafo único. Os órgãos fracionários dos tribunais não submeterão ao plenário ou ao órgão especial a arguição de inconstitucionalidade quando já houver pronunciamento destes ou do plenário do Supremo Tribunal Federal sobre a questão.

Notas:

Julgamento do incidente de arguição de inconstitucionalidade. O artigo trata do julgamento do incidente. Se o incidente for rejeitado, o julgamento prosseguirá pelo colegiado a que pertence o relator. No caso de acolhimento, a questão será submetida ao plenário do tribunal ou ao seu órgão especial.

Desnecessidade da declaração. O parágrafo único é claro ao abordar as hipóteses em que o incidente será desnecessário haja vista a existência de precedentes exarados pelos órgãos indicados.

Súmulas:

STF nº 513: A decisão que enseja a interposição de recurso ordinário ou extraordinário não é a do plenário, que resolve o incidente de inconstitucionalidade, mas a do órgão (câmaras, grupos ou turmas) que completa o julgamento do feito.

Art. 950. Remetida cópia do acórdão a todos os juízes, o presidente do tribunal designará a sessão de julgamento.

§ 1º As pessoas jurídicas de direito público responsáveis pela edição do ato questionado poderão manifestar-se no incidente de inconstitucionalidade se assim o requererem, observados os prazos e as condições previstos no regimento interno do tribunal.

§ 2º A parte legitimada à propositura das ações previstas no art. 103 da Constituição Federal poderá manifestar-se, por escrito, sobre a questão constitucional objeto de apreciação, no prazo previsto pelo regimento interno, sendo-lhe assegurado o direito de apresentar memoriais ou de requerer a juntada de documentos.

§ 3º Considerando a relevância da matéria e a representatividade dos postulantes, o relator poderá admitir, por despacho irrecorrível, a manifestação de outros órgãos ou entidades.

Notas:

Julgamento do incidente de arguição de inconstitucionalidade. Enviada cópia do acórdão a todos os magistrados, o presidente do tribunal designará a respectiva data da sessão de julgamento.

Podem as pessoas jurídicas de direito público responsáveis pela edição do ato normativo questionado se manifestar no âmbito do incidente de inconstitucionalidade, isso caso requeiram, sempre observando os prazos e as condições para tanto, previstas do regimento interno do tribunal.

As pessoas legitimadas para a propositura das ações dispostas no art. 103 da Constituição Federal[503] poderão se manifestar, sempre por escrito, acerca

503 *"Art. 103. Podem propor a ação direta de inconstitucionalidade e a ação declaratória de constitucionalidade: (Redação dada pela Emenda Constitucional nº 45, de 2004)*

I – o Presidente da República;

II – a Mesa do Senado Federal;

III – a Mesa da Câmara dos Deputados;

IV – a Mesa de Assembleia Legislativa ou da Câmara Legislativa do Distrito Federal;

da questão constitucional objeto de apreciação na arguição em tela, no prazo determinado pelo regimento interno do tribunal, sendo assegurado também o direito de apresentar memoriais ou de requerer a juntada de documentos (§ 2º do art. 950).

Vale dizer que poderá o relator, por sua análise e convencimento, considerando a relevância da matéria bem como a representatividade dos postulantes da referida arguição de inconstitucionalidade, admitir a manifestação de outros órgãos ou entidades e isso se dará por despacho irrecorrível (§ 3º do art. 950).

Interessa aqui pontuar que ao plenário caberá o julgamento da questão referente especificamente à inconstitucionalidade e então ao órgão fracionado restará julgar a lide, aplicando ao caso concreto a decisão do plenário.[504]

Como já informado linhas atrás, da decisão do órgão fracionário, esse que se incumbirá da aplicação do entendimento fornecido pelo Tribunal acerca da inconstitucionalidade da regra ao caso concreto, caberá recurso específico de acordo com a natureza do conteúdo da decisão proferida.

Súmulas:

STF Súmula Vinculante nº 10: Viola a cláusula de reserva de plenário (CF, artigo 97) a decisão de órgão fracionário de Tribunal que embora não declare expressamente a inconstitucionalidade de lei ou ato normativo do poder público, afasta sua incidência, no todo ou em parte.

STF nº 293: São inadmissíveis embargos infringentes contra decisão em matéria constitucional submetida ao plenário dos tribunais.

STF nº 455: Da decisão que se seguir ao julgamento de constitucionalidade pelo tribunal pleno, são inadmissíveis embargos infringentes quanto à matéria constitucional.

STF nº 513: A decisão que enseja a interposição de recurso ordinário ou extraordinário não é a do plenário, que resolve o incidente de inconstitucionalidade, mas a do órgão (câmaras, grupos ou turmas) que completa o julgamento do feito.

V o Governador de Estado ou do Distrito Federal;

VI – o Procurador-Geral da República;

VII – o Conselho Federal da Ordem dos Advogados do Brasil;

VIII – partido político com representação no Congresso Nacional;

IX – confederação sindical ou entidade de classe de âmbito nacional."

504 Nesta toada, anda bem a ideia acostada ao seguinte julgado: "Se o único fundamento da causa é a inconstitucionalidade de texto de lei, inexistindo matéria remanescente a ser decidida, é desnecessário que a Corte Especial devolva os autos ao órgão julgador que a suscitou, para completar-lhe o julgamento, devendo, desde logo, decidir o feito, a fim de evitar procrastinação incompatível com os princípios que regem o processo moderno." (RSTJ 90/23 – Corte Especial).

Enunciados do Fórum Permanente de Processualistas Civis:

Nº 591 do FPPC: O tribunal dará ampla publicidade ao acórdão que decidiu pela instauração do incidente de arguição de inconstitucionalidade, incidente de assunção de competência ou incidente de resolução de demandas repetitivas, cabendo, entre outras medidas, sua publicação em seção específica no órgão oficial e indicação clara na página do tribunal na rede mundial de computadores.

Nº 601 do FPPC: Instaurado o incidente de arguição de inconstitucionalidade, as pessoas jurídicas de direito público responsáveis pela edição do ato normativo questionado deverão ser intimadas para que tenham ciência do teor do acórdão do órgão fracionário que o instaurou.

CAPÍTULO V
DO CONFLITO DE COMPETÊNCIA

Art. 951. O conflito de competência pode ser suscitado por qualquer das partes, pelo Ministério Público ou pelo juiz.

Parágrafo único. O Ministério Público somente será ouvido nos conflitos de competência relativos aos processos previstos no art. 178, mas terá qualidade de parte nos conflitos que suscitar.

Notas:

Conflito de competência. O conflito de competência é um incidente processual que se instaura quando dois ou mais juízes se declaram competentes (nesse caso, chamado de conflito positivo de competência); quando dois ou mais juízes se consideram incompetentes (aqui denominado de conflito negativo de competência) ou quando entre dois ou mais juízes surge controvérsia acerca da reunião ou separação de processos. O artigo 951 diz quem pode suscitar o conflito de competência: o magistrado, as partes e o Ministério Público. O parágrafo único informa que o Ministério Público somente será ouvido nos conflitos de competência relativos aos processos previsto no artigo 178.[505] O Ministério Público será parte nos conflitos de competência que vier a suscitar.

Ver os apontamentos ao art. 66 do CPC.

---

505 *"Art. 178. O Ministério Público será intimado para, no prazo de 30 (trinta) dias, intervir como fiscal da ordem jurídica nas hipóteses previstas em lei ou na Constituição Federal e nos processos que envolvam:*

I – interesse público ou social;

II – interesse de incapaz;

III – litígios coletivos pela posse de terra rural ou urbana.

Parágrafo único. A participação da Fazenda Pública não configura, por si só, hipótese de intervenção do Ministério Público."

Súmulas:

STJ nº 3: Compete ao Tribunal Regional Federal dirimir conflito de competência verificado, na respectiva região, entre juiz federal e juiz estadual investido de Jurisdição Federal.

STJ nº 59: Não há conflito de competência se já existe sentença com trânsito em julgado, proferida por um dos juízos conflitantes.

STJ nº 180: Na lide trabalhista, compete ao Tribunal Regional do Trabalho dirimir conflito de competência verificado, na respectiva região, entre juiz estadual e junta de conciliação e julgamento.

STJ nº 428: Compete ao Tribunal Regional Federal decidir os conflitos de competência entre juizado especial federal e juízo federal da mesma seção judiciária.

Enunciado do Fórum Permanente de Processualistas Civis:

Nº 712 do FPPC: A cooperação judiciária pode servir para prevenir ou resolver conflitos de competência.

Art. 952. Não pode suscitar conflito a parte que, no processo, arguiu incompetência relativa.

Parágrafo único. O conflito de competência não obsta, porém, a que a parte que não o arguiu suscite a incompetência.

Notas:

Exceção de incompetência. A regra é clara ao vedar suscitar o conflito quem tenha arguido a incompetência relativa. Todavia, o réu que não tiver suscitado o conflito, poderá, na pendência do incidente, realizar a exceção.

Ver os apontamentos ao art. 66 do CPC.

Art. 953. O conflito será suscitado ao tribunal:

I – pelo juiz, por ofício;

II – pela parte e pelo Ministério Público, por petição.

Parágrafo único. O ofício e a petição serão instruídos com os documentos necessários à prova do conflito.

Notas:

Órgão competente para dirimir o conflito. O conflito será suscitado ao tribunal competente: I – pelo juiz, por ofício; II – pela parte e pelo Ministério

Público, por petição. O ofício e a petição serão instruídos com os documentos necessários à prova do conflito.

Cf. os apontamentos ao art. 66 do CPC.

Súmulas:

STJ nº 3: Compete ao Tribunal Regional Federal dirimir conflito de competência verificado, na respectiva região, entre juiz federal e juiz estadual investido de jurisdição federal.

STJ nº 22: Não há conflito de competência entre o Tribunal de Justiça e Tribunal de Alçada do mesmo Estado-Membro.

STJ nº 180: Na lide trabalhista, compete ao Tribunal Regional do Trabalho dirimir conflito de competência verificado, na respectiva região, entre juiz estadual e junta de conciliação e julgamento.

STJ nº 236: Não compete ao Superior Tribunal de Justiça dirimir conflitos de competência entre juízes trabalhistas vinculados a Tribunais Regionais do Trabalho diversos.

STJ nº 348: Compete ao Superior Tribunal de Justiça decidir os conflitos de competência entre juizado especial federal e juízo federal, ainda que da mesma seção judiciária. (*) julgando o CC 107.635-PR, na sessão de 17/03/2010, a Corte Especial deliberou pelo CANCELAMENTO da súmula nº 348.

STJ nº 428: Compete ao Tribunal Regional Federal decidir os conflitos de competência entre juizado especial federal e juízo federal da mesma seção judiciária.

STJ nº 480: O juízo da recuperação judicial não é competente para decidir sobre a constrição de bens não abrangidos pelo plano de recuperação da empresa.

Art. 954. Após a distribuição, o relator determinará a oitiva dos juízes em conflito ou, se um deles for suscitante, apenas do suscitado.

Parágrafo único. No prazo designado pelo relator, incumbirá ao juiz ou aos juízes prestar as informações.

Notas:

Oitiva dos juízes. Ver os apontamentos ao art. 66 do CPC.

Art. 955. O relator poderá, de ofício ou a requerimento de qualquer das partes, determinar, quando o conflito for positivo, o sobrestamento do processo e, nesse caso, bem como no de conflito negativo, designará um dos juízes para resolver, em caráter provisório, as medidas urgentes.

Parágrafo único. O relator poderá julgar de plano o conflito de competência quando sua decisão se fundar em:

I – súmula do Supremo Tribunal Federal, do Superior Tribunal de Justiça ou do próprio tribunal;

II – tese firmada em julgamento de casos repetitivos ou em incidente de assunção de competência.

Notas:

Suspensão do processo e medidas urgentes. Nos conflitos positivo de competência, o relator poderá suspender o processo, designando um dos juízes para resolver, provisoriamente, as medidas urgentes. Já o parágrafo único trata do julgamento de plano do conflito de competência ao dizer que: o relator poderá **julgar de plano o conflito de competência** quando sua decisão se fundar em: I – súmula do Supremo Tribunal Federal, do Superior Tribunal de Justiça ou do próprio tribunal; II – tese firmada em julgamento de casos repetitivos ou em incidente de assunção de competência.

Art. 956. Decorrido o prazo designado pelo relator, será ouvido o Ministério Público, no prazo de 5 (cinco) dias, ainda que as informações não tenham sido prestadas, e, em seguida, o conflito irá a julgamento.

Notas:

Ouvida do Ministério Público. Cf. os apontamentos ao art. 66 do CPC.

Art. 957. Ao decidir o conflito, o tribunal declarará qual o juízo competente, pronunciando-se também sobre a validade dos atos do juízo incompetente.

Parágrafo único. Os autos do processo em que se manifestou o conflito serão remetidos ao juiz declarado competente.

Notas:

Decisão do conflito de competência. Artigo 957 CPC. O tribunal ao decidir o conflito de competência, deve declarar qual o juízo competente, pronunciando-se, também, sobre a validade dos atos praticados pelo juízo incompetente. O parágrafo único trata da **remessa dos autos** do processo ao juiz declarado competente.

Art. 958. No conflito que envolva órgãos fracionários dos tribunais, desembargadores e juízes em exercício no tribunal, observar-se-á o que dispuser o regimento interno do tribunal.

Notas:

Conflito que envolva órgãos fracionários dos tribunais, desembargadores e juízes em exercício no tribunal. Regimento interno. Ver os apontamentos ao art. 66 do CPC.

Art. 959. O regimento interno do tribunal regulará o processo e o julgamento do conflito de atribuições entre autoridade judiciária e autoridade administrativa.

Notas:

Regimento Interno. Regulação do processo e julgamento do conflito de atribuições entre autoridades judiciária e administrativa. Ver os apontamentos ao art. 66 do CPC.

CAPÍTULO VI
DA HOMOLOGAÇÃO DE DECISÃO ESTRANGEIRA E DA CONCESSÃO DO *EXEQUATUR* À CARTA ROGATÓRIA

Art. 960. A homologação de decisão estrangeira será requerida por ação de homologação de decisão estrangeira, salvo disposição especial em sentido contrário prevista em tratado.

§ 1º A decisão interlocutória estrangeira poderá ser executada no Brasil por meio de carta rogatória.

§ 2º A homologação obedecerá ao que dispuserem os tratados em vigor no Brasil e o Regimento Interno do Superior Tribunal de Justiça.

§ 3º A homologação de decisão arbitral estrangeira obedecerá ao disposto em tratado e em lei, aplicando-se, subsidiariamente, as disposições deste Capítulo.

Remissão:

- Art. 105, I, *I* da CF/88.

- Art. 15 da Lei de Introdução às Normas do Direito Brasileiro - LINDB.

- Art. 35 da Lei nº 9.307/1996 (Lei da Arbitragem):

"Art. 35. Para ser reconhecida ou executada no Brasil, a sentença arbitral estrangeira está sujeita, unicamente, à homologação do Superior Tribunal de Justiça".

- Arts. 167-G, § 3º e 167-P, § 1º, da Lei nº 11.101/2005, incluídos pela Lei nº 14.112/2020:

"Art. 167-G. Os credores estrangeiros têm os mesmos direitos conferidos aos credores nacionais nos processos de recuperação judicial, de recuperação extrajudicial ou de falência.

(...)

§ 3º As notificações e as informações aos credores que não tiverem domicílio ou estabelecimento no Brasil serão realizadas por qualquer meio considerado adequado pelo juiz, dispensada a expedição de carta rogatória para essa finalidade.

(...)

Art. 167-P. O juiz deverá cooperar diretamente ou por meio do administrador judicial, na máxima extensão possível, com a autoridade estrangeira ou com representantes estrangeiros, na persecução dos objetivos estabelecidos no art. 167-A desta Lei.

§ 1º O juiz poderá comunicar-se diretamente com autoridades estrangeiras ou com representantes estrangeiros, ou deles solicitar informação e assistência, sem a necessidade de expedição de cartas rogatórias, de procedimento de auxílio direto ou de outras formalidades semelhantes.

(...)".

Notas:

Homologação de sentença estrangeira. Importantes princípios de cooperação internacional[506] recomendam que decisões proferidas em tribunais alienígenas possam produzir efeitos em uma variedade de países. O fenômeno é deveras interessante, pois que avança na ideia segundo a qual determinado magistrado nacional poderá recepcionar a decisão proferida por outro sistema jurisdicional.

Trata-se, portanto, da denominada Homologação de Decisão Estrangeira, tendo-se como homologação o ato que torna uma decisão estrangeira exequível

---

506 Em se tratando, especificamente, do Processo Civil Internacional, tema que muito deve se ocupar o processualista hodierno, comprometido com seu tempo, sobretudo pelo que se tem com viva realidade em nossos tempos aquilo bem expressado por BOBBIO como uma real "mundialização" e "multiplicação" dos direitos (BOBBIO, Norberto. *A Era dos Direitos*. Rio de Janeiro: Campus, 1992, p. 68 e ss.) e a sempre necessária instrumentalização do processo como instrumento de realização do direito material,seja em nível interno ou mesmo externo ao nacional de qualquer Estado.

Eduardo Vescovi (*Derecho Procesal Civil Internacional*. Montevidéu: Idea, 2000, p. 17 e ss.), afinado com dito contexto jurídico, mas também e como se espera, não se desgrudando de aspectos políticos, econômicos e sociais, aponta 5 princípios que devem nortear as relações que envolvem a solução de controvérsias em mais de uma jurisdição: (i) A jurisdição razoável; (ii) o acesso à justiça; (iii) a não-discriminação do litigante; (iv) a cooperação interjurisdicional; e (v) a circulação internacional das decisões estrangeiras.

na ordem jurídica interna, ou seja, permissão para que se efetive em um país a execução de determinada decisão proveniente de órgão judiciário de outro.

Por outro lado, cabe pontuar que o sistema de recepção de decisões estrangeiras não conhece uma regra universalmente harmônica, existindo, por isso, países que não atribuem valor às decisões decorrentes de Cortes estrangeiras, outros praticam a denominada *reciprocidade* pura sem formalidades, têm-se ainda aqueles que emprestam caráter meramente *probatório* aos provimentos estrangeiros e, por fim, os que reconhecem na decisão estrangeira a mesma eficácia da decisão nacional mediante um prévio *juízo de delibação,*[507] por meio do qual se verifica o cumprimento de requisitos necessários à nacionalização do pronunciamento judicial para posterior reconhecimento e concessão de eficácia executivo-judicial.

O Brasil adota esse último sistema, ao qual não se enfrenta o mérito da demanda julgada em tribunal alienígena, mas, fundamentalmente, questões de ordem formal que, verdadeiramente, refletem no devido processo legal para o reconhecimento homologatório do ato decisório estrangeiro, tais como a competência, a observância do contraditório e a adaptação do julgado à nossa ordem pública, aos bons costumes e à soberania nacional.[508]

O órgão jurisdicional competente para examinar e, por conseguinte, homologar a decisão estrangeira no Brasil é o Superior Tribunal de Justiça (art. 105, I, alínea *i*, da CF/88),[509] concentrando-se, portanto, o nosso sistema jurídico tal atribuição a um único órgão jurisdicional e, por isso, favorecendo a produção de uma jurisprudência harmônica e daí uma qualificada possibilidade de certeza de direito (*Rechtssicherheit*).

Sendo jurisdicional a natureza do processo de homologação de decisão estrangeira, ao interessado que provoca a atividade jurisdicional para tal intento

---

507 O sistema de "delibação" advém do Direito italiano, cuja designação se originou de *delibare, verbo latino* que significa *colher* um pouco, tocar de leve, examinar (SARAIVA, F. R. dos Santos. *Novíssimo Diccionario Latino-Portuguez.* 3. ed. Rio de Janeiro: H. Garnier Livreiro Editor, s/d, p. 350).

O *giudizio de delibazione* surgiu em 1865, no *Codice di Procedura Civile* italiano, destinando-se a analisar a sentença estrangeira apenas em sua forma, portanto, sem tocar no conteúdo meritório da mesma.

Sobre o *giudizio de delibazione*, bem como a *delibazione della sentenza straniera* no âmbito do sistema jurídico e justiça italiana, ver por todos, FAZZALARI, Elio. *La Giustizia Civile nei Paesi Comunitari.* Padova: CEDAM, 1994, p. 283.

508 No mesmo sentido, FUX, Luiz. *Curso de Direito Processual Civil.* Rio de Janeiro: Forense, 2001, p. 963.

509 Anteriormente à edição da Emenda Constitucional n. 45, de 2004, o órgão competente para tal era o Supremo Tribunal Federal.

estará ele propondo, verdadeiramente, uma ação, essa de natureza homologatória e com rito especial perante o Superior Tribunal de Justiça.

Importante ressaltar que, no processo de homologação de decisão estrangeira a função judiciária do STJ limitar-se-á à observância da consonância do julgado proferido no exterior com os princípios basilares do ordenamento jurídico vigente no Brasil.[510]

O artigo em comento trata da homologação de decisão estrangeira e a concessão do *exequatur* à carta rogatória.

O § 1º informa que a decisão interlocutória estrangeira poderá ser executada no Brasil por meio de carta rogatória. Melhor dizendo: autorizado o cumprimento da carta rogatória pelo STJ, esta será enviada ao juiz federal para efetivá-la, consoante o artigo 109, X, da CRFB/88.

O § 2º diz que a homologação obedecerá ao que dispuserem os tratados em vigor no Brasil e o Regimento Interno do Superior Tribunal de Justiça.

Por fim, o § 3º afirma que a homologação de decisão arbitral estrangeira obedecerá ao disposto em tratado e em lei, aplicando-se, subsidiariamente, as disposições deste Capítulo.

Convenção sobre o Reconhecimento e a Execução de Sentenças Arbitrais Estrangeiras. O Decreto 4.311/2002 promulga a Convenção sobre o Reconhecimento e a Execução de Sentenças Arbitrais Estrangeiras.[511]

---

510 Além disso, o direito pátrio não exige do Estado estrangeiro tratamento recíproco com relação ao reconhecimento de sentenças brasileiras em seu território para que uma sentença originária de sua jurisdição possa ser homologada no Brasil. Ver, entre muitos, RECHSTEINER, Beat Walter. *Direito Internacional Privado*. 11. ed. São Paulo: Saraiva, 2008, p. 301.

511 "DECRETO Nº 4.311, DE 23 DE JULHO DE 2002

Promulga a Convenção sobre o Reconhecimento e a Execução de Sentenças Arbitrais Estrangeiras. O PRESIDENTE DA REPÚBLICA, no uso da atribuição que lhe confere o art. 84, inciso VIII, da Constituição,

Considerando que o Congresso Nacional aprovou o texto da Convenção sobre o Reconhecimento e a Execução de Sentenças Arbitrais Estrangeiras, por meio do Decreto Legislativo nº 52, de 25 de abril de 2002;

Considerando que a Convenção entrou em vigor internacional em 7 de junho de 1959, nos termos de seu artigo 12;

DECRETA:

Art. 1º A Convenção sobre o Reconhecimento e a Execução de Sentenças Arbitrais Estrangeiras, apensa por cópia ao presente Decreto, será executada e cumprida tão inteiramente como nela se contém.

Art. 2º São sujeitos à aprovação do Congresso Nacional quaisquer atos que possam resultar em revisão da referida Convenção, assim como quaisquer ajustes complementares que, nos termos do art. 49, inciso I, da Constituição, *acarretem encargos ou compromissos gravosos ao patrimônio nacional.*

Art. 3º Este Decreto entra em vigor na data de sua publicação.

Brasília, 23 de julho de 2002; 181º da Independência e 114º da República.

FERNANDO HENRIQUE CARDOSO

Celso Lafer

CONVENÇÃO SOBRE O RECONHECIMENTO E A EXECUÇÃO DE SENTENÇAS ARBITRAIS ESTRANGEIRAS FEITA EM NOVA YORK, EM 10 DE JUNHO DE 1958.

Artigo I

1. A presente Convenção aplicar-se-á ao reconhecimento e à execução de sentenças arbitrais estrangeiras proferidas no território de um Estado que não o Estado em que se tencione o reconhecimento e a execução de tais sentenças, oriundas de divergências entre pessoas, sejam elas físicas ou jurídicas. A Convenção aplicar-se-á igualmente a sentenças arbitrais não consideradas como sentenças domésticas no Estado onde se tencione o seu reconhecimento e a sua execução.

2. Entender-se-á por "sentenças arbitrais" não só as sentenças proferidas por árbitros nomeados para cada caso mas também aquelas emitidas por órgãos arbitrais permanentes aos quais as partes se submetam.

3. Quando da assinatura, ratificação ou adesão à presente Convenção, ou da notificação de extensão nos termos do Artigo X, qualquer Estado poderá, com base em reciprocidade, declarar que aplicará a Convenção ao reconhecimento e à execução de sentenças proferidas unicamente no território de outro Estado signatário. Poderá igualmente declarar que aplicará a Convenção somente a divergências oriundas de relacionamentos jurídicos, sejam eles contratuais ou não, que sejam considerados como comerciais nos termos da lei nacional do Estado que fizer tal declaração.

Artigo II

1. Cada Estado signatário deverá reconhecer o acordo escrito pelo qual as partes se comprometem a submeter à arbitragem todas as divergências que tenham surgido ou que possam vir a surgir entre si no que diz respeito a um relacionamento jurídico definido, seja ele contratual ou não, com relação a uma matéria passível de solução mediante arbitragem.

2. Entender-se-á por "acordo escrito" uma cláusula arbitral inserida em contrato ou acordo de arbitragem, firmado pelas partes ou contido em troca de cartas ou telegramas.

3. O tribunal de um Estado signatário, quando de posse de ação sobre matéria com relação à qual as partes tenham estabelecido acordo nos termos do presente artigo, a pedido de uma delas, encaminhará as partes à arbitragem, a menos que constate que tal acordo é nulo e sem efeitos, inoperante ou inexequível.

Artigo III

Cada Estado signatário reconhecerá as sentenças como obrigatórias e as executará em conformidade com as regras de procedimento do território no qual a sentença é invocada, de acordo com as condições estabelecidas nos artigos que se seguem. Para fins de reconhecimento ou de execução das sentenças arbitrais às quais a presente Convenção se aplica, não serão impostas condições substancialmente mais onerosas ou taxas ou cobranças mais altas do que as impostas para o reconhecimento ou a execução de sentenças arbitrais domésticas.

Artigo IV

1. A fim de obter o reconhecimento e a execução mencionados no artigo precedente, a parte que solicitar o reconhecimento e a execução fornecerá, quando da solicitação:

a) a sentença original devidamente autenticada ou uma cópia da mesma devidamente certificada;

b) o acordo original a que se refere o Artigo II ou uma cópia do mesmo devidamente autenticada.

2. Caso tal sentença ou tal acordo não for feito em um idioma oficial do país no qual a sentença é invocada, a parte que solicitar o reconhecimento e a execução da sentença produzirá uma tradução desses documentos para tal idioma. A tradução será certificada por um tradutor oficial ou juramentado ou por um agente diplomático ou consular.

Artigo V

1. O reconhecimento e a execução de uma sentença poderão ser indeferidos, a pedido da parte contra a qual ela é invocada, unicamente se esta parte fornecer, à autoridade competente onde se tenciona o reconhecimento e a execução, prova de que:

a) as partes do acordo a que se refere o Artigo II estavam, em conformidade com a lei a elas aplicável, de algum modo incapacitadas, ou que tal acordo não é válido nos termos da lei à qual as partes o submeteram, ou, na ausência de indicação sobre a matéria, nos termos da lei do país onde a sentença foi proferida; ou

b) a parte contra a qual a sentença é invocada não recebeu notificação apropriada acerca da designação do árbitro ou do processo de arbitragem, ou lhe foi impossível, por outras razões, apresentar seus argumentos; ou

c) a sentença se refere a uma divergência que não está prevista ou que não se enquadra nos termos da cláusula de submissão à arbitragem, ou contém decisões acerca de matérias que transcendem o alcance da cláusula de submissão, contanto que, se as decisões sobre as matérias suscetíveis de arbitragem puderem ser separadas daquelas não suscetíveis, a parte da sentença que contém decisões sobre matérias suscetíveis de arbitragem possa ser reconhecida e executada; ou

d) a composição da autoridade arbitral ou o procedimento arbitral não se deu em conformidade com o acordado pelas partes, ou, na ausência de tal acordo, não se deu em conformidade com a lei do país em que a arbitragem ocorreu; ou

e) a sentença ainda não se tornou obrigatória para as partes ou foi anulada ou suspensa por autoridade competente do país em que, ou conforme a lei do qual, a sentença tenha sido proferida.

2. O reconhecimento e a execução de uma sentença arbitral também poderão ser recusados caso a autoridade competente do país em que se tenciona o reconhecimento e a execução constatar que:

a) segundo a lei daquele país, o objeto da divergência não é passível de solução mediante arbitragem; ou

b) o reconhecimento ou a execução da sentença seria contrário à ordem pública daquele país.

Artigo VI

Caso a anulação ou a suspensão da sentença tenha sido solicitada à autoridade competente mencionada no Artigo V, 1. (e), a autoridade perante a qual a sentença está sendo invocada poderá, se assim julgar cabível, adiar a decisão quanto a execução da sentença e poderá, igualmente, a pedido da parte que reivindica a execução da sentença, ordenar que a outra parte forneça garantias apropriadas.

Artigo VII

1. As disposições da presente Convenção não afetarão a validade de acordos multilaterais ou bilaterais relativos ao reconhecimento e à execução de sentenças arbitrais celebrados pelos Estados signatários nem privarão qualquer parte interessada de qualquer direito que ela possa ter de valer-se de uma sentença arbitral da maneira e na medida permitidas pela lei ou pelos tratados do país em que a sentença é invocada.

2. O Protocolo de Genebra sobre Cláusulas de Arbitragem de 1923 e a Convenção de Genebra sobre a Execução de Sentenças Arbitrais Estrangeiras de 1927 deixarão de ter efeito entre os Estados signatários quando, e na medida em que, eles se tornem obrigados pela presente Convenção.

Artigo VIII

1. A presente Convenção estará aberta, até 31 de dezembro de 1958, à assinatura de qualquer Membro das Nações Unidas e também de qualquer outro Estado que seja ou que doravante se torne membro de qualquer órgão especializado das Nações Unidas, ou que seja ou que doravante se torne parte do Estatuto da Corte Internacional de Justiça, ou qualquer outro Estado convidado pela Assembleia Geral das Nações Unidas.

2. A presente Convenção deverá ser ratificada e o instrumento de ratificação será depositado junto ao Secretário-Geral das Nações Unidas.

Artigo IX

1. A presente Convenção estará aberta para adesão a todos os Estados mencionados no Artigo VIII.

2. A adesão será efetuada mediante o depósito de instrumento de adesão junto ao Secretário-Geral das Nações Unidas.

Artigo X

1. Qualquer Estado poderá, quando da assinatura, ratificação ou adesão, declarar que a presente Convenção se estenderá a todos ou a qualquer dos territórios por cujas relações internacionais ele é responsável. Tal declaração passará a ter efeito quando a Convenção entrar em vigor para tal Estado.

2. A qualquer tempo a partir dessa data, qualquer extensão será feita mediante notificação dirigida ao Secretário-Geral das Nações Unidas e terá efeito a partir do nonagésimo dia a contar do recebimento pelo Secretário-Geral das Nações Unidas de tal notificação, ou a partir da data de entrada em vigor da Convenção para tal Estado, considerada sempre a última data.

3. Com respeito àqueles territórios aos quais a presente Convenção não for estendida quando da assinatura, ratificação ou adesão, cada Estado interessado examinará a possibilidade de tomar as medidas necessárias a fim de estender a aplicação da presente Convenção a tais territórios, respeitando-se a necessidade, quando assim exigido por razões constitucionais, do consentimento dos Governos de tais territórios.

Artigo XI

No caso de um Estado federativo ou não-unitário, aplicar-se-ão as seguintes disposições:

a) com relação aos artigos da presente Convenção que se enquadrem na jurisdição legislativa da autoridade federal, as obrigações do Governo federal serão as mesmas que aquelas dos Estados signatários que não são Estados federativos;

b) com relação àqueles artigos da presente Convenção que se enquadrem na jurisdição legislativa dos estados e das províncias constituintes que, em virtude do sistema constitucional da confederação, não são obrigados a adotar medidas legislativas, o Governo federal, o mais cedo possível, levará tais artigos, com recomendação favorável, ao conhecimento das autoridades competentes dos estados e das províncias constituintes;

c) um Estado federativo Parte da presente Convenção fornecerá, atendendo a pedido de qualquer outro Estado signatário que lhe tenha sido transmitido por meio do Secretário-Geral das Nações Unidas, uma declaração da lei e da prática na confederação e em suas unidades constituintes com relação a qualquer disposição em particular da presente Convenção, indicando até que ponto se tornou efetiva aquela disposição mediante ação legislativa ou outra.

Artigo XII

1. A presente Convenção entrará em vigor no nonagésimo dia após a data de depósito do terceiro instrumento de ratificação ou adesão.

2. Para cada Estado que ratificar ou aderir à presente Convenção após o depósito do terceiro instrumento de ratificação ou adesão, a presente Convenção entrará em vigor no nonagésimo dia após o depósito por tal Estado de seu instrumento de ratificação ou adesão.

Artigo XIII

1. Qualquer Estado signatário poderá denunciar a presente Convenção mediante notificação por escrito dirigida ao Secretário-Geral das Nações Unidas. A denúncia terá efeito um ano após a data de recebimento da notificação pelo Secretário-Geral.

2. Qualquer Estado que tenha feito uma declaração ou notificação nos termos do Artigo X poderá, a qualquer tempo a partir dessa data, mediante notificação ao Secretário-Geral das Nações Unidas, declarar que a presente Convenção deixará de aplicar-se ao território em questão um ano após a data de recebimento da notificação pelo Secretário-Geral.

3. A presente Convenção continuará sendo aplicável a sentenças arbitrais com relação às quais tenham sido instituídos processos de reconhecimento ou de execução antes de a denúncia surtir efeito.

Artigo XIV

Um Estado signatário não poderá valer-se da presente Convenção contra outros Estados signatários, salvo na medida em que ele mesmo esteja obrigado a aplicar a Convenção.

Artigo XV

O Secretário-Geral das Nações Unidas notificará os Estados previstos no Artigo VIII acerca de:

a) assinaturas e ratificações em conformidade com o Artigo VIII;

b) adesões em conformidade com o Artigo IX;

c) declarações e notificações nos termos dos Artigos I, X e XI;

d) data em que a presente Convenção entrar em vigor em conformidade com o Artigo XII;

e) denúncias e notificações em conformidade com o Artigo XIII.

Artigo XVI

Súmula:

STF nº 420: Não se homologa sentença proferida no estrangeiro sem prova do trânsito em julgado.

Enunciados do Fórum Permanente de Processualistas Civis:

Nº 85 do FPPC: Deve prevalecer a regra de direito mais favorável na homologação de sentença arbitral estrangeira em razão do princípio da máxima eficácia (art. 7º da Convenção de Nova York – Decreto nº 4.311/2002).

Nº 86 do FPPC: O art. 964 não se aplica à homologação da sentença arbitral estrangeira, que se sujeita aos tratados em vigor no País e à legislação aplicável, na forma do § 3º do art. 960.

Art. 961. A decisão estrangeira somente terá eficácia no Brasil após a homologação de sentença estrangeira ou a concessão do *exequatur* às cartas rogatórias, salvo disposição em sentido contrário de lei ou tratado.

§ 1º É passível de homologação a decisão judicial definitiva, bem como a decisão não judicial que, pela lei brasileira, teria natureza jurisdicional.

§ 2º A decisão estrangeira poderá ser homologada parcialmente.

§ 3º A autoridade judiciária brasileira poderá deferir pedidos de urgência e realizar atos de execução provisória no processo de homologação de decisão estrangeira.

§ 4º Haverá homologação de decisão estrangeira para fins de execução fiscal quando prevista em tratado ou em promessa de reciprocidade apresentada à autoridade brasileira.

§ 5º A sentença estrangeira de divórcio consensual produz efeitos no Brasil, independentemente de homologação pelo Superior Tribunal de Justiça.

§ 6º Na hipótese do § 5º, competirá a qualquer juiz examinar a validade da decisão, em caráter principal ou incidental, quando essa questão for suscitada em processo de sua competência.

Notas:

Processo de homologação. A decisão estrangeria somente terá eficácia no território brasileiro, após a homologação de sentença estrangeira ou a concessão do *exequatur* às cartas rogatórias, salvo disposição em sentido contrário de lei ou tratado. É possível a homologação de decisão judicial definitiva, assim

1. A presente Convenção, da qual os textos em chinês, inglês, francês, russo e espanhol são igualmente autênticos, será depositada nos arquivos das Nações Unidas.

2. O Secretário-Geral das Nações Unidas transmitirá uma cópia autenticada da presente Convenção aos Estados contemplados no Artigo VIII."

como decisão não judicial que, de acordo com a lei brasileira, teria natureza jurisdicional, como no caso de sentenças arbitrais estrangeiras, *ex vi* do § 1º do art. 961 e § 3º do art. 960.

A homologação de decisão estrangeira também é cabível para fins de execução fiscal, isto quando previsto em tratado ou em promessa de reciprocidade devidamente apresentada à autoridade brasileira.

Vale consignar ainda que poderá a decisão estrangeira ser homologada parcialmente, conforme autoriza o § 2º do dispositivo em comento.

Interessante observação é aquela relativa à sentença decorrente de divórcio consensual. Neste caso, produzirá ela efeitos no território brasileiro independentemente de homologação perante o STJ. Não obstante isso caberá a qualquer juiz no âmbito de sua competência, examinar a validade da decisão acerca do divórcio supra, seja a questão de caráter principal ou incidental.

Súmulas:

STF nº 381: Não se homologa sentença de divórcio obtida, por procuração, em país de que os cônjuges não eram nacionais.

STF nº 420: Não se homologa sentença proferida no estrangeiro sem prova do trânsito em julgado.

Enunciados do Fórum Permanente de Processualistas Civis:

Nº 85 do FPPC: Deve prevalecer a regra de direito mais favorável na homologação de sentença arbitral estrangeira em razão do princípio da máxima eficácia (art. 7º da Convenção de Nova York – Decreto nº 4.311/2002).

Nº 553 do FPPC: A sentença arbitral parcial estrangeira submete-se ao regime de homologação.

Art. 962. É passível de execução a decisão estrangeira concessiva de medida de urgência.

§ 1º A execução no Brasil de decisão interlocutória estrangeira concessiva de medida de urgência dar-se-á por carta rogatória.

§ 2º A medida de urgência concedida sem audiência do réu poderá ser executada, desde que garantido o contraditório em momento posterior.

§ 3º O juízo sobre a urgência da medida compete exclusivamente à autoridade jurisdicional prolatora da decisão estrangeira.

§ 4º Quando dispensada a homologação para que a sentença estrangeira produza efeitos no Brasil, a decisão concessiva de medida de urgência dependerá, para produzir efeitos, de ter sua validade expressamente reconhecida pelo juiz competente para dar-lhe cumprimento, dispensada a homologação pelo Superior Tribunal de Justiça.

Notas:

Homologação de medidas de urgência e interlocutórias. O artigo 962 cuida das hipóteses de homologação estrangeira concessiva a medidas de urgência. É necessário, pois, a carta rogatória. A medida de urgência concedida sem audiência do réu poderá ser executada, desde que garantido o contraditório em momento posterior (§ 2º). Vale destacar que não cabe ao juízo nacional analisar o mérito da medida de urgência, mas sim proceder a sua execução (§ 3º). Por fim, o § 4º cuida da dispensa de homologação para que a sentença estrangeira produza efeitos no Brasil. Neste caso, a decisão concessiva de medida de urgência dependerá, para produzir efeitos, de ter sua validade expressamente reconhecida pelo juiz competente para dar-lhe cumprimento, dispensada a homologação pelo Superior Tribunal de Justiça.

Enunciado do Fórum Permanente de Processualistas Civis:

Nº 85 do FPPC: Deve prevalecer a regra de direito mais favorável na homologação de sentença arbitral estrangeira em razão do princípio da máxima eficácia (art. 7º da Convenção de Nova York - Decreto nº 4.311/2002).

Art. 963. Constituem requisitos indispensáveis à homologação da decisão:

I – ser proferida por autoridade competente;

II – ser precedida de citação regular, ainda que verificada a revelia;

III – ser eficaz no país em que foi proferida;

IV – não ofender a coisa julgada brasileira;

V – estar acompanhada de tradução oficial, salvo disposição que a dispense prevista em tratado;

VI – não conter manifesta ofensa à ordem pública.

Parágrafo único. Para a concessão do *exequatur* às cartas rogatórias, observar-se-ão os pressupostos previstos no *caput* deste artigo e no art. 962, § 2º.

Notas:

Requisitos para a homologação da decisão. O dispositivo em destaque apresenta os requisitos indispensáveis à homologação da decisão, a saber: I - ser proferida por autoridade competente; II - ser precedida de citação regular, ainda que verificada a revelia; III - ser eficaz no país em que foi proferida; IV - não ofender a coisa julgada brasileira; V - estar acompanhada de tradução oficial, salvo disposição que a dispense prevista em tratado; VI - não conter manifesta ofensa à ordem pública. O parágrafo único cuida do *exequatur* ao afirma que a concessão do *exequatur* às cartas rogatórias, observar-se-ão os pressupostos previstos no *caput* deste artigo e no art. 962, § 2º.

Remissões:

- Art. 15 da LINDB:

"Art. 15. Será executada no Brasil a sentença proferida no estrangeiro, que reúna os seguintes requisitos:

a) haver sido proferida por juiz competente;

b) terem sido os partes citadas ou haver-se legalmente verificado à revelia;

c) ter passado em julgado e estar revestida das formalidades necessárias para a execução no lugar em que foi proferida;

d) estar traduzida por intérprete autorizado;

e) ter sido homologada pelo Supremo Tribunal Federal. (Vide art. 105, I, i da Constituição Federal)".

- Arts. 35 a 40 da Lei nº 9.307/1996 (Lei da Arbitragem):

"Art. 35. Para ser reconhecida ou executada no Brasil, a sentença arbitral estrangeira está sujeita, unicamente, à homologação do Superior Tribunal de Justiça.

Art. 36. Aplica-se à homologação para reconhecimento ou execução de sentença arbitral estrangeira, no que couber, o disposto nos arts. 483 e 484 do Código de Processo Civil.

Art. 37. A homologação de sentença arbitral estrangeira será requerida pela parte interessada, devendo a petição inicial conter as indicações da lei processual, conforme o art. 282 do Código de Processo Civil, e ser instruída, necessariamente, com:

I – o original da sentença arbitral ou uma cópia devidamente certificada, autenticada pelo consulado brasileiro e acompanhada de tradução oficial;

II – o original da convenção de arbitragem ou cópia devidamente certificada, acompanhada de tradução oficial.

Art. 38. Somente poderá ser negada a homologação para o reconhecimento ou execução de sentença arbitral estrangeira, quando o réu demonstrar que:

I – as partes na convenção de arbitragem eram incapazes;

II – a convenção de arbitragem não era válida segundo a lei à qual as partes a submeteram, ou, na falta de indicação, em virtude da lei do país onde a sentença arbitral foi proferida;

III – não foi notificado da designação do árbitro ou do procedimento de arbitragem, ou tenha sido violado o princípio do contraditório, impossibilitando a ampla defesa;

IV – a sentença arbitral foi proferida fora dos limites da convenção de arbitragem, e não foi possível separar a parte excedente daquela submetida à arbitragem;

V – a instituição da arbitragem não está de acordo com o compromisso arbitral ou cláusula compromissória;

VI – a sentença arbitral não se tenha, ainda, tornado obrigatória para as partes, tenha sido anulada, ou, ainda, tenha sido suspensa por órgão judicial do país onde a sentença arbitral for prolatada.

Art. 39. A homologação para o reconhecimento ou a execução da sentença arbitral estrangeira também será denegada se o Superior Tribunal de Justiça constatar que:

I – segundo a lei brasileira, o objeto do litígio não é suscetível de ser resolvido por arbitragem;

II – a decisão ofende a ordem pública nacional.

Parágrafo único. Não será considerada ofensa à ordem pública nacional a efetivação da citação da parte residente ou domiciliada no Brasil, nos moldes da convenção de arbitragem ou da lei processual do país onde se realizou a arbitragem, admitindo-se, inclusive, a citação postal com prova inequívoca de recebimento, desde que assegure à parte brasileira tempo hábil para o exercício do direito de defesa.

Art. 40. A denegação da homologação para reconhecimento ou execução de sentença arbitral estrangeira por vícios formais, não obsta que a parte interessada renove o pedido, uma vez sanados os vícios apresentados".

Súmula:

STF nº 420: Não se homologa sentença proferida no estrangeiro sem prova do trânsito em julgado.

Enunciado do Fórum Permanente de Processualistas Civis:

Nº 85 do FPPC: Deve prevalecer a regra de direito mais favorável na homologação de sentença arbitral estrangeira em razão do princípio da máxima eficácia (art. 7º da Convenção de Nova York - Decreto nº 4.311/2002).

Art. 964. Não será homologada a decisão estrangeira na hipótese de competência exclusiva da autoridade judiciária brasileira.

Parágrafo único. O dispositivo também se aplica à concessão do *exequatur* à carta rogatória.

Notas:

Competência da autoridade brasileira. A regra é clara ao dizer que não será homologada a decisão estrangeira na hipótese de competência exclusiva da autoridade judiciária brasileira. Da mesma forma, aplicar-se à concessão do *exequatur* à carta rogatória.

Enunciados do Fórum Permanente de Processualistas Civis:

Nº 85 do FPPC: Deve prevalecer a regra de direito mais favorável na homologação de sentença arbitral estrangeira em razão do princípio da máxima eficácia (art. 7º da Convenção de Nova York – Decreto nº 4.311/2002).

Nº 86 do FPPC: O art. 964 não se aplica à homologação da sentença arbitral estrangeira, que se sujeita aos tratados em vigor no País e à legislação aplicável, na forma do § 3º do art. 960.

Art. 965. O cumprimento de decisão estrangeira far-se-á perante o juízo federal competente, a requerimento da parte, conforme as normas estabelecidas para o cumprimento de decisão nacional.

Parágrafo único. O pedido de execução deverá ser instruído com cópia autenticada da decisão homologatória ou do *exequatur*, conforme o caso.

Notas:

Competência para a execução da sentença estrangeira. Importante sublinhar, mais uma vez, que cabe a Justiça Federal de primeiro grau de jurisdição (artigo 109, inciso X, da CRFB/88) a competência para executar a sentença estrangeira, depois de homologada pelo STJ.

Remissão:

- Art. 109, X, da CRFB/88:

"Art. 109. Aos juízes federais compete processar e julgar:

(...)

X – os crimes de ingresso ou permanência irregular de estrangeiro, a execução de carta rogatória, após o "exequatur", e de sentença estrangeira, após a homologação, as causas referentes à nacionalidade, inclusive a respectiva opção, e à naturalização;

(...)".

Enunciado do Fórum Permanente de Processualistas Civis:

Nº 85 do FPPC: Deve prevalecer a regra de direito mais favorável na homologação de sentença arbitral estrangeira em razão do princípio da máxima eficácia (art. 7º da Convenção de Nova York – Decreto nº 4.311/2002).

CAPÍTULO VII
DA AÇÃO RESCISÓRIA

Art. 966. A decisão de mérito, transitada em julgado, pode ser rescindida quando:

I – se verificar que foi proferida por força de prevaricação, concussão ou corrupção do juiz;

II – for proferida por juiz impedido ou por juízo absolutamente incompetente;

III – resultar de dolo ou coação da parte vencedora em detrimento da parte vencida ou, ainda, de simulação ou colusão entre as partes, a fim de fraudar a lei;

IV – ofender a coisa julgada;

V – violar manifestamente norma jurídica;

VI – for fundada em prova cuja falsidade tenha sido apurada em processo criminal ou venha a ser demonstrada na própria ação rescisória;

VII – obtiver o autor, posteriormente ao trânsito em julgado, prova nova cuja existência ignorava ou de que não pôde fazer uso, capaz, por si só, de lhe assegurar pronunciamento favorável;

VIII – for fundada em erro de fato verificável do exame dos autos.

§ 1º Há erro de fato quando a decisão rescindenda admitir fato inexistente ou quando considerar inexistente fato efetivamente ocorrido, sendo indispensável, em ambos os casos, que o fato não represente ponto controvertido sobre o qual o juiz deveria ter se pronunciado.

§ 2º Nas hipóteses previstas nos incisos do *caput*, será rescindível a decisão transitada em julgado que, embora não seja de mérito, impeça:

I – nova propositura da demanda; ou

II – admissibilidade do recurso correspondente.

§ 3º A ação rescisória pode ter por objeto apenas 1 (um) capítulo da decisão.

§ 4º Os atos de disposição de direitos, praticados pelas partes ou por outros participantes do processo e homologados pelo juízo, bem como os atos homologatórios praticados no curso da execução, estão sujeitos à anulação, nos termos da lei.

§ 5º Cabe ação rescisória, com fundamento no inciso V do *caput* deste artigo, contra decisão baseada em enunciado de súmula ou acórdão proferido em julgamento de casos repetitivos que não tenha considerado a existência de distinção entre a questão discutida no processo e o padrão decisório que lhe deu fundamento. (*Acrescentado pela Lei nº 13.256, de 04.02.2016*).

§ 6º Quando a ação rescisória fundar-se na hipótese do § 5º deste artigo, caberá ao autor, sob pena de inépcia, demonstrar, fundamentadamente, tratar-se de situação particularizada por hipótese fática distinta ou de questão jurídica não examinada, a impor outra solução jurídica. (*Acrescentado pela Lei nº 13.256, de 04.02.2016*).

Notas:

Ação rescisória. Hipóteses de cabimento de ação rescisória. Os recursos previstos na legislação processual civil podem, primariamente, impugnar a sentença, acórdão ou decisão interlocutória. Caso não sejam usados no limite temporal previsto para a sua impetração ou se esgotem em suas possibilidades, levará, indubitavelmente, ao trânsito em julgado da decisão judicial, formando a coisa julgada (*res judicata*), que é a autoridade que torna imutável e indiscutível o comando da decisão judicial de mérito não mais sujeita a recurso (art. 502 do CPC); no entanto, apesar de todos os cuidados tomados pelo Estado-juiz, pode ocorrer que a sentença ou o acórdão estejam dotados de algum vício que os tornem nulos.

Neste sentido, a fim de se evitar que a parte prejudicada fique sem um meio jurídico para sanar o vício, a lei processual prevê a ação rescisória que representa o meio que tem a parte de valer-se para intentar a declaração de invalidade de uma decisão judicial com resolução de mérito (art. 487 do CPC). Importante ressalvar que não é recurso, mas sim uma nova ação que gera uma nova relação processual, tendo como objetivo a desconstituição, isto é, a rescisão da decisão judicial maculada, possibilitando, assim, a constituição de nova decisão sobre as questões que foram objeto de apreciação na demanda reincidente.

Por tudo, trata-se de ação adequada para desconstituir a sentença judicial. A natureza da ação rescisória é desconstitutiva, já que o seu pedido está ancorado na desconstituição total ou parcial do julgamento anterior transitado em julgado.

De acordo com José Carlos Barbosa Moreira, "chama-se *rescisória* à ação por meio da qual se pede a desconstituição de sentença transitada em julgado, com eventual rejulgamento, a seguir, da matéria nela julgada."[512] O festejado processualista expressa que "a condição jurídica da sentença rescindível assimila-se, destarte, à do ato *anulável*. Os autores que têm construído a rescisória como ação tendente à *declaração de nulidade* da sentença em pregam o termo "nulidade" em sentido impróprio; uma invalidade que só opera depois de judicialmente decretada classificar-se-á, com melhor técnica, como "anulabilidade". Rescindir, como anular, é *desconstituir*."[513]

Vale destacar, preliminarmente, que cabe a ação rescisória contra a decisão de mérito (não apenas da sentença/acordão, mas também das decisões interlocutórias de mérito), desde que transitadas materialmente em julgado.

---

512 BARBOSA MOREIRA, José Carlos. *Comentários ao Código de Processo Civil*. Vol. V. 7. ed. Rio de Janeiro: Forense, 1998, p. 99.

513 BARBOSA MOREIRA, Jose Carlos. *Comentários ao Código de Processo Civil*. Vol. V. 7. ed. Rio de Janeiro: Forense, 1998, p. 107-108.

O § 1º o artigo em destaque cuida do **erro de fato**. Este existe quando a decisão rescindenda admitir fato inexistente ou quando considerar inexistente fato efetivamente ocorrido, sendo indispensável, em ambos os casos, que o fato não represente ponto controvertido sobre o qual o juiz deveria ter se pronunciado.

O § 2º informa que também será rescindível a decisão transitada em julgado que, embora não seja de mérito, impeça: I – nova propositura da demanda; ou II – admissibilidade do recurso correspondente.

Expressa o § 3º que a ação rescisória está restrita a um capítulo da decisão. Melhor dizendo: a rescisória pode ser parcial, voltada apenas a um dos capítulos da decisão rescindenda.

Já o § 4º cuida dos atos processuais das partes ou por outros participantes do processo e homologados pelo juízo, bem como os atos homologatórios praticados no curso da execução. Todos estão sujeitos à anulação, nos termos da lei.

Ao texto original do art. 966 foram acrescidos os §§ 5º e 6º, tudo pelo advento da Lei nº 13.256, de 04.02.2016.

Prevê o § 5º o cabimento ação rescisória nos termos do inciso V do *caput* do art. 966 (*violar manifestamente norma jurídica*), contra decisão baseada em enunciado de súmula, acórdão ou precedente previsto no art. 927, que não tenha considerado a existência de distinção entre a questão discutida no processo e o padrão decisório que lhe deu fundamento.

No que se refere ao § 6º, quando a ação rescisória se fundar na hipótese do § 5º supramencionado, caberá ao autor, sob pena de inépcia de sua peça inicial, demonstrar, fundamentadamente, tratar-se de situação particularizada por hipótese fática distinta ou questão jurídica não examinada, a impor, necessariamente, outra solução jurídica.

Remissões:

– Art. 59 da Lei nº 9.099/1995 (dispõe sobre os Juizados Especiais Cíveis e Criminais e dá outras providências):

"Art. 59. Não se admitirá ação rescisória nas causas sujeitas ao procedimento instituído por esta Lei".

– Art. 26 da Lei nº 9.868/1999 (dispõe sobre o processo e julgamento da ação direta de inconstitucionalidade e da ação declaratória de constitucionalidade perante o Supremo Tribunal Federal):

"Art. 26. A decisão que declara a constitucionalidade ou a inconstitucionalidade da lei ou do ato normativo em ação direta ou em ação declaratória é irrecorrível, ressalvada a interposição de embargos declaratórios, não podendo, igualmente, ser objeto de ação rescisória".

– Art. 12 da Lei nº 9.882/1999 (dispõe sobre o processo e julgamento da arguição de descumprimento de preceito fundamental, nos termos do § 1º do art. 102 da Constituição Federal):

"Art. 12. A decisão que julgar procedente ou improcedente o pedido em arguição de descumprimento de preceito fundamental é irrecorrível, não podendo ser objeto de ação rescisória".

– Art. 159-A da Lei nº 11.101/2005, incluído pela Lei nº 14.112/2020:

"Art. 159-A. A sentença que declarar extintas as obrigações do falido, nos termos do art. 159 desta Lei, somente poderá ser rescindida por ação rescisória, na forma prevista na Lei nº 13.105, de 16 de março de 2015 (Código de Processo Civil), a pedido de qualquer credor, caso se verifique que o falido tenha sonegado bens, direitos ou rendimentos de qualquer espécie anteriores à data do requerimento a que se refere o art. 159 desta Lei.

Parágrafo único. O direito à rescisão de que trata o *caput* deste artigo extinguir-se-á no prazo de 2 (dois) anos, contado da data do trânsito em julgado da sentença de que trata o art. 159 desta Lei".

Súmulas:

STF nº 252: Na ação rescisória, não estão impedidos juízes que participaram do julgamento rescindendo.

STF nº 264: Verifica-se a prescrição intercorrente pela paralisação da ação rescisória por mais de cinco anos.

STF nº 343: Não cabe ação rescisória por ofensa a literal disposição de lei, quando a decisão rescindenda se tiver baseado em texto legal de interpretação controvertida nos tribunais.

STF nº 400: Decisão que deu razoável interpretação à lei, ainda que não seja a melhor, não autoriza recurso extraordinário pela letra "a" do art. 101, III, da Constituição Federal.

STF nº 514: Admite-se ação rescisória contra sentença transitada em julgado, ainda que contra ela não se tenha esgotado todos os recursos.

STJ nº 7: A pretensão de simples reexame de prova não enseja recurso especial

Enunciados das Jornadas de Direito Processual Civil do Conselho da Justiça Federal:

Nº 196 do CJF: O tribunal não deve acolher ação rescisória com base em causa de pedir diversa daquela indicada na petição inicial.

Nº 206 do CJF: Admite-se a propositura de ação rescisória fundada em acórdão proferido em julgamento de Incidente de Assunção de Competência (IAC) (art. 966, inciso V, e § 5º, CPC).

Enunciados do Fórum Permanente de Processualistas Civis:

Nº 137 do FPPC: Contra sentença transitada em julgado que resolve partilha, ainda que homologatória, cabe ação rescisória.

Nº 138 do FPPC: A partilha amigável extrajudicial e a partilha amigável judicial homologada por decisão ainda não transitada em julgado são impugnáveis por ação anulatória.

Nº 203 do FPPC: Não se admite ação rescisória de sentença arbitral.

Nº 336 do FPPC: Cabe ação rescisória contra decisão interlocutória de mérito.

Nº 337 do FPPC: A competência para processar a ação rescisória contra capítulo de decisão deverá considerar o órgão jurisdicional que proferiu o capítulo rescindendo.

Nº 338 do FPPC: Cabe ação rescisória para desconstituir a coisa julgada formada sobre a resolução expressa da questão prejudicial incidental.

Nº 554 do FPPC: Na ação rescisória fundada em violação ao efeito positivo da coisa julgada, haverá o rejulgamento da causa após a desconstituição da decisão rescindenda.

Nº 555 do FPPC: Nos casos em que tanto a decisão de inadmissibilidade do recurso quanto a decisão recorrida apresentem vícios rescisórios, ambas serão rescindíveis, ainda que proferidas por órgãos jurisdicionais diversos.

Nº 602 do FPPC: A prova nova apta a embasar ação rescisória pode ser produzida ou documentada por meio do procedimento de produção antecipada de provas.

Nº 656 do FPPC: A expressão "prova nova" do inciso VII do art. 966 do CPC/2015 engloba todas as provas típicas e atípicas.

Enunciado da Escola Nacional de Formação e Aperfeiçoamento de Magistrados:

Nº 27 da ENFAM: Não é cabível ação rescisória contra decisão estabilizada na forma do art. 304 do CPC/2015.

Art. 967. Têm legitimidade para propor a ação rescisória:

I – quem foi parte no processo ou o seu sucessor a título universal ou singular;

II – o terceiro juridicamente interessado;

III – o Ministério Público:

a) se não foi ouvido no processo em que lhe era obrigatória a intervenção;

b) quando a decisão rescindenda é o efeito de simulação ou de colusão das partes, a fim de fraudar a lei;

c) em outros casos em que se imponha sua atuação;

IV – aquele que não foi ouvido no processo em que lhe era obrigatória a intervenção.

Parágrafo único. Nas hipóteses do art. 178, o Ministério Público será intimado para intervir como fiscal da ordem jurídica quando não for parte.

Notas:

Legitimidade ativa para propor a ação rescisória. O dispositivo cuida da legitimidade ativa para propor a ação rescisória. No caso do Ministério Público, vale destacar que em demandas onde envolvam interesse público ou social; interesse de incapaz ou litígios coletivos pela posse de terra rural ou urbana será o *parquet* intimado para intervir como fiscal da ordem jurídica (parágrafo único do art. 967).

Enunciado do Fórum Permanente de Processualistas Civis:

Nº 339 do FPPC: O CADE e a CVM, caso não tenham sido intimados, quando obrigatório, para participar do processo (art. 118, Lei nº 12.529/2011; art. 31, Lei nº 6.385/1976), têm legitimidade para propor ação rescisória contra a decisão ali proferida, nos termos do inciso IV do art. 967.

Art. 968. A petição inicial será elaborada com observância dos requisitos essenciais do art. 319, devendo o autor:

I – cumular ao pedido de rescisão, se for o caso, o de novo julgamento do processo;

II – depositar a importância de cinco por cento sobre o valor da causa, que se converterá em multa caso a ação seja, por unanimidade de votos, declarada inadmissível ou improcedente.

§ 1º Não se aplica o disposto no inciso II à União, aos Estados, ao Distrito Federal, aos Municípios, às suas respectivas autarquias e fundações de direito público, ao Ministério Público, à Defensoria Pública e aos que tenham obtido o benefício de gratuidade da justiça.

§ 2º O depósito previsto no inciso II do *caput* deste artigo não será superior a 1.000 (mil) salários-mínimos.

§ 3º Além dos casos previstos no art. 330, a petição inicial será indeferida quando não efetuado o depósito exigido pelo inciso II do *caput* deste artigo.

§ 4º Aplica-se à ação rescisória o disposto no art. 332.

§ 5º Reconhecida a incompetência do tribunal para julgar a ação rescisória, o autor será intimado para emendar a petição inicial, a fim de adequar o objeto da ação rescisória, quando a decisão apontada como rescindenda:

I – não tiver apreciado o mérito e não se enquadrar na situação prevista no § 2º do art. 966;

II – tiver sido substituída por decisão posterior.

§ 6º Na hipótese do § 5º, após a emenda da petição inicial, será permitido ao réu complementar os fundamentos de defesa, e, em seguida, os autos serão remetidos ao tribunal competente.

Notas:

Requisitos da petição inicial na ação rescisória. O artigo disciplina os requisitos formais da exordial da ação rescisória, bem como das hipóteses em que pode ser indeferida e emendada. A inicial deverá ser elaborada com observância dos requisitos essenciais do art. 319 do CPC[514], devendo o autor: I – cumular ao pedido de rescisão, se for o caso, o de novo julgamento do processo; II – depositar a importância de cinco por cento sobre o valor da causa, que se converterá em multa caso a ação seja, por unanimidade de votos, declarada inadmissível ou improcedente.

O § 1º trata da dispensa do depósito em se tratando da União, dos Estados, do Distrito Federal, dos Municípios, às suas respectivas autarquias e fundações de direito público, do Ministério Público, da Defensoria Pública e aos que tenham obtido o benefício de gratuidade da justiça.

O § 2º cuida da limitação do valor do depósito ao dispor que este não será superior a 1.000 (mil) salários-mínimos.

Caso não seja efetuado o depósito, a petição inicial será indeferida.

---

514 *"Art. 319. A petição inicial indicará:*

I – o juízo a que é dirigida;

II – os nomes, os prenomes, o estado civil, a existência de união estável, a profissão, o número de inscrição no Cadastro de Pessoas Físicas ou no Cadastro Nacional da Pessoa Jurídica, o endereço eletrônico, o domicílio e a residência do autor e do réu;

III – o fato e os fundamentos jurídicos do pedido;

IV – o pedido com as suas especificações;

V – o valor da causa;

VI – as provas com que o autor pretende demonstrar a verdade dos fatos alegados;

VII – a opção do autor pela realização ou não de audiência de conciliação ou de mediação.

§ 1º Caso não disponha das informações previstas no inciso II, poderá o autor, na petição inicial, requerer ao juiz diligências necessárias a sua obtenção.

§ 2º A petição inicial não será indeferida se, a despeito da falta de informações a que se refere o inciso II, for possível a citação do réu.

§ 3º A petição inicial não será indeferida pelo não atendimento ao disposto no inciso II deste artigo se a obtenção de tais informações tornar impossível ou excessivamente oneroso o acesso à justiça.

De acordo com o § 4º, a ação rescisória está sujeita a julgamento de improcedência liminar nos termos do artigo 332 do CPC.[515]

Por fim, os §§ 5º e 6º cuidam da emenda da petição inicial.

Uma vez realizada a emenda da petição inicial, permitido será ao réu complementar os fundamentos de sua defesa e, em seguida, serem os autos enviados ao tribunal competente.

Súmulas:

STF nº 249: É competente o supremo tribunal federal para a ação rescisória, quando, embora não tendo conhecido do recurso extraordinário, ou havendo negado provimento ao agravo, tiver apreciado a questão federal controvertida.

STF nº 252: Na ação rescisória, não estão impedidos juízes que participaram do julgamento rescindendo.

STF nº 515: A competência para a ação rescisória não é do Supremo Tribunal Federal, quando a questão federal, apreciada no recurso extraordinário ou no agravo de instrumento, seja diversa da que foi suscitada no pedido rescisório.

STJ nº 175: Descabe o deposito prévio nas ações rescisórias propostas pelo INSS.

STJ nº 401: O prazo decadencial da ação rescisória só se inicia quando não for cabível qualquer recurso do último pronunciamento judicial.

---

515 *"Art. 332. Nas causas que dispensem a fase instrutória, o juiz, independentemente da citação do réu, julgará liminarmente improcedente o pedido que contrariar:*

I - enunciado de súmula do Supremo Tribunal Federal ou do Superior Tribunal de Justiça;

II - acórdão proferido pelo Supremo Tribunal Federal ou pelo Superior Tribunal de Justiça em julgamento de recursos repetitivos;

III - entendimento firmado em incidente de resolução de demandas repetitivas ou de assunção de competência;

IV - enunciado de súmula de tribunal de justiça sobre direito local.

§ 1º O juiz também poderá julgar liminarmente improcedente o pedido se verificar, desde logo, a ocorrência de decadência ou de prescrição.

§ 2º Não interposta a apelação, o réu será intimado do trânsito em julgado da sentença, nos termos do art. 241.

§ 3º Interposta a apelação, o juiz poderá retratar-se em 5 (cinco) dias.

§ 4º Se houver retratação, o juiz determinará o prosseguimento do processo, com a citação do réu, e, se não houver retratação, determinará a citação do réu para apresentar contrarrazões, no prazo de 15 (quinze) dias."

Enunciados do Fórum Permanente de Processualistas Civis:

Nº 284 do FPPC: Aplica-se à ação rescisória o disposto no art. 321, ainda que o vício seja a indicação incorreta da decisão rescindenda. (redação revisada no X FPPC-Brasília).

Nº 488 do FPPC: No mandado de segurança, havendo equivocada indicação da autoridade coatora, o impetrante deve ser intimado para emendar a petição inicial e, caso haja alteração de competência, o juiz remeterá os autos ao juízo competente.

Nº 603 do FPPC: Não se converterá em multa o depósito inicial efetuado pelo autor, caso a extinção da ação rescisória se dê por decisão do relator transitada em julgado.

Art. 969. A propositura da ação rescisória não impede o cumprimento da decisão rescindenda, ressalvada a concessão de tutela provisória.

Notas:

Ainda que proposta a ação rescisória, não se terá criado óbices ao cumprimento da decisão rescindenda, salvo a concessão de tutela provisória obtida pelo autor da presente ação.

Enunciado das Jornadas de Direito Processual Civil do Conselho da Justiça Federal:

Nº 43 do CJF: Não ocorre a estabilização da tutela antecipada requerida em caráter antecedente, quando deferida em ação rescisória.

Enunciados do Fórum Permanente de Processualistas Civis:

Nº 80 do FPPC: A tutela antecipada prevista nestes dispositivos pode ser de urgência ou de evidência.

Nº 421 do FPPC: Não cabe estabilização de tutela antecipada em ação rescisória.

Art. 970. O relator ordenará a citação do réu, designando-lhe prazo nunca inferior a 15 (quinze) dias nem superior a 30 (trinta) dias para, querendo, apresentar resposta, ao fim do qual, com ou sem contestação, observar-se-á, no que couber, o procedimento comum.

Notas:

Prazo de resposta. Quando não for o caso de indeferimento liminar, ou corrigidas eventuais irregularidades, o relator determinará a citação do réu, concedendo-lhe prazo nunca inferior a 15 (quinze) nem superior a 30 (trinta) dias, para responder.

No que se refere à revelia do réu decorrente da não apresentação de contestação, esta não produzirá os efeitos previstos no art. 344 do CPC, pois que a decisão judicial impugnada pela ação rescisória estará protegida pela coisa julgada (direito público), cabendo ao autor demonstrar os motivos para sua rescisão (art. 373, I, do CPC).

Súmulas:

STF nº 249: É competente o supremo tribunal federal para a ação rescisória, quando, embora não tendo conhecido do recurso extraordinário, ou havendo negado provimento ao agravo, tiver apreciado a questão federal controvertida.

STF nº 515: A competência para a ação rescisória não é do Supremo Tribunal Federal, quando a questão federal, apreciada no recurso extraordinário ou no agravo de instrumento, seja diversa da que foi suscitada no pedido rescisório.

Art. 971. Na ação rescisória, devolvidos os autos pelo relator, a secretaria do tribunal expedirá cópias do relatório e as distribuirá entre os juízes que compuserem o órgão competente para o julgamento.

Parágrafo único. A escolha de relator recairá, sempre que possível, em juiz que não haja participado do julgamento rescindendo.

Notas:

Escolha do relator. Este dispositivo legal cuida das providências a serem tomadas pelo tribunal após o exame do caso pelo relator.

Art. 972. Se os fatos alegados pelas partes dependerem de prova, o relator poderá delegar a competência ao órgão que proferiu a decisão rescindenda, fixando prazo de 1 (um) a 3 (três) meses para a devolução dos autos.

Notas:

Poderes do relator. Contestada ou não a ação rescisória, o processo seguirá o procedimento comum no que couber, sendo que o relator, observando que os fatos alegados pelas partes dependem de provas, delegará a competência ao juiz da comarca onde as mesmas devam ser produzidas, para atuar na direção de tais instruções, fixando-se prazo de 1 (um) a 3 (três) meses para a devolução dos autos.

Enunciado do Fórum Permanente de Processualistas Civis:

Nº 340 do FPPC: Observadas as regras de distribuição, o relator pode delegar a colheita de provas para juízo distinto do que proferiu a decisão rescindenda.

Art. 973. Concluída a instrução, será aberta vista ao autor e ao réu para razões finais, sucessivamente, pelo prazo de 10 (dez) dias.

Parágrafo único. Em seguida, os autos serão conclusos ao relator, procedendo-se ao julgamento pelo órgão competente.

Notas:

Razões finais e conclusão ao relator. Após a conclusão da instrução, será dada vista, sucessivamente, ao autor e ao réu, pelo prazo de 10 (dez) dias, para que apresentem as alegações finais. Em seguida conclusos ao relator para fins de julgamento pelo órgão competente.

Súmulas:

STF nº 249: É competente o supremo tribunal federal para a ação rescisória, quando, embora não tendo conhecido do recurso extraordinário, ou havendo negado provimento ao agravo, tiver apreciado a questão federal controvertida.

STF nº 252: Na ação rescisória, não estão impedidos juízes que participaram do julgamento rescindendo.

STF nº 515: A competência para a ação rescisória não é do Supremo Tribunal Federal, quando a questão federal, apreciada no recurso extraordinário ou no agravo de instrumento, seja diversa da que foi suscitada no pedido rescisório.

Art. 974. Julgando procedente o pedido, o tribunal rescindirá a decisão, proferirá, se for o caso, novo julgamento e determinará a restituição do depósito a que se refere o inciso II do art. 968.

Parágrafo único. Considerando, por unanimidade, inadmissível ou improcedente o pedido, o tribunal determinará a reversão, em favor do réu, da importância do depósito, sem prejuízo do disposto no § 2º do art. 82.

Notas:

Julgamento. O artigo em comento trata do julgamento da ação rescisória, bem como reversão, em favor do réu, da importância do depósito a que se refere o inciso II do art. 968.

Art. 975. O direito à rescisão se extingue em 2 (dois) anos contados do trânsito em julgado da última decisão proferida no processo.

§ 1º Prorroga-se até o primeiro dia útil imediatamente subsequente o prazo a que se refere o *caput*, quando expirar durante férias forenses, recesso, feriados ou em dia em que não houver expediente forense.

§ 2º Se fundada a ação no inciso VII do art. 966, o termo inicial do prazo será a data de descoberta da prova nova, observado o prazo máximo de 5 (cinco) anos, contado do trânsito em julgado da última decisão proferida no processo.

§ 3º Nas hipóteses de simulação ou de colusão das partes, o prazo começa a contar, para o terceiro prejudicado e para o Ministério Público, que não interveio no processo, a partir do momento em que têm ciência da simulação ou da colusão.

Notas:

Decadência do direito à ação rescisória. A propositura da ação rescisória possui um prazo, de natureza decadencial, de 2 (dois) anos, contados do trânsito em julgado da última decisão proferida no processo, prorrogando-se até o primeiro dia útil imediatamente subsequente a aludido prazo quando este expirar durante férias forenses, recesso, feriados ou em dia em que não houver expediente forense, *ex vi* do art. 975, *caput* e § 1º do CPC). Por este motivo, é essencial que o autor junte à petição inicial certidão do trânsito em julgado da decisão rescindenda a fim de provar a tempestividade da interposição.

Destaca-se aqui uma importante observação: caso a ação rescisória esteja fundada em obtenção de prova nova, de cuja existência a parte ignorava ou de que não pode fazer uso, sendo dita prova capaz de, por si só, assegurar pronunciamento favorável a quem a pleiteia, o termo inicial para a propositura da rescisória será da data da descoberta da digitada prova nova, observado o prazo máximo de 5 (cinco) anos, contados do trânsito em julgado da última decisão proferida no processo (§ 2º do art. 975).

Em se tratando de hipóteses de simulação ou de colusão das partes, de acordo com o § 3º do art. 975, o prazo decadencial para a interposição da ação rescisória começará a contar, seja para terceiro prejudicado ou Ministério Público que não participou do processo, a partir do momento em que tem ciência da prática de simulação ou colusão anteriormente referida.

Súmulas:

STF nº 264: Verifica-se a prescrição intercorrente pela paralisação da ação rescisória por mais de cinco anos.

STJ nº 401: O prazo decadencial da ação rescisória só se inicia quando não for cabível qualquer recurso do último pronunciamento judicial.

Enunciados do Fórum Permanente de Processualistas Civis:

Nº 203 do FPPC: Não se admite ação rescisória de sentença arbitral.

Nº 336 do FPPC: Cabe ação rescisória contra decisão interlocutória de mérito.

Nº 341 do FPPC: O prazo para ajuizamento de ação rescisória é estabelecido pela data do trânsito em julgado da decisão rescindenda, de modo que não se aplicam as regras dos §§ 2 º e 3º do art. 975 do CPC à coisa julgada constituída antes de sua vigência.

CAPÍTULO VIII
DO INCIDENTE DE RESOLUÇÃO DE DEMANDAS REPETITIVAS

Art. 976. É cabível a instauração do incidente de resolução de demandas repetitivas quando houver, simultaneamente:

I – efetiva repetição de processos que contenham controvérsia sobre a mesma questão unicamente de direito;

II – risco de ofensa à isonomia e à segurança jurídica.

§ 1º A desistência ou o abandono do processo não impede o exame de mérito do incidente.

§ 2º Se não for o requerente, o Ministério Público intervirá obrigatoriamente no incidente e deverá assumir sua titularidade em caso de desistência ou de abandono.

§ 3º A inadmissão do incidente de resolução de demandas repetitivas por ausência de qualquer de seus pressupostos de admissibilidade não impede que, uma vez satisfeito o requisito, seja o incidente novamente suscitado.

§ 4º É incabível o incidente de resolução de demandas repetitivas quando um dos tribunais superiores, no âmbito de sua respectiva competência, já tiver afetado recurso para definição de tese sobre questão de direito material ou processual repetitiva.

§ 5º Não serão exigidas custas processuais no incidente de resolução de demandas repetitivas.

Notas:

Incidente de resolução de demandas repetitivas. É cediço o volume de demandas que transbordam nas secretarias das numerosas comarcas que compõem a estrutura do Poder Judiciário pátrio.

Notadamente, boa parte de ditas demandas relacionam-se com conflitos que possuem, em seu particular âmago, similitude na causa de pedir, gerando, inegavelmente, lides envoltas em questões ora denominadas repetitivas.[516]

[516] Como bem pontua Ada Pellegrini, "a grande massa de processo que aflige aos tribunais, elevando sobremaneira o número de demandas e atravancando a administração da justiça, é constituída em grande parte por causas em que se discutem e se reavivam questões de direito repetitivas". GRINOVER, Ada Pellegrini. O Tratamento dos processos repetitivos. *In*:

Em meio a tal contexto problemático, não foge à análise que a alusiva multiplicidade de demandas de semelhante teor (litigiosidade de massas),[517] desaguada em uma estrutura técnica procedimental edificada sob outro paradigma[518] e que, por isso, vem, ainda de pouco, buscando alternativas para o enfrentamento de numerário avassalador das supracitadas lides, em que pese a problemática envolta na questão possuir tentáculos para uma variedade de causas, sendo, a nosso ver, das mais graves, o incontestável déficit em políticas públicas voltadas ao arranjo estrutural – e aí incluso o pessoal – qualitativo, apto a otimizar necessário impacto na qualidade do serviço público da justiça no país.

Por outro lado, somando-se à problemática quantitativa, tem-se a necessidade de melhor equalização das decisões judiciais aos casos concretos com nítida similitude,[519] ou seja, nota-se, de muito, uma variedade de julgados com comandos discrepantes sobre uma mesma situação de direito, fortalecendo o sentimento de insegurança jurídica, realçado em sua face subjetiva, ou seja, na confiança legítima dos cidadãos quanto à calculabilidade e previsibilidade dos atos dos poderes públicos,[520] contrariando assim o próprio e verdadeiro escopo da visão democrática a que o processo, como instrumento de liberdade,

---

JAYME, Fernando Gonzaga; FARIA, Juliana Cordeiro de; LAUAR, Maira Terra. (Coords.) *Processo civil: novas tendências. Estudos em homenagem ao Prof. Humberto Theodoro Júnior.* Belo Horizonte: Del Rey, 2008, p. 1.

517 No mesmo sentido, THEODORO JÚNIOR, Humberto. Um novo código de processo civil para o Brasil.*In: Revista Magister de Direito Civil e Processual Civil.* Porto Alegre: Magister, Vol. 37, jul./ago. 2010, p. 89-90.

518 "Desde o último quartel do século passado, foi tomado vulto o fenômeno da 'coletivização' dos conflitos, à medida que, paralelamente, se foi reconhecendo a inaptidão do processo civil clássico para instrumentalizar essas megacontrovérsias, próprias de uma conflitiva sociedade de massas". MANCUSO, Rodolfo de Camargo. *A resolução de conflitos e a função judicial no contemporâneo estado de direito.* São Paulo: RT, 2009, p. 379-380).

519 Interessante notar aqui que Tubelis, apoiado em pesquisa do Jornal Folha de São Paulo realizada em 29.3.1987, esta que objetivava apurar o "prestígio" e o "poder" dentre 22 instituições nacionais e dando conta da posição final do Poder Judicário (16º lugar na ordem decrescente), expressou exatamente no somatório dos problemas "morosidade" mais "aleatoriedade" (discrepância) das decisões judiciais, como causas preponderantemente apontadas pelos cidadãos entrevistados, no que tange ao afastamento da população em relação à jurisdição estatal. *In verbis:*

"O afastamento da população com relação ao Poder Judicário e o princípio da participação são ncompatíveis entre si. Convém portanto, apreciar as duas causas apontadas em virtude das quais a população tende a se afastar do Poder Judiciário: a morosidade e a aleatoriedade das decisões judiciais." TUBELIS, Vicente Paulo. Divergência Jurisprudencial e participação. *In*: GRINOVER, Ada Pellegrini; DINAMARCO, Cândido Rangel; WATANABE, Kazuo (Coords.). *Participação e Processo.* São Paulo: RT, 1988, p. 395-403.

520 MARINONI, Luiz Guilherme; MITIDIERO, Daniel. *O Projeto do CPC.* Críticas e propostas. São Paulo: RT, 2010, p. 16.

deva encarnar e incansavelmente perquirir: o empenho à igualdade de todos perante o direito.

Com previsão expressa no CPC/2015, mais precisamente nos arts. 976 a 987 encontra lugar o denominado "Incidente de Resolução de Demandas Repetitivas" (IRDR).[521]

Vale destacar aqui o trecho da Exposição de Motivos do anteprojeto do CPC/2015: "Com esses mesmos objetivos, criou-se, com inspiração no direito alemão, o já referido incidente de Resolução de Demandas Repetitivas, que consiste na identificação de processos que contenham a mesma questão de direito, que estejam ainda no primeiro grau de jurisdição, para decisão conjunta. O incidente de resolução de demandas repetitivas é admissível quando identificada, em primeiro grau, controvérsia com potencial de gerar multiplicação expressiva de demandas e o correlato risco da existência de decisões conflitantes."[522]

Nestes termos trata-se de instituto cabível em situações onde, decorrente de demandas em andamento, for detectada respectiva controvérsia que, na exata dicção do texto (*ex vi* do art. 976), possuam, simultaneamente, "*I – efetiva repetição de processos que contenham controvérsia sobre mesma questão unicamente de direito*" e daí, "*II – risco de ofensa à isonomia e à segurança jurídica.*"

Notadamente e já em início de análise, é de se observar o não cabimento do incidente quando envolto apenas em questões tidas como de fato, portanto, necessário se faz repousar sobre questões de direito, como se depreende do supracitado art. 976, em seu inciso I.

Outrossim, não basta apenas a existência repetida de processos que contenham conflitos sobre uma mesma questão de direito. É preciso notar que, diante de tal problemática, sempre se faz surgir o risco de possível ofensa ao tratamento equânime dado às decisões judiciais quanto ao seu comando ou tutela jurisdicional referente ao *casu in concreto*, gerando, variavelmente, multiplicidades de julgados que controvertem mais do que convergem, configurando em situações verdadeiramente teratológicas.

É necessário, portanto, que a controvérsia sobre essa questão de direito, apresentada em vários processos, seja capaz de oferecer risco de *ofensa à*

---

521 No direito germânico tal incidente se assemelha ao denominado *Musterverfahren*, instituto que gera decisão-modelo para a resolução de um volume expressivo de processos, esses aos quais as partes estão em uma mesma situação de direito, não necessariamente sendo o mesmo autor ou mesmo réu. Ver, neste sentido, WITTMAN, Ralf-Thomas. Il 'contenzioso di massa' in Germânia. *In*: ALESSANDRO, Giorgetti; VALLEFUOCO, Valério. *Il contenzioso di massa in Itália, in Europa e nel mondo.* Milão: Giuffrè, 2008, p. 178.

522 BRASIL. Senado. Anteprojeto do novo Código de Processo Civil. Brasília-DF, 2010. Disponível em: http://www.senado.gov.br/senado/novocpc/pdf/anteprojeto.pdf. Acesso em: 27 de out. 2018.

isonomia e à *segurança jurídica* (art. 976, II). Melhor dizendo, é possível que diante da controvérsia, pessoas recebam tratamentos jurisdicionais distintos, traduzindo-se pois, em situação anti-isonômica, influenciando na segurança jurídica.

Pelo dito nas linhas supracitadas, temos como fundamentais pressupostos para a incidência do novel IRDR os incisos I e II do artigo em destaque.

Dito isso, vale anotar o que prescreve o § 3º do presente art. 976:

> "*A inadmissão do incidente de resolução de demandas repetitivas por ausência de qualquer de seus pressupostos de admissibilidade não impede que, uma vez satisfeito o requisito, seja o incidente novamente suscitado.*"

Uma vez, portanto, inadmitida a instauração do incidente pela inexistência de qualquer dos pressupostos acima aludidos – ainda que crermos serem ambos umbilicalmente ligados! – será possível nova propositura do mesmo, possibilitando o seu aceite caso o órgão competente para sua admissibilidade entenda pela presença dos pressupostos nesta novata provocação.

Por outro lado, não será cabível o IRDR quando um dos tribunais superiores, certamente, em sua esfera de competência, já tiver afetado recurso para definição de tese acerca de questão de direito material ou processual repetitiva, ou seja, antecipa eventual tribunal superior em recurso tido como paradigma para a definição da questão repetitiva, não justificando, assim, a instauração do respectivo incidente, já que se espera ser a tese definida por aquele competente órgão julgador (§ 4º do art. 976).

Cabe ainda pontuar a não incidência de custas processuais para a instauração do IRDR conforme garante o § 5º do dispositivo em tela.

Remissão:

– Art. 14 da Lei nº 10.259/2001 (dispõe sobre a instituição dos Juizados Especiais Cíveis e Criminais no âmbito da Justiça Federal):

"Art. 14. Caberá pedido de uniformização de interpretação de lei federal quando houver divergência entre decisões sobre questões de direito material proferidas por Turmas Recursais na interpretação da lei.

§ 1º O pedido fundado em divergência entre Turmas da mesma Região será julgado em reunião conjunta das Turmas em conflito, sob a presidência do Juiz Coordenador.

§ 2º O pedido fundado em divergência entre decisões de turmas de diferentes regiões ou da proferida em contrariedade a súmula ou jurisprudência dominante do STJ será julgado por Turma de Uniformização, integrada por juízes de Turmas Recursais, sob a presidência do Coordenador da Justiça Federal.

§ 3º A reunião de juízes domiciliados em cidades diversas será feita pela via eletrônica.

§ 4º Quando a orientação acolhida pela Turma de Uniformização, em questões de direito material, contrariar súmula ou jurisprudência dominante no Superior Tribunal de Justiça – STJ, a parte interessada poderá provocar a manifestação deste, que dirimirá a divergência.

§ 5º No caso do § 4º, presente a plausibilidade do direito invocado e havendo fundado receio de dano de difícil reparação, poderá o relator conceder, de ofício ou a requerimento do interessado, medida liminar determinando a suspensão dos processos nos quais a controvérsia esteja estabelecida.

§ 6º Eventuais pedidos de uniformização idênticos, recebidos subsequentemente em quaisquer Turmas Recursais, ficarão retidos nos autos, aguardando-se pronunciamento do Superior Tribunal de Justiça.

§ 7º Se necessário, o relator pedirá informações ao Presidente da Turma Recursal ou Coordenador da Turma de Uniformização e ouvirá o Ministério Público, no prazo de cinco dias. Eventuais interessados, ainda que não sejam partes no processo, poderão se manifestar, no prazo de trinta dias.

§ 8º Decorridos os prazos referidos no § 7º, o relator incluirá o pedido em pauta na Seção, com preferência sobre todos os demais feitos, ressalvados os processos com réus presos, os habeas corpus e os mandados de segurança.

§ 9º Publicado o acórdão respectivo, os pedidos retidos referidos no § 6º serão apreciados pelas Turmas Recursais, que poderão exercer juízo de retratação ou declará-los prejudicados, se veicularem tese não acolhida pelo Superior Tribunal de Justiça.

§ 10. Os Tribunais Regionais, o Superior Tribunal de Justiça e o Supremo Tribunal Federal, no âmbito de suas competências, expedirão normas regulamentando a composição dos órgãos e os procedimentos a serem adotados para o processamento e o julgamento do pedido de uniformização e do recurso extraordinário".

Enunciado das Jornadas de Direito Processual Civil do Conselho da Justiça Federal:

Nº 141 do CJF: É possível a conversão de Incidente de Assunção de Competência em Incidente de Resolução de Demandas Repetitivas, se demonstrada a efetiva repetição de processos em que se discute a mesma questão de direito.

Nº 202 do CJF: No microssistema de julgamento de causas repetitivas, o controle da legitimidade para intervenção deve ocorrer a partir da análise: a) da contribuição argumentativa; b) da representatividade dos membros do grupo; e c) do grau de interesse na controvérsia.

Nº 220 do CJF: É necessária a adoção de medidas para a cooperação do Estado e da sociedade civil na construção de soluções para a controvérsia estrutural, mediante participação dos potenciais atingidos e beneficiários da medida estruturante.

Nº 225 do CJF: Nos processos estruturais admite-se ao legitimado formular pedido de elaboração e implementação de um plano de recomposição institucional, pelo réu ou terceiro, que, após oitiva dos interessados e eventuais ajustes, será homologado, passando a servir como meta da intervenção na instituição ou política cuja reestruturação se faz necessária.

Nº 227 do CJF: Admite-se a prova estatística ou por amostragem no direito brasileiro, especialmente no processo coletivo e estrutural.

Nº 228 do CJF: É possível a declaração formal da condição de vulnerabilidade processual da parte ou dos membros do grupo nos processos judiciais coletivos ou estruturais, de ofício ou mediante requerimento, explicitando, na decisão que a declarar, a aplicação de institutos processuais voltados à igualdade entre as partes.

Nº 229 do CJF: Para definição de competência em processo coletivo, deve-se entender como dano: (I) local: aquele que atinja uma cidade ou, atingindo mais de uma, não atinja a capital; (II) regional: aquele que atinja mais de uma cidade, sendo uma delas a capital.

Nº 230 do CJF: Nas ações coletivas e estruturais ajuizadas pelos legitimados políticos ou institucionais, admite-se a participação dos representantes adequados dos grupos sociais titulares da pretensão coletiva, tais como sindicatos, associações, comunidades indígenas, quilombolas e povos tradicionais.

Nº 232 do CJF: Nos casos de reversão de valores decorrentes de processos coletivos para fundos de reparação, poderá ser determinada a participação das vítimas na definição da destinação do valor, bem como em prol da implementação de garantias de não repetição.

Nº 233 do CJF: No processo estrutural, o papel do juiz não se limita a proferir decisões impositivas, mas também a diagnosticar o problema estrutural a partir da complexidade da situação que gerou a demanda e identificar as possibilidades jurídicas de atuação do Poder Judiciário para contribuir para um projeto de reestruturação.

Nº 235 do CJF: O legitimado coletivo poderá solicitar ao juízo a realização de medidas de busca ativa para habilitação dos interessados individuais no cumprimento da decisão coletiva.

Nº 237 do CJF: No julgamento de casos repetitivos, havendo entre as causas uma ação coletiva, esta deve, preferencialmente, ser escolhida como representativa da controvérsia.

Enunciados do Fórum Permanente de Processualistas Civis:

Nº 87 do FPPC: A instauração do incidente de resolução de demandas repetitivas não pressupõe a existência de grande quantidade de processos versando sobre a mesma questão, mas preponderantemente o risco de quebra da isonomia e de ofensa à segurança jurídica.

Nº 88 do FPPC: Não existe limitação de matérias de direito passíveis de gerar a instauração do incidente de resolução de demandas repetitivas e, por isso, não é admissível qualquer interpretação que, por tal fundamento, restrinja seu cabimento.

Nº 89 do FPPC: Havendo apresentação de mais de um pedido de instauração do incidente de resolução de demandas repetitivas perante o mesmo tribunal todos deverão ser apensados e processados conjuntamente; os que forem oferecidos posteriormente à decisão de admissão serão apensados e sobrestados, cabendo ao órgão julgador considerar as razões neles apresentadas.

Nº 90 do FPPC: É admissível a instauração de mais de um incidente de resolução de demandas repetitivas versando sobre a mesma questão de direito perante tribunais de 2º grau diferentes.

Nº 342 do FPPC: O incidente de resolução de demandas repetitivas aplica-se a recurso, a remessa necessária ou a qualquer causa de competência originária.

Nº 343 do FPPC: O incidente de resolução de demandas repetitivas compete ao tribunal de justiça ou tribunal regional.

Nº 344 do FPPC: A instauração do incidente pressupõe a existência de processo pendente no respectivo tribunal.

Nº 345 do FPPC: O incidente de resolução de demandas repetitivas e o julgamento dos recursos extraordinários e especiais repetitivos formam um microssistema de solução de casos repetitivos, cujas normas de regência se complementam reciprocamente e devem ser interpretadas conjuntamente.

Nº 346 do FPPC: A Lei nº 13.015, de 21 de julho de 2014, compõe o microssistema de solução de casos repetitivos.

Nº 347 do FPPC: Aplica-se ao processo do trabalho o incidente de resolução de demandas repetitivas, devendo ser instaurado quando houver efetiva repetição de processos que contenham controvérsia sobre a mesma questão de direito.

Nº 467 do FPPC: O Ministério Público deve ser obrigatoriamente intimado no incidente de assunção de competência.

Nº 604 do FPPC: É cabível recurso especial ou extraordinário ainda que tenha ocorrido a desistência ou abandono da causa que deu origem ao incidente.

Nº 651 do FPPC: É admissível sustentação oral na sessão de julgamento designada para o juízo de admissibilidade do incidente de resolução de demandas repetitivas ou do incidente de assunção de competência, sendo legitimados os mesmos sujeitos indicados nos arts. 984 e 947, § 1º.

Nº 655 do FPPC: Desde que presentes os requisitos de cabimento, os incidentes de uniformização de jurisprudência pendentes de julgamento na vigência do CPC/2015 deverão ser processados conforme as regras do incidente de resolução de demandas repetitivas ou do incidente de assunção de competência, especialmente as atinentes ao contraditório.

Nº 657 do FPPC: O relator, antes de considerar inadmissível o incidente de resolução de demandas repetitivas, oportunizará a correção de vícios ou a complementação de informações.

Nº 702 do FPPC: É possível a conversão de incidente de assunção de competência em incidente de resolução de demandas repetitivas e vice-versa, garantida a adequação do procedimento.

Nº 721 do FPPC: É permitido ao tribunal local suspender, em vez de extinguir, o incidente de resolução de demandas repetitivas já admitido e pendente, quando houver afetação superveniente de tema idêntico pelos tribunais superiores.

Enunciados da Escola Nacional de Formação e Aperfeiçoamento de Magistrados:

Nº 21 da ENFAM: O IRDR pode ser suscitado com base em demandas repetitivas em curso nos juizados especiais.

Nº 22 da ENFAM: A instauração do IRDR não pressupõe a existência de processo pendente no respectivo tribunal.

Nº 44 da ENFAM: Admite-se o IRDR nos juizados especiais, que deverá ser julgado por órgão colegiado de uniformização do próprio sistema.

Art. 977. O pedido de instauração do incidente será dirigido ao presidente de tribunal:

I – pelo juiz ou relator, por ofício;

II – pelas partes, por petição;

III – pelo Ministério Público ou pela Defensoria Pública, por petição.

Parágrafo único. O ofício ou a petição será instruído com os documentos necessários à demonstração do preenchimento dos pressupostos para a instauração do incidente.

Notas:

Legitimados para a instauração do Incidente de resolução de demandas repetitivas. O pedido será dirigido ao presidente do tribunal nas seguintes hipóteses: I – pelo juiz ou relator, por ofício; II – pelas partes, por petição; III

– pelo Ministério Público ou pela Defensoria Pública, por petição. O parágrafo único do artigo 977 informa que o ofício ou a petição deverá ser instruído com os documentos necessários à demonstração do preenchimento de seus pressupostos.

Ainda no que toca às partes legitimas para provocação do Incidente, caso venha ocorrer eventual desistência ou abandono da causa, isso não será suficiente para que o órgão julgador deixe de examinar o mérito do IRDR, justificando, assim, a importância de instituto para a própria qualidade da prestação jurisdicional, afinal, riscos de ofensa à isonomia bem como à segurança jurídica decorrentes de decisões díspares em demandas múltiplas sobre mesma questão de direito, atenta-se, sobretudo, ao Estado Constitucional de Direito.

Enunciado das Jornadas de Direito Processual Civil do Conselho da Justiça Federal:

Nº 143 do CJF: A revisão da tese jurídica firmada no incidente de resolução de demandas repetitivas pode ser feita pelas partes, nos termos do art. 977, II, do CPC/2015.

Enunciados do Fórum Permanente de Processualistas Civis:

Nº 204 do FPPC: Quando se deparar com diversas demandas individuais repetitivas, poderá o juiz oficiar o Ministério Público, a Defensoria Pública e os demais legitimados a que se refere o art. 988, § 3º, II, para que, querendo, ofereça o incidente de resolução de demandas repetitivas, desde que atendidos os seus respectivos requisitos.

Nº 605 do FPPC: Os juízes e as partes com processos no Juizado Especial podem suscitar a instauração do incidente de resolução de demandas repetitivas.

Nº 658 do FPPC: O dever de comunicação previsto no inciso X do art. 139 não impede nem condiciona que o juiz suscite a instauração de incidente de resolução de demandas repetitivas nos termos do inciso I do art. 977.

Nº 701 do FPPC: O pedido de revisão da tese jurídica firmada no incidente de assunção de competência pode ser feito pelas partes.

Art. 978. O julgamento do incidente caberá ao órgão indicado pelo regimento interno dentre aqueles responsáveis pela uniformização de jurisprudência do tribunal.

Parágrafo único. O órgão colegiado incumbido de julgar o incidente e de fixar a tese jurídica julgará igualmente o recurso, a remessa necessária ou o processo de competência originária de onde se originou o incidente.

Notas:

Competência para o julgamento do incidente. É o regimento interno de cada tribunal que informará o órgão competente para o julgamento do incidente de resolução de demandas repetitivas. O parágrafo único trata da competência do órgão colegiado. Este deverá julgar o incidente, fixar a tese jurídica, bem como será o responsável pelo julgamento do recurso, da remessa necessária e do processo de competência originária de onde se originou o incidente.

Enunciados do Fórum Permanente de Processualistas Civis:

Nº 202 do FPPC: O órgão colegiado a que se refere o § 1º do art. 947 deve atender aos mesmos requisitos previstos pelo art. 978.

Nº 344 do FPPC: A instauração do incidente pressupõe a existência de processo pendente no respectivo tribunal.

Art. 979. A instauração e o julgamento do incidente serão sucedidos da mais ampla e específica divulgação e publicidade, por meio de registro eletrônico no Conselho Nacional de Justiça.

§ 1º Os tribunais manterão banco eletrônico de dados atualizados com informações específicas sobre questões de direito submetidas ao incidente, comunicando-o imediatamente ao Conselho Nacional de Justiça para inclusão no cadastro.

§ 2º Para possibilitar a identificação dos processos abrangidos pela decisão do incidente, o registro eletrônico das teses jurídicas constantes do cadastro conterá, no mínimo, os fundamentos determinantes da decisão e os dispositivos normativos a ela relacionados.

§ 3º Aplica-se o disposto neste artigo ao julgamento de recursos repetitivos e da repercussão geral em recurso extraordinário.

Notas:

Ampla divulgação e publicidade do julgamento do incidente. O artigo é claro ao dizer que a instauração e o julgamento do incidente serão sucedidos da mais ampla divulgação e publicidade. O fundamento é o interesse público e a segurança jurídica.

O § 1º cuida da necessidade de criação e manutenção de um banco eletrônico de dados atualizados com informações específicas sobre questões de direito submetidas ao incidente. O tribunal deve comunicar imediatamente o Conselho Nacional de Justiça para inclusão no cadastro.

O § 2º trata do conteúdo do registro eletrônico das teses jurídicas que devem conter, no mínimo, os fundamentos determinantes da decisão e os dispositivos normativos a ela relacionados.

Por fim, o § 3º diz que aplica-se estas normas jurídicas também ao julgamento de recursos repetitivos e da repercussão geral em recurso extraordinário.

Enunciado do Fórum Permanente de Processualistas Civis:

Nº 591 do FPPC: O tribunal dará ampla publicidade ao acórdão que decidiu pela instauração do incidente de arguição de inconstitucionalidade, incidente de assunção de competência ou incidente de resolução de demandas repetitivas, cabendo, entre outras medidas, sua publicação em seção específica no órgão oficial e indicação clara na página do tribunal na rede mundial de computadores.

Art. 980. O incidente será julgado no prazo de 1 (um) ano e terá preferência sobre os demais feitos, ressalvados os que envolvam réu preso e os pedidos de *habeas corpus*.

Parágrafo único. Superado o prazo previsto no *caput*, cessa a suspensão dos processos prevista no art. 982, salvo decisão fundamentada do relator em sentido contrário.

Notas:

Prazo máximo para o julgamento do incidente. Artigo 980 CPC. Esta regra jurídica processual fixa o lapso temporal máximo para o julgamento do incidente – 1 (um) ano. Ora, não podemos esquecer que o julgamento do incidente (seu objeto) pode ocasionar impactos em muitos outros processos. O parágrafo único prevê que superado o prazo supracitado, acarretará o fim da eficácia suspensiva do incidente. Daí é possível afirmar que passado o dito prazo de 1 (um) ano – ainda que sem resolução do incidente – os processos que estavam suspensos devem voltar ao seu curso normal.

Enunciado do Fórum Permanente de Processualistas Civis:

Nº 452 do FPPC: Durante a suspensão do processo prevista no art. 982 não corre o prazo de prescrição intercorrente.

Art. 981. Após a distribuição, o órgão colegiado competente para julgar o incidente procederá ao seu juízo de admissibilidade, considerando a presença dos pressupostos do art. 976.

Notas:

Juízo de admissibilidade. Uma vez dirigido o pedido (ofício ou petição) de instauração do IRDR ao Presidente do Tribunal, será ele então distribuído ao órgão colegiado competente para o julgamento, porém, antes, dito órgão realizará o juízo de admissibilidade sobre o Incidente.

Enunciado do Fórum Permanente de Processualistas Civis:

Nº 91 do FPPC: Cabe ao órgão colegiado realizar o juízo de admissibilidade do incidente de resolução de demandas repetitivas, sendo vedada a decisão monocrática.

Nº 556 do FPPC: É irrecorrível a decisão do órgão colegiado que, em sede de juízo de admissibilidade, rejeita a instauração do incidente de resolução de demandas repetitivas, salvo o cabimento dos embargos de declaração.

Art. 982. Admitido o incidente, o relator:

I – suspenderá os processos pendentes, individuais ou coletivos, que tramitam no Estado ou na região, conforme o caso;

II – poderá requisitar informações a órgãos em cujo juízo tramita processo no qual se discute o objeto do incidente, que as prestarão no prazo de 15 (quinze) dias;

III – intimará o Ministério Público para, querendo, manifestar-se no prazo de 15 (quinze) dias.

§ 1º A suspensão será comunicada aos órgãos jurisdicionais competentes.

§ 2º Durante a suspensão, o pedido de tutela de urgência deverá ser dirigido ao juízo onde tramita o processo suspenso.

§ 3º Visando à garantia da segurança jurídica, qualquer legitimado mencionado no art. 977, incisos II e III, poderá requerer, ao tribunal competente para conhecer do recurso extraordinário ou especial, a suspensão de todos os processos individuais ou coletivos em curso no território nacional que versem sobre a questão objeto do incidente já instaurado.

§ 4º Independentemente dos limites da competência territorial, a parte no processo em curso no qual se discuta a mesma questão objeto do incidente é legitimada para requerer a providência prevista no § 3º deste artigo.

§ 5º Cessa a suspensão a que se refere o inciso I do *caput* deste artigo se não for interposto recurso especial ou recurso extraordinário contra a decisão proferida no incidente.

Notas:

Atos do Relator. O inciso I trata da suspensão de processos que venham possuir idêntica questão de direito, capaz de causar grave insegurança jurídica decorrente do risco de coexistência de decisões conflitantes, isto no estado ou na região, dependendo da própria alegação e comprovação territorial da questão, o que será realizado, obviamente por qualquer das partes legitimas.

Dita suspensão será diretamente comunicada aos órgãos jurisdicionais competentes (§ 1º do art. 982), o que se dará, certamente, mediante ofício.

Ainda neste compasso, mirando a desejada segurança jurídica, poderão as partes, Ministério Público ou Defensoria Pública requerer ao tribunal competente para conhecer do recurso extraordinário ou especial, que seja determinada a suspensão de todos os processos individuais ou coletivos em curso no país que versem sobre a mesma questão objeto do Incidente já instaurado, *ex vi* do § 3º do art. 982.

A despeito dos legitimados supracitados, a parte constante de processo em curso, no qual se discuta a mesma questão objeto do incidente, independentemente dos limites da competência territorial onde está a correr sua demanda, é igualmente legitimada a solicitar ao tribunal competente para conhecer do RE ou REsp, a suspensão dos demais processos em curso no território nacional.

Cabe assinalar que, a despeito da aludida suspensão de ações pendentes, havendo necessidade de adoção de tutela de urgência no âmbito de tais demandas, autoriza o § 2º do art. 982 o pedido de dita tutela ao juízo do processo suspenso.

Poderá o relator ainda, requisitar informações a órgãos em cujo juízo corre demanda em que se discute o objeto do Incidente, cabendo ao respectivo órgão prestá-las no lapso temporal de 15 dias (inciso II); e ainda, intimar o Ministério Público para, querendo, se manifestar também no prazo de 15 dias acerca do Incidente (inciso III).

Em suma, sendo rejeitado o Incidente, retoma-se ação originária, caso contrário, em regra, o relator suspenderá todas as ações pendentes conforme a dicção do inciso I do art. 982, fazendo valer também a incidência das hipóteses dos incisos II e III do referido dispositivo legal.

O § 4º trata da suspensão de processos em todo o território nacional.

Por fim, vale destacar ainda neste ínterim que a suspensão de processos pendentes, quer individuais ou coletivos que tramitem no Estado ou região será cessada, caso não seja interposto recurso especial ou recurso extraordinário, desafiando a decisão proferida no próprio IRDR, conforme dicção do § 5º do art. 982.

Enunciados das Jornadas de Direito Processual Civil do Conselho da Justiça Federal:

Nº 41 do CJF: Nos processos sobrestados por força do regime repetitivo, é possível a apreciação e a efetivação de tutela provisória de urgência, cuja competência será do órgão jurisdicional onde estiverem os autos.

Nº 107 do CJF: Não se aplica a suspensão do art. 982, I, do CPC ao cumprimento de sentença anteriormente transitada em julgado e que tenha decidido questão objeto de posterior incidente de resolução de demandas repetitivas.

Nº 140 do CJF: A suspensão de processos pendentes, individuais ou coletivos, que tramitam no Estado ou na região prevista no art. 982, I, do CPC não é decorrência automática e necessária da admissão do IRDR, competindo ao relator ou ao colegiado decidir acerca da sua conveniência.

Nº 142 do CJF: Determinada a suspensão decorrente da admissão do IRDR (art. 982, I), a alegação de distinção entre a questão jurídica versada em uma demanda em curso e aquela a ser julgada no incidente será veiculada por meio do requerimento previsto no art. 1.037, § 10.

Enunciados do Fórum Permanente de Processualistas Civis:

Nº 92 do FPPC: A suspensão de processos prevista neste dispositivo é consequência da admissão do incidente de resolução de demandas repetitivas e não depende da demonstração dos requisitos para a tutela de urgência.

Nº 93 do FPPC: Admitido o incidente de resolução de demandas repetitivas, também devem ficar suspensos os processos que versem sobre a mesma questão objeto do incidente e que tramitem perante os juizados especiais no mesmo estado ou região.

Nº 94 do FPPC: A parte que tiver o seu processo suspenso nos termos do inciso I do art. 982 poderá interpor recurso especial ou extraordinário contra ao acórdão que julgar o incidente de resolução de demandas repetitivas.

Nº 95 do FPPC: A suspensão de processos na forma deste dispositivo depende apenas da demonstração da existência de múltiplos processos versando sobre a mesma questão de direito em tramitação em mais de um estado ou região.

Nº 201 do FPPC: Aplicam-se ao incidente de assunção de competência as regras previstas nos arts. 983 e 984.

Nº 205 do FPPC: Havendo cumulação de pedidos simples, a aplicação do art. 982, I e § 3º, poderá provocar apenas a suspensão parcial do processo, não impedindo o prosseguimento em relação ao pedido não abrangido pela tese a ser firmada no incidente de resolução de demandas repetitivas.

Nº 206 do FPPC: A prescrição ficará suspensa até o trânsito em julgado do incidente de resolução de demandas repetitivas.

Nº 348 do FPPC: Os interessados serão intimados da suspensão de seus processos individuais, podendo requerer o prosseguimento ao juiz ou tribunal onde tramitarem, demonstrando a distinção entre a questão a ser decidida e aquela a ser julgada no incidente de resolução de demandas repetitivas, ou nos recursos repetitivos.

Nº 452 do FPPC: Durante a suspensão do processo prevista no art. 982 não corre o prazo de prescrição intercorrente.

Nº 467 do FPPC: O Ministério Público deve ser obrigatoriamente intimado no incidente de assunção de competência.

Nº 471 do FPPC: Aplica-se no âmbito dos juizados especiais a suspensão prevista no art. 982, § 3º.

Nº 557 do FPPC: O agravo de instrumento previsto no art. 1.037, § 13, I, também é cabível contra a decisão prevista no art. 982, inc. I.

Nº 606 do FPPC: Deve haver congruência entre a questão objeto da decisão que admite o incidente de resolução de demandas repetitivas e a decisão final que fixa a tese.

Nº 619 do FPPC: O processo coletivo deverá respeitar as técnicas de ampliação do contraditório, como a realização de audiências públicas, a participação de *amicus curiae* e outros meios de participação.

Nº 722 do FPPC: A decisão de suspensão de processos, em casos repetitivos ou em repercussão geral, deve delimitar o objeto de sobrestamento, inclusive as situações, pedidos, atos e fases processuais.

Art. 983. O relator ouvirá as partes e os demais interessados, inclusive pessoas, órgãos e entidades com interesse na controvérsia, que, no prazo comum de 15 (quinze) dias, poderão requerer a juntada de documentos, bem como as diligências necessárias para a elucidação da questão de direito controvertida, e, em seguida, manifestar-se-á o Ministério Público, no mesmo prazo.

§ 1º Para instruir o incidente, o relator poderá designar data para, em audiência pública, ouvir depoimentos de pessoas com experiência e conhecimento na matéria.

§ 2º Concluídas as diligências, o relator solicitará dia para o julgamento do incidente.

Notas:

Pessoas, órgãos e entidades interessados na controvérsia. Do presente dispositivo, vale destacar que o relator poderá designar uma audiência pública com o intuito de ouvir depoimentos de pessoas com experiência e conhecimento na matéria objeto da controvérsia (§ 1º). O § 2º trata da marcação do julgamento do incidente.

Enunciado das Jornadas de Direito Processual Civil do Conselho da Justiça Federal:

Nº 82 do CJF: Quando houver pluralidade de pedidos de admissão de *amicus curiae*, o relator deve observar, como critério para definição daqueles que serão admitidos, o equilíbrio na representatividade dos diversos interesses jurídicos contrapostos no litígio, velando, assim, pelo respeito à amplitude do contraditório, paridade de tratamento e isonomia entre todos os potencialmente atingidos pela decisão.

Enunciados do Fórum Permanente de Processualistas Civis:

Nº 201 do FPPC: Aplicam-se ao incidente de assunção de competência as regras previstas nos arts. 983 e 984.

Nº 467 do FPPC: O Ministério Público deve ser obrigatoriamente intimado no incidente de assunção de competência.

Nº 619 do FPPC: O processo coletivo deverá respeitar as técnicas de ampliação do contraditório, como a realização de audiências públicas, a participação de *amicus curiae* e outros meios de participação.

Nº 659 do FPPC: O relator do julgamento de casos repetitivos e do incidente de assunção de competência tem o dever de zelar pelo equilíbrio do contraditório, por exemplo solicitando a participação, na condição de *amicus curiae*, de pessoas, órgãos ou entidades capazes de sustentar diferentes pontos de vista.

Nº 723 do FPPC: No julgamento de casos repetitivos e incidente de assunção de competência, o relator proferirá decisão de saneamento e organização do processo, depois da admissão ou da afetação, na qual, entre outras providências: (i) identificará o(s) grupo(s) titular(es) dos direitos materiais litigiosos; (ii) certificará a legitimidade e a representatividade adequada dos sujeitos condutores do procedimento; (iii) controlará e organizará a intervenção dos interessados, definindo, em especial, os seus poderes e prazos; (iv) designará a(s) audiência(s) pública(s); (v) expedirá comunicações a outros interessados que possam contribuir com o debate.

Art. 984. No julgamento do incidente, observar-se-á a seguinte ordem:

I – o relator fará a exposição do objeto do incidente;

II – poderão sustentar suas razões, sucessivamente:

a) o autor e o réu do processo originário e o Ministério Público, pelo prazo de 30 (trinta) minutos;

b) os demais interessados, no prazo de 30 (trinta) minutos, divididos entre todos, sendo exigida inscrição com 2 (dois) dias de antecedência.

§ 1º Considerando o número de inscritos, o prazo poderá ser ampliado.

§ 2º O conteúdo do acórdão abrangerá a análise de todos os fundamentos suscitados concernentes à tese jurídica discutida, sejam favoráveis ou contrários.

Notas:

Ordem no julgamento do incidente. Inicialmente o relator fará a exposição do objeto do incidente (inciso I). A seguir, serão apresentadas as sustentações orais, sucessivamente: a) o autor e o réu do processo originário e o Ministério

Público, pelo prazo de 30 (trinta) minutos; b) os demais interessados, no prazo de 30 (trinta) minutos, divididos entre todos, sendo exigida inscrição com 2 (dois) dias de antecedência.

O prazo para a sustentação oral poderá ser ampliado, dependendo do número de inscritos, conforme o § 1º.

Insta ressaltar que, favorável ou não, o conteúdo do acórdão em julgamento do IRDR deverá, notoriamente, abranger a análise de todos os fundamentos suscitados relativos à tese jurídica objeto da discussão que se coloca no plano da controvérsia (§ 2º do art. 984), não somente por razões legais e éticas, mas para fins de facilitação da divulgação futura de conteúdos voltados ao próprio contexto de tese repetitiva ou não.

Enunciados do Fórum Permanente de Processualistas Civis:

Nº 201 do FPPC: Aplicam-se ao incidente de assunção de competência as regras previstas nos arts. 983 e 984.

Nº 305 do FPPC: No julgamento de casos repetitivos, o tribunal deverá enfrentar todos os argumentos contrários e favoráveis à tese jurídica discutida.

Nº 467 do FPPC: O Ministério Público deve ser obrigatoriamente intimado no incidente de assunção de competência.

Nº 585 do FPPC: Não se considera fundamentada a decisão que, ao fixar tese em recurso especial ou extraordinário repetitivo, não abranger a análise de todos os fundamentos, favoráveis ou contrários, à tese jurídica discutida.

Nº 651 do FPPC: É admissível sustentação oral na sessão de julgamento designada para o juízo de admissibilidade do incidente de resolução de demandas repetitivas ou do incidente de assunção de competência, sendo legitimados os mesmos sujeitos indicados nos arts. 984 e 947, § 1º.

Art. 985. Julgado o incidente, a tese jurídica será aplicada:

I – a todos os processos individuais ou coletivos que versem sobre idêntica questão de direito e que tramitem na área de jurisdição do respectivo tribunal, inclusive àqueles que tramitem nos juizados especiais do respectivo Estado ou região;

II – aos casos futuros que versem idêntica questão de direito e que venham a tramitar no território de competência do tribunal, salvo revisão na forma do art. 986.

§ 1º Não observada a tese adotada no incidente, caberá reclamação.

§ 2º Se o incidente tiver por objeto questão relativa a prestação de serviço concedido, permitido ou autorizado, o resultado do julgamento será comunicado ao órgão, ao ente ou à agência reguladora competente para fiscalização da efetiva aplicação, por parte dos entes sujeitos a regulação, da tese adotada.

Notas:

Julgamento do incidente e aplicação da tese jurídica. O artigo em comento determina que julgado o incidente de resolução de demandas repetitivas, a tese jurídica será aplicada: I – *a todos os processos individuais ou coletivos que versem sobre idêntica questão de direito* e que tramitem na área de jurisdição do respectivo tribunal, inclusive àqueles que tramitem nos juizados especiais do respectivo Estado ou região; II – aos *casos futuros* que versem idêntica questão de direito e que venham a tramitar no território de competência do tribunal, salvo revisão na forma do art. 986.

Uma vez julgado o Incidente, há de se ressaltar que não sendo observada a tese adotada na decisão paradigmática (proferida no IRDR), estabelece o art. § 1º do art. 985 o cabimento a "Ação de Reclamação"[523] para o tribunal competente, esse que irá analisar e decidir se ocorreu desrespeito à autoridade de sua decisão, já que o próprio é responsável pelo firmamento da tese jurídica em sede de IRDR bem como por sua revisão, podendo, neste último caso, se dar por ofício ou mesmo mediante requerimento dos legitimados dispostos no inciso III do art. 988 para a instauração do Incidente (art. 986), i. e., Ministério Público ou Defensoria Pública.

Enunciados do Fórum Permanente de Processualistas Civis:

Nº 95 do FPPC: A suspensão de processos na forma deste dispositivo depende apenas da demonstração da existência de múltiplos processos versando sobre a mesma questão de direito em tramitação em mais de um estado ou região.

Nº 167 do FPPC: Os tribunais regionais do trabalho estão vinculados aos enunciados de suas próprias súmulas e aos seus precedentes em incidente de assunção de competência ou de resolução de demandas repetitivas.

Nº 472 do FPPC: Aplica-se o inciso I do art. 985 ao julgamento de recursos repetitivos e ao incidente de assunção de competência.

---

523 Trata-se a Reclamação de instituto com previsão constitucional, tendo sua regulamentação disciplinada hoje pela Lei n. 8.038, de 28.05.1990, e agora também com previsão nos arts. 988 e 993 do CPC/2015.

Aliás, insta ressaltar que o art. 1.069, IV do novel Código pode prever a revogação dos arts. 13 a 18, 26 a 29 e 38 da supracitada Lei nº 8.038/90.

Tem a Reclamação por objetivo preservar, de forma efetiva, (i) as competências tanto do Supremo Tribunal Federal e Superior Tribunal de Justiça, bem como (ii) garantir o exercício da autoridade das decisões emanadas de ditas Cortes.

Especificamente sobre o novel instituto, ver, dentre muitos, GAIO JÚNIOR, Antônio Pereira. *Direito processual civil.* Vol. I. 4. ed. Belo Horizonte: Del Rey, 2010, p.387-412 e GAIO JÚNIOR, Antônio Pereira. *Instituições de Direito Processual Civil.* 3. ed. Salvador: JusPodivm, 2017, Cap. XV.

Nº 480 do FPPC: Aplica-se no âmbito dos juizados especiais a suspensão dos processos em trâmite no território nacional, que versem sobre a questão submetida ao regime de julgamento de recursos especiais e extraordinários repetitivos, determinada com base no art. 1.037, II.

Nº 524 do FPPC: O art. 489, § 1º, IV, não obriga o órgão julgador a enfrentar os fundamentos jurídicos deduzidos no processo e já enfrentados na formação da decisão paradigma, sendo necessário demonstrar a correlação fática e jurídica entre o caso concreto e aquele já apreciado.

Nº 605 do FPPC: Os juízes e as partes com processos no Juizado Especial podem suscitar a instauração do incidente de resolução de demandas repetitivas.

Nº 606 do FPPC: Deve haver congruência entre a questão objeto da decisão que admite o incidente de resolução de demandas repetitivas e a decisão final que fixa a tese.

Enunciado das Jornadas de Direito Processual Civil do Conselho da Justiça Federal:

Nº 20 da ENFAM: O pedido fundado em tese aprovada em IRDR deverá ser julgado procedente, respeitados o contraditório e a ampla defesa, salvo se for o caso de distinção ou se houver superação do entendimento pelo tribunal competente.

Art. 986. A revisão da tese jurídica firmada no incidente far-se-á pelo mesmo tribunal, de ofício ou mediante requerimento dos legitimados mencionados no art. 977, inciso III.

Notas:

Revisão da tese jurídica firmada no incidente.

Enunciados do Fórum Permanente de Processualistas Civis:

Nº 473 do FPPC: A possibilidade de o tribunal revisar de ofício a tese jurídica do incidente de resolução de demandas repetitivas autoriza as partes a requerê-la.

Nº 607 do FPPC: A decisão em recursos especial ou extraordinário repetitivos e a edição de enunciado de súmula pelo STJ ou STF obrigam os tribunais de segunda instância a rever suas decisões em incidente de resolução de demandas repetitivas, incidente de assunção de competência e enunciados de súmula em sentido diverso, nos termos do art. 986.

Nº 608 do FPPC: O acórdão que revisar ou superar a tese indicará os parâmetros temporais relativos à eficácia da decisão revisora.

Nº 701 do FPPC: O pedido de revisão da tese jurídica firmada no incidente de assunção de competência pode ser feito pelas partes.

Art. 987. Do julgamento do mérito do incidente caberá recurso extraordinário ou especial, conforme o caso.

§ 1º O recurso tem efeito suspensivo, presumindo-se a repercussão geral de questão constitucional eventualmente discutida.

§ 2º Apreciado o mérito do recurso, a tese jurídica adotada pelo Supremo Tribunal Federal ou pelo Superior Tribunal de Justiça será aplicada no território nacional a todos os processos individuais ou coletivos que versem sobre idêntica questão de direito.

Notas:

Recurso da decisão do incidente. Em sede recursal a tribunal superior, qualquer das partes, o Ministério Público bem como eventual terceiro interessado poderão interpor recurso especial ou extraordinário (art. 987, *caput*), estes que, diferentemente da regra geral, serão dotados de efeito suspensivo, "*presumindo-se a repercussão geral da questão constitucional eventualmente discutida.*" (§ 1º do art. 987).

Conforme já exteriorizado alhures, em sendo interpostos os respectivos recursos para o STF ou STJ e uma vez apreciado o mérito, a tese jurídica ali reconhecida será aplicada em todo território nacional e a todos os processos individuais e coletivos que, verdadeiramente, versarem sobre a idêntica questão de direito enfrentada no IRDR em compasso com o § 2º do art. 987.

Enunciados do Fórum Permanente de Processualistas Civis:

Nº 94 do FPPC: A parte que tiver o seu processo suspenso nos termos do inciso I do art. 982 poderá interpor recurso especial ou extraordinário contra ao acórdão que julgar o incidente de resolução de demandas repetitivas.

Nº 348 do FPPC: Os interessados serão intimados da suspensão de seus processos individuais, podendo requerer o prosseguimento ao juiz ou tribunal onde tramitarem, demonstrando a distinção entre a questão a ser decidida e aquela a ser julgada no incidente de resolução de demandas repetitivas, ou nos recursos repetitivos.

Nº 604 do FPPC: É cabível recurso especial ou extraordinário ainda que tenha ocorrido a desistência ou abandono da causa que deu origem ao incidente.

Nº 660 do FPPC: O recurso especial ou extraordinário interposto contra o julgamento do mérito do incidente de resolução de demandas repetitivas, ainda que único, submete-se ao regime dos recursos repetitivos.

CAPÍTULO IX
DA RECLAMAÇÃO

Art. 988. Caberá reclamação da parte interessada ou do Ministério Público para:

I – preservar a competência do tribunal;

II – garantir a autoridade das decisões do tribunal;

III – garantir a observância de enunciado de súmula vinculante e de decisão do Supremo Tribunal Federal em controle concentrado de constitucionalidade; (*alterado pela Lei nº 13.256, de 04.02.2016*).

IV – garantir a observância de acórdão proferido em julgamento de incidente de resolução de demandas repetitivas ou de incidente de assunção de competência; (*alterado pela Lei nº 13.256, de 04.02.2016*).

§ 1º A reclamação pode ser proposta perante qualquer tribunal, e seu julgamento compete ao órgão jurisdicional cuja competência se busca preservar ou cuja autoridade se pretenda garantir.

§ 2º A reclamação deverá ser instruída com prova documental e dirigida ao presidente do tribunal.

§ 3º Assim que recebida, a reclamação será autuada e distribuída ao relator do processo principal, sempre que possível.

§ 4º As hipóteses dos incisos III e IV compreendem a aplicação indevida da tese jurídica e sua não aplicação aos casos que a ela correspondam.

§ 5º É inadmissível a reclamação:

I – proposta após o trânsito em julgado da decisão reclamada;

II – proposta para garantir a observância de acórdão de recurso extraordinário com repercussão geral reconhecida ou de acórdão proferido em julgamento de recursos extraordinário ou especial repetitivos, quando não esgotadas as instâncias ordinárias. (*Alterado pela Lei nº 13.256, de 04.02.2016*).

§ 6º A inadmissibilidade ou o julgamento do recurso interposto contra a decisão proferida pelo órgão reclamado não prejudica a reclamação.

Notas:

Reclamação. Artigo 988 CPC. Trata-se a Reclamação de instituto com previsão constitucional, tendo sua regulamentação por mais de duas décadas disciplinada pela Lei nº 8.038, de 28.05.1990, mais precisamente através de seus arts. 13 a 18.

Contudo, no advento do CPC 2015, através do que preceitua o seu art. 1072, inciso IV, temos que tais dispositivos juntamente com os arts. 26 a 29 e 38, todos da mesma lei supracitada, ficaram revogados.

De tal revogação, verdadeiramente, tem-se como resultado o alargamento de matérias sob as quais se debruça o manejo da Ação de Reclamação.

Nestes termos, conforme reza o art. 988 do CPC/2015, tem a Reclamação por objetivo:

> I – preservar a competência do tribunal;
>
> II – garantir a autoridade das decisões do tribunal;
>
> III – garantir a observância de enunciado de súmula vinculante e de decisão do Supremo Tribunal Federal em controle concentrado de constitucionalidade;
>
> IV – garantir a observância de precedente de incidente de resolução de demandas repetitivas ou de incidente de assunção de competência.

É de se lembrar ainda que, com o advento do art. 103-A, este regulando a promoção, proteção e aplicação das Súmulas Vinculantes, designada fora, igualmente, a Reclamação como instrumento apto e efetivo em levar a cabo dito respeito ao regramento sumular do Pretório Superior.

Observa-se, portanto, que das funções consagradas na Carta Maior referendadas ao instituto da Reclamação (*ex vi* dos arts. 102, I, *l* e 105, I, *f* e 103-A), este mecanismo processual atua, fundamentalmente, frente à tutela de dois princípios processuais de intensa índole constitucional: o do juiz natural e o da efetividade das decisões judiciais.

Por outro lado, vale ainda pontuar que, a despeito de sua inegável utilidade, não excluirá o seu manejo da possibilidade de utilização de outros remédios processuais existentes no ordenamento jurídico pátrio, quando necessários.

O § 1º do artigo 988 do CPC informa que a reclamação pode ser proposta perante qualquer tribunal, e seu julgamento compete ao órgão jurisdicional cuja competência se busca preservar ou cuja autoridade se pretenda garantir.

Já o § 2º cuida da prova documental, ou seja, a reclamação deverá ser instruída com prova documental e dirigida ao presidente do tribunal. Assim que recebida, a reclamação será autuada e distribuída ao relator do processo principal, sempre que possível (§ 3º).

Vale notar que nas hipóteses relativas aos incisos III e IV, compreende – se em sede de aptidão para ter lugar a reclamação, uma determinada decisão que aplique indevidamente a tese jurídica reconhecida ou mesmo a sua não aplicação nos casos que a ela correspondam, conforme dicção do § 4º do art. 988.

Em verdade, projeta-se em bons termos a serventia da Reclamação, atribuindo-a formalmente amplo sentido, a função de imprimir coerência ao sistema quanto à razão prática da previsibilidade das decisões em tais contextos judicantes, quando de eventual ingerência no respeito às mesmas, sendo inadmissível seu manejo após o trânsito em julgado da decisão que se projeta reclamar ou ainda quando proposta para garantir a observância de acórdão de recurso extraordinário com repercussão geral reconhecida ou de acórdão proferido em julgamento de recursos extraordinário ou especial repetitivos, quando não esgotadas as instâncias ordinárias (§ 5º do art. 988).

No entanto, frisa-se que o STJ, por meio de sua Corte Eespecial firmou entendimento Reclamação nº 36.476 - SP que não cabe não cabe Reclamação, ainda que esgotadas as vias ordinárias alegadas no § 5º, II do art. 988, dado que "não há coerência e lógica em se afirmar que o parágrafo 5º, II, do art. 988 do CPC, com a redação dada pela Lei 13.256/2016, veicularia uma nova hipótese de cabimento da reclamação. Estas hipóteses foram elencadas pelos incisos do *caput*, sendo que, por outro lado, o parágrafo se inicia, ele próprio, anunciando que trataria de situações de inadmissibilidade da reclamação. 6. De outro turno, a investigação do contexto jurídico-político em que editada a Lei 13.256/2016 revela que, dentre outras questões, a norma efetivamente visou ao fim da reclamação dirigida ao STJ e ao STF para o controle da aplicação dos acórdãos sobre questões repetitivas, tratando-se de opção de política judiciária para desafogar os trabalhos nas Cortes de superposição. 7. Outrossim, a admissão da reclamação na hipótese em comento atenta contra a finalidade da instituição do regime dos recursos especiais repetitivos, que surgiu como mecanismo de racionalização da prestação jurisdicional do STJ, perante o fenômeno social da massificação dos litígios. 8. Nesse regime, o STJ se desincumbe de seu múnus constitucional definindo, por uma vez, mediante julgamento por amostragem, a interpretação da Lei federal que deve ser obrigatoriamente observada pelas instâncias ordinárias. Uma vez uniformizado o direito, é dos juízes e Tribunais locais a incumbência de aplicação individualizada da tese jurídica em cada caso concreto. 9. Em tal sistemática, a aplicação em concreto do precedente não está imune à revisão, que se dá na via recursal ordinária, até eventualmente culminar no julgamento, no âmbito do Tribunal local, do agravo interno de que trata o art. 1.030, § 2º, do CPC/15".

Assim, caberia a revisão pela via da Ação Rescisória, de acórdão que, por ventura, viesse a aplicar, incorretamente, a tese em RE ou REsp repetitivo.

Por fim, o § 6º determina a independência da reclamação ao dispor que a inadmissibilidade ou o julgamento do recurso interposto contra a decisão proferida pelo órgão reclamado não prejudica o manejo da respectiva reclamação.

Súmula:

STF nº 734: Não cabe reclamação quando já houver transitado em julgado o ato judicial que se alega tenha desrespeitado decisão do Supremo Tribunal Federal.

STJ. Corte Especial:

RECLAMAÇÃO. RECURSO ESPECIAL AO QUAL O TRIBUNAL DE ORIGEM NEGOU SEGUIMENTO, COM FUNDAMENTO NA CONFORMIDADE ENTRE O ACÓRDÃO RECORRIDO E A ORIENTAÇÃO FIRMADA PELO STJ EM RECURSO ESPECIAL REPETITIVO (RESP 1.301.989/RS - TEMA 658). INTERPOSIÇÃO DE AGRAVO INTERNO NO TRIBUNAL LOCAL. DESPROVIMENTO. RECLAMAÇÃO QUE SUSTENTA A INDEVIDA APLICAÇÃO DA TESE, POR SE TRATAR DE HIPÓTESE FÁTICA DISTINTA. DESCABIMENTO. PETIÇÃO INICIAL. INDEFERIMENTO. EXTINÇÃO DO PROCESSO SEM RESOLUÇÃO DO MÉRITO. 1. Cuida-se de reclamação ajuizada contra acórdão do TJ/SP que, em sede de Documento: 105.865.602 – EMENTA / ACORDÃO – Site certificado - DJe: 06/03/2020 Página 1 de 3 Superior Tribunal de Justiça agravo interno, manteve a decisão que negou seguimento ao recurso especial interposto pelos reclamantes, em razão da conformidade do acórdão recorrido com o entendimento firmado pelo STJ no REsp 1.301.989/RS, julgado sob o regime dos recursos especiais repetitivos (Tema 658). 2. Em sua redação original, o art. 988, IV, do CPC/2015 previa o cabimento de reclamação para garantir a observância de precedente proferido em julgamento de "casos repetitivos", os quais, conforme o disposto no art. 928 do Código, abrangem o incidente de resolução de demandas repetitivas (IRDR) e os recursos especial e extraordinário repetitivos. 3. Todavia, ainda no período de *vacatio legis* do CPC/15, o art. 988, IV, foi modificado pela Lei 13.256/2016: a anterior previsão de reclamação para garantir a observância de precedente oriundo de "casos repetitivos" foi excluída, passando a constar, nas hipóteses de cabimento, apenas o precedente oriundo de IRDR, que é espécie daquele. 4. Houve, portanto, a supressão do cabimento da reclamação para a observância de acórdão proferido em recursos especial e extraordinário repetitivos, em que pese a mesma Lei 13.256/2016, paradoxalmente, tenha acrescentado um pressuposto de admissibilidade – consistente no esgotamento das instâncias ordinárias – à hipótese que acabara de excluir. 5. Sob um aspecto topológico, à luz do disposto no art. 11 da LC 95/98, não há coerência e lógica em se afirmar que o parágrafo 5º, II, do art. 988 do CPC, com a redação dada pela Lei 13.256/2016, veicularia uma nova hipótese de cabimento da reclamação. Estas hipóteses foram elencadas pelos incisos do *caput*, sendo que, por outro lado, o parágrafo se inicia, ele próprio, anunciando que trataria de situações de inadmissibilidade da reclamação. 6. De outro turno, a investigação do contexto jurídico-político em que editada a Lei 13.256/2016 revela que, dentre outras questões, a norma efetivamente visou ao fim da reclamação dirigida ao STJ e ao STF para o controle da aplicação dos acórdãos sobre questões repetitivas, tratando-se de opção de política judiciária para desafogar os trabalhos nas Cortes de superposição. 7. Outrossim, a admissão da reclamação na hipótese em comento atenta contra a finalidade da instituição do regime dos recursos especiais repetitivos, que surgiu como mecanismo de racionalização da prestação jurisdicional do STJ, perante o fenômeno social da massificação dos litígios. 8. Nesse regime, o STJ se desincumbe de seu múnus constitucional definindo, por uma vez, mediante julgamento por amostragem, a interpretação da Lei federal que deve ser obrigatoriamente observada pelas instâncias ordinárias. Uma vez uniformizado o direito, é dos juízes e Tribunais locais a incumbência de aplicação individualizada da tese jurídica em cada caso concreto. 9. Em tal sistemática, a aplicação em concreto do precedente não está imune à revisão, que se dá na via recursal ordinária, até eventualmente culminar no julgamento, no âmbito do Tribunal local, do agravo interno de que trata o art. 1.030, § 2º, do CPC/15. 10. Petição inicial da reclamação indeferida, com a extinção do processo sem resolução do mérito. (STJ. Corte Especial. Reclamação nº 36.476 - SP (2018/0233708-8) Rel. Min. Nancy Andrighi. DJe. 06.03.2020.

Enunciados das Jornadas de Direito Processual Civil do Conselho da Justiça Federal:

Nº 138 do CJF: É cabível reclamação contra acórdão que aplicou indevidamente tese jurídica firmada em acórdão proferido em julgamento de recursos extraordinário ou especial repetitivos, após o esgotamento das instâncias ordinárias, por analogia ao quanto previsto no art. 988, § 4º, do CPC.

Nº 198 do CJF: Caberá reclamação às Cortes superiores, nos termos do art. 988, inciso I, do CPC, quando o presidente de tribunal analisar pedido de suspensão de liminar deferida por um de seus pares ou por órgão fracionário do próprio tribunal.

Enunciados do Fórum Permanente de Processualistas Civis:

Nº 168 do FPPC: Os fundamentos determinantes do julgamento de ação de controle concentrado de constitucionalidade realizado pelo STF caracterizam a *ratio decidendi* do precedente e possuem efeito vinculante para todos os órgãos jurisdicionais.

Nº 207 do FPPC: Cabe reclamação, por usurpação da competência do tribunal de justiça ou tribunal regional federal, contra a decisão de juiz de 1º grau que inadmitir recurso de apelação.

Nº 208 do FPPC: Cabe reclamação, por usurpação da competência do Superior Tribunal de Justiça, contra a decisão de juiz de 1º grau que inadmitir recurso ordinário, no caso do art. 1.027, II, 'b'.

Nº 209 do FPPC: Cabe reclamação, por usurpação da competência do Superior Tribunal de Justiça, contra a decisão de presidente ou vice-presidente do tribunal de 2º grau que inadmitir recurso ordinário interposto com fundamento no art. 1.027, II, "a".

Nº 210 do FPPC: Cabe reclamação, por usurpação da competência do Supremo Tribunal Federal, contra a decisão de presidente ou vice-presidente de tribunal superior que inadmitir recurso ordinário interposto com fundamento no art. 1.027, I.

Nº 211 do FPPC: Cabe reclamação, por usurpação da competência do Superior Tribunal de Justiça, contra a decisão de presidente ou vice-presidente do tribunal de 2º grau que inadmitir recurso especial não repetitivo.

Nº 212 do FPPC: Cabe reclamação, por usurpação da competência do Supremo Tribunal Federal, contra a decisão de presidente ou vice-presidente do tribunal de 2º grau que inadmitir recurso extraordinário não repetitivo.

Nº 350 do FPPC: Cabe reclamação, na Justiça do Trabalho, da parte interessada ou do Ministério Público, nas hipóteses previstas no art. 988, visando a preservar a competência do tribunal e garantir a autoridade das suas decisões e do precedente firmado em julgamento de casos repetitivos.

Nº 558 do FPPC: Caberá reclamação contra decisão que contrarie acórdão proferido no julgamento dos incidentes de resolução de demandas repetitivas ou de assunção de competência para o tribunal cujo precedente foi desrespeitado, ainda que este não possua competência para julgar o recurso contra a decisão impugnada.

Nº 661 do FPPC: É cabível a fixação de honorários advocatícios na reclamação, atendidos os critérios legais.

Nº 703 do FPPC: É admissível a reclamação contra acórdão de órgão fracionário que viole entendimento vinculante do próprio tribunal.

Nº 704 do FPPC: Cabe reclamação baseada nos fundamentos determinantes da decisão vinculante.

Art. 989. Ao despachar a reclamação, o relator:

I – requisitará informações da autoridade a quem for imputada a prática do ato impugnado, que as prestará no prazo de 10 (dez) dias;

II – se necessário, ordenará a suspensão do processo ou do ato impugnado para evitar dano irreparável;

III – determinará a citação do beneficiário da decisão impugnada, que terá prazo de 15 (quinze) dias para apresentar a sua contestação.

Notas:

Providências do Relator. O dispositivo em comento prevê as providências a serem tomadas pelo relator, no sentido de: I – requisitar informações da autoridade a quem for imputada a prática do ato impugnado; II – se necessário, ordenará a suspensão do processo ou do ato impugnado para evitar dano irreparável; III – determinará a citação do beneficiário da decisão impugnada, que terá prazo de 15 (quinze) dias para apresentar a sua contestação.

Enunciado das Jornadas de Direito Processual Civil do Conselho da Justiça Federal:

Nº 64 do CJF: Ao despachar a reclamação, deferida a suspensão do ato impugnado, o relator pode conceder tutela provisória satisfativa correspondente à decisão originária cuja autoridade foi violada.

Art. 990. Qualquer interessado poderá impugnar o pedido do reclamante.

Notas:

Legitimidade para impugnar o pedido do reclamante. Poderá a Reclamação ser impugnada por qualquer interessado com evidente interesse jurídico.

Art. 991. Na reclamação que não houver formulado, o Ministério Público terá vista do processo por 5 (cinco) dias, após o decurso do prazo para informações e para o oferecimento da contestação pelo beneficiário do ato impugnado.

Notas:

Atuação do Ministério Público. O Ministério Público oficiará nas Reclamações onde não forem decorrentes de sua iniciativa, tendo vista do processo pelo lapso temporal de 5 (cinco) dias, isto após o decurso do prazo para a informações da autoridade a que se refere o inciso I do art. 989 bem como do oferecimento da contestação pelo beneficiário do ato impugnado (art. 991).

Art. 992. Julgando procedente a reclamação, o tribunal cassará a decisão exorbitante de seu julgado ou determinará medida adequada à solução da controvérsia.

Notas:

Julgamento da reclamação. O presente artigo estabelece o conteúdo da decisão da reclamação. O tribunal pode cassar a decisão exorbitante de seu julgado ou determinar medida adequada à solução da controvérsia.

Art. 993. O presidente do tribunal determinará o imediato cumprimento da decisão, lavrando-se o acórdão posteriormente.

Notas:

Cumprimento da decisão e publicação do acórdão.

TÍTULO II
DOS RECURSOS

CAPÍTULO I
DISPOSIÇÕES GERAIS

Art. 994. São cabíveis os seguintes recursos:

I – apelação;

II – agravo de instrumento;

III – agravo interno;

IV – embargos de declaração;

V – recurso ordinário;

VI – recurso especial;

VII – recurso extraordinário;

VIII – agravo em recurso especial ou extraordinário;

IX – embargos de divergência.

Notas:

Taxatividade dos recursos. Presente dispositivo enumera os recursos, de forma taxativa, na lei processual brasileira.

Súmulas:

STF nº 282: É inadmissível o recurso extraordinário, quando não ventilada, na decisão recorrida, a questão federal suscitada.

STF nº 283: É inadmissível o recurso extraordinário, quando a decisão recorrida assenta em mais de um fundamento suficiente e o recurso não abrange todos eles.

STF nº 284: É inadmissível o recurso extraordinário, quando a deficiência na sua fundamentação não permitir a exata compreensão da controvérsia.

STF nº 356: O ponto omisso da decisão, sobre o qual não foram opostos embargos declaratórios, não pode ser objeto de recurso extraordinário, por faltar o requisito do prequestionamento.

STF nº 456: O Supremo Tribunal Federal, conhecendo do recurso extraordinário, julgará a causa, aplicando o direito à espécie.

STJ nº 45: No reexame necessário, e defeso, ao tribunal, agravar a condenação imposta a Fazenda Publica.

STJ nº 315: Não cabem embargos de divergência no âmbito do agravo de instrumento que não admite recurso especial.

STJ nº 316: Cabem embargos de divergência contra acórdão que, em agravo regimental, decide recurso especial.

STJ nº 373: É ilegítima a exigência de depósito prévio para admissibilidade de recurso administrativo.

Enunciados das Jornadas de Direito Processual Civil do Conselho da Justiça Federal:

Nº 117 do CJF: O art. 356 do CPC pode ser aplicado nos julgamentos dos tribunais.

Nº 201 do CJF: É aplicável o princípio da fungibilidade recursal quando o erro na interposição do recurso decorre da nomenclatura usada na decisão pelo magistrado.

Enunciado do Fórum Permanente de Processualistas Civis:

Nº 233 do FPPC: Ficam superados os enunciados 88, 169, 207, 255 e 390 da súmula do STJ como consequência da eliminação dos embargos infringentes ("*São admissíveis embargos infringentes em processo falimentar*"; "*São inadmissíveis embargos infringentes no processo de mandado de segurança*"; "*É inadmissível recurso especial quando cabíveis embargos infringentes contra o acórdão proferido no tribunal de origem*"; "*Cabem embargos infringentes contra acórdão, proferido por maioria, em agravo retido, quando se tratar de matéria de mérito*"; "*Nas decisões por maioria, em reexame necessário, não se admitem embargos infringentes*").

Art. 995. Os recursos não impedem a eficácia da decisão, salvo disposição legal ou decisão judicial em sentido diverso.

Parágrafo único. A eficácia da decisão recorrida poderá ser suspensa por decisão do relator, se da imediata produção de seus efeitos houver risco de dano grave, de difícil ou impossível reparação, e ficar demonstrada a probabilidade de provimento do recurso.

Notas:

Eficácia imediata da decisão. O *caput* do artigo em tela estabelece que, em regra, os recursos não impedem a eficácia da decisão. Dessa maneira, toda a decisão recorrível possui eficácia imediata, salvo se houver suspensão de seus efeitos. O parágrafo único trata do **efeito suspensivo**. Inicialmente, vale destacar que caberá a parte formular o pedido de efeito suspensivo. O acolhimento do pedido de suspensão dos efeitos da decisão recorrida terá como fundamento a existência de risco de dano grave, de difícil ou impossível reparação e ficar demonstrada a probabilidade de provimento do recurso.

Súmulas:

STF nº 405: Denegado o mandado de segurança pela sentença, ou no julgamento do agravo, dela interposto, fica sem efeito a liminar concedida, retroagindo os efeitos da decisão contrária.

STF nº 634: Não compete ao supremo tribunal federal conceder medida cautelar para dar efeito suspensivo a recurso extraordinário que ainda não foi objeto de juízo de admissibilidade na origem.

Enunciados do Fórum Permanente de Processualistas Civis:

Nº 423 do FPPC: Cabe tutela de evidência recursal.

Nº 465 do FPPC: A concessão do efeito suspensivo ao recurso inominado cabe exclusivamente ao relator na turma recursal.

Nº 559 do FPPC: O efeito suspensivo *ope legis* do recurso de apelação não obsta a eficácia das decisões interlocutórias nele impugnadas.

Nº 609 do FPPC: O pedido de antecipação da tutela recursal ou de concessão de efeito suspensivo a qualquer recurso poderá ser formulado por simples petição ou nas razões recursais.

Nº 725 do FPPC: Cabe tutela provisória recursal liminar no agravo interno.

Art. 996. O recurso pode ser interposto pela parte vencida, pelo terceiro prejudicado e pelo Ministério Público, como parte ou como fiscal da ordem jurídica.

Parágrafo único. Cumpre ao terceiro demonstrar a possibilidade de a decisão sobre a relação jurídica submetida à apreciação judicial atingir direito de que se afirme titular ou que possa discutir em juízo como substituto processual.

Notas:

Legitimidade para recorrer. O dispositivo em comento é claro ao afirmar que o recurso pode ser interposto pela parte vencida, pelo terceiro prejudicado e pelo Ministério Público, como parte ou como fiscal da ordem jurídica.

O parágrafo único trata do **terceiro interessado** (aquele que possui interesse jurídico em impugnar a decisão), afirmando que este deve demonstrar a possibilidade de a decisão sobre a relação jurídica submetida à apreciação judicial atingir direito de que se afirme titular ou que possa discutir em juízo como substituto processual. Importante destacar que o terceiro interessado poderia ter ingressado no processo como assistente simples ou litisconsorcial, de acordo com as regras dos artigos 121 e 124 do CPC.

Súmulas:

STJ nº 99: O Ministério Público tem legitimidade para recorrer no processo em que oficiou como fiscal da lei, ainda que não haja recurso da parte.

STJ nº 202: A impetração de segurança por terceiro, contra ato judicial, não se condiciona a interposição de recurso.

STJ nº 226: O Ministério Público tem legitimidade para recorrer na ação de acidente do trabalho, ainda que o segurado esteja assistido por advogado.

STJ nº 318: Formulado pedido certo e determinado, somente o autor tem interesse recursal em arguir o vício da sentença ilíquida.

Art. 997. Cada parte interporá o recurso independentemente, no prazo e com observância das exigências legais.

§ 1º Sendo vencidos autor e réu, ao recurso interposto por qualquer deles poderá aderir o outro.

§ 2º O recurso adesivo fica subordinado ao recurso independente, sendo-lhe aplicáveis as mesmas regras deste quanto aos requisitos de admissibilidade e julgamento no tribunal, salvo disposição legal diversa, observado, ainda, o seguinte:

I – será dirigido ao órgão perante o qual o recurso independente fora interposto, no prazo de que a parte dispõe para responder;

II – será admissível na apelação, no recurso extraordinário e no recurso especial;

III – não será conhecido, se houver desistência do recurso principal ou se for ele considerado inadmissível.

Notas:

Recurso independente e recurso adesivo. O *caput* do artigo em comento cuida do recurso independente, já que são apreciados de forma singular pelo tribunal *ad quem*. Já o §§ 1º e 2º cuidam do **recurso adesivo**. Para que o recurso adesivo possa ser admitido é necessário: a) sucumbência recíproca (vencidos parcialmente o autor e o réu); b) o recorrido não tenha interposto recurso principal; c) o recurso principal seja apelação, recurso extraordinário ou recurso especial (§ 2º, II). Por fim, vale destacar que o recurso adesivo está subordinado a admissibilidade do recurso principal (§ 2º, III).

Art. 998. O recorrente poderá, a qualquer tempo, sem a anuência do recorrido ou dos litisconsortes, desistir do recurso.

Parágrafo único. A desistência do recurso não impede a análise de questão cuja repercussão geral já tenha sido reconhecida e daquela objeto de julgamento de recursos extraordinários ou especiais repetitivos.

Notas:

Desistência do recurso. O pedido de desistência é ato unilateral, não dependendo assim da concordância do recorrido ou de terceiros, impedindo, por conseguinte, o juízo de mérito conclusivo do procedimento recursal.

Assim, dita possibilidade de desistir do recurso interposto mereceu do CPC/2015 o dispositivo em comento, já em seu *caput*.

No tocante ainda ao ato de desistir do recurso interposto, muito embora a atitude volitiva do recorrente seja fundamental para constituir o ato de desistência, estabelece o CPC/2015, diante de tamanha importância da matéria ora vinculada no recurso interposto, sobretudo, nos casos de Repercussão Geral já nela reconhecida – onde, diante da forte presença do binômio da "relevância e transcendência" da questão ventilada, tem-se que o interesse ultrapassa aquele subjetivo das partes da demanda – e mesmo nos casos de matéria que envolve objeto de julgamento de recursos extraordinários ou especiais repetitivos – dada a relevância e abrangência do que neles se resolve, de interesse para toda a coletividade, haja vista a oportunidade de empreender esforços na uniformização isonômica e segurança jurídica da conteúdo sob análise no recurso – a simples desistência daquele recorrente não impedirá a análise da questão envolta no mesmo pelos próprios Tribunais.

Demostra-se, com isso, que o papel da jurisdição como serviço público voltado ao interesse da sociedade que dele é consumidora, detém um compromisso muito mais acentuado do que o de simples papel coadjuvante na solução dos interesses de quaisquer das partes em sede judicial. E mais. Ao mirar um horizonte com olhos para muito além daqueles que, em um dado momento, usufruem com legitimidade dos seus serviços para fins de salvaguardar bens, situações jurídicas e paz de consciência, preocupa-se com as dimensões sociais, políticas, jurídicas e econômicas que, de certo, devem encarnar a prestação de seus serviços públicos de justiça e, porque públicos tocam a todos aqueles que mesmo sem estarem no uso imediato de seus julgados, poderão se servir, pelo menos em nível mediato, de segurança jurídica e previsibilidade em suas mais variadas relações.

Enunciados do Fórum Permanente de Processualistas Civis:

Nº 213 do FPPC: No caso do art. 998, parágrafo único, o resultado do julgamento não se aplica ao recurso de que se desistiu.

Nº 352 do FPPC: É permitida a desistência do recurso de revista repetitivo, mesmo quando eleito como representativo da controvérsia, sem necessidade de anuência da parte adversa ou dos litisconsortes; a desistência, contudo, não impede a análise da questão jurídica objeto de julgamento do recurso repetitivo.

Art. 999. A renúncia ao direito de recorrer independe da aceitação da outra parte.

Notas:

Renúncia ao direito de recorrer. Está impossibilitado de recorrer aquele que praticou algum ato incompatível com a vontade de recorrer, tal como a renúncia e/ou a aceitação do comando da decisão. A renúncia deve ser clara e pode acontecer apenas antes da interposição recursal e não dependendo da aceitação da outra parte, explicitando tal comando a regra do dispositivo em tela.

Art. 1.000. A parte que aceitar expressa ou tacitamente a decisão não poderá recorrer.

Parágrafo único. Considera-se aceitação tácita a prática, sem nenhuma reserva, de ato incompatível com a vontade de recorrer.

Notas:

Concordância, expressa ou tácita, com a decisão recorrida e seus efeitos sobre o direito de recorrer. A aceitação do comando da decisão, que pode ser expressa ou tácita, engloba a prática de ato que seja incompatível com a vontade de recorrer, como, por exemplo: nas ações de cobrança, no pagamento da dívida; nas ações de reintegração de posse ou de despejo, na entrega das chaves.

Art. 1.001. Dos despachos não cabe recurso.

Notas:

Irrecorribilidade dos despachos. O artigo 203, § 3º do CPC define despacho como o ato judicial ordinatório destinado a dar andamento ao processo.

Súmulas:

STJ nº 264: É irrecorrível o ato judicial que apenas manda processar a concordata preventiva.

Art. 1.002. A decisão pode ser impugnada no todo ou em parte.

Notas:

Impugnação total ou parcial da decisão.

Art. 1.003. O prazo para interposição de recurso conta-se da data em que os advogados, a sociedade de advogados, a Advocacia Pública, a Defensoria Pública ou o Ministério Público são intimados da decisão.

§ 1º Os sujeitos previstos no *caput* considerar-se-ão intimados em audiência quando nesta for proferida a decisão.

§ 2º Aplica-se o disposto no art. 231, incisos I a VI, ao prazo de interposição de recurso pelo réu contra decisão proferida anteriormente à citação.

§ 3º No prazo para interposição de recurso, a petição será protocolada em cartório ou conforme as normas de organização judiciária, ressalvado o disposto em regra especial.

§ 4º Para aferição da tempestividade do recurso remetido pelo correio, será considerada como data de interposição a data de postagem.

§ 5º Excetuados os embargos de declaração, o prazo para interpor os recursos e para responder-lhes é de 15 (quinze) dias.

§ 6º O recorrente comprovará a ocorrência de feriado local no ato de interposição do recurso.

Notas:

Tempestividade dos recursos e forma de interposição. As pessoas que podem legalmente recorrer devem fazê-lo dentro do prazo legal, dado não ser possível a interposição de recurso fora do lapso temporal previsto, ou seja, de forma intempestiva.

Os prazos – fatais e peremptórios – variam de recurso para recurso, cabendo ressaltar que o novel CPC procurou, praticamente, uniformizar o lapso temporal dos recursos por ele regulado, considerando o prazo de 15 (quinze) dias para todos os recursos catalogados no art. 994, exceto quanto aos Embargos de Declaração, este que se manteve no mesmo prazo do CPC/1973 – 5 (cinco) dias – conforme nos informa o § 5º do art. 1.003:

> *"§ 5º Excetuados os embargos de declaração, o prazo para interpor os recursos e para responder-lhes é de 15 (quinze) dias."*

Quanto à contagem dos prazos para a interposição recursal, estabelece o art. 1.003 do CPC o que se segue:

> *"Art. 1.003. O prazo para interposição de recurso conta-se da data em que os advogados, a sociedade de advogados, a Advocacia Pública, a Defensoria Pública ou o Ministério Público são intimados da decisão.*

§ 1º Os sujeitos previstos no caput considerar-se-ão intimados em audiência quando nesta for proferida a decisão.

§ 2º Aplica-se o disposto no art. 231, incisos I a VI, ao prazo de interposição de recurso pelo réu contra decisão proferida anteriormente à citação."

Nota-se disso que, caso a prolação da decisão se der em audiência, os entes arrolados no *caput* do art. 1.003 já se darão por intimados, ao passo que, não sendo a decisão proferida em audiência, os mesmo serão intimados na forma como disciplina os incisos I ao VIII do art. 231.

Daí que, a partir da referência aos incisos I ao VIII do art. 231, é que teremos a incidência de importantes conteúdos relativos à contagem, inclusive, em sede de publicação eletrônica. *In verbis:*

"Art. 231. Salvo disposição em sentido diverso, considera-se dia do começo do prazo:

I – a data de juntada aos autos do aviso de recebimento, quando a citação ou a intimação for pelo correio;

II – a data de juntada aos autos do mandado cumprido, quando a citação ou a intimação for por oficial de justiça;

III – a data de ocorrência da citação ou da intimação, quando ela se der por ato do escrivão ou do chefe de secretaria;

IV – o dia útil seguinte ao fim da dilação assinada pelo juiz, quando a citação ou a intimação for por edital;

V – o dia útil seguinte à consulta ao teor da citação ou da intimação ou ao término do prazo para que a consulta se dê, quando a citação ou a intimação for eletrônica;

VI – a data de juntada do comunicado de que trata o art. 232 ou, não havendo esse, a data de juntada da carta aos autos de origem devidamente cumprida, quando a citação ou a intimação se realizar em cumprimento de carta;

VII – a data de publicação, quando a intimação se der pelo Diário da Justiça impresso ou eletrônico;

VIII – o dia da carga, quando a intimação se der por meio da retirada dos autos, em carga, do cartório ou da secretaria."

Neste ínterim ainda, o novel Código de Processo Civil propõe relevante modificação quanto aos prazos contados em dias, o que repercute, diretamente, nos prazos recursais.

Frisa o art. 219 que, na contagem de prazos em dias, sejam eles legais ou judiciais, computar-se-ão tão somente em dias úteis, o que, de fato, resta verdadeira e efetiva a própria possibilidade da prática dos mesmos, muito mais pelo aspecto material do ato e seu manejo pelo servidor do foro diante da receptividade forense em si do que por sua própria prática, já que pela via eletrônica nada impediria a relação entre dia útil ou não para a prática do ato e seu recebimento, não obstante sabermos que, a bem da verdade, a realidade de acesso aos meios eletrônicos pela população e mesmo sua crescente dinâmica em um território de dimensões continentais como é o Brasil, ainda se situa em uma realidade turva e aquém do desejado, agravando-se ainda mais quando se trata do uso da rede mundial de computadores no sistema de "banda larga", este otimizador de um transferência de dados em velocidade adequada, seja pelo acesso quanto pelo volume dos dados que se quer transmitir e arquivos que se deseja transferir.

Sensível às mais variadas questões, sobretudo aquelas de ordens geográficas, que, para nós, saltam-se aos olhos neste imenso país, o *caput* do art. 222 do CPC concedeu poderes ao juiz para exceder, quando necessário e por até 2 (dois) meses aos prazos a que está submetida qualquer das partes na seguinte situação hipotética:

> *"Art. 222. Na comarca, seção ou subseção judiciária onde for difícil o transporte, o juiz poderá prorrogar os prazos por até 2 (dois) meses."*

Os prazos processuais para atos judiciais, na mesma toada, poderão ser excedidos quando o órgão julgador, em qualquer instância, fundamentar-se em motivo justificado para a não prática dos mesmos no lapso temporal definido pelo NCPC. Assim, em ordem, os arts. 226 e 227 do novato ordenamento em tela:

> *"Art. 226. O juiz proferirá:*
>
> *I – os despachos no prazo de 5 (cinco) dias;*
>
> *II – as decisões interlocutórias no prazo de 10 (dez) dias;*
>
> *III – as sentenças no prazo de 30 (trinta) dias.*
>
> *Art. 227. Em qualquer grau de jurisdição, havendo motivo justificado, pode o juiz exceder, por igual tempo, os prazos a que está submetido."*

Há de se observar que, no prazo para a interposição do recurso, deverá a petição do mesmo ser protocolada em cartório, ou segundo norma específica de organização judiciária, sempre ressalvado o que se dispuser em regra especial (§ 3º do art. 1.003 do CPC).

Exemplo de dita "regra especial" encontramos no § 2º do art. 1.017 do CPC, mais precisamente com relação ao Agravo de Instrumento, onde o legislador estabelece multiplicidade de opções à interposição do aludido recurso. Assim então é disposto:

> "*§ 2º No prazo do recurso, o agravo será interposto por:*
> *I – protocolo realizado diretamente no tribunal competente para julgá-lo;*
> *II – protocolo realizado na própria comarca, seção ou subseção judiciárias;*
> *III – postagem, sob registro, com aviso de recebimento;*
> *IV – transmissão de dados tipo fac-símile, nos termos da lei;*
> *V – outra forma prevista em lei.*"

Ponto de importante realce é aquele que tocava ao modelo do CPC/1973 de conceder prazo em dobro para recorrer à Fazenda Pública, ao Ministério Público bem como ao Defensor Público, ou quem lhe faça as vezes, além das partes com diferentes procuradores.

O CPC/2015 seguiu o mesmo caminho na oferta de dobro do prazo recursal aos entes apontados alhures.

Assim, a União, dos Estados, do Distrito Federal, dos Municípios bem como as suas autarquias e fundações de direito público, em vista do interesse público que cerca as demandas que os envolvem e para fins de se evitar que este seja corroído pelas dificuldades administrativas de auto-organização, terão os prazos serão contados em dobro para todas as suas manifestações processuais, cuja contagem terá início a partir da intimação pessoal (art. 183, *caput*). O mesmo se estende para o Ministério Público (art. 180, *caput*) e Defensoria Pública (art. 186, *caput*).

Coube ao legislador, por conseguinte, conceder tal benefício do prazo em dobro aos escritórios de prática jurídica das faculdades de Direito reconhecidas na forma da lei e às entidades que prestam assistência jurídica gratuita em razão de convênios firmados com a Defensoria Pública, conforme assegura o § 3º do art. 186 do CPC.

Há de se atentar que, para todos os beneficiários do lapso temporal em dobro supracitados, não será aplicado a benesse da contagem dobrada quando a lei estabelecer, de forma expressa, prazo próprio para qualquer deles.

Ressalta-se que as sociedades de economia mista e empresas públicas não se aplica o presente benefício, já que possuem regime jurídico de direito privado e como cediço, integram apenas a administração indireta, de acordo com o Decreto-lei 200, de 25.02.1967.[524]

---

524 STJ. 1ºT. Ag.Rg. no REsp 788.820/RS. Rel. Min. Denise Arruda. Julg.04.09.2008, *DJe* 22.09.2008; STJ. 2ºT. Ag.Rg no REsp 652.055/RS. Rel. Min. Herman Benjamin, Julg, 01.09.2009, *DJe* 08.09.2009.

No caso de litisconsórcios com diferentes procuradores, de escritórios de advocacia distintos, terão eles os prazos contados em dobro para todas as suas manifestações, em qualquer juízo ou tribunal, independentemente de requerimento, de acordo com o *caput* do art. 229. No entanto, cessará a contagem do prazo em dobro quando, havendo apenas 2 (dois) réus, é oferecida defesa por apenas um deles (§ 1º do art. 229). Nesta hipótese, tornando-se revel um dos litisconsortes, não haverá de se falar mais em prazos em dobro para se ambos se manifestarem nos autos do processo.

Tal benefício concedido aos litisconsortes na forma supracitada, não se aplica aos processos que tramitam em autos eletrônicos (§ 2º do art. 229).

Já o terceiro prejudicado dispõe do mesmo prazo que as partes para recorrer.

Súmulas:

STF nº 310: "Quando a intimação tiver lugar na sexta-feira, ou a publicação com efeito de intimação for feita nesse dia, o prazo judicial terá início na segunda-feira imediata, salvo se não houver expediente, caso em que começará no primeiro dia útil que se seguir."

STJ nº 25: "Nas ações da Lei de Falências o prazo para a interposição de recurso conta-se da intimação da parte."

STJ nº 216: "A tempestividade de recurso interposto no Superior Tribunal de Justiça é aferida pelo registro no protocolo da secretaria e não pela data da entrega na agência do correio."

STJ. Corte Especial:

CIVIL. PROCESSUAL CIVIL. AÇÃO DE INDENIZAÇÃO POR DANOS MORAIS. COMPROVAÇÃO DA EXISTÊNCIA DE FERIADO LOCAL. APLICABILIDADE DO PRECEDENTE VINCULANTE DA CORTE ESPECIAL QUE, À LUZ DO ART. 1.003, § 6º, DO CPC/15, ENTENDEU SER NECESSÁRIA A COMPROVAÇÃO NO ATO DE INTERPOSIÇÃO DE RECURSO DIRIGIDO AO STJ. JULGADO COM AMPLA PUBLICIDADE E QUE PACIFICOU A OSCILAÇÃO JURISPRUDENCIAL EXISTENTE NESTA CORTE (AG. INT NO ARESP 957.821/MS). SOLIDEZ JURISPRUDENCIAL. SEGURANÇA JURÍDICA. COERÊNCIA. SEGUNDA-FEIRA DE CARNAVAL. CIRCUNSTÂNCIA EXCEPCIONAL QUE LEVOU À CORTE ESPECIAL A FLEXIBILIZAR A ORIENTAÇÃO DO PRECEDENTE, ADMITINDO A COMPROVAÇÃO POSTERIOR APENAS POR DETERMINADO LAPSO TEMPORAL (RESP 1.813.684/SP E RESPECTIVA QO). GENERALIZAÇÃO DO ENTENDIMENTO EXCEPCIONAL PARA TODOS OS FERIADOS LOCAIS. IMPOSSIBILIDADE. AUSÊNCIA DE SUPERAÇÃO DO PRECEDENTE VINCULANTE, MAS SOMENTE DE SUPERAÇÃO DA REGRA CRIADA PELO PRECEDENTE.

MODULAÇÃO AMPLA, GERAL E IRRESTRITA, QUE DEVERIA TER SIDO REALIZADA NO JULGAMENTO DO AG. INT NO ARESP 957.821/MS. IMPOSSIBILIDADE DE MODULAÇÃO APÓS LONGO PERÍODO. RISCO DE INSEGURANÇA JURÍDICA. VIOLAÇÃO À ISONOMIA. 1- O propósito recursal é definir se, a despeito do precedente vinculante da Corte Especial no sentido de ser necessária a comprovação da existência de feriado local no ato de interposição de recursos endereçados ao STJ (AgInt no AREsp 957.821/MS), é admissível estender a modulação de efeitos realizada na QO no REsp 1.813.684/SP também a todos os demais feriados locais. 2- Com a entrada em vigor do CPC/15, a Corte Especial formou precedente vinculante, em 2017, no sentido de que, à luz do art. 1.003, § 6º, é indispensável a comprovação da existência de todos os feriados locais no ato de interposição de recursos dirigidos ao STJ, ocasião em que se pacificou a divergência jurisprudencial que havia se instalado desde a edição da nova legislação processual (AgInt no AREsp 957.821/MS). 3- Desde a fixação da referida tese, todos os órgãos fracionários da Corte passaram a aplicar o precedente vinculante, gerando situação de solidez jurisprudencial apta a propiciar segurança jurídica, integridade, previsibilidade, estabilidade e coerência da jurisprudência. 4- Em virtude de uma circunstância especificamente relacionada à segunda-feira de carnaval, a Corte Especial deliberou pela possibilidade de excepcional flexibilização dessa orientação, de modo a permitir, por meio da técnica de modulação de efeitos restrita a um determinado lapso temporal (até 19/11/2019), a comprovação posterior da existência do feriado local de segunda-feira de carnaval (QO no REsp 1.813.684/SP). 5- Conjugados a cronologia dos fatos e os objetos das deliberações da Corte Especial, conclui-se que a tese jurídica fixada no julgamento do AgInt no AREsp 957.821/MS não foi, em nenhum momento, implícita ou expressamente, superada pela Corte Especial, o que veda a generalização da regra excepcionalmente criada por ocasião do julgamento do REsp 1.813.684/SP para todos os demais feriados locais. 6- A modulação de efeitos, que é excepcional, deve ocorrer no próprio julgamento em que se formou o precedente vinculante e deve constar do respectivo acórdão, de modo que, pacificada a divergência jurisprudencial existente no âmbito do STJ, não se admite modulação mais de 03 anos após a conclusão do julgamento que fixou a tese, sob pena de grave insegurança jurídica e violação à isonomia. 7- Agravo interno desprovido. (STJ. Corte Especial. AgInt no Agravo em Recurso Especial nº 1.481.810 - SP (2019/0080451-8). Rel. Min. Luis Felipe Salomão. R.P/Acórdão: Ministra Nancy Andrighi. Julg. 19.05.2021).

Enunciados das Jornadas de Direito Processual Civil do Conselho da Justiça Federal:

Nº 66 do CJF: Admite-se a correção da falta de comprovação do feriado local ou da suspensão do expediente forense, posteriormente à interposição do recurso, com fundamento no art. 932, parágrafo único, do CPC.

Nº 68 do CJF: A intempestividade da apelação desautoriza o órgão *a quo* a proferir juízo positivo de retratação.

Nº 197 do CJF: Para a comprovação de feriado local, é suficiente a juntada do calendário do tribunal de origem.

Enunciados do Fórum Permanente de Processualistas Civis:

Nº 22 do FPPC: O Tribunal não poderá julgar extemporâneo ou intempestivo recurso, na instância ordinária ou na extraordinária, interposto antes da abertura do prazo.

Nº 96 do FPPC: Fica superado o enunciado 216 da súmula do STJ após a entrada em vigor do CPC ("A tempestividade de recurso interposto no Superior Tribunal de Justiça é aferida pelo registro no protocolo da Secretaria e não pela data da entrega na agência do correio").

Nº 724 do FPPC: Os documentos extraídos dos sítios dos tribunais gozam de presunção de veracidade e confiabilidade, sendo idôneos para comprovar o feriado local para os fins do § 6º do art. 1.003.

Enunciado da Escola Nacional de Formação e Aperfeiçoamento de Magistrados:

Nº 46 da ENFAM: O § 5º do art. 1.003 do CPC/2015 (prazo recursal de 15 dias) não se aplica ao sistema de juizados especiais.

Art. 1.004. Se, durante o prazo para a interposição do recurso, sobrevier o falecimento da parte ou de seu advogado ou ocorrer motivo de força maior que suspenda o curso do processo, será tal prazo restituído em proveito da parte, do herdeiro ou do sucessor, contra quem começará a correr novamente depois da intimação.

Notas:

Falecimento da parte ou de seu advogado ou motivo de força maior. De acordo com o dispositivo em comento, caso durante o prazo para a interposição do recurso, venha se dar o falecimento da parte ou de seu advogado ou ocorrer motivo de força maior que suspenda o curso do processo, será aludido prazo restituído em proveito da parte, do herdeiro ou do sucessor, contra quem começará a correr novamente após a intimação.

Art. 1.005. O recurso interposto por um dos litisconsortes a todos aproveita, salvo se distintos ou opostos os seus interesses.

Parágrafo único. Havendo solidariedade passiva, o recurso interposto por um devedor aproveitará aos outros quando as defesas opostas ao credor lhes forem comuns.

Notas:

Litisconsórcio unitário. A regra jurídica se aplica somente ao litisconsórcio unitário, conforme artigo 116 do CPC.[525] Já o parágrafo único cuida da **solidariedade passiva**. Neste caso, o recurso interposto por um devedor aproveitará aos outros quando as defesas opostas ao credor lhes forem comuns.

Enunciado do Fórum Permanente de Processualistas Civis:

Nº 234 do FPPC: A decisão de improcedência na ação proposta pelo credor beneficia todos os devedores solidários, mesmo os que não foram partes no processo, exceto se fundada em defesa pessoal.

Art. 1.006. Certificado o trânsito em julgado, com menção expressa da data de sua ocorrência, o escrivão ou o chefe de secretaria, independentemente de despacho, providenciará a baixa dos autos ao juízo de origem, no prazo de 5 (cinco) dias.

Notas:

Providências do escrivão ou do chefe de secretaria quando do trânsito em julgado. Baixa dos autos ao juízo de origem.

Remissões:

- Art. 5º, XXXVI, da CRFB/88:

"Art. 5º Todos são iguais perante a lei, sem distinção de qualquer natureza, garantindo-se aos brasileiros e aos estrangeiros residentes no País a inviolabilidade do direito à vida, à liberdade, à igualdade, à segurança e à propriedade, nos termos seguintes:

(...)

XXXVI – a lei não prejudicará o direito adquirido, o ato jurídico perfeito e a coisa julgada;

(...)."

- Art. 6º, § 3º, da LINDB:

525 *"Art. 116. O litisconsórcio será unitário quando, pela natureza da relação jurídica, o juiz tiver de decidir o mérito de modo uniforme para todos os litisconsortes."*

"Art. 6º A Lei em vigor terá efeito imediato e geral, respeitados o ato jurídico perfeito, o direito adquirido e a coisa julgada.

(...)

§ 3º Chama-se coisa julgada ou caso julgado a decisão judicial de que já não caiba recurso".

Art. 1.007. No ato de interposição do recurso, o recorrente comprovará, quando exigido pela legislação pertinente, o respectivo preparo, inclusive porte de remessa e de retorno, sob pena de deserção.

§ 1º São dispensados de preparo, inclusive porte de remessa e de retorno, os recursos interpostos pelo Ministério Público, pela União, pelo Distrito Federal, pelos Estados, pelos Municípios, e respectivas autarquias, e pelos que gozam de isenção legal.

§ 2º A insuficiência no valor do preparo, inclusive porte de remessa e de retorno, implicará deserção se o recorrente, intimado na pessoa de seu advogado, não vier a supri-lo no prazo de 5 (cinco) dias.

§ 3º É dispensado o recolhimento do porte de remessa e de retorno no processo em autos eletrônicos.

§ 4º O recorrente que não comprovar, no ato de interposição do recurso, o recolhimento do preparo, inclusive porte de remessa e de retorno, será intimado, na pessoa de seu advogado, para realizar o recolhimento em dobro, sob pena de deserção.

§ 5º É vedada a complementação se houver insuficiência parcial do preparo, inclusive porte de remessa e de retorno, no recolhimento realizado na forma do § 4º.

§ 6º Provando o recorrente justo impedimento, o relator relevará a pena de deserção, por decisão irrecorrível, fixando-lhe prazo de 5 (cinco) dias para efetuar o preparo.

§ 7º O equívoco no preenchimento da guia de custas não implicará a aplicação da pena de deserção, cabendo ao relator, na hipótese de dúvida quanto ao recolhimento, intimar o recorrente para sanar o vício no prazo de 5 (cinco) dias.

Notas:

Preparo recursal. O *caput* regra acerca do preparo, aí inserido as custas e porte de remessa e retorno dos autos.

O § 1º cuida da **dispensa do preparo**, inclusive porte de remessa e de retorno, os recursos interpostos pelo Ministério Público, pela União, pelo Distrito Federal, pelos Estados, pelos Municípios, e respectivas autarquias, e pelos que gozam de isenção legal.

O § 2º trata da **insuficiência no valor do preparo, inclusive porte de remessa e de retorno.** Neste caso, implicará deserção se o recorrente, intimado na pessoa de seu advogado, não vier a supri-lo no prazo de 5 (cinco) dias.

É dispensado o recolhimento do porte de remessa e de retorno no processo em **autos eletrônicos** (§ 3º).

O § 4º dispõe do **recolhimento em dobro do preparo** ao dizer que o recorrente que não comprovar, no ato de interposição do recurso, o recolhimento do preparo, inclusive porte de remessa e de retorno, será intimado, na pessoa de seu advogado, para realizar o recolhimento em dobro, sob pena de deserção.

Apresenta o § 5º regra jurídica acerca **impossibilidade de complementação da insuficiência parcial do preparo, inclusive porte de remessa e de retorno.**

O § 6º cuida do **justo impedimento** na realização do preparo. Aqui, o relator relevará a pena de deserção, por decisão irrecorrível, fixando-lhe prazo de 5 (cinco) dias para efetuar o preparo.

Por fim, o § 7º apresenta dispositivo sobre o **equívoco no preenchimento da guia de custas.** O caso não implicará a aplicação da pena de deserção, cabendo ao relator, na hipótese de dúvida quanto ao recolhimento, intimar o recorrente para sanar o vício no prazo de 5 (cinco) dias.

Remissão:

– Arts. 8º, 14, I, II e § 5º da Lei nº 9.289/1996 (Dispõe sobre as custas devidas à União, na Justiça Federal de primeiro e segundo graus e dá outras providências):

"Art. 8º Os recursos dependentes de instrumento sujeitam-se ao pagamento das despesas de traslado.

Parágrafo único. Se o recurso for unicamente de qualquer das pessoas jurídicas referidas no inciso I do art. 4º, o pagamento das custas e dos traslados será efetuado a final pelo vencido, salvo se este também for isento.

(...)

Art. 14. O pagamento das custas e contribuições devidas nos feitos e nos recursos que se processam nos próprios autos efetua-se da forma seguinte:

I – o autor ou requerente pagará metade das custas e contribuições tabeladas, por ocasião da distribuição do feito, ou, não havendo distribuição, logo após o despacho da inicial;

II – aquele que recorrer da sentença adiantará a outra metade das custas, comprovando o adiantamento no ato de interposição do recurso, sob pena de deserção, observado o disposto nos §§ 1º a 7º do art. 1.007 do Código de Processo Civil;

(...)

§ 5º Nos recursos a que se refere este artigo o pagamento efetuado por um recorrente não aproveita aos demais, salvo se representados pelo mesmo advogado".

Recurso Especial Repetitivo:

Acórdão submetido ao regime do art. 1.036 e seguintes do CPC/2015 (art. 256-I do RISTJ), fixando-se a seguinte TESE: "A teor dos arts. 27 e 511, § 1º, do revogado CPC/73 (arts. 91 e 1.007, § 1º, do vigente CPC/15), o Instituto Nacional do Seguro Social – INSS, nos recursos de competência dos Tribunais de Justiça, está dispensado do prévio pagamento do porte de remessa e de retorno, enquanto parcela integrante do preparo, devendo recolher o respectivo valor somente ao final da demanda, acaso vencido".

11. Recurso especial do INSS a que se dá provimento, para anular o acórdão do Tribunal a quo, com a devolução dos autos à origem, para julgamento do recurso voluntário interposto pela autarquia previdenciária. (STJ, Tema Repetitivo 1001 – REsp 1.761.618/SP, REsp 1.762.577/SP e REsp 1.761.119/SP, Rel. Ministro SÉRGIO KUKINA, CORTE ESPECIAL, julgado em 07/08/2019, DJe 14/08/2019).

Súmulas:

STJ nº 187: É deserto o recurso interposto para o superior tribunal de justiça, quando o recorrente não recolhe, na origem, a importância das despesas de remessa e retorno dos autos.

STJ nº 483: O INSS não está obrigado a efetuar depósito prévio do preparo por gozar das prerrogativas e privilégios da Fazenda Pública.

STJ nº 484: Admite-se que o preparo seja efetuado no primeiro dia útil subsequente, quando a interposição do recurso ocorrer após o encerramento do expediente bancário.

Enunciados do Fórum Permanente de Processualistas Civis:

Nº 97 do FPPC: É de cinco dias o prazo para efetuar o preparo.

Nº 98 do FPPC: O disposto nestes dispositivos aplica-se aos Juizados Especiais.

Nº 106 do FPPC: Não se pode reconhecer a deserção do recurso, em processo trabalhista, quando houver recolhimento insuficiente das custas e do depósito recursal, ainda que ínfima a diferença, cabendo ao juiz determinar a sua complementação.

Nº 214 do FPPC: Diante do § 2º do art. 1.007, fica prejudicada a OJ nº 140 da SDI-I do TST ("Ocorre deserção do recurso pelo recolhimento insuficiente das custas e do depósito recursal, ainda que a diferença em relação ao "quantum" devido seja ínfima, referente a centavos").

Nº 215 do FPPC: Fica superado o enunciado 187 da súmula do STJ ("É deserto o recurso interposto para o Superior Tribunal de Justiça, quando o recorrente não recolhe, na origem, a importância das despesas de remessa e retorno dos autos").

Nº 353 do FPPC: No processo do trabalho, o equívoco no preenchimento da guia de custas ou de depósito recursal não implicará a aplicação da pena de deserção, cabendo ao relator, na hipótese de dúvida quanto ao recolhimento, intimar o recorrente para sanar o vício no prazo de cinco dias.

Nº 610 do FPPC: Quando reconhecido o justo impedimento de que trata o § 6º do art. 1.007, a parte será intimada para realizar o recolhimento do preparo de forma simples, e não em dobro.

Enunciado do Fórum Nacional de Juizados Especiais:

Nº 168 do FONAJE: Não se aplica aos recursos dos Juizados Especiais o disposto no art. 1.007 do CPC 2015.

Art. 1.008. O julgamento proferido pelo tribunal substituirá a decisão impugnada no que tiver sido objeto de recurso.

Notas:

Caráter substitutivo. Mesmo que o acordão confirme a decisão impugnada, deve ocorrer a substituição integral desta por aquela.

CAPÍTULO II
DA APELAÇÃO

Art. 1.009. Da sentença cabe apelação.

§ 1º As questões resolvidas na fase de conhecimento, se a decisão a seu respeito não comportar agravo de instrumento, não são cobertas pela preclusão e devem ser suscitadas em preliminar de apelação, eventualmente interposta contra a decisão final, ou nas contrarrazões.

§ 2º Se as questões referidas no § 1º forem suscitadas em contrarrazões, o recorrente será intimado para, em 15 (quinze) dias, manifestar-se a respeito delas.

§ 3º O disposto no *caput* deste artigo aplica-se mesmo quando as questões mencionadas no art. 1.015 integrarem capítulo da sentença.

Notas:

Apelação. Denomina-se apelação o recurso cabível contra sentença (art. 1.009 do CPC), esta já definida como o pronunciamento por meio do qual o magistrado, com fundamento nos arts. 485 e 487 põe fim à fase cognitiva do procedimento comum, bem como extingue a execução (art. 203, § 1º do CPC). Semelhante à ideia dos demais recursos de um modo geral, o objetivo da apelação é gerar o reexame de uma decisão judicial pelo órgão judiciário, aqui, a Corte de segundo grau, com propósito de sua reforma ou modificação, total ou parcial (art. 1.002 do CPC). Para sua admissibilidade não importa se a sentença foi de mérito (art. 487 do CPC) ou sem resolução de mérito (art. 485 do CPC), assim como a natureza do procedimento onde foi pronunciada (conhecimento, execução, especial), ou se o processo é de jurisdição voluntária ou contenciosa.

Aqui, importante observar que, caso o processo seja entre, de um lado, Estado estrangeiro ou organismo internacional e, de outro, Município ou pessoa residente ou domiciliada no país, caberá o recurso ordinário para o STJ que, neste caso, se iguala ao de apelação (art. 1.027, II, *b*, do CPC).

Com objetivo de averiguar o cabimento ou não do "recurso de apelação" em um caso concreto, o recorrente deve certificar se a decisão judicial, da qual se deseja recorrer, pôs fim ao processo, decidindo ou não o pedido do autor. Se a decisão judicial da qual se pretenda recorrer tenha posto fim apenas a um incidente (*v.g.*, tutela provisória), o recurso será o de agravo de instrumento, certamente, dentre das hipóteses a este cabíveis (*ex vi* do art. 1.015 do CPC).

Neste ínterim, inova o CPC/2015 ao prever, com a extinção do recurso denominado Agravo Retido (art. 522 e ss. do CPC/1973), a não preclusão das matérias decididas interlocutoriamente no decorrer do processo e que não sejam objeto permissivo de enfrentamento por meio do Agravo de Instrumento (confira o rol do art. 1.015).

Nestes termos, admite o § 1º do art. 1.009:

> "*As questões resolvidas na fase de conhecimento, se a decisão a seu respeito não comportar agravo de instrumento, não são cobertas pela preclusão e devem ser suscitadas em preliminar de apelação, eventualmente interposta contra a decisão final, ou nas contrarrazões.*"

Por outro lado, caso as questões decididas no decorrer da demanda e que delas não caiba o agravo de instrumento, sejam acostadas nas contrarrazões da apelação, será o recorrente o intimado para, em 15 (quinze) dias, manifestar-se a respeito delas (§ 2º do art. 1.009).

Vale destacar que, mesmo as matérias contidas no rol do art. 1.015,[526] quando integrarem capítulo da sentença serão objeto do procedimento previsto no § 1º do art. 1.009, conforme em destaque acima, *ex vi* do § 3º do artigo em comento.

Compete também recurso de apelação contra sentença em mandado de segurança, negando ou concedendo tal remédio constitucional, decidida por juiz singular (art. 14, *caput* da Lei nº 12.016/09, LMS).

Decisão interlocutória impugnada na preliminar de apelação (nas razões ou contrarrazões). Inova o CPC/2015 ao prever, com a extinção do recurso denominado Agravo Retido (art. 522 e ss. do CPC/1973), a não preclusão das matérias decididas interlocutoriamente no decorrer do processo e que não sejam objeto permissivo de enfrentamento por meio do Agravo de Instrumento

Assim, as partes devem suscitá-las em preliminares na apelação ou em suas contrarrazões, conforme o § 1º do artigo 1.009 do CPC.

Se o apelado impugnar a decisão interlocutória por meio de preliminar levantada nas contrarrazões, o apelante deverá ser intimado para, se desejar, em quinze dias apresentar sua resposta, consoante a regra processual estabelecida no § 2º do artigo 1.009 do CPC.

Enunciados das Jornadas de Direito Processual Civil do Conselho da Justiça Federal:

Nº 67 do CJF: Há interesse recursal no pleito da parte para impugnar a multa do art. 334, § 8º, do CPC por meio de apelação, embora tenha sido vitoriosa na demanda.

Nº 189 do CJF: Apesar da dicção do art. 1.009, § 1º, do CPC, as decisões não agraváveis estão sujeitas à preclusão, que ocorrerá quando não houver impugnação em apelação ou em contrarrazões de apelação (preclusão diferida).

Nº 195 do CJF: Se o agravo de instrumento for inadmitido quando impugnada decisão interlocutória com base no Tema Repetitivo 988 do STJ (taxatividade mitigada), caberá a impugnação da mesma decisão interlocutória em preliminar de apelação ou contrarrazões.

Nº 216 do CJF: Na hipótese de o acolhimento da impugnação acarretar a extinção do cumprimento de sentença, a natureza jurídica da decisão é sentença e o recurso cabível é apelação; caso o acolhimento não impedir a continuidade

[526] Tutelas provisórias; mérito do processo; rejeição da alegação de convenção de arbitragem; incidente de desconsideração da personalidade jurídica; rejeição do pedido de gratuidade da justiça ou acolhimento do pedido de sua revogação; exibição ou posse de documento ou coisa; exclusão de litisconsorte; rejeição do pedido de limitação do litisconsórcio; admissão ou inadmissão de intervenção de terceiros; concessão, modificação ou revogação do efeito suspensivo aos embargos à execução; redistribuição do ônus da prova nos termos do art. 373, bem como outros casos expressamente referidos em lei.

dos atos executivos, trata-se de decisão interlocutória sujeita a agravo de instrumento (art. 1.015, parágrafo único, do CPC).

Enunciados do Fórum Permanente de Processualistas Civis:

Nº 351 do FPPC: O regime da recorribilidade das interlocutórias do CPC aplica-se ao procedimento do mandado de segurança.

Nº 354 do FPPC: O art. 1009, § 1º, não se aplica às decisões proferidas antes da entrada em vigor do CPC.

Nº 355 do FPPC: Se, no mesmo processo, houver questões resolvidas na fase de conhecimento em relação às quais foi interposto agravo retido na vigência do CPC/1973, e questões resolvidas na fase de conhecimento em relação às quais não se operou a preclusão por força do art. 1.009, § 1º, do CPC, aplicar-se-á ao recurso de apelação o art. 523, § 1º, do CPC/1973 em relação àquelas, e o art. 1.009, § 1º, do CPC em relação a estas.

Nº 390 do FPPC: Resolvida a desconsideração da personalidade jurídica na sentença, caberá apelação.

Nº 559 do FPPC: O efeito suspensivo *ope legis* do recurso de apelação não obsta a eficácia das decisões interlocutórias nele impugnadas.

Nº 611 do FPPC: Na hipótese de decisão parcial com fundamento no art. 485 ou no art. 487, as questões exclusivamente a ela relacionadas e resolvidas anteriormente, quando não recorríveis de imediato, devem ser impugnadas em preliminar do agravo de instrumento ou nas contrarrazões.

Nº 662 do FPPC: É admissível impugnar, na apelação, exclusivamente a decisão interlocutória não agravável.

Art. 1.010. A apelação, interposta por petição dirigida ao juízo de primeiro grau, conterá:

I – os nomes e a qualificação das partes;

II – a exposição do fato e do direito;

III – as razões do pedido de reforma ou de decretação de nulidade;

IV – o pedido de nova decisão.

§ 1º O apelado será intimado para apresentar contrarrazões no prazo de 15 (quinze) dias.

§ 2º Se o apelado interpuser apelação adesiva, o juiz intimará o apelante para apresentar contrarrazões.

§ 3º Após as formalidades previstas nos §§ 1º e 2º, os autos serão remetidos ao tribunal pelo juiz, independentemente de juízo de admissibilidade.

Notas:

Conteúdo das razões da apelação. A apelação deverá conter: I – os nomes e a qualificação das partes; II – a exposição do fato e do direito; III – as razões do pedido de reforma ou de decretação de nulidade; IV – o pedido de nova decisão.

No caso de o recorrente e de o recorrido já estarem qualificados nos autos, apesar do declarado no texto legal, não é necessário que a petição de interposição contenha nova qualificação, todavia é indispensável que o apelante apresente os motivos do seu inconformismo, evidenciando os vícios e erros da sentença, impugnando os argumentos que lhe dão suporte e, finalmente, fazendo pedido explícito ao órgão *ad quem* de nova decisão que modifique total ou parcialmente aquela expedida pelo juiz de primeiro grau.

Os §§ 1º e 2º tratam das contrarrazões e do recurso adesivo. O prazo das contrarrazões será de 15 (quinze) dias. Se o apelado interpuser apelação adesiva, o juiz intimará o apelante para apresentar contrarrazões.

Por fim, o § 3º determina que o magistrado deve providenciar que os autos sejam remetidos ao tribunal, independentemente de juízo de admissibilidade.

Súmula:

STJ nº 115: Na instancia especial é inexistente recurso interposto por advogado sem procuração nos autos.

Enunciados do Fórum Permanente de Processualistas Civis:

Nº 99 do FPPC: O órgão *a quo* não fará juízo de admissibilidade da apelação.

Nº 207 do FPPC: Cabe reclamação, por usurpação da competência do tribunal de justiça ou tribunal regional federal, contra a decisão de juiz de 1º grau que inadmitir recurso de apelação.

Nº 208 do FPPC: Cabe reclamação, por usurpação da competência do Superior Tribunal de Justiça, contra a decisão de juiz de 1º grau que inadmitir recurso ordinário, no caso do art. 1.027, II, "b".

Nº 293 do FPPC: Se considerar intempestiva a apelação contra sentença que indefere a petição inicial ou julga liminarmente improcedente o pedido, não pode o juízo *a quo* retratar-se.

Nº 356 do FPPC: Aplica-se a regra do art. 1.010, § 3º, às apelações pendentes de admissibilidade ao tempo da entrada em vigor do CPC, de modo que o exame da admissibilidade destes recursos competirá ao Tribunal de 2º grau.

Nº 474 do FPPC: O recurso inominado interposto contra sentença proferida nos juizados especiais será remetido à respectiva turma recursal independentemente de juízo de admissibilidade.

Art. 1.011. Recebido o recurso de apelação no tribunal e distribuído imediatamente, o relator:

I – decidi-lo-á monocraticamente apenas nas hipóteses do art. 932, incisos III a V;

II – se não for o caso de decisão monocrática, elaborará seu voto para julgamento do recurso pelo órgão colegiado.

Notas:

Juízo de admissibilidade e distribuição automática. Após o juízo de admissibilidade no tribunal *ad quem*, realizada pelo relator do recurso no tribunal (vale lembrar que o juízo de admissibilidade era realizado primeiro pelo *juízo a quo* no CPC de 1973), este deve: I – decidi-lo-á monocraticamente apenas nas hipóteses do art. 932, incisos III a V[527]; II – se não for o caso de decisão monocrática, elaborará seu voto para julgamento do recurso pelo órgão colegiado.

---

527 "*Art. 932. Incumbe ao relator:*

I – dirigir e ordenar o processo no tribunal, inclusive em relação à produção de prova, bem como, quando for o caso, homologar autocomposição das partes;

II – apreciar o pedido de tutela provisória nos recursos e nos processos de competência originária do tribunal;

III – não conhecer de recurso inadmissível, prejudicado ou que não tenha impugnado especificamente os fundamentos da decisão recorrida;

IV – negar provimento a recurso que for contrário a:

a) súmula do Supremo Tribunal Federal, do Superior Tribunal de Justiça ou do próprio tribunal;

b) acórdão proferido pelo Supremo Tribunal Federal ou pelo Superior Tribunal de Justiça em julgamento de recursos repetitivos;

c) entendimento firmado em incidente de resolução de demandas repetitivas ou de assunção de competência;

V – depois de facultada a apresentação de contrarrazões, dar provimento ao recurso se a decisão recorrida for contrária a:

a) súmula do Supremo Tribunal Federal, do Superior Tribunal de Justiça ou do próprio tribunal;

b) acórdão proferido pelo Supremo Tribunal Federal ou pelo Superior Tribunal de Justiça em julgamento de recursos repetitivos;

c) entendimento firmado em incidente de resolução de demandas repetitivas ou de assunção de competência;

VI – decidir o incidente de desconsideração da personalidade jurídica, quando este for instaurado originariamente perante o tribunal;

VII – determinar a intimação do Ministério Público, quando for o caso;

VIII – exercer outras atribuições estabelecidas no regimento interno do tribunal.

Parágrafo único. Antes de considerar inadmissível o recurso, o relator concederá o prazo de 5 (cinco) dias ao recorrente para que seja sanado vício ou complementada a documentação exigível."

Art. 1.012. A apelação terá efeito suspensivo.

§ 1º Além de outras hipóteses previstas em lei, começa a produzir efeitos imediatamente após a sua publicação a sentença que:

I – homologa divisão ou demarcação de terras;

II – condena a pagar alimentos;

III – extingue sem resolução do mérito ou julga improcedentes os embargos do executado;

IV – julga procedente o pedido de instituição de arbitragem;

V – confirma, concede ou revoga tutela provisória;

VI – decreta a interdição.

§ 2º Nos casos do § 1º, o apelado poderá promover o pedido de cumprimento provisório depois de publicada a sentença.

§ 3º O pedido de concessão de efeito suspensivo nas hipóteses do § 1º poderá ser formulado por requerimento dirigido ao:

I – tribunal, no período compreendido entre a interposição da apelação e sua distribuição, ficando o relator designado para seu exame prevento para julgá-la;

II – relator, se já distribuída a apelação.

§ 4º Nas hipóteses do § 1º, a eficácia da sentença poderá ser suspensa pelo relator se o apelante demonstrar a probabilidade de provimento do recurso ou se, sendo relevante a fundamentação, houver risco de dano grave ou de difícil reparação.

Notas:

Apelação e seus efeitos. A apelação, de regra, além de impedir o trânsito em julgado da sentença, possui duplo efeito: o devolutivo e o suspensivo.

O efeito devolutivo baseia-se na transferência para o órgão *ad quem* do conhecimento de toda a matéria efetivamente impugnada pelo recorrente e, evidentemente, no limite da impugnação (*tantum devolutum quantum apellatum*).

O efeito devolutivo gera outra conclusão: a proibição da *reformatio in pejus*. Neste sentido, no caso de a parte contrária se conformar com os limites da sentença, o recorrente que, no exercício de um direito, procurar a revisão da decisão judicial, não poderá ter a sua situação modificada para pior.

Por outro lado, o efeito suspensivo impossibilita a eficácia da decisão judicial, conservando a situação decidida, nos limites da matéria impugnada pelo recurso, no mesmo estado em que se encontra, até nova decisão pelo órgão *ad quem*. Apesar de, em regra, a apelação ser recebida no duplo efeito (devolutivo e suspensivo), existem, conforme preceitua o art. 1.012, § 1º do CPC, algumas exceções a esta regra geral, aplicando-se somente o efeito devolutivo à apelação, significando como isso que, a própria sentença começara a produzir seus efeitos imediatamente após a sua publicação, e isso se dará quando a apelação enfrentar dito ato sentencial que: I – homologa divisão ou demarcação de terras; II – condena a pagar alimentos; III – extingue sem resolução do mérito ou julga improcedentes os embargos do executado; IV – julga procedente o pedido de instituição de arbitragem; V – confirma, concede ou revoga tutela provisória; VI – decreta a interdição. Poderá, nestes termos, o apelado solicitar ao juízo o cumprimento provisório da sentença, isso após a sua publicação (§ 2º do art. 1.012 do CPC).

Por outro lado, em tais hipóteses do § 1º do art. 1.012, ainda que, em regra, não ensejem efeito suspensão à apelação frente a elas impetrada, o recorrente que almejar obter o aludido efeito suspensivo deverá, ao interpor o recurso de apelação, requerer explicitamente que, apesar de se tratar de caso para o qual a lei não prevê efeito suspensivo, o juiz o receba no duplo efeito, pois que relevante sua fundamentação, havendo risco de dano grave ou de difícil reparação; ou ainda o apelante demonstrar ao relator de seu recurso, a probabilidade do provimento solicitado (§ 4º do art. 1.012).

Insta frisar que, o supracitado pedido de efeito suspensivo, em tais hipóteses, será dirigido ao:

- tribunal, no período compreendido entre a interposição da apelação e sua distribuição, ficando o relator designado para seu exame prevento para julgá-la;
- relator, se já distribuída a apelação.

Remissão:

– Art. 14 da Lei nº 7.347/1985 (Lei da Ação Civil Pública):

"Art. 14. O juiz poderá conferir efeito suspensivo aos recursos, para evitar dano irreparável à parte".

Súmulas:

STF nº 405: Denegado o mandado de segurança pela sentença, ou no julgamento do agravo, dela interposto, fica sem efeito a liminar concedida, retroagindo os efeitos da decisão contrária.

STJ nº 317: É definitiva a execução de título extrajudicial, ainda que pendente apelação contra sentença que julgue improcedentes os embargos.

STJ nº 331: A apelação interposta contra sentença que julga embargos à arrematação tem efeito meramente devolutivo.

Enunciados das Jornadas de Direito Processual Civil do Conselho da Justiça Federal:

Nº 134 do CJF: A apelação contra a sentença que julga improcedentes os embargos ao mandado monitório não é dotada de efeito suspensivo automático (art. 702, § 4º, e 1.012, § 1º, V, CPC).

Nº 144 do CJF: No caso de apelação, o deferimento de tutela provisória em sentença retira-lhe o efeito suspensivo referente ao capítulo atingido pela tutela.

Enunciados do Fórum Permanente de Processualistas Civis:

Nº 217 do FPPC: A apelação contra o capítulo da sentença que concede, confirma ou revoga a tutela antecipada da evidência ou de urgência não terá efeito suspensivo automático.

Nº 423 do FPPC: Cabe tutela de evidência recursal.

Nº 465 do FPPC: A concessão do efeito suspensivo ao recurso inominado cabe exclusivamente ao relator na turma recursal.

Nº 559 do FPPC: O efeito suspensivo *ope legis* do recurso de apelação não obsta a eficácia das decisões interlocutórias nele impugnadas.

Art. 1.013. A apelação devolverá ao tribunal o conhecimento da matéria impugnada.

§ 1º Serão, porém, objeto de apreciação e julgamento pelo tribunal todas as questões suscitadas e discutidas no processo, ainda que não tenham sido solucionadas, desde que relativas ao capítulo impugnado.

§ 2º Quando o pedido ou a defesa tiver mais de um fundamento e o juiz acolher apenas um deles, a apelação devolverá ao tribunal o conhecimento dos demais.

§ 3º Se o processo estiver em condições de imediato julgamento, o tribunal deve decidir desde logo o mérito quando:

I – reformar sentença fundada no art. 485;

II – decretar a nulidade da sentença por não ser ela congruente com os limites do pedido ou da causa de pedir;

III – constatar a omissão no exame de um dos pedidos, hipótese em que poderá julgá-lo;

IV – decretar a nulidade de sentença por falta de fundamentação.

§ 4º Quando reformar sentença que reconheça a decadência ou a prescrição, o tribunal, se possível, julgará o mérito, examinando as demais questões, sem determinar o retorno do processo ao juízo de primeiro grau.

§ 5º O capítulo da sentença que confirma, concede ou revoga a tutela provisória é impugnável na apelação.

Notas:

Devolução. Conforme comentários ao artigo anterior, o efeito devolutivo da apelação se traduz na devolução ao tribunal *ad quem* o conhecimento da matéria impugnada na apelação.

O § 1º cuida das questões suscitadas e discutidas no processo ao dizer que serão, porém, objeto de apreciação e julgamento pelo tribunal todas as questões suscitadas e discutidas no processo, ainda que não tenham sido solucionadas, desde que relativas ao capítulo impugnado.

A extensão do efeito devolutivo da apelação é definida pelo pedido do recorrente e qualquer julgamento fora desse limite não pode comprometer a efetividade do contraditório, ainda que se pretenda aplicar a teoria da causa madura. (REsp 1.909.451-SP, Rel. Min. Luis Felipe Salomão, Quarta Turma, por unanimidade, julgado em 23/03/2021).[528]

---

[528] A apelação visa à obtenção de novo pronunciamento sobre a causa, com reforma total ou parcial da sentença do juiz de primeiro grau. Nessa extensão, conforme a doutrina, "as questões de fato e de direito tratadas no processo, sejam de natureza substancial ou processual, voltam a ser conhecidas e examinadas pelo tribunal".

Esse recurso é interposto contra sentença (art. 1.009, *caput*, CPC/2015), podendo compreender todos, ou apenas alguns, itens ou capítulos da decisão judicial recorrida, a depender da delimitação apresentada pelo recorrente na interposição do apelo, limitando, assim, a atuação do órgão ad quem na solução do mérito recursal.

O diploma processual civil de 2015 é suficientemente claro ao estabelecer que "a apelação devolverá ao tribunal o conhecimento da matéria impugnada", cabendo o órgão ad quem apreciar e julgar "todas as questões suscitadas e discutidas no processo, ainda que não tenham sido solucionadas, desde que relativas ao capítulo impugnado" (art. 1.013, § 1º, do CPC/2015).

Assim, o efeito devolutivo da apelação define o que deverá ser analisado pelo órgão recursal. O "tamanho" dessa devolução se definirá por duas variáveis: sua extensão e sua profundidade. A extensão do efeito devolutivo é exatamente a medida daquilo que se submete, por força do recurso, ao julgamento do órgão ad quem.

Dentro do âmbito da devolução, o tribunal poderá apreciar todas as questões suscitadas e discutidas no processo, ainda que não tenham sido solucionadas pela sentença recorrida, mas a extensão do que será analisado é definida pelo pedido do recorrente. Em seu julgamento, o acórdão deverá se limitar a acolher ou rejeitar o que lhe for requerido pelo apelante, para que não haja ofensa ao princípio da disponibilidade da tutela jurisdicional e o da adstrição do julgamento ao pedido.

Sobre o capítulo não impugnado pelo adversário do apelante, e que eventualmente a reforma pudesse significar prejuízo ao recorrente, incide a coisa julgada. Assim, não há se pensar em reformatio in pejus, já que qualquer providência dessa natureza esbarraria na res iudicata.

Ademais, é intuitivo concluir que a solução de questão estranha ao que fora estabelecido pelo recorrente - mesmo que exclusivamente referente à matéria de ordem pública -, ao ensejo de decidir o processo ou algum incidente no seu curso, comprometerá a efetividade do contraditório.

Quando o pedido ou a defesa tiver mais de um fundamento e o juiz acolher apenas um deles, a apelação devolverá ao tribunal o conhecimento dos demais (§ 2º).

O § 3º trata das condições de julgamento imediato do processo. Vejamos: o tribunal deve decidir desde logo o mérito quando: I – reformar sentença fundada no art. 485; II – decretar a nulidade da sentença por não ser ela congruente com os limites do pedido ou da causa de pedir; III – constatar a omissão no exame de um dos pedidos, hipótese em que poderá julgá-lo; IV – decretar a nulidade de sentença por falta de fundamentação.

O § 4º apresenta regras relacionadas a prescrição e a decadência. Quando reformar sentença que reconheça a decadência ou a prescrição, o tribunal, se possível, julgará o mérito, examinando as demais questões, sem determinar o retorno do processo ao juízo de primeiro grau.

Por fim, o § 5º estabelece que o capítulo da sentença que confirma, concede ou revoga a tutela provisória é impugnável na apelação.

Súmulas:

STJ nº 7: A pretensão de simples reexame de prova não enseja recurso especial.

STJ nº 331: A apelação interposta contra sentença que julga embargos à arrematação tem efeito meramente devolutivo.

Enunciados do Fórum Permanente de Processualistas Civis:

Nº 7 do FPPC: O pedido, quando omitido em decisão judicial transitada em julgado, pode ser objeto de ação autônoma.

Nº 8 do FPPC: Fica superado o enunciado 453 da súmula do STJ após a entrada em vigor do CPC (*"Os honorários sucumbenciais, quando omitidos em decisão transitada em julgado, não podem ser cobrados em execução ou em ação própria"*).

Cumpre acrescentar, por oportuno, outro viés impeditivo do julgamento pelo órgão ad quem fora dos limites apresentado pelo autor do recurso, sem que haja respeito ao contraditório. É que, ainda que se pretenda valer-se da teoria da causa madura, prestigiada de modo explícito no § 3º do art. 1.013 do CPC/2015, a falta do contraditório acerca da questão decidida se apresentaria como barreira ao próprio cumprimento daquela teoria.

Conforme nos ensina a doutrina, para considerar-se madura a causa não basta, por exemplo, que a questão de mérito a ser decidida seja apenas de direito. "Mesmo que não haja prova a ser produzida, não poderá o Tribunal enfrenta-lo no julgamento da apelação formulada contra a sentença terminativa, se uma das partes ainda não teve oportunidade processual adequada de debater a questão de mérito. Estar o processo em condições de imediato julgamento significa, em outras palavras, não apenas envolver o mérito da causa questão só de direito que se deve levar em conta, mas também a necessidade de cumprir o contraditório".

Nº 100 do FPPC: Não é dado ao tribunal conhecer de matérias vinculadas ao pedido transitado em julgado pela ausência de impugnação.

Nº 102 do FPPC: O pedido subsidiário (art. 326) não apreciado pelo juiz – que acolheu o pedido principal – é devolvido ao tribunal com a apelação interposta pelo réu.

Nº 103 do FPPC: A decisão parcial proferida no curso do processo com fundamento no art. 487, I, sujeita-se a recurso de agravo de instrumento.

Nº 307 do FPPC: Reconhecida a insuficiência da sua fundamentação, o tribunal decretará a nulidade da sentença e, preenchidos os pressupostos do § 3º do art. 1.013, decidirá desde logo o mérito da causa.

Nº 357 do FPPC: Aplicam-se ao recurso ordinário os arts. 1.013 e 1.014.

Nº 217 do FPPC: A apelação contra o capítulo da sentença que concede, confirma ou revoga a tutela antecipada da evidência ou de urgência não terá efeito suspensivo automático.

Art. 1.014. As questões de fato não propostas no juízo inferior poderão ser suscitadas na apelação, se a parte provar que deixou de fazê-lo por motivo de força maior.

Notas:

Questões de fato suscitadas na apelação. O recorrente poderá propor na apelação questões de fato não suscitadas no juízo de primeiro grau conquanto prove que não o fez oportunamente por razão de força maior. Deste modo, o presente dispositivo é claro sobre o tema, estabelecendo que "*as questões de fato não propostas, no juízo inferior, poderão ser suscitadas na apelação, se a parte provar que deixou de fazê-lo por motivo de força maior*". Importante ressaltar, contudo, que o referido dispositivo não permite a modificação da causa de pedir (*causa petendi*).

Neste sentido, querendo o recorrente propor questão nova quando da apelação, deverá tomar o cuidado de, anteriormente, expor e provar a razão de força maior que dá suporte a sua pretensão, para, assim, ter a questão apreciada pelo tribunal. Aplica-se esta mesma regra para a juntada de novos documentos na apelação, isto é, a parte deve justificar as razões que a impossibilitaram de fazê-lo oportunamente. A alegação de prescrição dispensa a prova de razão de força maior, podendo ser alegada em qualquer grau de jurisdição (art. 193 do Código Civil).

Enunciado do Fórum Permanente de Processualistas Civis:

Nº 357 do FPPC: Aplicam-se ao recurso ordinário os arts. 1.013 e 1.014.

CAPÍTULO III
DO AGRAVO DE INSTRUMENTO

Art. 1.015. Cabe agravo de instrumento contra as decisões interlocutórias que versarem sobre:

I – tutelas provisórias;

II – mérito do processo;

III – rejeição da alegação de convenção de arbitragem;

IV – incidente de desconsideração da personalidade jurídica;

V – rejeição do pedido de gratuidade da justiça ou acolhimento do pedido de sua revogação;

VI – exibição ou posse de documento ou coisa;

VII – exclusão de litisconsorte;

VIII – rejeição do pedido de limitação do litisconsórcio;

IX – admissão ou inadmissão de intervenção de terceiros;

X – concessão, modificação ou revogação do efeito suspensivo aos embargos à execução;

XI – redistribuição do ônus da prova nos termos do art. 373, § 1º;

XII – (VETADO);

XIII – outros casos expressamente referidos em lei.

Parágrafo único. Também caberá agravo de instrumento contra decisões interlocutórias proferidas na fase de liquidação de sentença ou de cumprimento de sentença, no processo de execução e no processo de inventário.

Notas:

Agravo de instrumento. O dispositivo em tela apresenta as hipóteses taxativas em que a decisão interlocutória pode ser impugnada pelo recurso de agravo. Daí é possível afirmar que as demais decisões interlocutórias que não estejam no rol acima deverão ser recorríveis como preliminares (razões ou contrarrazões) de apelação. No entanto, em decisão em sede de sistemática de Recursos Especiais Repetitivos, o STJ decidiu pela não taxatividade do presente rol, ao fixar tese em votação apertada, tendo como relatora a Min. Nancy Andrighi, que:

a) O rol do art. 1.015 do CPC é de taxatividade mitigada, por isso admitido a interposição de agravo de instrumento quando verificada a urgência decorrente da inutilidade do julgamento da questão no recurso de apelação;[529]

[529] "O rol do art. 1.015 do CPC é de taxatividade mitigada, por isso admite a interposição de agravo de instrumento quando verificada a urgência decorrente da inutilidade do julgamento

b) Modular os efeitos da tese jurídica supra para somente ser aplicada às decisões interlocutórias proferidas após a publicação do acórdão. [530]

É cediço que a dinâmica que envolve o procedimento, a depender da própria natureza da pretensão ajuizada, pode levar a tipicidades processuais diferentes, como, por exemplo, a negativa do juízo quanto à realização de uma prova pericial para fins de se apurar a responsabilidade decorrente de um acidente automobilístico ou de um crime cibernético. O indeferimento de provas não se faz presente no rol do art. 1.015 e a necessidade e urgência quanto a tal prova no exemplo supracitado é, em regra, premente, de modo que esperar pelo apelo em sede de razões ou contrarrazões da Apelação significa, em várias circunstâncias, a própria perda do objeto ou mesmo o possível indeferimento interlocutório de um pedido de segredo de justiça e ainda, questões referentes à decisão que examina a competência do juízo. Poderíamos lançar aqui rios de tinta para tipificar outros exemplos, mas daí já se basta para notar que houve uma involução na recorribilidade das interlocutórias no processo civil brasileiro.

Em tais hipóteses supracitadas, já sustentávamos a possibilidade do manejo do Mandado de Segurança, aliás, já reconhecida como possível pelo Superior Tribunal de Justiça,[531] a despeito da regra prevista no art. 5º, II da Lei nº12.016/09, pois que a presença de recurso com possibilidades de efeito suspensivo somente ao final do procedimento em 1º grau significa a própria inutilidade da pretensão mirada e negada interlocutoriamente, o que não se justifica diante de um processo civil de resultados, onde o predicado inconteste de um eficiente Serviço Público da Justiça se encontra prometido constitucionalmente – *ex vi* do art. 37 da CF/88 – como também pelo próprio art. 8º do CPC/2015.

Outrossim, diante decisão do STJ em sede de REsp Repetitivo, portanto, com força de precedente normativo vinculante, passa a admitir, como alhures referido, a possibilidade de interposição do Agravo de Instrumento em situações hipotéticas não previstas no rol do art. 1.015 do CPC, desde que seja comprovada a urgência da matéria obstada pela interlocutória decorrente da inutilidade do julgamento da questão em futuro recurso de apelação.

---

da questão no recurso de apelação". (REsp 1.704.520/MT, Rel. Ministra Nancy Andrighi, Corte Especial, DJe 19/12/2018).

530 Voto no Recurso Especial n. 1.696.396-MT (2017/0226287-4).

531 Informativo nº 636 do STJ: "Código de Processo Civil de 2015. Decisão interlocutória que examina competência. Dúvida razoável sobre o cabimento de agravo de instrumento. Mandado de Segurança. Cabimento (RMS 58.578-SP, Rel. Min. Raul Araújo, por unanimidade, julgado em 18.10.2018, *DJe* 25.10.2018)."

Há de compreender que o conceito de "urgência" é verdadeiramente indeterminado, de modo que deverá ser demonstrado categoricamente a urgência material da questão aventada.

Em seu voto, a Min. relatora procura fortalecer o argumento da urgência nos seguintes termos:

> "*A tese que se propõe consiste em, a partir de um requisito objetivo – a **urgência** que decorre da inutilidade futura do julgamento do recurso diferido da apelação –, possibilitara recorribilidade imediata de decisões interlocutórias fora da lista do art. 1.015 do CPC, sempre em caráter excepcional e desde que preenchido o requisito **urgência**, independentemente do uso da interpretação extensiva ou analógica dos incisos do art. 1.015 do CPC, porque, como demonstrado, nem mesmo essas técnicas hermenêuticas são suficientes para abarcar todas as situações.*"[532]

Em verdade, a opção incorreta do legislador deixou de considerar toda a experiência negativa que esta técnica legislativa de previsão (agravo casuístico em hipóteses taxativas) trouxe ao processo civil brasileiro com o CPC/1939.[533] Ainda assim, a despeito de não concordarmos com o rol taxativo do art. 1.015 do CPC, entendemos que qualquer forma de revogação legal deve se dar no âmbito do poder competente para tal – *in casu*, o Legislativo – e não em forma de ativismo volitivo de qualquer órgão judicial.

Vale destacar que caberá agravo de instrumento contra decisões interlocutórias proferidas na fase de liquidação de sentença ou de cumprimento de sentença, no processo de execução e no processo de inventário (parágrafo único do artigo 1.015 do CPC).

Remissões:

– Art. 100 da Lei nº 11.101/2005 (regula a recuperação judicial, a extrajudicial e a falência do empresário e da sociedade empresária):

"Art. 100. Da decisão que decreta a falência cabe agravo, e da sentença que julga a improcedência do pedido cabe apelação".

– Art. 58-A e 189, § 1º, II, da Lei nº 11.101/2005, incluídos pela Lei nº 14.112/2020:

[532] Voto no Recurso Especial n. 1.696.396-MT (2017/0226287-4).

[533] No mesmo sentido, ver NERY JUNIOR, Nelson Nery; NERY, Rosa Maria de Andrade. *Código de Processo Civil Comentado*. 16 ed. São Paulo: Revista dos Tribunais, 2016, p. 2233.

"Art. 58-A. Rejeitado o plano de recuperação proposto pelo devedor ou pelos credores e não preenchidos os requisitos estabelecidos no § 1º do art. 58 desta Lei, o juiz convolará a recuperação judicial em falência.

Parágrafo único. Da sentença prevista no *caput* deste artigo caberá agravo de instrumento.

(...)

Art. 189. Aplica-se, no que couber, aos procedimentos previstos nesta Lei, o disposto na Lei nº 13.105, de 16 de março de 2015 (Código de Processo Civil), desde que não seja incompatível com os princípios desta Lei.

§ 1º Para os fins do disposto nesta Lei:

(...)

II – as decisões proferidas nos processos a que se refere esta Lei serão passíveis de agravo de instrumento, exceto nas hipóteses em que esta Lei previr de forma diversa.

(...)".

– Art. 15 da Lei nº 12.016/2009 (disciplina o mandado de segurança individual e coletivo e dá outras providências):

"Art. 15. Quando, a requerimento de pessoa jurídica de direito público interessada ou do Ministério Público e para evitar grave lesão à ordem, à saúde, à segurança e à economia públicas, o presidente do tribunal ao qual couber o conhecimento do respectivo recurso suspender, em decisão fundamentada, a execução da liminar e da sentença, dessa decisão caberá agravo, sem efeito suspensivo, no prazo de 5 (cinco) dias, que será levado a julgamento na sessão seguinte à sua interposição.

§ 1º Indeferido o pedido de suspensão ou provido o agravo a que se refere o *caput* deste artigo, caberá novo pedido de suspensão ao presidente do tribunal competente para conhecer de eventual recurso especial ou extraordinário.

§ 2º É cabível também o pedido de suspensão a que se refere o § 1º deste artigo, quando negado provimento a agravo de instrumento interposto contra a liminar a que se refere este artigo.

§ 3º A interposição de agravo de instrumento contra liminar concedida nas ações movidas contra o poder público e seus agentes não prejudica nem condiciona o julgamento do pedido de suspensão a que se refere este artigo.

§ 4º O presidente do tribunal poderá conferir ao pedido efeito suspensivo liminar se constatar, em juízo prévio, a plausibilidade do direito invocado e a urgência na concessão da medida.

§ 5º As liminares cujo objeto seja idêntico poderão ser suspensas em uma única decisão, podendo o presidente do tribunal estender os efeitos da suspensão a liminares supervenientes, mediante simples aditamento do pedido original".

Súmulas:

STF nº 699: O prazo para interposição de agravo, em processo penal, é de cinco dias, de acordo com a lei 8038/1990, não se aplicando o disposto a respeito nas alterações da lei 8950/1994 ao código de processo civil.

STF nº 700: É de cinco dias o prazo para interposição de agravo contra decisão do juiz da execução penal.

STJ nº 86: Cabe recurso especial contra acordão proferido no julgamento de agravo de instrumento.

STJ nº 118: O agravo de instrumento é o recurso cabível da decisão que homologa a atualização do cálculo da liquidação.

STJ. Tema Repetitivo 1022:

Tese: É cabível agravo de instrumento contra todas as decisões interlocutórias proferidas nos processos de recuperação judicial e nos processos de falência, por força do art. 1.015, parágrafo único, CPC.

Enunciados das Jornadas de Direito Processual Civil do Conselho da Justiça Federal:

Nº 69 do CJF: A hipótese do art. 1.015, parágrafo único, do CPC abrange os processos concursais, de falência e recuperação.

Nº 70 do CJF: É agravável o pronunciamento judicial que postergar a análise de pedido de tutela provisória ou condicioná-la a qualquer exigência.

Nº 71 do CJF: É cabível o recurso de agravo de instrumento contra a decisão que indefere o pedido de atribuição de efeito suspensivo a Embargos à Execução, nos termos do art. 1.015, X, do CPC.

Nº 72 do CJF: É admissível a interposição de agravo de instrumento tanto para a decisão interlocutória que rejeita a inversão do ônus da prova, como para a que a defere.

Nº 125 do CJF: A decisão parcial de mérito não pode ser modificada senão em decorrência do recurso que a impugna.

Nº 145 do CJF: O recurso cabível contra a decisão que julga a liquidação de sentença é o Agravo de Instrumento.

Nº 173 do CJF: O prazo para interpor agravo de instrumento em face da decisão de saneamento e organização do processo começa após o julgamento do pedido de ajustes e esclarecimentos ou do término do prazo previsto no art. 357, § 1º, do CPC, caso as partes deixem de apresentar referida manifestação.

Nº 192 do CJF: É admissível sustentação oral no agravo interposto contra a decisão do presidente em suspensão de segurança, de liminar, de sentença e de medidas congêneres propostas pelo Poder Público

Nº 195 do CJF: Se o agravo de instrumento for inadmitido quando impugnada decisão interlocutória com base no Tema Repetitivo 988 do STJ (taxatividade mitigada), caberá a impugnação da mesma decisão interlocutória em preliminar de apelação ou contrarrazões.

Nº 200 do CJF: Cabe agravo de instrumento da decisão interlocutória que determinar a emenda da petição inicial da ação monitória, para adequação ao procedimento comum, por ser decisão interlocutória de indeferimento de tutela da evidência.

Nº 216 do CJF: Na hipótese de o acolhimento da impugnação acarretar a extinção do cumprimento de sentença, a natureza jurídica da decisão é sentença e o recurso cabível é apelação; caso o acolhimento não impedir a continuidade dos atos executivos, trata-se de decisão interlocutória sujeita a agravo de instrumento (art. 1.015, parágrafo único, do CPC).

Enunciados do Fórum Permanente de Processualistas Civis:

Nº 29 do FPPC: A decisão que condicionar a apreciação da tutela antecipada incidental ao recolhimento de custas ou a outra exigência não prevista em lei equivale a negá-la, sendo impugnável por agravo de instrumento.

Nº 103 do FPPC: A decisão parcial proferida no curso do processo com fundamento no art. 487, I, sujeita-se a recurso de agravo de instrumento.

Nº 154 do FPPC: É cabível agravo de instrumento contra ato decisório que indefere parcialmente a petição inicial ou a reconvenção.

Nº 177 do FPPC: A decisão interlocutória que julga procedente o pedido para condenar o réu a prestar contas, por ser de mérito, é recorrível por agravo de instrumento.

Nº 351 do FPPC: O regime da recorribilidade das interlocutórias do CPC aplica-se ao procedimento do mandado de segurança.

Nº 390 do FPPC: Resolvida a desconsideração da personalidade jurídica na sentença, caberá apelação.

Nº 435 do FPPC: Cabe agravo de instrumento contra a decisão do juiz que, diante do reconhecimento de competência pelo juízo arbitral, se recusar a extinguir o processo judicial sem resolução de mérito.

Nº 560 do FPPC: As decisões de que tratam os arts. 22, 23 e 24 da Lei 11.340/2006 (Lei Maria da Penha), quando enquadradas nas hipóteses do inciso I, do art. 1.015, podem desafiar agravo de instrumento.

Nº 611 do FPPC: Na hipótese de decisão parcial com fundamento no art. 485 ou no art. 487, as questões exclusivamente a ela relacionadas e resolvidas anteriormente, quando não recorríveis de imediato, devem ser impugnadas em preliminar do agravo de instrumento ou nas contrarrazões.

Nº 612 do FPPC: Cabe agravo de instrumento contra decisão interlocutória que, apreciando pedido de concessão integral da gratuidade da Justiça, defere a redução percentual ou o parcelamento de despesas processuais.

Nº 693 do FPPC: Cabe agravo de instrumento contra a decisão interlocutória que converte o rito da tutela provisória de urgência requerida em caráter antecedente.

Nº 705 do FPPC: Aplicam-se os §§ 3º e 4º do art. 1.013 ao agravo de instrumento interposto contra decisão parcial de mérito

Nº 706 do FPPC: É cabível a interposição de agravo de instrumento contra as decisões interlocutórias proferidas após a decretação da falência ou o deferimento da recuperação judicial.

Art. 1.016. O agravo de instrumento será dirigido diretamente ao tribunal competente, por meio de petição com os seguintes requisitos:

I – os nomes das partes;

II – a exposição do fato e do direito;

III – as razões do pedido de reforma ou de invalidação da decisão e o próprio pedido;

IV – o nome e o endereço completo dos advogados constantes do processo.

Notas:

Requisitos formais do agravo de instrumento. Deve o agravo de instrumento ser interposto através de petição, esta endereçada diretamente ao Tribunal competente para conhecer da matéria, objeto na demanda proposta, isto de acordo com regras de organização judiciária de cada Estado, sendo que a petição de interposição deverá obedecer, conforme o art. 1.016 do CPC, aos requisitos nomeados nos incisos supracitados.

Art. 1.017. A petição de agravo de instrumento será instruída:

I – obrigatoriamente, com cópias da petição inicial, da contestação, da petição que ensejou a decisão agravada, da própria decisão agravada, da certidão da respectiva intimação ou outro documento oficial que comprove a tempestividade e das procurações outorgadas aos advogados do agravante e do agravado;

II – com declaração de inexistência de qualquer dos documentos referidos no inciso I, feita pelo advogado do agravante, sob pena de sua responsabilidade pessoal;

III – facultativamente, com outras peças que o agravante reputar úteis.

§ 1º Acompanhará a petição o comprovante do pagamento das respectivas custas e do porte de retorno, quando devidos, conforme tabela publicada pelos tribunais.

§ 2º No prazo do recurso, o agravo será interposto por:

I – protocolo realizado diretamente no tribunal competente para julgá-lo;

II – protocolo realizado na própria comarca, seção ou subseção judiciárias;

III – postagem, sob registro, com aviso de recebimento;

IV – transmissão de dados tipo fac-símile, nos termos da lei;

V – outra forma prevista em lei.

§ 3º Na falta da cópia de qualquer peça ou no caso de algum outro vício que comprometa a admissibilidade do agravo de instrumento, deve o relator aplicar o disposto no art. 932, parágrafo único.

§ 4º Se o recurso for interposto por sistema de transmissão de dados tipo fac-símile ou similar, as peças devem ser juntadas no momento de protocolo da petição original.

§ 5º Sendo eletrônicos os autos do processo, dispensam-se as peças referidas nos incisos I e II do *caput*, facultando-se ao agravante anexar outros documentos que entender úteis para a compreensão da controvérsia.

Notas:

Peças obrigatórias no agravo de instrumento. O artigo apresenta as peças que deverão acompanhar o agravo de instrumento, a saber: I – obrigatoriamente, com cópias da petição inicial, da contestação, da petição que ensejou a decisão agravada, da própria decisão agravada, da certidão da respectiva intimação ou outro documento oficial que comprove a tempestividade e das procurações outorgadas aos advogados do agravante e do agravado; II – com declaração de inexistência de qualquer dos documentos referidos no inciso I, feita pelo advogado do agravante, sob pena de sua responsabilidade pessoal; III – facultativamente, com outras peças que o agravante reputar úteis.

O § 1º do artigo em destaque cuida do **preparo do agravo** que deverá acompanhar a petição do agravo de instrumento.

A **interposição do agravo** poderá ocorrer da seguinte forma: I – protocolo realizado diretamente no tribunal competente para julgá-lo; II – protocolo realizado na própria comarca, seção ou subseção judiciárias; III – postagem, sob registro, com aviso de recebimento; IV – transmissão de dados tipo fac-símile, nos termos da lei; V – outra forma prevista em lei (§ 2º).

Já o § 3º dispõe sobre a **falta de peças obrigatórias** que devem seguir com o agravo de instrumento. Neste caso, ou no caso de algum outro vício que comprometa a admissibilidade do agravo de instrumento, deve o relator aplicar o disposto no art. 932, parágrafo único (antes de considerar inadmissível o recurso, o relator concederá o prazo de 5 (cinco) dias ao recorrente para que seja sanado vício ou complementada a documentação exigível).

O § 4º trata da possibilidade de o agravo de instrumento ser interposto por **sistema de transmissão de dados tipo fac-símile ou similar**. Aqui, as peças devem ser juntadas no momento de protocolo da petição original.

Por fim, o § 5º cuida dos **autos em processo eletrônico**. Neste caso, dispensam-se as peças referidas nos incisos I e II do *caput*, facultando-se ao agravante anexar outros documentos que entender úteis para a compreensão da controvérsia.

Súmulas:

STF nº 288: Nega-se provimento a agravo para subida de recurso extraordinário, quando faltar no traslado o despacho agravado, a decisão recorrida, a petição de recurso extraordinário ou qualquer peça essencial à compreensão da controvérsia.

STJ nº 223: A certidão de intimação do acórdão recorrido constitui peça obrigatória do instrumento de agravo.

Art. 1.018. O agravante poderá requerer a juntada, aos autos do processo, de cópia da petição do agravo de instrumento, do comprovante de sua interposição e da relação dos documentos que instruíram o recurso.

§ 1º Se o juiz comunicar que reformou inteiramente a decisão, o relator considerará prejudicado o agravo de instrumento.

§ 2º Não sendo eletrônicos os autos, o agravante tomará a providência prevista no *caput*, no prazo de 3 (três) dias a contar da interposição do agravo de instrumento.

§ 3º O descumprimento da exigência de que trata o § 2º, desde que arguido e provado pelo agravado, importa inadmissibilidade do agravo de instrumento.

Notas:

Direito do agravante de juntar as peças obrigatórias do agravo de instrumento nos autos do processo. Neste caso, o juízo *a quo* poderá tomar ciência da interposição do agravo de instrumento e, se for o caso, exercer o seu juízo de retratação. Se o juiz comunicar que reformou inteiramente a decisão, o relator considerará prejudicado o agravo de instrumento (§ 1º).

Vale destacar que não sendo os autos eletrônicos, caberá ao agravante juntar as peças do agravo de instrumento nos autos do processo, no prazo de 3 (três) dias a contar da interposição do agravo de instrumento (§ 2º).

Se houver descumprimento do prazo acima mencionado, desde que arguido e provado pelo agravado, importará inadmissibilidade do agravo de instrumento (§ 3º).

Enunciado das Jornadas de Direito Processual Civil do Conselho da Justiça Federal:

Nº 73 do CJF: Para efeito de não conhecimento do agravo de instrumento por força da regra prevista no § 3º do art. 1.018 do CPC, deve o juiz, previamente, atender ao art. 932, parágrafo único, e art. 1.017, § 3º, do CPC, intimando o agravante para sanar o vício ou complementar a documentação exigível.

Enunciado do Fórum Permanente de Processualistas Civis:

Nº 663 do FPPC: A providência prevista no *caput* do art. 1.018 somente pode prejudicar o conhecimento do agravo de instrumento quando os autos do recurso não forem eletrônicos.

Art. 1.019. Recebido o agravo de instrumento no tribunal e distribuído imediatamente, se não for o caso de aplicação do art. 932, incisos III e IV, o relator, no prazo de 5 (cinco) dias:

I – poderá atribuir efeito suspensivo ao recurso ou deferir, em antecipação de tutela, total ou parcialmente, a pretensão recursal, comunicando ao juiz sua decisão;

II – ordenará a intimação do agravado pessoalmente, por carta com aviso de recebimento, quando não tiver procurador constituído, ou pelo Diário da Justiça ou por carta com aviso de recebimento dirigida ao seu advogado, para que responda no prazo de 15 (quinze) dias, facultando-lhe juntar a documentação que entender necessária ao julgamento do recurso;

III – determinará a intimação do Ministério Público, preferencialmente por meio eletrônico, quando for o caso de sua intervenção, para que se manifeste no prazo de 15 (quinze) dias.

Notas:

Distribuição imediata do agravo de instrumento. Após a distribuição do agravo de instrumento, o relator deverá proceder ao juízo de admissibilidade do agravo, verificando, pois, os pressupostos de viabilidade do recurso, bem como os pressupostos de conformação do conteúdo do agravo a uma das hipóteses previstas no artigo 932, inciso IV, do CPC.[534]

A seguir, o relator: I – poderá atribuir efeito suspensivo ao recurso ou deferir, em antecipação de tutela, total ou parcialmente, a pretensão recursal, comunicando ao juiz sua decisão; II – ordenará a intimação do agravado pessoalmente, por carta com aviso de recebimento, quando não tiver procurador constituído, ou pelo Diário da Justiça ou por carta com aviso de recebimento dirigida ao seu advogado, para que responda no prazo de 15 (quinze) dias, facultando-lhe juntar a documentação que entender necessária ao julgamento do recurso; III – determinará a intimação do Ministério Público, preferencialmente por meio eletrônico, quando for o caso de sua intervenção, para que se manifeste no prazo de 15 (quinze) dias.

Súmulas:

STF nº 405: Denegado o mandado de segurança pela sentença, ou no julgamento do agravo, dela interposto, fica sem efeito a liminar concedida, retroagindo os efeitos da decisão contrária.

Enunciados do Fórum Permanente de Processualistas Civis:

Nº 423 do FPPC: Cabe tutela de evidência recursal.

Nº 592 do FPPC: Aplica-se o inciso V do art. 932 ao agravo de instrumento.

Art. 1.020. O relator solicitará dia para julgamento em prazo não superior a 1 (um) mês da intimação do agravado.

Notas:

Inclusão do agravo de instrumento na pauta de julgamento.

CAPÍTULO IV
DO AGRAVO INTERNO

Art. 1.021. Contra decisão proferida pelo relator caberá agravo interno para o respectivo órgão colegiado, observadas, quanto ao processamento, as regras do regimento interno do tribunal.

---

534 "*Art. 932. Incumbe ao relator: [...]*

IV – negar provimento a recurso que for contrário a:

a) súmula do Supremo Tribunal Federal, do Superior Tribunal de Justiça ou do próprio tribunal;

b) acórdão proferido pelo Supremo Tribunal Federal ou pelo Superior Tribunal de Justiça em julgamento de recursos repetitivos;

c) entendimento firmado em incidente de resolução de demandas repetitivas ou de assunção de competência."

§ 1º Na petição de agravo interno, o recorrente impugnará especificadamente os fundamentos da decisão agravada.

§ 2º O agravo será dirigido ao relator, que intimará o agravado para manifestar-se sobre o recurso no prazo de 15 (quinze) dias, ao final do qual, não havendo retratação, o relator leva-lo-á a julgamento pelo órgão colegiado, com inclusão em pauta.

§ 3º É vedado ao relator limitar-se à reprodução dos fundamentos da decisão agravada para julgar improcedente o agravo interno.

§ 4º Quando o agravo interno for declarado manifestamente inadmissível ou improcedente em votação unânime, o órgão colegiado, em decisão fundamentada, condenará o agravante a pagar ao agravado multa fixada entre um e cinco por cento do valor atualizado da causa.

§ 5º A interposição de qualquer outro recurso está condicionada ao depósito prévio do valor da multa prevista no § 4º, à exceção da Fazenda Pública e do beneficiário de gratuidade da justiça, que farão o pagamento ao final.

Notas:

Agravo interno. O regramento assentado no artigo ora em comento trata do recurso de agravo interno contra o ato decisório do relator, de inadmissibilidade, provimento ou improvimento do recurso. Dessa forma, é possível afirmar que a decisão do relator poderá ser impugnada pelo recurso de agravo interno, que deverá ser realizado no prazo de quinze dias, conforme o artigo 1.003, § 5º do CPC, exceto no caso de agravo interno da decisão do Presidente do Tribunal de Justiça proferida no incidente de suspensão da liminar ou segurança em Mandado de Segurança, cujo prazo é somente de cinco dias.

O recorrente, na petição de agravo interno, deverá impugnar especificadamente os fundamentos da decisão agravada (§ 1º).

O agravo será dirigido ao relator, que intimará o agravado para manifestar-se sobre o recurso no prazo de 15 (quinze) dias, ao final do qual, não havendo retratação, o relator leva-lo-á a julgamento pelo órgão colegiado, com inclusão em pauta (§ 2º).

O § 3º veda o relator a limitar-se à reprodução dos fundamentos da decisão agravada para julgar improcedente o agravo interno.

Já os §§ 4º e 5º cuidam da multa. Vejamos: Quando o agravo interno for declarado manifestamente inadmissível ou improcedente em votação unânime, o órgão colegiado, em decisão fundamentada, condenará o agravante a pagar ao agravado multa fixada entre um e cinco por cento do valor atualizado da causa.

Daí que a interposição de qualquer outro recurso está condicionada ao depósito prévio do valor da multa acima mencionada à exceção da Fazenda Pública e do beneficiário de gratuidade da justiça, que farão o pagamento ao final.

Súmulas:

STJ nº 116: A Fazenda Pública e o Ministério Público tem prazo em dobro para interpor agravo regimental no Superior Tribunal de Justiça.

STJ nº 182: É inviável o agravo do art. 545 do CPC que deixa de atacar especificamente os fundamentos da decisão agravada.

Enunciado das Jornadas de Direito Processual Civil do Conselho da Justiça Federal:

Nº 74 do CJF: O termo "manifestamente" previsto no § 4º do art. 1.021 do CPC se refere tanto à improcedência quanto à inadmissibilidade do agravo.

Enunciados do Fórum Permanente de Processualistas Civis:

Nº 142 do FPPC: Da decisão monocrática do relator que concede ou nega o efeito suspensivo ao agravo de instrumento ou que concede, nega, modifica ou revoga, no todo ou em parte, a tutela jurisdicional nos casos de competência originária ou recursal, cabe o recurso de agravo interno nos termos do art. 1.021 do CPC.

Nº 358 do FPPC: A aplicação da multa prevista no art. 1.021, § 4º, exige manifesta inadmissibilidade ou manifesta improcedência.

Nº 359 do FPPC: A aplicação da multa prevista no art. 1.021, § 4º, exige que a manifesta inadmissibilidade seja declarada por unanimidade.

Nº 464 do FPPC: A decisão unipessoal (monocrática) do relator em Turma Recursal é impugnável por agravo interno.

Nº 598 do FPPC: Cabem embargos de declaração para suprir a omissão do acórdão que, embora convergente na conclusão, deixe de declarar os fundamentos divergentes.

Nº 613 do FPPC: A interposição do agravo interno prolonga a dispensa provisória de adiantamento de despesa processual de que trata o § 7º do art. 99, sendo desnecessário postular a tutela provisória recursal.

Nº 725 do FPPC: Cabe tutela provisória recursal liminar no agravo interno.

CAPÍTULO V
DOS EMBARGOS DE DECLARAÇÃO

Art. 1.022. Cabem embargos de declaração contra qualquer decisão judicial para:

I – esclarecer obscuridade ou eliminar contradição;

II – suprir omissão de ponto ou questão sobre o qual devia se pronunciar o juiz de ofício ou a requerimento;

III – corrigir erro material.

Parágrafo único. Considera-se omissa a decisão que:

I – deixe de se manifestar sobre tese firmada em julgamento de casos repetitivos ou em incidente de assunção de competência aplicável ao caso sob julgamento;

II – incorra em qualquer das condutas descritas no art. 489, § 1º.

Notas:

Embargos de declaração. O dispositivo em tela regra as hipóteses cabíveis em sede de Embargos de Declaração. Assim, no caso de a decisão judicial deixar de analisar alguma questão requerida pela parte ou conteúdo sobre o qual deveria o magistrado ter se pronunciado de ofício for incompreensível com relação a algum ponto do processo, manifestar aspectos contraditórios ou mesmo necessitar de eventual correção de erro material a parte interessada poderá interpor o denominado recurso de "embargos de declaração" com objetivo de que o órgão julgador, prolator da decisão, se declare sobre, *v.g.*, a omissão, ou elucide a questão que ficou obscura ou apresentou contradição.

O CPC/2015, diferentemente do CPC/1973, além de alocar para o rol de hipóteses de cabimento dos Embargos de Declaração a "correção de erro material", avançou em grau de extensão com relação ao próprio conteúdo do que se deve entender também por "omissão" em uma decisão judicial.

Assim, além de se considerar uma decisão *citra petita* como inegável hipótese tradicional de omissão, regra o parágrafo único do art. 1.022 demais caracterizações da existência de decisão judicial tida como omissa.

Nestes termos, considera-se presente a omissão em uma decisão judicial quando o órgão julgador (i) deixe de se manifestar sobre tese firmada em julgamento de casos repetitivos ou em incidente de assunção de competência aplicável ao caso sob julgamento; (ii) incorra em qualquer das condutas descritas no art. 489, § 1º.[535]

---

[535] *"Art. 489*

(...)

§ 1º Não se considera fundamentada qualquer decisão judicial, seja ela interlocutória, sentença ou acórdão, que:

I – se limitar à indicação, à reprodução ou à paráfrase de ato normativo, sem explicar sua relação com a causa ou a questão decidida;

II – empregar conceitos jurídicos indeterminados, sem explicar o motivo concreto de sua incidência no caso;

III – invocar motivos que se prestariam a justificar qualquer outra decisão;

Nota-se aí a importância da disposição supra, permitindo às partes a possibilidade de objetar via embargos de declaração decisões que venham a desrespeitar os critérios de fundamentação adequada impostos pelo novel *Codex* bem como a própria adequação da decisão aos precedentes judiciais, fortalecendo a dinâmica do respeito às decisões verticais, por isso, em prol da isonomia e segurança jurídica.

Seguindo a linha do que já defendíamos em edições anteriores de nossas Instituições de Direito Processual Civil, o CPC/2015 reconhece explicitamente, a possibilidade de uso do recurso de Embargos de Declaração frente a qualquer decisão judicial que a faça contemplar as hipóteses a ele cabíveis, e não mais somente contra sentença e acórdão, como autorizava o Código de 1973.[536]

Tal conclusão está de acordo com o intento objetivado por este recurso, que possibilita à parte interessada requerer ao prolator da decisão judicial o seu complemento quando houver omissão com relação a ponto ou questão sobre a qual deveria se pronunciar e/ou casuais esclarecimentos relacionados às obscuridades ou contradições existentes no pronunciamento judicial.

IV – não enfrentar todos os argumentos deduzidos no processo capazes de, em tese, infirmar a conclusão adotada pelo julgador;

V – se limitar a invocar precedente ou enunciado de súmula, sem identificar seus fundamentos determinantes nem demonstrar que o caso sob julgamento se ajusta àqueles fundamentos;

VI – deixar de seguir enunciado de súmula, jurisprudência ou precedente invocado pela parte, sem demonstrar a existência de distinção no caso em julgamento ou a superação do entendimento."

536 Já dizíamos, ainda sob as rédeas do CPC/1973, o seguinte:

"Embora a regra legal limite, explicitamente, o alcance dos embargos de declaração às sentenças e acórdãos, doutrina e jurisprudência já estabeleceram há muito tempo que os embargos podem ser opostos em face de qualquer decisão judicial, em qualquer grau de jurisdição que demonstre obscuridade, contradição e/ou omissão." (GAIO JÚNIOR, Antônio Pereira. *Instituições de Direito Processual Civil.* 2. ed. Belo Horizonte: Del Rey, 2013, p.333.

Sobre o tema, nota, com acerto, NEGRÃO, Theotonio; GOUVÊA, José Roberto F. (*Código de Processo Civil e legislação processual em vigor.* 40. ed. São Paulo: Saraiva, 2008, p. 723): "A garantia constitucional de motivação das decisões judiciais consagra o cabimento dos embargos contra todo o pronunciamento judicial."

Cf. também dentre muitos, NERY, Nelson; NERY, Rosa Maria de Andrade. *Código de Processo Civil Comentado.* 10. ed., p. 907.

"Decisão interlocutória. Os embargos declaratórios são cabíveis contra qualquer decisão judicial e, uma vez interpostos, interrompem o prazo recursal. A interpretação meramente literal do art. 535 do CPC atrita com a sistemática que deriva do próprio ordenamento processual, notadamente após ter sido erigido a nível constitucional o princípio da motivação das decisões judiciais" (STJ-RF 349/235 e RP 103/327 Corte Especial, 10 votos a 4). Na mesma ideia, dentre outros, RSTJ 94/277, 97/277, 145/59, RJTAMG 65/56, RTJE 165/224.

Outrossim, não obstante o presente art. 1.022 ser expressamente claro quanto ao cabimento dos embargos de declaração contra qualquer decisão judicial, desde que seja para esclarecer obscuridade ou eliminar contradição (inciso I), para suprir omissão de ponto ou questão sobre o qual devia se pronunciar o juiz de ofício ou a requerimento (inciso II) ou para corrigir erro material (inciso III), o Superior Tribunal de Justiça, já na vigência do CPC/73, tinha posicionamento jurisprudencial consolidado em que a regra era de serem considerados incabíveis os embargos de declaração contra a decisão que inadmitisse recurso especial. [537]

Em que pese aludida literalidade do supracitado art. 1.022, o STJ continua, em regra, afirmado que não são cabíveis embargos declaratórios contra as decisões de inadmissibilidade de recurso especial proferidas pelos Tribunais de Justiça e pelos Tribunais Regionais Federais e que, se forem interpostos, não interrompem o prazo para interposição do recurso principal,[538] efeito este previsto no art. 1.026, *caput* do CPC.

Observa-se que o fundamento principal para tal entendimento contrário ao que sustenta o texto legal atual é que, se inexiste algum dos vícios descritos nos incisos do art. 1.022 do CPC, inviável o manejo do recurso, o que afasta o efeito interruptivo inerente a ele. Daí que, em consequência, o agravo em recurso especial posteriormente interposto, na grande maioria das vezes, apresenta-se intempestivo.

De forma excepcional, o mesmo STJ vem aceitando a interposição de embargos declaratórios "nos casos em que a decisão for proferida de forma bem genérica, que não permita sequer a interposição do agravo".[539] [540]

---

[537] EAREsp 275.615/SP, Rel. Ministro Ari Pargendler, Corte Especial, Julg. em 13.03. 14, *DJe* 24.3.14.

[538] AgInt no AREsp 1481581/MG, Rel. Ministra Nancy Andrighi. 3ª Turma, *DJe* 04.09.2019; AgInt no AREsp 1.002.982/RS, Rel. Ministro Gurgel de Faria,1ª Turma, *DJe* 16.05.2017; AgInt no AREsp 1.030.934/RJ, Rel. Ministro Sérgio Kukina, 1ª Turma, *DJe* 22.06.2017; AgInt no AREsp 980.304/MS, Rel. Ministro Luis Felipe Salomão, 4ª, *DJe* 15.03.2017; AgInt no AREsp 1.075.172/RS, Rel. Ministro Marco Aurélio Bellizze, 3ª Turma, *DJe* 15.08.2017; AgInt no AREsp 999.025/MG, Rel. Ministro Marco Buzzi, 4ª Turma, *DJe* 19.05.2017.

[539] AgInt no AREsp 1457368/SP, Rel. Ministro Luis Felipe Salomão, 4ª Turma, *Dje* 08.06.2019; E Agint no Aresp 1100853/RJ, Rel. Ministra Assusete Magalhães, 2ª Turma, *Dje* 24.11.2017.

[540] Em julgamento ainda na vigência do CPC/73, o STJ reconheceu a "justa expectativa" como possibilidade de aceite dos Embargos de Declaração em decisão que inadmitiu o Recurso Especial na origem, nos casos em que o tribunal local conheceu dos embargos declaratórios:

"PROCESSUAL CIVIL. AGRAVO REGIMENTAL NO AGRAVO EM RECURSO ESPECIAL. DECISÃO QUE INADMITIU O RECURSO ESPECIAL. INTERPOSIÇÃO DE EMBARGOS DE DECLARAÇÃO. RECURSO INCABÍVEL. CONHECIMENTO PELA CORTE DE ORIGEM. JUSTA EXPECTATIVA DA PARTE DE INTERRUPÇÃO DO PRAZO RECURSAL.

O aludido entendimento é por demais temerário, não somente pela alta carga de subjetividade que em si sustenta, como – e mais grave! – possui previsão *contra legem*, ao desrespeitar o que a própria legislação admite sem exceções, ou seja, a possibilidade de manejo dos Embargos de Declaração frente a qualquer decisão judicial, seja ela sentença, decisão interlocutória ou acórdão.

Cabe frisar que o Supremo Tribunal Federal, em algumas oportunidades, também se manifestou contrário ao cabimento de embargos de declaração contra decisão de Tribunal de origem que inadmite recurso extraordinário.[541]

Remissões

– Arts. 48 a 50 da Lei nº 9.099/1995 (dispõe sobre os Juizados Especiais Cíveis e Criminais e dá outras providências):

Art. 48. Caberão embargos de declaração contra sentença ou acórdão nos casos previstos no Código de Processo Civil.

Parágrafo único. Os erros materiais podem ser corrigidos de ofício.

Art. 49. Os embargos de declaração serão interpostos por escrito ou oralmente, no prazo de cinco dias, contados da ciência da decisão.

Art. 50. Os embargos de declaração interrompem o prazo para a interposição de recurso".

– Art. 26 da Lei nº 9.868/1999 (dispõe sobre o processo e julgamento da ação direta de inconstitucionalidade e da ação declaratória de constitucionalidade perante o Supremo Tribunal Federal):

"Art. 26. A decisão que declara a constitucionalidade ou a inconstitucionalidade da lei ou do ato normativo em ação direta ou em ação declaratória é irrecorrível, ressalvada a interposição de embargos declaratórios, não podendo, igualmente, ser objeto de ação rescisória".

Súmulas:

STF nº 283: É inadmissível o recurso extraordinário, quando a decisão recorrida assenta em mais de um fundamento suficiente e o recurso não abrange todos eles.

STF nº 284: É inadmissível o recurso extraordinário, quando a deficiência na sua fundamentação não permitir a exata compreensão da controvérsia.

AGRAVO REGIMENTAL A QUE SE NEGA PROVIMENTO" (AgRg no AREsp 37144 / RS – Rel. Min. Teori Albino Zavascki. 1ª T. Julg. em 17.05.2012, DJe 24.05.2012).

541 ARE 1107739 AgR/RJ, Rel. Min. Edson Fachin, Julg. 29.04.2019; ED no ARE 685.079, Rel. Min. Celso De Mello, *DJe* 10.10.2012; AgReg no AI 588.190, Rel. Min. Ricardo Lewandowski, *DJ* 08.06.2007; AgRg no ARE 813.750, Rel. Min. Carmen Lúcia, Julg. em 28.10.2016.

STF nº 356: O ponto omisso da decisão, sobre o qual não foram opostos embargos declaratórios, não pode ser objeto de recurso extraordinário, por faltar o requisito do prequestionamento.

STJ nº 98: Embargos de declaração manifestados com notório propósito de prequestionamento não tem caráter protelatório.

STJ nº 211: Inadmissível recurso especial quanto à questão que, a despeito da oposição de embargos declaratórios, não foi apreciada pelo Tribunal *a quo*.

STJ nº 579: Não é necessário ratificar o recurso especial interposto na pendência do julgamento dos embargos de declaração, quando inalterado o resultado anterior.

Enunciados das Jornadas de Direito Processual Civil do Conselho da Justiça Federal:

Nº 75 do CJF: Cabem embargos declaratórios contra decisão que não admite recurso especial ou extraordinário, no tribunal de origem ou no tribunal superior, com a consequente interrupção do prazo recursal.

Nº 76 do CJF: É considerada omissa, para efeitos do cabimento dos embargos de declaração, a decisão que, na superação de precedente, não se manifesta sobre a modulação de efeitos.

Enunciados do Fórum Permanente de Processualistas Civis:

Nº 360 do FPPC: A não oposição de embargos de declaração em caso de erro material na decisão não impede sua correção a qualquer tempo.

Nº 394 do FPPC: As partes podem opor embargos de declaração para corrigir vício da decisão relativo aos argumentos trazidos pelo *amicus curiae*.

Nº 453 do FPPC: A estabilidade a que se refere o *caput* do art. 926 consiste no dever de os tribunais observarem os próprios precedentes.

Nº 454 do FPPC: Uma das dimensões da coerência a que se refere o *caput* do art. 926 consiste em os tribunais não ignorarem seus próprios precedentes (dever de autorreferência).

Nº 475 do FPPC: Cabem embargos de declaração contra decisão interlocutória no âmbito dos juizados especiais.

Nº 561 do FPPC: A decisão que julgar procedente ou improcedente o pedido em arguição de descumprimento de preceito fundamental é impugnável por embargos de declaração, aplicando-se por analogia o art. 26 da Lei nº 9868/1999.

Nº 562 do FPPC: Considera-se omissa a decisão que não justifica o objeto e os critérios de ponderação do conflito entre normas.

Nº 700 do FPPC: O julgamento dos embargos de declaração contra o acórdão proferido pelo colegiado ampliado será feito pelo mesmo órgão com colegiado ampliado.

Enunciado da Escola Nacional de Formação e Aperfeiçoamento de Magistrados:

Nº 40 da ENFAM: Incumbe ao recorrente demonstrar que o argumento reputado omitido é capaz de infirmar a conclusão adotada pelo órgão julgador.

Art. 1.023. Os embargos serão opostos, no prazo de 5 (cinco) dias, em petição dirigida ao juiz, com indicação do erro, obscuridade, contradição ou omissão, e não se sujeitam a preparo.

§ 1º Aplica-se aos embargos de declaração o art. 229.

§ 2º O juiz intimará o embargado para, querendo, manifestar-se, no prazo de 5 (cinco) dias, sobre os embargos opostos, caso seu eventual acolhimento implique a modificação da decisão embargada.

Notas:

Prazo, procedimento e forma dos embargos de declaração. Os embargos de declaração devem ser opostos no prazo de cinco dias, contados da intimação do acordão embargado, e na petição dirigida ao magistrado, o embargante deverá indicar o erro, a obscuridade, a contradição ou omissão. Os embargos de declaração não se sujeitam a preparo e interrompem o prazo para a interposição dos demais recursos, conforme a regra estabelecida no artigo 1.026 do CPC.

De acordo com o § 1º do referido artigo, aplica-se aos embargos de declaração a regra fincada no artigo 229 do CPC (Os litisconsortes que tiverem diferentes procuradores, de escritórios de advocacia distintos, terão prazos contados em dobro para todas as suas manifestações, em qualquer juízo ou tribunal, independentemente de requerimento. § 1º Cessa a contagem do prazo em dobro se, havendo apenas 2 (dois) réus, é oferecida defesa por apenas um deles. § 2º Não se aplica o disposto no *caput* aos processos em autos eletrônicos).

O § 2º cuida da manifestação do embargado da seguinte forma: o juiz intimará o embargado para, querendo, manifestar-se, no prazo de 5 (cinco) dias, sobre os embargos opostos, caso seu eventual acolhimento implique a modificação da decisão embargada.

Enunciado do Fórum Permanente de Processualistas Civis:

Nº 614 do FPPC: Não tendo havido prévia intimação do embargado para apresentar contrarrazões aos embargos de declaração, se surgir divergência capaz de acarretar o acolhimento com atribuição de efeito modificativo do recurso durante a sessão de julgamento, esse será imediatamente suspenso para que seja o embargado intimado a manifestar-se no prazo do § 2º do art. 1.023.

Art. 1.024. O juiz julgará os embargos em 5 (cinco) dias.

§ 1º Nos tribunais, o relator apresentará os embargos em mesa na sessão subsequente, proferindo voto, e, não havendo julgamento nessa sessão, será o recurso incluído em pauta automaticamente.

§ 2º Quando os embargos de declaração forem opostos contra decisão de relator ou outra decisão unipessoal proferida em tribunal, o órgão prolator da decisão embargada decidi-los-á monocraticamente.

§ 3º O órgão julgador conhecerá dos embargos de declaração como agravo interno se entender ser este o recurso cabível, desde que determine previamente a intimação do recorrente para, no prazo de 5 (cinco) dias, complementar as razões recursais, de modo a ajustá-las às exigências do art. 1.021, § 1º.

§ 4º Caso o acolhimento dos embargos de declaração implique modificação da decisão embargada, o embargado que já tiver interposto outro recurso contra a decisão originária tem o direito de complementar ou alterar suas razões, nos exatos limites da modificação, no prazo de 15 (quinze) dias, contado da intimação da decisão dos embargos de declaração.

§ 5º Se os embargos de declaração forem rejeitados ou não alterarem a conclusão do julgamento anterior, o recurso interposto pela outra parte antes da publicação do julgamento dos embargos de declaração será processado e julgado independentemente de ratificação.

Notas:

Julgamento dos embargos de declaração. A lei processual guardou procedimento rápido e simples para os embargos de declaração, com alguma variação, se interposto no primeiro ou segundo grau.

Assim, em primeiro grau, recebidos os embargos, os autos serão conclusos ao juiz, que deverá decidir no prazo de 5 (cinco) dias.

Conforme já enfrentado em item anterior, será o embargado intimado, caso o eventual acolhimento dos embargos interpostos implique em modificação da decisão embargada. Neste sentido, será aludido embargado intimado para se manifestar no prazo de 5 (cinco) dias.[542]

Cabe frisar ainda neste ínterim que, em sendo a matéria de ordem pública e que, certamente, deva o juiz, de ofício, conhecer, mesmo que a questão não tenha sido debatida no processo, não poderá o órgão judicial decidi-la sem ouvir as partes, pois que não se admite "decisão surpresa" no sistema legal

[542] "A garantia constitucional do contraditório impõe que se ouça, previamente, a parte embargada na hipótese excepcional de os embargos de declaração haverem sido interpostos com efeito modificativo." (JSTF 206/221).

pátrio, *ex vi* da própria Carta Maior (art. 5º, LV da CF/88) e mesmo do nosso ordenamento processual civil (art. 10 do CPC).

Já, em sede de segundo grau, uma vez recebidos os embargos, o relator os apresentará em mesa na sessão subsequente, proferindo voto. Caso não haja julgamento nessa sessão, será o recurso incluído em pauta automaticamente. (§ 1º do art. 1.024 do CPC). Nota-se aí que o relator profere seu voto, sendo colhidos também os votos dos demais julgadores.

De outro modo, sendo os embargos de declaração opostos em face de decisão monocrática do relator ou de qualquer outra decisão unipessoal proferida no tribunal, logicamente, decorrente de qualquer das hipóteses do art. 1.022 do CPC, será o próprio relator quem terá competência para julgá-lo (§ 2º do art. 1.024 do CPC).

Ressalta-se que, em qualquer dos casos, a decisão acerca dos embargos integrará a decisão embargada, isto é, seu conteúdo poderá sofrer impugnação no mesmo recurso interposto contra a decisão original.

Fungibilidade. O legislador do novato CPC/2015 optou por regrar a possibilidade de reconhecimento da fungibilidade entre embargos de declaração e agravo interno. Ou seja, impetrando o recorrente embargos de declaração, mas na verdade, o que se objetiva com o seu recurso não se trata de matéria atinente aos embargos, mas sim ao agravo interno, será lícito ao órgão julgador receber os embargos como se agravo fosse, desde que determine, previamente, a intimação do recorrentes parra, em 5 (cinco) dias, complementar as razões recursais caracterizadoras do próprio agravo interno – art. 1.021, § 1º – dado que ambos os recursos possuem estrutura distinta em seus conteúdos (§ 3º do art. 1.024 do CPC).

Dita fungibilidade já era admitida pela jurisprudência[543], contudo, nos parece que o reconhecimento desta possibilidade se dá muito mais pelo próprio conteúdo da questão a ser enfrentada, esta à qual os embargos não seriam aptos para tal, do que propriamente um erro grosseiro ou má-fé, por isso, realmente, uma fungibilidade de meios.[544]

Súmula:

STJ nº 579: Não é necessário ratificar o recurso especial interposto na pendência do julgamento dos embargos de declaração, quando inalterado o resultado anterior."

543 STJ. 4ªT. EDclREsp 1338937/PR. Rel.Min. Luis Felipe Salomão. Julg. 03.04.2014, *DJUE* 11.04.2014.

544 No mesmo sentido, NERY JR, Nelson; NERY, Rosa Maria de Andrade, Ob. cit., p.2133.

Enunciados das Jornadas de Direito Processual Civil do Conselho da Justiça Federal:

Nº 137 do CJF: Se o recurso do qual se originou a decisão embargada comportou a aplicação da técnica do art. 942 do CPC, os declaratórios eventualmente opostos serão julgados com a composição ampliada.

Nº 199 do CJF: Nos tribunais, os embargos de declaração poderão ser apresentados em mesa na primeira sessão subsequente ao seu protocolo, ressalvando-se regra regimental distinta (CPC, art. 1.024, § 1º).

Enunciados do Fórum Permanente de Processualistas Civis:

Nº 23 do FPPC: Fica superado o enunciado 418 da súmula do STJ após a entrada em vigor do CPC ("É inadmissível o recurso especial interposto antes da *publicação do acórdão dos embargos de declaração, sem posterior ratificação*").

Nº 84 do FPPC: A ausência de publicação da pauta gera nulidade do acórdão que decidiu o recurso, ainda que não haja previsão de sustentação oral, ressalvada, apenas, a hipótese do § 1º do art. 1.024, na qual a publicação da pauta é dispensável.

Nº 104 do FPPC: O princípio da fungibilidade recursal é compatível com o CPC e alcança todos os recursos, sendo aplicável de ofício.

Nº 476 do FPPC: Independentemente da data de intimação, o direito ao recurso contra as decisões unipessoais nasce com a publicação em cartório, secretaria do juízo ou inserção nos autos eletrônicos da decisão a ser impugnada, o que primeiro ocorrer, ou, ainda, nas decisões proferidas em primeira instância, será da prolação de decisão em audiência.

Nº 650 do FPPC: Os embargos de declaração, se não submetidos a julgamento na primeira sessão subsequente à sua oposição, deverão ser incluídos em pauta.

Art. 1.025. Consideram-se incluídos no acórdão os elementos que o embargante suscitou, para fins de pré-questionamento, ainda que os embargos de declaração sejam inadmitidos ou rejeitados, caso o tribunal superior considere existentes erro, omissão, contradição ou obscuridade.

Notas:

Pré-questionamento. Ainda que seja assunto do qual dedicaremos maior atenção quando do estudo dos recursos Extraordinário e Especial, optou o legislador, com propriedade, fazer a eles, desde já, referências em sede de Embargos de Declaração.

Para operar a viabilidade da interposição do Recurso Especial ou do Extraordinário, necessário será que a decisão recorrida tenha, respectivamente, enfrentada uma questão federal ou constitucional suscitada.

Dita afirmativa advém do próprio texto constitucional, mais especificamente, das disposições contidas nos arts. 102 e 105 da CF/88.

Nisto temos que, os recursos excepcionais supracitados, terão razão de ser manejados na medida em que a decisão recorrida venha contrariar norma constitucional ou lei federal, e mesmo julgar como válida lei ou ato de governo local contestado em face da Constituição ou de lei federal.

Assim, é dever das partes questionar antes, ou seja, "pré-questionar"[545] todas as matérias determinantes e necessárias para a lide em questão, sendo certo o dever do juiz de, igualmente, enfrentá-las de forma indubitável e adequadamente. Aliás, neste aspecto, bem adverte José Miguel Garcia Medina[546] que a questão surge não somente quando a parte contesta as razões a ela direcionadas pela outra parte, como também quando ditas questões são colocadas pelo próprio julgador.

Mais precisamente, com relação ao Recurso Especial, caso a questão federal, p. ex., muito embora viesse a ser discutida no bojo da demanda, não for devidamente apreciada no acórdão julgador da referida *actio*, a parte interessada em manejar Recurso Especial, necessitará interpor o recurso dos Embargos de Declaração, a fim de buscar de forma explícita e inequívoca a declaração judicial da matéria ora omissa.

No entanto, vale pontuar que, a despeito da interposição do aludido Embargos de Declaração, deveras até então, não seria ele muitas das vezes suficiente para fins de exigibilidade de pré-questionamento, visto que a própria Súmula nº 211 do Superior Tribunal de Justiça sustenta ser "*inadmissível recurso especial quanto à questão que, a despeito da oposição de embargos declaratórios, não foi apreciada pelo Tribunal a quo*".

---

545 Muito embora doutrina e jurisprudência manifestem o termo "pré-questionamento" com elevada frequência, certo é que a referida exigência, a despeito de ter recebido tratamento em diversas Constituições brasileiras, não teve na Carta Magna de 1988 o mesmo indicativo, tendo o constituinte optado por excluir o termo "questionar" de sua redação na presente temática. Sobre o assunto, ver entre muitos, BOCCUZZI NETO, Vito Antônio. Recursos excepcionais – O prequestionamento e a matéria de ordem pública. *In*: NERY JR., Nelson; WAMBIER, Teresa Arruda Alvim. (Coords.). *Aspectos Polêmicos e Atuais dos Recursos Cíveis*. Vol. 11. São Paulo: RT, 2007, p. 442.

546 MEDINA, José Miguel Garcia. O prequestionamento e os pressupostos dos recursos extraordinário e especial. *In*: WAMBIER, Teresa Arruda Alvim (Coord.) *Aspectos Polêmicos e atuais do Recurso Especial e Extraordinário*. São Paulo: RT, 1998, p. 261.

Pois bem. O CPC/2015 vem acrescentar dispositivo, na linha de tantos, outros, de modo a enfrentar a denominada "jurisprudência defensiva", em frequência no Superior Tribunal de Justiça.

Em sintonia com o que já se contenta o STF, entendendo este que a simples presença de pré-questionamento de forma implícita, ou seja, a própria interposição dos Embargos de Declaração já seria suficiente para se dar como pré-questionada a matéria para fins de RE, optou o legislador no novel Código a regrar no artigo comento que *consideram-se incluídos no acórdão os elementos que o embargante suscitou, para fins de pré-questionamento, ainda que os embargos de declaração sejam inadmitidos ou rejeitados, caso o tribunal superior considere existentes erro, omissão, contradição ou obscuridade.*

Portanto, caberá à parte interpor embargos de declaração antes da interposição de RE ou REsp, quando, evidentemente, entender acerca da presença de omissão no acórdão proferido, a fim de que se possa perfazer o requisito do pré-questionamento da matéria que se quer como objeto nas razões para o manejo dos recursos supracitados.

Assim, apresentado os Embargos sobre o ponto omisso, reputar-se-á preenchido o requisito do pré-questionamento, mesmo que o órgão julgador dos embargos de declaração entenda que a decisão ora embargada não possua qualquer omissão.

Por tudo, compreende-se, nestes termos, que é como se o acórdão ora embargado passasse então a conter o julgamento da questão tida pelo embargante como omissa, não havendo necessidade de um recurso para compelir o órgão julgador a decidir sobre o ponto que entendeu não omisso, após a interposição dos referidos embargos.

Vale destacar, como óbvio, que os Embargos de Declaração não possuem cabimento quando se prestarem a solicitar pela primeira vez, matéria sobre a qual o magistrado ou tribunal não tinha o dever de pronunciar-se, ou seja, que sequer tenha havido qualquer omissão sobre a mesma.

Súmulas:

STF nº 356: O ponto omisso da decisão, sobre o qual não foram opostos embargos declaratórios, não pode ser objeto de recurso extraordinário, por faltar o requisito do prequestionamento.

STJ nº 98: Embargos de declaração manifestados com notório propósito de prequestionamento não tem caráter protelatório.

STJ nº 211: Inadmissível recurso especial quanto à questão que, a despeito da oposição de embargos declaratórios, não foi apreciada pelo Tribunal *a quo*.

Art. 1.026. Os embargos de declaração não possuem efeito suspensivo e interrompem o prazo para a interposição de recurso.

§ 1º A eficácia da decisão monocrática ou colegiada poderá ser suspensa pelo respectivo juiz ou relator se demonstrada a probabilidade de provimento do recurso ou, sendo relevante a fundamentação, se houver risco de dano grave ou de difícil reparação.

§ 2º Quando manifestamente protelatórios os embargos de declaração, o juiz ou o tribunal, em decisão fundamentada, condenará o embargante a pagar ao embargado multa não excedente a dois por cento sobre o valor atualizado da causa.

§ 3º Na reiteração de embargos de declaração manifestamente protelatórios, a multa será elevada a até dez por cento sobre o valor atualizado da causa, e a interposição de qualquer recurso ficará condicionada ao depósito prévio do valor da multa, à exceção da Fazenda Pública e do beneficiário de gratuidade da justiça, que a recolherão ao final.

§ 4º Não serão admitidos novos embargos de declaração se os 2 (dois) anteriores houverem sido considerados protelatórios.

Notas:

Efeitos dos embargos de declaração. É interessante esclarecer que os embargos de declaração possuem duas espécies de efeitos, a saber: (a) efeitos devolutivo e suspensivo no que diz respeito a executoriedade da decisão embargada, e (b) efeito interruptivo quanto ao prazo para a interposição de novos recursos.

O § 1º cuida do requerimento de suspensão, ou seja, a eficácia da decisão monocrática ou colegiada poderá ser suspensa pelo respectivo juiz ou relator se demonstrada a probabilidade de provimento do recurso ou, sendo relevante a fundamentação, se houver risco de dano grave ou de difícil reparação.

Já o § 2º trata dos embargos de declaração manifestamente protelatórios e respectiva multa. Neste caso, o juiz ou o tribunal, em decisão fundamentada, condenará o embargante a pagar ao embargado multa não excedente a dois por cento sobre o valor atualizado da causa.[547]

---

547 AGRAVO INTERNO NOS EMBARGOS DE DECLARAÇÃO. AGRAVO EM RECURSO ESPECIAL. HONORÁRIOS RECURSAIS. NÃO CABIMENTO. APLICAÇÃO DO ENUNCIADO 7 DO PLENÁRIO DO STJ. EMBARGOS DE DECLARAÇÃO PROTELATÓRIOS. MULTA. 1. Enunciado 7 do Plenário do STJ: Somente nos recursos interpostos contra decisão publicada a partir de 18 de março de 2016, será possível o arbitramento de honorários sucumbenciais recursais na forma do art. 85, § 11, do novo CPC. Precedentes do STJ. 2. Diante do caráter protelatório dos embargos de declaração manejados pelo agravante, deve ser mantida a multa inserta no art. 538, parágrafo único, do CPC/73. 3. Agravo interno não provido. (STJ. 3ª T. AgInt nos EDcl nos EDcl na DESIS no AREsp: 994949 SP 2016/0262956-0, Rel. Min. Nancy Andrighi, Julg.: 24.10.2017, *DJe* 13.11.2017).

Na reiteração de embargos de declaração manifestamente protelatórios, a multa será elevada a até dez por cento sobre o valor atualizado da causa, e a interposição de qualquer recurso ficará condicionada ao depósito prévio do valor da multa, à exceção da Fazenda Pública e do beneficiário de gratuidade da justiça, que a recolherão ao final (§ 3º).

O § 4º é claro ao não admitir um terceiro recurso de embargos de declaração. Assim, não serão admitidos novos embargos de declaração se os 2 (dois) anteriores houverem sido considerados protelatórios.

Vale ainda pontuar que da decisão Embargos de Declaração é possível gerar majoração dos honorários advocatícios, na linha do que se entende o art. 85, § 11 e devidamente ratificado pelo Supremo Tribunal Federal, no acordão infra:

> "Ementa: EMBARGOS DE DECLARAÇÃO NO AGRAVO REGIMENTAL NA AÇÃO ORIGINÁRIA. AUSÊNCIA DE QUAISQUER DOS VÍCIOS PREVISTOS NO ART. 1.022 DO CPC/2015. TENTATIVA DE MERA REDISCUSSÃO DO QUE JÁ AFIRMADO PELO ACÓRDÃO EMBARGADO. FIXAÇÃO DE HONORÁRIOS SUCUMBENCIAIS RECURSAIS. DESESTÍMULO AOS RECURSOS PROTELATÓRIOS. EMBARGOS DE DECLARAÇÃO DESPROVIDOS. MAJORAÇÃO DA CONDENAÇÃO AO PAGAMENTO DE HONORÁRIOS ADVOCATÍCIOS, NOS TERMOS DO ART. 85, § 11, DO CPC/2015. APLICAÇÃO DA MULTA DO ART. 1.026, § 2º, DO CPC/2015. 1. O inconformismo que tem como real escopo a pretensão de reformar o decisum não pode prosperar, porquanto inocorrentes as hipóteses de omissão, contradição, obscuridade ou erro material, sendo inviável a revisão da decisão em sede de embargos de declaração, em face dos estreitos limites do art. 1.022 do CPC/2015. 2. In casu, os embargos de declaração demonstram mera tentativa de rediscussão do que foi decidido pelo acórdão embargado, inobservando a parte embargante que os restritos limites desse recurso não permitem o rejulgamento da causa. 3. É cabível a condenação em honorários advocatícios na via recursal como desestímulo a recursos protelatórios, independentemente da causação de trabalho adicional à parte adversa. 4. In casu, os embargos revelam-se manifestamente protelatórios, impondo-se a aplicação da multa prevista no art. 1.026, § 2º, do CPC/2015. 5. Embargos de declaração desprovidos, condenação ao pagamento de honorários advocatícios majorada para 10% (dez por cento) sobre o valor da causa (art. 85, § 11, do CPC/2015) e aplicada a multa de 2% (dois por cento) sobre o valor da causa (1.026, § 2º, do CPC/2015)". (AO 1779 AgR-ED, 1ª T., Rel. Min. Marco Aurélio, Rel p/ Acórdão: Min. Luiz Fux, *DJe* 2.5.2017)."

Súmula:

STJ nº 98: Embargos de declaração manifestados com notório propósito de prequestionamento não tem caráter protelatório.

Enunciados do Fórum Permanente de Processualistas Civis:

Nº 218 do FPPC: A inexistência de efeito suspensivo dos embargos de declaração não autoriza o cumprimento provisório da sentença nos casos em que a apelação tenha efeito suspensivo.

Nº 361 do FPPC: Na hipótese do art. 1.026, § 4º, não cabem embargos de declaração e, caso opostos, não produzirão qualquer efeito.

Nº 423 do FPPC: Cabe tutela de evidência recursal.

Nº 477 do FPPC: Publicada em cartório ou inserida nos autos eletrônicos a decisão que julga embargos de declaração sob a vigência do CPC de 2015, computar-se-ão apenas os dias úteis no prazo para o recurso subsequente, ainda que a decisão embargada tenha sido proferida ao tempo do CPC de 1973, tendo em vista a interrupção do prazo prevista no art. 1.026.

Nº 563 do FPPC: Os embargos de declaração no âmbito do Supremo Tribunal Federal interrompem o prazo para a interposição de outros recursos.

CAPÍTULO VI
DOS RECURSOS PARA O SUPREMO TRIBUNAL FEDERAL E PARA O SUPERIOR TRIBUNAL DE JUSTIÇA

Seção I
Do Recurso Ordinário

Art. 1.027. Serão julgados em recurso ordinário:

I – pelo Supremo Tribunal Federal, os mandados de segurança, os habeas data e os mandados de injunção decididos em única instância pelos tribunais superiores, quando denegatória a decisão;

II – pelo Superior Tribunal de Justiça:

a) os mandados de segurança decididos em única instância pelos tribunais regionais federais ou pelos tribunais de justiça dos Estados e do Distrito Federal e Territórios, quando denegatória a decisão;

b) os processos em que forem partes, de um lado, Estado estrangeiro ou organismo internacional e, de outro, Município ou pessoa residente ou domiciliada no País.

§ 1º Nos processos referidos no inciso II, alínea "b", contra as decisões interlocutórias caberá agravo de instrumento dirigido ao Superior Tribunal de Justiça, nas hipóteses do art. 1.015.

§ 2º Aplica-se ao recurso ordinário o disposto nos arts. 1.013, § 3º, e 1.029, § 5º.

Remissões:

CF/88, arts. 101 a 105, sobre a composição e competência do STF e STJ.

Notas:

Recurso ordinário. O presente art. 1.027 do CPC, na mesma toada do revogado art. 539 do CPC/1973, como notório, ao apropriar sua redação às regras do art. 102, II, e art. 105, II, da Constituição Federal, prevê o denominado Recurso Ordinário, tendo sua abrangência delimitada ao órgão julgador destinatário.

Neste sentido e ao que nos interessa em sede de Processo Civil, regra o citado artigo que compete ao STF julgar, em recurso ordinário, os mandados de segurança, os *habeas data* e os mandados de injunção decididos em única instância, competência originária, pelos Tribunais Superiores (STJ, TSE, TST, STM), no caso de denegatória a decisão (art. 1.027, I).

Do mesmo modo, é competência do STJ julgar, em recurso ordinário, os mandados de segurança resolvidos em única instância, de competência originária, pelos Tribunais Regionais Federais ou pelos Tribunais dos Estados e do Distrito Federal, se for denegatória a decisão (art. 1.027, II, *a*).

Nos dois casos, a expressão "denegatória a decisão", que limita a legitimidade deste recurso ao autor (impetrante), não se utiliza apenas à rejeição do mérito, mas ainda à decisão que extingue o processo sem resolução de mérito. Deve-se ressaltar que, se a decisão judicial outorgar total ou parcialmente o pedido do autor, o ente público vencido poderá interpor, de acordo com o caso, recurso especial ou extraordinário (arts. 102, III, e 105, III da CF/88).

Além disso, cabe recurso ordinário para o STJ no caso de causas em que forem partes Estado estrangeiro ou organismo internacional, de um lado, e Município ou pessoa residente ou domiciliada no país, de outro (art. 1.027, II, *b*). Assim, neste caso, o recurso ordinário se iguala ao de apelação.

Ainda nesta hipótese como bem atesta o parágrafo único do art. 1.027 do CPC, as decisões interlocutórias são impugnáveis por agravo de instrumento, nas hipóteses cabíveis por este recurso (*ex vi* do art. 1.015 do CPC), este que será dirigido ao Superior Tribunal de Justiça.

Importante destacar que, em todas as hipóteses de cabimento do recurso ordinário possível será a aplicação da cauda madura (art. 1013, § 3º). Portanto, estando a causa em condições de imediato julgamento, poderá o tribunal decidir, desde logo, o mérito da pretensão, isso sempre nas hipóteses mencionadas no referido art. 1.013, § 3º.

Enunciados do Fórum Permanente de Processualistas Civis:

Nº 207 do FPPC: Cabe reclamação, por usurpação da competência do tribunal de justiça ou tribunal regional federal, contra a decisão de juiz de 1º grau que inadmitir recurso de apelação.

Nº 208 do FPPC: Cabe reclamação, por usurpação da competência do Superior Tribunal de Justiça, contra a decisão de juiz de 1º grau que inadmitir recurso ordinário, no caso do art. 1.027, II, "b".

Nº 209 do FPPC: Cabe reclamação, por usurpação da competência do Superior Tribunal de Justiça, contra a decisão de presidente ou vice-presidente do tribunal de 2º grau que inadmitir recurso ordinário interposto com fundamento no art. 1.027, II, "a".

Nº 210 do FPPC: Cabe reclamação, por usurpação da competência do Supremo Tribunal Federal, contra a decisão de presidente ou vice-presidente de tribunal superior que inadmitir recurso ordinário interposto com fundamento no art. 1.027, I.

Nº 357 do FPPC: Aplicam-se ao recurso ordinário os arts. 1.013 e 1.014.

Art. 1.028. Ao recurso mencionado no art. 1.027, inciso II, alínea "b", aplicam-se, quanto aos requisitos de admissibilidade e ao procedimento, as disposições relativas à apelação e o Regimento Interno do Superior Tribunal de Justiça.

§ 1º Na hipótese do art. 1.027, § 1º, aplicam-se as disposições relativas ao agravo de instrumento e o Regimento Interno do Superior Tribunal de Justiça.

§ 2º O recurso previsto no art. 1.027, incisos I e II, alínea "a", deve ser interposto perante o tribunal de origem, cabendo ao seu presidente ou vice-presidente determinar a intimação do recorrido para, em 15 (quinze) dias, apresentar as contrarrazões.

§ 3º Findo o prazo referido no § 2º, os autos serão remetidos ao respectivo tribunal superior, independentemente de juízo de admissibilidade.

Notas:

Juízo de admissibilidade e procedimentos do recurso ordinário. Em melhor redação que seu antecessor (art. 540 do CPC/1973), o art. 1.028 do CPC declara que ao recurso ordinário decorrente da hipótese prevista no art. 1.027, II, *b*, se emprega, quanto aos requisitos de admissibilidade e procedimento, as regras pertinentes à apelação bem como o RISTJ. Ainda, nas decisões interlocutórias decorrentes daquela mesma hipótese – art. 1.027, II, *b* – serão aplicáveis as disposições concernentes ao agravo de instrumento, assim como o RISTJ (art. 1.028, *caput* e § 1º).

A interposição do recurso ordinário deve ser realizada através de petição endereçada ao juiz federal de primeiro grau (art. 109, II da CF/88) nas causas em que forem partes Estado estrangeiro ou organismo internacional, de um lado, e Município ou pessoa residente ou domiciliada no país (art. 1.027, II, *b*) ou ao tribunal de origem que proferiu a decisão, nas situações previstas pelo art. 1.027, I e II, *a*. Além do afirmado no texto legal, no caso de o recorrente e do recorrido já estarem qualificados nos autos, não é necessário que a petição de interposição contenha, *ipsis literis*, nova qualificação, no entanto é essencial que o recorrente apresente os motivos do seu inconformismo, evidenciando os vícios e os erros do acórdão, impugnando os argumentos que lhe dão suporte e, por fim, fazendo pedido explícito ao órgão *ad quem* de nova decisão, que modifique total ou parcialmente aquela impugnada.

No caso de a legislação pertinente exigir, o recorrente deverá, no ato da interposição, provar o recolhimento do respectivo preparo que compreende as custas e despesas, até mesmo porte de remessa e de retorno, sob pena de ter seu recurso declarado deserto, segundo o art. 1.007 do CPC.

Enunciados do Fórum Permanente de Processualistas Civis:

Nº 209 do FPPC: Cabe reclamação, por usurpação da competência do Superior Tribunal de Justiça, contra a decisão de presidente ou vice-presidente do tribunal de 2º grau que inadmitir recurso ordinário interposto com fundamento no art. 1.027, II, "a".

Nº 210 do FPPC: Cabe reclamação, por usurpação da competência do Supremo Tribunal Federal, contra a decisão de presidente ou vice-presidente de tribunal superior que inadmitir recurso ordinário interposto com fundamento no art. 1.027, I.

Seção II
Do Recurso Extraordinário e do Recurso Especial

Subseção I
Disposições Gerais

Art. 1.029. O recurso extraordinário e o recurso especial, nos casos previstos na Constituição Federal, serão interpostos perante o presidente ou o vice-presidente do tribunal recorrido, em petições distintas que conterão:

I – a exposição do fato e do direito;

II – a demonstração do cabimento do recurso interposto;

III – as razões do pedido de reforma ou de invalidação da decisão recorrida.

§ 1º Quando o recurso fundar-se em dissídio jurisprudencial, o recorrente fará a prova da divergência com a certidão, cópia ou citação do repositório de jurisprudência, oficial ou credenciado, inclusive em mídia eletrônica, em que houver sido publicado o acórdão divergente, ou ainda com a reprodução de julgado disponível na rede mundial de computadores, com indicação da respectiva fonte, devendo-se, em qualquer caso, mencionar as circunstâncias que identifiquem ou assemelhem os casos confrontados.

§ 2º Quando o recurso estiver fundado em dissídio jurisprudencial, é vedado ao tribunal inadmiti-lo com base em fundamento genérico de que as circunstâncias fáticas são diferentes, sem demonstrar a existência da distinção. (*Revogado pela Lei nº 13.256, de 04.02.2016*).

§ 3º O Supremo Tribunal Federal ou o Superior Tribunal de Justiça poderá desconsiderar vício formal de recurso tempestivo ou determinar sua correção, desde que não o repute grave.

§ 4º Quando, por ocasião do processamento do incidente de resolução de demandas repetitivas, o presidente do Supremo Tribunal Federal ou do Superior Tribunal de Justiça receber requerimento de suspensão de processos em que se discuta questão federal constitucional ou infraconstitucional, poderá, considerando razões de segurança jurídica ou de excepcional interesse social, estender a suspensão a todo o território nacional, até ulterior decisão do recurso extraordinário ou do recurso especial a ser interposto.

§ 5º O pedido de concessão de efeito suspensivo a recurso extraordinário ou a recurso especial poderá ser formulado por requerimento dirigido:

I – ao tribunal superior respectivo, no período compreendido entre a publicação da decisão de admissão do recurso e sua distribuição, ficando o relator designado para seu exame prevento para julgá-lo; (*alterado pela Lei nº 13.256, de 04.02.2016*).

II – ao relator, se já distribuído o recurso;

III – ao presidente ou ao vice-presidente do tribunal recorrido, no período compreendido entre a interposição do recurso e a publicação da decisão de admissão do recurso, assim como no caso de o recurso ter sido sobrestado, nos termos do art. 1.037. (*Alterado pela Lei nº 13.256, de 04.02.2016*).

Notas:

Recurso extraordinário e recurso especial. Artigo 1.029 CPC.

Recurso Extraordinário. Art. 102, III da CF/88. Aqui, vale destacar a necessidade de prévio esgotamento das instâncias inferiores, ou seja, não é possível a eliminação das fases recursais anteriores. O recurso extraordinário está restrito apenas às questões de direito. Daí ser impossível a revisão da matéria de fato, *ex vi* da Súmula 279 do STF: "Para simples reexame de prova não cabe recurso extraordinário". Da mesma forma, a Súmula 454 do STF informa que "simples interpretação de cláusulas contratuais não dá lugar a recurso extraordinário".

Recurso Especial. Art. 105, III, da CRFB/88. Aqui vale destacar que o pressuposto essencial do recurso especial é a existência da questão federal (*quaestio juris*), ou seja, divergência em relação à correta interpretação ou aplicação de tratado ou lei federal, devendo o recorrente, com objetivo de que seu recurso seja admitido, apontar, explicitamente, os dispositivos legais violados e, se o recurso for fundamentado em interpretação divergente dos tribunais, comprovar, analiticamente, que as circunstâncias que compreendem os acórdãos são as mesmas, todavia, não é cabível, mediante recurso especial, a impugnação de questões de fatos e de direito local.

O § 1º trata do **dissídio jurisprudencial.** Vejamos: Quando o recurso fundar-se em dissídio jurisprudencial, o recorrente fará a prova da divergência com a certidão, cópia ou citação do repositório de jurisprudência, oficial ou credenciado, inclusive em mídia eletrônica, em que houver sido publicado o acórdão divergente, ou ainda com a reprodução de julgado disponível na rede mundial de computadores, com indicação da respectiva fonte, devendo-se, em qualquer caso, mencionar as circunstâncias que identifiquem ou assemelhem os casos confrontados.

O CPC/2015, ainda em sede de que recurso impetrado sob o fundamento de ocorrência de dissídio jurisprudencial ia mais além, ou seja, vedava ao tribunal a possibilidade de inadmiti-lo tão somente com base em fundamento genérico de que as circunstâncias fáticas dos casos sejam diferentes, sem ao menos demonstrar a existência de verdadeira distinção entre os julgados, objeto motivador do dissidio jurisprudencial alegado no recurso (§ 2º do art. 1.029 do CPC).

Tratava-se, neste caso, do respeito ao dever de fundamentação, muitas vezes de caro cumprimento, bem como do direito ao contraditório como direito de influência (art. 93, IX da CF/88; arts. 7º, 9º, 10,11 e 489,§ 1º, IV do CPC).

Lamentavelmente, tal conteúdo foi revogado pela Lei nº 13.256, de 04.02.2016, o que aqui repudiamos com veemência pelo que dissemos acima.

Não obstante a isso, é de asseverar que em qualquer julgado deverá o tribunal fundamentar suas decisões em exposição analítica das razões pelas quais julga sob as razões assentadas. A correta vedação ao não conhecimento por fundamento tido como genérico (o que tocava diretamente ao § 2º do art. 1.029 revogado) é, verdadeiramente, uma resposta simétrica ao ônus de exposição analítica das razões, como se vê do § 1º do art. 1.029.[548]

O § 3º apresenta a hipótese de existência de **vício formal** nos recursos. Dessa maneira, o Supremo Tribunal Federal ou o Superior Tribunal de Justiça poderá desconsiderar vício formal de recurso tempestivo ou determinar sua correção, desde que não o repute grave.

O § 4º cuida da **suspensão de processo em âmbito nacional por ocasião do processamento do incidente de resolução de demandas repetitivas.** Neste caso, o presidente do Supremo Tribunal Federal ou do Superior Tribunal de Justiça receber requerimento de suspensão de processos em que se discuta questão federal constitucional ou infraconstitucional, poderá, considerando razões de

---

548 Cf. MARINONI, Luiz Guilherme; ARENHART, Sérgio Cruz; MITIDIERO, Daniel. *Novo Código de Processo Civil Comentado*. São Paulo: RT, 2015, p. 970.

segurança jurídica ou de excepcional interesse social, estender a suspensão a todo o território nacional, até ulterior decisão do recurso extraordinário ou do recurso especial a ser interposto.

Por fim, o § 5º trata do **pedido de concessão de efeito suspensivo a recurso extraordinário ou a recurso especial**. Este poderá ser formulado por requerimento dirigido:

> *"I – ao tribunal superior respectivo, no período compreendido entre a publicação da decisão de admissão do recurso e sua distribuição, ficando o relator designado para seu exame prevento para julgá-lo; II – ao relator, se já distribuído o recurso; III – ao presidente ou ao vice-presidente do tribunal recorrido, no período compreendido entre a interposição do recurso e a publicação da decisão de admissão do recurso, assim como no caso de o recurso ter sido sobrestado, nos termos do art. 1.037."*

O requisito da Relevância da Questão Federal. A arguição de relevância da questão federal para admissão do Recurso Especial – conhecida como filtro de relevância – foi incluída na Constituição pela Emenda Constitucional 125/2022.

Passa o aludido recurso a possuir o denominado "filtro da Relevância" ou da "questão relevante", importando em mais um requisito de admissibilidade objetivo do mesmo, a fim de que se possa chegar ao Superior Tribunal de Justiça e ser respectivamente "levado a sério", tanto no conhecimento e quanto no julgamento daquela via recursal excepcional.

De início, deverá o recorrente em sede de Recurso Especial, conforme inteligência do § 2º do art. 105, § 2º da CF, demonstrar em seu bojo a relevância das questões de direito federal infraconstitucional discutidas no caso, nos termos da lei, a fim de que a admissão do recurso seja examinada pelo Tribunal, o qual somente pode dele não conhecer com base nesse motivo, pela manifestação de 2/3 (dois terços) dos membros do órgão competente para o seu julgamento.

Nota-se que daí se depreende a espera de lei que traçará balizas para que a relevância seja melhor aclarada, ainda que nos moldes da já conhecida Repercussão Geral incita aos Recursos Extraordinários (*ev vi* dos arts. 102, § 3º da CRFB/88 e 1.035 do CPC), pois que, necessariamente, deverá estabelecer, dentre outras questões, o movimento de como se dará a manifestação do predicado "relevância", assim como o seu respectivo controle pelos tribunais *a quo e ad quem.*[549]

---

[549] De início, deverá o recorrente em sede de Recurso Especial, conforme inteligência do § 2º do art. 105, § 2º da CF, demonstrar em seu bojo a relevância das questões de direito federal

A proposta da lei regulamentadora da alteração constitucional será elaborada pelo STJ e remetida ao Congresso Nacional para apresentação e deliberação.

Enquanto isso, o Pleno do Superior Tribunal de Justiça (STJ) aprovou o Enunciado Administrativo n.8, a fim de estabelecer quando se dará a exigência do aludido filtro, conforme redação seguinte: "A indicação, no recurso especial, dos fundamentos de relevância da questão de direito federal infraconstitucional somente será exigida em recursos interpostos contra acórdãos publicados após a data de entrada em vigor da lei regulamentadora prevista no artigo 105, parágrafo 2º, da Constituição Federal".

Súmulas:

STF nº 249: É competente o Supremo Tribunal Federal para a ação rescisória, quando, embora não tendo conhecido do recurso extraordinário, ou havendo negado provimento ao agravo, tiver apreciado a questão federal controvertida.

STF nº 272: Não se admite como ordinário recurso extraordinário de decisão denegatória de mandado de segurança.

STF nº 279: Para simples reexame de prova não cabe recurso extraordinário.

STF nº 280: Por ofensa a direito local não cabe recurso extraordinário.

STF nº 281: É inadmissível o recurso extraordinário, quando couber na justiça de origem, recurso ordinário da decisão impugnada.

STF nº 282: É inadmissível o recurso extraordinário, quando não ventilada, na decisão recorrida, a questão federal suscitada.

STF nº 283: É inadmissível o recurso extraordinário, quando a decisão recorrida assenta em mais de um fundamento suficiente e o recurso não abrange todos eles.

STF nº 284: É inadmissível o recurso extraordinário, quando a deficiência na sua fundamentação não permitir a exata compreensão da controvérsia.

---

infraconstitucional discutidas no caso, nos termos da lei, a fim de que a admissão do recurso seja examinada pelo Tribunal, o qual somente pode dele não conhecer com base nesse motivo, pela manifestação de 2/3 (dois terços) dos membros do órgão competente para o seu julgamento.

Nota-se que daí se depreende a espera de lei que traçará balizas para que a relevância seja melhor aclarada, ainda que nos moldes da já conhecida Repercussão Geral incita aos Recursos Extraordinários (*ev vi* dos arts. 102, § 3º da CRFB/88 e 1.035 do CPC), pois que, necessariamente, deverá estabelecer, dentre outras questões, o movimento de como se dará a manifestação do predicado "relevância", assim como o seu respectivo controle pelos tribunais *a quo e ad quem*.

436 e ss.

STF nº 285: Não sendo razoável a arguição de inconstitucionalidade, não se conhece do recurso extraordinário fundado na letra "c" do art. 101, III, da Constituição Federal.

STF nº 286: Não se conhece do recurso extraordinário fundado em divergência jurisprudencial, quando a orientação do plenário do Supremo Tribunal Federal já se firmou no mesmo sentido da decisão recorrida.

STF nº 287: Nega-se provimento ao agravo, quando a deficiência na sua fundamentação, ou na do recurso extraordinário, não permitir a exata compreensão da controvérsia.

STF nº 288: Nega-se provimento a agravo para subida de recurso extraordinário, quando faltar no traslado o despacho agravado, a decisão recorrida, a petição de recurso extraordinário ou qualquer peça essencial à compreensão da controvérsia.

STF nº 291: No recurso extraordinário pela letra "d" do art. 101, III, da Constituição, a prova do dissídio jurisprudencial far-se-á por certidão, ou mediante indicação do "diário da justiça" ou de repertório de jurisprudência autorizado, com a transcrição do trecho que configure a divergência, mencionadas as circunstâncias que identifiquem ou assemelhem os casos confrontados.

STF nº 292: Interposto o recurso extraordinário por mais de um dos fundamentos indicados no art. 101, III, da Constituição, a admissão apenas por um deles não prejudica o seu conhecimento por qualquer dos outros.

STF nº 299: O recurso ordinário e o extraordinário interpostos no mesmo processo de mandado de segurança, ou de "*habeas corpus*", serão julgados conjuntamente pelo tribunal pleno.

STF nº 356: O ponto omisso da decisão, sobre o qual não foram opostos embargos declaratórios, não pode ser objeto de recurso extraordinário, por faltar o requisito do prequestionamento.

STF nº 369: Julgados do mesmo tribunal não servem para fundamentar o recurso extraordinário por divergência jurisprudencial.

STF nº 389: Salvo limite legal, a fixação de honorários de advogado, em complemento da condenação, depende das circunstâncias da causa, não dando lugar a recurso extraordinário.

STF nº 405: Denegado o mandado de segurança pela sentença, ou no julgamento do agravo, dela interposto, fica sem efeito a liminar concedida, retroagindo os efeitos da decisão contrária.

STF nº 432: Não cabe recurso extraordinário com fundamento no art. 101, III, "d", da Constituição federal, quando a divergência alegada for entre decisões da justiça do trabalho.

STF nº 454: Simples interpretação de cláusulas contratuais não dá lugar a recurso extraordinário.

STF nº 456: O Supremo Tribunal Federal, conhecendo do recurso extraordinário, julgará a causa, aplicando o direito à espécie.

STF nº 505: Salvo quando contrariarem a constituição, não cabe recurso para o supremo tribunal federal, de quaisquer decisões da justiça do trabalho, inclusive dos presidentes de seus tribunais.

STF nº 513: A decisão que enseja a interposição de recurso ordinário ou extraordinário não é a do plenário, que resolve o incidente de inconstitucionalidade, mas a do órgão (câmaras, grupos ou turmas) que completa o julgamento do feito.

STF nº 527: Após a vigência do ato institucional 6, que deu nova redação ao art. 114, III, da Constituição Federal de 1967, não cabe recurso extraordinário das decisões do juiz singular.

STF nº 602: Nas causas criminais, o prazo de interposição de recurso extraordinário é de 10 (dez) dias.

STF nº 634: Não compete ao Supremo Tribunal Federal conceder medida cautelar para dar efeito suspensivo a recurso extraordinário que ainda não foi objeto de juízo de admissibilidade na origem.

STF nº 635: Cabe ao presidente do tribunal de origem decidir o pedido de medida cautelar em recurso extraordinário ainda pendente do seu juízo de admissibilidade.

STF nº 636: Não cabe recurso extraordinário por contrariedade ao princípio constitucional da legalidade, quando a sua verificação pressuponha rever a interpretação dada a normas infraconstitucionais pela decisão recorrida.

STF nº 640: É cabível recurso extraordinário contra decisão proferida por juiz de primeiro grau nas causas de alçada, ou por turma recursal de juizado especial cível e criminal.

STF nº 641: Não se conta em dobro o prazo para recorrer, quando só um dos litisconsortes haja sucumbido.

STF nº 728: É de três dias o prazo para a interposição de recurso extraordinário contra decisão do tribunal superior eleitoral, contado, quando for o caso, a partir da publicação do acórdão, na própria sessão de julgamento, nos termos do art. 12 da lei 6.055/1974, que não foi revogado pela lei 8.950/1994.

STF nº 733: Não cabe recurso extraordinário contra decisão proferida no processamento de precatórios.

STF nº 735: Não cabe recurso extraordinário contra acórdão que defere medida liminar.

STJ nº 5: A simples interpretação de cláusula contratual não enseja recurso especial.

STJ nº 7: A pretensão de simples reexame de prova não enseja recurso especial.

STJ nº 13: A divergência entre julgados do mesmo tribunal não enseja recurso especial.

STJ nº 83: Não se conhece do recurso especial pela divergência, quando a orientação do tribunal se firmou no mesmo sentido da decisão recorrida.

STJ nº 86: Cabe recurso especial contra acordão proferido no julgamento de agravo de instrumento.

STJ nº 115: Na instância especial é inexistente recurso interposto por advogado sem procuração nos autos.

STJ nº 123: A decisão que admite, ou não, o recurso especial deve ser fundamentada, com o exame dos seus pressupostos gerais e constitucionais.

STJ nº 126: É inadmissível recurso especial, quando o acordão recorrido assenta em fundamentos constitucional e infraconstitucional, qualquer deles suficiente, por si só, para mantê-lo, e a parte vencida não manifesta recurso extraordinário.

STJ nº 203: Não cabe recurso especial contra decisão proferida por órgão de segundo grau dos Juizados Especiais.(*) .

(*) A Corte Especial, na sessão extraordinária de 23 de maio de 2002, julgando o AgRg no Ag 400.076-BA, deliberou pela ALTERAÇÃO do enunciado da Súmula nº 203.

Redação anterior (decisão de 04/02/1998, DJ 12/02/1998, PG: 35): não cabe recurso especial contra decisão proferida, nos limites de sua competência, por órgão de segundo grau dos juizados especiais.

STJ nº 211: Inadmissível recurso especial quanto à questão que, a despeito da oposição de embargos declaratórios, não foi apreciada pelo Tribunal *a quo*.

STJ nº 311: Os atos do presidente do tribunal que disponham sobre processamento e pagamento de precatório não têm caráter jurisdicional.

STJ nº 518: Para fins do art. 105, III, a, da Constituição Federal, não é cabível recurso especial fundado em alegada violação de enunciado de súmula.

Enunciados Administrativos do STJ:

STJ. Enunciado Administrativo nº 5: Nos recursos tempestivos interpostos com fundamento no CPC/1973 (relativos a decisões publicadas até 17 de março de 2016), não caberá a abertura de prazo prevista no art. 932, parágrafo único, c/c o art. 1.029, § 3º, do novo CPC.

STJ. Enunciado Administrativo nº 6: Nos recursos tempestivos interpostos com fundamento no CPC/2015 (relativos a decisões publicadas a partir de 18 de março de 2016), somente será concedido o prazo previsto no art. 932, parágrafo único, c/c o art. 1.029, § 3º, do novo CPC para que a parte sane vício estritamente formal.

STJ, Enunciado Administrativo nº 8: A indicação no recurso especial dos fundamentos de relevância da questão de direito federal infraconstitucional somente será exigida em recursos interpostos contra acórdãos publicados após a data de entrada em vigor da lei regulamentadora prevista no art. 105, § 2º, da Constituição Federal.

Enunciados das Jornadas de Direito Processual Civil do Conselho da Justiça Federal:

Nº 203 do CJF: A interposição de Recursos Especial e Extraordinário não exige protocolo simultâneo, desde que observado o prazo legal.

Nº 204 do CJF: A afetação de um Recurso Extraordinário ou Especial como repetitivo não pressupõe a existência de decisões conflitantes sobre a questão de direito material ou processual submetida a julgamento.

Nº 205 do CJF: A fundamentação da superação de tese firmada em recurso repetitivo deve apontar, expressamente, os critérios autorizadores da superação de precedentes: incongruência social ou inconsistência sistêmica.

Enunciados do Fórum Permanente de Processualistas Civis:

Nº 83 do FPPC: Fica superado o enunciado 115 da súmula do STJ após a entrada em vigor do CPC ("Na instância especial é inexistente recurso interposto por advogado sem procuração nos autos").

Nº 197 do FPPC: Aplica-se o disposto no parágrafo único do art. 932 aos vícios sanáveis de todos os recursos, inclusive dos recursos excepcionais.

Nº 219 do FPPC: O relator ou o órgão colegiado poderá desconsiderar o vício formal de recurso tempestivo ou determinar sua correção, desde que não o repute grave.

Nº 220 do FPPC: O Supremo Tribunal Federal ou o Superior Tribunal de Justiça inadmitirá o recurso extraordinário ou o recurso especial quando o recorrente não sanar o vício formal de cuja falta foi intimado para corrigir.

Nº 221 do FPPC: Fica superado o enunciado 634 da súmula do STF após a entrada em vigor do CPC ("Não compete ao Supremo Tribunal Federal conceder medida cautelar para dar efeito suspensivo a recurso extraordinário que ainda não foi objeto de juízo de admissibilidade na origem").

Nº 222 do FPPC: Fica superado o enunciado 635 da súmula do STF após a entrada em vigor do CPC ("Cabe ao presidente do tribunal de origem decidir o pedido de medida cautelar em recurso extraordinário ainda pendente do seu juízo de admissibilidade").

Nº 423 do FPPC: Cabe tutela de evidência recursal.

Nº 550 do FPPC: A inexistência de repercussão geral da questão constitucional discutida no recurso extraordinário é vício insanável, não se aplicando o dever de prevenção de que trata o parágrafo único do art. 932, sem prejuízo do disposto no art. 1.033.

Nº 551 do FPPC: Cabe ao relator, antes de não conhecer do recurso por intempestividade, conceder o prazo de cinco dias úteis para que o recorrente prove qualquer causa de prorrogação, suspensão ou interrupção do prazo recursal a justificar a tempestividade do recurso.

Nº 664 do FPPC: O Presidente ou Vice-Presidente do Tribunal de origem tem competência para homologar acordo celebrado antes da publicação da decisão de admissão do recurso especial ou extraordinário

Nº 726 do FPPC: A ausência de indicação da alínea do permissivo constitucional que embasa a interposição de recurso especial ou extraordinário não leva ao não conhecimento do recurso, quando for possível deduzir o fundamento da irresignação a partir da análise do conjunto da postulação.

Art. 1.030. Recebida a petição do recurso pela secretaria do tribunal, o recorrido será intimado para apresentar contrarrazões no prazo de 15 (quinze) dias, findo o qual os autos serão conclusos ao presidente ou ao vice-presidente do tribunal recorrido, que deverá:

I – negar seguimento:

a) a recurso extraordinário que discuta questão constitucional à qual o Supremo Tribunal Federal não tenha reconhecido a existência de repercussão geral ou a recurso extraordinário interposto contra acórdão que esteja em conformidade com entendimento do Supremo Tribunal Federal exarado no regime de repercussão geral;

b) a recurso extraordinário ou a recurso especial interposto contra acórdão que esteja em conformidade com entendimento do Supremo Tribunal Federal ou do Superior Tribunal de Justiça, respectivamente, exarado no regime de julgamento de recursos repetitivos;

II – encaminhar o processo ao órgão julgador para realização do juízo de retratação, se o acórdão recorrido divergir do entendimento do Supremo Tribunal Federal ou do Superior Tribunal de Justiça exarado, conforme o caso, nos regimes de repercussão geral ou de recursos repetitivos;

III – sobrestar o recurso que versar sobre controvérsia de caráter repetitivo ainda não decidida pelo Supremo Tribunal Federal ou pelo Superior Tribunal de Justiça, conforme se trate de matéria constitucional ou infraconstitucional;

IV – selecionar o recurso como representativo de controvérsia constitucional ou infraconstitucional, nos termos do § 6º do art. 1.036;

V – realizar o juízo de admissibilidade e, se positivo, remeter o feito ao Supremo Tribunal Federal ou ao Superior Tribunal de Justiça, desde que:

a) o recurso ainda não tenha sido submetido ao regime de repercussão geral ou de julgamento de recursos repetitivos;

b) o recurso tenha sido selecionado como representativo da controvérsia; ou

c) o tribunal recorrido tenha refutado o juízo de retratação.

§ 1º Da decisão de inadmissibilidade proferida com fundamento no inciso V caberá agravo ao tribunal superior, nos termos do art. 1.042.

§ 2º Da decisão proferida com fundamento nos incisos I e III caberá agravo interno, nos termos do art. 1.021. (*Alterado pela Lei nº 13.256, de 04.02.2016*).

Notas:

Protocolo, contrarrazões e juízo de admissibilidade.

Recurso Extraordinário

EMENTA: AGRAVO INTERNO NOS EMBARGOS DE DECLARAÇÃO NO RECURSO EXTRAORDINÁRIO. DIREITO PROCESSUAL CIVIL. DECISÃO QUE APLICA A SISTEMÁTICA DA REPERCUSSÃO GERAL. NÃO CABIMENTO DE RECURSO DIRIGIDO AO SUPREMO TRIBUNAL FEDERAL. QUESTÕES REMANESCENTES. LEGISLAÇÃO INFRACONSTITUCIONAL. OFENSA REFLEXA. FATOS E PROVAS. REEXAME. IMPOSSIBILIDADE. PRECEDENTES. 1. Incabível recurso dirigido ao Supremo Tribunal Federal contra a aplicação da sistemática da repercussão geral no juízo de origem. 2. A orientação consolidada na Corte foi agasalhada no Código de Processo Civil de 2015, que prevê, como instrumento processual adequado contra a aplicação do instituto da repercussão geral, a interposição de agravo interno perante o próprio tribunal de origem (artigo 1.030, § 2º, do CPC). 3. Agravo interno desprovido, com imposição de multa de 5% (cinco por cento) do valor atualizado da causa (artigo 1.021, § 4º, do CPC), caso seja unânime a votação. 4. Honorários advocatícios majorados ao máximo legal em desfavor da parte recorrente, caso as instâncias de origem os tenham fixado, nos termos do artigo 85, § 11, do Código de Processo Civil, observados os limites dos §§ 2º e 3º e a eventual concessão de justiça gratuita. (STF, RE 1.227.224 ED-AgR, Rel. Luiz Fux (Presidente), Tribunal Pleno, julgado em 15/03/2021, Processo Eletrônico DJe-071 Divulg. 14-04-2021 Public. 15-04-2021).

Súmulas:

STJ nº 123: A decisão que admite, ou não, o recurso especial deve ser fundamentada, com o exame dos seus pressupostos gerais e constitucionais.

STJ nº 126: É inadmissível recurso especial, quando o acordão recorrido assenta em fundamentos constitucional e infraconstitucional, qualquer deles suficiente, por si só, para mantê-lo, e a parte vencida não manifesta recurso extraordinário.

STJ nº 256: O sistema de "protocolo integrado" não se aplica aos recursos dirigidos ao Superior Tribunal de Justiça. (*) Julgando o AgRg no Ag 792.846-SP, na sessão de 21/05/2008, a Corte Especial deliberou pelo CANCELAMENTO da súmula nº 256.

Enunciados das Jornadas de Direito Processual Civil do Conselho da Justiça Federal:

Nº 75 do CJF: Cabem embargos declaratórios contra decisão que não admite recurso especial ou extraordinário, no tribunal de origem ou no tribunal superior, com a consequente interrupção do prazo recursal.

Nº 78 do CJF: A suspensão do recurso prevista no art. 1.030, III, do CPC deve se dar apenas em relação ao capítulo da decisão afetada pelo repetitivo, devendo o recurso ter seguimento em relação ao remanescente da controvérsia, salvo se a questão repetitiva for prejudicial à solução das demais matérias.

Nº 81 do CJF: A devolução dos autos pelo Superior Tribunal de Justiça ou Supremo Tribunal Federal ao tribunal de origem depende de decisão fundamentada, contra a qual cabe agravo na forma do art. 1.037, § 13, II, do CPC.

Nº 139 do CJF: A ausência de retratação do órgão julgador, na hipótese prevista no art. 1030, II, do CPC, dispensa a ratificação expressa para que haja o juízo de admissibilidade e a eventual remessa do recurso extraordinário ou especial ao tribunal superior competente, na forma dos arts. 1.030, V, "c", e 1.041 do CPC.

Enunciados do Fórum Permanente de Processualistas Civis:

Nº 211 do FPPC: Cabe reclamação, por usurpação da competência do Superior Tribunal de Justiça, contra a decisão de presidente ou vice-presidente do tribunal de 2º grau que inadmitir recurso especial não repetitivo.

Nº 212 do FPPC: Cabe reclamação, por usurpação da competência do Supremo Tribunal Federal, contra a decisão de presidente ou vice-presidente do tribunal de 2º grau que inadmitir recurso extraordinário não repetitivo.

Nº 362 do FPPC: O recurso extraordinário interposto contra acórdão proferido pela Turma Recursal será remetido ao Supremo Tribunal Federal, independentemente de juízo de admissibilidade.

Nº 365 do FPPC: Aplica-se a regra do art. 1.030, parágrafo único, aos recursos extraordinário e especial pendentes de admissibilidade ao tempo da entrada em vigor do CPC, de modo que o exame da admissibilidade destes recursos competirá ao STF e STJ.

Nº 593 do FPPC: Antes de inadmitir o recurso especial ou recurso extraordinário, cabe ao presidente ou vice-presidente do tribunal recorrido conceder o prazo de cinco dias ao recorrente para que seja sanado o vício ou complementada a documentação exigível, nos termos do parágrafo único do art. 932.

Nº 664 do FPPC: O Presidente ou Vice-Presidente do Tribunal de origem tem competência para homologar acordo celebrado antes da publicação da decisão de admissão do recurso especial ou extraordinário.

Nº 727 do FPPC: O órgão responsável pelo juízo de admissibilidade deverá indicar, separadamente, na parte dispositiva da decisão, os fundamentos legais da decisão baseada no inciso I do art. 1.030 e com base no inciso V do mesmo artigo.

Art. 1.031. Na hipótese de interposição conjunta de recurso extraordinário e recurso especial, os autos serão remetidos ao Superior Tribunal de Justiça.

§ 1º Concluído o julgamento do recurso especial, os autos serão remetidos ao Supremo Tribunal Federal para apreciação do recurso extraordinário, se este não estiver prejudicado.

§ 2º Se o relator do recurso especial considerar prejudicial o recurso extraordinário, em decisão irrecorrível, sobrestará o julgamento e remeterá os autos ao Supremo Tribunal Federal.

§ 3º Na hipótese do § 2º, se o relator do recurso extraordinário, em decisão irrecorrível, rejeitar a prejudicialidade, devolverá os autos ao Superior Tribunal de Justiça para o julgamento do recurso especial.

Notas:

Interposição simultânea do recurso extraordinário e do recurso especial. Quando ocorrer a interposição simultânea dos recursos especial e extraordinário, primeiro será processado e julgado o especial e apenas posteriormente é que os autos serão remetidos ao STF, para fins de que seja o recurso extraordinário apreciado, caso não esteja prejudicado.

Súmulas:

STF nº 283: É inadmissível o recurso extraordinário, quando a decisão recorrida assenta em mais de um fundamento suficiente e o recurso não abrange todos eles.

STJ nº 126: É inadmissível recurso especial, quando o acordão recorrido assenta em fundamentos constitucional e infraconstitucional, qualquer deles suficiente, por si só, para mantê-lo, e a parte vencida não manifesta recurso extraordinário.

Art. 1.032. Se o relator, no Superior Tribunal de Justiça, entender que o recurso especial versa sobre questão constitucional, deverá conceder prazo de 15 (quinze) dias para que o recorrente demonstre a existência de repercussão geral e se manifeste sobre a questão constitucional.

Parágrafo único. Cumprida a diligência de que trata o *caput*, o relator remeterá o recurso ao Supremo Tribunal Federal, que, em juízo de admissibilidade, poderá devolvê-lo ao Superior Tribunal de Justiça.

Notas:

Conversão do recurso especial em recurso extraordinário. Entendendo o relator do recurso especial que este recurso versa sobre questão constitucional, deverá ser concedido prazo de 15 (quinze) dias ao recorrente, para que o mesmo demonstre a existência de repercussão geral da questão constitucional aventada e desta também se manifeste, Uma vez cumprido o ato pelo recorrente, caberá ao relator do REsp remeter o recurso para o STF, a fim de que este realize o juízo de admissibilidade do mesmo, podendo, inclusive devolvê-lo ao STJ (parágrafo único do art. 1.032 do CPC), quando entender não se tratar de matéria afeita ao seu julgamento.

Enunciado das Jornadas de Direito Processual Civil do Conselho da Justiça Federal:

Nº 79 do CJF: Na hipótese do art. 1.032 do CPC, cabe ao relator, após possibilitar que o recorrente adite o seu recurso para inclusão de preliminar sustentando a existência de repercussão geral, oportunizar ao recorrido que, igualmente, adite suas contrarrazões para sustentar a inexistência da repercussão.

Enunciados do Fórum Permanente de Processualistas Civis:

Nº 564 do FPPC: Os arts. 1.032 e 1.033 devem ser aplicados aos recursos interpostos antes da entrada em vigor do CPC de 2015 e ainda pendentes de julgamento.

Nº 565 do FPPC: Na hipótese de conversão de recurso extraordinário em recurso especial ou vice-versa, após a manifestação do recorrente, o recorrido será intimado para, no prazo do *caput* do art. 1.032, complementar suas contrarrazões.

Nº 566 do FPPC: Na hipótese de conversão do recurso extraordinário em recurso especial, nos termos do art. 1.033, cabe ao relator conceder o prazo do *caput* do art. 1.032 para que o recorrente adapte seu recurso e se manifeste sobre a questão infraconstitucional.

Nº 728 do FPPC: O enunciado 126 da súmula do STJ é inaplicável quando o STF tiver definido que o fundamento constitucional adotado pelo acórdão recorrido constitui ofensa reflexa à constituição.

Art. 1.033. Se o Supremo Tribunal Federal considerar como reflexa a ofensa à Constituição afirmada no recurso extraordinário, por pressupor a revisão da interpretação de lei federal ou de tratado, remetê-lo-á ao Superior Tribunal de Justiça para julgamento como recurso especial.

Notas:

Conversão do recurso extraordinário em recurso especial. Caso o relator no STF entenda como reflexa a ofensa à Constituição Federal nele deduzida, e daí, por pressupor a revisão da interpretação de lei federal ou tratado, matéria pertinente ao recurso especial, remeterá dito recurso ao STJ, para fins de julgamento como recurso especial.

Súmula:

STF nº 636: Não cabe recurso extraordinário por contrariedade ao princípio constitucional da legalidade, quando a sua verificação pressuponha rever a interpretação dada a normas infraconstitucionais pela decisão recorrida.

Enunciado das Jornadas de Direito Processual Civil do Conselho da Justiça Federal:

Nº 80 do CJF: Quando o Supremo Tribunal Federal considerar como reflexa a ofensa à Constituição afirmada no recurso extraordinário, deverá, antes de remetê-lo ao Superior Tribunal de Justiça para julgamento como recurso especial, conceder prazo de quinze dias para que as partes complementem suas razões e contrarrazões de recurso.

Enunciados do Fórum Permanente de Processualistas Civis:

Nº 550 do FPPC: A inexistência de repercussão geral da questão constitucional discutida no recurso extraordinário é vício insanável, não se aplicando o dever de prevenção de que trata o parágrafo único do art. 932, sem prejuízo do disposto no art. 1.033.

Nº 551 do FPPC: Cabe ao relator, antes de não conhecer do recurso por intempestividade, conceder o prazo de cinco dias úteis para que o recorrente prove qualquer causa de prorrogação, suspensão ou interrupção do prazo recursal a justificar a tempestividade do recurso.

Nº 564 do FPPC: Os arts. 1.032 e 1.033 devem ser aplicados aos recursos interpostos antes da entrada em vigor do CPC de 2015 e ainda pendentes de julgamento.

Nº 565 do FPPC: Na hipótese de conversão de recurso extraordinário em recurso especial ou vice-versa, após a manifestação do recorrente, o recorrido será intimado para, no prazo do *caput* do art. 1.032, complementar suas contrarrazões.

Nº 566 do FPPC: Na hipótese de conversão do recurso extraordinário em recurso especial, nos termos do art. 1.033, cabe ao relator conceder o prazo do *caput* do art. 1.032 para que o recorrente adapte seu recurso e se manifeste sobre a questão infraconstitucional.

Nº 728 do FPPC: O enunciado 126 da súmula do STJ é inaplicável quando o STF tiver definido que o fundamento constitucional adotado pelo acórdão recorrido constitui ofensa reflexa à constituição.

Art. 1.034. Admitido o recurso extraordinário ou o recurso especial, o Supremo Tribunal Federal ou o Superior Tribunal de Justiça julgará o processo, aplicando o direito.

Parágrafo único. Admitido o recurso extraordinário ou o recurso especial por um fundamento, devolve-se ao tribunal superior o conhecimento dos demais fundamentos para a solução do capítulo impugnado.

Notas:

Admitido o recurso extraordinário ou o recurso especial, o STF ou STJ julgará o processo, aplicando o direito a ele pertinente, conforme as letras do art. 1.034, *caput*, querendo dizer com isso que não se limitam a tão somente cassar a decisão recorrida e reenviando-a para novo julgamento, como cortes de cassação. Na verdade, em tal perspectiva, tratam-se de tribunais que conhecem as violações à Carta Maior e à legislação federal e, sendo o caso, decidem a contenda de modo definitivo, tanto em RE quanto em REsp.

Súmulas:

STF nº 279: Para simples reexame de prova não cabe recurso extraordinário.

STF nº 282: É inadmissível o recurso extraordinário, quando não ventilada, na decisão recorrida, a questão federal suscitada.

STF nº 292: Interposto o recurso extraordinário por mais de um dos fundamentos indicados no art. 101, III da Constituição, a admissão apenas por um deles não prejudica o seu conhecimento por qualquer dos outros.

STF nº 356: O ponto omisso da decisão, sobre o qual não foram opostos embargos declaratórios, não pode ser objeto de recurso extraordinário, por faltar o requisito do prequestionamento.

STF nº 456: O Supremo Tribunal Federal, conhecendo do recurso extraordinário, julgará a causa, aplicando o direito à espécie.

STF nº 528: Se a decisão contiver partes autônomas, a admissão parcial, pelo Presidente do Tribunal *a quo*, de recurso extraordinário que, sobre qualquer delas se manifestar, não limitará a apreciação de todas pelo Supremo Tribunal Federal, independentemente de interposição de agravo de instrumento.

STJ nº 7: A pretensão de simples reexame de prova não enseja recurso especial.

STJ nº 320: A questão federal somente ventilada no voto vencido não atende ao requisito do prequestionamento.

Enunciados do Fórum Permanente de Processualistas Civis:

Nº 223 do FPPC: Fica superado o enunciado 528 da súmula do STF após a entrada em vigor do CPC ("*Se a decisão contiver partes autônomas, a admissão parcial, pelo presidente do tribunal* 'a quo', *de recurso extraordinário que, sobre qualquer delas se manifestar, não limitará a apreciação de todas pelo supremo tribunal federal, independentemente de interposição de agravo de instrumento*").

Nº 718 do FPPC: Interposto o recurso especial antes da vigência da Lei nº 14.230/2021, o Superior Tribunal de Justiça não poderá inadmiti-lo com fundamento na ausência de pré-questionamento de seus dispositivos.

Art. 1.035. O Supremo Tribunal Federal, em decisão irrecorrível, não conhecerá do recurso extraordinário quando a questão constitucional nele versada não tiver repercussão geral, nos termos deste artigo.

§ 1º Para efeito de repercussão geral, será considerada a existência ou não de questões relevantes do ponto de vista econômico, político, social ou jurídico que ultrapassem os interesses subjetivos do processo.

§ 2º O recorrente deverá demonstrar a existência de repercussão geral para apreciação exclusiva pelo Supremo Tribunal Federal.

§ 3º Haverá repercussão geral sempre que o recurso impugnar acórdão que:

I – contrarie súmula ou jurisprudência dominante do Supremo Tribunal Federal;

II – tenha sido proferido em julgamento de casos repetitivos; (*revogado pela Lei nº 13.256, de 04.02.2016*).

III – tenha reconhecido a inconstitucionalidade de tratado ou de lei federal, nos termos do art. 97 da Constituição Federal.

§ 4º O relator poderá admitir, na análise da repercussão geral, a manifestação de terceiros, subscrita por procurador habilitado, nos termos do Regimento Interno do Supremo Tribunal Federal.

§ 5º Reconhecida a repercussão geral, o relator no Supremo Tribunal Federal determinará a suspensão do processamento de todos os processos pendentes, individuais ou coletivos, que versem sobre a questão e tramitem no território nacional.

§ 6º O interessado pode requerer, ao presidente ou ao vice-presidente do tribunal de origem, que exclua da decisão de sobrestamento e inadmita o recurso extraordinário que tenha sido interposto intempestivamente, tendo o recorrente o prazo de 5 (cinco) dias para manifestar-se sobre esse requerimento.

§ 7º Da decisão que indeferir o requerimento referido no § 6º ou que aplicar entendimento firmado em regime de repercussão geral ou em julgamento de recursos repetitivos caberá agravo interno. (*Alteração dada pela Lei nº 13.256, de 04.02.2016*).

§ 8º Negada a repercussão geral, o presidente ou o vice-presidente do tribunal de origem negará seguimento aos recursos extraordinários sobrestados na origem que versem sobre matéria idêntica.

§ 9º O recurso que tiver a repercussão geral reconhecida deverá ser julgado no prazo de 1 (um) ano e terá preferência sobre os demais feitos, ressalvados os que envolvam réu preso e os pedidos de habeas corpus.

§ 10. Não ocorrendo o julgamento no prazo de 1 (um) ano a contar do reconhecimento da repercussão geral, cessa, em todo o território nacional, a suspensão dos processos, que retomarão seu curso normal. (*Revogado pela Lei nº 13.256, de 04.02.2016*).

§ 11. A súmula da decisão sobre a repercussão geral constará de ata, que será publicada no diário oficial e valerá como acórdão.

Remissão:

– CNJ Res. Nº 160/2012(Dispõe sobre a organização do Núcleo de Repercussão Geral e Recursos Repetitivos – NURER nos Tribunais Superiores, Tribunais de Justiça dos Estados e do Distrito Federal e nos Tribunais Regionais Federais).

– Art. 102, § 3º, da CRFB/88:

"Art. 102. Compete ao Supremo Tribunal Federal, precipuamente, a guarda da Constituição, cabendo-lhe:

(...)

§ 3º No recurso extraordinário o recorrente deverá demonstrar a repercussão geral das questões constitucionais discutidas no caso, nos termos da lei, a fim de que o Tribunal examine a admissão do recurso, somente podendo recusá-lo pela manifestação de dois terços de seus membros".

Recurso Extraordinário

CONSTITUCIONAL. PROCESSUAL CIVIL. ART. 1.035, § 5º, DO CPC. SUSPENSÃO NACIONAL DOS PROCESSOS. TEMA CONSTITUCIONAL COM REPERCUSSÃO GERAL RECONHECIDA. TEMA 1.016 DA SISTEMÁTICA DA REPERCUSSÃO GERAL. EXPURGOS INFLACIONÁRIOS. CORREÇÃO MONETÁRIA DE DEPÓSITOS JUDICIAIS. 1. Segundo a jurisprudência do Supremo Tribunal Federal, a suspensão de processamento prevista no § 5º do art. 1.035 do CPC é faculdade discricionária do relator do recurso extraordinário paradigma. RE 966.177/RG-QO, Relator Ministro Luiz Fux, julgamento em 07.06.2017. 2. A suspensão nacional dos feitos cujos temas sejam coincidentes com aquele de recurso cuja repercussão geral tenha sido reconhecida pelo Supremo Tribunal Federal é prerrogativa legal do relator do processo paradigma, nos termos do art. 1.035, § 5º, do Código de Processo Civil. 3. Agravo regimental a que nega provimento. (RE 1.141.156 AgR, Rel. Edson Fachin, Tribunal Pleno, julgado em 19/12/2019, Processo Eletrônico DJe-082 Divulg. 02-04-2020 Public. 03-04-2020).

Notas:

Repercussão Geral. Por força da Emenda Constitucional nº 45, de 8 de dezembro de 2004, o Recurso Extraordinário, esse, como sabido, de índole constitucional, veio sofrer relevantes modificações, dentre elas a que figurou no novo § 3º acrescido ao art. 102 da Constituição Federal de 1988, *in verbis*:

"Art. 102.

(...)

§ 3º No recurso extraordinário o recorrente deverá demonstrar a repercussão geral das questões constitucionais discutidas no caso, nos termos da lei, a fim de que o Tribunal examine a admissão do recurso, somente podendo recusá-lo pela manifestação de dois terços de seus membros."

De princípio, cabe destacar que aludido parágrafo sinaliza que ao recorrente caberá, logicamente, no corpo de seu recurso extraordinário, realizar específica demonstração da "repercussão geral das questões constitucionais discutidas no caso".

Da inteligência de tal dispositivo, é de se notar que ao Supremo Tribunal Federal caberá recusar, diante da manifestação de dois terços de seus membros, o respectivo recurso extraordinário se, preliminarmente, entender que não restou demonstrada a "repercussão geral" das questões sobre as quais versa respectivo apelo.

Notadamente, o texto constitucional não teve o condão de conceituar o que deveria se entender por "repercussão geral", no entanto a necessária regulamentação do aludido dispositivo constitucional inovador se fez, primeiro, por meio da Lei nº 11.418, de 19 de dezembro de 2006, esta que acrescentou ao Código de Processo Civil de 1973 dois novos artigos, no que toca ao recurso extraordinário, quais sejam: o art. 543-A e o art. 543-B.

De pronto, já no art. 543-A, ditadas foram as regras definidoras da extensão do que se deva entender por repercussão geral das "questões constitucionais debatidas no caso" além de questões afins, estas relativas à aprovação ou negação da incidência do instituto; quanto ao art. 543-B, este se pautou por dispor das regras relativas ao trâmite de uma multiplicidade de recursos extraordinários pendentes, cuja controvérsia se pautam em fundamentos idênticos.

Com o novel CPC/2015, as regras relativas ao instituto da repercussão geral não somente foram mantidas, mas tiveram acréscimos em seu conteúdo, notadamente, na própria extensão do reconhecimento e incidência do presente instituto, *ex vi* dos incisos II e III do § 3º do art. 1.035. É o que veremos a seguir.

De reconhecimento da própria Corte Suprema Pátria, tem o instituto da repercussão geral finalidades pontuais:

Expressa o art. 1.035, *caput* do CPC/2015:

> "*Art. 1.035. O Supremo Tribunal Federal, em decisão irrecorrível, não conhecerá do recurso extraordinário quando a questão constitucional nele versada não tiver repercussão geral, nos termos deste artigo.*"

Observa-se que tal dispositivo, ao dispor que o Supremo Tribunal Federal, em decisão irrecorrível, deixará de conhecer o recurso extraordinário, quando a questão constitucional nele versada não oferecer repercussão geral,[550] aponta,

---

550 Importante pontuar que, necessariamente, há de se ter uma decisão clara, firme e sem lacunas no tocante à afirmação de inexistência da repercussão geral, dado que, do contrário, lugar encontrarão os Embargos de Declaração em dito tema, por razões óbvias, na medida em que a completa racionalidade das decisões e toda sua completude são democraticamente exigíveis e verdadeiramente imprescindíveis.

Mesmo que não se vislumbre a alteração do julgado (a despeito da possibilidade real de seus efeitos infringentes), aos Embargos de Declaração deposita-se, quando da necessidade de impetração do mesmo, a compreensão do posicionamento do juízo (neste caso, do

já de início, a sua função de requisito intrínseco de admissibilidade recursal para o RE,[551] para só então em momento subsequente – § 1º do mesmo dispositivo – conceituar o que seja a *repercussão geral*, considerando, assim, a sua existência quando a questão discutida apresentar relevância do ponto de vista econômico, político, social ou jurídico, que ultrapasse os interesses subjetivos processo, como se comprova em letra fria:

> *"§ 1º Para efeito de repercussão geral, será considerada a existência ou não de questões relevantes do ponto de vista econômico, político, social ou jurídico que ultrapassem os interesses subjetivos do processo."*

STF) acerca da clara evidência ou não do binômio relevância-transcendência em sede de repercussão geral.

Com prudência, nunca é demais lembrar que o cabimento dos referidos embargos estará sempre subordinado à afirmativa de omissão, contradição ou obscuridade, não cabendo aqui qualquer desvio de objeto ao mesmo, sob pena do enquadrá-lo em manifestamente protelatório, ou seja, ato de improbidade processual por parte de seu impetrante, conforme atestado pelo art. 1.026, § 2º do CPC.

Por outro lado e acertadamente, acresce-se ao tema a afirmativa de Marinoni e Mitidiero (ob. cit., p. 57), para quem, do não recebimento de recurso extraordinário por ausência de repercussão geral, caberá a parte recorrente, entendendo ser tal negativa decorrente de análise equivocada por parte da própria Corte Suprema pátria, impetrar respectivo mandado de segurança.

Apontam os supracitados autores que, muito embora "existam precedentes do Supremo Tribunal Federal que não admitem mandado de segurança contra ato de seus Ministros, certo é que a Constituição autoriza a cogitação de seu cabimento (art. 102, I, *d*), grifando a jurisprudência dessa mesma Corte o regime de direito estrito dessa previsão, que não admite nem a sua ampliação, nem, tampouco, a sua restrição. (...) Teoricamente, a solução vai sustentada pela contingência dos conceitos de relevância e transcendência constituírem conceitos jurídicos indeterminados que reclamam preenchimento com valorações objetivas."

No caso do referido *mandamus*, a competência para o seu conhecimento é do Plenário do STF.

551 Ainda que figure a repercussão geral como requisito intrínseco de admissibilidade do Recurso Extraordinário, há dissenso no tocante ao momento de análise de tal requisito em relação aos demais também intrínsecos.

Notadamente, pontua Arruda Alvim (A EC n. 45 e o instituto da repercussão geral. *In:* WAMBIER, Teresa Arruda Alvim *et al* (Coord.) *Reforma do Judiciário: primeiras reflexões sobre a emenda constitucional n. 45/2004. São Paulo: RT, 2005,* p. 64) que o "exame da repercussão geral deverá ser prévio à admissibilidade propriamente dita, ou à admissibilidade em sentido técnico, como assunto preliminar, já quando e dentro do âmbito do julgamento do recurso". De outra banda, sustenta Cruz e Tucci – A "Repercussão Geral" como Pressuposto de Admissibilidade do Recurso Extraordinário. *In*: FABRÍCIO, Adroaldo Furtado (Coord.). *Meios de Impugnação ao Julgado Civil. Estudos em homenagem a José Carlos Barbosa Moreira.* Rio de Janeiro: Forense, 2007, p. 435 – que caberá ao relator do recurso extraordinário examinar "com precedência, todos os demais pressupostos de admissibilidade do recurso extraordinário. Sendo positivo o juízo de admissibilidade, só então é que a questão da repercussão geral será levada primeiramente à apreciação da turma".

A despeito de tamanha subjetividade, tornando-se aí, verdadeiramente, um conceito juridicamente indeterminado,[552] percebe-se como nota de referência a incidência do binômio *relevância* e *transcendência*[553] como fundamental para, em termos corretos, exercitar a aplicabilidade com efeitos práticos para os quais se

---

552 Na esteira do que esclarece Karl Engisch (*Introdução ao Pensamento Jurídico*. Trad. J. Baptista Machado. 8. ed. Lisboa: Fundação Caloust Gulbenkian, 2001, p. 209), os conceitos juridicamente indeterminados são formados por um "núcleo conceitual" (certeza do que é ou não é), bem como um "halo conceitual" (dúvida do que pode ser). Em termos, esclarece Engisch: "Sempre que temos a uma noção clara do conteúdo e da extensão dum conceito, estamos no domínio do núcleo conceitual. Onde as dúvidas começam, começa o halo do conceito."

553 Situando-se no contexto do aludido binômio, o STF, recentemente, em importante documento de gestão estratégica acostou na forma de indicativos, questões a ele chegadas em sede de RE, de cujo conteúdo se observa o entendimento da própria Corte acerca da incidência, sob o signo dos efeitos da relevância e transcendência, a ensejar o reconhecimento da presença de repercussão geral.

Neste sentido e a título exemplificativo, podem-se apontar, dentre muitas, tais matérias:

- Contribuição Social / Base de Cálculo / Pis / Cofins / inclusão do ICMS / Desembaraço Aduaneiro.
- Execução Fiscal / Contribuição Previdenciária/Prescrição.
- Servidor Público / Vencimentos / Conversão em URV.
- Imposto de Renda Pessoa Física / IR / Repetição de Indébitos.
- Ordem Social / Saúde / Fornecimento de Medicamento.
- Execução Fiscal / Contribuição Previdenciária / Responsabilidade-Redirecionamento – Sócio de Empresa.
- Militar / Vencimentos. Assessoria de Gestão Estratégica
- Aplicabilidade, ou não, do regime de precatórios às entidades da Administração Indireta que prestam exclusivamente serviços públicos essenciais.
- Justiça competente para processar e julgar as ações de cobrança ou de execução de honorários advocatícios arbitrados em favor de advogado dativo em ações cíveis e criminais.
- Constitucionalidade, ou não, da exigência de depósito prévio como requisito de admissibilidade de recurso administrativo.
- Constitucionalidade ou não, da exigência de exame psicotécnico, sem previsão em lei, como requisito para ingresso no serviço público, e da adoção de critérios, alegadamente subjetivos, para a avaliação do candidato.
- Exigibilidade, ou não, do prévio requerimento administrativo, perante o Instituto Nacional do Seguro Social – INSS, órgão especializado, como requisito para o exercício do direito à postulação jurisdicional.
- Superação da coisa julgada para possibilitar nova ação de investigação de paternidade proposta em razão de novas condições de viabilidade de realização de exame de DNA.
- Alcance do direito de sucessão legítima decorrente de união estável homoafetiva.
- Possibilidade, ou não, da aplicação do regime estabelecido pela Emenda Constitucional nº 62/2009.
- no que se refere ao sequestro de verbas públicas – aos precatórios anteriores à referida emenda constitucional.

destinam os resultados esperados do presente instituto, traduzindo-se, portanto, em limitar a incidência de recursos extraordinários por meio de um específico "filtro",[554] este que, voltado à observância da questão *relevante* debatida em sede recursal extraordinária, somado à *transcendência* que esta mesma questão atinge (ultrapassar os interesses subjetivos da própria causa), possa-se alcançar a diminuição da massa recursal,[555] prestigiando a tão desejosa e esperada razoável duração do processo, reforçando-se o caráter humanizador deste instrumento da jurisdição, racionalizando-se, por conseguinte, a própria atividade judicante.[556]

Ainda que pese a subjetividade acima referida, observa-se que no próprio art. 1.035 é encontrada assentada a previsão de alguns casos em que a repercussão geral se faz imperativamente reconhecida, sendo tal afirmativa regrada nos seguintes termos:

> "*§ 3º Haverá repercussão geral sempre que o recurso impugnar acórdão que:*
>
> *I – contrarie súmula ou jurisprudência dominante do Supremo Tribunal Federal;*
>
> *II – (Revogado pela Lei nº 13.256, de 04.02.2016).*
>
> *III – tenha reconhecido a inconstitucionalidade de tratado ou de lei federal, nos termos do art. 97 da Constituição Federal.*"

O inciso I já outrora presente no revogado CPC/1973, foi mantido pelo CPC/2015.

Nele, é de se esclarecer que a referência à súmula, não toca, necessariamente, que seja vinculante, mas tão-somente retrate a jurisprudência consolidada como

---

– Possibilidade, ou não, de reconhecimento jurídico de união estável e de relação homoafetiva concomitantes, com o consequente rateio de pensão por morte.

– Possibilidade, ou não, de extensão de direitos concedidos aos servidores públicos efetivos aos servidores e empregados públicos contratados para atender necessidade temporária e excepcional do setor público.

– Responsabilidade civil objetiva do Estado por morte de detento

– Possibilidade, ou não, do sequestro de verbas públicas para pagamento de crédito a portador de doença grave sem observância à regra dos precatórios. STF. Fonte: Sistema Informatizado do STF. Disponível em: <www.stf.jus.br>.

554 MACEDO, Elaine Harzheim. Repercussão Geral das questões constitucionais: nova técnica de filtragem do recurso extraordinário. *In*: *Revista Direito e Democracia*, v. 6, n. 1, Canoas, Editora da Ulbra, 2005, p. 88.

555 Observa THEODORO JR., Humberto (*Curso de Direito Processual Civil*. Vol. I. 47. ed. Rio de Janeiro: Forense, 2007, p. 716): "Foi, sem dúvida, a necessidade de controlar e reduzir o sempre crescente e intolerável volume de recursos da espécie que passou a assoberbar o Supremo Tribunal a ponto de comprometer o bom desempenho de sua missão de Corte Constitucional, que inspirou e justificou a reforma operada pela EC nº 45."

556 No mesmo sentido, MARINONI, Luiz Guilherme; MITIDIERO, Daniel, ob. cit., p. 79.

dominante, visto que, a despeito de inexistir qualquer súmula, a incidência da repercussão geral restará configurada em qualquer julgamento que afronte a denominada jurisprudência dominante do Supremo Tribunal Federal, valendo ainda notar que por "jurisprudência dominante", deve-se ter a que resulta de posição pacífica, seja porque não há acórdãos divergentes, seja porque as eventuais divergências já tenham se pacificado no seio do STF.

Ao inciso foram acrescidos pelo novel *Codex*, os incisos II e III.

No inciso II, revogado pela Lei nº 13.256, de 04.02.2016, tínhamos também como reconhecimento da presença de repercussão geral no RE, quando o mesmo viesse impugnar acórdão que tivesse sido proferido em sede de julgamento de casos repetitivos (IRDR ou julgamento de recurso especial e recurso extraordinário, no regime de recursos repetitivos).

Já no inciso III, a presença de repercussão geral da matéria discutida no RE se dá quando este impugnar acórdão que tenha reconhecido a inconstitucionalidade de tratado ou lei federal, nos exatos termos do art. 97 da Carta Política.[557]

Repercussão Geral. *Quorum* para a análise. Art. 102, § 3º, CF/88. É uma espécie de filtragem constitucional, já que impede que o STF julgue processos que não possuam repercussão geral. Neste caso será considerada a existência de questões relevantes do ponto de vista econômico, político, social ou jurídico, que ultrapassem os interesses subjetivos da causa. Objetivamente, presumir-se-á a repercussão geral sempre que o recurso impugnar decisão contrária ou jurisprudência dominante do Tribunal.

Finalidades da Repercussão Geral

- Delimitar a competência do STF, no julgamento de recursos extraordinários, às questões constitucionais com relevância social, política, econômica ou jurídica, que transcendam os interesses subjetivos da causa.
- Uniformizar a interpretação constitucional sem exigir que o STF decida múltiplos casos idênticos sobre a mesma questão constitucional.[558]

557 "*Art. 97. Somente pelo voto da maioria absoluta de seus membros ou dos membros do respectivo órgão especial poderão os tribunais declarar a inconstitucionalidade de lei ou ato normativo do Poder Público.*"

558 Disponível em: <www.stf.gov.br> Acesso em: 13 dez. 2018.

Natureza e competência para o exame

A existência da repercussão geral da questão constitucional suscitada é requisito necessário para o conhecimento de todos os recursos extraordinários, inclusive em matéria penal.

Exige-se preliminar formal de repercussão geral, sob pena de não ser admitido o recurso extraordinário.

A verificação da existência da preliminar formal é de competência concorrente do Tribunal, Turma Recursal ou Turma de Uniformização de origem e do STF.

A análise sobre a existência ou não da repercussão geral, inclusive o reconhecimento de presunção legal de repercussão geral, é de competência exclusiva do STF.

Vigência

A preliminar formal de repercussão geral é exigida nos recursos extraordinários interpostos de acórdãos publicados a partir de 3 de maio de 2007, data da entrada em vigor da Emenda Regimental nº 21/07 ao RISTF, que estabeleceu as normas necessárias à execução das disposições legais e constitucionais sobre o novo instituto (QO-AI 664.567, Min. Sepúlveda Pertence).

Os recursos extraordinários anteriores não devem ter seu seguimento denegado por ausência da preliminar formal de repercussão geral.

Os recursos extraordinários e respectivos agravos anteriores e posteriores a 3 de maio de 2007, quando múltiplos, sujeitam-se a sobrestamento, retratação e reconhecimento de prejuízo sempre que versarem sobre temas com repercussão geral reconhecida pelo STF. Os que estiverem pendentes no STF poderão também ser devolvidos à origem. (QO-AI 715.423, Min. Ellen Gracie; QO-RE 540.410, Min. Cezar Peluso).

Enunciados do Fórum Permanente de Processualistas Civis:

Nº 224 do FPPC: A existência de repercussão geral terá de ser demonstrada de forma fundamentada, sendo dispensável sua alegação em preliminar ou em tópico específico.

Nº 551 do FPPC: Cabe ao relator, antes de não conhecer do recurso por intempestividade, conceder o prazo de cinco dias úteis para que o recorrente prove qualquer causa de prorrogação, suspensão ou interrupção do prazo recursal a justificar a tempestividade do recurso.

Nº 722 do FPPC: A decisão de suspensão de processos, em casos repetitivos ou em repercussão geral, deve delimitar o objeto de sobrestamento, inclusive as situações, pedidos, atos e fases processuais.

Nº 729 do FPPC: A submissão do tema para deliberação pelo plenário virtual da repercussão geral deve ser previamente publicizada, de modo a viabilizar a eventual participação de interessados nessa fase processual.

Subseção II
Do Julgamento dos Recursos Extraordinário e Especial Repetitivos

Art. 1.036. Sempre que houver multiplicidade de recursos extraordinários ou especiais com fundamento em idêntica questão de direito, haverá afetação para julgamento de acordo com as disposições desta Subseção, observado o disposto no Regimento Interno do Supremo Tribunal Federal e no do Superior Tribunal de Justiça.

§ 1º O presidente ou o vice-presidente de tribunal de justiça ou de tribunal regional federal selecionará 2 (dois) ou mais recursos representativos da controvérsia, que serão encaminhados ao Supremo Tribunal Federal ou ao Superior Tribunal de Justiça para fins de afetação, determinando a suspensão do trâmite de todos os processos pendentes, individuais ou coletivos, que tramitem no Estado ou na região, conforme o caso.

§ 2º O interessado pode requerer, ao presidente ou ao vice-presidente, que exclua da decisão de sobrestamento e inadmita o recurso especial ou o recurso extraordinário que tenha sido interposto intempestivamente, tendo o recorrente o prazo de 5 (cinco) dias para manifestar-se sobre esse requerimento.

§ 3º Da decisão que indeferir o requerimento referido no § 2º caberá apenas agravo interno. (*Alteração dada pela Lei nº 13.256, de 04.02.2016*).

§ 4º A escolha feita pelo presidente ou vice-presidente do tribunal de justiça ou do tribunal regional federal não vinculará o relator no tribunal superior, que poderá selecionar outros recursos representativos da controvérsia.

§ 5º O relator em tribunal superior também poderá selecionar 2 (dois) ou mais recursos representativos da controvérsia para julgamento da questão de direito independentemente da iniciativa do presidente ou do vice-presidente do tribunal de origem.

§ 6º Somente podem ser selecionados recursos admissíveis que contenham abrangente argumentação e discussão a respeito da questão a ser decidida.

Remissões:

– CNJ. Resolução Nº 235 de 13/07/2016 (Dispõe sobre a padronização de procedimentos administrativos decorrentes de julgamentos de repercussão geral, de casos repetitivos e de incidente de assunção de competência previstos na Lei 13.105, de 16 de março de 2015 (Código de Processo Civil), no Superior Tribunal de Justiça, no Tribunal Superior Eleitoral, no Tribunal Superior do

Trabalho, no Superior Tribunal Militar, nos Tribunais Regionais Federais, nos Tribunais Regionais do Trabalho e nos Tribunais de Justiça dos Estados e do Distrito Federal, e dá outras providências); criação do NUGEP (Núcleo de Gerenciamento de Precedentes).

– Art. 14 da Lei nº 10.259/2001 (Dispõe sobre a instituição dos Juizados Especiais Cíveis e Criminais no âmbito da Justiça Federal):

"Art. 14. Caberá pedido de uniformização de interpretação de lei federal quando houver divergência entre decisões sobre questões de direito material proferidas por Turmas Recursais na interpretação da lei.

§ 1º O pedido fundado em divergência entre Turmas da mesma Região será julgado em reunião conjunta das Turmas em conflito, sob a presidência do Juiz Coordenador.

§ 2º O pedido fundado em divergência entre decisões de turmas de diferentes regiões ou da proferida em contrariedade a súmula ou jurisprudência dominante do STJ será julgado por Turma de Uniformização, integrada por juízes de Turmas Recursais, sob a presidência do Coordenador da Justiça Federal.

§ 3º A reunião de juízes domiciliados em cidades diversas será feita pela via eletrônica.

§ 4º Quando a orientação acolhida pela Turma de Uniformização, em questões de direito material, contrariar súmula ou jurisprudência dominante no Superior Tribunal de Justiça -STJ, a parte interessada poderá provocar a manifestação deste, que dirimirá a divergência.

§ 5º No caso do § 4º, presente a plausibilidade do direito invocado e havendo fundado receio de dano de difícil reparação, poderá o relator conceder, de ofício ou a requerimento do interessado, medida liminar determinando a suspensão dos processos nos quais a controvérsia esteja estabelecida.

§ 6º Eventuais pedidos de uniformização idênticos, recebidos subsequentemente em quaisquer Turmas Recursais, ficarão retidos nos autos, aguardando-se pronunciamento do Superior Tribunal de Justiça.

§ 7º Se necessário, o relator pedirá informações ao Presidente da Turma Recursal ou Coordenador da Turma de Uniformização e ouvirá o Ministério Público, no prazo de cinco dias. Eventuais interessados, ainda que não sejam partes no processo, poderão se manifestar, no prazo de trinta dias.

§ 8º Decorridos os prazos referidos no § 7º, o relator incluirá o pedido em pauta na Seção, com preferência sobre todos os demais feitos, ressalvados os processos com réus presos, os habeas corpus e os mandados de segurança.

§ 9º Publicado o acórdão respectivo, os pedidos retidos referidos no § 6º serão apreciados pelas Turmas Recursais, que poderão exercer juízo de retratação ou declará-los prejudicados, se veicularem tese não acolhida pelo Superior Tribunal de Justiça.

§ 10. Os Tribunais Regionais, o Superior Tribunal de Justiça e o Supremo Tribunal Federal, no âmbito de suas competências, expedirão normas regulamentando a composição dos órgãos e os procedimentos a serem adotados para o processamento e o julgamento do pedido de uniformização e do recurso extraordinário".

Notas:

Julgamento dos Recursos extraordinário e especial repetitivos. O § 1º determina que o presidente ou o vice-presidente de tribunal de justiça ou de tribunal regional federal selecionará 2 (dois) ou mais recursos representativos da controvérsia, que serão encaminhados ao Supremo Tribunal Federal ou ao Superior Tribunal de Justiça para fins de afetação, determinando a suspensão do trâmite de todos os processos pendentes, individuais ou coletivos, que tramitem no Estado ou na região, conforme o caso.

Os §§ 2º e 3º tratam dos recursos extraordinário e especial intempestivos. Neste caso, o interessado pode requerer, ao presidente ou ao vice-presidente, que exclua da decisão de sobrestamento e inadmita o recurso especial ou o recurso extraordinário que tenha sido interposto intempestivamente, tendo o recorrente o prazo de 5 (cinco) dias para manifestar-se sobre esse requerimento. Da decisão que indeferir este requerimento caberá apenas agravo interno, nos termos do art. 1.021.

Por outro lado, os §§ 4º e 5º cuidam da multiplicidade de recurso extraordinário sobre a mesma tese jurídica. Vejamos: "*a escolha feita pelo presidente ou vice-presidente do tribunal de justiça ou do tribunal regional federal não vinculará o relator no tribunal superior, que poderá selecionar outros recursos representativos da controvérsia.*"

O relator em sede de tribunal superior também poderá selecionar 2 (dois) ou mais recursos representativos da controvérsia para julgamento da questão de direito, isso independentemente da iniciativa do presidente ou do vice-presidente do tribunal de origem, conforme pontua do § 5º.

Por fim, o § 6º estabelece o critério para a seleção do recurso representativo da controvérsia. Dessa forma, somente podem ser selecionados recursos admissíveis que contenham abrangente argumentação e discussão a respeito da questão a ser decidida.

Enunciado das Jornadas de Direito Processual Civil do Conselho da Justiça Federal:

Nº 138 do CJF: É cabível reclamação contra acórdão que aplicou indevidamente tese jurídica firmada em acórdão proferido em julgamento de recursos extraordinário ou especial repetitivos, após o esgotamento das instâncias ordinárias, por analogia ao quanto previsto no art. 988, § 4º, do CPC.

Enunciados do Fórum Permanente de Processualistas Civis:

Nº 345 do FPPC: O incidente de resolução de demandas repetitivas e o julgamento dos recursos extraordinários e especiais repetitivos formam um microssistema de solução de casos repetitivos, cujas normas de regência se complementam reciprocamente e devem ser interpretadas conjuntamente.

Nº 363 do FPPC: O procedimento do incidente de resolução de demandas repetitivas aplica-se às causas repetitivas de competência originária dos tribunais superiores, como a reclamação e o conflito de competência, e aos recursos ordinários a eles dirigidos. (Redação revista no X FPPC-Brasília).

Nº 364 do FPPC: O sobrestamento da causa em primeira instância não ocorrerá caso se mostre necessária a produção de provas para efeito de distinção de precedentes.

Nº 615 do FPPC: Na escolha dos casos paradigmas, devem ser preferidas, como representativas da controvérsia, demandas coletivas às individuais, observados os requisitos do art. 1.036, especialmente do respectivo § 6º.

Nº 660 do FPPC: O recurso especial ou extraordinário interposto contra o julgamento do mérito do incidente de resolução de demandas repetitivas, ainda que único, submete-se ao regime dos recursos repetitivos.

Enunciado da Escola Nacional de Formação e Aperfeiçoamento de Magistrados:

Nº 23 da ENFAM: É obrigatória a determinação de suspensão dos processos pendentes, individuais e coletivos, em trâmite nos Estados ou regiões, nos termos do § 1º do art. 1.036 do CPC/2015, bem como nos termos do art. 1.037 do mesmo código.

Art. 1.037. Selecionados os recursos, o relator, no tribunal superior, constatando a presença do pressuposto do *caput* do art. 1.036, proferirá decisão de afetação, na qual:

I – identificará com precisão a questão a ser submetida a julgamento;

II – determinará a suspensão do processamento de todos os processos pendentes, individuais ou coletivos, que versem sobre a questão e tramitem no território nacional;

III – poderá requisitar aos presidentes ou aos vice-presidentes dos tribunais de justiça ou dos tribunais regionais federais a remessa de um recurso representativo da controvérsia.

§ 1º Se, após receber os recursos selecionados pelo presidente ou pelo vice-presidente de tribunal de justiça ou de tribunal regional federal, não se proceder à afetação, o relator, no tribunal superior, comunicará o fato ao presidente ou ao vice-presidente que os houver enviado, para que seja revogada a decisão de suspensão referida no art. 1.036, § 1º.

§ 2º É vedado ao órgão colegiado decidir, para os fins do art. 1.040, questão não delimitada na decisão a que se refere o inciso I do *caput*. (*Revogado pela Lei nº 13.256, de 04.02.2016*).

§ 3º Havendo mais de uma afetação, será prevento o relator que primeiro tiver proferido a decisão a que se refere o inciso I do *caput*.

§ 4º Os recursos afetados deverão ser julgados no prazo de 1 (um) ano e terão preferência sobre os demais feitos, ressalvados os que envolvam réu preso e os pedidos de *habeas corpus*.

§ 5º Não ocorrendo o julgamento no prazo de 1 (um) ano a contar da publicação da decisão de que trata o inciso I do *caput*, cessam automaticamente, em todo o território nacional, a afetação e a suspensão dos processos, que retomarão seu curso normal. (*Revogado pela Lei nº 13.256, de 04.02.2016*).

§ 6º Ocorrendo a hipótese do § 5º, é permitido a outro relator do respectivo tribunal superior afetar 2 (dois) ou mais recursos representativos da controvérsia na forma do art. 1.036.

§ 7º Quando os recursos requisitados na forma do inciso III do *caput* contiverem outras questões além daquela que é objeto da afetação, caberá ao tribunal decidir esta em primeiro lugar e depois as demais, em acórdão específico para cada processo.

§ 8º As partes deverão ser intimadas da decisão de suspensão de seu processo, a ser proferida pelo respectivo juiz ou relator quando informado da decisão a que se refere o inciso II do *caput*.

§ 9º Demonstrando distinção entre a questão a ser decidida no processo e aquela a ser julgada no recurso especial ou extraordinário afetado, a parte poderá requerer o prosseguimento do seu processo.

§ 10. O requerimento a que se refere o § 9º será dirigido:

I – ao juiz, se o processo sobrestado estiver em primeiro grau;

II – ao relator, se o processo sobrestado estiver no tribunal de origem;

III – ao relator do acórdão recorrido, se for sobrestado recurso especial ou recurso extraordinário no tribunal de origem;

IV – ao relator, no tribunal superior, de recurso especial ou de recurso extraordinário cujo processamento houver sido sobrestado.

§ 11. A outra parte deverá ser ouvida sobre o requerimento a que se refere o § 9º, no prazo de 5 (cinco) dias.

§ 12. Reconhecida a distinção no caso:

I – dos incisos I, II e IV do § 10, o próprio juiz ou relator dará prosseguimento ao processo;

II – do inciso III do § 10, o relator comunicará a decisão ao presidente ou ao vice-presidente que houver determinado o sobrestamento, para que o recurso especial ou o recurso extraordinário seja encaminhado ao respectivo tribunal superior, na forma do art. 1.030, parágrafo único.

§ 13. Da decisão que resolver o requerimento a que se refere o § 9º caberá:

I – agravo de instrumento, se o processo estiver em primeiro grau;

II – agravo interno, se a decisão for de relator.

Notas:

Decisão de afetação. Uma vez selecionados os recursos representativos da controvérsia, o relator, seja no STF ou no STJ, confirmando a presença da multiplicidade de recursos com idêntica questão de direito, proferirá decisão de afetação[559], esta que, de acordo com o art. 1.037 e seus incisos:

a) identificará com precisão a questão a ser submetida a julgamento;

b) determinará a suspensão do processamento de todos os processos pendentes, individuais ou coletivos, que versem sobre a questão e tramitem no território nacional.

Neste caso, as partes deverão ser intimadas da decisão de suspensão de seu processo, esta a ser proferida pelo juiz ao relator de seu processo (§ 8º do art. 1.037).

Poderão ainda as aludidas partes, desde que demonstrando a distinção entre a questão a ser decidida em seus processos e aquela a ser julgada em sede de RE ou REsp afetado, requerer o prosseguimento de seus processos, pedido este que será dirigido ao juiz (caso o processo esteja sobrestado em primeiro grau); ao relator (estando o processo sobrestado no tribunal de origem); ao relator do acórdão recorrido (caso seja sobrestado RE ou REsp. no tribunal de origem), ou ao relator, no tribunal superior (se for o RE ou REsp, cujo processamento tenha sido sobrestado do STF ou STJ), tudo conforme regrado pelo §§ 10, I, II, III, IV do art. 1.037 do CPC.

Deverá a outra parte ser ouvida acerca do presente requerimento, isso no prazo de 5 (cinco) dias (§ 11 do art. 1.037).

---

559 Trata – se a afetação quando o relator do tribunal Superior constate a efetiva existência de multiplicidade de recursos extraordinários ou especiais repetitivos, ou seja, com fundamento em idêntica questão de direito, afetando então a questão para julgamento. Neste caso então caberá ao relator identificar com precisão a questão a ser submetida a julgamento. No mesmo sentido, ver MARINONI, Luiz Guilherme; ARENHART, Sérgio Cruz; MITIDIERO, Daniel. Ob. cit., p. 982.

Uma vez reconhecida a distinção, objeto do digitado requerimento, o próprio juiz ou relator dará prosseguimento ao processo, exceto quanto ao relator do acórdão recorrido, caso seja sobrestado RE ou REsp no tribunal de origem. Em tal caso, deverá aludido relator comunicar a decisão ao presidente ou ao vice-presidente que houver determinado o sobrestamento, para que o RE ou REsp seja encaminhado ao respectivo tribunal superior, na forma do art. 1.030, parágrafo único.

Da decisão que decidir o presente requerimento, de acordo com o que determina o § 13 do art. 1.037, I e II, caberá:

- agravo de instrumento, se o processo estiver em primeiro grau;
- agravo interno, se a decisão for de relator.

c) *poderá requisitar aos presidentes ou aos vice-presidentes dos tribunais de justiça ou dos tribunais regionais federais a remessa de um recurso representativo da controvérsia.*

Em tal hipótese, quando os recursos representativos da controvérsia possuir outras questões além daquela, objeto da afetação, caberá ao Tribunal Superior decidir sobre dita afetação em primeiro lugar, para então após, julgar as demais, aí em acórdão específico para cada processo, *ex vi* do § 7º do art. 1.037 do CPC.

Havendo mais de uma afetação relativa à mesma controvérsia, encaminhada a relatores distintos, prevento será o relator que primeiro tiver proferido a decisão relativa à afetação inicial. (§ 3º do art. 1.037).

Insta ressaltar que, para fins de efetivar a própria duração razoável do processo, não respeitado o prazo para decisão acerca dos recursos afetados, prazo este de 1 (um) ano, cessam, automaticamente, em todo território nacional, a afetação e a suspensão dos processos, que voltarão ao seu curso normal.

Aludida questão é bem sublinhada pelo § 4º do art. 1.037, nos seguintes termos:

> "§ 4º Os recursos afetados deverão ser julgados no prazo de 1 (um) ano e terão preferência sobre os demais feitos, ressalvados os que envolvam réu preso e os pedidos de habeas corpus."

Não ocorrência da afetação. Caso, após o recebimento dos recursos selecionados pelo presidente ou pelo vice-presidente de tribunal de justiça ou de tribunal regional federal, não se proceder à afetação, deverá o relator, no tribunal superior (STF ou STJ), comunicar o fato ao presidente ou ao vice-presidente do tribunal de origem que os houver enviado, para que seja revogada a decisão de suspensão de todos os processos pendentes, individuais ou coletivos, que tramitem no Estado ou região, conforme o caso (§ 1º do art. 1.037).

Enunciados das Jornadas de Direito Processual Civil do Conselho da Justiça Federal:

Nº 41 do CJF: Nos processos sobrestados por força do regime repetitivo, é possível a apreciação e a efetivação de tutela provisória de urgência, cuja competência será do órgão jurisdicional onde estiverem os autos.

Nº 81 do CJF: A devolução dos autos pelo Superior Tribunal de Justiça ou Supremo Tribunal Federal ao tribunal de origem depende de decisão fundamentada, contra a qual cabe agravo na forma do art. 1.037, § 13, II, do CPC.

Nº 142 do CJF: Determinada a suspensão decorrente da admissão do IRDR (art. 982, I), a alegação de distinção entre a questão jurídica versada em uma demanda em curso e aquela a ser julgada no incidente será veiculada por meio do requerimento previsto no art. 1.037, § 10.

Enunciados do Fórum Permanente de Processualistas Civis:

Nº 348 do FPPC: Os interessados serão intimados da suspensão de seus processos individuais, podendo requerer o prosseguimento ao juiz ou tribunal onde tramitarem, demonstrando a distinção entre a questão a ser decidida e aquela a ser julgada no incidente de resolução de demandas repetitivas, ou nos recursos repetitivos.

Nº 363 do FPPC: O procedimento do incidente de resolução de demandas repetitivas aplica-se às causas repetitivas de competência originária dos tribunais superiores, como a reclamação e o conflito de competência, e aos recursos ordinários a eles dirigidos. (Redação revista no X FPPC-Brasília).

Nº 480 do FPPC: Aplica-se no âmbito dos juizados especiais a suspensão dos processos em trâmite no território nacional, que versem sobre a questão submetida ao regime de julgamento de recursos especiais e extraordinários repetitivos, determinada com base no art. 1.037, II.

Nº 481 do FPPC: O disposto nos §§ 9º a 13 do art. 1.037 aplica-se, no que couber, ao incidente de resolução de demandas repetitivas.

Nº 557 do FPPC: O agravo de instrumento previsto no art. 1.037, § 13, I, também é cabível contra a decisão prevista no art. 982, I.

Nº 615 do FPPC: Na escolha dos casos paradigmas, devem ser preferidas, como representativas da controvérsia, demandas coletivas às individuais, observados os requisitos do art. 1.036, especialmente do respectivo § 6º.

Nº 722 do FPPC: A decisão de suspensão de processos, em casos repetitivos ou em repercussão geral, deve delimitar o objeto de sobrestamento, inclusive as situações, pedidos, atos e fases processuais.

Enunciados da Escola Nacional de Formação e Aperfeiçoamento de Magistrados:

Nº 23 do ENFAM: É obrigatória a determinação de suspensão dos processos pendentes, individuais e coletivos, em trâmite nos Estados ou regiões, nos termos do § 1º do art. 1.036 do CPC/2015, bem como nos termos do art. 1.037 do mesmo código.

Nº 24 do ENFAM: O prazo de um ano previsto no art. 1.037 do CPC/2015 deverá ser aplicado aos processos já afetados antes da vigência dessa norma, com o seu cômputo integral a partir da entrada em vigor do novo estatuto processual

Art. 1.038. O relator poderá:

I – solicitar ou admitir manifestação de pessoas, órgãos ou entidades com interesse na controvérsia, considerando a relevância da matéria e consoante dispuser o regimento interno;

II – fixar data para, em audiência pública, ouvir depoimentos de pessoas com experiência e conhecimento na matéria, com a finalidade de instruir o procedimento;

III – requisitar informações aos tribunais inferiores a respeito da controvérsia e, cumprida a diligência, intimará o Ministério Público para manifestar-se.

§ 1º No caso do inciso III, os prazos respectivos são de 15 (quinze) dias, e os atos serão praticados, sempre que possível, por meio eletrônico.

§ 2º Transcorrido o prazo para o Ministério Público e remetida cópia do relatório aos demais ministros, haverá inclusão em pauta, devendo ocorrer o julgamento com preferência sobre os demais feitos, ressalvados os que envolvam réu preso e os pedidos de *habeas corpus*.

§ 3º O conteúdo do acórdão abrangerá a análise dos fundamentos relevantes da tese jurídica discutida. (*Alterado pela Lei nº 13.256, de 04.02.2016*).

Notas:

Manifestação de pessoas, órgãos ou entidades / Audiência Pública / Pedido de Informações. Para que o relator possa elaborar seu relatório e voto, após a afetação dos recursos remetidos pelos tribunais de origem (Tribunal de Justiça ou Tribunal Regional Federal), poderá admitir as seguintes possibilidades participativas:

- solicitar ou admitir manifestação de pessoas, órgãos ou entidades com interesse na controvérsia, considerando a relevância da matéria e consoante dispuser o regimento interno;

- fixar data para, em audiência pública, ouvir depoimentos de pessoas com experiência e conhecimento na matéria, com a finalidade de instruir o procedimento;
- requisitar informações aos tribunais inferiores a respeito da controvérsia e, cumprida a diligência, intimará o Ministério Público para manifestar-se, sempre no prazo de 15 (quinze) dias (art. 1.038, *caput* e incisos I, II e III e § 1º).

O § 2º cuida da prioridade no julgamento ao afirmar que "transcorrido o prazo para o Ministério Público e remetida cópia do relatório aos demais ministros, haverá inclusão em pauta, devendo ocorrer o julgamento com preferência sobre os demais feitos, ressalvados os que envolvam réu preso e os pedidos de habeas corpus."

Por fim, o § 3º dispõe acerca do conteúdo do acordão. Entendemos que este deverá abranger a análise de todos os fundamentos da tese jurídica discutida, favoráveis ou contrários.

Enunciado das Jornadas de Direito Processual Civil do Conselho da Justiça Federal:

Nº 82 do CJF: Quando houver pluralidade de pedidos de admissão de *amicus curiae*, o relator deve observar, como critério para definição daqueles que serão admitidos, o equilíbrio na representatividade dos diversos interesses jurídicos contrapostos no litígio, velando, assim, pelo respeito à amplitude do contraditório, paridade de tratamento e isonomia entre todos os potencialmente atingidos pela decisão.

Enunciados do Fórum Permanente de Processualistas Civis:

Nº 305 do FPPC: No julgamento de casos repetitivos, o tribunal deverá enfrentar todos os argumentos contrários e favoráveis à tese jurídica discutida.

Nº 363 do FPPC: O procedimento do incidente de resolução de demandas repetitivas aplica-se às causas repetitivas de competência originária dos tribunais superiores, como a reclamação e o conflito de competência, e aos recursos ordinários a eles dirigidos. (Redação revista no X FPPC-Brasília).

Nº 585 do FPPC: Não se considera fundamentada a decisão que, ao fixar tese em recurso especial ou extraordinário repetitivo, não abranger a análise de todos os fundamentos, favoráveis ou contrários, à tese jurídica discutida.

Nº 659 do FPPC: O relator do julgamento de casos repetitivos e do incidente de assunção de competência tem o dever de zelar pelo equilíbrio do contraditório, por exemplo solicitando a participação, na condição de *amicus curiae*, de pessoas, órgãos ou entidades capazes de sustentar diferentes pontos de vista.

Art. 1.039. Decididos os recursos afetados, os órgãos colegiados declararão prejudicados os demais recursos versando sobre idêntica controvérsia ou os decidirão aplicando a tese firmada.

Parágrafo único. Negada a existência de repercussão geral no recurso extraordinário afetado, serão considerados automaticamente inadmitidos os recursos extraordinários cujo processamento tenha sido sobrestado.

Notas:

Consequências do julgamento do recurso representativo da controvérsia (recurso repetitivo). Ao se decidir sobre o recurso repetitivo, os juízes e tribunais inferiores devem se pronunciar sobre os demais recursos que estavam sobrestados em razão da mesma controvérsia. Dessa forma, tais recursos devem ser considerados prejudicados ou decididos consoante a tese fixada.

O parágrafo único do artigo em comento cuida da repercussão geral no recurso extraordinário, afirmando que negada a existência de repercussão geral no recurso extraordinário afetado, serão considerados automaticamente inadmitidos os recursos extraordinários cujo processamento tenha sido sobrestado.

Enunciado do Fórum Permanente de Processualistas Civis:

Nº 363: O procedimento dos recursos extraordinários e especiais repetitivos aplica-se por analogia às causas repetitivas de competência originária dos tribunais superiores, como a reclamação e o conflito de competência.

Art. 1.040. Publicado o acórdão paradigma:

I – o presidente ou o vice-presidente do tribunal de origem negará seguimento aos recursos especiais ou extraordinários sobrestados na origem, se o acórdão recorrido coincidir com a orientação do tribunal superior;

II – o órgão que proferiu o acórdão recorrido, na origem, reexaminará o processo de competência originária, a remessa necessária ou o recurso anteriormente julgado, se o acórdão recorrido contrariar a orientação do tribunal superior;

III – os processos suspensos em primeiro e segundo graus de jurisdição retomarão o curso para julgamento e aplicação da tese firmada pelo tribunal superior;

IV – se os recursos versarem sobre questão relativa a prestação de serviço público objeto de concessão, permissão ou autorização, o resultado do julgamento será comunicado ao órgão, ao ente ou à agência reguladora competente para fiscalização da efetiva aplicação, por parte dos entes sujeitos a regulação, da tese adotada.

§ 1º A parte poderá desistir da ação em curso no primeiro grau de jurisdição, antes de proferida a sentença, se a questão nela discutida for idêntica à resolvida pelo recurso representativo da controvérsia.

§ 2º Se a desistência ocorrer antes de oferecida contestação, a parte ficará isenta do pagamento de custas e de honorários de sucumbência.

§ 3º A desistência apresentada nos termos do § 1º independe de consentimento do réu, ainda que apresentada contestação.

Notas:

Publicação do acórdão paradigma (acórdão do recurso repetitivo). Artigo 1.040 do CPC. A regra jurídica processual informa que publicado o acórdão paradigma:

> I – o presidente ou o vice-presidente do tribunal de origem negará seguimento aos recursos especiais ou extraordinários sobrestados na origem, se o acórdão recorrido coincidir com a orientação do tribunal superior. Aqui, **o mérito dos recursos não será apreciado**, cabendo, pois, ao presidente ou vice-presidente do tribunal de origem negar-lhes provimento.
>
> II – o órgão que proferiu o acórdão recorrido, na origem, reexaminará o processo de competência originária, a remessa necessária ou o recurso anteriormente julgado, se o acórdão recorrido contrariar a orientação do tribunal superior. Neste caso, **o acórdão recorrido contraria a orientação do tribunal**. Com a publicação do acordão paradigma, os autos dos recursos que se encontravam sobrestados serão remetidos, pois, aos respectivos órgãos competentes do tribunal a quo que deverão tomar as seguintes ações: (a) retratar-se, modificando o acordo impugnado com o fito de adequar a nova decisão aos entendimentos do STJ ou STJ consoante o provimento dos recursos extraordinário e recurso especial representativos. (b) manter o acordão impugnada, ensejando a aplicação do § 2º.
>
> III – os **processos suspensos em primeiro e segundo graus de jurisdição** retomarão o curso para julgamento e aplicação da tese firmada pelo tribunal superior;
>
> IV – se os recursos versarem sobre **questão relativa a prestação de serviço público objeto de concessão, permissão ou autorização**, o resultado do julgamento será comunicado ao órgão, ao ente ou à agência reguladora competente para fiscalização da efetiva aplicação, por parte dos entes sujeitos a regulação, da tese adotada.

Os §§ 1º a 3º cuidam da **desistência.** A parte poderá desistir da ação em curso no primeiro grau de jurisdição, antes de proferida a sentença, se a questão nela discutida for idêntica à resolvida pelo recurso representativo da controvérsia (§ 1º). Se a desistência ocorrer antes de oferecida contestação, a parte ficará isenta do pagamento de custas e de honorários de sucumbência

(§ 2º). A desistência apresentada nos termos do § 1º independe de consentimento do réu, ainda que apresentada contestação (§ 3º).

Enunciados do Fórum Permanente de Processualistas Civis:

Nº 363 do FPPC: O procedimento do incidente de resolução de demandas repetitivas aplica-se às causas repetitivas de competência originária dos tribunais superiores, como a reclamação e o conflito de competência, e aos recursos ordinários a eles dirigidos. (Redação revista no X FPPC-Brasília).

Nº 482 do FPPC: Aplica-se o art. 1.040, I, aos recursos extraordinários interpostos nas turmas ou colégios recursais dos juizados especiais cíveis, federais e da fazenda pública.

Art. 1.041. Mantido o acórdão divergente pelo tribunal de origem, o recurso especial ou extraordinário será remetido ao respectivo tribunal superior, na forma do art. 1.036, § 1º.

§ 1º Realizado o juízo de retratação, com alteração do acórdão divergente, o tribunal de origem, se for o caso, decidirá as demais questões ainda não decididas cujo enfrentamento se tornou necessário em decorrência da alteração.

§ 2º Quando ocorrer a hipótese do inciso II do *caput* do art. 1.040 e o recurso versar sobre outras questões, caberá ao presidente ou ao vice-presidente do tribunal recorrido, depois do reexame pelo órgão de origem e independentemente de ratificação do recurso, sendo positivo o juízo de admissibilidade, determinar a remessa do recurso ao tribunal superior para julgamento das demais questões. (*Alteração dada pela Lei nº 13.256, de 04.02.2016*).

Notas:

Manutenção da decisão na origem. Procedimento no STF e STJ. Consta do presente dispositivo previsão da possibilidade de o Tribunal de origem manter o acórdão por ele proferido, mesmo diante do julgamento em sede de recursos repetitivos, correspondendo em tal hipótese, na própria violação do precedente. Neste caso, deverá o recurso especial ou extraordinário ser remetido ao respectivo tribunal superior (art. 1.041, *caput* do CPC).

De outra banda, uma vez realizado o juízo de retratação pelo tribunal de origem, alterando assim o acórdão proferido, portanto, até então divergente do precedente firmado pelo tribunal superior em julgamento de recursos repetitivos, se for o caso, decidirá as demais questões ainda não decididas, cujo enfrentamento se tornou necessário em virtude da alteração supracitada (§ 1º do art. 1.041).

Havendo necessário reexame do recurso pelo tribunal de origem, objetivando com isso dar alinhamento à tese reconhecida no precedente firmado pelo tribunal superior em julgamento de recursos repetitivos, caberá ao presidente ou ao vice-presidente do tribunal recorrido, após dito reexame e independentemente de ratificação do recurso ou de juízo de admissibilidade, determinar a remessa do recurso ao STF ou STJ para fins de julgamento de demais questões, tudo em sintonia com o que determina o § 2º do art. 1.041.

Súmula:

STF nº 727: Não pode o magistrado deixar de encaminhar ao Supremo Tribunal Federal o agravo de instrumento interposto da decisão que não admite recurso extraordinário, ainda que referente a causa instaurada no âmbito dos juizados especiais.

Enunciado das Jornadas de Direito Processual Civil do Conselho da Justiça Federal:

Nº 139 do CJF: A ausência de retratação do órgão julgador, na hipótese prevista no art. 1030, II, do CPC, dispensa a ratificação expressa para que haja o juízo de admissibilidade e a eventual remessa do recurso extraordinário ou especial ao tribunal superior competente, na forma dos arts. 1.030, V, "c", e 1.041 do CPC.

Seção III
Do Agravo em Recurso Especial e em Recurso Extraordinário

Art. 1.042. Cabe agravo contra decisão do presidente ou do vice-presidente do tribunal recorrido que inadmitir recurso extraordinário ou recurso especial, salvo quando fundada na aplicação de entendimento firmado em regime de repercussão geral ou em julgamento de recursos repetitivos. (*Alterado pela Lei nº 13.256, de 04.02.2016*).

I – indeferir pedido formulado com base no art. 1.035, § 6º, ou no art. 1.036, § 2º, de inadmissão de recurso especial ou extraordinário intempestivo; (*revogado pela Lei nº 13.256, de 04.02.2016*).

II – inadmitir, com base no art. 1.040, inciso I, recurso especial ou extraordinário sob o fundamento de que o acórdão recorrido coincide com a orientação do tribunal superior; (*revogado pela Lei nº 13.256, de 04.02.2016*).

III – inadmitir recurso extraordinário, com base no art. 1.035, § 8º, ou no art. 1.039, parágrafo único, sob o fundamento de que o Supremo Tribunal Federal reconheceu a inexistência de repercussão geral da questão constitucional discutida. (*revogado pela Lei nº 13.256, de 04.02.2016*).

§ 1º Sob pena de não conhecimento do agravo, incumbirá ao agravante demonstrar, de forma expressa: (*revogado pela Lei nº 13.256, de 04.02.2016*).

I – a intempestividade do recurso especial ou extraordinário sobrestado, quando o recurso fundar-se na hipótese do inciso I do *caput* deste artigo; (*revogado pela Lei nº 13.256, de 04.02.2016*).

II – a existência de distinção entre o caso em análise e o precedente invocado, quando a inadmissão do recurso: (*Revogado pela Lei nº 13.256, de 04.02.2016*).

a) especial ou extraordinário fundar-se em entendimento firmado em julgamento de recurso repetitivo por tribunal superior; (*revogado pela Lei nº 13.256, de 04.02.2016*).

b) extraordinário fundar-se em decisão anterior do Supremo Tribunal Federal de inexistência de repercussão geral da questão constitucional discutida. (*revogado pela Lei nº 13.256, de 04.02.2016*).

§ 2º A petição de agravo será dirigida ao presidente ou ao vice-presidente do tribunal de origem e independe do pagamento de custas e despesas postais, aplicando-se a ela o regime de repercussão geral e de recursos repetitivos, inclusive quanto à possibilidade de sobrestamento e do juízo de retratação. (Alterado pela *Lei nº 13.256, de 04.02.2016*).

§ 3º O agravado será intimado, de imediato, para oferecer resposta no prazo de 15 (quinze) dias.

§ 4º Após o prazo de resposta, não havendo retratação, o agravo será remetido ao tribunal superior competente.

§ 5º O agravo poderá ser julgado, conforme o caso, conjuntamente com o recurso especial ou extraordinário, assegurada, neste caso, sustentação oral, observando-se, ainda, o disposto no regimento interno do tribunal respectivo.

§ 6º Na hipótese de interposição conjunta de recursos extraordinário e especial, o agravante deverá interpor um agravo para cada recurso não admitido.

§ 7º Havendo apenas um agravo, o recurso será remetido ao tribunal competente, e, havendo interposição conjunta, os autos serão remetidos ao Superior Tribunal de Justiça.

§ 8º Concluído o julgamento do agravo pelo Superior Tribunal de Justiça e, se for o caso, do recurso especial, independentemente de pedido, os autos serão remetidos ao Supremo Tribunal Federal para apreciação do agravo a ele dirigido, salvo se estiver prejudicado.

Notas:

Agravo em recurso especial e recurso extraordinário. Regra o dispositivo em destaque o denominado "Agravo em Recurso Especial e Recurso Extraordinário". O presente Agravo não possui correspondência exata com o modelo adotado no CPC/1973.

Caberá agravo contra decisão de presidente ou de vice-presidente do tribunal recorrido que inadmitir recurso extraordinário ou recurso especial, salvo quando fundada na aplicação de precedente de repercussão geral e de recurso especial repetitivo, conforme expressa o art. 1.042, *caput*.

O Agravo em Recurso Especial ou em Recurso Extraordinário deverá ser interposto no prazo de 15 (quinze) dias da intimação da decisão a ser recorrida, sendo a petição dirigida ao presidente ou vice-presidente do tribunal de origem, independe do pagamento de custas e despesas postais, aplicando-se a ela o regime de repercussão geral e dos recursos especiais repetitivos, inclusive quanto à possibilidade de sobrestamento e de juízo de retratação de acordo com a regra do art. 1.042, § 2º.

Vale destacar, ainda que sob o manto do CPC/1973, mas, notadamente, em referência ao agravo decorrente de decisão de inexistência de repercussão geral em recurso extraordinário, a exigência firmada pelo Supremo Tribunal Federal quanto à necessidade de justificativa da existência de Repercussão Geral nas razões do até então "agravo nos próprios autos", a ser impetrado, quando do não conhecimento do Recurso Extraordinário, exatamente por inexistência neste, da preliminar sustentando a incidência de Repercussão Geral na matéria discutida.

É o que se depreende da seguinte ementa, de cuja relatoria é da lavra da Min. Cármen Lúcia:

> "AGRAVO EM RECURSO EXTRAORDINÁRIO. PROCESSUAL CIVIL. INTIMAÇÃO DO JULGADO RECORRIDO APÓS 3.5.2007. INEXISTÊNCIA DE PRELIMINAR DE REPERCUSSÃO GERAL. NÃO ATENDIMENTO AO DISPOSTO NO § 2º DO ART. 543-A DO CÓDIGO DE PROCESSO CIVIL E NO ART. 327 DO REGIMENTO INTERNO DO SUPREMO TRIBUNAL FEDERAL. PRECEDENTES. AGRAVO AO QUAL SE NEGA SEGUIMENTO."[560]

Uma vez interposto do agravo em tela, será o agravado intimado para apresentar suas contrarrazões também no prazo de 15 (quinze) dias.

Recebida as razões e contrarrazões do agravo, não havendo juízo de retratação por parte do tribunal de origem, será o agravo remetido ao tribunal superior competente, ou seja, STJ ou STF.

Em sendo o caso, poderá o agravo ser julgado conjuntamente com o recurso especial ou extraordinário, assegurado, notadamente, o direito à sustentação oral, observado o regimento interno do respetivo tribunal superior (§ 5º do art. 1.042). Mostra-se, neste caso, que o tribunal superior – STJ ou STF – podem, numa mesma sentada, conhecer do agravo e dar-lhe provimento, passando-se ao julgamento do REsp ou RE.

Importante destacar que, interpostos conjuntamente os recursos extraordinário e especial, deverá o agravante, se for de seu interesse, interpor um agravo para cada recurso não admitido (§ 6º do art. 1.042). Neste caso, os autos serão remetidos ao STJ, uma vez concluído o julgamento do agravo e se for o caso, do REsp., independentemente de pedido, serão os autos remetidos ao STF para

560 STF. ARE: 725897 SP. Rel. Min. Cármen Lúcia. Julg.11.12.2012, *DJe* 17.12.2012.

a devida apreciação do agravo à ele dirigido, exceto se estiver prejudicada sua análise. (§§ 7º e 8º do art. 1.042).

Ao contrário, havendo apenas um agravo, o recurso será remetido ao tribunal superior competente para a sua apreciação (§ 7º do art. 1.042).

Súmulas:

STF nº 283: É inadmissível o recurso extraordinário, quando a decisão recorrida assenta em mais de um fundamento suficiente e o recurso não abrange todos eles.

STF nº 288: Nega-se provimento a agravo para subida de recurso extraordinário, quando faltar no traslado o despacho agravado, a decisão recorrida, a petição de recurso extraordinário ou qualquer peça essencial à compreensão da controvérsia.

STF nº 639: Aplica-se a Súmula 288 quando não constarem do traslado do agravo de instrumento as cópias das peças necessárias à verificação da tempestividade do recurso extraordinário não admitido pela decisão agravada.

STJ nº 126: É inadmissível recurso especial, quando o acórdão recorrido assenta em fundamentos constitucional e infraconstitucional, qualquer deles suficiente, por si só, para mantê-lo, e a parte vencida não manifesta recurso extraordinário.

Enunciado das Jornadas de Direito Processual Civil do Conselho da Justiça Federal:

Nº 77 do CJF: Para impugnar decisão que obsta trânsito a recurso excepcional e que contenha simultaneamente fundamento relacionado à sistemática dos recursos repetitivos ou da repercussão geral (art. 1.030, I, do CPC) e fundamento relacionado à análise dos pressupostos de admissibilidade recursais (art. 1.030, V, do CPC), a parte sucumbente deve interpor, simultaneamente, agravo interno (art. 1.021 do CPC) caso queira impugnar a parte relativa aos recursos repetitivos ou repercussão geral e agravo em recurso especial/extraordinário (art. 1.042 do CPC) caso queira impugnar a parte relativa aos fundamentos de inadmissão por ausência dos pressupostos recursais.

Enunciados do Fórum Permanente de Processualistas Civis:

Nº 225 do FPPC: O agravo em recurso especial ou extraordinário será interposto nos próprios autos.

Nº 226 do FPPC: Fica superado o entendimento firmado pelo Supremo Tribunal Federal na Questão de Ordem no AI 760358 após a entrada em vigor do CPC ("*Questão de Ordem. Repercussão Geral. Inadmissibilidade de agravo de instrumento ou reclamação da decisão que aplica entendimento desta Corte aos processos múltiplos. Competência do Tribunal de origem. Conversão do agravo de instrumento em agravo regimental. 1. Não é cabível agravo de instrumento da decisão do tribunal de origem que, em cumprimento do disposto no § 3º do art. 543-B, do CPC, aplica decisão de mérito do STF em questão de repercussão geral. 2. Ao decretar o prejuízo de recurso ou exercer o juízo de retratação no processo em que interposto o recurso extraordinário, o tribunal de origem não está exercendo competência do STF, mas atribuição própria, de forma que a remessa dos autos individualmente ao STF apenas se justificará, nos termos da lei, na hipótese em que houver expressa negativa de retratação. 3. A maior ou menor aplicabilidade aos processos múltiplos do quanto assentado pela Suprema Corte ao julgar o mérito das matérias com repercussão geral dependerá da abrangência da questão constitucional decidida. 4. Agravo de instrumento que se converte em agravo regimental, a ser decidido pelo tribunal de origem."*).

Nº 227 do FPPC: Fica superado o entendimento firmado pelo Superior Tribunal de Justiça na Questão de Ordem no Ag nº 1154599/SP (*"Não cabe agravo de instrumento contra decisão que nega seguimento a recurso especial com base no art. 543, § 7º, inciso I, do CPC"*).

Nº 228 do FPPC: Fica superado o enunciado 639 da súmula do STF após a entrada em vigor do CPC (*"Aplica-se a súmula 288 quando não constarem do traslado do agravo de instrumento as cópias das peças necessárias à verificação da tempestividade do recurso extraordinário não admitido pela decisão agravada"*).

Nº 229 do FPPC: Fica superado o enunciado 288 da súmula do STF após a entrada em vigor do CPC (*"Nega-se provimento a agravo para subida de recurso extraordinário, quando faltar no traslado o despacho agravado, a decisão recorrida, a petição de recurso extraordinário ou qualquer peça essencial à compreensão da controvérsia"*).

Seção IV
Dos Embargos de Divergência

Art. 1.043. É embargável o acórdão de órgão fracionário que:

I – em recurso extraordinário ou em recurso especial, divergir do julgamento de qualquer outro órgão do mesmo tribunal, sendo os acórdãos, embargado e paradigma, de mérito;

II – em recurso extraordinário ou em recurso especial, divergir do julgamento de qualquer outro órgão do mesmo tribunal, sendo os acórdãos, embargado e paradigma, relativos ao juízo de admissibilidade; (*Revogado pela Lei nº 13.256, de 04.02.2016*).

III – em recurso extraordinário ou em recurso especial, divergir do julgamento de qualquer outro órgão do mesmo tribunal, sendo um acórdão de mérito e outro que não tenha conhecido do recurso, embora tenha apreciado a controvérsia;

IV – nos processos de competência originária, divergir do julgamento de qualquer outro órgão do mesmo tribunal. (*Revogado pela Lei nº 13.256, de 04.02.2016*)

§ 1º Poderão ser confrontadas teses jurídicas contidas em julgamentos de recursos e de ações de competência originária.

§ 2º A divergência que autoriza a interposição de embargos de divergência pode verificar-se na aplicação do direito material ou do direito processual.

§ 3º Cabem embargos de divergência quando o acórdão paradigma for da mesma turma que proferiu a decisão embargada, desde que sua composição tenha sofrido alteração em mais da metade de seus membros.

§ 4º O recorrente provará a divergência com certidão, cópia ou citação de repositório oficial ou credenciado de jurisprudência, inclusive em mídia eletrônica, onde foi publicado o acórdão divergente, ou com a reprodução de julgado disponível na rede mundial de computadores, indicando a respectiva fonte, e mencionará as circunstâncias que identificam ou assemelham os casos confrontados.

§ 5º É vedado ao tribunal inadmitir o recurso com base em fundamento genérico de que as circunstâncias fáticas são diferentes, sem demonstrar a existência da distinção. (*Revogado pela Lei nº 13.256, de 04.02.2016*)

Notas:

Embargos de divergência. O artigo em comento apresenta as hipóteses de cabimento dos *embargos de divergência.* O presente recurso tem como propósito uniformizar a jurisprudência tanto do Superior Tribunal de Justiça quanto do Supremo Tribunal Federal, ou como bem nota Barbosa Moreira[561], propiciar a uniformização da jurisprudência interna do tribunal quanto à interpretação do direito em tese.

Conforme dispõe o art. 1.043, I e III do CPC, os Embargos de Divergência possuem cabimento tanto para o STJ quanto para o STF, isso sempre que o acórdão de órgão fracionário:

> I – em recurso extraordinário ou em recurso especial, divergir do julgamento de qualquer outro órgão do mesmo tribunal, sendo os acórdãos, embargado e paradigma, de mérito;
>
> III – em recurso extraordinário ou em recurso especial, divergir do julgamento de qualquer outro órgão do mesmo tribunal, sendo um acórdão

[561] BARBOSA MOREIRA, José Carlos. *Comentários ao Código de Processo Civil.* Vol. V. 7. ed. Rio de Janeiro: Forense, 1998, n. 75, p. 602.

de mérito e outro que não tenha conhecido do recurso, embora tenha apreciado a controvérsia.

É de se notar a possibilidade de tal divergência pautar-se tanto no que se refere ao mérito da matéria em questão quanto na própria admissibilidade do recurso especial ou extraordinário.

Outrossim, poderá a divergência se dar tanto na aplicação do direito material quanto do direito processual (§ 2º do art. 1.043).

Por outro lado, não se exige que para a admissibilidade dos embargos de divergência, tenha ocorrido divergência no julgamento do recurso especial ou extraordinário, ou seja, mesmo que a decisão em tais recursos seja unânime, em divergindo da decisão prolatada por outro órgão do mesmo tribunal, encontraremos lugar a ensejar os embargos de divergência.[562]

Autorizada está, em sede de embargos de divergência, a possibilidade de confronto entre teses jurídicas contidas em julgamentos de recursos e ações de competência originária (§ 1º do art. 1.043), portanto, pode-se ter como paradigma não somente RE ou REsp julgados, mas também acórdãos decorrentes de ações de competência originária tanto do STF quanto do STJ.

Não obstante, de muito, já existissem precedentes admitindo a interposição dos presentes embargos ainda que de divergência entre acórdãos da mesma turma, caso tenha ocorrido variação da composição desta,[563] o CPC/2015, regrou tal possibilidade no próprio § 3º do art. 1.043: "*Cabem embargos de divergência quando o acórdão paradigma for da mesma turma que proferiu a decisão embargada, desde que sua composição tenha sofrido alteração em mais da metade de seus membros.*"

Ressalta-se que a petição deverá estar acompanhada com a prova da divergência,[564]nos devidos termos e formas regradas pelo § 4º do art. 1.041.

---

562 PINTO, Nelson Luiz. *Manual dos Recursos Cíveis*. 3. ed. São Paulo: Malheiros, 2004, p. 257.

563 *RTJ* 74/449.

564 "A utilização dos embargos de divergência reclama, sob pena de liminar recusa de seu processamento, que o dissídio interpretativo seja demonstrado de forma clara, objetiva e analítica, mencionando-se as circunstâncias que identificam ou tornam assemelhados os casos em confronto. Não basta, para esse efeito, a mera transcrição das ementas dos julgados invocados como referência paradigmática. Ausência, no caso, do necessário cotejo analítico. A específica função jurídico-processual dos embargos de divergência – que consiste em promover a uniformização da jurisprudência no âmbito do Supremo Tribunal Federal – não autoriza, sob pena de essa modalidade recursal revestir-se de um inadmissível caráter infringente, a revisão de premissas assentadas pelo acórdão embargado na resolução da causa." STF. Pleno. AgRg nos EDiv no RE 115.024-3-SP. Rel. Min. Celso de Mello. v.u., *DJU* 20.10.1995, *ADV* 21.1.1996).

Por fim, sublinha-se aqui a inadmissão dos embargos em tela pelos tribunais superiores – STF e STJ – deve se dar por fundamentação adequada, ou seja, apontando analiticamente a demonstração de distinção entre o recurso e o paradigma apresentado como fundamento para a interposição dos referidos embargos, por isso então, sendo vedado a qualquer daqueles tribunais inadmitirem o recurso com base em fundamento genérico de que as circunstâncias fáticas são diferentes, sem demonstrar a existência da distinção, ainda que pese a lamentável revogação do § 5º do art. 1.043 do CPC/2015 pela Lei nº 13.256, de 04.02.2016.

Súmulas:

STF nº 353: São incabíveis os embargos da L. 623, de 19.2.49, com fundamento em divergência entre decisões da mesma Turma do Supremo Tribunal Federal.

STF nº 456: O Supremo Tribunal Federal, conhecendo do recurso extraordinário, julgará a causa, aplicando o direito à espécie.

STF nº 598: Nos embargos de divergência não servem como padrão de discordância os mesmos paradigmas invocados para demonstrá-la mas repelidos como não dissidentes no julgamento do recurso extraordinário.

STJ nº 158: Não se presta a justificar embargos de divergência o dissídio com acórdão de Turma ou Seção que não mais tenha competência para a matéria neles versada.

STJ nº 168: Não cabem embargos de divergência, quando a jurisprudência do Tribunal se firmou no mesmo sentido do acórdão embargado.

STJ nº 315: Não cabem embargos de divergência no âmbito do agravo de instrumento que não admite recurso especial.

STJ nº 316: Cabem embargos de divergência contra acórdão que, em agravo regimental, decide recurso especial.

STJ nº 420: Incabível, em embargos de divergência, discutir o valor de indenização por danos morais.

Enunciados das Jornadas de Direito Processual Civil do Conselho da Justiça Federal:

Nº 83 do CJF: Caso os embargos de divergência impliquem alteração das conclusões do julgamento anterior, o recorrido que já tiver interposto o recurso extraordinário terá o direito de complementar ou alterar suas razões, nos exatos limites da modificação, no prazo de quinze dias, contados da intimação da decisão dos embargos de divergência.

Nº 208 do CJF: A orientação contida no acórdão de mérito dos embargos de divergência se enquadra no comando do art. 927, inciso V, do CPC se este for proferido pelo Plenário do Supremo Tribunal Federal, pelas seções ou pela Corte Especial do Superior Tribunal de Justiça.

Enunciados do Fórum Permanente de Processualistas Civis:

Nº 230 do FPPC: Cabem embargos de divergência contra acórdão que, em agravo interno ou agravo em recurso especial ou extraordinário, decide recurso especial ou extraordinário.

Nº 231 do FPPC: Fica superado o enunciado 315 da súmula do STJ após a entrada em vigor do CPC ("*Não cabem embargos de divergência no âmbito do agravo de instrumento que não admite recurso especial*").

Nº 232 do FPPC: Fica superado o enunciado 353 da súmula do STF após a entrada em vigor do CPC ("São incabíveis os embargos da Lei 623, de 19.02.49, com fundamento em divergência entre decisões da mesma turma do Supremo Tribunal Federal").

Art. 1.044. No recurso de embargos de divergência, será observado o procedimento estabelecido no regimento interno do respectivo tribunal superior.

§ 1º A interposição de embargos de divergência no Superior Tribunal de Justiça interrompe o prazo para interposição de recurso extraordinário por qualquer das partes.

§ 2º Se os embargos de divergência forem desprovidos ou não alterarem a conclusão do julgamento anterior, o recurso extraordinário interposto pela outra parte antes da publicação do julgamento dos embargos de divergência será processado e julgado independentemente de ratificação.

Notas:

Processamento. Os respectivos Regimentos Internos do STJ e do STF é que regulam a forma procedimental do presente recurso de embargos de divergência, tal qual nos orienta o art. 1.044, *caput* do CPC.

Não obstante a isso, vale destacar conteúdos que orientam a adequada propositura dos embargos de divergência.

Como já dito nos comentários ao artigo anterior, a petição do presentes embargos deverá estar acompanhada com a prova da divergência,[565] nos devidos termos e formas regradas pelo § 4º do art. 1.041.

565 "A utilização dos embargos de divergência reclama, sob pena de liminar recusa de seu processamento, que o dissídio interpretativo seja demonstrado de forma clara, objetiva e analítica, mencionando-se as circunstâncias que identificam ou tornam assemelhados os casos em confronto. Não basta, para esse efeito, a mera transcrição das ementas dos julgados invocados como referência paradigmática. Ausência, no caso, do necessário cotejo analítico. A específica função jurídico-processual dos embargos de divergência – que consiste em

Uma vez protocolado o presente recurso na secretaria de qualquer das Cortes supracitadas, de acordo com os arts. 335, do RISTF, e 266, § 3º, do RISTJ, ocorrerá a distribuição a um respectivo relator, esse que, inicialmente, avaliará os requisitos de admissibilidade dos embargos de divergência.

Uma vez não admitido respectivo recurso em tela, caberá contra essa decisão o recurso de agravo no prazo de 5 (cinco) dias, devidamente endereçado para o órgão emissor de tal decisão denegatória.

Do contrário, ou seja, admitidos os embargos de divergência, à parte contrária será aberto o prazo de 15 (quinze) dias para as suas contrarrazões, como de direito, e então, após tal contraditório, o recurso incluído será na pauta para o devido julgamento.

Por fim, insta pontuar que, no âmbito do STJ, a interposição dos embargos de divergência interrompe o prazo para a apresentação de eventual recurso extraordinário por qualquer das partes (§ 1º do art. 1.044).

Não obstante a isso, uma vez sendo os embargos de divergência desprovidos ou incapazes de alterar a conclusão do julgamento anterior, o recurso extraordinário interposto pela outra parte antes mesmo da publicação da decisão daqueles embargos, será regularmente processado e julgado, independentemente de qualquer ratificação do mesmo, conforme dispões o § 2º do art. 1.044.

LIVRO COMPLEMENTAR
DISPOSIÇÕES FINAIS E TRANSITÓRIAS

Art. 1.045. Este Código entra em vigor após decorrido 1 (um) ano da data de sua publicação oficial.

Notas:

Vacatio legis. Este período de tempo entre a data da publicação e a data da entrada em vigor da lei chama-se *vacatio legis*.

A razão de ser da *vacatio legis* se justifica pelo fato de oportunizar às pessoas de conhecer a lei antes de sua entrada em vigor e consequentemente se prepararem melhor para sua aplicação, bem como faz com que a referida lei se torne mais conhecida entre os membros da sociedade.

---

promover a uniformização da jurisprudência no âmbito do Supremo Tribunal Federal – não autoriza, sob pena de essa modalidade recursal revestir-se de um inadmissível caráter infringente, a revisão de premissas assentadas pelo acórdão embargado na resolução da causa." STF. Pleno. AgRg nos EDiv no RE 115.024-3-SP. Rel. Min. Celso de Mello. v.u., *DJU* 20.10.1995, *ADV* 21.1.1996).

Vale destacar que a lei poderá entrar em vigor na data de sua publicação, inexistindo, portanto, o fenômeno da *vacatio legis*.

A *vacatio legis* e o início da obrigatoriedade da lei brasileira no estrangeiro. A Lei de Introdução às normas do Direito Brasileiro (LINDB – Decreto-Lei nº 4.657, de 4 de setembro de 1942) em seu art. 1º, § 1º, determina que "*nos Estados estrangeiros, a obrigatoriedade da lei brasileira, quando admitida, se inicia 3 (três) meses depois de oficialmente publicada*". Isso quer dizer que a lei após a publicação em órgão oficial, em território brasileiro, entrará em vigor 90 (noventa) dias nos Estados estrangeiros. Assim, a lei antiga já revogada no Brasil permanece em vigor por um prazo maior no estrangeiro.

Vicente Ráo, alerta, ainda, para outras consequências importantes:[566]

a) os atos obrigatórios como os regulamentos internos, as circulares, os avisos etc., que não se dirigirem à generalidade dos sujeitos de direito, só dizendo respeito à organização e funcionamento dos órgãos e serviços de administração, começam a vigorar, para as autoridades e funcionários brasileiros no estrangeiro, desde o momento em que os mesmos forem comunicados por forma autêntica;
b) no entanto, se voltar ou ingressar no Brasil, antes de findar o prazo de 3 meses, a partir do momento de sua chegada, todo aquele que for parte em alguma relação de direito, ficará, *ipso facto*, sujeito ao prazo estabelecido para a vigência da lei no Brasil, respeitados os atos jurídicos perfeitos e acabados já praticados no estrangeiro segundo a lei brasileira ali então vigente.

A contagem do prazo da *vacatio legis*. O prazo da *vacatio legis* é computado excluindo-se o dia do começo (*dies a quo*) e incluindo-se o dia do vencimento (*dies ad quem*).

Princípio da Obrigatoriedade das Leis. De acordo com o artigo 3º da LINDB, Decreto-Lei nº 4.657, de 4 de setembro de 1942, "*ninguém se escusa de cumprir a lei, alegando que não a conhece*". Daí que publicada a lei, todos a conhecem, não admitindo prova em contrário.

Princípio da Continuidade. Consoante o teor do artigo 2º da LINDB, Decreto-Lei nº 4.657, de 4 de setembro de 1942, não se destinando à vigência temporária, a lei vige até que outra a modifique ou a revogue.

A norma jurídica pode ter vigência temporária ou determinada pelo legislador, ou seja, a norma jurídica já apresenta o tempo de sua duração. É o caso

---

566 RÁO, Vicente. *O Direito e a Vida dos Direitos*. 4. ed. v. 1. São Paulo: Revista dos Tribunais, 1997, p. 323-324.

das leis orçamentárias que possuem duração de um ano; ou o caso de leis que subordinam a sua vigência a determinados fatos, tais como no caso de guerra.

Término da Vigência da Lei – Ab-rogação e Derrogação. A lei posterior revoga a anterior quando expressamente o declare, quando seja com ela incompatível ou quando regule inteiramente a matéria de que tratava a lei anterior (art. 2º, § 1º da LINDB).

A lei nova, que estabeleça disposições gerais ou especiais a par das já existentes, não revoga nem modifica a lei anterior (art. 2º, § 2º da LINDB).

Portanto, a *revogação* é o fazer não valer de uma norma jurídica, ou seja, através da revogação uma norma jurídica perde a sua obrigatoriedade. A revogação é um gênero que contém duas espécies, a saber: *ab-rogação* e *derrogação*. Aquela é a supressão total da norma jurídica anteriormente válida, esta representa a revogação de uma parte da norma anterior.

Revogação expressa e Revogação tácita. O ato de revogar uma lei pode ser realizado de forma *expressa* ou *tácita*. Pela revogação expressa, a nova lei informa expressamente a extinção da validade da lei anterior ou parte desta; a revogação ocorrerá tacitamente quando houver incompatibilidade da lei nova com a lei antiga, já que aquela regulou de forma diferente a matéria tratada nesta.

Repristinação. O direito brasileiro não aceita a repristinação, que é a restauração da lei revogada pelo fato da lei revogadora ter perdido a sua vigência.

Nesse sentido, salvo disposição em contrário, a lei revogada não se restaura por ter a lei revogadora perdido a vigência (art. 2º, § 3º da LINDB).

Conflito das Normas Jurídicas no Tempo. O Direito Intertemporal é aquele que busca estabelecer as regras que solucionem os conflitos de leis no tempo.

A questão da retroatividade e da irretroatividade das leis Princípio da irretroatividade das leis. Pelo *Princípio da Irretroatividade das Leis*, a lei nova não alcança os fatos produzidos antes de sua vigência. A Constituição da República Federativa do Brasil de 1988, em seu artigo 5º, inciso XXXVI, determina que "*a lei não prejudicará o direito adquirido, o ato jurídico perfeito e a coisa julgada*". Da mesma forma, o artigo 6º, LINDB reza que:

> *"Art. 6º – A Lei em vigor terá efeito imediato e geral, respeitados o ato jurídico perfeito, o direito adquirido e a coisa julgada.*
>
> *§ 1º – Reputa-se ato jurídico perfeito o já consumado segundo a lei vigente ao tempo em que se efetuou.*
>
> *§ 2º – Consideram-se adquiridos assim os direitos que o seu titular, ou alguém por ele, possa exercer, como aqueles cujo começo do exercício tenha termo pré-fixo, ou condição preestabelecida inalterável, a arbítrio de outrem.*

§ 3º – Chama-se coisa julgada ou caso julgado a decisão judicial de que já não caiba recurso."

A partir do estabelecido nos §§ do artigo 6º da LINDB torna-se possível compreender os institutos jurídicos denominados *ato jurídico perfeito, direito adquirido* e *coisa julgada*.

O *ato jurídico perfeito* é o que já se encontra consumado segundo a lei vigente ao tempo em que se efetuou; o *direito adquirido* é aquele que já se incorporou de forma definitiva ao patrimônio e à personalidade do sujeito; e a *coisa julgada* é a decisão judicial que não cabe mais nenhum recurso.

Princípio da Retroatividade das leis. Todavia, o *Princípio da Retroatividade das leis* é aplicado nos seguintes casos: a) no *direito penal*, quando as disposições novas beneficiarem os réus (artigo 5º, inciso XL, CF/88)[567] ou quando das *leis abolitivas* (*v.g.*, a lei que aboliu a escravatura).

Conflito de leis no espaço. Os conflitos entre as normas jurídicas no espaço ocorrem no momento em que o operador do direito permanece em dúvida quanto à aplicação da lei brasileira ou estrangeira em determinado caso concreto. É o direito internacional privado que contém as normas e diretrizes quanto à aplicação da lei no espaço.

O *princípio da territorialidade* determina que a lei a ser aplicada é a do território, sendo vedada a aplicação do Direito estrangeiro. De forma contrária, o princípio da extraterritorialidade informa que é possível a aplicação e admissão da vigência de lei estrangeira, em relação a determinados assuntos, em outro Estado soberano.

Vários preceitos em relação aos conflitos de leis no espaço estão dispostos na LINDB nos artigos 7º ao 19.

O Brasil adotou o *princípio da territorialidade moderada*, já que, em linhas gerais, aplica-se o princípio da territorialidade para a solução dos conflitos, sendo possível, em alguns casos a aplicação do princípio da extraterritorialidade.

Enunciado Administrativo do STJ:

STJ. Enunciado Administrativo nº 1: "O Plenário do STJ, em sessão administrativa em que se interpretou o art. 1.045 do novo Código de Processo Civil, decidiu, por unanimidade, que o Código de Processo Civil aprovado pela Lei nº 13.105/2015, entrará em vigor no dia 18 de março de 2016."

---

567 Art. 5º, inciso XL, da CF/88: "*A lei penal não retroagirá, salvo para beneficiar o réu.*"

Art. 1.046. Ao entrar em vigor este Código, suas disposições se aplicarão desde logo aos processos pendentes, ficando revogada a Lei nº 5.869, de 11 de janeiro de 1973.

§ 1º As disposições da Lei nº 5.869, de 11 de janeiro de 1973, relativas ao procedimento sumário e aos procedimentos especiais que forem revogadas aplicar-se-ão às ações propostas e não sentenciadas até o início da vigência deste Código.

§ 2º Permanecem em vigor as disposições especiais dos procedimentos regulados em outras leis, aos quais se aplicará supletivamente este Código.

§ 3º Os processos mencionados no art. 1.218 da Lei nº 5.869, de 11 de janeiro de 1973, cujo procedimento ainda não tenha sido incorporado por lei submetem-se ao procedimento comum previsto neste Código.

§ 4º As remissões a disposições do Código de Processo Civil revogado, existentes em outras leis, passam a referir-se às que lhes são correspondentes neste Código.

§ 5º A primeira lista de processos para julgamento em ordem cronológica observará a antiguidade da distribuição entre os já conclusos na data da entrada em vigor deste Código.

Notas:

Efeito imediato da lei. A lei nova deve respeitar os efeitos jurídicos produzidos sob o manto da lei anterior, mas se aplica imediatamente às situações por ela reguladas, a partir da sua entrada em vigor.

O § 1º expressa acerca dos procedimentos do Código de Processo Civil de 1973 que não foram recepcionados pelo novo CPC. Não obstante a isso, as disposições tanto o procedimento sumário quantos os procedimentos especiais que forem revogadas continuarão a ser aplicadas às ações propostas e não sentenciadas até o início da vigência deste Código.

Com relação ao § 2º do dispositivo em comento, indica ele que permanecem em vigor as disposições especiais dos procedimentos regulados em outras leis, aos quais se aplicará supletivamente este Código.

Já o § 3º determina que os processos mencionados no art. 1.218 da Lei nº 5.869, de 11 de janeiro de 1973 (CPC/1973), cujo procedimento ainda não tenha sido incorporado por lei submetem-se ao procedimento comum previsto neste Código.[568]

---

568 *"Art. 1.218. Continuam em vigor até serem incorporados nas leis especiais os procedimentos regulados pelo Decreto-lei nº 1.608, de 18 de setembro de 1939, concernentes:*

I – ao loteamento e venda de imóveis a prestações (arts. 345 a 349);

II – ao despejo (arts. 350 a 353);

O § 4º trata das remissões. Vejamos: as remissões às disposições do Código de Processo Civil revogado, existentes em outras leis, passam a referir-se às que lhes são correspondentes neste Código.

Por fim, o § 5º cuida da primeira lista em ordem cronológica da seguinte forma: a primeira lista de processos para julgamento em ordem cronológica observará a antiguidade da distribuição entre os já conclusos na data da entrada em vigor deste Código.

Súmula:

STJ nº 485: A Lei de Arbitragem aplica-se aos contratos que contenham cláusula arbitral, ainda que celebrados antes da sua edição.

Enunciados Administrativos do STJ:

STJ. Enunciado Administrativo nº 2: Aos recursos interpostos com fundamento no CPC/1973 (relativos a decisões publicadas até 17 de março de 2016) devem ser exigidos os requisitos de admissibilidade na forma nele prevista, com as interpretações dadas, até então, pela jurisprudência do Superior Tribunal de Justiça.

STJ. Enunciado Administrativo nº 3: Aos recursos interpostos com fundamento no CPC/2015 (relativos a decisões publicadas a partir de 18 de março de 2016) serão exigidos os requisitos de admissibilidade recursal na forma do novo CPC.

III – à renovação de contrato de locação de imóveis destinados a fins comerciais (arts. 354 a 365);

IV – ao Registro Torrens (arts. 457 a 464);

V – às averbações ou retificações do registro civil (arts. 595 a 599);

VI – ao bem de família (arts. 647 a 651);

VII – à dissolução e liquidação das sociedades (arts. 655 a 674);

VIII – aos protestos formados a bordo (arts. 725 a 729); (Incluído pela Lei nº 6.780, de 12.5.1980)

IX – à habilitação para casamento (arts. 742 a 745); (Inciso VIII renumerado pela Lei nº 6.780, de 12.5.1980)

X – ao dinheiro a risco (arts. 754 e 755); (Inciso IX renumerado pela Lei nº 6.780, de 12.5.1980)

XI – à vistoria de fazendas avariadas (art. 756); (Inciso X renumerado pela Lei nº 6.780, de 12.5.1980)

XII – à apreensão de embarcações (arts. 757 a 761); (Inciso XI renumerado pela Lei nº 6.780, de 12.5.1980)

XIII – à avaria a cargo do segurador (arts. 762 a 764); (Inciso XII renumerado pela Lei nº 6.780, de 12.5.1980)

XIV – às avarias (arts. 765 a 768); (Inciso XIII renumerado pela Lei nº 6.780, de 12.5.1980).

XV – (Revogado pela Lei nº 7.542, de 26.9.1986).

XVI – às arribadas forçadas (arts. 772 a 775). (Inciso XV renumerado pela Lei nº 6.780, de 12.5.1980).”

STJ. Enunciado Administrativo nº 4: Nos feitos de competência civil originária e recursal do STJ, os atos processuais que vierem a ser praticados por julgadores, partes, Ministério Público, procuradores, serventuários e auxiliares da Justiça a partir de 18 de março de 2016, deverão observar os novos procedimentos trazidos pelo CPC/2015, sem prejuízo do disposto em legislação processual especial.

Enunciados do Fórum Permanente de Processualistas Civis:

Nº 267 do FPPC: Os prazos processuais iniciados antes da vigência do CPC serão integralmente regulados pelo regime revogado.

Nº 268 do FPPC: A regra de contagem de prazos em dias úteis só se aplica aos prazos iniciados após a vigência do Novo Código.

Nº 275 do FPPC: Nos processos que tramitam eletronicamente, a regra do art. 229, § 1º, não se aplica aos prazos já iniciados no regime anterior.

Nº 295 do FPPC: As regras sobre intervalo mínimo entre as audiências do CPC só se aplicam aos processos em que o ato for designado após sua vigência.

Nº 308 do FPPC: Aplica-se o art. 489, § 1º, a todos os processos pendentes de decisão ao tempo da entrada em vigor do CPC.

Nº 311 do FPPC: A regra sobre remessa necessária é aquela vigente ao tempo da prolação da sentença, de modo que a limitação de seu cabimento no CPC não prejudica os reexames estabelecidos no regime do art. 475 CPC/1973.

Nº 341 do FPPC: O prazo para ajuizamento de ação rescisória é estabelecido pela data do trânsito em julgado da decisão rescindenda, de modo que não se aplicam as regras dos §§ 2 º e 3º do art. 975 do CPC à coisa julgada constituída antes de sua vigência.

Nº 354 do FPPC: O art. 1009, § 1º, não se aplica às decisões proferidas antes da entrada em vigor do CPC.

Nº 355 do FPPC: Se, no mesmo processo, houver questões resolvidas na fase de conhecimento em relação às quais foi interposto agravo retido na vigência do CPC/1973, e questões resolvidas na fase de conhecimento em relação às quais não se operou a preclusão por força do art. 1.009, § 1º, do CPC, aplicar-se-á ao recurso de apelação o art. 523, § 1º, do CPC/1973 em relação àquelas, e o art. 1.009, § 1º, do CPC em relação a estas.

Nº 356 do FPPC: Aplica-se a regra do art. 1.010, § 3º, às apelações pendentes de admissibilidade ao tempo da entrada em vigor do CPC, de modo que o exame da admissibilidade destes recursos competirá ao Tribunal de 2º grau.

Nº 365 do FPPC: Aplica-se a regra do art. 1.030, parágrafo único, aos recursos extraordinário e especial pendentes de admissibilidade ao tempo da entrada em vigor do CPC, de modo que o exame da admissibilidade destes recursos competirá ao STF e STJ.

Nº 479 do FPPC: As novas regras de competência relativa previstas no CPC de 2015 não afetam os processos cujas petições iniciais foram protocoladas na vigência do CPC-73.

Nº 567 do FPPC: Invalidado o ato processual praticado à luz do CPC de 1973, a sua repetição observará o regramento do CPC-2015, salvo nos casos de incidência do art. 1047 do CPC-2015 e no que refere às disposições revogadas relativas ao procedimento sumário, aos procedimentos especiais e às cautelares.

Nº 568 do FPPC: As disposições do CPC-1973 relativas aos procedimentos cautelares que forem revogadas aplicar-se-ão às ações propostas e não sentenciadas até o início da vigência do CPC/2015.

Art. 1.047. As disposições de direito probatório adotadas neste Código aplicam-se apenas às provas requeridas ou determinadas de ofício a partir da data de início de sua vigência.

Notas:

Direito probatório. Direito intertemporal.

Enunciados do Fórum Permanente de Processualistas Civis:

Nº 366 do FPPC: O protesto genérico por provas, realizado na petição inicial ou na contestação ofertada antes da vigência do CPC, não implica requerimento de prova para fins do art. 1047.

Nº 567 do FPPC: Invalidado o ato processual praticado à luz do CPC de 1973, a sua repetição observará o regramento do CPC-2015, salvo nos casos de incidência do art. 1047 do CPC-2015 e no que refere às disposições revogadas relativas ao procedimento sumário, aos procedimentos especiais e às cautelares.

Nº 569 do FPPC: O art. 1.047 não impede convenções processuais em matéria probatória, ainda que relativas a provas requeridas ou determinadas sob vigência do CPC-1973.

Art. 1.048. Terão prioridade de tramitação, em qualquer juízo ou tribunal, os procedimentos judiciais:

I – em que figure como parte ou interessado pessoa com idade igual ou superior a 60 (sessenta) anos ou portadora de doença grave, assim compreendida qualquer das enumeradas no art. 6º, inciso XIV, da Lei nº 7.713, de 22 de dezembro de 1988;

II – regulados pela Lei nº 8.069, de 13 de julho de 1990 (Estatuto da Criança e do Adolescente);

III – em que figure como parte a vítima de violência doméstica e familiar, nos termos da Lei nº 11.340, de 7 de agosto de 2006 (Lei Maria da Penha).

IV – em que se discuta a aplicação do disposto nas normas gerais de licitação e contratação a que se refere o inciso XXVII do *caput* do art. 22 da Constituição Federal. (Incluído pela Lei nº 14.133, de 2021).

§ 1º A pessoa interessada na obtenção do benefício, juntando prova de sua condição, deverá requerê-lo à autoridade judiciária competente para decidir o feito, que determinará ao cartório do juízo as providências a serem cumpridas.

§ 2º Deferida a prioridade, os autos receberão identificação própria que evidencie o regime de tramitação prioritária.

§ 3º Concedida a prioridade, essa não cessará com a morte do beneficiado, estendendo-se em favor do cônjuge supérstite ou do companheiro em união estável.

§ 4º A tramitação prioritária independe de deferimento pelo órgão jurisdicional e deverá ser imediatamente concedida diante da prova da condição de beneficiário.

Remissão:

Art. 9º, VII da Lei nº 13.146, de 06.07.2015 (Institui a Lei Brasileira de Inclusão da Pessoa com Deficiência (Estatuto da Pessoa com Deficiência).

Notas:

Prioridade judicial. Nota-se, que uma vez entrando em vigor o novel CPC, uma lista deverá ser elaborada com os processos já conclusos para julgamento, sendo nesta lista observada a antiguidade da distribuição entre os processos já conclusos quando da entrada em vigor do CPC/2015.

Por isso, entre os processos conclusos na data em que o novato *Codex* entrar em vigor, aqueles mais antigos (distribuição anterior) serão julgados antes dos mais novos, sendo, verdadeiramente, uma regra de transição, já que após a formação dessa primeira lista e a partir da entrada em vigor do novo Código de Processo Civil, devem ser seguidas, as regras estabelecidas pelo art. 12.

A norma jurídica garante prioridade judicial aos idosos (com mais de sessenta anos), portadores de doenças graves, às crianças e aos adolescentes, às vítimas de violência doméstica e familiar assim como aos processos em que se discuta a aplicação do disposto nas normas gerais de licitação e contratação a que se refere o inciso XXVII do *caput* do art. 22 da Constituição Federal.

Esta regra aplica-se a todos os processos que estejam em curso, já que é uma regra do direito processual.

Há de se destacar ainda a prioridade na tramitação processual e procedimentos judiciais e administrativos em que for parte ou interessada, em todos os atos e diligências da pessoa com deficiência tipificada pela Lei nº 13.146, de 06.07.2015, esta que Institui a Lei Brasileira de Inclusão da Pessoa com Deficiência (Estatuto da Pessoa com Deficiência). Dita prioridade supracitada encontra-se regrada seu art. 9º, VII.

O § 1º diz que a pessoa interessada na obtenção do benefício, juntando prova de sua condição, deverá requerê-lo à autoridade judiciária competente para decidir o feito, que determinará ao cartório do juízo as providências a serem cumpridas.

Deferida a prioridade, os autos receberão identificação própria que evidencie o regime de tramitação prioritária (§ 2º).

O § 3º trada da continuidade da prerrogativa ao determinar que essa não cessará com a morte do beneficiado, estendendo-se em favor do cônjuge supérstite ou do companheiro em união estável.

Por fim, o § 4º cuida da concessão imediata da prerrogativa ao dizer que a tramitação prioritária independe de deferimento pelo órgão jurisdicional e deverá ser imediatamente concedida diante da prova da condição de beneficiário.

Art. 1.049. Sempre que a lei remeter a procedimento previsto na lei processual sem especificá-lo, será observado o procedimento comum previsto neste Código.

Parágrafo único. Na hipótese de a lei remeter ao procedimento sumário, será observado o procedimento comum previsto neste Código, com as modificações previstas na própria lei especial, se houver.

Notas:

Procedimentos não discriminados. O artigo consagra a subsidiariedade e supletividade do procedimento comum.

Remissão:

– Constituição Federal de 1988. Art. 22, XXVII:

"XXVII – normas gerais de licitação e contratação, em todas as modalidades, para as administrações públicas diretas, autárquicas e fundacionais da União, Estados, Distrito Federal e Municípios, obedecido o disposto no art. 37, XXI, e para as empresas públicas e sociedades de economia mista, nos termos do art. 173, § 1°, III;

(...)".

Enunciado do Fórum Permanente de Processualistas Civis:

Nº 570 do FPPC: As ações revisionais de aluguel ajuizadas após a entrada em vigor do Código de Processo Civil deverão tramitar pelo procedimento comum, aplicando-se, com as adaptações procedimentais que se façam necessárias, as disposições dos artigos 68 a 70 da Lei 8.245/1991.

Art. 1.050. A União, os Estados, o Distrito Federal, os Municípios, suas respectivas entidades da administração indireta, o Ministério Público, a Defensoria Pública e a Advocacia Pública, no prazo de 30 (trinta) dias a contar da data da entrada em vigor deste Código, deverão se cadastrar perante a administração do tribunal no qual atuem para cumprimento do disposto nos arts. 246, § 2º, e 270, parágrafo único.

Notas:

Intimação eletrônica. Obrigatoriedade de cadastro por parte da União, os Estados, o Distrito Federal, os Municípios, suas respectivas entidades da administração indireta, o Ministério Público, a Defensoria Pública e a Advocacia Pública.[569] [570]

Art. 1.051. As empresas públicas e privadas devem cumprir o disposto no art. 246, § 1º, no prazo de 30 (trinta) dias, a contar da data de inscrição do ato constitutivo da pessoa jurídica, perante o juízo onde tenham sede ou filial.

Parágrafo único. O disposto no *caput* não se aplica às microempresas e às empresas de pequeno porte.

Notas:

Intimação eletrônica. Deve as empresas públicas e privadas cumprir o disposto no art. 246, § 1º,[571] no prazo de 30 (trinta) dias, a contar da data de inscrição do ato constitutivo da pessoa jurídica, perante o juízo onde tenham sede ou filial, não se aplicando, entretanto, tal disposição às microempresas e às empresas de pequeno porte.

---

569 *"Art. 264 (...)*
§ 1º Com exceção das microempresas e das empresas de pequeno porte, as empresas públicas e privadas são obrigadas a manter cadastro nos sistemas de processo em autos eletrônicos, para efeito de recebimento de citações e intimações, as quais serão efetuadas preferencialmente por esse meio.
§ 2º O disposto no § 1º aplica-se à União, aos Estados, ao Distrito Federal, aos Municípios e às entidades da administração indireta."

570 *"Art. 270 (...)*
Parágrafo único. Aplica-se ao Ministério Público, à Defensoria Pública e à Advocacia Pública o disposto no § 1º do art. 246."

571 *"Art. 264 (...)*
§ 1º Com exceção das microempresas e das empresas de pequeno porte, as empresas públicas e privadas são obrigadas a manter cadastro nos sistemas de processo em autos eletrônicos, para efeito de recebimento de citações e intimações, as quais serão efetuadas preferencialmente por esse meio."

Art. 1.052. Até a edição de lei específica, as execuções contra devedor insolvente, em curso ou que venham a ser propostas, permanecem reguladas pelo Livro II, Título IV, da Lei nº 5.869, de 11 de janeiro de 1973.

Notas:

Execução contra devedor insolvente. Insolvência civil. Mantêm-se o regramento do CPC/1973 para as execuções contra devedor insolvente até o advento de lei específica sobre o tema. Trata-se a execução por quantia certa contra devedor insolvente de processo autônomo e independente, não se configurando em um mero incidente ou apêndice da execução singular, por isso, não se admite que a execução contra devedor solvente venha a se transformar em concurso de credores por meio de uma decretação de insolvência civil do devedor executado.

É bem verdade que a insolvência civil guarda similitudes com a falência, isso pelo fato de que em ambas se abre o concurso universal de credores, estes que dividirão, logicamente, respeitadas as preferências legais, o produto da liquidação de bens do devedor. De resto, é de se afirmar que só há insolvência do devedor civil (pessoa física ou sociedade civil, *ex vi* do art. 786), tal qual existirá a falência para devedor comerciante.

Muito embora o CPC/2015 não tenha disciplinado a "Execução por Quantia Certa Contra Devedor Insolvente", não significou, de forma alguma, a ideia de expurgá-la do contexto processual.

Tal afirmativa se justifica na própria contemplação e referência à sua existência por meio do dispositivo em comento.

Art. 1.053. Os atos processuais praticados por meio eletrônico até a transição definitiva para certificação digital ficam convalidados, ainda que não tenham observado os requisitos mínimos estabelecidos por este Código, desde que tenham atingido sua finalidade e não tenha havido prejuízo à defesa de qualquer das partes.

Notas:

Requisitos dos atos processuais eletrônicos. Convalidação. Alcance de finalidade.

Art. 1.054. O disposto no art. 503, § 1º, somente se aplica aos processos iniciados após a vigência deste Código, aplicando-se aos anteriores o disposto nos arts. 5º, 325 e 470 da Lei nº 5.869, de 11 de janeiro de 1973.

Notas:

Direito intertemporal derivado da extinção da ação declaratória incidental. Incidência da coisa julgada material sobre a questão prejudicial.

Enunciado do Fórum Permanente de Processualistas Civis:

Nº 367 do FPPC: Para fins de interpretação do art. 1.054, entende-se como início do processo a data do protocolo da petição inicial.

Art. 1.055. (VETADO).

Art. 1.056. Considerar-se-á como termo inicial do prazo da prescrição prevista no art. 924, inciso V, inclusive para as execuções em curso, a data de vigência deste Código.

Notas:

Prescrição intercorrente. O artigo 924, inciso V, do CPC bem frisa:

"Extingue-se a execução quando:

(...)

V – ocorrer a prescrição intercorrente."

Confira os apontamentos ao artigo 924.

Tese firmada no IAC 1/STJ

1.1. Incide a prescrição intercorrente, nas causas regidas pelo CPC/73, quando o exequente permanece inerte por prazo superior ao de prescrição do direito material vindicado, conforme interpretação extraída do art. 202, parágrafo único, do Código Civil de 2002.

1.2. O termo inicial do prazo prescricional, na vigência do CPC/1973, conta-se do fim do prazo judicial de suspensão do processo ou, inexistindo prazo fixado, do transcurso de 1 (um) ano (aplicação analógica do art. 40, § 2º, da Lei 6.830/1980).

1.3. O termo inicial do art. 1.056 do CPC/2015 tem incidência apenas nas hipóteses em que o processo se encontrava suspenso na data da entrada em vigor da novel lei processual, uma vez que não se pode extrair interpretação que viabilize o reinício ou a reabertura de prazo prescricional ocorridos na vigência do revogado CPC/1973 (aplicação irretroativa da norma processual).

1.4. O contraditório é princípio que deve ser respeitado em todas as manifestações do Poder Judiciário, que deve zelar pela sua observância, inclusive nas hipóteses de declaração de ofício da prescrição intercorrente, devendo o credor ser previamente intimado para opor algum fato impeditivo à incidência da prescrição. (STJ, REsp 1.604.412 SC, Rel. Ministro Marco Aurélio Bellizze, Segunda Seção. Julg. em 27/06/2018, DJe 22/08/2018).

Art. 1.057. O disposto no art. 525, §§ 14 e 15, e no art. 535, §§ 7º e 8º, aplica-se às decisões transitadas em julgado após a entrada em vigor deste Código, e, às decisões transitadas em julgado anteriormente, aplica-se o disposto no art. 475-L, § 1º, e no art. 741, parágrafo único, da Lei nº 5.869, de 11 de janeiro de 1973.

Notas:

Direito Intertemporal. Inexigibilidade de obrigação reconhecida em título executivo judicial fundado em lei ou ato normativo considerado inconstitucional pelo Supremo Tribunal Federal, ou fundado em aplicação ou interpretação da lei ou do ato normativo tido pelo Supremo Tribunal Federal como incompatível com a Constituição Federal, em controle de constitucionalidade concentrado ou difuso.

Art. 1.058. Em todos os casos em que houver recolhimento de importância em dinheiro, esta será depositada em nome da parte ou do interessado, em conta especial movimentada por ordem do juiz, nos termos do art. 840, inciso I.

Notas:

Depósitos em dinheiro. Destaca o presente artigo do dever de seguir a regra jurídica processual prevista no artigo 840, I do CPC:

> *"Serão preferencialmente depositados: I – as quantias em dinheiro, os papéis de crédito e as pedras e os metais preciosos, no Banco do Brasil, na Caixa Econômica Federal ou em banco do qual o Estado ou o Distrito Federal possua mais da metade do capital social integralizado, ou, na falta desses estabelecimentos, em qualquer instituição de crédito designada pelo juiz; (...)."*

Art. 1.059. À tutela provisória requerida contra a Fazenda Pública aplica-se o disposto nos arts. 1º a 4º da Lei nº 8.437, de 30 de junho de 1992, e no art. 7º, § 2º, da Lei nº 12.016, de 7 de agosto de 2009.

Notas:

Tutela provisória contra a Fazenda Pública. Confira os apontamentos aos arts. 294 a 311 do CPC.

ADI 4.296

EMENTA: AÇÃO DIRETA DE INCONSTITUCIONALIDADE. ARTS. 1º, § 2º, 7º, III E § 2º, 22, § 2º, 23 E 25, DA LEI DO MANDADO DE SEGURANÇA (LEI 12.016/2009). ALEGADAS LIMITAÇÕES À UTILIZAÇÃO DESSA AÇÃO CONSTITUCIONAL COMO INSTRUMENTO DE PROTEÇÃO DE DIREITOS INDIVIDUAIS E COLETIVOS. SUPOSTA OFENSA AOS ARTS. 2º E 5º, XXXV E LXIX, DA CONSTITUIÇÃO. NÃO CABIMENTO DO *"WRIT"* CONTRA ATOS DE GESTÃO COMERCIAL DE ENTES PÚBLICOS, PRATICADOS NA EXPLORAÇÃO DE ATIVIDADE ECONÔMICA, ANTE A SUA NATUREZA ESSENCIALMENTE PRIVADA. EXCEPCIONALIDADE QUE DECORRE DO PRÓPRIO TEXTO CONSTITUCIONAL. POSSIBILIDADE DE O JUIZ EXIGIR CONTRACAUTELA PARA A CONCESSÃO DE MEDIDA LIMINAR. MERA FACULDADE INERENTE AO PODER GERAL DE CAUTELA DO MAGISTRADO. INOCORRÊNCIA, QUANTO A ESSE ASPECTO, DE LIMITAÇÃO AO JUÍZO DE COGNIÇÃO SUMÁRIA. CONSTITUCIONALIDADE DO PRAZO DECADENCIAL DO DIREITO DE IMPETRAÇÃO E DA PREVISÃO DE INVIABILIDADE DE CONDENAÇÃO AO PAGAMENTO DE HONORÁRIOS SUCUMBENCIAIS. JURISPRUDÊNCIA CONSOLIDADA DO SUPREMO TRIBUNAL FEDERAL. PROIBIÇÃO DE CONCESSÃO DE LIMINAR EM RELAÇÃO A DETERMINADOS OBJETOS. CONDICIONAMENTO DO PROVIMENTO CAUTELAR, NO ÂMBITO DO MANDADO DE SEGURANÇA COLETIVO, À PRÉVIA OITIVA DA PARTE CONTRÁRIA. IMPOSSIBILIDADE DE A LEI CRIAR ÓBICES OU VEDAÇÕES ABSOLUTAS AO EXERCÍCIO DO PODER GERAL DE CAUTELA. EVOLUÇÃO DO ENTENDIMENTO JURISPRUDENCIAL. CAUTELARIDADE ÍNSITA À PROTEÇÃO CONSTITUCIONAL AO DIREITO LÍQUIDO E CERTO. RESTRIÇÃO À PRÓPRIA EFICÁCIA DO REMÉDIO CONSTITUCIONAL. PREVISÕES LEGAIS EIVADAS DE INCONSTITUCIONALIDADE. PARCIAL PROCEDÊNCIA DA AÇÃO. (STF. ADI 4.296/DF. Rel. Min. Marco Aurélio Mello. Rel. do Acórdão. Min. Alexandre de Moraes. Julg. 09.06.2021, DJe 11.10.2021).

Art. 1.060. O inciso II do art. 14 da Lei nº 9.289, de 4 de julho de 1996, passa a vigorar com a seguinte redação:

"Art. 14. ....

....

II – aquele que recorrer da sentença adiantará a outra metade das custas, comprovando o adiantamento no ato de interposição do recurso, sob pena de deserção, observado o disposto nos §§ 1º a 7º do art. 1.007 do Código de Processo Civil;

...." (NR)

Notas:

Custas na Justiça Federal. A Lei nº 9.289 dispõe sobre as custas devidas à União, na Justiça Federal de primeiro e segundo graus e dá outras providências.

Art. 1.061. O § 3º do art. 33 da Lei nº 9.307, de 23 de setembro de 1996 (Lei de Arbitragem), passa a vigorar com a seguinte redação:

"Art. 33. ....

....

§ 3º A decretação da nulidade da sentença arbitral também poderá ser requerida na impugnação ao cumprimento da sentença, nos termos dos arts. 525 e seguintes do Código de Processo Civil, se houver execução judicial." (NR)

Remissão:

Lei nº 9.307 de 23.09.1996 (Dispõe sobre a Arbitragem).

Notas:

Nulidade da sentença arbitral. A parte interessada poderá pleitear ao órgão do Poder Judiciário competente a declaração de nulidade da sentença arbitral, nos casos previstos na Lei nº 9.307/96 (LA – Lei de Arbitragem).

A demanda para a declaração de nulidade da sentença arbitral parcial ou final seguirá o procedimento comum, previsto no Código de Processo Civil, portanto, será proposta no âmbito do Poder Judiciário e deverá sê-la no prazo de até 90 (noventa) dias após o recebimento da notificação da respectiva sentença, parcial ou final, ou da decisão do pedido de esclarecimentos (*ex vi* do § 2º art. 33 da LA).

É de afirmar que o prazo extintivo de 90 (noventa) dias é para se propor demanda que postula vícios de nulidade relativa à sentença arbitral e não, propriamente, à relação jurídica processual e sua existência e validade, provocando daí inexistência do julgado ou mesmo sua nulidade *ipso iure*.

Tal racionalidade é atestada pelo próprio § 2º do art. 33 da LA, este que se preza a pontuar as diferenças entre a nulidade absoluta e a relativa no tocante à decisão arbitral. *In verbis: "A sentença que julgar procedente o pedido declarará a nulidade da sentença arbitral, nos casos do art. 32, e determinará, se for o caso, que o árbitro ou o tribunal profira nova sentença arbitral."*

A declaração de nulidade da sentença arbitral também poderá ser arguida mediante impugnação, conforme o art. 525, § 1º do CPC e pelo § 3º do art. 33 da LA (redação dada pelo art. 1.061 ora em comento) isso, caso houver execução judicial.

Resta importante questão acostada no § 4º do art. 33 da LA, em redação dada pela Lei nº13.125/2015:

> "§ 4º A parte interessada poderá ingressar em juízo para requerer a prolação de sentença arbitral complementar, se o árbitro não decidir todos os pedidos submetidos à arbitragem."

Nota-se, portanto, que será possível o ingresso no Poder Judiciário a fim de se exigir com que o árbitro profira sentença complementar, tendo em vista pedidos que sequer foram contemplados em seu ato decisório, o que, *mutatis mutandis*, corresponde a ato envolto ao recurso dos embargos de declaração com sede no pelo CPC.

Art. 1.062. O incidente de desconsideração da personalidade jurídica aplica-se ao processo de competência dos juizados especiais.

Notas:

Desconsideração da personalidade jurídica e juizados especiais. Confira os apontamentos aos arts. 133 a 137 do CPC.[572]

Remissões:

Art. 10 da Lei nº 9.099/1995 (dispõe sobre os Juizados Especiais Cíveis e Criminais e dá outras providências):

---

572 Para o estudo especifico acerca da aplicação do Incidente de Desconsideração da Personalidade Jurídica aplicada aos Juizados Especiais, ver GAIO JÚNIOR, Antônio Pereira. *O Processo nos Juizados Especiais Cíveis Estaduais, Federais e da Fazenda Pública.* 2. ed. Belo Horizonte: Del Rey, 2015.

Cf., igualmente, GAIO JÚNIOR, Antônio Pereira; CÂMARA, Alexandre Freitas (Coords.). *O Novo CPC. Reflexões e Perspectivas.* Belo Horizonte: Del Rey, 2014.

"Art. 10. Não se admitirá, no processo, qualquer forma de intervenção de terceiro nem de assistência. Admitir-se-á o litisconsórcio".

Art. 1.063. Até a edição de lei específica, os juizados especiais cíveis previstos na Lei nº 9.099, de 26 de setembro de 1995, continuam competentes para o processamento e julgamento das causas previstas no art. 275, inciso II, da Lei nº 5.869, de 11 de janeiro de 1973.

Notas:

Os Juizados Especiais Cíveis Estaduais continuam competentes para conhecer e julgar as demandas sob a égide do rito sumário, mais precisamente aqueles constantes do art. 275, II do revogado CPC.

Art. 1.064. O *caput* do art. 48 da Lei nº 9.099, de 26 de setembro de 1995, passa a vigorar com a seguinte redação:

"Art. 48. Caberão embargos de declaração contra sentença ou acórdão nos casos previstos no Código de Processo Civil.

...."(NR)

Notas:

Aplicação de nova redação acerca do cabimento dos Embargos de Declaração no âmbito dos Juizados Especiais Cíveis Estaduais.

Enunciado do Fórum Permanente de Processualistas Civis:

Nº 475 do FPPC: Cabem embargos de declaração contra decisão interlocutória no âmbito dos juizados especiais.

Art. 1.065. O art. 50 da Lei nº 9.099, de 26 de setembro de 1995, passa a vigorar com a seguinte redação:

"Art. 50. Os embargos de declaração interrompem o prazo para a interposição de recurso." (NR)

Notas:

Aplicação de nova redação acerca da interrupção do prazo para a interposição dos Embargos de Declaração no âmbito dos Juizados Especiais Cíveis Estaduais.

Enunciado do Fórum Permanente de Processualistas Civis:

Nº 483 do FPPC: Os embargos de declaração no sistema dos juizados especiais interrompem o prazo para a interposição de recursos e propositura de reclamação constitucional para o Superior Tribunal de Justiça.

Art. 1.066. O art. 83 da Lei nº 9.099, de 26 de setembro de 1995, passam a vigorar com a seguinte redação:

"Art. 83. Cabem embargos de declaração quando, em sentença ou acórdão, houver obscuridade, contradição ou omissão.

....

§ 2º Os embargos de declaração interrompem o prazo para a interposição de recurso.

...." (NR)

Notas:

Aplicação de nova redação acerca do cabimento e da interrupção do prazo para a interposição dos Embargos de Declaração no âmbito dos Juizados Especiais Cíveis Estaduais.

Art. 1.067. O art. 275 da Lei nº 4.737, de 15 de julho de 1965 (Código Eleitoral), passa a vigorar com a seguinte redação:

"Art. 275. São admissíveis embargos de declaração nas hipóteses previstas no Código de Processo Civil.

§ 1º Os embargos de declaração serão opostos no prazo de 3 (três) dias, contado da data de publicação da decisão embargada, em petição dirigida ao juiz ou relator, com a indicação do ponto que lhes deu causa.

§ 2º Os embargos de declaração não estão sujeitos a preparo.

§ 3º O juiz julgará os embargos em 5 (cinco) dias.

§ 4º Nos tribunais:

I – o relator apresentará os embargos em mesa na sessão subsequente, proferindo voto;

II – não havendo julgamento na sessão referida no inciso I, será o recurso incluído em pauta;

III – vencido o relator, outro será designado para lavrar o acórdão.

§ 5º Os embargos de declaração interrompem o prazo para a interposição de recurso.

§ 6º Quando manifestamente protelatórios os embargos de declaração, o juiz ou o tribunal, em decisão fundamentada, condenará o embargante a pagar ao embargado multa não excedente a 2 (dois) salários-mínimos.

§ 7º Na reiteração de embargos de declaração manifestamente protelatórios, a multa será elevada a até 10 (dez) salários-mínimos." (NR)

Notas:

Aplicação de nova redação acerca do cabimento e processamento dos Embargos de Declaração no âmbito do Código Eleitoral.

Art. 1.068. O art. 274 e o *caput* do art. 2.027 da Lei nº 10.406, de 10 de janeiro de 2002 (Código Civil), passam a vigorar com a seguinte redação:

"Art. 274. O julgamento contrário a um dos credores solidários não atinge os demais, mas o julgamento favorável aproveita-lhes, sem prejuízo de exceção pessoal que o devedor tenha direito de invocar em relação a qualquer deles." (NR)

"Art. 2.027. A partilha é anulável pelos vícios e defeitos que invalidam, em geral, os negócios jurídicos.

...." (NR)

Notas:

Alteração dos artigos 274 e 2.027 do Código Civil brasileiro. O artigo 274 do Código Civil brasileiro de 2002 trata dos **Efeitos da Coisa Julgada.**

O artigo 274, também de forma inovadora, determina que "*o julgamento contrário a um dos credores solidários não atinge os demais; o julgamento favorável aproveita-lhes, a menos que se funde em exceção pessoal ao credor que o obteve.*"

A referida regra trata, pois, dos efeitos subjetivos da coisa julgada na hipótese de solidariedade ativa.

A primeira parte do dispositivo afirma que "*o julgamento contrário a um dos credores solidários não atinge aos demais.*" Assim, vejamos o seguinte exemplo: Gabriella (credora A), Irene (credora B) e Rachel (credora C) são credoras solidárias de Adriano (devedor comum), no valor de R$ 3.000,00 (três mil reais), cabendo a cada uma delas o valor de R$ 1.000,00. Grabriella ingressa com uma ação de cobrança em face de Adriano. Ocorre que o pedido dela foi julgado improcedente (sentença de mérito de caráter negativo). Os efeitos desta decisão judicial não vão atingir os demais concredores, neste caso, Irene e Rachel. Dessa maneira, qualquer uma destas poderá ingressar com uma ação de cobrança contra o devedor comum, no caso Adriano.

A segunda parte do artigo informa que "[...] o julgamento favorável aproveita-lhes, [...]". Neste caso, aproveitando o exemplo acima, se o pedido é julgado procedente, os efeitos da coisa julgada se estendem aos demais credores, no caso: Irene e Rachel. Em outras palavras, estas se beneficiam dos efeitos da coisa julgada no caso de procedência do pedido. Daí que as demais credoras poderão se utilizar da decisão judicial obtida por Gabriella como título executivo judicial, executando, pois, Adriano.

A terceira parte da regra é uma exceção ao comando da segunda regra: "o julgamento favorável aproveita-lhes, *a menos que se funde em exceção pessoal ao credor que o obteve*."

Neste último caso, o pedido é julgado procedente e os demais credores não se beneficiam dos efeitos da coisa julgada, já que se refere à *exceção pessoal* do credor que o obteve. A sentença judicial está atrelada àquele demandante. Não há, pois, extensão aos demais concredores. Vamos admitir, por hipótese, que o credor tenha obtido uma sentença favorável e que somente a ele aproveite já que diz respeito ao benefício do termo ou da condição concedido por ele ou a uma condição resolutiva. Também nos casos de suspensão e interrupção da prescrição, já que possuem eficácia pessoal.

Vejamos o seguinte exemplo: Gabriella (credora A), Irene (credora B) e Rachel (credora C) são credoras solidárias de Adriano (devedor comum) no valor de R$ 3.000,00 (três mil reais), cabendo a cada uma delas o valor de R$ 1.000,00. Gabriella ingressa com uma ação de cobrança em face de Adriano. Ocorre que Gabriella, uma das credoras, foi beneficiada com a suspensão da prescrição, como por exemplo, por estar servindo ao Governo brasileiro no exterior, e considerando que a suspensão decorre de uma causa pessoal, o pedido foi julgado procedente. Pergunta-se: os efeitos desta decisão judicial vão atingir os demais concredores, neste caso, Irene e Rachel? Apesar de ser um julgamento favorável a um dos credores, a decisão judicial não se estende aos demais concredores. O artigo 201 determina que "suspensa a prescrição em favor de um dos credores solidários, *só aproveitam os outros se a obrigação for indivisível*." Neste caso, considerando a obrigação solidária, a suspensão da prescrição não atingiria aos demais credores.

Todavia, o artigo 1.068. do NCPC altera a redação do artigo 274 da Lei nº 10.406, de 10 de janeiro de 2002 (Código Civil), passando a vigorar com a seguinte redação:

> "*Art. 274. O julgamento contrário a um dos credores solidários não atinge os demais, mas o julgamento favorável aproveita-lhes, sem prejuízo de exceção pessoal que o devedor tenha direito de invocar em relação a qualquer deles.*"

Da mesma forma, o artigo 1.068 do novo CPC altera a redação do artigo 2.027 da Lei nº 10.406, de 10 de janeiro de 2002 (Código Civil), excluindo a expressão "uma vez feita e julgada" para que para permitir a invalidação da partilha.

Enunciados do Fórum Permanente de Processualistas Civis:

Nº 137 do FPPC: Contra sentença transitada em julgado que resolve partilha, ainda que homologatória, cabe ação rescisória.

Nº 138 do FPPC: A partilha amigável extrajudicial e a partilha amigável judicial homologada por decisão ainda não transitada em julgado são impugnáveis por ação anulatória.

Nº 234 do FPPC: A decisão de improcedência na ação proposta pelo credor beneficia todos os devedores solidários, mesmo os que não foram partes no processo, exceto se fundada em defesa pessoal.

Art. 1.069. O Conselho Nacional de Justiça promoverá, periodicamente, pesquisas estatísticas para avaliação da efetividade das normas previstas neste Código.

Notas:

Avaliação de efetividade do CPC pelo CNJ (Conselho Nacional de Justiça).

Art. 1.070. É de 15 (quinze) dias o prazo para a interposição de qualquer agravo, previsto em lei ou em regimento interno de tribunal, contra decisão de relator ou outra decisão unipessoal proferida em tribunal.

Notas:

Prazo para interposição de qualquer agravo previsto em lei ou regimento interno de tribunal, contra decisão de relator ou outra decisão unipessoal proferida em tribunal: 15 (quinze) dias.

Enunciado das Jornadas de Direito Processual Civil do Conselho da Justiça Federal:

Nº 58 do CJF: O prazo para interposição do agravo previsto na Lei nº 8.437/92 é de quinze dias, conforme o disposto no art. 1.070 do CPC.

Art. 1.071. O Capítulo III do Título V da Lei nº 6.015, de 31 de dezembro de 1973 (Lei de Registros Públicos), passa a vigorar acrescida do seguinte art. 216-A:

"Art. 216-A. Sem prejuízo da via jurisdicional, é admitido o pedido de reconhecimento extrajudicial de usucapião, que será processado diretamente perante o cartório do registro de imóveis da comarca em que estiver situado o imóvel usucapiendo, a requerimento do interessado, representado por advogado, instruído com:

I – ata notarial lavrada pelo tabelião, atestando o tempo de posse do requerente e seus antecessores, conforme o caso e suas circunstâncias;

II – planta e memorial descritivo assinado por profissional legalmente habilitado, com prova de anotação de responsabilidade técnica no respectivo conselho de fiscalização profissional, e pelos titulares de direitos reais e de outros direitos registrados ou averbados na matrícula do imóvel usucapiendo e na matrícula dos imóveis confinantes;

III – certidões negativas dos distribuidores da comarca da situação do imóvel e do domicílio do requerente;

IV – justo título ou quaisquer outros documentos que demonstrem a origem, a continuidade, a natureza e o tempo da posse, tais como o pagamento dos impostos e das taxas que incidirem sobre o imóvel.

§ 1º O pedido será autuado pelo registrador, prorrogando-se o prazo da prenotação até o acolhimento ou a rejeição do pedido.

§ 2º Se a planta não contiver a assinatura de qualquer um dos titulares de direitos reais e de outros direitos registrados ou averbados na matrícula do imóvel usucapiendo e na matrícula dos imóveis confinantes, esse será notificado pelo registrador competente, pessoalmente ou pelo correio com aviso de recebimento, para manifestar seu consentimento expresso em 15 (quinze) dias, interpretado o seu silêncio como discordância.

§ 3º O oficial de registro de imóveis dará ciência à União, ao Estado, ao Distrito Federal e ao Município, pessoalmente, por intermédio do oficial de registro de títulos e documentos, ou pelo correio com aviso de recebimento, para que se manifestem, em 15 (quinze) dias, sobre o pedido.

§ 4º O oficial de registro de imóveis promoverá a publicação de edital em jornal de grande circulação, onde houver, para a ciência de terceiros eventualmente interessados, que poderão se manifestar em 15 (quinze) dias.

§ 5º Para a elucidação de qualquer ponto de dúvida, poderão ser solicitadas ou realizadas diligências pelo oficial de registro de imóveis.

§ 6º Transcorrido o prazo de que trata o § 4º deste artigo, sem pendência de diligências na forma do § 5º deste artigo e achando-se em ordem a documentação, com inclusão da concordância expressa dos titulares de direitos reais e de outros direitos registrados ou averbados na matrícula do imóvel usucapiendo e na matrícula dos imóveis confinantes, o oficial de registro de imóveis registrará a aquisição do imóvel com as descrições apresentadas, sendo permitida a abertura de matrícula, se for o caso.

§ 7º Em qualquer caso, é lícito ao interessado suscitar o procedimento de dúvida, nos termos desta Lei.

§ 8º Ao final das diligências, se a documentação não estiver em ordem, o oficial de registro de imóveis rejeitará o pedido.

§ 9º A rejeição do pedido extrajudicial não impede o ajuizamento de ação de usucapião.

§ 10. Em caso de impugnação do pedido de reconhecimento extrajudicial de usucapião, apresentada por qualquer um dos titulares de direito reais e de outros direitos registrados ou averbados na matrícula do imóvel usucapiendo e na matrícula dos imóveis confinantes, por algum dos entes públicos ou por algum terceiro interessado, o oficial de registro de imóveis remeterá os autos ao juízo competente da comarca da situação do imóvel, cabendo ao requerente emendar a petição inicial para adequá-la ao procedimento comum."

Notas:

A usucapião extrajudicial. Digno de sublinhar é a modalidade extrajudicial de reconhecimento da usucapião, correspondendo à novata modalidade inclusa no Livro Complementar "Das Disposições Finais e Transitórias", representada pelo dispositivo em comento.

Em verdade, a regulação extrajudicial da usucapião possibilita o seu reconhecimento em sede cartorária, no entanto, por óbvio, necessita da consensualidade daquele até então, titular do direito real e de outros diretos registrados na matrícula do imóvel usucapiendo bem como na matrícula dos imóveis dos confinantes (inciso II do art. 1.071).

Não havendo dita consensualidade, seja por ausência expressa do consentimento de qualquer um dos titulares de direito reais e de outros direitos registrados ou averbados na matrícula do imóvel usucapiendo e na matrícula dos imóveis confinantes, mesmo que notificado pelo registrador competente para se manifestar em 15 (quinze dias) (art. 1.071, IV, § 2º), ou mesmo por meio de impugnação ao pedido de reconhecimento extrajudicial da usucapião (art. 1.068, IV, § 10), não impedirá o ajuizamento de eventual ação judicial de usucapião (art. 1.071, IV, § 9º), ratificando, notadamente, o próprio direito constitucional ao acesso à justiça (art. 5º, XXXV da CF/88 e agora também, art. 3º, *caput* do CPC).

Enunciados do Fórum Permanente de Processualistas Civis:

Nº 25 do FPPC: A inexistência de procedimento judicial especial para a ação de usucapião e de regulamentação da usucapião extrajudicial não implica vedação da ação, que remanesce no sistema legal, para qual devem ser observadas as peculiaridades que lhe são próprias, especialmente a necessidade de citação dos confinantes e a ciência da União, do Estado, do Distrito Federal e do Município.

Nº 368 do FPPC: A impugnação ao reconhecimento extrajudicial da usucapião necessita ser feita mediante representação por advogado.

Art. 1.072. Revogam-se:

I – o art. 22 do Decreto-Lei nº 25, de 30 de novembro de 1937;

II – os arts. 227, *caput*, 229, 230, 456, 1.482, 1.483 e 1.768 a 1.773 da Lei nº 10.406, de 10 de janeiro de 2002 (Código Civil);

III – os arts. 2º, 3º, 4º, 6º, 7º, 11, 12 e 17 da Lei nº 1.060, de 5 de fevereiro de 1950;

IV – os arts. 13 a 18, 26 a 29 e 38 da Lei nº 8.038, de 28 de maio de 1990;

V – os arts. 16 a 18 da Lei nº 5.478, de 25 de julho de 1968; e

VI – o art. 98, § 4º, da Lei nº 12.529, de 30 de novembro de 2011.

Notas:

Dispositivos expressamente revogados pelo novo Código de Processo Civil.

Enunciados do Fórum Permanente de Processualistas Civis:

Nº 447 do FPPC: O exequente deve providenciar a intimação da União, Estados e Municípios no caso de penhora de bem tombado.

Nº 484 do FPPC: A revogação dos arts. 16 a 18 da Lei de Alimentos, que tratam da gradação dos meios de satisfação do direito do credor, não implica supressão da possibilidade de penhora sobre créditos originários de aluguéis de prédios ou de quaisquer outros rendimentos do devedor.

Brasília, 16 de março de 2015; 194º da Independência e 127º da República.

DILMA ROUSSEFF
José Eduardo Cardozo
Jaques Wagner
Joaquim Vieira Ferreira Levy
Luís Inácio Lucena Adams

Referências

ALCALÁ-ZAMORA Y CASTILLO, Niceto. *Proceso, Autocomposición y Autodefensa.* 2. ed. México: Unam, 1970.

ALMEIDA, Marcelo Pereira de. Amicus Curiae. *In*: ARAUJO, Luis Carlos de; MELLO, Cleyson de Moraes (Orgs.). *Curso do Novo Processo Civil.* Rio de Janeiro: Freitas Bastos, 2015.

ANDOLINA, Italo; VIGNERA, Giuseppe. *Il modello costituzionale del processo civile italiano*, ed. G. Giappichelli: Torino, 1988.

ANDRADE, Jose Carlos Vieira, *Os direitos fundamentais na constituição portuguesa de 1976*, 2. ed. Coimbra: Almedina, 2001.

AQUINO, São Tomás de. *Suma de Teología.* 4. ed. Madri: Biblioteca de Autores Cristianos, 2001, p.411.

ARRUDA ALVIM, J. M. A EC nº 45 e o instituto da repercussão geral. *In*: WAMBIER, Teresa Arruda Alvim *et al* (Coord.) *Reforma do Judiciário: primeiras reflexões sobre a emenda constitucional nº 45/2004.* São Paulo: RT, 2005.

ARRUDA ALVIM, J. M. *Manual de Direito Processual Civil.* Vol. 2. 7 ed. São Paulo: RT, 2000.

ARRUDA ALVIM, J. M. *Manual de Direito Processual Civil.* Vol . 2. 6. ed. São Paulo: RT, 1997.

ARRUDA ALVIM, J. M.; ASSIS, Araken de; ARRUDA ALVIM, Eduardo. *Comentários ao Código de Processo Civil.* 3 ed. São Paulo: RT, 2014.

ASSIS, Araken de. *Manual da Execução.* 11. ed. São Paulo: RT, 2007.

ASSIS, Araken de. *Cumprimento da Sentença.* Rio de Janeiro: Forense, 2006.

ASSIS, Araken de. *Procedimento Sumário.* São Paulo, Malheiros Editores, 1996.

ASCENÇÃO, José de Oliveira. *O Direito: Introdução e Teoria Geral.* 2. ed. Rio de Janeiro: Renovar, 2001.

BARCELLOS, Ana Paula. *A Eficácia Jurídica dos Princípios Constitucionais.* O princípio da Dignidade da Pessoa Humana. Rio de Janeiro: Renovar, 2002.

BARROSO, Luís Roberto. *Interpretação e Aplicação da Constituição.* 2. ed. São Paulo: Saraiva, 1998.

BEVILAQUA, Clóvis. *Código Civil Comentado.* Vol. IV. Rio de Janeiro: Rio, 1976.

BEVILAQUA, Clóvis. *Código Civil dos Estados Unidos do Brasil comentado por Clóvis Bevilaquá.* Edição histórica. Rio de Janeiro: Rio, 1976.

BOBBIO, Norberto. *Teoria do Ordenamento Jurídico.* 10. ed. Tradução Maria Celeste Cordeiro Leite dos Santos. Brasília: UnB, 1999.

BOBBIO, Norberto. *A Era dos Direitos.* Rio de Janeiro: Campus, 1992.

BOCCUZZI NETO, Vito Antônio. Recursos excepcionais – O prequestionamento e a matéria de ordem pública. *In*: NERY JR., Nelson; WAMBIER, Teresa Arruda Alvim. (Coords,). *Aspectos Polêmicos e Atuais dos Recursos Cíveis*. Vol. 11. São Paulo: RT, 2007, p. 442.

BOÉCIO. *Escritos* (OPUSCULA SACRA). Tradução, introdução, estudos introdutórios e notas Juvenal Savian Filho. Prefácio de Marilena Chauí. São Paulo: Martins Fontes, 2005.

BONAVIDES, Paulo. *Curso de Direito Constitucional*. 8. ed. São Paulo: Malheiros, 1999.

BRAIDA, Celso R. *Apresentação*. *In*: SCHLEIERMACHER, Friedrich D.E. *Hermenêutica: Arte e Teoria da Interpretação*. 3. ed. Rio de Janeiro: Vozes, 2001.

BUENO, Cássio Scarpinella. *Novo Código de Processo Civil Anotado*. São Paulo: Saraiva, 2015.

CABRAL, Antônio do Passo. O Contraditório como dever e a Boa-fé Processual Objetiva. *In*: *Revista de Processo*. Vol. 126, São Paulo: Revista dos Tribunais, 2005, p. 59-73.

CALAMANDREI, Piero. *Instituciones de derecho procesal civil*. Buenos Aires: Depalma, 1943.

CALAMANDREI, Piero. *Opere Giuridiche*. Vol. I. Napoli: Morano Editore, 1965.

CALAMANDREI, Piero. *Opere Giuridiche*. Vol. IV. Napoli: Morano Editore,1970.

CALAMANDREI, Piero. *Opere Giuridiche*. Vol. VI. Napoli: Morano Editore, 1970.

CALAMANDREI, Piero. Sopravvivenza della querella di nullità nel proceso civile vigente. *In*: *Revista di Diritto Processuale*, nº VI, 1951, p. 112-128.

CALMON DE PASSOS, J. J. *Comentários ao Código de Processo Civil*. Vol III, 9 ed. Rio de Janeiro: Forense, 2004.

CÂMARA, Alexandre Freitas. *O Novo Processo Civil Brasileiro*. São Paulo: Atlas, 2015.

CANOTILHO, José Joaquim Gomes. *Direito constitucional e teoria da constituição*. 7. ed. Coimbra: Almedina, 2003.

CANOTILHO, José Joaquim Gomes; MACHADO, Jónatas E. M.; GAIO JÚNIOR, Antônio Pereira. *Biografia não Autorizada vs Liberdade de Expressão*. 2 ed. Lisboa: Juruá Editorial, 2015.

CAPPELLETTI, Mauro; GARTH, Bryant. *Acesso à justiça*. Trad. Ellen Gracie Northfleet. Porto Alegre: Sérgio Antonio Fabris, 1988.

CARNEIRO, Athos Gusmão. *Intervenção de Terceiros*. 16. ed. São Paulo: Saraiva, 2006.

CARNEIRO, Paulo César Pinheiro. *Acesso à justiça: juizados especiais cíveis e a ação civil pública*. 2. ed. Rio de Janeiro: Forense, 2000.

CARNELUTTI, Francesco. *Instituciones del proceso civil.* V. 1. Traducción de la quinta edición italiana por Santiago Sentis Melendo. Buenos Aires: Ediciones Jurídicas Europa-America, 1956.

CARNELUTTI, Francesco. *Lezioni di Diritto Processuale Civile.* Vol.2. Padova: Cedam, 1933.

CARNELUTTI, Francesco. *Teoria Geral do Direito.* Trad. Antônio Carlos Ferreira. São Paulo: Lejus, 2000.

CARPENTER, Luiz Frederico Sauerbronn. Prescrição. *In*: LACERDA. Paulo de. *Manual do Código Civil Brasileiro.* Parte Geral. Vol. IV. Rio de Janeiro: Jacintho Ribeiro dos Santos, 1929.

CARVALHO DE MENDONÇA, Manuel Inácio. *Contratos no Direito Civil brasileiro.* Tomo I. 3.ed. Rio de Janeiro: Forense, 1955.

CARVALHO SANTOS, J.M. de. *Código Civil Brasileiro Interpretado.* Vol XI. 6.ed. Rio de Janeiro: Freitas Bastos, 1953.

CASELLA, Paulo Borba; SANCHEZ, Rodrigo Elian (Orgs.). *Cooperação Judiciária Internacional.* Rio de Janeiro: Renovar, 2002.

CASTRO, Amilcar. *Comentários ao CPC.* Vol. VIII. 3. ed. São Paulo: RT, 1983.

CHAVES, Antonio. *Tratado de Direito Civil.* Vol. II. Direito das Obrigações. Tomo I. 3. ed. São Paulo: RT, 1984.

CHIOVENDA, Giuseppe. *Saggi di Diritto Processuale Civile.* 2. ed. Roma: Foro It., 1930.

CHIOVENDA, Giuseppe. *Principii di diritto processuale civile napole*: Nicola Jovene, 1928.

CINTRA, Antônio Carlos de Araújo; GRINOVER, Ada Pellegrini; DINAMARCO, Cândido Rangel. *Teoria geral do processo.* 11. ed. São Paulo: Malheiros Editores, 1995.

COMOGLIO, Luigi Paolo; FERRI, Corrado; TARUFFO, Michele. *Lezioni sul processo civile. I. Il processo ordinário di cognizione.* Bologna:il Mulino, 1995.

COUTURE, Eduardo J. *Proyecto de Código de Procedimiento Civil.* Montevidéo: Impressora Uruguaya, 1945.

COUTURE, Eduardo J. *Fundamentos de Derecho Procesal Civil.* 2. ed. Buenos Aires: Depalma, 1958.

CREMONESE, Paulo Henrique. *Prática de Direito Marítimo.* 2 ed. São Paulo: Quartier Latim, 2012.

CUNHA, Leonardo José Carneiro da. A Alienação por iniciativa particular. *In*: *Revista de Processo.* Vol. 174, São Paulo, RT, agosto de 2009, p. 51.

CUNHA GONÇALVES, Luiz da. *Tratado de Direito Civil.* Vol. IV. Tomo II. São Paulo: Max Limonad, 1958.

DE PLÁCIDO E SILVA. *Vocabulário jurídico.* 23. ed. Rio de Janeiro: Forense, 2003.

DEL RÍO, José Manuel Lete. *Derecho de Obligaciones*. Vol. III. 4.ed. Madrid: Tecnos, 2003.

DEL VECCHIO. Giorgio. *A justiça*. São Paulo: Saraiva, 1960.

DIDIER JÚNIOR, Fredie *et al*. *Curso de Direito Processual Civil*. Vol. 5. 6 ed. Salvador: JusPodivm, 2014.

DIDIER JR. Fredie; BUENO, Cássio Sarpinella; CRAMER, Ronaldo. III Encontro do Fórum Permanente de Processualistas Civis. *In*: *Revista de Processo*, Vol. 233. São Paulo RT, 2014, p. 298-299.

DINAMARCO, Cândido Rangel. *Instituições de Direito Processual Civil*. Vol. 4. 3 ed. São Paulo: Malheiros Editores, 2009.

DINAMARCO, Cândido R. *Instituições de Direito Processual Civil*. Vol. 4. São Paulo: Malheiros, 2005.

DINAMARCO, Cândido Rangel. *Nova Era do Processo Civil*. São Paulo: Malheiros Editores, 2003.

DINAMARCO, Cândido Rangel. *Litisconsórcio*. 6.ed. São Paulo: Malheiros, 2001.

DINAMARCO, Cândido Rangel. *Fundamentos do Processo Civil Moderno*. São Paulo: Malheiros, 2000.

DINAMARCO, Cândido Rangel. *A Reforma do Código de Processo Civil*. 3 ed. São Paulo: Malheiros Editores, 1996.

DUGUIT, Leon° *Traité de droit constitucionnel*: la théorie génerale de i' état. V. II. Paris: DeBoccard, 1928.

ENGISCH, Karl. *Introdução ao Pensamento Jurídico*. 8 ed. Trad. J. Baptista Machado. Lisboa: Calouste Gulbenkian, 2001.

FABRÍCIO, Adroaldo Furtado. *Comentários ao Código de Processo Civil*. Vol. VIII, t. III. Rio de Janeiro: Forense, 1980.

FAVER, Marcus. A inocorrência da revelia nos embargos de devedor. *In*: *Revista de Processo*, São Paulo: RT, Vol. 57, p. 55.

FAZZALARI, Elio. *Instituzioni di Diritto Processuale*. 7. ed. Padova: CEDAM,1994.

FAZZALARI, Elio. *La Giustizia Civile nei Paesi Comunitari*. Padova: CEDAM, 1994.

FERRAJOLI, Luigi. *Derechos y garantías*: *la ley del más débil*. Madrid: Editorial Trotta, 2004.

FERRAJOLI, Luigi. *Por uma teoria dos direitos e dos bens fundamentais*. Trad. Alexandre Salim, Alfredo Copetti Neto, Daniela Cadermatori, Hermes Zaneti Júnior, Sérgio Cadermatori. Porto Alegre: Livraria do Advogado Editora, 2011.

FERRAZ JR., Tércio Sampaio. *Introdução ao Estudo do Direito: Técnica, Decisão, Dominação*. 2. ed. São Paulo: Atlas, 1994.

FERREIRA, Jaime Octávio Cardona. Justiça em crise? crises da justiça in *Justiça em crise? crises da justiça*. Lisboa: Publicações Dom Quixote, 2000.

FREITAS, Jose Lebre de. A crise e o processo civil. In: BARRETO, António. *Justiça em crise? crises da justiça*. Lisboa: Publicações Dom Quixote, 2000, p. 275-276.

FUX, Luiz. *Curso de Direito Processual Civil.* 2.ed. Rio de Janeiro: Forense, 2004.

FUX, Luiz. *Curso de Direito Processual Civil.* Rio de Janeiro: Forense, 2001.

FUX, Luiz. Homologação de sentença estrangeira. *In*: TIBÚRCIO, Carmen; BARROSO, Luís Roberto (Org.) *Direito Internacional Contemporâneo.* Rio de Janeiro, Renovar: 2006.

GAIO JÚNIOR, Antônio Pereira. *Instituições de Direito Processual Civil.* 6 ed. Londrina: Thoth, 2024.

GAIO JÚNIOR, Antônio Pereira. *Processo Civil, Direitos Fundamentais Processuais e Desenvolvimento. Flexos e reflexos de uma relação.* 3 ed. Londrina: Thoth, 2024.

GAIO JÚNIOR, Antônio Pereira. *Processo Civil, Direitos Fundamentais Processuais e Desenvolvimento. Flexos e reflexos de uma relação.* Londrina: Thoth, 2021.

GAIO JÚNIOR, Antônio Pereira. *Instituições de Direito Processual Civil.* 4 ed. Salvador: JusPodivm, 2020.

GAIO JÚNIOR, Antônio Pereira. *Instituições de Direito Processual Civil.* 3. ed. Salvador: JusPodivm, 2017.

GAIO JÚNIOR, Antônio Pereira. *Instituições de Direito Processual.* 2. ed. Belo Horizonte: Del Rey, 2013.

GAIO JÚNIOR, Antônio Pereira. *Tutela Específica das Obrigações de Fazer.* 8 ed. Curitiba: Juruá, 2020.

GAIO JÚNIOR, Antônio Pereira. *Tutela Específica das Obrigações de Fazer.* 7. ed. Curitiba: Juruá, 2017.

GAIO JÚNIOR, Antônio Pereira. *Tutela Específica das Obrigações de Fazer.* 5. ed. Curitiba: Juruá, 2015.

GAIO JÚNIOR, Antônio Pereira. *Tutela Específica das Obrigações de Fazer.* 3. ed. Rio de Janeiro: Forense, 2003.

GAIO JÚNIOR, Antônio Pereira. O *Processo nos Juizados Especiais Cíveis Estaduais, Federais e da Fazenda Pública.* 3 ed. Belo Horizonte: Del Rey, 2019.

GAIO JÚNIOR, Antônio Pereira. *O Processo nos Juizados Especiais Cíveis Estaduais, Federais e da Fazenda Pública.* 2. ed. Belo Horizonte: Del Rey, 2015.

GAIO JÚNIOR, Antônio Pereira. *O Consumidor e sua Proteção na União Europeia e Mercosul. Pesquisa Conjuntural como Contribuição Política Desenvolvimentista de Proteção Consumerista nos Blocos.* Lisboa: Juruá Editorial, 2014.

GAIO JÚNIOR, Antônio Pereira. *Teoria Geral da Arbitragem.* 2 ed. Curitiba: Juruá, 2018.

GAIO JÚNIOR. Antônio Pereira. *Teoria da Arbitragem.* São Paulo: Rideel, 2012.

GAIO JÚNIOR, Antônio Pereira. Incidentes de resolução de demandas repetitivas no projeto do novo CPC – Breves apontamentos. *In*: *Revista de Processo*, Vol. 199, setembro de 2011, São Paulo: RT, p. 247-256.

GAIO JÚNIOR, Antônio Pereira. *Direito Processual Civil.* Vol. I. 4 ed. Belo Horizonte: Del Rey, 2010.

GAIO JÚNIOR, Antônio Pereira. *A Proteção do Consumidor no Mercosul*. São Paulo. LTR, 2004.

GAIO JÚNIOR, Antônio Pereira; PINHO, Humberto Dalla Bernardina. (Coords.). Teoria Geral do Processo Civil. Novos Paradigmas frente ao CPC/2015. Rio de Janeiro: GZ Editora, 2018.

GAIO JÚNIOR, Antônio Pereira e CÂMARA, Alexandre Freitas. *Novo CPC: reflexões e perspectivas*. Belo Horizonte: Del Rey, 2014.

GAIO JÚNIOR, Antônio Pereira; MAGALHÃES, Rodrigo Almeida (Coords.) *Arbitragem: 15 anos da Lei nº 9.307/96*. Belo Horizonte: Del Rey, 2012.

GAIO JÚNIOR, Antônio Pereira. Jurisdição Civil: reflexões sobre novos paradigmas para a sua compreensão. In: GAIO JÚNIOR, Antônio Pereira; PINHO, Humberto Dalla Bernardina. (Coords.). Teoria Geral do Processo Civil. Novos Paradigmas frente ao CPC/2015. Rio de Janeiro: GZ Editora, 2018, p. 1-32.

GAIO JÚNIOR, Antônio Pereira. Incidente de Desconsideração da Personalidade Jurídica no Novo CPC. *In*: GAIO JÚNIOR, Antônio Pereira; CÂMARA, Alexandre Freitas (Coords.). *Novo CPC: reflexões e perspectivas*. Belo Horizonte: Del Rey, 2014, p. 57-85.

GAIO JÚNIOR, Antônio Pereira. Lei nº 9.307/96: Natureza, Historicidade e Constitucionalidade da Arbitragem no Brasil. *In:* GAIO JÚNIOR, Antônio Pereira; MAGALHÃES, Rodrigo Almeida (Coords.) *Arbitragem: 15 anos da Lei nº 9.307/96*. Belo Horizonte: Del Rey, 2012, p. 5.

GAIO JÚNIOR, Antônio Pereira; RAMOS, Rafaella Cardoso. Prova Documental Eletrônica como objeto probatório no contexto do Processo Civil Brasileiro. *In*: *Revista de Processo*. Ano 43, nº282. São Paulo: RT, 2018, p. 179-200.

GAIO JÚNIOR, Antônio Pereira. *Fraude a Execução e a Súmula nº 375 do STJ*. Disponível em: http://www.gaiojr.adv.br.

GAJARDONI, Fernando da Fonseca et al. Execução e Recursos. Comentários ao CPC de 2015. Vol. 3. Rio de Janeiro: Forense; São Paulo: Método, 2017.

GALDINO DA COSTA, José Augusto. *Princípios Gerais no Processo Civil: Princípios Fundamentais e Princípios Informativos*. Rio de Janeiro: Forense, 2007.

GALUPPO, Marcelo Campos. O que são direitos fundamentais? *In*: SAMPAIO, José Adércio Leite. (Coord.) *Jurisdição constitucional e direitos fundamentais*. Belo Horizonte: Del Rey, 2003.

GAREIS Karl, Rechtsenzyklopaedie und Methodologie, 5. ed. 1920, p. 28-30. *In*: MAXIMILIANO, Carlos. *Hermenêutica e interpretação do direito*. Rio de Janeiro: Forense, 1995, p. 73.

GONÇALVES, Carlos Roberto. *Direito Civil Brasileiro*. Vol. III. São Paulo: Saraiva, 2004.

GONÇALVES, Carlos Roberto. *Direito Civil Brasileiro*: Parte Geral. Vol. I. São Paulo: Saraiva, 2003.

GRECO, Leonardo. *Instituições de Processo Civil.* Vol. 2. 3 ed. Rio de Janeiro: Forense, 2015.

GRECO, Leonardo. *Instituições de Processo Civil.* Vol. I. 2 ed. Rio de Janeiro: Forense, 2010.

GRECO, Leonardo. *A Tutela da Urgência e a Tutela da Evidência no Código de Processo Civil de 2014/2015.* Disponível em: http://www.redp.com.br/arquivos/redp_ht14_edicao.pdf. Acesso em: 15 set. 2015.

GRECO, Leonardo. *O Processo de Execução.* Volume II. Rio de Janeiro: Renovar, 2001.

GRECO, Leonardo. Uma pauta para a Reforma do Processo de Execução. *In*: *Boletim Legislativo Adcoas*, nº18, 1995.

GRECO FILHO, Vicente. *Direito Processual Civil Brasileiro.* Vol. 2. 18. ed. São Paulo: Saraiva, 2007.

GRECO FILHO, Vicente. *Direito Processual Civil Brasileiro.* Vol. 3. 18. ed. São Paulo: Saraiva, 2006.

GRECO FILHO, Vicente. *Direito Processual Civil Brasileiro.* Vol.3. São Paulo: Saraiva, 1995.

GRINOVER, Ada Pellegrini. O Tratamento dos processos repetitivos. *In*: JAYME, Fernando Gonzaga; FARIA, Juliana Cordeiro de; LAUAR, Maira Terra. (Coords.). *Processo civil: novas tendências. Estudos em homenagem ao Prof. Humberto Theodoro Júnior*. Belo Horizonte: Del Rey, 2008, p. 1.

GUASP, Jaime; ARAGONES, Pedro. *Derecho procesal civil.* T. I. 5. ed. Madri: Civitas, 2002.

GUERRA FILHO, Willis Santiago. Judiciário e Conflitos Sociais (na perspectiva da pósmodernidade). *In*: *Revista de Processo*, nº 70, 1993, p. 136.

HEIDEGGER, Martinº. *Marcas do Caminho*. Trad. de Enio Paulo Giachini e Ernildo Steinº. Petrópolis: Vozes, 2008.

JOBIM, Marco Félix; OLIVEIRA JUNIOR, Zulmar Duarte. *Súmula, Jurisprudência e Precedente. Da distinção à superação*. Porto Alegre: Livraria do Advogado, 2021.

KANT, Immanuel. *Fondements de la métaphysique des Moeurs*. Paris: Librairie Philosophique J. Vrin, 1992.

KLEIN, Franz. *Der Zivilprozess Österreichs*. Aalen: Scientia Verlag, 1970.

LACERDA, Bruno Amaro. *A Dignidade Humana Em Giovanni Pico Della Mirandola. In:* Revista *Legis Augustus* (Revista Jurídica) Vol. 3, nº 1, p. 16-23, setembro 2010.

LACERDA, Paulo de. *Manual do Código Civil Brasileiro. Do Direito das Obrigações.* Volume X. Rio de Janeiro: Jacintho Ribeiro dos Santos, 1928.

LARENZ, Karl. *Derecho justo*: fundamentos de ética jurídica. Tradução Luis Díez-Picazo. Madrid: 2001, p. 96.

LIEBMAN, Enrico Tullio. *Eficácia e Autoridade da Sentença e outros escritos sobre a coisa julgada*. 3 ed. Rio de Janeiro: Forense, 1984.

LIEBMAN, Enrico Tullio. *Manuale de Diritto Processuale Civile*. Milano: Giuffrè, 1973.

LIEBMAN, Enrico Tullio. *Problemi del Processo Civile*. Napoli: Morano Editore 1962.

LIEBMAN, Enrico Tullio. *Embargos do Executado*. São Paulo: Saraiva, 1952.

LIEBMAN, Enrico Tullio. *Estudos sobre o Processo Civil Brasileiro*. São Paulo: Saraiva, 1947.

LIEBMAN, Enrico Tullio. *Processo de Execução*. 4. ed. São Paulo: Saraiva, 1946.

LIMA, Alcides de Mendonça. *Comentários ao Código de Processo Civil*. Rio de Janeiro: Forense, Vol. VI, Tomo II, 1979.

LOPES DA COSTA, Alfredo de Araújo. *Direito processual civil brasileiro*. Vol. I. 2. ed. Rio de Janeiro: Forense, 1947.

LOULA, Maria Rosa Guimarães. *Auxílio Direto. Novo Instrumento e Cooperação Jurídica Internacional*. Civil. Belo Horizonte: Fórum, 2010.

LOYD, Dennis. *A idéia de Lei*. São Paulo: Martins Fontes, 1985.

MACEDO, Alexander dos Santos Macedo. *Da Querella Nullitatis – Sua Subsistência no Direito Brasileiro*. 3. ed. Rio de Janeiro: Lumen Júris, 2005.

MACEDO, Elaine Harzheim. Repercussão Geral das questões constitucionais: nova técnica de filtragem do recurso extraordinário. *In*: *Revista Direito e Democracia*, v. 6, nº 1, Canoas, Editora da Ulbra, 2005, p. 88.

MACÊDO, Lucas Buril de; PEIXOTO, Ravi. Ônus da Prova e sua Dinamização. 2 ed. Salvador: JusPodivm, 2016.

MANCUSO, Rodolfo de Camargo. *A resolução de conflitos e a função judicial no contemporâneo estado de direito*. São Paulo: RT, 2009.

MARCATO Antônio Carlos. *Procedimentos Especiais*. 7 ed. São Paulo: Malheiros, 1995.

MARINONI, Luiz Guilherme. *Tutela inibitória*. 2. ed. São Paulo: RT, 2000.

MARINONI, Luiz Guilherme. T*utela Antecipatória, Julgamento Antecipado e Execução Imediata da Sentença*. São Paulo: RT, 1997.

MARINONI, Luiz Guilherme; ARENHART, Sérgio Cruz; MITIDIERO, Daniel. *Novo Código de Processo Civil comentado*. São Paulo: RT, 2015.

MARINONI, Luiz Guilherme; ARENHART, Sérgio Cruz; MITIDIERO, Daniel. *Novo Curso de Processo Civil*. Vol. 2. São Paulo: RT, 2015.

MARINONI, Luiz Guilherme; MITIDIERO, Daniel. *O Projeto do CPC. Críticas e propostas*. São Paulo: RT, 2010.

MARQUES, José Frederico. *Manual de Direito Processual Civil*. Vol. IV. São Paulo: Saraiva, 1976.

MARQUES, José Frederico. *Manual de Direito Processual Civil*. Vol. II. São Paulo: Saraiva, 1974.

MARQUES, José Frederico. *Instituições de Direito Processual Civil*. Vol. II. 4 ed. Rio de Janeiro: Forense, 1971.

MARTÍN, Nuria Belloso. *Derecho Natural e Derecho Positivo: El itinerario iusnaturalista de Giorgio del Vecchio.* Valladolid: Universidad de Valladolid, 1993.

MARTINS, Sandro Gilbert. *A Defesa do Executado por meio de ações autônomas.* 2. ed. São Paulo: RT, 2005.

MASSAÚ, Guilherme Camargo. Dignidade Humana e *Marsilio Ficino:* a perspectiva do Renascimento. In: *Revista Direitos Humanos e Democracia* Unijuí: Unijuí, ano 2, nº 3, janº/jun, 2014, p. 128-124.

MATIAS, Eduardo Felipe. *A humanidade e suas fronteiras – do Estado soberano à sociedade global.* Rio de Janeiro: Paz e Terra, 2005.

MAXIMILIANO, Carlos. *Hermenêutica e Interpretação do Direito.* Rio de Janeiro: Forense, 1995.

MEDINA, José Miguel Garcia. *Novo Código de Processo Civil Comentado.* 3 ed. São Paulo: RT, 2015.

MEDINA, José Miguel Garcia. O prequestionamento e os pressupostos dos recursos extraordinário e especial. *In:* WAMBIER, Teresa Arruda Alvim (Coord.). *Aspectos Polêmicos e atuais do Recurso Especial e Extraordinário.* São Paulo: RT, 1998, p. 261.

MELLO, Cleyson de Moraes; GÓES, Guilherme Sandoval. *Direito Constitucional.* Rio de Janeiro: Processo, 2018.

MELLO, Cleyson de Moraes, FRAGA, Thelma Araújo Esteves. *Direitos Humanos Coletânea de Legislação.* Rio de Janeiro: Freitas Bastos, 2003.

MENDES, Castro. *O Conceito de Prova em Processo Civil.* Lisboa: Ática, 1961.

MIRANDA, Jorge. *Manual de Direito Constitucional,* Tomo IV, 3.ed. Coimbra: Coimbra Editora, 2000.

MITIDIERO, Daniel. *Colaboração no Processo Civil.* 2 ed. São Paulo: RT, 2011.

MONTEIRO, Washington de Barros. *Curso de Direito Civil.* Vol. 5. 34. ed. São Paulo: Saraiva, 2003.

MONTEIRO, Washington de Barros. *Curso de Direito Civil: Direito das Obrigações.* 1ª parte, 17.ed., São Paulo: Saraiva, 1982.

MORAES, Guilherme Pena. *Direito Constitucional: Teoria da Constituição.* 4.ed. Rio de Janeiro: Lúmen Juris, 2007.

MOREIRA, José Carlos Barbosa. *O Novo Processo Civil Brasileiro.* 25. ed. Rio de Janeiro: Forense, 2007.

MOREIRA, Jose Carlos Barbosa. *Temas de Direito Processual.* Oitava Série. São Paulo: Saraiva, 2004.

MOREIRA, Jose Carlos Barbosa. *Temas de Direito Processual.* Sétima Série. Rio de Janeiro: Saraiva, 2001.

MOREIRA, Jose Carlos Barbosa. *Comentários ao Código de Processo Civil.* Vol. V. 7. ed. Rio de Janeiro: Forense, 1998.

MOREIRA, José Carlos Barbosa. *Temas de Direito Processual.* Sexta Série. São Paulo: Saraiva, 1997.

MOREIRA, José Carlos Barbosa. *Temas de Direito Processual*. Terceira Série. São Paulo: Saraiva. 1984.

MORELLO, Augusto M. *El Proceso Justo*. 2. ed. Buenos Aires: Abeledo-Perrot, 2005.

NEGRÃO, Theotonio; GOUVÊA, José Roberto F. *Código de Processo Civil e Legislação Processual em vigor*. 40. ed. São Paulo: Saraiva, 2008.

NERY JÚNIOR, Nelson° *Princípios do Processo Civil na Constituição Federal*. 7.ed. São Paulo: Revista dos Tribunais, 2002.

NERY JUNIOR, Nelson Nery; NERY, Rosa Maria de Andrade. *Código de Processo Civil Comentado*. 16 ed. São Paulo: Revista dos Tribunais, 2016.

NERY JÚNIOR, Nelson; ANDRADE NERY, Rosa Maria. *Comentários ao Código de Processo Civil*. São Paulo: RT, 2015.

NERY JUNIOR, Nelson; ANDRADE NERY, Rosa Maria. *Código de processo civil comentado e legislação extravagante*. 12 ed. São Paulo: RT, 2012.

NERY JR., Nelson; ANDRADE NERY, Rosa Maria de. *Código de Processo Civil Comentado e Legislação Extravagante*. 9 ed. São Paulo: RT, 2006.

NEVES, Celso. *Estrutura Fundamental do Processo Civil*. Rio de Janeiro: Forense, 1997.

PALMER, Richard E. *Hermenêutica*. Lisboa: Edições 70, 1999.

PAMPLONA FILHO, Rodolfo e LIMA, Bernardo Silva de. Arbitrabilidade de Conflitos Trabalhistas. *In:* FREITAS, Edmundo Gouvêa e MAGALHÃES, Rodrigo Almeida (Orgs). *Processo, Direito e Modernidade: estudos em homenagem ao Professor Antônio Pereira Gaio Júnior*. Jundiaí: Paco Editorial, 2013, p. 222 e 223.

PASSOS, José Joaquim Calmon de. O devido processo e o duplo grau de jurisdição. *In*: *Revista da Associação dos Juízes do Rio Grande do Sul*. Porto Alegre, vol. 25, ano IX, jul. 1982, p. 142.

PEREIRA, Caio Mário da Silva. *Instituições de Direito Civil*. 11.ed. Vol. III. Rio de Janeiro: Forense, 2003.

PICÓ I JUNOY, Joan. *El principio de la buena fe procesal*. Barcelona: J.M. Bosch Editor. 2003.

PINHEIRO, Patrícia Peck. *Direito Digital*. 3 ed, São Paulo: Saraiva, 2009.

PINHO, Humberto Dalla Bernardina de. *Teoria Geral do Processo Civil Contemporâneo*. Rio de Janeiro: Lumen Juris, 2007.

PINTO, Nelson Luiz. *Manual dos Recursos Cíveis*. 3. ed. São Paulo: Malheiros, 2004.

PISANI, Andrea Proto. *Appunti sulla giustiza civile*. Bari: Cacucci, 1982.

PONTES DE MIRANDA, Francisco Cavalcanti. *Tratado de direito privado*. Tomo 38. Campinas: Bookseller, 2005.

PONTES DE MIRANDA, Francisco Cavalcanti. *Comentários ao Código de Processo Civil*. Tomo 10. 2. ed. Rio de Janeiro: Forense, 2002.

PONTES DE MIRANDA. Francisco Cavalcanti. *Comentários ao Código de Processo Civil*. Vol. IX. Rio de Janeiro: Forense, 1974.

PONTES DE MIRANDA. Francisco Cavalcanti. *Tratado de Direito Privado*. Vol. 2. 3. ed. Rio de Janeiro: Borsoi, 1971.

PONTES DE MIRANDA, Francisco Cavalcanti. *Tratado das ações*. T.1. São Paulo: RT, 1970.

PONTES DE MIRANDA. *Tratado de Direito Privado*. Parte Especial. Tomo 22. 2.ed. Rio de Janeiro: Borsoi, 1958.

QUADROS, Fausto de. *Direito da União Europeia*. 3 ed. Coimbra: Almedina, 2013.

RÁO, Vicente. *O Direito e a Vida dos Direitos*. 4. ed. v. 1. São Paulo: Revista dos Tribunais, 1997.

REALE, Miguel. *Lições Preliminares de Direito*. 6.ed. São Paulo: Saraiva, 1979.

REALE, Miguel. *Filosofia do Direito*. 19. ed. São Paulo: Saraiva, 1999.

RECHSTEINER, Beat Walter. *Direito Internacional Privado*. 11. ed. São Paulo: Saraiva, 2008.

REDONDO, Bruno Garcia. *Negócios Jurídicos Processuais Atípicos*. Salvador: JusPodivm, 2020.

RIZZARDO, Arnaldo. *Contratos*. 6.ed. Rio de Janeiro: Forense, 2006.

ROCCO, Alfredo. La Sentenza Civile. Milano: Giuffrè, 1962.

RODRIGUES, Ricardo Antonio. *Severino Boécio e a Invenção Filosófica da Dignidade Humana*. *In*: Seara Filosófica. Nº 5, Verão, 2012, p. 3-20.

RODRIGUES, Ricardo Antonio. *A Pessoa Humana é Relação*. *In*: Thaumazein, Ano IV, número 08, Santa Maria, Dezembro de 2011, p. 73-87.

SANTOS, Ernani Fidélis dos. *Manual de Direito Processual Civil*. Vol. II. 10. ed. São Paulo: Saraiva, 2006.

SANTOS, Moacyr Amaral. *Primeiras Linhas de Direito Processual Civil*. Vol. III. 13. ed. São Paulo: Saraiva, 1993.

SARAIVA, F. R. dos Santos. *Novíssimo Diccionario Latino-Portuguez*. 3. ed. Rio de Janeiro: H. Garnier Livreiro Editor, s/d.

SARLET, Ingo Wolfgang. *A eficácia dos direitos fundamentais: uma teoria geral dos direitos fundamentais na perspectiva constitucional*. 10. ed. Porto Alegre: Livraria dos Advogados; 2011.

SARLET, Ingo Wolfgang. *A eficácia dos direitos fundamentais*. 3. ed. Porto Alegre: Livraria do Advogado, 2003.

SCHIER, Paulo Ricardo. *Filtragem Constitucional: Construindo uma Nova Dogmática Jurídica*. Porto Alegre: Sergio Antonio Fabris Editor, 1999.

SILVA, José Afonso da. *Comentário contextual à constituição*. São Paulo: Malheiros, 2005.

SILVA, Ovídio Araújo Baptista da. *Curso de Processo Civil: execução obrigacional, execução real, ações mandamentais*. Vol. 2. 3. ed. rev. e atual. São Paulo: RT, 1998.

SOUZA, Miguel Teixeira de. *Estudos sobre o Novo Processo Civil.* 2 ed. Lisboa: Lex, 1997.

STEINMETZ, Wilson. *A Vinculação dos Particulares a Direitos Fundamentais.* São Paulo: Malheiros, 2004.

STRECK Lenio Luiz. *O pan-principiologismo e o sorriso do lagarto.* Disponível em:< http://www.conjur.com.br/2012-mar-22/senso-incomum-pan-principiologismo-sorriso-lagarto> Acesso em: 29 nov. 2015.

STRECK, Lênio Luiz. *Por que agora dá para apostar no projeto do novo CPC!* Disponível em: <http://www.conjur.com.br/2013-out-21/lenio-streck-agora-apostar-projeto-cpc>. Acesso em: 23 set. 2015.

STRECK, Lenio Luiz. *Jurisdição Constitucional e Hermenêutica.* 2. ed. Rio de Janeiro: Forense, 2004.

SILVA, Ovídio Baptista. Sobrevivência da querella nullitatis. *In*: *Revista Forense*, nº 333, jan-mar, 1996, p. 115-122;

TARUFFO, Michele. *Simplemente la verdad. El juez y la construcción de los hechos.* Madrid: Marcial Pons, 2010.

TARUFFO, Michele. Note sulla garanzia costituzionale della motivazione. *In*: *Boletim da Faculdade de Direito*, vol. LV, Universidade de Coimbra, 1979, p. 36.

TAVARES, André Ramos. *Curso de Direito Constitucional.* 10 ed. São Paulo: Saraiva, 2012.

THEODORO JÚNIOR, Humberto. *Curso de Direito Processual Civil.* Vol. I. 56 ed. Rio de Janeiro: Forense, 2015.

THEODORO JÚNIOR, Humberto. Um novo código de processo civil para o Brasil. *In*: *Revista Magister de Direito Civil e Processual Civil.* Porto Alegre: Magister, Vol. 37, jul./ago. 2010, p. 89-90.

THEODORO JÚNIOR, Humberto. *Curso de Direito Processual Civil.* Vol. I. 47 ed. Rio de Janeiro, Forense, 2007.

THEODORO JÚNIOR, Humberto. *Curso de Direito Processual Civil.* Vol. II. 39. ed. Rio de Janeiro: Forense, 2006.

THEODORO JÚNIOR, Humberto. *Curso de Direito Processual Civil.* Vol. III. 36. ed. Rio de Janeiro: Forense, 2006.

THEODORO JÚNIOR, Humberto. *Sentença: direito processual ao vivo.* Vol. I. Rio de Janeiro: Aide, 1991.

THEODORO JÚNIOR, Humberto. *A Execução de Sentença e a Garantia do Devido Processo Legal.* São Paulo: Aide, 1987.

THEODORO JÚNIOR, Humberto. A Constitucionalização do Processo no Estado Democrático de Direito. *In*: GAIO JÚNIOR, Antônio Pereira; CÂMARA, Alexandre Freitas. Novo CPC: reflexões e perspectivas. Belo Horizonte: Del Rey, 2014, p. 163 e ss.

TUBELIS, Vicente Paulo. Divergência Jurisprudencial e participação. *In*: GRINOVER, Ada Pellegrini; DINAMARCO, Cândido Rangel; WATANABE, Kazuo (Coords.). *Participação e Processo.* São Paulo: RT, 1988, p. 395-403.

TUCCI, José Rogério Cruz e. A "Repercussão Geral" como Pressuposto de Admissibilidade do Recurso Extraordinário. *In*: FABRÍCIO, Adroaldo Furtado (Coord.). *Meios de Impugnação ao Julgado Civil. Estudos em homenagem a José Carlos Barbosa Moreira.* Rio de Janeiro: Forense, 2007, p. 435.

TUCCI, José Rogério Cruz e. *Tempo e processo.* São Paulo: Revista dos Tribunais, 1997.

VALLEFUOCO, Valério. *Il contenzioso di massa in Itália, in Europa e nel mondo.* Milão: Giuffrè, 2008.

VARELA, João de Matos Antunes. *Das Obrigações em Geral.* Vol. I, 10.ed. Coimbra: Almedina, 2006.

VASQUES, Gilberto Fraiz. Da Adjudicação no Processo de Execução. *In*: *Revista de Processo*, nº 13, ano IV, jan/mar. 1979.

VESCOVI, Eduardo. *Derecho Procesal Civil Internacional.* Montevidéu: Idea, 2000.

VÉSCOVI, Enrique. *Teoría General del Proceso.* 2 ed. Bogotá: Colombia, 1999.

VIANA, Cíntia Portugal. Mediação como Política Pública de Estado em Conflitos Fundiários Urbanos no Brasil: reflexões sobre a proposta do Artigo 579 do Projeto do Novo Código do Processo Civil - CPC. *In*: *O Social em Questão* - Ano XVIII - nº 31. Rio de Janeiro: Pontifícia Universidade Católica, 2014,p. 60.

WAMBIER, Teresa Arruda Alvim *et ali*. *Primeiros Comentários ao Novo Código de Processo Civil.* São Paulo: RT, 2015.

WAMBIER, Luiz Rodrigues; TALAMINI, Eduardo. *Curso Avançado de Processo Civil.* Vol. 3. 14 ed. São Paulo: RT, 2015.

WARAT, Luis Alberto. *Introdução Geral do Direito - A Epistemologia jurídica da modernidade.* Vol. II. Porto Alegre: Sergio Antonio Fabris Editor, 1995.

WATANABE, Kazuo. Acesso à justiça e a sociedade moderna .*In*: *Participação e processo.* Rio de Janeiro: Revista dos Tribunais, 1988.

WITTMAN, Ralf-Thomas. Il contenzioso di massa in Germânia. *In*: ALESSANDRO, Giorgetti; VALLEFUOCO, Valério. *Il contenzioso di massa in Itália: in Europa e nel mondo.* Milão: Giuffrè, 2008. p. 77-132.

ZAMUDIO, Fix. *La protección procesal de los derechos humanos.* Madrid: Civitas, 1982.